Pietzner · Ronellenfitsch | Das Assessorexamen im Öffentlichen Recht

VRiBVerwG Prof. Dr. Rainer Pietzner
Prof. Dr. Michael Ronellenfitsch

# Das Assessorexamen im Öffentlichen Recht

## Widerspruchsverfahren und Verwaltungsprozess

12., neu bearbeitete Auflage

Verlag Franz Vahlen München 2010

**Verlag Franz Vahlen im Internet:**
**vahlen.de**

ISBN 978 3 8006 4091 1


Wilhelmstraße 9, 80801 München

Umschlagkonzeption:Typo-Schlick GmbH, Neuwied
Satz: Satz-Offizin Hümmer GmbH, Waldbüttelbrunn
Druck und Verarbeitung: Wilhelm & Adam, Heusenstamm

Gedruckt auf säurefreiem, alterungsbeständigem Papier
(hergestellt aus chlorfrei gebleichtem Zellstoff)

## Vorwort zur zwölften Auflage

Nach *Otto Mayer* ist der Rechtsstaat der Staat des »wohlgeordneten Verwaltungsrechts«: Stützpfeiler des Rechtsstaats sind damit Juristinnen und Juristen, die in der Lage sind, die Verästelungen des Verwaltungsrechts zu überschauen und in einen systematischen Zusammenhang mit dem Rechtsschutz zu bringen. Diesem Anliegen fühlt sich das vorliegende Buch seit der ersten Auflage verpflichtet. Da die Praxis nur so gut ist wie die Theorie, die hinter ihr steht, Theorie ohne Praxis im Rechtswesen aber nutzlos ist, waren wir von Anfang an bemüht, praktische Belange mit wissenschaftlichem Anspruch zu verbinden. Dadurch hat das Buch einen Umfang angenommen, der im Hinblick auf das Zeitbudget bei der Vorbereitung auf das Assessorexamen kaum noch vertretbar erscheint. Unter Beibehaltung des partiellen Charakters des Buches haben wir uns daher bemüht, wo dies möglich war, Kürzungen vorzunehmen. Seit der letzten Auflage nahm das Verwaltungsprozessrecht jedoch eine derart sprunghafte Entwicklung, dass die Begrenzung des Umfangs geringer ausfiel als erwünscht.

Wie stets, sind wir daran interessiert, in welchem Umfang unser didaktisches Konzept auf fruchtbaren Boden gefallen ist und welche Verbesserungen und Ergänzungen gewünscht werden.

Die Fertigstellung der Neuauflage wäre nicht möglich gewesen ohne die Mitarbeit meiner Lehrstuhlcrew: Bianca Bajmel, Patricia Buczko, Marietta Jährling, Christina Maier, Tobias Schilling, Susanne Schmid, Simone Unger, Dierk Wahlen und Wolfgang Ziebarth.

Tübingen, im Januar 2010

*Rainer Pietzner*
*Michael Ronellenfitsch*

## Vorwort zur ersten Auflage

Dieses Buch beruht auf unseren Erfahrungen bei der Durchführung von Übungen und Klausurenkursen für Rechts-, Verwaltungs-, Regierungs- und Wirtschaftsreferendare an der Hochschule für Verwaltungswissenschaften Speyer. Es ist als Lehr- und Anleitungsbuch gedacht und versteht sich als Hilfe zur Vorbereitung auf das Staatsexamen.

Im Gegensatz zu den gängigen Fernrepetitorien haben wir bewusst nicht auf einen wissenschaftlichen Apparat verzichtet. Der Text ist zwar so abgefasst, dass er grundsätzlich ohne Nacharbeiten der angegebenen Literatur und Rechtsprechung verständlich ist. Doch meinen wir, dass ohne ein gewisses Maß an Eigenstudium ein Prädikatsexamen gerade im öffentlich-rechtlichen Teil des Examens nicht zu erreichen ist. Hierfür soll Ihnen der Fußnotenapparat eine Hilfestellung geben. Darüber hinaus steht der Referendar – wie Sie wissen – bei der Anfertigung von Ausbildungsarbeiten, Examensarbeiten und Aktenvorträgen häufig unter einem beträchtlichen Zeitdruck, der durch das zeitraubende Zusammensuchen der auf zahlreiche Fundstellen verstreuten Literatur- und Rechtsprechungsquellen noch verschärft wird. Es ist unser Anliegen, Ihnen mit dem wissenschaftlichen Apparat des vorliegenden Buches gerade unter diesem Blickwinkel eine erhebliche Arbeitserleichterung an die Hand zu geben.

Bei den Rechtsprechungshinweisen ist neben den von uns benutzten (nach Möglichkeit ausführlichsten) Fundstellen das Entscheidungsdatum zitiert. Die wichtigsten Entscheidungen können Sie daher regelmäßig auch in den Fachzeitschriften auffinden, die Sie selbst beziehen oder die Ihnen am leichtesten zugänglich sind; verwiesen wird etwa auf das Entscheidungsregister der NJW. Um Platz zu sparen, sind einige Abkürzungen verwendet worden, die im Abkürzungs- und Literaturverzeichnis aufgeführt und bereits nach kurzem Durchlesen des Abkürzungsverzeichnisses leicht einprägsam sind.

Bitte schreiben Sie uns, wenn Sie Anregungen oder Verbesserungsvorschläge haben.

Speyer, im Juli 1976

*Rainer Pietzner*
*Michael Ronellenfitsch*

# Inhalt

# Verzeichnis der Schaubilder

## Abkürzungsverzeichnis

| | |
|---|---|
| a.A. | andere Ansicht |
| a.a.O. | am angegebenen Ort |
| a.E. | am Ende |
| a.e.c. | Argumentum e contrario (Umkehrschluss) |
| a.F. | alte Fassung |
| a.W. | aufschiebende Wirkung |
| AbfG | Abfallgesetz |
| AbgeltungsG | Abgeltungsgesetz |
| abl. | ablehnend |
| Abs. | Absatz |
| AbwAbgG | Gesetz über Abgaben für das Einleiten von Abwasser in Gewässer |
| AbwasserabgabenG | Abwasserabgabengesetz |
| AEG | Allgemeines Eisenbahngesetz |
| AEUV | Vertrag über die Arbeitsweise der Europäischen Union |
| AG | Amtsgericht/Aktiengesellschaft |
| AGB | Allgemeine Geschäftsbedingungen |
| AgrarR | Agrarrecht – Zeitschrift für das gesamte Recht der Landwirtschaft, der Agrarmärkte und des ländlichen Raumes |
| AGVwGO | Ausführungsgesetz zur Verwaltungsgerichtsordnung |
| allgem. | allgemein |
| AllgVerwR | Allgemeines Verwaltungsrecht |
| Altern. | Alternative |
| Amtsbl | Amtsblatt |
| Anm. | Anmerkung |
| AnwBl | Anwaltsblatt |
| AO | Abgabenordnung |
| AöR | Archiv des Öffentlichen Rechts |
| ArbeitssicherstellungsG | Arbeitssicherstellungsgesetz |
| Art. | Artikel |
| AsylVfG | Asylverfahrensgesetz |
| AtG | Gesetz über die friedliche Verwendung der Kernenergie und den Schutz gegen ihre Gefahren |
| AufenthG | Aufenthaltsgesetz |
| Aufl. | Auflage |
| AuslG | Gesetz über die Einreise und den Aufenthalt von Ausländern im Bundesgebiet |
| AuslInvestmG | Gesetz über den Vertrieb ausländischer Investmentanteile und über die Besteuerung der Erträge aus ausländischen Investmentanteilen |
| BadWürttSchulG | Schulgesetz für Baden-Württemberg |
| BAföG | Bundesgesetz über individuelle Förderung der Ausbildung |
| BAG | Bundesarbeitsgericht |
| BÄO | Bundesärzteordnung |
| BauGB | Baugesetzbuch |
| BauGB-DVO | Verordnung der Landesregierung und des Wirtschaftsministeriums zur Durchführung des Baugesetzbuchs |

| | |
|---|---|
| BauGB-MaßnahmenG | Maßnahmengesetz zum Baugesetzbuch |
| BauGBZustV Rhpf | Verordnung über Zuständigkeiten nach dem Baugesetzbuch |
| BauNVO | Verordnung über die bauliche Nutzung der Grundstücke |
| BauO | Bauordnung |
| BauO LSA | Bauordnung Sachsen-Anhalt |
| BauR | Baurecht – Zeitschrift für das gesamte öffentliche und zivile Baurecht |
| BaWüVBl | Baden-Württembergische Verwaltungspraxis |
| BayBO | Bayerische Bauordnung |
| BayGebG | Gebührengesetz für Bayern |
| BayGO | Gemeindeordnung Bayern |
| BayKostG | Kostengesetz für Bayern |
| BayObLg | Bayerisches Oberstes Landesgericht |
| BayStMI | Bayerisches Staatsministerium |
| BayVBl. | Bayerische Verwaltungsblätter – Zeitschrift für öffentliches Recht und öffentliche Verwaltung |
| BayVerfGH | Bayrischer Verfassungsgerichtshof |
| BayVGH | Bayerischer Verwaltungsgerichtshof |
| BayVGHE | Sammlung von Entscheidungen des Bayerischen Verwaltungsgerichtshofs und des Bayerischen Verfassungsgerichtshofs |
| BayVwVfG | Bayrisches Verwaltungsverfahrensgesetz |
| BayVwZVG | Bayerisches Verwaltungszustellungs- und Vollstreckungsgesetz |
| BB | Betriebs-Berater – Zehntagedienst für Wirtschafts-, Steuer-, Arbeits- und Sozialrecht |
| BBahnG | Bundesbahngesetz |
| BBankG | Gesetz über die Deutsche Bundesbank |
| BBergG | Bundesberggesetz |
| BBG | Bundesbeamtengesetz |
| BbgBO | Brandenburgische Bauordnung |
| BbgGebG | Gebührengesetz für das Land Brandenburg |
| BbgGebO | Verordnung über die Gebühren für Amtshandlungen im Geschäftsbereich des Ministers des Innern |
| BbgJAG | Gesetz über die Juristenausbildung im Land Brandenburg |
| BbgKAG | Kommunalabgabengesetz für das Land Brandenburg |
| BbgOVG | Oberverwaltungsgericht Berlin-Brandenburg |
| BbgVwKostG | Verwaltungskostengesetz für Brandenburg |
| BbgVwVfG | Verwaltungsverfahrensgesetz für das Land Brandenburg |
| BbgVwVG | Verwaltungsvollstreckungsgesetz für das Land Brandenburg |
| BDG | Bundesdisziplinargesetz |
| BeamtStG | Gesetz zur Regelung des Statusrechts der Beamtinnen und Beamten in den Ländern |
| BeckRS | Beck-Rechtsprechung |
| BeckOK | Beck'scher Online-Kommentar |
| Beil. | Beilage |
| BerlAGVwGO | Ausführungsgesetz zur Verwaltungsgerichtsordnung für Berlin |
| BerlDVO-BauGB | Berliner Durchführungsverordnung zum Baugesetzbuch |
| BerlGebG | Gesetz über Gebühren und Beiträge Berlin |

| | |
|---|---|
| BerlJAG | Gesetz über die Ausbildung von Juristinnen und Juristen im Land Berlin |
| BerlKomm. | Berliner Kommentar |
| BerlOVG | Oberverwaltungsgericht Berlin |
| BerlVwGebO | Verwaltungsgebührenordnung Berlin |
| bes. | besonders |
| Beschl. v. | Beschluss vom |
| Betr. | Betreff |
| BFH | Bundesfinanzhof |
| BFHE | Entscheidung des Bundesfinanzhofs |
| BGB | Bürgerliches Gesetzbuch |
| BGBl. | Bundesgesetzblatt |
| BGH | Bundesgerichtshof |
| BGHZ | Entscheidungen des Bundesgerichtshofes in Zivilsachen |
| BImSchG | Gesetz zum Schutz vor schädlichen Umwelteinwirkungen durch Luftverunreinigungen, Geräusche, Erschütterungen und ähnliche Vorgänge |
| BImSchV | Bundesimmissionsschutzverordnung |
| BImSchVO | Verordnung zur Durchführung des Bundes-Immissionsschutzgesetzes |
| BK | Bonner Kommentar |
| BLG | Bundesleistungsgesetz |
| BlnOVG | Oberverwaltungsgericht Berlin |
| BlnOVG | Oberverwaltungsgericht Berlin |
| BNatSchG | Bundesnaturschutzgesetz |
| BNotO | Bundesnotarordnung |
| BörsG | Börsengesetz |
| BremAGVwGO | Bremisches Gesetz zur Ausführung der Verwaltungsgerichtsordnung |
| BremGebBeitrG | Bremisches Gebühren- und Beitragsgesetz |
| BremGO | Gemeinsame Geschäftsordnung für die bremische Verwaltung |
| BremOVG | Oberverwaltungsgericht Bremen |
| BremVwVfG | Bremisches Verwaltungsverfahrensgesetz |
| BRRG | Rahmengesetz zur Vereinheitlichung des Beamtenrechts |
| BRS | Baurechtssammlung – Rechtsprechung des Bundesverwaltungsgerichts, der Oberverwaltungsgerichte der Länder und anderer Gerichte zum Bau- und Bodenrecht |
| BSG | Bundessozialgericht |
| BSGE | Entscheidungen des Bundessozialgerichts |
| BSHG | Bundessozialhilfegesetz |
| bspw. | beispielsweise |
| BStBl. | Bundessteuerblatt – Zeitschrift |
| BT-Drucks. | Bundestag Drucksache |
| BTOElt | Bundestarifordnung Elektrizität |
| Buchholz | Sammel- und Nachschlagewerk der Rechtsprechung des Bundesverwaltungsgerichts, begr. von Karl Buchholz, hg. von den Mitgliedern des Gerichts, Loseblattsammlung seit 1957 |
| BürgerbeauftragtenG | Bürgerbeauftragtengesetz |
| BürokratieabbauGNW | Bürokratieabbaugesetz Nordrhein-Westfalen |

| | |
|---|---|
| BVerfG | Bundesverfassungsgericht |
| BVerfGG | Bundesverfassungsgerichtsgesetz |
| BVerwG | Bundesverwaltungsgericht |
| BVerwGE | Entscheidungen des Bundesverwaltungsgerichts |
| BVerwG-GS | Großer Senat, Bundesverwaltungsgericht |
| BVwVG | (Bundes-) Verwaltungs-Vollstreckungsgesetz |
| BWAGVwGO | Ausführungsgesetz zur Verwaltungsgerichtsordnung für Baden-Württemberg |
| BWGebG | Gebührengesetz Baden-Württemberg |
| BWJAG | Gesetz über die juristischen Prüfungen und den juristischen Vorbereitungsdienst |
| BWStGH | Staatsgerichtshof für Baden-Württemberg |
| BWVGH | Verwaltungsgerichtshof Baden-Württemberg |
| BWVPr | Baden-Württembergische Verwaltungspraxis |
| BWVwVfG | Verwaltungsverfahrensgesetz Baden-Württemberg |
| BWVwVG | Verwaltungs-Vollstreckungsgesetz Baden-Württemberg |
| bzw. | beziehungsweise |
| ChemG | Gesetz zum Schutz vor gefährlichen Stoffen |
| CR | Computer und Recht |
| d.h. | das heißt |
| DAR | Deutsches Autorecht – Rechtszeitschrift des Allgemeinen Deutschen Automobil-Clubs |
| DAR | Deutsches Autorecht – Zeitschrift |
| ders. | derselbe |
| DienstO | Dienstordnung |
| dies. | dieselben |
| Diff. | Differenzierend |
| DJT | Deutscher Juristentag |
| DÖD | Der öffentliche Dienst – Zeitschrift für Personalmanagement und Recht |
| DÖV | Die Öffentliche Verwaltung – Zeitschrift für Verwaltungsrecht und Verwaltungspolitik |
| DRiG | Deutsches Richtergesetz |
| DStZ | Deutsche Steuer Zeitung |
| DtZ | Deutsch-Deutsche Rechts-Zeitschrift |
| DVBl. | Deutsches Verwaltungsblatt |
| DVP | Deutsche Verwaltungspraxis, Fachzeitschrift für die öffentliche Verwaltung |
| e.A. | Einstweilige Anordnung |
| ED-Behandlung | Erkennungsdienstliche Behandlung |
| EGMR | Europäischer Gerichtshof für Menschenrechte |
| Einl. | Einleitung |
| EkrG | Gesetz über Kreuzungen von Eisenbahnen und Straßen |
| EntlG | Entlastungsgesetz |
| entspr. | entsprechend |
| Entw | Entwurf |
| EnWG | Gesetz über die Elektrizitäts- und Gasversorgung |
| EStG | Einkommensteuergesetz |
| ESVGH | Entscheidungssammlung des Hessischen Verwaltungsgerichtshofs und des Verwaltungsgerichtshofs Baden-Würt- |

| | |
|---|---|
| | temberg mit Entscheidungen der Staatsgerichtshöfe beider Länder |
| EU | Europäische Union |
| EuGH | Europäischer Gerichtshof |
| EuR | Europarecht – Die Zeitschrift |
| EuZW | Europäische Zeitschrift für Wirtschaftsrecht |
| F. | Fassung |
| f./ff. | folgende(n) |
| FA | Finanzamt |
| FAG | Gesetz über den Finanzausgleich zwischen Bund und Ländern |
| FamRZ | Zeitschrift für das Gesamte Familienrecht |
| FBA | Folgenbeseitigungsanspruch |
| FFH-RL | Richtlinie 92/43/EWG des Rates vom 21. Mai 1992 zur Erhaltung der natürlichen Lebensräume sowie der wildlebenden Tiere und Pflanzen (Fauna-Flora-Habitat-Richtlinie) |
| FG | Finanzgericht |
| FGO | Finanzgerichtsordnung |
| FlurberG/FlurbG | Flurbereinigungsgesetz |
| Fn. | Fußnote |
| FNP | Flächennutzungsplan |
| Frankfurt/M. | Frankfurt am Main |
| FS | Festschrift |
| FStrG | Bundesfernstraßengesetz |
| GastG | Gaststättengesetz |
| GebG NW | Gebührengesetz für das Land Nordrhein-Westfalen |
| GebO | Gebührenordnung |
| GebührenfreiheitsVO | Gebührenfreiheitsverordnung |
| GebVz. | Gebührenverzeichnis |
| GemO | Gemeindeordnung |
| gen. | generell |
| GenbeschlG | Gesetz zur Beschleunigung von Genehmigungsverfahren |
| GenTG | Gentechnikgesetz |
| GenTR | Gentechnikrecht |
| GewArch | Gewerbearchiv – Zeitschrift für Verwaltungs- und Gewerberecht |
| GewO | Gewerbeordnung |
| GFK | Gesetz über die Finanzkontrolle |
| GG | Grundgesetz für die Bundesrepublik Deutschland |
| ggf. | gegebenenfalls |
| GKG | Gerichtskostengesetz |
| GMBl. | Gemeinsames Ministerblatt |
| GmS | Gemeinsamer Senat |
| GmSOGB | Beschluss des Gemeinsamen Senats der obersten Gerichtshöfe des Bundes |
| GOKPB | Geschäftsordnung für die Kreispolizeibehörden des Landes Nordrhein-Westfalen |
| GRUR | Gewerblicher Rechtsschutz und Urheberrecht |
| GüKGGVBl | GüterkraftverkehrsgesetzGesetz- und Verordnungsblatt |
| GVG | Gerichtsverfassungsgesetz |

| | |
|---|---|
| GVLwG | Gasöl-Verwendungsgesetz-Landwirtschaft |
| h.A. | herrschende Ansicht |
| h.L. | herrschende Lehre |
| h.M. | herrschende Meinung |
| Halbs. | Halbsatz |
| HandwO | Handwerksordnung |
| HbgGebG | Gebührengesetz Hamburg |
| HbgOVG | Hamburgisches Oberverwaltungsgericht |
| HbgVwVfG | Hamburgisches Verwaltungsverfahrensgesetz |
| HessAGVwGO | Hessisches Gesetz zur Ausführung der Verwaltungsgerichtsordnung |
| HessDVO-BauGB | Durchführungsverordnung zum Baugesetzbuch Hessen |
| HessStGZ | Hessische Städte- und Gemeindezeitung |
| HessVGH | Verwaltungsgerichtshof Hessen |
| HessVGRspr. | Rechtsprechung des Hessisches Verwaltungsgerichts |
| HessVwKostG | Hessischen Verwaltungskostengesetzes |
| HessVwVfG | Hessisches Verwaltungsverfahrensgesetz |
| HHAGVwGO | Ausführungsgesetz zur Verwaltungsgerichtsordnung für Hamburg |
| HhgOVG | Oberverwaltungsgericht Hamburg |
| HLVwG | Landesverwaltungsgesetz Schleswig-Holstein |
| Hrsg. | Herausgeber |
| HVwVG | Hessisches Verwaltungsvollstreckungsgesetz |
| HwO | Gesetz zur Ordnung des Handwerks |
| i.A. | im Auftrag |
| i.d.R. | in der Regel |
| i.e.S. | im eigentlichen Sinne |
| i.S.d./i.S.v. | im Sinne des/im Sinne von |
| i.V. | in Vertretung |
| i.V.m. | in Verbindung mit |
| i.w.S | im weiteren Sinne |
| IfSG | Gesetz zur Verhütung und Bekämpfung von Infektionskrankheiten beim Menschen |
| InVorG | Gesetz über den Vorrang für Investitionen bei Rückübertragungsansprüchen nach dem Vermögensgesetz |
| InvWoBaulG | Investitionserleichterungs- und Wohnbaulandgesetz |
| IRG | Internationales Rechtshilfegesetz |
| JA | Juristische Arbeitsblätter – Zeitschrift für Studenten und Referendare |
| JAG LSA | Gesetz über die Juristenausbildung im Land Sachsen-Anhalt |
| JAG M-V | Gesetz über die Juristenausbildung im Land Mecklenburg-Vorpommern |
| JAG NW | Gesetz über die juristischen Prüfungen und den juristischen Vorbereitungsdienst |
| JPA | Justizprüfungsamt |
| JuS | Juristische Schulung – Zeitschrift für Studium und Ausbildung |
| JuSchG | Jugendschutzgesetz |
| JZ | Juristenzeitung |
| KAG | Kommunalabgabengesetz |

| | |
|---|---|
| KAG M-V | Kommunalabgabengesetz Mecklenburg-Vorpommern |
| KB | Kammerbeschluss |
| KDVG | Gesetz über die Verweigerung des Kriegsdienstes mit der Waffe aus Gewissensgründen |
| KG | Kammergericht |
| KHG | Gesetz zur wirtschaftlichen Sicherung der Krankenhäuser und zur Regelung der Krankenhauspflegesätze |
| KostRModG | Kostenrechtsmodernisierungsgesetz |
| Krit. | Kritisch |
| KrW-/AbfG | Gesetz zur Förderung der Kreislaufwirtschaft und Sicherung der umweltverträglichen Beseitigung von Abfällen |
| KSKSaV | Verordnung über den Beirat und die Ausschüsse bei der Künstlersozialkasse |
| KStZ | Kommunale Steuer-Zeitschrift |
| KWG | Gesetz über das Kreditwesen |
| LadschlG | Gesetz über den Ladenschluss |
| LAG | Gesetz über den Lastenausgleich |
| LAmt f. Ausbildgsfö | Landesamt für Ausbildungsförderung |
| LBauO | Landesbauordnung |
| LBauOMV | Landesbauordnung Mecklenburg-Vorpommern |
| LGebG | Landesgebührengesetz |
| Lit. | Literatur |
| LKr. | Der Landkreis – Zeitschrift für kommunale Selbstverwaltung |
| LKV | Landes- und Kommunalverwaltung – Verwaltungsrechtszeitschrift für die Länder Berlin, Brandenburg, Mecklenburg-Vorpommern, Sachsen, Sachsen-Anhalt und Thüringen |
| Losebl. | Loseblatt |
| LPflG | Landespflegegesetz |
| LS | Leitsatz |
| LSAAGVwGO | Ausführungsgesetz zur Verwaltungsgerichtsordnung für Sachsen-Anhalt |
| LSASOG | Gesetz über die öffentliche Sicherheit und Ordnung des Landes Sachsen-Anhalt |
| LSG | Landessozialgericht |
| LSOVG | Sächsischen Oberverwaltungsgericht |
| LT-Drs. | Landtagsdrucksache |
| LuftVG | Luftverkehrsgesetz |
| LVO | Laufbahnverordnung |
| LVwVfG | Landesverwaltungsverfahrensgesetz |
| m. abl. Anm. | mit ablehnender Anmerkung |
| m. Anm. | mit Anmerkung |
| m. Bespr. | mit Besprechung |
| m. krit. Anm. | mit kritischer Anmerkung |
| m. Zustimm. | mit Zustimmung |
| m.E. | meines Erachtens |
| m.w.N. | mit weiteren Nachweisen |
| MBPlG (Pf-RL) | Gesetz zur Regelung des Planungsverfahrens für Magnetschwebebahnen |
| MDR | Monatschrift für deutsches Recht |

| | |
|---|---|
| Milch- und FettG | Gesetz über den Verkehr mit Milch, Milcherzeugnissen und Fetten |
| MMR | Multimedia und Recht – Zeitschrift für Informations-, Telekommunikations- und Medienrecht |
| MMR | Zeitschrift für Informations-, Telekommunikations- und Medienrecht |
| MRK | Menschenrechtskonvention |
| MVOVG | Oberverwaltungsgericht Mecklenburg-Vorpommern |
| MVSOG | Gesetz über die öffentliche Sicherheit und Ordnung in Mecklenburg-Vorpommern |
| n.F. | neue Fassung |
| NationalparkVO | Nationalparkverordnung |
| NatSchG | Naturschutzgesetz |
| NdsDVO | Niedersächsische Verordnung zur Durchführung des Baugesetzbuches |
| NdsGefAG | Niedersächsisches Gefahrenabwehrgesetz (heute: NdsSOG) |
| NdsMinBl | Niedersächsisches Ministerialblatt |
| NdsOVG | Niedersächsisches Oberverwaltungsgericht |
| NdsVBl | Verwaltungsblätter Niedersachsen |
| NdsVV-BBauG | Rechts- und Verwaltungsvorschriften des Landes Niedersachsen zum Baugesetzbuch |
| NdsVwKostG | Niedersächsisches Verwaltungskostengesetz |
| NdsVwVfG | Niedersächsisches Verwaltungsverfahrensgesetz |
| NdsVwVG | Niedersächsisches Verwaltungsvollstreckungsgesetz |
| NJW | Neue Juristische Wochenschrift |
| NJW-MietR | Neue Juristische Wochenschrift zum Mietrecht |
| NK | Normenkontrolle |
| NK-VwGO | Nomos-Kommentar Verwaltungsgerichtsordnung |
| NordÖR | Zeitschrift für öffentliches Recht in Norddeutschland |
| Nr. | Nummer |
| Nrn. | Nummern |
| NStZ | Neue Zeitschrift für Strafrecht |
| NuR | Natur und Recht – Zeitschrift für das gesamte Recht zum Schutze der natürlichen Lebensgrundlagen und der Umwelt |
| NVwZ | Neue Zeitschrift für Verwaltungsrecht |
| NVwZ-Beil. | Neue Zeitschrift für Verwaltungsrecht – Beilage |
| NVwZ-RR | NVwZ-Rechtsprechungs-Report Verwaltungsrecht – Neue Zeitschrift für Verwaltungsrecht; neue Entscheidungen aus den Bereichen: Allg. Verwaltungsrecht, Bau- und Planungsrecht, Umweltrecht und Naturschutz |
| NWAGVwGO | Ausführungsgesetz zur Verwaltungsgerichtsordnung Nordrhein-Westfalen |
| NWGebG | Gebührengesetz für das Land Nordrhein-Westfalen |
| NWGebO | Gebührenordnung Nordrhein-Westfalen |
| NWKAG | Kommunalabgabengesetz für das Land Nordrhein-Westfalen |
| NWOVG | Oberverwaltungsgericht Nordrhein-Westfalen |
| NWVBl. | Nordrhein-Westfälische Verwaltungsblätter – Zeitschrift für öffentliches Recht und öffentliche Verwaltung |
| NWVerfGH | Verfassungsgerichtshof Nordrhein-Westfalen |
| NWVwVfG | Niedersächsisches Verwaltungsverfahrensgesetz |

| | |
|---|---|
| NZA | Neue Zeitschrift für Arbeitsrecht |
| NZA-RR | Rechtsprechungsreport Arbeitsrecht |
| NZBau | Neue Zeitschrift für Baurecht und Vergaberecht |
| NZS | Neue Zeitschrift für Sozialrecht – Monatsschrift für die betriebliche, behördliche und gerichtliche Praxis |
| NZV | Neue Zeitschrift für Verkehrsrecht |
| OLG | Oberlandesgericht |
| OVG | Oberverwaltungsgericht |
| OVG BBg. | Oberverwaltungsgericht Brandenburg |
| OVG LSA | Oberverwaltungsgericht Sachen-Anhalt |
| OVG MV | Oberverwaltungsgericht Mecklenburg-Vorpommern |
| OVGE | Oberverwaltungsgerichtsentscheidung |
| OWiG | Gesetz über Ordnungswidrigkeiten |
| ParteienG | Gesetz über die politischen Parteien |
| pass. | passend |
| PassG | Passgesetz |
| PBefG | Personenbeförderungsgesetz |
| PF-RL | Richtlinien für den Erlass planungsrechtlicher Zulassungsentscheidungen für Betriebsanlagen der Eisenbahnen des Bundes nach § 18 AEG sowie für Betriebsanlagen von Magnetschwebebahnen nach § 1 MBPlG – Planfeststellungsrichtlinien |
| PlVereinfG | Gesetz zur Vereinfachung der Planungsverfahren für Verkehrswege |
| PLZ | Postleitzahl |
| PolG | Polizeigesetz |
| PostG | Postgesetz |
| PSF | Postschließfach |
| PUAG | Gesetz über die Rechnungslegung von bestimmten Unternehmen und Konzernen |
| RBerG | Gesetz zur Rechtsbereinigung |
| RdE | Recht der Energiewirtschaft |
| RdErl. | Runderlass |
| RdL | Recht der Landwirtschaft |
| RdSchr. | Rundschreiben |
| RegTP | Regulierungsbehörde für Telekommunikation und Post |
| restr. | restriktiv |
| RF | Rechtsbehelfsführer |
| RGBl. | Reichsgesetzblatt |
| RhPfAGVwGO | Landesgesetz zur Ausführung der Verwaltungsgerichtsordnung Rheinland-Pfalz |
| RhPfGebG | Gebührengesetz Rheinland-Pfalz |
| RhPfKAG | Kommunalabgabengesetz Rheinland-Pfalz |
| RhPfOVG | Oberverwaltungsgericht Rheinland-Pfalz |
| RhPfVerfGH | Verfassungsgerichtshof Rheinland-Pfalz |
| RiA | Das Recht im Amt – Zeitschrift für den öffentlichen Dienst |
| RL | Richtlinie |
| Rn. | Randnummer |
| ROG | Raumordnungsgesetz |
| RPOVG | Oberverwaltungsgericht Rheinland-Pfalz |

| | |
|---|---|
| Rspr. | Rechtsprechung |
| RVG | Gesetz über die Vergütung der Rechtsanwältinnen und Rechtsanwälte |
| S. | Seite |
| s. | siehe |
| SaarlAGVwGO | Saarländisches Ausführungsgesetz zur Verwaltungsgerichtsordnung |
| SaarlGebG | Saarländisches Gebührengesetz |
| SaarlLBauO | Landesbauordnung Saarland |
| SaarlOVG | Oberverwaltungsgericht Saarland |
| SächsABl. | Sächsisches Amtsblatt |
| SächsBauO | Sächsische Bauordnung |
| SächsJAG | Gesetz über die Juristenausbildung im Freistaat Sachsen |
| SächsOVG | Oberverwaltungsgericht Sachsen |
| SächsVBl. | Verwaltungsblätter Sachsen |
| SächsVwKG | Verwaltungskostengesetz des Freistaates Sachsen |
| SächsVwVG | Verwaltungsvollstreckungsgesetz für den Freistaat Sachsen |
| SAnhOVG | Oberverwaltungsgericht Sachsen-Anhalt |
| SarrlVwVfG | Verwaltungsverfahrensgesetz Saarland |
| SchfG | Gesetz über das Schornsteinfegerwesen |
| SchiffsbankenG | Schiffsbankengesetz |
| Schl-HKAG | Kommunalabgabengesetz Schleswig-Holstein |
| Schl-HLVwG | Landesverwaltungsgesetz Schleswig-Holstein |
| SchlHOVG | Oberverwaltungsgericht Schleswig-Holstein |
| Schl-HVwKostG | Verwaltungskostengesetz des Landes Schleswig-Holstein |
| SchwbG | Schwerbehindertengesetz |
| SE | Schadensersatz |
| SeeUG | Gesetz zur Verbesserung der Sicherheit der Seefahrt durch die Untersuchung von Seeunfällen und anderen Vorkommnissen |
| SGB | Sozialgesetzbuch |
| SGB X | Zehntes Buch des Sozialgesetzbuchs – Sozialverwaltungsverfahren und Sozialdatenschutz |
| SGB XII | Zwölftes Buch des Sozialgesetzbuchs – Sozialhilfe |
| SGG | Sozialgerichtsgesetz |
| SHOVG | Oberverwaltungsgericht Schleswig-Holstein |
| Slg. | Sammlung |
| sog. | sogenannte |
| SozR | Sozialrecht |
| Sp. | Spalte |
| SperrgebietsVO | Sperrgebietsverordnung |
| st. | ständige |
| st. Rspr. | ständige Rechtsprechung |
| StKV | Staats- und Kommunalverwaltung |
| StPO | Strafprozessordnung |
| str. | strittig |
| StrafVollzG | Gesetz über den Vollzug der Freiheitsstrafe und der freiheitsentziehenden Maßregeln der Besserung und Sicherung |
| StrlSchV | Strahlenschutzverordnung |
| StrVollzG | Strafvollzugsgesetz |
| StV | Strafverteidiger |

| | |
|---|---|
| StVG | Straßenverkehrsgesetz |
| StVO | Straßenverkehrs-Ordnung |
| Stw | Streitwertkatalog |
| StZG | Gesetz zur Sicherstellung des Embryonenschutzes im Zusammenhang mit Einfuhr und Verwendung menschlicher embryonaler Stammzellen |
| TA-Luft | Erste Allgemeine Verwaltungsvorschrift zum Bundesimmissionsgesetz (Technische Anleitung zur Reinhaltung der Luft) |
| ThürAGVwGO | Ausführungsgesetz zur Verwaltungsgerichtsordnung für Thüringen |
| ThürBauGebVO | Thüringer Baugebührenverordnung |
| ThürBO | Thüringer Bauordnung |
| ThürOVG | Thüringer Oberverwaltungsgericht |
| ThürVBl. | Verwaltungsblätter Thüringen |
| ThürVwKostG | Verwaltungskostengesetz für Thüringen |
| ThürVwVfG | Thüringer Verwaltungsverfahrensgesetz |
| TierSG | Tierseuchengesetz |
| TKG | Telekommunikationsgesetz |
| TKV | Telekommunikations-Kundenschutzverordnung |
| u. | und |
| u.U. | unter Umständen |
| u. a. | unter anderem |
| UIG | Umweltinformationsgesetz |
| UmwauditG | Umweltauditgesetz |
| UPR | Umwelt- und Planungsrecht – Zeitschrift für Wissenschaft und Praxis |
| Urt. | Urteil |
| UVP | Umweltverträglichkeitsprüfung |
| UWG | Gesetz gegen den unlauteren Wettbewerb |
| v. | vom |
| VA | Verwaltungsakt |
| VBlBW | Verwaltungsblätter für Baden-Württemberg – Zeitschrift für öffentliches Recht und öffentliche Verwaltung |
| VDDStRL | Veröffentlichungen der Vereinigung der Deutschen Staatsrechtslehrer |
| VDI-RL | Richtlinie des Vereins Deutscher Ingenieure |
| VereinsG | Gesetz zur Regelung des öffentlichen Vereinsrechts |
| VerkPBG | Gesetz zur Beschleunigung der Planungen für Verkehrswege in den neuen Ländern sowie im Land Berlin |
| VermG | Vermögensgesetz |
| VerwArch | Verwaltungsarchiv – Zeitschrift für Verwaltungslehre, Verwaltungsrecht und Verwaltungspolitik |
| VerwRspr | Verwaltungsrechtsprechung |
| VG | Verwaltungsgericht |
| vgl. | vergleiche |
| VIZ | Zeitschrift für Vermögens- und Immobilienrecht |
| VO | Verordnung |
| VöI | Vertreter des öffentlichen Interesses |
| Vorb. | Vorbemerkung |
| Vorlagebeschl. | Vorlagebeschluss |

| | |
|---|---|
| VSG | Vogelschutzgebiet |
| VV | Verwaltungsvertrag |
| VVDStRL | Veröffentlichungen der Vereinigung der deutschen Strafrechtslehrer |
| Vvf. | Verfügung |
| VwGG | Verwaltungsgerichtsgesetz |
| VwGO | Verwaltungsgerichtsordnung |
| VwGOÄndG | Änderungsgesetz zur VwGO |
| VwKostG LSA | Verwaltungskostengesetz des Landes Sachsen-Anhalt |
| VwKostG M-V | Verwaltungskostengesetz des Landes Mecklenburg-Vorpommern |
| VwKostG M-V | Verwaltungskostengesetz für Mecklenburg-Vorpommern |
| VwVfÄndGVwKostG LSA | Änderungsgesetz zum Verwaltungsverfahrensgesetz – Verwaltungskostengesetz des Landes Sachsen-Anhalt |
| VwVfG | Verwaltungsverfahrensgesetz |
| VwVfG LSA | Verwaltungsverfahrensgesetz Sachsen-Anhalt |
| VwVfG M-V | Verwaltungsverfahrens-, Zustellungs- und Vollstreckungsgesetz des Landes Mecklenburg-Vorpommern |
| VwVfGÄndG | Änderungsgesetz zum Verwaltungsverfahrensgesetz |
| VwVG | Verwaltungsvollstreckungsgesetz |
| VwZG | Verwaltungszustellungsgesetz |
| VzA | Anordnung der sofortigen Vollziehung |
| WaffG | Waffengesetz |
| WaStrG | Wasserstraßengesetz |
| WBewG | Wohnraumbewirtschaftungsgesetz |
| WBO | Wehrbeschwerdeordnung |
| WDR | Westdeutscher Rundfunk |
| WDRG | Gesetz über den Westdeutschen Rundfunk Köln |
| WehrpflG | Wehrpflichtgesetz |
| WF | Widerspruchsführer |
| WHG | Gesetz zur Ordnung des Wasserhaushalts |
| WissR | Wissenschaftsrecht, Zeitschrift für Recht und Verwaltung der wissenschaftlichen Hochschulen und der wissenschaftspflegenden und -fördernden Organisationen und Stiftungen |
| WiVerw | Wirtschaft und Verwaltung – Zeitschrift |
| WPflG | Wehrpflichtgesetz |
| WpHG | Gesetz über den Wertpapierhandel |
| WpÜG | Wertpapiererwerbs- und Übernahmegesetz |
| WRV | Weimarer Reichsverfassung |
| WStrG | Bundeswasserstraßengesetz (WaStrG) |
| WUR | Wirtschaftsverwaltungs- und Umweltrecht – Zeitschrift für Praxis und Wissenschaft |
| Wvl./Wv. | Wiedervorlage |
| z.B. | zum Beispiel |
| z.d.A. | zu den Akten |
| z.T. | zum Teil |
| z.V./z.Vg. | zum Vorgang |
| ZBR | Zeitschrift für Beamtenrecht |
| ZDG | Gesetz über den Zivildienst der Kriegsdienstverweigerer |
| ZfBR | Zeitschrift für deutsches und internationales Baurecht |

| | |
|---|---|
| ZfSH/SGB | Zeitschrift für Sozialrecht in Deutschland und Europa |
| ZHR | Zeitschrift für das gesamte Handelsrecht und Wirtschaftsrecht |
| Ziff. | Ziffer |
| ZIP | Zeitschrift für Wirtschaftsrecht |
| ZKF | Zeitschrift für Kommunalfinanzen |
| ZLW | Zeitschrift für Luft- und Weltraumrecht |
| ZMR | Zeitschrift für Miet- und Raumrecht |
| ZPO | Zivilprozessordung |
| ZUM | Zeitschrift für Urheber- und Medienrecht |
| ZUR | Zeitschrift für Umweltrecht |
| zustimm. | zustimmend |
| zutr. | zutreffend |
| ZZP | Zeitschrift für Zivilprozess |

## Abgekürzt zitierte Literatur

| | |
|---|---|
| Allesch | Erwin Allesch, Die Anwendbarkeit der Verwaltungsverfahrensgesetze auf das Widerspruchsverfahren nach der VwGO, 1984 |
| Anders/Gehle | Monika Anders/Burkhard Gehle, Das Assessorexamen im Zivilrecht, 9. Aufl. 2008 |
| Baumbach/Lauterbach/Albers/Hartmann | Adolf Baumbach/Wolfgang Lauterbach/Jan Albers/Peter Hartmann, Zivilprozessordnung, 68. Aufl. 2010 |
| Beck-OK VwGO | Herbert Posser/Heinrich Amadeus Wolff (Hrsg.), Beck'scher Online-Kommentar VwGO |
| BeckOK, VwVfG | Johann Bader/Michael Ronellenfitsch, Beck'scher Online-Kommentar VwVfG |
| BerlKomm | Otto Schlichter/Rudolf Stich/Hans-Joachim Driehaus/Stefan Paetow (Hrsg.), Berliner Kommentar zum Baugesetzbuch (Losebl.) |
| Birkner/Rott | Erwin Birkner/Helmut Rott/Thomas Stengel, Verwaltungskostenrecht für Staats- und Gemeindebehörden in Bayern, 2009 |
| BK | Rudolf Dolzer/Christian Waldhoff/Karin Graßhof (Hrsg.), Bonner Kommentar zum Grundgesetz (Losebl.) |
| Engelhardt/App, VwVG-VwZG | Hanns Engelhardt/Michael App/Arne Schlatmann, Verwaltungs-Vollstreckungsgesetz, Verwaltungszustellungsgesetz, 8. Aufl. 2008 |
| Erichsen | Hans-Uwe Erichsen (Hrsg.), Allgemeines Verwaltungsrecht, 13. Aufl. 2006 |
| Eyermann | Erich Eyermann, Verwaltungsgerichtsordnung, begr. von Erich Eyermann und Ludwig Fröhler, 12. Aufl. 2006 |
| Finkelnburg/Dombert/Külpmann | Klaus Finkelnburg/Matthias Dombert/Christoph Külpmann, Vorläufiger Rechtsschutz im Verwaltungsstreitverfahren, 5. Aufl. 2008 |
| Finkelnburg/Jank | Klaus Finkelnburg/Klaus Peter Jank, Vorläufiger Rechtsschutz im Verwaltungsstreitverfahren, 4. Aufl. 1998 |
| Forsthoff | Ernst Forsthoff, Lehrbuch des Verwaltungsrechts, Bd. I, Allgemeiner Teil, 10. Aufl. 1973 |
| FS Blümel | Klaus Grupp/Michael Ronellenfitsch (Hrsg.), Planung – Recht – Rechtsschutz, Festschrift für Willi Blümel zum 70. Geburtstag, 1998 |
| FS Gelzer | Wolfgang Lenz (Hrsg.), Festschrift für Konrad Gelzer zum 75. Geburtstag, 1991 |
| FS Hoppe | Wilfried Erbguth (Hrsg.), Planung, Festschrift für Werner Hoppe zum 70. Geburtstag, 2000 |
| FS Menger | Hans-Uwe Erichsen (Hrsg.), System des verwaltungsgerichtlichen Rechtsschutzes: Festschrift für Christian-Friedrich Menger zum 70. Geburtstag, 1985 |
| Grunsky | Wolfgang Grunsky, Grundlagen des Verfahrensrechts, 2. Aufl. 1974 |
| Höfer | Heinz-Joachim Höfer, Die Kostenentscheidung im Widerspruchsverfahren in Rheinland-Pfalz, in: Beiträge |

| | |
|---|---|
| | zum öffentlichen Recht anläßlich des 10-jährigen Bestehens der Fachhochschule für öffentliche Verwaltung in Mayen, 1991 |
| Hufen | Friedhelm Hufen, Verwaltungsprozessrecht, 7. Aufl. 2008 |
| Huxholl | Christian Huxholl, Die Erledigung eines Verwaltungsakts im Widerspruchsverfahren, 1995 |
| Knack | Hans Joachim Knack/Hans-Günter Henneke (Hrsg.), Verwaltungsverfahrensgesetz (VwVfG) 9. Aufl. 2010 |
| Knoke | Ulrich Knoke, Rechtsfragen der Rücknahme von Verwaltungsakten, 1989 |
| Kobes | Stefan Kobes, Verfahrensrechtliche Kostenerstattungsansprüche des Bürgers bei Erledigung des isolierten verwaltungsgerichtlichen Vorverfahrens, 1994 |
| Kopp/Ramsauer | Ferdinand O. Kopp/Ulrich Ramsauer, Verwaltungsverfahrensgesetz, 11. Aufl. 2009 |
| Kopp/Schenke | Ferdinand O. Kopp/Wolf-Rüdiger Schenke, Verwaltungsgerichtsordnung, 16. Aufl. 2009 |
| Leipold | Dieter Leipold, Grundlagen des einstweiligen Rechtsschutzes: im zivil-, verfassungs- und verwaltungsgerichtlichen Verfahren, 1971 |
| Linhart | Helmut Linhart, Schreiben, Bescheide und Vorschriften in der Verwaltung, 3. Aufl. 1989 |
| Martens | Joachim Martens, Die Praxis des Verwaltungsprozesses, 1975 |
| Maurer | Hartmut Maurer, Allgemeines Verwaltungsrecht, 17. Aufl. 2009 |
| Meyer/Borgs | Hans Meyer/Hermann Borgs-Maciejewski, Verwaltungsverfahrensgesetz, 2. Aufl. 1982 |
| Neumeyer | Dieter Neumeyer, Die Klagebefugnis im Verwaltungsprozess, 1979 |
| NK | Helge Sodan/Jan Ziekow (Hrsg.), Verwaltungsgerichtsordnung, 2. Aufl. 2006 |
| Obermayer VwVfG | Klaus Obermayer(Begr.), Roland Fritz (Hrsg,), Verwaltungsverfahrensgesetz, 3. Aufl. 1999 |
| Oerder | Michael Oerder, Das Widerspruchsverfahren der Verwaltungsgerichtsordnung: Einordnung zwischen Verwaltungsverfahrens- und Verwaltungsprozessrecht, 1989 |
| Oppermann | Dagmar Oppermann, Die Funktionen des verwaltungsgerichtlichen Vorverfahrens (Widerspruchsverfahren) in Baurechtssachen aus rechtlicher und rechtstatsächlicher Sicht, 1997 |
| Redeker/v. Oertzen | Konrad Redeker/Hans-Joachim von Oertzen (Begr.), Martin Redeker; Peter Kothe; Helmuth von Nicolai (Hrsg.), Verwaltungsgerichtsordnung, 14. Aufl. 2004 |
| Schenke | Wolf-Rüdiger Schenke, Verwaltungsprozessrecht, 12. Aufl. 2009 |
| Schmitt Glaeser/Horn | Walter Schmitt Glaeser/Hans-Detlef Horn, Verwaltungsprozessrecht, 15. Aufl. 2000 |
| Schnuck/De Clerk | Egon Schunck/Hans de Clerck, Verwaltunsgerichtsodnung, 3. Aufl. 1977 |

| | |
|---|---|
| Schoch/Schmidt-Aßmann/Pietzner | Friedrich Schoch/Eberhard Schmidt-Aßmann/Rainer Pietzner (Hrsg.), Verwaltungsgerichtsordnung (Losebl.) |
| Stelkens/Bonk/Sachs | Paul Stelkens/Heinz J. Bonk/Michael Sachs (Hrsg.), Verwaltungsverfahrensgesetz, 7. Aufl. 2008 |
| Trzaskalik | Christoph Trzaskalik, Das Widerspruchsverfahren der Verwaltungsgerichtsordnung im Lichte der allgemeinen Prozessrechtslehre, 1970 |
| Ule | Carl Hermann Ule, Verwaltungsprozessrecht, 9. Aufl. 1987 |
| Ule/Laubinger | Carl Hermann Ule/Hans-Werner Laubinger, Verwaltungsverfahrensrecht, 4. Aufl. 1995 |
| v. Mutius | Albert von Mutius, Das Widerspruchsverfahren der VwGO als Verwaltungsverfahren und Prozeßvoraussetzung, 1969 |
| Weides | Peter Weides, Verwaltungsverfahren und Widerspruchsverfahren, 3. Aufl. 1993 |
| Wieseler | Willi Wieseler, Der vorläufige Rechtsschutz gegen Verwaltungsakte, 1967 |
| Wolff/Bachof/Stober I | Hans J. Wolff/OttoBachof/Rolf Stober/Winfried Kluth, Verwaltungsrecht I, 12. Aufl. 2007 |
| Wolff/Bachof III | Hans J. Wolff/OttoBachof/Rolf Stober, Verwaltungsrecht Band 3, 5. Aufl. 2004 |
| Wolff/Decker | Heinrich Amadeus Wolff/Andreas Decker, Verwaltungsgerichtsordnung (VwGO) –Verwaltungsverfahrensgesetz (VwVfG), Studienkommentar, 2. Aufl. 2007 |
| Würtenberger | Thomas Würtenberger, Verwaltungsprozessrecht, 3. Aufl. 2008 |

# Einführung

Das Assessorexamen gibt es nicht geschenkt. Wer die Methode der juristischen Fallbearbeitung beherrscht und über einigermaßen fundierte Rechtskenntnisse verfügt, hat jedoch keinen Anlass, das Examen zu fürchten. Die vorliegende Schrift möchte helfen, die insbesondere für das Assessorexamen im öffentlichen Recht erforderlichen Kenntnisse und Fähigkeiten zu erlangen, zu vertiefen und nach dem Examen aufzufrischen.

Ein Patentrezept für die optimale Examensvorbereitung kann freilich niemand liefern. Auch sollten die in der Ausbildungsliteratur gängigen Ratschläge, »schaffend zu lernen« und möglichst viele Klausuren unter Examensbedingungen zu schreiben, nicht überbewertet werden. Die Arbeit am praktischen Fall ist nützlich. Aber ohne systematisch erworbene Kenntnisse wird das Klausurenschreiben zum Selbstzweck. Sicher muss auch das Klausurenschreiben eingeübt werden. Aber immer stellt sich die Frage, ob der erhebliche Aufwand an Zeit und Energie lohnt, den unter Examensbedingungen geschriebene Klausuren erfordern. Aus einer Klausurbesprechung lässt sich auch dann Gewinn ziehen, wenn die Aufgabe zuvor durchdacht und stichwortartig gelöst wurde. Für eine vollständige Lösung sollten zu Übungszwecken jedenfalls nur solche Aufgaben ausgewählt werden, die tatsächlich oder rechtlich besonders interessant erscheinen.

Bereits im Verlauf des Studiums stellen sich die eigenen Schwächen und Stärken und eventuellen Wissenslücken heraus. Schon da muss man gelernt haben, wie man sich individuell am effektivsten auf das Examen vorbereitet. Für das Assessorexamen gilt nichts Besonderes. Den Leserinnen und Lesern bleibt es selbst überlassen, wie sie mit der vorliegenden Schrift arbeiten wollen. Eines bitten wir allerdings zu beachten: Die vorliegende Schrift ist nur ein Hilfsmittel. Sie kann und will das Eigenstudium nicht ersetzen. Die Anmerkungen dienen zwar auch dem Beleg und der wissenschaftlichen Auseinandersetzung. Vor allem aber sollen sie den Zugang zu den wichtigsten Gerichtsentscheidungen und Publikationen erleichtern. Wenn wir etwas reichlicher zitiert haben als in Ausbildungsbüchern wohl auch Lehrdarstellungen üblich, dann deshalb, um notfalls (etwa bei der praktischen Arbeit in der Station) das tiefere Eindringen in eine Problematik zu ermöglichen und zeitraubendes Suchen zu ersparen. Ansonsten versteht es sich von selbst, dass auch Referendarinnen und Referendare nicht alle Angaben nachlesen können. Soweit zu einem Problem Belegstellen aus mehreren Kommentaren oder Lehrbüchern aufgeführt sind, genügt regelmäßig die Lektüre der Belegstelle in der Veröffentlichung, die gerade zur Hand ist. Ansonsten arbeitet man sich am zweckmäßigsten an ein Problem heran, wenn man die neueste Entscheidung oder Veröffentlichung zuerst liest. Im Assessorexamen liegt es nahe, sich an der höchstrichterlichen Rechtsprechung zu orientieren. Bei wichtigen Fragen sollten die neuesten Entscheidungen insbesondere des Bundesverwaltungsgerichts und des jeweils zuständigen Oberverwaltungsgerichts bzw. Verwaltungsgerichtshofs nach Möglichkeit nachgearbeitet werden.

Wie schon dem Untertitel und Inhaltsverzeichnis entnommen werden kann, behandelt die vorliegende Schrift vorwiegend Verwaltungsverfahrens- und Verwaltungsprozessrecht. Das heißt nicht, dass im Assessorexamen das Verfassungsrecht und materielle Verwaltungsrecht keine Rolle spielen. Die Besonderheit des Assessorexamens im öffentlichen Recht liegt jedoch darin, dass grundsätzlich jede Aufgabe einen verwaltungsverfahrensrechtlichen oder verwaltungsprozessualen Bestandteil hat. Erst die Bewältigung dieses Bestandteils ermöglicht in der Regel den Zugriff auf die materiellen Fragen.

Das Verfassungsrecht und materielle Verwaltungsrecht sollten – wenigstens in den Grundzügen – noch vom Referendarexamen vertraut sein. Es genügt, das Wissen in den gängigen Lehr- und Lernbüchern aufzufrischen und zu aktualisieren. Eine speziell auf das Assessorexamen zugeschnittene Darstellung des Verfassungs- und materiellen Verwaltungsrechts erschien uns nicht dringend erforderlich. Jedoch werden im Text zahlreiche examensrelevante materiell-rechtliche Fragen angesprochen.

Im Übrigen gingen wir davon aus, dass das Verwaltungsprozessrecht leichter zugänglich und geläufig ist als das Verwaltungsverfahrensrecht. Aus diesem Grund wurde das Widerspruchsverfahren ausführlicher behandelt.

# 1. Teil. Einleitung

## § 1 Die Anforderungen im öffentlich-rechtlichen Teil des Assessorexamens

### A. Vorbemerkung

Der vorliegende § 1 dient der ersten Orientierung. Er gibt einen Überblick über die Anforderungen, die im öffentlich-rechtlichen Teil des Assessorexamens bestehen, und zeigt, wie diese Anforderungen bewältigt werden können. 1

### B. Die Prüfungsaufgaben

#### I. Rechtsgrundlagen

Die Anforderungen im Assessorexamen regeln die §§ 5 ff. DRiG und die jeweiligen landesrechtlichen Vorschriften. 2

#### II. Arten der Prüfungsleistungen

Die im Assessorexamen geforderten Prüfungsleistungen sind zum Teil in den einzelnen Bundesländern unterschiedlich. Die Einzelheiten ergeben sich aus dem jeweiligen Landesrecht. 3

#### III. Inhalt der Prüfungsleistungen

Gegenstand der Klausuren und Aktenvorträge sind in aller Regel die Leistungen, die herkömmlicherweise von Juristinnen und Juristen erwartet werden, d.h. es sind ein Rechtsgutachten, ein Anwaltsgutachten, eine rechtliche Entscheidung – ein Urteil oder eine sonstige Entscheidung des Gerichts oder der Verwaltung – und ein Sachbericht anzufertigen. Gestalterische Arbeiten wie Vertragsentwürfe gewinnen zunehmend an Bedeutung. Dagegen ist die Formulierungen von Vorschriften ebenso selten wie die Behandlung allgemeiner Themen, die zur praktischen Ausbildung wenig Bezug haben. Methodisch gelten für sie – jedenfalls im Examen – keine Besonderheiten. Ausgangspunkt ist auch hier die Erörterung der Rechtslage. In Klausuren wird aus Zeitgründen normalerweise entweder ein Gutachten oder eine Entscheidung verlangt. Ein einzelner Sachbericht ohne rechtliche Würdigung dürfte nie vorkommen. Der Sachbericht spielt vor allem beim Aktenvortrag eine Rolle. 4

##### 1. Gutachten

Das Gutachten dient der Vorbereitung einer Entscheidung oder beim Anwaltsgutachten einer Vorgehensempfehlung, die strukturell einer Entscheidung ähnelt. Deshalb müssen alle Gesichtspunkte erörtert werden, die für die Entscheidung erheblich sein könnten. Der Gutachtenstil wird bereits im juristischen Studium eingeübt und muss im Referendarexamen beherrscht werden. Für das Assessorexamen gilt nichts Besonderes, zumal der im Verwaltungsprozess gültige Untersuchungsgrundsatz eine Schlüssigkeitsprü- 5 fung im Rahmen der Begründetheitsprüfung ausschließt. Der Gutachtenstil darf jedoch nicht zum Selbstzweck werden. Gerade im Assessorexamen kommt es auf die Fähigkeit an, Wesentliches vom Unwesentlichen zu trennen.

6 Weitschweifigkeiten, z.B. bei der Zulässigkeitsprüfung eines Rechtsbehelfs, sind daher nicht nur überflüssig, sondern schlicht falsch. Außerdem gehen sie zu Lasten des ohnehin knappen Zeithaushalts. Die »Checklisten« für die Zulässigkeitsprüfung (Schaubilder) verstehen sich daher lediglich als Gedächtnisstütze und dürfen nicht als Aufforderung missverstanden werden, nun auch alle Gliederungspunkte gutachtlich zu erörtern. In Klausur, Hausarbeit oder Aktenvortrag dürfen vielmehr nur die Zulässigkeitsfragen erörtert werden, deren Vorliegen nach dem unterbreiteten Sachverhalt *ernstlich zweifelhaft* sein kann.

7 *Nebensächliches* muss daher nicht im Gutachtenstil abgehandelt werden. Beispielsweise ist bei der Versagung einer Gaststättenerlaubnis nach § 5 GaststättenG die Prüfung überflüssig, ob es sich hierbei um einen VA handelt; es genügt der Hinweis, dass ein VA vorliegt. Im Interesse der Zeitersparnis darf zwischen Gutachten- und Urteilsstil variiert werden. Anders als das im Studium eingeübte Gutachten endet das in der Referendarausbildung anzufertigende Gutachten mit einem formulierten Entscheidungsvorschlag, der sich regelmäßig mit dem Tenor der Entscheidung auf der Grundlage des Gutachtens deckt. Das Verbot der Aufbauhinweise im Gutachten wird zunehmend großzügiger gehandhabt, sollte aber nach Möglichkeit beachtet werden. Auch Überschriften innerhalb des Gutachtens sind nicht mehr kategorisch verboten, nachdem bei Anwaltsschriftsätzen die Unsitte um sich greift, diese wie wissenschaftliche Fachbeiträge zu präsentieren.

8 *Hilfsgutachten* sind nützlicher, als gemeinhin angenommen wird. Lediglich der Missbrauch eines Hilfsgutachtens (etwa, um Formulierungsschwierigkeiten bei der Entscheidung zu umgehen) wird nachteilig bewertet.

### 2. Entscheidung

9 Eine Entscheidung bedarf nur der Begründung. Die gedankliche Vorbereitung muss bereits abgeschlossen sein, wenn die Entscheidung niedergeschrieben oder mündlich dargestellt wird. Vorüberlegungen, die die Entscheidungen nicht unmittelbar tragen, haben in der Entscheidung nichts zu suchen. Dem entspricht der Entscheidungs- oder Urteilsstil, der von der zivil- und strafrechtlichen Referendarausbildung bekannt ist. Wie man eine Verwaltungsentscheidung oder die Entscheidung eines Verwaltungsgerichts aufbaut, wird noch ausführlich behandelt werden.

### 3. Sachbericht

10 Der Sachbericht oder die anwaltliche Sachverhaltsschilderung sind vornehmlich für den Aktenvortrag bedeutsam, können aber auch einmal zusammen mit einem gutachtlichen Vermerk gefordert werden. Sie entsprechen weitgehend dem Tatbestand einer Entscheidung.[1] Besonderheiten ergeben sich aus der mündlichen Darstellungsweise, auf die im Zusammenhang mit den Ausführungen zum Aktenvortrag eingegangen wird.

1 Hierzu *Preusche* JuS 2000, 170.

## C. Die einzelnen Prüfungsleistungen

Soweit einzelne Prüfungsämter Richtlinien, Weisungen oder sonstige *Arbeitsunterlagen* für die Klausuren oder Aktenvorträge ausgeben, sind diese vorrangig heranzuziehen, d.h., sie sind durchzulesen, ehe man mit der Arbeit am konkreten Fall beginnt. 11

Ferner kommt gerade bei den vielfältigen Leistungen, die im öffentlichen Recht verlangt werden können, dem sog. *Bearbeitungsvermerk*, der zumeist zusammen mit der Prüfungsaufgabe ausgehändigt wird, besondere Bedeutung zu. Er muss von Anfang an sorgfältig studiert werden; denn von ihm hängen das weitere Vorgehen und die Zeiteinteilung ab. Eine Geschäftsführung ohne Auftrag gibt es bei Prüfungsleistungen nicht. 12

### I. Klausur

Bei der Klausur[2] kommt es darauf an, die gestellte Aufgabe – und nur diese! – innerhalb der vorgeschriebenen Zeit mit den zugelassenen Hilfsmitteln zu bewältigen. 13

Von zentraler Bedeutung ist die *Arbeit mit dem Aufgabentext*. Hier werden immer wieder Fehler gemacht, die unnötig und deswegen besonders ärgerlich sind. 14

Nach Aushändigung des Aufgabentextes muss als erstes geprüft werden, was überhaupt verlangt ist *(Fragestellung)*. Das beste Urteil nützt nichts, wenn ein Gutachten gefordert war; und die originellsten Gedanken schaden nur, wenn sie mit der Aufgabenstellung nichts zu tun haben.

Daran anschließend gilt es, den *Sachverhalt* zu erfassen. Die Anträge und Forderungen der Beteiligten und die behördlichen (z.B. der angegriffene VA) oder gerichtlichen Entscheidungsformeln (z.B. ein Beweisbeschluss) zeigen, worauf es ankommt. Sie werden daher zweckmäßigerweise im Aufgabentext (z.B. durch Großbuchstaben am Rand) besonders kenntlich gemacht. In den meisten Fällen ist die Anfertigung einer *Zeittabelle* nützlich. Trotz gegenteiliger Aussagen in der Ausbildungsliteratur dürfen die Rechtsansichten der Beteiligten nicht zu gering veranschlagt werden. Kein Prüfer belastet seinen Aufgabentext mit Überflüssigem. Auch falsche Rechtsansichten der Beteiligten deuten an, welche Rechtsfragen behandelt werden sollen. Darüber hinaus finden sich häufig zu einem Problem widersprechende Rechtsausführungen der Beteiligten. Hier ist es ratsam, die Ausführungen stichwortartig gegenüberzustellen. Wer bei der Lösung der Aufgabe unter Zeitdruck steht, kann sich dann notfalls diejenigen Ausführungen herausgreifen, denen er zuneigt. Zumindest sollten wichtige Gesichtspunkte am Rand des Aufgabentextes beziffert werden, um sie nicht in der Hitze des Gefechts aus den Augen zu verlieren. Auf diese Weise ist außerdem gewährleistet, dass eine wichtige Rechtsfrage nicht übersehen wird. 15

Der schlimmste Fehler beim Erfassen des Sachverhalts ist die sog. *»Sachverhaltsquetsche«*. 16

Der Sachverhalt darf nie so zurechtgebogen werden, dass sich die Lösung an einem bekannten ähnlichen Fall orientieren kann. Alles, was auf diese Weise erreicht wird, ist nämlich die Lösung des ähnlichen Falles; die konkret gestellte Aufgabe bleibt unbewältigt.

Sobald der Sachverhalt vollständig erfasst worden ist, sollte noch einmal die Aufgabenstellung *kontrolliert* werden. Jetzt ist es möglich, die Ziele der Beteiligten zu überschau- 17

2 Hierzu *Decker* JA 1997, 969. **Beispiele:** *Musil* JA 2003, 781; *Kintz* JuS 2004, 328.

en. Nun kann auch erwogen werden, ob eine Umdeutung von Anträgen, die Ausübung des richterlichen Fragerechts bzw. die Zulassung einer Klageänderung in Betracht kommen.

**18** Mit der Bewältigung der gestellten Aufgabe soll nicht nur die Fähigkeit unter Beweis gestellt werden, eine konkrete Aufgabe zu lösen, sondern es sollen auch generell die juristischen Fähigkeiten zum Ausdruck gebracht werden *(»juristisches Handwerkszeug«)*. Daher genügt es nicht, das vom Prüfer für richtig gehaltene Ergebnis mehr oder weniger zufällig zu finden. Vielmehr kommt es darauf an, eine der Aufgabenstellung gerecht werdende Entscheidung zu treffen und diese in vertretbarer Weise und in der gebotenen Form zu begründen. Maßgeblich ist die Art und Weise, wie die Entscheidung erarbeitet wurde. Das Vorgehen bei der Bewältigung einer exemplarischen konkreten Aufgabe gibt Aufschluss, ob jemand auch andere Aufgaben in den Griff bekommen würde. Nicht von ungefähr spielt ein folgerichtiger Aufbau bei der Bewertung der Arbeiten eine große Rolle.

**19** Die *einzig richtige Lösung* gibt es selten. Die vorgeschlagene Lösung muss daher lediglich vertretbar sein. Dies ist grundsätzlich nur dann der Fall, wenn eine Auseinandersetzung mit den im Aufgabentext angesprochenen Zweifelsfragen auch wirklich erfolgte. Diese Fragen sind in aller Regel entscheidungserheblich. Wenn für die letztlich getroffene Entscheidung die meisten Angaben im Aufgabentext irrelevant sind, sollte das Ergebnis noch einmal kritisch überprüft werden. Bei dieser Lösung bleibt man sinnvoller Weise nur, wenn man sich seiner Sache völlig sicher ist (welcher Jurist und welche Juristin ist das jemals?). Als Zeichen von Unsicherheit gilt es jedenfalls, wenn die Angaben des Sachverhalts durch die Hintertür eingeschmuggelt werden, obwohl hierzu vom im Lösungsergebnis vertretenen Standpunkt aus kein Anlass besteht. Mangelnde Folgerichtigkeit mindert den Wert einer Arbeit. Die Floskel, es kann dahingestellt bleiben, ob die Streitfrage X so oder so zu lösen ist, nützt selten etwas; sie schadet, wenn die Streitfrage im Ergebnis doch gelöst wird.

**20** Mit *Fallstricken* braucht niemand zu rechnen. Eine Aufgabe, die reichlich einfach anmutet, ist noch kein Grund zum Misstrauen. Sie sollte aber zur Sicherheit noch einmal daraufhin durchgegangen werden, ob nicht doch wesentliche Gesichtspunkte übersehen wurden. Bei Aufgaben, die dagegen besonders schwer erscheinen, sollte überlegt werden, was für Entscheidungen für das Begehren der Beteiligten überhaupt in Betracht kommen. Danach kann in aller Ruhe geprüft werden, ob die Schwierigkeiten, die den Weg zu einer dieser Ent scheidungen versperren, wirklich unvermeidbar sind.

**21** Die *Begründung* der getroffenen Entscheidung bildet den Schwerpunkt der Aufgabe. Üblicherweise wird eine *eigene* Begründung erwartet. Das bedeutet aber lediglich, dass der Hinweis auf fremde Begründungen allein (herrschende Lehre, Rechtsprechung des BVerwG) die eigene Begründung nicht ersetzen kann. Wem die fremde Begründung geläufig ist, der darf sie natürlich verwenden. Es bringt immer Punkte ein, wenn die Argumente der höchstrichterlichen Rechtsprechungen, auf die es in der gestellten Aufgabe ankommt, knapp und möglichst genau wiedergegeben werden können. Hier ist es selten angebracht, krampfhaft nach einer eigenen, möglichst auch noch abweichenden, Ansicht zu suchen. Ganz allgemein sollte vielmehr stets das Bemühen um eine *verständige* Begründung im Vordergrund stehen. Eine eigenständige Begründung kann dabei immer mit Beifall rechnen, während eigenwillige Begründungen in aller Regel zu Irritationen führen.

Die Bedeutung des *folgerichtigen Aufbaus* wurde bereits hervorgehoben. Aufbaufehler können mit geringem intellektuellem Aufwand festgestellt werden und sind deswegen besonders gefährlich. Der Aufbau der Gedankenführung richtet sich nach der Art der Aufgabe. Die prozessualen Aufbaugesichtspunkte sind lernbar und werden in der Folge ausführlich behandelt. 22

Zur Lösung der gestellten Aufgabe gehört die Darstellung in der richtigen *Form*. Dass die äußere Gestalt einer Arbeit und die Ausdrucksweise ansprechend sein sollten, ist selbstverständlich. Noch wichtiger ist, dass die Form der Lösung der geforderten Examensleistung entspricht. Ein Urteil darf eben nur im Urteilsstil abgefasst werden, und ein Gutachten muss letztlich als Gutachten erkennbar sein. 23

In der Theorie klingt vieles schwieriger, als es in der Wirklichkeit ist. Wer klar denkt, wird in aller Regel einen guten Aufbau und eine passable Begründung zustande bringen. Das vertretbare Ergebnis stellt sich dann fast automatisch ein. Die examensrelevanten Förmlichkeiten öffentlich-rechtlicher Entscheidungen sind erlernbar, so dass im Examen nur noch mit dem Zeitproblem zu kämpfen ist. Das Zeitproblem lässt sich durch eine entsprechende psychische Vorbereitung entschärfen. Nur wer die Klausurentechnik vor dem Examen erprobt hat, wird sich im Examen einigermaßen sicher fühlen. Im Übrigen muss man mit dem unbedingten Willen ins Examen gehen, etwas zu Papier zu bringen und abzugeben. Viele Appelle klingen altbacken. Werden sie jedoch nicht beachtet, so müssen sie trotzdem fortwährend wiederholt werden. Dies gilt auch für folgenden an alle Examenskandidaten und Examenskandidatinnen gerichteten Ratschlag: Nicht Herumtrödeln, die Unterlagen nicht in Unordnung bringen, nicht mehr an bereits geschriebene Klausuren denken und vor allem sich von niemandem verrückt machen lassen. 24

Für den Beginn mit der *Reinschrift* gibt es keine starren Regeln. Als Faustregel gilt, dass durchschnittlich $^2/_3$ der Zeit für die Reinschrift benötigt werden. Die meisten werden sich noch an die Fehler bei der Zeiteinteilung erinnern, die ihnen im Referendarexamen unterlaufen sind. Es ist bereits ein Gewinn, wenn diese Fehler nicht wiederholt werden.

## II. Aktenvortrag

Der Aktenvortrag[3] ist eine Kombination von Tatbestand, Gutachten und Entscheidung, deren Eigenart aus der Art der Darstellung folgt. Wichtig sind vor allem *zwei Fähigkeiten*, erstens die Fähigkeit, sich den Zuhörern verständlich zu machen, und zweitens die Fähigkeit, sich an die vorgeschriebene Zeit zu halten. 25

Der Aktenvortrag ist in *freier Rede* zu halten. In welchem Umfang Notizen zur Gedächtnisstütze gestattet sind, hängt von der Übung im Bereich des jeweiligen Prüfungsamtes ab und muss rechtzeitig erfragt werden. Skizzen und im Prüfungstermin nicht zugängliche Vorschriften dürfen vervielfältigt und dem Kollegium zum besseren Verständnis des Vortrags ausgehändigt werden. 26

Zu der speziell für den Aktenvortrag erforderlichen Fähigkeit, sich verbal verständlich zu machen, gehört auch die weitere Fähigkeit, ohne dreiste Gags die *Aufmerksamkeit* 27

3 Vgl. *M. und O. Pagenkopf* Der Aktenvortrag im Assessorexamen, 1999; *Janssen* Der Aktenvortrag im Öffentlichen Recht, 2. Aufl. 2007; *Beispiele*: *Kohl* SächsVBl 1995, 243 [270] ; *Proppe* JA 1997, 888; *Schmid* JA 1998, 586; *Neuwinger/Poppen* JuS 2003, 800; *Nowak* JuS 2003, 699; *Kment* JuS 2004, 613; *Beaucamp* JuS 2004, 706; *ders.* JuS 2005, 636; *ders.* ThürVBl 2008, 93; *Deichmöller* JuS 2005, 1020; *Möller* JuS 2007, 757.

*der Zuhörer* zu wecken und aufrechtzuerhalten. Die vorzutragende Materie ist oft spröde genug. Sie sollte nicht auch noch durch monotonen, unartikulierten, stockenden und unsicheren Vortrag langweiliger gemacht werden als nötig.

28 Der Aktenvortrag *beginnt*, indem die Zuhörer mit den Beteiligten des zu behandelnden Falls vertraut gemacht werden und indem verdeutlicht wird, worum es überhaupt geht. Danach leiten wenige Worte zum *Sachbericht* (Sachverhalt) über, der einem komprimierten Tatbestand entspricht.

> **Beispiel:** Ich trage vor in der Verwaltungsstreitsache des Max Lehmann aus Großdorf gegen den Freistaat Bayern, vertreten durch die Landesanwaltschaft Bayern, die bei dem Verwaltungsgericht München anhängig war. Der Kläger begehrt die Festlegung des Endes der Betriebszeit für den Biergarten der Waldgaststätte »Bosco Sereno« auf 21.30 Uhr.

*Abweichungen* von der prozessualen Streitstanddarstellung (vgl. unten § 20 Rn. 9) ergeben sich, wenn Gegenstand des Aktenvortrags ein *Widerspruchsverfahren* ist. Das Widerspruchsverfahren ist der Sache nach kein kontradiktorisches Streitverfahren zwischen WF und Ausgangsbehörde, das von der Widerspruchsbehörde als neutralem Dritten zu entscheiden wäre, sondern ein Verwaltungsverfahren besonderer Art (vgl. unten § 24 Rn. 4) zwischen WF und Widerspruchsbehörde, die diesem gegenüber die Einheit der Verwaltung verkörpert und deshalb in eigener Sache entscheidet (vgl. unten §§ 25 Rn. 11, 33 Rn. 1, 41 Rn. 6). Die Ausgangsbehörde ist deshalb weder Antragsgegner i.S. des § 13 I Nr. 1 VwVfG noch Antragsteller im Widerspruchsverfahren, sondern als Abhilfebehörde (§ 72 VwGO) selbst Herrin über das Widerspruchsverfahren (z.T. ausschließlich, z.T. konkurrierend; vgl. unten § 25). Sie hat deshalb keine Anträge bei der Widerspruchsbehörde zu stellen, sondern über die Abhilfe zu entscheiden und bei Verweigerung die Akten mit einer Stellungnahme vorzulegen. Korrekterweise ist dies als Teil der Verfahrensgeschichte (nach dem Antrag des WF) zu behandeln und deshalb im Perfekt zu berichten. Die Praxis der Widerspruchsbehörden verfährt z.T. anders, indem sie die Reaktion der Abhilfebehörde in Form eines Antrags, den Widerspruch zurückzuweisen, berichtet und auch den Widerspruchsbescheid in Beschlussform abfasst (dazu unten § 41 Rn. 6 und § 50 Rn. 3 f.) und hierbei die Ausgangsbehörde als Widerspruchsgegnerin bezeichnet. Dies beruht auf einer unbedachten Analogie zur Prozesspraxis, die der Sache nach nicht haltbar ist. Wenn man überhaupt eine prozessrechtliche Analogie für statthaft hält, entspricht die Reaktion der Abhilfebehörde der des VG bei der Abhilfeentscheidung über eine Beschwerde (§ 148 I VwGO), die auch in der Prozesspraxis, wenn sie im Tatbestand überhaupt berichtet wird, als Teil der Verfahrensgeschichte behandelt wird. Am häufigsten findet sich die oben beanstandete Praxis bei den Rechtsausschüssen in Rheinland-Pfalz und dem Saarland, da hier das Institut der mündlichen Verhandlung die Prozessanalogie geradezu aufdrängt. Gleichwohl gilt auch hier nichts anderes, da die mündliche Verhandlung der Sache nach nichts anderes ist als eine mündliche Erörterung der Widerspruchssache mit den Beteiligten. Unter verwaltungspraktischen Gesichtspunkten lässt sich zur Rechtfertigung dieser Darstellungsform immerhin anführen, dass sie zur Verstärkung der Befriedungs- und Entlastungsfunktion der Rechtsausschüsse beitragen kann, weil sie möglicherweise beim WF ein erhöhtes Vertrauen in die Richtigkeit einer sich gerichtsähnlich gebenden Entscheidung erweckt. Trotz dieser Bedenken sollte im Examen nicht versucht werden, die Prüfer von der Unhaltbarkeit einer eingefahrenen Verfahrenspraxis zu überzeugen. Vielmehr muss man sich Gewissheit über die im jeweiligen Bundesland übliche Praxis verschaffen. Lässt sich eine einheitliche Übung nicht feststellen, empfiehlt sich der oben dargestellte Aufbau des Streitstandberichtes.

29 Dem Sachbericht folgt ein schlagwortartig formulierter *Vorschlag* zur Hauptsache.

> **Beispiel:** Ich schlage vor, der Klage (im Wesentlichen) stattzugeben (den Antrag zurückzuweisen).

Den Hauptteil des Aktenvortrags sollte nunmehr die *Begründung* des Vorschlags ausmachen. Häufig wird für diese Begründung der Gutachtenstil gefordert. Zeitsparender und daher zweckmäßiger ist es im Regelfall jedoch, sich an den Entscheidungsstil zu halten und nur die wesentlichen Zweifelsfragen in Form eines Gutachtens abzuhandeln. Ein vernünftiger Prüfer kennt den Zeitdruck beim Aktenvortrag und wird dieses Vorgehen nicht negativ bewerten. Den Schluss des Aktenvortrags bildet ein wörtlicher Entscheidungsvorschlag (Tenor), der die Entscheidung zur Hauptsache und außerdem die zu treffenden Nebenentscheidungen enthalten muss (**Beispiele:**

§ 20 Rn. 36 ff.). Die Nebenentscheidungen sind vor dem Vortrag des Tenors kurz zu begründen.

**Beispiel:** Die Kostenentscheidung beruht auf § 154 Abs. 1 VwGO, die Entscheidung über die vorläufige Vollstreckbarkeit auf § 167 VwGO in Verbindung mit §§ 708 Nr. 11, 711 ZPO.

Empfehlenswert ist schließlich noch eine Höflichkeitsformel, die zu einem respektvollen Umgangston der Prüfung beiträgt:

**Beispiel:** »Damit komme ich zum Ende und bedanke mich für Ihre Aufmerksamkeit.«

Eine der Hauptschwierigkeiten beim Aktenvortrag ist der erwähnte *Zeitfaktor*. Exa- 30
menskandidaten und -kandidatinnen müssen sich daher auf den Aktenvortrag – notfalls mit Hilfe einer Stoppuhr – so vorbereiten, dass sie die vorgeschriebene Zeit unter allen Umständen einhalten werden. Wer es dann beim besten Willen für unmöglich hält, mit dem Zeitrahmen auszukommen, hat dies der Prüfungskommission mitzuteilen, *ehe* mit dem Vortrag begonnen wird. Anderenfalls riskiert der oder die Vortragende es, mitten im Vortrag unterbrochen zu werden. Auch in diesem Zusammenhang ist noch einmal darauf hinzuweisen, dass der Aktenvortrag kein Gutachten darstellen soll, das alle auch nur am Rande auftauchenden Zweifelsfragen einer rechtlichen Würdigung unterzieht; er soll vielmehr eine gefundene Entscheidung auf dem kürzesten Weg unter Beschränkung auf das zur Lösung unbedingt Erforderliche begründen.

Wurde bei der Vorbereitung des Vortrags zunächst eine Rechtsfrage geprüft, die sich dann bei tieferem Einstieg als *entscheidungsunerheblich* herausgestellt hat, so muss in jedem Fall der Versuchung widerstanden werden, das einmal Erarbeitete auch im Vortrag anzubringen. Angesichts des Zeitlimits kann sich niemand ein solches Federspreizen leisten. Stattdessen sollte diese Rechtsfrage nur kurz angetippt und mit einer knappen Begründung beiseite gelassen werden. Finden Prüfer Interesse an der Fragestellung, so werden sie darauf zu sprechen kommen, und dann können der oder die Vortragende zusätzliche Punkte sammeln, ohne Abzüge wegen Überschreitung des Zeitlimits befürchten zu müssen.

Häufig sind auch *mehrere Lösungen* gleich gut vertretbar. Selbst wer seine Ansicht noch so überzeugend begründet hat, kann nie sicher sein, dass die Prüfer nicht nachfragen, wie bei der ebenso vertretbaren anderen Entscheidungsprämisse zu entscheiden gewesen wäre. Sie werden mit Sicherheit nachfragen, wenn der vorgetragene Lösungsvorschlag den amtlichen Lösungshinweis (der nicht selten nur einen Lösungsweg vorzeichnet) nicht getroffen hat. Deshalb sollte man auch die anderen vertretbaren Lösungen konsequent zu Ende gedacht haben, um für Nachfragen präpariert zu sein.

Der Zeitfaktor spielt beim Aktenvortrag außerdem im Hinblick auf die *Vorbereitungs-* 31
*zeit* eine wichtige Rolle. Zahlreiche Kandidaten und Kandidatinnen fürchten den Aktenvortrag, weil sie glauben, mit der relativ kurzen Vorbereitungszeit nicht hinkommen zu können. Die Furcht ist unbegründet. Die Vorbereitungszeit wird erst knapp, wenn man sich verrückt machen lässt und in der Hektik das Ziel aus den Augen verliert, eine knappe und solide juristische Arbeit zu liefern.

Bei *Kurzvorträgen*[4] ist die Situation eher der bei einer Klausur vergleichbar. An die Stelle 32
der Reinschrift tritt der mündliche Vortrag. Die psychische Vorbereitung (Konzentrationsübung!) erlangt hierbei besondere Bedeutung.

4 Hierzu *Budde-Hermann/Schöneberg* Der Kurzvortrag im Assessorexamen. Öffentliches Recht, 4. Aufl. 2008. **Beispiele:** *Proppe* JA 2004, 488; *Nowak* JuS 2003, 699; vgl. auch VG Düsseldorf v. 23.06.2005, BecksRS 2005, 27780.

**Aufbauschema: Aktenvortrag**

1. Einleitung
   a) Bezeichnung des Streitgegenstands und der Beteiligten
   b) Überleitung zum Sachbericht (Sachverhalt)
2. Sachbericht (Sachverhalt)
3. Kurzer Entscheidungsvorschlag
4. Rechtliche Würdigung
   a) Auslegung, ggf. Umdeutung des Rechtsbehelfsbegehrens
   b) Erörterung der Sachentscheidungsvoraussetzungen
   c) Begründung des Entscheidungsvorschlags
   d) Erörterung der Nebenentscheidungen
5. Wörtlicher Entscheidungsausspruch (Tenor)

# 2. Teil. Die verwaltungsgerichtliche Entscheidung

## 1. Abschnitt. Überblick

### § 2 Formen verwaltungsgerichtlicher Entscheidungen

#### A. Allgemeines

Über förmliche Rechtsbehelfe muss entsprechend förmlich entschieden werden. Das verwaltungsgerichtliche Verfahren kennt vier Entscheidungsformen, nämlich Urteil, Beschluss, Verfügung und Gerichtsbescheid. 1

| | Verwaltungsgerichtliche Entscheidungsvoraussetzungen |
|---|---|
| *Urteil* | Regelmäßige Entscheidungsform für alle Klagen (§ 107 VwGO) sowie für die Entscheidung im Normenkontrollverfahren auf Grund mündlicher Verhandlung (§ 47 V 1 VwGO) |
| *Gerichtsbescheid* | Mögliche Entscheidungsform bei Klagen in rechtlich und tatsächlich nicht besonders schwierigen Fällen und geklärtem Sachverhalt (§ 84 I VwGO) |
| *Beschluss* | Entscheidung im selbständigen Antragsverfahren (§ 47 V S. 1, § 80 V, VII, VIII, § 89 a III, § 123 IV VwGO), Rechtsmittelverfahren (§§ 124 a V, § 125 II, § 130 a, § 133 V, § 144 I VwGO), zur Vorbereitung eines Urteils (z.B. §§ 65 IV, 86 II, 93, 93 a I 3, 99 II 1, 146 II VwGO) oder zur nichtstreitigen Beendigung des Verfahrens (§§ 92 III, 161 II VwGO) |
| *Verfügung* | Sonstige Anordnung des Vorsitzenden oder eines anderen Mitglieds des Gerichts, die den Verfahrensablauf betrifft |

#### B. Die einzelnen Entscheidungsvoraussetzungen

##### I. Urteil

Durch Urteil (s. näher §§ 19 f.) wird grundsätzlich über alle Klagen (§ 107 VwGO) und im Normenkontrollverfahren (§ 47 V 1 VwGO) entschieden. Keiner Sachentscheidung bedarf es bei der Klagerücknahme (§ 92 VwGO), im Falle eines Prozessvergleichs (§ 106 VwGO) oder wenn die Hauptbeteiligten den Rechtsstreit übereinstimmend in der Hauptsache für erledigt erklären.[1] 2

##### II. Beschluss

Ein Beschluss kommt nur in Betracht, soweit nicht der Erlass eines Urteils vorgesehen ist (s. näher § 21). Die wichtigsten Fragen, die durch den Beschluss entschieden werden, betreffen das Normenkontrollverfahren (§ 47 V 1 VwGO), die Wiedereinsetzung in den vorigen Stand (§ 60 VwGO), die Beiladung (§ 65 VwGO), das Verfahren zur Erlangung 3

1 S. § 17 Rn. 13 ff.

einstweiligen Rechtsschutzes (§§ 80, 123 VwGO), die Verweisung an ein anderes Verwaltungsgericht (§ 83 VwGO i.V.m. § 17 a II GVG) oder an das Gericht eines anderen Gerichtszweiges (§ 17 a II GVG), das Beweisverfahren (§§ 86 II, 96 ff. VwGO), die Berichtigung von Urteilen und Beschlüssen (§§ 118, 119, 122 VwGO), die Zulässigkeit von Berufung und Revision (§§ 125 II, 133 V, 134 I, 144 I VwGO) und die Beschwerde gegen Entscheidungen des Verwaltungsgerichts (§ 150 VwGO). § 130 a VwGO eröffnet ferner dem Berufungsgericht die Möglichkeit, die Berufung durch Beschluss zurückzuweisen, wenn es sie einstimmig für unbegründet und eine mündliche Verhandlung nicht für erforderlich hält.[2]

### III. Gerichtsbescheid

4 Der Gerichtsbescheid[3] gibt den Verwaltungsgerichten die Möglichkeit, einfache Rechtsstreitigkeiten im Klageverfahren auf vereinfachte Weise, d.h. ohne mündliche Verhandlung und ohne Mitwirkung der ehrenamtlichen Richter, zu entscheiden. Er setzt voraus, dass die Sache keine besonderen Schwierigkeiten tatsächlicher oder rechtlicher Art aufweist (vgl. § 348 I Nr. 1 ZPO) und dass der Sachverhalt geklärt ist. Hierbei steht dem Gericht ein Beurteilungsspielraum zu.[4] Einstimmigkeit ist nicht erforderlich. In Form und Inhalt entspricht der Gerichtsbescheid einem Urteil nach § 117 II VwGO (s. näher § 22).

### IV. Verfügung

5 Alle sonstigen Entscheidungen und Anordnungen des Vorsitzenden oder eines anderen Mitglieds des Gerichts ergehen in Form der Verfügung.

*Prozessleitende Verfügungen*, d.h. Entscheidungen des Gerichts oder des Vorsitzenden, die sich auf den äußeren förmlichen Fortgang des Verfahrens beziehen und Ausfluss des dem Richter für die Verfahrensgestaltung eingeräumten Ermessensspielraums sind, können gem. § 146 II VwGO nicht mit der Beschwerde angefochten werden.

## C. Die Entscheidungsformen im Examen

6 Wenn im Examen eine verwaltungsgerichtliche Entscheidung zu entwerfen ist, so werden in aller Regel ein Urteil und/oder ein Gutachten zur Vorbereitung des Urteils verlangt. Dann wird erwartet, dass begründet werden kann, ob eine Sachentscheidung überhaupt zulässig ist, und dass der Aufbau eines Urteils beherrscht wird. Den Schwerpunkt der folgenden Darstellung bildet dementsprechend das, was man von den Sachurteilsvoraussetzungen (2. Abschnitt) und vom Aufbau eines verwaltungsgerichtlichen Urteils in groben Zügen wissen sollte (3. Abschnitt).

7 Gelegentlich ist im Examen auch der Beschluss eines Verwaltungsgerichts vorzubereiten. Auch der Beschluss ist eine förmliche Sachentscheidung und hängt vom Vorliegen der Sachentscheidungsvoraussetzungen ab. Daher gelten die Ausführungen zu den Sachurteilungsvoraussetzungen für Beschlüsse entsprechend, soweit sich nicht Beson-

2 Zur Verfassungsmäßigkeit der Regelung BVerwG v. 25.07.1985, BVerwGE 72, 59.
3 Vgl. *Pagenkopf* DVBl 1991, 285 (287 f.). Zur Funktion BFH v. 26.04.1995, NVwZ 1996, 518. Überzogene Kritik bei *Roth* NVwZ 1997, 656.
4 Vgl. BVerwG v. 19.12.1989, NVwZ 1990, 962 (963) und Schoch/Schmidt-Aßmann/Pietzner/*Clausing* § 84 Rn. 20.

derheiten aus dem Urteilsverfahren ergeben, die jeweils hervorgehoben werden. Examensträchtig sind vor allem das Normenkontrollverfahren und das Verfahren zur Erlangung einstweiligen Rechtsschutzes, auf das im 4. Teil eingegangen wird. Über Aufbau und Formulierung der wichtigsten Beschlüsse sowie von Gerichtsbescheiden informiert der 4. Abschnitt.

# § 3 Rechtsbehelfe und Rechtsmittel

## A. Allgemeines

1 Obwohl § 58 I VwGO Rechtsbehelfe[1] und Rechtsmittel[2] unterscheidet, werden beide Begriffe häufig durcheinandergeworfen. Hinzu kommt, dass § 58 I VwGO nur die ordentlichen Rechtsbehelfe (einschließlich des Widerspruchs) meint.

Unter einem *Rechtsbehelf* im weitesten Sinn des Wortes versteht man jedes prozessuale Mittel zur Verwirklichung eines Rechts.[3] Dieser weite Begriff umfasst die ordentlichen Rechtsbehelfe, die generell gegeben sind, die außerordentlichen Rechtsbehelfe, die vom Vorliegen besonderer Ereignisse abhängen, und die Rechtsmittel.

Zu den *ordentlichen Rechtsbehelfen* zählen alle Klagen, der Antrag im Normenkontrollverfahren, der Antrag auf mündliche Verhandlung (§ 84 II VwGO) und der Antrag auf gerichtliche Entscheidung nach den §§ 151, 165 VwGO.

*Außerordentliche* Rechtsbehelfe sind die Anträge zur Erlangung vorläufigen Rechtsschutzes, der Antrag auf Urteilsberichtigung oder Ergänzung (§§ 119, 120 VwGO), der Antrag auf Wiedereinsetzung in den vorigen Stand und der Antrag auf Wiederaufnahme des Verfahrens (§ 153 VwGO).[4]

2 *Rechtsmittel* im Verwaltungsprozess sind Berufung (§§ 124 bis 130b VwGO), Revision (§§ 132 bis 144 VwGO) und Beschwerde (§§ 146 bis 152a VwGO). Berufung und Beschwerde haben die Nachprüfung der angefochtenen Entscheidung in tatsächlicher und rechtlicher, die Revision nur in rechtlicher Hinsicht zum Ziel. Die Bindung des Revisionsgerichtes an die tatsächlichen Feststellungen in dem angefochtenen Urteil (§ 137 II VwGO) besteht nur dann nicht, wenn in Bezug auf sie zulässige und begründete Revisionsrügen vorgebracht werden, also z.B. die vom Tatsachengericht vorgenommene Feststellung auf einem Verstoß gegen Bundesprozessrecht, einem Rechtsirrtum oder einem Verstoß gegen allgemeine Erfahrungssätze, Denkgesetze[5] oder Auslegungsregeln beruht.[6] Berufung und Revision sind nur gegen Endurteile (Voll- und Teilurteile) einschließlich der Vorbehaltsurteile (§ 302 III ZPO) und gegen Zwischenurteile nach §§ 109 und 111 VwGO zulässig. Die Beschwerde richtet sich gegen beschwerdefähige Entscheidungen, die nicht Urteile oder Gerichtsbescheide sind.

3 Rechtsmittel haben die Besonderheit, dass sie die Überleitung der angefochtenen Entscheidung an eine höhere Instanz bewirken *(Devolutiveffekt)*. Gleichzeitig hemmen sie den Eintritt der Rechtskraft der angefochtenen Entscheidung *(Suspensiveffekt)*.

1 Vgl. Schaubild 4.
2 Überblick bei *Saenger* JuS 1992, 779 (781 ff.).
3 Schoch/Schmidt-Aßmann/Pietzner/*Meyer-Ladewig* Vorb §§ 124–153 Rn. 2.
4 Der Wiederaufnahmeklage fehlt der Devolutiv- und Suspensiveffekt von Rechtsmitteln; im Übrigen ist sie mit diesen vergleichbar.
5 Mit der Rüge einer Verletzung der Denkgesetze bei Anwendung des materiellen Rechts wird in aller Regel kein Verfahrensmangel bezeichnet; BVerwG v. 03.04.1996, NVwZ 1997, 389.
6 BVerwG v. 27.05.1981, NVwZ 1982, 196. Die allgemeinen Grundsätze über die Auslegung von Willenserklärungen (§§ 133, 157 BGB) sind dagegen revisibles Recht nach § 137 I Nr. 2 VwGO i.V.m. § 62 S. 2 VwVfG; BVerwG v. 19.01.1990, NJW 1990, 1926.

Sie setzen ferner grundsätzlich[7] die *Beschwer* des Rechtsmittelführers voraus, die – allgemein gesprochen – dann gegeben ist, wenn die angefochtene Entscheidung hinter dessen Begehren zurückbleibt.[8] Die Beschwer ist auch dann gesondert zu prüfen, wenn das Rechtsmittel von einem Beigeladenen eingelegt wird, da aus § 66 VwGO nur die Statthaftigkeit des Rechtsmittels folgt.[9] Für die Bestimmung der Beschwer kommen zwei Ansätze in Betracht. Einmal kann man entsprechend § 42 II VwGO auf die subjektive Rechtsstellung des Rechtsmittelführers abstellen, also auf seine materiell-rechtliche Betroffenheit und damit auf die *materielle* Beschwer. Zum anderen kann eine Beschwer gegeben sein, wenn die angegriffene Entscheidung dem Rechtsmittelführer etwas versagt, was er beantragt hatte – *formelle* Beschwer[10] –. Die Rechtsprechung und h.L. stellen grundsätzlich auf die formelle Beschwer ab. Der Kläger ist danach beschwert, wenn die Klage durch das angefochtene Urteil ganz oder teilweise abgewiesen worden ist, wenn das Gericht nur dem Hilfsantrag stattgegeben und den Hauptantrag abgewiesen[11] oder offengelassen hat oder wenn durch Prozessurteil *statt* durch Sachurteil entschieden wurde.[12] Der Beklagte ist beschwert, wenn er ganz oder teilweise verurteilt worden ist.[13] Ob auch hier eine Beschwer zu bejahen ist, wenn ein Sachurteil an Stelle eines Prozessurteils erging, ist umstritten.[14] Durch ein klageabweisendes Sachurteil statt eines Prozessurteils wird der Beklagte jedenfalls nicht beschwert. Keine Beschwer liegt ferner vor, wenn die angefochtene Entscheidung auf andere Gründe gestützt ist, als sie der Rechtsmittelführer vorgebracht hatte.[15] Bei Rechtsmitteln von Beigeladenen genügt die formelle Beschwer als prozessuale Rechtsmittelvoraussetzung nicht. Sachlichen Erfolg kann das Rechtsmittel hier nur haben, wenn die Entscheidung der Vorinstanz eigene Rechte des Rechtsmittelführers verletzt (vgl. unten § 7 Rn. 10). Die Beschwer ist vom *Rechtsschutzinteresse* zu trennen, das für alle Rechtsbehelfe gegeben sein muss.[16] Das Rechtsschutzinteresse kollidiert gelegentlich mit den Fällen prozessualer Überholung.[17] Hilfreich ist es dann, auf die zum Feststellungsinteresse bei der Fortsetzungsfeststellungsklage entwickelten Grundsätze (unten § 18 Rn. 17ff.) abzustellen. Auch Rechtsmittel können die Gelegenheit bieten, schwerwiegende, wenn auch tatsächlich nicht mehr fortwirkende, Grundrechtseingriffe gerichtlich zu klären.[18] 4

7 *Nicht* Zulässigkeitsvoraussetzung ist die Beschwer bei einem Rechtsmittel des VöI, der nur eine anderslautende Entscheidung anstreben muss, vgl. BVerwG v. 07.06.1977, Buchholz 310 § 40 VwGO Nr. 164; BayVGH v. 02.03.1979, BayVBl 1979, 683.

8 BVerwG v. 03.12.1981, DVBl 1982, 447; v. 16.10.1987, NVwZ 1988, 1120; vgl. auch *Bettermann* ZZP 1969, 24; *Maetzel* in: Verwaltung und Rechtsbindung, 1979, 29; *Kahlke* ZZP 1981, 223.

9 Vgl. NWOVG v. 07.01.1978, GewArch 1979, 124.

10 *Kopp/Schenke* Vorb. § 124 Rn. 39.

11 BVerwG v. 29.03.1968, BVerwGE 29, 261.

12 BVerwG v. 09.11.1971, DÖV 1972, 324. Im umgekehrten Fall (der Klage wurde trotz Fehlens einer unverzichtbaren Prozessvoraussetzung teilweise stattgegeben) kann das Berufungsgericht nur die Berufung des Klägers zurückweisen. Eine Durchgriffsmöglichkeit auf den nicht angegriffenen Teil der Entscheidung besteht nicht, da dieser nicht in die Rechtsmittelinstanz gelangt ist; vgl. HessVGH v. 02.08.1979, NJW 1980, 358; a.A. *Redeker/v. Oertzen* § 129 Rn. 2.

13 BVerwG v. 09.08.1994, NVwZ 1995, 999 sowie Schoch/Schmidt-Aßmann/Pietzner/*Meyer-Ladewig* Vorb. § 124, Rn. 41.

14 BVerwG v. 07.06.1977, BayVBl 1977, 702; *Schenke* Rn. 1127.

15 BVerwG v. 10.01.1964, BVerwGE 17, 352; vgl. aber auch BVerwG v. 15.03.1968, BVerwGE 29, 210.

16 Vgl. NWOVG v. 26.07.1989, NVwZ-RR 1990, 223 (LS); HbgOVG v. 18.06.1984, NVwZ 1984, 803; a.A. Eyermann/*Happ* § 124 Rn. 36, der die Beschwer nur als besondere Form des Rechtsschutzbedürfnisses betrachtet.

17 Hierzu BVerfG v. 30.04.1997, BVerfGE 96, 27 (41); KB v. 15.07.1998, NJW 1999, 273.

18 BWVGH v. 14.05.2002, DÖV 2002, 784.

5 Die *Zurücknahme* der Rechtsmittel ist für Berufung und Revision ausdrücklich geregelt (§§ 126, 140 VwGO), aber auch sonst als Ausdruck der den Verwaltungsprozess beherrschenden Dispositionsmaxime jedenfalls so lange zulässig, als über das Rechtsmittel noch nicht außenwirksam entschieden ist.[19] Das 6. VwGOÄndG hat auch für die Berufung eine *Rücknahmefiktion* bei Nichtbetreiben trotz Aufforderung des Gerichts eingeführt (§ 126 II VwGO; s. § 17 Rn. 13 zu § 92 II VwGO). Die Zurücknahme von Berufung und Revision kann bis zur Rechtskraft des Urteils erfolgen (§§ 126 I 1, 140 I 1 VwGO); sie bewirkt den Verlust des eingelegten Rechtsmittels (§§ 126 III 1, 140 II 2 VwGO); das Rechtsmittelgericht hat nur noch über die Kosten zu entscheiden (§§ 126 III 2, 140 II 2 VwGO). Eine dennoch ergehende Entscheidung über das nicht mehr anhängige Rechtsmittel ist schlechthin unwirksam.[20] Die Zurücknahme nach Stellung der Anträge in der mündlichen Verhandlung setzt die Einwilligung des Beklagten und, wenn ein Vertreter des öffentlichen Interesses an der mündlichen Verhandlung teilgenommen hat, auch seine Einwilligung voraus (§§ 126 I 2, 140 I 2 VwGO). *Anfechtung* und *Widerruf* sind grundsätzlich ausgeschlossen (vgl. § 36 Rn. 10).

*Ausnahmen kommen in Betracht:*

a) bei Vorliegen eines *Wiederaufnahmegrundes* (§ 153 I VwGO i.V.m. §§ 578 ff. ZPO);
b) wenn die Zurücknahme des Rechtsmittels für das Gericht und für den Rechtsmittelgegner sogleich als Versehen offenbar gewesen und deshalb nach *Treu und Glauben* als unwirksam zu behandeln ist.[21]

Besteht *Streit über die Wirksamkeit der Zurücknahme*, ist darüber durch Urteil – ggf. durch Beschluss nach § 130 a VwGO[22] – zu entscheiden.[23] Wird die Wirksamkeit bejaht, ergeht ein *prozessuales Feststellungsurteil* des Inhalts, dass das Rechtsmittel zurückgenommen ist (s. § 20 Rn. 50 a).[24] Ansonsten wird zur Sache entschieden, ggf. nach Erlass eines *Zwischenurteils* nach § 173 VwGO i.V.m. § 303 ZPO[25] oder § 109 VwGO.[26]

## B. Wiedereinsetzung in den vorigen Stand und Wiederaufnahme des Verfahrens

### I. Wiedereinsetzung in den vorigen Stand

6 Ist die gesetzliche Frist für eine Prozesshandlung verstrichen, so muss geprüft werden, ob nicht gem. § 60 I VwGO eine Wiedereinsetzung in den vorigen Stand in Betracht kommt.[27] Über die Wiedereinsetzung entscheidet nach § 60 IV VwGO das Gericht, das über die versäumte Rechtshandlung zu befinden hat. Im Widerspruchsverfahren gilt § 60 I bis IV VwGO entsprechend. Näheres zur Wiedereinsetzung findet sich in § 34. Im vorliegenden Zusammenhang werden nur die gerichtsspezifischen Besonderheiten dargestellt.

7 § 60 I VwGO lässt ebenso wie § 233 ZPO die *Schuldlosigkeit* an der Fristversäumung genügen. Beim Verschuldensbegriff ist auf die Verhältnisse des Betroffenen abzustel-

19 Vgl. Schoch/Schmidt-Aßmann/Pietzner/*Pietzner* § 133 Rn. 101; Schoch/Schmidt-Aßmann/Pietzner/*Meyer-Ladewig* § 124 a Rn. 67; § 146 Rn. 4.
20 BVerwG v. 13.10.1961, Buchholz 310 § 140 VwGO Nr. 1; v. 06.12.1996, NJW 1997, 2897.
21 BVerwG NJW 1997, 2898.
22 BVerwG v. 12.11.1993, NVwZ-RR 1994, 362.
23 BVerwG NJW 1997, 2897.
24 BVerwG NJW 1997, 2898.
25 BVerwG NJW 1997, 2897.
26 Vgl. BVerwG v. 14.10.1988, NVwZ-RR 1989, 110 (111).
27 *H.A. Wolff* NVwZ 1996, 559 f.; allgem. *Büttner* Wiedereinsetzung in den vorigen Stand, 1996.

len.[28] Vor allem macht es einen Unterschied, ob der Betroffene anwaltlich vertreten wird oder nicht.[29] Nach ständiger Rspr. des BVerwG ist das Verschulden des Bevollmächtigten den Beteiligten zuzurechnen (§ 173 VwGO i.V.m. § 84 II ZPO).[30] § 85 II ZPO findet auch in Kriegsdienstverweigerungs-,[31] Asylstreitverfahren[32] und Disziplinarverfahren[33] Anwendung. Die Vorschrift ist nicht verfassungswidrig.[34]

Ausgeschlossen oder an engere Voraussetzungen geknüpft ist die Wiedereinsetzung 8
nach § 60 III i.V.m. § 58 II VwGO. Auch wegen Versäumnis der Wiedereinsetzungsfrist ist aber Wiedereinsetzung möglich.[35] Für richterliche Fristen gilt § 60 VwGO nicht. Die Wiedereinsetzung kann von Amts wegen gewährt werden, wenn ihre Voraussetzungen

---

28 Die Instanzgerichte neigen dazu, strenge Anforderungen an die Wiedereinsetzung zu stellen; vgl. NWOVG v. 01.04.1998, NWVBl 1998, 407; BremOVG v. 09.07.1987, NJW 1988, 842 (LS); großzügiger BVerwG v. 28.08.1987, NJW 1988, 578; dann aber BVerwG v. 28.02.2008, DÖV 2008, 517. Zur umfangreichen Kasuistik Schoch/Schmidt-Aßmann/Pietzner/*Bier* § 60 Rn. 18 ff.; *Kopp/Schenke* § 60 Rn. 10. Das entspricht der eher restriktiven Rspr. der Zivilgerichte; hierzu *G. Müller* NJW 1998, 497; *dies.* NJW 2000, 322; *v. Pentz* NJW 2003, 858; BGH v. 19.03.1997, NJW 1997, 1989. Das BVerfG hat zwar die Anforderungen zurückgeschraubt; vgl. BVerfG v. 28.02.1989, BVerfGE 79, 372; KB v. 26.09.2002, DVBl 2003, 130; KB v. 15.04.2004, NJW 2004, 2149; v. 26.04.2004; NJW 2004, 2583. Das sind nur Korrekturen, die für eine maßvolle Rspr. der Verwaltungsgerichte genügend Raum lassen, auch wenn das BVerfG bei der Wiedereinsetzung im Verfassungsbeschwerdeverfahren selbst nicht sonderlich großzügig ist; vgl. KB v. 27.03.2002, NJW 2002, 3014. Freilich bedeuten *unzureichende deutsche Sprachkenntnisse* von Ausländern nicht automatisch einen Wiedereinsetzungsgrund; vgl. BVerwG v. 05.02. 1990, NJW 1990, 3103; aber auch BVerfG v. 19.04.1995, NVwZ-RR 1996, 120 (121). Gerade Asylbewerber müssen sich rechtzeitig um die Wahrung ihrer Rechte bemühen; denn eben dies ist der Zweck des vorläufigen Bleiberechts, vgl. BVerfG v. 08.11.1991, NVwZ 1992, 262; v. 02.06.1992, BVerfGE 86, 280. Bei der Prüfung im Einzelfall ist immer das Erfordernis der Rechtssicherheit gegen Forderungen der materiellen Gerechtigkeit abzuwägen.

29 Das Verschulden an der Fristversäumnis für Prozesshandlungen wird nicht schon dadurch ausgeschlossen, dass ein fristgerecht gestellter Prozesskostenhilfeantrag noch nicht verbeschieden wurde; denn die Rechtsverfolgung kann auch ohne anwaltliche Vertretung zunächst in die Wege geleitet werden; BWVGH v. 20.01.1986, NJW 1986, 2270. Mangelnde Rechtskenntnis kann eine Fristversäumnis in aller Regel nicht entschuldigen. Vgl. BVerwG v. 14.09.1998, NVwZ-RR 1999, 538 f.

30 Zur Sorgfaltspflicht des Prozessbevollmächtigten BVerwG v. 26. 06.1986, BVerwGE 74, 289; v. 06.06.1997, NJW 1997, 2614; NWOVG v. 13.05.1998, NWVBl 1998, 408; ThürOVG v. 28.02.1996, NVwZ-RR 1997, 390; SaarlOVG v. 12.08.2008, NJW 2008, 3801. (Fristversäumung). Arbeitsüberlastung lässt das Verschulden nicht entfallen; BayVGH v. 29.09.1997, NJW 1998, 1507. Ob das Verschulden des Stationsreferendars einem Rechtsanwalt zurechenbar ist, mag zweifelhaft sein. Schuldhaft ist gleichwohl das Vertrauen auf dessen Auskünfte; vgl. BayVGH v. 11.09.1990, NJW 1991, 125. Zurechenbar ist auch das Verschulden eines angestellten Rechtsanwalt, SHOVG v. 02.06.2008, NJW 2008, 3800. Für Behördenfehler gilt gleiches. Insbesondere sind an einen Mitarbeiter des städtischen Rechtsamts, der die Stadt ständig vor den Gerichten vertritt, keine geringeren Anforderungen zu stellen als an einen Rechtsanwalt; BVerwG v. 06.06.1995, NVwZ-RR 1996, 60 (61); NWOVG v. 11.07.1990, NVwZ 1991, 490; ThürOVG v. 09.10.1997, ThürVBl 1998, 45; RPOVG v. 28.01.2004, DÖV 2004, 802. Nicht verantwortlich ist der Prozessbevollmächtigte für Verzögerungen des Postlaufs (HessVGH v. 15.05.1995, NVwZ-RR 1996, 179) oder für eine an defektem Empfangsgerät gescheiterte Telefaxübermittlung (SächsOVG v. 27.09.1995, SächsVBl 1996, 94). Bei Scheitern der Übermittlung per Fax muss die persönliche Übermittlung per Fax oder Kurier zumutbar sein (BVerwG v. 06.11.2007; DÖV 2008, 253) Auch auf ein anerkanntes EDV-Programm darf er sich verlassen, BGH v. 24.06.2004, NJW 2004, 2830. Vgl. auch § 13 Rn. 4. Der Gebrauch einer veralteten Telefonbuch-CD ist dagegen schuldhaft (SaarlOVG v. 28.09.2007, NJW 2008, 456).

31 BVerwG v. 22.05.1981, NVwZ 1982, 35; v. 29.08.1983, NVwZ 1983, 34.

32 BVerwG v. 24.11.1981, Buchholz 310 § 60 VwGO Nr. 120; v. 08.03.1984, BayVBl 1984, 442; BVerfG v. 16.10.2007, NJW 2008, 429.

33 § 3 BDG; vgl. BWVGH v. 29.03.2004, DÖV 2004, 800.

34 So BVerfG v. 20.04.1982, BVerfGE 60, 253 = JuS 1983, 216 *(Brodersen)*; v. 23.11.1982, DÖV 1983, 248.

35 BVerwG v. 05.09.1985, DVBl 1986, 287.

gerichtsbekannt oder sonst glaubhaft[36] sind und die versäumte Rechtshandlung vorgenommen wurde.[37] Auch ohne Antrag (§ 60 II 4 VwGO) und bei Unkenntnis der Betroffenen über die Wiedereinsetzungsgründe lässt sich daher unter Umständen mit Hilfe des § 60 VwGO der Weg zu einer Sachentscheidung ebnen.

9 Die *Gründe* für die Wiedereinsetzung werden zweckmäßigerweise im Rahmen der Entscheidungsgründe zur Hauptsache abgehandelt. Sie dürfen nicht übergangen werden, da im verwaltungsgerichtlichen Verfahren Wiedereinsetzung in den vorigen Stand nicht stillschweigend gewährt werden kann.[38] Die Beteiligten sind ferner zur Gewährung der Wiedereinsetzung zu hören.[39] Die Entscheidungsform richtet sich in entsprechender Anwendung des § 238 II 1 ZPO nach der nachgeholten Prozesshandlung.[40] Die Wiedereinsetzung ist nach § 60 V VwGO unanfechtbar. Auch eine rechtswidrige Gewährung kann vom Revisionsgericht nicht inhaltlich überprüft werden; sie stellt keinen Verfahrensmangel i.S. des § 132 II Nr. 3 VwGO dar.[41]

## II. Wiederaufnahme des Verfahrens

10 Für das Wiederaufnahmeverfahren verweist § 153 VwGO auf die §§ 578 bis 591 ZPO. Gegenstand der Wiederaufnahmeklage sind Urteile, Gerichtsbescheide und Beschlüsse,[42] die ein Verfahren rechtskräftig beenden; ihr Zweck besteht darin, diese Rechtskraft durch eine Nichtigkeitsklage (§ 579 ZPO) oder eine Restitutionsklage (§ 580 ZPO) zu beseitigen und die Hauptsache erneut zur Verhandlung zu bringen (§ 590 I ZPO). Mit der Nichtigkeitsklage wird die Verletzung wichtiger, in § 579 grundsätzlich[43] abschließend geregelter Prozessnormen gerügt. Die Restitutionsklage richtet sich gegen in gewisser Weise fehlerhafte oder unvollständige Urteilsgrundlagen.

11 Der Kreis der zur Erhebung der Nichtigkeits- oder Restitutionsklage Befugten ergibt sich aus § 153 II VwGO. Die Entscheidungsfindung erfolgt in drei Schritten. Zunächst werden erstens Zulässigkeit und zweitens Begründetheit der Wiederaufnahmeklage geprüft. Den Wiederaufnahmegründen ist dabei von Amts wegen nachzugehen. Ist die Klage unzulässig oder unbegründet, so muss sie abgewiesen werden. Ist die Klage dagegen zulässig und liegt ein Wiederaufnahmegrund vor, so ist die angegriffene Entscheidung durch das sog. *iudicium rescindens* aufzuheben, und zwar unabhängig davon, wie inhaltlich in einem neuen Verfahren zu entscheiden wäre. Als dritter Schritt erfolgt dann eine neue Verhandlung und Entscheidung *(iudicium rescissorium)*, die für den Kläger nicht günstiger sein muss als die angegriffene Entscheidung.[44]

---

36 Zur Glaubhaftmachung der tatsächlichen Absendung einer Beschwerdeschrift OVG Lüneburg v. 15.10.1990, NJW 1991, 1196.

37 BVerwG v. 11.05.1973, DÖV 1973, 647; *Redeker/v. Oertzen* § 60 Rn. 18; *Kopp/Schenke* § 60 Rn. 24.

38 Vgl. BVerwG v. 17.01.1980, NJW 1981, 698.

39 Notfalls lässt sich die Anhörung aber nach § 104 I VwGO unterstellen.

40 BWVGH v. 04.02.1977, NJW 1977, 917.

41 BVerwG v. 11.11.1987, NVwZ 1988, 531.

42 Unanfechtbare Beschlüsse nach § 123 VwGO beenden das Verfahren nicht rechtskräftig. Die Wiederaufnahme ist im Verfahren auf Erlass einer e.A. ausgeschlossen, so BVerwG v. 17.10.1983, BVerwGE 76, 127 (128); BayVGH v. 14.06.1984, DVBl 1984, 840; a.A. HessVGH v. 04.10.1982, NJW 1984, 378; *Drettmann* DVBl 1985, 884.

43 Gerügt werden kann – in erweiternder Auslegung von § 579 I Nr. 4 ZPO – auch die Versagung des rechtlichen Gehörs; vgl. Schoch/Schmidt-Aßmann/Pietzner/*Pietzner* § 133 Rn. 100; Schoch/Schmidt-Aßmann/Pietzner/*Meyer-Ladewig* § 159 Rn. 3.

44 Ist von vornherein nicht mit einer günstigeren Entscheidung zu rechnen, so fehlt es am Rechtsschutzbedürfnis für die Klage; zumindest ist bereits das Wiederaufnahmebegehren unbegründet; vgl. BVerwG v. 21.04.1982, DÖV 1982, 856 m. abl. Anm. *Korber*.

## C. Die einzelnen Rechtsmittel

### I. Berufung

Die Berufung bezweckt die Überprüfung von Urteilen des VG durch das OVG. *Statthaft* ist die Berufung nach § 124 I VwGO nur, wenn mit ihr Endurteile einschließlich der Teilurteile nach § 110 VwGO oder Zwischenurteile nach den §§ 109 und 111 VwGO (Gerichtsbescheide stehen den Urteilen gleich, § 84 III VwGO) angegriffen werden. An die Stelle des zulassungsfreien Berufungsverfahrens ist mit dem 6. VwGOÄndG[45] das *System der Zulassungsberufung* getreten. Die Berufung ist seither generell von einer Zulassung durch das Berufungsgericht abhängig (§ 124 I VwGO n.F.). Während die Zulassung beim *iudex a quo* zu beantragen ist, steht die Zulassungsentscheidung allein dem *iudex ad quem* zu (§ 124 a I 2, II 1 VwGO). Das ist allenfalls für den Zulassungsgrund des § 124 II Nr. 1 VwGO verständlich, ansonsten aber ein sachlich nicht gerechtfertigter Systembruch gegenüber der Revisionszulassung (s. Rn. 27).[46] Ein Zulassungsbeschwerdeverfahren wie nach § 131 V VwGO a.F. gibt es deshalb nicht mehr. Der Sache nach handelt es sich um eine *Annahmeberufung* ähnlich der Regelung in § 554 b ZPO.[47] Die Zulassungsquote war – u.a. auch wegen der strengen Darlegungserfordernisse – so gering,[48] dass die Verwaltungsgerichtsbarkeit ein Austrocknen der Rechtsmittelinstanzen, insbesondere des BVerwG, und die Anwaltschaft eine Beeinträchtigung des effektiven Rechtsschutzes befürchteten.[49] Das RmBereinVpG[50] hat deshalb in den Fällen der Grundsatz- und Divergenzberufung (§ 124 II Nr. 3 und 4 VwGO) die Berufungszulassung durch das VG ermöglicht (§ 124 I und 124 a VwGO F. 2002) und – in Parallele zum Nichtzulassungsbeschwerdeverfahren bei der Revision (§ 133 II und III VwGO) – die Darlegungsfrist für den Zulassungsantrag von der Antragsfrist entkoppelt und auf zwei Monate verlängert (§ 124 a S. 1 und 4 VwGO F 2002). Zu einer Nichtzulassung der Berufung ist das VG nicht befugt (§ 124 a S. 3 VwGO F. 2002); ein Zulassungsbeschwerdeverfahren wie nach § 131 V VwGO a.F. gibt es deshalb nicht mehr. An seine Stelle ist der Antrag auf Zulassung der Berufung durch das OVG getreten. 12

Die Statthaftigkeit der Berufung hängt nicht davon ab, dass das OVG die richtige Entscheidungsform gewählt hat. Bei sog. *inkorrekten Entscheidungen* (z.B. Beschluss statt Urteil) gilt auch im Verwaltungsprozess das *Prinzip der Meistbegünstigung*. Der Rechtsmittelführer hat die Wahl zwischen dem Rechtsmittel, das der tatsächlich gewählten Entscheidungsform entspricht, und demjenigen, das gegeben ist, wäre die korrekte Entscheidungsform gewählt worden.[51] Das Rechtsmittelgericht dagegen hat in dem Verfahren und in der Form zu entscheiden, das der korrekten Entscheidungsform 13

45 Der Gesetzgeber hielt eine Tatsacheninstanz regelmäßig für ausreichend; vgl. BT-Drucks. 13/3993 S. 13 zu Nr. 15.

46 Vgl. *Meissner* VBlBW 1997, 85; Schoch/Schmidt-Aßmann/Pietzner/*Meyer-Ladewig* § 124 Rn. 68; *Berkemann* DVBl 1998, 446 (452).

47 Vgl. Schoch/Schmidt-Aßmann/Pietzner/*Meyer-Ladewig* § 124 Rn. 21.

48 Vgl. *Atzler* NdsVBl 1999, 86 (87); *Braun* SächsVBl 1999, 97.

49 Vgl. *Franßen* DVBl 2000, 536 (537 f.); Verwaltungssausschuss des DAV, DVBl 2000, 969 f.

50 G zur Bereinigung des Rechtsmittelrechts im Verwaltungsprozess v. 20.12.2001 (BGBl. I S. 3987). Übergangsvorschrift: § 194 VwGO; hierzu BVerwG v. 21.01.2003, BVerwGE 117, 332 (343).

51 Vgl. BVerwG v. 05.09.1991, BVerwGE 89, 27 (29); BWVGH v. 12.01.1995, NVwZ-RR 1995, 619; Schoch/Schmidt-Aßmann/Pietzner/*Meyer-Ladewig/Rudisile* Vorb § 124 Rn. 51.

entspricht.[52] Da das Meistbegünstigungsprinzip den Rechtsmittelführer nur vor Nachteilen aus gerichtlichen Fehlgriffen schützen soll, eröffnet es kein Rechtsmittel, das nach objektiver Rechtslage nicht gegeben ist, wenn also z.B. die Entscheidung unanfechtbar ist.[53]

14 Über die aus dem Revisionsverfahren bekannten Zulassungsgründe hinaus (§ 124 II Nr. 3 bis 5) sieht § 124 II VwGO n.F. als Zulassungsgründe vor: *ernstliche Zweifel an der Richtigkeit des Urteils* (Nr. 1) und – der Eigenart der Berufung entsprechend – besondere tatsächliche oder rechtliche Schwierigkeiten der Rechtssache (Nr. 2). Die Anknüpfung an das Merkmal »ernstliche Zweifel« in § 124 II Nr. 1 VwGO n.F. dient der Rechtssicherheit, weil hierzu eine gefestigte Rspr. (vgl. § 80 IV 3 VwGO und § 56 Rn. 12: überwiegende Erfolgswahrscheinlichkeit des Rechtsmittels) vorliege und dadurch hinreichend sicher erkennbar unbegründete Zulassungsanträge abgelehnt werden könnten.[54] Die zunächst h.M. hatte deshalb für § 124 II Nr. 1 VwGO die Darlegung einer überwiegenden Erfolgsaussicht der Berufung gefordert;[55] das BVerfG hat dies jedoch korrigiert: es reiche aus wenn ein einzelner tragender Rechtssatz oder eine erhebliche Tatsachefeststellung mit schlüssigen Argumenten in Frage gestellt werde.[56] Zweck dieses Zulassungsgrundes ist die *Verwirklichung der Einzelfallgerechtigkeit* durch Korrektur grob ungerechter Entscheidungen. Er erfasst deshalb auch Fehler im Tatsächlichen[57] (s. § 128 VwGO). Ebenso sind nach Erlass des VG-Urteils entstandene und innerhalb der Antragsfrist geltend gemachte *Änderungen der Sach- und Rechtslage* zu berücksichtigen, es sei denn, das materielle Recht schließt dies aus (s. § 20 Rn. 22 ff.).[58] Auch in erster Instanz versäumter Tatsachenvortrag kann im Zulassungsverfahren nachgeholt werden, um die Richtigkeit des Urteils in Zweifel zu ziehen; denn die Präklusion verspäteten Vorbringens ist in den §§ 87 b, 128 a VwGO abschließend geregelt.[59] Andererseits ist ein Zulassungsantrag abzulehnen, wenn sich das VG-Urteil im Ergebnis, wenn auch mit einer anderen Begründung, als richtig erweist (Rechtsgedanke des § 144 IV VwGO); denn § 124 II Nr. 1 VwGO fordert ernstliche Zweifel an der Richtigkeit des Urteils, nicht an seiner Be-

---

52 Vgl. BGH v. 24.11.1965, NJW 1966, 351; BWVGH v. 30.04.1982, NJW 1982, 2640; Schoch/Schmidt-Aßmann/Pietzner/*Meyer-Ladewig/Rudisile* Vorb § 124 Rn. 51; *Schenke* Rn. 1137; a.A. NWOVG v. 09.01.1974, OVGE 29, 167: Wahlfreiheit des Gerichts.

53 Vgl. etwa §§ 152, 172 VwGO und BVerwG v. 30.08.1986, NJW 1986, 1125.

54 So die Begründung zum RegEntw. BT-Drucks. 13/3993, S. 13 zu Nr. 15.

55 Vgl. Schoch/Schmidt-Aßmann/Pietzner/*Meyer-Ladewig/Rudisile* § 124 Rn. 26 b, 26 d m.w.N.

56 BVerfG v. 03.03.2004, NJW 2994, 2510; KB v. 23.06.2000, NVwZ 2000, 1163 (1164); ähnlich *Schenke* NJW 1997, 91; *Kopp/Schenke* § 124 Rn. 7; *Atzler* NdsVBl 1998, 154; *Berkemann* DVBl 1998, 455; *Roth* VerwArch 1997, 416 (426 ff.). Eine zu weite Auslegung des § 124 II Nr. 1 VwGO n.F. ist jedoch wegen der oben dargelegten Auffangfunktion des § 124 II Nr. 2 VwGO n.F. nicht erforderlich.

57 So die h.M.: vgl. NWOVG v. 09.07.1997, NVwZ 1998, 193 (194); NVwZ 1999, 204; HbgOVG v. 17.02.1998, NVwZ 1998, 863; BWVGH (9. S.) v. 19.06.1998, NVwZ 1998, 1088; NdsOVG v. 11.03.2004, NZV 2004, 542; *Seibert* NVwZ 1999, 116 f.; *Roth* VerwArch 1997, 431; *Kopp/Schenke* § 124, Rn. 7b; a.A. – für eine Beschränkung der Nr. 1 auf die Verletzung materiellen Rechts und einen Vorrang der Nr. 5 bei Rügen unzureichender Sachaufklärung – BWVGH (7. S.) v. 27.02.1998, NVwZ 1998, 645 f.; *Bader* NJW 1998, 410; *Atzler* NdsVBl 1998, 155; *Berkemann* DVBl 1998, 446 (455); *Günther* NVwZ 1998, 472; Schoch/Schmidt-Aßmann/Pietzner/*Meyer-Ladewig* § 124 a Rn. 72.

58 BVerwG v. 15.12.2003, NVwZ 2004, 744 (545); v. 11.11.2002, NVwZ 2003, 490 (491).

59 BVerwG v. 14.06.2002, NVwZ-RR 2002, 894; a.A. *Berkemann* DVBl 1998, 457: Wer unter Verstoß gegen seine Prozessförderungspflicht bekannte Tatsachen nicht vorträgt, verdient keine Einzelfallgerechtigkeit.

gründung.[60] Erwägt das OVG, so zu verfahren, hat es ggf. rechtliches Gehör zu gewähren.[61]

Der Bundesrat hat gegen § 124 II Nr. 1 VwGO eingewandt, man werde dem unterlegenen Beteiligten kaum vermitteln können, weshalb er in einem Rechtsstaat ohne Berufungsmöglichkeit ein erstinstanzliches Urteil akzeptieren müsse, das u.U. mit einer Wahrscheinlichkeit von bis zu 50% unrichtig sei, und deshalb den Zulassungsgrund des § 124 II Nr. 2 VwGO vorgeschlagen, um dem Berufungsgericht einen größeren Spielraum für die Korrektur unrichtiger VG-Urteile zu schaffen.[62] *Besondere tatsächliche oder rechtliche Schwierigkeiten* weist eine Rechtssache deshalb dann auf, wenn die Angriffe des Rechtsmittelführers begründeten Anlass zu Zweifeln an der Richtigkeit der erstinstanzlichen Entscheidung geben, die sich nicht ohne weiteres im Zulassungsverfahren klären lassen, sondern die Durchführung eines Berufungsverfahrens erfordern.[63] Beide Zulassungsgründe überschneiden sich also weitgehend,[64] sind aber nicht deckungsgleich. Denn grobe Schnitzer der ersten Instanz können auch dann vorkommen, wenn die Sache keinen besonderen Schwierigkeitsgrad aufweist, wie etwa das Übersehen einer Rechtsgrundlage.[65] 15

*Grundsätzliche Bedeutung* i.S. des § 124 II Nr. 3 VwGO hat eine Rechtssache dann, wenn sie eine im angestrebten Berufungsverfahren klärungsbedürftige und klärungsfähige Frage des materiellen oder formellen Bundes- oder Landesrechts aufwirft, die über den konkreten Fall hinaus allgemeine Bedeutung hat und deren Klärung im Interesse der Einheit oder Fortbildung des Rechts geboten erscheint,[66] etwa weil divergierende Rspr. der OVGe zu einer bestimmten Rechtsfrage vorliegt.[67] Grundsätzlichkeit ist bei ausgelaufenem oder auslaufendem Recht regelmäßig zu verneinen.[68] An der Klärungsbedürftigkeit fehlt es, wenn sich die Antwort unschwer aus dem Gesetz[69] ergibt oder die Rechtsfrage bereits in der Rspr. – namentlich des BVerwG oder des zuständigen OVG – 16

---

60 BVerwG v. 10.03.2004, BVwZ-RR 2004, 542; Schoch/Schmidt-Aßmann/Pietzner/*Meyer-Ladewig/Rudisile* § 124 Rn. 260, vgl. NdsOVG DVBl 1999, 478; BremOVG NordÖR 1998, 33; ThürOVG v. 13.03.1998, DVBl 1998, 849 (850); NWOVG v. 02.09.1997, NVwZ 1998, 759; BlnOVG v. 19.08.1997, NVwZ 1998, 197; v. 18.09.1998, NVwZ 1998, 1318 f.; HbgOVG v. 20.02.1997, NVwZ 1997, 1231; HessVGH NVwZ-RR 1998, 778; *Günther* NVwZ 1998, 472 (473); *Seibert* NVwZ 1999, 119; a.A. BWVGH v. 22.10.1997, NVwZ 1998, 196; krit. auch *Berkemann* DVBl 1998, 458; *Heinig* DÖV 2004, 525.

61 Vgl. BVerwG NVwZ-RR 2004, 543; und Schoch/Schmidt-Aßmann/Pietzner/*Pietzner* § 133 Rn. 79 m.w.N.

62 Vgl. BT-Drucks. 13/3993, S. 21 f. zu Nr. 15 zu a).

63 Vgl. BWVGH v. 12.05.1997, NVwZ 1998, 305; NdsOVG (1. S.) v. 31.08.1998, NdsVBl 1999, 95; NWOVG, NVwZ 1999, 202; RPOVG v. 16.02.1998, NVwZ 1998, 1094 (1095); ThürOVG v. 17.08.2000; NVwZ 2001, 448; *Seibert* NVwZ 1999, 116; *ders.* NKVwGO, § 124 Rn. 152; *Rennert* NVwZ 1998, 665 (670). Die Gegenansicht verlangt dagegen das normale Maß nicht unerheblich überschreitende Schwierigkeiten. Vgl. BWVGH v. 01.07.1997, DVBl 1997, 1329; NdsOVG (12. S.) v. 16.09.1997, NdsVBl 1997, 282 (283); (5. S.) v. 01.07.2003, NVwZ-RR 2004, 125; *Schenke* NJW 1997, 91; Schoch/Schmidt-Aßmann/Pietzner/*Meyer-Ladewig/Rudisile* § 124 Rn. 28.

64 Vgl. auch BWVGH v. 12.02.1997, VBlBW 1997, 219 (220).

65 Vgl. *Schmieszek* NVwZ 1996, 1151 (1153).

66 BVerwG v. 02.10.1961, BVerwGE 13, 90 (91 f.); NWOVG v. 27.06.1997, NVwZ 1998, 306 (307); SächsOVG v. 24.09.1997, NVwZ 1998, 308; NdsOVG NdsVBl 1997, 283.

67 Vgl. BVerfG v. 26.01.1993, NVwZ 1993, 465.

68 BVerwG v. 23.04.1996, NVwZ 1996, 1010 und Schoch/Schmidt-Aßmann/Pietzner/*Pietzner* § 132 Rn. 54.

69 Vgl. BVerwG v. 22.12.1994, NVwZ 1995, 700 (701) und Schoch/Schmidt-Aßmann/Pietzner/*Pietzner* § 132 Rn. 31.

geklärt ist.[70] Nicht klärungsfähig ist z.B. eine Rechtsfrage, die im angestrebten Berufungsverfahren nicht entscheidungserheblich wäre.[71]

17 Die Zulassung wegen *Divergenz* (§ 124 II Nr. 4 VwGO) dient vor allem der Rechtseinheit (Sicherung einer einheitlichen Rechtsprechung) (vgl. § 11 IV VwGO); die Divergenzberufung ist deshalb ein Unterfall der Grundsatzberufung.[72] Divergenz liegt vor, wenn das VG in Anwendung (ein und) derselben Rechtsvorschrift[73] mit einem seine Entscheidung tragenden abstrakten Rechtssatz von einem in der Rechtsprechung *des*, nicht eines OVG[74] (BVerwG, GmSOGB oder BVerfG) aufgestellten ebensolchen Rechtssatz abweicht.[75] Divergenz meint Abweichung im Grundsätzlichen; die lediglich unrichtige Anwendung eines solchen Rechtssatzes durch das VG ist deshalb nicht ausreichend.[76] Sowohl das angefochtene als auch das angezogene Urteil müssen auf dem Rechtssatz beruhen; eine Abweichung von einem obiter dictum rechtfertigt die Divergenzzulassung selbst dann nicht, wenn das obiter dictum als Leitsatz formuliert ist.[77]

18 Bei den Zulassungsgründen der *Grundsätzlichkeit* und *Divergenz* ist streitig, ob – der Funktion des Berufungsgerichts als Tatsachengericht entsprechend – die Zulassungsvoraussetzungen auch durch *Tatsachenfragen* erfüllt werden können. Das war von der h.M. bei der Vorgängervorschrift des § 131 III Nr. 1 und 2 VwGO a.F. verneint,[78] vom BVerwG für § 32 II Nr. 1 und 2 AsylVfG a.F. (nunmehr § 78 III Nr. 1 und 2 AsylVfG) dagegen mit Rücksicht auf die Besonderheiten des Asylrechts (einheitliche Beurteilung bestimmter, die Herkunftsländer allgemein betreffender Erkenntnisquellen) bejaht worden.[79] Da § 124 II Nr. 3 und 4 VwGO ausweislich der Regierungsbegründung in Übereinstimmung mit § 131 III Nr. 1 und 2 VwGO a.F. und § 132 II Nr. 1 und 2 VwGO formuliert worden sind[80] und den Besonderheiten der Zulassungsberufung als Rechtsmittel, das eine Tatsacheninstanz eröffnet, bereits ausreichend durch die Zulas-

70 BVerwG v. 03.03.1997, NVwZ 1998, 66; weiter BVerwG v. 25.11.1992, Buchholz 421.0 Prüfungswesen Nr. 306: Zulassung nur, wenn neue erhebliche Gesichtspunkte vorgebracht werden.

71 Etwa weil sie die Begründetheit der Klage betrifft, die Klage aber unzulässig ist (vgl. BVerwG v. 30.08.1962, Buchholz 310 § 132 VwGO Nr. 35 sowie Schoch/Schmidt-Aßmann/Pietzner/*Pietzner* § 132 Rn. 45 oder das Urteil auf mehrere selbständig tragende Gründe gestützt ist, ohne dass hinsichtlich aller Gründe ein Zulassungsgrund vorliegt (vgl. BVerwG v. 28.09.1990, NVwZ 1991, 376 und Schoch/Schmidt-Aßmann/Pietzner/*Pietzner* § 132 Rn. 53).

72 Vgl. BVerwG v. 23.04.1996, BVerwG NVwZ 1996, 1010.

73 Eine vergleichbare Rechtsfrage zu einer anderen Rechtsnorm reicht nach st. Rspr. des BVerwG nicht, kann aber über § 124 II Nr. 2 oder 3 VwGO zur Zulassung führen. Vgl. Schoch/Schmidt-Aßmann/Pietzner/*Pietzner* § 132 Rn. 75 m.w.N.

74 Bei Abweichung von der Entscheidung des OVG eines anderen Bundeslandes wird allerdings i.d.R. § 124 II Nr. 3 VwGO gegeben sein. Vgl. BT-Drucks. 12/1217 S. 52; Schoch/Schmidt-Aßmann/Pietzner/*Meyer-Ladewig/Rudisile* § 124 Rn. 38; zurückhaltender BWVGH v. 07.01.1998, NVwZ-RR 1998, 371.

75 BVerwG v. 19.08.1997, NJW 1997, 3328; HessVGH v. 14.01.1998, NVwZ 1998, 303 (304); NWOVG v. 27.06.1997, NVwZ 1998, 306 (307).

76 BVerwG v. 10.07.1995, NVwZ-RR 1997, 191; NWOVG, NVwZ 1998, 307.

77 BVerwG v. 25.10.1995, BVerwGE 99, 351 (353); Schoch/Schmidt-Aßmann/Pietzner/*Pietzner* § 132 Rn. 78; *Seibert* NVwZ 1999, 119; a.A. HbgOVG v. 16.11.1998, NVwZ 1999, 430 f.

78 Vgl. *Kopp/Schenke* § 131 Rn. 16.

79 BVerwG v. 31.07.1984, BVerwGE 70, 24 = DÖV 1987, 78 m. Anm. *Büchner* sowie § 3 Rn. 11 der 9. Aufl.

80 Vgl. BT-Drucks. 13/3993, S. 13.

sungsgründe des § 124 II Nr. 1 und 2 VwGO Rechnung getragen ist, besteht kein Grund, in den Nr. 3 und 4 Tatsachenfragen mit einzubeziehen.[81]

Ein *Verfahrensmangel* i.S. des § 124 II Nr. 5 VwGO schließlich ist ein Verstoß gegen gerichtliche Verfahrensnormen, der den Weg zu dem Urteil und die Art und Weise des Urteilserlasses betrifft, ein *error in procedendo*, nicht ein Mangel der sachlichen Entscheidung, ein *error in iudicando*.[82] Diese gängige Unterscheidung ist durch den Hinweis zu ergänzen, dass im Einzelfall ein Verfahrensmangel auch den Inhalt der Entscheidung betreffen kann, ohne damit zu einem error in iudicando zu werden, nämlich wenn die rechtsirrige Beurteilung einer Verfahrensnorm selbst Gegenstand des Urteils ist wie beim fehlerhaften Prozessurteil.[83] Die Regeln über die Beweislast sind ergänzendes Recht und gehören deshalb i.d. Regel dem materiellen Recht an,[84] es sei denn, sie betreffen eine Prozessnorm, z.B. den § 74 VwGO.[85] Auch die Beweiswürdigungsgrundsätze (d.h. die allgemeinen Auslegungsgrundsätze wie die §§ 133, 157 BGB, die gesetzlichen Beweisregeln, die Denkgesetze und die allgemeinen Erfahrungssätze) sind ganz regelmäßig dem materiellen Recht zuzurechnen.[86] Bei der Prüfung, ob dem VG ein Verfahrensfehler unterlaufen ist, hat das OVG die materiell-rechtliche Rechtsauffassung des VG zugrunde zu legen, auch wenn diese verfehlt sein sollte (dann allenfalls Zulassung nach § 124 II Nr. 1 bis 4 VwGO).[87] Betrifft der behauptete Verfahrensverstoß eine Vorschrift, auf deren Befolgung die Partei wirksam verzichten kann, geht das Rügerecht verloren, wenn die Partei den Fehler bei der nächsten mündlichen Verhandlung nicht gerügt hat (§ 173 VwGO i.V.m. §§ 295, 532 ZPO).[88] »Nächste mündliche Verhandlung« ist nicht notwendig ein neuer Termin, sondern kann auch die (fortgesetzte) Verhandlung, die sich an jenen Verfahrensabschnitt anschließt, in dem der geltend gemachte Verfahrensfehler geschehen sein soll.[89] 19

Seit der Neufassung der §§ 124, 124 a VwGO kann auch das VG[90] die Berufung in den Fällen des § 124 II Nr. 3 und 4 VwGO zulassen; das OVG ist an die Zulassung gebunden 20

81 Ebenso Schoch/Schmidt-Aßmann/Pietzner/*Meyer-Ladewig/Rudisile* § 124 Rn. 31, 42; a.A. BWVGH v. 12.02.1997, NVwZ 1997, 405 (406); HessVGH v. 08.09.1997, NVwZ-RR 1998, 599; *Roth* DÖV 1998, 191; *Berkemann* DVBl 1998, 452; *Bader* NJW 1998, 410; *Kopp/Schenke* § 124 Rn. 10, 11; *Redeker/v. Oertzen* § 124 Rn. 19; Eyermann/*Happ* § 124 Rn. 28; *Seibert* NVwZ 1999, 118 f.: Dies könne vor allem der Fall sein bei der Beurteilung von technischen Regelwerken, die normersetzenden oder norminterpretierenden Charakter hätten (sie könnten zulassungsrechtlich freilich wegen ihrer besonderen Funktion wie Rechtsnormen behandelt werden), oder bei der Beurteilung einer bestimmten Verkehrsauffassung.

82 BVerwG v. 02.11.1995, NVwZ-RR 1996, 359 unter Berufung auf *Rosenberg/Schwab/Gottwald* Zivilprozessrecht, 15. Aufl. 1993, S. 852.

83 Vgl. BVerwG v. 19.12.1994, NJW 1995, 2121 und Schoch/Schmidt-Aßmann/Pietzner/*Pietzner* § 132 Rn. 87 ff.

84 BVerwG v. 30.03.1978, BVerwGE 55, 288 (297).

85 Vgl. Schoch/Schmidt-Aßmann/Pietzner/*Pietzner* § 132 Rn. 91.

86 BVerwG v. 19.01.1990, BVerwGE 84, 271 (272).

87 Vgl. BVerwG v. 23.01.1996, NVwZ-RR 1996, 369 und Schoch/Schmidt-Aßmann/Pietzner/*Pietzner* § 132 Rn. 93.

88 SächsOVG v. 16.12.1997, NVwZ-RR 1998, 693; BVerwG v. 06.07.1998, NJW 1998, 3369 und Schoch/Schmidt-Aßmann/Pietzner/*Pietzner* § 132 Rn. 102 f.

89 BVerwG NJW 1998, 3369. Zur Entscheidungserheblichkeit (Kausalität) des Verfahrensmangels vgl. NWOVG v. 31.03.2004, NVwZ-RR 2004, 701.

90 Dies kann u.U. auch – trotz § 61 Nr. 1 VwGO – der Einzelrichter (§ 5 III 1, §§ 6, 87 a II und III VwGO) sein. So zu Recht Schoch/Schmidt-Aßmann/Pietzner/*Meyer-Ladewig/Rudisile* § 124 a Rn. 11; *Seibert* NVwZ 2004, 821 f.; ähnlich BGH v. 13.03.2003, BGH NJW 2003, 1254 für die Rechtsmittelzulassung nach §§ 348, 568 ZPO; a.A. BWVGH v. 15.10.2003, NVwZ 2004, 893; Bader/*Bader* § 124 a Rn. 36 f.

(§§ 124 a I 2 VwGO F. 2002). Die *vom VG zugelassene* Berufung ist innerhalb eines Monats nach Zustellung des vollständigen (§ 117 II VwGO) Urteils beim iudex a quo einzulegen; sie muss das angefochtene Urteil bezeichnen (§ 124 a II VwGO F. 2002)[91] und die Zulassungsgründe darlegen (§ 124 a I VwGO). Eine beim OVG eingereichte Berufung wahrt die Frist nicht; denn eine dem § 139 I 2 VwGO entsprechende Vorschrift fehlt.[92] Der Vertretungszwang gem. § 67 I VwGO besteht bereits bei der Einlegung der Berufung.[93] Die Zustellung des vollständigen, mit ordnungsgemäßer Rechtsmittelbelehrung versehenen Urteils setzt neben der *Einlegungsfrist* eine weitere selbständige Frist von zwei Monaten für die Begründung der Berufung in Lauf (§ 124 a III 1 VwGO F.2002). Die Begründung ist zwingend beim OVG einzulegen; die Begründungsfrist kann auf einen vor ihrem Ablauf gestellten Antrag vom Vorsitzenden des Senats verlängert werden (§ 124 a III 2 und 3 VwGO). Im Verlängerungsgesuch sind die Gründen anzugeben (§ 57 II VwGO, § 224 II ZPO).[94] Die Begründung muss nach Zulassung der Berufung mit einem gesonderten Schriftsatz eingereicht werden. Es genügt nicht, dass der Berufungsantrag und die Berufungsgründe im Antrag auf Zulassung der Berufung enthalten sind.[95] Die Begründung muss einen bestimmten Antrag enthalten sowie die im Einzelnen anzuführenden Gründe der Anrechtung (Berufungsgründe);[96] mangelt es an einem dieser Erfordernisse, so ist die Berufung unzulässig (§ 124 a III 3 und 4 VwGO F. 2002) und zu verwerfen (§ 125 II VwGO).

21 Wird die Berufung nicht in dem Urteil des VG zugelassen, so ist die Zulassung innerhalb eines Monats zu beantragen (§ 124 a IV 1 VwGO F. 2002). Der – mit *Suspensiveffekt* (§ 124 a IV 6 VwGO F. 2002) ausgestattete – Antrag ist beim VG[97] zu stellen; er muss das angefochtene Urteil bezeichnen (§ 124 a IV 2 und 3 VwGO F. 2002). Innerhalb von zwei Monaten sind die Gründe darzulegen, aus denen die Berufung zuzulassen ist (§ 124 a IV 5 VwGO). Die Begründung ist, soweit sie nicht bereits mit dem Antrag vorgelegt worden ist, beim OVG einzureichen.

Der Antrag hat *Rechtsmittelcharakter* (s. § 53 Rn. 29 f.) und unterliegt den für Prozesshandlungen geltenden Grundsätzen (s. § 36 Rn. 10). An die *Darlegungspflicht* sind ähnlich strenge Anforderungen zu stellen wie im Beschwerdeverfahren wegen

91 Dieses Erfordernis ist zwingen; vgl. OVG MV v. 09.10.2002, NJW 2003, 602 (603).

92 Vgl. NdsOBG v. 20.08.2002, NVwZ-RR 2002, 331; Schoch/Schmidt-Aßmann/Pietzner/*Meyer-Ladewig/Rudisile* § 124 a Rn. 36.

93 BWVGH v. 04.10.2005, DÖV 2006, 397.

94 BVerwG v. 25.07.3008, NJW 2008, 3303 (3304).

95 BVerwG v. 07.01.2008, DÖV 2008, 383.

96 Ein ausdrücklicher Antrag ist entbehrlich, wenn sich das Rechtsschutzziel aus dem Vortrag eindeutig und ohne Zweifel entnehmen lässt; (vgl. BWVGH v. 06.07.2001, VBlBW 2002, 126. Die Bezugnahme auf eine erfolgreiche Begründung des Zulassungsantrags (etwa wegen eines Verfahrensfehlers) kann zur Begründung der zugelassenen Berufung ausreichen, wenn damit hinreichend deutlich zum Ausdruck gebracht wird, dass und weshalb das erstinstanzliche Urteil weiterhin angefochten wird (vgl. BVerwG v. 23.04.2001, BVerwGE 114, 155; v. 02.10.2003, NVwZ-RR 2004, 220; v. 10.03.2004, NVwZ-RR 2004, 542). Allerdings ist stets ein gesonderter Berufungsbegründungsschriftsatz zu fordern; er kann durch die gleichzeitige Stellung von Zulassungs- und Berufungsantrag vor Berufungszulassung nicht ersetzt werden. BVerwG v. 20.03.2003, NJW 2003, 3288. Der Antrag kann auch auf neue Tatsachen gestützt werden, die sich innerhalb der zweimonatigen Begründungsfrist abzeichnen und erst nach deren Ablauf eintreten; BayVGH v. 27.02.2008, DÖV 2008, 425.

97 Eine beim OVG eingereichte Berufung wahrt die Frist nicht; denn eine dem § 139 I 2 VwGO entsprechende Vorschrift fehlt; vgl. OVG MV v. 09.10.2002, OVG MV NJW 2003, 602. Belehrt das veraltungsgerichtliche Urteil nur hinsichtlich des zweiten Teil des zweistufigen Berufungszulassungsverfahrens unrichtig, gilt § 58 II VwGO hinsichtlich der Antragstellung nicht; BWVGH v. 12.03.2007, NJW 2007, 2347.

Nichtzulassung der Revision (s. Rn. 30 f.).[98] »Darlegen« bedeutet mehr als nur einen allgemeinen Hinweis geben, nämlich soviel wie »erläutern«, »erklären« oder »näher auf etwas eingehen«.[99] Der Zulassungsantrag muss deshalb in fallbezogener Auseinandersetzung mit dem angefochtenen Urteil den Streitstoff rechtlich derart sichten, durchdringen und aufarbeiten, dass das Berufungsgericht im Grundsatz die Zulassungsfrage allein aufgrund der Antragsschrift beantworten kann.[100] Lediglich bei den Zulassungsgründen des § 124 II Nr. 1 u. 2 VwGO wird man wegen deren tatbestandlicher Unschärfe jeden substanziierten, sich mit den Gründen des angefochtenen Urteils auseinandersetzenden Vortrag, der über die schlichte Behauptung, das Urteil sei erkennbar unrichtig oder die Sache sei besonders schwierig, hinausgeht, ausreichen lassen müssen.[101] Besonders streng sind die Anforderungen an die Darlegung eines Verfahrensmangels. Um z.B. einen Verstoß gegen die *Aufklärungspflicht (§ 86 I VwGO)* ordnungsgemäß darzulegen, muss substantiiert ausgeführt werden, hinsichtlich welcher tatsächlichen Umstände Aufklärungsbedarf bestanden hat, welche Beweismittel zur Aufklärung in Betracht gekommen wären, welche Beweisergebnisse sie voraussichtlich erbracht hätten und inwieweit sie geeignet gewesen wären, eine dem Kläger günstigere Entscheidung herbeizuführen. Hat der Antragsteller in der Vorinstanz keinen förmlichen Beweisantrag gestellt (vgl. § 86 II VwGO), ist des weiteren substantiiert darzulegen, warum sich dem Vordergericht aus seiner für den Umfang der verfahrensrechtlichen Sachaufklärungspflicht maßgebenden materiell-rechtlichen Sicht die Notwendigkeit einer weiteren Sachaufklärung in der nunmehr aufgezeigten Richtung hätte aufdrängen müssen.[102]

Eine Partei, die aus Mangel an finanziellen Mitteln an der formgerechten Einlegung eines Zulassungsantrags gehindert ist, hat innerhalb der Antragsfrist einen *Antrag auf Bewilligung von Prozesskostenhilfe*[103] für einen noch – unter Inanspruchnahme der Wiedereinsetzung in den vorigen Stand – zu stellenden Zulassungsantrag anzubringen. Von ihr zur Erfüllung der Darlegungserfordernisse des § 124 a I 3 VwGO zu verlangen, zumindest in laienhafter Weise und in großen Zügen plausibel zu machen, was gegen die angegriffene Entscheidung eingewendet wird,[104] überfordert die arme Partei und verstößt gegen den Sinn des Darlegungserfordernisses, das gerade Anwaltszwang voraus- 22

98 Vgl. NdsOVG DVBl 1999, 478; NWOVG v. 27.06.1997, NVwZ 1998, 306 ; BWVGH, VBlBW 1997, 220 f.; HbgOVG v. 27.01.1997, NVwZ 1997, 689. Insoweit war die Einführung des Anwaltszwanges auch für das Berufungsverfahren (§ 67 I 1 VwGO n.F.) zwingend. Dem Anwalt ist deshalb die Bezugnahme auf persönliche Ausführungen des Mandanten, so insbesondere die ungeprüfte Übernahme eines von diesem erarbeiteten Begründungsschriftsatzes, verwehrt; vgl. NdsOVG v. 06.07.2001, NVwZ-RR 2002, 468.

99 Vgl. BVerwG v. 02.10.1961, BVerwGE 13, 90 (91); BlnOVG v. 17.09.1997, NVwZ 1998, 200; NWOVG v. 31.07.1998, NVwZ 1999, 202 (204) sowie *Seibert* NVwZ 1998, 115.

100 Vgl. NWOVG v. 01.07.1997, NWOVG NVwZ 1998, 204 f. und *Seibert* NVwZ 1998, 115 m.w.N.

101 Vgl. NdsOVG DVBl 1999, 478; HbgOVG NVwZ 1997, 689 f.; Schoch/Schmidt-Aßmann/Pietzner/*Meyer-Ladewig* § 124 a Rn. 50 f.; *Schenke* NVwZ 1997, 81 (92); *Seibert* NVwZ 1999, 115; strenger NWOVG v. 27.03.1997, NVwZ 1997, 1225 (1227); NVwZ 1998, 205; BWVGH v. 12.05.1997, NVwZ 1998, 305 (306).

102 Vgl. BVerwG v. 19.08.1997, NJW 1997, 3328 sowie Schoch/Schmidt-Aßmann/Pietzner/*Pietzner* § 133 Rn. 46.

103 Er unterliegt nicht dem Anwaltszwang. Vgl. § 166 VwGO i.V.m. § 117 I 2 ZPO und § 173 VwGO i.V.m. § 78 III ZPO, HessVGH v. 27.05.1997, NVwZ 1998, 203 sowie Schoch/Schmidt-Aßmann/Pietzner/*Pietzner* § 133 Rn. 54.

104 Vgl. HessVGH NVwZ 1998, 203; NdsOVG (12. S.) v. 06.08.1997, NVwZ-RR 1997, 761; BWVGH v. 28.03.1998, NVwZ-RR 1998, 598.

setzt. Hier prüft vielmehr das Berufungsgericht von Amts wegen, ob Zulassungsgründe vorliegen.[105]

Dem Antrag kommt *Devolutiveffekt* zu; er ist sofort dem OVG vorzulegen, das über ihn durch *Beschluss* entscheidet (§ 124 a II 1 VwGO). Bei seiner Entscheidung ist das OVG auf die Prüfung der *geltend gemachten Zulassungsgründe beschränkt*; denn eine dem § 137 III VwGO entsprechende Vorschrift fehlt für das Zulassungsverfahren.[106] Ausnahmen sind anzuerkennen im Verhältnis zwischen Grundsatz- und Divergenzzulassung, da die letztere nur ein Unterfall der ersteren ist,[107] sowie zwischen den Nr. 1 u. 2 des § 124 II VwGO, da sich die Zulassungsgründe weitgehend überschneiden.[108] Auch im Verhältnis zwischen den Nr. 2 u. 3 des § 124 II VwGO kann das OVG substituieren, wenn der Begründung zwar nicht die Darlegung der grundsätzlichen Bedeutung, wohl aber der rechtlichen Schwierigkeit gelingt.[109]

**23** Das OVG kann von einer Begründung absehen, wenn dem Antrag stattgegeben wird oder wenn er einstimmig abgelehnt wird; mit der Ablehnung wird das Urteil *rechtskräftig* (§ 124 a II 2 u. 3 VwGO). Lässt das OVG die Berufung zu, wird *das Antragsverfahren als Berufungsverfahren fortgesetzt*; der Einlegung einer Berufung bedarf es nicht (§ 124 a II 4 VwGO). Die Berufung ist innerhalb eines Monats nach Zustellung des Zulassungsbeschlusses zu begründen; hierauf ist in der Rechtsmittelbelehrung hinzuweisen (ansonsten § 58 II VwGO).[110] War die Berufung bereits im Zulassungsantrag begründet worden, kann – und muss aber auch – nach erfolgter Zulassung in einem gesonderten Schriftsatz auf dieses Vorbringen Bezug genommen werden.[111] Die Begründungsfrist kann auf einen vor ihrem Ablauf gestellten Antrag vom Vorsitzenden des OVG verlängert werden (§ 124 a III 1 bis 3 VwGO). Die *Begründung* muss einen bestimmten Antrag enthalten sowie die im einzelnen anzuführenden Gründe der Anfechtung (Berufungsgründe);[112] mangelt es an einem dieser Erfordernisse, so ist die Berufung – fakultativ durch Beschluss (§ 125 II VwGO) – zu verwerfen (§ 124 a III 4 u. 5 VwGO).

**24** In der Praxis.

Das Berufungsverfahren entspricht weitgehend dem Verfahren in erster Instanz (§ 125 I VwGO). Auch der Verwaltungsprozess kennt die *Anschlussberufung* (§ 127 VwGO), um dem Rechtsmittelgegner im Rahmen des Hauptrechtsmittels die Möglichkeit zum Gegenangriff zu geben, indem er die Antragsbeschränkung des Hauptrechtsmittels (§§ 125 I, 88 VwGO) gleichsam »aufbricht« und dem OVG eine Reformatio in peius

105 So zutreffend NdsOVG (4. S.) v. 20.01.1998, NVwZ 1998, 533; zust. *Berkemann* DVBl 1998, 450; vgl. weiter Schoch/Schmidt-Aßmann/Pietzner/*Pietzner* § 133 Rn. 56 m.w.N. aus der Rspr. des BVerwG zur Revisionszulassung. Allgemein BVerwG v. 24.07.2008, NJW 2008, 3588.

106 Vgl. NWOVG v. 20.03.1997, NVwZ 1997, 1232; *Lotz* BayVBl 1997, 260; *Seibert* NVwZ 1998, 114.

107 Krit. *Günther* DVBl 1998, 678.

108 Vgl. NWOVG NVwZ 1999, 204 f.; HbgOVG v. 27.01.1997, NVwZ 1997, 689 f.; RPOVG NVwZ 1998, 1096; Schoch/Schmidt-Aßmann/Pietzner/*Meyer-Ladewig* § 124 a Rn. 76; *Seibert* NVwZ 1999, 113 (115).

109 Vgl. Schoch/Schmidt-Aßmann/Pietzner/*Meyer-Ladewig* § 124 a Rn. 52. Vgl. auch für § 124 II Nr. 1 und Nrn. 2 und 3 NWOVG v. 25.11.1997, ZKF 1998, 278.

110 BVerwG v. 30.06.1998, NVwZ 1998, 1311 (1313).

111 VGH Kassel v. 15.06.1998, BVerwG NVwZ 1998, 1313; BWVGH v. 23.10.1998, DÖV 1999, 347 (348).

112 Dass sie bereits in ausreichendem Maße in der Zulassungsantragsschrift enthalten sind, befreit nicht von der Berufungsbegründung überhaupt, sondern nur von überflüssigen Formalien; der Rechtsmittelführer kann auf die Antragsschrift Bezug nehmen. Vgl. BVerwG NVwZ 1998, 1313.

zu Lasten des Hauptrechtsmittelführers ermöglicht;[113] einer Zulassung bedarf sie nicht (§ 127 II 3 und IV VwGO F. 2002).[114] Die Anschlussberufung muss nicht denselben Streitgegenstand betreffen wie die zugelassene Hauptberufung.[115] Ist die Berufung bei teilbarem Streitgegenstand nur teilweise zugelassen worden, so ist auch eine Anschlussberufung nur im Rahmen der zugelassenen Berufung zulässig.[116]

Das Berufungsgericht hat grundsätzlich eine abschließende Entscheidung zu treffen. 25
Unter den Voraussetzungen des § 130 VwGO kommt auch eine *Zurückverweisung* in Betracht, über die nach pflichtgemäßem Ermessen zu entscheiden ist.[117] Zurückverweisungsgründe sind die fehlende Sachentscheidung des VG, etwa, wenn dieses die »Weiche falsch gestellt hat«,[118] wesentliche Verfahrensmängel[119] sowie Bekanntwerden wesentlicher neuer Tatsachen und Beweismittel. § 130 VwGO bringt einen allgemeinen Grundsatz des Rechtsmittelrechts zum Ausdruck und ist sinngemäß auch im Beschwerdeverfahren anwendbar (s. Rn. 39).

Erweitert worden sind durch das 6. VwGOÄndG auch die Möglichkeiten, über eine Be- 26
rufung im Beschlussverfahren zu entscheiden (*§ 130 a VwGO* und unten § 21 Rn. 6 ff.) und sich bei der Abfassung der Entscheidung von unnötiger Formulierungs- und Schreibarbeit zu entlasten. *§ 130 b VwGO* erlaubt dem Berufungsgericht unter den dort genannten Voraussetzungen, auf den Tatbestand und die Entscheidungsgründe der Vorinstanz Bezug zu nehmen.

## II. Revision

Die Revision bezweckt die Überprüfung eines Urteils des OVG, ausnahmsweise[120] des 27
VG, durch das BVerwG in *rechtlicher Hinsicht*. Die Revision an das BVerwG ist nur statthaft,[121] wenn sie vom OVG oder VG zugelassen wurde.[122] Dies gilt auch, wenn bei bundesgesetzlichem Ausschluss der Berufung ein Urteil des VG unmittelbar mit der Revision angreifbar ist (§ 135 VwGO).

Zulassungsbedürftig ist auch die *Sprungrevision*[123] vom VG zum BVerwG unter Übergehung der Berufungsinstanz, die außerdem die förmliche Zustimmung des Rechtsmit-

113 Vgl. BVerwG v. 08.12.1995, BVerwGE 100, 104 (107); v. 06.06.1997, NVwZ-RR 1998, 457; v. 14.11.2007, NVwZ-RR 2008, 214.
114 BVerwG v. 19.01.2006, DÖV 2006, 652.
115 BVerwG DÖV 2006, 652.
116 BVerwG v. 18.03.1996, NVwZ-RR 1997, 253 f.; vgl. auch HbgOVG v. 20.04.1998, NVwZ-RR 1999, 145 und BWVGH v. 20.07.1998, NVwZ 1998, 1321 für die Zulassungsbeschwerde.
117 Hierzu BVerwG v. 01.02.1988, NVwZ-RR 1988, 125.
118 BVerwG v. 27.11.1981, NVwZ 1982, 500 f.
119 Beispiel: mündliche Verhandlung trotz Aufhebung des Termins und ohne Anwesenheit des Prozessbevollmächtigten; BVerwG v. 27.04.1990, NJW 1991, 583.
120 Im Fall der Sprungrevision (§ 134 VwGO) und bei Ausschluss der Berufung (§ 135 VwGO).
121 Die zulassungsfreie Verfahrensrevision (§ 133 VwGO a.F.) hat das 4. VwGO-ÄndG 1990 abgeschafft.
122 Auch die gesetzwidrige Revisionszulassung bindet das Revisionsgericht (§ 132 III VwGO). Die Bindung tritt allerdings nicht ein bei Zulassung einer abstrakt unstatthaften Revision, etwa gegen Entscheidungen nach den §§ 80, 123, 172 VwGO oder gegen nicht selbständig anfechtbare Zwischenurteile. Vgl. BVerwG v. 23.05.1973, BVerwGE 42, 229 (231); v. 23.06.1975, BVerwGE 48, 372 (374); v. 30.08.1985, NJW 1986, 1125 und BT-Drucks. 11/7030, S. 33.
123 Vgl. *Schaeffer* NVwZ 1982, 21; *Meyer* NZS 1995, 356. Der zu Protokoll des VG gegebene Antrag aller Beteiligten auf Zulassung der Sprungrevision kann in aller Regel nicht als antizipierte Zustimmung der Gegenpartei zur späteren Einlegung der Sprungrevision ausgelegt werden; BVerwG v. 25.11.1992, NVwZ-RR 1993, 219 und Schoch/Schmidt-Aßmann/Pietzner/*Pietzner* § 134 Rn. 18.

telgegners zur Einlegung dieses Rechtsmittels voraussetzt (§ 134 VwGO).[124] Ihre Besonderheit besteht darin, dass sie nicht auf Verfahrensmängel gestützt werden und ihre ordnungsgemäße Einlegung als Verzicht auf die Berufung gilt (§ 134 IV, V VwGO).

28 Eine Sonderform der Revision ist die *Anschlussrevision*, die dem Rechtsmittelgegner die Möglichkeit eröffnen soll, der Hauptrevision ggf. ohne Einhaltung der in § 139 VwGO bestimmten Fristen mit einem Antrag entgegenzutreten und deshalb immer der Hauptrevision gegenläufig sein muss.[125]

29 Durch das OVG ist die Revision nur zuzulassen, wenn die Rechtssache grundsätzliche Bedeutung hat (§ 132 II Nr. 1 VwGO; *Grundsatzrevision*), das Urteil von einer Entscheidung des BVerwG (GmSOGB, BVerfG) abweicht und auf dieser Abweichung beruht (§ 132 II Nr. 2 VwGO; *Divergenzrevision*) oder ein Verfahrensmangel geltend gemacht wird und vorliegt, auf dem die angefochtene Entscheidung beruhen kann (§ 132 II Nr. 3 VwGO; *Verfahrensrevision*). Ist die Zulassung unterblieben, so ist von einer Nichtzulassung auszugehen.[126]

Bei der *Zulassung* der Revision durch das VG gelten unterschiedliche Voraussetzungen, je nachdem, ob es sich um eine Sprungrevision (dann keine Verfahrensrevision) oder um eine Revision anstelle der Berufung handelt.

30 Lehnt das OVG die Zulassung ab, so kann nach § 133 VwGO *Nichtzulassungsbeschwerde* eingelegt werden.[127]

Adressat der Nichtzulassungsbeschwerde ist das Gericht, dessen Entscheidung angefochten wird, also regelmäßig das OVG (§ 133 II VwGO). Im Falle des § 135 VwGO ist die Beschwerde beim VG einzulegen. Die Beschwerdefrist beträgt einen Monat seit Zustellung des vollständigen Urteils.[128] Innerhalb von zwei Monaten nach Zustellung des vollständigen Urteils ist die Beschwerde schriftlich[129] zu begründen, wobei die Begründung bei dem Gericht einzureichen ist, gegen dessen Urteil Revision eingelegt werden soll (§ 133 III 1 und 2 VwGO).[130] Dem *Begründungszwang* kommt besondere Bedeutung zu (s. bereits Rn. 20).

Schon immer war aber eine sorgfältige Darlegung des Zulassungsgrundes ratsam. Dadurch wurde freilich ein Kreislauf in Gang gesetzt: Den immer üppiger werdenden Beschwerdebegründungen folgten immer üppiger werdende Beschlussbegründungen,[131] was *Redeker* veranlasste, einen schleichenden Bedeu-

---

Zur Zulässigkeit der Sprungrevision, bevor die Gegenpartei ihre Zustimmung erklärt hat, vgl. BVerwG v. 14.12.1994, NVwZ 1996, 174.

124 Die Zustimmung ist bis zur Einlegung der Sprungrevision grundsätzlich widerruflich. Dabei ist die Einlegung der Berufung oder der Antrag auf Zulassung der Berufung als konkludenter Widerruf anzusehen; BVerwG v. 27.03.2006, DÖV 2006, 653.

125 BVerwG v. 25.05.1984, NJW 1985, 393; vgl. auch BVerwG v. 08.12.1995, BVerwGE 100, 104 (107 f.).

126 NWOVG v. 03.01.1984, DÖV 1984, 946; Schoch/Schmidt-Aßmann/Pietzner/*Pietzner* § 132 Rn. 111.

127 Vgl. *Weyreuther* Revisionszulassung und Nichtzulassungsbeschwerde in der Rechtsprechung der obersten Bundesgerichte, 1971; *Prütting* Die Zulassung der Revision, 1977; *Kummer* Die Nichtzulassungsbeschwerde, 1990 sowie Schoch/Schmidt-Aßmann/Pietzner/*Pietzner* § 132 Rn. 133.

128 Bei unrichtiger Urteilsausfertigung ist das Urteil unvollständig; vgl. auch BVerwG v. 22.03.1991, NVwZ 1991, 681.

129 Hierzu BVerwG v. 13.06.1990, NJW 1991, 1193 (Telefax ohne Unterschrift).

130 Die Nichtzulassungsbeschwerde ist ein Rechtsbehelf besonderer Art mit strengen Voraussetzungen. Die Begründungsfrist kann daher nicht verlängert werden; BVerwG v. 10.10.1989, NJW 1990, 1313. Die Rücknahme einer Nichtzulassungsbeschwerde ist unwiderruflich; HessVGH v. 06.11.1985, NJW 1987, 601.

131 Vgl. *Sendler* DVBl 1992, 240.

tungswandel von Nichtzulassungsbeschlüssen zu monieren.[132] Wer immer auch für diese Entwicklung verantwortlich sein mag, die »kleinen Revisionsurteile« sind als Faktum zur Kenntnis zu nehmen. Auch sie leisten ihren Beitrag zur (prozessual gestrafften) Wahrung der Rechtseinheit und taugen sogar als Aufgabenstellungen im Assessorexamen.

Mittlerweile dürfte sich der Akzent von der Revisionsbegründung auf die Beschwerdebegründung gem. § 133 III 3 VwGO verlagert haben. Für die *Grundsatzrevision* bedeutet dies, dass eine konkrete klärungsfähige und klärungsbedürftige Rechtsfrage des revisiblen Rechts von allgemeiner Bedeutung (Einheit und Fortbildung des Rechts) aufgezeigt werden muss (s. Rn. 16).[133] Die *Divergenzrüge* hat nicht nur die Entscheidung exakt (i.d.R. mit Datum und Aktenzeichen oder Fundstelle) zu bezeichnen, von der das Erstgericht abweicht, sondern auch darzutun, dass der Entscheidung des Erstgerichts ein sie tragender abstrakter Rechtssatz entnommen werden kann, der einem vom BVerwG gebildeten ebensolchen Rechtssatz widerspricht (s. Rn. 17). Die unrichtige Anwendung des vom BVerwG gebildeten Rechtssatzes durch das Erstgericht rechtfertigt noch keine Divergenzrevision.[134] Bei der *Verfahrensrüge* bietet sich zwar als Einfallstor § 86 I VwGO an. In aller Regel wird aber der Nachweis schwierig sein, dass das angefochtene Urteil auf dem gerügten Verfahrensfehler beruht, zumal die Anforderungen an die Bezeichnung des Verfahrensmangels sehr hoch sind (s. Rn. 20).[135] Häufig sind Urteile auf mehrere selbständig tragfähige Begründungen gestützt. Dann kann die Revision nur zugelassen werden, wenn im Hinblick auf jede dieser Begründungen ein Zulassungsgrund geltend gemacht wird und vorliegt.[136] 31

Wird der Nichtzulassungsbeschwerde abgeholfen oder lässt das BVerwG die Revision zu, wird das Beschwerdeverfahren als Revisionsverfahren fortgesetzt, wenn nicht das BVerwG das angefochtene Urteil bereits im Beschwerdeverfahren nach § 133 VI VwGO wegen eines Verfahrensfehlers durch Beschluss aufgehoben und die Sache zurückverwiesen hat; der Einlegung einer Revision durch den Beschwerdeführer bedarf es nicht (§ 139 II VwGO). 32

Die Revision ist beim Gericht, dessen Urteil angefochten wird, oder beim BVerwG innerhalb eines Monats nach Zustellung des vollständigen Urteils oder des Zulassungsbeschlusses schriftlich[137] einzulegen (§ 139 I VwGO). Auch die Revision selbst bedarf der fristgebundenen *Begründung* (§ 139 III VwGO).[138] Auf die Begründung der Nichtzulassungsbeschwerde kann zur Begründung der Revision zwar grundsätzlich nicht verwiesen werden.[139] Genügt aus den dargestellten Gründen eine Nichtzulassungsbeschwerde auch den Anforderungen einer Revisionsbegründung, so ist gleichwohl eine 33

132 FS Gelzer, S. 333.

133 BVerwG v. 04.11.1991, NVwZ 1992, 268. Zu den Anforderungen an das Beschwerdevorbringen BVerwG v. 23.11.1995, DVBl 1996, 216 (LS).

134 BVerwG v. 31.03.1988, Buchholz 310 § 132 Nr. 260.

135 Vgl. zum »Beruhen« bei der notwendigen Beiladung BVerwG v. 30.07.1990, NVwZ 1991, 470; zur Bezeichnungslast BVerwG v. 03.08.1992, NVwZ 1993, 62 (63). Verfahrensfehler können im Übrigen auch im Beschwerdeverfahren im Weg des Freibeweises festgestellt werden; BVerwG v. 08.12.1986, NJW 1987, 1350 (LS) und Schoch/Schmidt-Aßmann/Pietzner/*Pietzner* § 133 Rn. 85.

136 Hierzu BVerwG v. 28.09.1990, NVwZ 1991, 376; v. 19.08.1997, NJW 1997, 3328 und Schoch/Schmidt-Aßmann/Pietzner/*Pietzner* § 132 Rn. 79; § 133 Rn. 30.

137 Die Einlegung durch Telefax genügt der Schriftform; BVerwG v. 13.02.1987, NJW 1987, 2098.

138 Der Beschluss des VG, die Sprungrevision zuzulassen, setzt eine eigenständige Zweimonatsfrist zur Begründung in Lauf (§ 139 III 1 VwGO und BVerwG v. 20.08.1993, NVwZ-RR 1994, 361). Über einen erfolglosen Wiedereinsetzungsantrag kann im Verwerfungsbeschluss entschieden werden; BVerwG v. 26.06.1986, NJW 1987, 1349.

139 BVerwG v. 06.12.1984, DÖV 1985, 581; v. 02.12.1988, NVwZ 1989, 557.

Bezugnahme auf deutlich gekennzeichnete Argumente der Beschwerdebegründung statthaft.[140]

Die Revision kann nur darauf gestützt werden, dass das angefochtene Urteil auf der Verletzung von revisiblem Recht beruht (§ 137 VwGO). Da das BVerwG die Rechtseinheit zu wahren hat, betrifft die Revision grundsätzlich nur die Auslegung von *Bundesrecht*[141] und von dem Verwaltungsverfahrensrecht der Länder, das mit dem VwVfG des Bundes übereinstimmt. Dies gilt für die Grundsatzrevision wie auch für die Divergenzrevision.[142] Das BVerwG entscheidet hier restriktiv. Die früher ungeschriebenen Grundsätze des allgemeinen Verwaltungsrechts wurden immer als Annex zur jeweiligen Sachmaterie betrachtet und waren nur bei bundesrechtlicher Regelung der Materie revisibel. § 137 I Nr. 2 VwGO schafft insoweit begrenzt Abhilfe. Sinngemäß dürfte der Rechtsgedanke dieser Bestimmung heranzuziehen sein bei ungeschriebenen, aber rechtsstaatlich gebotenen Grundsätzen des Planungsrechts wie dem Abwägungsgebot.[143]

### III. Beschwerde

34 Das Rechtsmittel der Beschwerde ist *statthaft* gegen Entscheidungen des VG, des Vorsitzenden oder des Berichterstatters, die nicht Urteile oder Gerichtsbescheide sind, soweit nicht in der VwGO oder durch sonstiges Bundesrecht[144] etwas anderes bestimmt ist (§ 146 I VwGO). *Ausgeschlossen* ist die Beschwerde gegen prozessleitende Verfügungen,[145] Aufklärungsanordnungen, Entscheidungen des VG über einen Antrag auf Protokollberichtigung[146] und die in § 146 II VwGO genannten Beschlüsse, auch gegen Beschlüsse über die Ablehnung von Gerichtspersonen.[147] Außerdem ist sie in Streitigkeiten über Kosten, Gebühren und Auslagen wertmäßig beschränkt (Beschwerdewert muss 200 € übersteigen, § 146 III VwGO). Die Beschwerde setzt eine Entscheidung voraus; eine Untätigkeitsbeschwerde kennt die VwGO nicht.[148] »*Fortsetzungsfeststellungsbeschwerden*« sind nach der neueren Rspr. des BVerfG in Fällen tiefgreifender

---

140 BVerwG v. 25.10.1998, NVwZ 1989, 477.

141 Vgl. BVerwG v. 20.02.1990, JZ 1991, 471 m. Anm. *Paeffgen* S. 437 ff.; v. 22.03.1991, NVwZ 1991, 681; v. 12.03.1998, NVwZ-RR 1999, 239; v. 05.08.1997, NJW-RR 1998, 784; vgl. auch *Bertrams* DÖV 1992, 97.

142 BVerwG v. 16.02.1976, Buchholz 310 § 132 VwGO Nr. 143.

143 Vgl. BVerwG v. 23.01.1981, BVerwGE 61, 295 (301): Bundesverfassungsrechtliches Rechtsstaatsprinzip.

144 Vgl. Schoch/Schmidt-Aßmann/Pietzner/*Meyer-Ladewig* § 146 Rn. 9, 16 ff. und Schoch/Schmidt-Aßmann/Pietzner/*Pietzner* § 135 Rn. 7 ff.

145 Vgl. RPOVG v. 08.11.2001, DÖV 2002, 483.

146 BWVGH v. 23.07.2002, NVwZ-RR 2003, 318; HbgOVG v. 04.07.2008, DÖV 2008, 926; HessVGH v. 27.02.2006, DÖV 2006, 1055; a.A. BayVGH v. 09.02.2000, NVwZ-RR 2000, 843.

147 **Beispiele:** Entscheidung des Vorsitzenden über Aktenmitnahme (§ 100 II 3 VwGO) – vgl. NWOVG v. 25.02.1987, NJW 1988, 221; aber auch BayVGH v. 29.07.1997, NVwZ-RR 1998, 686; Betreibensaufforderung nach § 92 II 1 VwGO – NdsOVG v. 07.07.1997, NVwZ 1998, 529; zur Ablehnung von Gerichtspersonen NWOVG v. 05.03.1998, NVwZ-RR 1998, 600; zur prozessleitenden Verfügung *Buck* DÖV 1964, 537; **nicht dagegen:** Ordnungsgeldandrohung für den Fall des Nichterscheinens vor Gericht – OVG Lüneburg v. 29.02.1988, NVwZ-RR 1989, 591; Bestellung eines Prozesspflegers – RPOVG v. 10.02.1998, NVwZ-RR 1999, 693; Aussetzungsbeschluss nach § 94 VwGO – SächsOVG v. 13.08.1997, NVwZ-RR 1998, 339 und *Meissner* DVBl 1967, 426. – und nach § 149 I 2 VwGO – HessVGH v. 20.03.1991, DVBl 1991, 1319; Ablehnung eines Sachverständigen – NdsOVG v. 04.07.1997, NdsRPfl 1997, 293; BWVGH v. 21.07.1997, NVwZ-RR 1998, 689.

148 NWOVG v. 03.12.1997, NVwZ-RR 1998, 340; HessVGH v. 08.06.1998, DVBl 1999, 114 f.; *Clausing* JuS 1999, 474 (477 f.); a.A. *Ziekow* DÖV 1998, 941; weiter Schoch/Schmidt-Aßmann/Pietzner/*Meyer-Ladewig* Vorb. § 124 Rn. 36: ausnahmsweise bei drohender Rechtsverweigerung.

Grundrechtsverletzungen, etwa richterlicher Durchsuchungsanordnungen, auch dann zulässig, wenn der Eingriff tatsächlich nicht mehr fortwirkt.[149]

Streitig ist der Rechtsschutz bei der Vollstreckung aus verwaltungsgerichtlichen Titeln. Vollstreckungsbehörde i.S. der §§ 4, 5 VwVG ist hier nach § 169 I 2 VwGO der Vorsitzende des Gerichts des ersten Rechtszuges, der aber dadurch nicht funktionell der Exekutive zugeordnet wird, sondern richterliches Vollstreckungsorgan bleibt. Soweit er Vollstreckungsmaßnahmen ohne Anhörung des Vollstreckungsschuldners oder eines Dritten vornimmt, ist für Einwendungen gegen die Art und Weise der von ihm betriebenen Vollstreckung der Rechtsbehelf der Erinnerung an die Kammer nach § 167 I VwGO i.V.m. § 766 ZPO gegeben, während Entscheidungen des Vorsitzenden nach gewährtem rechtlichem Gehör der Beschwerde nach § 146 VwGO unterliegen.[150]

Gegen Beschlüsse des VG nach den §§ 80, 80 a, 123 VwGO sowie über Prozesskostenhilfeanträge hat das 6. VwGOÄndG die *Zulassungsbeschwerde* in entspr. Anwendung des § 124 II VwGO n.F. eingeführt (§ 146 IV VwGO n.F.), um den Gesichtspunkt zum Tragen zu bringen, dass in Nebenverfahren keine weitergehenden Rechtsbehelfe zur Verfügung stehen sollen als im Hauptsacheverfahren.[151] Die Antragsfrist beträgt *2 Wochen* (§ 146 V 1 VwGO n.F.).[152] Der Antrag kann *nur* beim VG gestellt werden (§ 146 V 1 lex spec. gegenüber § 147 II VwGO).[153] Ansonsten gelten weitgehend die gleichen Grundsätze wie bei der Zulassungsberufung (§ 146 V u. VI VwGO n.F.). Auch in Eilverfahren sind *neuer Tatsachenvortrag und Änderungen der Sach- oder Rechtslage* bereits im Zulassungsverfahren zu berücksichtigen; die Verweisung auf ein Abänderungsverfahren nach § 80 VII VwGO führt zu zusätzlichen vermeidbaren Verfahren mit der Gefahr widersprechender Entscheidungen und Rechtsschutzverzögerungen.[154] Zu beachten ist freilich, dass die dem Zulassungszwang unterliegenden Beschwerdeverfahren i.d.R. nur mit einer summarischen Prüfung der Sach- und Rechtslage verbunden sind (s. § 57 Rn. 22, 35) und sich deshalb nur selten für die grundsätzliche Klärung bestimmter, die Hauptsache betreffender Rechtsfragen eignen. I.d.R. wird sich der Zulassungsgrund der *grundsätzlichen Bedeutung* (§ 146 IV i.V.m. § 124 II Nr. 3 VwGO) deshalb nur mit spezifisch auf das Eilverfahren[155] oder das Prozesskostenhilfeverfah- 35

149 Vgl. BVerfG v. 30. 4.1997, BVerfGE 96, 27 (39 f.); BWVGH v. 20.10.1997, VBlBW 1998, 103 sowie Schoch/Schmidt-Aßmann/Pietzner/*Pietzner* § 169 Rn. 74.

150 Vgl. zur Erinnerung gegen einen Pfändungs- und Überweisungsbeschluss BlnOVG v. 10.08.1983, NJW 1984, 1370; BWVGH v. 14.09.1988, NVwZ-RR 1989, 512; zur Beschwerde: (Einleitung der Vollstreckung nach § 169 VwGO) HessVGH v. 19.06.1997, NVwZ-RR 1998, 77; (Zurückweisung des Vollstreckungsantrages) BWVGH v. 20.12.1991, NVwZ 1993, 73; (unzulässige Delegation richterlicher Vollstreckungsmacht) BayVGH v. 24.09.1986, BayVBl 1987, 149. Insgesamt Schoch/Schmidt-Aßmann/Pietzner/*Pietzner* § 167 Rn. 5 ff., 14 ff., § 169 Rn. 146 ff.

151 Vgl. BT-Drucks. 13/3993 S. 14 zu Nr. 21 a).

152 Das kann im Einzelfall (z.B. erstmalige Mandatierung eines Anwalts) zu unzumutbaren Anforderungen führen. Verfassungswidrige Zwänge können vermieden werden durch Herabschrauben der Darlegungsanforderungen oder Gewährung von Wiedereinsetzung. Vgl. *Berkemann* DVBl 1998, 459; *Johlen*, NWVBl 1999, 44; Eyermann/*Happ* § 146 Rn. 18; sehr streng dagegen BayVGH v. 29.09.1997, NJW 1998, 1507. Auf keinen Fall kann die Zustellung lediglich einer mit Rechtsmittelbelehrung versehenen Beschlussformel (ohne Gründe) die Frist in Gang setzen. Vgl. *Roth* NJW 1997, 1966 f.

153 Vgl. HbgOVG v. 09.04.1997, NJW 1998, 696; NWOVG v. 10.06.1997, DÖV 1998, 42 (LS); ThürOVG v. 17.07.1997, DÖV 1997, 964; SächsOVG v. 18.01.1998, DÖV 1998, 1068 (LS).

154 ThürOVG v. 13.03.1998, DVBl 1998, 849 (850); BWVGH (3. S.) v. 25.06.1998, VGHBW RspDienst 1998, Beil. 9, B 2; NdsOVG NdsVBl 1998, 164; DVBl 1999, 477; HessVGH v. 30.01.1998, NVwZ 1998, 755 (756); *Seibert* NVwZ 1999, 118; a.A. NWOVG v. 09.06.1997, DVBl 1997, 1337; BWVGH (14. S.) v. 18.12.1997, NVwZ 1998, 414; (11. S.) v. 16.02.1998, NVwZ 1998, 758; BlnOVG v. 01.04.1998, NVwZ 1998, 1093 f.; v. 26.02.1998, NVwZ-RR 1999, 211; *Johlen* NWVBl 1999, 42.

155 Vgl. ThürOVG v. 22.01.1998, DVBl 1998, 490 (491); BayVGH v. 04.06.1997, NVwZ-RR 1998, 204; v. 28.01.1999, NVwZ-RR 1999, 345; BWVGH (12. S.) v. 12.05.1997, NVwZ 1998, 305 (306); (7. S.) v. 10.06.1997, NVwZ-RR 1998, 31 (32); (8. S.) v. 21.02.1997, NVwZ-RR 1997, 758; NWOVG v.

ren[156] bezogenen Fragestellungen (etwa einschlägiges Prozessrecht, Prüfungsmaßstab für die Beurteilung des materiellen Rechts, Reichweite des nachbarlichen Rechtsschutzes)[157] belegen lassen. Ausnahmen sind denkbar, wenn und soweit im Rahmen des Eilverfahrens eine Auseinandersetzung mit der Rechtslage vorzunehmen ist, die derjenigen des Hauptverfahrens nahe kommt (etwa bei Vorwegnahme der Hauptsache).[158]

36 Wird dem Zulassungsantrag entsprochen, wird das Antragsverfahren als Beschwerdeverfahren fortgesetzt (§ 146 VI 2 i.V.m. § 124a II 4 VwGO entspr.). Diese Zweistufigkeit kann und muss jedoch vom Beschwerdegericht aus Gründen der *Effektivität des Rechtsschutzes (Art. 19 IV GG)* ignoriert werden, wenn sie zu einer unzumutbaren Rechtsschutzverkürzung führen würde, weil z.B. andernfalls unwiederbringliche Rechtsverluste einzutreten drohen; in Fällen dieser Art kann das OVG, wenn es auch insoweit den Beteiligten rechtliches Gehör gewährt hat, über Zulassungsantrag und Beschwerde in einem Beschluss entscheiden.[159]

37 Dem *Vertretungszwang* unterliegen nur die in § 67 I 2 VwGO aufgeführten Beschwerden, insbesondere die Zulassungsbeschwerde, deren qualifizierte Darlegungserfordernisse die Einführung des Anwaltszwanges vor dem OVG gerechtfertigt haben (s. Rn. 20). Dies gilt auch für die PKH-Beschwerde, für die folglich ihrerseits Prozesskostenhilfe beantragt werden kann.[160] In der Sache muss die beabsichtigte Rechtsverfolgung Aussicht auf Erfolg bieten. Eine gewisse Wahrscheinlichkeit des Erfolgs genügt.[161] Für die zulassungsfreien, von § 67 I 2 VwGO nicht erfassten Beschwerden greift dieser Gesichtspunkt nicht.[162] Sie können außerdem nach § 147 I 1 VwGO auch zur Niederschrift des Urkundsbeamten – auch beim OVG (§ 147 II VwGO) – eingelegt werden und unterliegen deshalb schon nach § 173 VwGO i.V.m. § 78 III ZPO nicht dem Anwaltszwang (weiterhin arg. e contrario § 147 I 2 VwGO).[163]

---

27.06.1998, NVwZ 1998, 306 (307); SächsOVG v. 24.09.1997, NVwZ 1998, 308; SchlHOVG v. 30.05.1997, NVwZ 1997, 808 (809); *Johlen* NWVBl 1999, 43; a.A. – für § 80 V VwGO – BWVGH (7. S.) v. 12.02.1997, NVwZ 1997, 405 f.

156 Vgl. HbgOVG v. 21.02.1997, NVwZ 1997, 690 (691); NWOVG v. 17.04.1997, NVwZ-RR 1998, 337 f.; HessVGH v. 08.09.1997, NVwZ-RR 1998, 599.

157 Vgl. SächsOVG v. 24.09.1997, NVwZ 1998, 308.

158 Vgl. OVG MV v. 12.02.1998, NVwZ-RR 1998, 597 (jedenfalls in den Fällen des § 80 IV 3 VwGO); v. 18.11.1997, NJW 1998, 2622 (Vorwegnahme der Hauptsache) m. zust. Anm. *Flint* NJ 1998, 496; NdsOVG v. 03.09.1997, NVwZ-RR 1998, 205 (soweit im Rahmen des § 123 VwGO der Anordnungsanspruch zu prüfen ist); *Johlen* NWVBl 1999, 43.

159 Vgl. NWOVG v. 20.02.1998, NJW 1998, 1969; BayVGH v. 17.09.1997, BayVBl 1998, 83 (84); ThürOVG DVBl 1998, 850; BWVGH, NVwZ 1997, 406.

160 SächsOVG v. 30.03.1999, NVwZ 1999, 784; SaarlOVG v. 06.08.1997, NVwZ 1998, 413; HbgOVG v. 05.02.1998, NJW 1998, 2547; BWVGH (1. S.) v. 25.03.1997, NVwZ 1997, 693; *Kopp/Schenke* § 166 Rn. 19; *Atzler* NdsVBl 1998, 153 (156); a.A. – kein Vertretungszwang – BWVGH (7. S.) v. 30.03.1998, NVwZ 1998, 647; (9. S.) v. 20.10.1998, NVwZ-RR 1999, 149; *Silberkuhl* NJW 1998, 438; Schoch/Schmidt-Aßmann/Pietzner/*Olbertz* § 166 Rn. 79 unter Berufung auf § 166 VwGO i.V.m. § 569 II 2 Alt. 2 ZPO, der jedoch durch § 147 I 1 und 2 VwGO verdrängt wird. SächsOVG v. 11.10.2007, NJW 2008, 1609: Eine Gegenvorstellung bleibt neben der Anhörungsrüge zulässig, wenn mit ihr keine Verletzung rechtlichen Gehörs gerügt wird, vgl. auch BVerwG v. 28.11.2008, NJW 2009, 457.

161 HbgOVG v. 20.11.2007, NJW 2008, 1465.

162 Vgl. BWVGH v. 22.07.1997, NVwZ 1998, 753; v. 20.10.1997, VBlBW 1998, 103; Schoch/Schmidt-Aßmann/Pietzner/*Meissner* § 67 Rn. 54 a; a.A. NWOVG v. 01.07.1997, NVwZ 1998, 204; offengelassen NWOVG v. 24.06.1998, NVwZ-RR 1999, 474 f.

163 SächsOVG v. 8.4. 1999, NVwZ 1999, 891; BayVGH v. 23.03.1998, BayVBl 1999, 125; v. 20.04.1999, BayVBl 1999, 543; NdsOVG NdsRPfl 1997, 293; HessVGH, NVwZ-RR 1998, 77 (78); BWVGH v. 29.04.1997, NVwZ-RR 1998, 462. Darüber hinaus enthalten die §§ 19 VI BRAGO, 25 III 1, 5 V GKG Spezialrecht.

Nach § 149 I 2 VwGO hat die Beschwerde – in den Fällen des § 146 IV VwGO der Zulassungsantrag[164] – nur dann *Suspensiveffekt*, wenn sie die Festsetzung eines Ordnungs- oder Zwangsmittels (z.B. nach § 95 bzw. § 98 VwGO i.V.m. §§ 380, 390, 490 ZPO) zum Gegenstand hat. Das Gericht oder der Vorsitzende kann jedoch die einstweilige Aussetzung der angefochtenen Entscheidung verfügen (§ 149 I 2 VwGO). Diese Befugnis steht gem. § 173 VwGO i.V.m. § 572 III ZPO auch – in den Fällen des § 146 IV VwGO nur[165] – dem Beschwerdegericht zu.[166] Die Aussetzungskompetenz des Beschwerdegerichts umfasst zugleich die Befugnis, die vom VG erlassene Aussetzungsanordnung wieder aufzuheben. Für die Anwendbarkeit der §§ 146 ff. VwGO bleibt kein Raum; Beschlüsse des VG nach § 149 I 2 VwGO sind deshalb nicht selbständig mit der Beschwerde angreifbar.[167] Die Nichtzulassungsbeschwerde hat von vornherein Suspensiveffekt (§ 133 IV VwGO). 38

Die weiteren Voraussetzungen der Beschwerde ergeben sich aus § 147 VwGO. Jedenfalls bei Ausländern, deren Aufenthaltsberechtigung streitig ist, sollte die Angabe einer ladungsfähigen Anschrift Zulässigkeitsvoraussetzung für die Einlegung der Beschwerde sein.[168] Die Verweisung einer beim unzuständigen Beschwerdegericht erhobenen Beschwerde hat keine fristwahrende Wirkung.[169] Die Entscheidung des iudex a quo bei der zulassungsfreien Beschwerde besteht entweder in der Abhilfe oder Vorlage an das Beschwerdegericht, das durch Beschluss entscheidet (§§ 148, 150 VwGO). Die Zurückverweisung an die Vorinstanz kommt grds. auch im Beschwerdeverfahren in entspr. Anwendung des § 130 I VwGO in Betracht.[170] 39

**Prüfungsschema: Zulässigkeit eines Rechtsmittels** 40

1. **Statthaftigkeit**
   Die angefochtene Entscheidung muss
   a) überhaupt
   b) gerade mit dem eingelegten Rechtsmittel angreifbar sein
2. **Anfechtungsberechtigung**
   Beteiligte bei Berufung (§ 124 I VwGO), Revision (§ 132 I 1 VwGO) und Beschwerde (§ 146 I VwGO), sonst von der Entscheidung Betroffene bei der Beschwerde (§ 146 I VwGO)

164 Vgl. HbgOVG v. 17.01.1997, NVwZ 1997, 691; *Kopp/Schenke* § 149 Rn. 2; Eyermann/*Happ* § 146 Rn. 1; a.A. VG Berlin v. 11.02.1997, NVwZ 1997, 514; *Redeker/v. Oertzen* § 146 Rn. 22.

165 Vgl. OVG LSA v. 25.02.1999, NVwZ 1999, 892 (893); HbgOVG v. 17.01.1997, NVwZ 1997, 691; NdsOVG v. 11.08.1998, NVwZ 1999, 209; *Kopp/Schenke* § 149 Rn. 2; *Johlen* NWVBl 1999, 41 (42); *Berkemann* DVBl 1998, 459.

166 Vgl. BlnOVG v. 20.12.1985, DÖV 1986, 615; HessVGH v. 22.03.1990, NVwZ 1990, 976; v. 20.03.1991, DVBl 1991, 1319; BayVGH v. 03.08.1993, NJW 1993, 3090.

167 BWVGH v. 25.06.1986, NVwZ 1986, 934; Schoch/Schmidt-Aßmann/Pietzner/*Meyer-Ladewig* § 149 Rn. 6; a.A. BayVGH v. 25.06.1984, BayVBl 1985, 22; v. 03.08.1993, NJW 1993, 3090; HessVGH, NVwZ 1990, 976 f.; DVBl 1991, 1319; *Kopp/Schenke* § 146 Rn. 4; Eyermann/*Happ* § 146 Rn. 4.

168 Anderer Ansicht HessVGH v. 30. 5.1989, NJW 1990, 140.

169 BWVGH v. 19.08.1987, NJW 1988, 222. – Zur Begründungspflicht bei Wiedereinsetzung BVerwG v. 18 3.1992, NJW 1992, 2307. Zur Beschwerde durch Telefax NWOVG v. 09.11.1990, NJW 1991, 1197.

170 Vgl. ThürOVG v. 17.12.1998, DVBl 1999, 480; OVG MV v. 26.10.1998, NordÖR 1999, 71; NWOVG v. 03.04.1997, NVwZ-RR 1997, 759; v. 07.08.1998, NVwZ-RR 1999, 540 (541); HessVGH v. 07.11.1989, NVwZ-RR 1990, 671; v. 27.10.1998, NVwZ 1999, 891 (892); OVG LSA v. 17.12.1998, NVwZ-RR 1999, 542 (543); Schoch/Schmidt-Aßmann/Pietzner/*Meyer-Ladewig* § 130 Rn. 2; a.A. *Hamann* DVBl 1984, 1204 f.; *Redeker/v. Oertzen* § 130 Rn. 6.

3. **Ggf. Zulassung** (§§ 124 I, 132 I, § 146 IV VwGO)
4. **Form und Frist** (§ 124 a I, §§ 133 II, 139, 146 V, 147 VwGO)
5. **Beschwer**
6. **Rechtsschutzbedürfnis**
7. **Kein Ausschluss des Rechtsmittels durch Verzicht oder Verwirkung**

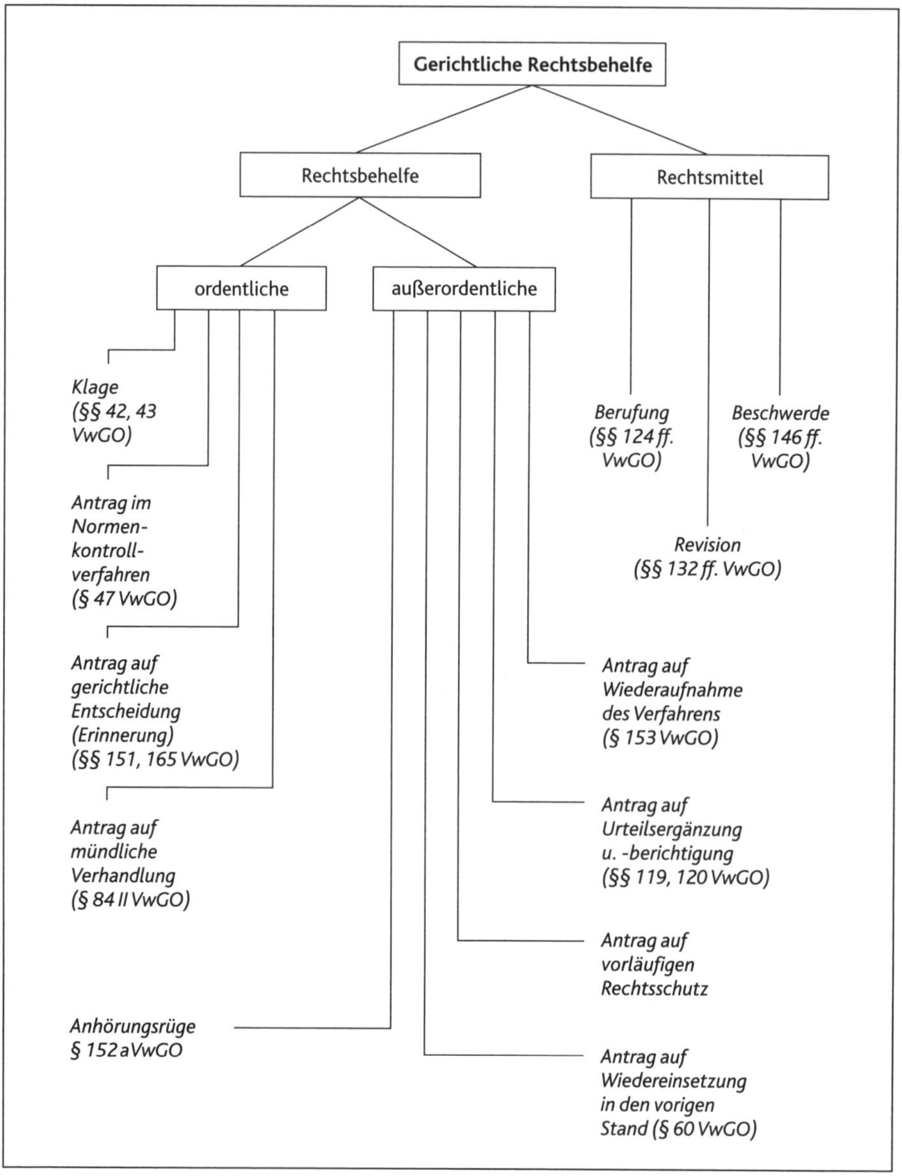

# 2. Abschnitt. Die Sachurteilsvoraussetzungen

## § 4 Bedeutung und Systematik

### A. Allgemeines

Mit der Klageerhebung entsteht ein *Prozessrechtsverhältnis* zwischen den Beteiligten und dem Gericht. Das Gericht hat von Amts wegen zu prüfen, ob es die Klage durch *Prozessurteil* abweisen bzw. den Rechtsstreit an ein anderes Gericht verweisen muss oder ob es *zur Sache* entscheiden kann. 1

Die Prüfung der Sachentscheidungsvoraussetzungen ist keine Prüfung der *Prozessvoraussetzungen*. Ein Prozess findet auf jeden Fall statt. An sich ist die Bezeichnung »Sachurteilsvoraussetzungen« ungenau; denn das Gericht kann auch einen Gerichtsbescheid oder einen Beschluss an Stelle eines Prozessurteils erlassen. Urteile sind aber in der Praxis die wichtigsten gerichtlichen Entscheidungsformen. Daher hat sich verallgemeinernd die Bezeichnung »Sachurteilsvoraussetzungen« eingebürgert. Sie liegt auch der vorliegenden Darstellung zugrunde.

### B. Bedeutung

Mit den Sachurteilsvoraussetzungen verhält es sich wie mit dem VA. Sie bilden das Kernstück der verwaltungsprozessualen Lehrdarstellungen. Im konkreten Rechtsstreit kommt es jedoch nicht auf sie an, wenn an der Zulässigkeit der Klage keine Zweifel bestehen. Das ist häufig der Fall. Umso schwerer fallen dann Fehler in wirklichen Zweifelsfällen ins Gewicht. Einerseits wird erwartet, dass *alle* Sachurteilsvoraussetzungen bekannt sind und beherrscht werden. Andererseits darf nur auf diejenigen Sachurteilsvoraussetzungen eingegangen werden, deren Vorliegen *konkret zweifelhaft* ist. Liegt der Schwerpunkt einer Aufgabe auf einem materiell-rechtlichen Gebiet, genügen wenige Bemerkungen zur Zulässigkeit des Verwaltungsrechtswegs, zu Klagetyp, -frist und -befugnis, sowie zur Durchführung des Widerspruchsverfahrens. 2

### C. Systematik

Für die dogmatische Behandlung der Sachurteilsvoraussetzungen ist die Unterscheidung zwischen *allgemeinen und besonderen Sachurteilsvoraussetzungen* wichtig. Die allgemeinen Sachurteilsvoraussetzungen müssen bei jeder Klage- und Antragsart vorliegen; die besonderen Sachurteilsvoraussetzungen beziehen sich auf die einzelnen Klage- und Antragsarten. Sie dürfen nicht durch die Wahl einer anderen Klage- oder Antragsart unterlaufen werden. 3

**Beispiel:** Eine Feststellungsklage wird nur erhoben, weil die Klagefrist für die Anfechtungsklage verstrichen ist.

Auf die *Prüfungsreihenfolge* wirkt sich jedoch diese Unterscheidung *nicht* aus. Vielmehr werden die allgemeinen und besonderen Sachurteilsvoraussetzungen zusammen geprüft. Für die folgende Darstellung spielt die Unterscheidung keine Rolle.

Die Formulierung in § 17 a II GVG, der über § 173 VwGO auch im Verwaltungsprozess anwendbar ist, bietet einigen Autoren Anlass, eine »*Vorab-Prüfung« des beschrittenen Rechtswegs* vor der Prüfung der 4

Sachurteilsvoraussetzungen zu propagieren.[1] Die Prüfung der Sachurteilsvoraussetzungen ist aber nicht notwendig eine Zulässigkeitsprüfung im strengen Sinn, die mit dem Ergebnis »zulässig« oder »unzulässig« endet. Die Verweisung macht in der Tat die Klage nicht unzulässig.[2] Ehe das Verwaltungsgericht den Rechtsstreit verweisen kann, muss es aber die Zulässigkeit der deutschen Gerichtsbarkeit und seine Verweisungskompetenz bejahen, also doch eine echte Zulässigkeitsprüfung vornehmen. Nicht von ungefähr kann das (Verwaltungs-)Gericht die Zulässigkeit des beschrittenen Rechtswegs vorab aussprechen (§ 17a III GVG). Die Erwägung der Verweisungsmöglichkeit erfolgt nicht vor, sondern *innerhalb* der Zulässigkeitsprüfung. Unter diesen Umständen läuft es auf unnötigen Purismus hinaus, die Prüfung der Sachurteilsvoraussetzungen und die Begründetheitsprüfung um einen zusätzlichen Prüfungspunkt zu erweitern.[3] Die Prüfung des Rechtswegs darf also getrost in die Prüfung der Sachurteilsvoraussetzungen integriert werden. Die Wahl des richtigen Rechtswegs ist im Übrigen für den Kläger von erheblicher Bedeutung. Provoziert er eine Verweisung, verlängert er nicht nur den Rechtsstreit, sondern hat auch im Fall des Obsiegens die verursachten Mehrkosten (§ 17b S. 2 GVG) zu tragen.

5 Die (allgemeinen und besonderen) Sachurteilsvoraussetzungen prägen sich am leichtesten ein, wenn man sie schwerpunktmäßig in *drei Gruppen* einteilt, je nachdem, ob sie das Gericht, die Beteiligten oder das Verfahren betreffen.

Die Einteilung hat nichts mit der umstrittenen *Prüfungsreihenfolge* zu tun.[4] Der Streit ist nutzlos. Zwar wird viel Mühe darauf verwendet, eine Rangfolge der Sachurteilsvoraussetzungen aufzustellen. Es bestehen aber weder zwingende gesetzliche oder gar logische Regeln, in welcher Reihenfolge die Sachurteilsvoraussetzungen zu prüfen sind,[5] noch gibt es eine für jeden Fall passende Systematik.[6] Allerdings hat sich bisher die Auffassung, bei eindeutiger materieller Rechtslage sei ein Eingehen auf die Sachurteilsvoraussetzungen völlig überflüssig,[7] zu Recht – nicht durchgesetzt.[8] Auch der Vorschlag, bei offener Fragestellung (»Wie ist die Rechtslage?«) die Prüfungsreihenfolge umzukehren, da auch ein Anwalt in einer derartigen Situation zunächst das materielle Recht prüfe, sollte nicht befolgt werden. Der prozessuale Aufbau mag gelegentlich kopflastig sein. Im Zweifel ist er aber übersichtlicher und erleichtert den Einstieg in die Aufgabe.

6 Der folgende Überblick über die Sachurteilsvoraussetzungen geht vom *Vorrang der Zulässigkeits- vor der Sachprüfung* aus. Er soll kein geschlossenes System der Sachurteilsvoraussetzungen darstellen, sondern nur als Anhalt für die Fallbearbeitung dienen. Nach dem Raster: *Wo, wer und wie?* werden zunächst die *gerichtsbezogenen Sachurteilsvoraussetzungen* erörtert (§§ 5 und 6). Danach folgen die *beteiligtenbezogenen Sachurteilsvoraussetzungen,* soweit diese sich von den jeweiligen Verfahren trennen lassen (§ 7). Bei einem Teil der beteiligtenbezogenen Sachurteilsvoraussetzungen ist das nicht der Fall. Zum »Wie« gehört die Frage: »*Ob*«. Klage- und Antragsbefugnis und Rechtsschutzbedürfnis werden deshalb den *verfahrensbezogenen Sachurteilsvoraussetzungen* zugeordnet, die im Interesse der besseren Lesbarkeit in elf Paragraphen untergebracht sind (§§ 8–17).

---

1 Vgl. *Gröpl/Wehr* JuS 1995, 76 (77) (LS).
2 Im Ansatz, nicht aber in der Folgerung richtig *Hufen* § 11 Rn. 96.
3 Vgl. *Leifer* JuS 2004, 956. Übervorsichtige könnten formulieren: »Die Klage hat Erfolg, wenn sie vor dem angerufenen Gericht zulässig und begründet ist.«
4 Vgl. *Redeker/v. Oertzen* § 109 Rn. 3: *Schenke* Rn. 65; *Hufen* § 10.
5 BVerwG v. 10.10.1975, BVerwGE 49, 221 (223).
6 *Schmitt Glaeser/Horn* Rn. 31.
7 Vgl. *Gierth* DÖV 1980, 893. (»Durchstarten auf den Klagegrund«). Eine Ausnahme gilt für das Rechtsschutzbedürfnis.
8 Vgl. nur BFH v. 07.08.2001, NVwZ-RR 2002, 543.

**Prüfungsschema: Sachurteilsvoraussetzungen**

1. Bestehen der deutschen Gerichtsbarkeit (§ 18 GVG)
2. Zulässigkeit des Verwaltungsrechtswegs (§ 40 VwGO)
   a) keine verfassungsrechtliche Streitigkeit
   b) keine Zuweisung an ein anderes Gericht
   c) öffentlich-rechtliche Streitigkeit
3. Sachliche, funktionelle und örtliche Zuständigkeit des Gerichts (§§ 45 ff. VwGO)
4. Beteiligtenfähigkeit (§ 61 VwGO)
5. Prozessfähigkeit und gesetzliche Vertretung (§§ 62, 67 VwGO)
6. Statthaftigkeit der Klage- und Verfahrensart
7. Ordnungsgemäße Klageerhebung
   a) Form (§ 81 VwGO)
   b) Inhalt (§ 82 VwGO)
8. Klage- bzw. Antragsbefugnis (§ 42 II, § 47 II 1 VwGO)
9. Vorverfahren (§§ 68 ff. VwGO)
10. Passive Prozessführungsbefugnis (§ 78 I VwGO)
11. Frist (z.B. §§ 47 II 1, 74 VwGO)
12. Fehlen der anderweitigen Rechtshängigkeit (§ 17 I 2 GVG)
13. Rechtsschutzbedürfnis

# § 5 Gerichtsbezogene Sachurteilsvoraussetzungen (Rechtsweg)

## A. Das Bestehen der deutschen Gerichtsbarkeit

1 Die Frage, ob für die Entscheidung eines Rechtsstreits die deutsche Gerichtsbarkeit besteht, spielte im Verwaltungsprozess bislang praktisch kaum eine Rolle. Zu beachten war und ist hier lediglich, dass *Exterritoriale*, namentlich *Diplomaten*, der deutschen Gerichtsbarkeit nicht unterworfen sind (§ 173 S. 1 VwGO i.V.m. §§ 18 ff. GVG).[1]

Auch die Schwierigkeiten im Zusammenhang mit der Justiziabilität von Hoheitsakten der *Stationierungsstreitkräfte* wurde durch die Neufassung des Zusatzabkommens zum NATO-Truppenstatut und die damit einhergehende Einführung der Prozessstandschaft der Bundesrepublik weitgehend entschärft.[2]

2 Kein Akt der deutschen öffentlichen Gewalt ist eine Maßnahme, die von Organen zwischenstaatlicher Einrichtungen vorgenommen wird. Eine derartige Einrichtung ist auch die *EU*. Für *unmittelbar* gegen Akte der EU gerichtete Klagen ist der deutsche Verwaltungsrechtsweg nicht eröffnet.

In Betracht kommen aber Nichtigkeitsklagen Art. 263 AEUV, Untätigkeitsklagen Art. 265 AEUV, Staatshaftungsklagen Art. 268 i.V.m. 340 AEUV und beamtenrechtliche Klagen Art. 270 AEUV beim EuG 1. Instanz Art. 256 AEUV bzw. in der Revisionsinstanz beim EuGH.[3]

Vollziehen *deutsche Behörden* dagegen *Gemeinschaftsrecht*, ist der Rechtsweg zu den deutschen Gerichten selbst dann gegeben, wenn im Rechtsstreit die Gültigkeit von Gemeinschaftsrecht fraglich ist. Europarechtliche Normen können zwar nicht unmittelbar vor den deutschen Verwaltungsgerichten angegriffen werden. Diese haben aber gem. Art. 267 AEUV die Frage der Gültigkeit der Normen – sofern diese *konkret* entscheidungserheblich sind – dem EuGH zur Entscheidung *vorzulegen*.[4] Eine Vorlage an den EuGH scheidet lediglich dann aus, wenn die richtige Anwendung des Gemeinschaftsrechts derart offenkundig ist, dass keinerlei Raum für einen vernünftigen Zweifel an der zu treffenden Entscheidung bleibt.[5] Schwebt beim EuGH ein Vorabentscheidungsverfahren, muss ein nationales Gericht, das über die gleiche gemeinschaftsrechtliche Rechtsfrage zu entscheiden hat, nicht ebenfalls vorlegen, hat dann aber den Rechtsstreit bis zur Entscheidung des EuGH entsprechend § 94 S. 1 VwGO auszusetzen.[6] Eine Vorlage kommt im Übrigen nur in Betracht, wenn die Entscheidung des einzelstaat-

1 Vgl. BVerfG v. 13.12.1977, BVerfGE 46, 342; *Würtenberger* Rn. 125. Die Immunität hindert Diplomaten allerdings nicht, aktiv als Kläger deutsche Gerichte in Anspruch zu nehmen; hierzu BVerwG v. 29.02.1996, BVerwGE 100, 300 (301).

2 BGBl. II 1994 S. 2594; vgl. *Burkhardt/Granow* NJW 1995, 424; *Henning Berger* Die Verfahrensstandschaft der Bundesrepublik Deutschland für die Stationierungsstreitkräfte, Diss. Berlin 1995.

3 Vgl. *Kirschner* Das Gericht 1. Instanz der Europäischen Gemeinschaften, 2. Aufl. 1998; *Koenig/Sander* Einführung in das EG-Prozessrecht, 1997, Rn. 23 ff.; *Brenner* Die Verwaltung 1998, 1; *Dörr* DVBl 2008, 1401. Zu den Neuerungen durch den Vertrag von Lissabon: Schröder, DÖV 2009, 61 ff.

4 Vgl. Hinweise des EuGH zur Vorlage von Vorabentscheidungsersuchen, BayVBl 1997, 206; *Šarcević* DÖV 2007, 592. Allgemein zum Einfluss des europäischen Gemeinschaftsrechts auf den Verwaltungsprozess *Classen* Die Europäisierung der Verwaltungsgerichtsbarkeit, 1996, S. 24 ff., 65 ff.; *Burgi* Verwaltungsprozess und Europarecht, 1996; *Lipp* JZ 1997, 326; *Ehlers* Die Europäisierung des Verwaltungsprozessrechts, 1999; *Huber* BayVBl 2001, 577; *Götz* DVBl 2002, 1; *Wahl* DVBl 2003, 1285; *Gärditz* JuS 2009, 3857 f.

5 BVerwG v. 23.05.2002, BVerwGE 116, 269 (270).

6 BVerwG v. 10.11.2000, DVBl 2001, 915; BWVGH v. 19.09.2001, DÖV 2002, 35.

lichen Gerichts selbst nicht mehr mit einem Rechtsmittel des innerstaatlichen Rechts angefochten werden kann Art. 267 AEUV).[7]

## B. Die Zulässigkeit des Verwaltungsrechtswegs

### I. Allgemeines

Nach § 40 I VwGO ist der Verwaltungsrechtsweg in allen öffentlich-rechtlichen Strei- 3
tigkeiten nichtverfassungsrechtlicher Art gegeben, soweit die Streitigkeiten nicht durch Bundesgesetz einem anderen Gericht ausdrücklich zugewiesen sind.[8] Für die Lösung der mit der Auslegung dieser Bestimmung verbundenen zahlreichen Streitfragen ist im Zweifelsfall folgende allgemeine Überlegung hilfreich: Rechtswegeregelungen sollen verhindern, dass Gerichte verschiedener Rechtswege über dieselbe Rechtsfrage entscheiden; sie dienen der fachgemäßen Arbeitsteilung unter den einander *gleichwertigen* Gerichtszweigen. Die VwGO darf somit nicht herangezogen werden, um vermeintliche Unvollkommenheiten der anderen Prozessordnungen zu beheben.

**Beispiel:** Für die Klage gegen eine Behörde auf Rücknahme eines Strafantrags ist der Verwaltungsrechtsweg nicht eröffnet, obwohl dem Strafverfahrensrecht ein derartiger Rechtsschutz fremd ist.

*Pragmatische* Lösungen sind dogmatischen Sandkastenspielen vorzuziehen. Auch die Prüfung des § 40 I 1 VwGO sollte nicht einfach im Anschluss an die gesetzliche Wortfolge durchgeführt werden. Als zweckmäßig hat sich die Prüfung der Tatbestandsmerkmale des § 40 I 1 VwGO erwiesen, bei der nachstehende Fragen in der angegebenen Reihenfolge beantwortet werden:

1. Liegt eine verfassungsrechtliche Streitigkeit vor?
2. Existiert eine Bestimmung, die den Rechtsstreit einem anderen Gericht zuweist?
3. Handelt es sich um eine öffentlich-rechtliche oder privatrechtliche (§ 13 GVG) Streitigkeit?

### II. Verfassungsrechtliche Streitigkeit

»Verfassungsrechtlich« ist nicht bereits jede Streitigkeit, deren Gegenstand *materiell* 4
dem Bundes- oder Landesverfassungsrecht zuzurechnen ist.[9] Darüber hinaus sind nach h.M. dem Verfassungsrecht im Rahmen der Anwendung des § 40 I VwGO *formell* nur die rechtlichen Beziehungen zwischen Verfassungsorganen, ihren Teilen und anderen am Verfassungsleben beteiligten Stellen zuzuordnen, nicht dagegen zwischen Bürger und Staat (arg. § 90 II BVerfGG). Maßgeblich sind Inhalt *und* Status der Beteiligten *(doppelte Verfassungsqualifikation)*.[10] Die neuere Literatur will unter Hinweis auf die Ausnahmen der h.M.[11] auf das formelle Kriterium verzichten, kann aber ersatzweise nur tau-

7 Hierzu NWOVG v. 19.02.2003, DÖV 2003, 592.

8 Allgemein *M. Fischer* Jura 2003, 748; *ders.* VBlBW 2005, 179; *Geiger* VBlBW 2004, 336; *Thiel/Garcia-Scholz* JA 2001, 957.

9 Hierzu BVerfG v. 09.04.1975, BVerfGE 39, 276 (ZVS); v. 07.04.1976, BVerfGE 42, 103 und BVerwG v. 05.02.1976, BVerwGE 50, 124 (bonus-malus); BVerwG v. 18.05.1994, BVerwGE 96, 45 (48: Haftung nach Art. 104a V 1 GG; s. auch unten § 6 Rn. 4).

10 *Hufen* § 11, 69; *Schmitt Glaeser/Horn* Rn. 53 ff.

11 *Verfassungsrechtliche Streitigkeit:* Volksbegehren NWVerfG v. 13.02.1987, OVGE 39, 299; BWVGH v. 17.03.1988, NVwZ-RR 1989, 111; BayVGH v. 28.06.1990. NVwZ 1991, 386; HessVGH v. 15.01.1991, NVwZ 1991, 1098; BremStGH v. 29.07.1996, NVwZ 1997, 264; Volksinitiative HbgVerfG v. 15.12.2003, DÖV 2004, 387; Anmaßung der Stellung eines Verfassungsorgans

tologische Kriterien anbieten.[12] Die Zuständigkeit der Verfassungsgerichte macht eine Streitigkeit nicht automatisch zu einer verfassungsrechtlichen; denn konkret kann es sich auch um die (abdrängende) Sonderzuweisung einer verwaltungsrechtlichen Streitigkeit handeln. Die Ausnahmen der h.M. betreffen Streitigkeiten über die Regelfunktion formeller Verfassungsorgane. An der doppelten Verfassungsunmittelbarkeit ist festzuhalten. Besondere Beachtung verdient das materielle Kriterium: Wenn Verfassungsorgane verwalten, unterliegen sie grundsätzlich der verwaltungsgerichtlichen Kontrolle.

Der Verwaltungsrechtsweg ist gegeben für den Streit über die Rechtmäßigkeit einer Petition,[13] im Zusammenhang mit schlichten Parlamentsbeschlüssen[14] oder – soweit nicht § 31 I PUAG Platz greift – mit der Tätigkeit parlamentarischer Petitions-[15] und Untersuchungsausschüsse,[16] (einschließlich der von diesen vorgenommenen Beweiserhebungen),[17] für Wahlrechtsstreitigkeiten, die die Bürger betreffen,[18] für den Streit über die Ablehnung der Durchführung von Bürgerbegehren und -entscheiden,[19] für Streitigkeiten über regierungsamtliche Warnungen[20] oder für Klagen über die Beibehaltung militärischer Tieffluggebiete.[21] Ein Rechnungshof ist hinsichtlich seiner Prüfungstätigkeit kein Verfassungsorgan.[22] Die Sperrung eines Amtstelefons von Abgeordneten durch den *Parlamentspräsidenten* beruht auf dessen Hausrecht oder Polizeigewalt und ist ebenfalls verwaltungsrechtlicher Natur.[23]

Generell nimmt das BVerwG unter Berufung auf Art. 19 IV GG eine *erweiternde Auslegung* des § 40 I 1 VwGO selbst bei verfassungsrechtlichen Streitigkeiten vor, wenn die Voraussetzungen einer Verfassungsbeschwerde nicht erfüllt sind.[24] Erforderlich ist aber die Möglichkeit der Verletzung eines Rechts i.S. v. Art. 19 IV GG, d.h. eine spezifisch personale Komponente des Rechtsstreits. Diese fehlt etwa bei der Rückforderung von Fraktionszuschüssen,[25] während sie bei einer Klage einer gewerkschaftlichen Spitzenorganisation auf Beteiligung gem. § 94 BBG gegeben ist.[26]

---

HbgOVG v. 12.07.1985, DÖV 1986, 339 vgl. aber auch SächsOVG v. 25.09.1998, DÖV 1999, 788 (Datenschutzbeauftragter).

12 Vgl. nur Schoch/Schmidt-Aßmann/Pietzner/*Ehlers* § 40 Rn. 148 ff.; *Kopp/Schenke* § 40 Rn. 32 a.

13 Vgl. unten § 17 Rn. 14.

14 BVerfG v. 28.08.1992, NVwZ 1993, 357.

15 Hierzu Pel AG.

16 BVerwG U. v. 19.05.1988, NJW 1988, 1024 (Ladung); VG Hannover v. 12.01.1988, NJW 1988, 1028 (Vorführungsbefehl); BayVerfGH v. 25.06.1992, DÖV 1992, 967; FG München v. 15.12.1992, NVwZ 1994, 100 (Antrag eines Steuerpflichtigen, die Herausgabe von Steuerakten an einen parlamentarischen Untersuchungsausschuss zu untersagen). Vgl. aber auch BVerfG v. 17.07.1995, BVerfGE 93, 195; v. 08.07.1997, BVerfGE 96, 223; BayVerfGH v. 10.10.2006, DÖV 2007, 338.

17 Vgl. NWOVG v. 06.04.1990, NVwZ 1990, 1083; *Kästner* JuS 1993, 109. Zum PUAG *Risch* DVBl 2003, 1418.

18 Vgl. *Schenke* Rn. 132. Anders die Wahlprüfung selbst; hierzu BVerfG v. 10.04.1984, BVerfGE 66, 369; HessVGH v. 17.02.1995, NVwZ 1995, 799.

19 *Hubert Meyer* NVwZ 2003, 183.

20 BVerwG v. 04.05.1993, NVwZ 1994, 162; NWOVG v. 15.01.1996, NJW 1996, 3355; v. 31.05.1996, NVwZ 1997, 302; vgl. auch BVerfG v. 16.10.1996, NJW 1997, 249; v. 22.01.1997, NJW 1997, 2863.

21 BVerwG v. 14.12.1994, BVerwGE 97, 205.

22 HessVGH v. 18.05.1993, NVwZ-RR 1994, 511; a.A. *Belemann* DÖV 1990, 58.

23 A.A. BWStGH v. 28.01.1988, VBlBW 1988, 211; vgl. auch *Köhler* DVBl 1992, 1577.

24 Urt. v. 11.07.1985 – 7 C 59.84 –, NJW 1985, 2344.

25 BVerwG v. 11.07.1985 – 7 C 59.84 –, NJW 1985, 2346. Gegen den Beschluss einer Ratsfraktion, eines ihrer Mitglieder auszuschließen, ist dagegen der Verwaltungsrechtsweg gegeben, NWOVG v. 21.11.1988, NJW 1989, 1105.

26 Vgl. (nicht konsequent genug) NWOVG v. 21.07.1993, NJW 1994, 472.

## III. Gesetzliche Zuweisung an ein anderes Gericht

### 1. Allgemeines

Die Zuweisung muss ausdrücklich erfolgen und kann nur durch Bundesgesetz oder für die Gebiete des Landesrechts durch Landesgesetz geschehen.[27] 5

Das Erfordernis einer ausdrücklichen Zuweisung an ein anderes Gericht in § 40 I 1 VwGO schließt Kompetenzen anderer Gerichte *kraft Tradition* aus. 6

Insbesondere sind die *ungeschriebenen* »Zivilprozesssachen kraft Überlieferung« entfallen. Hierunter verstand man Streitigkeiten öffentlich-rechtlicher Natur, über die die ordentlichen Gerichte entschieden, um überhaupt Rechtsschutz zu gewähren.[28]

### 2. Ordentliche Gerichte

*Ausdrücklich* normierte »Zivilprozesssachen kraft Überlieferung« blieben nach Inkraft- 7
treten der VwGO dagegen weitgehend erhalten. Das liegt daran, dass selbst das GG Streitigkeiten über die Höhe der Enteignungsentschädigung (Art. 14 III 4) sowie Amtshaftungsansprüche (Art. 34 S. 3) dem ordentlichen Rechtsweg zuweist. Bei diesen Vorgaben verwundert es kaum, dass § 40 II 1 VwGO ebenfalls den ordentlichen Gerichten solche Streitigkeiten im Sachzusammenhang mit dem *Staatshaftungsrecht* zuweist, für die sie herkömmlich ohnehin zuständig waren. Bei der Interpretation von § 40 II 1 VwGO ist folglich immer die Zielsetzung der Bestimmung zu berücksichtigen: zum einen der Zusammenhang mit den auf *Geldleistung* gerichteten Amtshaftungs- sowie Aufopferungs- und Enteignungsentschädigungsansprüchen,[29] zum anderen die Stoßrichtung der Ansprüche *gegen den Staat.*[30]

Expressis verbis auf den ordentlichen Rechtsweg verwiesen sind vermögensrechtliche Ansprüche aus Aufopferung für das gemeine Wohl und aus öffentlicher Verwahrung sowie Schadensersatzansprüche aus der Verletzung öffentlich-rechtlicher Pflichten, die nicht aus einem öffentlich-rechtlichen Vertrag beruhen. Durch das RmBereinVpG wurde § 40 II 1 VwGO um einen Halbsatz ergänzt, der vorsieht, dass der ordentliche Rechtsweg für Streitigkeiten über das Bestehen und die Höhe eines Ausgleichsanspruchs im Rahmen des Art. 14 I 2 GG nicht gegeben ist. Durch die Novelle sollte der Streit um die Zuordnung ausgleichspflichtiger Nutzungsregelungen von Grundstücken beendet und zugleich der Forderung des BVerfG[31] Rechnung getragen werden, über Eigentumsbeschränkung und Ausgleich nach Art. 14 I 2 GG einen einheitlichen Rechtsschutz einzuführen.[32] Die Novelle hat Zweifel hervorgerufen, ob mit ihr die mühsam

27 BVerwG v. 24.05.1972, BVerwGE 40, 112. »Ausdrücklich« ist nach der Rspr. nicht im strengen Wortsinn zu verstehen; vgl. BVerwG v. 05.05.1983, NJW 1984, 191; BGH v. 12.12.1989, BGHZ 109, 354 (356 f.); hiergegen Schoch/Schmidt-Aßmann/Pietzner/*Ehlers* VwGO, § 40 Rn. 488 ff.; *Kopp/Schenke* § 40 Rn. 49. Zur landesrechtlichen Zuweisung VG Bremen v. 09.12.1997, NVwZ-RR 1998, 789. Zur Gegenannahme der aufdrängenden Sonderzuweisung VG Stuttgart v. 18.09.2009, NZI 2009, 739.

28 Ausführlich *Schoch* FS Menger, S. 305.

29 Öffentlich-rechtliche Nebenansprüche, die nur einen Annex des Schadensersatzanspruchs bilden, z.B. Ansprüche auf Auskunftserteilung, folgen in der Rechtswegfrage aus Gründen der prozessualen Zweckmäßigkeit dem Hauptanspruch. Auch für sie ist der ordentliche Rechtsweg eröffnet, BGH v. 25.09.1980, MDR 1981, 388. Dies gilt auch für den Rückgriffsanspruch des Dienstherrn gegen den Beamten und damit zusammenhängende Ansprüche, BayObLG v. 19.03.1984, BayVBl 1984, 374.

30 *Schoch* FS Menger, S. 314.

31 BVerfG v. 02.03.1999, BVerfGE 100, 226.

32 BT-Drucks. 14/6854, S. 2.

konsolidierte Aufopferungsrechtsprechung der Zivilgerichte über Bord geworfen werden sollte. Ein derartiger Umbruch hätte indessen intensiver diskutiert und deutlicher zum Ausdruck gebracht werden müssen.

8 Die (abdrängende) Sonderzuweisung des § 40 II 1 VwGO nennt zunächst Ansprüche aus *Aufopferung* für das gemeine Wohl. Das ist im Hinblick auf Art. 14 III 4 GG konsequent. Für die Reaktivierung des Aufopferungsgedankens[33] zur Herleitung auch der Ansprüche aus enteignungsgleichem[34] und enteignendem Eingriff[35] sind die ordentlichen Gerichte zuständig. Sieht der Gesetzgeber dagegen im Zusammenhang mit einer verhältnismäßigen *Inhaltsbestimmung des Eigentums* Entschädigungsansprüche vor,[36] so handelt es sich um originäre öffentlich-rechtliche Ansprüche, die in die Zuständigkeit der Verwaltungsgerichtsbarkeit fallen. Das galt auch schon vor der Novelle des § 40 II 1 VwGO.

Allerdings barg der in diesem Zusammenhang gebrauchte irreführende Ausdruck »Entschädigung im Vorfeld der Enteignung« die Gefahr einer Zweiteilung des Rechtswegs in sich, da die Zivilgerichte sich nach Überschreiten der Enteignungsschwelle für zuständig halten könnten (und dies gelegentlich auch tun). Ein *Beispiel* bot die Interpretation von § 75 II 4 VwVfG.

Die früher vom BGH[37] im Gegensatz zum BVerwG[38] vorgenommene Differenzierung nach der Eingriffsintensität war abzulehnen. Wird das Vorfeld der Enteignung verlassen, etwa weil ein Grundstück infolge unzumutbarer Verkehrsimmissionen nicht mehr nutzbar ist, so ist dies eine Frage des Planfeststellungsrechts und damit des Primärrechtsschutzes (des Rechtsschutzes gegen die Immissionen selbst). Auch unter Aufopferungsgesichtspunkten lässt sich dann die Zuständigkeit der Zivilgerichte nicht mehr begründen; über die Entschädigung nach § 75 II 4 VwVfG entscheiden ausschließlich die Verwaltungsgerichte.[39] Das gilt generell für alle vergleichbaren Normierungen, die dem Schutzbereich des Art. 14 I GG zuzuordnen sind.[40]

So sind Regelungen, welche die Nutzung von Grundstücken aus Gründen des Natur- und Landschaftsschutzes oder Denkmalschutzes beschränken, auch dann keine Enteignungen, sondern Inhalts- und Schrankenbestimmungen des Eigentums, wenn sie in geschützte Rechtspositionen eingreifen. Der Entzug der Rechtsposition erfordert dann aber in aller Regel einen finanziellen Ausgleich.[41] Der Ausgleichsanspruch ist öffentlich-rechtlicher Natur und unterliegt der Zuständigkeit der Verwaltungsgerichte.[42]

---

33 Hierzu kritisch *Schmitt-Kammler* JuS 1995, 474. Gegen einen inflationären Einsatz des Aufopferungsgedankens BVerfG v. 26.05.1998, NJW 1998, 3264 (Waldsterben) mit unzutreffender Kritik durch *v. Hippel*, ebd., 3254 f.

34 Vgl. BGH v. 26.01.1984, BGHZ 90, 4; v. 18.12.1986, JZ 1987, 671 m. Anm. *Ronellenfitsch; Ossenbühl* Staatshaftungsrecht, 5. Aufl. 1998, § 18.

35 BGH v. 16.03.1995, NJW 1995, 1823. Vgl. auch *Jaschinski* Der Fortbestand des Anspruchs aus enteignendem Eingriff, 1997.

36 Vgl. *Osterloh* DVBl 1991, 906; *Maurer* JZ 1991, 781 (782 f.); *Papier* DVBl 2000, 1398 (1401 ff.); BGH v. 07.07.1994, BGHZ 126, 379.

37 BGH v. 06.02.1986, BGHZ 97, 114; v. 17.04.1986, BGHZ 97, 361; v. 10.12.1987, UPR 1988, 142; *Boujong* UPR 1987, 207 aufgegeben durch BGH v. 21.01.1999, NJW 1999, 1247.

38 BVerwG v. 22.05.1987, BVerwGE 77, 295; v. 18.07.1997, NVwZ-RR 1998, 225.

39 *Kühling/Herrmann* Fachplanungsrecht, 2. Aufl. 2000, Rn. 654; *Ronellenfitsch* in: Marschall/Schroeter/Kastner, FStrG, 5. Aufl. 1998, § 17 Rn. 158 ff.

40 Vgl. auch BVerwG v. 19.01.1990, NJW 1990, 1926; NWOVG v. 16.06.1997, NVwZ-RR 1998, 229, HessVGH v. 26.11.1997, NVwZ-RR 1999, 4; v. 24.02.1998, NVwZ-RR 1999, 102 (L).

41 BVerfG v. 09.01.1991, BVerfGE 83, 201 (211 ff.); v. 02.03.1999, BVerfGE 100, 226; *Ossenbühl* JuS 1993, 200.

42 BVerwG v. 24.06.1993, BVerwGE 94, 1. A.A. (Aufopferungsanspruch) BGH v. 17.12.1992, BGHZ 121, 73; v. 18.02.1993, BGHZ 121, 328; v. 16.07.1993, DVBl 1993, 1092; BGHZ 128, 204; *Rinne* DVBl 1994, 23; *Rinne/Schlick* NVwZ 1997, 34.

Auf ähnlichen Erwägungen beruht die Zuordnung von sozialstaatlich motivierten Ansprüchen für Körper- und Sachschäden, die nicht besondere Opfer ausgleichen, sondern in Notlagen Lebensrisiken mildern sollen.

Durch das RmBereinVpG wurde dies lediglich klargestellt.

Intention des Gesetzgebers war es auch, »die Ausnahmeregelung in § 40 II 1 auf die klassischen Tatbestände der Aufopferung von Leib und Leben« zu beschränken.[43] Dieser Wille kam aber – selbst wenn er reflektiert geäußert sein sollte – nicht im Gesetz zum Ausdruck. Seit der Nassauskiesungsentscheidung des BVerfG[44] dient der Aufopferungsgedanke (§§ 74, 75 Einl.ALR) als Anspruchsgrundlage für Ansprüche, die früher in Analogie zur Enteignungsentschädigung bejaht wurden.[45] Der Vorrang des Primärrechtsschutzes gegenüber Entschädigung aus enteignungsgleichem Eingriff[46] hat Entschädigungsansprüche bei ungezielten enteignungsgleichen Eingriffen und enteignenden Eingriffen nicht überflüssig gemacht. Solche Ansprüche sind gewohnheitsrechtlich weiterhin aus Art. 14 III 4 GG abzuleiten. »Aufopferung« in § 40 II 1 VwGO ist daher im weiteren Sinne zu verstehen,[47] umfasst damit auch vermögenswerte Rechtspositionen.

Der ordentliche Rechtsweg ist weiter gegeben für vermögensrechtliche Ansprüche aus 9
*öffentlich-rechtlicher Verwahrung*,[48] da diese häufig im Zusammenhang mit Amtshaftungsansprüchen stehen. Gemeint sind alle Ansprüche des Bürgers gegen den Staat aus dem Verwahrungsverhältnis (Kriterium: Obhut über bestimmte Sachen)[49] mit Ausnahme des FBA.

Schließlich eröffnet § 40 II 1 VwGO den ordentlichen Rechtsweg für *Schadensersatz-* 10
*ansprüche aus der Verletzung öffentlich-rechtlicher Pflichten.* Die weite Fassung der Vorschrift täuscht. Ausgeschlossen sind Ansprüche, die durch die spezielleren Zuweisungen erfasst werden, Ansprüche aus öffentlich-rechtlichen Verträgen und alle Ansprüche des Staates gegen den Bürger. Darüber hinaus ist noch der Vorbehalt des § 40 II 2 VwGO zu beachten. Folglich verbleiben nur Schadensersatzansprüche des Bürgers gegen den Staat aus der Verletzung bestimmter, gesetzlich begründeter Pflichten[50] sowie aus der Verletzung von Pflichten aus verwaltungsrechtlichen Schuldverhältnissen nichtvertraglicher Art.[51]

Ausgenommen von der Sonderzuweisung zu den ordentlichen Gerichten sind nach 11
§ 40 II 1 VwGO Schadensersatzansprüche aus der Verletzung öffentlich-rechtlicher Pflichten, die auf einem *öffentlich-rechtlichen Vertrag* beruhen. § 40 II 1 VwGO setzt den Begriff des öffentlich-rechtlichen Vertrags voraus. Merkmale eines öffentlich-rechtlichen, genauer eines verwaltungsrechtlichen (§ 1 I VwVfG) Vertrags sind das vertrag-

43 BT-Drucks. 14/6854, S. 2.

44 Beschl. v. 15.07.1981, BVerfGE 58, 300.

45 BGH v. 26.01.1984, BGHZ 90, 17 (31); v. 29.03.1984, BGHZ 91, 20 (26).

46 Vgl. BVerfG v. 02.12.1999, DVBl 2000, 350.

47 A.A. *Knopp* DÖV 2003, 24 (28).

48 Vgl. *Büllesbach* Die öffentlich-rechtliche Verwahrung, 1994. Hauptanwendungsfall: Verwahrung abgeschleppter Kfz; hierzu *Schieferdecker* Die Entfernung von Kraftfahrzeugen als Maßnahmen staatlicher Gefahrenabwehr, 1998, S. 154 ff.

49 OLG Köln v. 03.06.1993, NVwZ 1994, 618 (619).

50 § 60 InsO; § 19 BNotO; §§ 1697, 1833 BGB.

51 **Beispiele:** Verletzung der Schutzpflichten aus dem öffentlich-rechtlichen Kanalisationsbenutzungsverhältnis, BGH v. 14.12.2006, DÖV 2007, 702; Schadensersatzansprüche gegen eine nach § 4 ZDG anerkannte Beschäftigungsstelle, BGH v. 05.07.1990, NVwZ 1990, 1103.

liche Zusammenwirken der Vertragsparteien, der Verzicht auf die Vornahme einseitiger Regelungsakte und schließlich die Begründung, Änderung oder Aufhebung eines Rechtsverhältnisses auf dem Gebiet des öffentlichen Rechts, wobei der Vertragsgegenstand maßgeblich ist.[52] Bei Verträgen mit öffentlich-rechtlichen und privatrechtlichen Vertragsteilen (gemischten Verträgen)[53] wird die Zuordnung schwierig. Die Zivilgerichte stellen auf den Schwerpunkt der Vereinbarung ab,[54] die Verwaltungsgerichte differenzieren nach den Vertragsteilen.[55] Das Schrifttum neigt dazu, Mischverträge generell dem öffentlichen Recht zuzuordnen.[56] Nur die differenzierende Auffassung wird der vom anglo-amerikanischen Recht übernommenen modernen Vertragspraxis gerecht, bei der Verträge zunehmend Handbuchcharakter annehmen. Die »Publifizierungslösung« passt auch nicht auf ambivalente Verträge, d.h. auf Verträge, deren Inhalt eine einheitlich geregelte Leistung betrifft, die hoheitlich oder von Privaten privatrechtlich erbracht werden kann (z.B. Verträge über die Teilnahme an einer Veranstaltung nach § 70 GewO).[57] Vielmehr kommt es auf den jeweiligen Anwendungsbereich der Regelung an. Der Abschluss öffentlich-rechtlicher Verträge zählt zwar regelmäßig zur Verwaltungstätigkeit von Behörden. Partner eines öffentlich-rechtlichen Vertragsverhältnisses können aber auch ausschließlich Privatrechtssubjekte sein. Dann muss aber mindestens eines von ihnen als beliehenes Unternehmen gehandelt haben.[58]

*Öffentlich-rechtliche Verträge sind* insbesondere Ausbildungsförderungsverträge im öffentlichen Dienst,[59] Erschließungsverträge,[60] »Investorenverträge«,[61] Folgekostenverträge bei Bauvorhaben[62] oder bei der Verdrängung von Leitungsrechten,[63] Kostenübernahmeverträge,[64] Mehrkostenvereinbarungen,[65] Pflegesatzvereinbarungen,[66] Schulunterhaltungsvereinbarungen,[67] Sondernutzungsvereinbarun-

52 GmSOGB v. 10.04.1986, BVerwGE 74, 368 (370); v. 20.10.1987, BGHZ 102, 280 (283); v. 10.07.1989, BGHZ 108, 284 (286, 287); BGH v. 12.11.1991, NJW 1992, 1237 (1238); v. 29.11.2002, NJW 2003, 888 (889); BVerwG v. 24.08.1994, NJW 1995, 1105; vgl. auch *Scherzberg* JuS 1992, 205; *Grziwotz* JuS 1998, 807.

53 Gemeint sind nur *zusammengesetzte Verträge.* Die für den Vertrag konstitutiven übereinstimmenden Willenserklärungen müssen dem gleichen Rechtsbereich angehören, sonst kommt überhaupt kein Vertrag zustande.

54 BGH v. 12.11.1991, NJW 1992, 1237 (1238); NJW 2003, 888 (889); OLG Schleswig v. 28.01.2003, NJW 2004, 1052 ebenso BVerwG. v. 11.02.1993, BVerwGE 92, 56 (59). Entscheidend sei, welcher Schwerpunkt der gesamten Vereinbarung das »Gepräge« gebe (»Gepräge-Theorie«).

55 Vgl. BVerwG v. 24.02.1994, NVwZ 1994, 1012. Im Verhältnis zu den Arbeitsgerichten auch BGH v. 19.12.1996, NJW 1998, 909 (910). Zu den in zivilrechtliche Verträge »eingebetteten« öffentlich-rechtlichen Vereinbarungen BVerwG v. 01.12.1989, BVerwGE 84, 193 (185 f.), BayVGH v. 19.05.1994, ZMR 1994, 537 (538); NWOVG v. 18.11.1997, NWVBl 1998, 241.

56 *Ule/Laubinger* § 68 Rn. 6; *Döring* NVwZ 1994, 853; *Kopp/Schenke* § 40 Rn. 23; Schoch/Schmidt-Aßmann/Pietzner/*Ehlers* § 40 Rn. 313.

57 A.A. *Hösch* GewArch 1996, 402 ff. (405).

58 BGH v. 31.10.2002, DÖV 2003, 335.

59 BVerwG v. 06.03.1986, DVBl 1986, 945; BGH v. 10.12.1972, DÖV 1972, 314; BAG v. 10.10.1990, NJW 1991, 943; *J. Koch* DÖV 1998, 141.

60 BVerwG v. 09.11.1984, DVBl 1985, 297 (299 f.); v. 01.12.1989, BVerwGE 84, 183; BGH v. 07.02.1980, BGHZ 76, 343; v. 03.10.1985, NJW 1986, 1109, 155; BWVGH v. 18.10.1990, NVwZ 1991, 583.

61 RhPfOVG v. 05.02.2003, DVBl 2003, 811.

62 BVerwG v. 14.08.1992, JZ 1993, 150 v. 29.01.2009, DVBl 2009, 782; BWVGH v. 18.10.1990, NVwZ 1991, 583; RhPfOVG v. 25.10.1990, NVwZ-RR 1991, 322.

63 Hierzu *Ronellenfitsch* Straße und Energieversorgung im Konflikt, 1996, S. 37 ff.

64 OLG Düsseldorf v. 09.07.1992, NVwZ 1993, 405.

65 OVG Lüneburg v. 13.08.1991, NJW 1992, 1404.

66 BGH v. 12.11.1991, BGHZ 116, 339 (341); BVerwG v. 30.09.1993, BVerwGE 94, 202 (204).

67 RhPfOVG v. 03.06.1992, AS 24, 12. Vgl. aber auch NWOVG v. 23.05.1990, NJW 1991, 61.

gen,[68] bestimmte städtebauliche Verträge,[69] Straßenbaulastverträge,[70] abgabenrechtliche Stundungsvereinbarungen,[71] (formalisierte) »Umweltvereinbarungen«,[72] Unternehmerverträge über den Betrieb einer Tierkörperbeseitigungsanlage,[73] Verträge über die freiwillige Baulandumlegung,[74] Verträge zur Ablösung der Stellplatzpflicht für Kraftfahrzeuge,[75] Vorauszahlungsverträge,[76] Werbenutzungsverträge[77] und Zweckentfremdungsbeseitigungsverträge.[78]

Der Verwaltungsrechtsweg ist auch dann gegeben, wenn zwischen einem vertraglichen Anspruch und einem *Amtshaftungsanspruch* ein Sachzusammenhang besteht.[79] Ferner erfasst die Rechtswegzuweisung an die Verwaltungsgerichte nicht nur Ersatzansprüche wegen Nicht- oder Schlechterfüllung öffentlich-rechtlicher Verträge, sondern auch Ansprüche wegen Fehlens oder Wegfall der Geschäftsgrundlage.[80] Schließlich haben die Verwaltungsgerichte über die Erstattung von Leistungen zu entscheiden, die auf Grund öffentlich-rechtlicher Verträge erbracht wurden. Solche Erstattungs- und Bereicherungsansprüche stellen die Kehrseite des Leistungsanspruchs dar und sind im selben Rechtsweg zu verfolgen wie dieser.[81] Entsprechendes gilt für Ansprüche aus öffentlich-rechtlichen Benutzungsverhältnissen[82] und aus GoA.[83] **12**

---

68 NdsOVG v. 28.04.1994, NdsVBl 1994, 38.

69 *Birk* Die neuen städtebaulichen Verträge, 3. Aufl. 1999; *Ohms* BauR 2000, 983; *Lorz* DÖV 2002, 177. Städtebauliche Verträge nach § 11 BauGB, auf deren Grundlage Gemeinden Grundstücke zur Deckung des Wohnbedarfs an Ortsansässige veräußern, sind privatrechtlicher Natur, richten sich aber materiell nach speziellem öffentlichen Recht (nicht nach den §§ 305 ff. BGB); vgl. BGH v. 29.11.2002, NJW 2003, 888. Im Übrigen sind Streitigkeiten aus mit Gemeinden abgeschlossenen Grundstückskaufverträgen in vollem Umfang zivilrechtlicher Natur; BGH v. 02.10.2003, NVwZ 2004, 253.

70 BayVGH v. 25.10.1977, BayVBl 1978, 146.

71 BVerwG v. 26.03.2003, DVBl 2003, 1215 (Nichtanwendbarkeit von § 817 S. 2 BGB auf öffentlich-rechtliche Rückabwicklungsverhältnisse).

72 *Grewlich* DÖV 1998, 54 (60).

73 BVerwG v. 26.01.1995, Buchholz 418.61 Nr. 10.

74 BVerwG v. 06.07.1984, ZfBR 1984, 245; *Birk* VBlBW 1994, 3. (6 ff.). Zur Planvereinbarung im Flurbereinigungsrecht BVerwG v. 29.04.1998, NVwZ 1998, 1178 (L.).

75 BVerwG v. 30.08.1995, NJW 1986, 600; NWOVG v. 12.12.1991, NWVBl 1992, 202; v. 05.09.1996, NVwZ-RR 1998, 15; SaarlOVG v. 23.06.1992, NJW 1993, 1612.

76 NWOVG v. 16.03.1995, NJW 1995, 3003.

77 BWVGH v. 14.08.1992, NVwZ 1993, 903.

78 NWOVG v. 26.11.1996, NJWE-MietR 1997, 185.

79 *Kopp/Schenke* § 40 Rn. 71; BGH v. 03.10.1985, NJW 1986, 1109. Vgl. auch MVOVG v. 27.11.2002, NJW 2003, 3146.

80 BGH v. 10.02.1983, BGHZ 87, 9; BWVGH v. 28.02.1997, NVwZ-RR 1998, 465. Allgemein *Lorenz* DVBl 1997, 865.

81 BGH v. 10.02.1983, BGHZ 87, 9 (15); BVerwG v. 23.08.1991, BVerwGE 89, 7 (9), v. 16.05.2000, NVwZ 2000, 1286.

82 *Kopp/Schenke* § 40 Rn. 72. Umfassend *v. Danwitz* JuS 1995, 1; *Axer* NVwZ 1996, 114; s. auch *Bamberger* JuS 1998, 706 f. Vgl. auch BWVGH v. 16.08.2002, NJW 2003, 1066.

83 *Redeker/v. Oertzen* § 40 Rn. 16; vgl. auch BVerwG v. 06.09.1988, BVerwGE 80, 170. Die Zuordnung der GoA bereitet Schwierigkeiten. Die h.M. stellt darauf ab, welchen Charakter das Geschäft gehabt hätte, wenn es vom Geschäftsherrn vorgenommen worden wäre; vgl. *Erichsen* § 29 Rn. 16. Das ist angesichts der Rechtsformenwahlfreiheit der öffentlichen Hand wenig hilfreich. Der BGH erkennt deshalb »Sowohl-als-auch-Geschäfte« an und bejaht eine privatrechtliche GoA, wenn die Behörde zumindest auch im privaten Interesse handelt; vgl. BGH v. 04.05.1993, NJW 1993, 2234 (2235). Dadurch wird ohne Zwang ein einheitlicher Lebenssachverhalt getrennt. Abzustellen ist daher nicht auf den hypothetischen, sondern auf den tatsächlichen Charakter des vorgenommenen Geschäfts; *Bamberger* JuS 1998, 706 (707). Dieses ist freilich am Maßstab der Subordinationstheorie zu messen, so dass auch die Rechtsbeziehungen zwischen Geschäftsherr und Geschäftsführer zu berücksichtigen sind; insoweit zutreffend *Nedden* Die Geschäftsführung ohne Auftrag im öffentlichen Recht, 1994, S. 199.

13 Die Zuordnung der Ansprüche aus *culpa in contrahendo* ist streitig. Im Gegensatz zum überwiegenden verwaltungsrechtliche Schrifttum[84] nehmen der BGH in st. Rspr.[85] und ihm folgend (unmittelbar nach Inkrafttreten des SchRModG) das BVerwG[86] an, dass derartige Ansprüche vor die Zivilgerichte gehören, wenn sie – was i.d.R. der Fall ist – in engem Zusammenhang mit Amtshaftungsansprüchen stehen.[87] Der Hinweis auf die sachliche Nähe der vorvertraglichen und deliktischen Ansprüche[88] ist wenig aussagekräftig, denn eine sachliche Nähe besteht auch zwischen vertraglichen und deliktischen Schadensersatzansprüchen. Einleuchtender ist schon das Argument, die Haftung aus culpa in contrahendo hänge nicht davon ab, dass es zum Abschluss eines Vertrags komme; Rechtsgrund dieser Haftung sei vielmehr ein gesetzliches Schuldverhältnis,[89] welches dem Vertrauensschutz diene.[90] Der Anspruch aus culpa in contrahendo entferne sich so weit vom Entstehungsgrund eines Vertrags, dass er nicht mehr i.S. des § 40 II 1 VwGO darauf »beruht«.[91] Der Intention des Gesetzgebers, den öffentlich-rechtlichen Vertrag nicht nur dem öffentlichen Recht, sondern auch der Verwaltungsrechtsprechung zu unterstellen und die culpa in contrahendo stärker den Vertragsregeln anzunähern,[92] wird diese Judikatur schwerlich gerecht. Das Vorliegen eines Verschuldens beim Vertragsabschluss lässt sich ohne Würdigung des zu schließenden Vertrags nicht ausreichend beurteilen. Der Sachzusammenhang ist enger zwischen culpa in contrahendo und angebahntem Vertrag als zwischen culpa in contrahendo und Amtshaftung, zumal auch den privaten Vertragspartner ein Verschulden treffen kann. Nur das engere personale Kontaktverhältnis der Vertragspartner rechtfertigt ein eigenes Rechtsinstitut der culpa in contrahendo. Die Ansprüche aus Verschulden bei der Anbahnung oder dem Abschluss eines öffentlich-rechtlichen Vertrages fallen somit in die Zuständigkeit der Verwaltungsgerichte. Das sollte generell gelten, so dass sich der Notbehelf erübrigt, von Fall zu Fall auf die Sachnähe zum öffentlich-rechtlichen Vertrag abzustellen.[93] Bei Rechtsbeziehungen im Vorfeld beamtenrechtlicher Statusakte (z.B. Ernennungen), spricht man irreführend ebenfalls von der »culpa in contrahendo« im Beamtenrecht,[94] obwohl hier mit dem klagenden Bewerber i.d.R. gerade keine Einigung zustande kam. Schadensersatzansprüche wegen der Verletzung von Treuepflichten im statusrechtlichen Vorfeld sind nach § 126 BRRG den Verwaltungsgerichten zugewiesen

14 Die Rechtswegzuweisung zur ordentlichen Gerichtsbarkeit steht weiter unter dem *Vorbehalt* des § 40 II 2 VwGO. Danach bleiben die besonderen Vorschriften des Beamtenrechts sowie über den Rechtsweg beim Ausgleich von Vermögensnachteilen wegen Rücknahme rechtswidriger VAe unberührt.

---

84 *Hufen* § 11 Rn. 12; *Kopp/Schenke* § 40 Rn. 72; Eyermann/*Rennert* § 40 Rn. 121. Allgemein *Keller* Vorvertragliche Schuldverhältnisse im Verwaltungsrecht, 1997.
85 So bereits BGH v. 07.02.1980, BGHZ 76, 343 (348).
86 Beschl. v. 30.04.2002, NJW 2002, 2894.
87 Urt. v. 02.10.1985, DVBl 1986, 409; ebenso *Ehlers* VwGO, § 40 Rn. 545; *Würtenberger* Rn. 185.
88 DVBl 1986, 410.
89 So bereits BGH v. 28.01.1976, BGHZ 66, 51 (54, 56); nunmehr BVerwG NJW 2002, 2894 (2895) unter Berufung auf BT-Drucks. 14/6040, S. 161.
90 Im Anschluss an BGH v. 08.06.1978, BGHZ 71, 386 (393).
91 DVBl 1986, 410.
92 Schließlich erstreckt § 311 II, III BGB die strengere Vertragshaftung auf das Stadium der Vertragsanbahnung und schließt so die früher zwischen Vertrags- und Deliktsrecht bestehende Haftungslücke.
93 So aber RhPfOVG v. 25.07.2002, NJW 2002, 3724.
94 Vgl. *Kellner* DVBl 2004, 207.

Der Vorbehalt zugunsten von *Ausgleichszahlungen bei Rücknahme eines VA* bezog sich in erster Linie auf den früheren § 48 VI VwVfG. Diese Vorschrift regelte aber insoweit nur den öffentlich-rechtlichen Erstattungsanspruch, für den der Verwaltungsrechtsweg ohnehin nach § 40 I 1 VwGO eröffnet war. Der weitere Vorbehalt in § 48 VI 2. HS VwVfG a.F. im Hinblick auf die Entschädigung wegen enteignungsgleichen Eingriffs lief mit Rücksicht auf § 40 II 1 VwGO ebenfalls leer. Durch Gesetz vom 02.05.1996 (BGBl. I S. 656) wurde daher § 48 VI VwVfG zu Recht gestrichen.[95] Der Vorbehalt zugunsten von Ausgleichszahlungen bei Rücknahme eines VA erfasst jetzt allenfalls noch die dem § 48 VI VwVfG entsprechenden Vorschriften in Spezialgesetzen.[96]

Weitere Sonderzuweisungen an die Zivilgerichte ergeben sich aus zahlreichen *Spezialgesetzen des Bundes.* **15**

So sind nach § 23 EGGVG die Zivilgerichte zuständig für die Anfechtungs- und Verpflichtungsklagen gegen *Justizverwaltungsakte* auf den Gebieten des bürgerlichen Rechts einschließlich des Handelsrechts, des Zivilprozesses und der freiwilligen Gerichtsbarkeit.[97] Der freiwilligen Gerichtsbarkeit zuzuordnen ist auch die vom Amtsgericht auf Antrag der zuständigen Verwaltungsbehörde nach §§ 3, 6 FreihEntzG angeordnete Freiheitsentziehung. Der Antrag der Verwaltungsbehörde steht mit der Entscheidung des Amtsgerichts in untrennbarem Zusammenhang und kann daher nicht isoliert vor den Verwaltungsgerichten angegriffen werden.[98] Über VAe in *Notarsachen* entscheiden nach § 111 BNotO ebenfalls die ordentlichen Gerichte.[99] In *Rechtsanwaltssachen* sind die Anwaltsgerichte den Zivilgerichten zugeordnet; gegen die Entscheidung des Anwaltsgerichtshofs nach § 223 I BRAO ist die sofortige Beschwerde an den BGH zulässig.[100] Auf dem *seuchenpolizeilichen Gebiet* enthalten § 68 IfSG, § 32 IV PflSchG Zuweisungen an die Zivilgerichte. Der Verwaltungsrechtsweg ist demgegenüber gegeben nach § 16 i II 2 TierSchG und § 72 b TierSG. Bestimmte VAe nach dem *BauGB* und § 11 II EnWG[101] können durch Antrag auf gerichtliche Entscheidung vor der Kammer für Baulandsachen angefochten werden, die bei den Landgerichten besteht (§§ 217 ff. BauGB). Hierauf verweist auch § 8 VerkPBG i.V.m. § 18 f. FStrG für die vorläufige Besitzeinweisung die Straßenbaumaßnahmen.[102] In *Landwirtschaftssachen* entscheiden u.a. über VAe nach dem GrdstVG, dem LandpachtG und dem BundesvertriebenenG die Landwirtschaftsgerichte (Amtsgericht, OLG, BGH). Im *Telekommunikationswesen* entscheiden über die Störungsbeseitigung elektrischer Anlagen gem. § 24 FAG i.V.m. § 23 FAG immer die ordentlichen Gerichte. Streitigkeiten über die Entscheidungen der Regulierungsbehörde (§§ 71 ff. TKG) gehören dagegen vor die Verwaltungsgerichte. Auch bürgerliche Rechtsstreitigkeiten können sich aus dem TKG ergeben (z.B. Zugangsstreitigkeiten). Für sie gilt § 90 I u. II GWB entsprechend (§ 80 III TKG).

---

95 Vgl. BT-Drucks. 13/1534, S. 6. Zur Novelle des VwVfG auch *Baumeister* NVwZ 1997, 19; *Gröpl* VerwArch 1997, 23.

96 Zu den Ausgleichsansprüchen wegen der Rücknahme einer Baugenehmigung OVG Lüneburg v. 07.02.1986, DVBl 1986, 695; zu Kostenerlassentscheidungen SchlHOVG v. 20.01.1999, NVwZ-RR 1999, 413.

97 Hierzu BVerwG v. 14.04.1988, NJW 1989, 412 (413); OLG Hamm v. 02.06.1997, NJW 1998, 1233 (1234). Mit den Justizverwaltungsakten verwandt sind die Organisationsakte der Gerichte; vgl. aber auch HessVGH v. 17.12.1986, NJW 1987, 1219.
Kein JustizVA ist die Streichung eines Dolmetschers aus der Liste der Dolmetscher und Übersetzer eines Zivilgerichts; vgl. OLG Düsseldorf v. 02.12.2005, DÖV 2006, 227.

98 Str.; wie hier RhPfOVG v. 28.06.1988, NVwZ-RR 1989, 441. Ähnlich ist für die Feststellung der Rechtswidrigkeit einer Freiheitsentziehung bei einer Abschiebung der ordentliche Rechtsweg eröffnet, LG Koblenz NVwZ-RR 1998, 429.

99 Vgl. *Ronellenfitsch* DNotZ 1990, 75 (84 f.); BGH v. 13.12.1993, BGHZ 124, 327; v. 18.07.1994, BGHZ 127, 83; v. 18.09.1995, BGHZ 130, 356; v. 14.07.2003, NJW 2003, 2750 (2752).

100 § 223 III BRAO; vgl. BVerwG v. 05.05.1983, NJW 1984, 191; NdsOVG v. 11.12.1995, NJW 1996, 869. Zum materiellen anwaltlichen Berufsrecht *Hartung* NJW 2003, 261. Die Zuständigkeit der Anwaltsgerichte besteht nicht für Klagen Dritter (z.B. von Mandanten); BWVGH v. 16.02.1982, NJW 1982, 2011.

101 Hierzu SächsOVG v. 05.02.1998, VIZ 1998, 702.

102 Hierzu BVerwG v. 30.03.2000, DVBl 2000, 1462.

Im *Vergabewesen* hat die unter gemeinschaftsrechtlichem Druck erfolgte Ersetzung der haushaltsrechtlichen Lösung (vgl. die früheren §§ 57a bis c HGrG) durch das VGRÄndG (= §§ 97 bis 129 GWB) zu einer Verbesserung des Rechtsschutzes der unterlegenen Bieter geführt, diesen aber trotz eindeutig öffentlich-rechtlicher Strukturen (Mitbewerberklage!) der Zivilgerichtsbarkeit zugewiesen (§§ 116 ff. GWB).[103] Nach der wenig überzeugenden Rechtsprechung des BVerwG besteht auch im Unterschwellenbereich kein Verwaltungsrechtsschutz.[104]

Die ordentlichen Gerichte entscheiden ferner in öffentlich-rechtlichen Streitigkeiten auf dem Gebiet des *Landesrechts,* falls sie vom Landesgesetzgeber entsprechend § 40 I 2 VwGO für zuständig erklärt wurden. Hauptbeispiel: Zuweisungen für Entschädigungsansprüche wegen rechtmäßiger Inanspruchnahme als Nichtstörer.[105] Zu nennen sind hier auch die landesrechtlich geregelten Streitigkeiten über Veränderung im richterlichen Dienstverhältnis.[106]

### 3. Strafgerichte

16 Die Strafgerichte sind zuständig auf dem Gebiet der *Strafrechtspflege* (vgl. Schaubild 3). Abgrenzungsschwierigkeiten tauchen auf, wenn Polizeibehörden (Vollzugspolizei) zur Verfolgung strafbarer Handlungen *und* präventiv-polizeilich tätig werden.[107] Betätigen sich die Polizei- und Ordnungsbehörden auf dem Gebiet der Gefahrenabwehr, ist Rechtsschutz im Verwaltungsrechtsweg eröffnet. Dabei spielt es keine Rolle, in welchen Gesetzen die Eingriffsbefugnisse für die angegriffenen polizeilichen Maßnahmen enthalten sind. So zählen zum präventiv-polizeilichen Bereich auch Maßnahmen der vorbeugenden Verbrechensbekämpfung. Zugleich dienen solche Maßnahmen der späteren Aufklärung etwaiger Straftaten. Derartige Maßnahmen sind deshalb zusammenhängend in der StPO geregelt. Im Einzelnen muss genau differenziert werden:

Handelt die Polizei im *Strafverfahren,* kommt nur der *strafgerichtliche* Rechtsschutz in Betracht.

Entweder bestehen dann Eilkompetenzen der Polizeiorgane in ihrer Funktion als Hilfsbeamte der Staatsanwaltschaft für Beschlagnahmen (§§ 98 I, 111 e I StPO), Durchsuchungen (§ 105 StPO), körperliche Untersuchungen einschließlich der Entnahme von Blutproben und andere körperliche Eingriffe (§§ 81 a, 81 c StPO), ferner für die Einrichtung von Kontrollstellen (§ 111 II StPO); dann kann in allen Fällen der Betroffene eine richterliche Entscheidung (§ 98 II 2 StPO) beantragen.[108] Dies gilt auch für erledigte Festnahmen nach § 127 II StPO – bei noch andauernden Beeinträchtigungen greift ohnehin das Rechtsschutzsystem des Haftrechts (§§ 128, 129, 163 c I 2 StPO) – und das Festhalten zur Identitätsfest-

---

103 Vgl. *Boesen* NJW 1997, 345, 350 ff.; *Noch* ZfBR 1997, 221; *Ruthig* DÖV 1997, 539; *Jagenburg* NJW 1998, 2398; *Niebuhr/Eschenbruch* Jahrb. BauR 1998, S. 195; *Byok* NJW 1998, 2774; *Otting* JA 1998, 505. *Schütte/Horstkotte* Vergaberecht bei öffentlichen Aufträgen, 2001; ferner EuGH v. 17.09.1997, NJW 1997, 3365 (Dorsch-Consult); BGH v. 08.09.1998, BauR 1998, 1246. Die Frage des Rechtswegs gegen öffentlich-rechtliche Sanktionen ist damit nicht endgültig entschieden; vgl. *Ronellenfitsch* StT 1996, 458.

104 BVerwG v. 02.05.2007, NJW 2007, 2275.

105 Vgl. *Redeker/v. Oertzen* § 40 Rn. 47.

106 BGH v. 15.02.1998, BGHZ 174, 213 (Tanner).

107 Vgl. *Hertrich* Die gerichtliche Überprüfung von doppelfunktionalen Hoheitsakten der Polizei in Bayern, 1996.

108 Vgl. *Amelung* Rechtsschutz gegen strafprozessuale Grundrechtseingriffe, 1976, S. 26. Zur Rechtshilfe in Strafsachen BVerwG v. 14.06.1990, NJW 1991, 649; zur Auslieferung nach § 78 IRG HbgOVG v. 23.01.2005, DVBl 2009, 397.

stellung (§ 163 c StPO).[109] Oder es handelt sich um Anordnungen, Verfügungen oder sonstige Maßnahmen, die von Justizbehörden zur Regelung einzelner Angelegenheiten auf dem Gebiet der Strafrechtspflege getroffen werden. Bei diesen richtet sich der Rechtsschutz nach §§ 23 ff. EGGVG (Strafsenat des OLG). Hierher gehören Maßnahmen nach § 81 b 1. Alt. StPO, Identitätsfeststellung (§ 163 b StPO) und Störerfestnahme (§ 164 StPO), aber auch die Begnadigung gegenüber Maßnahmen der Strafjustiz.[110] Die Verweigerung der Akteneinsicht durch die Staatsanwaltschaft im laufenden Ermittlungsverfahren erfüllt nicht einmal die Voraussetzungen des § 23 I EGGVG.[111] Zumindest darf § 23 I EGGVG nicht durch Berufung auf die presserechtlichen Auskunftsansprüche unterlaufen werden, wenn die Staatsanwaltschaft Vertretern der Presse Einsicht in Ermittlungsakten verweigert.[112]

*Außerhalb eines* konkreten *Strafverfahrens* und damit auf dem Gebiet der *Gefahrenabwehr* erfolgen erkennungsdienstliche Maßnahmen nach § 81 b 2. Alt. StPO,[113] Sperrerklärungen nach § 96 StPO[114] bis spätestens Eröffnung der Hauptverhandlung im Strafverfahren,[115] die Führung von Kriminalakten[116] und regelmäßig Maßnahmen der »beobachtenden Fahndung«.[117] Über ihre Rechtmäßigkeit entscheiden Verwaltungsgerichte ebenso wie über Ansprüche auf Vernichtung aufbewahrter erkennungsdienstlicher Unterlagen, die im Rahmen eines mittlerweile abgeschlossenen Strafverfahrens angefertigt worden waren.[118]

109 Bei Freiheitsentziehungen, die nicht auf richterlicher AnO beruhen, muss unverzüglich die richterliche Entscheidung herbeigeführt werden. Über die Rechtmäßigkeit der Verwaltungsmaßnahme entscheidet dann das AG (§ 13 II FEVG); BVerwG v. 23.06.1981, NJW 1982, 536. Ob die Rechtsschutzkonzentration beim AG erhalten bleibt, wenn ein in Gewahrsam Genommener freigelassen wird, ist streitig; bejahend BbgOVG v. 24.04.2009, NJW 2009, 2695; verneinend BWVGH vom 27.09.2004, NVwZ-RR 2005, 560.

110 BVerwG v. 10.10.1975, BVerwGE 49, 221. Zu den Maßnahmen im Rahmen der Untersuchungshaft und Strafhaft vgl. § 119 VI, 304 I StPO, § 93 StVollzG; SchlHOVG v. 08.12.1993, NJW 1994, 1299.

111 Vgl. OLG Karlsruhe v. 31.07.1996, NJW 1997, 267; a.A. OLG Frankfurt v. 29.07.1987, StV 1989, 96, 194 m. Anm. *Welp*.

112 NWOVG v. 15.11.2000, DÖV 2002, 130.

113 BVerwG v. 19.10.1982, BVerwGE 66, 192.

114 BVerwGE v. 27.04.1984, NJW 1984, 2233; BWVGH v. 03.06.1991, NJW 1991, 2097.

115 BVerwG v. 26.11.2003, NJW 2004, 963; noch weiter gehend BVerwG v. 19.08.1986, BVerwGE 75, 1.

116 Vgl. BVerwG v. 20.02.1990, NJW 1990, 2765.

117 BayVGH v. 14.01.1986, NVwZ 1986, 655; a.A. NWOVG v. 13.09.1979, NJW 1980, 855.

118 Vgl. *Kopp/Schenke* § 179 Rn. 9; BayVGH v. 21.08.1986, BayVBl 1987, 401.

**Rechtsschutz gegen Maßnahmen der Polizei**

*Gefahrenabwehr*

präventiver Rechtsschutz durch den »*Eingriffsrichter*« für Maßnahmen unter Richtervorbehalt

I. *Freiheitsentziehungen* (Art. 104 II GG, z.B. Art. 17 I BayPAG)
1. *Festhalten zur Identitätsfeststellung* (§ 12 II NWPolG)
2. *Vorführung zur Durchsetzung einer Ladung* (z.B. § 10 III NWPolG)
3. *Gewahrsam* (z.B. § 35 NWPolG)

*Justizrechtsweg:* Eingriffsrichter = AG, Verfahren nach FEVG

BVerwGE 62, 317 wendet bei bundesrechtlichen FE § 13 FEVG auch auf Erledigungsfälle an, vereinheitlicht also den Rechtsweg: Eingriffsrichter = Rechtsschutzrichter Ebenso BVerfG EuGRZ 1997, 374

II. *Wohnungsdurchsuchungen* (Art. 13 II GG)

*Justizrechtsweg:* Eingriffsrichter = AG, Verfahren nach FEVG
*Beispiel:*
BayObLG BayVBl 1984, 27

repressiver Rechtsschutz durch den »*Rechtsschutzrichter*« für polizeiliche Maßnahmen aus eigener Macht einschließlich der vorbeugenden Verbrechensbekämpfung

*Beispiele:*
BVerwGE 66, 192 (AnO der ED-Behandlung; § 81 b 2. Alt. StPO) BVerwGE 66, 202 (Vernichtung von ED-Unterlagen; § 81 b 2. Alt. StPO); BVerwGE 69, 192 (Sperrerklärung gem. § 96 StPO bez. kriminalpolizeilicher Handakten); BVerwG, NJW 1990, 2765 (Aufbewahrung von Kriminalakten)

*Verwaltungsrechtsweg:* § 40 I 1 VwGO auch für erledigte FE (BVerwGE 45, 51; OVG, NVwZ-RR 1997, 474) und erledigte *Durchsuchungsanordnungen* (BVerwGE 28, 285), bei denen der Eingriffsrichter nicht eingeschaltet war; diskutabel im Interesse der Rechtswegvereinheitlichung wäre eine erweiternde Auslegung der landesrechtlichen Justizrechtswegzuweisungen (s. linke Sp.)

*Strafverfolgung*

präventiver Rechtsschutz durch den »*Eingriffsrichter*« für strafprozessuale Zwangsmaßnahmen unter Richtervorbehalt

*Justizrechtsweg:* gesetzlich geregeltes Leitbild ist der Antrag auf richterliche Entscheidung gegen eine Beschlagnahme der StA/Polizei gem. § 98 II 2 StPO an den Eingriffsrichter (i. d R. das AG)
*Analoge Anwendung* von § 98 II S. 2 StPO auf:
1. *alle strafprozessualen Eilmaßnahmen der StA/Polizei unter Ausschaltung des Richtervorbehalts*
   *Beispiele:*
   BGH, NJW 1978, 730 (*Wohnungsdurchsuchung* nach §§ 103, 104 StPO); BGH GA 1981, 223 *zur vorläufigen Festnahme* nach §§ 127 II, 128, 129 StPO bzw. *Festhalten zur Identitätsfeststellung* gem. § 163 c StPO. Dasselbe gilt für *körperliche Untersuchungen* gem. §§ 81 a, 81 c StPO und Kontrollstellen nach § 111 StPO
2. *erledigte Eilmaßnahmen* – BGH NStZ 1999, 200 (Wohnungsdurchsuchung und Beschlagnahme), BGH NJW 1998, 3635 (vorläufige Festnahme), nicht nur für die Zulässigkeit (ob) der Maßnahme, sondern auch für ihre Durchführung (wie) – so BGH NJW 1999, 730; NStZ 1999, 200 unter Bezugnahme auf BVerfGE 96, 44/49)

repressiver Rechtsschutz durch den »*Rechtsschutzrichter*« für polizeiliche Maßnahmen aus eigener Macht

*Beispiele:*
BVerwGE 47, 255 (Sozialarbeiter-Sit-in) für die Festnahme zur Personalienfeststellung
*Justizrechtsweg:* §§ 23 ff. EGGVG, die subsidiär alle Polizeimaßnahmen erfassen, die funktionell Strafrechtspflege sind und hinter der Rechtswegzuweisung an den Eingriffsrichter durch § 98 II S. 2 StPO zurücktreten. Im Rechtsschutzbereich der §§ 23 ff. EGGVG verbleiben:
1. *originäre Polizeikompetenzen*
   – *ED-Behandlung* nach § 81 b 1. Alt. StPO
   – *Identitätsfeststellung* nach § 163 b StPO
   – *Störerfestnahme* nach § 164 StPO
2. *Überprüfung der Art und Weise* der Durchführung strafprozessualer Maßnahmen (BGHSt 28, 206)

Bei sog. *doppelfunktionalen Maßnahmen*, bei Maßnahmen also, die gleichzeitig der Gefahrenabwehr und Strafverfolgung dienen, bestehen unterschiedliche Möglichkeiten der Zuordnung. So könnte man konkurrierend den Rechtsweg zu den ordentlichen Gerichten und Verwaltungsgerichten für gegeben halten und dem Betroffenen (nach dem Prinzip der Meistbegünstigung) ein Wahlrecht zubilligen. Von allen Lösungen ist dies aber die schlechteste, weil sie die Gefahr divergierender Entscheidungen heraufbeschwört. Eine verbreitete Meinung stellt demgegenüber auf das »Schwergewicht« der Betätigung ab,[119] das sich indessen häufig nicht eindeutig klären lässt. Das BVerwG hat daher zu Recht festgestellt, dass die Polizeibehörden selbst bestimmen, in welcher

119 NWOVG v. 13.09.1979, NJW 1980, 855; BayVGH v. 14.01.1986, NVwZ 1986, 655.

Funktion sie tätig werden wollen. Aus der Begründung der einzelnen Maßnahme kann dann in aller Regel deren Zuordnung abgeleitet werden.[120] Es kommt also nicht darauf an, bei welcher Gelegenheit die Polizei die Maßnahme trifft, sondern welche Zwecke sie damit erfüllt (erfüllen will).[121] In den meisten Fällen wird dabei der Verwaltungsrechtsweg zu verneinen sein.[122]

### 4. Arbeitsgerichte

Die sachliche Zuständigkeit der Arbeitsgerichte ergibt sich aus §§ 2 bis 3 ArbGG. Abgrenzungsprobleme im Verhältnis zur Verwaltungsgerichtsbarkeit bestehen, wenn die öffentliche Hand der Arbeitgeber ist und kein Beamtenverhältnis begründet wurde. Eine bürgerlich-rechtliche Streitigkeit ist dann gleichwohl nicht gegeben, wenn das Arbeitsverhältnis materiell zum öffentlichen Dienst zählt. Für Vergütungsansprüche aus einem dem Referendardienst entsprechenden Ausbildungsverhältnis außerhalb des Beamtenverhältnisses auf Widerruf ist daher dennoch der Rechtsweg vor den Verwaltungsgerichten eröffnet.[123] Für Maßnahmen, die das Arbeitsverhältnis selbst betreffen, sind dagegen die Arbeitsgerichte zuständig.[124] 17

Eine – vorkonstitutionelle – Zuweisung an die Arbeitsgerichte enthält § 13 HS 2 ErstG für die Anfechtung von Erstattungsbescheiden gegen Angestellte oder Arbeiter im öffentlichen Dienst.[125] 18

### 5. Besondere Verwaltungsgerichte

§ 2 VwGO erwähnte ursprünglich die *allgemeine Verwaltungsgerichtsbarkeit.* Der Begriff entsprach dem der Verwaltungsgerichtsbarkeit in Art. 95 I GG. Seit der Neufassung von § 2 VwGO durch Gesetz vom 21.11.1997 (BGBl. I S. 2742) wird zwar die Bezeichnung »allgemeine Verwaltungsgerichtsbarkeit« nicht mehr verwendet. In der Sache hat sich aber nichts geändert. Neben den allgemeinen Gerichten der Verwaltungsgerichtsbarkeit gibt es *besondere* Verwaltungsgerichte. Dem GG lässt sich auch entnehmen, welche besonderen Verwaltungsgerichtsbarkeiten für öffentlich-rechtliche Streitigkeiten bestehen, nämlich die Finanzgerichtsbarkeit, die Sozialgerichtsbarkeit, die Dienststraf- und Dienstgerichtsbarkeit und die Berufsgerichtsbarkeit, für die besondere Prozessordnungen ergangen sind. 19

Die Abgrenzung des *Finanzrechtswegs* vom Verwaltungsrechtsweg ist durch § 33 FGO erfolgt.[126] Der *Sozialgerichtsbarkeit* sind gem. § 51 I SGG die nichtverfassungsrecht- 20

120 Urt. v. 03.12.1974 – I C 11.73 –, BVerwGE 47, 255 = JZ 1975, 523 m. Anm. *Amelung* = NJW 1975, 893, 1529 m. Anm. *Schenke* = DÖV 1975, 275 m. Anm. *Naumann* (zwangsweise Mitnahme zur Wache zur Feststellung der Personalien) sowie – I C 26.72 – DVBl 1975, 581 (Aufnahme von Lichtbildern); hierzu *Markworth* DVBl 1975, 575.

121 *Götz* JuS 1985, 872, BWVGH v. 16.05.1988, NVwZ-RR 1989, 412 folgt der funktionellen Betrachtungsweise, stellt aber auf den Empfängerhorizont ab.

122 Vgl. auch BGH v. 16.12.1977, DÖV 1978, 730 m. Anm. *Schenke*; OLG Frankfurt v. 07.04.1993, NJW-RR 1994, 447.

123 BAG v. 28.06.1977, NZA 1990, 325. Die Allgemeinverbindlicherklärung eines Tarifvertrags ist öffentlich-rechtlicher Natur; BVerwG v. 03.11.1988, NZA 1989, 364.

124 BayVGH v. 14.06.2002, DÖV 2002, 957 (betriebsinterne Fortbildungsmaßnahme).

125 Vgl. *Ronellenfitsch* JA 1975, 197.

126 Vgl. BVerwG v. 29.08.1986, NJW 1987, 216; BbgOVG v. 12.08.1998, NJW 1998, 3513 (3515); BFH v. 13.02.1990, NVwZ 1991, 103; *Kalmes* BB 1989, 818.

lichen[127] öffentlich-rechtlichen Streitigkeiten[128] in Angelegenheiten der Sozialversicherung, der Arbeitslosenversicherung und der übrigen Aufgaben der Bundesagentur für Arbeit sowie der Kriegsopferversorgung zugewiesen. Zur Sozialversicherung zählen auch die kassenärztlichen Angelegenheiten. Ferner sind Streitigkeiten in Angelegenheiten der gesetzlichen Krankenversicherung auf Grund von Entscheidungen oder Verträgen der Krankenkassen ungeachtet ihres zivil- oder öffentlich-rechtlichen Charakters den Sozialgerichten zugewiesen.[129] Dies gilt auch, soweit kartellrechtliche Ansprüche in Rede stehen.[130]

Die Schiedsstellenentscheidung bei der Feststellung des Pflegesatzes (vertragsgestaltender VA) ist nach § 93 b I 3 BSHG vor den allgemeinen Verwaltungsgerichten angreifbar.[131]

Mit der Überantwortung der Fürsorgeleistungen der »Grundsicherung für Arbeitssuchende«, welche die früheren Fürsorge für Arbeitslosigkeit und Sozialhilfe zusammenfassen, an die Sozialgerichte,[132] sollte offenbar die Zusammenlegung der Verwaltungs-, Sozial- und Finanzgerichtsbarkeit vorangetrieben werden, die jedoch mit Art. 95 I GG nicht vereinbar ist.

Für *Disziplinarsachen* ist die Zuständigkeit der Gerichte der allgemeinen Verwaltungsgerichtsbarkeit ausgeschlossen, sofern ihnen nicht auf der Grundlage des § 187 I VwGO durch Landesgesetz diese Aufgabe übertragen wurde.[133] Landesrechtliche Sonderregelungen sind nach § 187 II VwGO auch auf dem Gebiet der *Personalvertretungssachen* zulässig.[134] Die Zuständigkeit der *Wehrdienstgerichte* (Truppendienstgerichte) folgt aus den §§ 62 ff. WDO.[135] Schließlich besteht noch die *Berufsgerichtsbarkeit* der freien Berufe.[136]

## IV. Öffentlich-rechtliche Streitigkeit

21 Öffentlich-rechtlich ist nur eine Streitigkeit, deren Streitgegenstand sich als *unmittelbare Folge* des öffentlichen Rechts darstellt.[137] Maßgeblich ist der Charakter des Rechtsverhältnisses, aus dem der streitbefangene Rechtsanspruch oder die sonstige streitbefangene Rechtsfolge hergeleitet wird.[138] Geklärt werden muss folglich zunächst, welche

---

127 Hierzu BSG v. 22.02.1979, MDR 1979, 788.

128 Internationalrechtlich soll es sich nach EGMR v. 29.05.1986, NJW 1989, 652 durchgehend um »zivilrechtliche« Ansprüche handeln. Zur Abgrenzung BWVGH v. 31.03.1998, NVwZ-RR 1999, 38; BVerwG v. 23.12.1998, DVBl 1999, 1045; NWOVG v. 27.08.1998, NWVBl 1999, 144.

129 BGH v. 05.06.1997, WRP 1997, 1199; v. 15.01.1998, GRUR 1998, 744; v. 15.09.1999, WRP 2000, 98.

130 BGH v. 14.03.2000, DVBl 2000, 1058.

131 BVerwG v. 28.02.2002, DVBl 2003, 143.

132 Vgl. Viertes Gesetz für moderne Dienstleistungen am Arbeitsmarkt v. 24.12.2003 (BGBl. I S. 2954).

133 Das Schrifttum fasst im Anschluss an BVerfG v. 22.07.1970, BVerfGE 29, 125 den Begriff der Disziplinargewalt weit und gestattet Sonderregelungen über die Disziplinargerichtsbarkeit in allen besonderen Gewaltverhältnissen (mit Ausnahme von Schulstrafen); vgl. Schoch/Schmidt-Aßmann/Pietzner/*Stelkens* § 187 Rn. 5; *Kopp/Schenke* § 187 Rn. 2; Eyermann/*P. Schmidt* § 187 Rn. 2.

134 Hierzu BVerwG v. 09.10.1996, PersV 1997, 114; NWOVG NWVBl 1998, 60.

135 Wichtig v.a. § 17 WBO; hierzu BVerwG v. 18.10.2001, DÖV 2002, 168; v. 27.02.2003, BVerwGE 118, 21; v. 20.09.2006, DÖV 2007, 476, vgl. auch *Böttcher/Dau* Wehrbeschwerdeordnung, 4. Aufl., 1997.

136 Zur Zuständigkeit der Verwaltungsgerichte für andere als disziplinarrechtliche Streitigkeiten BVerwG v. 10.07.1991, NJW 1992, 1579; BWVGH v. 28.03.2000, DVBl 2000, 1067.

137 BVerwG v. 25.03.1971, BVerwGE 38, 1 (4 f.) st. Rspr.

138 BVerwG v. 25.03.1982, NVwZ 1983, 220; BAG v. 28.06.1989, NJW 1990, 663.

Vorschriften für den *Streitgegenstand* maßgeblich sind,[139] und sodann, welchem Rechtsbereich diese Vorschriften angehören. Entscheidend ist dabei die *wahre* Natur des im Klagevorbringen (des Klageantrags und des zu seiner Begründung vorgetragenen Sachverhalts) behaupteten prozessualen Anspruchs.[140] Anknüpfungspunkt ist somit der *Sachvor*trag des Klägers. Nur im Rahmen der *rechtlichen Würdigung,* die allein Aufgabe des Gerichts ist, kann auch das Verteidigungsvorbringen des Beklagten Bedeutung erlangen.[141] Ergeben die Behauptungen des Klägers – ihr Nachweis unterstellt –, dass eine öffentlich-rechtliche Streitigkeit vorliegen kann, ist der Verwaltungsrechtsweg eröffnet.

Eine öffentlich-rechtliche Streitigkeit ist dadurch gekennzeichnet, dass es bei ihr immer 22
um die Ausübung *staatlicher Gewalt* geht. Die durch Art. 140 GG i.V.m. Art. 137 III WV erfassten *Religionsgemeinschaften*[142] verfügen zwar über eine öffentliche Rechtsstellung, üben aber in *innerkirchlichen Angelegenheiten* keine Staatsgewalt aus.[143]

Durch eine exzessive Interpretation der innerkirchlichen Angelegenheiten und Ämterautonomie reduzieren die Gerichte den Anwendungsbereich von § 40 VwGO gelegentlich in bedenklicher Weise.[144] Umgekehrt werden die Verwaltungsgerichte zunehmend mit Streitigkeiten behelligt, deren Schlichtung

---

139 Der Streitgegenstand ist der prozessuale Anspruch, der durch den Klage- oder Antragsgrund (durch den vorgetragenen Lebenssachverhalt) bestimmt wird (BVerwG v. 24.10.2006, DÖV 2007, 340 (341). Im Vollstreckungsverfahren wird der Streitgegenstand durch den Titel bestimmt, aus dem die Zwangsvollstreckung (unmittelbar) betrieben wird. Danach folgt der Rechtsweg; vgl. NWOVG v. 21.01.1993, NWVBl 1993, 358; Schoch/Schmidt-Aßmann/Pietzner*Pietzner* § 168 Rn. 2, 23 f., a.A. wohl, allerdings für den Spezialfall der Vollstreckungsgegenklage, BGH v. 28.04.1994, NJW 1994, 2620; BVerwG v. 06.07.1994, Buchholz 310 § 40 VwGO Nr. 271; v. 24.08.1994, BVerwGE 96, 326 (329). Unbestritten gehört der Rechtsstreit über den insolvenzrechtlichen Anfechtungsanspruch ggb. der öffentlichen Hand vor die Zivilgerichte; BGH v. 07.09.1991, BGHZ 114, 315 (329).

140 BVerwG v. 15.11.1990, NVwZ 1991, 774; v. 15.12.1992, NVwZ 1993, 358 (359); BGH v. 24.07.2001, DÖV 2002, 86; v. 12.11.2002, NJW 2003, 433 (434); BAG v. 1. 24.04.1996, NJW 1996, 2948; BSG v. 20.09.1988, NJW 1989, 2771; SHOVG v. 17.03.2008, NVwZ-RR 2008; NWOVG v. 27.05.2008, DVBl 2008, 990 (991); OVG Lüneburg, v. 17.03.2008 – 13 OB 31/08.

141 BVerwG v. 25.03.1982, NVwZ 1983, 220. Der Umstand, dass der Kläger sich auf eine zivilrechtliche oder öffentlich-rechtliche Anspruchsgrundlage beruft, spielt i.d.R. keine Rolle. Bestehen für denselben prozessualen Anspruch je nach geltend gemachtem Klagegrund zwei Rechtswege, kommt es jedoch darauf an, worauf das Begehren gestützt wird; NdsOVG v. 16.10.1997, NVwZ-RR 1998, 695.

142 Dazu BVerfG v. 19.12.2000, BVerfGE 102, 370; KB. v. 17.08.2007, DVBl 2009, 238; RPOVG v. 28.12.2008, DVBl 2009, 241; *Hillgruber* NVwZ 2001, 1347; *Muckel* Jura 2001, 456; *Sachs* JuS 2001, 496; *Wilms* NJW 2003, 1083.

143 Das ändert nichts daran, dass der Status einer Körperschaft des öffentlichen Rechts, nicht Rechte (Privilegien), sondern auch Pflichten mit sich bringt, die man entgegen BVerfGE 102, 370 (395) durchaus auf den Begriff der »Staatsloyalität« bringen konnte; vgl. *Ronellenfitsch* FS Heckel, 1999, S. 427 (442 ff.). Damit ist nämlich keine Staatskirche gemeint, sondern lediglich die Bindung an den Grundsatz des venire contra factum proprium.

144 Vgl. BAG v. 07.02.1990, NJW 1990, 2082 (Pfarrvergütung); VG Braunschweig v. 22.10.1996, NVwZ-RR 1998, 93 (Befreiung von Kindergartenbeiträgen). Billigenswert dagegen BVerwG v. 31.05.1990, NJW 1990, 2079 (Klage auf Errichtung eines Grabmals auf einem jüdischen Friedhof) und v. 18.12.2001, DÖV 2002, 392 (Grabstellennutzungsrecht auf kirchlichem Friedhof); fraglich, da im Ergebnis inkonsequent, BayVGH v. 07.04.1992, DÖV 1992, 711 (Zulassung zu einer kirchlichen Hochschule); unterschiedlich BVerwG v. 30.10.2002, NJW 2003, 2112; BGH v. 28.03.2003, NJW 2003, 2097; VG Düsseldorf v. 13.02.1998, NWVBl 1998, 454 (Pfarrdienstverhältnis); VerwGEKD Hannover v. 30.01.1997, NZA 1998, 1135 L.S. HessVGH v. 11.11.1998, NJW 1999, 377; anders RhPfOVG v. 28.11.2009, NJW 2005, 1229; ferner *Maurer* FS Menger, S. 285; *v. Campenhausen* AöR 112 (1987), 624; *Listl* DÖV 1989, 409; *Steiner* NVwZ 1989, 410; *Ehlers* JuS 1989, 364; Schoch/Schmidt-Aßmann/Pietzner/*Ehlers* § 40 Rn. 472 ff.; *H. Weber* NJW 1989, 2217; *ders.* NJW 2003, 2067; *Kästner* Staatliche Justizhoheit und religiöse Freiheit, 1991.

man den Religionsgemeinschaften getrost selbst überlassen kann.[145] Angesichts der dem Staat obliegenden Justizgewährleistungspflicht (Art. 21 GG i.V.m. dem Rechtsstaatsprinzip; Art. 92 GG)[146] ist die staatliche Gerichtsbarkeit gegenüber der Gerichtsbarkeit der Religionsgemeinschaften zwar nicht subsidiär.[147] Vor Erschöpfung des insoweit gegebenen innerkirchlichen Rechtswegs dürfen staatliche Gerichte über Fragen des kirchlichen Amtsrechts jedoch nicht entscheiden.[148] Das Selbstbestimmungsrecht der Kirchen schließt jedenfalls die Überprüfung »innerkirchlicher« Maßnahmen durch staatliche Gerichte aus.[149] Für »verkappte Statusklagen« (Inzindente Prüfung des Bestehens oder Nichtbestehens eines kirchlichen Amtsverhältnisses) steht der Verwaltungsrechtweg nicht offen.[150] Auch Verwaltungsgerichte haben nicht Kirchenpolitik zu betreiben. Soweit der Körperschaftsstatus den Religionsgemeinschaften aber hoheitliche Befugnisse verleiht, sind diese an die grundgesetzliche Ordnung, vor allem an die Grundrechte gebunden,[151]

Gerichtsentscheidungen, die das *außenwirksame* Verhalten der Kirchen betreffen, erweisen sich ebenfalls häufig als Stich ins Wespennest. Im pluralistischen Staat sind auch die Gerichte nicht zu passiver Duldsamkeit, sondern zu aktiver Toleranz verpflichtet. Glaubensäußerungen werden rasch für Nichtgläubige zu unerwünschtem Lärm, vor dem sie nach immissionsschutzrechtlichen Erwägungen zu schützen sind. Insoweit kommt die Verwaltungsgerichtsbarkeit dem staatlichen Schutzauftrag zu zögerlich nach.

So dauert der Streit um etwaige Zulässigkeitsschranken des *kirchlichen Glockenläutens* immer noch an. Entgegen der (nur) privatrechtlichen Betrachtungsweise von Teilen des Schrifttums[152] sieht das BVerwG im liturgischen Glockengeläut eine typische Lebensäußerung der öffentlich-rechtlichen Körperschaft Kirche, setzt insoweit also öffentliche Gewalt und Staatsgewalt gleich. Das nichtliturgische Glockengeläut soll dagegen außerhalb eines sakralen Widmungszwecks erfolgen und damit nur den privatrechtlichen Eigentümerbefugnissen zugeordnet sein.[153] Die Unterscheidung ist lebensfremd. Wenn den Kirchen als Körperschaften des öffentlichen Rechts ein Sonderstatus eingeräumt ist, der sie zu staatsloyalem Verhalten (vgl. auch Glockengeläut bei öffentlichen Notfällen) verpflichtet, muss das für alle ihre außenwirksamen Lebensäußerungen gelten. Die partielle Öffnung des Verwaltungsrechtswegs ermöglicht es aber wenigstens, verwandte Fallkonstellationen nach einheitlichen Grundsätzen zu behandeln. Eine Koranschule mit Betsaal, in welcher das Morgengebet vor Sonnenaufgang beginnt, kann in Wohngebieten durchaus das Ruhebedürfnis der Nachbarn beeinträchtigen. Erst recht wird der Gebetsruf des Muezzins von Dritten nicht selten als lästig empfunden. Wer das Ruhebedürfnis beim Glockengeläut unter Berufung auf Art. 4 GG zurücktreten lässt, muss auch bei der islamischen Religionsausübung konsequent bleiben.[154] Aus den gleichen Erwägungen betreffen Äußerungen von Sektenbeauftragten einer Kirche

---

145 So fällt der Streit um die Mitwirkung an den Passionsspielen in Oberammergau in den Grenzbereich staatlicher Justizhoheit; vgl. aber BayVGH v. 14.06.1989, NJW 1990, 2014. Für die Klage auf Herausgabe der (entwidmeten) St. Salvatorkirche in München an den Freistaat Bayern wurde der Verwaltungsrechtsweg bejaht; BayVGH v. 25.10.1995, NVwZ 1996, 1120; vgl. hierzu BVerfG v. 13.10.1998, BVerfGE 99, 100. Zur Inanspruchnahme staatlicher Gerichte als Vollstreckungsbehörden NdsOVG v. 20.10.1998, NJW 1999, 1882. Für Klagen auf Unterlassung kritischer Äußerungen über andere Glaubensgemeinschaften ist der Verwaltungsrechtsweg nicht geschaffen; BremOVG v. 28.03.1995, NVwZ 1995, 793.

146 BVerwG v. 28.02.2002, BVerwGE 116, 86. Vgl. auch BVerfG, KB v. 27.01.2004, NJW 2004, 3099.

147 Bedenklich NWOVG v. 25.07.2001, DÖV 2002, 129.

148 HessVGH v. 06.11.2002, DÖV 2003, 256; BGH v. 28.03.2003, BGHZ 154, 306.

149 BGH v. 11.02.2000, DVBl 2000, 999 (1000); hierzu *Maurer* JZ 2000, 1113.

150 BVerwG v. 28.04.1994, BVerwGE 95, 379; unzutreffend *Magen* NVwZ 2002, 897.

151 BVerfG, KB v. 19.08.2002, DÖV 2003, 159 (Kirchensteuerrecht).

152 Vgl. *Lorenz* JuS 1995, 492.

153 Vgl. einerseits BVerwG v. 07.10.1983, BVerwGE 68, 62; v. 30.04.1992, BVerwGE 90, 163; v. 02.09.1996, NVwZ 1997, 390; andererseits BVerwG v. 28.01.1994, DÖV 1994, 1011 (Zeitschlagen). Die zugrundeliegende res-sacra-Doktrin wird fragwürdig, wenn man bedenkt, dass das Glockengeläut gelegentlich über Lautprecheranlagen verstärkt wird. Die Nachbarn werden in aller Regel nicht unmittelbar durch die Glocken belästigt, sondern durch die von diesen verursachten Geräuschimmissionen.

154 Folgerichtig BVerwG v. 27.02.1992, DVBl 1992, 1101 unter Berufung auf BVerfG v. 05.02.1991, BVerfGE 83, 341 (356). Dass der muslimische Gebetsruf den »Verlust christlicher Werte« signali-

nicht die Ebene staatsbürgerlicher Gleichordnung (sonst gäbe es nur noch Sekten), sondern sind im Verwaltungsrechtsweg angreifbar.[155] Nicht jedes außenwirksame Verhalten einer kirchlichen Körperschaft des öffentlichen Rechts ist ferner dem öffentlichen Recht zuzuordnen. Wenn Kirchen etwa die Benutzung ihrer Einrichtungen durch Dritte dulden und von diesen Belästigungen für Dritte ausgehen, handelt es sich um privatrechtliche Streitigkeiten. Grundsätzlich begründet aber jede Nutzung von kirchlichen Einrichtungen im Rahmen des Widmungszwecks die öffentlich-rechtliche Natur der darüber entstehenden Streitigkeiten (Beispiel: Lärm von einem kirchlichen Spielplatz).[156]

Im übrigen ergibt sich die Bestimmung der öffentlich-rechtlichen Streitigkeit – voraus- 23
gesetzt, es handelt sich überhaupt um einen Rechtsstreit[157] – in *Abgrenzung zu den bürgerlichen Rechtsstreitigkeiten* i.S. v. § 13 GVG.

Die dogmatischen Bemühungen um eine Abgrenzung der Teilrechtsgebiete dauern schon über ein Jahrhundert an, ohne dass eine der zahlreichen Abgrenzungstheorien allgemeine Anerkennung gefunden hätte. Das ist nicht verwunderlich. Die Unterscheidung von öffentlichem und privatem Recht ist zwar unserer Rechtsordnung immanent. Sie ist jedoch nicht apriorischer Natur und unterliegt wie der Aufgabenbereich der öffentlichen Verwaltung ständigem Wandel. Daher kann man kaum damit rechnen, dass der Stein des Weisen in Form einer allumfassenden und zeitlosen Abgrenzungstheorie gefunden wird. Die Suche nach einer derartigen Theorie ist jedenfalls nicht Aufgabe der einzelfallorientierten Gerichtsbarkeit. Wenn im Schrifttum irgendwelche »herrschende Lehren« propagiert werden, bringt das in aller Regel nur persönliche (regionale) Vorlieben zum Ausdruck. In Klausuren beliebt ist die sog. neuere *Sonderrechtstheorie,* die zu der verbreiteten Tautologie verleitet: »Die Streitigkeit ist öffentlich-rechtlicher Natur, weil sie die Anwendbarkeit öffentlich-rechtlicher Vorschriften betrifft.« Daran ist richtig, dass sich die Abgrenzungstheorien vorwiegend mit der Zuordnung des objektiven Rechts herumschlagen. Zumeist ist das auch gar nicht schwierig. Dass etwa das Bauordnungsrecht zum öffentlichen Recht zählt, versteht sich von selbst. Geht es nun in einem Rechtsstreit um die Anwendung von Bauordnungsrecht, kann man kurz schließen, dass *deshalb* eine öffentlich-rechtliche Streitigkeit vorliegt. Schwierig wird es dagegen, wenn *fraglich* ist, nach welchen Vorschriften sich eine Streitigkeit richtet (wenn z.B. Verträge oder Realakte zu klassifizieren sind). Dann muss auf die Rechtsnatur der Streitigkeit abgestellt werden. Die Sonderrechtstheorie hilft hier nicht weiter; sie ist nur auf den Normalfall zugeschnitten.

Am verbreitesten sind die verschiedenen Formen der *Subjekts-*, der *Interessen-* und der *Subordinationstheorie,* die alle immer noch ihre Anhänger finden.[158] *Keine* dieser Theorien liefert in jedem Fall ein überzeugendes Ergebnis. Sie schließen sich aber auch nicht wechselseitig aus. Daher ist es zulässig – sofern im konkreten Fall überhaupt Zweifel

---

siert, muss hingenommen werden. Lärm hat allerdings eine subjektive Komponente. Der muslimische Gebetsruf hat einen stärkeren Informationsgehalt als das Glockengeläut und ist deswegen im höherem Maß eine schädliche Umwelteinwirkung; vgl. *Muckel* NWVBl 1998, 1. Materiellrechtlich ist die Garantie der Religionsausübung (Art. 4 II GG) ein überproportional gewichteter Abwägungsfaktor in Nachbarstreitigkeiten. Zeichen für die »traditionelle Präsenz der Kirche in der Gesellschaft« müssen immissionsschutzrechtlich verhältnismäßig sein (BVerwG v. 30.04.1992, BVerwGE 90, 167).

155 BGH, DÖV 2002, 86. Vgl. ferner BayVGH v. 28.03.1994, NVwZ 1994, 787; BVerfG KB v. 18.09.1998, NJW 1999, 350; v. 25.02.1999, NVwZ 1999, 758; *Kirchberg* NVwZ 1999, 734.

156 BayVGH v. 19.03.2004, DVBl 2004, 839.

157 Überhaupt kein Rechtsweg ist eröffnet für gerichtsfreie Hoheitsakte (Art. 10 II 2 i.V.m. Art. 19 IV 2, 44 IV 1 GG und Gnadenakte. I.d.R. sind staatliche Handlungen auch justiziabel. Beispiel: Für das Begehren eines Soldaten, ihm die Einsatzmedaille der Bundeswehr zu verleihen, ist der Verwaltungsrechtsweg gegeben; BVerwG v. 09.06.1997, NVwZ-RR 1998, 46 L.

158 Die Interessentheorie (D I, 1, 1) ist eher in Österreich verbreitet; vgl. *Rill* ZöR 11 (1961), 457. Die Subjektstheorie wurde bereits von *O. Mayer* (VerwR I, S. 15) dargestellt, von *H.J. Wolff* (AöR 76, 1950, 205 ff.) fortentwickelt und von *Ehlers* (Verwaltung 1987, 373) materiell angereichert. Damit nähert sie sich wieder der Subordinations- oder Subjektionstheorie an, wie sie etwa von *Forsthoff* (VerwR S. 113) vertreten wurde. Aus der Rspr. GmSOGB v. 10.04.1986, BGHZ 74, 368 (370); v. 29.10.1987, BGHZ 102, 280 (283); v. 10.07.1989, BGHZ 108, 284 (286); BVerwG v. 30.09.1974, BVerwGE 47, 55 (57); BGH v. 30.09.1999, DVBl 2000, 60 (61); RhPfOVG v. 01.09.1992, NVwZ 1993, 381 (382); NWOVG v. 21.12.1988, NJW 1989, 2209.

bestehen –, die Theorien *nebeneinander* anzuwenden. Auszugehen ist grundsätzlich von der Subordinationstheorie, die darauf abstellt, ob ein Unterordnungsverhältnis den Streitgegenstand prägt. Solange das Gemeinwesen als Staat verfasst ist, kennzeichnet die Hoheitsgewalt die Verwaltungstätigkeit. Selbst wenn die Verwaltung von Hoheitsbefugnissen konkret Abstand nimmt (wie beim substituierenden öffentlich-rechtlichen Vertrag oder beim konsensualen Verwaltungshandeln), ändert das nichts daran, *dass* ein Unterordnungsverhältnis besteht; selbst im Gleichordnungsverhältnis (koordinationsrechtlicher öffentlich-rechtlicher Vertrag) können Hoheitsbefugnisse Gegenstand des Rechtsverhältnisses sein. Ob die Verwaltung hoheitlich handelt oder nicht, lässt sich am leichtesten mit Hilfe der Subjektstheorie klären. (Ist die Verwaltung notwendig Zuordnungssubjekt des Rechtsverhältnisses?) Die Subjektstheorie hilft nicht weiter, wenn nur Private handeln. Rechtsbeziehungen Privater können gleichwohl verwaltungsrechtlich sein, wenn sie sich auf (ausschließlich) öffentliche Interessen beziehen. Es lässt sich somit nicht verbergen, dass der Abgrenzung von öffentlichem und privatem Recht zur Bestimmung des Rechtswegs nicht mit der reinen Lehre beizukommen ist. Ergebnisorientierter Pragmatismus ist daher geboten, aber auch erlaubt. Unter dieser Prämisse lassen sich die unterschiedlichen Theorien zu Faustregeln zusammenfassen.

**24** Als *Faustregel* kann gelten:

1. Wird *hoheitliches Handeln* eines Verwaltungsträgers angegriffen oder begehrt, liegt immer eine verwaltungsrechtliche Streitigkeit vor.
2. Sind *Verwaltungsträger* am Rechtsstreit beteiligt, ist im Zweifel eine *öffentlich-rechtliche Lösung* anzustreben;[159] über *Rechtsstreitigkeiten zwischen Privaten* haben im Zweifel die *Zivilgerichte* zu entscheiden.[160]

Die Regel wird *durchbrochen,* wenn die Privaten als Träger von Staatsgewalt handeln oder wenn sich die Verwaltungsträger privatrechtlicher Organisationsformen bedienen.

Öffentlich-rechtlich sind Streitigkeiten immer dann, wenn sie *hoheitliche Aufgaben* betreffen, die von Privaten wahrgenommen werden. Das ist namentlich bei der *Beleihung* der Fall.[161] Sind am Rechtsstreit ausschließlich Personen des bürgerlichen Rechts beteiligt, kommt der Verwaltungsrechtsweg nur in Betracht, wenn mindestens einer der Be-

159 **Beispiel:** In den Fällen, in denen eine Gemeinde eine öffentliche Aufgabe durch Einrichtungen einer von ihr betriebenen öffentlichen Anstalt erfüllt und in denen die Benutzer einen öffentlich-rechtlichen Benutzungsanspruch haben, ist von einer öffentlich-rechtlichen Ausgestaltung des Nutzungsverhältnisses auszugehen; vgl. BWVGH v. 30.10.1986, NVwZ 1987, 701. Auch für Streitigkeiten gegen öffentlich-rechtliche Rundfunkanstalten sollte generell der Verwaltungsrechtsweg eröffnet sein, da diese nur durch die öffentliche Aufgabe der Grundversorgung legitimiert werden; so auch HbgOVG v. 04.05.1994, DVBl 1994, 1367 für die Klage eines privaten Rundfunkanbieters. Nach BGH v. 06.04.1976, NJW 1976, 1198 und BVerwG v. 07.06.1994, DVBl 1994, 1245 müssen jedoch Abwehransprüche gegen die Berichterstattung öffentlich-rechtlicher Rundfunkunternehmen im Zivilrechtsweg geltend gemacht werden.

160 Für die Vollstreckung aus einem Vergütungsfeststellungsbeschluss ist der Rechtsweg zu den Verwaltungsgerichten gegeben; vgl. Schoch/Schmidt-Aßmann/Pietzner/*Pietzner* § 168 Rn. 30 f.

161 **Beispiel:** Die Tätigkeit von Sachverständigen der technischen Überwachung; vgl. BVerwG v. 05.10.1990, NVwZ-RR 1991, 330. Zu den vergleichbaren Vermessungsingenieuren KG v. 04.07.1997, NVwZ-RR 1998, 102; zu der Beleihung auf dem Gebiet der Zuwendungen vgl. § 44 III BHO. Rechtliche Auseinandersetzungen zwischen dem Betriebspersonal von Omnibussen, Straßenbahnen oder Eisenbahnen und den Fahrgästen sind vor den ordentlichen Gerichten auszutragen. Anders als bei Seeschifffahrtskapitänen und den verantwortlichen Luftfahrzeugführern liegt kein Fall der Beleihung vor; BVerwG v. 07.06.1984, NVwZ 1985, 48. Nicht-Beliehener ist auch eine

teiligten mit hoheitlichen Befugnissen beliehen ist.[162] Für die gerichtliche Durchsetzung von an Private abgetretenen öffentlich-rechtlichen Forderungen sind daher die ordentlichen Gerichte zuständig.[163]

Handelt ein Verwaltungsträger in *privatrechtlicher Organisationsform*, schließt das zwar nicht automatisch öffentlich-rechtliche Streitigkeiten aus. So können Streitigkeiten zwischen Bürger und Gemeinde über den Zugang zu einer gemeindlichen Einrichtung auch dann öffentlich-rechtlich sein, wenn die Gemeinde die Einrichtung durch eine juristische Person des Privatrechts betreiben lässt.[164] Die gemeindliche Einrichtung muss dann allerdings kraft Gesetzes zu öffentlich-rechtlichem Handeln ermächtigt sein (Parallele zur Beleihung).[165] Üblicherweise wird der privatrechtlich organisierte Verwaltungsträger – unter Ausschluss einer öffentlich-rechtlichen Streitigkeit – jedoch auch privatrechtlich auftreten, und dies nicht nur im erwerbswirtschaftlich-fiskalischen Bereich,[166] sondern auch bei der Erbringung von Leistungen an die Bürger.[167]

Die vorstehende Faustregel lässt sich nur in Kenntnis der reichhaltigen *Kasuistik* einigermaßen treffsicher anwenden. **25**

Die in den vergangenen Jahren am intensivsten diskutieren Abgrenzungsfälle betreffen aus dem *kommunalen Bereich* v.a. die gesetzlichen Vorkaufsrechte der Gemeinden,[168]

---

Züchtervereinigung, die Zuchtbücher zu führen hat; vgl. BVerwG v. 11.12.1980, DVBl 1981, 637; a.A. *Steiner* NJW 1981, 2452.

162 BVerwG v. 06.03.1990, NVwZ 1990, 754; v. 29.05.1990, NVwZ 1991, 59; BGH v. 12.10.1993, WM 1993, 2078(2079); v. 07.12.1999, DVBl 2000, 557.

163 *Ohler* DÖV 2004, 518 (524).

164 BVerwG v. 21.07.1989, NJW 1990, 134 (»Ob-Entscheidung«).

165 BVerwG v. 29.05.1990, NVwZ 1991, 59.

166 Hierzu Rn. 27. Zu Klagen gegen die Treuhandanstalt KG v. 07.12.1993, DtZ 1994, 219.

167 BVerwG v. 06.03.1990, NVwZ 1990, 754.

168 Die früher vertretene zivilrechtliche Auffassung des BGH (BGH v. 26.01.1973, BGHZ 60, 275; v. 07.03.1975, DVBl 1975, 487) traf das Wesen des gesetzlichen Vorkaufsrechts nicht, das sich als *abgeschwächte Nebenform der Enteignung* (Zwangskauf) entwickelt hat und beeinträchtigte das Grundrecht des ursprünglichen Käufers auf Eigentumserwerb; zutreffend BWVGH v. 21.12.1972, ESVGH 24, 101; OVG Lüneburg v. 30.01.1976, NJW 1976, 159. Im Bereich des Baurechts schien die Streitfrage überholt. Schon nach § 24 IV BauG wurde das Vorkaufsrecht durch VA ausgeübt, der vor den Verwaltungsgerichten angefochten werden konnte. Daraus folgte die öffentlich-rechtliche Natur der Verpflichtungserklärung der Gebietskörperschaften; so HessVGH v. 11.02.1983, NVwZ 1983, 556 gegen OLG Frankfurt/M v. 04.05.1979, NVwZ 1982, 556. Eine Sonderregelung wurde jedoch mit Rücksicht auf Art. 14 III 4 GG für das sog. limitierte Vorkaufsrecht getroffen. Die gem. § 28 a BauG ergehenden VAe waren durch Antrag auf gerichtliche Entscheidung vor den Baulandkammern angreifbar. Der Gesetzgeber erkannte zu Recht, dass die Ausübung des Vorkaufsrechts, durch die gleichzeitig der Kaufpreis auf den Verkehrswert herabgedrückt wird, enteignenden Charakter haben kann. Insofern war die Kritik gegen die Aufspaltung des Rechtswegs (z.B. *Schmidt-Eichstaett* DÖV 1978, 130; zutreffend NWOVG v. 01.09.1980, NJW 1981, 147) verfehlt. In Wahrheit war die ganze Konstruktion des preislimitierten Vorkaufsrechts abwegig und verfassungswidrig. Sie wurde auch zunächst nicht mehr in das BauGB übernommen. Die Vorgehensweise nach § 28 III i.V.m. § 217 I BauGB ist lediglich eine Variante der Enteignung. Durch § 3 BauGB-MaßnG wurde bedauerlicherweise das preislimitierte Vorkaufsrecht reanimiert. § 28 IV BauGB 1998 lenkt die Entwicklung wieder in geordnetere Bahnen. Das allgemeine und besondere Vorkaufsrecht wird durch VA ausgeübt (§ 28 II 1 BauGB), über den die Verwaltungsgerichte entscheiden. Für Streitigkeiten über enteignende Vorkaufsrechte sind die Zivilgerichte zuständig. Verkäufer und (verdrängter) Käufer können im Vorkaufsfall die Ausübung des Vorkaufsrechts unmittelbar angreifen. Prozessual schwieriger ist die Rückabwicklung des vollzogenen Vorkaufsrechts, wenn diesem nachträglich wegen Zweckverfehlung die Rechtsgrundlage entzogen wird. Hier dürfte dem verdrängten Käufer in entsprechender Anwendung von § 28 VI BauGB ein unmittelbarer Erwerbsanspruch gegenüber der Gemeinde zustehen, der im Verfahren nach § 217

das Namensrecht einer Gemeinde[169] sowie Nutzungsrechte am unverteilten Gemeindegrund.[170]

Bei der *Tätigkeit der Exekutive* schlechthin sind umstritten das behördliche Hausverbot,[171] die Streichung aus oder Aufnahme in Behördenlisten,[172] die Herausgabe behördlicher Informationsblätter,[173] behördlicher Hinweise und Warnungen[174] sowie generell das Subventionswesen[175] und die Rechtsbeziehungen im Rahmen der Sozialhilfe.[176]

---

BauGB erstreitbar ist. Diese Lösung erscheint sachnäher als die Annahme eines öffentlich-rechtlichen FBA.

169 BVerwG v. 08.02.1974, BVerwGE 44, 351; a.A. OLG Celle v. 01.03.1973, JR 1973, 384. Vgl. aber BGH v. 23.06.1975, NJW 1975, 2015; ferner BVerfG v. 17.01.1979, BVerfGE 50, 195; Schoch/Schmidt-Aßmann/Pietzner/*Ehlers* § 40 Rn. 435; Eyermann/*Rennert* § 40 Rn. 78.

170 BayVGH v. 28.07.1982, BayVBl 1982, 342; *Vorbeck* Wesen und Inhalt gemeindlicher Nutzungsrechte, 1965.

171 Eine pauschale Zuordnung etwa unter Berufung auf das Grundeigentum ist verfehlt; das Hausrecht ist »januskköpfig«. Das gilt auch für das Hausrecht des Bundestagspräsidenten gem. Art. 40 II GG; a.A. *Wilrich* DÖV 2002, 152 (154 f.); zutreffend VG Berlin v. 18.06.2001, NJW 2002, 1063. Die überkommene Rspr. stellt darauf ab, zu welchem *Zweck* der Adressat des Hausverbots des Amtsgebäude betreten hat oder stellt ergänzend auf die konkreten Rechtsverhältnisse ab; vgl. BGH v. 26.10.1960, BGHZ 33, 230; BVerwG v. 13.03.1970, BVerwGE 35, 103; BWVGH v. 31.03.1994, NJW 1994, 2500; BremOVG v. 21.11.1989, NJW 1990, 931; NdsOVG v. 18.10.1988 – 2 OVG B 60/88; hierzu *Ipsen/Koch* JuS 1992, 809; NWOVG v. 11.02.1998, NVwZ-RR 1998, 595; SchlHOVG v. 28.04.1992, NJW 1994, 340. Das führt bei ambivalenten oder verschwiegenen Benutzungszwecken zu unlösbaren Schwierigkeiten. Im Vordringen sind Ansichten, die auf den *Widmungszweck der Amtsgebäude* abstellen. Dient das Hausverbot der Aufrechterhaltung der öffentlich-rechtlichen Funktionsfähigkeit eines Gebäudes, ist es selbst öffentlich-rechtlicher Natur; die Störung widmungsfremder Nutzungen betrifft private Rechtsbeziehungen; vgl. auch *Berg* JuS 1982, 260; *Knemeyer* VBlBW 1982, 249; *Ronellenfitsch* VerwArch 1982, 465; *Kopp/Schenke* § 40 Rn. 22; Eyermann/*Rennert* § 40 Rn. 66; im Ergebnis ebenso *Brüning* DÖV 2003, 389 der zu Unrecht den Aspekt den Betrag öffentlicher Gebäude die öffentliche Aufgabenerfüllung in den Hintergrund treten lässt.

172 **Beispiel:** Die Polizeibehörden beauftragen bei Erfüllung ihrer verkehrspolizeilichen Aufgaben häufig private Abschleppunternehmen. Wird ein Unternehmen aus der Liste der potentiellen Vertragspartner gestrichen, handelt es sich um einen privatrechtlichen Vorgang; zutreffend BGH v. 14.12.1976, GewArch 1977, 191. Anders dürfte es sein, wenn Negativlisten für künftige Vergabeverfahren als generelle Sanktion für Baupreisabsprachen aufgestellt werden.

173 Vgl. OLG München v. 13.04.1989, NJW-RR 1989, 1191. Öffentlich-rechtlich ist die Öffentlichkeitsarbeit der Verwaltung im Rahmen ihrer Informationspflichten z.B. nach dem UIG; vgl. *Kollmer* NVwZ 1995, 858 (859). Zur Übersendung veröffentlichungswürdiger Gerichtsentscheidungen an Fachverlage BremOVG v. 25.10.1988, NJW 1989, 926.

174 Die Rspr. stellt auf den Funktionsbereich ab. Dabei kommt es nicht darauf an, bei welcher Gelegenheit, sondern in welchem Funktionszusammenhang die Warnungen ausgesprochen werden, und worauf sie sich beziehen. Fällt die Äußerung im Gleichordnungsverhältnis, ist der Zivilrechtsweg eröffnet; vgl. BGH v. 28.02.1978, NJW 1978, 1860; BWVGH v. 14.10.1997, VBlBW 1998, 100. I.d.R. werden Warnungen aber (hoheitlich) zur Erfüllung öffentlicher Aufgaben ausgesprochen; vgl. BVerwG v. 23.05.1989, BVerwGE 82, 176 (»Transzendentale Meditation«); v. 04.05.1993, NVwZ 1994, 162 (»Osho-Bewegung«); v. 18.10.1990, BVerwGE 87, 37 (Glykol-Wein). Ferner OLG Dresden v. 10.07.1997, OLG-NL 1997, 257.

175 Die »Ob«- Entscheidung ist öffentlich-rechtlich; vgl. BVerwG v. 03.08.1989, NJW 1990, 1435 (Kautionsverfall); RhPfOVG v. 01.09.1992, NVwZ 1993, 381 (Zuteilung eines Gewerbegrundstücks); VG München v. 27.02.1996, NVwZ-RR 1997, 375 (LS) (Einheimischenmodell); *Kopp/Schenke* § 40 Rn. 20, Eyermann/*Rennert* § 40 Rn. 50. Die »Wie«-Entscheidung hängt von der konkreten Ausgestaltung der Rechtsbeziehung ab; vgl. BGH v. 07.11.1996, NJW 1997, 328 (Zivilrechtsweg zur Rückforderung von »Hermes«-Bürgschaften). Allein der Verstoß gegen Subventionsrichtlinien macht einen Bewilligungsbescheid nicht rechtswidrig i.S. des § 48 I 1 VwVfG; BVerwG NVwZ 2003, 1376.

176 Der Rechtsstreit zwischen dem Eigentümer eines Wohnhauses und dem Sozialhilfeträger, der Miete für die Wohnung eines Sozialhilfeempfängers leistet, ist, wenn die Mietzahlung nach § 569 BGB

Für Streitigkeiten auf dem Gebiet des *Post- und Telekommunikationswesens* ist, soweit Hoheitsfunktionen der früheren Deutschen Bundespost (Art. 87f II 2 GG) auf die Nachfolgeorganisationen unmittelbar[177] oder im Wege der Beleihung[178] übergegangen sind, der Verwaltungsrechtsweg gegeben.[179] Im übrigen entscheiden, namentlich über die Zulassung und Benutzung der Einrichtungen der Deutsche Post AG und der Deutsche Telekom AG, die Zivilgerichte sowohl im Koordinationsverhältnis zu anderen Anbietern[180] wie auch im Kunden-[181] und Nachbarverhältnis.[182] Der Zivilrechtsweg ist auch eröffnet für Streitigkeiten, welche die *Deutsche Bahn AG* und deren Rechtsnachfolger betreffen,[183] während die Eisenbahnverwaltung Hoheitsaufgaben wahrnimmt, die allenfalls einer Beleihung (§ 4 S. 1 EVerkVerwG), nicht jedoch einer Privatisierung zugänglich sind.[184] Rechtsstreitigkeiten im Zusammenhang mit der Nutzung des Luftraums und hinsichtlich der Nutzung der hierzu erforderlichen Bodeneinrichtungen sind mit Rücksicht auf den Gemeingebrauch am Luftraum (§ 1I LuftVG) öffentlich-rechtlicher Natur. Der Abschluss von Benutzungsverträgen mit den privatrechtlich organisierten *Flughäfen* muss gleichwohl im Zivilrechtsweg (nach den Grundsätzen des Verwaltungsprivatrechts) erstritten werden.[185]

Aus dem *Gesundheitswesen* sind folgende Entscheidungen wichtig: Durch Beschlüsse v. 22.03.1976 hat der BGH (GS) die gegen eine Kassenärztliche Vereinigung und gegen eine Landesärztekammer gerichtete Klage eines medizinische Dienstleistungen anbietenden Unternehmers auf Unterlassung nachteiliger Stellungnahmen[186] und die gegen die Ersatzkasse gerichtete Klage eines Verbands zur Vertretung und Förderung der Interessen der privaten Krankenversicherung auf Unterlassung der Gewährung besonders günstiger Tarife für nichtversicherungspflichtige, aber zum Eintritt in die gesetzliche Krankenversicherung berechtigte Personen[187] als bürgerlich-rechtliche Streitigkeiten eingestuft. Für den Streit über die Veröffentlichung von Arzneimittel-Transparenzlisten ist demgegenüber der Verwaltungsrechtsweg eröffnet.[188] Die Rechtsbeziehungen zwischen Kassenarzt und Krankenkasse sind öffentlich-rechtlicher, die zwischen Kassen-

---

erfolgt, zivilrechtlicher Natur (BVerwG v. 18.10.1993, BVerwGE 94, 229), wenn eine Miet- und Kostenübernahmeerklärung abgegeben worden ist, öffentlich-rechtlicher Natur (BVerwG v. 19.05.1994, BVerwGE 96, 71). Die vertragliche Beziehung zwischen den Leistungserbringern der häuslichen Krankenpflege und den Krankenkassen ist dem Privatrecht zuzuordnen; BGH v. 25.06.1991, NJW 1992, 1561.

177 § 44 PostG; § 66 TKG. Zur Postreform *Schulz* JA 1995, 417.

178 § 16 I i.V.m § 2 II Nr. 5 PostG.

179 Zur Fortgeltung öffentlich-rechtlicher Gebührenansprüche BVerwG v. 05.12.1995, NJW 1996, 1010; vgl. auch Schoch/Schmidt-Aßmann/Pietzner/*Ehlers* § 40 Rn. 273; *Kopp/Schenke* § 40 Rn. 19. Möglich sind ferner weiterhin Amtshaftungsansprüche; OLG München v. 25.03.1994, NVwZ-RR 1994, 1442.

180 BGH v. 18.05.1995, BGHZ 130, 13; hierzu *Gramlich* NJW 1996, 617.

181 BGH v. 17.11.1994, NJW 1995, 875; OLG Frankfurt/M v. 26.04.1993. DVBl 1993, 1323; wenig überzeugend HessVGH v. 20.10.1994, NJW 1995, 1170, da durch die Privatisierung die Einrichtungen der Deutschen Post entwidmet wurden.

182 BayVGH v. 17.05.1990, NJW 1990, 2485.

183 BGH v. 21.11.1996, NJW 1997, 744; BWVGH v. 26.01.1995, NVwZ-RR 1996, 540.

184 Vgl. *Ronellenfitsch* NVwZ 1998, 1021.

185 Hierzu *Lübben* Das Recht auf freie Benutzung des Luftraums 1993, S. 146 ff.

186 BGH v. 22.03.1976, BGHZ 67, 81.

187 BGH v. 22.03.1976, BGHZ 66, 229.

188 BVerwG v. 18.04.1985, BVerwGE 71, 183; vgl. auch BVerwG v. 02.07.1979, BVerwGE 58, 167.

arzt und krankenversichertem Patienten (soweit dieser Schuldner eines Vergütungsanspruchs ist) privatrechtlicher Natur.[189]

Aus dem *Schulwesen* ist zu erwähnen, dass bei staatlich anerkannten Ersatzschulen der Verwaltungsrechtsweg nur soweit eröffnen ist, wie deren Beleihung reicht, also für den Bereich des Prüfungs- und Zeugniswesens. Im Übrigen sind die Rechtsbeziehungen durch einen privatrechtlichen Vertrag geregelt, so dass über die privaten Rechte die Zivilgerichte zu entscheiden haben.[190]

Für Rechtsstreitigkeiten wegen *Aufnahme in eine politische Partei* kommt der Verwaltungsrechtsweg nicht in Betracht. Trotz Art. 21 GG sind die Parteien zumeist Vereine geblieben, auf die grundsätzlich das BGB-Vereinsrecht anzuwenden ist.[191] Damit darf die Organstellung gewählter Parteimitglieder nicht verwechselt werden. Gegen den Beschluss einer Ratsfraktion, eines ihrer Mitglieder auszuschließen, ist der Verwaltungsrechtsweg eröffnet.[192]

**26** Der Rechtscharakter *akzessorischer Forderungen* bei einer öffentlich-rechtlichen Hauptschuld ist umstritten. Ausgehend von dem Gedanken, dass auch bei einer Vermögensübernahme nach dem zwischenzeitlich aufgehobenen § 419 BGB der Schuldbeitritt den mithaftenden Dritten zum Pflichtigen der öffentlich-rechtlichen Beziehungen macht, und vom Gesichtspunkt der prozessualen Sachnähe sollten generell akzessorische Ansprüche (z.B. der Anspruch aus einer Bürgschaft) die Rechtsnatur der Hauptschuld teilen.[193] Entsprechend sind *Rückgewährungsansprüche* (Rückforderungen, Erstattungsansprüche) im öffentlich-rechtlichen Leistungsverhältnis öffentlich-rechtlicher Natur (»Kehrseite des Leistungsanspruchs«).[194] Ansprüche aus einem *Schuldanerkenntnis* sind im Verwaltungsrechtsweg zu verfolgen, wenn das Schuldanerkenntnis an die Stelle einer sonst möglichen Regelung durch VA getreten ist.[195] Noch nicht abschließend geklärt ist die Zulässigkeit der *Aufrechnung mit rechtswegfremden Forderungen.* Im Rahmen einer zulässigerweise gegen einen Kostenbescheid erhobenen Anfechtungsklage wurde früher die Aufrechnung mit einer zivilrechtlichen Gegenforderung für unzulässig gehalten, es sei denn, die Gegenforderung war unbestritten oder rechts- oder bestandskräftig. Auch nach der Neufassung von § 17 II GVG spricht die wohl h.M. dem VG eine Entscheidungsbefugnis ab und verlangt eine Aussetzung des Verfahrens nach § 94 VwGO. Zur Begründung wird geltend gemacht, § 17 II 1 GVG setze einen einheitlichen Streitgegenstand voraus, während die rechtswegfremde Auf-

---

189 *Bongen/Kremer* NJW 1992, 723. Die Rechtsbeziehungen zwischen einem Psychiatrischen Landeskrankenhaus und seinen Patienten gehören wiederum auch dann dem öffentlichen Recht an, wenn sich die Patienten selbst mit der Unterbringung einverstanden erklärt haben; BWVGH v. 7. 8. und 19.12.1990, NJW 1991, 2985, 2986; a.A. *Fischer/Mann* NJW 1992, 1539. Über die Zulässigkeit von Fehlbelegungsprüfungen nach § 17 a KHG haben die Verwaltungsgerichte zu befinden; NWOVG v. 18.12.1997, NJW 1998, 2761 (LS).

190 HessVGH v. 24.08.2006, DÖV 2007, 262.

191 BWVGH v. 01.06.1976, NJW 1977, 72.

192 NWOVG v. 21.11.1988, DÖV 1989, 592; a.A. BayVGH v. 09.03.1988, NJW 1988, 2754; zum Fraktionsausschluss auch BayVGH v. 24.11.1988, NJW 1989, 494.

193 BGH v. 22.06.1978, BGHZ 72, 56; a.A. *Kopp/Schenke* § 40 Rn. 9 a. Zu Pfändungs- und Überweisungsbeschlüssen NWOVG v. 08.05.1990, NVwZ-RR 1990, 668; HessVGH v. 04.09.1991, NJW 1992, 1253. Der BGH differenziert: Der Schuldbeitritt soll stets die Rechtsnatur der Forderung des Gläubigers teilen, zu der er erklärt wird. Die Bürgschaft soll dagegen zivilrechtlicher Natur sein, BGH v. 06.11.2008, BGHZ 178, 245 (248).

194 BGH v. 11.06.1987, NVwZ 1988, 92; v. 09.07.1987, BGHZ 102, 1 (5 f.); BVerwG v. 30.11.1990, BVerwGE 87, 169 (172); BSG v. 03.09.1986, DÖV 1987, 209.

195 BGH v. 10.12.1987, NJW 1988, 1264.

rechnung einen neuen Streitgegenstand einführe.[196] Die (auch hilfsweise erklärte) Aufrechnung führt indessen keinen neuen Streitgegenstand in den Prozess ein, sondern macht lediglich das Bestehen der Gegenforderung zur Vorfrage für das Bestehen der Hauptforderungen. Obendrein relativiert die Gleichsetzung von »der Rechtsstreit« mit »(ursprünglichem) Streitgegenstand« nur unnötig die vom Gesetzgeber bezweckte Rechtswegkonzentration. Soweit § 17 II 1 GVG reicht, ist daher das VG befugt, auch über rechtswegfremde Aufrechnungsforderungen zu entscheiden.[197]

Bei der *Teilnahme der öffentlichen Hand am wirtschaftlichen Wettbewerb* hat sich die **27**
*ausschließliche Zuordnung* des wettbewerbswidrigen Verhaltens der öffentlichen Hand zum privaten Wettbewerbsrecht[198] zu Recht nicht durchgesetzt.[199] Solche Verstöße sind primär Verstöße gegen öffentlich-rechtliche Bindungen und Kompetenzgrenzen. Der Staat (die öffentliche Hand) bleibt Staat, auch wenn er sich wirtschaftlich betätigt. Dennoch neigte der BGH dazu, solche Verstöße gegen öffentlich-rechtliche Bindungen *immer zugleich* als Wettbewerbsverstöße zu bewerten, nahm also je nach Funktionszusammenhang (Leistungs- und Wettbewerbsbeziehungen) eine Doppelqualifikation vor, so dass verschiedene Rechtswege in Betracht kommen.[200] Diese Auffassung wurde durch die Grundsatzentscheidung vom 26.09.2002[201] aufgegeben. Das Schrifttum zeigt indessen wenig Neigung, diese Kurskorrektur mitzuvollziehen.[202] In der öffentlich-rechtlichen Judikatur hat sich demgegenüber die Ansicht durchgesetzt, dass *(nur)* die Verwaltungsgerichte Rechtsschutz gegen Wettbewerbsverstöße der öffentlichen Hand zu gewähren haben.[203] Die materielle Beurteilung des Handelns der öffentlichen Hand nach Wettbewerbsrecht stehe dem nicht entgegen.[204] Beide Ansichten

---

196 *Würtenberger* Rn. 160; Schoch/Schmidt-Aßmann/Pietzner/*Ehlers* § 41 An. § 17 GVG Rn. 28; Eyermann/*Renner* § 41 Rn. 19; *Rupp* NJW 1992, 3274; *Lüke* FS Kissel 1994, 709. (717 ff.); *Detterbeck* DÖV 1996, 889 (898); BFH v. 09.04.2002, NJW 2002, 3126. Die Entscheidungen des BVerwG v. 07.10.1998, NJW 1999, 160 und BWVGH v. 02.12.1996, NJW 1997, 3394 betreffen die Aufrechnung mit *Amtshaftungsansprüchen,* für die § 17 II 2 GVG (klarstellend) die verfassungsrechtliche Zuweisung zu den Zivilgerichten beibehält. Die *generelle* Fragestellung ist höchstrichterlich noch nicht entscheiden; vgl. (offengelassen) BVerwG v. 19.05.1994, NJW 1994, 2698 (2699). Zur früheren Auffassung BVerwG v. 12.02.1987, BVerwGE 77, 19; *Pietzner* VerwArch 1983, 59 (72 ff.).

197 HessVGH v. 28.01.1994, ESVGH 44, 191; *Schenke/Ruthig* NJW 1992, 2505; *Schenke* Rn. 165; *Baumbach/Lauterbach/Albers/Hartmann* § 17 GVG Rn. 6; *Grandtner* Die Aufrechnung als Handlungsform im öffentlichen Recht 1995, S. 344 ff.; *Hartmann* Aufrechnung im Verwaltungsrecht, 1996, S. 239 ff.; *Ga* NJW 1997, 3343.

198 So *Mestmäcker* NJW 1969, 2; *Emmerich* Der unlautere Wettbewerb der öffentlichen Unternehmen 1969, S. 12 ff.

199 Allgemein *Vollmar* Rechtsweg und Maßstab für Klagen gegen die öffentliche Hand wegen Wettbewerbsverstößen, Diss. Heidelberg 1978; *Werner* Abwehr staatlicher Wettbewerbseinflüsse, 2. Aufl. 1990.

200 BGH v. 22.03.1976 – GSZ 1/75 –, BGHZ 66, 229 (237; Studenten-Versicherung); v. 22.03.1976 – GSZ 2/75 –, BGHZ 67, 81 (89; Auto-Analyser); v. 16.01.1981, BGHZ 79, 390 (Apotheken-Steuerberatungsgesellschaft): v. 18.12.1981, BGHZ 82, 375 (383; Brillen-Selbstabgabestellen) v. 19.06.1986, GRUR 1987, 116 (117 f.; Kommunaler Bestattungswirtschaftsbetrieb); v. 25.02.1988, VersR 1988, 862 (863 f.; AOK-Mitgliederwerbung); v. 14.01.1995, BGHZ 126 (130; Vermessungsingenieur); v. 05.06.1997, NJW 1998, 546 (547; »Wirtschaftsjurist«); vgl. auch GmSOGB v. 28.10.1987, BGHZ 102, 280 (285; Rollstühle).

201 NVwZ 2003, 246.

202 Vgl. auch *Köhler* GRUR 2001, 777.

203 BVerwG v. 22.02.1972, BVerwGE 39, 329 (Bestattungswesen); BSG v. 02.02.1984, DÖV 1985, 490 (Mitgliederwerbung öffentlich-rechtlicher Krankenkassen); vgl. auch *Schricker* Wirtschaftliche Tätigkeit der öffentlichen Hand und unlauterer Wettbewerb, 2. Aufl. 1987; *Brohm* NJW 1994, 281; *Schliesky* DÖV 1994, 114.

204 Vgl. *Scholz* ZHR 132 (1969), 97; *Ehlers* Verwaltung in Privatrechtsformen, 1983, S. 362 ff. Vgl. auch *Ronellenfitsch* in: HStR III, § 84 Rn. 52.

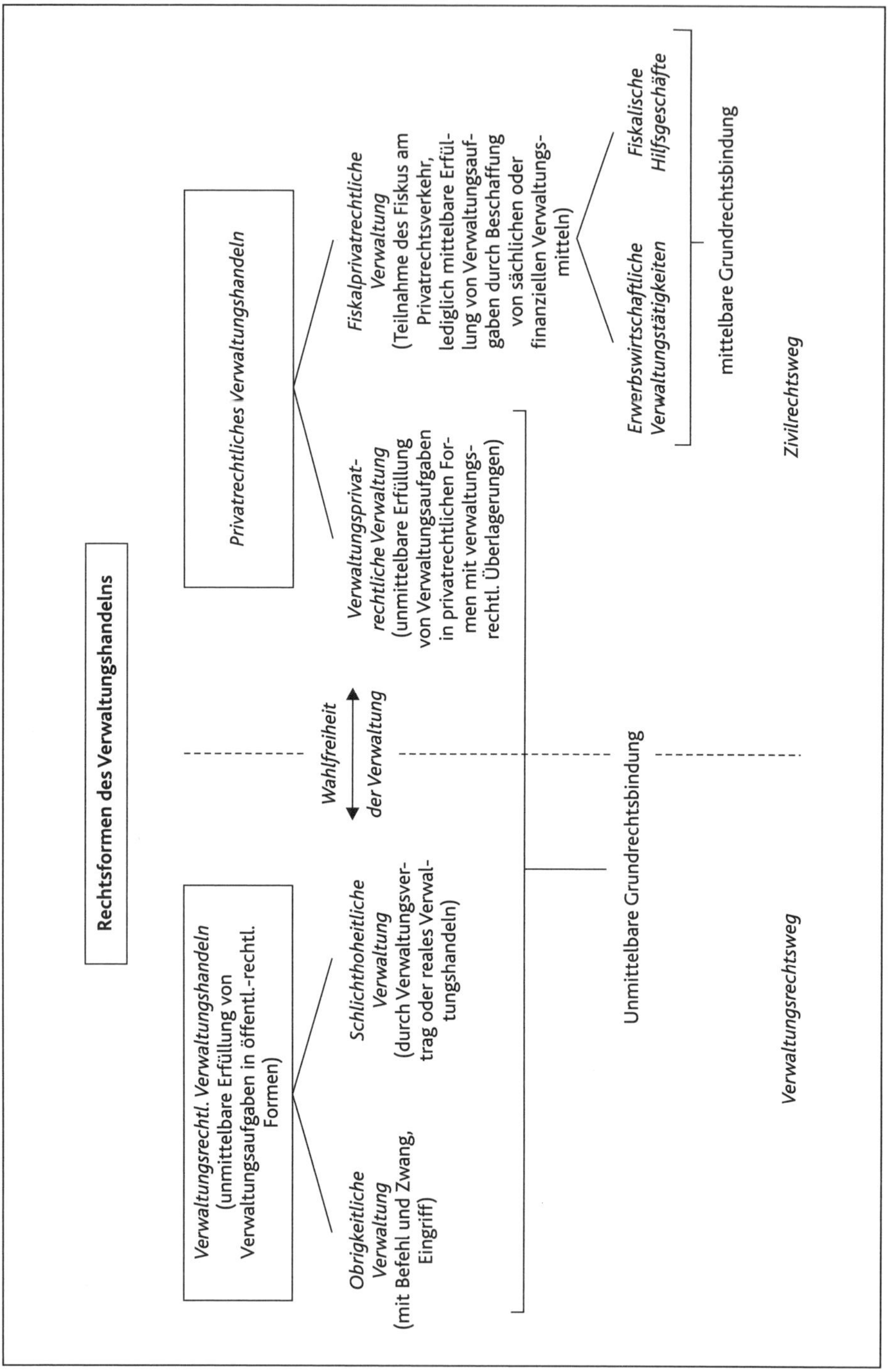
Rechtsformen des Verwaltungshandelns
Verwaltungsrechtl. Verwaltungshandeln (unmittelbare Erfüllung von Verwaltungsaufgaben in öffentl.-rechtl. Formen)
Privatrechtliches Verwaltungshandeln
Obrigkeitliche Verwaltung (mit Befehl und Zwang, Eingriff)
Schlichthoheitliche Verwaltung (durch Verwaltungsvertrag oder reales Verwaltungshandeln)
Wahlfreiheit der Verwaltung
Verwaltungsprivatrechtliche Verwaltung (unmittelbare Erfüllung von Verwaltungsaufgaben in privatrechtlichen Formen mit verwaltungsrechtl. Überlagerungen)
Fiskalprivatrechtliche Verwaltung (Teilnahme des Fiskus am Privatrechtsverkehr, lediglich mittelbare Erfüllung von Verwaltungsaufgaben durch Beschaffung von sächlichen oder finanziellen Verwaltungsmitteln)
Erwerbswirtschaftliche Verwaltungstätigkeiten
Fiskalische Hilfsgeschäfte
Unmittelbare Grundrechtsbindung
mittelbare Grundrechtsbindung
Verwaltungsrechtsweg
Zivilrechtsweg

schießen über das Ziel hinaus. Die Prüfung von Wettbewerbsverstößen ist nicht ausschließlich Aufgabe der Zivilgerichte, und nicht über jede Betätigung der öffentlichen Hand haben ausschließlich die Verwaltungsgerichte zu befinden. Vielmehr muss danach unterschieden werden, bei welcher Betätigung die öffentliche Hand sich wettbewerbswidrig verhält. Geht es nicht um die Rechtmäßigkeit der wirtschaftlichen Betätigung der öffentlichen Hand selbst (»ob«), die nur die Verwaltungsgerichte beurteilen können, sondern um die Rechtmäßigkeit einzelner Verhaltensweisen bei der wirtschaftlichen Betätigung (»wie«), ist eine *ambivalente Sichtweise* geboten. Denn dass sich die öffentliche Hand (in Grenzen) auch privatrechtlich betätigen darf, steht außer Streit. Je nach der *Funktion,* welche die öffentliche Hand erfüllt, kann dann der Rechtsweg zu den Verwaltungs- oder Zivilgerichten eröffnet sein.

Ähnlich muss bei *Abwehransprüchen* differenziert werden. Der Abwehranspruch gegen die öffentliche Hand teilt die Rechtsnatur des »Eingriffs«.[205] Handelt die öffentliche Hand erwerbswirtschaftlich-fiskalisch oder erfüllt sie öffentliche Aufgaben in privatrechtlicher Form (Verwaltungsprivatrecht), liegt eine zivilrechtliche Streitigkeit vor. Öffentlich-rechtlich sind Abwehransprüche (analog §§ 906, 1004 BGB bzw. direkt aus Art. 2 II, Art 14 I 1 GG), wenn Verwaltungshandeln den Eingriff verursacht. **28**

*Beispielsweise* sind Ansprüche auf Widerruf oder Unterlassung *rufgefährdender Erklärungen* einer Behörde ggb. der Presse im Verwaltungsrechtsweg zu verfolgen, sofern die Äußerungen zur Darstellung oder Rechtfertigung hoheitlicher Verwaltungstätigkeit abgegeben werden.[206] Für Unterlassungsansprüche gegen Geräuschbelästigungen oder sonstige *Immissionen* durch staatliche und kommunale Einrichtungen wie etwa durch einen städtischen Bauhof,[207] Lärm- und Erschütterungseinwirkungen eines Eisenbahnbetriebs,[208] durch eine Feuerwehrsirene[209] oder durch eine Straßenlampe[210] ist ebenfalls der Verwaltungsrechtsweg eröffnet. Besondere prozessuale und materiell-rechtliche Schwierigkeiten machen immer wieder Belästigungen durch von der öffentlichen Hand betriebene *Spiel- und Sportplätze.*[211] Da es sich hierbei um Einrichtungen der Daseinsvorsorge handelt, sind die Abwehransprüche gegen die durch den Betrieb der Einrichtungen verursachten Immissionen öffentlich-rechtlicher Natur. Ob das auch für Unterlassungsansprüche gegen Belästigungen durch kommunale Asylbewerberheime[212] oder gar durch Zirkusveranstaltungen[213] gilt, erscheint zweifelhaft.

---

205 BVerwG v. 02.11.1973, NJW 1974, 817.

206 BGH v. 28.02.1978, NJW 1978, 1860; HessVGH v. 09.12.1993, NVwZ-RR 1994, 700. Zum Anspruch auf Unterlassung negativer Äußerungen NWOVG v. 25.02.1988, NJW 1988, 2636. Zu Presseerklärungen der Staatsanwaltschaft BVerwG v. 14.04.1988, NJW 1989, 412; zu Äußerungen des Rechnungshofs HessVGH v. 18.05.1993, NVwZ-RR 1994, 700. Für Unterlassungsansprüche der von Sendungen einer öffentlich-rechtlichen Rundfunkanstalt in ihrem Persönlichkeitsrecht betroffenen Bürger ist dagegen grundsätzlich der Zivilrechtsweg gegeben; BVerwG v. 07.06.1994, Buchholz 310 § 40 VwGO Nr. 269; vgl. aber auch VG Köln v. 14.06.1994, AfP 1996, 94. Die Äußerung einer Gemeinderatsfraktion im nichtamtlichen Teil des Amtsblatts gehört dem gesellschaftlichen Bereich und ist vor den Zivilgerichten angreifbar; BWVGH v. 12.12.2001, DÖV 2002, 349.

207 NWOVG v. 21.04.1983, DÖV 1983, 1020. Zum Abwehranspruch gegen einen öffentlich-rechtlichen Wasser- und Bodenverband wegen Zuführung von Niederschlagswasser OLG München v. 19.10.1989, NVwZ 1990, 299 (LS).

208 BayVGH v. 17.05.1990, NJW 1990, 2485.

209 BVerwG v. 29.04.1988, BVerwGE 79, 254.

210 HessVGH v. 26.04.1988, NJW 1989, 1500.

211 Vgl. OLG Köln v. 06.11.1991, OLGZ 93, 225; BayVGH v. 16.02.1987, BayVBl 1987, 398 (gemeindlicher Bolzplatz).

212 Vgl. BVerwG v. 19.01.1989, NJW 1989, 1291; HbgOVG v. 15.10.1985, NJW 1986, 2333; OLG Karlsruhe v. 11.12.1985, NVwZ 1986, 964.

213 BayVGH v. 17.10.1996, NJW 1997, 1181. Es handelt sich immerhin um Anlagen nach § 22 BImSchG, gegen die privater Nachbarschutz möglich ist.

## C. Rechtswegverweisung

29 Ist der Verwaltungsrechtsweg (im Hauptsacheverfahren) nicht gegeben, hat das Gericht dies nach Anhörung der Hauptbeteiligten (Parteien) von Amts wegen auszusprechen und die Sache zugleich durch Beschluss an ein erstinstanzliches Gericht des Rechtszugs zu verweisen, den das zunächst angerufene Verwaltungsgericht für zulässig hält (§ 17 a II GVG). Dies gilt auch im Normenkontrollverfahren und bei Verweisungen an ein Berufsgericht.[214] An Anträge ist das Gericht dabei nur gebunden, wenn mehrere Gerichte zuständig sind. Beschlüsse können zwar mit der sofortigen Beschwerde angefochten werden (§ 17 a IV 3 GVG).[215] Von dieser Möglichkeit wird aber selten Gebrauch gemacht. Eine Garantie, dass der richtige Rechtsweg beschritten wird, besteht daher nicht. Hinzu kommt, dass das Rechtsmittelgericht, das über ein Rechtsmittel in der Hauptsache entscheidet, die Zulässigkeit des Verwaltungsrechtswegs (und die örtliche Zuständigkeit) von vornherein nicht mehr zu prüfen hat.[216] Auch bei ungerechtfertigter Verweisung ist ferner zumindest eine Rückverweisung nicht mehr statthaft. Darüber hinaus wird die Möglichkeit der Weiterverweisung an einen dritten Rechtsweg nicht durch § 17 a II 3 GVG beschnitten.[217] Führt dann eine ungerechtfertigte Verweisung dazu, dass das Adressatgericht entscheiden muss, weil es nicht zurückverweisen darf oder eine Weiterverweisung nicht mehr in Betracht kommt (Kreisverweisung), so hat es sich an die Verfahrensart zu halten, die dem Klagebegehren am nächsten kommt.[218]

30 Streitig ist, ob die Verweisung dazu führt, dass ein zulässigerweise mit einem Rechtsstreit befasstes Gericht auch über rechtswegfremde Elemente entscheiden darf (z.B. bei Anspruchskonkurrenz und Aufrechnungen). Dies ist vor dem Hintergrund von § 17 II 1 GVG eindeutig zu bejahen.[219]

---

214 ThürOVG v. 25.11.2002, NJW 2003, 1339.

215 Vgl. BFH v. 06.05.1997, BStBl II S. 543. Für die Durchführung des Beschwerdeverfahrens vor dem OVG besteht nach § 67 I 1 VwGO Vertretungszwang; NWOVG v. 01.07.1997, NVwZ 1998, 204; allgemein *Renck* JuS 1999, 361.

216 § 17 a V VwGO; vgl. NdsOVG v. 17.07.1991, NVwZ 1992, 291, ferner BVerwG v. 08.06.1994, NJW 1994, 2909; BAG v. 01.07.1992, MDR 1993, 57; v. 03.11.1993, NZA 1994, 478; BWVGH v. 31.07.1991, NVwZ-RR 1992, 165; v. 02.07.1992, NVwZ-RR 1993, 515; BayVGH v. 05.05.1993, NVwZ-RR 1993, 668; BerlOVG v. 07.02.1991, LKV 1991, 110; NWOVG v. 09.12.1992, NVwZ-RR 1993, 517; v. 16.02.1993, NVwZ-RR 1993, 670; RhPfOVG v. 05.02.1993, NVwZ-RR 1993, 668; ThürOVG v. 30.01.1996, DÖV 1996, 423; BezG Dresden v. 25.03.1992, ThürVBl 1993, 20.

217 Die Formulierung »hinsichtlich des Rechtsweges bindend« deutet zwar auf eine »aufdrängende« Verweisung. Die Kompetenz des verweisenden Gerichts beschränkt sich aber darauf, die Zulässigkeit des eigenen Rechtswegs zu verneinen. Vgl. BAG v. 04.01.1993, NJW 1993, 1878 (1879); a.A. *Schmitt Glaeser/Horn* Rn. 71; *Kopp/Schenke* § 41 Rn. 21.

218 BVerwG v. 06.06.1967, BVerwGE 27, 170.

219 Vgl. auch OLG Hamm v. 12.12.1995, NStZ-RR 1996, 209; a.A. Schoch/Schmidt-Aßmann/Pietzner/*Ehlers* § 41 Anh § 17 GVG Rn. 19 ff.

# § 6 Gerichtsbezogene Sachurteilsvoraussetzungen (Zuständigkeit)

## A. Allgemeines

1 Die VwGO kennt nur *ausschließliche Zuständigkeiten.* Eine Prorogation, d.h. eine Zuständigkeitsvereinbarung der Beteiligten, ist nicht möglich. Wie im Zivilprozess sind sachliche, funktionelle und örtliche Zuständigkeit zu unterscheiden. Die Vorschrift des § 109 VwGO, wonach über die Zulässigkeit der Klage vorab durch Zwischenurteil entschieden werden kann, wird hinsichtlich der Zulässigkeit des Verwaltungsrechtswegs und der sachlichen und örtlichen Zuständigkeit durch § 17 a GVG verdrängt.[1]

2 Da die Zuständigkeitsregelungen zwingend sind, hat das *erstinstanzliche Gericht* die eigene Zuständigkeit von Amts wegen zu prüfen. Ob in der Rechtmittelinstanz eine umfassende Prüfungspflicht der sachlichen und örtlichen Zuständigkeit des VG bestand, war früher streitig. Der durch das 4. VwGOÄndG neu gefasste § 83 VwGO brachte Klarheit: Für die sachliche und örtliche Zuständigkeit gelten die auf den Rechtsweg bezogenen §§ 17 bis 17b GVG entsprechend.[2] Verweisungsbeschlüsse an das sachlich und/oder örtlich zuständige Gericht sind obendrein unanfechtbar. Über die sachliche und örtliche Zuständigkeit wird somit abschließend in erster Instanz durch Beschluss bzw. bei Bejahung konkludent in der Endentscheidung entschieden.

## B. Sachliche Zuständigkeit

3 § 45 VwGO begründet die allgemeine sachliche Zuständigkeit des *Verwaltungsgerichts* im ersten Rechtszug. Ausnahmen hiervon enthalten die §§ 47, 48 und 190 I Nr. 4[3] VwGO (Zuständigkeit des OVG) sowie § 50 VwGO (Zuständigkeit des BVerwG).

4 Die *sachliche Zuständigkeit des BVerwG in erster Instanz,* die früher selten eine Rolle spielte, gewann durch die deutsche Einigung an Bedeutung. Sie ergibt sich aus einigen wenigen in Bundesgesetzen enthaltenen Sonderregelungen sowie generell aus der für den Bereich der VwGO abschließenden Aufzählung in § 50 I VwGO.

5 *Sonderregelungen* sind etwa § 10 a BAG iVm § 18 II FinDAG[4] und § 13 II PatG; § 23 Nr. 6 BGlG.[5] Sachlich zuständig ist des BVerwG ferner für den Primärrechtsschutz gegen untergesetzliche Rechtsnormen des Bundes (str.).

6 Im Rahmen des *§ 50 I VwGO* ist am bedeutendsten die Zuständigkeit des BVerwG nach *Nr. 1* (Entscheidungen über öffentlich-rechtliche Streitigkeiten nichtverfassungsrechtlicher Art zwischen Bund und Ländern und zwischen verschiedenen Ländern). Das BVerwG wendet diese Vorschrift in restriktiver Auslegung nur auf solche Vorschriften an, die sich in ihrem Gegenstand einem »Vergleich mit landläufigen Verwaltungsstreitigkeiten« entziehen.[6] Das trifft regelmäßig, wenn auch nicht notwendig, im Gleichord-

---

1 Ergeht dennoch ein Zwischenurteil über die Zuständigkeit des angerufenen Gerichts, kann dieses hinsichtlich des Rechtswegs wahlweise mit der Beschwerde oder Berufung, ansonsten nur mit der Berufung angegriffen werden; vgl. BWVGH v. 02.07.1992, VBlBW 1992, 472; RhPfOVG v. 05.02.1993, NVwZ-RR 1993, 668; NWOVG v. 16.02.1993, NVwZ-RR 1993, 670.

2 Zu den verbliebenen Prüfungsmöglichkeiten des Rechtsmittelgerichts *Born* NJW 1998, 3747 ff.

3 I.V.m. § 138 I FlurbG.

4 Vgl. BVerwG v. 30.01.1990, BVerwGE 84, 306; v. 04.05.1999, NVersZ 1999, 463.

5 Vgl. BVerwG v 27.06.2007, NVwZ-RR 2007, 791.

6 BVerwG v. 11.10.1967, BVerwGE 28, 63; v. 13.08.1999, DVBl 2000, 487; v 12.12.2002, BVerwGE 117, 24; v. 16.12.2003, NVwZ 2004, 484; v. 19.03.2008, NVwZ 2008, 696.

nungsverhältnis zu.[7] Jedenfalls findet § 50 I Nr. 1 VwGO Anwendung, wenn die Abgrenzung beiderseitiger Hoheitsbefugnisse strittig ist.[8]

§ 50 I Nr. 1 VwGO ist ein Beispiel für die Zweckmäßigkeit einer parallelen Anwendung der Abgrenzungstheorien von öffentlichem und privatem Recht. Die Subordinationstheorie ist auf die landläufigen Verwaltungsstreitigkeiten zugeschnitten; auf den interföderalen Verwaltungsrechtsstreit passt sie im ersten Zugriff zumeist nicht. Hier hilft die Subjektstheorie weiter: Eine unter § 50 I Nr. 1 VwGO fallende Streitigkeit entzieht sich immer dann dem Vergleich mit den landläufigen Verwaltungsstreitigkeiten, wenn ausschließlich Bund und Land oder die Länder selbst ihre notwendigen Zuordnungssubjekte sind. Streitig muss dann aber die Auslegung von *Verwaltungsrecht* sein.[9] Wird um die Kompetenzabgrenzung auf der Verfassungsebene, etwa um die *Reichweite* der Ingerenzrechte des Bundes nach den Art. 84 und 85 GG gestritten, handelt es sich um eine *verfassungsrechtliche Streitigkeit.*[10] Nach Ansicht des BVerwG haben solche Ingerenzrechte stets verfassungsrechtliche Qualität.[11] Das ist unzutreffend. Ist etwa ein Weisungsrecht des Bundes als solches unstreitig und wird nur über die konkrete Rechtmäßigkeit der Weisung gestritten, kommt es für die Qualifizierung des Streitverhältnisses darauf an, worauf die Weisung sich bezieht. Eine verwaltungsrechtliche Fragestellung der Weisung ergibt ein verwaltungsrechtliches Streitverhältnis. Andernfalls müsste das BVerfG selbst über die Auslegung einfachen Rechts entscheiden.[12] Die inhaltliche Rechtmäßigkeit von *Ingerenzrechten* hat somit das BVerwG zu klären. Denn eine Bundesweisung nach Art. 85 II GG beruht auf einer eigenen Wahrnehmungskompetenz (Verwaltungskompetenz des Bundes). Die Verpflichtung der Länder, auch rechtswidrige Weisungen zu befolgen, betrifft deren Verwaltungsverantwortung, nicht aber ihre verfassungsrechtliche Rechtsstellung. Die aus der Sicht des Landes rechtswidrige Bundesweisung, die der Bund in Ausübung seiner administrativen Leitungsgewalt erlässt, begründet noch keinen Verfassungskonflikt, sondern nur einen Verwaltungsrechtsstreit.[13] Was für das Sekundärrecht, nämlich für Ansprüche unmittelbar aus Art. 104a V 1 HS 2 GG gilt,[14] muss auch für das Primärrecht gelten: Der Streit wurzelt im einfachen Recht. Leitungsgewalt impliziert die Möglichkeit, auch rechtswidrig zu handeln und dafür verantwortlich zu sein. Rechtswidrige Weisungen, die im übrigen mit Bundesaufsicht nichts zu tun haben, überschreiten folglich nicht automatisch den Kompetenzbereich des Bundes.[15] Da aber im Bund-Länder-Verhältnis der beamtenrechtliche Remonstrationsmechanismus nicht greift, muss die Möglichkeit bestehen, die Rechtmäßigkeit einer Weisung umfassend, d.h. vom BVerwG klären zu lassen. Zu einem Verfassungskonflikt wird die Angelegenheit erst wieder, wenn sich das Land weigert, eine vom BVerwG bestätigte Weisung zu befolgen. Dann ist freilich auch die Schwelle zum Bundeszwang erreicht. Trotz richtungweisender Entscheidungen des BVerfG,[16] die von zahlreichen Publikationen begleitet wurden,[17] besteht bei der Bundesauftrags-

---

7 Enger BVerwGE 28, 63 (64); zutreffend BWVGH v. 07.02.1969, NJW 1969, 1365.

8 BVerwG v. 16.12.2003, Buchholz 310 § 50 VwGO Nr. 22; v. 01.07.2004, Buchholz 310 § 50 VwGO Nr. 23; v. 19.03.2008 – 7 A 4.07.

9 Vgl. BVerwG v. 06.03.2002, BVerwGE 116, 92 (93).

10 Vgl. auch BVerfG v. 22.05.1990, BVerfGE 81, 310 (Kalkar II); v. 10.04.1991, BVerfGE 84, 25 (Grube »Konrad«); v. 03.07.2000, JZ 2001, 91 m. Anm. *Hermes*.

11 Vorlagebeschl. v. 06.06.1997, NVwZ 1998, 500 (Abstufung der B 75).

12 Diese aufgedrängte Bereicherung mutet das BVerwG dem BVerfG auch ausdrücklich zu (BVerwG v. 16.10.1997, NVwZ 1998, 501).

13 Zutreffend insoweit *Zimmermann* DVBl 1992, 93 ff.; a.A. *Handtke* DVBl 1990, 823 ff. (826 f.); *Tschentscher* Inhalt und Schranken des Weisungsrechts des Bundes aus Art. 85 III GG, Diss. Bonn 1990, S. 368.

14 BVerwG v. 16.01.1997, BVerwGE 104, 29 (31). Vgl. demgegenüber BVerwG v. 08.05.2002, BVerwGE 116, 234: Danach soll die Streitigkeit, ob ein Land analog Art. 104a V 1 HS 2 GG für finanzielle Belastungen des Bundes wegen mangelhaften Landesvollzugs von Gemeinschaftsrecht haftet, verfassungsrechtlicher Art sein. Das BVerfG hat diesen Ansatz mit der Begründung bestätigt, das »verfassungsrechtliche Grundverhältnis aus Art. 104a GG begründe immer eine verfassungsrechtliche Streitigkeit« (Beschl. v. 07.10.2003, BVerfGE 109, 1 (7). Demgegenüber hält das BVerwG für einen Schadensersatzanspruch des Bundes gegen ein Land wegen fehlerhafter Verteidigungslastenverwaltung den Verwaltungsrechtsweg für gegeben (Urt. v. 24.01.2007, DÖV 2008, 517; v. 24.07.2008; DVBl 2008, 1201.

15 Wohl anders die Stellungnahme des BVerwG im Kalkar-II-Streit, NVwZ 1989, 1145; vgl. aber auch BVerwG v. 18.05.1994, DVBl 1994, 1307.

16 Vgl. Fn. 12.

17 *v. Danwitz* DÖV 2001, 358.

verwaltung noch eine erhebliche dogmatische Unterbilanz.[18] Dies dürfte erklären, weshalb sich die Kommentare zu § 50 I Nr. 1 VwGO insoweit auf knappe apodiktische Behauptungen beschränken.[19] Das letzte Wort hat auch hier das BVerfG.

Zutreffend ist die Rspr. des BVerwG jedenfalls insofern, als sie auf den Wortlaut von § 50 I Nr. 1 VwGO abstellt und verlangt, dass der »Bund« als solcher als Rechtsträger in Erscheinung treten muss. Es genügt somit nicht, wenn der Bund als rechtsfähiges Sondervermögen, das unter eigenem Namen klagen und verklagt werden kann, handelt.[20]

Auf der Grundlage von *§ 50 I Nr. 2* VwGO ergingen bislang nur wenige erstinstanzliche Entscheidungen des BVerwG zu den nach § 3 II Nr. 2 VereinsG vom BMI ausgesprochenen *Vereinsverboten.*[21] Ähnliches gilt für die in § 50 I Nr. 4 VwGO erwähnten Streitigkeiten, denen Vorgängen im Geschäftsbereich des *Bundesnachrichtendienst zu Grunde liegen.*[22] *§ 50 I Nr. 3* VwGO betrifft die durch das Zuwanderungsgesetz eingeführte Abschiebungsanordnung nach § 58 a AufenthG und ihre Vollziehung, die in der ausländerrechtlichen Praxis bislang keine Rolle gespielt haben. Notfallfunktion hat auch die 2005 eingefügte *§ 50 I Nr. 5 VwGO*, die Streitigkeiten nach § 44 a AbgG, also gewissermaßen *das Standesrecht der Abgeordneten* betrifft. Von zentraler Bedeutung ist § 50 I Nr. 6 VwGO. Die Vorschrift geht auf § 5 I VerkPBG zurück, den sie ohne regionale Beschränkung ersetzt. Die erstinstanzliche Zuständigkeit des BVerwG erstreckt sich auf sämtliche Streitigkeiten, die die Planfeststellung und Plangenehmigung von Vorhaben betreffen, die im AEG[23] dem FStrG[24] dem WaStrG[25] oder dem Magnetschwebebahnplanungsgesetz[26] bezeichnet sind. Durch die Verkürzung des verwaltungsgerichtlichen Verfahrens auf eine Instanz soll die Verwirklichung von Vorhaben der Verkehrsinfrastruktur beschleunigt werden. Zugleich sollen divergente Entscheidungen vermieden werden. Erfasst werden daher alle Verwaltungsstreitverfahren, die einen unmittelbaren Bezug zu konkreten Planfeststellungsverfahren oder Plangenehmigungsverfahren für Vorhaben nach § 50 I Nr. 6 VwGO haben (Annexzuständigkeit). Nur dieses weite Verständnis des Begriffs »betreffen« verhindert die Aufspaltung gerichtlicher Zuständigkeiten und die damit verbundenen Verzögerungen.[27] 7

Die *sachliche Zuständigkeit des OVG (VGH) in erster Instanz* bezieht sich – von der nur Schleswig-Holstein betreffenden Ausnahmeregelung des § 193 VwGO und dem noch zu behandelnden Normenkontrollverfahren (unten § 12) abgesehen – auf *besondere Materien.* 8

18 Eine guten Überblick vermittelt dagegen *Blümel* HStR IV § 101 Rn. 46 ff.

19 Vgl. *Bier* VwGO § 50 Rn. 9; *Kopp/Schenke* § 50 Rn. 3; Eyermann/*P. Schmidt* § 50 Rn. 6.

20 BVerwG v. 12.12.2002, BVerwGE 117, 244 (Bundeseisenbahnvermögen).

21 Vgl. etwa die Entscheidungen v. 18.10.1988, BVerwGE 80, 299 (Hell's Angels); v. 25.03.1993, NJW 1993, 3213 (»Nationalistische Front«); v. 06.07.1994 – 1 VR 10.93 –, NVwZ 1995, 587 (PKK); – 1 VR 20.93 –, NVwZ 1995, 590 (FEYKA); v. 19.08.1994, NVwZ 1995, 595 (»Front-Komitee«); v. 28.01.1997, NVwZ 1998, 174 (Berxwedan-Verlag); v. 27.11.2002, DVBl 2003, 873 (»Kalifatstaat«), Hierzu BVerfG KB v. 02.10.2003, DVBl 2004, 263; BVerwG v. 09.11.2005, NVwZ 2006, 597 (PKK); BVerwG v. 25.01.2006, NVwZ 2006, 694. Auf europäischer Ebene EGMR v. 13.02.2003, NJW 2004, 669 (Wohlfahrtspartei).

22 Hierzu BVerwG v. 18.07.2001, NVwZ-RR 2002, 49; v. 30.10.2002, DÖV 2003, 461; v. 28.11.2007, DVBl 2008, 512; v. 23.01.2008, BVerwGE 130, 180; v. 31.01.2008, NJW 2008, 1398.

23 Z.B. BVerwG v. 09.07.2008, DVBl 2008, 1311; v. 16.07.2008, DVBl 2008, 1200.

24 Z.B. BVerwG v. 30.01.2008, NVwZ 2008, 678; 12.03.2008, BVerwGE 113, 299; v. 13.03.2008, NuR 2008, 495; v. 18.03.2008, NuR 2008, 502; v. 09.07.2008, BVerwGE 131, 276; *Gellermann* DVBl 2008, 683.

25 19.03.2008, NVwZ 2008, 696 (zu § 50 I r.1 VwGO).

26 Hierzu BVerwG v. 12.06.2007; NVwZ 2007, 1095.

27 Vgl. BVerwG v. 24.07.2008; DVBl 2008, 1201.

Eine Aufgabenstellung, bei der es auf die erstinstanzliche Zuständigkeit des OVG ankommt, wird daher regelmäßig den Schwerpunkt im *materiellen* Recht haben. Dann ist es wichtig, den Zugang zu den Spezialgebieten des besonderen Verwaltungsrechts zu finden.

9 Die sachliche Zuständigkeit des OVG in *Vereinssachen* (§ 48 II VwGO) betrifft vor allem Vereinsverbote, deren Voraussetzungen aus den Darstellungen des Polizei- und Ordnungsrechts bekannt sind.[28] Zur Zuständigkeit der *Flurbereinigungsgerichte* wird auf §§ 138 ff. FlurbG verwiesen.[29] Eine weitere erstinstanzliche Zuständigkeit des OVG bei Ablehnung behördlicher Anträge durch den Bundesbeauftragten ergibt sich aus § 31 I StUG i.d.F. vom 18.02.2007(BGBl. I S. 162).

10 Die Fallgruppen des *§ 48 I 1 VwGO* beruhen auf dem gemeinsamen Grundgedanken, dass Streitigkeiten über politisch und rechtlich kontroverse Großvorhaben mit überregionaler Bedeutung nicht zuletzt aus Akzeptanzgründen bereits erstinstanzlich vom OVG behandelt und entschieden werden sollten. Das spricht dafür, den Ausnahmecharakter der Vorschrift nicht übertrieben zu betonen. Auch ein Zuständigkeitskatalog steht Annexzuständigkeiten oder Zuständigkeiten kraft Sachzusammenhangs nicht entgegen.[30] Im Einzelnen betreffen die Streitigkeiten, über die das OVG nach § 48 I 1 VwGO entscheidet, folgende Gegenstände:

- *die Errichtung, den Betrieb, die sonstige Innehabung, die Veränderung, die Stilllegung, den sicheren Einschluss und den Abbau von Anlagen i.S.v. § 7 AtG*[31] *und § 9a III AtG (nukleares Endlager*[32]*) (Nr. 1).*
- *näher umschriebene Betätigungen im Rahmen des nuklearen Brennstoffkreislaufs*[33] *(Nr. 2).*
- *die Errichtung, den Betrieb und die Änderung von konventionellen Kraftwerken mit einer Feuerungswärmeleistung von mehr als 300 MW (Nr. 3).*
  Die Zuweisung besteht nur, soweit die beschränkte Konzentrationswirkung des § 13 BImSchG reicht.
- *Planfeststellungsverfahren für die Errichtung und den Betrieb oder die Änderung von Hochspannungsfreileitungen mit einer Nennspannung von 110 Kilowatt oder Gasversorgungsleitungen mit einem Durchmesser von mehr als 300 Millimeter sowie jeweils die Änderung ihrer Linienführung* (Nr. 4).
  Erfasst werden nicht nur Planfeststellung und Plangenehmigung, sondern auch die so genannte »Planfreistellung« (Verzicht auf diese Handlungsformen), sofern man darin einen außenwirksamen Rechtsakt sieht (vgl. § 48 I 2 VwGO).[34]
- *Verfahren für die Errichtung, den Betrieb und die wesentliche Änderung von ortsfesten Anlagen zur Verbrennung oder thermischen Zersetzung von Abfällen mit einer jährlichen Durchsetzleistung (effektive) Leistung von mehr als 100.000 Tonnen und von ortsfesten Anlagen, in denen ganz oder teilweise Abfälle i.S.v. § 41 KrWG/AbfG gelagert oder abgelagert werden (*Nr. 5).
  Die wichtigsten Streitigkeiten betreffen Nachbarklagen.[35]
- *das Anlegen, die Erweiterung oder Änderung und den Betrieb von Verkehrsflughäfen und Verkehrslandeplätzen mit beschränktem Bauschutzbereich (Nr. 6).*
  Die erstinstanzliche Zuständigkeit des OVG besteht für das isolierte Genehmigungsverfahren nach § 6 LuftVG[36] wie auch für das kombinierte Genehmigungs- und Planfeststellungsverfahren (§§ 8 f.

---

28 Rspr.: BWVGH v. 11.04.1994, NVwZ-RR 1995, 198 (»Heimattreue Vereinigung Deutschlands«); v. 12.01.1996, NVwZ-RR 1996, 331 (»Weiße Rose«); BayVGH v. 26.01.1994, NVwZ-RR 1995, 200 (»Nationaler Block«); NWOVG v. 25.08.1998, NWVBl 1999, 149 (»Freundeskreis Freiheit für Deutschland«).

29 Vgl. auch BVerwG v. 29.04.1998, NVwZ 1998, 1178 (LS).

30 Vgl. SHOVG v. 08.05.2003, NordÖR 2003, 300.

31 BWVGH v. 20.08.2007, DVBl 2007, 184; HessVGH v. 27.02.2008, BecksRS 2008 35020; SHOVG v. 16.01.2008, NordÖR 2008, 173.

32 NdsOVG v. 01.12.2008, NdsRpflG 2008, 150.

33 Vgl. BVerwG v. 02.07.1998, DVBl 1998, 1191 (LS).

34 SHOVG v. 12.02.2008, NordÖR 2008, 229.

35 ThürOVG v. 22.02.2006, LKV 2006, 468.

36 NWOVG v. 15.08.1996, NVwZ-RR 1998, 23. Zur Aufhebung von Nachtflugbeschränkungen BVerwG v. 21.05.1997, NVwZ-RR 1998, 23. Zur Aufhebung der Isolierung nach Erlass des Planfeststellungsbeschlusses BVerwG v. 19.08.1997, LKV 1998, 148.

LuftVG). Die wichtigsten Streitigkeiten betreffen den Fluglärm namentlich beim Nachtflugbetrieb.[37] Militärische Flugplätze, die ebenfalls der Genehmigungspflicht nach § 6 LuftVG unterfallen,[38] werden nicht erfasst. Entsprechendes gilt für zivil mitbenutzte militärische Flugplätze. Die Mitbenutzung erfordert zwar zusätzlich zum Mitbenutzungsvertrag eine (weitere, neue) Betriebsgenehmigung. Der Flugplatz bleibt aber, solange er nicht umgewidmet wurde, militärischer Flugplatz, wird also – unbeschadet einer zivilen Betriebspflicht – nicht zu einem echten Verkehrsflughafen. Rechtsstreitigkeiten über die – verfassungsrechtlich problematischen – Sicherungsmaßnahem nach § 8 I 1 Nr. 5 LuftSiG fallen dagegen wieder unter § 48 I 1 Nr. 6 VwGO.[39]

- *Planfeststellungsverfahren für den Bau oder die Änderung neuer*[40] *Strecken von Straßenbahnen, Magnetschwebebahnen und von öffentlichen Eisenbahnen sowie für den Bau von Rangier- und Containerbahnhöfen* (Nr. 7).
  Obwohl die wichtigsten Fragen der überkommenen eisenbahnrechtlichen Planfeststellung als ausdiskutiert galten, hat die reaktivierte Ost-West-Orientierung der Verkehrsströme zu zahlreichen neuen Kontroversen im Rahmen von Nachbarklagen (vgl. unten § 15 Rn. 20) geführt, über die zumeist das BVerwG erstinstanzlich zu entscheiden hatte. Generell besteht aber weiterhin Klärungsbedarf.[41] Noch ungeklärt ist namentlich die Bestimmung der gegenständlichen und räumlichen Reichweite der Vorhaben. Gerade deshalb darf die Genehmigungsvielfalt etwa in den »Bahnhöfen neuer Art«[42] nicht zu einer Zersplitterung des Rechtswegs führen.
- *Planfeststellungen für den Bau oder die Änderung von Bundesfernstraßen* (Nr. 8).
  Mit der straßenrechtlichen Planfeststellung beschäftigt sich eine reichhaltige Rspr. Die meisten Streitigkeiten wirken sich auf die Bestimmung der Klageart und auf die Klagebefugnis aus und werden dort angesprochen. Materiellrechtlich ist vor allem der Grundsatz der Planerhaltung bedeutsam, der von der Rechtsprechung ständig weiterentwickelt wird.[43] Im vorliegenden Zusammenhang ist lediglich darauf hinzuweisen, dass das OVG bzw. der VGH in erstinstanzlicher Zuständigkeit auch über Klagen auf Widerruf von fernstraßenrechtlichen Planfeststellungsbeschlüssen oder Plangenehmigungen zu entscheiden hat.[44]
- *Planfeststellungsverfahren für den Neubau oder Ausbau von Bundeswasserstraßen* (Nr. 9).
  Im Vordergrund steht auch hier der Nachbarschutz; doch geht es vielfach auch um die Abstimmung von Bundes- und Landesrecht.[45] Für Klagen, mit denen nach Unanfechtbarkeit des wasserstraßenrechtlichen Planfeststellungsbeschlusses nachträgliche Schutzanlagen erstritten werden sollen, ist das VG zuständig.[46]

Die erstinstanzliche Zuständigkeit des OVG wurde durch § 48 I 2 VwGO auch auf Streitigkeiten über Genehmigungen, die anstelle einer Planfeststellung erteilt werden, sowie auf Streitigkeiten über sämtliche für das Vorhaben erforderlichen Genehmigungen und Erlaubnisse für räumlich und betrieblich konnexe Nebeneinrichtungen ausgedehnt.[47] In Erweiterung des Wortlauts gilt das auch für Zulassungsentscheidungen unter Verzicht auf Planfeststellung *und* Plangenehmigung. Streitigkeiten über Besitzeinweisungen für die vorstehend behandelten Vorhaben kann der Landesgesetzgeber ebenfalls dem OVG im ersten Rechtszug zuweisen (§ 48 I 3 VwGO). Besitzeinweisungen werden damit prozessual dem Zulassungs- und nicht dem Enteignungsverfahren zugeordnet.

---

37 Hierzu BVerwG v. 24.07.2008, BVerwGE 131, 316.

38 BBOVG v. 29.01.2007, LKV 2007, 322.

39 BWVGH v. 26.06.2002, NVwZ-RR 2006, 840.

40 Ob der Gesetzgeber bei mehrfacher Novellierung die Streichung des Worts »neuer« offensichtlich übersehen hat, ist zweifelhaft; so aber RhPfOVG v. 12.12.2001, DÖV 2002, 346.

41 Vgl. nur NdsOVG v. 30.04.1997, NVwZ-RR 1998, 718. Zur Lärmsanierung an bestehenden Eisenbahnstrecken *Michler* VBlBW 1998, 201 ff.

42 Hierzu *Ronellenfitsch* in: Blümel/Kühlwetter Aktuelle Probleme des Eisenbahnrechts II, 1997, S. 213 ff.

43 BVerwG v. 17.01.2007, DÖV 2007, 656.

44 Zu eng. BayVGH v. 30.10.2002, NVwZ-RR 2003, 156.

45 Vgl. BVerwG v. 25.09.1997, NVwZ 1997, 919, BWVGH v. 19.06.1998, NVwZ-RR 1999, 349 (LS).

46 BayVGH v. 19.01.2004, DVBl 2004, 664 (LS).

47 Hierzu BayVGH v. 30.11.1993, NVwZ-RR 1995, 114.

11 Das OVG entscheidet weiter im Rahmen seiner Gerichtsbarkeit über die Gültigkeit von untergesetzlichen Rechtsnormen (*§ 47 I VwGO*). Die Zuständigkeit besteht nur hinsichtlich solcher Rechtssätze, aus deren Anwendung sich Streitigkeiten ergeben können, für die der Verwaltungsrechtsweg eröffnet ist.[48] Hinsichtlich des Anwendungsbereich der verwaltungsgerichtlichen Normenkontrolle vgl. unten § 12 Rn. 7 ff.

## C. Funktionelle und örtliche Zuständigkeit

12 Die *funktionelle Zuständigkeit,* d.h. die Zuständigkeit im Instanzenzug, des OVG und BVerwG behandeln die §§ 46 und 49 VwGO. Das OVG ist funktionell zuständig für die Entscheidung über die Berufung gegen Urteile des VG und über die Beschwerde gegen andere Entscheidungen des VG. Das BVerwG ist instanziell zuständig als Rechtsmittelgericht für Revision und Beschwerden. Die Aufzählung in § 49 VwGO ist abschließend.

Der enge Wortlaut bedarf allerdings der Korrektur. Das BVerwG entscheidet auch über die Revision, wenn das OVG die Berufung durch Beschluss verworfen hat, und gegen Gerichtsbescheide des OVG oder VG.

13 Die *örtliche Zuständigkeit* regelt § 52 VwGO. Danach sind die *besonderen Gerichtsstände* der Belegenheit der Sache (Nr. 1),[49] ferner für Anfechtungs- und Verpflichtungsklagen (Nr. 2 und 3)[50] und Klagen aus einem besondere Gewaltverhältnis (Nr. 4)[51] vom allgemeinen Gerichtsstand für die übrigen Fälle zu trennen (Nr. 5). Ausdrücklich erwähnt werden asylrechtliche Streitigkeiten,[52] Streitigkeiten aus dem Zuständigkeitsbereich der diplomatischen und konsularischen Auslandsvertretungen und Streitigkeiten über die Zentralvergabe von Studienplätzen.[53] Die einzelnen Gerichtsstände schließen sich in der folgenden Reihenfolge gegenseitig aus: Nr. 1 vor Nr. 2 bis 5; Nr. 4 vor Nr. 2,

48 BVerwG v. 27.07.1995, BVerwGE 99, 88 (96).

49 Entscheidend ist der *Ortsbezug* (unbewegliches Vermögen; ortsbezogenes Recht oder Rechtsverhältnis). Er wurde bejaht für die militärische Nutzung einer Liegenschaft, NWOVG v. 03.01.1992, NVwZ 1993, 588 die Bestimmung von Abflugrouten eines Flugplatzes, BayVGH v. 30.11.1993, NVwZ-RR 1995, 114, die Bestimmung der Restrommenge von Kernkraftwerken, BWVGH v. 20.08.2007, NVwZ-RR 2008, 143; HessVGH; NVwZ-RR 2008, 288 verneint für einen Freilandversuch nach dem GenTG, BVerwG v. 10.12.1996, NJW 1997, 1022. Ein ortsbezogenes Rechtsverhältnis liegt auch den Streit über die Rundfunkgebührenpflicht im Behrbergungsgewerbe zugrunde, VG Koblenz v. 03.08.2006; NVwZ-RR 2007, 69.

50 Zur örtlichen Zuständigkeit für die Überschreitung eines grenzüberschreitenden Regionalplans BayVGH v. 12.09.1990, NVwZ-RR 1991, 332; S. auch BVerwG v. 10.12.1996, NJW 1997, 1022. Für (ursprüngliche und nachfolgende) Klagen nach § 113 I 4 VwGO gilt die Regelung unmittelbar, für Nichtigkeitsfeststellungsklagen analog; so *Redeker/v. Oertzen* § 52 Rn. 10; *Kopp/Schenke* § 52 Rn. 8; (teilweise) a.A. *Bier* VwGO § 52 Rn. 6 f.; Eyermann/*P. Schmidt* § 52 Rn. 6. Aus der Erwähnung der Anfechtungs- und Verpflichtungsklage folgt nicht, dass im Rahmen der Prüfung der Sachurteilsvoraussetzungen die Bestimmung der Klageart *vor* der Bestimmung der örtlichen Zuständigkeit erfolgen müsste. Ebenso gut lässt sich vertreten, dass nur das örtlich zuständige Gericht über die korrekte Klageart befinden darf. Auch hier zeigt sich, dass die Prüfungsreiheinfolge letztlich eine Frage der Verfahrensökonomie darstellt.

51 Zur Zuständigkeit bei einer Versetzung VG Darmstadt v. 14.07.1995, NVwZ-RR 1996, 162; bei einer Abordnung VG Berlin v. 03.07.2002, NVwZ-RR 2003, 139; bei einer Entlassung VG Oldenburg v. 07.04.2003, NVwZ-RR 2004, 48; bei Klagen aus einem früheren Dienstverhältnis, VG Karlsruhe v. 18.02.1998, NVwZ-RR 1998, 789. Zur Altersteilzeit VG München v. 06.03.2005, NVwZ-RR 2005, 662.

52 § 52 Nr. 2 S. 3 VwGO. Erfasst werden alle Streitigkeiten, die sich bei der Anwendung des AsylVfG ergeben. Vgl. BWVGH v. 02.02.2006, VBlBW 2006, 359. Die Duldung eines bestandskräftig abgelehnten Asylbewerbers ist »normales« Ausländerrecht; im Streitfall ist § 52 Nr. 3 S. 1 und 5 VwGO maßgeblich; VG Schwerin v. 29.03.2005, LKV 2006, 239.

53 § 52 Nr. 3 S. 4 VwGO.

3 und 5; Nr. 2 vor Nr. 3 und 5 sowie Nr. 3 vor 5.[54] Für den allgemeinen Gerichtsstand ist der Wohnsitz der Beklagten maßgeblich. Ist der Staat Beklagter kommt es auf den Sitz der Behörde an, die sachlich zur Entscheidung über den geltend gemachten Anspruch zu entscheiden hat. Bei der Organleihe ist das der Entleiher.[55] Durch das RmBereinVpG wurde § 3 I Nr. 4 a VwGO eingefügt, wonach der Landesgesetzgeber Verfahren, bei denen sich die örtliche Zuständigkeit nach § 52 Nr. 2 S. 1, 2 oder 4 VwGO bestimmt, an ein anderes Verwaltungsgericht oder mehrere Verwaltungsgerichte des Landes verweisen kann.[56]

## D. Verweisung bei sachlicher, örtlicher oder funktioneller Unzuständigkeit

Hält sich das Gericht für *sachlich* oder *örtlich unzuständig,* hat es die Klage von Amts wegen entsprechend den §§ 17 bis 17 b GVG durch Beschluss an das seiner Meinung nach zuständige Gericht zu verweisen (§ 83 1 VwGO). Ein Verweisungsantrag des Klägers ist nicht erforderlich. Gegen den Verweisungsbeschluss gibt es keine Rechtsbehelfe (§ 83 S. 2 VwGO).[57] Entsprechendes gilt, wenn das Gericht – konkludent durch Sachentscheidung oder durch ausdrücklichen Beschluss – seine Zuständigkeit bejaht.[58] Das Adressatgericht ist auch an eine unrichtige Verweisung gebunden; eine Willkürprüfung findet – von Extremfällen abgesehen[59] - nicht statt. Die Bindungswirkung erstreckt sich allerdings nur auf die Zuständigkeit, wegen der verwiesen wurde. Im Übrigen bleibt eine Weiterverweisung möglich. 14

Generell ist § 83 VwGO weit auszulegen, damit der Kläger nicht zum Opfer von Zuständigkeitsstreitereien wird. § 83 VwGO ist daher entsprechend auf die *funktionelle* bzw. *instanzielle Zuständigkeit* anzuwenden.[60] Angesichts der namentlich im Planungsrecht häufig kontroversen Abgrenzung von Norm und VA[61] muss ferner eine Verknüpfung von Klageverfahren und Normenkontrollverfahren im Wege der Verweisung statthaft sein. Wieso der Antragsteller erst nach Klagerücknahme eingehende Überlegungen über die weittragende Bedeutung des Normenkontrollverfahrens soll anstrengen können,[62] ist nicht einsichtig.[63] Zur Verweisung in den summarischen Verfahren vgl. unten § 57 Rn. 9. 15

---

54 *Kopp/Schenke* § 52 Rn. 4; zum Verhältnis der Sätze 1 und 2 des § 52 Nr. 4 VwGO vgl. BVerwG v. 19.07.1979, BVerwGE 58, 225.

55 BGH v. 29.04.2008, BGHZ 176, 256.

56 Zweck der Regelung ist es, überdurchschnittlich hohen Belastungen einzelner Verwaltungsgerichte durch Dekonzentration entgegenzuwirken; vgl. BR-Drucks. 405/01, S. 2.

57 BVerwG v. 17.02.2003, DÖV 2003, 685.

58 Vgl. auch BVerwG v. 08.11.1994, NVwZ 1995, 372. Die umgekehrte Verfahrensweise ist unzulässig; ein Gericht darf sich nicht für unzuständig erklären, ohne zugleich eine verbindliche Verweisung an das zuständige Gericht auszusprechen.

59 Vgl. BGH v. 10.09.2002, NJW 2002, 3634.

60 HessVGH v. 30.04.1996, NJW 1997, 211; BlnOVG v. 25.07.1995, NVwZ-RR 1997, 32 (33).

61 Vgl. etwa BVerfG v. 07.10.1980, BVerfGE 56, 298; hierzu *Weyreuther* DÖV 1982, 173 ff.; *Blümel* VerwArch 1982, 329 ff. (331).

62 So nach früherem Recht BayVGH v. 23.09.1981, DÖV 1982, 163.

63 Für eine Verweisungsmöglichkeit HessVGH v. 28.11.1968, NJW 1969, 1733; *Kopp/Schenke* § 83 Rn. 4; Eyermann/*Geiger* § 83 Rn. 4.

# § 7 Beteiligtenbezogene Sachurteilsvoraussetzungen

## A. Die Beteiligung am Verwaltungsprozess

### I. Beteiligteneigenschaft

#### 1. Kreis der Beteiligten

1 Während die ZPO vom Zweiparteienstreit ausgeht, kennt die VwGO keine Parteien, sondern nur Beteiligte.

Der umfassende Begriff der Beteiligten schließt auch den der *Parteien* ein. Daher ist es üblich, wenn auch sprachlich ungenau, im Verwaltungsprozess ebenfalls Kläger und Beklagte als Parteien zu bezeichnen; korrekter ist die Bezeichnung als *Hauptbeteiligte.*

Als Beteiligte werden in § 63 VwGO aufgeführt: Kläger und Beklagte (Hauptbeteiligte), Beigeladene, ferner der Vertreter des Bundesinteresses beim BVerwG (VdB)[1] oder der Vertreter des öffentlichen Interesses (VöI), falls er von seiner Beteiligtenbefugnis Gebrauch macht.[2] Zu den Hauptbeteiligten zählen auch die Streitgenossen, die deswegen klar von den Beigeladenen zu trennen sind.[3]

#### 2. Streitgenossenschaft

2 Hinsichtlich der Streitgenossenschaft verweist § 64 VwGO auf die §§ 59 bis 63 ZPO.[4] Im Verwaltungsprozess ist Streitgenossenschaft gegeben bei Klagen durch mehrere Beteiligte oder gegen mehrere Hauptbeteiligte. Auch muss man einfache (§§ 59, 60 ZPO) und notwendige Streitgenossenschaft (§ 62 ZPO) unterscheiden. Eine Streitverkündung kommt im verwaltungsgerichtlichen Verfahren nicht in Betracht.[5]

3 Die *einfache* Streitgenossenschaft ist im Verwaltungsprozess unproblematisch, da die Streitgenossen prozessual und materiell selbständig handeln können. Typischer Fall ist die Anfechtungsklage gegen eine Allgemeinverfügung.[6] In diesem Zusammenhang sind auch die Klagen derjenigen zu nennen, die sich durch die Genehmigung desselben Vorhabens (Kraftwerk, Straße, Flughafen, Müllverbrennungsanlage) betroffen fühlen. Der Grad der Betroffenheit ist nämlich von Fall zu Fall unterschiedlich.[7]

4 Etwas anderes gilt für die *notwendige Streitgenossenschaft* in ihren beiden Formen.

Bei der *uneigentlichen notwendigen Streitgenossenschaft* muss zwar nicht gemeinsam prozessiert werden. Geschieht dies aber doch, kann die Entscheidung nur einheitlich ausfallen.

---

1 Vgl. § 35 VwGO.

2 *Guckelberger* BayVBl 1998, 257.

3 Vgl. insgesamt *Stettner* Das Verhältnis der notwendigen Beiladung zur notwendigen Streitgenossenschaft im Verwaltungsprozess, 1974.

4 Zur zivilprozessualen Streitgenossenschaft *Lindacher* JuS 1986, 379; *Coester-Waltjen* Jura 1989, 442; allgemein *Lüke* Die Beteiligung Dritter im Zivilprozess, 1993.

5 RhPfOVG v. 03.07.2008, NVwZ-RR 2007, 846.

6 Zur Anfechtung zusammengefasster Abgabenbescheide BayVGH v. 02.05.1986, NVwZ 1987, 900.

7 BVerwG v. 14.05.1992, NVwZ 1993, 477.

**Beispiel:** Anfechtungsklage des Miteigentümers bei Heranziehung anderer Miteigentümer zum Erschließungsbeitrag.[8]

Bei der *eigentlichen notwendigen Streitgenossenschaft* sind demgegenüber die Streitgenossen nur gemeinsam sachbefugt. Ein einzelner kann nicht allein klagen oder verklagt werden.

**Beispiel:** die gemeinsame Ausübung des Elternrechts.[9]

Bei der notwendigen Streitgenossenschaft ergeht nur eine einheitliche Entscheidung gegen alle Streitgenossen. Säumige Streitgenossen werden durch die nichtsäumigen Streitgenossen vertreten (§ 62 I ZPO).[10]

Da im Verwaltungsprozess kein Versäumnisurteil ergeht, hat diese Regelung nur hinsichtlich der Fristwahrung Bedeutung.

Sind nicht alle Streitgenossen beteiligt, kann bei der uneigentlichen notwendigen Streitgenossenschaft ein (einheitliches) Sachurteil ergehen; bei der eigentlichen notwendigen Streitgenossenschaft ist die Klage stets als unzulässig abzuweisen.[11]

### 3. Beiladung

Dem verfahrensrechtlichen Drittschutz dient im Zivilprozess die Nebenintervention nach §§ 66 ff. ZPO. Wesentlich besser erfüllt diese Funktion im Verwaltungsprozess die Beiladung,[12] die in allen Verfahren zulässig ist. Der Beigeladene, der an einem zwischen anderen anhängigen Rechtsstreit teilnimmt, erhält seine Stellung mit Zustellung oder – bei Anwesenheit in der mündlichen Verhandlung – mit Verkündung des Beiladungsbeschlusses. Der Beiladungsbeschluss ist unanfechtbar (§ 65 IV 3 VwGO). Die VwGO unterscheidet die einfache (§ 65 I) und die notwendige Beiladung (§ 65 II). Versuche, die Unterscheidung im Zugriff auf die »vernachlässigten Beiladungszwecke« transparenter zu machen,[13] sind bislang in Ansätzen stecken geblieben, weil sie ihrerseits die historische Entwicklung vernachlässigen. 5

---

8 Vgl. BVerwG v. 07.09.1979, BVerwGE 54, 54 (Klage eines Miteigentümers gegen die Ablehnung einer Baugenehmigung). Vgl. aber auch BayVGH v. 26.03.2003, NVwZ 2004, 629. Zu Gesamtschuldverhältnissen aber NWOVG v. 04.01.1995, NVwZ-RR 1995, 478: einfache Streitgenossenschaft. Zum Miterben in ungeteilter Erbengemeinschaft BVerwG v. 20.10.1997, NJW 1998, 552: keine (notwendige) Streitgenossenschaft; a.A. BWVGH v. 10.07.1991, NJW 1992, 388. Faustregel des BWVGH v. 19.06.2001, NVwZ-RR 2002, 39: wo notwendige Beiladung, da auch notwendige Streitgenossenschaft.

9 *Maetzel* DVBl 1975, 734; ferner BVerwG v. 29.11.1982, BVerwGE 66, 266 (Klage der Ehegatten auf Änderung des Familiennamens).

10 Vgl. aber BWVGH v. 19.06.2001, NVwZ-RR 2002, 39.

11 BVerwG v. 19.03.1956, BVerwGE 3, 208; a.A. *Redeker/v. Oertzen* § 64 Rn. 10; Eyermann/*J. Schmidt* § 64 Rn. 7; *Kopp/Schenke* § 64 Rn. 13: Sachurteil, sofern Sachurteilsvoraussetzungen vorliegen.

12 Hierzu *Stahl* Beiladung und Nebenintervention, 1972; *Joeres* Die Rechtsstellung des notwendigen Beigeladenen im Verwaltungsstreitverfahren, 1982; *Nottbusch* Die Beiladung im Verwaltungsprozess, 1995; *Buhren* JuS 1976, 512; *Konrad* BayVBl 1982, 431 (517); *Stober* FS Menger, S. 401; *Guckelberger* JuS 2007, 436.

13 In diese Richtung *Stober* FS Menger, S. 401 (404); vgl. auch *Bier* VwGO § 65 Rn. 3 ff. Die Gesetzesmaterialien sind rechtlich viel zu vage. Danach ist Zweck der Beiladung, »eine Nichtpartei am Rechtsstreit zu beteiligen, wenn der Streit sie in Mitleidenschaft ziehen kann« (BT-Drucks. 5/55, S. 37).

Die Beiladung ist eines der ältesten eigenständigen verwaltungsprozessualen Rechtsinstitute.[14] Richtungweisend wurde v.a. § 70 des preußischen Gesetzes über die allgemeine Landesverwaltung vom 30.07.1883 (LVG) (GS S. 195), der die Beiladung in das Ermessen des Gerichts stellte. Gleichwohl arbeitete das PrOVG Fallgruppen heraus, in denen die Beiladung von Amts wegen erfolgen musste, und schuf so trotz weitgehender Ablehnung des zeitgenössischen Schrifttums[15] die Grundlage für die Unterscheidung der einfachen und der notwendigen Beiladung.[16] Nach dem zweiten Weltkrieg setzte sich die Unterscheidung allgemein durch und ging in die Verwaltungsprozessordnungen ein.

Statt nach vagen Beiladungszwecken zu suchen, dürfte es sinnvoller sein, die gesetzliche Ausgestaltung der Beiladungstypen und deren rechtliche Wirkungen exakt zu bestimmen.

Ein Sonderfall der Beiladung, ist die »Beiladung« der zur Verweigerung der Aktenvorlage befugten obersten Aufsichtsbehörde im »in camera«-Verfahren[17] nach § 99 II 6 VwGO.[18]

6 *Die einfache Beiladung* steht im Ermessen des Gerichts. Sie setzt voraus, dass die zu erwartende Entscheidung die *rechtlichen Interessen* des Beizuladenden berührt. Das ist der Fall, wenn der Beizuladende zu den Hauptbeteiligten oder zum Streitgegenstand in einer solchen Beziehung steht, dass das Unterliegen eines der Hauptbeteiligten seine Rechtslage verbessern oder verschlechtern würde.[19] Schon aus diesem Grund scheidet etwa die Beiladung von anerkannten Naturschutzvereinen (§ 58 BNatSchG) im Verwaltungsrechtsstreit um die Rechtmäßigkeit von Planfeststellungsbeschlüssen aus.[20] § 65 I VwGO erstreckt sich auf rechtliche Interessen öffentlich-rechtlicher und privatrechtlicher Art.[21] Ob der Beizuladende klagebefugt ist oder durch die Entscheidung in seinen Rechten verletzt wird, spielt dabei keine Rolle. Es genügt vielmehr, dass er in seiner von der Rechtsordnung anerkannten und geschützten Rechts- und Interessensphäre berührt werden kann.[22] Die einfache Beiladung darf allerdings nicht zum Einfallstor für Massenverfahren werden. Beispielsweise könnte die Beiladung einer Nachbargemeinde zur Klage der betroffenen Gemeinde auf Genehmigung des Flächennutzungsplans zu prozessualen Begehrlichkeiten aller Gemeinden der Region führen. Eine Beiladung kommt daher allenfalls in Betracht, wenn die beizuladende Gemeinde plausibel eine Verletzung von § 2 II BauGB rügen kann.[23] Den Bedingungen des Massenverfahrens trägt im Übrigen § 65 III VwGO Rechnung. Anders als etwa im kartellbehördlichen Verfahren dient die Beiladung zunächst den individuellen Interessen der Beizuladenden. Die Ermessensentscheidung darf sich folglich nicht ausschließlich an der Verfahrensökonomie

14 Hierzu *Linkenheil* Die Beiladung im Verwaltungsgerichtsverfahren, Diss. Heidelberg 1962, S. 6 ff., der bis zum Sachsenspiegel zurückgeht. Wichtiger sind die Querverbindungen zur Kur-Badischen Obergerichtsordnung von 1804 und zum französischen Verwaltungsprozess, zumal der Conseil d'Etat bereits in Entscheidungen aus dem Jahr 1852 die Beiladung Dritter zugelassen hatte.

15 Vgl. etwa *Kunze* VerwArch 1893, 198; *Weise* AnnDR 1904, 454; *Morgenbesse* PrVBl 1906, 663.

16 Nachw. bei *Ronellenfitsch* VerwArch 1983, 281 (284 f.).

17 Hierzu *Beutling* DVBl 2001, 1252; *Redeker/Kothe* NVwZ 2002, 313; BVerwG v. 19.10.2005, DVBl 2006, 1245; v. 21.02.2008, BVerwGE 130, 236; v. 21.05.2008, DÖV 2008, 916; SaarlOVG v. 21.06.2003, NVwZ 2003, 367; MVOVG v. 01.10.2002, DÖV 2003, 338; RhPfOVG v. 09.02.2004, DÖV 2004, 623.

18 BVerwG v. 15.08.2002, BVerwGE 117, 42.

19 Vgl. *Kopp/Schenke* § 65 Rn. 9; *Bier* VwGO § 65 Rn. 12.

20 BWVGH v. 04.03.1985, DÖV 1985, 585, vgl. aber § 61 BNatSchG.

21 NWOVG v. 08.08.1990, NVwZ-RR 1991, 486.

22 BVerwG v. 16.09.1981, NJW 1982, 951 (952; in BVerwGE 64, 67 nicht abgedruckt); v. 19.11.1998, NVwZ-RR 1999, 276.

23 Sehr weit gehend NdsOVG v. 15.11.2001, NVwZ 2003, 232.

orientieren.[24] Gegen die Ablehnung des Beiladungsantrags oder die Aufhebung des Beiladungsbeschlusses ist die Beschwerde gegeben. Das Beschwerdegericht kann dann sein Ermessen an die Stelle des Ermessens der Vorinstanz setzten und die Beiladung vornehmen.[25]

Bei der insoweit mit der notwendigen Streitgenossenschaft verwandten *notwendigen* 7
*Beiladung muss* das Gericht beiladen; denn hier kann die Entscheidung nur einheitlich ergehen (»prozessuale Schicksalsgemeinschaft«). Das sodann in der Sache ergehende Urteil entfaltet bei Rechtskraft volle Bindungswirkung (§ 121 VwGO) wie bei den Hauptbeteiligten, weil die Urteilsformel unmittelbar in die Rechte des notwendig Beigeladenen einwirkt.[26] Die notwendige Beiladung ist somit geeignet, zunächst Außenstehende gegen ihren Willen in das Verfahren einzubeziehen und sie im Wege der Rechtskrafterstreckung zu binden. Ferner dient sie dazu, die verjährungshemmende Wirkung analog § 204 I Nr. 6 BGB herbeizuführen.[27]

Dies kann bei Rechtswegkollisionen zu einer prozessualen Schlechterstellung der Beigeladenen führen, die in der Rolle der Hauptbeteiligten etwa vor den Arbeitsgerichten streiten könnten. Gleichwohl ist im Interesse der Prozessökonomie und der Verfahrenskonzentration der Beiladung zum Verwaltungsrechtsstreit der Vorzug zu geben. Der zuerst angerufene Richter ist der gesetzliche Richter i.S.v. Art. 101 S. 2 GG.

Generell liegen die Voraussetzungen von § 65 II VwGO nur vor, »wenn die begehrte Sachentscheidung des Gerichts nicht wirksam getroffen werden kann, ohne dass dadurch gleichzeitig unmittelbar und zwangsläufig in Rechte eines Dritten eingegriffen wird, d.h. seine Rechte gestaltet, bestätigt oder festgestellt, verändert oder aufgehoben werden«.[28]

Hauptbeispiel der notwendigen Beiladung ist die Beiladung der Gemeinden, die nach 8
*§ 36 BauGB* ihr Einvernehmen zu Bauvorhaben zu erteilen haben, zum Rechtsstreit des Bauwilligen, der auf Erteilung einer Baugenehmigung klagt oder sich gegen eine zugunsten der Gemeinde getroffene Nebenbestimmung zur Baugenehmigung wehrt.[29] Ist im Rechtsstreit des Bauwerbers auf Erteilung einer Baugenehmigung, die nicht unter

24 Vgl. auch BGH v. 07.11.2006, BGHZ 169, 370.

25 BWVGH v. 08.11.1976, GewArch 1977, 206; HessVGH v. 29.08.1986, BauR 1987, 294; a.A. NWOVG v. 13.12.1976, BRS 30 Nr. 178.

26 Zur Erweiterung der Rechtskraft § 121 Nr. 2 VwGO. Selbst im Verfahren nach § 94 a FGO muss eine notwendige Beiladung erfolgen; BFH v. 20.02.1998, DStRE 1998, 499.

27 *Troidl* DVBl 2008, 625 (str.).

28 BVerwG v. 23.03.1995, NJW 1996, 1423 (einfache Beiladung der Darstellerinnen im Rechtsstreit um die Schließung einer Peep-Show); v. 09.01.1999, NVwZ 1999, 296; BWVGH v. 19.09.2000, BauR 2001, 746.

29 Vgl. BayVGH v. 16.12.1996, NVwZ 1998, 205; *Bier* VwGO § 65 Rn. 23. Auf diese Weise erfüllt der Bauwillige das Gebot der Inanspruchnahme des Primärrechtsschutzes als Anspruchsvoraussetzung für eine Amthaftungslage gegen die Gemeinde wegen rechtswidriger Versagung des Einvernehmens; hierzu BGH v. 21.11.2002, DÖV 2003, 295. Bei Anfechtungsklagen gegen Nebenbestimmungen ist die Rechtslage kompliziert. Ficht ein Dritter die im Einvernehmen mit der Gemeinde erteilte Baugenehmigung an, kommt keine Beiladung in Betracht; BayVGH v. 18.02.1997, NVwZ-RR 1998, 389. Schwierigkeiten bereitet auch die Beiladung der höheren Bauaufsichtsbehörde. Da nach BVerwG v. 12.11.1976, BVerwGE 51, 310 die höhere Verwaltungsbehörde nicht notwendig beizuladen ist, wenn das Land verklagt wird, in dessen Verwaltungsorganisation die höhere Verwaltungsbehörde eingegliedert ist, muss differenziert werden (im Bauprozess entsprechend): Ist das Land beklagt: keine notwendige Beiladung; ist eine Selbstverwaltungskörperschaft beteiligt: notwendige Beiladung der höheren Bauaufsichtsbehörde, wo diese beteiligungsfähig ist, sonst Beiladung des Landes. Zur Beiladung in Baden-Württemberg BVerwG v. 07.05.1976, BVerwGE 74, 19; in Bayern BVerwG v. 07.02.1986, DVBl 1986, 682; BayVGH v. 23.11.1976, BayVBl 1977, 150; in Nordrhein-Westfalen NWOVG v. 13.12.1976, DÖV 1977, 336 (LS); vgl. auch *Roeser* in: Berl. Komm. § 36 Rn. 31.

§ 36 BauGB fällt, die Gültigkeit eines Bebauungsplans im Streit (Inzidentprüfung), ist die Gemeinde ebenfalls beizuladen.[30]

*Weitere Beispiele* der notwendigen Beiladung: Beiladung der Bundesrepublik Deutschland zu Verfahren über Klagen auf Einbürgerungen[31] oder gegen Vermögenszuordnungsbescheide nach § 1 I 2, 4 VZOG;[32] in Fällen geteilter Baulast Beiladung des Trägers der Straßenbaulast bei Entscheidungen nach § 17 FStrG,[33] Beiladung des Lehrlings im Rechtsstreit des Meisters bei einer unterlassenen Eintragung in die Lehrlingsrolle,[34] des Instituts für medizinische und pharmazeutische Prüfungsfragen im Streit um die richtige Beantwortung und Auswertung der Prüfungsfragen[35] oder des Ehegatten im Streit des anderen Ehegatten um die Einkommensteuer-Zusammenveranlagung.[36]

Vorwiegend kommt die notwendige Beiladung beim *VA mit Drittwirkung (Doppelwirkung)* in Betracht, also namentlich beim Nachbar- und Konkurrentenstreit. Allerdings führt nicht bereits das Vorliegen eines derartigen Rechtsstreits automatisch zur notwendigen Beiladung.

So ist im Wahlanfechtungsstreit der direkt Gewählte notwendig, der durch die Wiederwahl gefährdete Inhaber eines Listenplatzes der Reserveliste nur einfach beizuladen.[37]

Man darf sich also nicht durch das Kriterium der einheitlichen Entscheidung in die Irre führen lassen. Erste Voraussetzung der notwendigen Beiladung ist nämlich die Beteiligung des Beizuladenden an dem streitigen Rechtsverhältnis. § 65 II VwGO ist ferner nur eine Ausprägung von Art. 19 IV GG. Die erforderliche Drittbetroffenheit muss daher negativ bestimmt werden: »Nach dem Sinn und Zweck des § 65 II VwGO kommt eine notwendige Beiladung immer nur dann in Betracht, wenn der klägerische Antrag und damit das Klageziel den Dritten in negativer Weise betrifft«.[38] Die Beiladung ist immer, aber auch nur dann notwendig, wenn eine dem klägerischen Begehren entsprechende Entscheidung unmittelbar subjektive öffentliche Rechte des Dritten nachteilig berühren kann.

---

30 BVerwG v. 11.02.1993, DVBl 1993, 657; *Jäde* JuS 1998, 503; *Lasotta* BayVBl 1998, 609. Vgl. aber auch BWVGH v. 02.12.1993, NVwZ-RR 1994, 424.

31 BVerwG v. 16.05.1983, BVerwGE 67, 174; v. 10.07.1984, DVBl 1985, 242. Grund: die in § 3 VO über die deutsche Staatsangehörigkeit v. 05.02.1934 (RGBl. I S. 85) vorgesehene Mitwirkungsbefugnis des Bundesministers des Innern (Art. 123 I GG). Zum materiellen Recht BVerwG v. 31.03.1987, NJW 1987, 2174.

32 BVerwG v. 28.11.1994, Buchholz 114 § 1 Nr. 2; Zum Restitutionsverfahren BVerwG v. 16.07.1998, VIZ 1998, 563.

33 BVerwG v. 15.01.1982, BayVBl 1982, 344; OVG Lüneburg v. 23.09.1985, NVwZ 1987, 234; vgl. aber BVerwG v. 28.08.2002, NVwZ 2003, 216. zum Atomrecht BVerwG v. 09.01.1999, NVwZ 1999, 296 (*keine* Beiladung der Bundesrepublik). *Aber:* Wirken mehrere Behörden desselben Rechtsträgers beim Erlass eines VA zusammen, ist nur der Rechtsträger beteiligtenfähig. Ein Bundesminister kann also nicht im Rechtsstreit gegen die Bundesregierung beigeladen werden; BVerwG v. 17.10.1985; DVBl 1986, 152. Die Beiladung einer zur Mitwirkung an dem mit der Klage begehrten VA befugten Landesbehörde ist im Verwaltungsstreitverfahren gegen das Land auch im Fall des § 78 I Nr. 2 VwGO unwirksam; BVerwG v. 25.08.1988, NVwZ 1988, 161; v. 15.03.1989, NVwZ-RR 1990, 94; v. 22.06.1995, Buchholz 112 § 26 Nr. 2.

34 BVerwG v. 13.07.1982, DÖV 1982, 1036. Zum Untersagungsverfahren im Handwerksrecht dagegen BVerwG v. 02.11.1994, NVwZ 1995, 196.

35 BayVGH v. 20.12.1990, NVwZ-RR 1991, 363; vgl. aber auch BVerwG v. 17.05.1995, NVwZ-RR 1996, 31.

36 BFH v. 20.05.1992, BFHE 168, 215.

37 NWOVG v. 22.02.1991, NVwZ-RR 1992, 420; v. 30.04.1991, NVwZ 1992, 282.

38 BVerwG v. 27.09.1995, NVwZ-RR 1996, 299 im Anschluss an *Konrad* BayVBl 1982, 481 (483 ff.). Behördenangehörige sind im Fortsetzungsfeststellungsklageverfahren (Regressansprüche im Amtshaftungsprozess!) gegen die von ihnen betroffenen behördlichen Maßnahmen am streitigen Rechtsverhältnis nicht beteiligt; BayVGH v. 07.07.1998, DÖV 1998, 1066.

Zu prüfen ist die notwendige Beiladung immer in folgender *Reihenfolge:*

1. Beteiligung des Beizuladenden an dem streitigen Rechtsverhältnis,
2. Notwendige einheitliche Entscheidung wegen dieser Beteiligung,
3. Möglichkeit der Rechtsbeeinträchtigung des Beizuladenden durch diese Entscheidung

Eine derartige Beteiligung am streitigen Rechtsverhältnis ist *beispielsweise nicht gegeben,* wenn sich mehrere Nachbarn gegen die Genehmigung desselben Vorhabens wenden.[39] Nicht notwendig ist ferner die Beiladung eines Nachbarn im Anfechtungsstreit gegen ein von diesem erwirktes Nutzungsverbot[40] oder Beseitigungsgebot,[41] des Verkäufers bei der Klage des Drittkäufers gegen die Ausübung des gemeindlichen Vorkaufsrechts[42] sowie des Verpächters im Verfahren auf Erteilung der Betriebserlaubnis an den Pächter.[43] Im Streit um eine Untersagungsverfügung der Tierhalten eines Mieters gegenüber dem Hauseigentümer ist der Mieter nicht notwendig beizuladen.[44]

Eindeutig keine notwendige Beiladung liegt selbst dann vor, wenn sich der Ehegatte eines ausgewiesenen Ausländers *gegen* die Ausweisung im Anfechtungsprozess des anderen Ehegatten zur Wehr setzt.[45] Im Anfechtungsrechtsstreit eines regulierten TK-Unternehmens gegen eine ihm auferlegte Entgeltgenehmigungspflicht für Zugangsentgelte (§ 30 I 1 TKG) ist ein Wettbewerbsunternehmen nur dann notwendig beizuladen, wenn in der Regulierungsverfügung über seine Rechte mitentschieden worden ist.[46]

Im Normenkontrollverfahren ging der Gesetzgeber davon aus, dass wegen der nur feststellenden Wirkung der normverwerfenden Entscheidung eine entsprechend Anwendung der Vorschriften über die notwendige Beiladung weder notwendig noch sachgerecht sei. Das schließe allerdings nicht aus, dass sich das Ermessen des Gerichts im Hinblick auf die grundrechtliche geschützten Rechtspositionen einer Person so verdichten könne, dass eine Beiladung zwingend werde.[47] Daher wurden in § 47 II 4 VwGO nur § 65 I und IV und § 66 VwGO für entsprechend anwendbar erklärt. Damit wird dem Normenkontrollgericht die Möglichkeit eröffnet, die Beiladung von einem entsprechenden Antrag anhängig zu machen. In Normenkontrollverfahren gegen Bebauungspläne mit konkret-individuellen Regelungen[48] muss jedenfalls der Planbegünstigte und der unmittelbar in seiner Eigentümerstellung belastete beilgeladen werden. Mit Rücksicht auf Art. 14 I 1, Art. 103 I GG reduziert sich das Beiladungsermessen hier auf 9

39 BVerwG v. 05.07.1974, BVerwGE 45, 409. Zu Miteigentümern BVerwG v. 24.07.1998, NVwZ 1999, 147. Schwieriger ist die Rechtslage bei *Nebenbestimmungen* zu Planfeststellungsbeschlüssen, welche zugunsten von Betroffenen vorgesehen sind, die im Planfeststellungsverfahren Einwendungen erhoben haben. Ficht ein Dritter etwa die Festsetzung einer Schutzanlage (Lärmschutzwall) an, weil diese ihm die Sicht versperrt, kommt nach Ansicht des BVerwG (Beschl. v. 19.06.1992 – 4 B 54.92 –) eine notwendige Beiladung der Begünstigten nicht in Frage. Das führt zu Ungereimtheiten, wenn die Betroffenen nunmehr versuchen, die ursprünglich vorgesehene Begünstigung doch noch im Wege der Verpflichtungsklage durchzusetzen.

40 HessVGH v. 29.08.1986, BauR 1987, 295.

41 HessVGH v. 22.03.2004, DÖV 2004, 624.

42 HessVGH v. 04.05.1988, NJW 1989, 1629.

43 BVerwG v. 11.03.1993, BVerwGE 92, 172.

44 SaarOVG v. 19.09.2007, NVwZ-RR 2008, 87.

45 BVerwG v. 25.10.1977, BVerwGE 55, 8; HessVGH v. 29.03.1990, NVwZ-RR 1990, 650. Die Rechtskraft der Entscheidung trifft den klagebefugten Ehegatten nicht. Dies gilt auch für Kinder und andere Familienangehörige; BVerwG v. 28.04.1981, DÖV 1981, 716 sowie für das Asylanerkennungsverfahren; BVerwG v. 27.04.1982, NVwZ 1983, 38. Etwas anderes gilt nur, wenn die Ausweisung gerade erfolgt, um Ehefrau und Kinder zu schützen, so dass sie eine positive Entscheidung im Anfechtungsprozess befürchten müssen. Zur umgekehrten Fallkonstellation (Ehefrau klagt *gegen die* Wohnungsverweisung des gewalttätigen Ehemannes VG Aachen v. 17.02.2004, NJW 2004, 1888).

46 BVerwG v. 31.03.2008, NVwZ 2008, 799.

47 BR-Drucks. 405/01, S. 12.

48 Gemeint sind vorhabenbezogene Bebauungspläne nach § 12 BauGB und Straßenbebauungspläne nach § 17 III FStrG i.V.m. § 9 BauGB; vgl. *Ronellenfitsch* DVBl 1998, 653.

Null.[49] Insgesamt verbindet § 47 II 4 VwGO Elemente der einfachen und notwendigen Beiladung.[50]

10 Ist die einfache Beiladung unterblieben, entfällt die eingeschränkte Bindungswirkung des § 121 VwGO. Bei unterbliebener notwendiger Beiladung herrschte früher Streit, ob das ergangene Urteil überhaupt wirksam wurde. Der Streit ist überholt, denn nach § 142 I 2 VwGO kann die – dort allein mögliche – notwendige Beiladung noch im Revisionsverfahren nachgeholt werden. Das angefochtene Urteil darf also nicht von Amts wegen aufgehoben werden.

11 Die Beigeladenen können neben den Hauptbeteiligten *Rechtsmittel* einlegen, sofern sie *materiell beschwert* sind.[51] Bei Konkurrenzverhältnissen der Rechtsmittel findet der für die notwendige Streitgenossenschaft charakteristische Grundsatz der einheitlichen Entscheidung Beachtung, so dass nur entweder die Sprungrevision oder die Berufung statthaft ist. Die Lösung des Konkurrenzverhältnisses erfolgt entsprechend § 134 V VwGO nach dem Prinzip des Vorrangs der eingelegten Sprungrevision.[52] Im Normenkontrollverfahren ist die Entscheidung des OVG über die Beiladung nicht mit der Beschwerde an das OVG angreifbar (§ 152 I VwGO). Soweit das Beiladungsermessen auf Null reduziert ist, kann die Unterlassung der Beiladung als Verfahrensfehler mit der Nichtzulassungsbeschwerde und der Revision gerügt werden (§§ 132 II Nr. 3, 137 VwGO).

## II. Beteiligtenfähigkeit

12 Die bislang behandelten Beteiligten besitzen die Beteiligteneigenschaft. Hiervon ist die Beteiligtenfähigkeit zu unterscheiden. *Die Beteiligtenfähigkeit gibt Auskunft darüber, wer Rechtssubjekt eines Verwaltungsprozesses sein kann.*

Beteiligtenfähig sind nach § 61 VwGO

1. natürliche[53] und juristische Personen,[54]

---

49 *Kienemund* NJW 2002, 1231 (1236); *Knopp* DÖV 2003, 24 (29).

50 *Bracher* DVBl 2002, 309.

51 Zur Beiladung im Berufungsverfahren BVerwG v. 23.09.1988, NVwZ-RR 1989, 109; SaarlOVG v. 10.08.1994, NVwZ-RR 1995, 493; NWOVG v. 09.12.1997, NWVBl 1998, 273 (274); im Revisionsverfahren BVerwG, NVwZ-RR 1996, 31 (32). Die zu Unrecht erfolgte notwendige Beiladung führt nicht automatisch zur materiellen Beschwer, BayVGH v. 21.08.1997, BayVBl 1998, 184.

52 BVerwG v. 15.12.1988, BVerwGE 81, 81 (83) und Schoch/Schmidt-Aßmann/Pietzner/*Pietzner* § 134 Rn. 58.

53 Gemeint sind »natürlich« Menschen. Die »Seehunde der Nordsee« sind nicht beteiligungsfähig; vgl. VG Hamburg v. 22.09.1988, NVwZ 1988, 1058. Nicht beteiligungsfähig ist auch die menschliche Leibesfrucht; BVerwG v. 05.02.1992, NJW 1992, 1524; a.A. *Kopp/Schenke* § 61 Rn. 5 für den Fall, dass dem nasciturus eigene öffentliche Rechte zustehen können. Zum Träger eigener – wenn auch ggf. rückwirkender – Rechte wird die Leibesfrucht jedoch erst nach der Geburt. Erst recht sind künftige Generationen nicht beteiligungsfähig. Organwalter, die nur Organrechte wahrnehmen, sind nicht als natürliche Personen (Nr. 1) beteiligt, sondern fallen unter Nr. 2; vgl. *Bier* VwGO § 61 Rn. 3; NK-VwGO/*Czybulka* § 61 Rn. 19; *Kopp/Schenke* § 61 Rn. 5 (Nr. 2 analog); a.A. Eyermann/*J. Schmidt* § 61 Rn. 4; VG Potsdam v. 19.11.1997, LKV 1998, 409. Die Vertreter eines Bürgerbegehrens sind je nach Landesrecht persönlich (HessVGH v. 16.07.1996, DVBl 1997, 1280; NWOVG, NWVBl 1998, 273) oder als Gemeinschaft (RhPfOVG v. 06.02.1996, NVwZ-RR 1997, 241) beteiligtenfähig.

54 Gemeint sind alle juristischen Personen des öffentlichen und privaten Rechts. **Beispiel:** Bundesanstalt für den Güternahverkehr; BVerwG v. 13.12.1991, NJW 1992, 1978. Eine GmbH ist nach Eintritt der Vermögenslosigkeit nicht mehr beteiligungsfähig; NWOVG v. 25.03.1981, NJW 1981, 2373. Beteiligungsfähig ist dagegen ein Parteiortsverein im Streit um die straßenrechtliche Sondernutzungserlaubnis für Wahlsichtwerbung; SaarlOVG v. 05.08.1998, NVwZ-RR 1999, 219.

2. Vereinigungen, soweit ihnen ein Recht zustehen kann,[55] und
3. Behörden,[56] soweit das Landesrecht dies bestimmt.[57]

An die Regelung des § 61 Nr. 3 VwGO knüpft § 78 I Nr. 2 VwGO an, der den *Klagegegner* bezeichnet (vgl. unten Rn. 22).

Die Beteiligten müssen grundsätzlich *verschiedene Personen* sein oder zumindest verschiedenen Rechtsträgern angehören, oder es muss ein Spannungsverhältnis bestimmter Interessengruppen bestehen. 13

Ein allgemeines Verbot der sog. *Insichprozesse* (Rechtsstreit zwischen Organen, Organteilen oder Organwaltern innerhalb desselben Rechtsträgers)[58] besteht jedoch nicht.[59] *Körperschaftsinterne Organstreitigkeiten* (intrasubjektive Rechtsstreitigkeiten) sind dann zulässig, wenn die streitenden Beteiligten eigene organschaftliche Rechte oder Organwalterrechte besitzen. Beim Insichprozess geht es um die Wahrung der materiellen Rechtsordnung. Die Organe sind im Verhältnis zum eigenen Rechtsträger »Kompetenzträger mit normativ gewollter Durchsetzungsmacht«.[60]

---

55 **Beispiele:** Kreistag, BbgOVG v. 11.02.1998, LKV 1998, 361; Gemeinderat, VG Chemnitz v. 29.10.1998, LKV 1998, 412; Fraktionen kommunaler Vertretungskörperschaften, NWOVG v. 21.08.1963, OVGE 19, 62; untergegangene Gemeinden in Prozessen, in denen sie Rechte aus Eingemeindungsverträgen geltend machen, BWVGH v. 29.03.1979, DÖV 1979, 605; NWOVG v. 12.11.1991, NVwZ-RR 1993, 263; Universität, SächsOVG v. 20.04.1998, LKV 1998, 455 L; Sektion einer (früheren DDR-)Universität, KrG Halle v. 25.02.1991, LKV 1991, 273; Fachbereich einer Hochschule, OVG Lüneburg v. 22.11.1988, DVBl 1989, 114; Fachhochschule, HbgOVG v. 27.02.1995, DVBl 1995, 1361; Schulkonferenz, VG Bremen v. 02.09.1988, NVwZ-RR 1989, 78, VG Frankfurt v. 07.10.1998, NVwZ-RR 1999, 379, aber auch BerlOVG v. 02.08.1989, NVwZ-RR 1990, 21; Silberschmiede-Innung, NWOVG v. 11.11.1977, GewArch 1979, 21; Naturschutzbeirat, HessVGH v. 28.04.1992, NVwZ 1992, 904; als nicht rechtsfähige Genossenschaft organisierte Wassergemeinschaft, BVerwG v. 12.02.1997, NVwZ-RR 1998, 90. Nicht beteiligungsfähig ist eine Bruchteilsgemeinschaft, BayVGH v. 31.03.1978, BayVBl 1979, 20; vgl. auch BVerwG v. 25.02.1994, DVBl 1994, 810, (811) im Gegensatz zur Bauherrengemeinschaft, BWVGH v. 22.12.1992, NVwZ-RR 1993, 334; HessVGH v. 23.01.1997, NJW 1997, 1938, ferner eine nicht-rechtsfähige Personenvereinigung, die wie eine Demonstration keine feste körperschaftliche Organisationsstruktur aufweist, BayVGH v. 11.01.1984, BayVBl 1984, 406. Entsprechendes gilt für eine Erbengemeinschaft, vgl. BGH v. 17.10.2006, NJW 2006, 3715. Dagegen soll wiederum eine nach keiner staatlichen Rechtsordnung verfasste ausländische Gruppierung im Rechtsstreit um ein vereinsrechtliches Betätigungsverbot beteiligungsfähig sein, wenn sie nur ein Mindestmaß an Organisation aufweist und ihr ein Recht auf Betätigung als Vereinigung zustehen kann, BVerwG v. 21.01.2004, DVBl 2004, 713. Unter § 61 Nr. 2 VwGO fallen auch BGB-Gesellschaften; vgl. BVerwG v. 17.08.2004, BeckRS 2004, 25071; BGH v. 29.01.2001; BGHZ 146, 341.

56 In Betracht kommen Behörden sowohl im organisationsrechtlichen wie auch im verfahrensrechtlichen Sinn. Selbst dann ist aber eine Gemeindekasse keine Behörde; NWOVG v. 14.05.1985, NVwZ 1986, 761.

57 Dies ist geschehen: allgemein in Brandenburg (§ 8 I BbgVwGG); Mecklenburg-Vorpommern (§ 14 GOVG M-V); Nordrhein-Westfalen (§ 5 I AGVwGO) und im Saarland (§ 17 AGVwGO), nur für Landesbehörden in Niedersachsen (§ 8 I AGVwGO); Sachsen-Anhalt (§ 8 AGVwGO LSA) und Schleswig-Holstein (§ 6 I AGVwGO), für Bezirksregierungen bei Beanstandungsklagen in Rheinland-Pfalz (§ 17 II VwGO). Einzelheiten unten § 36 Rn. 27 ff.).

58 Vgl. *Kisker* Insichprozess und Einheit der Verwaltung, 1968; *Lorenz* AöR 93 (1968), 308; *Löwer* VerwArch 1977, 327 ff.; *Würtenberger* Rn. 664; *Kopp/Schenke* § 63 Rn. 7; *Redeker/v. Oertzen* § 63 Rn. 8; *Elbel* DVBl 2008, 432.

59 HessVGH v. 15.09.1992 – 2 UE 1371/89; SächsOVG v. 27.08.1998, NJW 1999, 2832 (Datenschutzbeauftragter); v. 03.11.1999, NVwZ-RR 2000, 728 (Frauenbeauftragte).

60 *Lerche* FS Knöpfle, 1996, S. 171 (172 f.); BWVGH v. 17.09.1984, NVwZ 1985, 284.

Das klassische *Beispiel* des Insichprozesses, der Streit zwischen Fiskus und Hoheitsträger,[61] geht freilich schon über den Binnenrechtsstreit hinaus.

Sind keine eigenen organschaftlichen Rechte oder Organwalterrechte der Beteiligten streitig, fehlt jedenfalls die Klagebefugnis.[62] Besteht eine gemeinsame administrative Entscheidungsspitze, die den Streit verbindlich entscheiden kann, mangelt es am Rechtsschutzbedürfnis.[63]

14 Bei den sonstigen verwaltungsrechtlichen *Organstreitigkeiten* steht demgegenüber das Zusammenspiel verschiedener Staatsorgane im Vordergrund (*körperschaftsexterne Organstreitigkeiten,* intersubjektive Rechtsstreitigkeiten).[64] Wie die Hauptbeispiele des Kommunalverfassungsstreits[65] und des Universitätsverfassungsstreits[66] zeigen, sind die Grenzen des körperschaftsinternen und -externen Organstreits fließend; die Durchsetzungsmacht der Organteile muss sich auch im Verhältnis zu den externen staatlichen Aufsichtsorganen durchsetzen. Dennoch lassen sich Organstreitigkeiten wie ganz allgemein der Innenrechtsstreit nicht zu einem eigenständigen Institut des Verwaltungsprozessrechts zusammenfassen.[67] Vielmehr ist ihren Besonderheiten bei den jeweiligen Sachurteilsvoraussetzungen Rechnung zu tragen.

## B. Prozessfähigkeit und gesetzliche Vertretung

15 *Prozessfähigkeit ist die Fähigkeit, einen Prozess selbst oder durch einen Bevollmächtigten zu führen.*[68] Als Sachurteils- und zugleich Prozesshandlungsvoraussetzung ist sie von Amts wegen zu prüfen. Eine Prüfpflicht besteht allerdings nur, wenn ernsthafte Zweifel an der (ggf. partiellen) Prozessfähigkeit eines Beteiligten auftauchen.[69]

Prozessfähig sind die nach bürgerlichem Recht (§§ 2, 104 ff. BGB) *Geschäftsfähigen* (§ 62 I Nr. 1 VwGO), ferner die nach bürgerlichem Recht (§§ 106, 114 BGB) *in der Geschäftsfähigkeit Beschränkten,* soweit sie durch Vorschriften des bürgerlichen oder öffentlichen Rechts[70] für den Gegenstand des Verfahrens als geschäftsfähig anerkannt sind (§ 62 I Nr. 2 VwGO). Die gesetzliche Vertretung prozessunfähiger natürlicher Personen richtet sich nach § 62 IV VwGO i.V.m. den §§ 53 bis 58 ZPO.

---

61 BVerwG v. 21.06.1974, BVerwGE 45, 207 = DÖV 1974, 817 m. Anm. *Naumann;* hierzu auch *Kisker* JuS 1975, 704 Vgl. auch NWOVG v. 16.04.1981, DVBl 1981, 1012 (Unzulässigkeit der Klage eines Rundfunkredakteurs gegen einen Beanstandungsbeschluss des WDR-Verwaltungsrats).

62 BVerwGE 47, 207 (209 f.); BWVGH v. 09.03.2004, DÖV 2004, 668. Zweifelnd *Schenke* Rn. 531.

63 BVerwG v. 06.11.1991, NJW 1992, 927; v. 28.03.1996, BVerwGE 101, 47 (50); VG Berlin v. 06.11.2002 – VG 1 A 122.01.

64 *Hoppe* Organstreitigkeiten vor den Verwaltungs- und Sozialgerichten, 1970; *Buchwald* Der verwaltungsgerichtliche Organstreit, 1998.

65 Vgl. *Bleutge* Der Kommunalverfassungsstreit, 1969; *Martensen* JuS 1995, 989; *Erichsen/Biermann* Jura 1997, 157; NWOVG v. 12.11.1991, DVBl 1992, 444.

66 Zum Binnenrechtsstreit: *Heinrich* Verwaltungsrechtliche Streitigkeiten im Hochschulzinnenbereich, 1975; BVerwG v. 22.02.1974, BVerwGE 45, 39 (Fachbereichsrat); BWVGH v. 16.07.1969, VerwRspr 21, 251 (Fakultät); NWOVG v. 31.05.1968, DVBl 1968, 709; BWVGH v. 23.07.1986, DVBl 1986, 705; BayVGH v. 09.11.1979, BayVBl 1980, 300 (Studentenschaft).

67 Das mindert nicht den Wert entsprechender Bemühungen; vgl. *Bauer/Krause* JuS 1996, 411, 512; *Erichsen* FS Menger, S. 211; *Würtenberger* Rn. 662 ff.

68 *Redeker/v. Oertzen* § 62 Rn. 1; *Bier* VwGO § 62 Rn. 2.

69 *Beispiel:* BWStGH v. 17.10.1997, VBlBW 1998, 55 (»Staatsoberhaupt des Staates United Kingdom Cosmos World«). Zur Bestellung eines besonderen Vertreters für den partiell nicht prozessfähigen Kläger durch den Vorsitzenden NWOVG v. 14.01.1997, NVwZ-RR 1998, 406. Ausnahmsweise kann das Gericht auch ohne einen Sachverständigen über die Prozessunfähigkeit befinden; HessVGH, v. 27.06.1995, DVBl 1996, 112.

70 Z.B. §§ 19 III, 32 ff. WPflG; § 10 I Nr. 4 FeV; § 80 AufenthG; § 12 I AsylVfG.

*Betreute* sind grundsätzlich prozessfähig. Betrifft der Einwilligungsvorbehalt nach § 1903 BGB den Streitgegenstand des Verwaltungsprozesses, kann der Betreuer jederzeit das Verfahren an sich ziehen und den Betreuten damit prozessunfähig machen. Nach § 62 II VwGO bleibt der Betreute aber insoweit prozessfähig, als er nach den Vorschriften des bürgerlichen Rechts ohne Einwilligung des Betreuers handeln kann oder durch Vorschriften des öffentlichen Rechts als handlungsfähig anerkannt ist.[71] Zulässig sind insbesondere Verfahrenshandlungen, die dem Betreuten lediglich einen rechtlichen Vorteil bringen (z.B. Akteneinsicht).

Für die immer prozessunfähigen juristischen Personen, nichtrechtsfähigen Personenvereinigungen und beteiligungsfähigen Behörden handeln die gesetzlichen Vertreter und Organe bzw. der Behördenvorstand oder ein besonderer Beauftragter (§ 62 III VwGO).

Vor dem BVerwG und dem OVG muss sich nach § 67 I 1 VwGO jeder Beteiligte durch einen Rechtsanwalt oder Rechtslehrer an einer deutschen Hochschule im Sinne des HRG mit Befähigung zum Richteramt (hierzu Rn. 20) als Bevollmächtigten *vertreten* lassen. 16

Dass auch der Rechtsanwalt grundsätzlich bei einem deutschen Gericht zugelassen sein muss (§§ 18 ff. BRAO), versteht sich von selbst.[72] Rechtsanwälte, die in einem anderen EU-Mitgliedstaat niedergelassen sind, dürfen nur im Einvernehmen – dann aber selbständig – mit einem Rechtsanwalt handeln, der bei einem deutschen Gericht zugelassen ist (vgl. § 28 I EuRAG). Angesichts der großen Anzahl der in Betracht kommenden Rechtsanwälte dürfte sich auch bei geringen Streitwerten die Situation des »Nicht-Findens« eines zur Vertretung bereiten Rechtsanwalt i.S.v. § 173 VwGO i.V.m. § 78 b I ZPO praktisch nicht ergeben. Der Wunsch, von einem Fachanwalt für Verwaltungsrecht vertreten zu werden, rechtfertigt jedenfalls nicht die Beiordnung eines Notanwalts.[73] Die Notwendigkeit der Beiordnung eines Rechtsanwalts stellt sich auch unter Berücksichtigung des Prinzips der Rechtsschutzgleichheit in dem Amtsermittlungsgrundsatz unterworfenen Verwaltungsprozess in aller Regel nicht.[74]

Der Vertretungszwang erstreckt sich nach § 67 IV 2 VwGO auch auf Verfahrensabschnitte, die nicht oder nicht vollständig vor dem BVerwG oder OVG ablaufen. Dahinter steht die gesetzgeberische Absicht, auch in den Nebenverfahren durch sachkundige Vertretung einen zügigen und konzentrierten Verfahrensablauf sicherzustellen.[75] Deshalb wurde eine qualifizierte Vertretung für *alle* Beschwerden und sonstigen Nebenverfahren, bei denen in der Hauptsache Vertretungszwang besteht, mit Ausnahme der Beschwerden gegen Beschlüsse im PKH-Verfahren, eingeführt. Nur eine weite Auslegung entspricht daher dem, wenn auch undeutlich zum Ausdruck gebrachten Willen des Gesetzgebers.[76]

Ausführungen eines nicht postulationsfähigen Beteiligten können vom Vertretungsbefugten nur nach eigenständiger rechtlicher und tatsächlicher Überprüfung vorgenommen werden.[77]

Ein Hinweis auf den Vertretungszwang in der Rechtsmittelbelehrung ist sinnvoll, wenn auch nicht zwingend geboten.[78]

---

71 Vgl. insgesamt *Laubinger/Repkewitz* VerwArch 1994, 86.
72 Vgl. BVerwG v. 15.06.1998, DVBl 1999, 94. Begrenzte Ausnahmen bestehen lediglich für ausländische Rechtsanwälte aus Mitgliedstaaten der EU; vgl. hierzu EuGH v. 25.02.1988, NJW 1988, 887.
73 NWOVG v. 05.06.2003, NJW 2003, 2624.
74 Nicht so weitgehend BVerfG, KB v. 18.03.2003, NJW 2003, 2668.
75 BT-Drucks. 14/6854, S. 1.
76 BWVGH v. 23.09.2003, VBlBW 2004, 31; RhPfOVG v. 01.03.2004, DÖV 2004, 623. Nicht überzeugend zum (abgelehnten) Vertretungszwang für ein Ablehnungsgesuch NdsOVG v. 28.11.2008, NJW 2009, 387 sowie zum Streitwertbeschwerdeverfahren NWOVG, NVwZ 2009, 123.
77 BWVGH v. 01.10.1998, NVwZ 1999, 205; v. 22.01.1999, DVBl 1999, 474.
78 BayVGH v. 06.03.1998, BayVBl 1998, 379; DÖV 2003, 168 (169).

*Behörden* und *juristische Personen des öffentlichen Rechts einschließlich der von ihnen zur Erfüllung ihrer öffentlichen Aufgaben gebildeten Zusammenschlüssen* können sich auch durch eigene Beschäftigte mit der Befähigung zum Richteramt oder durch Beschäftigte mit entsprechender Qualifikation anderer Behörden oder juristischer Personen des öffentlichen Rechts einschließlich der von ihnen zur Erfüllung ihrer Aufgaben gebildeten Zusammenschlüsse vertreten lassen. Der weite Wortlaut bedarf der teleologischen Reduktion. Ein behördlicher Jeder für Jeden kann nicht gemeint sein und würde gegen die organisatorische Gewaltenteilung verstoßen. Wie bisher ist es lediglich möglich, dass sich etwa Gebietskörperschaften auch durch Beschäftigte mit Befähigung zum Richteramt der zuständigen Aufsichtsbehörde oder des kommunalen Spitzenverband des Landes, dem sie als Mitglied angehören, vertreten lassen. Ähnliche organisatorische Verflechtungen sind generell erforderlich.

Behördenvertreter in diesem Sinn sind aber grundsätzlich nur Bedienstete der am Verfahren beteiligten Behörde.[79] Ausnahmsweise kommen auch Bedienstete einer anderen Behörde in Betracht, wenn sie eine vergleichbare Sachnähe zu den Fragen aufweisen, die Gegenstand des anhängigen Verfahrens sind.[80]

Unter Zugrundelegung des Kriteriums der besonderen Fachkunde gewährt § 67 II 2 Nr. 1 bis 7 VwGO bestimmte bereichsspezifische Erleichterungen zugunsten weiterer Berufsgruppen (namentlich von Interessenvertretern/Gewerkschaftsfunktionären,[81] Steuerberatern, Wirtschaftsprüfern). Das Vertretungsmonopol der Einheits- bzw. Volljuristen wurde damit weiter ausgehöhlt. Das liegt im Trend. In sich stimmig ist diese Konzeption dennoch nicht. Ein Jedermann-Vertretungsrecht trägt nicht dazu bei, dass den höheren Gerichten nur ein gesichteter Streitstoff vorgetragen wird.

Vor dem VG können die Beteiligten den Rechtsstreit regelmäßig selbst führen; Prozess- und Postulationsfähigkeit fallen zusammen. Möglich ist aber auch die Vertretung durch einen Bevollmächtigten oder die Beiziehung eines Beistands (§ 67 II VwGO).

**17** Der *Prozessvollmacht* (§ 67 VI VwGO), die durch den Tod das Vollmachtgebers nicht erlischt, sondern für den Erben fortwirkt[82] kommt erhebliche praktische Bedeutung zu. Die Vorlage einer schriftlichen Vollmacht ist im Verwaltungsprozess anders als im Zivilprozess (§ 80 ZPO) nicht nur Beweismittel für das Bestehen der Vertretungsbefugnis, sondern wesentliches Formerfordernis, ohne das die Vollmacht als Verfahrens- oder Prozessvollmacht nicht zur Entstehung gelangt.[83] Umgekehrt genügt für das Erlöschen der Prozessvollmacht nicht allein der Widerruf des Auftragsverhältnisses. Vielmehr ist noch die Anzeige an das Gericht erforderlich.[84]

**18** Der Mangel der Vollmacht kann in jeder Lage des Verfahrens geltend gemacht werden. Der Mangel ist von Amts wegen zu berücksichtigen, wenn nicht als Bevollmächtigter ein Rechtsanwalt auftritt (§ 67 VI 2 VwGO).

---

79 BVerwG v. 15.12.1994, NVwZ-RR 1995, 548. Der Behördenleiter darf die Schriftsätze nur unterzeichnen, wenn er selbst die geforderte Befähigung besitzt; BVerwG v. 01.10.1998, NVwZ 1999, 762.

80 BVerwG v. 28.06.1995, NVwZ-RR 1996, 121; RhPfOVG v. 15.04.1997, NVwZ 1998, 205; SHOVG v. 22.09.1997, NVwZ 1999, 784; zur Generalvollmacht für die Aufsichtsbehörde BVerwG v. 16.07.1998, VIZ 1998, 626; zur Prozessvertretung der PostAG BayVGH v. 01.04.1998, NJW 1999, 442.

81 Zur Zulassung von Mitgliedern und Angestellten von Gewerkschaften als Prozessbevollmächtigte vor dem OVG in Angelegenheiten, die Rechtsverhältnisse i.S.v. § 52 Nr. 4 VwGO betreffen *Kienemund* NJW 2002, 1231 (1236 f.). Kammerrechtsbeistände sind nicht vertretungsbefugt, NWOVG v. 07.11.2008, NJW 2009, 386.

82 § 173 VwGO i.V.m. § 86 ZPO; vgl. BVerwG v. 27.06.2002, NJW 2003, 157.

83 Zu den formalen Anforderungen BFH v. 29.07.1997, NVwZ 1998, 216; *Kummer* FS Krasney, 1997, S. 277 ThürOVG v. 20.05.1998, LKV 1999, 148.

84 BerlOVG v. 27.07.1976, NJW 1977, 1167.

Die Vollmachtsurkunde ist schriftlich zu den Gerichtsakten einzureichen (§ 67 VI 1 VwGO). Sie kann nachgereicht werden. Eine einstweiligen Zulassung des vollmachtlosen Vertreters (vgl. § 89 ZPO) bedarf es nicht. Wird jedoch die Vollmacht nicht nachgereicht, ist die Klage durch Prozessurteil als unzulässig abzuweisen. Die Rechtskraft der Entscheidung erstreckt sich dann nur auf die Unzulässigkeit der Klage wegen Fehlens der Prozessvollmacht, so dass der angeblich Vertretene an einer neuen Klage nicht gehindert wird.

Eine nachträgliche Genehmigung einer ohne Vollmacht erhobenen Klage ist auch dann möglich, wenn die Vollmacht nach Ablauf der Klagefrist erteilt wurde.[85]

Legt der vollmachtlose Vertreter ein *Rechtsmittel* ein, kann nach § 89 II ZPO der Mangel der Vollmacht bei Einlegung des Rechtsmittels durch Genehmigung des Vertretenen, z.B. durch nunmehrige Erteilung der Prozessvollmacht, ebenfalls mit ex-tunc-Wirkung geheilt werden.[86] Rückwirkende Heilung setzt eine Schwebelage voraus. Diese besteht nur, wenn wegen fehlender Vollmacht noch kein Prozessurteil ergangen war oder die Prozessvollmacht vor Erlas des (dann zu Unrecht ergangenen) Prozessurteils vorlag. Nach Ansicht des GmSOGB kann daher die Prozessführung nach Erlass des die Klage als unzulässig verwerfenden Prozessurteils nicht mehr rückwirkend genehmigt werden.[87]

Häufig wird ferner übersehen, dass die Einlegung der Revision, die Nichtzulassungsbeschwerde, die Beschwerde in den Fällen des § 99 II 12 VwGO und § 17 a IV 4 GVG, der Antrag auf Zulassung der Berufung sowie der Antrag auf Zulassung der Beschwerde dem Anwaltszwang unterliegen. Das bedeutet, dass die Vollmacht innerhalb der für diese Rechtsmittel vorgesehenen Fristen vorgelegt werden muss. Durch eine nachgereichte Vollmacht lässt sich hier die Fristversäumnis nicht heilen. Der Antrag auf Verlängerung einer Frist hat dasselbe Gewicht wie die innerhalb der Frist vorzunehmende Prozesshandlung, unterliegt also ebenfalls dem Vertretungszwang. Der Mangel in der Vertretung führt aber nicht zur Unwirksamkeit einer gleichwohl durch das Gericht verfügten Fristverlängerung.[88]

Der vollmachtlose Vertreter hat nach § 173 VwGO i.V.m. § 89 I ZPO die *Kosten* zu tragen, sofern nicht die Klage oder das Rechtsmittel vom Beteiligten selbst erhoben wurde.

Die Anordnung ergeht durch Beschluss, der die Unfähigkeit des Beteiligten zu sachgemäßem Vortrag voraussetzt und nach den §§ 146 ff. VwGO angefochten werden kann.[89]

Der Vertretungszwang nach § 67 I VwGO führt immer wieder zu standespolitischen **19**
Kontroversen. Auszugehen ist vom *Anwaltszwang.* Dieser dient namentlich in der Rechtsmittelinstanz der sachkundigen Erörterung von Rechtsfragen – damit den Erfordernissen einer geordneten Rechtspflege und dem Rechtsschutzinteresse der Betroffenen – und ist schon allein deswegen verfassungsmäßig.[90] Rechtliches Gehör muss folgerichtig primär den Prozessbevollmächtigten gewährt werden.

---

85 BVerwG (6. Senat) v. 21.01.2004, DVBl 2004, 713 gegen BVerwG (4. Senat) v. 25.03.1996, Buchholz 310 § 67 VwGO Nr. 85, S. 6.

86 HbgOVG v. 01.12.1997, NordÖR 1998, 248.

87 Beschl. v. 17.04.1984, BVerwGE 69, 380.

88 BVerwG v. 22.04.2002, DÖV 2003, 125.

89 BWVGH v. 06.12.1973, NJW 1974, 764; BayVGH v. 24.06.1974, BayVBl 1974, 503. Die Beschwerde ist auch der gebotene Rechtsbehelf gegen Beschlüsse, durch die der Prozessbevollmächtigte oder der Beistand eines Beteiligten vom verwaltungsgerichtlichen Verfahren ausgeschlossen wird; vgl. OVG Lüneburg – III OVG B 121/76; Eyermann/*J. Schmidt* § 67 Rn. 16; a.A. OVG Lüneburg v. 11.07.1974, RdL 1974, 331.

90 BVerwG v. 30.01.1980, NJW 1980, 1706; BAG v. 18.10.1990, NJW 1991, 1252 (1253); *Urbanczyk* ZZP 95, 339 (356); vgl. auch BVerfG v. 12.01.1960, BVerfGE 10, 264.

Das Recht eines dem Vertretungszwang unterworfenen Beteiligten, sich selbst zu äußern (§ 173 VwGO i.V.m. § 137 IV ZPO), welches nicht nur die Anwesenheit des Beteiligten, sondern auch die des Prozessvertreters voraussetzt, ist nur eine einfachrechtliche Verfahrensgewährleistung ohne Verfassungsrang.[91]

20 Dass *Rechtslehrer an einer deutschen Hochschule* Bevollmächtigte sein können, versteht sich in komplizierten rechtlichen Auseinandersetzungen, insbesondere im Revisionsverfahren und in Verfahren erstinstanzlicher Zuständigkeit von BVerwG oder OVG, aus der Natur der Sache. Schließlich zählt die wissenschaftliche Durchdringung von Rechtsfragen zu den Hauptaufgaben eines Hochschullehrers, die sich ohne ständigen Kontakt mit der Praxis gar nicht erfüllen lassen. Im Übrigen sind Hochschullehrer ohne forensische Erfahrungen auch im Hörsaal reichlich deplatziert. Hält man sich die ratio legis vor Augen, dürfte klar sein, dass mit »Rechtslehrer an einer deutschen Hochschule« nur Hochschullehrer (und -lehrerinnen) gemeint sein können, die eigenverantwortlich das öffentliche Recht zu vertreten haben (Professoren im Hauptamt, Honorarprofessoren, Privatdozenten, Juniorprofessoren, nicht jedoch wissenschaftliche Mitarbeiter und Lehrbeauftragte).[92]

## C. Prozessführungsbefugnis

21 Die Prozessführungsbefugnis klärt, unter welchen Beteiligten der Rechtsstreit auszutragen ist. Zu unterscheiden sind aktive und passive Prozessführungsbefugnis.

22 Die *aktive Prozessführungsbefugnis* steht demjenigen zu, der für sich Rechtsschutz vor den Gerichten begehren kann.[93] Im Verwaltungsprozess ist sie im wesentlichen ein Problem der Anfechtungs- und Verpflichtungsklage und des Normenkontrollverfahrens. Die dort Klage- bzw. Antragsbefugnis genannte Prozessführungsbefugnis wird daher nach der Bestimmung der Klagearten behandelt, zumal sich insoweit die allgemeinen an den ausdrücklich geregelten spezielleren Klagearten orientieren.

23 Die *passive Prozessführungsbefugnis* beantwortet die Frage, gegen wen eine Klage zu richten ist oder wer der zutreffende Antragsgegner ist. Sie wird überwiegend mit der *Passivlegitimation* vermengt (Rn. 25), die mit dieser Fragestellung aber nichts zu tun hat. Die Passivlegitimation betrifft vielmehr die Begründetheit der Klage. Demgegenüber hängt die passive Prozessführungsbefugnis von der Beteiligtenfähigkeit ab. Fehlt sie, müssen Klage oder Antrag als unzulässig abgewiesen werden.

24 § 78 I VwGO regelt insgesamt die passive Prozessführungsbefugnis, also die *Zulässigkeit* der Klage.[94] Bei Rechtsschutzbegehren gegen Behörden gilt hier grundsätzlich das Rechtsträgerprinzip (§ 78 I Nr. 1 VwGO),[95] sofern nicht – wie etwa nach § 78 I Nr. 2 VwGO – das Behördenprinzip ausdrücklich vorgesehen ist.

---

91 BVerwG v. 03.08.1983, NJW 1984, 625. Die fehlende Postulationsfähigkeit darf auch nicht dadurch umgangen werden, dass ein Rechtsanwalt vom Kläger verfasste und eigenhändig unterschriebene Klage- oder Rechtsmittelschriften durch Firmenstempel und seinerseitige Unterschrift absegnet; vgl. BWVGH v. 14.04.1998, NVwZ 1998, 753.

92 BVerwG v. 16.10.1970, NJW 1980, 2314; *Kopp/Schenke* § 67 Rn. 5. Lehrbeauftragte gehören nicht zum Lehrkörper der Hochschule. Lehraufträge können zum Semesterende frei widerrufen werden. Die Vollmacht würde dadurch automatisch erlöschen.

93 Zur Prozessführungsbefugnis im Elternstreit über den Schulwechsel des gemeinsamen Kindes NWOVG v. 28.01.2008, NJW 2008, 1755.

94 *Jestaed* NWVBl 1989, 45; *Ehlers* FS Menger, S. 381; Schoch/Schmidt-Aßmann/Pietzner/*Meissner* § 78 Rn. 4 ff.; *Schenke* Rn. 546; *Hufen* § 12 Rn. 39 ff.

95 Handeln Gemeinden im übertragenen Wirkungskreis, sind sie Rechtsträger und damit passiv prozessführungsbefugt; BVerwG v. 24.06.1993, DVBl 1993, 1053 (1054).

Nach dem *Rechtsträgerprinzip* ist richtiger Beklagter diejenige juristische Person des öffentlichen Rechts, für die die jeweilige Behörde gehandelt hat (funktionelle Sichtweise). Wer Rechtsträger der handelnden Behörde ist, bestimmt sich nach dem jeweiligen Bundes- und Landesorganisationsrecht. Bei der *Bundesauftragsverwaltung* trifft im Außenverhältnis nur der »Auftragnehmer« in Erscheinung. Richtiger Beklagter ist daher das Land oder die Selbstverwaltungskörperschaft, deren Behörden das Bundesrecht vollziehen.[96] Bei *kommunalen Behörden* ist dagegen zu unterscheiden. Stehen hinter einer Behörde mehrere Rechtsträger, hat etwa eine Behörde eine Doppelfunktion wie in einzelnen Bundesländern die Landratsämter oder Kreisverwaltungen als untere staatliche Behörde oder Behörde des Kreises, kommt es für die Bestimmung des Rechtsträgers darauf an, für wen die Behörde unabhängig vom Wirkungskreis gehandelt hat.[97] Ist bei Gemeinden und kreisfreien Städten eine Behörde ausschließlich diesem Rechtsträger zugeordnet, ist die Gebietskörperschaft immer richtiger Beklagter. Dabei spielt es keine Rolle, ob die handelnde Behörde in Selbstverwaltungsangelegenheiten, Auftragsangelegenheiten oder als staatliche Verwaltungsbehörde tätig geworden ist. Hat die Rechtsaufsichtsbehörde im Außenverhältnis im Wege der Ersatzvornahme eine Entscheidung getroffen oder unterlassen, so ist die Klage des Betroffenen und ggf. der Gemeinde gegen den Träger der Rechtsaufsichtsbehörde zu richten.[98] Bei der Organleihe und der Beleihung[99] ist der Rechtsträger des Verleihers der richtige Beklagte.[100] Entsprechend ist bei der Amtshilfe der Rechtsträger der ersuchten Behörde zu verklagen.

Das *Behördenprinzip* ist als Ermächtigung für den Landesgesetzgeber ausgestaltet. Von der Ermächtigung Gebrauch gemacht haben für alle Behörden Brandenburg (§ 8 BbgVwGG), Nordrhein-Westfalen (§ 5 II 1 NWAGVwGO,[101] das Saarland (§ 19 Saarl-AGVwGO) und Mecklenburg-Vorpommern (§ 14 II AGGerStG MV), für landesunmittelbarer Behörden Niedersachsen (§ 8 NAGVwGO), Sachsen-Anhalt (§ 8 AGVwGO LSA) und Schleswig-Holstein (§ 6 AGVwGO). Der Bund kann Sonderegelungen auf der Grundlage von Art. 74 Nr. 1 GG treffen. § 78 I Nr. 2 VwGO regelt unstreitig die passive Prozessführungsbefugnis.

Klagegegenstand ist zwar regelmäßig der ursprüngliche VA, in der Gestalt des Widerspruchsbescheids (§ 79 I Nr. 1 VwGO). Richtiger Beklagter ist dennoch der Rechtsträger der Ausgangsbehörde. Nur wenn der Widerspruchsbescheid *erstmalig* eine Beschwer enthält, ist die Klage gegen den Rechtsträger der Widerspruchsbehörde bzw. sofern das Behördenprinzip gilt gegen die Widerspruchsbehörde selbst zu richten (§ 78 II VwGO). Fallen der Rechtsträger der Ausgangs- und Widerspruchsbehörde auseinander, stimmen aber Ausgangs- und Widerspruchsbescheid überein, verteidigt der Rechtsträger der Ausgangsbehörde im Verwaltungsrechtsstreit in einer Art Prozessstandschaft den Widerspruchbescheid mit. Der Rechtsträger des ggf. aufzuhebenden Widerspruchsbescheids ist am Verwaltungsrechtsstreit nicht beteiligt.[102]

96 Vgl. BVerwG v. 15.04.1977, BVerwGE 52, 226.
97 BWVGH v. 02.01.2006, BeckRS 2006, 20467.
98 Beck-OK, VwGO/*Kintz* § 78 Rn. 25; a.A. *Diewald* BayVBl 2006, 40.
99 Anders die h.M. vgl. Beck-OK, VwGO/*Kintz* § 78 Rn. 31.
100 BVerwG v. 03.03.1989, NVwZ-RR 1990, 44.
101 Hierzu NWOVG v. 07.12.1988, DÖV 1989, 594; v. 26.04.1989, NVwZ 1990, 188.
102 BGH v. 07.02.2008, BGHZ 175, 221 (227).

In intrasubjektiven Organstreitigkeiten gilt *keines d*er beiden Prinzipien. Vielmehr ist Klage gegen das Organ (bzw. gegen seinen Vorsitzenden) zu richten, dessen Maßnahmen angegriffen werden.[103]

**25** Die h.M. betrachtet 78 I Nr. 1 VwGO entweder – gegen Gesetzeswortlaut und Systematik – von vornherein als Regelung der Passivlegitimation[104] oder wenigstens als Regelung der passiven Prozessführungsbefugnis (i.e.S) *und* zugleich der Passivlegitimation. Offenbar um zu vermeiden, dass dann der Frage des »richtigen« Beklagten oder Antragsgegners redundant nachgegangen werden muss, schlägt *Würtenberger* eine Prüfung der Passivlegitimation in einem »Doppelschritt« vor: Zunächst sei nach dem Rechtsträgerprinzip jene juristische Person zu ermitteln, der die Behörde nach Organisationsrecht angehöre, die den angefochtenen VA erlassen oder den begehrten VA unterlassen habe.[105] Sodann sei zu klären, ob der beklagte Rechtsträger auch materiell-rechtlich aus dem streitigen Rechtsverhältnis verpflichtet sei.[106] Genau das ist die korrekte Vorgehensweise; nur gehört der erste Schritt in die Zulässigkeits-, der zweite Schritt in die Begründetheitsprüfung.

Entgegen der h.L. ist § 78 I Nr. 1 VwGO nicht überflüssig, wenn man ihn nicht als Regelung der Passivlegitimation uminterpretiert. Er hat vielmehr Filterfunktion v.a. für unzulässige Anfechtungsklagen, die keinen Suspensiveffekt entfalten.

---

103 *Würtenberger* Rn. 686. Für die Feststellungsklage eines Bürgerbegehrens RhPfOVG v. 06.02.1996, NVwZ-RR 1997, 241. Die Zuweisung einer Assistentenstelle an einen Lehrstuhl ist *kein* Organstreit, so dass hier wieder das Rechtsträgerprinzip zum Tragen kommt; BayVGH v. 19.09.1996, DÖV 1997, 79.

104 BVerwG v. 03.03.1989, NVwZ-RR 1990, 44; v. 28.02.2002; BVerwGE 116, 75 (83); wohl abweichend v. 28.11.2002, NJW 2003, 1753 (1754); BayVGH v. 22.08.1989, BayVBl 1990, 312; v. 19.09.1996, DÖV 1997, 79; BezG Dresden v. 22.01.1992, LKV 1992, 334; Eyermann/*Happ* § 78 Rn. 1; *Schmitt Glaeser/Horn* Rn. 2387.

105 Das ist im Verhältnis der unmittelbaren zur mittelbaren Staatsverwaltung häufig schwierig. So ist zweifelhaft, ob in Sachsen die bis zum 31.07.1993 bestehende »Janusköpfigkeit« der Landratsämter durch die SächsLKrO vollständig beseitigt wurde (vgl. § 2 V SächsLKrO); so jedenfalls SächsOVG v. 01.12.1997, SächsVBl 1998, 67; v. 09.03.1998, SächsVBl 1988, 199.

106 Rn. 596 f.

# § 8 Statthaftigkeit der Klage- und Verfahrensart (Überblick)

## A. Allgemeines

Die Statthaftigkeit eines Rechtsbehelfs hängt von der Wahl der richtigen Rechtsschutzform ab. Die VwGO gewährt Rechtsschutz nur im Rahmen bestimmter Klage- und Antragsarten. Hierbei regelt die VwGO die Klage- und Antragsarten im Einzelnen nicht abschließend, sondern beschäftigt sich näher nur mit speziellen Klage- und Antragstypen. Darin liegt kein Bekenntnis zum überholten Enumerationsprinzip.[1] Aus § 40 VwGO folgt eindeutig, dass auch *atypische* bzw. nicht ausdrücklich geregelte *(allgemeine) Klagearten* statthaft sein können. 1

Ganz allgemein liegt auch der VwGO die *Unterscheidung von Leistungs-, Gestaltungs- und Feststellungsklagen* zugrunde (§ 43 II 1 VwGO).[2] Die Leistungsklage zielt auf die Durchsetzung eines subjektiven Rechts, die Gestaltungsklage auf Veränderung, die Feststellungsklage auf Klärung eines Rechtsverhältnisses. Im Verwaltungsprozess steht die Gestaltungsklage im Vordergrund des Interesses. Verändert werden sollen häufig Rechtsverhältnisse, die maßgeblich durch VAe geprägt sind. Von daher ist es verständlich, dass die VwGO Gestaltungs- und Leistungsklagen typisierend nur behandelt, soweit diese sich auf einen VA beziehen. Die (allgemeine) Feststellungsklage ist demgegenüber ausdrücklich geregelt. Ein Unterfall der Feststellungsklage ist das Normenkontrollverfahren nach § 47 VwGO. Elemente aller drei Klagearten vereinigt die Fortsetzungsfeststellungsklage. 2

Zur effektiven Durchsetzung des jeweiligen Klagebegehrens sowie der beantragten Normenkontrolle stellt die VwGO außerdem noch bestimmte Verfahren zur Erlangung vorläufigen Rechtsschutzes zur Verfügung, auf die später in Teil 4 noch ausführlich eingegangen wird. 3

## B. Vorbeugender Rechtsschutz

Der vorbeugende Rechtsschutz ist zwar – wie sich beim Rechtsschutzbedürfnis zeigt – eine besondere Form des Rechtsschutzes, erfordert jedoch keine spezifischen Klage- oder Antragsarten. Er kommt seiner Natur nach nur bei Leistungs- und Feststellungsklagen in Betracht (vgl. Schaubild 8) und kann insoweit auch mit dem vorläufigen Rechtsschutz zusammentreffen. Mit seiner Hilfe soll nicht gestaltet, sondern allenfalls eine Gestaltung verhindert werden. 4

Dieser Gesichtspunkt wird oft ungenügend beachtet. So werden Klagen in mehrstufigen Verwaltungsverfahren irrig als Verlangen nach vorbeugendem Rechtsschutz qualifiziert oder die Möglichkeit eines vorbeugenden Widerspruchs[3] oder eines vorbeugenden Antrags im Normenkontrollverfahren[4] angedeutet.

---

1 Für ein bundesstaatliches Enumerationsprinzip im Ergebnis *Kopp/Schenke* Vorb. § 40 Rn. 5. Abgesehen davon, dass der Landesgesetzgeber für die Streitigkeiten nach § 40 I 2 VwGO a maiore ad minus auch die Organisation des Verfahrens vor den Verwaltungsgerichten regeln dürften (trotz BVerfG v. 30.10.1990, BVerfGE 83, 24 [30]), hat die Generalklausel mit der bundesstaatlichen Kompetenzverteilung nichts zu tun.

2 Allgemein zur Unterscheidung der drei Klagearten *Hufen* § 13.

3 Vgl. unten § 31 Rn. 4.

4 *Rasch* BauR 1977, 147 (150).

## C. Klagehäufung

5 Ähnlich wie die ZPO sieht § 44 VwGO eine Klageverbindung *(objektive Klagehäufung)* vor, wenn prozessual Identität der Beteiligten besteht, die Klagebegehren nach der allgemeinen Lebensanschauung im Zusammenhang stehen und dasselbe Gericht zuständig ist.[5] Zulässig ist auch die eventuelle Klagehäufung,[6] die insbesondere die Verbindung unterschiedlicher Klagearten ermöglicht. So können Anfechtungs- und Feststellungsklagen,[7] Anfechtungs- und Verpflichtungsklagen[8] oder eine Klage und der Normenkontrollantrag,[9] nicht jedoch mehrere Verpflichtungsklagen[10] miteinander verbunden werden.

Im Rechtsmittelverfahren kann sich die eventuelle Klagehäufung dahin gehend auswirken, dass über den Hilfsantrag erstmalig vom Rechtsmittelgericht entschieden wird, wenn dieses hinsichtlich des Hauptantrags von der Vorinstanz abweicht.[11]

---

5 Sind verschiedene Gerichte örtlich zuständig, ist aber wegen des engen Zusammenhangs des Klagebegehrens eine einheitliche gerichtliche Entscheidung nötig, ist § 53 I Nr. 3 VwGO anwendbar; NdsOVG v. 27.03.2003; NVwZ-RR 2003, 698.

6 Vgl. *Mehrle* ZZP 1970, 436.

7 BVerwG v. 26.02.1965, DÖV 1965, 350.

8 § 113 IV VwGO.

9 *Hufen* § 13 Rn. 19; a.A. BWVGH v. 08.01.1992, VBlBW 1992, 259 (260); Eyermann/*Rennert* § 44 Rn. 2; Schoch/Schmidt-Aßmann/Pietzner/*Pietzcker* § 44 Rn. 8; *Kopp/Schenke* § 44 Rn. 7. Zumeist scheitert die Klagehäufung an der Zuständigkeit desselben Gerichts. Wenn aber beispielsweise ein Bebauungsplan nach § 17b II FStrG einen Planfeststellungsbeschluss ersetzt und im Hinblick auf Schutzauflagen durch einen ergänzenden Planfeststellungsbeschluss vervollständigt wird, ist es nicht einzusehen, warum ein einheitlicher Lebensvorgang prozessual auseinander gerissen werden sollte.

10 HessVGH v. 25.02.1981, DVBl 1981, 1069.

11 **Beispiel:** BVerwG v. 15.04.1997, NVwZ 1997, 1132.

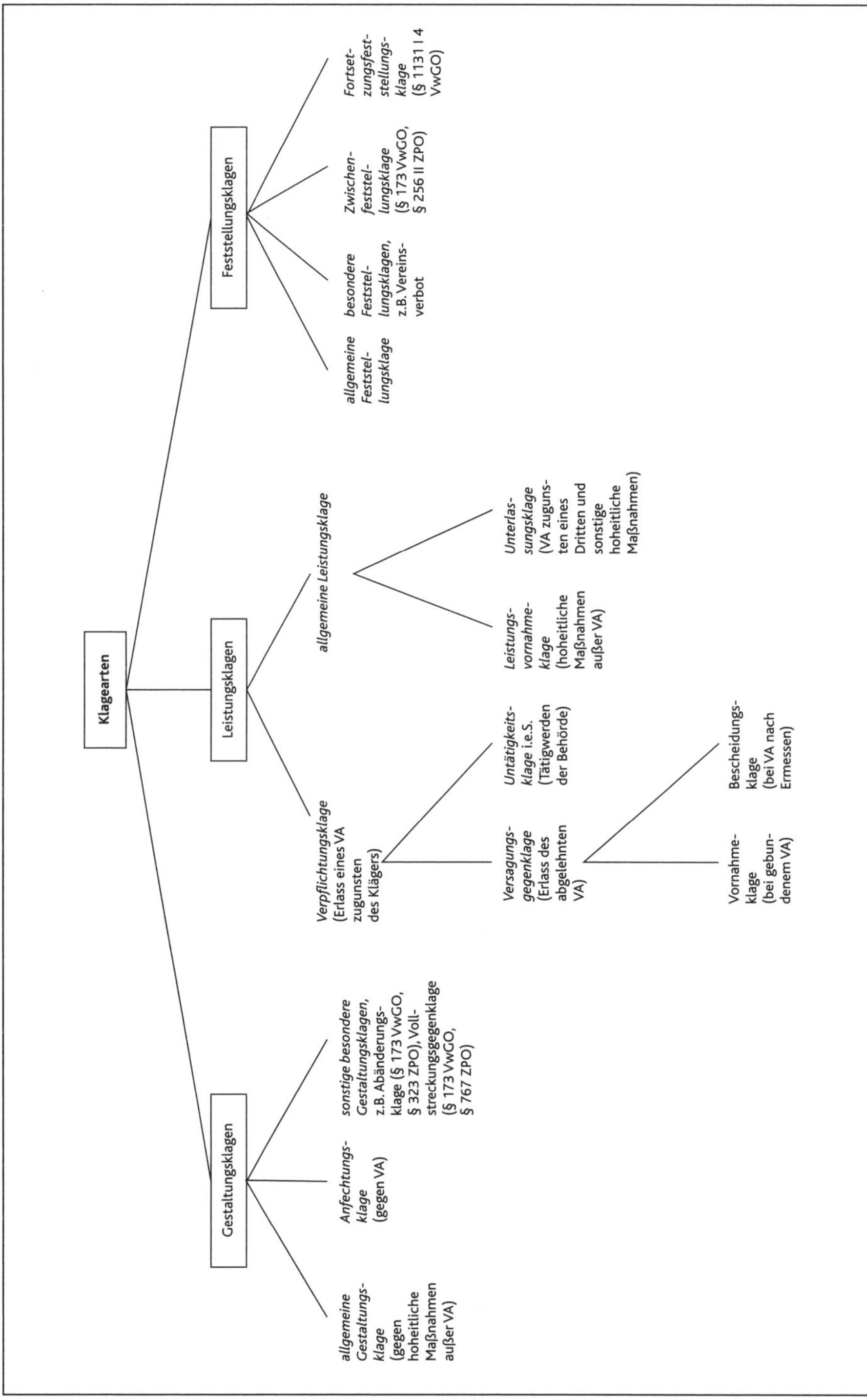
Klagearten
Gestaltungsklagen
Leistungsklagen
Feststellungsklagen
allgemeine Gestaltungsklage (gegen hoheitliche Maßnahmen außer VA)
Anfechtungsklage (gegen VA)
sonstige besondere Gestaltungsklagen, z.B. Abänderungsklage (§ 173 VwGO, § 323 ZPO), Vollstreckungsgegenklage (§ 173 VwGO, § 767 ZPO)
Verpflichtungsklage (Erlass eines VA zugunsten des Klägers)
allgemeine Leistungsklage
Versagungsgegenklage (Erlass des abgelehnten VA)
Untätigkeitsklage i.e.S. (Tätigwerden der Behörde)
Vornahmeklage (bei gebundenem VA)
Bescheidungsklage (bei VA nach Ermessen)
Leistungsvornahmeklage (hoheitliche Maßnahmen außer VA)
Unterlassungsklage (VA zugunsten eines Dritten und sonstige hoheitliche Maßnahmen)
allgemeine Feststellungsklage
besondere Feststellungsklagen, z.B. Vereinsverbot
Zwischenfeststellungsklage (§ 173 VwGO, § 256 II ZPO)
Fortsetzungsfeststellungsklage (§ 113 I 4 VwGO)

<table>
<tr><th colspan="8">Die zeitliche Dimension des gerichtlichen Rechtsschutzes</th></tr>
<tr><td rowspan="2">Normalfall:<br>*repressiver Rechtsschutz*</td><td colspan="2">Gestaltungsklagen</td><td colspan="2">Leistungsklagen</td><td colspan="2">Feststellungsklagen</td><td rowspan="2">Normenkontrollverfahren</td></tr>
<tr><td>*Anfechtungsklage*</td><td>*sonstige Gestaltungsklagen*</td><td>*Verpflichtungsklage*</td><td>*sonstige Leistungsklagen*</td><td>*allgemeine Feststellungsklage*</td><td>*sonstige Feststellungsklagen*</td></tr>
<tr><td>*vorläufiger Rechtsschutz*</td><td>§ 80 VwGO</td><td colspan="5">§ 123 VwGO</td><td>§ 47 VI VwGO</td></tr>
<tr><td>*vorbeugender Rechtsschutz*</td><td colspan="2">keine vorbeugende Gestaltungsklage (aber ausnahmsweise vorbeugende Leistungs- oder Feststellungsklage)</td><td colspan="2">vorbeugende Vornahmeklage oder vorbeugende Unterlassungsklage</td><td>vorbeugende Feststellungsklage</td><td colspan="2">kein vorbeugender Rechtsschutz</td></tr>
</table>

# § 9 Gestaltungsklagen

## A. Begriff und Erscheinungsformen

Die Gestaltungsklage ist in keiner Verfahrensordnung näher geregelt. Sie wurde im ausgehenden 19. Jahrhundert im zivilprozessualen Schrifttum entwickelt[1] und ist mittlerweile als eigenständige dritte Klageart neben den beiden überkommenen Klagearten der Leistungs- und Feststellungsklage anerkannt. Durch die Gestaltungsklage sollen Rechte geschaffen, verändert oder vernichtet werden. Im Interesse der Rechtssicherheit erfolgt die Rechtsgestaltung dabei erst nach einem Rechtsstreit vor Gericht. Mit Rechtskraft der Gerichtsentscheidung wird die materielle Rechtslage *unmittelbar* geändert. Während zur Durchsetzung von Leistungsurteilen grundsätzlich deren Vollstreckung betrieben werden muss,[2] birgt das Gestaltungsurteil die Vollstreckung »in sich«.[3] Hauptanwendungsfall der verwaltungsgerichtlichen Gestaltungsklage ist die in der VwGO ausdrücklich geregelte *Anfechtungsklage,* welche die Aufhebung oder Änderung eines VA zum Ziel hat. Die Anfechtungsklage prägt den Typ der verwaltungsprozessualen Gestaltungsklage. Daneben kennt die VwGO noch weitere *besondere*, aus der ZPO übernommene Gestaltungsklagen. Schließlich sollte – jedenfalls im Verwaltungsprozess – die *allgemeine* Gestaltungsklage anerkannt werden. 1

## B. Allgemeine Gestaltungsklage

### I. Entwicklung

Die allgemeine Gestaltungsklage[4] wurde in den ersten Auflagen dieses Buchs unter der Bezeichnung »atypische Anfechtungsklage« abgehandelt. 2

Die Bezeichnung »atypisch« wurde gewählt, weil für diese Form der Anfechtungsklage die besonderen Sachurteilsvoraussetzungen der »normalen«, gegen einen VA gerichteten Anfechtungsklage – der typischen Gestaltungsklage – nicht erforderlich sein und ihr deren spezifische Wirkungen (Suspensiveffekt) versagt bleiben sollten. Die Bezeichnung war aber von vornherein nur als Verlegenheitslösung gedacht. Sie wurde – trotz fehlender dogmatischer Ausformung der atypischen Anfechtungsklage – allein deswegen verwendet, weil das OVG Lüneburg in einer Entscheidung vom 23.11.1972[5] diese Klageform angedeutet hatte.

Auf Resonanz stießen derartige Anregungen nicht.

Repräsentativ war vielmehr die Ansicht des BWVGH, der das Klagesystem der VwGO für abschließend erklärte, zugleich aber zu dem Ergebnis gelangte, dass die Anfechtungsklage immer auf einen VA bezogen sein müsse.[6] Dem ist insoweit beizupflichten, als die Anfechtungsklage sich immer gegen einen VA richten muss, eben weil es sich um eine spezielle Klageform handelt. Was die abschließende Regelung der Gestaltungsklagen angeht, wurde indessen vom BWVGH die Frage nach der Regelungsbefugnis des

1 Soweit ersichtlich, wurde die Rechtsgestaltungsklage als selbständige Rechtsschutzform erstmals erwähnt von *v. Schrutka-Rechtenstamm* GrünhutsZ 16 (1889), 617 (619). *Flechtheim* Gruch. 44 (1900), 1885, sprach von Aufhebungsklagen, *Wach* Handbuch des Deutschen Civilprozeßrechts, Bd. 1, 1885, behandelte die Gestaltungsklage als Form der Leistungsklage.

2 Zu den nicht vollstreckbaren Leistungsklagen § 888 III ZPO.

3 *Grunsky* § 38 II 3.

4 *Strahl* Die allgemeine Gestaltungsklage als Klageart im Verwaltungsprozess, Diss. Bonn 1987; *Schwarplys* Die allgemeine Gestaltungsklage als Rechtsschutzform gegen verwaltungsinterne Regelungen, 1996; *Felix/Schwarplys* ZBR 1996, 53; *Grupp* FS Lüke, 1997, S. 207.

5 DVBl 1973, 151 (156).

6 Urt. v. 26.10.1972, BaWüVBl 1983, 137. Zu den Regelungsmöglichkeiten des Landesgesetzgebers *Preusche* NVwZ 1987, 854 (855): offengelassen von SaarlOVG v. 29.11.1985, NVwZ 1987, 914.

Landesgesetzgebers im Bereich des Verwaltungsprozessrechts mit der Auslegung der §§ 40 ff. VwGO durcheinander geworfen.

3 Wie § 40 VwGO zeigt, ist das System der in der VwGO ausdrücklich behandelten Klagen nicht in sich geschlossen. Insbesondere ist seit Inkrafttreten der VwGO die Argumentation »kein VA, also keine Klage« endgültig überholt.[7] Die Generalklausel des § 40 VwGO lässt zwar eine Kategorienbildung der Klagearten zu; denn die drei Kategorien der Leistungs-, Gestaltungs- und Feststellungsklagen erfassen lückenlos alle Rechtsschutzbegehren in verwaltungsrechtlichen Streitigkeiten. Eine über diese Kategorisierung hinausgehende restriktive Interpretation der Generalklausel würde aber nicht nur gegen Sinn, Zweck und Entstehungsgeschichte von § 40 VwGO, sondern auch gegen Art. 19 IV GG verstoßen.[8]

Wer beispielsweise wegen mangelnder Eignung (Mitgliedschaft in einer extremistischen Partei) nicht in den öffentlichen Dienst aufgenommen wurde, kann versuchen, bei einem anderen öffentlichen Dienstherrn unterzukommen. Dies verhindern sog. schwarze Listen, die bei manchen Einstellungsbehörden geführt werden. Beruht die Eintragung auf einer Personenverwechslung kann mit einer Gestaltungsklage unmittelbar die Löschung der Eintragung durchgesetzt werden. Die Leistungsklage würde nun zu einem Vollstreckungstitel gegen die Behörde führen.[9]

4 Damit wird es unabdingbar, auch hinsichtlich der Gestaltungsklagen die gebotene Folgerung aus dem Vorliegen einer Generalklausel zu ziehen. Das kann aber nur bedeuten, Gestaltungsklagen gegen andere Hoheitsakte als VAe und Rechtsnormen nicht nur als (atypische) Ausnahmen, als »andere Gestaltungsklagen«[10] oder als Gestaltungsklagen eigener Art[11] anzusehen, sondern die allgemeine Gestaltungsklage für den Verwaltungsprozess für zulässig zu erklären.[12]

## II. Rechtfertigung

5 In welcher Form auch immer die Verwaltung in den Rechtskreis der Bürger eingreift, muss eine Möglichkeit bestehen, den Eingriff durch die Verwaltungsgerichte zu korrigieren. Lässt man aber die richterliche Kontrolle zu, dann ist kein einleuchtender Grund ersichtlich, weshalb die gerichtliche »Gestaltung« auf die Handlungsform des VA beschränkt bleiben sollte. Die Notwendigkeit richterlicher Korrekturen rechtswidrigen Verwaltungshandelns wird auch durchaus gesehen. Überwiegend behilft man sich aber mit der – in ihren Voraussetzungen in der VwGO ebenfalls nicht ausdrücklich geregelten – allgemeinen Leistungsklage, die darauf gerichtet ist, die Verwaltung zur Aufhebung ihres jeweiligen Hoheitsakts zu verpflichten.[13] Dies ist dogmatisch fragwürdig

7 Vgl. BVerwG v. 08.12.1977, NJW 1978, 1870.

8 Vgl. BVerfG v. 08.11.1978, BVerfGE 50, 16.

9 Vgl. 38. Tätigkeitsbericht des HDSB, 2010.

10 So *Schmitt Glaeser/Horn* Rn. 369 f. mit der gängigen These, auch die »anderen« Gestaltungsklagen müssten stets gesetzlich besonders zugelassen sein.

11 Vgl. BVerwG v. 06.06.1991; NVwZ-RR 1992, 147 L; RPOVG, v. 17.12.1991, NVwZ-RR 1992, 255; HessVGH v. 08.05.2008 – 8 UE 1851/07, BeckRS 2008, 35515; VG Gießen v. 07.03.2008, BeckRS 2008, 36799; ThürOVG v. 27.03.2007, BeckRS 2008 30276; v. 20.06.1996, ThürVGRspr. 1997, 17; VG Meiningen v. 24.10.2006, BeckRS 2007, 20590.

12 Vgl. *Hufen* § 13 Rn. 16; § 21 Rn. 16; a.A. *Schenke* Rn. 370 ff.; *Würtenberger* Rn. 266; Schoch/Schmidt-Aßmann/Pietzner/*Pietzcker* Vor § 42 I Rn. 20.

13 Vgl. nur OVG Lüneburg v. 28.01.1986, DVBl 1986, 476. Vielfach wird auch auf die Feststellungsklage zurückgegriffen; BayVGH v. 27.02.2003, RdL 2003, 247; OVGBBg v. 18.01.2007, BeckRS 2007, 25669; s. VG Dresden v. 05.11.1997, SächsVBl 1998, 90 (91) mit der interessanten Erwägung, die allgemeine Leistungsklage sei nur dann statthaft, wenn die Verwaltung zur Vornahme eines Rechtsakts gezwungen werden solle, den sie bis dahin noch nicht erlassen habe. Das ist in der Tat Konzeption der Anfechtungsklage. Auf die allgemeine Gestaltungsklage ist sie nahtlos übertragbar.

und erscheint zudem als unnötiger Umweg. Die Aufhebung rechtsbeeinträchtigender Hoheitsakte ist materiell Rechtsgestaltung. Den Betroffenen kann nicht zugemutet werden, solche Hoheitsakte, auch wenn sie nicht als VA ergehen, im Vertrauen auf ihre Rechtswidrigkeit einfach zu ignorieren. Die ursprüngliche Bezeichnung der Gestaltungsklage als Aufhebungsklage bewies erstaunliche Weitsicht.

Die Zulässigkeit der allgemeinen Gestaltungsklage kann im Übrigen bereits aus der VwGO selbst abgeleitet werden. Die Gestaltungs- und Leistungsklage wird in § 43 II VwGO ohne näheren Zusatz erwähnt. Üblicherweise wird § 43 II VwGO daher zur Begründung der Zulässigkeit einer allgemeinen Leistungsklage herangezogen.[14] Wer sich auf § 43 II VwGO zur Rechtfertigung der allgemeinen Leistungsklage beruft (was zugegebenermaßen nicht zwingend ist), muss folgerichtig auch die allgemeine Gestaltungsklage akzeptieren. Die h.M., die dennoch die allgemeine Gestaltungsklage ablehnt, beruht auf unzutreffenden Prämissen oder hat die Vorteile, die diese Klageart bietet, nicht erkannt. 6

Der allgemeinen verwaltungsgerichtlichen Gestaltungsklage kann zunächst nicht der Grundsatz vom *Numerus clausus der Gestaltungsurteile* entgegengehalten werden.[15] Im Zivilprozess mag der Grundsatz gerechtfertigt sein, weil dort das Gestaltungsurteil einen hoheitlichen Eingriff in Rechte und Rechtsverhältnisse Privater bedeutet, der durch spezielle gesetzliche Ermächtigungen gerechtfertigt sein muss.[16] Im Verwaltungsprozess besteht eine völlig andere Situation. Die Kassation rechtswidriger belastender Hoheitsakte unterliegt nicht dem Gesetzesvorbehalt. Mehr noch: Der Grundsatz vom Numerus clausus der Gestaltungsurteile bedeutet im Verwaltungsprozess einen Rückfall in die Zeiten des Aktionendenkens, als der Rechtsschutz noch nicht vollständig ausgebaut war. 7

*Schenke* argumentiert auf einer anderen Ebene:[17] Eine allgemeine Gestaltungsklage gebe es neben den gesetzlich vorgesehenen speziellen Gestaltungsklagen nicht, da sich die Klagearten an dem materiellen Recht orientieren müssten. Nach dem materiellen Recht müsse der Bürger Ansprüche auf staatliche Gestaltung aber regelmäßig gegenüber der Verwaltung geltend machen. Ein gerichtlicher Gestaltungsakt bedeute einen Eingriff in den Funktionsbereich der Exekutive, der eine gesetzliche Grundlage erfordere. Abgesehen davon, dass die Grundannahme dieser Argumentation auf einer petitio principii beruht, ist im praktischen Ergebnis nicht einzusehen, wieso die auch von *Schenke* für zulässig gehaltene Leistungsklage auf Aufhebung von Hoheitsakten den Funktionsbereich der Exekutive weniger berühren soll als eine unmittelbare gerichtliche Gestaltung. Immerhin begehrt der rechtsschutzsuchende Bürger nicht erstmalig und unter Übergehung der Exekutive eine gerichtliche Gestaltung (die von *Schenke* gezogene Parallele zur Verpflichtungsklage liegt daher neben der Sache), sondern er setzt sich mit Hilfe der Gerichte gegen einen bereits vorliegenden administrativen Gestaltungsakt zur Wehr. Die Gewährung effektiven – auch kassatorischen – Rechtsschutzes macht aber den originären Funktionsbereich der Rechtsprechung aus.

## III. Anwendungsfälle

Welcher Meinung auch immer man folgt: Mit Rücksicht auf den gebotenen effektiven Rechtsschutz wäre es untragbar, wenn hoheitliche Maßnahmen nur deshalb nicht angegriffen werden könnten, weil sie sich weder als Norm oder VA einstufen lassen. Ande- 8

14 Vgl. unten § 10 Rn. 2.

15 So aber *Schlosser* Gestaltungsklagen und Gestaltungsurteile, 1966, S. 276 ff., der immerhin Gestaltungsurteile auf Grund analoger Gesetzesanwendung zulässt. Vgl. auch *Barbey* FS Menger, S. 187 Fn. 45.

16 *Schmidt* JuS 1986, 39.

17 Rn. 370 ff.; vgl. auch *Ronellenfitsch* DÖV 1996, 263. Lediglich auf ein fehlendes Bedürfnis stützt sich die Ablehnung der allgemeinen Gestaltungsklage bei Schoch/Schmidt-Aßmann/Pietzner/*Pietzcker* Vorb § 42 I Rn. 19 f.

rerseits wäre es dogmatisch unbefriedigend, Hoheitsakte etwa nur deshalb (an sich unzutreffend) als VA zu qualifizieren, damit sie mit der Anfechtungsklage angefochten werden können. Mit der Anerkennung der (subsidiären) allgemeinen Gestaltungsklage wird dagegen die Einordnung von Hoheitsakten als »aliud«[18] oder »Entscheidungen eigener Art«[19] unproblematisch.

9 Die allgemeine Gestaltungsklage ist auch die geeignete Klageform zur Kassation von *Maßnahmen in besonderen Gewaltverhältnissen,* die den Kläger – zumeist als verkappte Form der disziplinarischen Maßregelung[20] – in seinen Rechten verletzen, ohne nach außen gerichtet zu sein wie z.B. Umsetzungen,[21] Zuweisung von Lehrern an eine andere Schule derselben Behörde,[22] Entzug von Leitungsaufgaben[23] und formlos öffentlich-rechtliche Hausverweise,[24] sowie für Maßnahmen im *Innenrechtsstreit,*[25] namentlich im *Kommunalverfassungsstreit,*[26] bei Wahlanfechtungen[27] oder der Anfechtung qualfizierter Mietspiegel.[28]

10 Die allgemeine Gestaltungsklage könnte weiter den vorbeugenden Rechtsschutz in den Fällen ergänzen, in denen eine Gestaltungswirkung de facto vorweggenommen wurde. Zu denken ist hier etwa an die Regelung der *Zusicherung* nach § 38 VwVfG, die so weit reicht, dass die Klagemöglichkeit des durch einen zugesagten VA Betroffenen bereits gegen die Zusicherung geboten erscheint.[29] Auch in den Fällen, in denen ein VA fingiert wird, ist die allgemeine Gestaltungsklage – nicht die Anfechtungsklage – die geeignete Klageart.[30] Schließlich dürfte sich mit der allgemeinen Gestaltungsklage das nach wie

18 Vgl. *Forsthoff* S. 310.

19 Vgl. VG Frankfurt v. 19.10.1981, NVwZ 1982, 52; zur Klage »sui generis« NWOVG v. 19.12.1978, OVGE 35, 8; hierzu aber BVerwG v. 07.03.1980, Buchholz 310 § 40 VwGO Nr. 179. Das NWOVG hat seine »Sui-generis-Rspr.« nicht weiterverfolgt; vgl. Urt. v. 10.09.1982, DVBl 1983, 53 (54).

20 Hierzu BVerwG v. 22.01.2003, DÖV 2003, 683 (685).

21 Grundlegend BVerwG v. 22.05.1980, BVerwGE 60, 144; v. 12.02.1981, NVwZ 1982, 103 m. Anm. *Battis;* v. 29.04.1982, NJW 1983, 899; v. 28.11.1991, BVerwGE 89, 199; v. 30.11.1993, NVwZ 1994, 784 (786) ; v. 01.06.1995, DVBl 1995, 1245. Im praktischen Ergebnis wie hier SächsOVG v. 27.06.2001, DÖV 2002, 870. Anders zur Änderung der von einem Professor wahrzunehmenden Aufgaben NdsOVG v. 14.02.2000, DVBl 2000, 713. Zur »Versetzung« BVerwG v. 02.09.1999, DVBl 2000, 493.

22 HbgOVG v. 30.07.1996, NVwZ-RR 1998, 54.

23 BVerwG v. 28.11.1991, NVwZ 1992, 372.

24 Sofern man BayVGH v. 09.07.1980, DVBl 1981, 1010 folgt.

25 Vorsichtiger *Erichsen* FS Menger S. 211 (232).

26 *Stumpf* BayVBl 2000, 103; a.A. *Ehlers* NVwZ 1990, 105, der ohne Not § 113 I 4 VwGO analog anwendet. Die h.M. behilft sich mit Feststellungs- und Leistungsklagen, vgl. BVerwG v. 18.04.1997, NVwZ 1997, 1220; BWVGH v. 01.09.1992, NVwZ 1993, 396; SaarlOVG v. 20.02.1989, NVwZ 1990, 174; *Bauer/Krause* JuS 1996, 411 (413); *Rennert* JuS 2008, 119; *Erichsen/Biermann* Jura 1997, 157 (161); *Würtenberger* Rn. 672 ff. Eine Anfechtungsklage bejahen HessVGH v. 23.11.1995, NVwZ-RR 1996, 409; *Schenke* Rn. 228 und *Martensen* JuS 1995, 989, 1077. Nicht überzeugend ist die Argumentation, binnenorganisatorische Gestaltungsmaßnahmen seien im Fall ihrer Rechtswidrigkeit eo ipso nichtig (*Ogorek* JuS 2009, 511 [513]). Auch gegen nichtige Hoheitsakte ist die Gestaltungsklage statthaft. Das Gewaltenteilungsargument geht ohnehin fehl, da die befürwortete Nichtigkeitsfeststellung mindestens ebensoweit geht wie eine Gestaltung.

27 Die Rspr. erkennt hier eine Gestaltungsklage eigener Art. an (vgl. Fn. 13), worin nur eine terminologische Nuance zu allgemeinen Gestaltungsklage liegt.

28 Hierzu *Brüning* NZM 2003, 921.

29 Für eine Anfechtungsklage VG Köln v. 16.10.2008 BecksRS 2008, 40155.

30 *Beispiel:* Wird eine Bundesfernstraße verbreitert, begradigt, unerheblich verlegt oder ergänzt, so gilt der neue Straßenteil durch die Verkehrsübergabe nach § 2 VIa FStrG als gewidmet. Die allgemeine Gestaltungsklage muss hier gegen den faktischen Akt der Verkehrsübergabe gerichtet werden; *Ronellenfitsch* in: Ein Vierteljahrhundert Straßenrechtsgesetzgebung, 1980, S. 591 ff. Anders (Anfech-

vor umstrittene Problem der Überprüfbarkeit von *Geschäftsverteilungsplänen* jedenfalls der Verwaltungsgerichte lösen lassen.[31]

Nach Ansicht des Dienstgerichts des Bundes ist der in richterlicher Unabhängigkeit beschlossene Geschäftsverteilungsplan zwar grundsätzlich nicht unmittelbar angreifbar.[32] Der Hinweis auf die richterliche Unabhängigkeit kann aber wohl nur meinen, dass die Geschäftsverteilung für die Parteien die Bestimmung des gesetzlichen Richters und damit funktionell Ausübung der rechtsprechenden Gewalt bedeutet. Dass die Parteien und Beteiligten den Geschäftsverteilungsplan nicht selbständig angreifen können,[33] liegt auf der Hand. Anders verhält es sich, wenn ein Richter einen Geschäftsverteilungsplan angreift. Ihm gegenüber ist der Beschluss über den Geschäftsverteilungsplan funktional Verwaltungstätigkeit, ihm sind mittelbare Angriffsmöglichkeiten versagt. Richterliche Unabhängigkeit kollidiert hier mit richterlicher Unabhängigkeit; folglich muss eine Rechtsschutzmöglichkeit gegeben sein. Innerhalb der Verwaltungsgerichtsbarkeit bietet sich durchaus die allgemeine Gestaltungsklage an. An sich müssten die Verwaltungsgerichte auch die Geschäftsverteilungspläne der sonstigen Gerichte überprüfen können. Dies würde jedoch zu einer Durchbrechung der Gleichrangigkeit der einzelnen Gerichtszweige führen.[34] Folglich bleibt nur die Möglichkeit, in den anderen Gerichtszweigen nach vergleichbaren Rechtsschutzmöglichkeiten zu suchen.

## C. Anfechtungsklage

### I. Allgemeines

11 Die Anfechtungsklage[35] richtet sich normalerweise *gegen einen* noch nicht erledigten *belastenden VA,* und zwar grundsätzlich in der Gestalt,[36] die er durch den Widerspruchsbescheid erfahren hat (*§ 79 I Nr. 1 Nr. 1 VwGO*). Enthält der Abhilfebescheid oder Widerspruchsbescheid *erstmalig* eine Beschwer, so ist nur diese Gegenstand der Anfechtungsklage *(§ 79 I Nr. 2 VwGO).*[37] Wichtigster Anwendungsfall ist der VA mit Dritt- bzw. Doppelwirkung. Die erstmalige Beschwer des durch den VA ursprünglich Begünstigten ergibt sich, wenn der VA durch den Abhilfe- oder Widerspruchsbescheid aufgehoben wird. Deren Kassation im Fall der erfolgreichen Anfechtungsklage lässt die Begünstigung wieder aufleben. Die Anfechtungsmöglichkeit besteht auch für Gemein-

tungsklage) zur fingierten Zustimmung nach § 21 III 2 SchwbG BVerwG v. 10.09.1992, DVBl 1992, 1604.

31 Vgl. BVerwG v. 28.11.1975, BVerwGE 50, 11; v. 07.04.1981, NJW 1982, 900; v. 26.03.1982, NJW 1982, 2394 (LS); BGH v. 30.07.1998, NJW 1999, 154; BayVerfGH v. 19.12.1977, BayVBl 1978, 337; BayVGH v. 10.03.1981, BayVBl 1981, 464; OVG Lüneburg v. 28.10.1983, NJW 1984, 627; *Kornblum* FS Schiedermair, 1976, S. 331; *Müller* MDR 1977, 975; *Pentz* DRiZ 1977, 179; *Wolt* DRiZ 1976, 364. Zur Vorsorge gegen Manipulationen bei der Geschäftsverteilung BerlOVG v. 12.11.1998, NJW 1999, 594. Zur Geschäftsordnung eines Gemeinderats (Normenkontrolle nach § 47 I VwGO) aber BWVGH v. 24.06.2002, DÖV 2002, 912.

32 Urt. v. 30.11.1984, BGHZ 93, 100; ebenso BayVerfGH v. 06.08.1985, DVBl 1986, 37.

33 Abgesehen von der Möglichkeit einer auf Art. 101 I 2 GG gestützten Verfassungsbeschwerde; hierzu BVerfG, KB v. 27.09.2002, NJW 2003, 345.

34 Vgl. auch BayVGH v. 25.10.1978, DVBl 1979, 562; BVerwG v. 07.04.1981, NJW 1982, 900.

35 *Hufen* § 14; *Schenke* Rn. 175 ff.; *Schmitt Glaeser/Horn* Rn. 136 ff.; *Würtenberger* Rn. 269 ff.

36 Gemeint sind Inhalt und Begründung des Widerspruchsbescheids; BWVGH v. 15.11.1989, NVwZ 1990, 1085. Vgl. auch NWOVG v. 27.03.1995, NWVBl 1996, 69. Maßgeblich ist auch eine fehlerhafte Begründung im Widerspruchsbescheid, wenn der Ausgangsbescheid zunächst rechtmäßig war; BVerwG v. 29.08.1986, DVBl 1987, 238, ferner eine Erledigungserklärung im Widerspruchsverfahren, BayVGH v. 27.11.1995, NVwZ-RR 1997, 23, sowie eine schlichte Bekräftigung des Ausgangsbescheids, BVerwG v. 30.04.1996, NVwZ-RR 1997, 132 (a.A. Eyermann/*Happ* § 79 Rn. 11). Streitgegenstand bleibt aber der Ausgangsbescheid. Trotz § 113 I 1 VwGO bedarf es daher eines entsprechenden Antrags, wenn der Widerspruchsbescheid selbständiger Angriffsgegenstand *neben* dem Ausgangsbescheid sein soll; BWVGH v. 25.07.1997, NVwZ-RR 1997, 447.

37 Vgl. auch NdsOVG v. 12.11.1998, NVwZ-RR 1999, 367.

den im eigenen oder übertragenen Wirkungsbereich bei allen sie belastenden Widerspruchbescheiden.[38]

> **Beispiel:**[39] Gegenüber einer Gemeinde, die in einem Verwaltungsverfahren Ausgangsbehörde war, wird durch Bescheid im Widerspruchsverfahren die Erstattung der Aufwendungen gem. § 80 III 1 VwVfG festgesetzt.

Der VA muss *objektiv* vorliegen. Die Meinung der Beteiligten ist grundsätzlich ebenso irrelevant[40] wie die Frage, ob überhaupt ein VA hätte ergehen dürfen.[41]

### 1. Verwaltungsakt

12 Die *Begriffsmerkmale* des VA müssen in aller Regel nicht schulmäßig durchgeprüft werden, zumal einige Merkmale – sofern sie überhaupt zweifelhaft sind – schon im Zusammenhang mit § 40 VwGO darzustellen sind.

> **Beispiel:** *Behörde* ist nach § 1 IV VwVfG (Bund) jede Stelle, die Aufgaben der öffentlichen Verwaltung wahrnimmt. Also sind Behörden von staatlichen Organen abzugrenzen, die hoheitliche Maßnahmen etwa auf der Ebene des Verfassungsrechts treffen. Ob das der Fall ist, ergibt sich bereits aus der Abgrenzung von verwaltungs- und verfassungsrechtlichen Streitigkeiten. Ganz allgemein überschneiden sich die Gebietsklauseln des § 35 VwVfG *(»auf dem Gebiet des öffentlichen Rechts«)* mit den öffentlich-rechtlichen Streitigkeiten des § 40 VwGO.

13 Die übrigen Begriffsmerkmale kann man sich am besten an Hand derjenigen Problemkonstellationen ins Gedächtnis rufen, die mit dem jeweiligen Merkmal üblicherweise assoziiert werden.

14 So geht es bei der *Regelung* (Anordnung, die feststellend oder gestaltend bestimmt, was Rechtens sein soll) häufig um die Abgrenzung von Zweitbescheid und wiederholender Verfügung.[42] Ungeklärt ist auch, ob tatsächliche Verhaltensweisen, die eine Entscheidung erfordern, konkludent eine Regelung treffen.[43] Eine Regelung enthalten auch Verwarnungen (z.B. nach § 36 II KWG), da ihnen gegenüber schlichten »Missbilligungen« oder »Abmahnungen« ein Mehrwert zukommt.[44] Die Feststellung eines Wahlergebnisses[45] oder eines Bürgerentscheids[46] hat keinen Regelungsgehalt. Auch die Eintragung in das Denkmalbuch für unbewegliche Denkmale hat nur deklaratorische Wirkung.[47] Keinen Regelungscharakter hat die Zustimmung zur Umbenennung einer Apotheke in »internationale Apotheke«.[48]

15 Bei den *unmittelbaren Rechtswirkungen nach außen* handelt es sich um ein subjektives Kriterium, das etwa bei organisatorischen Maßnahmen und innerdienstlichen Weisun-

---

38 BVerwG v. 22.01.2001, DVBl 2001, 918.
39 BVerwG v. 29.05.2002, BVerwGE 116, 273.
40 *Hufen* § 14 Rn. 2.
41 *Würtenberger* Rn. 269. Dies ist nämlich eine Frage der Begründetheit.
42 Vgl. BVerwG v. 11.12.2008, BeckRS 2009, 30636; BVerwG v. 10.12.2001, NVwZ 2002, 482.
43 Gestaltet die Widerspruchsbehörde eine interne Maßnahme in einen VA um, indem sie diese ausdrücklich als solchen bezeichnet, so liegt unabhängig vom Regelungsgehalt der Maßnahme von vornherein ein VA vor; vgl. BVerwG v. 26.06.1987, NVwZ 1988, 51.
44 VG Frankfurt/M. v. 06.10.2003, NJW 2004, 1059.
45 BVerwG v. 10.06.1997, Buchholz 160 Wahlrecht Nr. 45.
46 BWVGH v. 06.03.2000, DVBl 2000, 1714.
47 ThürOVG v. 30.10.2002, DÖV 2004, 491 zu §§ 2, 4 ThDSchG.
48 BVerwG v. 17.01.2008, NJW 2008, 1686.

gen[49] sowie bei vorbereitenden Maßnahmen[50] nicht vorliegt. Behördliche Mitwirkungshandlungen sind grundsätzlich ebenfalls Verwaltungsinterna. Aber auch bei ihnen sind intra- und intersubjektive Streitigkeiten zu trennen.

**Beispiele:** • Fungiert die Gemeinde als untere Bauaufsichtsbehörde und ergeht ihr gegenüber von der oberen Bauaufsichtsbehörde die Weisung, eine Baugenehmigung zu erteilen, dann ist diese intrasubjektive Weisung kein VA. Beruft sich die Gemeinde nun auf ihre Planungshoheit und rügt das Fehlen ihres Einvernehmens nach § 36 BauGB, kann sie sich nicht gegen die Weisung wehren, sondern muss eine Anfechtungsklage gegen die Baugenehmigung erheben, die ihr gegenüber einen belastenden VA darstellt.[51] Die (nach der Neufassung von § 36 BauGB außer in Baden-Württemberg praktisch kaum noch relevanten) Aufsichtsmaßnahmen gegen das rechtswidrig versagte Einvernehmen schließlich sind ebenfalls VAe, die zu intrasubjektiven Rechtsstreitigkeiten (Staat/Selbstverwaltungskörperschaft) führen. Ist das nach § 14 III WaStrG erforderliche Einvernehmen von der zuständigen Landesbehörde versagt worden, kann ein wasserstraßenrechtlicher Planfeststellungsbeschluss nicht ergehen. Dem Bund bleibt nur die Möglichkeit, das Einvernehmen im Wege der allgemeinen Leistungsklage zu erstreiten.[52] In intersubjektiven Rechtsstreitigkeiten zwischen verschiedenen Hoheitsträgern können auch unmittelbar VAe ergeben.
• Aufhebung eines Zuwendungsbescheids.[53]

Den intersubjektiven Rechtsstreitigkeiten entsprechen in besonderen Gewaltverhältnissen Streitigkeiten, die das Grundverhältnis betreffen. Die Alternative heißt hier aber nicht »VA = Rechtsschutz; kein VA = kein Rechtsschutz«. Objektive Rechtswirkungen kann auch eine Maßnahme im Betriebsverhältnis entfalten, die subjektiv nicht

---

49 *Kommunaler Bereich:* (fachaufsichtliche) Weisungen gegenüber Gemeinden, BVerwG v. 14.12.1994, DÖV 1995, 512. *Schul- und Hochschulbereich:* Kein VA ist der Gemeinderatsbeschluss über die Aufhebung einer Schule; SächsOVG v. 24.09.2001, DÖV 2002, 747 (Vorbereitungshandlung); Außengerichtet (VA) soll dagegen die Verlegung einer Schule sein, BVerwG v. 23.10.1978, MDR 1979, 247; NWOVG v. 30.01.1979, DVBl 1979, 563; ähnliches soll auch im Verhältnis zu den Eltern gelten für die Auflösung einer Schule, NWOVG v. 23.02.1989, NVwZ-RR 1990, 23. Eindeutig außengerichtet sind die Versetzung in eine Parallelklasse, BayVGH v. 21.06.1985, DÖV 1985, 1022 und die Schulentlassung, BWVGH v. 11.04.1988, DVBl 1989, 1262. *Beamten- und Soldatenverhältnis:* Keine VAe sind innerdienstliche Weisungen, VG Gelsenkirchen v. 23.09.2008 BeckRS 2008; BVerwG, v. 19.06.2000, BVerwGE 111, 246, SächsOVG v. 17.11.2005, NVwZ 2006, 715; a.A. BWVGH v. 14.03.2008, BeckRS 2008, 34909; v. 03.02.2005, NVwZ-RR 2006, 200; BerlOVG v. 21.12.2001, NVwZ-RR 2002, 762. Durch den Widerspruchsbescheid (vgl. § 126 BRRG) kann ein Widerspruchsbescheid eine innerdienstliche Weisung zum VA »hochstufen«, vgl. RhPfOVG v. 22.09.2003, NJW 2003, 3793. Zu den dienstlichen Maßnahmen nach § 17 III 1 WBO BVerwG v. 18.10.2001, DÖV 2002, 168. Entfaltet eine organisatorische Maßnahme *auch* Außenwirkung, beschränkt sich die rechtliche Überprüfung der Maßnahme auf die Frage, ob sich ein Missbrauch des Organisationsermessens aufdrängt; BVerwG v. 28.11.1991, NVwZ 1992, 573; RhPfOVG v. 15.10.2001, DÖV 2002, 169. Nach der Verlegenheitslösung des BVerwG (v. 23.01.2008, BeckRS 2008 34936) stellt auch die Anordnung der strategischen Telefonüberwachung nach § 5 G 10 keinen VA gegenüber dem Betroffenen, sondern eine innerdienstliche Weisung an den für die Maßnahme zuständigen BND dar.

50 Zu § 16 FStrG BVerwG v. 26.06.1981, BVerwGE 62, 342; v. 28.02.1996, NVwZ 1996, 1010 (1014); § 13 WaStrG BVerwG v. 12.07.1985, BVerwGE 72, 15; zu § 6 LuftVG BVerwG v. 29.01.1991, BVerwGE 87, 332 (348); *Delbanco* Die Änderung von Verkehrsflughäfen, 1998, S. 146 ff. Von den vorbereitenden Maßnahmen sind die *vorläufigen* Regelungen zu unterscheiden; vgl. *Schimmelpfennig* Vorläufige Verwaltungsakte, 1989; *Kemper* Der vorläufige Verwaltungsakt, 1990; *F.J. Kopp* Vorläufiges Verwaltungsverfahren und vorläufiger Verwaltungsakt, 1992. Diese stellen VAe dar, die vorbehaltlich einer späteren endgültigen Prüfung ergehen. Der Erlass des endgültigen VA lässt i.d.R. das Rechtsschutzbedürfnis für eine gegen den vorläufigen VA anhängige Anfechtungsklage entfallen; BVerwG v. 19.12.1997, NVwZ-RR 1998, 577. Regelungscharakter haben auch Teilregelungen in gestreckten Verfahren, etwa die Löschungsankündigung nach § 13 HandwO; BWVGH v. 08.10.2001, DÖV 2002, 170.

51 HessVGH v. 19.08.1988, NVwZ-RR 1990, 4.

52 Vgl. BVerwG v. 17.04.2002, BVerwGE 116, 175.

53 NWOVG v. 20.11.2003, DÖV 2004, 490.

nach außen gerichtet war. Dann liegt kein VA vor, aber gleichwohl kommt eine allgemeine Gestaltungsklage in Betracht.

Anders verhält es sich dagegen mit den *Schul- und Zeugnisnoten*,[54] denn einerseits sind das Grundverhältnis betreffende Versetzungszeugnisse als VAe fraglos angreifbar, andererseits würde bei einer unbegrenzten gerichtlichen Kontrolle jeder einzelnen pädagogischen Bewertung das Schulwesen zusammenbrechen. Die Alternative lautet hier in der Tat: VA oder überhaupt kein Rechtsschutz. Für die Differenzierung bei den Zeugnisnoten sind folgende Erwägungen maßgeblich: Zwar ist es für das Ob des Verwaltungsrechtsschutzes gleichgültig, welche Klageart in Betracht kommt. Auf Außenwirkung gerichtete Zeugnisnoten könnten daher an sich mit der Anfechtungsklage, sonstige interne Schulnoten mit der allgemeinen Gestaltungsklage angegriffen werden. Damit wäre der Regelungsgehalt der Note letztlich uninteressant. *Jede* Klage setzt aber die Möglichkeit voraus, dass die angegriffene Maßnahme – beabsichtigt oder nicht – *unmittelbare Rechtsfolgen* entfaltet. Folglich ist auf die Wirkungen der Schulnoten abzustellen. Hat eine Note (ein Zeugnis) gestaltende Wirkung (Versetzung), liegt ein VA vor. Hat sie in dem Sinn feststellende Wirkung, dass sie zwingend in die gestaltende Entscheidung eingeht (Halbjahreszeugnis), handelt es sich ebenfalls um einen (feststellenden) VA. Beeinflusst schließlich die Note mit ihrer Feststellungswirkung unmittelbar das Verhalten Dritter (Numerus clausus), ist sie eine mit den allgemeinen Klagen korrigierbare außenwirksame hoheitliche Maßnahme. Wirkt sich die Note dagegen nur auf den weiteren Dienstbetrieb aus (Benotung einer Klassenarbeit), steht die Endnote noch nicht fest, ist die Einzelnote unangreifbar, weil sie (noch) keine rechtlichen Wirkungen entfaltet. Der psychische Druck, der von einer (unberechtigt) schlechten unangreifbaren Zwischennote ausgeht und das weitere Leistungsvermögen negativ beeinflussen kann, ist erst im Rechtsstreit um die statusrelevante Endnote zu berücksichtigen.

16 Das Merkmal des *Einzelfalls* zwingt zur Unterscheidung von *Norm und VA*, die v.a. beim Standardproblem der gebietenden oder verbietenden *Verkehrszeichen* Mühe bereitet.

Richtiger Ansicht nach ist das Verkehrszeichen, auch wenn es eine konkrete Verkehrssituation »regelt«,[55] *kein dinglicher VA*. Zweck der Verkehrsregelung sind Verhaltensweisen von Verkehrsteilnehmern. Diese sind die unmittelbaren Adressaten der Regelung. Das Verkehrszeichen selbst trifft im Übrigen keine Regelung.[56] Vielmehr ist es die Form der Bekanntmachung einer zuvor getroffenen Verkehrsregelung durch die zuständige Behörde. Die Regelung wird freilich erst durch das Verkehrszeichen, eben durch die Bekanntmachung, individualisiert. Das Verkehrszeichen sagt dem Adressaten, was für ihn Rechtens ist. Im Normalfall fällt die Bekanntgabe des Verkehrszeichens mit der Kenntniserlangung durch den Betroffenen zusammen (ein verschneites Verkehrszeichen bleibt für diejenigen, die es kennen, wirksam). Die Wirksamkeit eines ordnungsgemäß angebrachten Verkehrszeichens hängt aber nicht zwingend von der subjektiven Kenntnisnahme der betroffenen Verkehrsteilnehmer ab.[57] Die Möglichkeit der Kenntniserlangung genügt. Dies ist bei der Anordnung von Halteverboten in Bereichen bedeutsam, in denen sich bereits zulässigerweise abgestellte Fahrzeuge befinden. Eine individuelle Bekanntmachung der geänderten Verkehrssituation ist hier nicht erforderlich;[58] nach einer Schonfrist[59] (aber nicht sofort!) wird die Regelung für die Verantwortlichen verbindlich. Das ändert aber nichts daran, dass ein Verkehrszeichen einen persönlichen VA verkörpert.[60] Um eine Rechtsnorm handelt es sich ersichtlich nicht. Folglich

54 BVerwG v. 25.03.2003, DÖV 2003, 727; v. 09.11.2005, BVerwGE 124, 317; NWOVG v. 22.01.2001, NVwZ-RR 2001, 384.

55 BVerwG v. 25.01.1995, BVerwGE 97, 323; v. 27.01.1993, BVerwGE 92, 32; BWVGH v. 29.03.1994, VBlBW 1994, 415; v. 16.05.1997, VBlBW 1998, 28 (29); HessVGH v. 31.03.1999, NJW 1999, 2057.

56 Daher stellt die Ablehnung einer Hinweisbeschilderung ohne Regelungsgehalt gegenüber dem Antragsteller einen VA dar; RhPfOVG v. 07.08.2008, NJW 2009, 695.

57 BVerwG v. 11.12.1996, BVerwGE 102, 316; hierzu *Hansen/Meyer* NJW 1998, 284; v. 21.08.2003; NJW 2004, 698; hierzu *Ronellenfitsch* SVR 2004, 161.

58 NWOVG v. 23.05.1995, NWVBl 1995, 475; hierzu *Koch/Niebaum* JuS 1997, 312.

59 Faustregel: Eine Vorlauffrist von vier Tagen wahrt den Grundsatz der Verhältnismäßigkeit, BWVGH v. 13.02.2007, NJW 2007, 2058.

60 Folgerichtig BVerwG v. 17.01.1980, BVerwGE 59, 310; RhPfOVG v. 17.09.1985, DÖV 1986, 37. Vgl. ferner *Manssen* NZV 1992, 465; DVBl 1997, 633; *Lorz* DÖV 1993, 129; *Schwabe* NVwZ 1994, 629; Die Anordnung der Aufstellung eines Verkehrszeichens ist noch kein VA; BWVGH v. 03.08.1995, NZV 1996, 167. Entsprechendes gilt für Parkuhren; BVerwG v. 26.01.1988, NZV 1988, 38.

reicht die Aufstellung des Verkehrszeichens allein nicht die innere Wirksamkeit des Verkehrsregelung gegenüber den betroffenen Verkehrsteilnehmern herbeizuführen.

Die *Allgemeinverbindlicherklärung eines Tarifvertrags* stellt dagegen eine Rechtsnorm dar, über die im Wege der Feststellungsklage gestritten werden kann,[61] während andererseits eine *Schutzbereichsanordnung* nach § 2 SchBG nicht durch VO, sondern durch Allgemeinverfügung zu treffen ist,[62] also Gegenstand einer Anfechtungsklage sein kann.

## 2. Nebenbestimmungen

Mittlerweile konsolidiert sich die Rspr. zum Rechtsschutz gegen Nebenbestimmungen, 17
während sich das Schrifttum zum Teil beharrlich weigert, neuere Entwicklungen aufzunehmen.[63] Nach gängiger Formulierung sind Nebenbestimmungen »Ergänzungen zum Hauptinhalt des VA«.[64] Zahlreiche Nebenbestimmungen lassen sich aber vom Hauptinhalt des VA nicht trennen. Im strengen Wortsinn treffen nur einige Nebenbestimmungen eine eigene Regelung neben dem Haupt-VA. § 36 VwVfG unterscheidet daher »Neben«-Bestimmungen, mit denen ein VA erlassen wird (Befristung, Bedingung, Widerrufsvorbehalt), und andere Nebenbestimmungen (Auflage und Auflagenvorbehalt), die mit einem VA verbunden werden dürfen. Allen Nebenbestimmungen ist die Wirkung gemeinsam, dass die im VA getroffene Regelung hinter der begehrten Regelung zurückbleibt; Nebenbestimmungen bezeichnen den Grad der Abweichung von beantragter und erteilter Begünstigung. Nebenbestimmungen sind damit unselbständige zusätzliche Anordnungen, die von einem VA abhängen oder zum Bestand des VAs selbst gehören. »Neben« heißt nur, dass die Bestimmung von der im VA getroffenen Regelung in der Hauptsache zu trennen ist.

Keine Nebenbestimmungen sind solche Bestandteile der Regelung, die deren Inhalt nä- 18
her bezeichnen *(Inhaltsbestimmungen der Hauptregelung)*. Inhaltsbestimmungen stellen klar, wie weit eine Regelung reicht. Eine bauliche Anlage etwa darf nur so errichtet werden, wie sie im Detail genehmigt worden ist; Maßnahmen über den Genehmigungsinhalt hinaus sind zumindest formell illegal. Bei unklaren oder interpretationsbedürftigen Anträgen konkretisieren die Behörden das Begehren des Antragstellers mit der Genehmigung, indem sie angeben, wie sie den Antrag verstanden haben und die Genehmigung verstanden wissen wollen. Ausdrücke wie »inhaltliche Beschränkung«[65] oder »nach Maßgabe« besagen lediglich, dass der Antrag von der Behörde einschränkend ausgelegt wurde, nicht aber, dass die Behörde hinter dem Antrag zurückgeblieben ist.

Da der VA ohne Inhaltsbestimmung seine Bedeutung verliert (zu unbestimmt wird), sind Inhaltsbestimmungen *nicht selbständig* im Wege der Anfechtungsklage *angreifbar.*[66]

Nicht unter die Nebenbestimmungen fallen ferner *Erläuterungen* zu der im VA getroffenen Regelung und darüber hinausgehende weitere *Hinweise.* Beiden fehlt der Regelungsgehalt. Sie sind deshalb nicht rechtmäßig oder rechtswidrig, sondern richtig oder

---

61 BVerwG v. 03.11.1988, DÖV 1989, 449.
62 BVerwG v. 07.09.1984, BVerwGE 70, 77.
63 *Stadie* DVBl 1991, 613; *Pietzcker* NVwZ 1995, 15; *Brenner* JuS 1996, 281; *Störmer* DVBl 1996, 81; *ders.* NWVBl 1996, 169; *J. Schmidt* NVwZ 1996, 1188; *Schenke* FS Roelleke, 1997, S. 281 ff.; wie hier *K.-M. Hönig* Rechtsschutz gegen Auflagen, 1989.
64 BVerwG v. 03.05.1974, DÖV 1974, 563 (564).
65 Vgl. BVerwG v. 14.04.1983, DVBl 1983, 851.
66 **Beispiel:** NWOVG v. 31.03.2003, NZV 2004, 320.

falsch. Falsche Erläuterungen und Hinweise können bestimmte Rechtsfolgen bewirken (§ 58 II VwGO), lassen aber die Rechtmäßigkeit des VA unberührt. Auch gegen sie ist die Anfechtungsklage *ausgeschlossen.*

19 Mit den Nebenbestimmungen *verwandt* sind (sachliche) Teilgenehmigungen und sog. modifizierende Gewährungen. Die Verwandtschaft drückt sich dadurch aus, dass die begünstigende Entscheidung dem Antrag nicht in vollem Umfang stattgibt. Um Nebenbestimmungen handelt es sich dennoch nicht, weil kein HauptVA ergeht.

Bei der *Teilgenehmigung* bleibt die im begünstigenden VA ausgesprochene Gewährung hinter dem Antrag zurück. Beispiel: Statt um zwei Stunden wird die Sperrzeit nur um eine Stunde verkürzt. Der VA regelt gegenüber dem begehrten VA ein Minus, das vom Antrag mitumfasst wird. Begnügt sich der Antragsteller nicht mit diesen VA, so muss er notfalls auf Erteilung der restlichen Begünstigung klagen, im Beispiel also auf Verkürzung der Sperrzeit um eine weitere Stunde. Eine Anfechtungsklage ginge ins Leere; möglich ist nur die Verpflichtungsklage.

Die *modifizierte Gewährung*[67] kommt in zwei Spielarten vor. Einmal kann der begünstigende VA mit unwesentlichen Abweichungen vom Antrag erteilt werden. Klassisches Beispiel: Der für eine bauliche Anlage vorgesehene Kamin muss wenige Meter verrückt werden. Die Abweichung wird normalerweise durch eine Auflage auferlegt,[68] lässt sich aber auch zum Bestandteil der Hauptregelung machen. Da bei verständiger Auslegung eine derartige Abweichung noch vom Antrag gedeckt sein wird, entspricht diese Form der modifizierten Gewährung im Ergebnis der Inhaltsbestimmung; der Antrag wurde im Sinne des Antragstellers modifiziert. Zum anderen kann die Behörde so weit vom Antrag abweichen, dass sie letztlich etwas anderes gewährt, als beantragt wurde. Die Behörde macht also ein Gegenangebot i.S.v. § 150 II BGB. Bei mitwirkungsbedürftigen VAen ist die Regelung schwebend unwirksam. Wird der Antrag ausdrücklich oder konkludent nachgeholt, ist eine Heilung nach § 45 I Nr. 1 VwVfG möglich. Die modifizierte Gewährung ist freilich noch nicht ausdiskutiert. Besonders ihre zweite Spielart ist problematisch. Sie unterscheidet sich oft nur graduell von der noch zu erörternden modifizierenden Auflage und kann beim VA mit Drittwirkung zu einer Verkürzung der Rechtsstellung des Drittbetroffenen führen, der deshalb zur Erhebung einer Anfechtungsklage berechtigt ist. Der ungewollt durch die Gewährung »Begünstigte« erlangt Rechtsschutz durch die Verpflichtungsklage.

20 Bei den traditionellen Nebenbestimmungen schien die Rechtslage in prozessualer Hinsicht lange Zeit geklärt: Die *Auflage* konnte mit der Anfechtungsklage *selbständig* angegriffen werden.[69] *Bedingungen*[70] *und Befristungen*,[71] die von Anfang an mit einer Begünstigung verbunden waren, waren als integrierende Bestandteile des VA einer gesonderten Anfechtung entzogen.

Seit einigen Jahren schwankt jedoch die höchstrichterliche Rechtsprechung.

67 Vgl. *Ronellenfitsch* Das atomrechtliche Genehmigungsverfahren, 1983, S. 369.
68 Etwa wenn der Einbau des Kamins erzwungen werden soll.
69 Vgl. BVerwG v. 21.10.1970, BVerwGE 36, 145 (154); v. 08.02.1974, DÖV 1974, 380 (381); v. 03.05.1974, DÖV 1974, 563.
70 Zum Sonderfall der Baubedingungen *Weyreuther* DVBl 1969, 232, 295.
71 Vgl. BVerwG v. 10.07.1980, 269 (275 f.) – zu dieser Entscheidung aber weiter im Text; v. 31.03.1981, DÖV 1981, 715.

So sollte nach dem Urteil des damaligen 8. Senats des BVerwG vom 14.12.1977[72] die selbständige Anfechtbarkeit der Auflage bereits dann ausscheiden, wenn VA und Auflage auf einer einheitlichen *Ermessensentscheidung* beruhten.[73] Mit Urt. v. 12.03.1982[74] gab der 8. Senat des BVerwG diese Auffassung zu Recht wieder auf. Begünstigende VAe beruhen jedenfalls im Bereich der *Leistungsverwaltung* zumeist auf Ermessensentscheidungen. Würde bereits dies die gesonderte Anfechtbarkeit der Auflagen ausschließen, so bliebe hier vom Grundsatz der gesonderten Anfechtbarkeit nichts übrig. Die begünstigenden VAe, die präventive Verbote aufheben, zählen überdies zum Bereich der *Eingriffsverwaltung.* Der Eingriff in Form des präventiven Verbots ist nur so lange gerechtfertigt, bis das Vorliegen der Genehmigungsvoraussetzungen förmlich geklärt ist. Auflagen zur Genehmigung ersetzen den gerade erst aufgehobenen durch einen neuen Eingriff. Da die Auflage selbständig durchgesetzt werden kann, muss sie mit Rücksicht auf den Suspensiveffekt grundsätzlich selbständig mit der Anfechtungsklage angreifbar sein. Die Behörde wird dadurch geschützt, dass Aufhebung und Nichterfüllung der Auflage gleichgesetzt werden können, so dass ein Widerruf der gewährten Begünstigung nach § 49 II Nr. 2 VwVfG in Betracht kommt.

Eine Vielzahl von Entscheidungen bestätigt die *grundsätzliche selbständige Anfechtbarkeit von Auflagen.*[75] Eine Rückkehr zur uneingeschränkten isolierten Angreifbarkeit von Auflagen bedeutet diese Rspr. jedoch nicht. In Weiterführung, genauer gesagt in Abwandlung der sogleich zu behandelnden Rspr. zur modifizierenden Auflage (Rn. 22), stellt das BVerwG vielmehr darauf ab, ob bei einer isolierten Aufhebung der Auflage die Genehmigung weiter mit einem Inhalt bestehen kann, der der Rechtsordnung entspricht, d.h. ob »der rechtswidrige Teil des VA in der Weise selbständig abtrennbar ist, dass der nicht aufgehobene Teil des VA ohne Änderung seines Inhalts sinnvoller- und rechtmäßiger Weise bestehen bleiben kann«.[76] Maßgeblich ist folglich nicht die Rechtsnatur der Nebenbestimmung, sondern die Relation der Nebenbestimmung zum HauptVA. Dieser Gesichtspunkt betrifft aber nicht nur die (echten) Auflagen, sondern ist *allgemein bedeutsam.* Folglich dürfte das Urteil des BVerwG vom 10.07.1980[77] trotz seiner knappen, aber zutreffenden Diktion[78] so zu verstehen sein, als lasse das Gericht nunmehr die *Anfechtungsklage auch gegenüber Bedingungen und Befristungen* zu, wie das auch im wohl immer noch überwiegenden neueren Schrifttum vertreten wird.[79] Dieser Ansatz ist zutreffend. Er ist prozessökonomisch (Reduzierung des Streitgegenstands) und vielfach auch verfassungsrechtlich geboten. Er belässt nämlich dem Begünstigten eine grundrechtlich verbürgte Position (Baufreiheit, Berufsfreiheit) und sichert ihn insoweit vor nachteiligen Änderungen der Sach- und Rechtslage ab. 21

Beim Streit mit *umgekehrten Vorzeichen,* der Klage Drittbelasteter auf *Erlass* von Nebenbestimmungen, sind daraus die gebotenen Konsequenzen zu ziehen. Genügt für den Drittschutz eine Nebenbestimmung (»soweit« der Dritte in seinen Rechten betroffen ist), scheidet die Anfechtungsklage gegen die Gesamtbegünstigung aus. Die fehlende Nebenbestimmung muss mit der Verpflichtungsklage erstritten werden. Eine Anfechtungsklage käme nur in Betracht, wenn mit der Nebenbestimmung die Hauptregelung sinn-

---

72 BVerwG v. 14.12.1977, BVerwGE 55, 135; ebenso Urt. des 1. Senats v. 27.09.1978, BVerwGE 56, 254 (256).

73 Ebenso *Meyer/Borgs* § 36 Rn. 47 mit der petitio principii, dass HauptVA und Nebenbestimmung eine Regelung darstellen.

74 BVerwG v. 12.03.1982, BVerwGE 65, 139.

75 BVerwG v. 08.03.1990, BVerwGE 85, 24 (27); v. 19.01.1989, BVerwGE 81, 185 (186); v. 02.07.1991, BVerwGE 88, 348 (349); v. 17.07.1995, NVwZ-RR 1996, 20; v. 22.11.2000, NVwZ 2001, 429; HessVGH v. 27.06.1996, NVwZ-RR 1998, 68; BWVGH v. 23.03.1998, NVwZ-RR 1999, 317; VG Göttingen v. 05.12.2001, NVwZ-RR 2003, 18.

76 Urt. des 4. Senats v. 17.02.1984, NVwZ 1984, 366.

77 BVerwG v. 10.07.1980, BVerwGE 60, 269.

78 *J. Schmidt* NVwZ 1996, 1188 f.

79 Vgl. *Ule/Laubinger* § 51 Rn. 29; *Brenner* JuS 1996, 281 (286 ff.); *Schenke* Rn. 295 ff.; *Schmitt Glaeser/Horn* Rn. 142; NK/*Spannowsky* § 113, Rn. 47; a.A. Eyermann/*Happ* § 42, Rn. 18 ff.; Schoch/Schmidt-Aßmann/Pietzner/*Pietzcker* § 42 I Rn. 120 ff.; *Würtenberger* Rn. 322; *Remmert* VerwArch 1997, 112; *Sieckmann* DÖV 1998, 525; *Störmer* DVBl 1996, 81.

los und rechtswidrig würde. In diesem Fall wird dann nicht um die Nebenbestimmung gestritten, sondern um den HauptVA selbst. Strukturell vergleichbar mit dem Streit des durch den HauptVA Begünstigten ist der Streit des von einer Nebenbestimmung Begünstigten gegen ihre Aufhebung. Wird eine befristete Genehmigung unbefristet verlängert, können Dritte nur die »Entfristungs«-Genehmigung[80] angreifen. Gerade dieses Beispiel zeigt, dass die traditionelle Auffassung zu grobschlächtig ist.

Allerdings ist die modernere Auffassung weniger »griffig« als das überkommene Schubladendenken. Erforderlich ist nämlich die Prüfung, ob sich die angegriffene Verwaltungsentscheidung (sachlich, räumlich, zeitlich – nicht formallogisch –) auch sinnvollerweise *teilen* lässt. Das ist jedoch ein Problem, welches angesichts der Möglichkeit teilbarer Regelungsgehalte beim VA ohnehin gelöst werden muss.

Zusammenfassend gilt, dass eine selbständige Anfechtungsklage grundsätzlich gegen alle traditionellen Nebenbestimmungen erhoben werden kann.[81] Die Anfechtungsklage ist nur dann nicht zulässig, wenn bei einer isolierten Anfechtung der Nebenbestimmung der verbleibende HauptVA sinnvoller- und rechtmäßigerweise keinen Bestand haben kann.

22 Ein Sonderproblem im Zusammenhang mit den Nebenbestimmungen stellen die *modifizierenden Auflagen* dar.[82] Während sie in der Rspr. Fuß gefasst hatten,[83] heute aber nur noch selten bemüht werden, spricht ihnen das überwiegende Schrifttum eigenständige dogmatische Bedeutung ab.[84] Dies zu Unrecht. Entgegen aller Kritik lässt sich die modifizierende Auflage weder kurzerhand der modifizierten Gewährung noch den sonstigen Nebenbestimmungen zuschlagen. Vielmehr handelt es sich um eine Auflage, welche die beantragte Begünstigung so sehr abwandelt, dass der Antrag im Ergebnis abgelehnt wird. *Weyreuther* sprach von einer Entscheidung »Nein, aber«. Genauer muss es heißen: »So nicht, dafür aber so.« Wie bei der modifizierten Gewährung wird dem Antragsteller die Erlaubnis gewissermaßen aufgedrängt. Auch hier muss der fehlende Antrag nachgeholt werden. Darüber hinaus ist die modifizierende Auflage selbständig erzwingbar und setzt voraus, dass überhaupt eine Nebenbestimmung zulässig ist.

**Beispiel:** Beantragt jemand ein Haus mit einem Flachdach und wird ihm nur ein Giebeldach genehmigt, so liegt darin eine wesentlich veränderte Begünstigung (aliud). Er ist nunmehr verpflichtet, die Voraussetzungen (Bauzeichnungen, statische Berechnungen) für die Begünstigung zu schaffen. Selbstverständlich ist er nicht gezwungen, von der unerwünschten Genehmigung Gebrauch zu machen.

Die praktische Relevanz einer derartigen Vorgehensweise erscheint gering, zeigt sich jedoch, wenn mit dem Kooperationsprinzip im Umweltrecht Ernst gemacht wird.

23 Die modifizierende Auflage ist *nicht* selbständig angreifbar.[85] Bezogen auf den beantragten VA bewirkt die Auflage, dass insgesamt eine ablehnende Entscheidung ergeht. Der verbleibende positive Entscheidungsrest ergibt für sich keinen Sinn mehr.

---

80 Hierzu NWOVG v. 15.08.1986, NVwZ-RR 1989, 23.

81 Die Entscheidung des BVerwG v. 22.11.2000, NVwZ 2001, 429 wird allerdings überinterpretiert von *Sproll* NJW 2002, 3221.

82 Grundlegend *Weyreuther* DVBl 1969, 232 (295); *ders.* DVBl 1984, 365.

83 BVerwG v. 17.05.1966, BVerwGE 24, 129 (132); v. 21.10.1970, BVerwGE 36, 145 (154); v. 17.11.1972, BVerwGE 41, 178 (181); v. 08.02.1974, DÖV 1974, 380; v. 03.05.1974, DÖV 1974, 563 (564); v. 27.09.1978, GewArch 1979, 170; v. 12.03.1982, NJW 1982, 2269.

84 Vgl. bereits *Ehlers* VerwArch 1976, 369 (382); *Hoffmann* DVBl 1977, 514; *Lange* AöR 102 (1977), 337 (345); *Gern/Wachenheim* JuS 1980, 276 (277 f.); *Brenner* JuS 1996, 281 (285 f.).

85 OVG Berlin v. 30.05.1996, NVwZ 1997, 1005; BWVGH v. 23.07.1998, NVwZ-RR 1999, 431; a.A. nur *Schenke* Rn. 301.

Wird im Beispiel die modifizierende Auflage, das Haus mit einem Giebeldach zu bauen, angegriffen, wäre es sinnlos, das Haus ganz ohne Dach zu bauen.

Der isolierte Angriff auf die modifizierende Auflage nützt dem Antragsteller nichts. Folglich kommt nur eine Verpflichtungsklage auf Erlass des ursprünglich begehrten VA in Betracht.

Wenn der Antragsteller dagegen die modifizierende Auflage akzeptiert, muss ein durch den (inhaltlich neuen) VA möglicherweise Belasteter die Anfechtungsklage erheben. Ein sich aus Verfahrensvorschriften ergebender Einwendungsausschluss besteht insoweit nicht. Die materielle Rechtmäßigkeit der modifizierenden Auflage hängt davon ab, ob eine Nebenbestimmung rechtlich zulässig war und der erforderliche Antrag – ggf. die erforderliche Beteiligung belasteter Dritter – (beim Antragsteller zumindest konkludent) nachgeholt wurde.

Bei der Fallbearbeitung ist die modifizierende Auflage bereits im Rahmen der Sachurteilsvoraussetzungen zu erörtern, weil von der Abgrenzung zur schlichten Auflage die Bestimmung der richtigen Klageart abhängt. Faustregel: Eine modifizierende Auflage liegt vor, wenn durch sie ein beantragtes Vorhaben wesentlich, d.h. qualitativ verändert wird. **Wichtigste Fälle:** Die Änderung von Konzept, Standort oder Typ eines Vorhabens.

## II. Isolierte Anfechtungsklage

Auch gegen einen ablehnenden VA ist die Anfechtungsklage grundsätzlich möglich.[86] In diesem Fall ist die Bezeichnung »*isolierte Anfechtungsklage*« gebräuchlich.[87] Isoliert deshalb, weil dem Kläger mit der Aufhebung der Ablehnung allein regelmäßig wenig gedient ist. Will der Kläger sein Begehren, d.h. einen begünstigenden VA, erreichen, muss er eine Verpflichtungsklage erheben. Eine (zusätzliche) Anfechtungsklage ist nicht erforderlich, da ein zusprechendes Urteil (§ 113 IV VwGO) implizit den ablehnenden VA aufhebt. Das hindert den Kläger aber nicht daran, nur die Ablehnung anzugreifen, wenn sich sein Aufhebungsbegehren von dem umfassenderen Leistungsbegehren isolieren lässt. Wie *Laubinger* zutreffend betont, wird weder die Anfechtungsklage von der Verpflichtungsklage verdrängt, noch lässt sich das Rechtsschutzbedürfnis für eine isolierte Anfechtungsklage pauschal verneinen.[88] Ob man dagegen wie *Laubinger* ausschließlich die vorstehende Fallkonstellation unter die isolierte Anfechtungsklage fasst,[89] ist eine Frage der terminologischen Zweckmäßigkeit, und es besteht kein Grund, den Anwendungsbereich der isolierten Anfechtungsklage mehr oder weniger gewaltsam einzuengen. Nimmt man Klageziel und Klagegegenstand zum Bezugspunkt, besteht nicht nur die Möglichkeit, das Aufhebungs- vom (umfassenderen) Leistungsbegehren zu isolieren. Soweit (summative) Regelungen horizontal oder vertikal teilbar sind, müssen vielmehr auch solche Teilregelungen selbständig angreifbar sein.[90] 24

Die wichtigste Variante der isolierten Anfechtungsklage,[91] die *Anfechtung von Nebenbestimmungen,* wurde soeben dargestellt. Sie ist, wie generell die isolierte Anfechtungs- 25

86 BVerwG v. 30.04.1971, BVerwGE 38, 99; v. 12.04.1991, BVerwGE 88, 111 (114); Eyermann/*Happ* § 42 Rn. 18; a.A. *Kopp/Schenke* § 42 Rn. 30; *Hufen* § 14, 19 ff.; restriktiver auch Schoch/Schmidt-Aßmann/Pietzner/*Pietzcker* § 42 Rn. 107 f.; *Würtenberger* Rn. 328 ff.

87 So erstmals *Sieveking* MDR 1954, 568.

88 In FS Menger, S. 443 (452 ff.).

89 Ebd., S. 446 ff.

90 Zur isolierten Angreifbarkeit eines Ergänzungsplanfeststellungsbeschlusses BWVGH v. 13.03.1990, NuR 1991, 338.

91 Von »isolierter Anfechtungsklage« spricht man auch, wenn bei VAen mit Drittwirkung die Klage in Abweichung von § 78 VwGO der Drittbelastete die Klage nicht gegen den für den Erlass des VA

klage, kein Ausnahmefall mehr. Nur solange man bei bedingten und befristeten begünstigenden VA und bei mit Auflagen verbundenen Ermessensakten die Verpflichtungsklage als die allein geeignete Klageart ansah, war die isolierte Anfechtungsklage grundsätzlich unzulässig. Das hat sich gewandelt. Bei allen Nebenbestimmungen kann heute eine isolierte Anfechtungsklage zulässig sein. Eine spezielle Rechtfertigung ist nicht nötig.

26 Eine weitere Variante der isolierten Anfechtungsklage ergibt sich – neben der originären Anfechtungsklage von Abhilfe- oder Widerspruchsbescheid nach § 79 I Nr. 2 VwGO – schließlich aus *§ 79 II 1 VwGO,* wonach ein *Widerspruchsbescheid* isoliert angegriffen werden kann, wenn und soweit er gegenüber dem ursprünglichen VA eine *zusätzliche selbständige Beschwer* enthält.[92] Erforderlich ist ein ausdrücklich (nur) auf die isolierte Aufhebung gerichtetes selbständiges Klagebegehren.[93] Als zusätzliche Beschwer gilt nach § 79 II 2 VwGO auch die Verletzung einer wesentlichen Verfahrensvorschrift, sofern der Widerspruch auf dieser Verletzung beruht. Bei gebundenen Verwaltungsentscheidungen scheidet damit die isolierte Anfechtung des verfahrensfehlerhaften Widerspruchsbescheids von vornherein aus.[94] Die Auffassung, die contra legem dennoch die Anfechtungsklage für zulässig erklärt,[95] lässt sich mit Rücksicht auf die §§ 45, 46 VwVfG nicht halten.[96] Aber auch bei Ermessensentscheidungen muss geprüft werden, ob ohne Verletzung der Verfahrensvorschrift eine andere Entscheidung hätte getroffen werden können, d.h. es kommt jedenfalls für § 79 II 2 VwGO auf die Kausalität von Verfahrensverstoß und Sachentscheidung an.

Zu unterscheiden sind damit zwei Fallkonstellationen:

1. Die isolierte Anfechtung von Widerspruchsbescheiden, denen gebundene VAe zugrunde liegen, und die nur auf die materielle Rechtswidrigkeit des Widerspruchsbescheids gestützt werden kann. Entscheidung des Gerichts: endgültige Aufhebung des Widerspruchsbescheids;
2. Die isolierte Aufhebung relevant verfahrensfehlerhafter Widerspruchsbescheide, denen Ermessensverwaltungsakte zugrunde liegen. Entscheidung des Gerichts: Aufhebung des Widerspruchsbescheids plus Zurückverweisung der Sache an die Widerspruchsbehörde.[97]

27 **Prüfungsschema: Zulässigkeit der Anfechtungsklage**

1. Bestehen der deutschen Gerichtsbarkeit (§ 18 GVG)
2. Zulässigkeit des Verwaltungsrechtswegs (§ 40 VwGO)
3. Sachliche, funktionelle und örtliche Zuständigkeit des Gerichts (§§ 45 ff. VwGO)
4. Beteiligtenfähigkeit (§ 61 VwGO)
5. Prozessfähigkeit und gesetzliche Vertretung (§§ 62, 67, 67 a VwGO)

---

verantwortlichen Hoheitsträger, sondern gegen den Begünstigten richten kann; hierzu BVerwG v. 28.02.2002, DVBl 2003, 143.

92 Hiervon zu unterscheiden ist die Fallkonstellation, bei der erst der Widerspruchsbescheid den Erstbescheid ausmacht, etwa wenn die Widerspruchsbehörde aus einer internen Willenserklärung der Gemeinde einen VA macht; vgl. LSAOVG v. 01.11.1999, DVBl 2000, 283.

93 BWVGH v. 15.11.1989, NVwZ 1990, 1085; *Dawin* NVwZ 1987, 872; a.A. *Kopf* JuS 1994, 742.

94 Allgemein *Seibert* BayVBl 1983, 174. Vgl. ferner BVerwG NVwZ 1999, 641; NWOVG, v. 21.01.2003, DÖV 2004, 40.

95 *Kopp/Schenke* § 79 Rn. 13 f.

96 BVerwG v. 07.10.1980, BVerwGE 61, 45; BWVGH v. 15.11.1989, NVwZ 1990, 1085.

97 BVerwG v. 15.07.1980, BayVBl 1980, 725; BayVGH v. 10.01.1983, BayVBl 1983, 530; vgl. auch unten § 24 Rn. 19.

6. Statthaftigkeit der Anfechtungsklage:
   a) Klageziel:
      Aufhebung eines VA, der sich noch nicht erledigt hat
   b) Klagegegenstand:
      aa) Grundsätzlich der ursprüngliche VA in der Gestalt, die er durch den Widerspruchsbescheid erfahren hat
      bb) Ausnahmsweise Widerspruchsbescheid, wenn er erstmalig eine Beschwer enthält (§ 79 I Nr. 2 VwGO) oder ggb. dem ursprünglichen VA eine zusätzliche Beschwer enthält (§ 79 II VwGO).
   c) Klageumfang:
      aa) Gesamtanfechtung des belastenden VA
      bb) Teilanfechtung (§ 113 I 1 VwGO; »soweit«) des belastenden VA oder abtrennbarer Nebenbestimmung zu einem begünstigenden VA
7. Ordnungsgemäße Klageerhebung
8. Klagebefugnis (§ 42 II VwGO)
9 Erfolglose Durchführung eines form- und fristgerechten Vorverfahrens (§§ 68 ff. VwGO)
10. Passive Prozessführungsbefugnis (§ 78 I VwGO)
11. Frist (§ 74 I VwGO)
12. Fehlen der anderweitigen Rechtshängigkeit (§ 17 I 2 GVG)
13. Rechtsschutzbedürfnis
   a) Gesamtanfechtung des belastenden VA: Rechtsschutzbedürfnis wird durch die Klagebefugnis indiziert
   b) Besonders nachzuweisendes Rechtsschutzbedürfnis bei der isolierten Anfechtungsklage

## D. Sonstige besondere Gestaltungsklagen

Sonstige (besondere) Gestaltungsklagen, die die VwGO aus der ZPO übernommen hat, sind die Abänderungsklage (§ 173 VwGO i.V.m. § 323 ZPO),[98] die Wiederaufnahmeklage (§ 153 VwGO i.V.m. §§ 578 ff. ZPO), die Aufhebungsklage gegen einen Schiedsspruch (§ 173 VwGO i.V.m. § 1059 ZPO) und die Vollstreckungsgegen- oder -abwehrklage gegen gerichtliche Vollstreckungstitel (§§ 167 VwGO i.V.m. § 767 ZPO).[99] 28

**Beispiel:** Nach § 106 VwGO beendet der Prozessvergleich das Klageverfahren. Macht nach Abschluss des Vergleichs ein Beteiligter geltend, die Geschäftsgrundlage für den Vergleich sei weggefallen, kann diese Frage nicht durch Fortsetzung des durch den Vergleich erledigten Rechtsstreits entschieden werden, weil der Wegfall der Geschäftsgrundlage keine Unwirksamkeit des Vergleichs ex tunc zur Folge

98 **Beispiel:** BayVGH v. 20.07.1977, BayVBl 1978, 53.

99 Vgl. BVerwG v. 19.09.2002, BVerwGE 117, 44; v. 23.06.2004, NJW 2004, 2462 (Stasi-Unterlagen Kohl; hierzu auch VG Berlin v. 17.09.2003, NJW 2004, 457); v. 21.03.2005, NJW 2005, 1962 (Vollstreckungsabwehrklage gegen Kostenfestsetzungsbeschluss); VG Trier v. 02.10.2008, BecksRS 2008, 40222 und Schoch/Schmidt-Aßmann/Pietzner/*Pietzner* § 167 Rn. 18 ff. Gegen Vollstreckungstitel der *Verwaltungsvollstreckung* ist die Vollstreckungsgegenklage jedenfalls dann unzulässig, soweit Klagemöglichkeit nach den §§ 42, 43 VwGO besteht, BVerwG v. 26.05.1967, BVerwGE 27, 141. Zu den in Betracht kommenden Rechtsschutzformen vgl. Schoch/Schmidt-Aßmann/Pietzner/*Pietzner* § 167 Rn. 58 ff. m.w.N.

hat. Erforderlich ist dann eine Abänderungsklage oder – wenn aus dem Vergleich vollstreckt werden soll[100] – eine Vollstreckungsabwehrklage).[101]

Mit der Vollstreckungsabwehrklage müssen zwar Einwendungen geltend gemacht werden, die den durch das Urteil festgestellten Anspruch selbst betreffen (§ 767 I ZPO), wie etwa Erfüllung,[102] Aufrechnung,[103] nachträglicher Erlass eines der Verpflichtungsklage entgegenstehenden Bebauungs- oder Flächennutzungsplans[104] oder nachträgliche Legalisierung nach Erlass eines Folgenbeseitigungsurteils.[105] Gleichwohl zielt die in § 767 ZPO insoweit nicht näher geregelte Klage nicht darauf ab, das Nicht(mehr)bestehen des titulierten Anspruchs festzustellen oder den Titel zu beseitigen, sondern die Zwangsvollstreckung aus dem angegriffenen Vollstreckungstitel für unzulässig zu erklären (§ 775 Nr. 1 ZPO). Sie ist also eine auf die Vernichtung der Vollstreckbarkeit des Titels gerichtete *prozessuale Gestaltungsklage,*[106] die zur Einstellung der Vollstreckung und Aufhebung getroffener Vollstreckungsmaßnahmen führt (§§ 775 Nr. 1, 776 S. 1 ZPO). Die Vollstreckungsgegenklage kann nur auf Einwendungen gestützt werden, die nach dem Schluss der letzten mündlichen Tatsachenverhandlung in dem zum Titel führenden Vorprozess entstanden sind (§ 767 II ZPO). Einstweiliger Rechtsschutz ist nach § 167 I S. 1 VwGO i.V.m. §§ 769, 767 ZPO zu suchen.[107]

**Tenorierungsbeispiel:**

1. Die Vollstreckung aus dem Urteil des Verwaltungsgerichts Leipzig vom 4. Juli 2003 wird für unzulässig erklärt.
2. Der Beklagte hat die Kosten des Verfahrens zu tragen.
3. Das Urteil ist wegen der Kosten vorläufig vollstreckbar.

100 Vgl. OVG Lüneburg v. 02.04.1979, NJW 1980, 414.
101 BVerwG v. 19.06.1991, NJW 1992, 191; BayVGH v. 20.07.1977, BayVBl 1978, 53. Vgl. aber auch *Schenke/Baumeister* NVwZ 1993, 1.
102 Vgl. BGH v. 17.04.1986, NJW-RR 1987, 59 (60); BWVGH v. 09.07.1969, ESVGH 20, 174; a.A. BWVGH v. 25.11.1997, NVwZ-RR 1998, 785.
103 BbgOVG v. 22.05.2001, NVwZ-RR 2002, 905.
104 BVerwG v. 26.10.1984, BVerwGE 70, 227; v. 19.09.2002, BVerwGE 117, 44.
105 BVerwG v. 06.09.1988, BVerwGE 80, 178 (184).
106 BGH v. 14.05.1992, BGHZ 118, 229 (231); v. 22.09.1994, BGHZ 127, 146 (149).
107 BVerwGE 80, 184; BbgOVG NVwZ-RR 2002, 905 und Schoch/Schmidt-Aßmann/Pietzner/*Pietzner* § 167 Rn. 40 ff.

# § 10 Leistungsklagen

## A. Begriff und Erscheinungsformen

Leistungsklagen sind auf die Verurteilung des Beklagten zu einem Tun, Dulden oder Unterlassen gerichtet. 1

Die Vielfalt der Erscheinungsformen der Leistungsklagen hängt mit der Vielfalt möglicher Leistungsbegehren zusammen. Das wichtigste Einteilungskriterium ergibt sich aus der Prüfung, ob der Erlass eines beantragten VA (Verpflichtungsklage) oder eine sonstige Leistung (allgemeine Leistungsklage) begehrt wird. Ferner kann der Kläger eine gerichtliche Entscheidung über die Leistung selbst oder die Verpflichtung des Beklagten zur Entscheidung über die Leistung anstreben. Schließlich macht es auch prozessual einen Unterschied, ob der Beklagte die begehrte Leistung oder bereits die Entscheidung über die Leistung verweigert oder unterlassen hat.

## B. Allgemeine Leistungsklage

Die VwGO regelt die allgemeine Leistungsklage[1] nicht gesondert, erkennt sie aber in einer Reihe von Vorschriften ausdrücklich an oder setzt sie voraus (vgl. §§ 43 II, 111, 113 IV, 169 II, 170, 191 I). Die Rspr., die durchgängig von der Statthaftigkeit der allgemeinen Leistungsklage ausgeht,[2] dürfte mittlerweile zu Gewohnheitsrecht erstarkt sein. Die allgemeine Leistungsklage ist eine »Auffangklage«. Sie ist gegenüber der Verpflichtungsklage subsidiär und betrifft insoweit nur das schlichthoheitliche Verwaltungshandeln. Der Schluss von der negativen Grenzziehung auf eine positive Umschreibung des Klagegegenstandes verleitet aber leicht zu Fehlern, insbesondere zu der Annahme, dass die allgemeine Leistungsklage sich nur auf Verwaltungs-Realakte beziehe.[3] Leistung kann nämlich jedes Tun und Unterlassen sein. Die *Leistungs-Vornahme-Klage* dient in der Tat der Verpflichtung zur Vornahme von Realakten. Bei Klagen auf Erlass eines VA ist die Verpflichtungsklage die richtige Klageart. Die Leistungsklage auf Aufhebung eines VA scheitert am Vorrang der Anfechtungsklage. 2

Die Unterlassungsklage kann sich dagegen gegen *jedes* künftige Verwaltungshandeln richten. 3

---

1 *Hufen* § 17 Rn. 1; *Schenke* Rn. 344 ff.; *Schmitt Glaeser/Horn* Rn. 371 ff., *Würtenberger* Rn. 375 ff.; *Steiner* JuS 1984, 853; *Erichsen* Jura 1992, 384 Zur »echten« Leistungsklage nach § 54 V SGG BSG v. 23.07.2002, NJW 2003, 845.

2 Vgl. BVerwG v. 25.02.1969, BVerwGE 31, 301; v. 01.06.1995, DVBl 1995, 1245; BWVGH v. 06.08.1990, NVwZ 1991, 194; BayVGH v. 19.09.1996, DÖV 1997, 79; HessVGH v. 09.12.1993, NVwZ-RR 1995, 700; NWOVG v. 18.08.2005, DÖV 2006, 347; SaarlOVG v. 22.04.1993, DÖV 1993, 964.

3 Vgl. *Schmitt Glaeser/Horn* Rn. 372, 374 ff.

Insbesondere die *vorbeugende Unterlassungsklage*[4] ist nicht auf die schlichthoheitliche Betätigung der Verwaltung[5] beschränkt, sondern – ausnahmsweise – auch gegen einen (drohenden) VA zulässig.[6]

> **Beispiel:** Der Inhaber eines im Außenbereich nach § 35 I Nr. 1 BauGB privilegierten Betriebs ist berechtigt, die heranrückende Bebauung, die die weitere Ausnutzung der Privilegierung (latenter Störer!) gefährden könnte, abzuwehren.[7]

Soweit die vorbeugende Unterlassungsklage gegen VAe für unzulässig gehalten wird – das Schrifttum, das generell die Statthaftigkeit vorbeugenden Rechtsschutzes bestritt, ist ohnehin überholt –, liegt ein Missverständnis zugrunde. Es geht nicht um eine »Verpflichtungsklage negativer Art«.[8] Eine vorbeugende Verpflichtungsklage auf Ablehnung eines künftigen, möglicherweise überhaupt noch nicht beantragten VA wäre in der Tat unzulässig. Mit der vorbeugenden Unterlassungsklage soll demgegenüber die Verwaltungstätigkeit von vornherein in eine bestimmte Richtung gelenkt werden, noch ehe ein VA ergangen ist. Die schlichte Unterlassung eines VA (nicht die Ablehnung des VA!) stellt noch keine Regelung dar. Ein derartiges Handlungsverbot für die Verwaltung berührt den Gewaltenteilungsgrundsatz. Dennoch nehmen die Gerichte keine Verwaltungsaufgaben war; denn die vorbeugende Unterlassungsklage ist nur als Notbehelf zur Gewährleistung des effektiven Rechtsschutzes zulässig; allein diesen Aspekt haben die Gerichte zu prüfen. Die Bedenken gegen die vorbeugende Unterlassungsklage betreffen in Wahrheit nicht deren Statthaftigkeit und auch nicht die Verfahrenskonkurrenz,[9] sondern das Rechtsschutzbedürfnis. Sofern repressiver Rechtsschutz zum Schutz subjektiver (Verschonungs-)Rechte ausreicht, besteht kein Rechtsschutzbedürfnis für eine vorbeugende Unterlassungsklage (vgl. § 18 Rn. 8). Da der repressive Rechtsschutz – wie die Praxis häufig zeigt – nicht immer ausreicht, darf die Möglichkeit einer Leistungsklage auf Unterlassung eines drohenden VA nicht von vornherein ausgeschlossen werden.

Ähnliches gilt für vorbeugende Unterlassungsklagen gegen drohende *untergesetzliche Rechtsnormen*, die bei der Bauleitplanung mit Rücksicht auf § 33 BauGB häufig die effektivste Rechtsschutzmöglichkeit darstellen. Nach der Rspr. des BVerwG ist »für einen vorbeugenden Rechtsschutz dort kein Raum, wo und solange der Betroffene zumutbarer Weise auf den von der VwGO als grundsätzlich angemessen und ausreichend angesehenen nachträglichen Rechtsschutz verwiesen werden kann«.[10]

---

4 Grundlegend BVerwG v. 21.02.1973, DVBl 1973, 448 m. Bespr. *Blümel* S. 436.

5 Hierzu BVerwG v. 21.04.1989, BVerwGE 82, 29; v. 23.05.1989, BVerwGE 82, 76 m. Bespr. *Meyn* JuS 1990, 630.

6 BVerwG v. 16.04.1971, DVBl 1971, 746 (Kraftfutterwerk); v. 09.03.1990, BVerwGE 85, 54 (60); OVG Lüneburg v. 26.08.1970, OVGE 26, 504 (Sperrzeitverlängerung); BremOVG v. 13.09.1967, NJW 1967, 2222 (polizeiliches Einschreiten); Bln. OVG v. 02.05.1977, NJW 1977, 2283 (Kraftwerk); *Redeker/v. Oertzen* § 42 Rn. 162; *Schenke* Rn. 354 ff.; *Hufen* § 18 Rn. 10 ff.

7 BVerwG v. 16.04.1971, DVBl 1971, 746. Materiell-rechtlich verliert die Privilegierung an Gewicht, wenn für die heranrückende Bebauung die Baufreiheit spricht. Ist dem Außenbereichsvorhaben etwa ein Vorhaben im unbeplanten Innenbereich benachbart, so kann dessen Bebauung nicht generell verhindert werden. Bei der Genehmigung des Innenbereichsvorhabens ist dann lediglich das Gebot der Rücksichtnahme zu beachten, BVerwG v. 10.12.1982, BayVBl 1983, 277. Ob der Gebietsgewährleistungsanspruch das Gebot der Rücksichtnahme ersetzen kann, bedarf noch der Klärung.

8 So aber *Schmitt Glaeser/Horn* Rn. 313.

9 So *Kopp/Schenke* Vorb. § 40 Rn. 32. Repressiver Rechtsschutz kann aber im Verhältnis zu präventivem nie der speziellere Rechtsschutz sein. Die Frage ist nur, welcher Rechtsschutz effektiver ist. Diese Frage ist beim Rechtsschutzbedürfnis zu klären.

10 Grundlegend BVerwG v. 08.09.1972, BVerwGE 40, 323 (325); v. 29.07.1977, BVerwGE 54, 211 (215 f.); vgl. auch *Hufen* § 15 Rn. 13; *Redeker/v. Oertzen* § 42 Rn. 163.

Im Übrigen muss das künftige Verwaltungshandeln bereits rechtlich konkretisiert sein, sonst wird die vorbeugende Klage zur unzulässigen *vorsorglichen* Klage.[11]

Die Beispiele für die Leistungs-Vornahme-Klage sind zahlreich. Denn sie decken den gesamten Bereich des schlichten Verwaltungshandelns ab und reichen von der Folgenbeseitigung[12] über Geldleistungen,[13] Abwehransprüche,[14] Durchführung von Prüfungen,[15] den Widerruf von Äußerungen[16] bis hin zu schlichten Auskünften.[17] 4

*Behörden*, die materiell-rechtlich nicht zum Erlass eines VA verpflichtet sind, können auch dann eine Leistungsklage erheben, wenn der Anspruch durch VA hätte geltend gemacht werden können.[18]

**Prüfungsschema: Zulässigkeit der allgemeinen Leistungsklage** 5

1. Bestehen der deutschen Gerichtsbarkeit (§ 18 GVG)
2. Zulässigkeit des Verwaltungsrechtswegs (§ 40 VwGO)
3. Sachliche, funktionelle und örtliche Zuständigkeit des Gerichts (§§ 45 ff. VwGO)
4. Beteiligtenfähigkeit (§ 63 VwGO)
5. Prozessfähigkeit und gesetzliche Vertretung (§§ 62, 67 VwGO)
6. Statthaftigkeit der allgemeinen Leistungsklage:
   a) Klageziel: Verurteilung zu einem Verhalten (Handeln, Dulden oder Unterlassen), auf das nicht im Wege der Verpflichtungsklage geklagt werden kann
   b) Klagegegenstand:
      aa) Vornahme hoheitlicher Verwaltungshandlungen, die keine VAe sind.
      bb) Unterlassung von Verwaltungshandlungen
7. Ordnungsgemäße Klageerhebung
8. Klagebefugnis (§ 42 II VwGO analog)
9. Passive Prozessführungsbefugnis (§ 78 I VwGO)
10. Nur ausnahmsweise erfolglose Durchführung eines form- und fristgerechten Vorverfahrens (§ 126 II BRRG)
11. Nur ausnahmsweise Frist (§ 126 II BRRG)
12. Fehlen der anderweitigen Rechtshängigkeit (§ 17 I 2 GVG)
13. Rechtsschutzbedürfnis

11 Vgl. auch OLG Koblenz v. 11.12.1985, NJW-RR 1986, 935; VG Bremen v. 28.06.1990, NJW 1991, 585.

12 BVerwG v. 04.02.1988, NJW 1988, 2399 (2400); allgemein BVerwG v. 14.04.1989, BVerwGE 82, 24; hierzu *Schenke* JuS 1990, 370; v. 23.05.1989, BVerwGE 82, 76 (95); v. 26.08.1993, BVerwGE 94, 100 (103 f.); HessVGH v. 08.12.1992, NJW 1993, 3011; BayVGH v. 23.01.1995, NVwZ-RR 1995, 592; *Schoch* VerwArch 1988, 1. Auch die Räumung einer ursprünglich für Obdachlose beschlagnahmten Wohnung ist ein Fall der Folgenbeseitigung, BGH v. 13.07.1995, DÖV 1995, 78; a.A. BWVGH v. 20.01.1987, NVwZ 1987, 1101 = JuS 1988, 492 *(Brodersen)*. Vgl. auch § 31 Rn. 13.

13 *Schmitt Glaeser/Horn* Rn. 382; BVerwG v. 28.06.1995, DÖV 1995, 125. Zur unbezifferten Klage BVerwG v. 07.09.1989, NVwZ 1990, 162.

14 BayVGH v. 30.11.1987, NVwZ 1989, 269.

15 BVerwG v. 18.07.1997, Klage auf Zulassung zu einer Prüfung, für die »tierverbrauchsfreie« Leistungsnachweise gefordert werden.

16 BVerwG v. 14.04.1988, NJW 1989, 412; NWOVG v. 25.02.1988, NJW 1988, 2636; BWVGH v. 18.11.1991, VBlBW 1992, 305.

17 Vgl. aber auch BlnOVG v. 16.12.1986, NVwZ 1987, 817; allgemein *Jochum* NVwZ 1987, 460; *Bierwirth* BayVBl 1989, 587. Die statthafte Klage auf Umweltinformationen nach dem UIG ist dagegen die Verpflichtungsklage; vgl. *Kollmer* NVwZ 1995, 858.

18 BVerwG v. 28.09.1979, DVBl 1980, 294.

a) Leistungsvornahmeklage: Rechtsschutzbedürfnis wird durch die Klagebefugnis indiziert
b) Klage auf künftige Leistungen: Begründete Besorgnis, dass der Schuldner die Leistung nicht erbringen wird (arg. § 259 ZPO)
c) Vorbeugende Unterlassungsklage: Qualifiziertes Rechtsschutzinteresse; Unzumutbarkeit des Abwartens der Rechtsverletzung

## C. Verpflichtungsklage

6 Der wichtigste Fall der Leistungsklage ist die Verpflichtungsklage,[19] mit der der Erlass eines beantragten VA begehrt wird. Der Begriff des VA richtet sich auch hier nach den allgemeinen Kriterien.[20]

Die VwGO unterscheidet zwei *Hauptformen* der Verpflichtungsklagen, nämlich die Versagungs- oder Weigerungsgegenklage und die Untätigkeitsklage.

Die *Versagungs- oder Weigerungsgegenklage*[21] ist auf den Erlass eines abgelehnten VA gerichtet. Sie stellt eine eigenständige Klageart dar, und nur bei ihr handelt es sich i.e.S um eine Verpflichtungsklage. Sie ist ferner zukunftsgerichtet und erfasst abschließend die Fälle, in denen ein VA begehrt wird.

Gelegentlich wird versucht, mit Hilfe der Verpflichtungsklage die Fristen für die Anfechtungsklage zu unterlaufen. Eine Verpflichtungsklage auf Rücknahme oder Widerruf eines VA ex tunc ist aber immer unzulässig.

Die *Untätigkeitsklage*[22] – ebenfalls i.e.S – (§ 75 VwGO) ist geboten, wenn die Behörde auf Antrag[23] überhaupt nicht tätig geworden ist. Bei ihr ist die Verpflichtung nicht das Endziel; die Behörde soll zunächst einmal gezwungen werden, auf den Antrag zu reagieren.

7 Die Untätigkeitsklage nach § 75 VwGO schafft daher keine besondere Klageart, sondern eröffnet für Anfechtungs- und Verpflichtungsklagen und sonstige Klagen, für die ein Vorverfahren vorgeschrieben ist, abweichend von der Regelung der §§ 68 ff., 74 VwGO unmittelbar den Klageweg.[24] Erlässt die Behörde nach zulässiger Erhebung der Untätigkeitsklage einen ablehnenden VA, so kann die Klage als Verpflichtungsklage weitergeführt werden.

---

19 *Bachof* Die verwaltungsgerichtliche Klage auf Vornahme einer Amtshandlung, 2. Aufl.1969; *Hufen* § 15; *Schenke* § 6; *Schmitt Glaeser/Horn* § 4; *Würtenberger* Rn. 319 ff.

20 Gelegentlich hilft die Daumenregel: Wenn eine Anfechtungsklage gegen den Ursprungsakt statthaft gewesen wäre, ist auch eine Verpflichtungsklage gegen den späteren actus contrarius statthaft. *Beispiel:* Die Eintragung einer Baulast ist eine VA, also ist auch die Löschung der Baulast VA, der durch Verpflichtungsklage zu erstreiten ist; vgl. SaarlOVG v. 18.06.2002, NJW 2003, 768.

21 *Wehr* Jura 1998, 575.

22 Zur Untätigkeitsklage nach § 46 I FGO *Harder*, Betr 1995, 1583.

23 § 75 S. 1 VwGO präzisiert die Untätigkeit: Über den Widerspruch oder über den Antrag auf Erlass eines VA darf ohne zureichenden Grund in angemessener Frist nicht entschieden worden sein; vgl. NWOVG v. 02.08.1991, NVwZ-RR 1992, 453 sowie unten § 17 Rn. 8. Die Nichtvorlage von behördlch geforderten Unterlagen ist kein Grund, einen Antrag nicht zu verbescheiden; BVerwG. v. 04.09.2007, BVerwGE 129, 243 (244).

24 Vgl. RhPfOVG v. 14.09.1967, NJW 1967, 2329; BWVGH v. 18.02.1970, NJW 1970, 1143; NWOVG v. 11.09.1973, DÖV 1974, 97.

Der Durchführung eines Vorverfahrens als Sachurteilsvoraussetzung bedarf es dann an sich nicht, weil die Behörde dem Kläger das einmal bestehende Klagerecht nicht mehr nehmen kann.[25] Die Möglichkeit, Widerspruch einzulegen, lässt aber u.U. das Klagerecht untergehen. Deshalb ist gleichwohl Widerspruch einzulegen. Die Widerspruchsbehörde hat dann trotz Rechtshängigkeit über den rechtzeitig eingelegten Widerspruch zu entscheiden. Zu diesem Zweck setzt das VG das Verfahren aus und räumt der Widerspruchsbehörde eine Entscheidungsfrist ein. Wird keine Frist gesetzt oder lässt die Widerspruchsbehörde die Frist verstreichen, so bleibt es bei der Zulässigkeit der Untätigkeitsklage.[26]

Mit der Verpflichtungsklage kann sowohl der Erlass eines bestimmten VA *(Vornahmeklage)* als auch die Verurteilung der Behörde zur Verbescheidung eines Antrags unter Beachtung der Rechtsauffassung des Gerichts *(Bescheidungsklage)* begehrt werden.[27] Die gegenteilige Ansicht, die die Bescheidungsklage mangels gesetzlicher Grundlage für unzulässig hält,[28] überzeugt nicht. Bei der Bescheidungsklage werden keine Gesichtspunkte der Klagebegründetheit in die Zulässigkeitsprüfung verlagert. Vielmehr gibt sich der Kläger mit einem Weniger an Rechtsschutz zufrieden. Das hierfür erforderliche Rechtsschutzbedürfnis ist i.d.R. gegeben. Bei der Vornahmeklage unterliegt der Kläger nämlich mit seinem weitergehenden Verpflichtungsantrag, wenn das Gericht statt der beantragten Verurteilung zu einer bestimmten Ermessensentscheidung nur die Verpflichtung zu einer Bescheidung nach § 113 IV 2 VwGO ausspricht. Dieses vor allem im Hinblick auf die Kosten (§ 155 VwGO) nachteilige Ergebnis kann nur durch eine Bescheidungsklage vermieden werden.[29] 8

Bei *gebundenen Entscheidungen* kommen ein Bescheidungsurteil und dementsprechend eine Bescheidungsklage grundsätzlich nicht in Betracht. Eine Ausnahme bilden die gebundenen Entscheidungen, bei denen nach traditionellem Verständnis ein *Beurteilungsspielraum* besteht. 9

Die Lehre vom Beurteilungsspielraum war freilich durch die Rspr. des BVerfG[30] ins Schwanken geraten. Der Ausgangspunkt dürfte unproblematisch sein: Bei unbestimmten Rechtsbegriffen gilt das Prinzip der einzig richtigen Entscheidung. Da auf den ersten Blick jeder diese richtige Entscheidung finden kann, war es schon immer einhellige Rspr., dass die Gerichte die Anwendung der unbestimmten Rechtsbegriffe durch die Exekutive grundsätzlich in vollem Umfang zu überprüfen haben.[31] Bisweilen sind aber nur wenige imstande, die richtige Entscheidung zu finden. Für die Gerichte bleibt dann zwar der Ausweg, Sachverständige zu befragen. Trotzdem gibt es aber Bereiche, die auch den gerichtlichen Sachverständigen und damit dem vollen Zugriff der Gerichte verschlossen sind, Bereiche, zu denen eben nur die Exekutive Zugang hat. Da man of- 10

25 BVerwG v. 04.06.1991, NVwZ 1992, 180.

26 Vgl. BVerwG v. 22.05.1987, NVwZ 1987, 969.

27 BVerwG v. 08.12.1992, NVwZ-RR 1993, 619.

28 *Schmitt Glaeser/Horn* Rn. 303; NK-VwGO/*Sodan* § 42 Rn. 34. Letztlich handelt es sich um einen nutzlosen terminologischen Streit. Die Bescheidungsklage wurde hier immer als Unterfall der Verpflichtungsklage behandelt. Ausschlaggebend ist allein, ob der Verpflichtungsantrag auf Neubescheidung beschränkt werden kann. Dies muss zulässig sein, auch wenn die VwGO die Bescheidungsklage nicht ausdrücklich erwähnt.

29 *Hufen* § 15 Rn. 15; vgl. auch BVerwG v. 23.07.1991, NVwZ 1991, 1180.

30 Vgl. die Beschlüsse v. 17.04.1991, BVerfGE 84, 34 (59); v. 16.10.1991, NVwZ 1992, 55; v. 22.10.1996, BVerfGE 85, 36; v. 16.12.1992, BVerfGE 88, 40; vgl. auch *Hofmann* NVwZ 1995, 740.

31 BVerwG v. 26.06.1980, BVerwGE 60, 254 (255); v. 04.02.1982, BVerwGE 65, 22 f.; v. 21.12.2001, DVBl 2002, 921; v. 27.06.2002, DVBl 2003, 152.

fenbar nicht zugeben wollte, dass hier – wenn überhaupt – nur die Exekutive die richtige Entscheidung treffen kann, behalf man sich mit einem administrativen Beurteilungsspielraum, der bei bestimmten Fallgruppen eine Reduzierung der richterlichen Kontrolldichte rechtfertigen sollte.

Ein Beurteilungsspielraum war *früher*[32] anerkannt bei:

1. *pädagogischen Wertentscheidungen*, namentlich *Prüfungsentscheidungen*, BVerwG v. 24.04.1959, BVerwGE 8, 272; v. 15.10.1990, NVwZ 1991, 271;
2. *dienstlichen Beurteilungen*, BVerwG v. 26.06.1980, BVerwGE 60, 245;
3. *Entscheidungen von Fachgremien*, BVerwG v. 13.12.1979, BVerwGE 59, 213;
4. *Prognoseentscheidungen*, BVerwG v. 27.11.1981, BVerwGE 64, 238 (242); v. 15.04.1988, BVerwGE 79, 208 (213); v. 07.09.1989, BVerwGE 82, 295;
5. *Planungsentscheidungen*, BVerwG v. 07.05.1971, DVBl 1971, 789; v. 22.03.1979, DVBl 1979, 877.

Nach dem BVerfG soll sich demgegenüber der *prüfungsrechtliche* Bewertungsspielraum auf prüfungsspezifische Wertungen beschränken, während *fachliche* Fragen der vollen gerichtlichen Kontrolle unterworfen bleiben.[33] Daran ist richtig, dass die Verwaltung i.d.R. über keine besondere (spezifische) Fachkunde verfügt, die einen administrativen Beurteilungsspielraum rechtfertigen könnte. Der Beurteilungsspielraum kraft (besonderer administrativer) Fachkunde kommt allenfalls im technischen Sicherheitsrecht in Betracht.[34] Hier hat sich das BVerfG folgerichtig eine Hintertür offen gehalten.[35]

Im Übrigen ist aber nach wie vor der nicht rekonstruierbare Hintergrund der Entscheidung maßgeblich, insbesondere der *personale Kontakt*, der in besonderen Gewaltverhältnissen besteht.

Dieser personale Kontakt mag bei anonymen Prüfungen fehlen. Insofern war es durchaus berechtigt, die rechtliche Situation der Prüflinge zu verbessern. Schon bei mündlichen Prüfungen stehen aber subjektiv-situationsbezogene Bewertungen im Vordergrund. Das räumt letztlich auch das BVerfG ein. Die Rspr. des BVerfG biete somit keinen Anlass, die hier schon in den früheren Auflagen vertretene Ansicht aufzugeben. Danach ist generell ein Beurteilungsspielraum bei spezifischen Beurteilungen in besonderen Gewaltverhältnissen zu bejahen.[36]

---

32 Die frühere Rspr. war zusammengefasst in BVerwG v. 26.06.1990, GewArch 1990, 355; ferner *Schulze-Fielitz* JZ 1993, 772 Zur Reaktion auf die Rspr. des BVerfG *Sieckmann* DVBl 1997, 101; BVerwG v. 21.01.1999, NJW 1999, 2056.

33 BVerfG v. 17.04.1991, BVerfGE 84, 34 (50 ff.).

34 BVerwG v. 19.12.1985, BVerwGE 72, 300 (316); v. 22.10.1987, BVerwGE 78, 177 (180).

35 BVerfG v. 17.04.1991, BVerfGE 84, 34 (50); »Unbestimmte Rechtsbegriffe können allerdings wegen hoher Komplexität oder besonderer Dynamik der geregelten Materie so vage und ihre Konkretisierung im Nachvollzug der Verwaltungsentscheidung so schwierig sein, dass die gerichtliche Kontrolle an die Funktionsgrenzen der Rspr. stößt. Der rechtsanwendenden Behörde mag in solchen Fällen ohne Verletzung rechtsstaatlicher Grundsätze ein begrenzter Entscheidungsfreiraum zuzubilligen sein.« Das kann aber nur gelten, solange der Staat sich mit der technischen Realisation identifiziert, d.h., solange sich technischer Sachverstand innerhalb und außerhalb der Verwaltung wechselseitig durchdringen. Eine Bevormundungsverwaltung, deren Kontrollorgane nie an der »technischen Front« gearbeitet haben, ist nicht fachkundiger als die durch Sachverständige beratene Gerichtsbarkeit.

36 Zur Begründung *Ronellenfitsch* in: Merten (Hrsg.), Das besondere Gewaltverhältnis, 1985, S. 33 ff. (48 f.).

Bei Prüfungsentscheidungen,[37] in begrenztem Umfang bei dienstlichen Beurteilungen[38] und personalen Prognoseentscheidungen[39] kann folglich auch weiterhin im Interesse einer materiellen Sachgerechtigkeit nicht auf administrative Beurteilungsspielräume verzichtet werden. Der Grund liegt in der engeren Sachnähe.

Die engere Sachnähe ist bei besonderen Gremien nicht gegeben. Aber auch die Bezeichnung »Fachgremien« ist beschönigend. Die Frage etwa, ob Darstellungen jugendgefährdend sind, lässt sich nicht ohne wertenden Einschlag beantworten. Die personelle Besetzung der Bundesprüfstelle (§ 19 JuSchG) richtet sich stärker danach, ob die gesellschaftlich relevanten Gruppen hinreichend repräsentiert werden als nach Kriterien der Fachkunde. Dem entspricht auch die Verfahrensgestaltung (§ 21 JuSchG). Man sollte daher die Karten aufdecken und von einem Beurteilungsspielraum kraft pluralistischer Entscheidungsfindung sprechen. Zumindest mittelbar wird durch die Besetzung und Verfahrensgestaltung der Prüfstellen, Ethikkommissionen u. dgl. der fachliche Gehalt der Entscheidung verbessert, da der Interessenausgleich Legitimationsdruck erzeugt. Bei einem ergebnisbezogenen Verständnis lässt sich die Entscheidungsfindung der pluralistisch besetzten Gremien dem Beurteilungsspielraum kraft spezifischer Fachkunde zuordnen. Eine Zwischenstellung, die den Beurteilungsspielraum rechtfertigt, nimmt die durch Kommissionen durchgeführte Weinprüfung ein.[40]

Hinsichtlich der Abwägung von Kunstfreiheit und Jugendschutz wird die Indizierungsentscheidung ohnehin wie eine Planungsentscheidung behandelt (vgl. BVerwG v. 18.02.1998, NJW 1999, 75).

Bei Prognoseentscheidungen etwa nach § 4 IV ZuG 2007 beschränkt sich die verwaltungsgerichtliche Kontrolle darauf, ob die Prognose auf der Grundlage fachwissenschaftlicher Maßstäbe methodisch fachgerecht erstellt wurde.[41]

Eine Zwischenstellung, die den Beurteilungsspielraum rechtfertigt, nimmt die durch Kommissionen durchgeführte Weinprüfung ein.[42] Fachkunde und Prognoseaspekte rechtfertigen schließlich den Beurteilungsspielraum, den § 10 II 2 TKG der Bundesnetzagentur einräumt.[43]

Bei *Planungsentscheidungen* sind normative Vorgaben (Erforderlichkeit, Leitsätze) vom Abwägungsgebot zu trennen. Nur aus der Verbindung kann sich ein Beurteilungsspielraum ergeben, da sich bei Planungsentscheidungen Tatbestand und Rechtsfolge nicht scharf trennen lassen. Der Beurteilungsspielraum umschreibt dann die planerische Gestaltungsfreiheit der Zulassungsbehörde eines Vorhabens, die mit dem Vorhabenträger nicht identisch ist.[44] So eröffnet Art. 4 I 4 RL 79/409/EWG (VogelschutzRL) den Mitgliedstaaten der EU einen fachlichen Beurteilungsspielraum in der Frage, welche Gebiete nach ornithologischen Kriterien als Vogelschutzgebiete »zahlen- und flächenmäßig« am geeignetsten sind.[45]

---

37 Zu überzogen *v. Mutius/Sperlich* DÖV 1993, 45 (50 f.). Vgl. auch *Zimmerling/Brehm* Der Prüfungsprozess, 2004.

38 BVerfG KB v. 29.05.2002, NVwZ 2002, 1368; BVerwG v. 17.03.1993, DVBl 1993, 956; v. 18.03.1998, BVerwGE 196, 263 (266 ff.); v. 10.02.2000, ZBR 2000, 303; v. 16.08.2001, BVerwGE 115, 58 (60); NWOVG v. 27.04.2001, NVwZ-RR 2001, 58; vgl. auch *Adam* RiA 2005, 225.

39 Vgl. BWVGH v. 22.10.1996, NVwZ-RR 1998, 110 (111); aber auch v. 02.10.1997, VBlBW 1998, 111. Zum kalkulatorischen Prognosespielraum im Abgabenrecht BVerwG v. 17.04.2002, DÖV 2002, 820.

40 BVerwG v. 16.05.2007, DÖV 2007, 797.

41 BVerwG v. 29.01.1991, BVerwGE 87, 332 (355); v. 16.10.2007, DÖV 2008, 199.

42 BVerwG v. 16.05.2007, DÖV 2007, 797.

43 BVerwG v. 02.04.2008, BVerwGE 131, 41.

44 Die Zulassungsbehörde hat den vom Vorhabenträger entwickelten Plan »planerisch nachzuvollziehen«; vgl. *Kühling/Herrmann* Fachplanungsrecht, 2. Aufl. 2000, Rn. 312.

45 BVerwG v. 14.11.2002, BVerwGE 117, 149.

Eine Sonderform der Prognoseentscheidung mit Beurteilungsspielraum stellt die *Bedarfsplanung* dar, die als wirtschaftslenkende Maßnahme in die freie Berufswahl zur Abwehr nachweisbarer oder höchstwahrscheinlicher schwerer Gefahren für ein überragend wichtiges Gemeinschaftsgut zulässig ist.[46] So gestattet das Merkmal der Beeinträchtigung der öffentlichen Verkehrsinteressen durch Bedrohung der Funktionsfähigkeit des örtlichen Taxengewerbes in § 13 IV 1 PBefG keine Bedürfnisprüfung, eröffnet aber einen planerisch-prognostischen Beurteilungsspielraum.[47] Erst recht ist ein behördlicher Prognosespielraum bei der Beurteilung des Bedarfs an Rettungsdienstleistungen anzuerkennen, da hier schon eine gesetzliche Regelung, die die Zulassung zum qualifizierten Krankentransport von einer Bedürfnisprüfung abhängig macht, nicht gegen Art. 12 I GG verstößt.[48]

Der nur ein Bescheidungsurteil rechtfertigende[49] Beurteilungsspielraum kommt in Betracht bei:

1. besonderer Sachnähe der Verwaltung
   a) prüfungsspezifische Wertungen
   b) dienstliche Beurteilungen
   c) personale Prognoseentscheidungen
2. spezifischer Fachkunde der Verwaltung
   a) naturwissenschaftlich-technische Sachverhalte
   b) Wertentscheidungen durch pluralistisch besetzte Gremien
3. planerischer Gestaltungsfreiheit bei Nachvollzug von Fremdplanungen.

11 Speziell für *Prüfungsentscheidungen* ist folgendes zu beachten: Der Beurteilungsspielraum bezieht sich nur auf die prüfungsspezifische Wertung.[50] Dies gilt auch für Entscheidungen mit prüfungsähnlichem Charakter.[51] Einer vollen gerichtlichen Überprüfung sind demgegenüber Fachfragen unterworfen. Unter Fachfragen sind alle Fragen zu verstehen, die fachwissenschaftlicher Erörterung zugänglich sind (fachwissenschaftlich geklärte und kontroverse Fragen).[52] Ein höchstpersönliches Fachurteil kommt nicht nur bei »akademischen« Prüfungen in Betracht, sondern z.B. auch bei Meisterprüfungen.[53] Der verbleibende Beurteilungsspielraum wird obendrein durch qualifizierte Anforderungen an das *Prüfungsverfahren* kompensiert.

46 BVerfG v. 11.06.1958, BVerfGE 7, 377 (408).

47 BVerwG v. 15.04.1988, BVerwGE 79, 208.

48 BVerwG v. 17.06.1999, DVBl 2000, 124.

49 NWOVG v. 16.07.1992, NVwZ 1993, 95.

50 BVerwG v. 24.02.1993, BVerwGE 92, 134; *Kopp* JuS 1995, 468; *Kingreen* DÖV 2003, 1 (3). Auch in diesem Bereich sind (materielle) Fehler möglich, die die Bewertung offensichtlich fehlerhaft machen; vgl. zur »Handsteuerung« in der juristischen Staatsprüfung NWOVG v. 09.01.2008, DÖV 2008, 698; *Hein/Schröder* DÖV 2008, 577. Sie führen nur zur Aufhebung der Entscheidung, wenn sie für das Prüfungsergebnis kausal waren. Bei der Kausalitätsprüfung ist allerdings wieder der Beurteilungsspielraum zu beachten; BVerwG v. 12.11.1997, NVwZ 1998, 636.

51 BayVGH v. 07.08.1995, NVwZ-RR 1996, 146 (147).

52 BVerwG v. 17.12.1987, NVwZ 1998, 738. Zur Kenntnis der Vorbewertung BVerwG v. 30.01.1995, NVwZ 1995, 788. Zur Korrektur im Widerspruchsverfahren NWOVG v. 06.09.1995, MedR 1996, 133. Zur Konzentration auf den Prüfungsstoff, BWVGH v. 08.07.1997, NVwZ-RR 1998, 106 (LS).

53 BWVGH v. 16.12.1993, GewArch 1995, 299; SchlHOVG v. 14.10.1994, NVwZ-RR 1995, 393. Dies gilt nicht für die Entscheidung über die Erteilung einer Ausnahmebewilligung nach § 8 HandwO; NWOVG v. 22.12.1995, OVGE 45, 174 (180).

Als prüfungsrechtliche Ausprägung des Gleichheitssatzes gebietet der *Grundsatz der Chancengleichheit*, dass die Prüflinge ihre Prüfungsleistungen möglichst unter gleichen Prüfungsbedingungen erbringen können.[54] Die Chancengleichheit ist verletzt, wenn das Prüfungsverfahren durch äußere Einwirkungen erheblich gestört oder wenn durch einseitige Informationen (Indiskretionen) bei einem Teil der Prüflinge der Leistungsnachweis verfälscht wird. Aus dem Gebot der Chancengleichheit folgt, dass sich die Korrektur von Prüfungsmängeln auf die Teile der Prüfung zu beschränken hat, denen Prüfungsmängel anhaften.[55] Der Grundsatz der Chancengleichheit wird ergänzt durch das Fairness-Gebot.[56] Der Prüfling muss das Recht haben, substantiierte Einwände gegen die Bewertung seiner Prüfungsleistung bei der Prüfungsbehörde rechtzeitig und wirkungsvoll vorzubringen und ein Überdenken der Bewertung durch die ursprünglichen Prüfer zu erreichen.[57] Daraus erwächst auch eine Rügelast. Rücktrittsgründe müssen rechtzeitig bis zur Bekanntgabe des Prüfungsergebnisses geäußert werden.[58] Wichtig ist auch die Begründungsentscheidung. Bei schriftlichen Prüfungen hat sie schriftlich zu erfolgen.[59] Bei mündlichen Prüfungen genügt es, wenn das Prüfungsergebnis am Prüfungstermin mündlich mitgeteilt wird.[60] Eine nachträgliche Aufklärung des Prüfungsablaufs muss aber möglich bleiben.[61] Verfahrensfehler führen allerdings nur dann zur Aufhebung der Prüfungsentscheidung, wenn sich nicht ausschließen lässt, dass bei Beachtung der den Prüfling begünstigenden Verfahrensvorschriften ein besseres Ergebnis erzielt worden wäre.[62]

Ob der Beurteilungsspielraum materiell auch dadurch verengt wird, dass mit Rücksicht auf ein Verbot der reformatio in peius nur eine Verbesserungsklage in Betracht kommt,[63] ist noch nicht abschließend geklärt. Während bei einer Neubewertung erbrachter Prüfungsleistungen das Verschlechterungsgebot Platz greifen kann, würde die Wiederholung zur Prüfung zur Farce, wenn sie nicht mit dem Risiko einer Verschlechterung verbunden wäre. § 88 VwGO steht nicht entgegen, da es der Kläger nicht in der Hand hat, durch einen unzulässigen Antrag den Streitgegenstand zu fixieren. Art. 19 IV GG wird überstrapaziert, wenn man effektiven Rechtsschutz mit risikolosem Rechtsschutz gleichsetzt.

Bei *dienstlichen Beurteilungen* werden zumeist Beurteilungsrichtlinien angewandt, 12
diese konkretisieren die sich aus dem materiellen Beamtenrecht ergebenden Rechte und Pflichten der Betroffenen[64] und unterliegen ihrerseits der gerichtliche Ermessenkontrolle. Bei der Bewertung der Anwendung der Beurteilungsrichtlinie besteht dann kein Beurteilungsspielraum, soweit die Bewertung vom Gericht nachvollzogen werden kann.[65]

Selbst wenn man den *Beurteilungsspielraum kraft (spezifischer) Sachnähe* ablehnt, gilt 13
für vergleichende Bewertungen von Personenmehrheiten eine prozessuale Besonderheit: Für alle, die beurteilt werden, darf im Verwaltungsprozess der Bewertungsrahmen nicht verändert werden.

54 BVerwG v. 17.02.1984, BVerwGE 69, 46 (49); v. 09.08.1996, NVwZ-RR 1998, 176; BFH v. 04.11.1993, NVwZ 1995, 1246; v. 14.12.1993, BStBl II 1994, 333; *Lindner* BayVBl 1999, 100; allgemein *Zimmerling* Prüfungsrecht, 2. Aufl. 2001.
55 BVerwG v. 10.10.2002, NJW 2003, 1063 (1064).
56 BVerwG v. 28.04.1978, BVerwGE 55, 355 (358); NWOVG v. 27.02.1997, NVwZ-RR 1997, 714.
57 BVerwG v. 24.02.1993, NVwZ 1993, 681.
58 BVerwG v. 06.09.1995, BVerwGE 99, 172.
59 BVerwG v. 09.12.1992, BVerwGE 91, 262 (264).
60 NWOVG v. 10.05.1995, OVGE 45, 1 (4); BWVGH v. 09.05.1995, BWVPr 1996, 113; v. 13.06.1995, NVwZ-RR 1996, 27.
61 Vgl. BVerwG v. 06.09.1995, BVerwGE 99, 185; v. 31.03.1994, DVBl 1994, 641; v. 16.04.1997, DVBl 1997, 1235; NWOVG v. 10.05.1995, DVBl 1995, 1370; auch BVerfG v. 14.02.1996, DVBl 1996, 433.
62 LSAOVG v. 28.11.1996, GewArch 1997, 158. Einzelheiten bei *Niehues* a.a.O., Rn. 426.
63 So *Schlette* DÖV 2002, 816; a.A. BVerwG v. 19.12.2001, NVwZ 2002, 1375 (1377).
64 BVerwG v. 02.03.2000, Buchholz 237.8 § 18 RhPLPG Nr. 1.
65 Zur Bildung von Vergleichsgruppen für die Notenvergabe, BVerwG v. 24.11.2005, DÖV 2006, 345.

**Beispiel:** Durch eine Neubewertung einer juristischen Examensarbeit ändert sich die Platzziffer des Prüflings.

Hieraus ergibt sich ein weiterer wichtiger Anwendungsfall des Bescheidungsurteils. Wie bei der Verteilung gerichtlich festgestellter Restkapazitäten an Studienplätzen das Gericht die Hochschule nur zur Durchführung eines Losverfahrens verpflichten darf,[66] kommt nur eine Verpflichtung zur Neubewertung der Prüfungsleistung in Betracht.

14 **Prüfungsschema: Zulässigkeit der Verpflichtungsklage**

1. Bestehen der deutschen Gerichtsbarkeit (§ 18 GVG)
2. Zulässigkeit des Verwaltungsrechtswegs (§ 40 VwGO)
3. Sachliche, funktionelle und örtliche Zuständigkeit des Gerichts (§§ 45 ff. VwGO)
4. Beteiligtenfähigkeit (§ 63 VwGO)
5. Prozessfähigkeit und gesetzliche Vertretung (§§ 62, 67 VwGO)
6. Statthaftigkeit der Verpflichtungsklage:
   a) Klageziel:
      Verurteilung zum Erlass eines abgelehnten oder unterlassenen VA (§ 42 I VwGO)
   b) Klagegegenstand:
      aa) Versagungsgegenklage: Erlass des begehrten VA unter Aufhebung des abschlägigen VA bzw. Neubescheidung
      bb) Untätigkeitsklage: Erlass des unterlassenen VA bzw. Bescheidung
7. Ordnungsgemäße Klageerhebung
8. Klagebefugnis (§ 42 II VwGO)
9. Passive Prozessführungsbefugnis (§ 78 I VwGO)
10. Erfolglose Durchführung eines form- und fristgerechten Vorverfahrens (§§ 68 ff. VwGO); Ausnahme: Untätigkeitsklage
11. Frist (§ 74 I VwGO); Ausnahme: Untätigkeitsklage
12. Fehlen der anderweitigen Rechtshängigkeit (§ 17 I 2 GVG)
13. Rechtsschutzbedürfnis

66 BWVGH v. 09.04.1981, DVBl 1981, 1011.

# § 11 Feststellungsklagen

## A. Begriff und Erscheinungsformen

Die Wirkung der Feststellungsklage beschränkt sich auf den feststellenden Ausspruch im Urteil, das nur hinsichtlich der Kosten vollstreckungsfähig ist. Zu unterscheiden sind die allgemeine Feststellungsklage des § 43 VwGO und verschiedene besondere Feststellungsklagen. Auch das Normenkontrollverfahren ist ein Unterfall der Feststellungsklage. Es weist aber so viele Eigentümlichkeiten auf, dass es in § 12 gesondert dargestellt wird. 1

## B. Allgemeine Feststellungsklage

### I. Erscheinungsformen

Die allgemeine Feststellungsklage[1] dient der Feststellung des Bestehens *(positive Feststellungsklage)* oder Nichtbestehens *(negative Feststellungsklage)* eines Rechtsverhältnisses (§ 43 I 1. Alt. VwGO) und der Feststellung der Nichtigkeit eines VA (*Nichtigkeitsfeststellungsklage;* § 43 I 2. Alt. VwGO) durch Urteil. Gegenüber der Gestaltungs- oder Leistungsklage ist die allgemeine Feststellungsklage subsidiär (§ 43 II 1 VwGO). Dabei handelt es sich um eine gesetzliche Konkretisierung des Rechtsschutzbedürfnisses, die teleologisch nach Maßgabe von Art. 19 IV GG auszulegen ist. Das bedeutet, dass immer zu prüfen ist, mit welcher Klageart das Rechtsschutzziel optimal zu erreichen ist.[2] 2

### II. Rechtsverhältnisfeststellungsklage

Unter *Rechtsverhältnis* sind die sich aus (1) einem konkreten Sachverhalt (2) aufgrund einer Rechtsnorm (des öffentlichen Rechts[3]) ergebenden (3) rechtlichen Beziehungen einer Person zu einer anderen Person oder einer Sache zu verstehen (dreigliedriger Begriff).[4] Das Rechtsverhältnis muss nicht unbedingt zwischen Kläger und Beklagtem bestehen. Bei Drittbeziehungen wird aber häufig das Feststellungsinteresse zweifelhaft sein.[5] Generell kommen als Bezugspersonen eines Rechtsverhältnisses in Betracht: der Normgeber, der Normadressat und der Normanwender. Ein Rechtsverhältnis eröffnet sich in der Regel nur zwischen Normadressaten und Normanwender, nicht dagegen zwischen Normadressat und Normgeber.[6] Auch ein selbständiger Teil eines Rechtsverhältnisses, insbesondere einzelne Berechtigungen und Verpflichtungen, können Gegenstand der Feststellungsklage sein,[7] nicht dagegen unselbständige Teile oder Vorfragen 3

---

1 *Kunig* Jura 1997, 326; *Selb* Die verwaltungsgerichtliche Feststellungsklage, 1998; *Weidemann* VerwArch 2007, 253.

2 BWVGH v. 25.10.2006, DÖV 2007, 477.

3 Zwischen dem Benutzer einer öffentlichen Straße und dem privaten Eigentümer besteht kein öffentlich-rechtliches Rechtsverhältnis; BWVGH v. 09.11.1989, NVwZ 1980, 680. Bei einem kommunalen Mietspiegel ist die Lage zweifelhafter. Das BVerwG (Urt. v. 26.01.1996, BVerwGE 100, 262 [265 f.]) betont zwar dessen zivilrechtliche Zweckbestimmung und Funktion, erkennt aber auch an, dass die Aufstellung und Veröffentlichung eine schlicht-verwaltende Tätigkeit darstellt; ebenso VG Minden v. 03.11.2003, NZM 2004, 148. Zum Hinweis auf die Strafbarkeit eines Verhaltens der Standesvertretung, BVerwG v. 25.03.2009, NVwZ 2009, 1170.

4 BVerwG v. 26.01.1996, BVerwGE 100, 262 (264 f.); präzisierend *Kopp/Schenke* § 43 Rn. 11.

5 NWOVG v. 07.07.1992, DVBl 1993, 217.

6 BVerwG v. 23.08.2007, DÖV 2008, 160.

7 BayVGH v. 18.07.1991, NJW 1992, 929.

von Rechtsverhältnissen, die nicht unmittelbar subjektive öffentliche Rechte und Pflichten begründen.[8] Das Verbot der Popularklage gilt nämlich generell auch für Feststellungsklagen.[9]

4 Das Rechtsverhältnis muss – etwa durch Erlass eines VA, durch Abschluss eines öffentlich-rechtlichen Vertrags oder durch formloses Verwaltungshandeln[10] – hinreichend *konkretisiert* sein[11] (d.h. die Anwendung einer bestimmten Norm des öffentlichen Rechts auf einen bereits überschaubaren Sachverhalt muss streitig sein).[12] Mittlerweile ist anerkannt, dass auch die Gültigkeit einer Rechtsnorm Gegenstand einer Feststellungsklage sein kann, obwohl eigentlich kein konkretes Rechtsverhältnis den Streitgegenstand bildet. Die Statthaftigkeit der Feststellungsklage folgt aus Art. 19 IV GG. Die Feststellungsklage ist daher nur dann zuzulassen, wenn kein anderweitiger Rechtsschutz (etwa nach § 47 VwGO) in Betracht kommt, also insbesondere dann, wenn die Norm keiner Umsetzung durch einen Vollzugsakt bedarf.[13] Bei der negativen Feststellungsklage genügt es, wenn etwa das Bestehen einer Genehmigungspflicht streitig ist.[14] Ähnlich ist die Situation, wenn eine Verkehrsteilnehmer klären lassen will, dass eine Verkehrsregelung ihn nicht erfasst.[15] An das Erfordernis des »bereits überschaubaren« Sachverhalts sind keine überzogenen Anforderungen zu stellen. Das Rechtsverhältnis, das festgestellt werden soll, ist nicht auf die Gegenwart beschränkt. Es kann auch erst in der Zukunft entstehen oder in der Vergangenheit liegen.

5 Das bedeutet, dass auch eine *vorbeugende Feststellungsklage* statthaft ist. Die vorbeugende Feststellungsklage bezweckt nicht die (unzulässige) Klärung eines künftigen Rechtsverhältnisses, sondern bezieht sich auf künftige Rechte und Pflichten aus einem bereits konkretisierten Rechtsverhältnis. Die h.M. hält sie zu Recht unter den gleichen Voraussetzungen für zulässig wie die vorbeugende Leistungsklage.[16] Die vorbeugende Feststellungsklage ist hiernach statthaft, wenn es dem Kläger aus besonderen Gründen unzumutbar ist (»Damokles-Situation«), ein erst in Zukunft relevantes Rechtsverhältnis abzuwarten. Insbesondere soll der Kläger vor irreparablen Schäden geschützt werden, die auch mit den Möglichkeiten des Rechtsschutzes nach §§ 80 bzw. 123 VwGO nicht verhindert werden könnten. Problematisch ist hier weniger die Statthaftigkeit des vorbeugenden Rechtsschutzes als das besondere Rechtsschutzinteresse.

---

8 Vgl. auch BGH v. 03.05.1983, NJW 1984, 1556.

9 BVerwG v. 29.06.1995, DÖV 1996, 35 (36).

10 BVerwG v. 15.02.1989, NVwZ 1989, 1055. Zu einem polizeilichen Gefährdungsanschreiben NdsOVG v. 22.09.2005, DÖV 2006, 122.

11 Hierzu BVerwG v. 16.11.1989, NJW 1990, 1866; v. 19.12.2002, BVerwGE 117, 305 (306); BWVGH v. 27.02.1989, NJW 1990, 268; NWOVG v. 25.08.1987, ZLR 1988, 309 m. Anm. *Schiller*, v. 06.06.1988, NVwZ-RR 1989, 82.

12 BVerwG v. 23.01.1992, BVerwGE 89, 327 (329).

13 BVerwG v. 28.06.2000, BVerwGE 111, 276 (278 f.); v. 26.11.2003, DVBl 2004, 383; v. 26.11.2003 NVwZ 2004, 473, hierzu *Pfaff/Heilshorn* NVwZ 2004, 412; NWOVG v. 04.03.2002, DÖV 2003, 91; HessVGH v. 11.02.2003, NVwZ 2003, 875 (jeweils »Flugrouten«); hierzu *Kukk* NVwZ 2001, 408; *Rupp* NVwZ 2003, 286.

14 BVerwG v. 07.05.1987 – 3 C 1.86 –, NJW 1988, 1534.

15 BVerwG v. 29.01.2004, NJW 2004, 1815 (Abstellen von Fahrrädern in Fußgängerzone). Aus der Entscheidung darf im Übrigen nicht geschlossen werden, dass das Gehwegparken von Fahrrädern grundsätzlich erlaubt wäre!

16 BVerwG v. 12.01.1967, BVerwGE 26, 23 (24 f.); v. 08.09.1972, BVerwGE 40, 323 (326); v. 07.05.1987 – 3 C 53.85 –, NVwZ 1988, 430; v. 23.01.1992, BVerwGE 89, 327 (331); NWOVG v. 31.01.1996, NVwZ-RR 1997, 264: Schoch/Schmidt-Aßmann/Pietzner/*Pietzcker* § 43 Rn. 49; a.A. *Schenke* Rn. 421 unter Berufung auf den Subsidiaritätsgrundsatz, der hier freilich gar nicht einschlägig ist.

Vergangene Rechtsverhältnisse sind solche, die sich im Zeitpunkt der gerichtlichen Entscheidung bereits erledigt haben. Auch sie sind einer Feststellungsklage grundsätzlich zugänglich.[17] Bei ihnen stellt sich die Frage nach dem Feststellungsinteresse »in voller Schärfe«.[18] Das Kriterium des »bereits überschaubaren Sachverhalts« wird durch das des »noch relevanten Sachverhalts« ersetzt (vgl. unten § 18 Rn. 13). 6

Untergesetzliche *Rechtsnormen* (Rechtsverordnungen und Satzungen) treffen abstrakt-generelle Regelungen, begründen also keine konkreten Rechtsverhältnisse. Sie können daher grundsätzlich, d.h. von der in Rn. 3 behandelten Ausnahme abgesehen, nicht mit der Feststellungsklage angegriffen werden. 7

Ganz allgemein gilt der Grundsatz, dass das Ziel der abstrakten Normenkontrolle nicht mit der Feststellungsklage verfolgt werden darf, weil das die verkappte generelle Einführung der Normenkontrolle in den Ländern bedeuten würde, die diese bewusst nicht vorgesehen haben. Der Art. 19 IV GG fordert nicht immer die unmittelbare Angreifbarkeit untergesetzlicher Rechtsnormen,[19] zumal eine *inzidente Normenkontrolle* im Rahmen der Feststellungsklage möglich ist.[20] Das Feststellungsbegehren kann sich dann auf einzelne oder alle in der Norm enthaltenen Gebote und Verbote beziehen, sofern das dadurch für den Kläger begründete Rechtsverhältnis durch einen bestimmten und bereits überschaubaren Sachverhalt hinreichend konkretisiert ist.[21] Etwas Anderes gilt nur für unmittelbar vollziehbare Rechtsnormen, bei denen keine Inzidentkontrolle möglich ist. Wird ein materieller VA als Rechtsnorm erlassen, gegen die das Normenkontrollverfahren eröffnet ist, so ist zusätzlich die allgemeine Nichtigkeitsfeststellungsklage statthaft.

## III. Nichtigkeitsfeststellungsklage

Die Feststellung der Nichtigkeit eines VA setzt voraus, dass *objektiv ein VA vorliegt*. Sie ist regelmäßig[22] ungeachtet der Möglichkeit zulässig, bei der Behörde die Rücknahme oder Nichtigkeitsfeststellung des VA zu beantragen, doch berührt diese Möglichkeit das Feststellungsinteresse. Wird geltend gemacht, ein VA sei nicht wirksam geworden *(Nichtakt)*, richtet sich die Zulässigkeit der Feststellungsklage nach § 43 I 1. Alt. VwGO).[23] 8

*Anfechtungsklage* und Nichtigkeitsfeststellungsklage schließen sich nicht wechselseitig aus. Unzulässig ist die Nichtigkeitsfeststellungsklage wegen Identität des Streitgegenstands nur, wenn und solange eine Anfechtungsklage bereits anhängig ist. Wurde eine verfristete Anfechtungsklage durch Prozessurteil abgewiesen, kann also immer noch auf eine Nichtigkeitsfeststellungsklage übergegangen werden. Möglich ist auch, beide Klagearten durch Haupt- und Hilfsantrag zu verbinden. Für eine *Verpflichtungsklage* 9

---

17 BVerwG v. 23.01.2008, BVerwGE 130, 180 (184 f.); BWVGH v. 15.10.1997, VBlBW 1998, 109 (110); HessVGH v. 07.12.1995, NVwZ-RR 1997, 53 (54).

18 Eyermann/*Happ* § 43 Rn. 18.

19 NWOVG v. 22.02.1994, ZfBR 1994, 195.

20 BVerwG v. 15.02.1990, BVerwGE 84, 361; ferner *Siemer* Normenkontrolle durch Feststellungsklage?, 1971; *ders.* FS Menger, S. 501. Damit lässt sich notdürftig der vom BVerfG v. 02.04.1997, NVwZ 1998, 169 sowie v. 24.02.1999, NJW 1999, 2031 geforderte verwaltungsgerichtliche Rechtsschutz gegen Bundes-Rechtsverordnungen sicherstellen. Eine direkte Feststellungsklage (so *Peters* NVwZ 1999, 506) würde das System des § 47 VwGO sprengen. De lege ferenda sollte eine Normenkontrolle durch das BVerwG eingeführt werden.

21 BVerwG v. 09.12.1982, BayVBl 1983, 375; NWOVG v. 04.08.1978, ZW 1979, 169.

22 Über die Rückgabe machtmissbräuchlich entzogener Vermögenswerte wird allein nach dem im VermG vorgesehenen Verfahren entschieden; BVerwG v. 19.12.1994, VIZ 1995, 227.

23 BVerwG v. 21.11.1986, NVwZ 1987, 330.

auf behördliche Nichtigkeitsfeststellung nach § 44 V VwVfG besteht dagegen neben der Nichtigkeitsfeststellungsklage kein Raum.[24] Steht aus der Sicht des Gerichts die Nichtigkeit des VA fest, würde die Behörde nur »vorgeführt«, wenn sie ihrerseits zur Nichtigkeitsfeststellung verpflichtet würde.

## C. Fortsetzungsfeststellungsklage

### I. Allgemeines

10 Die Fortsetzungsfeststellungsklage[25] stellt *keinen Unterfall der allgemeinen Feststellungsklage*, auch keine abgeschwächte Form der Nichtigkeitsfeststellungsklage, dar. Sie »setzt« vielmehr den Rechtsstreit »fort«, der im Zusammenhang mit einer Anfechtungs- oder Verpflichtungsklage bereits in Gang gekommen war oder an sich hätte stattfinden müssen. Ein VA, dessen Rechtswidrigkeit durch rechtskräftiges Urteil nach § 113 I 4 VwGO festgestellt worden ist, entfaltet ebenso wie ein aufgehobener VA kein Regelungswirkung.[26] Mit der allgemeinen Feststellungsklage hat die Fortsetzungsfeststellungsklage nur gemein, dass sie auf ein Feststellungsurteil abzielt. Die dem Feststellungsurteil ebenso wie dem Anfechtungs- oder Verpflichtungsurteil eigene rechtskräftige Feststellung der Rechtswidrigkeit des VA, der den ursprünglichen Streitgegenstand bildete, nimmt an der präjudiziellen Wirkung des Urteils teil,[27] läuft also im praktischen Ergebnis auf eine *Kassation* hinaus.[28] Die Fortsetzungsfeststellungsklage ist in *§ 113 I 4 VwGO* nur fragmentarisch geregelt. Nach dem Gesetzeswortlaut bezieht sie sich nur auf den Fall, dass sich ein VA *nach* Klageerhebung vor seiner gerichtlichen *Aufhebung* erledigt hat. Rspr. und Schrifttum haben den Anwendungsbereich von § 113 I 4 VwGO aber erheblich ausgedehnt. Der Analogie sind allerdings Grenzen gesetzt: Die Fortsetzungsfeststellungsklage hat nur die Feststellung der Rechtswidrigkeit eines *erledigten VA* zum Gegenstand. Sie ist immer und ausschließlich im Kontext mit der Anfechtungsklage (und Verpflichtungsklage) zu sehen. Zur Klärung des materiellrechtlichen Anspruchs (z.B. Feststellungsantrag, dass ihm während eines bestimmten Zeitraums ein Anspruch auf eine Genehmigung zustand) kommt nur die allgemeine Feststellungsklage in Betracht, die auch mit einer Fortsetzungsfeststellunklage verbunden werden kann.[29] Auf erledigte *Realakte* oder sonstiges schlichtes Verwaltungshandeln lässt § 113 I 4 VwGO sich nicht anwenden. Die Fortsetzungsfeststellungsklage ist unzulässig, wenn es sich bei der ursprünglichen Klage um eine allgemeine Gestaltungs- oder Leistungsklage gehandelt hat.[30] Eine Rechtsschutzlücke entsteht nicht, da insoweit die allgemeine Feststellungsklage einschlägig ist. Auch im Normenkontrollverfahren ist § 113 I 4 VwGO nicht analog anwendbar.

---

24 Vgl. aber Eyermann/*Happ* § 43 Rn. 26; BWVGH v. 02.12.1998, VBlBW 1998, 229.

25 *Rozek* JuS 2000, 1162; *Hellerbrand* JA 1995, 153; *Ehlers* Jura 2001, 415; *Lange* SächsVBl 2002, 53; *Ogorek* JA 2002, 222; *F. Weber* BayVBl 2003, 488; *Schenke* JuS 2007, 697; *Mende* VerwArch 2009, 432.

26 BVerwG v. 31.01.2002, BVerwGE 116, 1.

27 BVerwG v. 09.02.2000, Buchholz 310 § 121 VwGO Nr. 78 S. 3.

28 Vgl. BVerwG v. 31.01.2002, BVerwGE 116, 1.

29 BVerwG v. 28.04.1999, BVerwGE 109, 74 (78); v. 19.09.2002, DVBl 2003, 526.

30 NWOVG v. 14.10.1993, NJW 1994, 1673; HbgOVG v. 27.02.1995, NVwZ 1995, 1135 (1136); *Göpfert* ThürVBl 1999, 182; a.A. *Hufen* Rn. § 18, 66 f.; BayVGH v. 14.01.1991, NVwZ-RR 1991, 519; wohl auch BVerwG v. 12.07.2000, NVwZ 2000, 1411; offen gelassen in BVerwG v. 08.12.1995, BVerwGE 100, 83 (89).

In den *vorläufigen Rechtsschutzverfahren* ist die Fortsetzungsfeststellungsklage ebenfalls nicht statthaft. Im Verfahren auf Erlass einer e.A. nach § 123 VwGO ist im Anschluss an die Erledigung der Hauptsache der Übergang zur Fortsetzungsfeststellungsklage generell unzulässig, weil die summarische Prüfung einer endgültigen Klärung der Rechtslage entgegensteht.[31] Ähnliches gilt für das Verfahren nach § 80 V VwGO.[32] 11

Hier ist freilich eine Begrenzung des Streitgegenstands auf die Feststellung denkbar, dass ein Rechtsbehelf gegen einen erledigten VA a.W. hatte. Diese Feststellung kann auch in einem vorläufigen Verfahren getroffen werden. Insofern besteht aber keine Regelungslücke. Die Entscheidungsmöglichkeiten, die § 80 V 3 VwGO eröffnet, reichen völlig aus.

*Erledigt* ist ein VA, wenn er keine Rechtswirkungen mehr entfaltet, etwa, weil er zurückgenommen worden ist oder seine regelnde Wirkung durch Zeitablauf, Eintritt einer auflösenden Bedingung oder Wegfall des Regelungsobjekts verloren hat (§ 43 II VwVfG).[33] 12

*Faustregel:* Erledigung liegt vor, wenn die Aufhebung des VA sinnlos geworden ist.[34]

Die »Fortsetzungs«-Feststellungsklage setzt konstruktiv das *Scheitern* der Anfechtungsklage (oder Verpflichtungsklage) *an der Erledigung* voraus. Wo eine derartige Klage von vornherein nicht zulässig ist oder als unbegründet abgewiesen werden müsste (z.B. im Fall des § 46 VwVfG oder bei rechtmäßigem Alternativverhalten;[35] fehlt es selbst dann am Substrat für die vom Kläger begehrte Feststellung, wenn der angegriffene VA rechtswidrig war. Eine auf die Feststellung dieser Rechtswidrigkeit bezogene isolierte Fortsetzungsfeststellungsklage ist begrifflich durch § 43 VwGO (a.e.c) ausgeschlossen. Hinzu kommt, dass die objektive Rechtskontrolle nicht durch die Hintertür eingeführt werden darf, zumal die Wirkung des Feststellungsurteils hier nur auf eine Disziplinierung der Exekutive hinausliefe. Der Beklagte kann dagegen die Feststellung verlangen, dass die Klage vor dem erledigenden Ereignis unzulässig oder unbegründet war, wenn er ein schutzwürdiges Interesse an der Feststellung hat.[36] 13

## II. Anwendungsbereich

§ 113 I 4 regelt an sich nur die Erledigung des VA *nach Erhebung einer Anfechtungsklage* (amputierte Anfechtungsklage). Die Rspr. hat jedoch den Anwendungsbereich der Vorschrift so weit ausgedehnt, dass kaum noch Unterschiede zur allgemeinen Feststellungsklage erkennbar sind.[37] 14

Die Fortsetzungsfeststellungsklage betrifft einmal auch die rechtswidrige Ablehnung oder Unterlassung eines VA, also die Erledigung im Zusammenhang mit der *Verpflichtungsklage* (amputierte Verpflichtungsklage[38]) in allen Erscheinungsformen. Auf die 15

31 BVerwG v. 27.01.1995, DVBl 1995, 520. Auch der Erlass einer e.A. in Gestalt einer vorläufigen Feststellung ist ausgeschlossen; RhPfOVG v. 10.09.1986, NVwZ 1987, 145; v. 07.11.1986, DVBl 1987, 851 (852).

32 BWVGH v. 16.10.1989, VBlBW 1990, 135; BayVGH v. 25.06.1984, BayVBl 1985, 22 (23); RhPfOVG v. 10.10.1977, JZ 1977, 796; NWOVG v. 05.01.1977, OVGE 33, 210.

33 BVerwG v. 15.11.1990, NVwZ 1991, 570; v. 12.04.1991, NVwZ 1992, 56; BWVGH v. 20.04.1995, NJW 1995, 2574.

34 *Schenke* FS Menger, S. 462 f. Vgl. auch BVerwG v. 13.12.1991, NVwZ-RR 1992, 250.

35 BVerwG v. 02.10.1998, NVwZ 1999, 523.

36 BVerwG v. 29.04.1992, NVwZ 1992, 1092.

37 Vgl. BVerwG v. 16.05.2007, NVwZ 2007, 1431.

38 Grundlegend BVerwG v. 23.11.1967, Buchholz 418.42 § 39 Nr. 1; ferner BVerwG BVerwGE 109, 74 (76); Vgl. auch BGH v. 09.07.2002, NJW 2002, 3545 (3547) zu § 71 II 2 GWB.

Spruchreife kommt es nicht an. Das ursprüngliche Verpflichtungsbegehren muss aber denselben Zeitpunkt betreffen wie das spätere Feststellungsbegehren.[39] Bei Untätigkeitsklagen ist grundsätzlich die Spruchreife herzustellen.[40] Im übrigen kann in Fällen mangelnder Spruchreife analog § 113 I 4 VwGO die Feststellung begehrt werden, dass eine Verpflichtung zur Bescheidung bestand.[41]

16 Zum anderen erfasst die Fortsetzungsfeststellungsklage den Fall, dass sich der angefochtene oder begehrte VA bereits *vor der Klageerhebung* erledigt hat *(nachgezogene Fortsetzungsfeststellungsklage* im Gegensatz zur *ursprünglichen Fortsetzungsfeststellungsklage).*[42] Das folgt daraus, dass die Intensität des Rechtsschutzes nicht vom Zufall des Erledigungszeitpunkts abhängen kann.

### III. Voraussetzungen

17 Soweit ohne Erledigung des VA eine Anfechtungs- oder Verpflichtungsklage möglich gewesen wäre *(Erledigung nach Klageerhebung)*, gelten deren Voraussetzungen auch für die Fortsetzungsfeststellungsklage. Namentlich § 74 VwGO ist anwendbar. Bei *Erledigung* des VA *vor Klageerhebung* entfällt dagegen nach h.M. das Vorverfahren. Hat sich der VA vor Eintritt der Bestandskraft erledigt, so ist nach der neueren Rspr. des BVerwG die Klage auf Feststellung der Rechtswidrigkeit des erledigten VA nicht an die Fristen der §§ 74 I, 58 II VwGO gebunden.[43] Hält man dagegen wie hier einen Fortsetzungsfeststellungswiderspruch für statthaft (wenn nicht gar für notwendig), gelten für die ursprüngliche und nachgezogene Fortsetzungsfeststellungsklage (vom Rechtsschutzbedürfnis abgesehen) die gleichen Voraussetzungen.

18 Im *Rechtsmittelverfahren* sind die speziellen Zulässigkeitsvoraussetzungen zu beachten.

Wird etwa gegen die Nichtzulassung der Revision nach Erledigung Beschwerde eingelegt, muss dargetan werden, welches schutzwürdige Ziel überhaupt noch mit dem Revisionsverfahren verfolgt werden kann.[44]

## D. Zwischenfeststellungsklage und sonstige Feststellungsklagen

19 Auch eine Zwischenfeststellungsklage ist im Verwaltungsprozess zulässig.[45] Sie setzt voraus, dass das festzustellende Rechtsverhältnis dem öffentlichen Recht zugehört und für die Hauptsache vorgreiflich ist. Bei Identität des Streitgegenstands ist sie unzulässig.

20 Besondere Feststellungsklagen können sich aus dem *materiellen Recht* ergeben, wenn durch Urteil Feststellungen getroffen werden, die sich nicht auf den Feststellungsgegenstand des § 43 VwGO beziehen. Eine besondere Form des Feststellungsurteils ist bei-

39 BVerwG v. 16.05.2007, BVerwGE 129, 27 (29).
40 BVerwG v. 27.03.1998, BVerwGE 106, 296.
41 BVerwG v. 25.07.1985, BVerwGE 72, 38. Unzulässig ist ein im Anschluss an eine Verpflichtungsklage erhobener Feststellungsantrag, wenn sich die Beurteilungsgrundlage für das Gericht geändert hat; BVerwG NVwZ 1992, 563.
42 BVerwG v. 01.07.1975, BVerwGE 49, 36 (39); v. 25.07.2009, BVerwGE 129, 142 v. 25.06.2008, NJW 2009, 98; v. 25.09.2008, BeckRS 2008, 39708.
43 Vgl. BVerwG v. 14.07.1999, BVerwGE 109, 203.
44 BVerwG v. 21.08.1995, NVwZ-RR 1996, 122.
45 § 173 VwGO i.V.m. § 256 II ZPO.

spielsweise die Bestätigung eines *Vereinsverbots* nach dem Vereinsgesetz.[46] Auch *vollstreckungsrechtliche Feststellungsklagen*[47] kommen im Verwaltungsprozess in Betracht.

**Prüfungsschema: Zulässigkeit der allgemeinen Feststellungsklage** 21

1. Bestehen der deutschen Gerichtsbarkeit (§ 18 GVG)
2. Zulässigkeit des Verwaltungsrechtswegs (§ 40 VwGO)
3. Sachliche, funktionelle und örtliche Zuständigkeit des Gerichts (§§ 45 ff. VwGO)
4. Beteiligtenfähigkeit (§ 61 VwGO)
5. Prozessfähigkeit und gesetzliche Vertretung (§§ 62, 67 VwGO)
6. Statthaftigkeit der allgemeinen Feststellungsklage (§ 43 VwGO):
   a) Klageziel:
      aa) Feststellung des Bestehens oder Nichtbestehens eines öffentlich-rechtlichen Rechtsverhältnisses oder der Nichtigkeit eines VA
   b) Klagegegenstand:
      aa) Bestehen eines Rechtsverhältnisses (positive Feststellungsklage); Nichtbestehen eines Rechtsverhältnisses (negative Feststellungsklage)
      bb) Nichtigkeit eines VA (Nichtigkeitsfeststellungsklage)
7. Ordnungsgemäße Klageerhebung
8. Klagebefugnis (§ 42 II VwGO analog)
9. Passive Prozessführungsbefugnis (§ 78 VwGO)
10. Nur ausnahmsweise erfolglose Durchführung eines form- und fristgerechten Vorverfahrens (§ 126 II BRRG)
11. Nur ausnahmsweise Frist (§ 126 II BRRG)
12. Fehlen der anderweitigen Rechtshängigkeit (§ 17 I 2 GVG)
13. Rechtsschutzbedürfnis
14. Feststellungsinteresse
    a) Rechtliches Interesse an der gerichtlichen Feststellung
    b) Interesse an der baldigen Feststellung
    c) Subsidiarität der positiven oder negativen Feststellungsklage ggb. Anfechtungs- oder Verpflichtungsklage (§ 43 II 1 VwGO), keine Subsidiarität der Nichtigkeitsfeststellungsklage (§ 43 II 2 VwGO)

46 Vgl. BVerwG v. 18.10.1988, BVerwGE 80, 299; v. 25.03.1993, NJW 1993, 2013; BWVGH v. 11.04.1998, NVwZ-RR 1998, 198; BayVGH v. 21.08.1989, NJW 1990, 62; v. 26.01.1994, NVwZ-RR 1995, 200. Zum Feststellungsurteil über das Bestehen der deutschen Staatsangehörigkeit BVerwG v. 23.02.1993, NVwZ 1993, 781.

47 § 167 I 1 VwGO i.V.m. § 731 ZPO; vgl. BWVGH v. 12.11.2002, NJW 2003, 1203.

# § 12 Verwaltungsgerichtliche Normenkontrolle

## A. Begriff und Erscheinungsformen

1 Normenkontrolle ist ganz allgemein die *Nachprüfung von Rechtssätzen* durch die Rechtsprechung oder Exekutive. Folgt aus der Kontrollbefugnis die weitere Befugnis, die *Gültigkeit oder Ungültigkeit* von Rechtsnormen *festzustellen* (im letzteren Fall die Verwerfungskompetenz), so handelt es sich im engeren technischen Sinn um Normenkontrolle. In diesem Sinne wird die Normenkontrolle in der Folge verstanden. Eine derartige Normenkontrolle steht nur der Rspr. zu; insoweit ist die Normenkontrolle durch die Exekutive grundsätzlich unzulässig (str.; vgl. unten § 56 Rn. 13). Der Exekutive steht auch bei Verstößen gegen EU-Recht keine Verwerfungskompetenz zu.[1]

Da bei der Normenkontrolle i.e.S lediglich die Gültigkeit oder Ungültigkeit von Rechtsnormen festgestellt wird, sind unmittelbare Verpflichtungsanträge dem Normenkontrollverfahren grundsätzlich. Das schließt die Feststellung einer Verpflichtung zum Normerlass aber nicht notwendig aus (hierzu D.).

2 Eine Normenkontrolle mit nachfolgender allgemeinverbindlicher Entscheidung über den Rechtssatz kommt in erster Linie dem BVerfG und den Verfassungsgerichten der Länder zu. Für die Nachprüfung von Rechtssätzen des Landesrechts im Rang unter dem Gesetz eröffnet außerdem § 47 VwGO ein besonders geartetes Feststellungsverfahren, für das sich die nicht ganz korrekte Bezeichnung *»abstrakte Normenkontrolle«* eingebürgert hat.[2] Der Anlass der verwaltungsgerichtlichen Normenkontrolle ist i.d.R. konkret. Abstrakt ist die Normenkontrolle insoweit, als sie allgemein die Gültigkeit einer Rechtsnorm zum Gegenstand hat und sich nicht auf ein konkretes Rechtsverhältnis wie die allgemeine Feststellungsklage bezieht. Die Feststellung der Ungültigkeit einer Norm hat generelle *(inter omnes)* Wirkung. Der konkrete Anlass der Normenkontrolle zeigt sich wieder, wenn die Norm nicht verworfen wird. Dann wirkt die Entscheidung nur für die Prozessbeteiligten *(inter partes).*

## B. Funktion

3 Die Funktion der verwaltungsgerichtlichen Normenkontrolle ist umstritten. Gerichtliche Verfahren kann man entsprechend ihrem Zweck in *(objektive) Beanstandungsverfahren* und in *Rechtsschutzverfahren* unterteilen.[3] Die verwaltungsgerichtliche Normenkontrolle dient gewiss auch der objektiven Rechtskontrolle. Aber das ist nicht ihr Hauptzweck oder gar alleiniger Zweck.[4] Die Unterscheidung von VA und Normsetzungsakten der Exekutive hat eher historische als sachliche Gründe. Sie rechtfertigt im Hinblick auf Art. 19 IV GG nicht, dass der Rechtsschutz gegen Normsetzungsakte der Exekutive nennenswert hinter dem Rechtsschutz gegen sonstige Hoheitsakte der Exekutive zurückbleibt. Subjektiver Rechtsschutz und objektive Rechtskontrolle stehen bei der verwaltungsgerichtlichen Normenkontrolle zumindest *gleichberechtigt* nebeneinander.[5]

---

1 *Semmroth* NVwZ 2006, 1378.

2 Zur Normenkontrolle nach § 47 VwGO *Schenke* § 24; *Hufen* § 19; *Schmitt Glaeser/Horn* § 8.

3 Grundlegend *Georg Jellinek* Allgemeine Staatslehre, 3. Aufl. 1913, S. 791.

4 So aber *Renck* DÖV 1996, 409.

5 So im Ergebnis auch die h.M.; vgl. *Hufen* § 19 Rn. 6; *Schenke* Rn. 873; *Schmitt Glaeser/Horn* Rn. 405; BWVGH v. 08.01.1992, VBlBW 1992, 259; v. 07.02.1994, NVwZ-RR 1994, 325 (326); BerlOVG v. 25.04.1997, NVwZ 1997, 1222.

Die gelegentlichen Angriffe gegen die vorstehende Kombinationstheorie – dem BVerwG[6] wird Inkonsequenz vorgeworfen, und die Lehre soll nicht einmal die dogmatische Präzision der Ansätze des BVerwG erreichen[7] – stoßen ins Leere. Mit einer rein objektiven Sichtweise lassen sich das Erfordernis möglicher Rechtsbeeinträchtigung der antragstellenden natürlichen oder juristischen Personen (§ 47 II 1 VwGO) und die Ausgestaltung des Normenkontrollverfahrens als kontradiktorisches Verfahren nicht sinnvoll begründen. Ausschluss der Popularklage und subjektiver Rechtsschutz im Verwaltungsprozess bedingen sich wechselseitig; die Anleihen bei Art. 93 I 1 GG stiften nur Verwirrung. Für Behörden, die eine untergesetzliche Rechtsnorm auch dann zu vollziehen haben, wenn sie diese für rechtswidrig halten, ist das Normenkontrollverfahren *nur objektive Rechtskontrolle,* da der Grundsatz der Gesetzmäßigkeit der Verwaltung den Vollzugsbehörden keine subjektiven Rechte vermittelt. Für die in ihren Rechten von einer untergesetzlichen Rechtsnorm Betroffenen gewährt die Normenkontrolle dagegen *nur Rechtsschutz.* In früheren Auflagen hieß es, für die rechtlich Betroffenen gewähre die Normenkontrolle »in erster Linie« Rechtsschutz. Im Rahmen des Rechtsschutzverfahrens (auf der Begründetheitsebene) erfolge eine umfassende Rechtskontrolle, weil wegen des abstrakt-generellen Gehalts der Norm der Gesetzgeber eine dem § 113 I 1, V 1 VwGO entsprechende Regelung für das Normenkontrollverfahren habe nicht treffen können. »Eine Norm kann grundsätzlich nur einheitlich verbindlich sein.« Allem Anschein nach ließ sich von dieser üblicherweise vertretenen Ansicht auch der Gesetzgeber leiten, denn er verzichtete bei der Novellierung von § 47 II VwGO auf eine korrespondierende Ergänzung von § 113 VwGO. Dadurch besteht eine *Regelungslücke*, die sich schließen lässt, wenn man die Lehre von der Einheit einer Rechtsnorm präzisiert. Eine Rechtsnorm kann zwar nur einheitlich gültig oder ungültig sein. Das hindert aber keine räumlichen und sachlichen Differenzierungen. Wenn § 47 II 1 VwGO eine subjektiv-rechtliche Zulässigkeitsprüfung im Normenkontrollverfahren vorsieht, ist nur ein subjektiv-rechtliches Prüfprogramm im Rahmen der Begründetheitsprüfung systemkonform. Es besteht kein Anlass, eine objektiv rechtswidrige untergesetzliche Rechtsnorm für ungültig zu erklären, wenn und soweit sie den Antragsteller nicht in seinen Rechten verletzt, deren Verletzung er schließlich geltend machen musste. Die Formulierungen in § 47 I, III bis V VwGO, die auf eine objektive Gültigkeitsprüfung deuten, sind auf die durch Vollzugsbehörden initiierte Normenkontrolle bezogen. Da Äußerungen des Gesetzgebers fehlen, dass er *nur* § 47 II VwGO ändern wollte, deutet die unterbliebene Ergänzung von § 113 VwGO auf ein Redaktionsversehen. Entgegen der h.L.[8] spricht alles für eine analoge Anwendung von § 113 I 1 VwGO im Normenkontrollverfahren, die der sonst gebotenen teleologischen Reduktion von § 47 II VwGO vorzuziehen ist (vgl. auch unten § 14 Rn. 21). Je konkreter die Regelungen sind, desto eher werden individuelle Entscheidun- 4

6 Das BVerwG ging zunächst nur davon aus, die Normenkontrolle diene der Rechtsklarheit und der ökonomischen Gestaltung des Prozessrechts durch Beschleunigung des Rechtsschutzes; vgl. BVerwG v. 14.07.1978, BVerwGE 56, 172 (178); v. 15.09.1987, Buchholz 310 § 47 Nr. 17; v. 03.11.1988, BVerwGE 80, 355 (363). Später differenzierte es nach Verfahrensgegenstand und Antragsteller. So gibt es Entscheidungen, welche die objektive Beanstandungsfunktion betonen; vgl. BVerwG v. 04.06.1991, DÖV 1992, 68 (69); v. 07.05.1993, NVwZ-RR 1994, 235. Nach anderen Entscheidungen weist das Normenkontrollverfahren »jedenfalls dort, wo es auf Antrag einer natürlichen oder juristischen Person eingeleitet wird, Elemente des Individualrechtsschutzes auf«; vgl. BVerwG v. 02.09.1983, BVerwGE 68, 13 (14); v. 28.08.1987, BVerwGE 78, 85 (91); v. 18.07.1989, BVerwGE 82, 225 (230); v. 09.01.1991, DVBl 1992, 36 (37).

7 NK-VwGO/*Ziekow* § 47 Rn. 31, 33, 36.

8 Vgl. Schoch/Schmidt-Aßmann/Pietzner/*Gerhardt* § 47 Rn. 88.

gen möglich und desto mehr dominiert der Rechtsschutzaspekt.[9] In die gleiche Richtung zielt die Mahnung des BVerwG, die Tatsachengerichte sollten sich nicht »gleichsam ungefragt« auf Fehlersuche begeben.[10] Im Hinblick auf die analoge Anwendung von § 113 I 1, V 1 VwGO zieht das BVerwG freilich diese Konsequenz nicht.[11]

5 Die objektive Sichtweise ignoriert obendrein, dass sich das Normenkontrollverfahren in den vergangenen Jahren zunehmend dem Klageverfahren angenähert hat.

6 Trotz wachsender Bedeutung der Rechtsschutzfunktion des Normenkontrollverfahrens gebietet nach nahezu allgemeiner Meinung Art. 19 IV GG ihre Einführung nicht,[12] da abstrakt-generelle Regelungen vollzogen werden müssen und die Vollzugsakte mit der Möglichkeit angegriffen werden können, dass dann eine *Inzidentkontrolle* stattfindet.[13] Ergehen Einzelentscheidungen in Form einer untergesetzlichen Rechtsnorm, dann können sie, sofern keine Normenkontrolle statthaft ist, unmittelbar etwa im Wege der Anfechtungs-, allgemeinen Gestaltungs- oder Feststellungsklage angegriffen werden. Das gilt auch für Bundes-Rechtsverordnungen.

Ist jedoch eine Inzidentkontrolle nicht möglich, weil von der untergesetzlichen Rechtsnorm unmittelbare Rechtswirkungen für den Betroffenen ausgehen, dürfen keine Rechtsschutzlücken auftreten.

## C. Anwendungsbereich

### I. Gegenstand

7 *Bundeseinheitlich* sind der Normenkontrolle Satzungen und Rechtsverordnungen nach dem BauGB zugänglich (§ 47 I Nr. 1 VwGO).

Im einzelnen handelt es sich um Bebauungspläne (§ 10 BauGB),[14] Veränderungssperren (§ 16 BauGB),[15] Fremdenverkehrsschutzsatzungen (§ 22 I, II BauGB), Satzungen über ein Vorkaufsrecht (§ 25 BauGB), Abrundungssatzungen (§ 34 IV, V BauGB), Erschließungsbeitragssatzungen (§ 132 BauGB), positive und negative Sanierungssatzungen (§ 142 III, IV, § 143, § 162 II BauGB), Erhaltungssatzungen (§ 172 BauGB), übergeleitete Bebauungspläne[16] sowie die früher in § 10 I BauGB-MaßnahmenG erwähnten Satzungen und Rechtsverordnungen.[17] In Berlin, Hamburg und Bremen besteht die Besonderheit,

9 Auch nach BVerwG v. 02.09.1983, BVerwGE 68, 12 (14) steht bei Satzungen nach dem BauGB mit konkret-individuellem Inhalt die Rechtsschutzfunktion des Normenkontrollverfahrens im Vordergrund.

10 Beschl. v. 20.06.2001, NVwZ 2002, 83; Urt. v. 17.04.2002, BVerwGE 116, 188. Die nicht sonderlich hilfreiche Aussage: »Die Handhabung der richterlichen Fehlersuche wird stets eine Frage des Fingerspitzengefühls im Einzelfall sein.« (ebd., S. 197), ließe sich rechtsdogmatisch unterfüttern, wenn die Rechtsschutzfunktion der Normenkontrolle stärker in der Vordergrund gerückt würde.

11 Vgl. BVerwG v. 16.12.1999, BVerwGE 110, 203 (209); v. 06.12.2000, NVwZ 2001, 431; v. 21.01.2004, DVBl 2004, 583 (585).

12 BVerwG v. 02.04.1993, DVBl 1993, 886; *Kopp/Schenke* § 47 Rn. 7 ff.; Schoch/Schmidt-Aßmann/Pietzner/*Gerhardt* § 47 Rn. 10; a.A. *Frenz* BayVBl 1993, 483. (489 ff.).

13 BVerwG v. 14.07.1978, BVerwGE 56, 172 (177 f.).

14 Die Normenkontrolle ist (unabhängig vom Inkrafttreten) nur nach Bekanntmachung des Bebauungsplans zulässig. Auch mit Rücksicht auf § 33 BauGB kommt eine Vorverlagerung der Normenkontrolle nicht in Betracht; SächsOVG v. 22.01.1998, NVwZ 1998, 537. Nicht nachprüfbar sind die in den Bebauungsplan nur nachrichtlich (§ 9 VI BauGB) übernommenen Festsetzungen; SaarlOVG v. 04.12.1981, NVwZ 1983, 42. Auch die Funktionslosigkeit von Bebauungsplänen kann im Normenkontrollverfahren festgestellt werden; BVerwG v. 03.12.1998, BVerwGE 108, 71.

15 BVerwG v. 06.08.1992, NVwZ 1993, 471.

16 BVerwG v. 15.08.1991, DVBl 1992, 36.

17 Vgl. BayVGH v. 17.12.1992, UPR 1993, 116 (Außenbereichssatzung). Die Normenkontrolle ist nach dessen § 18 I auch nach Außerkrafttreten des BauGB-MaßnahmenG statthaft.

dass die Form der Rechtsetzung an Stelle der Satzungen nach dem BauGB von den Ländern bestimmt werden kann (§ 246 BauGB). Bebauungspläne z.B. können daher als förmliche Gesetze ergehen. Gegen solche förmlichen, jedoch inhaltlich satzungsvertretenden Gesetze ist nach Ansicht des BVerfG ebenfalls das Normenkontrollverfahren nach § 47 I Nr. 1 VwGO eröffnet.[18] Umlegungsbeschlüsse und Umlegungspläne sowie die Darstellungen des Flächennutzungsplans[19] unterliegen nicht der verwaltungsgerichtlichen Normenkontrolle. Eine Ausnahme gilt für die Darstellung von Konzentrationsflächen für Windenergieanlagen, die die Rechtswirkungen des § 35 III 3 BauGB entfalten. Auf sie ist § 47 I Nr. 2 VwGO analog anwendbar.[20]

Über die Einführung des Normenkontrollverfahrens im Übrigen bestimmt weiterhin der Landesgesetzgeber (§ 47 II Nr. 2 VwGO). 8

Uneingeschränkt eingeführt ist danach die verwaltungsgerichtliche Normenkontrolle in Baden-Württemberg (§ 4 AGVwGO), Brandenburg (§ 4 I VwGG), Bremen (Art. 7 AGVwGO), Hessen (§ 15 AGVwGO), Mecklenburg-Vorpommern (§ 13 GerOrgG), Niedersachsen (§ 7 VwGG), Saarland (§ 18 AGVwGO), Sachsen (§ 14 VerfAG), Schleswig-Holstein (§ 5 AGVwGO) und Thüringen (§ 4 AGVwGO). In Bayern darf der BayVGH über örtliche Bauvorschriften nach Art. 91 I und II BayBauO nur auf Antrag der Behörde bei grundsätzlicher Bedeutung der Rechtssache entscheiden. Für Rheinland-Pfalz schränkt § 4 I 2 AGVwGO die Normenkontrolle dahingehend ein, dass Handlungen eines Verfassungsorgans i.S.d. Art. 130 I der Landesverfassung nicht angreifbar sind;[21] für Sachsen-Anhalt beschränkt § 10 AGVwGO die Normenkontrolle auf Satzungen und andere von Gemeinden und Kreisen erlassene Rechtsvorschriften.[22] Berlin, Hamburg und Nordrhein-Westfalen haben von § 47 I Nr. 2 VwGO keinen Gebrauch gemacht.

Generell ist der *Vorbehalt zugunsten der Landesverfassungsgerichtsbarkeit* in § 47 III VwGO zu beachten.[23] Ferner muss sich die Normenkontrolle in dem durch § 40 VwGO abgesteckten Rahmen halten.[24]

Soweit auf diese Weise Rechtsschutzlücken entstanden sind, müssen sie verfassungskonform geschlossen werden. In Berlin, Hamburg und Nordrhein-Westfalen wird man übergangsweise eine subsidiäre Zuständigkeit der Verfassungsgerichte annehmen müssen. Für *untergesetzliche Rechtsnormen des Bundes* ist eine Zuständigkeit des Bundesverwaltungsgerichts aus der Natur der Sache für eine analoge Anwendung von § 47 VwGO zu erwägen, zumal die besatzungsrechtlichen Restriktionen für die Einführung der Normenkontrolle auf Bundesebene schon längst entfallen sind.

Gegenstand des Normenkontrollverfahrens nach § 47 VwGO sind somit nach Maßgabe des Landesrechts untergesetzliche *(landesrechtliche) Rechtsvorschriften.* 9

Der Begriff »Rechtsvorschrift« ist in der VwGO nicht näher erläutert. Hierzu zählen jedenfalls Rechtsverordnungen,[25] autonome Satzungen,[26] Geschäftsordnungen der kommunalen Vertretungskörperschaften,[27] rechtssetzende Vereinbarungen und abgeleitetes

18 Beschl. v. 14.05.1985, BVerfGE 70, 35.
19 BVerwG v. 20.07.1990, NVwZ 1991, 262.
20 BVerwG v. 26.04.2007, BVerwGE 128, 382; *Scheidle*r DÖV 2008, 766.
21 Zur Verfassungsmäßigkeit RhPfVerfGH v. 24.10.2001, DÖV 2002, 165.
22 Derartige Einschränkungen der Normenkontrolle verstoßen nicht gegen Bundesrecht, BVerwG v. 01.08.1990, NVwZ-RR 1991, 54. Anders zur Bayerischen Regelung Schoch/Schmidt-Aßmann/Pietzner/*Gerhardt* § 47 Rn. 22.
23 Vgl. HessVGH v. 15.01.1991, NVwZ 1991, 1098.
24 BVerwG v. 27.07.1995, NVwZ 1996, 63. Ferner Rn. 10.
25 **Beispiel:** SperrgebietsVO; BWVGH v. 22.03.1992, NVwZ-RR 1992, 418.
26 BremOVG v. 11.03.1991, NVwZ-RR 1992, 154.
27 BWVGH v. 24.06.2002, NVwZ-RR 2003, 56; NdsOVG v. 20.07.1999, NVwZ-RR 2000, 314. Dass es sich um Innenrechtssätze handelt, spielt keine Rolle, da die kommunalen Organe auch an diese Rechtssätze gebunden, von denen ihre Rechtsstellung beeinflusst wird.

Gewohnheitsrecht.[28] Auch Beschlüsse, mit denen die Regelsätze der Sozialhilfe festgesetzt werden, sind der Normenkontrolle zugänglich.[29]

Vielfach werden Rechtsverordnungen durch förmliche (Artikel-)Gesetze mit der Maßgabe geändert, dass auch die gesetzlichen Einfügungen durch Rechtsverordnung geändert werden können (sog. »Entsteinerungsklausel«). Die Verordnungsteile der Gesetze sollen dann nach einer im Schrifttum vertretenen Meinung minderen Rangs sein.[30] Auch wenn dies fraglich erscheint, müssen doch die Rechtsverordnungen aus Gründen der Rechtsklarheit des Rechtsschutzes als Einheit gesehen und kraft Sachzusammenhangs in ihrer Gesamtheit der verwaltungsgerichtlichen Normenkontrolle unterworfen werden.[31]

Bei *Organisationsakten* ist auf die äußere Erscheinungsform abzustellen; ergehen sie in Form einer Rechtsvorschrift, so kommt das Verfahren nach § 47 VwGO in Betracht.[32] Das BVerwG ist noch einen Schritt weitergegangen und lässt auch im Normenkontrollverfahren den Binnenrechtsstreit zu. Binnenrechtssätze, die abstrakt-generelle Regelungen über Organrechte treffen, werden dabei den Außenrechtssätzen gleichgestellt.[33]

Auf *allgemeine Verwaltungsvorschriften* ist § 47 VwGO dann anwendbar, wenn diesen die Rechtsordnung *unmittelbare* Außenwirkung auch gegenüber dem Bürger beilegt.[34] Dies ist bei den meisten allgemeinen Verwaltungsvorschriften (Ermessensrichtlinien, normkonkretisierende Verwaltungsvorschriften, Sonderverordnungen in besonderen Gewaltverhältnissen) nicht der Fall. Generelle dienstliche Weisungen sind nicht angreifbar, wenn sie –was regelmäßig der Fall ist – ausschließlich dienstliche Obliegenheiten berühren.[35]

Aktuelle Bedeutung kommt gerade im Zusammenhang mit der Normenkontrolle dem Rechtsschutz gegen die *Landes- und Regionalplanung* zu. Da sich die Planung den überkommenen Handlungsformen der Verwaltung nicht nahtlos anpassen lässt, bestand früher die Neigung, den Gemeinden – eine Rechtsbetroffenheit Privater scheidet ohnehin in aller Regel aus[36] – den Rechtsschutz von vornherein zu versagen. Insbesondere lehnten es die Gerichte ab, Raumordnungspläne als Rechtsvorschriften zu qualifizieren.[37] Seit einigen Jahren zeichnet sich demgegenüber die begrüßenswerte Tendenz ab, Raumordnungspläne unmittelbarer gerichtlicher Kontrolle zu unterwerfen.[38]

---

28 NWVerfGH v. 16.04.1992, DVBl 1992, 1043.

29 BremOVG v. 09.04.1991, DÖV 1991, 893.

30 *Schneider* Gesetzgebung, 3. Aufl. 2002, Rn. 663.

31 BVerwG v. 16.01.2003, BVerwGE 117, 313; BayVGH v. 19.12.2005, DÖV 2007, 79. Vgl. auch *Clausing* JuS 2004, 298; *Uhle* DVBl 2004, 1272.

32 Vgl. BayVGH v. 11.12.1979, BayVBl 1980, 209.

33 BVerwG v. 15.09.1987, NVwZ 1988, 1119; zur Arbeitszeitregelung BWVGH v. 19.12.1996, NVwZ-RR 1998, 49. Individuell kann das Regelstundenmaß auch zum Gegenstand einer Klage nach § 43 VwGO gemacht werden; RhPfOVG v. 13.09.1996, NVwZ-RR 1998, 57.

34 BVerwG v. 25.11.1993, DÖV 1994, 475.

35 Vgl. BVerwG v. 18.10.2001, DÖV 2002, 168 (Einführung neuer Rechtschreiberegeln).

36 BVerwG v. 16.01.2003, NJW 2003, 2038 (2041).

37 Vgl. OVG Lüneburg v. 23.11.1973, OVGE 29, 429.

38 Vgl. BVerwG v. 18.09.2003, DVBl 1004, 251; BBgOVG v. 27.08.2993, DVBl 2004, 256.

Die Lösungsansätze sind vielfältig.[39] So werden beispielsweise Regionalpläne als allgemeine Verwaltungsvorschriften eingestuft, die gleichwohl mit der Normenkontrolle angreifbar seien.[40] Häufig qualifiziert man Raumordnungspläne als Rechtsnormen, obwohl es an den Voraussetzungen des Art. 89 GG oder der Satzungsgewalt der Planungsbehörden mangelt.[41] Der BayVGH hat einzelne Ziele der Raumordnung, soweit sie generelle und abstrakte Regelungen mit Bindungswirkung enthalten, als landesrechtliche, im Rang unter dem Gesetz stehende Rechtsvorschriften bezeichnet.[42] Auch das OVG Lüneburg erklärte das Normenkontrollverfahren gegen ein die Ziele der Raumordnung enthaltendes Raumordnungsprogramm für zulässig.[43] In der Tat spricht viel dafür, Landes- und Regionalpläne materiell als untergesetzliche Außenrechtsnormen zu verstehen. Auch dürfte die Normenkontrolle gem. § 47 I Nr. 2 VwGO eine angemessene Form direkter gerichtlicher Überprüfung solcher Pläne sein. Das BVerwG hat dementsprechend seine »Entsteinerungsrechtsprechung« auf die Ziele der Raumordnung übertragen und diese zum Gegenstand einer Normenkontrolle gemacht.[44] Dennoch erscheint es problematisch, die Entscheidung des Landesgesetzgebers, solche Pläne nicht als Rechtsnormen auszugestalten, kurzerhand zu ignorieren. Die Festlegung von Zielen der Raumordnung ist im Übrigen auch dann mit der Garantie der kommunalen Selbstverwaltung vereinbar, wenn sie inhaltlich und verfahrensmäßig nicht auf einer konkreten gesetzlichen Grundlage beruht,[45] da die kommunale Planungshoheit von vornherein nur im Rahmen der gesetzlichen Anpassungsklauseln, insbesondere des § 1 IV BauGB, besteht. Berücksichtigt man weiter, dass in einigen Ländern das Normenkontrollverfahren ohnehin nicht in Betracht kommt, überzeugt die extensive Handhabung des Normenkontrollverfahrens in den anderen Ländern ebenso wenig wie die überwundene Ausweitung des VA-Begriffs. Die Leistungsklage auf Aufhebung[46] erweist sich wiederum als Umweg, der sich erübrigt, wenn man die *allgemeine Gestaltungsklage* für zulässig hält.

## II. Vorbehaltsklausel

Das Verfahren nach § 47 VwGO ist nur im Rahmen der Verwaltungsgerichtsbarkeit 10
möglich. Nach § 47 III VwGO prüfen die Verwaltungsgerichte die Vereinbarkeit der Rechtsvorschrift mit Landesrecht nicht, soweit gesetzlich vorgesehen ist, dass die Vorschrift *ausschließlich* durch das Verfassungsgericht eines Landes nachprüfbar ist.[47]

Dabei kommt es darauf an, dass der Antragsteller selbst die Nachprüfung der beanstandeten Norm durch das Verfassungsgericht erreichen kann *(konkrete Betrachtungsweise)*. Maßstab der Normenkontrolle ist auch das Bundesrecht einschließlich des Ver-

39 Vgl. ausführlich *Blümel* VerwArch 1993, 123. Zur Kontrolle von Abfallbeseitigungsplänen BVerwG v. 20.12.1988, NVwZ 1989, 458, 461; hierzu *Jürgensen* BayVBl 1992, 353; allgemein *Paetow* FS Blümel, S. 403.: *Koch/Hendler* Baurecht, Rauordnungs- und Landesplanungsrecht, 3. Aufl. 2001, § 9.

40 So *Weidemann* DVBl 1984, 767. (770); vgl. auch BVerwG v. 15.03.1989, NVwZ 1989, 654.

41 Vgl. *Koch/Hendler* Baurecht, Rauordnungs- und Landesplanungsrecht, 3. Aufl. 2001, § 9 Rn. 4; § 3 Rn. 56 ff. (»normähnliche hoheitliche Maßnahme eigener Art«).

42 Urt. v. 30.03.1982, BayVBl 1982, 726.

43 Urt. v. 04.04.1986, ZfBR 1986, 287.

44 BVerwG v. 20.11.2003, BVerwG 119, 217.

45 A.A. BremStGH v. 22.08.1983, DVBl 1983, 1144. Zu den Zielen der Raumordnung auch *Ronellenfitsch* FS Hoppe, S. 355.

46 So *Schenke* DÖV 1979, 622. (626).

47 *Kamp* Das Verhältnis von verfassungsgerichtlichem und verwaltungsgerichtlichem Normenkontrollverfahren, 1992.

fassungsrechts und der Grundrechte,[48] soweit nicht eine ausschließliche Zuständigkeit eines Landesverfassungsgerichts besteht.[49] Ob das Gemeinschaftsrecht unmittelbar als Prüfungsmaßstab oder ob das OVG im Zweifelsfall eine Vorabentscheidung des EuGH einholen muss, ist noch nicht abschließend geklärt.[50] Bei formaler Betrachtungsweise bezieht sich die ausschließliche Zuständigkeit der Landesverfassungsgerichtsbarkeit auf den Prüfungsmaßstab und damit auf die Begründetheitsprüfung.[51] Es wäre aber widersinnig, die Normenkontrolle vor dem OVG für statthaft zu erklären, dem dann keine Prüfungsmöglichkeit eröffnet ist. Folglich stellt der Vorbehalt zugunsten der Landesverfassungsgerichtsbarkeit eine Sachentscheidungsvoraussetzung dar.[52]

## D. Normerlassklage

11 Nicht endgültig entschieden war bislang die Frage, ob in analoger Anwendung von § 47 VwGO eine Normerlassklage zulässig ist, wobei es dann keinen Unterschied machen würde, ob der Gesetzgeber außerhalb bestehender Normen zum Tätigwerden gezwungen werden soll *(echte Normerlassklage)* oder ob die Ergänzung vorhandener Normen begehrt wird (*unechte Normerlassklage*, besser: *Normergänzungsklage*).

Der aktuelle Meinungsstand ist immer noch unübersichtlich.[53] Generell lässt sich sagen, dass bereits de lege lata die Zulässigkeit einer Normenkontrollklage als solche zunehmend anerkannt wird, dass aber deren Zuordnung zum Rechtsschutzsystem der VwGO nach wie vor Mühe bereitet.

12 Zeitweilig wurde überwiegend das Normenkontrollverfahren für die *Normergänzung* für statthaft gehalten.[54] Für diese Ansicht spricht, dass es schon prozessökonomisch Unfug wäre, eine gleichheitswidrig unvollständige Norm aufzuheben, wenn sich der Fehler durch Normergänzung beheben lässt. Gerade beim häufig unzulänglichen räumlichen Zuschnitt von Bebauungsplänen wehrt sich der Antragsteller gegen ein Unterlassen des Normgebers (i.d.R. begehrt er die Einbeziehung seines Grundstücks in das Plangebiet). Mit der Nichtigerklärung der unvollständigen Norm ist ihm nicht gedient. Folglich muss die Feststellung möglich sein, dass das Unterlassen des Normgebers gegen hö-

---

48 So bereits früher OVG Lüneburg v. 24.06.1966, DVBl 1966, 760; BWVGH v. 25.06.1968, ESVGH 19, 18 und v. 20.06.1968, ESVGH 19, 124 (Bundesrecht als Prüfungsmaßstab); a.A. BayVGH v. 07.07.1972, NJW 1972, 2149; BWVGH v. 30.12.1971, ESVGH 22, 180 (Grundrechte). Vgl. auch *Schenk* DVBl 1976, 198 (203) m.w.N.

49 Die Überprüfung von Normen am Maßstab der jeweiligen Landesverfassung – in Bayern etwa im Rahmen einer Popularklage nach Art. 98 S. 4 BV – bleibt Angelegenheit der Verfassungsgerichte der Länder; BayVerfGH v. 10.02.1983, BayVBl 1983, 303. Sieht das Landesrecht eine Prüfungskompetenz des Landesverfassungsgerichts vor und gewährleistet die Landesverfassung zudem Grundrechte, so besteht eine ausschließliche Verwerfungs- und Prüfungskompetenz des Verfassungsgerichts; vgl. BayVerfGH v. 23.03.1984, BayVBl 1984, 460. Dies gilt nicht bei inhaltsgleichem Bundes- und Landesverfassungsrecht (parallel Grundrechte); vgl. NK-VwGO/*Ziekow* § 47 Rn. 291.

50 Vgl. BVerwG v. 23.01.1994 NVwZ-RR 1995, 358; *Dünchheim* DÖV 2004,137.

51 *Schenke* Rn. 885; *Schmitt Glaeser/Horn* Rn. 440.

52 NK-VwGO/*Ziekow* § 47 Rn. 290; *Kopp/Schenke*, § 47 Rn. 101; im Ergebnis auch *Hufen* § 19 Rn. 9.

53 Vgl. *Renck* JuS 1982, 338; *Westbomke* Der Anspruch auf Erlass von Rechtsverordnungen und Satzungen, 1976; *Würtenberger* AöR 105 (1980), 370; *Robbers* JuS 1988, 949; 1990, 978 ff.; *Hartmann* DÖV 1991, 62; *Schenke* VerwArch 1991, 307; *Duken* NVwZ 1993, 546; *Gleixner* Die Normerlassklage, 1993; *Axer* NZS 1997, 10; *Klinkhammer* Entwicklung und Verjährung der Klage auf Erlass untergesetzlicher Normen, Diss. Tübingen 1997; *Köller/Haller*, JuS 2004, 189.

54 BVerwG v. 18.09.1981, BVerwGE 64, 77 (81); BWVGH v. 16.03.1979, DVBl 1979, 916 (923); BayVGH v. 14.12.1983, NVwZ 1985, 502 (504); BerlOVG v. 22.04.1983, NVwZ 1983, 416 (418); *Hufen* § 20 Rn. 3; NK-VwGO/*Ziekow* § 47 Rn. 66; a.A. HessVGH v. 15.11.1982, NJW 1983, 2895; NdsOVG v. 28.06.1993, NVwZ-RR 1994, 547 sowie weiter im Text.

herrangiges Recht verstößt. Bei einer Reduzierung des Planungsermessens auf Null kommt auch eine Normausdehnung durch das OVG in Betracht.[55] Die unechte Normerlassklage nach § 47 VwGO dürfte jedoch (vorerst) überholt sein. Das Urteil des BVerwG vom 07.09.1989[56] lässt sich nämlich dahingehend interpretieren, dass auch für die Normergänzung nur die Feststellungsklage die statthafte Klageart sein soll.[57] In diesem Sinn ist auch das Urteil vom 04.07.2002[58] zu verstehen. Die Unterscheidung von echter und unechter Normerlassklage wäre damit aufgegeben. Da das BVerwG sich auf diese Unterscheidung aber nicht näher einlässt, dürfte das letzte Wort zur unechten Normerlassklage noch nicht gesprochen sein.

Auch die *echte Normerlassklage* wird nicht ausnahmslos für unstatthaft gehalten. Vielmehr erklärte die Rspr. gelegentlich *Leistungsklagen auf Normerlass* für zulässig.[59] Die entschiedenen Fälle lassen sich aber nicht verallgemeinern, weil sie zumeist normative *Einzelakte* betreffen und damit die Problemstellung verschieben. **13**

Angesichts der fehlenden Konturenschärfe der staatlichen Handlungsformen kann es vorkommen, dass Einzelakte formell als Rechtsnorm ergehen (z.B. isolierte Bebauungspläne). Wirken Rechtsvorschriften ähnlich konkret wie VAe, ist es geboten, den Rechtsschutz anzugleichen. Leistungsklagen sind dann nicht ausgeschlossen.

Das BVerwG favorisiert allerdings auch hier allgemeine Feststellungsklagen, um den judikativen Eingriff in die Gestaltungsfreiheit des Normgebers so gering wie möglich zu halten;[60] dies ist naheliegend, bildet doch ein *konkretes Rechtsverhältnis* den Streitgegenstand. Noch näher liegt die Anwendung von § 47 VwGO, da die Normenkontrolle immerhin als Sonderfall der allgemeinen Feststellungsklage konzipiert ist (vgl. Rn. 15).

Schwieriger zu beantworten ist die Frage, ob einzelne durch die zu erlassende *abstrakt-generelle* Norm begünstigte Bürger einen Anspruch auf Erlass dieser Norm haben können. Die Frage ist eindeutig zu bejahen. Sofern den Grundrechten Handlungspflichten des Gesetzgebers entsprechen,[61] muss auch die prozessuale Möglichkeit bestehen, den Gesetzgeber zur Erfüllung der Handlungspflichten zu zwingen. Ein Verstoß gegen den Gewaltenteilungsgrundsatz liegt darin nicht. Im Gegenteil: Der Gewaltenteilungsgrundsatz gebietet es, exekutive Normsetzungspflichten gerichtlich zu sanktionieren. Ob – wie das BVerwG annimmt – ein Feststellungsbegehren stärker Rücksicht auf die Entscheidungsfreiheit der normsetzenden Organe nimmt, erscheint fraglich. Ungeachtet des Dilemmas des konkreten Rechtsverhältnisses ist ein Bescheidungsurteil, welches den Inhalt der Norm noch nicht in Einzelheiten feststellt, mindestens ebenso interessengerecht. Wenn schon die entsprechende Anwendung von § 47 VwGO auf den Normerlass abgelehnt wird, spricht nichts dagegen, in Fällen, in denen subjektive öffentliche Rechte des Klägers bestehen, die auf Erlass abstrakt-genereller Normen gerichtete *Leistungsklage* anzuerkennen. Leistung ist dann nicht die Norm selbst, sondern das konkrete Tätigwerden des Normgebers unter Beachtung der Rechtsansicht des Gerichts. **14**

55 Anderer Ansicht NK-VwGO/*Ziekow* § 47 Rn. 66.
56 NVwZ 1990, 162 (163).
57 In diesem Sinn *Robbers* JuS 1990, 978.
58 DÖV 2003, 123; *Köller/Haller* JuS 2004,189; ferner BVerwG v. 23.08.2007, NVwZ 2007, 1311.
59 NdsOVG v. 28.06.1993, NVwZ-RR 1994, 547 (548); vgl. auch *Kopp/Schenke* § 47 Rn. 13 (Rechtsschutz über Verfassungsbeschwerde).
60 Vgl. BVerwG v. 03.11.1988, BVerwGE 80, 355 (361); v. 04.07.2002, DÖV 2003, 123; v. 28.11.2007, DVBl 2008, 520.
61 **Beispiel:** BVerfG v. 08.04.1987, BVerfGE 75, 40 (Ersatzschule).

15 Wenn aber nur ein Feststellungsbegehren statthaft ist, und diese Ansicht scheint sich durchzusetzen, dann ist es an sich folgerichtig, das *speziellere* Normenkontrollverfahren dort entsprechend durchzuführen, wo es landesgesetzlich eingeführt ist. Rechtsungleichheit tritt dadurch nicht ein. Die allgemeine Feststellungsklage ist subsidiär zulässig, wo die Möglichkeit der Normenkontrolle nicht eröffnet wird; eine Inzidentkontrolle der Rechtswidrigkeit gesetzgeberischen Unterlassens ist auch bei Leistungsklagen möglich. Für die entsprechende Anwendung von § 47 VwGO sprechen nicht nur Erwägungen der Prozessökonomie, sondern generell die Entwicklung des Normenkontrollverfahrens hin zu einem echten (subjektiv-rechtlichen) Klageverfahren. Solange freilich Klagebefugnis und Antragsbefugnis nicht völlig gleichgestellt sind, besteht die Gefahr einer unangemessenen Ausweitung der Normerlassklage, die nur in wenigen Ausnahmefällen begründet sein wird. Zumindest im interkommunalen Bereich sollte die Normenerlassklage anerkannt werden, wenn aus § 2 II BauGB eine Erstplanungspflicht der Nachbargemeinde nach § 1 III BauGB erwächst.[62] De lege lata ist statthafte Klageart für normative Einzelakte die allgemeine Leistungsklage und für abstrakt-generelle Regelungen die allgemeine Feststellungsklage.

16 Obwohl alles dafür spricht, sowohl auf die echte wie auch auf die unechte Normerlassklage § 47 VwGO anzuwenden, bleibt der Befund, dass sich Rspr. und Lehre weitgehend auf die Feststellungsklage als statthafte Klageart für die »Normerlassklage« festgelegt haben.[63] Bei der letzten Novellierung des § 47 VwGO wurde dieser Standpunkt leider nicht neu überdacht.

17

**Prüfungsschema: Verwaltungsgerichtliche Normenkontrolle**

I. Zulässigkeit

1. Bestehen der deutschen Gerichtsbarkeit (§ 18 GVG)
2. Zulässigkeit des Verwaltungsrechtswegs (Vorbehaltsklausel)
   a) »Im Rahmen der Verwaltungsgerichtsbarkeit« (§ 47 I 1 i.V.m. § 40 VwGO)
   b) keine Zuweisung an ein Landesverfassungsgericht (§ 47 III VwGO)
3. Sachliche und örtliche Zuständigkeit des Gerichts.
4. Beteiligtenfähigkeit (§ 47 II 1 und 2 VwGO)
   a) Natürliche und juristische Personen (§ 47 II 1, 1. Alt., § 47 II 2 VwGO)
   b) Normvollzugsbehörden (§ 47 II 1, 2. Alt. VwGO)
5. Prozessfähigkeit (§ 62), gesetzliche Vertretung (§§ 67, 67 a VwGO), Prozessführungsbefugnis (§ 47 II 2 VwGO)
6. Statthaftigkeit der Verfahrensart
   a) Satzungen und Rechtsverordnungen nach BauGB (§ 47 I Nr. 1 VwGO)
   b) ggf. sonstige untergesetzliche Rechtsnormen des Landesrechts (§ 47 I Nr. 2 VwGO)
7. Ordnungsgemäße Antragstellung
8. Antragsbefugnis
   a) natürliche und juristische Personen (§ 47 II 1, 1. Alt., II 2)
   b) Normvollzugsbehörden (§ 47 II 1 2. Alt.)
9. Frist (§ 47 II 1 VwGO)

62 Hierzu BVerwG v. 17.09.2003, DVBl 2004, 239.

63 BVerwG v. 03.11.1988, BVerwGE 80, 355 (361); v. 07.09.1989, NVwZ 1990, 162; hierzu auch *Allesch* BayVBl 1990, 116 ff.; NWOVG v. 14.06.1994, NVwZ-RR 1995, 105; HessVGH v. 15.04.1991, NVwZ 1992, 68; *Schenke* Rn. 1018; *Schmitt Glaeser/Horn* Rn. 375; NK-VwGO/*Sodan* § 42 Rn. 49; *Hamann* DVBl 1991, 129 ff. (130).

10. Fehlen anderweitiger Rechtshängigkeit oder Rechtskraft
11. Rechtsschutzbedürfnis
    a) natürliche und juristische Personen
    b) Feststellungsinteresse der Normvollzugsbehörde

II. Begründetheit

1. Ermächtigungsgrundlage
2. Formelle Rechtmäßigkeit
    a) Zuständigkeit
    b) Form, Verfahren, ggf. Heilungsmöglichkeiten
3. Vereinbarkeit mit höherrangigem Recht

# § 13 Ordnungsgemäßheit der Klageerhebung und Antragstellung

## A. Allgemeines

1 Mit den formellen Voraussetzungen einer wirksamen Klageerhebung befassen sich die §§ 81 und 82 VwGO. Im Normenkontrollverfahren und in den Verfahren zur Erlangung vorläufigen Rechtsschutzes gelten diese Vorschriften entsprechend. § 81 VwGO regelt die *zwingenden* Formvorschriften, § 82 VwGO die Voraussetzungen der Klage. Der mangelhafte Inhalt einer Klageschrift kann nachträglich ergänzt werden (§ 82 II VwGO). Der Verstoß gegen die Anforderungen des § 81 VwGO ist dagegen nicht heilbar.[1] Anders als nach § 253 ZPO gehört die Zustellung der Klageschrift an den Beklagten nicht zur Klageerhebung.

## B. Form

2 Die Klage ist *schriftlich*, d.h. durch Einreichung eines Schriftsatzes, bei Gericht zu erheben. Beim VG kann sie auch zur Niederschrift des Urkundsbeamten der Geschäftsstelle (§ 13 VwGO) erhoben werden. Nach verbreiteter Ansicht soll die Klageerhebung zur Niederschrift des Urkundsbeamten auch beim OVG möglich sein.[2] Dem steht jedoch der eindeutige Wortlaut des § 81 I 2 VwGO entgegen. Erst recht kommt im erstinstanzlichen Verfahren vor dem BVerwG eine Klageerhebung zur Niederschrift des Urkundsbeamten bei der Geschäftsstelle des BVerwG nicht in Betracht.[3]

3 Die Klageschrift ist ein bestimmender Schriftsatz (vgl. § 129 ZPO) und bedarf der *eigenhändigen* Unterschrift des Klägers oder seines Prozessbevollmächtigten.[4]

Vom Merkmal der Eigenhändigkeit lässt die Rechtsprechung in begrenztem Umfang *Ausnahmen* zu, wenn ohne Rückfrage oder Beweiserhebung gesichert ist, dass die Klageschrift von der als Verfasser angegebenen Person stammt und mit ihrem Wissen und Wollen in den Verkehr gelangt ist.[5] So genügt eine vervielfältigte Unterschrift ebenso wie die Einreichung einer Fotokopie der eigenhändig unterschriebenen Klageschrift in einem Briefumschlag mit handschriftlicher Absenderangabe[6] für eine wirksame Klageerhebung. Die Unterschrift muss von einer natürlichen Person stammen[7] und einen individuellen Bezug auf den Namen des Unterzeichners erkennen lassen.[8] Zu Telefax und dgl. vgl. Rn. 4. Bei Vorliegen besonderer Umstände kann das Fehlen der Unterschrift unschädlich sein, wenn sich aus anderen Anhaltspunkten eine der Unterschrift vergleichbare Gewähr für die Urheberschaft und den Willen ergibt, das Schreiben in den Rechtsverkehr zu bringen.[9]

Die Unterschrift i.S.v. § 130 Nr. 6 ZPO braucht nicht lesbar zu sein. Erforderlich ist das Vorliegen eines auf die Identität des Unterschreibenden ausreichend kennzeichnenden Schriftzugs, der individuelle und charakteristische Merkmale enthält, die die Nachahmung erschweren, und der die Absicht einer vollen Unterschriftsleistung erkennen lässt,

---

1 BVerwG v. 09.11.1967, Buchholz 310 § 82 Nr. 7.
2 *Kopp/Schenke* § 81 Rn. 12.
3 BVerwG v. 31.03.1995, NVwZ 1995, 901.
4 BFH v. 05.11.1973, BFHE 111, 278; BVerwG v. 29.06.1984, Buchholz 310 § 81 VwGO Nr. 11; v. 27.01.2003, NJW 2003, 1544, hierzu *Willms* NVwZ 1987, 479. Nach GmSOGB v. 30.04.1979, BGHZ 75, 340 (126) = BVerwGE 58, 359 (365) findet § 126 BGB keine Anwendung.
5 BVerwG v. 06.12.1988, BVerwGE 81, 32 (36).
6 BVerwG v. 07.11.1973, VerwRspr 26, 252.
7 OVG Lüneburg v. 17.01.1972, OVGE 28, 361; BFH v. 24.07.1973, BFHE 110, 232.
8 BVerwG v. 23.08.1970, BVerwGE 43, 113.
9 NWOVG v. 18.08.2007, NVwZ 2008, 344.

selbst wenn er von einem starken Abschleifungsprozess gekennzeichnet ist.[10] Eine gekrümmte Linie ist jedoch auch bei Anerkenntnis der Unterschrift unzureichend.[11] Auch reicht eine Paraphe nicht aus.[12] Bei Körperschaften und Anstalten des öffentlichen Rechts sowie Behörden, die selbst vor Gericht auftreten können, genügt es, wenn der in Maschinenschrift wiedergegebene Name des Verfassers mit einem Beglaubigungsvermerk versehen ist.[13]

Die neuen *Telekommunikationsmittel* beeinflussen auch die Klageerhebung.[14] 4

Schon bisher galt und nach wie vor gilt, dass die Klage auch fernschriftlich[15] oder durch Telegramm[16] erhoben werden kann. Es muss dann aber entweder das Aufgabetelegramm unterschrieben sein oder das telefonisch aufgegebene Telegramm mit dem Namen des Klägers oder seines Prozessbevollmächtigten schließen.[17] Ähnliches gilt für die neueren technischen Übertragungssysteme des Fernkopierens einer Vorlage. Mittlerweile gehört die direkte Telefax-Übermittlung zum Empfangsgerät des zuständigen Gerichts zum Prozessalltag.

Die Gerichte aller Gerichtszweige lassen zu, dass Klagen und sonstige bestimmende Schriftsätze auch im Telefax-Verkehr dem zuständigen Gericht übermittelt werden können.[18] Der Kläger bzw. sein Prozessvertretung trägt die Verantwortung, dass eine zutreffende Empfängernummer gewählt wird.[19]

Zweifelhaft ist gelegentlich, wer das Risiko technischer Störungen trägt. Hier wird man nach Risikosphären unterscheiden müssen. Technische Defekte des Sendegeräts oder Netzstörungen fallen auch in den Verantwortungsbereich des Klägers,[20] während Störungen in der Sphäre des Gerichts generell nicht auf den Bürger abgewälzt werden dürfen.[21] Die Gerichtsbehörden haben dafür Sorge zu tragen, dass ihre Telefaxgeräte auch nach Dienstschluss funktionsfähig sind.[22] Geht es um die Wahrung von Fristen, muss der – namentlich der anwaltlich vertretene – Kläger aber damit rechnen, dass das Empfangsgerät etwa wegen der Inanspruchnahme durch andere Absender nicht jederzeit verfügbar ist. Ein ausreichender Zeitraum für ggf. notwendige Wahlwiederholungen ist einzukalkulieren. Bemerkt der Kläger, dass eine Verbindung mit dem Gericht nicht zustande kommt, muss er sich um einen anderen Weg der rechtzeitigen Klageeinlegung

10 BGH v. 27.09.2005, NJW 2005, 3775.
11 BGH v. 21. 3.1974, NJW 1974, 1090; vgl. aber auch BayVerfGH v. 18.07.1975, VGHE 28 II, 138.
12 BAG v. 27.03.1996, NJW 1996, 3164.
13 GmSOGB, BGHZ 75, 340.
14 Vgl. allgemein *Dästner* NJW 2001, 3469.
15 OVG Lüneburg v. 17.01.1962, VerwRspr 24, 369.
16 Bereits der GS des RG ging im Beschl. v. 28.11.1932, RGZ 139, 45 von einem Gewohnheitsrecht aus; vgl. ferner BVerfG v. 11.02.1987, BVerfGE 74, 228 (235).
17 Vgl. *Redeker/v. Oertzen* § 81 Rn. 8.
18 BVerwG v. 13.06.1990, BayVBl 1990, 670; BGH v. 20.09.1993, NJW 1993, 3141; v. 06.03.1995, NJW 1995, 1431; BAG v. 27.03.1996, NJW 1996, 3164; BSG v. 28.06.1985, NJW 1986, 1778; BFH v. 26.03.1991, NJW 1991, 2927; RPOVG v. 22.10.2007, DÖV 2008, 337. Vgl. auch *Pape/Notthoff* NJW 1996, 417.
19 BVerwG v. 09.01.2008, BJW 2008, 932.
20 Das bedeutet, dass so rechtzeitig mit der Übermittlung begonnen werden muss, dass mit der Fristwahrung unter normalen Umständen gerechnet werden kann. Recht großzügig BVerfG, KB v. 01.08.1996, NJW 1996, 2857. Zur Abschlusskontrolle (Überprüfung des Sendeberichts einschließlich Empfängerkennung) BVerwG v. 09.01.2008, DÖV 2008, 337; BGH v. 03.12.1996, NJW 1997, 948; v. 17.04.2007, FamRZ 2007, 1095; RHPfOVG v. 27.08.2007, NJW 2007, 3224.
21 BGH v. 07.12.1994, 665 (667).
22 BGH v. 02.10.1991, NJW 1992, 244; v. 17.05.2004, NJW 2004, 2525. Zu Fehlern im Telefaxgerät des Gerichts BWVGH v. 02.12.1993, NJW 1994, 538.

bemühen.[23] Das Fax muss dabei nicht von einem Faxanschluss der Telekom, des Klägers oder seines Prozessbevollmächtigten aus gesendet werden; ausreichend ist auch die Verwendung des Privatanschlusses eines Dritten.[24] Generell gilt jedoch, dass der Schriftsatz vollständig bis zur Namenskennung vor Beginn desjenigen Tags eingegangen sein muss, der dem Fristende folgt. Maßgeblich ist dabei die gesetzliche Zeit, die von der Physikalisch-Technischen-Bundesanstalt dargestellt und verwaltet wird. Der Zeitangabe der Telekom auf ihren Kundeabrechnungen kommt dabei wegen § 5 Nr. 1 TKV erhöhter Beweiswert zu.[25]

Das Erfordernis der Unterschrift zur Identifizierung des Faxurhebers bleibt vorläufig unvermindert bestehen,[26] so dass eine Klageerhebung mit Computer-Fax ohne eingescannte Unterschrift grundsätzlich nicht möglich sein sollte.[27] Die Rspr. ist aber technikfreundlicher und geht davon aus, dass beim Computerfax die Person des Erklärenden nicht nur dadurch eindeutig bestimmt ist, dass seine Unterschrift eingescannt ist, sondern auch durch den Hinweis, dass der benannte Urheber wegen der gewählten Übertragungsform nicht unterzeichnen könne.[28] Die Technikfreundlichkeit geht sogar so weit, dass zur Vervollständigung eines bestimmenden Schriftsatzes, der infolge eines unverschuldeten Computerabsturzes nicht rechtzeitig einging, Wiedereinsetzung in den vorigen Stand gewährt wird.[29]

5 Die Entwicklung geht sprunghaft weiter. Nachdem Erfahrungen mit dem 1. SigG[30] zeigten, dass die Aussteller elektronischer Dokumente nachweisbar identifiziert werden können, war der Weg für elektronische Klageerhebungen (E-mail) geebnet. Nach § 55 a VwGO können die Beteiligten dem Gericht elektronische Dokumente übermitteln, soweit dies für den jeweiligen Zuständigkeitsbereich durch VO der Bundesregierung oder der Landesregierungen zugelassen worden ist. Für Dokumente, die einem schriftlich zu unterzeichnenden Schriftstück gleichstehen, ist eine qualifizierte elektronische Signatur nach § 2 Nr. 3 SigG vorzuschreiben. Dies gilt namentlich für die Klageerhebung. Bislang besteht noch ein Systemwirrwar. So können beim BVerwG Dokumente durch Datei-Upload eingereicht werden. Über einen Browser wird dann eine Website aufgerufen, die es ermöglicht, die Dokumente in den elektronischen Briefkasten zu übertragen. Die Klage (bzw. Revision) muss folglich mit dem mit der Signaturkarte des Prozessbevollmächtigten unterschriebenen Schriftsatz verschlüsselt in das Gerichtspostfach übertragen werden. Bei der rheinland-pfälzischen Verwaltungsgerichtsbarkeit können die elektronischen Dokumente per E-mail mit Schriftsätzen als Datenanhang übermittelt werden. Die Sendungen werden dann automatisch entschlüsselt und an die zuständige Geschäftsstelle weitergeleitet.[31] Für die Übermittlung von Schriftsätzen im Wege des

---

23 BGH v. 07.12.1994, NJW 1995, 665. Dem Prozessvertreter ist es aber nicht in jedem Fall zumutbar, die Klageschrift bei Scheitern einer Übermittlung per Fax persönlich zu Gericht zu bringen oder per Kurier bringen zu lassen (BVerwG v. 06.11.2007, DÖV 2008, 253: Unzumutbar bei einer Entfernung von 70 km).

24 *Ebner* NJW 1992, 2986.

25 BGH v. 24.07.2003, NJW 2003, 3487.

26 VG Wiesbaden v. 14.10.1993, NJW 1994, 537.

27 VG Frankfurt/M. v. 06.02.2002, NJW 2002, 2488.

28 GemOGB v. 05.02.2000, BVerwGE 111, 377 (382); hierzu die Anm. v. *Liwinska* MDR 2000, 1089; *Schmittmann* JR 2001, 371; *Maihold* JA 2001, 273; vgl. auch OLG München v. 11.09.2003, NJW 2003, 3429.

29 OLG Celle v. 30.06.2003, NJW-RR 2003, 1439.

30 Hierzu *Roßnagel* NJW 2001, 1817; *ders.* MMR 2002, 215.

31 Vgl. *Degen* Anwaltsstrategien im elektronischen Rechtsverkehr, 2007; *ders.* NJW 2008, 1471.

elektronischen Rechtsverkehrs gelten dann die gleichen Sorgfaltsanforderungen wie bei einer Übersendung per Telefax.[32]

Die Zulässigkeit einer *telefonischen Klageeinlegung* zu Protokoll der Geschäftsstelle des Gerichts lehnt die Rspr. demgegenüber überwiegend selbst dann ab, wenn die Klage vom Urkundsbeamten wörtlich niedergeschrieben, vorgelesen und vom Anrufer genehmigt wird.[33] Dem ist beizupflichten, da sich telefonisch die Identität des Klägers nicht mit Gewissheit klären lässt.

## C. Inhalt

Die Klage hat einen notwendigen und einen durch Sollvorschrift geforderten Inhalt. 6
Mängel des Klageinhalts können geheilt werden. Das Gericht hat auf die Heilung hinzuwirken (§§ 82 II, 86 III, 91 I VwGO). Die Verpflichtung des Gerichts, auf einen sachdienlichen Antrag hinzuwirken, umfasst auch eine Formulierungshilfe, die regelmäßig in einer mündlichen Verhandlung erteilt werden muss.[34]

Zum Mindestinhalt der Klage gehören die Bezeichnung des Klägers, des Beklagten und 7
des Streitgegenstandes. Die Parteibezeichnungen sind grundsätzlich auslegungsfähig, wobei auf den Empfängerhorizont (Gericht, Beklagter) abzustellen ist.[35]

Zur *Bezeichnung des Klägers* genügen die Angabe des Namens und der ladungsfähigen Anschrift, d.h. der Angabe seiner Wohnung nach Ort, Straße, Hausnummer und ggf. weiteren Unterscheidungsmerkmalen. Die Angabe eines Postfachs ist nicht ausreichend, auch wenn mit ihrer Hilfe Zustellungen möglich sind.[36]

Zur *Bezeichnung des Beklagten* genügt bei Anfechtungs- und Verpflichtungsklagen die Angabe der Behörde, die den angefochtenen VA erlassen oder den beantragten VA abgelehnt oder unterlassen hat (§ 78 I VwGO). Wurde der falsche Beklagte bezeichnet, so ist eine Berichtigung nur durch Klageänderung (Parteiwechsel) möglich. Bei Feststellungsklagen und allgemeinen Leistungsklagen sind die Bundesrepublik, das Land oder eine Körperschaft, Anstalt oder Stiftung aufzuführen, wenn nicht ein Land von der Befugnis des § 61 Nr. 3 VwGO Gebrauch gemacht hat.[37]

Durch die *Bezeichnung des Streitgegenstands* individualisiert der Kläger den Rechtsstreit. Aufgabe des Gerichts ist es sodann, diesen Streitgegenstand für die Beteiligten rechtlich verbindlich zu identifizieren.[38] Aus dieser Arbeitsteilung folgt, dass für die Bezeichnung des Streitgegenstandes die Aufgabe des angefochtenen oder angestrebten VA oder des Rechtsverhältnisses, dessen Bestehen oder Nichtbestehen der Kläger festzu-

32 RPOVG v. 27.08.2007, DÖV 2008, 210.

33 BVerwG v. 22.11.1963, BVerwGE 17, 166; bedenklich VG Wiesbaden v. 05.05.1987, NVwZ 1988, 90.

34 Die Äußerung von Bedenken gegen den gewählten Antrag reicht nicht aus, vgl. BVerwG v. 09.11.1976, DÖV 1977, 334. In Examensarbeiten darf regelmäßig eine entsprechende Anregung des Gerichts und ihre Befolgung durch den Kläger unterstellt werden. Zur Auslegung mehrdeutiger Schriftsätze BVerwG v. 27.04.1990, NJW 1991, 508.

35 NdsOVG v. 07.08.2003, NJW 2003, 3502.

36 BVerwG v. 13.04.1999, NJW 1999, 2608; NWOVG v. 18.06.1993, NVwZ-RR 1994, 124; BGH v. 09.12.1987, BGHZ 102, 332 (334); HessVGH v. 21.12.1988, NJW 1990, 138 (für das Verfahren nach § 123 VwGO); unzutreffend BWVGH v. 22.04.1996, VBlBW 1996, 373. Nicht ausreichend ist es, wenn der Kläger seine Adresse mit »postlagernd« angibt; vgl. NWOVG v. 18.06.1993, NVwZ-RR 1994, 124.

37 *Redeker/v. Oertzen* § 82 Rn. 6; a.A. *Kopp/Schenke* § 82 Rn. 5. Zur Ermittlung des Beklagten HessVGH v. 16.01.1991, NVwZ 1991, 601.

38 Vgl. *Barbey* FS Menger, S. 177; SächsOVG v. 25.06.1997, SächsVBl 1998, 16.

stellen begehrt, ausreichend ist. Bei Leistungsklagen muss die Forderung durch kurze Angabe des Rechtsgrundes und Sachverhalts, aus dem sie sich ergeben soll, bestimmt werden.

8 Die Klage soll einen bestimmten Antrag enthalten und die zur Begründung dienenden Tatsachen und Beweismittel angeben; ferner sollen bei Anfechtungs- und Verpflichtungsklagen der angefochtene VA und der etwaige Widerspruchsbescheid in Urschrift oder in Abschrift beigefügt werden. Die Bestimmtheit des Antrags bezieht sich auf die begehrte Entscheidungsformel, die vollstreckungsfähig sein muss, falls eine Vollstreckung notwendig werden sollte. Bei Stattgabe stellt die Entscheidung nämlich die Antwort auf das Begehren des Klägers dar. Der bestimmte Antrag ist auch erforderlich, damit das Gericht nicht einerseits entgegen § 88 VwGO mehr zuerkennt, als der Kläger begehrt, und andererseits das Begehren des Klägers voll ausschöpft (vgl. § 120 VwGO).

9 Der Antrag geht bei der Anfechtungsklage auf vollständige oder teilweise Aufhebung des VA (in der Gestalt des Widerspruchsbescheids, § 79 I Nr. 1 VwGO) oder des Widerspruchsbescheids (§ 79 I Nr. 2, II VwGO), bei der Verpflichtungsklage auf Erlass des beantragten oder unterlassenen VA (§ 42 I VwGO)[39] bzw. auf Bescheidung (§ 113 IV VwGO), bei der Untätigkeitsklage (§ 75 VwGO) auf Verpflichtung oder Bescheidung, bei der Feststellungsklage auf Feststellung des Bestehens oder Nichtbestehens des bestrittenen Rechtsverhältnisses oder der Nichtigkeit des VA (§ 43 I VwGO) und bei der Leistungsklage auf Verurteilung des Beklagten zur begehrten Leistung. Vom prozessualen Antrag zu unterscheiden ist der Antrag im Verwaltungsverfahren. Bei auf Schadensersatz oder Folgenbeseitigung gerichteten Leistungsklagen ist ein vorheriger Antrag an die Behörde Klagevoraussetzung.[40] Obwohl der Klageantrag nur ein Sollerfordernis der Klage ist, wird die Klage unzulässig, wenn der Antrag (= Umschreibung des Klageziels) trotz Aufforderung des Gerichts bis zum Schluss der mündlichen Verhandlung oder – bei Verzicht auf mündliche Verhandlung – bis zur Herausgabe der Entscheidung nicht gestellt wird.[41] Ohne hinreichend präzisen Antrag ist nämlich das Klagebegehren, über welches das Gericht nach § 88 VwGO nicht hinausgehen darf, nicht festgelegt.

39 Bei der Versagungsgegenklage ist ein Aufhebungsantrag bezüglich der ablehnenden Bescheide üblich, aber nicht erforderlich, wenn man der h.M. folgt, wonach das Leistungsbegehren der Verpflichtungsklage die Anfechtung der Leistungsversagung einschließt, vgl. BVerwG v. 21.05.1976, DVBl 1976, 779.

40 Vgl. BVerwG v. 04.11.1976, DVBl 1978, 608.

41 NWOVG v. 30.08.1990, NVwZ-RR 1991, 331 (332); *Kopp/Schenke* § 82 Rn. 10; vgl. auch BGH v. 08.01.1991, NJW 1992, 49; a.A. BFH – GrS – v. 26.11.1979, NJW 1980, 1415; VG Saarlouis v. 31.08.1982, RdE 1983, 50 (53).

# § 14 Klage- und Antragsbefugnis (Allgemein)

## A. Subjektiver Rechtsschutz

### I. Konzeption der VwGO

1 Nach § 42 II VwGO sind *Anfechtungs- und Verpflichtungsklagen* regelmäßig[1] nur zulässig, wenn der Kläger geltend macht, durch den VA oder seine Ablehnung oder Unterlassung in *seinen Rechten* verletzt zu sein. Ähnlich kann gem. § 47 II 1 HS 1 VwGO den Antrag im Normenkontrollverfahren eine natürliche oder juristische Person nur stellen, die geltend macht, durch die angegriffene Rechtsvorschrift oder deren Anwendung *in ihren Rechten* verletzt zu sein oder in absehbarer Zeit verletzt zu werden. Zweck dieser Regelungen ist die Beschränkung des verwaltungsgerichtlichen Rechtsschutzes auf *Verletztenklagen* oder, vereinfachend ausgedrückt, der Ausschluss von Popularklagen[2] (vgl. Rn. 2). Der Rechtsgedanke des § 42 II VwGO findet daher ebenso auf die *allgemeine Leistungsklage*[3] sowie auf die *Gestaltungs- und Feststellungsklagen* Anwendung.

Für die *Fortsetzungsfeststellungsklage* ist das unstreitig, da die Eingangsklage im Zeitpunkt der Erledigung zulässig, der Kläger also klagebefugt gewesen sein muss.[4] Hinsichtlich der *allgemeinen Feststellungsklage* wird dagegen behauptet, dass sich deren subjektivrechtliche Anbindung auch mittels einer Eingrenzung des feststellungsfähigen Rechtsverhältnisses erreichen lasse bzw. (weitergehend) dass es sich ohnehin nur um eine Interessentenklage handle.[5] Dadurch werden aber Streitgegenstand und Klagebefugnis vermengt. Auch der (rechtswidrige) VA als Substrat der Anfechtungs- und Verpflichtungsklage hat Individualisierungsfunktion; dennoch wird § 42 I durch II VwGO ergänzt. Wieso die allgemeine Feststellungsklage im Gegensatz zu allen anderen Klage- und Antragsarten, neben denen sie – teilweise freilich nur subsidiär – anwendbar ist, eine Interessentenklage (berechtigtes Interesse an der Klage = berechtigtes Interesse an der Feststellung) sein sollte, ist aus gesetzessystematischen Gründen nicht einzusehen. § 42 II VwGO ist somit auf die allgemeine Feststellungsklage analog anwendbar.[6] Dies gilt zur Vermeidung von Rechtsunsicherheiten im Einzelfall auch, wenn die allgemeine Feststellungsklage die Normenkontrolle ersetzt (vgl. oben § 11 Rn. 4),[7] obwohl man aus dogmatischen Erwägungen auch an eine analoge Anwendung von § 47 II VwGO denken könnte.

Von der Klagebefugnis hängt ferner die Antragsbefugnis nach § 80 V VwGO ab.[8] Erfasst der Rechtsgedanke des § 42 II VwGO *alle* Klage- und Antragsarten, dann ist es nur konsequent, eine der Klagebefugnis entsprechende Antragsbefugnis auch in allen Verfahren nach § 123 VwGO zu fordern, d.h. nicht nur, wenn der einstweilige Erlass eines VA begehrt wird.

---

1 Das heißt, »soweit gesetzlich nichts anderes bestimmt ist«; hierzu Rn. 26 ff.

2 BVerwG v. 06.10.1964, BVerwGE 19, 269.

3 BVerwG v. 24.02.1981, BVerwGE 61, 11 (14); SaarlOVG v. 15.12.1994, NVwZ-RR 1995, 319. Dies gilt namentlich für Unterlassungsklagen aus §§ 823 II, 1004 BGB, mit denen Private glauben, Umweltanforderungen gegenüber Anlagenbetreiber durchsetzen zu sollen. Begehrliche Blicke in die USA verkennen, dass auch der Supreme Court eine eigene Betroffenheit des Klägers (»injury in fact«) verlangt. Für eine »Bürgervollzugsklage« ist jedenfalls im deutschen Recht kein Raum; vgl. hierzu *Elshorst* Bürgervollzugsklagen, 2002.

4 BVerwG v. 22.12.1988, DÖV 1989, 600; NWOVGH v. 22.06.2007, NJW 2007, 3016.

5 *Kopp/Schenke* § 42 Rn. 63; *Schmitt Glaeser/Horn* Rn. 341; *Hufen* § 18 Rn. 27; *Laubinger* VerwArch 1991, 459; *Hipp/Hufeld* JuS 1998, 802 (802); *Wahl/Schütz* VwGO, § 42 II Rn. 23 ff. Vgl. auch BWVGH v. 10.04.2001, DÖV 2002, 257 (258).

6 BVerwG v. 29.06.1995, BVerwGE 99, 64; v. 26.01.1996, BVerwGE 100, 262 (271); v. 28.11.2007, DVBl 2008, 520; BWVGH v. 24.01.2006, DÖV 2006, 608; NdsOVG v. 20.02.2001, DÖV 2002, 253. Zur Nichtigkeitsfeststellung BVerwG v. 09.12.1981, NJW 1982, 2205; vgl. auch (mit zutreffender Begründung), Schoch/Schmidt-Aßmann/Pietzner/*Pietzcker* § 43 Rn. 28 ff.

7 Vgl. BVerwG v. 26.11.2003, DVBl 2004, 382 (383).

8 BWVGH v. 07.01.1994, NVwZ-RR 1995, 173; NWOVG v. 26.04.1993, NVwZ-RR 1994, 143.

## II. Ausschluss von Popularklagen

2 Durch die Formel »Ausschluss von Popularklagen« wird das Ergebnis einer langwierigen Auseinandersetzung um die *Funktion der Verwaltungsgerichtsbarkeit* auf einen griffigen Nenner gebracht. Die deutsche Verwaltungsgerichtsbarkeit diente in ihrer historischen Entwicklung verschiedenen Zwecken. In den einschlägigen Darstellungen wird in diesem Zusammenhang regelmäßig das preußische Modell der *objektiven Rechtskontrolle* dem namentlich in Württemberg entwickelten *subjektiven Rechtsschutz* gegenübergestellt. Dem folgt dann häufig die Aussage, dass sich Art. 19 IV GG zugunsten des Individualrechtsschutzes entschieden habe.[9] Gerade die historischen Modelle zeigen aber bei näherer Betrachtung, dass sich objektive Rechtskontrolle und subjektiver Rechtsschutz in der Praxis häufig nur schwer trennen lassen. Verantwortlich hierfür dürften auch begriffliche Unklarheiten sein. Bei der objektiven Rechtskontrolle wird geprüft, ob die Verwaltung gegen den Grundsatz der Gesetzmäßigkeit der Verwaltung verstoßen hat. Welche Rechtsnormen verletzt sein könnten, ist dabei unerheblich. Anders beim Individualrechtsschutz. Relevant ist nur der Verstoß gegen Rechtsnormen, die dem Individualschutz dienen. Individuelle Rechte sind einem Rechtssubjekt zugeordnet, wobei auch ein Kollektiv das Rechtssubjekt sein kann. Das Rechtssubjekt hat die Verletzung *eigener* (»seiner«), nicht jedoch fremder Rechte zu rügen. Schwierigkeiten entstehen nun dadurch, dass dem Gesetzmäßigkeitsgrundsatz gelegentlich – insbesondere auf dem Gebiet des Umweltschutzes – überhaupt keine subjektiven Rechte korrespondieren. Dann besteht für manche die Neigung, sich zum Wahrer des Allgemeininteresses (nicht kollektiver subjektiver Rechte) zu bestellen, eben eine Popularklage zu erheben. In Wahrheit geht es denjenigen, die solche Popularklagen erheben, jedoch nicht um die Einhaltung des Grundsatzes der Gesetzmäßigkeit der Verwaltung. Vielmehr soll der Vorrang partikulärer Belange durchgefochten werden; die Grenzen zur Interessendurchsetzung verfließen. Ist aber schon die Trennung von subjektiven Rechten und objektivem Recht schwierig, so erweist sich die Trennung von Individualinteressen und Interessen der Allgemeinheit als undurchführbar. Deshalb darf nie vergessen werden, dass § 42 II VwGO nur individuellen *Rechtsschutz* gewährt.

Ausschluss der Popularklage bedeutet somit, dass nur die Verletzung eigener (nicht: fremder) Rechte (nicht: eigener oder fremder Interessen) gerügt werden kann.

## III. Innenrechtsstreit

### 1. Grundsätze

3 Die Unterscheidung von Außenverhältnis (Staat/Bürger) und Innenverhältnis ist vielfach zu grob, um alle rechtlich relevanten Konfliktfälle zu erfassen. Auch wenn die deutsche Verwaltung nur als funktionelle Einheit zu begreifen ist und die in den frühen 70er Jahren populären Angriffe gegen das hierarchische Prinzip noch einmal abgeschlagen werden konnten, ist es doch eine banale Erkenntnis, dass in Deutschland eine äußerst vielfältige und differenzierte Verwaltungsorganisation besteht, die nach einer rechtlichen Ordnung auch des staatlichen Binnenbereichs verlangt. Rechtliche Ordnung bedeutet die Möglichkeit rechtlicher Auseinandersetzungen. Oft richten sich Maßnahmen staatlicher Instanzen (i.w.S.) *unmittelbar* gegen andere staatliche Instanzen, d.h. gegen andere Subjekte der Staatsgewalt. Erinnert sei nur an die Problema-

9 Vgl. nur *Krebs* FS Menger, S. 191.

tik der Polizeipflicht von Hoheitsträgern oder an Aufsichtsmaßnahmen gegen öffentlich-rechtliche Körperschaften. Hierbei handelt es sich um *intersubjektive Streitigkeiten.* Von den intersubjektiven Streitigkeiten zu unterscheiden sind Streitigkeiten, die sich innerhalb desselben Trägers der Staatsgewalt abspielen *(intrasubjektive Streitigkeiten).* Hauptbeispiel sind die erwähnten Organstreitigkeiten.[10] Noch häufiger sind die Fälle, in denen nach außen gerichtete Maßnahmen *zugleich* den staatlichen Innenbereich (einschließlich des Bereichs der Selbstverwaltungskörperschaften) berühren. So können etwa eine Baugenehmigung oder ein Planfeststellungsbeschluss der Planungskonzeption einer Gemeinde zuwiderlaufen. Oder ein landesweiter Numerus clausus begünstigt bestimmte Universitäten zu Lasten anderer. Immer stellt sich dann die Frage nach dem Rechtsschutz, genauer nach den »eigenen Rechten«, deren Verletzung von staatlichen Instanzen geltend gemacht werden müsste. Ob staatlichen Instanzen gegen andere staatliche Instanzen eigene *Rechte* zustehen können, erscheint zweifelhaft. Das subjektive öffentliche Recht jedenfalls ist auf Zivilpersonen zugeschnitten. Die Annahme (originär) subjektiver öffentlicher Rechte des Staates[11] ist als Rückfall in die vorstaatliche Epoche der landesherrlichen Hoheitsrechte abzulehnen. Wie die Grundrechte, richten sich ganz allgemein die subjektiven öffentlichen Rechte gegen den Staat und nicht umgekehrt gegen den Bürger (Konfusionsargument). Wie bei den Grundrechten gilt aber, dass sich juristische Personen des öffentlichen Rechts auf solche Rechtspositionen berufen können, die ihnen ausdrücklich zugewiesen wurden und die sie insoweit vom Staat distanzieren. Solche Rechtspositionen vermitteln *neben* den subjektiven öffentlichen Rechten eigene »Rechte« i.S.d. § 42 II VwGO.[12] Mit den Kriterien der *speziellen Zuordnung* und *Staatsdistanz* lassen sich die aufgeführten Fälle des Innenrechtsstreits lösen.

## 2. Anwendungsfälle

*Polizeiliche Maßnahmen gegen Behörden* des eigenen oder eines fremden Verwaltungsträgers sind richtiger Ansicht nach unzulässig und unbeachtlich. 4

*Körperschaftsexterne Organstreitigkeiten*, insbesondere Aufsichtsstreitigkeiten zwischen Selbstverwaltungskörperschaften und Aufsichtsorganen der unmittelbaren Staatsverwaltung, stellen ihrer Struktur nach einen Außenrechtsstreit dar.[13] Die Staatsdistanz ist hier evident. Die Klagebefugnis ergibt sich schon daraus, dass die Selbstverwaltungskörperschaften Adressat der belastenden Aufsichtsmaßnahmen sind, deren Rechtswidrigkeit geltend gemacht wird. 5

10 Vgl. oben § 7 Rn. 13 sowie unten Rn. 6.

11 So *Bauer* DVBl 1986, 208; *Schenke* Rn. 387. Zutreffend demgegenüber *Forsthoff* S. 452. Staatliche Instanzen haben zwar das Recht, von der ihnen eingeräumten Kompetenz Gebrauch zu machen, nicht aber ein Recht auf die Kompetenz selbst.

12 *Kopp/Schenke* § 42 Rn. 80.

13 Hierzu *Hüttenbrink* FS Gelzer, S. 215. Zum Hochschulbereich HbgOVG v. 07.04.1995, DVBl 1995, 1368. Fachaufsichtliche Weisungen betreffen nicht den Selbstverwaltungsbereich und können daher nicht angefochten werden; BayVGH v. 05.03.1993, NVwZ-RR 1993, 519. Die straßenverkehrsrechtliche Anordnung von verkehrsberuhigten Zonen kann nur in Ausnahmefällen von den Gemeinden angegriffen und nie erzwungen werden; vgl. aber auch BVerwG v. 20.04.1994, DVBl 1994, 1194 und v. 14.12.1994, DVBl 1995, 744.

6 Auch der *körperschaftsinterne Organstreit* wie der Kommunalverfassungsstreit dient ausschließlich dem Individualrechtsschutz.[14] Subjektivöffentliche Rechte der Organe oder Organteile bestehen zwar nicht,[15] die organschaftlichen – persönlichen und funktionalen – Rechte sind aber den objektiven öffentlichen Rechten angenähert. Ob dabei diese Rechte als eigene Mitgliedschaftsrechte geltend gemacht werden[16] oder ob man die dogmatisch bestechende, jedoch umständliche Konstruktion einer organschaftlichen Prozessstandschaft[17] wählt – die ganze Bandbreite der Organstreitigkeiten schöpft wohl nur die Kombination beider Ansätze aus –, kann letztlich dahinstehen, solange der Organstreit nicht zum objektiven Beanstandungsverfahren wird. Gerügt werden kann nur die Verletzung eigener Rechte des Organs/Organteils oder ihrer Mitglieder.[18] Die Organrechte sind sachlich und zeitlich beschränkt.[19]

7 Wirken sich Verwaltungsmaßnahmen auf das Gebiet von Gebietskörperschaften aus, so können diese in ihrem Aufgabenbereich beeinträchtigt sein. Vor allem Gemeinden sind wehrfähig gegen die *Inanspruchnahme von Gemeindegebiet*. Eine derartige Beanspruchung kommt zunächst in Betracht als Folge der Erteilung begünstigender VAe. Die Gemeinden sind dann klagebefugt, wenn es sich ihnen gegenüber um VAe mit Drittwirkung handelt.[20] Allerdings entfaltet nicht jeder VA, der sich auf Gemeindegebiet auswirkt, der Gemeinde gegenüber automatisch Drittwirkung. Ein Klagerecht der Gemeinde besteht nur, wenn bei der Erteilung des VA Vorschriften anzuwenden waren, die zumindest auch dem Schutz der besonderen Belange der Gemeinde dienen.[21] Zu den besonderen Belangen der Gemeinde zählt vorrangig die kommunale *Planungshoheit*. Die Planungshoheit der Gemeinden umfasst das ihnen als Selbstverwaltungskörperschaften zustehende Recht auf Planung und Regelung der Bodennutzung auf ihrem Gebiet.[22] In diese Planungshoheit greifen ferner in erster Linie fremde Fachplanungen

---

14 NWOVG v. 02.09.1997, NWVBl 1998, 149; SächsOVG v. 25.09.1998, NJW 1999, 2832; BlnOVG v. 31.08.1999, LKV 2000, 453; BWVGH v. 09.03.2004, DÖV 2004, 668; *Hufen* § 21 Rn. 17f.; *Würtenberger* Rn. 662ff.; *Herbert* DÖV 1994, 108; *Rausch* JZ 1994, 696; *Martensen* JuS 1996, 411 (512); *Bauer/Krause* JuS 1996, 512 (514); *Lerche* FS Knöpfle, 1996, S. 171; *Erichsen/Biermann* Jura 1997, 157; *Wißmann* ZBR 2003, 303. Zum Medienrecht *Bumke* ZUM 1995, 360.

15 *Erichsen* FS Menger, S. 211 (226); a.A. *Bethge* DVBl 1980, 309 (312).

16 NWOVG v. 15.12.1971, OVGE 27, 209; *Schröder* NVwZ 1985, 246. Hierbei sind wiederum die Mitgliedschaftsrechte der Organe oder Organteile von denen der Organwalter zu unterscheiden. Bei Organwalterklagen stellt sich die Frage, ob sie nicht bereits das Außenverhältnis betreffen, so dass echte subjektiv-öffentliche Rechte im Streit sind, so *Papier* DÖV 1980, 297.

17 *Hoppe* Organstreitigkeiten vor den Verwaltungs- und Sozialgerichten, 1970, S. 195ff.; *ders.*. NJW 1980, 1017 (1019f.).

18 Vgl. nur BVerwG v. 07.01.1994, NVwZ-RR 1994, 352; v. 03.02.1994, ebd.; MVOVG v. 20.05.1998, LKV 1999, 109.

19 Vertretungsberechtigte Personen eines Bürgerbegehrens können ihren Anspruch auf Durchführung des Bürgerentscheids sichern lassen (BayVGH v. 15.07.1999, BayVBl 1999, 624), haben aber kein einklagbares Recht auf Ungültigerklärung des Bürgerentscheids; BayVGH v. 02.07.2002, DVBl 2003, 277.

20 Vgl. *Becker* Die Klagebefugnis der Gemeinden bei Verwaltungsakten mit Drittwirkung, Diss. Bonn 1972. Entsprechendes gilt für die Genehmigung eines Rundfunkprogramms durch eine Landesmedienanstalt, das in das Sendegebiet einer anderen Landesmedienanstalt einstrahlt, BVerwG v. 19.03.1997, BVerwGE 104, 170 (177).

21 **Hauptbeispiel:** Baugenehmigung wird trotz fehlenden Einvernehmens nach § 36 BauGB erteilt; hierzu BVerwG v. 14.02.1969, BVerwGE 31, 263; v. 12.12.1991, UPR 1992, 262; v. 11.02.1993, DVBl 1993, 658. Besondere Schwierigkeiten bereitet auch der umgekehrte Fall, dass aufsichtliche VAe oder Widerspruchsbescheide Drittbelastungen mit sich bringen. **Beispiel:** Aufhebung einer von einer kreisfreien Stadt erteilten Baugenehmigung im Wege der Ersatzvornahme; hierzu *Knemeyer* BayVBl 1977, 129.

22 BVerwG v. 13.07.1976, NJW 1976, 2175 (2176); BerlKomm/*Gaentzsch*, § 2 Rn. 3.

ein.[23] Bei Inanspruchnahme des Gemeindegebiets durch überörtliche Fachplanungen ist die Gemeinde, wenn sie ordnungsgemäß beteiligt wurde,[24] nur klagebefugt, wenn erstens für das betroffene Gebiet eine hinreichend bestimmte gemeindliche Planung vorliegt[25] und zweitens die Störung der kommunalen Planungshoheit nachhaltig ist.[26] Nicht immer, wenn ein privater Nachbar einen drittbegünstigenden oder dinglichen VA angreifen könnte, ist folglich die Gemeinde, deren Gebiet durch den VA berührt wird, klagebefugt. Umgekehrt kann die Gemeinde unter Berufung auf ihre Planungshoheit gegen fremde Planungsentscheidungen Klage erheben, die subjektive öffentliche Rechte privater Dritter nicht oder noch nicht beeinträchtigen.[27]

## B. Klagebefugnis

### I. Geltendmachung der Rechtsverletzung

8 Während § 42 II VwGO nur fordert, dass der Kläger »geltend macht, durch den VA oder seine Ablehnung oder Unterlassung in seinen Rechten verletzt zu sein«, stellt § 113 I 1 VwGO auf die Rechtsverletzung und die Rechtswidrigkeit des VA ab. Aus dem Vergleich beider Vorschriften wurde früher geschlossen, dass die Geltendmachung der Rechtswidrigkeit des angegriffenen oder der Ablehnung oder Unterlassung des begehrten VA keine Sachurteilsvoraussetzung sei. Die Rechtsverletzung setzt jedoch die Rechtswidrigkeit der angegriffenen Verwaltungsentscheidung voraus. Der in § 113 I 1 VwGO durch das Wort »dadurch« zum Ausdruck gebrachte Zusammenhang besteht auch bei der Klagebefugnis. Ohne Eingehen auf die Rechtswidrigkeit der angegriffenen Verwaltungsmaßnahme kann die eigene Rechtsverletzung nicht plausibel geltend gemacht werden.[28]

9 Die Anforderungen an die *Art und Weise* (»wie«) der Geltendmachung sind Gegenstand eines eher akademischen Meinungsstreits.

Nach der sog. *Schlüssigkeitstheorie* genügt die schlüssige Behauptung des Klägers, dass er – und d.h. gerade er und nicht irgendein anderer – durch den VA oder seine Ablehnung oder Unterlassung in seinen Rechten verletzt werde, falls sich der VA oder seine Ablehnung oder Unterlassung als objektiv rechtswidrig erweist.[29] Die Bezeichnung der Theorie ist unglücklich. Die Schlüssigkeit des Klagevorbringens im Sinne des Zivilprozessrechts hat sie ersichtlich nicht im Auge. Vielmehr soll nur die eigene Rechtsverletzung schlüssig dargetan werden. Die so begrenzte Schlüssigkeitsprüfung geht aber einerseits immer noch zu weit, weil sie sich nicht mit dem Amtsermittlungsgrundsatz (§ 86 VwGO) in Einklang bringen lässt. Andererseits greift sie zu kurz, da sie die Rechtswidrigkeit der angegriffenen Verwaltungsentscheidung unterstellen muss. Mit der bloßen Behauptung der Rechtswidrigkeit ist es aber nicht getan. Erst recht genügt die Behauptung der Verletzung eigener Rechte nicht. Die *Behauptungstheorie* und alle ihr nahekommenden Ansichten[30] sind somit ebenfalls abzulehnen.

10 Zutreffend wird gemeinhin – ohne dies immer ausdrücklich zu betonen – die *Möglichkeitstheorie* angewendet. Zur Geltendmachung der Rechtsverletzung hat der Kläger da-

---

23 Überblick bei *Ronellenfitsch* Planungsrecht, S. 102 ff.

24 Die Verletzung von Beteiligungsrechten kann isoliert zum Gegenstand von Klagen gemacht werden. Die Beteiligung am Verwaltungsverfahren führt aber nicht zwingend zur Klagebefugnis in materiellrechtlicher Hinsicht.

25 BVerwG v. 04.05.1988, BVerwGE 79, 318 (322); v. 30.08.1993, NVwZ 1994, 371.

26 BVerwG v. 15.02.1989, BVerwGE 84, 209. Zum Themenkreis kommunale Selbstverwaltung und überörtliche Planung *Kühling/Herrmann* Rn. 148 ff.; *Erbguth* NVwZ 1995, 243; *Paetow* UPR 1990, 321; *Ronellenfitsch* VerwArch 1999, 467.

27 BVerwG v. 06.03.1986, DÖV 1986, 744 (zu § 41 FlurbG).

28 Vgl. nur NK-VwGO/*Sodan* § 42 Rn. 369.

29 So *Ule* S. 202; vgl. auch *H. Hoffmann* VerwArch 1962, 297 (325).

30 Vgl. etwa *Henke* JZ 1972, 625. Viel zu weitgehend *Neumeyer* S. 111 ff., 135 f., der die für die Prozessführungsbefugnis im Zivilprozess geltenden Voraussetzungen auf die Klagebefugnis überträgt.

nach substantiiert vorzutragen, dass und warum gerade er in seinen eigenen Rechten verletzt ist. Die Rechtswidrigkeit des angegriffenen VA oder seiner Ablehnung und Unterlassung und die dadurch hervorgerufene Rechtsverletzung des Klägers müssen darüber hinaus nach den Behauptungen des Klägers zumindest möglich sein.[31]

Die Prüfung wird häufig erleichtert durch die *negative Umschreibung* der Möglichkeitstheorie: Mangels Klagebefugnis ist die Klage nur unzulässig, wenn unter Zugrundelegung des Klagevorbringens »*offensichtlich und eindeutig nach keiner Betrachtungsweise subjektive Rechte des Klägers verletzt sein bzw. die vom Kläger behaupteten Rechte bestehen oder ihm zustehen können*«.[32]

Die Frage, ob die Rechtsverletzung *tatsächlich* vorliegt, gehört demgegenüber zur Begründetheit der Klage.

11 Solange der Kläger Adressat des angefochtenen oder (sachlich abgelehnten) begehrten VA ist, bereitet die Bestimmung der Klagebefugnis kaum Schwierigkeiten. Es gilt – als Variante der Möglichkeitstheorie – die sog. *Adressatentheorie*;[33] der Adressat belastender Verwaltungsmaßnahmen wird immer zumindest in seiner allgemeinen Handlungsfreiheit verletzt. Zu prüfen ist zunächst, wie bei jeder Grundrechtsprüfung, ob speziellere Freiheitsrechte im Spiel sind.[34] Das Verständnis der Grundrechte nur als Eingriffsabwehrrechte wäre dabei verkürzt. Ein Antragssteller, dessen Antrag auf behördliches Einschreiten in Wahrnehmung der ihm als Grundrechtsträger gegenüber bestehenden staatlichen Schutzpflichten abgelehnt wird, ist auch dann »Adressat« eines ablehnenden VA, wenn das Einschreiten im Erlass eines VA gegen Dritte besteht.

Bei der Adressatentheorie fallen Schlüssigkeits- und Behauptungstheorie zusammen. Nach der Möglichkeitstheorie muss wenigstens die Möglichkeit bestehen, dass das begehrte oder unterlassene Verwaltungshandeln rechtswidrig ist. Lediglich das Vorbringen der Verletzung eigener Rechte entfällt.

## II. Drittschutz

12 Ist der Kläger nicht *Adressat* des angefochtenen oder begehrten VA (bzw. nicht Adressat des angegriffenen oder begehrten Verwaltungshandelns oder nicht Beteiligter des festzustellenden Rechtsverhältnisses), muss genau geprüft werden, ob subjektive eigene Rechte oder nur Interessen bzw. Rechtsreflexe des Klägers verletzt sind.

---

31 BVerfG v. 10.06.2009, NVwZ 2009, 1426; BVerwG v. 25.02.1972, BVerwGE 39, 345; v. 21.01.1993, NVwZ 1993, 884 (885); v. 10.10.2002, BVerwGE 117, 93 (95); BGH v. 23.07.2007, BGHZ 173, 298 (300); SaarlOVG v. 15.12.1994, NVwZ-RR 1995, 319; *Kopp/Schenke* § 42, 66; *Würtenberger* Rn. 274; Schoch/Schmidt-Aßmann/Pietzner/*Wahl/Schütz* § 42 II Rn. 67.

32 BVerwG v. 11.01.1994, BVerwGE 95, 25 (27); v. 30.03.1995, BVerwGE 98, 118 (120); v. 27.08.1996, BVerwGE 102, 12 (15); v. 28.02.1987, BVerwGE 104, 115 (118 f.); v. 17.05.2000, DVBl 2000, 1465; v. 10.10.2002, BVerwGE 117, 93 (95); BWVGH v. 07.09.1994, NVwZ-RR 1995, 323.

33 Vgl. BVerwG v. 15.03.1988, NJW 1988, 2752 (2753); v. 21.08.2003, NJW 2004, 698; *Schenke* Rn. 510 ff.; *Hufen* § 14 Rn. 79 und *Würtenberger* Rn. 280, 331 beschränken die Adressatentheorie auf die Anfechtungsklage, um reine Phantasieanträge von der gerichtlichen Kontrolle auszuschließen. Verallgemeinernd bedeutet das, dass die Adressatentheorie nur zur Eingriffsabwehr herangezogen wird, während bei Leistungsklagen weitergehend die Möglichkeit der Rechtsbeeinträchtigung dargetan werden muss. Das kann aber nicht für die Versagungsgegenklage gelten, sofern die begehrte Begünstigung von der Behörde mit Argumenten zur Sache abgelehnt wurde; vgl. BVerwG v. 28.11.2007, DVBl 2008, 659 (660). Hat die Widerspruchsbehörde den Antrag als unzulässig abgewiesen oder die Entscheidungsbehörde – bei Entbehrlichkeit des Widerspruchsverfahrens – den Antrag als unstatthaft zurückgewiesen, muss auch das VG nach der Möglichkeitstheorie verfahren. Die Möglichkeitstheorie findet ferner bei der Untätigkeitsklage Anwendung. Kritisch zur Adressatentheorie Schoch/Schmidt-Aßmann/Pietzner/*Wahl/Schütz* § 42 II Rn. 70; Eyermann/*Happ* § 42 Rn. 88; *Gurlitt* Die Verwaltung 1995, 449.

34 **Beispiel:** BVerwG v. 10.07.2001, DÖV 2002, 31.

Die Kasuistik ist insoweit kaum noch überschaubar.

Nur interessenbezogen und damit *unzulässig* ist die Klage

- generell derjenigen, deren Rechte nicht bestimmbar sind, BWVGH v. 07.02.1990, NJW 1990, 3291; BVerwG v. 21.11.1996, NJW 1997, 1173;
- des *Eigentümers* auf Beachtung einer Baumschutzsatzung durch den Nachbarn, BWVGH v. 21.12.1995, NVwZ-RR 1996, 382 (vgl. auch NdsOVG v. 11.04.1996, NJW 1996, 3225);
- des nicht zur Grundsteuer herangezogenen Miteigentümers eines Grundstücks auf Grundsteuernachlass, NWOVG v. 09.04.1990, 379;
- des *Investors* gegen die Aufhebung eines Investitionsvorrangbescheids oder gegen einen Zuordnungsbescheid, BVerwG v. 09.03.1995, VIZ 1995, 353 (auch VG Meinigen v. 08.04.1994, VIZ 1995, 111; VG Frankfurt/O. v. 27.06.1994, VIZ 1995, 250; VG Potsdam v. 06.03.1995, VIZ 1995, 476; a.A. VG Leipzig v. 14.04.1994, VIZ – hier war der Investor allerdings inhaltlicher Adressat des Bescheids);
- des *Mieters* (neben dem Bauherrn) auf Anerkennung seiner Wohnung als steuerbegünstigt, BVerwG v. 04.10.1975, BVerwGE 22, 113 (auch BVerwG v. 22.06.1995, NJW 1995, 2866); der Mieter gegen Rückübertragungsbescheide nach § 30 I VermG, BVerwG v. 03.12.1993, DtZ 1994, 123 (auch BVerwG v. 23.01.1995, ZIP 1995, 515; v. 22.07.1996, ZIP 1996, 1717);
- des *mittelbaren Besitzers* gegen die an den unmittelbaren Besitzer gerichtete Untersagungsverfügung, HessVGH v. 10.11.1995, DVBl 1996, 573;
- des *Stromkunden* gegen die Genehmigung einer Tariferhöhung nach § 12 BTOElt, BVerwG v. 22.02.1994, BVerwGE 95, 133 (135); entsprechendes gilt für § 23 a EnWG; vgl. *Sauerland* RdE 2007, 153;
- eines nicht zur Familie zählenden Kindes gegen Namensänderungen von Angehörigen, NWOVG v. 17.12.1993, NJW 1993, 2132 (auch VG Kassel v. 12.05.1993, FamRZ 1994, 980);[35]
- des privaten *Gläubigers* eines Reisegewerbeinhabers auf Entziehung der Gewerbekarte, BWVGH v. 11.12.1974, GewArch 1975, 374;
- der *Handwerkskammer* gegen die staatliche Zuerkennung der fachlichen Eignung zur Ausbildung von Lehrlingen, RhPfOVG v. 28.10.1986, NVwZ 1987, 239; eines Bürgers auf standesrechtliche Aufsichtsmaßnahmen gegen Rechtsanwälte, BVerwG v. 20.10.1992, NJW 1993, 2068;
- des nicht im Grundbuch eingetragenen *Auflassungsvormerkungsberechtigten* gegen die Eintragung einer Baulast, NdsOVG v. 12.09.1997, NJW 1998. 1168; desjenigen, zu dessen Gunsten ein Nießbrauch bestellt, aber noch nicht im Grundbuch eingetragen wurde, gegen eine wasserrechtliche Planfeststellung, BVerwG v. 03.07.1987, NJW 1988, 1228;
- des *Abfallerzeugers* gegen Regelungen des Deponiebetriebs, RhPfOVG v. 15.02.1994, UPR 1994, 198; eines privaten Dritten auf Feststellung, dass der Betrieb eines Landeplatzes genehmigungsbedürftig sei, BWVGH v. 25.11.1988, NVwZ-RR 1990, 287, UPR 1994, 198;
- des in einem anderen EU-Mitgliedstaat niedergelassenen, sich auf die Dienstleistungsfreiheit des EG berufenden *Franchise-Gebers* gegen ein dem Franchise-Nehmer

35 Der nichteheliche Vater kann sich gegen die Adoption seines Kindes durch Dritte zur Wehr setzen, vgl. BVerfG v. 07.03.1995, BVerfGE 92, 158. Folglich muss er auch bei behördlichen Entscheidungen klagebefugt sein, die sein Elternrecht berühren. Bei einem nicht mit dem Kind zusammenlebenden Vater sollte man freilich die biologistische Sichtweise nicht auf die Spitze treiben.

auferlegtes Handlungsverbot (»Laserdrome«); NWOVG v. 17.12.1999, DVBl 2000, 1075;

- der *Anwohner* gegen die Beseitigung eines Lenin-Standbildes, BerlOVG v. 20.10.1991, DVBl 1991, 40; der Anwohner gegen eine Straßenumbenennung, BerlOVG v. 21.03.1996 – 1 S 176.75 –, der Angrenzer auf Herstellung einer Überführung zur Kreuzung einer Eisenbahn nach § 2 I EKrG, BVerwG v. 19.03.1997, NVwZ-RR 1998, 93; der Anlieger auf Beseitigung von Fahrbahnschwellen, NWOVG v. 10.11.1994, NVwZ-RR 1995, 185;
- der *Teilnehmer am Gemeingebrauch* gegen die Einziehung oder Umwidmung einer Straße, BWVGH v. 16.07.1992, ZfS 1993, 213; v. 20.06.1994, VBlBW 1994, 453; v. 07.07.1994, NVwZ 1995, 185; v. 22.02.1999, VBlBW 1999, 313 (auch NWOVG v. 04.08.1994, NVwZ-RR 1995, 481; für Anlieger zweifelhaft[36]).Für Inhaber einer Linienverkehrsgenehmigung nach dem PBefG erst recht fragwürdig, a.A. BWVGH v. 01.08.2003, DÖV 2004, 492;
- der Nutzer von TK-Dienstleistungen gegen Entscheidungen der RegTP über Entgelte für Einspeisung von Fernsehprogrammen in Kabelnetze gem. § 30 IV i.V.m. § 24 II Nr. 1 TKG (BVerwG v. 10.10.2002, DVBl 2003, 403);[37]
- eines Künstlers auf Sendung einer Musiktitels im Hörfunk nach § 5 IV Nr. 1 WDRG; NWOVG v. 07.10.2003, NJW 2004, 625;
- einer Gemeinde gegen die Freistellungsverfügung des Eisenbahnbundesamtes nach § 23 I AEG, BWVGH v. 30.03.2009; BeckRS 2009, 33098;
- das Anliegen der Beförderungsstrecke für Castor-Behälter gegen die Beförderungsgenehmigung nach §§ 4 I 1, 23 I Nr. 3 AtG, NdsOVG v. 10.08.2006 – 7 LA 304/04; unzutreffend BVerfG v. 21.01.2009, NVwZ 2009, 515;
- der *Berufsfischer* gegen die Genehmigung eines Offshore-Windparks, VG Oldenburg v. 03.06.2009, NdsVBl 2009, 236.

Zulässig ist demgegenüber die Klage

- des *Teilungskäufers* auf Erteilung der Bodenverkehrsgenehmigung nach § 19 III BauGB, BVerwG v. 09.04.1976, BayVBl 1976, 470;
- von *Flugschulen*, die an einem Flughafen angesiedelt sind, gegen die Änderung der luftrechtlichen Genehmigung zu Lasten der general aviation, BVerwG v. 26.07.1989, NVwZ 1990, 262 (aber auch BVerwG v. 27.09.1993, NVwZ-RR 1994, 189);
- des *Jagdgenossen* gegen die Festsetzung des Abschussplans, BayVGH v. 07.12.1993, BayVBl 1994, 406 oder gegen einen von einem unzuständigen Gremium abgeschlossenen Verpachtungsbeschluss, BWVGH v. 08.09.1995, NVwZ 1996, 814 L;
- eines *Vereinsmitglieds* oder einer Teilorganisation gegen ein Vereinsverbot; BVerwG v. 19.08.1994, NVwZ 1995, 595;
- eines *Seebads* gegen die Erlaubnis zur Fischzucht im Meer, MVOVG v. 29.06.1995, UPR 1996, 75;
- von Kirchengemeinden gegen eine auf § 23 LadschlG gestützte Allgemeinverfügung (»Bäder- und Fremdenverkehrsregelung«), die den Sonntagsschutz auflockert; MVOVG v. 22.12.1999, DVBl 2000, 1072 (abzulehnen);

36 Vgl. auch *Ronellenfitsch* Verfassungs- und verwaltungsrechtliche Betrachtungen zur Mobilität mit dem Auto, 1994, S. 50 ff.

37 Für die Wettebewerber hat § 24 II TKG dagegen drittschützende Wirkung; vgl. VG Köln v. 11.05.2000, NVwZ 2003, 367; BVerwG v. 28.11.2007, DVBl 2008, 659.

- des *Ehegatten* auf Erteilung der Aufenthaltserlaubnis, BWVGH v. 10.12.1986, NVwZ 1987, 929; der Adoptiveltern eines volljährigen Ausländers auf Verlängerung der Aufenthaltserlaubnis, BWVGH v. 05.04.1989, NVwZ 1987, 920;
- des erschließungsbeitragspflichtigen *Anliegers* gegen die Einstufung einer Straße als Gemeindestraße, BWVGH v. 26.06.1986, NVwZ 1986, 1031 oder überhaupt gegen eine Widmung, RhPfOVG v. 28.11.1986, NJW 1987, 1284;
- der *Wettbewerber* und *Kunden* gegen eine Entgeltgenehmigung nach §§ 27 ff. TKG, §§ 19 ff. PostG, BVerwG v. 10.10.2002, BVerwGE 117, 93; NWOVG v. 19.03.2009, DVBl 2009, 728 m. Anm. *Gerstner/Lünenburger*, DVBl 2009, 1465.

Das Vorliegen eines öffentlichen Rechts beurteilt sich nach der *Schutzzweck- oder* 13
*Schutznormtheorie.* Diese wurde insbesondere für die Anfechtungsklage eines Drittbetroffenen gegen einen begünstigenden VA entwickelt, gilt aber ganz allgemein. Ihre gängige Umschreibung lautet: Die Anfechtungsklage eines Drittbetroffenen ist nur dann begründet, wenn die Verwaltung Grundrechte des Klägers oder eine einfach-gesetzliche Norm verletzt hat, die den Kläger als Teil eines normativ hinreichend deutlich abgegrenzten Personenkreises gerade auch vor dem betreffenden rechtswidrigen VA schützen will.[38] Auf die Zulässigkeitsprüfung bezogen bedeutet das, dass die Norm, auf der die angegriffene Verwaltungsentscheidung beruht, daraufhin zu untersuchen ist, ob sie dazu bestimmt ist, *rechtliche Einzelinteressen konkreter Bürger* zu schützen. Ein *Rechtsreflex* ergibt sich aus Normen, die ausschließlich öffentlichen Interessen dienen sollen, jedoch *faktisch* auch Individualinteressen zugute kommen.[39] Auf die Verpflichtungsklage findet die Schutznormtheorie selbst dann Anwendung, wenn das begehrte behördliche Einschreiten auf einer Ermessenentscheidung beruht. Freilich besteht dann nur ein subjektives Recht auf fehlerfreie Ermessenentscheidung. Das BVerwG neigt offenbar dazu, auch Normen, die primär öffentlichen Interessen dienen, subjektivrechtlich zu interpretieren.

So soll § 45 I 2 Nr. 5 StVO auch Einzelnen einen Anspruch auf straßenverkehrsbehördliches Einschreiten zum Schutz vor Eigentumsbeeinträchtigungen durch unzulässigen bzw. übermäßigen Verkehr vermitteln.[40] Auch die Immissionsschutzwerte für Feinstaubpartikel nach § 4 I der 22. BImschF sollen drittschützend sein.[41]

Die Abgrenzung von subjektivem Recht und Rechtsreflex zählt zu den Hauptschwie- 14
rigkeiten des Verwaltungsprozessrechts. Ganz allgemein lässt sich im Schrifttum eine starke Tendenz zur Ausweitung der Klagebefugnis feststellen, die auch in der Rspr. Spuren hinterlässt.

Eine bemerkenswerte Abweichung von der Adressatentheorie für den Bereich gemeinnütziger Planfeststellungen vertritt *Löwer,*[42] der zwar ausdrücklich nur eine Erweiterung der Kontrolldichte befürwortet

38 Vgl. BVerwG v. 28.01.1960, BVerwGE 10, 122 (123); v. 17.06.1993, NJW 1994, 1604 (1605); v. 16.06.1994, NJW 1995, 1628; NdsOVG v. 10.04.2002, NVwZ-RR 2003, 125 (126); v. 17.07.2008, DVBl 2008, 1391, grundlegend *O. Bühler* Die subjektiven öffentlichen Rechte und ihr Schutz in der Verwaltungsrechtsprechung, 1914, S. 21, 42 ff.; *ders.* GS W. Jellinek, 1955, S. 269; ferner *Bachof* GS W. Jellinek, 1955, S. 287 (296 ff.). Zur Kritik an der Schutznormtheorie *Bauer* AöR 113 (1988), 582 (585 f.); *Sigurd König* Drittschutz, 1993, S. 102 ff. Zur Anwendung dieser Formel auf die Verpflichtungsklage BVerwG v. 16.09.1993, BVerwGE 94, 151 (158); v. 10.10.2002, BVerwGE 117, 93 (95 f.); v. 28.11.2007, DVBl 2008, 659 (660).

39 NWOVG v. 11.06.1964, MDR 1965, 1629.

40 Urt. v. 25.09.2002, NJW 2003, 601.

41 BVerwG v. 27.09.2007, BVerwGE 129, 296 = NJW 2007, 3591; *Couzinet* DVBl 2008, 754; *Fonk* NVwZ 2009, 69; *Vallendar* VPR 2008, 1.

42 DVBl 1981, 528.

und die Klagebefugnis unverändert lassen will, dessen Erwägungen jedoch auch die Interpretation von § 42 II VwGO beeinflussen. Nach *Löwer* ist bei gemeinnützigen Planfeststellungsbeschlüssen nicht der Staat Adressat einer sich selbst erteilten Unternehmergenehmigung. Adressaten seien vielmehr die belasteten Dritten. Der zweite Schritt ist indessen nicht zwingend. Allenfalls könnte man den Planfeststellungsbeschluss mit einem dinglichen VA vergleichen,[43] der zugleich Drittwirkung entfalten kann. Damit würde man aber zu Ergebnissen gelangen, wie sie ohnehin üblicherweise vertreten werden.[44] Ein Anlass, vom traditionellen Verständnis des Planfeststellungsbeschlusses abzuweichen, besteht somit nicht.

Selbst wenn namentlich im grundrechtsrelevanten Bereich[45] eine Vermutung für den drittschützenden Charakter von Rechtsnormen sprechen sollte,[46] kann auf die Prüfung eben dieses drittschützenden Charakters oder gar auf die Klagebefugnis schlechthin[47] keineswegs verzichtet werden.

**15** Fraglich ist, ob das EU-Recht zu einer Aufweichung der Schutznormtheorie nötigt, wie das unter Hinweis auf objektiv-rechtliche Rechtsschutzsysteme anderer EU-Mitgliedstaaten[48] vielfach behauptet wird.[49] Aus dem Prozessrecht der Mitgliedstaaten lassen sich insoweit keine gemeinsamen Grundsätze ableiten. Die jeweils nationalen prozessualen Besonderheiten stehen der Bildung eines einheitlichen Maßstabs entgegen. Folglich kommt es darauf an, ob, in welchem Umfang und mit welcher Stoßrichtung die Normen des EU-Rechts als Grundlage der Klagebefugnis nach § 42 II VwGO in Betracht kommen. Alle Autoren, mögen sie sich für die Aufgabe, Modifizierung oder Beibehaltung der Schutznormtheorie stark machen, können sich auf die Rspr. des EuGH berufen; denn diese lässt kein stringentes dogmatisches Konzept erkennen. Bei der früheren Rspr. des EuGH fiel die Neigung auf, Kläger im Interesse der Durchsetzung von EU-Recht zu instrumentalisieren.[50] Je weniger diese Notwendigkeit besteht, desto eher lässt sich die französische »invocabilité«[51] zur deutschen Rechtsbeeinträchtigung aufwerten. Im Übrigen hat auch die EU-Norm insofern unstreitig »Schutznorm« zu sein, als von ihr *unmittelbare Wirkungen* ausgehen müssen.[52] Primäres Unionsrecht entfaltet solche Wirkungen, wenn es den Mitgliedstaaten, den Organen der EU oder Dritten eindeutige Verpflichtungen auferlegt;[53] Verordnungen gelten gem. Art. 288 II AEUV ohnehin generell unmittelbar in jedem Mitgliedstaat;[54] Richtlinien bedürfen gem. Art. 288 III AEUV zwar einer Umsetzung in nationales Recht, Unionsbürger können sich vor den nationalen Gerichten aber gleichwohl auf sie berufen, falls sie nicht oder nicht korrekt umgesetzt wurden, inhaltlich unbedingt und hinreichend genau sind und »Rechte« des einzelnen

43 Vgl. aber *Ronellenfitsch* Die Verwaltung 1990, 323 (350 ff.).

44 Es muss also geklärt werden, ob der Planfeststellungsbeschluss in fremde Rechte eingreift. Ein Kläger, der mit der Anfechtungsklage gegen einen Planfeststellungsbeschluss z.B. geltend macht, durch die Trassenführung einer Bundesautobahn werde Erholungslandschaft beeinträchtigt, kann sich nicht auf eigene Rechte berufen, vgl. HessVGH v. 18.03.1975, DVBl 1975, 911.

45 Zum gesetzesvertretenden Einsatz von Grundrechten durch die Rechtsprechung *Pestalozza* NJW 1978, 1782 (1784).

46 Vgl. *Schmitt Glaeser/Horn* Rn. 163 ff.

47 So aber *Gierth* DÖV 1980, 893; *Rupp* DVBl 1982, 144.

48 Vgl. *Wahl/Wahl* VwGO, Vorb. § 42 II Rn. 17 ff.; *Gerstner* Die Drittschutzproblematik im Spiegel des französischen und britischen Verwaltungsgerichtsverfahren, 1995; *Schwarze* Das Verwaltungsrecht unter europäischem Einfluss, 1996, S. 178; *J. Koch* Verwaltungsrechtsschutz in Frankreich, 1998.

49 Vgl. *Schenke* Rn. 531 a; *Ruthig* BayVBl 1997, 289; *Puffert* DVBl 1998, 69; *Callies* NJW 2002, 3577; *Baumgartner* Die Klagebefugnis nach deutschem Recht vor dem Hintergrund der Einwirkungen des Gemeinschaftsrechts, 2005.

50 Vgl. auch *Masing* Die Mobilisierung des Bürgers für die Durchsetzung des Rechts, 1997.

51 Vgl. *v. Dannwitz* DÖV 1996, 481 (482 ff.).

52 *Stern* JuS 1998, 770.

53 EuGH v. 05.02.1963, Slg. 1963, 1 (13, 25) – Van Gend en Loos –.

54 EuGH v. 05.04.1979, Slg. 1979, 1629 – Ratti –.

gegen den Staat begründen.[55] Entgegen der früher in Deutschland h.M.[56] ist die Normierung eines subjektiven Rechts in einer Richtlinie zwar nicht Voraussetzung für deren Unmittelbarkeit.[57] Trotzdem muss die unmittelbar wirksame Gemeinschaftsnorm weitere Voraussetzungen erfüllen, um die Klagebefugnis nach § 42 II VwGO begründen zu können. Auch gemeinschaftsrechtlich ist die Popularklage ausgeschlossen.[58] Umgekehrt begründen ausdrückliche Rechtsverleihungen durch das Gemeinschaftsrecht per definitionem subjektive Rechte. Den Vorstoß des EuG, im Interesse eine effektiven Rechtsschutzes gegen EU-Verordnungen Art. 263 IV AEUV aufzuweichen und contra legem auf das Kriterium der individuellen Betroffenheit zu verzichten[59] hat der EuGH zu Recht zurückgewiesen.[60] Das ist nur konsequent. Hinsichtlich der unmittelbar verbindlichen Richtlinien hatte sich der EuGH schon zuvor der Schutznormtheorie angenähert.[61] Entsprechendes sollte auch für umsetzungsbedürftige Richtlinien gelten. Sind diese mehrdeutig, steht es dem nationalen Gesetzgeber nach dem Subsidiaritätsprinzip frei, ob er den Umsetzungsakt als Schutznorm ausgestaltet oder nicht. Erst recht steht es ihm frei, für originär nationale Streitigkeiten an der Verletztenklage festzuhalten. Insgesamt lässt sich festhalten, dass die Schutznormtheorie auch nach Maßgabe des Gemeinschaftsrechts Bestand hat.[62] In Anlehnung an *Stern*[63] führt eine Gemeinschaftsnorm nur dann zur Klagebefugnis, wenn sie

- eine Pflicht das Staates normiert,
- zumindest auch dem Schutz der einzelnen Marktbürger dient,
- die einzelnen gerade in dem Recht betroffen sind, das durch die Gemeinschaftsnorm geschützt werden soll.

Es bleibt dabei, dass für die Ermittlung der Klagebefugnis, das subjektive öffentliche Recht vom Rechtsreflex zu unterscheiden ist.

In diesem Zusammenhang ist darauf hinzuweisen, dass das Gemeinschaftsrecht Raum lassen muss für die unterschiedlichen Rechtsschutztraditionen in den Mitgliedstaaten und auf Gemeinschaftsebene. Das deutsche Rechtsschutzsystem ist auf Ergebnisgerechtigkeit zugeschnitten und eröffnet der Rechtsprechung wesentlich weitergehende Gestaltungsmöglichkeiten gegenüber der Exekutive als das angelsächsische verfahrensorientierte Rechtsschutzsystem. Systemverknüpfungen sind zwar möglich, müssen aber im Lichte der Gewaltenteilung austariert werden. Eine Verlagerung des Rechtsschutzes

---

55 EuGH v. 19.01.1982, Slg. 1982, 53 (25) – Becker –; auch v. 19.11.1991, Slg. 1991 1–5357 – Francovich –. Eine unmittelbare Wirkung gegenüber Privatpersonen ist ausgeschlossen, EuGH v. 14.07.1994, Slg. 1994 1–3325 (3356) – Faccini Dori –.

56 BVerwG v. 23.02.1994, NVwZ 1994, 688 (689); NdsOVG v. 20.10.1993, DVBl 1994, 770 (771); *Callies* NVwZ 1996, 339 (340 f.); *Schmidt-Preuß* DVBl 1995, 485 (494 ff.).

57 EuGH v. 11.08.1995, NVwZ 1996, 339 – Großkrotzenburg –.

58 EuGH v. 23.11.1995, Slg. 1995 1–4125 – Nutral/Kommission –; vgl. auch *Klüpfel* EuZW 1996, 393 n.v. 30.05.1991, Slg. 1991 1–825 (867) – Kommission/Bundesrepublik Deutschland –.

59 Urt. v. 03.05.2002, Slg. 2202, II-2365 = EuZW 2002, 412 m. Anm. *Lübbing*, – Jégo Quéré/Kommission – dazu auch *Köngeter* NJW 2002, 2216. Aufgehoben durch EuGH v. 01.04.2004, DVBl 2004, 820.

60 Urt. v. 25.07.2002, Slg. 2002, I-6677 = NJW 2002, 2935 – Unión de Pequeños Agricultores/Rat –.a.A. *H.-P. Schneider* NJW 2002, 2929; kritisch auch *Braun/Kettner* DÖV 2003, 58; *F. Mayer* DVBl 2004, 606 (608 f.); ferner *Callies* NJW 2002, 3577; *Dittert* EuR 2002, 708; *Feddersen* EuZW 2002, 529; *Nettesheim* JZ 2002, 928.

61 EuGH v. 14.12.1995, Slg. 1996 1–4845 (30 ff.) – Dillenkofer –.

62 Ähnlich *Triantafyllou* DÖV 1997, 192. Ein Anpassungsbedarf besteht entgegen *Redeker* NJW 1997, 373 (374); *Millgramm* SächsVBl 1997, 107 (108) nicht.

63 JuS 1998, 771.

in das Verfahren ist nur bei entsprechender Reduzierung der materiellen Kontrolldichte möglich, was nach deutschem Rechtsverständnis ein anachronistischer Rückfall in die Epoche der formalistischen Verfahrensverhinderungen bedeuten würde.[64] Die aktuelle wirtschaftliche Situation in der EU und in den Mitgliedstaaten lässt derartige Anachronismen nicht zu. Somit gilt es, die Gemeinschaft von der Überlegenheit des deutschen Rechtsschutzsystems zu überzeugen, statt voreilig die Segel zu streichen.

**16** Die Abgrenzung von subjektivem Recht und Rechtsreflex ist vor allem wichtig bei der Nachbarklage und der Konkurrentenklage. Dabei handelt es sich um keine besonderen Klagearten, sondern um Bezeichnungen für Problembereiche im Zusammenhang mit § 42 II und § 47 II VwGO. Lediglich wegen ihrer praktischen Bedeutung werden sie anschließend separat erörtert.

## C. Antragsbefugnis im Normenkontrollverfahren

### I. Allgemeines

**17** Die Auslegung von § 47 II VwGO ist kaum weniger problematisch als die von § 42 II VwGO. Das Verständnis von § 47 II VwGO wird obendrein dadurch erschwert, dass die Vorschrift zweierlei regelt, nämlich erstens, *wer* einen Antrag auf Normenkontrolle stellen kann (Antragsberechtigung) und gegen *wen* der Antrag zu richten ist (Antragsadressat), und zweitens, *unter welchen Voraussetzungen* der Antrag erhoben werden kann (Antragsbefugnis i.e.S). Aus der Antragsberechtigung folgt nicht zwingend die Antragsbefugnis. Antragsbefugt sind vielmehr regelmäßig nur diejenigen antragsberechtigten natürlichen und juristischen Personen, die geltend machen, durch die angegriffene Rechtsvorschrift oder deren Anwendung *in ihren Rechten* verletzt zu sein oder in absehbarer Zeit verletzt zu werden. Nach früherem Recht kam es darauf an, dass sie durch die angegriffene Rechtsvorschrift oder deren Anwendung einen *Nachteil* erlitten oder in absehbarer Zeit zu erwarten hatten. Schon für das frühere Recht wurde in den Vorauflagen die Parallele zu § 42 II VwGO betont, die später vom Gesetzgeber bewusst gezogen wurde (vgl. BayVGH v. 22.01.2009, BeckRS 2009, 31488).

### II. Antragsberechtigung

**18** Der Ausschluss von Popularklagen gilt expressis verbis nicht nur für Anfechtungs- und Verpflichtungsklagen (§ 42 II VwGO), sondern wurde in § 47 II 1 VwGO zum Ausschluss von Popularanträgen weiterentwickelt. Die Einschränkung »soweit gesetzlich nichts anderes bestimmt ist«, fehlt für das Normenkontrollverfahren.

**19** *Antragsberechtigt* nach § 47 II 1 VwGO ist jede natürliche und juristische Person[65] und jede Behörde.[66] Bei Behörden gilt dies unmittelbar, während die natürlichen und juristischen Personen zusätzlich eine Rechtsverletzung geltend machen müssen *(Antragsbefugnis).* Folglich ist eine eindeutige Abgrenzung beider Gruppen der Antragsberechtigten notwendig.

---

64 Dies gegen *Wahl* DVBl 2003, 1285 (1292).

65 Erfasst werden auch juristische Personen des öffentlichen Rechts. Zur Antragsbefugnis eines Bistums (Gebietskörperschaft) NWOVG v. 26.01.1983, NJW 1983, 2592.

66 Der Behördenbegriff wird von der h.L. im Anschluss an § 1 IV VwVfG weit ausgelegt; vgl. NK-VwGO/*Ziekow* § 47 Rn. 236; Schoch/Schmidt-Aßmann/Pietzner/*Gerhardt* § 47 Rn. 82; s. auch BVerwG v. 15.03.1989, BVerwGE 81, 307 (309).

Bei *Behörden* fallen Antragsberechtigung und Antragsbefugnis zusammen, soweit diese in ihrer amtlichen Funktion der angegriffenen Norm unterworfen sind. Die im Gesetzgebungsverfahren streitige[67] besondere Antragsberechtigung der Behörde ist nur vorgesehen, weil keine Normverwerfungskompetenz der Exekutive besteht.[68] Die originäre Klagebefugnis der Behörden folgt aus ihrer Gesetzesbindung. Ferner ist es Sinn des Verfahrens nach § 47 VwGO, den möglichen zahlreichen Einzelprozessen aus Anlass der konkreten Anwendung einer Norm vorzubeugen. Nicht jede Behörde ist somit per se antragsbefugt, sondern nur eine Behörde, welche die Norm zu vollziehen *(Normvollzugsbehörde)* oder zu beachten hat, ohne sie – unbeschadet der Inzidentprüfung – ändern oder aufheben zu können.[69] Ob die Norm »verwaltungsfreundlich« ist, spielt keine Rolle. 20

Bei *Behörden der Kommunalverwaltung* muss unterschieden werden, ob eine derartige Normbetroffenheit vorliegt oder ob die Behörden das Selbstverwaltungsrecht ihrer Gemeinden geltend machen. 21

So kann sich eine Gemeinden bei einem Angriff gegen eine naturschutzrechtliche Verordnung auf ihr Selbstverwaltungsrecht berufen, weil sie im Rahmen ihrer Bauleitplanung keine Darstellungen oder Festsetzungen vornehmen darf, die im Widerspruch zu dieser Verordnung stehen.[70] Ein kommunaler Schulträger ist antragsbefugt für die Kontrolle einer Einzugbereichssatzung, durch die einer vom Schulträger unterhaltenen Schule der Einzugsbereich vollständig entzogen wird.[71]

Die Trennung wird verwischt, wenn man annimmt, eine Gemeinde könne im Hinblick auf ihren allumfassenden Wirkungsbereich *als Behörde* jede ihr Gebiet berührende Norm angreifen;[72] denn dies liefe auf eine Behörden-Popularklage hinaus. Wehrt sich eine Gemeinde etwa gegen die benachbarte Bauleitplanung *(Fall der kommunalen Nachbarklage)*, kann sie dies nur als juristische Person, muss also eine Rechtsverletzung geltend machen.[73] Dies gilt erst recht bei der *»Konkurrentennormenkontrolle«*.[74] Greift z.B. eine Gemeinde an, dass statt ihrer eine andere Gemeinde zum Kleinzentrum bestimmt wurde,[75] muss sie zumindest geltend machen können, dass sie über eine eigene, hinreichend konkretisierte Planung verfügt, die bei der Abstimmung zu berücksichtigen ist.[76] Umgekehrt kann eine Gemeinde die Prüfung der Gültigkeit einer von ihr zwar nicht erlassenen, aber in ihrem Gebiet geltenden Rechts-

---

67 Vgl. bereits BT-Drucks. III/1094, S. 6. Die ursprünglich vorgesehene Streichung der behördlichen Antragsbefugnis wurde im Zuge der Novellierung des § 47 VwGO wieder fallengelassen; vgl. BT-Drucks. 7/4324, S. 11.

68 Vgl. nur NWOVG v. 24.03.1982, NuR 1983, 202; *Gril* JuS 2000, 1080. Der Grundsatz der Gesetzmäßigkeit der Verwaltung lässt sich dem nicht entgegenhalten. Fehlerhafte Satzungen sind nicht mehr nichtig, sondern nur noch unwirksam (§ 47 V 2 VwGO). Die Klärung der Wirksamkeit ist dem Gericht vorbehalten; jedenfalls überholt die .a.A. von *Herr* Behördliche Verwerfung von Bebauungsplänen, 2003, S. 122 ff.

69 Schoch/Schmidt-Aßmann/Pietzner/*Gerhardt* § 47 Rn. 78 (Der zugrundegelegte Begriff des »Beachtens« dürfte aber zu weit gehen. Die allgemeine Normbefolgungspflicht kann nicht gemeint sein. Entscheidend ist, ob die Behörde in amtlicher Funktion an die Norm gebunden ist); vgl. ferner: *Redeker/v. Oertzen* § 47 Rn. 34; BremOVG v. 02.02.1988, NVwZ-RR 1989, 157. Auch staatliche Aufsichtsbehörden, die die Satzung genehmigt haben oder sie beanstanden könnten, sind antragsbefugt, BayVGH v. 01.04.1982, BayVBl 1982, 654; 1983, 86 m. Anm. *Renck*. Jedenfalls kann eine höhere Verwaltungsbehörde die Prüfung der Gültigkeit eines von ihr genehmigten Bebauungsplans beantragen, sofern sie den Bebauungsplan in unterschiedlicher Weise anzuwenden hat, BVerwG v. 11.08.1989, NVwZ 1990, 57.

70 BVerwG v. 07.06.2001, DÖV 2002, 75.

71 MVOVG v. 21.05.2003, DÖV 2004, 346.

72 Angedeutet in BVerwG v. 07.06.2001, DÖV 2002, 75.

73 BVerwG v. 15.03.1989, BVerwGE 81, 307 (310); BWVGH v. 27.02.1987, NVwZ 1987, 1088; NWOVG v. 09.02.1988, DÖV 1988, 843; RhPfOVG v. 06.03.2002, DÖV 2002, 622.

74 Vgl. BVerwG v. 16.01.1990, NVwZ 1990, 555.

75 BayVGH v. 14.12.1983, BayVBl 1984, 241.

76 BWVGH v. 27.02.1987, NVwZ 1987, 1088.

vorschrift stets beantragen, wenn sie diese Vorschrift als Behörde amtlich zu beachten hat. Ob die Rechtsvorschrift das Selbstverwaltungsrecht der Gemeinde berührt, spielt hier keine Rolle.[77]

## III. Antragsbefugnis (Rechtsverletzung)

22 Ein gesondertes Eingehen auf den Begriff der Rechtsverletzung, durch den die Antragsbefugnis im Normenkontrollverfahren der Klagebefugnis angeglichen wurde, ist schon mit Rücksicht auf die Nachwehen geboten, welche die (versuchte) Verabschiedung des Nachteilsbegriffs verursacht hat. *Antragsbefugt* nach § 47 II VwGO ist nur die natürliche oder juristische Person, die geltend machen kann, »durch die Rechtsvorschrift oder ihre Anwendung in ihren Rechten verletzt zu sein oder in absehbarer Zeit verletzt zu werden«.[78] Die allgemeinen Grundsätze der Möglichkeitstheorie, Adressatentheorie und zum Drittschutz finden unmittelbar Anwendung. Auf den überholten Begriff des »*Nachteils*« kann nur noch a maiore ad minus zurückgegriffen werden: Wo schon früher ein Nachteil verneint wurde, kommt heute eine Rechtsverletzung allemal nicht mehr in Betracht.[79] Zulässig ist die Normenkontrolle nur noch bei einer *möglichen Beeinträchtigung eines subjektiven öffentlichen Rechts*.[80] Nur dann, wenn eine Rechtsverletzung offensichtlich und eindeutig nach jeder Betrachtungsweise ausscheidet, kann die Antragsbefugnis verneint werden.[81] Das gilt allerdings nur für die Rechts*verletzung*, d.h. für die Rechtswidrigkeit der angegriffenen Rechtsnorm. Das Vorliegen eines verletzten subjektiven öffentlichen Rechts muss dagegen bereits in der Zulässigkeitsstation geprüft werden, sofern man mit der h.L. die entsprechende Anwendbarkeit von § 113 I 1 VwGO im Normenkontrollverfahren ablehnt.[82] Rechtsvorschriften bewirken freilich, sofern sie keine unmittelbar verbindlichen Verbote aussprechen, in aller Regel per se noch keine Rechtsverletzung. Die Rechtsverletzung ergibt sich erst bei der Anwendung der Rechtsvorschriften. Damit die Normenkontrolle nicht von vornherein Strukturen des vorbeugenden Rechtsschutzes mit den besonderen Schwierigkeiten beim Rechtsschutzbedürfnis aufweist, ist die Antragsbefugnis nicht nur gegeben, wenn der Antragsteller geltend macht, durch eine Rechtsvorschrift verletzt zu sein. Vielmehr ist es insoweit bei der alten Regelung geblieben: Es genügt die Möglichkeit, »in absehbarer Zeit durch die Anwendung der Rechtsvorschrift verletzt zu werden«. Die Verletzung muss mit großer Wahrscheinlichkeit in naher Zukunft zu erwarten sein.[83]

Da auch im Rahmen der Normenkontrolle Popular- und die anschließend zu behandelnden Verbandsklagen[84] ausgeschlossen sind, kann nur eine Norm beanstandet werden, von der selbst noch gegenwärtig oder absehbar künftig eine eigenständige nachteilige Wirkung auf die Rechtsstellung des Antragstellers

---

77 BVerwG v. 15.03.1989, BVerwGE 81, 307.

78 Veräußert der zunächst antragsbefugte Grundeigentümer während des Normenkontrollverfahrens sein Grundstück und führt der Erwerber den Rechtsstreit nicht im eigenen Namen fort, bleibt es gem. § 173 VwGO, § 265 II ZPO bei der Prozessführungsbefugnis des ursprünglichen Eigentümers; BVerwG v. 01.08.2001, DÖV 2002, 128.

79 *Schenke* Rn. 891. Vgl. aber weiter im Text mit Rn. 22. Zur Möglichkeitstheorie bei der Kontrolle von Bebauungsplänen NWOVG v. 13.02.1997, NVwZ-RR 1998, 16 (LS). Eine Rechtsbeeinträchtigung ist nicht möglich, wenn planerische Festsetzungen der Umgebung lediglich zu einer Verkehrswertminderung führen; MVOVG v. 20.11.1997, LKV 1998, 408.

80 BVerwG v. 22.08.005, DÖV 2006, 518 v. 10.03.1998, UPR 1998, 348; MVOVG v. 16.12.1997, LKV 1999, 68; SächsOVG v. 02.12.1998, NJW 1999, 2539.

81 BVerwG v. 18.11.2002, BVerwGE 117, 209 (211) unter Hinweis darauf, dass eine *Sachprüfung* nicht als Frage der Zulässigkeit des Antrags behandelt werden dürfe.

82 Vgl. BWVGH v. 28.04.2004, DÖV 2004, 755 (756).

83 Vgl. auch *Schmitt Glaeser/Horn* Rn. 425 (»hinreichende Gewissheit«); Schoch/Schmidt-Aßmann/Pietzner/*Gerhardt* § 47 Rn. 48.

84 BVerwG v. 14.08.1995, DVBl 1996, 46.

auszugehen vermag. Die individuelle Rechtssphäre des Antragstellers muss *durch* die Rechtsvorschrift oder *durch* deren Anwendung nachteilig betroffen sein.[85]

Betrifft die Rechtsverletzung *Grundrechte,* so ist zu beachten, dass mittelbare bzw. faktische Grundrechtsbeeinträchtigungen nur dann ein Antragsrecht begründen, wenn sie final und grundrechtsspezifisch erfolgen.[86] Nicht jede nachteilige Betroffenheit des Einzelnen ist daher geschützt.[87]

Hatte man annehmen können, dass mit der am 01.01.1997 in Kraft getretenen Novellie- 23
rung der Vorschrift das Prüfungsraster des BVerwG zum Nachteilsbegriff überholt sei, so erwies sich diese Vorausaussage als vorschnell. Jedenfalls für das Bauplanungsrecht traf sie nicht zu, weil das BVerwG in der *Grundsatzentscheidung vom 24.09.1998 (BVerwGE 107, 215)*[88] dem Gesetzgeber ganz offen die Gefolgschaft verweigert hat. Danach sind an die Geltendmachung einer Rechtsverletzung nach § 47 II 1 VwGO keine höheren Anforderungen zu stellen, als sie auch für die Klagebefugnis nach § 42 II VwGO gelten. Das ist im Ansatz noch zutreffend. Die Darlegungsanforderungen hinsichtlich einer Verletzung des Abwägungsgebots nach § 1 VII BauGB schraubt das BVerwG dann aber so weit zurück, dass aus der möglichen Rechtsbeeinträchtigung eine mögliche Interessenverletzung wird. Der Antragsteller muss nämlich nur Tatsachen vortragen, die eine fehlerhafte Behandlung seiner Belange in der Abwägung als möglich erscheinen lassen.

Damit ist die Brücke zur früheren *Grundsatzentscheidung des BVerwG v. 09.01.1979 (BVerwGE 59, 87)* geschlagen, wonach ein Nachteil gegeben war, wenn der Antragsteller durch den Bebauungsplan oder durch dessen Anwendung negativ, d.h. verletzend in einem Interesse betroffen wird bzw. in absehbarer Zeit betroffen werden kann, da bei der Entscheidung über den Erlass oder den Inhalt dieses Bebauungsplans als privates Interesse des Antragstellers in der Abwägung berücksichtigt werden musste.

Bei der Prüfung der Abwägungsbelange, die eine Rechtsbeeinträchtigung begründen, ist danach zu unterscheiden, ob erstens die Belange des Betroffenen objektiv – oder überhaupt bzw. im gegebenen Zusammenhang – schutzwürdig sind *(Gewichtigkeit)*[89] und ob zweitens die Betroffenheiten (a) mehr als geringfügig, (b) wahrscheinlich und (c) für die planende Behörde als abwägungserheblich erkennbar sind *(Eingriffsintensität).* Die frühere Rspr. zum Nachteilsbegriff war so vage gehalten, dass faktisch jedes Interesse zum Nachteil hochstilisiert werden konnte. Der Gesetzgeber wollte demgegenüber die Normenkontrolle zurückschrauben. Wenn ihm dies nicht auf direktem Wege gelungen sein sollte, weil nach Ansicht des BVerwG die Änderung einer prozessrechtlichen Bestimmung keinen Einfluss auf das Bestehen eines materiell-rechtlichen Anspruchs haben kann, muss geprüft werden, ob sich das gesetzgeberische Ziel nicht auf Umwegen doch erreichen lässt. Das ist der Fall.

---

85 BWVGH v. 29.11.1985, DVBl 1986, 626.

86 BVerwG v. 18.04.1985, BVerwGE 71, 183 (194).

87 BayVGH v. 22.09.2005, DÖV 2006, 80 (81).

88 Dazu *Schmidt-Preuß* DVBl 1999, 106; vgl. weiter BVerwG v. 22.08.2000, NVwZ 2000, 1413.

89 In der Abwägung hat dabei das Eigentum der öffentlichen Hand geringeres Gewicht als das grundrechtlich geschützte Eigentum Privater; BVerwG v. 06.06.2002, DÖV 2002, 1044. Örtliche Verbote der Beschränkungen der Verwendung von bestimmten Waren oder Dienstleistungen berechtigen die Hersteller des Produkts regelmäßig nicht zu Normenkontrolle; vgl. BayVGH v. 29.04.1980, BayVBl 1980, 537 (Betondachsteine); v. 23.11.1995, BayVBl 1996, 180 (Schiffsmotoren); v. 22.09.2005, DÖV 2006, 80 (Müllschleusensysteme).

Die Normenkontrolle von Bebauungsplänen hat materiell-rechtlich die *planerische Abwägung* zum Gegenstand.[90] Die planerische Abwägung bildet eine Einheit. Abwägungsentscheidungen können regelmäßig nur insgesamt zureichend gewürdigt werden. Ähnlich verhält es sich bei abstrakt-generellen Rechtsvorschriften und Normen, weswegen § 47 V 2 VwGO die Inter-omnes-Wirkung der Normenkontrollentscheidung vorsieht. Gleichwohl hat bei Planfeststellungsbeschlüssen der Planbetroffene nur ein Recht auf Abwägung seiner *eigenen* Belange, sofern der Planfeststellungsbeschluss für den Betroffenen keine enteignenden Vorwirkungen entfaltet. Es ist nicht einzusehen, weshalb hinsichtlich der Normenkontrolle von strukturell ähnlichen Bebauungsplänen etwas anderes gelten sollte. Der Antragsteller kann somit nur die Belange rügen, *die ihn individuell betreffen.* Insbesondere müssen juristische Personen oder Personenvereinigungen durch die angegriffene Norm selbst betroffen sein.[91] Die Rspr. zur planfeststellungsrechtlichen Nachbarklage ist nahtlos auf § 47 II 1 VwGO übertragbar. Schon von daher überzeugt der weite prozessuale Zugriff des BVerwG nicht. Das hängt auch damit zusammen, dass die Verknüpfung mit dem materiellen Recht unzulänglich bleibt, wofür allerdings der Gesetzgeber verantwortlich ist.

24 Zwei Lösungsschritte kommen in Betracht: *Erstens* zwingt § 47 V 2 VwGO zwar das Gericht, eine für fehlerhaft erkannte Norm (grundsätzlich) für ungültig zu erklären. Damit wird die entsprechende Anwendbarkeit von § 113 I 1 VwGO jedoch nicht völlig ausgeschlossen. Nur *»soweit« eine Rechtsvorschrift fehlerhaft ist,* muss sie für ungültig erklärt werden. *Räumliche und sachliche Teilungsmöglichkeiten* hat das Normenkontrollgericht ebenso zu berücksichtigen, wie es der Antragsteller in der Hand hat, durch Beschränkung seines Antrags auf Teile einer Rechtsvorschrift das Kontrollprogramm des Gerichts zu reduzieren.

Nach der wenig überzeugenden Rspr. des BVerwG darf jedoch ein Antrag, mit dem eine Rechtsnorm ganz angegriffen wird, selbst dann nicht teilweise als unbegründet zurückgewiesen werden, wenn die Rechtsnorm nur für teilgültig zu erklären ist.[92] Auch sollte die Feststellung der Teilnichtigkeit eines Bebauungsplans nach früherem Recht nicht davon abhängig sein, dass der Antragsteller gerade durch den nichtigen Teil einen Nachteil erlitten oder zu erwarten hatte.[93] Der Normenkontrollantrag war aber schon damals unzulässig, wenn mit ihm nur die Feststellung der Nichtigkeit eines Bebauungsplans in solchen Teilen begehrt wurde, die den Antragsteller nicht berührten.[94] Bei einer derartigen Teilbarkeit des Bebauungsplans verneinte das BVerwG das Rechtsschutzbedürfnis für die Normenkontrolle.[95] Nach der Novellierung des § 47 II VwGO ist bereits die Antragsbefugnis zu verneinen.

Lassen sich Abwägungsmängel durch Normergänzung beheben, besteht keine Notwendigkeit und fehlt auch das Rechtsschutzbedürfnis für eine umfassende Unwirksamkeitsfeststellung. Wo eine Normergänzungsklage genügt, entfällt die Antragsbefugnis für eine Normverwerfungsklage. *Zweitens* sollte eine Unwirksamkeitsfeststellung nur ausgesprochen werden, »soweit der Antragsteller durch die Norm in seinen Rechten verletzt ist«. Nur so lassen sich Diskrepanzen im Verhältnis zur Inzidentkontrolle vermeiden. Die pauschale Ablehnung dieser Möglichkeit unter Berufung auf das Schweigen des Gesetzgebers und auf den objektiven Charakter der Normenkontrolle ist verfehlt. Der Gesetzgeber traf für die Normenkontrolle wohl irrtümlich keine Regelung, weil er sie nicht für nötig hielt, d.h., weil er glaubte, schon durch die Fassung des § 47 II VwGO eine Reduzierung der Normenkontrolle bewirken zu können. Die Individualisierung der Normenkontrolle war dagegen eindeutig bezweckt. § 113 I VwGO legt le-

---

90 Hierzu BVerwG v. 12.12.1969, BVerwGE 34, 301 (planerische Gestaltungsfreiheit); v. 05.07.1974, BVerwGE 45, 309 (Floatglas); v. 01.11.1974, BVerwGE 47, 144 (Hamburger Tierpark); v. 09.11.1979, BVerwGE 59, 87 (102); v. 05.12.1986, BVerwGE 75, 214. Die Querverbindung zu BVerwG v. 24.09.1998, BVerwGE 107, 215 stellen her *Schütz* NVwZ 1999, 929 und *Muckel* NVwZ 1999, 963; vgl. auch *Stüer* BauR 1999, 1221.

91 Vgl. *Skouris* S. 269 f.

92 BVerwG v. 04.06.1991, NVwZ 1992, 373.

93 BVerwG v. 15.08.1991, NVwZ 1992, 569 (LS).

94 BVerwG v. 18.07.1989, NVwZ 1990, 157.

95 BVerwG NVwZ 1992, 373.

diglich die Weiche von der Zulässigkeit auf die Begründetheitsprüfung um und kann systemimmanent auch auf andere Handlungsformen als VAe übertragen werden. Folgt man dem nicht, wäre der Gesetzgeber gezwungen, die subjektiv-rechtliche Stoßrichtung der gerichtlichen Kontrolle von Bebauungsplänen und ähnlichen baurechtlichen Rechtsvorschriften durch Änderungen des materiellen Baurechts vorzugeben. Er müsste Jedermanneinwendungen erschweren, was die Ermittlung des Abwägungsmaterials beeinträchtigen würde. Die sachlich gebotene Parallelbehandlung der gerichtlichen Kontrolle von gesamt- und fachplanerischen Entscheidungen ist der Rspr. noch nicht gelungen.

Einen Vorteil hat die neueste Rspr. des BVerwG allerdings. Lief die frühere Rspr. praktisch darauf hinaus, dass bereits bei der Zulässigkeit der Normenkontrolle die meisten Fragen der materiellen Rechtmäßigkeit der angegriffenen Norm erörtert werden mussten, kann nunmehr die Sachprüfung als Frage der Begründetheit des Antrags behandelt werden.[96]

Wird der Begriff der »Rechtsverletzung« durch das »negative Betroffensein in beacht- 25
lichen eigenen Interessen« ersetzt, verwandelt er sich von einem prozessrechtlichen in einen *materiell-rechtlichen Begriff*, denn welche Belange beachtlich sind, ergibt sich nur aus dem materiellen Recht.[97] Dann ist es aber nur folgerichtig, die *zeitliche Grenze* für die Abwägungsbeachtlichkeit eines Belangs, welches das BVerwG zunächst im Zeitpunkt der Beschlussfassung über die Bauleitplanung ansetzte,[98] fallen zu lassen. Diesen Schritt vollzog das BVerwG mit Beschluss vom 11.11.1988.[99]

Dort heißt es, dass ein Mieter auch dann einen Antrag auf Entscheidung über die Gültigkeit eines Bebauungsplans stellen kann, der erst nach Inkrafttreten des Bebauungsplans in das Plangebiet gezogen ist und dem im Hinblick auf die Festsetzungen des Bebauungsplans eine Nutzung seiner Räume untersagt werden kann.

Umgekehrt ergeben sich aus der individualrechtlichen Ausrichtung der Normenkontrolle zeitliche Grenzen aus Verwirkungserwägungen. Wurden Mängel des Bebauungsplans nicht fristgerecht geprüft, war das ein Anhaltspunkt für die Unbeachtlichkeit des individuellen Interesses.[100] Durch eine materiellrechtliche Begrenzung des Nachteilsbegriffs ließ sich insoweit ein ähnliches Ergebnis erreichen wie durch die Einführung der Antragsfrist.[101]

## IV. Antragsadressat

*Antragsgegner* ist nach § 47 II 2 VwGO immer der Rechtsträger (oder sein Nachfolger), 26
der die angegriffene Rechtsvorschrift erlassen hat bzw. in dessen Zuständigkeitsbereich der Erlass fällt.[102] Das gilt auch im Verfahren nach § 47 VI VwGO.[103]

96 Vgl. BVerwG v. 18.03.1994 – Buchholz 310 § 47 VwGO Nr. 88.
97 Kriterium ist etwa bei der Normenkontrolle gegen eine Einbeziehungssatzung nach § 34 IV 1 Nr. 3 BauGB die abwägungserhebliche Veränderung der Grundstückssituation des Antragstellers; BayVGH v. 07.03.2002, NVwZ 2003, 236.
98 BVerwG v. 09.11.1979, BVerwGE 59, 87 (104).
99 BVerwG v. 11.11.1989, DVBl 1989, 359 m. Anm. *Dürr.*
100 Vgl. *Schmaltz* DVBl 1990, 77.
101 Vgl. unten Rn. 35.
102 Für den Fall der Ersatzvornahme BVerwG v. 02.04.1993, NVwZ-RR 1993, 513; a.A. *Kopp/Schenke* § 47 Rn. 39.
103 Eyermann/*J. Schmidt* § 47 Rn. 109.

## D. Prozessstandschaft und Verbandsklage/Verbandsnormenkontrolle

### I. Grundlagen

27 Ein Recht zur Prozessführung im eigenen Namen kann ausnahmsweise sogar dann gegeben sein, wenn die eigene Rechtsbetroffenheit fehlt. Wird ein fremdes Recht im eigenen Namen prozessual geltend gemacht, so spricht man von Prozessstandschaft. Auch der Verwaltungsprozess kennt die Prozessstandschaft. Auf das Erfordernis der eigenen Rechtsverletzung kann nämlich auf Grund gesetzlicher Bestimmungen verzichtet werden (§ 42 II VwGO: »Soweit gesetzlich nichts anderes bestimmt ist ...«). Es liegt dann ein Fall der *gesetzlichen* Prozessstandschaft vor; die *gewillkürte* Prozessstandschaft ist im Verwaltungsprozess ausgeschlossen.[104] So können der Insolvenzverwalter und Testamentsvollstrecker auch Verwaltungsprozesse führen. Bei der Bundesauftragsverwaltung nehmen die Länder prozessual die Rechte des Bundes wahr.[105] Das neu gefasste ZANTS hat die Prozessstandschaft der Bundesrepublik für die Stationierungsstreitkräfte und ihre Gefolge eingeführt. § 61 Nr. 3 und § 78 I Nr. 2 VwGO bewirken ebenfalls eine gesetzliche Prozessstandschaft.[106]

28 Generell ist aber die gesetzliche Verleihung der Prozessführungsbefugnis zur Wahrung fremder Rechte im Verwaltungsprozess selten.[107] Dies gilt namentlich für Vereinigungen, Körperschaften und sonstige Verbände. So sind die Studentenschaften nicht befugt, Individualrechte ihrer Mitglieder gerichtlich geltend zu machen.[108] Ähnlich verhält es sich bei Bürgerinitiativen, die sich auf Rechte einzelner Bürger berufen. Offenbar scheint in Deutschland die Neigung unausrottbar, sich zum selbsternannten Sprecher anderer (der schweigenden Mehrheit, der engagierten Minderheit, der Öffentlichkeit, künftiger Generationen, der Mitgeschöpfe) zu machen. Dies erklärt die Forderung nach Einführung »der« Verbandsklage. Dem Gesetzgeber steht es frei, solchen Forderungen (im Rahmen seiner Kompetenzen) nachzukommen. Er muss sich dann aber bewusst sein, dass er einzelnen Verbänden prozessuale Vorteile verschafft,[109] die er Verbänden mit kollidierender Zielsetzung unter dem Gesichtspunkt der Ausgewogenheit schwerlich versagen kann.

29 Der Oberbegriff »Verbandsklage« ist wenig aussagekräftig. Hinter ihm verbergen sich unterschiedliche Fallkonstellationen. Man muss folglich bestimmte *Formen* von Verbandsklagen trennen. Der Ausgangspunkt ist ebenso klar wie trivial: Eine Verbandsklage liegt vor, wenn ein Verband im *eigenen* Namen klagt oder – untechnisch gesprochen – die Kontrolle einer untergesetzlichen Rechtsnorm beantragt. Macht der Verband

---

104 Anderer Ansicht *Kopp/Schenke* Vorb. § 40 Rn. 25, dessen Beispiele die gesetzliche Prozessstandschaft betreffen. Der gesetzliche Vertreter, der die prozessualen Rechte aus § 19 V WPflG geltend macht, wurde hierzu nicht vom Vertretenen ermächtigt; vgl. auch BVerwG v. 16.12.1971, BVerwGE 39, 216.

105 Vgl. BVerwG v. 15.04.1977, BVerwGE 50, 226.

106 Hierzu *H. Berger* Die Prozessstandschaft für die Stationierungsstreitkräfte, 1995.

107 Zur fehlenden Klagebefugnis der Frauenbeauftragten zur Verwirklichung von Gleichberechtigungsbelangen SaarlOVG v. 19.09.2003, NVwZ 2004, 247.

108 Hierzu *Zimmerling* DÖV 1997, 278.

109 Gegen eine Ausdehnung des Drittschutzes Beck-OK, VwGO-*Schmid-Kölkers* VwGO, § 42 Rn. 170.

eigene Rechte geltend, handelt es sich um eine sog. *egoistische Verbandsklage.*[110] Hauptbeispiel: Das Klagerecht der Handwerkskammern nach § 8 IV HandwO.[111]

*Materiellrechtlich* geht es zumeist um die Auslegung von § 8 I HandwO, die spätestens seit der Novellierung der Handwerksordnung von 1998 in großzügiger Weise erfolgen muss.[112]

Die egoistische Verbandsklage ist im Kontext des subjektiven Rechtsschutzes unproblematisch. Sie ist kein Fall der Prozessstandschaft. Die Bezeichnung »egoistisch« hat auch keinen negativen Beigeschmack. Der subjektive Rechtsschutz ist per definitionem egoistisch; nur egoistische Klagen sind überhaupt zulässig. Schwierigkeiten bereiten dagegen die *sog. altruistischen Verbandsklagen,* bei denen man darüber streiten kann, ob der Verband sich für das Gemeinwohl einsetzt oder für Sonderbelange. Altruistisch bedeutet, nüchtern betrachtet, dass Verbände *fremde* Rechte oder Belange geltend machen, ohne dadurch zu Trägern öffentlicher Belange zu werden.[113] Die altruistische (= fremdnützige) Verbandsklage überschneidet sich daher mit der Prozessstandschaft, bedarf also der ausdrücklichen gesetzlichen Zulassung. Manche altruistischen Verbandsklagen greifen noch über die Prozessstandschaft hinaus. In manchen Bereichen (Umwelt, Nachwelt) gibt es überhaupt keine Rechtsträger, die verletzt werden könnten. Eine Prozessstandschaft scheidet von vornherein aus. *Forsthoff* hat zu Beginn der 1970er Jahre die Regel aufgestellt, dass es für die Durchsetzung eines Interesses eine optimale Größe der Unterstützung dieses Interesses gebe. Werde diese Größe überschritten, sinke die Realisierungschance; gehe es – wie beim Umweltschutz – um das Interesse von Jedermann, werde die Realisierungschance äußerst gering.[114] *Forsthoff* folgerte daraus, die einzige Instanz, die den einzelnen und die Gemeinschaft vor den unerwünschten Folgen der technischen Realisation bewahren könne, sei der Staat.[115] Während der Befund auf allgemeine Zustimmung stieß, wurde die Folgerung vielfach abgelehnt, hielten sich doch die zahlreichen (Umwelt-)Verbände viel eher für die Aufgabe berufen, die Gemeinschaft vor den negativen Folgen der Industriegesellschaft zu bewahren. Das alles ist Schnee von gestern; im Bund und in einigen Ländern haben Repräsentanten der Umweltschutzbewegung mittlerweile Anteil an der Staatsgewalt erlangt. Heute betrachten es umgekehrt etliche Verbände als ihre Aufgabe, die zivilisatorischen Errungenschaften der Industriegesellschaft (Energieversorgung, medizinischen Fortschritt, Mobilität, Einkaufsmöglichkeiten, Freizeitangebot), und des – wörtlich verstandenen – Kulturstaats vor einer (nicht nur) aus ihrer Sicht überzogenen ökologischen Realisation zu bewahren.[116] Dass in den staatlichen Aufgabenbereich eingegriffen wird, lässt sich

110 Eine allgemein anerkannte Terminologie besteht nicht. Im älteren Schrifttum fasste man unter die egoistische Verbandsklage auch die zusätzliche Wahrnehmung kollektiver Interessen durch den Verband; vgl. *M. Wolf* Die Klagebefugnis der Verbände, 1971, S. 20 ff., 34 ff., 47 ff.; *Faber* Die Verbandsklage im Verwaltungsprozess, 1972, S. 49 ff.; *Battis/Dünnebacke* JuS 1990, 188 (189). Gründe für eine Abweichung vom natürlichen Sprachgebrauch sind aber nicht ersichtlich.

111 Zur zivilprozessualen Verbandsklage der Handwerkskammern nach § 1 UWG OLG Bamberg v. 09.06.1999, NVwZ 2003, 377. **Weiteres Beispiel:** Ersatzkassenverbände als Arbeitsgemeinschaften von Sozialleistungsträger, i.S.v. § 18 II KHG in Pflegesatzverfahren; vgl. BVerwG v. 11.11.1999, DVBl 2000, 1059.

112 Vgl. BVerwG v. 29.08.2001, BVerwGE 115, 70.

113 BVerwG v. 14.05.1997, NVwZ 1998, 279.

114 Der Staat der Industriegesellschaft, 1971, S. 121.

115 Hierzu auch *Ronellenfitsch* DVBl 1989, 851 (855).

116 So liegen Automobilsport-Veranstaltungen auch im öffentlichen Interesse. »Altruistische« Sportverbände könnten geneigt sein, das BVerwG zum Überdenken seiner restriktiven Rspr. zum Verbot von »Autorennen« auf öffentlichen Straßen und Wegen (vgl. Urt. v. 13.03.1997, BVerwGE 104, 154) zu veranlassen; vgl. *Ronellenfitsch* DAR 1995, 241. Auch ein Landesjagdverband handelt nicht nur

jedoch nicht bestreiten. Die über die Prozessstandschaft hinausgehende Verbandsklage dient der prozessualen Wahrung oder Durchsetzung sektoraler öffentlicher Belange und bedarf der gesetzlichen Zulassung.

## II. Formen der Verbandsklage

### 1. Kommunale Verbandsklage

30 Der aus kommunalpolitischen Erwägungen gelegentlich erwogene *kompensatorische Rechtsschutz* kommunaler Selbstverwaltungskörperschaften für ihre Einwohner[117] vermochte sich nicht durchzusetzen. Mit Rücksicht auf die Einheitlichkeit der Staatsgewalt ist er grundsätzlich abzulehnen.[118]

### 2. Altruistische Verbandsklage

31 Auch die altruistische Verbandsklage[119] bedeutet einen *Bruch im bestehenden Rechtsschutzsystem.*[120] Ein Bedarf für eine subsidiäre Verbandsklage besteht allenfalls dort, wo sonst niemand klagebefugt wäre.

In den Vorauflagen wurde vertreten, dass demokratisch legitimierte staatliche Instanzen das öffentliche Interesse auf dem Umweltsektor allemal besser vertreten als selbsternannte Anwälte des Gemeinwohls. An dieser Formulierung haben sich manche gerieben. Sie lässt sich in der Tat nicht für alle Sektoren des Gemeinwohls verallgemeinern und war auch nie so gemeint. Im *Umweltschutzbereich* ist die Notwendigkeit einer Verbandsklage dennoch nach wie vor nicht erkennbar. Damit soll der Nutzen einer *Verbandsbeteiligung* im Verwaltungsverfahren nicht in Abrede gestellt werden. Die Beteiligung *sachkundiger* Verbände verbreitert die Informationsbasis der Behörden. Das Beteiligungsrecht nach den §§ 58, 60 BNatSchG, die an die Stelle des § 29 BNatSchG a.F. getreten sind, ist deshalb systemgerecht. Aus dem Beteiligungsrecht folgten schon bisher Klagerechte, nämlich zunächst auf Anerkennung als beteiligungsberechtigter Verband[121] und sodann auf Einhaltung des Beteiligungsrechts. Hierbei handelte es sich jedoch wieder um *egoistische Verbandsklagen.*[122] Somit konnte ein Verband nur auf die Einhaltung der Beteiligungsrechte klagen (Partizipationserzwingungsklage),[123] nicht aber die Aufhebung von Verwaltungsentscheidungen begehren, die unter Verstoß gegen die Beteiligungsrechte zustande gekommen waren. Ein *Privileg,* wie die zusätzliche Zuerkennung eines altruistischen Verbandsklagerechts, muss vom Gesetzgeber ausdrücklich zugesprochen werden. Dies sollte durch § 29 BNatSchG a.F. aus guten Gründen bewusst nicht geschehen.[124] Der Zeitgeist ließ sich auf Dauer jedoch nicht in Schach halten. So verabsolutierte der 4. Senat des BVerwG bereits im *zweiten Grundsatzurteil zur Verbandsbeteiligung vom 31.10.1990 (BVerwGE 87, 62)* – unter bedenklichem Vorgriff auf eine legislatorische Entscheidung –

---

im Interesse der Verbandsmitglieder; fraglich daher BayVGH v. 05.03.1996, BayVBl 1996, 659 (Normenkontrolle gegen eine NationalparkVO).

117 *Blümel* VVDStRL 36 (1978), 171 (286 f.); *Pfaff* VerwArch 1979, 1.

118 BVerwG v. 15.12.1989, BVerwGE 84, 209 (213); BWVGH v. 24.05.1995, NVwZ 1995, 1017 (1018); BayVGH v. 19.11.1985, UPR 1986, 154.

119 Vgl. *Embacher* Die Verbandsklage im Verwaltungsprozess, Diss. Saarbrücken, 1979; *Bizer/Ormond/Riedel* Die Verbandsklage im Naturschutzrecht, 1990; *Balleis* Mitwirkungs- und Klagerechte anerkannter Naturschutzverbände, 1996; *Diefenbach* NuR 1997, 573; *Harings* NVwZ 1997, 538; *Rudolph* JuS 2000, 478; *Ziekow* VerwArch 2000, 483; *Wilrich* Verbandsbeteiligung im Umweltrecht, 2002; *Schmidt* NuR 2008, 544.

120 *Achterberg* NJW 1978, 1993 (1997). Immer noch grundlegend *Weyreuther,* Verwaltungskontrolle durch Verbände?, 1975. Vgl. auch BVerwG v. 16.07.1980, NJW 1981, 362; hierzu *Skouris* JuS 1982, 100.

121 BVerwG v. 06.02.1985, BVerwGE 72, 277.

122 Insofern zutreffend SchlHOVG v. 30.12.1993, NVwZ 1994, 590.

123 BWVGH v. 15.01.1988, NVwZ 1988, 1039, aufgehoben durch BVerwG v. 31.10.1990, BVerwGE 87, 62; hierzu *Battis/Weber* JuS 1992, 1012 Für die parallele Problematik des Beteiligungsrechts der Frauenbeauftragten wiederum richtig HessVGH v. 30.08.1996, NVwZ-RR 1998, 186.

124 BT-Drucks. 7/5251, S. 13.

das Beteiligungsrecht der Naturschutzverbände. Danach sollte ein anerkannter Naturschutzverband einen Planfeststellungsbeschluss mit der Behauptung *angreifen* können (Anfechtungsklage), sein Beteiligungsrecht sei verletzt worden. Der 4. Senat des BVerwG betonte selbst, dass das Anhörungsrecht der Verbände als Surrogat für die abgelehnte Verbandsklage eingeführt worden sei.[125] Aus dem Anhörungsrecht folge die Klagebefugnis für eine Klage, deren Streitgegenstand *eben dieses Recht* ist, also für eine Leistungsklage während des noch anhängigen Verfahrens. Der Bundesgesetzgeber war damals nicht bereit, den Naturschutzverbänden ein prozessuales Mehr zuzubilligen. Dem BVerwG stand es nicht an, hier nachzubessern. Immerhin ließ sich dem Urteil vom 31.10.1990 nicht entnehmen, dass den Verbänden Abwehrrechte gegen Vorhaben zustünden, für die kein (ggf. erforderliches) Planfeststellungsverfahren durchgeführt wird. Erfolgte die Zulassung eines Vorhabens statt durch Planfeststellung durch (qualifizierte) Plangenehmigung, *entfielen* die Beteiligungsrechte der nicht zu den materiell Betroffenen zählenden Naturschutzverbände. Dies entschied der damalige 11. Senat des BVerwG in deutlicher Distanz zum 4. Senat durch *Urteil vom 22.03.1995 (BVerwGE 98, 100)*.[126] Die Brücke der Rspr. beider Senate stellte das Urteil des 11. Senats vom 21.05.1997 (NVwZ 1998, 279, 281) her, in welchem Naturschutzverbänden das Beteiligungsrecht im Plangenehmigungsverfahren abgesprochen, eine Klagebefugnis aber für möglich erklärt wurde, wenn diese Verfahrensgestaltung zur Umgehung des Beteiligungsrechts eingesetzt wurde. In Betracht kam dann aber nur eine Unterlassungsklage gegen die Fortführung des laufenden Plangenehmigungsverfahrens. Das alles scheint durch die Novelle des Naturschutzgesetzes vom März 2002 Rechtsgeschichte zu sein. Aber ebenso wenig wie der an die Grundrechtsordnung im Rahmen des Art. 20 a GG[127] den anthropozentrischen in eine ökozentrischen Umweltschutz umgestalten durfte,[128] kann er den Individualrechtsschutz des Art. 19 IV GG zum Forum für ideologisch-zivilisationskritische Meinungsstreitigkeiten umfunktionieren.[129] § 29 BNatSchG a.F. musste daher als Bollwerk gegen umweltrechtliche Fehlentwicklungen verstanden werden.

Auf *Landesebene* war der Verbandsklage schon vor der Novellierung des BNatSchG der Durchbruch geglückt. Etliche Länder führten ein eingeschränktes Klagerecht von Verbänden ein.[130] Die Bedeutung der landesrechtlichen Verbandsklage wurde zunächst auch noch durch die Rspr. verstärkt. Das *erste Grundsatzurteil des BVerwG* zur landesrechtlichen Verbandsklage *vom 18.12.1987 (BVerwGE 78, 347)* hatte einen deutlich rechtspolitischen Einschlag. Streitgegenstand waren zwar nur Klagen gegen Landesbehörden. Das BVerwG schien aber der Meinung zuzuneigen, dass der Landesgesetzgeber auch die Verbandsklage gegen VAe von Bundesbehörden zulassen könne.[131] Im *dritten Grundsatzurteil zur Verbandsbeteiligung vom 29.04.1993 (BVerwGE 92, 263)* entschied jedoch der 7. Senat des BVerwG, dass eine landesrechtlich zugelassene Verbandsklage *nicht* das Recht eröffnet, gegen Maßnahmen von Bundesbehörden zu klagen.[132] 32

Aus dem Verweis in § 61 V BNatSchG auf § 60 II BNatSchG folgt nunmehr eindeutig, dass die Länder keine Vereinsklageregelungen in Bezug auf Maßnahmen von Bundesbe-

---

125 BVerwG v. 31.10.1990, BVerwGE 87, 69.

126 Vgl. auch *Vallendar* UPR 1995, 296 (308). Gleichwohl soll nach NWOVG v. 18.07.1997, NWVBl 1998, 18 ein Verband sein Mitwirkungsrecht, d.h. die Durchführung eines Planfeststellungsverfahrens, mit der Anfechtungsklage durchsetzen können.

127 Mit »natürlichen Lebensgrundlagen« können nur die den menschlichen Bedürfnissen dienenden Lebensgrundlagen gemeint sein; zutreffend BK/*Kloepfer* Art. 20 a Rn. 53.

128 Verfassungskonform muss § 1 I BNatSchG lauten: »Natur und Landschaft sind auf Grund ihres eigenen Wertes als Lebensgrundlage des Menschen ... zu schützen ...« Das »und« vor »als Lebensgrundlage« ist zu streichen.

129 Vgl. aber BVerfG KB v. 10.05.2001, NVwZ 2001, 1148.

130 *Berlin:* § 39 b NatSchG; *Brandenburg:* § 65 NatSchG (hierzu VG Potsdam v. 31.08.1995, LKV 1996, 253); *Bremen:* § 44 a NatSchG; *Hamburg:* § 41 NatSchG (hierzu BVerfG v. 10.05.2001, NVwZ 2001, 1148); *Hessen:* § 36 NatSchG; *Niedersachsen*: § 60 c NatSchG; *Nordrhein-Westfalen*: § 12 a LG; *Rheinland-Pfalz:* § 37 b LPflG; *Sachsen*: § 58 SächsNatSchG; *Sachsen-Anhalt:* § 52 NatSchG (hierzu SAnhOVG v. 25.09.1998, NVwZ 1999, 168 (LS); *Schleswig-Holstein*: § 51 c LNatSchG; *Thüringen:* § 46 ThürNatSchG.

131 Vgl. auch *Battis/Dünnebacke* JuS 1990, 188; vgl. auch BbgOVG v. 20.04.1995, LKV 1996, 102.

132 Auch BVerwG v. 05.03.1997, NuR 1997, 403; *Diefenbach* NuR 1997, 573 (574); *Kopp/Schenke* § 42 Rn. 180.

hörden treffen dürfen. Unzulässig ist die Verbandsklage gegen Maßnahmen der unmittelbaren und mittelbaren Bundesverwaltung. Entsprechendes muss – wegen der Ingerenzrechte des Bundes und mit Blick auf die materielle Rechtslage – auch für die *Bundesauftragsverwaltung* gelten.

**33** Auf *Bundesebene* wurde die Verbandsklage im Umweltbereich als *Vereinsklage* nach § 61 BNatSchG eingeführt.[133] Die Einführung einer Verbandsklage für Tierschutzvereine (BR-Drucks. 157/04) scheiterte. Daraus folgt eine Sperre aus Art. 74 I Nr. 1 und Nr. 20 GG für eine Regelung durch den Landesgesetzgeber, die auf Landesebene ein Verbandsklagerecht einführen wollte.[134]

Sie ist gem. § 61 I BNatSchG beschränkt auf Rechtsbehelfe gegen Befreiungen von Verboten und geboten zum Schutz von Naturschutzgebieten, Nationalparken und sonstigen Schutzgebieten im Rahmen des § 33 II BNatSchG sowie auf Planfeststellungsbeschlüsse über Vorhaben, die mit Eingriffen in Natur und Landschaft verbunden sind, sowie Plangenehmigungen, soweit eine Öffentlichkeitsbeteiligung vorgesehen ist.[135] Die Naturschutzvereine machen keine eigenen Rechte geltend, können daher nur Verstöße gegen naturschutzrechtliche Bestimmungen im Rahmen ihres satzungsgemäßen Aufgabenbereiches rügen, zu denen sie sich, sofern ihren das möglich war, im Verwaltungsverfahren geäußert haben (§ 61 II BNatSchG). Ferner dürfen sie nicht nach § 61 III BNatSchG materiell präkludiert sein.

Die Aarhus-Konvention vom 28.06.1998 nötigt zu keiner Aufwertung der Verbandsklage. Nichtstaatliche Organisationen gelten nur insoweit als Träger von Rechten, als die Klagebefugnis von Individualklägern begründet würde (Art. 9 II Unterabs. II 2). Deren Zugang kann aber unstreitig vom nationalen Gesetzgeber zur Zugangsvoraussetzung zu den Gerichten gemacht werden.[136]

Bereits aus der Rspr. des BVerwG, die insoweit nunmehr vom Gesetzgeber bestätigt wurde, folgte, dass die Verletzung der Mitwirkungsrechte eines anerkannten Naturschutzverbands *keine Rechtsbeeinträchtigung* (Beeinträchtigung in eigenen Rechten) i.S.d. § 47 II 1 VwGO darstellt.[137] Ferner bedeuten Mitwirkungsrechte *im* Planfeststellungsverfahren nicht das Recht *auf* Planfeststellung.[138] Auch eine rechtswidrige Plangenehmigung unter *Verzicht auf Planfeststellung* kann von den anerkannten Naturschutzverbänden nicht nachträglich angegriffen werden.[139] Die Neuregelung hat somit die Partizipationserzwingungsklage nicht völlig obsolet gemacht. Sie greift freilich nur ein,

133 Dazu BT-Drucks. 14/6378, S. 61; *Wilrich* DVBl 2002, 872; positiv: *Calliess* NJW 2003, 97. Ob die rückwirkende Einräumung der Klagebefugnis nicht in verfassungswidriger Weise in die Rechtsposition der Vorhabenträger eingreift (selbst wenn diese nicht grundrechtlich abgesichert ist), bedarf noch eingehender Prüfung. Das BVerwG (Zwischenurt. v. 28.06.2002, NVwZ 2002, 1234) macht es sich jedenfalls zu einfach, indem es diese Fragestellung kurzerhand übergeht.

134 A.A. *Caspar* DÖV 2008, 145.

135 Damit wurde die Plangenehmigung zur stumpfen Waffe zur Durchsetzung für den Wirtschaftsaufschwung dringend gebotener Vorhaben. Eine Vereinsklage von »Aufschwungverbänden« gibt es (noch) nicht.

136 Zutreffend *Seelig/Gündling* NVwZ 2002, 1033 (1040). A.A. *Bunge* ZUR 2004, 141 (143); *Ekard/Pöhlmann* NVwZ 2005, 532; *Alleweldt* DÖV 2006, 624 (625 f.).

137 Vgl. BVerwG v. 21.07.1997, NVwZ-RR 1998, 98; a.A. BVerwG v. 14.08.1995, DVBl 1996, 46 (noch zum Begriff des »Nachteils« i.S.v. § 47 II 1 VwGO a.F.).

138 Dritte haben keinen Anspruch auf Durchführung eines Planfeststellungsverfahrens; BVerwG v. 15.01.1982, BVerwGE 64, 325.

139 Entsprechend begründet die Rüge des rechtswidrigen Unterlassens einer landesbehördlichen Planfeststellung nicht die Klagebefugnis gegen eine bundesbehördliche Planfeststellung; BVerwG v. 28.11.1995, NVwZ 1996, 389.

wenn sich das Verwaltungsverfahren nach Vorschriften des Naturschutzrechts richtet. Werden diese durch die Konzentrationswirkung vorrangiger Verfahrensvorschriften verdrängt, entfallen auch die Mitwirkungsrechte.[140]

### 3. Kompensatorische Verbandsklage

Eine gegenläufige Stoßrichtung zur komplementär-altruistischen Verbandsklage verfolgt die kompensatorische Verbandsklage. Mit Hilfe der kompensatorischen Verbandsklage könnten massenweise erhobene gleichgerichtete Individualklagen ersetzt und kanalisiert werden. Diese Klageform käme den Bedürfnissen der Praxis entgegen. Aus – wenn auch zumeist übertrieben hochgespielten – verfassungsrechtlichen Gründen (Art. 19 IV GG) dürfte sie nur in Ausnahmefällen zulässig sein.[141] 34

**Beispiel:** Klage der Teilnehmergemeinschaft gegen den Wege- und Gewässerplan nach § 41 FlurbG.[142] In diesen Zusammenhang gehört auch das Jagdausübungsrecht einer Jagdgenossenschaft, das erst in deren Hand zu einem klagefähigen Recht erstarkt.[143]

Gleichwohl ist es sinnvoller, solche Ausnahmefälle herauszuarbeiten, als Einzelfällen für die komplementär-altruistische Verbandsklage nachzuspüren.

## E. Verwirkung der Klage- und Antragsbefugnis

### I. Allgemeines

Jede Rechtsposition kann grundsätzlich durch Nichtgebrauch verwirkt werden. Die Klagebefugnis macht keine Ausnahme.[144] Der Verwirkungsgedanke beruht letztlich auf dem Grundsatz von Treu und Glauben[145] und überschneidet sich mit dem Verbot des Rechtsmissbrauchs (§ 226 BGB). Werden subjektive Rechte nur um ihrer selbst willen, d.h. nur um die Klagebefugnis zu rechtfertigen, begründet, so ist das rechtsmissbräuchlich. Auch der vielberufene Grundrechtsschutz durch Verfahren bedeutet nicht Grundrechtsschutz des Verfahrens, sondern soll nur die materielle Rechtsposition verbessern. Die prozessuale Rechtsposition darf daher nicht zum Selbstzweck degenerieren. »Sperrgrundstücke« (!), die dazu erworben werden, durch eine zeitlich beschränkte Eigentümerposition das Verbot der Popularklage zu unterlaufen, begründen noch keine

140 BVerwG v. 17.12.2002, DVBl 2003, 543 (zu § 13 BImSchG).

141 Vgl. *Blümel* FS F. Werner Weber, S. 539 (564 f.); *Blümel/Ronellenfitsch* Die Planfeststellung in der Flurbereinigung, 1975, S. 92; *Scholz* VVDStRL 34 (1976), 146 (209 f.); *Schmidt-Aßmann* VVDStRL 34 (1976), S. 222 (250 f.); *Kopp* DVBl 1980, 320. Allgemein: *Schmel* Massenverfahren vor den Verwaltungsbehörden und den Verwaltungsgerichten, 1982.

142 BVerwG v. 06.02.1986, BVerwGE 74, 1; hierzu *Ronellenfitsch* VerwArch 1988, 323.

143 BVerwG v. 04.03.1983, DÖV 1983, 678. Individualrechtlicher Natur ist dagegen die Klage des Jagdausübungsberechtigten gegen die Genehmigung eines Bauvorhabens in seinem Eigenjagdbezirk, OVG Lüneburg v. 26.02.1988, NVwZ 1989, 269 (LS).

144 Vgl. *Redeker/v. Oertzen* § 75 Rn. 14 ff.; BayVGH v. 31.03.1993, NVwZ-RR 1994, 241; NWOVG v. 07.08.1998, NVwZ-RR 1999, 540.

145 Ein Recht ist verwirkt, wenn sich der Verpflichtete wegen der Untätigkeit des Berechtigten über einen gewissen Zeitraum hin bei objektiver Beurteilung darauf einrichten darf, dieser werde sein Recht nicht mehr geltend machen. Zu dem Zeitablauf müssen besondere, auf dem Verhalten des berechtigten beruhenden Umstände hinzutreten, die einen Vertrauenstatbestand für den Verpflichteten schaffen; vgl. BGH v. 14.11.2002, NJW 2003, 824; MVOVG v. 05.11.2001, NVw-RR 2003, 16.

Klagebefugnis.[146] Den Auswüchsen der Massenprozesse (Parzellierung von Grundstücken zur Ausweitung des Kreises der Kläger, Erwerb von strategisch wichtigen Grundstücken durch Bürgerinitiativen) sollte an vorderster Front, also bereits bei der Klagebefugnis begegnet werden. Vom Verwirkungsgedanken wird bislang viel zu zurückhaltend Gebrauch gemacht.

### II. Verwirkung der Klagebefugnis

35 Voraussetzung der Verwirkung der Klagebefugnis ist nach der Rspr. des BVerwG, dass erstens ein längerer Zeitraum seit der Möglichkeit der Geltendmachung eines Rechts verstrichen ist und dass zweitens besondere Umstände die verspätete Geltendmachung als Verstoß gegen Treu und Glauben erscheinen lassen. Letzteres soll insbesondere dann der Fall sein, wenn der Verpflichtete infolge eines bestimmten Verhaltens des Berechtigten darauf vertrauen durfte, dass dieser das recht nach so langer Zeit nicht mehr geltend machen werde (Vertrauensgrundlage) und der Verpflichtete ferner tatsächlich darauf vertraut hat, dass das Recht nicht mehr ausgeübt werde (Vertrauenstatbestand) und sich infolgedessen in seinen Vorkehrungen und Maßnahmen so eingerichtet hat, dass ihm durch die verspätete Durchsetzung des rechts ein unzumutbarer Nachteil entstehen würde.[147]

### III. Verwirkung der Antragsbefugnis

36 Die einseitige Sicht der Normenkontrolle als objektives Rechtsbeanstandungsverfahren verleitet zu der Annahme, eine Verwirkung der Antragsbefugnis sei ausgeschlossen.[148] Das trifft aber nicht zu. Abgesehen davon, dass die Antragsbefugnis zumindest eine prozessuale Rechtsposition darstellt, die verwirkt werden kann, schützt der Verwirkungsgedanke in erster Linie den prozessualen Gegner; bei der Normenkontrolle die Allgemeinheit (Rechtsfrieden).[149] Folglich kann auch die Antragsbefugnis verwirkt werden.[150]

---

146 BVerwG v. 27.10.2000, NVwZ 2001, 427; *Knödler* NuR 2001, 194; ablehnend *Masing* NVwZ 2002, 810; dessen Schrift »Die Mobilisierung des Bürgers für die Durchsetzung des Rechts, 1997« leider nicht auch die Mobilisierung für die Rechte auf Mobilität und Kommunikation und die hierzu notwendige Infrastruktur zum Gegenstand hat.

147 BVerwG v. 04.06.1991, Buchholz 310 § 132 Nr. 298; v. 25.05.1999, DVBl 1999, 1034; v. 31.08.1999, DVBl 2000, 560 (561); v. 10.08.2000, DVBl 2000, 1862.

148 So früher Eyermann/*Fröhler* § 47 Rn. 30, 33 m.w.N.

149 Vgl. BVerwG v. 26.01.1972, BVerwGE 33, 305 (309).

150 BVerwG v. 23.01.1992, NVwZ 1992, 974; RhPfOVG v. 07.06.1983, NJW 1984, 444; BWVGH v. 15.05.1995, UPR 1996, 115; vgl. auch *Blümel* VerwArch 1983, 153.

# § 15 Nachbarklage

## A. Allgemeines

Auf die drittschützende Wirkung von Normen kommt es insbesondere bei der Nachbarklage an,[1] die – insoweit untechnisch verstanden – die Klagen und Normenkontrollanträge räumlich bestimmbarer Drittbetroffener betrifft. Statt von Drittschutz spricht man hier gleichbedeutend von *Nachbarschutz*. Nachbarschutz begehren diejenigen, in deren räumlicher Nähe eine störende Anlage oder ein sonstiges lästiges Vorhaben vom Staat zugelassen, geduldet oder selbst verwirklicht wird. 1

Der öffentlich-rechtliche Nachbarschutz spielt in zahlreichen Rechtsgebieten eine Rolle. Nachbarliche Beziehungen bestehen hauptsächlich zwischen Grundeigentümern. Zu rechtlichen Auseinandersetzungen kommt es in erster Linie dann, wenn ein Grundstück bebaut werden soll. Da hierzu regelmäßig eine Baugenehmigung erforderlich ist, wehrt sich der Nachbar, indem er die Baugenehmigung oder den dieser zu Grunde liegenden Bebauungsplan angreift. Der klassische Fall der Nachbarklage ist daher die *Baunachbarklage*. Materiell-rechtlich sind für den Nachbarstreit nicht nur Normen des Baurechts, sondern auch des *Gewerbe- und Umweltrechts* relevant; denn bauliche Vorgänge betreffen zumeist nicht nur den Boden, sondern verursachen auch schädliche Umwelteinwirkungen, die besonders intensiv die Nachbarschaft beeinträchtigen. Bauliche Anlagen und erst recht emittierende Anlagen haben ferner einen planerischen Einschlag. Mit wachsender Raumrelevanz werden sie zu Fachplanungen. An die Stelle des allgemeinen Baurechts tritt das *Fachplanungsrecht*. Das *Recht der Gesamtplanungen* ist v.a. berührt, wenn sich Nachbargemeinden über die Zulässigkeit raumbeanspruchender Vorhaben streiten. 2

Nachbarschutz kann nur begehren, wer sich auf eine *Schutznorm* berufen kann. Ob eine Vorschrift nachbarschützend ist, ist eine Frage des *materiellen Rechts*. Generell gilt, dass ein besonderer räumlicher Kontakt des Klägers zu dem angegriffenen Vorhaben bestehen muss, damit man überhaupt nachbarliche Beziehungen annehmen kann. Die räumliche Beziehung ist *grundstücksbezogen*, nicht personenbezogen. Sie wird daher durch dingliche oder verdinglichte Rechte sowie durch eine räumlich-gegenständliche Abgrenzung der Nachbarschaft vermittelt. 3

*Schutzgut* im Nachbarstreit ist in erster Linie das *Eigentum* in allen Formen (Miteigentum, Wohnungseigentum),[2] geschützt sind ferner das Erbbaurecht,[3] der dingliche Nießbrauch,[4] die durch eine Vormerkung gesicherte Eigentumsanwartschaft,[5] dingliche Wohnrechte sowie der eingerichtete und ausgeübte Gewerbebetrieb. Bei der Anerken- 4

---

1 *Hufen* 14 Rn. 97; *Schenke* Rn. 513 ff.; *Würtenberger* Rn. 283; *Preu* Die historische Genese der öffentlich-rechtlichen Bau- und Gewerbenachbarklage, 1990; *ders.* Subjektiv-rechtliche Grundlagen des öffentlich-rechtlichen Drittschutzes, 1992; *König* Drittschutz, 1993; *Schlichter* Schutznormtheorie und nachbarschützende Festsetzungen im Bebauungsplan, 2000; *Seidel* Öffentlich-rechtlicher und privatrechtlicher Nachbarschutz, 2000; *Wilke* GS Grabitz, 1995, S. 905; *Brandt* DVBl 1995, 779; *Pecher* JuS 1996, 887; *Kraft* VerwArch 1998, 265.

2 Vgl. aber BVerwG v. 04.05.1988, NJW 1988, 3279; v. 14.10.1988, NVwZ 1989, 250; v. 28.02.1990, NVwZ 1990, 655; v. 12.03.1998, NVwZ 1998, 954, sowie Fn. 12.

3 HessVGH v. 10.09.1969, BRS 22 Nr. 169, S. 236.

4 NWOVG v. 15.11.1993, NVwZ 1994, 696.

5 BVerwG v. 29.10.1982, DVBl 1983, 344. Anders zum dinglichen Vorkaufsrecht BWVGH v. 12.08.1994, DÖV 1995, 342.

nung *obligatorischer Rechte* als Abwehrrechte ist die Rspr. jedenfalls im Baunachbarstreit sehr zurückhaltend.[6]

5 Zum *Kreis der Nachbarn* zählen nur solche (i.d.R. dinglich) Berechtigten, die sich deutlich von der Allgemeinheit unterscheiden. Nach der Rspr. des BVerwG müssen sie sich aus individualisierbaren Tatbestandsmerkmalen der Schutznorm ermitteln lassen.[7] Ausschlaggebend ist also auch hier allein das materielle Recht.

## B. Baurechtliche Nachbarklage

6 Hauptanwendungsfall der Nachbarklage ist die baurechtliche Nachbarklage.[8] Sie bereitet zwar besondere Schwierigkeiten. Auf dem Boden der Schutznormtheorie ist es jedoch der Rspr. – namentlich dem BVerwG – gelungen, ein plausibles, abgestuftes *System des Nachbarschutzes* zu entwickeln, dem die Lehre bislang nichts Besseres entgegensetzen konnte. Dennoch scheint sich das BVerwG allmählich von seiner eigenen Systematik zu lösen.[9]

Dies wäre bedauerlich; denn die bisherige Systematik ermöglichte einen ausgewogenen Ausgleich der Interessen des belasteten Nachbarn und des begünstigten Bauherrn, der sich ebenfalls auf Art. 14 I GG berufen kann. Den Nachbarn baulicher Vorhaben sind so viele Rechtsschutzmöglichkeiten eröffnet, dass kein Anlass besteht, die Schutznormtheorie aufzuweichen.

7 Geschütztes Rechtsgut bei der baurechtlichen Nachbarklage ist das verdinglichte Nachbarrecht, das regelmäßig durch das *Eigentum* vermittelt wird. Das Eigentum erfüllt hierbei eine Doppelfunktion. Es steht für das beeinträchtigte subjektive Recht und begründet das Nachbarschaftsverhältnis. Auszugehen ist nicht von dem weiten, alle vermögenswerten Rechte umfassenden Eigentumsbegriff des Art. 14 I GG, sondern von dem *grundstücksbezogenen* dinglichen Eigentum.[10] Zur Feststellung der Klagebefugnis muss daher zunächst geklärt werden, ob ein Eingriff in benachbartes Eigentum des Klägers vorliegt.

Der Nachbar kann selbstverständlich auch die Verletzung der in Art. 2 II GG genannten höchstpersönlichen Rechtsgüter rügen. Vorausgesetzt ist aber, dass ein Nachbarverhältnis besteht. Um Nachbar zu sein, muss man Eigentümer sein. Wer *nur* Art. 2 II GG rügen kann, hat darzutun, wieso gerade er in einem räumlichen Bezug zur angegriffenen baulichen Anlage steht. Kann er den Beeinträchtigungen ohne Preisgabe subjektiver Rechte *ausweichen,* ist er nicht stärker geschützt als die Allgemeinheit; es fehlt an der Schutznorm.

Ob auch *obligatorische Rechte* zu einer eigentümerähnlichen Rechtsstellung erstarken, ist fraglich.[11]

---

6 Vgl. unten mit Rn. 7.

7 Vgl. Urt. v. 16.03.1989, BVerwGE 81, 329 (334).

8 Vgl. außer den Nachw. in Fn. 1 *Schlichter/Roeser* BerlKomm., Vorb. zu den §§ 29 bis 38 Rn. 1 ff.; *Stollmann* Öffentliches Baurecht, 6. Aufl. 2009, S. 303 ff.; *Battis* FS Weyreuther, 1993, S. 305; *Bönker* DVBl 1994, 506; *Mampel* Nachbarschutz im öffentlichen Baurecht, 1994; *ders.* DVBl 1994, 1053; *Sarnighausen* NJW 1995, 502.

9 Vgl. *Gaentzsch* DÖV 1988, 891 f.

10 Dem Eigentümer gleichzustellen ist nur, wer an dem Grundstück dinglich berechtigt ist wie etwa der Käufer eines Grundstücks, der den Besitz sowie Nutzen und Lasten übernommen hat und zu dessen Gunsten eine Auflassungsvormerkung eingetragen ist; BVerwG v. 16.09.1993, NJW 1994, 1233 (1234).

11 Allgemein *Kühl* Die Rechtsstellung der obligatorisch Berechtigten im öffentlichen Baurecht, 1996. *Heidelbach*, Der bauplanungsrechtliche Schutz qualifiziert obligatorisch Berechtigter, 1999.

Bei längerfristigen Miet- und Arbeitsverhältnissen befürworteten die früheren Auflagen dieses Buchs eine Ausweitung des Rechtsschutzes, weil die Vorstellung, Mieter oder Arbeitnehmer könnten sich durch Wegzug der von einem benachbarten Vorhaben ausgehenden Beeinträchtigungen entziehen, als lebensfremd erschien. Unter dem Eindruck der Rspr. des BVerwG, welches die Erstreckung des Nachbarschutzes auf obligatorische Rechte ablehnte,[12] wurde in den Vorauflagen die Ausweitung des Rechtsschutzes wieder aufgegeben. Die seither ergangene Rspr. des BVerwG könnte Anlass zu einer erneuten Kurskorrektur bieten. Geboten ist bei näherem Zusehen aber nur eine stärker differenzierende Behandlung der möglichen Beeinträchtigungen.

In Abkehr von seiner bisherigen Rspr. hat das BVerwG mit *Urteil vom 01.09.1997 (BVerwGE 105, 178)* die Klagebefugnis von Pächtern bejaht, die sich dagegen zur Wehr setzen, dass ihr Pachtgrundstück auf der Grundlage eines Planfeststellungsbeschlusses in Anspruch genommen wird. Die Entscheidung enthält den allgemein gehaltenen Satz:

»Soweit ein Rechtsverhältnis ... nach den einschlägigen privatrechtlichen Vorschriften Bestandsschutz genießt, hat es die Qualität von Eigentum«.[13]

An der früheren Rspr. hielt der Senat jedoch nur »jedenfalls für den Fall der unmittelbaren Inanspruchnahme einer Pachtfläche nicht mehr fest«. Der *unmittelbare Zugriff* auf das Eigentum hat indessen genau genommen nichts mit dem Nachbarschutz zu tun. Er wird lediglich beim Nachbarschutz mitbehandelt, weil der Eingriff in aller Regel in einer Grenzüberschreitung des Nachbarn besteht. Auf die Verletzung einer Schutznorm kommt es dann nicht an. Der Betroffene kann die Verletzung *aller Rechte* rügen, die ihm entzogen werden. Der Übergriff besteht in einem Eigentumsentzug, und seit jeher können auch obligatorische Rechte enteignet werden. Eines die Nachbarstellung erst begründenden Rückgriffs auf Art. 14 I GG bedarf es hier nicht. Das erwähnte Urteil des BVerwG bringt nur eine Selbstverständlichkeit zum Ausdruck. Die obligatorisch Berechtigten im Plangebiet sind regelmäßig nicht unmittelbar betroffen; eine mögliche Verletzung bauplanungsrechtlicher Bestimmungen betrifft sie nicht in ihrer Nachbarstellung.[14] Eine Erweiterung des Nachbarschutzes ist insoweit auch *unnötig.* Der grundstücksbezogene Nachbarschutz dient dem Ausgleich in einer bodenrechtlichen Nutzungsgemeinschaft. Das erfordert eine grundsätzlich einheitliche *Repräsentation* der Nachbargrundstücke.[15] Im Innenverhältnis können Mieter oder Arbeitnehmer den vertraglich gebundenen Grundstückseigentümer zwingen, dass er von den Möglichkeiten des Nachbarschutzes Gebrauch macht.[16] Jedoch geht es nicht an, die Verwaltungsgerichte in solche internen Streitigkeiten hineinzuziehen. Die obligatorisch berechtigten Nachbarn erlangen Rechtsschutz nicht wegen Verletzung des Eigentums am Nachbargrundstück, sondern – als Teilnehmer der Nutzungsgemeinschaft dieses Grundstücks – unmittelbar aus Art. 2 II, 12 I GG. Im Übrigen verbleibt es dabei: Benachbarte Mieter und Pächter sind im baurechtlichen Nachbarstreit grundsätzlich weder klage- noch antragsbefugt.[17]

---

12 BVerwG v. 04.03.1983, NVwZ 1983, 672; v. 11.07.1989, NJW 1989, 2766; v. 26.07.1990, NVwZ 1991, 566; v. 16.09.1993, NJW 1994, 1233; vgl. auch NWOVG v. 15.11.1993, NVwZ 1994, 696; VG Gießen v. 20.09.1994, NVwZ-RR 1995, 367 (368); *Schmidt-Preuß* NJW 1995, 27; a.A. *Thews* NVwZ 1995, 224; *Determann* UPR 1995, 215.

13 BVerwG v. 01.09.1987, BVerwGE 105, 178, 180; ferner BVerfGE 83, 201; 89, 1; 95, 267.

14 BVerwG v. 20.04.1998, NVwZ 1998, 956 = JuS 1999, 508 *(Selmer)*. Zur alten Fassung von § 47 II VwGO demgegenüber BVerwG v. 21.10.1999, DVBl 2000, 793.

15 Das gilt auch, wenn der (Noch-)Eigentümer gegen den Willen des vormerkungsgeschützten Grundstückkäufers eine Nachbarverzichtserklärung abgibt; dazu *Berghäuser/Berg* DÖV 2002, 512.

16 BVerwG v. 16.09.1993, NJW 1994, 1233 (1234) – »Drittschadensliquidation«.

17 BWVGH v. 27.06.2006, DÖV 2007, 568.

8 Der Eingriff geht immer vom Staat aus. Er lässt sich auf mehrfache Weise feststellen. Am zweckmäßigsten ist folgende *Prüfungsreihenfolge:*

- Verletzung einer Schutznorm
- Verletzung einer Zusage
- Verstoß gegen das Gebot der Rücksichtnahme
- Verletzung von Art. 14 I GG
- unmittelbarer Zugriff auf das Eigentum des »Nachbarn«

Der unmittelbare Zugriff auf das Eigentum des Drittbetroffenen muss nicht notwendig durch einen Nachbarn erfolgen. Diese Drittschutzkonstellation nahm aber ihren Ursprung bei den Überbaukontroversen und wird nur wegen des typischen Sachzusammenhangs beim Nachbarschutz abgehandelt.

9 Zunächst liegt ein Eingriff immer dann vor, wenn der angegriffene VA – normalerweise die Erteilung einer Bauerlaubnis – gegen eine Norm verstößt, die zumindest auch dem Schutz des Nachbarn dient *(Schutznorm)*. In diesem Fall genügt die objektive Rechtswidrigkeit des Eingriffs. Eine spürbare Beeinträchtigung des Eigentums ist nicht zusätzlich erforderlich.[18]

Bei Verpflichtungsklagen auf Einschreiten gegen den Nachbarn, der eine Schutznorm verletzt, ist zu beachten, dass den Behörden i.d.R. Ermessen zusteht. Der Kläger muss daher geltend machen, dass möglicherweise ein Ermessensfehler vorliegt (Bescheidungsklage), oder eine Ermessensreduzierung auf Null gegeben ist (Vornahmeklage). Ob dies der Fall ist, richtet sich zumeist nach Landesrecht.[19]

10 Das *Auffinden einer Schutznorm* ist nicht einfach, zumal es grundsätzlich der Dispositionsbefugnis des Gesetzgebers überlassen bleibt, ob und unter welchen Voraussetzungen er Individualrechte begründet. Insbesondere im Baurecht muss bei jeder einzelnen Vorschrift geprüft werden, ob sie nur der Wahrung von Allgemeininteressen dient und allenfalls Reflexwirkungen entfaltet oder ob sie drittschützenden Charakter hat.

11 Nachbarschützende Vorschriften finden sich vor allen im *Bauordnungsrecht.*

Ein *Beispiel*[20] bieten die Vorschriften über die Mindestabstände nach den Abstandsflächenverordnungen. Die meisten Bauordnungen der Länder sehen allerdings vor, dass vor der Erteilung von Befreiungen von solchen Vorschriften die Nachbarn anzuhören oder zu benachrichtigen sind. Die Nachbarn geben dann häufig eine Zustimmungserklärung zu dem Bauvorhaben ab. In der Zustimmungserklärung ist der Verzicht auf die Einhaltung nachbarschützender Bestimmungen zu sehen, der den Verlust der Klagebefugnis bewirkt.[21] Sind die Grenzabstandsvorschriften eingehalten, kommt auch unter dem Aspekt des Rücksichtnahmegebots gleichwohl Nachbarschutz in Betracht.[22]

12 Komplizierter liegen die Dinge im *Bauplanungsrecht.*

Im Geltungsbereich eines qualifizierten Bebauungsplans *(beplanter Innenbereich)* ist ein Vorhaben zulässig, wenn es den Festsetzungen dieses Plans entspricht und die Erschließung gesichert ist (§ 30 I BauGB), wenn es aufgrund einer im Bebauungsplan nach Art und Umfang ausdrücklich vorgesehenen Ausnahme zugelassen wird (§ 31 I BauGB) oder wenn eine Befreiung von den Festsetzungen des Bebauungsplans gem. § 31 II oder § 37 BauGB erteilt wird.

---

18 BVerwG v. 10.09.1984, DÖV 1985, 243.
19 BVerwGE v. 10.12.1997, NVwZ 1998, 393. Vgl. auch BVerwG v. 17.04.1998, BauR 1999, 735.
20 Vgl. auch BayVGH v. 17.04.2000, DVBl 2000, 1359 (1360).
21 BWVGH v. 01.04.1982, NVwZ 1983, 229; vgl. auch unten § 36 Rn. 4.
22 BVerwG v. 11.01.1999, DVBl 1999, 786 wohl gegen BVerwG v. 06.12.1996, NVwZ-RR 1997, 516 (517); vgl. auch *Mampel* ZfBR 1997, 227; *Ortloff* NVwZ 1998, 581 (585). Keinen Nachbarschutz vermitteln die Regelungen über die Stellplatzpflicht, – NWOVG v. 10.07.1998, BauR 1999, 237.

Maßgeblich sind immer die *Festsetzungen* des einzelnen Bebauungsplans, die auf den Schutz der Allgemeinheit, aber auch der Nachbarschaft abzielen können. Festsetzungen über die *Art* der baulichen Nutzung sind stets nachbarschützend, ohne dass es auf den Willen der Gemeinde ankommt.[23] Festsetzungen über das *Maß* der baulichen Nutzung sind dagegen normalerweise nur nachbarschützend, wenn sie den Gebietscharakter prägen (z.B. durch Festlegung der Geschossflächen oder der offenen Bauweise).[24] Gemeinsame Klammer ist die »Gebietsverträglichkeit«[25] eines Vorhabens, die sich nach der Zweckbestimmung des Baugebiets durch die BauNVO richtet. Die vom Verordnungsgeber vorgenommene Typisierung der Baugebiete, der Gebietscharakter, schließt das Erfordernis der Gebietsverträglichkeit der in einem Baugebiet allgemein oder ausnahmsweise zulässigen Nutzungen ein. Maßstab der Nutzug ist dabei v.a. die Immissionsverträglichkeit.[26]

Im Fluss ist die Entwicklung bei den *Befreiungen* nach § 31 II BauGB.[27] Hier hat ausdrücklich eine »Würdigung nachbarlicher Interessen mit den öffentlichen Belangen«[28] zu erfolgen. Die nachbarlichen Interessen (!) müssen nur abgewogen werden, sind also noch nicht zu subjektiven Rechten erstarkt.[29] Dennoch reicht nach der neueren Rspr. des BVerwG bereits das subjektive Recht auf Einbeziehung der nachbarlichen Belange in die Abwägungsentscheidung selbst dann für die Annahme der Klagebefugnis aus, wenn die Festsetzung, von der abgewichen werden soll, nicht nachbarschützend ist.[30] Wenigstens hat das BVerwG § 31 II BauGB als Ausnahmevorschrift bezeichnet, deren Anwendungsbereich auf die Erteilung einer Befreiung beschränkt sei.[31] Jedoch hat nur die Erwähnung der Nachbarschaft der Vorschrift Ausnahmecharakter, nicht die Befreiungsmöglichkeit als solche, die lediglich die prinzipielle Baufreiheit zum Ausdruck bringt. Die frühere Rspr. trug daher der Ausgewogenheit des Nachbarschutzes besser Rechnung. Wie ehedem sollte es im Rahmen des § 31 BauGB generell darauf ankommen, ob Ausnahmen und Befreiungen von nachbarschützenden Festsetzungen erteilt werden.[32] Entsprechend verläuft die Prüfung für Vorhaben im künftigen Planbereich[33] und im fiktiven Planbereich nach § 34 II BauGB. Wer der Rspr. zum unmittelbar nachbarschützenden Gehalt von § 31 II BauGB folgt, muss dies konsequenterweise auch für § 34 III a S. 1 BauGB annehmen. Im Geltungsbereich eines *vorhabenbezogenen* Bebauungsplans (§§ 12 i.V.m. 30 II BauGB) kommt es darauf an, ob das Vorhaben ausnahmsweise auch der Nachbarschaft dient.

Im *nichtbeplanten Innenbereich* (§ 34 I BauGB) kann man in Anwendung der sog. Rahmentheorie[34] nur über das Gebot der Rücksichtnahme (vgl. Rn. 15) zum Nachbarschutz vorstoßen. Die Rahmentheorie beruht nämlich auf der zutreffenden Annahme, dass auch § 34 I BauGB dem Nachbarn unmittelbar keine Rechte vermittelt.[35]

Im *Außenbereich* wurden ursprünglich nur die *privilegierten Vorhaben* des § 35 I BauGB zumindest gegen die heranrückende Bebauung für wehrfähig gehalten, wobei es keine Rolle spielte, ob das angegriffene Vorhaben selbst privilegiert ist oder nicht.[36] Für die sonstigen Vorhaben bestand kein Nachbarschutz unmittelbar aus § 35 II BauGB. Seitdem das BVerwG aber auch hier auf das Gebot der Rücksichtnahme ab-

---

23 BVerwG v. 16.09.1993, BVerwGE 94, 151; v. 13.05.2002, NVwZ 2002, 1384.

24 BVerwG v. 19.10.1995, UPR 1996, 73.

25 BVerwG v. 18.05.2001, NVwZ 2001, 1284; v. 30.07.2001, NVwZ 2002, 87; v. 21.03.2002, BVerwG 116, 155.

26 BVerwG v. 28.02.2008, NVwZ 2008, 786 (787).

27 Zu den materiellen Anforderungen (im Hinblick auf Art. 14 I GG bedenklich) BVerwG v. 19.09.2002, DVBl 2003, 526.

28 *Beispiel:* Errichtung eines Generalkonsulats in einem reinen Wohngebiet; BayVGH v. 26.06.1997, NVwZ-RR 1998, 619.

29 So noch BVerwG v. 09.06.1978, BVerwGE 56, 71.

30 BVerwG v. 19.09.1986, BauR 1987, 70.

31 Urt. v. 06.10.1989, BVerwGE 82, 343.

32 BVerwG v. 10.12.1982, NJW 1983, 1574 = JuS 1983, 887 *(Selmer)*; v. 20.09.1984, DÖV 1985, 243 (244). Restriktiver, aber immer noch zu weit BVerwG v. 08.07.1998, BayVBl 1999, 26 = JuS 1999, 829 *(Selmer)*.

33 Für einen aus § 33 BauGB selbst herzuleitenden Nachbarschutz besteht keine Notwendigkeit; vgl. *Hahn* JuS 1987, 538.

34 Vgl. BVerwG v. 26.05.1978, BVerwGE 55, 369; v. 23.03.1994, ZfBR 1994, 190. Zu einem neuen Ansatz (viel zu weitgehend) *Mampel* BauR 1999, 854.

35 BVerwG in st. Rspr. zu § 34 I BBauG a.F. grundlegend BVerwG v. 13.06.1969, BVerwGE 32, 173. Zu § 34 III BBauG a.F. BVerwG v. 18.10.1985, DVBl 1986, 187.

36 Vgl. oben § 10 Rn. 3.

stellt (Rn. 15), trat eine gewisse Nivellierung der Außenbereichsvorhaben ein. Die Differenzierung erfolgt über die Schutzwürdigkeit der Vorhaben, die v.a. bei § 35 IV BauGB eine wichtige Rolle spielt.[37]

**13** Lässt sich eine nachbarschützende Norm nicht auffinden, so kann sich der *Nachbarschutz* dennoch *aus anderen Erwägungen* ergeben. Wichtiger als jede noch so ausgefeilte Dogmatik ist hier ein gesundes Augenmaß. Die berechtigte Zurückhaltung der Rspr. bei der Anerkennung des nachbarschützenden Charakters von Rechtsnormen machte es erforderlich, (ungeschriebene) Grundsätze zu entwickeln, die gleichwohl Nachbarschutz ermöglichen, die aber zugleich flexibel genug sind, Auswüchse des Nachbarschutzes zu verhindern.

**14** Den ersten Schritt zum Nachbarschutz trotz Fehlens nachbarschützender Normen bedeutet die dem Nachbarn gegenüber erteilte *Zusage* der Verwaltung, das objektive Recht einzuhalten.[38] Dadurch bekommt das objektive Recht aber noch keinen individuellen Einschlag. Vielmehr besteht die Klagebefugnis des Nachbarn nur insoweit, als er auf Einhaltung der Zusage klagen kann. Es besteht somit nur ein *mittelbarer Nachbarschutz*, der freilich durchaus effektiv sein kann, solange die objektiv rechtswidrige Baugenehmigung nicht erteilt wurde. Dann rechtfertigt nämlich die Zusage eine vorbeugende Unterlassungsklage, für die sonst die Klagebefugnis fehlen würde.

**15** Wichtiger ist, dass dem objektivrechtlichen *Gebot der Rücksichtnahme* drittschützende Wirkung zukommt, soweit in qualifizierter und zugleich individualisierter Weise auf schützwürdige Interessen eines erkennbar abgegrenzten Kreises Dritter Rücksicht zu nehmen ist. Die Qualifizierung betrifft die Schwere des Eingriffs, die Individualisierung den Kreis der Betroffenen. Die dogmatische Fundierung des Gebots der Rücksichtnahme ist bislang noch nicht zufriedenstellend geglückt.

Die objektivrechtliche Seite des Gebots war im Verfassungsrecht schon lange bekannt, ehe es in der Rspr. des BVerwG im Urt. v. 25.10.1967[39] erwähnt wurde. Nach dem grundlegenden Aufsatz von *Weyreuther*, Das baurechtliche Gebot der Rücksichtnahme und seine Bedeutung für den Nachbarschutz,[40] erkannte das BVerwG mit Urt. v. 25.02.1977[41] die auf Ausnahmen beschränkte Drittschutzwirkung des Rücksichtnahmegebots an. Während sich diese Rspr. in der Praxis verhältnismäßig rasch durchsetzte,[42] stieß sie im Schrifttum auf herbe Kritik.[43]

Die kritischen Äußerungen aus dem Schrifttum veranlassten das BVerwG, das Gebot der Rücksichtnahme zu relativieren.[44] Danach handelt es sich nicht um ein außergesetzliches, das gesamte Bau- und Planungsrecht umfassendes Gebot. Vielmehr muss es in den jeweils maßgeblichen Rechtsnormen verankert sein: In § 34 BauGB ist es im Begriff

37 BVerwG v. 22.06.1990, NVwZ 1991, 64.

38 BVerwG v. 17.10.1975, BVerwGE 49, 244 = DVBl 1976, 220, 715 m. Anm. *Schwabe*, vgl. auch *Hailbronner* DVBl 1979, 767.

39 BVerwG v. 25.10.1967, BVerwGE 28, 145 (152 f.); ferner BVerwG v. 06.02.1967, BVerwGE 28, 268 (274); v. 10.04.1968, BVerwGE 29, 286 (288); v. 03.03.1972, BRS 25 Nr. 39; v. 08.09.1973, BRS 25 Nr. 14; BVerwG v. 02.10.1998, DVBl 1999, 615 (619).

40 BauR 1975, 1.

41 BVerwG v. 25.10.1977, BVerwGE 52, 122 (126).

42 Vgl. BWVGH v. 13.03.1981, DVBl 1981, 928; BayVGH v. 13.12.1982, BayVBl 1983, 275; BremOVG v. 02.12.1980, UPR 1982, 25; HbgOVG v. 19.05.1981, UPR 1982, 29 (30); NWOVG v. 25.01.1978, AgrarR 1978, 170; OVG Lüneburg v. 17.11.1983, NJW 1985, 217; NdsOVG v. 23.06.2003, NordÖR 2003, 301 (302).

43 Repräsentativ *Breuer* DVBl 1982, 1065; *Hauth* BauR 1993, 673; *Sarnighausen* NVwZ 1993, 1054. Dabei wird mit verbalen Kraftakten (»Irrgarten des Richterrechts«, »Sackgasse«) nicht gespart. Wenn Versuche, das Gebot dogmatisch zu verankern, etwas »Rührendes und Tröstliches« haben, rührt es die Kritiker offenbar wenig, dass sie keine plausible Alternative anbieten können. Zum praktischen Umgang mit dem Gebot *Jäde* JuS 1999, 961. Positiv *Mampel* DVBl 2000, 1830.

44 Distanzierend auch BVerwG v. 13.05.2002, DÖV 2002, 1043.

des »Einfügens« enthalten,[45] bei § 35 III BauGB gehört es zu den öffentlichen Belangen[46] namentlich des § 35 III Nr. 3 BauGB;[47] schließlich wird es durch § 15 I BauNVO konkretisiert.[48]

§ 15 I BauNVO ist an sich nur anwendbar, wenn ein Vorhaben in Übereinstimmung mit den Festsetzungen eines Bebauungsplans steht oder wenn es als Ausnahme zugelassen werden könnte. Erst recht gelangt man über § 15 I BauNVO zum Gebot der Rücksichtnahme, wenn ein Vorhaben den Festsetzungen des Bebauungsplans widerspricht.[49]

Das Gebot der Rücksichtnahme gilt also generell nur, soweit eine einfachgesetzliche objektivrechtliche Normierung besteht, die sich *in Ausnahmefällen* doch als *Schutznorm* interpretieren lässt.[50]

Fehlt eine Schutznorm und greift das Gebot der Rücksichtnahme nicht, kann immer noch der Eingriff so schwer und unerträglich sein, dass der *Nachbarschutz durch unmittelbaren Rückgriff auf Art. 14 GG* gerechtfertigt wird. Das war jedenfalls der Ansatz der früheren Rspr.[51] Der Rückgriff auf Art. 14 GG erwies sich in der Folgezeit jedoch zunehmend als nur theoretische Möglichkeit. Praktisch ging die Inflation der Schutznormen i.V.m. dem Gebot der Rücksichtnahme so weit, dass sich der Verfassungszugriff erübrigte. Die jüngere Rspr. gewährt Nachbarschutz grundsätzlich nur noch, soweit ihn der Gesetzgeber auch normiert hat.[52] Allenfalls bei Regelungslücken, also wenn eventuell drittschützende Normen völlig fehlen, bleibt Raum für einen Rückgriff auf Grundrechte. Falsch wäre es jedenfalls, die Klagebefugnis auf Schutznormen und Grundrechte *zugleich* zu stützen. Ob das Urteil vom 21.04.2009 (DVBl 2009, 913) eine Kurskorrektur 16

45 BVerwG v. 26.05.1978, BVerwGE 55, 369 (386); v. 30.09.1983, ZfBR 1984, 92 (93); BWVGH v. 03.03.1983, NVwZ 1984, 44; v. 27.02.1992, NJW 1992, 2170; v. 14.01.1993, DVBl 1993, 652.

46 BVerwG v. 25.02.1977, BVerwGE 52, 122; v. 03.06.1977, BVerwGE 54, 79; v. 18.06.1982, UPR 1983, 95; v. 18.02.1983, BVerwGE 67, 33 (39); NdsOVG v. 27.07.2001, NVwZ-RR 2002, 19; NWOVG v. 15.11.2005, DÖV 2006, 305.

47 BVerwG v. 28.07.1999, BRS 62 Nr. 189.

48 BVerwG v. 05.08.1983, BVerwGE 67, 334; v. 25.01.2007, DÖV 2007, 795 (796); BWVGH v. 16.10.1996, NVwZ-RR 1998, 96. Zu den materiellen Anforderungen: BVerwG v. 20.03.2003, NVwZ 2003, 1516.

49 Insoweit zutreffend BVerwG v. 06.10.1989, BVerwGE 82, 343. Die weitere Berücksichtigung der Interessenbewertung des § 31 II BauGB zeigt, dass das BVerwG noch nicht zum richtigen Weg zurückgefunden hat. Widerspricht bzw. widerspräche ein Vorhaben den Festsetzungen eines Bebauungsplans, ist aber eine Befreiung nach § 31 II BauGB möglich, so besteht nach der Rspr. des BVerwG in vollem Umfang Nachbarschutz; der Nachbar kann die Verletzung objektiven Rechts rügen. Wäre nicht einmal eine Befreiung möglich, müsste umso mehr umfassender Nachbarschutz gegeben sein; der Nachbar müsste jeden Verstoß gegen einen Bebauungsplan rügen können. Damit bricht jedoch das ganze System zusammen. Auch § 31 II BauGB vermittelt daher nur Drittschutz, soweit von nachbarschützenden Festsetzungen abgewichen wird (Rn. 12).

50 BVerwG v. 19.09.1986, BauR 1987, 70. Außerhalb des Baurechts gibt es Ansatzpunkte für das Gebot der Rücksichtnahme etwa in § 4 I S. 2 WHG; vgl. BVerwG v. 15.07.1987, DVBl 1988, 237 m. Anm. *Kunig;* s. auch *Knauber*, NVwZ 1988, 997. Materiell-rechtlich wird das Gebot der Rücksichtnahme ebenfalls relativiert, nämlich dann, wenn sich der Vorhabenträger auf Privilegierungen berufen kann. *Beispiel:* Das öffentliche Interesse an einem offenen Strafvollzug geht dem Abwehrinteresse der Eigentümer von Nachbargrundstücken vor; so NWOVG v. 13.11.1984, NJW 1985, 2350 (bedenklich).

51 BVerwG v. 13.06.1969, BVerwGE 32, 173; v. 14.12.1973, BVerwGE 44, 244 (246); vgl. auch *Schenke* Rn. 517. Beim eingerichteten und ausgeübten Gewerbebetrieb geht das BVerwG noch einen Schritt weiter. Dort sind Erwerbschancen eigentumsrechtlich zwar nicht gesichert; sind diese Chancen aber objektivrechtlich geschützt und wurde der Gewerbebetrieb auf sie aufgebaut, dürfen sie jedenfalls dann nicht durch Maßnahmen der Verwaltung entzogen werden, wenn dadurch der Bestand des Gewerbebetriebs ernsthaft in Frage gestellt würde; vgl. Urt. v. 01.12.1982, NVwZ 1983, 151.

52 BVerwG v. 26.09.1991, BVerwGE 89, 69; NdsOVG v. 22.03.1996, NVwZ 1996, 918 (919); *Würtenberger* Rn. 293.

bedeutet, lässt sich nicht voraussagen. Danach ist der Eigentümer eines geschützten Kulturdenkmals berechtigt, die denkmalrechtliche Genehmigung eines benachbarten Vorhabens anzufechten, wenn das Vorhaben die Denkmalwürdigkeit seines Vorhabens möglicherweise erheblich beeinträchtigt. Hier liegt es nahe, die benachbarten Bauten als Ensemble zu verstehen, das einheitlich geschützt wird.

**17** Auf die Eingriffsschwere – wie generell auf die Verletzung einer Schutznorm – kommt es nicht an, wenn sich der angegriffene VA *unmittelbar* auf das Grundstück des klagenden Nachbarn auswirkt.[53] Genau genommen handelt es sich hier nicht um eine Nachbarklage, sondern um eine Drittbetroffenenklage. Der unmittelbar betroffene Eigentümer ist hier materiell (Mit-)Adressat des angegriffenen VA – ebenso der Eigentümer gegen jeden Bebauungsplan, der Festsetzungen über die Nutzung seines Grundstücks trifft, der antragsbefugt im Normenkontrollverfahren ist und auch im Veräußerungsfall bleibt.[54] Damit schließt sich der Kreis der Möglichkeiten im Baunachbarstreit.

**18** Insgesamt lässt sich festhalten, dass zahlreiche Möglichkeiten bestehen, auch bei Fehlen nachbarschützender Normen zum Nachbarschutz zu gelangen. Die Versuchung ist groß, noch einen Schritt weiterzugehen und aus dem Gedanken des nachbarlichen Austauschverhältnisses die *potentiell nachbarschützende Wirkung jeder Norm des materiellen Baurechts* abzuleiten.[55] Dadurch würde aber die ausgefeilte Systematik des BVerwG »kippen« und die Flexibilität in Rechtsunsicherheit umschlagen. Das BVerwG hat zu Recht dieser Absicht eine klare Absage erteilt.[56] Ob es heute immer noch so konsequent entscheidet, erscheint im Hinblick auf die Rspr. zum *Abwägungsgebot* zweifelhaft. Eine deutliche Stellungnahme wäre hier wünschenswert.

Sind bei der Erteilung einer Baugenehmigung öffentliche und private Belange abzuwägen, streiten die öffentlichen Belange in aller Regel nicht *für* das Vorhaben. Wo keine Begünstigung des Bauherrn möglich ist, scheidet auch eine Belastung Dritter aus. Wird von der Genehmigungsbehörde fälschlich die Verletzung öffentlicher Belange verneint, berührt das den Nachbarn nicht, da seine individuelle Rechtsposition durch diese Belange nicht beeinflusst wird. Anders als bei der gemeinnützigen Planfeststellung droht ihm keine Enteignung, die nur zum Wohl der Allgemeinheit zulässig wäre. Im Baurecht setzt das Abwägungsgebot den Nachbarschutz voraus, kann ihn also nicht erst begründen.

## C. Planfeststellungsrechtliche Nachbarklage

**19** Stärker als (schlichte) bauliche Anlagen belasten planfeststellungsbedürftige Vorhaben die Umgebung. Das formelle Planfeststellungsrecht richtet sich grundsätzlich nach den §§ 72–78 VwVfG. Das materielle Planfeststellungsrecht ist in den jeweiligen Fachplanungsgesetzen geregelt. Bei der *Planfeststellung* handelt es sich um eine mit bestimmten Rechtsfolgen ausgestattete behördliche Feststellung eines Plans zur Errichtung – in Ausnahmefällen auch zum Betrieb – konkreter Anlagen.[57] Der Nachbarschutz gegen solche Anlagen hängt vor allem von der Wirksamkeit des Rechtsschutzes gegen die Planung selbst ab.[58] Was den Nachbarschutz gegen den »Betrieb« solcher Anlagen und Vorhaben angeht (Betrieb eines Flughafens oder Bahnhofs; Benutzung einer Bundesfernstraße), so kann sinngemäß auf die immissionsschutzrechtlichen Grundsätze verwiesen

53 BVerwG v. 21.09.1984, DÖV 1985, 362.
54 BVerwG v. 01.08.2001, DÖV 2002, 128.
55 So NWOVG v. 10.09.1982, NVwZ 1983, 414.
56 Beschl. v. 16.08.1983, NVwZ 1984, 38.
57 Einzelheiten bei *Ronellenfitsch* VerwArch 1989, 93.
58 Vgl. *Ronellenfitsch* NVwZ 1999, 583; *Stüer* DVBl 1999, 513.

werden.[59] Der Rechtsschutz gegen Zulassung planfeststellungsbedürftiger Vorhaben unterscheidet sich im Hinblick auf die Klagebefugnis nicht grundlegend von der Baunachbarklage.

Das folgt schon aus der Verwandtschaft des Planfeststellungsbeschlusses mit der Baugenehmigung. Wie die Baugenehmigung ist der Planfeststellungsbeschluss ein feststellender VA (§ 75 I S. 1 Halbs. 1 VwVfG), der ein präventives Verbot mit Erlaubnisvorbehalt aufhebt.[60] Das Wesen des Planfeststellungsbeschlusses macht aber erst die über die Zulassungswirkung hinausgreifende Konzentrations-, Gestaltungs- und Ausschlusswirkung aus, die den Rechtsschutz beeinflussen. Vor allem wird nicht die auf der Grundlage eines Konditionalprogramms (Wenn/dann-Schema) ausgesprochene Genehmigung einer fertig konzipierten Anlage angegriffen, sondern eine (final programmierte) Planungsentscheidung. Planung bedeutet einerseits planerische Gestaltungsfreiheit. Andererseits wird gerade diese Freiheit durch das *Abwägungsgebot* begrenzt, das im Zusammenhang mit der Bauleitplanung schon erwähnt wurde[61] und das bei allen Planungen, also auch bei Fachplanungen, gilt.[62] Das Abwägungsgebot besagt, dass alle für die Planung relevanten öffentlichen und privaten Belange untereinander und gegeneinander abzuwägen sind. Eine vollständige Abwägung liegt somit nur vor, wenn wirklich *alle* Belange berücksichtigt wurden. Daraus könnte man schließen, dass ein Kläger auch die Fehleinschätzung oder -gewichtung objektiver Belange rügen darf, weil dadurch möglicherweise die Abwägung seiner Belange nachteilig beeinflusst wurde. Von diesem Ansatz ist es aber – ähnlich wie bei der Baunachbarklage – nur ein Schritt zur objektiven Rechtskontrolle. Das BVerwG räumte daher zutreffend dem von der Planung Betroffenen mit dem Recht auf eine gerechte Abwägung zwar ein subjektives öffentliches Recht ein, das sich aber seinem Gegenstand nach nur auf die *eigenen Belange* des Betroffenen bezog.[63] Das Urteil v. 18.03.1983[64] erweitert den »Nachbarschutz« nur bei vordergründiger Betrachtung. Solle danach die Planfeststellung dazu dienen, dem Kläger Grundeigentum notfalls im Wege der Enteignung zu entziehen, dann komme der Eigentumsschutz des Art. 14 GG *voll* zur Geltung; d.h., die Verletzung des Abwägungsgebots kann auch unter Berufung auf öffentliche Belange gerügt werden. Das ist nur folgerichtig. Bei *unmittelbarer* Eigentumsbeeinträchtigung muss auch im Baunachbarstreit keine Schutznorm gesucht werden. Ein in das Eigentum eines privaten Klägers eingreifender Planfeststellungsbeschluss (genauer: ein Planfeststellungsbeschluss, der die Voraussetzung für eine Enteignung schafft[65]) ist nur dann durch das Wohl der Allgemeinheit (Art. 14 III GG) gerechtfertigt, wenn er insgesamt gesetzmäßig ist, also nicht an formellen oder materiellen Fehlern leidet.[66] Die Schutznormtheorie kommt hier gar nicht zum Zug, weil von vornherein Art. 14 GG Anwendung findet. Daraus folgt indessen, dass die Geltendmachung aller Abwägungsbelange auf den Schutz des Privateigentums beschränkt bleiben muss. Ansonsten gilt nach wie vor: Gerügt werden können nur eigene abwägungsrelevante Belange der Planbetroffenen.

Die Wurzeln der Planfeststellung liegen im Eisenbahnrecht.[67] Mit der *eisenbahnrechtlichen Planfeststellung* befasst sich § 18 AEG.[68] Für den Planfeststellungsbeschluss bestehen die üblichen Anforderungen an eine gemeinnützige Planfeststellung.[69] 20

59 Vgl. Rn. 32 ff. Über sicherheitstechnische Fragen ist in (Bau)-Planfeststellungsbeschlüssen grundsätzlich nicht zu entscheiden; BVerwG v. 08.07.1998, NVwZ 1999, 70.
60 BVerwG v. 22.02.1980, Buchholz 407 § 17 FStrG Nr. 33, S. 98 (100).
61 Vgl. § 14 Rn. 22.
62 Vgl. nur BVerwG v. 07.07.1978, BVerwGE 56, 110 (116 f.); ferner *Kühling/Herrmann* Fachplanungsrecht, 2. Aufl. 2000, Rn. 311 ff.
63 BVerwG v. 14.02.1975, BVerwGE 48, 56.
64 BVerwG v. 18.03.1983, BVerwGE 67, 74 = DVBl 1984, 140 m. Anm. *Schwabe* und *Broß* DÖV 1985, 253.
65 Zum Übernahmeanspruch nach § 74 II 3 VwVfG BVerwG v. 06.06.2002, NVwZ 2003, 219.
66 Insofern richtig RhPfOVG v. 30.10.1984, DÖV 1985, 157.
67 *Blümel* Die Bauplanfeststellung I, 1961, S. 84 ff.
68 Die §§ 72 ff. VwVfG werden konkretisiert durch die verwaltungsinternen Richtlinien für den Erlass planungsrechtlicher Zulassungsentscheidungen für Betriebsanlagen der Eisenbahnen des Bundes nach § 18 AEG sowie für Betriebsanlagen von Magnetschwebebahnen nach §§ 1 und 2 MBPlG, (Pf-RL) Ausgabe 01/2003.
69 Immer noch grundlegend BVerwG v. 14.12.1979, BVerwGE 59, 253 (257).

Nachbarklagen bezogen sich schon unter der Geltung des alten § 36 BBahnG vorwiegend auf Schutzvorkehrungen[70] und Folgemaßnahmen,[71] namentlich im Hinblick auf die Wahrung der Belange von Naturschutz und Landschaftspflege.[72] Eine Prozesswelle vor dem BVerwG lösten die Eisenbahnprojekte im Zuge der deutschen Einigung aus.[73] Die wohl spektakulärsten eisenbahnrechtlichen Nachbarklagen betrafen die Verkehrsanlagen im Zentralen Bereich von Berlin,[74] namentlich den Tiergartentunnel.[75] Zu Kontroversen führten immer wieder die Umnutzung bisheriger Bahnanlagen[76] und die Wiederinbetriebnahme stillgelegter Bahnanlagen.[77] Im Vordergrund steht nach wie vor der Schallschutz.[78] Als misslich erwies sich, dass sich die für das Eisenbahnrecht und Fernstraßenrecht zuständigen Senate des BVerwG nicht über die Verortung der Verhältnismäßigkeitsprüfung nach § 41 II BImSchG im System der Planprüfung einigen konnten.[79] In jüngster Vergangenheit ging es um die Planrechtfertigung (BWVGH v. 07.07.2009, DVBl 2009, 1393), die Duldung von Vorarbeiten (BayVGH v. 22.10.2008, ZUR 2009, 103), den Rückbau von Bahnübergängen (BVerwG v. 04.08.2008, NVwZ 2008, 1237) und weiterhin um Lärmschutz (BVerwG v. 09.07.2008, DöV 2009, 258; BayVGH v. 11.07.2008, BayVBl 2009, 304; BremOVG v. 12.12.2007, NordÖR 2008, 128).

21 Mit der praktisch bedeutsamsten *straßenrechtlichen Planfeststellung*, insbesondere der Planfeststellung für Bundesfernstraßen, beschäftigt sich eine reichhaltige Rechtsprechung, und auch literarisch ist die Materie gut aufbereitet.[80] Dennoch gibt es in verfahrens- und materiell-rechtlicher Hinsicht noch zahlreiche offene Fragen.[81] Beispielsweise ist die Reichweite des Abwägungsgebots im Zusammenhang mit Zwangspunkten und im Verhältnis zur Planrechtfertigung noch nicht abschließend geklärt.[82] Die meisten Nachbarstreitigkeiten betreffen den Lärmschutz[83] und den Schutz vor Luftverunreinigungen,[84] wie generell die Auslegung des früheren § 17 IV FStrG, nunmehr § 74 II S. 2 und 3 VwVfG. Infolge einer unnötigen Kontroverse mit dem EuGH[85] wird auch häufig

70 BVerwG v. 14.12.1979, BVerwGE 59, 253.
71 BVerwG v. 12.02.1988, DVBl 1988, 843.
72 BVerwG v. 14.04.1989, BVerwGE 82, 17.
73 BVerwG v. 29.04.1993 – 7 A 2.92 –, DVBl 1993, 381; – 7 A 3.92 –, DVBl 1993, 888; v. 30.08.1993, NVwZ 1994, 371; v. 27.01.1995, NVwZ 1995, 586; v. 22.02.1995, DÖV 1995, 779; vgl. auch *Paetow* DVBl 1994, 94; *Vallendar* UPR 1995, 296 (299 f.).
74 Hierzu *Ronellenfitsch* in: J. Ipsen (Hrsg.), Verfassungsrecht im Wandel, 1995, S. 167; *ders.* in: Heckel (Hrsg.), Die innere Einheit Deutschlands, 1996, S. 79 ff.
75 Vgl. etwa BVerwG v. 28.11.1995, NVwZ 1996, 389; v. 18.04.1996, DVBl 1996, 921.
76 BVerwG v. 26.02.1996, Buchholz 442.09 § 18 AEG Nr. 12.
77 BVerwG v. 28.10.1998, BVerwGE 107, 350; v. 17.11.1999, DVBl 2000, 796; v. 12.04.2000, DVBl 2000, 1344. Zur Änderung eines Schienenwegs BVerwG v. 26.08.1998, NVwZ 1999, 535. Zur Wiederertüchtigung der Anhalter Bahn in Berlin BVerwG v. 24.09.2003, DVBl 2004, 380.
78 Vgl. BVerwG v. 13.11.2001, DVBl 2002, 276 (Rücksichtnahme); v. 14.11.2001, BVerwGE 115, 237; v. 03.03.2004, DVBl 2004, 953 (»besonders überwachtes Gleis«).
79 Vgl. einerseits BVerwG v. 05.03.1997, BVerwGE 104, 123; v. 15.03.2000, BVerwGE 110, 370 (380 ff.); v. 24.09.2003, DVBl 2004, 380 (381); v. 03.03.2004, DVBl 2004, 953 (954) andererseits v. 28.01.1999, BVerwGE 108, 248.
80 Vgl. nur *Marschall/Schroeter/Kastner* FStrG, 5. Aufl., Vor § 16.
81 Nachw. bei *Ronellenfitsch* VerwArch 1989, 109.
82 Hierzu BVerwG v. 06.12.1985, BVerwGE 72, 282 (288); v. 24.11.1989, DVBl 1989, 424. Vgl. auch BVerwG v. 08.06.1995, BVerwGE 98, 339; v. 21.03.1996, DVBl 1996, 914; v. 18.07.1997, Buchholz 407.4 § 17 FStrG Nr. 131.
83 Grundlegend BVerwG v. 14.02.1975, BVerwGE 48, 56; v. 22.05.1987, BVerwGE 77, 295 und v. 20.10.1989, BVerwGE 84, 31 (39 ff.). Ferner *Michler* Rechtsprobleme des Verkehrsimmissionsschutzes, 1993. Zur 16. BImSchV v. 12.06.1990 (BGBl. I S. 1036) BVerwG v. 17.03.1992, DVBl 1992, 1103; v. 08.06.1995, NVwZ 1996, 382; v. 10.07.1995, NVwZ-RR 1996, 188. Zu § 41 BImSchG BVerwG v. 10.01.1996, NVwZ 1997, 274; v. 29.01.1999, BauR 1999, 867.
84 BVerwG v. 16.10.2001, DVBl 2002, 275.
85 Urt. v. 09.08.1994, Slg. 1994, I-3717= DVBl 1994, 1126; vgl. auch v. 11.08.1995, DVBl 1996, 424.

über die Notwendigkeit einer UVP gestritten,[86] die indessen keinen Nachbarschutz begründet. Der Umweltschutz ist durch die Klagebefugnis der einschlägigen Verbände hinreichend gewährleistet, die die exzessive Rspr. zu den »faktischen« Vogelschutzgebieten[87] erst ermöglicht hat. Ein sachlicher Grund, § 17 IV 1 FStrG a.F. nicht auf anerkannte Naturschutzvereine anzuwenden,[88] war nicht erkennbar.

Gestritten wird immer noch um die FFH-Gebote (BVerwG v. 13.05.2009, NVwZ 2009, 2296) und um die Trassenauswahl (BVerwG v. 24.04.2009, NVwZ 2009, 986) etwa im Zusammenhang mit dem Schutz von Heilquellen (BVerwG v. 09.07.2008, BVerwGE 131, 274 [Bad Oynhausen]).

Die *personenbeförderungsrechtliche Planfeststellung* lehnte sich eng an die straßenrecht- 22
liche Planfeststellung an. Das merkt man ihr trotz der Maßgeblichkeit der §§ 72 ff. VwVfG[89] immer noch an.

Sonderprobleme betreffen die Abgrenzung von § 13 PBefG zu § 28 PBefG, also weniger das spezifische Planungsrecht. Die Genehmigung zur Einrichtung und zum Betrieb eines Linienverkehrs mit Bussen nach § 13 PBefG ist nicht nachbarschützend.[90]

Besonders zahlreich sind die Nachbarstreitigkeiten bei der *luftrechtlichen Planfeststel-* 23
*lung* und (isolierten) *Genehmigung*. Die Grundsätze des planungsrechtlichen Nachbarschutzes finden uneingeschränkt Anwendung, auch soweit es sich um privatnützige Planfeststellungen handelt.[91]

Bei der Zulassung von *Verkehrsflughäfen* kann eine Planfeststellung nach den §§ 8 ff. LuftVG zusätzlich zur Genehmigung nach § 6 LuftVG ergehen.

Bis zur Einfügung des § 8 VI LuftVG durch das PlVereinfG war die Genehmigung neben der Planfeststellung zwingend vorgesehen. Während das BVerwG der als leere Hülse bezeichneten Genehmigung anfänglich jegliche Drittwirkung absprach,[92] gestand es später den Gemeinden zum Schutz ihrer Planungshoheit ein Klagerecht, beschränkt auf die Rüge der Verletzung formaler Beteiligungsrechte im Genehmigungsverfahren, zu.[93] Die inhaltliche Angreifbarkeit der Genehmigungsentscheidung durch die Gemeinden und die Klagebefugnis von Bürgern lehnt das BVerwG in st. Rspr. zutreffend ab.[94]

Der Planfeststellungsbeschluss ist angreifbar wie alle anderen Planfeststellungsbeschlüsse auch. Gerade hier steht der Lärmschutz im Vordergrund.[95]

---

86 BVerwG v. 08.06.1995, BVerwGE 98, 339 (356 ff.); v. 25.01.1996, NVwZ 1996, 788; zur FFH-RL BVerwG v. 19.05.1998, BVerwGE 107, 1; vgl. auch *Zeichner* NVwZ 1999, 32; zur Abschnittsbindung in der UVP BVerwG v. 10.04.1997, NVwZ 1999, 508.

87 BVerwG v. 14.11.2002, DVBl 2003, 534. Vgl. aber auch BVerfG, KB v. 23.10.2002, NVwZ 2003, 199.

88 So BVerwG v. 27.02.2003, BVerwGE 118, 15.

89 Vgl. BVerwG v. 27.01.1988, UPR 1988, 189. Zur Planfeststellung nach dem PBefG *Pechan* Die personenbeförderungsrechtliche Planfeststellung, 1994.

90 HessVGH v. 29.08.1986, UPR 1988, 189. Vgl. auch VG Münster v. 07.03.1989, NVwZ-RR 1990, 71; BVerwG v. 20.12.1989, NJW 1990, 930.

91 BVerfG, KB v. 11.11.2000, DVBl 2003, 192.

92 Urt. v. 11.10.1968, DÖV 1968, 283; ferner BVerwG v. 14.02.1969, DVBl 1969, 362; v. 23.03.1974, DVBl 1974, 562.

93 Beschl. v. 21.02.1973, DÖV 1973, 342; ferner BVerwG v. 29.11.1973, ZLW 1975, 58; v. 07.07.1978, BVerwGE 56, 110; v. 11.12.1978, DÖV 1979, 517; v. 22.06.1979, NJW 1980, 718; v. 08.03.1983, ZLW 1983, 276; v. 20.11.1987, DVBl 1988, 532.

94 Vgl. *Ronellenfitsch* DVBl 1984, 506 f. m.w.N.

95 Vgl. *Renziehausen* Schutz vor Fluglärm, Diss. Speyer 1991; *Quaas* NVwZ 1991, 16; *Czybulka/Wandres* DÖV 1990, 1033; BVerwG v. 27.10.1998, BVerwGE 107, 313; v. 24.07.2008, BVerwGE 131, 314 (Leipzig/Halle); BWVGH v. 25.11.1988, NVwZ-RR 1989, 530.

Da – nach der Fertigstellung des Flughafens München II[96] – und der von der höchstrichterlichen Rspr. gebilligten[97] Planfeststellung des Großflughafens Berlin-Brandenburg-International kein weiterer Verkehrsflughafen geplant ist, werden sich die verwaltungsgerichtlichen Auseinandersetzungen auf die unerlässlichen Erweiterungen und Änderungen bestehender Verkehrsflughäfen konzentrieren.[98] Hier ist das Verhältnis von Genehmigung und Planfeststellung noch problematischer als bei der erstmaligen Anlegung von Flughäfen. Die Genehmigung, gewissermaßen die Eintrittskarte zum Planfeststellungsverfahren, kann hier nicht vorgreiflich sein; denn sie liegt bereits vor. Sie braucht vor Erlass eines Planänderungsbeschlusses nicht geändert zu werden,[99] sondern ist lediglich nach § 6 IV S. 1 LuftVG dem Ergebnis der Änderungsplanfeststellung anzupassen. Drittwirkung kann somit lediglich der Planänderungsbeschluss entfalten. Wesentliche betriebliche Änderungen erfordern umgekehrt keine Planfeststellung. Die Änderungsgenehmigung nach § 6 IV S. 2 LuftVG ist daher mit der isolierten Genehmigung bei der Erstanlegung von Flugplätzen vergleichbar und folglich angreifbar. Hochbauten erfordern eine zusätzliche (bauordnungsrechtliche) Baugenehmigung, müssen aber u.U. auch im Planfeststellungsverfahren abgewogen werden. Die Entscheidung der Planfeststellungsbehörde, von einer Planfeststellung abzusehen, kann von Dritten im Rahmen der gegen die Baugenehmigung erhobenen Anfechtungsklage angefochten werden.[100] Im Übrigen führt aber der Verzicht auf die Durchführung des luftrechtlichen Verfahrens i.d.R. nicht zu einer Verletzung von Nachbarschaftsrechten.[101]

Da die Anlegung oder wesentliche Änderung *militärischer Flugplätze* ebenfalls der luftrechtlichen Genehmigung[102] bedarf,[103] ist auch insoweit der Rechtsschutz für Nachbarstreitigkeiten eröffnet. Ob dagegen die Genehmigung der zivilen Mitbenutzung eines Militärflugplatzes die Rechte von Nachbarn überhaupt beeinträchtigen kann, hängt von den Umständen des Einzelfalls ab.[104]

**24** Die *wasserwirtschaftliche Planfeststellung* ist bundesrechtlich in § 31 WHG geregelt. Zwar handelte es sich nur um eine Rahmenvorschrift, die auf Ergänzung durch die Landeswassergesetze angelegt war.[105] Innerhalb des Rahmens hat der Bund aber einige Vollregelungen getroffen (Begriff des Gewässers, Abgrenzung zwischen Unterhaltung und Ausbau). Vor allem erwähnt § 31 V WHG die Rechte anderer[106] nicht zuletzt, um privatnützige[107] Ausbauvorhaben planfeststellungs- oder genehmigungsfähig zu machen. Durch die Föderalismusreform ist insoweit keine Änderung eingetreten (vgl. Art. 125 b GG, Art. 72 III Nr. 5 GG, Art. 74 I Nr. 32 GG).

Zu beachten ist aber, dass die Rechtsposition des Grundeigentümers nicht den unveränderten Erhalt der Nutzungsart der Nachbargrundstücke zum Gegenstand hat. Ein Gewässerausbau, der sich negativ auf die Nutzbarkeit benachbarter Grundstücke auswirkt, kann nicht abgewehrt werden.[108] Auch der Verlust

---

96 Vgl. BVerwG v. 21.02.1973, ZLW 1973, 301; v. 11.12.1978, Buchholz 442.40 § 6 LuftVG Nr. 10; v. 02.10.1979, BVerwGE 58, 344; v. 27.01.1982, DÖV 1982, 323; v. 04.02.1982, BVerwGE 65, 27; v. 27.05.1983, BVerwGE 67, 206; v. 05.12.1986, BVerwGE 75, 214; v. 29.01.1991, BVerwGE 87, 332; BVerfG v. 27.04.1992 – 1 BvR 507/92 –; BayVGH v. 27.07.1989, DVBl 1989, 114 (München II).

97 BVerfG v. 20.02.2008, NVwZ 2008, 775 (780).

98 Vgl. BVerwG v. 20.08.1990, NVwZ-RR 1991, 8; v. 05.10.1990, NVwZ-RR 1991, 118; BWVGH v. 19.06.1989, DVBl 1990, 110 (Stuttgart); v. 15.09.1999, LKV 2000, 211 (Dresden).

99 BVerwG v. 05.12.1986, BVerwGE 75, 214.

100 BVerwG v. 26.09.2001, BVerwGE 115, 159 (zweifelhaft).

101 BayVGH v. 24.09.2003, DÖV 2004, 170.

102 §§ 6, 30 I u. III LuftVG; *Ronellenfitsch* DÖV 1994, 45.

103 BVerwG v. 16.12.1988, BVerwGE 81, 95; v. 16.10.2008, BVerwGE 132, 152 (Weeze).

104 Vgl. etwa BVerwG v. 11.07.2001, NVwZ 2003, 350 (Bitburg).

105 Vgl. HbgOVG v. 22.03.2000, DVBl 2000, 1869.

106 Zum Begriff BayVGH v. 18.04.1977, BayVBl 1977, 699. Vgl. auch HessVGH v. 07.02.1991, NVwZ-RR 1991, 537.

107 Zur privatnützigen Planfeststellung nach wie vor überzeugend BVerwG v. 10.02.1978, BVerwGE 55, 220.

108 BGH v. 22.05.1967, BGHZ 48, 46 zur Errichtung von Wassersportanlagen in der Nähe eines Villengrundstücks.

der Uferlage infolge von Ausbaumaßnahmen begründet noch kein Abwehrrecht.[109] Dennoch handelt es sich bei den Rechten anderer um private Belange, die bei der planerischen Abwägung zu berücksichtigen sind. Wurden sie nicht oder nur unzureichend berücksichtigt, so begründet das die Klagebefugnis. Auf die Verkennung bloß tatsächlicher Interessen des Klägers kann eine Klage dagegen nicht gestützt werden.[110]

Zur durch die Flutkatastrophen zu Unrecht in Misskredit geratenen *wasserstraßenrechtlichen Planfeststellung* kann pauschal verwiesen werden auf den Beschl. des BVerwG v. 15.10.1991 (DÖV 1992, 533). Stromregulierungsmaßnahmen, die den planungsrechtlichen Bestand einer Wasserstraße nicht wesentlich ändern, sind nur Unterhaltsmaßnahmen (§ 8 I 1 WaStrG), fallen also nicht unter § 14 I 1 WaStrG.[111] 25

Die *flurbereinigungsrechtliche Planfeststellung* weicht im Hinblick auf den Rechtsschutz von den sonstigen Planfeststellungen ab. Das hängt mit der Struktur des in zwei Abschnitte unterteilten Flurbereinigungsverfahrens zusammen. Der erste Abschnitt hat ausschließlich kollektiven, der zweite Abschnitt individuellen Bezug. Die Feststellung des Wege- und Gewässerplans nach § 41 FlurbG fällt in den ersten Abschnitt.[112] Der Rechtsschutz der einzelnen Teilnehmer am Flurbereinigungsverfahren und die Vorverlagerung des Rechtsschutzes in das Verwaltungsverfahren können jedoch nur an den zweiten Abschnitt (Klärung der privaten Rechtsverhältnisse durch den Flurbereinigungsplan) anknüpfen. Durch die Feststellung des Wege- und Gewässerplans werden die Teilnehmer nicht individuell, sondern nur als Gesamtheit betroffen. Verfahrensbeteiligung und Rechtsschutz sind beim Vorstand der Teilnehmergemeinschaft gebündelt. Nur dieser ist klagebefugt.[113] Für die Gemeinden macht das BVerwG eine – wenig überzeugende – Ausnahme.[114] 26

Der *abfallrechtlichen Planfeststellung*[115] hätte eigentlich die Zukunft gehören sollen; denn die geordnete Abfallverwertung und -entsorgung ist bei allen Abfallvermeidungsbestrebungen das zentrale Problem des modernen Umweltschutzes. 27

Die Standortsuche und -durchsetzung von Abfallentsorgungsanlagen erwies sich aber als frustrierendes Unterfangen, weil die Zulassung von Abfallentsorgungsanlagen namentlich durch Planfeststellungsbeschlüsse jeweils zu einer Prozesslawine führte, die auch die Abfalltransporte erfasste.[116] Gerade hier, wo Verhinderung Verlagerung bedeutet, kam es auf die Ausgewogenheit des Rechtsschutzes an. Dabei fiel auf, dass sich bei der abfallrechtlichen Planfeststellung Reste des Regelungsmodells der Unternehmergenehmigung erhalten hatten. Nach (fragwürdiger) Ansicht des BVerwG gibt es bei der Zulassung von Abfallentsorgungsanlagen zwar keine rein privatnützigen Planungen, so dass die Unterscheidung von gemeinnützigen und privatnützigen Planfeststellungen im Rahmen des § 8 AbfG nicht zum Tragen kam.[117] Damit sollte aber wohl nur zum Ausdruck gebracht werden, dass die Abfallentsorgung immer im Wohl der Allgemeinheit liegt. Träger privater Anlagen können daneben durchaus eigennützige, unternehmerische Zwecke verfolgen. Dementsprechend war § 8 III AbfG konditional ausgestaltet, was die klare Unterscheidung drittschützender und nicht drittschützender Bestimmungen erleichterte. Durch das InvWoBaulG wurden die ortsfesten Abfallentsorgungsanlagen dem Regime des BImSchG unter-

---

109 BGH v. 20.10.1967, BGHZ 48, 340; BWVGH v. 01.10.1975, ESVGH 26, 121 (124 ff.); BayVGH v. 05.12.1978, BayVGHE 32, 59 (65 ff.).

110 Zutreffend *Steinberg* Nachbarrecht IV, Rn. 38, gegen BayVGH v. 26.06.1979, BayVBl 1979, 632 (633).

111 BVerwG v. 05.12.2001, BVerwGE 115, 294.

112 Überblick bei *Ronellenfitsch* VerwArch 1989, 118.

113 BVerwG v. 06.02.1986, BVerwGE 74, 1.

114 Urt. v. 06.03.1986, BVerwGE 74, 84; insoweit ablehnend *Ronellenfitsch* VerwArch 1988, 341.

115 *Kleinschnittger* Die abfallrechtliche Planfeststellung, 1992; *Ebling* Beschleunigungsmöglichkeiten bei der Zulassung von Abfallentsorgungsanlagen, 1993.

116 Zum (zutreffend verneinten) Drittschutz gegen eine Verbringungsgenehmigung nach § 13 I 2 Nr. 4 c AbfG BWVGH v. 09.10.1989, DVBl 1990, 60.

117 Urt. v. 09.03.1990, DVBl 1990, 589 m. Anm. *Weidemann.*

stellt, also als echte Unternehmergenehmigungen ausgestaltet. Der planungsrechtliche Einschlag blieb aber, wie die Novellierung von § 38 BauGB zeigt, erhalten. Ob die gebundene Zulassungsentscheidung im Interesse der kommunalen Planungshoheit zu einer echten Abwägungsentscheidung umfunktioniert werden darf,[118] erscheint gleichwohl fraglich. Mehr spricht dafür, den kommunalen Belangen durch Nebenbestimmungen, wie sie üblicherweise bei Unternehmergenehmigungen zulässig sind, Rechnung zu tragen.

Hinsichtlich der Deponien blieb es bei der Planfeststellungspflicht. Am Nachbarschutz hat sich insoweit nichts geändert. Läuft ein Planfeststellungsbeschluss oder eine Plangenehmigung den Darstellungen eines Abfallwirtschaftsplans nach § 29 KrW-/AbfG zuwider, so kann das nicht einmal von der Standortgemeinde gerügt werden.[119] Nachbarschützend ist dagegen das Abwägungsgebot, dem auch die abfallrechtliche Planfeststellung unterliegt.[120]

28 Die *atomrechtliche Planfeststellung* nach § 9 b AtG betrifft lediglich die Endlagerung radioaktiver Abfälle. Erkundungsbohrungen werden nicht erfasst.[121] Der Nachbarschutz entspricht dem bei sonstigen kerntechnischen Anlagen.[122] Die Berücksichtigung des Abwägungsgebots bringt hier faktisch keine Erweiterung des Rechtsschutzes.

29 Planfeststellungsverfahren sind langwierig. Im Interesse der Verfahrensbeschleunigung ist daher immer zu prüfen, ob eine (qualifizierte) *Plangenehmigung* in Betracht kommt.[123] Wie der Planfeststellungsbeschluss ist die Plangenehmigung ein VA mit Drittwirkung.[124] Nachbarn können aber nur die Genehmigung als solche angreifen. Allein durch den Verzicht auf Planfeststellung wird nicht in ihre Rechte eingegriffen, da ein Anspruch Dritter auf Durchführung eines Planfeststellungsverfahrens nicht besteht.[125] Dies gilt auch für Naturschutzverbände.[126]

## D. Gemeindenachbarklage

30 Die Gemeindenachbarklage[127] ist ein Sonderfall der planungsrechtlichen Nachbarklage. Sie betrifft beeinträchtigende Hoheitsakte in der Nachbarschaft von Gemeinden und ist v.a. gegeben, wenn die Gemeinde durch eine Nachbargemeinde in ihrer Planungshoheit verletzt wird, etwa, wenn die Nachbargemeinde die Abstimmung der Bebauungsplanung unterlässt (§ 2 II BauGB).[128] Überörtliche Gesamtplanungen sind unter dem Aspekt des gemeindlichen Nachbarschutzes regelmäßig nicht angreifbar.

---

118 Indiskutabel *Gaßner/Schmidt* NVwZ 1993, 946 (Berücksichtigung der Bebauungspläne). Die Novelle des § 38 BauGB erfolgte gerade vor dem Hintergrund renitenter Standortgemeinden. Die deswegen erhobenen verfassungsrechtlichen Bedenken (*Kutscheidt* NVwZ 1994, 209; *Engel* UPR 1993, 209; *Schink* DVBl 1994, 245) sind beachtlich, können aber letztlich nicht durchschlagen, weil der Gesetzgeber bestimmt, wie weit die kommunale Planungshoheit reicht.

119 Zutreffend *Schwermer* in: Kunig/Schwermer/Versteyl, Abfallgesetz, 3. Aufl. 1998, § 8 Rn. 38.

120 Vgl. BVerwG v. 27.03.1992, DÖV 1992, 748. Ein Anspruch der Nachbarn auf Durchführung der förmlichen Zulassungsverfahren besteht auch hier nicht; BWVGH v. 28.09.1990 NVwZ-RR 1991, 140.

121 BVerwG v. 09.03.1990, DVBl 1990, 593 m. Anm. *Wagner.*

122 Hierzu Rn. 36; ferner SAnhOVG v. 25.09.1998, NVwZ 1999, 93.

123 Zu den dogmatischen Hintergründen *Ronellenfitsch* Die Verwaltung 1990, 323.

124 BVerwG v. 15.01.1982, BVerwGE 64, 325 zum Verzicht auf Planfeststellung (altes Recht).

125 BVerwG v. 22.03.1995, DÖV 1995, 955.

126 BVerwG v. 22.03.1995, DÖV 1995, 955.

127 *Hoppe* FS H. J. Wolff, 1973, S. 307; *Pappermann* JuS 1973, 689; *Fingerhut* Die planungsrechtliche Gemeindenachbarklage, 1976; *Kriener* BayVBl 1984, 97.

128 Leitentscheidung: BVerwG v. 08.09.1972, BVerwGE 40, 323 (Krabbenkamp); ferner BVerwG v. 15.12.1989, DVBl 1990, 427. Zum interkommunalen Abstimmungsgebot BbgOVG v. 16.12.1998, NVwZ 1999, 434; RhPfOVG v. 08.01.1999, NVwZ 1999, 436; vgl. auch *Uechtritz* BauR 1999, 572.

So können Ziele der Raumordnung (§ 4 I ROG) nur ausnahmsweise dem Schutz der Interessen einzelner Gemeinden dienen, etwa, wenn eine Gemeinde im Landesentwicklungsprogramm als Mittelzentrum ausgewiesen wurde und in dieser Funktion durch die Bauleitplanung der benachbarten Gemeinde beeinträchtigt wird.[129] Konsequenterweise muss die angegriffene Gemeinde sich gegen die Festsetzung ihrer Nachbargemeinde als Mittelzentrum zur Wehr setzen können, wenn dadurch ihre konkretisierten Planungsabsichten beschnitten werden. Zumeist handelt es sich aber weniger um kommunale Nachbarstreitigkeiten als um Konkurrentenstreitigkeiten.[130]

Größere praktische Relevanz hat die gemeindliche Nachbarklage gewonnen, seit das BVerwG im Zusammenhang mit einer Anfechtungsklage gegen die Baugenehmigung für ein Factory-Outlet-Center im Außenbereich die Planungsbedürftigkeit als öffentlichen Belang i.S.d. § 35 III BauGB qualifizierte.[131] Diese (bedenkliche) Rspr. darf aber nicht zu einer kommunalen Popularklage weiterentwickelt werden. Der öffentliche (!) Belang muss zugleich als subjektive Konkretisierung des interkommunalen Abstimmungsverbots verstanden werden. Andere Planungsbelange (z.B. Umweltschutz) kann die Nachbargemeinde nicht rügen. Ferner lässt sich § 2 II BauGB nicht für Genehmigungen nach § 34 BauGB heranziehen. Hier besteht kein Einfallstor für die kommunale Nachbarklage. Generell ist § 2 II BauGB aber eine Schutznorm für die Nachbargemeinden.[132]

Wehrfähig sind die Gemeinden dagegen gegen benachbarte *Fachplanungen*. Der Nachbarschutz der Gemeinden bleibt hier aber hinter dem allgemeinen Nachbarschutz zurück. **31**

Wie im *Sasbach-Beschluss* des BVerfG v. 08.07.1982[133] überzeugend dargelegt wurde, ist das privatrechtliche Eigentum der Gemeinden nicht grundrechtsgeschützt. Folglich scheidet für Gemeinden der Rückgriff auf Art. 14 GG aus, und auch auf das Gebot der Rücksichtnahme können sie sich allenfalls berufen, soweit sie in ihrer Planungshoheit berührt sind.[134]

Ähnlich wie bei der baurechtlichen Nachbarklage Privater ist mit der kommunalen Nachbarklage die *Drittbetroffenenklage* verwandt. Sie ist eröffnet, wenn konkurrierende Fachplanung des Gemeindegebiet unmittelbar erfassen. Unter dem Gesichtspunkt der Planungshoheit hat die Gemeinde dann eine wehrfähige Rechtsposition, wenn eine eigene hinreichend bestimmte Planung nachhaltig gestört wird oder wenn das fachplanerische Vorhaben wesentliche Teile des Gemeindegebiets einer durchsetzbaren kommunalen Planung entzieht.[135] Entsprechend kann eine Gemeinde sich gegen normativ festlegte Ziele der Raumordnung zur Wehr setzen, sofern sie an diese unmittelbar (§ 4 I i.V.m § 3 Nr. 2 und 5 ROG) gebunden ist.[136]

---

129 RhPfOVG v. 19.10.1988, NVwZ 1989, 983. Zu § 2 II BauGB BVerwG v. 15.12.1989, BVerwGE 84, 209; v. 11.02.1993, UPR 1993, 263; v. 09.01.1995, DÖV 1995, 820.

130 Im Ergebnis daher zutreffend ThürOVG v. 19.12.2002, DÖV 2003, 636.

131 BVerwG v. 01.08.2002, NVwZ 2003, 86; hierzu *Uechtritz* NVwZ 2003, 176. Vgl. auch RhPfOVG v. 08.01.1999, NVwZ 1999, 435; BbgOVG v. 16.12.1998, NVwZ 1999, 434; *Jahn* GewArch 1997, 456 *Kniep* VBlBW 1998, 294; *Moench/Sandner* NVwZ 1999, 337; *Gronemeyer* ZfBR 2002, 767; *Reidt* Baur 2002, 562; *Jochum* BauR 2002, 1480.

132 BWVGH v. 19.11.2007, DÖV 2008, 781 (782).

133 BVerfG v. 08.07.1982, BVerfGE 61, 62; hierzu *Ronellenfitsch* JuS 1983, 594.

134 Vgl. auch NWOVG v. 10.11.1982, ZLW 1983, 71 (78); HessVGH v. 28.08.1986, NVwZ 1987, 987; *Ronellenfitsch* VerwArch 1999, 466.

135 BVerwG v. 05.11.2002, NVwZ 2003, 207. Dies gilt auch für Veränderungen der Infrastruktur (Rückbau eines Bahnübergangs), BVerwG v. 04.08.2008, DÖV 2008, 1055.

136 HessVGH v. 16.08.2002, NVwZ 2003, 229.

## E. Nachbarklage gegen emittierende Anlagen

32 Im *Immissionsschutzrecht* sind noch viele Fragen des Nachbarschutzes offen. Maßgeblich ist in erster Linie das BImSchG. Es gilt für genehmigungsbedürftige (§§ 4 ff.)[137] und nicht genehmigungsbedürftige Anlagen (§§ 22 ff.)[138] und wird durch Spezialgesetze des Bundes und der Länder ergänzt. Nachbarklagen richten sich v.a. gegen die in der 4. BImSchV aufgeführten genehmigungsbedürftigen Anlagen.

*Grundsatz:* Genehmigungsbedürftig sind Errichtung, Betrieb und wesentliche Änderungen der in der Anlage nach der 4. BImSchV aufgeführten Anlagen, d.h. von Anlagen, die aufgrund ihrer Beschaffenheit oder ihres Betriebes in besonderem Maße geeignet sind, schädliche Umwelteinwirkungen (§ 3 I BImSchG) hervorzurufen oder in anderer Weise die Nachbarschaft (!) zu gefährden, erheblich zu benachteiligen oder erheblich zu belästigen (§ 5 I Nr. 1 BImSchG in Anlehnung an § 18 GewO a.F.). Das Genehmigungsverfahren regeln § 10 BImSchG und die 9. BImSchV. Solche Verfahrensvorschriften können drittschützend sein.[139] Das vereinfachte Verfahren nach § 19 BImSchG ist dagegen nicht nachbarschützend.[140] Die maßgeblichen Genehmigungsvoraussetzungen ergeben sich aus den §§ 5 bis 7 BImSchG. Nach § 6 BImSchG ist die Genehmigung zu erteilen, wenn sichergestellt ist, dass die einzelnen Genehmigungspflichten erfüllt werden. Am wichtigsten sind hierbei die in § 5 I BImSchG normierten Grundpflichten (Schutz- und Vorsorgeprinzip sowie verschiedene Entsorgungsprinzipien).

33 Das *Schutzprinzip* dient der Gefahrenabwehr. Folglich muss die Eintrittswahrscheinlichkeit von Schäden im Rückgriff auf den wissenschaftlich-technischen Erkenntnisstand ermittelt werden. Erhebliche Nachteile und Belästigungen sind gleichbedeutend mit unzumutbaren Immissionen.

Die Erheblichkeit ist ein Abwägungskriterium. Bisher wurde die Abwägung vorgenommen durch die Bestimmung der schädlichen Umwelteinwirkungen auf der Grundlage normkonkretisierender allgemeiner Verwaltungsvorschriften[141] gemäß § 48 BImSchG.[142] Der EuGH mochte sich mit dieser Konstruktion nicht anfreunden. Er beanstandete die – vermeintlich – fehlende rechtliche Verbindlichkeit u.a. der TA-Luft.[143] Folglich müssen Regelungen getroffen werden wie die 16. BImSchV. Für den Nachbarschutz ändert sich dadurch nichts.

Das *Vorsorgeprinzip* setzt unterhalb der Schädlichkeits- und Erheblichkeitsgrenze an, stellt auf den Stand der Technik ab und entspricht richtiger Ansicht nach Verteilungsinteressen.[144] Die Reststoffvermeidungs-, -verwertungs- und -beseitigungspflichten kon-

---

137 Der Genehmigung bedarf die Anlage in jeder Lage, Beschaffenheit und Betrieb betreffenden Beziehung, die geeignet ist, schädliche Umwelteinwirkungen hervorzurufen; BVerwG v. 15.12.1989, NVwZ 1990, 963.

138 Kontrovers sind wegen der verbreiteten Elektrosmogneurose insbesondere die Funkfeststationen für den Mobilfunk; vgl. BayVGH v. 25.10.1994, NVwZ 1995, 919; NdsOVG v. 13.07.1994, NVwZ 1995, 917; HessVGH v. 11.03.1993, UPR 1993, 350 (irreführend und verfehlt); *Blümel/Pfeil* VerwArch 1994, 451; *Jenke* UPR 1994, 138 f.; allgemein NdsOVG v. 06.12.1993, DVBl 1994, 297; *Kremser* NVwZ 1995, 851. Zur Lage nach Inkrafttreten der 26. BImSchV *Kutscheidt* NJW 1997, 2481; *Kremser* DVBl 1997, 1360; *Kirchberg* NVwZ 1998, 375; *ders.* NVwZ 1999, 441.

139 BVerwG v. 22.10.1983, DVBl 1983, 183 v. 05.10.1990, BVerwGE 85, 368 (374); vgl. aber auch BWVGH v. 23.09.1998, DÖV 1999, 164; NWOVG v. 07.01.2004, DÖV 2004, 581.

140 BVerwG v. 05.10.1990, DVBl 1991, 381.

141 Hierzu BVerwG v. 19.12.1985, BVerwGE 72, 300 (315 ff.); v. 15.02.1988, DVBl 1988, 539 (540); *Hill* NVwZ 1989, 401; *Kunert* NVwZ 1989, 1018; *Wallerath* NWVBl 1989, 153; *Gerhardt* NJW 1989, 2233.

142 Vgl. TA-Lärm v. 26.08.1998 (GMBl S. 503); hierzu *Schulze-Fielitz* DVBl 1999, 65; vgl. auch BVerwG v. 17.11.1998, BauR 1999, 733; TA-Luft v. 27.02.1986 (GMBl 1986, S. 95). Zur VDI-RL 3471 NdsOVG v. 25.03.1994, NVwZ 1995, 714.

143 Urt. v. 30.05.1991, EuZW 1991, 440, 442; hierzu *Koch* WUR 1991, 350; vgl. auch *ders.* DVBl 1992, 124; *Banker* DVBl 1992, 804.

144 Vgl. *Feldhaus* DVBl 1980, 133 (135); *Kutscheidt* in: Landmann/Rohmer, Umweltrecht I, BImSchG, § 1 Rn. 7; a.A. etwa *Rengeling* DVBl 1982, 625.

kretisieren das Entsorgungsprinzip. Die Sparpflicht des § 5 I Nr. 4 BImSchG lässt sich dem Vorsorgeprinzip zuordnen.

Nachbarschutz eröffnet grundsätzlich allein das Schutzprinzip nach § 5 I Nr. 1 BImSchG und damit korrespondierend § 17 BImSchG.[145] Andere als diese drittschützenden Normen vermögen einen weitergehenden Nachbarschutz nicht zu vermitteln.[146] § 5 I Nr. 1 BImSchG ist eine spezielle Ausprägung des Gebots der Rücksichtnahme, das folglich nicht zusätzlich herangezogen werden kann.[147] Das Vorsorgeprinzip (§ 5 I Nr. 2 BImSchG) dient allenfalls dem Schutz künftiger Mitbewerber, nicht aber den bereits durch § 5 I Nr. 1 BImSchG hinreichend geschützten Nachbarn.[148] Eine Ausnahme gilt nach der fragwürdigen Rspr. des BVerwG, solange für potenziell gesundheitsgefährdende Stoffe keine Immissionswerte bestimmt sind; dann sollen zur Minimierung des Gesundheitsrisikos erlassene Emissionsgrenzwerte auf dem Schutz eines individualisierbaren Personenkreises im Einwirkungsbereich der Anlage dienen.[149] Ebenfalls nicht individual-rechtlich strukturiert sind die Entsorgungsprinzipien, und auch der allgemeine Planungsgrundsatz des § 50 BImSchG enthält für die Planbetroffenen kein subjektives öffentliches Recht.[150]

Soweit nachbarschützende Vorschriften vorhanden sind, bedeutet das nicht, dass jeder (im Verwaltungsverfahren Einwendungsberechtigte) sich auf sie berufen könnte. *Nachbarschaft* setzt vielmehr eine gewisse räumliche und zeitliche Beziehung zur angegriffenen Anlage voraus. Zur Nachbarschaft gehören dinglich Berechtigte im Einwirkungsbereich der Anlage[151] sowie solche Personen, die nach ihren Lebensumständen der Anlage in gleicher Weise ausgesetzt sind wie Anwohner. Gelegentliche Aufenthalte in der Freizeit oder sporadische Besuche aus Anlass der Berufsausübung begründen noch kein Nachbarschaftsverhältnis.[152] Wer zur Nachbarschaft zählt, muss sich zudem auf die Verletzung der Schutznorm berufen können. Hierfür muss die eigene Nutzung des Nachbargrundstücks zumindest materiell rechtmäßig sein.[153] Wird der Klage des Nachbarn stattgegeben, obwohl eine nachbarschützende Norm nicht verletzt oder ein Abwehranspruch ausgeschlossen ist, dann ist auf die Berufung des Unternehmers das erstinstanzliche Urteil auch dann aufzuheben, wenn die immissionsschutzrechtliche Genehmigung objektiv rechtswidrig ist.[154] 34

Im *Gaststättenrecht* kann und wird § 4 I Nr. 3 GastG in aller Regel nachbarschützend sein.[155] Eindeutig nachbarschützend sind auch § 5 I Nr. 3 GastG[156] sowie § 18 GastG und die auf seiner Grundlage erlassenen landesrechtlichen Bestimmungen.[157] 35

145 Grundlegend BVerwG v. 17.12.1978, BVerwGE 55, 250 = DVBl 1978, 591 m. Anm. *Breuer* = NJW 1978, 1450, 2409 m. Anm. *Hörn* = DÖV 1978, 591 m. Anm. *Vallendar.*
146 HessVGH v. 31.05.1990, NVwZ 1991, 88.
147 Vgl. Auch BVerwG v. 02.02.2000, NVwZ 2000, 679.
148 BVerwG v. 18.05.1982, BVerwGE 65, 313.
149 Urt. v. 11.12.2003, NVwZ 2004, 610.
150 BVerwG v. 10.09.1981, NJW 1982, 348. Inhaltlich zu § 50 BImSchG vgl. BWVGH v. 09.07.1991, NVwZ 1992, 802.
151 Zur Stellung der Gemeinden OVG Lüneburg v. 21.10.1986, NVwZ 1987, 341.
152 BVerwG v. 22.10.1982, DVBl 1983, 183.
153 SächsOVG v. 13.06.2001, NVwZ-RR 2002, 20.
154 BVerwG v. 30.09.1983, BVerwGE 68, 58.
155 HessVGH v. 18.51990, GewArch 1990, 330; zu § 4 II Nr. 2 GastG BVerwG v. 03.09.1998, DÖV 1999, 33.
156 Hierzu BVerwG v. 25.02.1992, DVBl 1992, 1170; BayVGH v. 20.04.1995, UPR 1995, 238 (Biergarten).
157 HessVGH v. 24.11.1989, DVBl 1990, 718. Allgemein zur Nachbarklage im Gewerberecht *Frers* GewArch 1989, 73; BVerwG v. 07.05.1996, DVBl 1996, 1192.

36 Im *Atomrecht*[158] ist die Lage nur auf den ersten Blick kompliziert. Wenn man sich die Grundgedanken der gesetzlichen Regelung vergegenwärtigt, lässt sich jedoch der Nachbarschutz plausibel und widerspruchsfrei handhaben.

Wer eine ortsfeste Anlage zur Erzeugung oder zur Bearbeitung oder Verarbeitung oder zur Spaltung von Kernbrennstoffen oder zur Aufarbeitung bestrahlter Kernbrennstoffe errichtet, betreibt oder sonst innehat oder die Anlage oder ihren Betrieb wesentlich verändert, bedarf nach § 7 I AtG der Genehmigung. Die Erteilung der atomrechtlichen Genehmigung hängt von der Erfüllung materieller Genehmigungsvoraussetzungen ab, die sich in erster Linie aus § 7 II AtG ergeben. Dabei sind die Genehmigungsvoraussetzungen des § 7 II Nr. 1, 2 und 4 AtG nur in (oder nach) der Betriebsphase nachbarschützend.[159] Ausschließlich um Allgemeininteressen geht es bei der Umweltverträglichkeitsprüfung.[160] Die Schadensvorsorge nach § 7 II Nr. 3 AtG und der Schutz gegen Einwirkungen nach § 7 II Nr. 5 AtG[161] haben dagegen auch einen individual-rechtlichen Bezug.[162] Entsprechendes gilt für § 17 AtG.[163] Allerdings muss hier differenziert werden. Das BVerwG führte zwar aus, § 7 II Nr. 3 AtG sei nicht anhand eines vorgeformten polizeirechtlichen Gefahrenbegriffs auszulegen, verwendete dann aber doch wieder die Ausdrücke »Gefahrenabwehr« und »Risikovorsorge«.[164] In der Tat bedeutet »Schadensvorsorge«, dass der atomrechtliche Gefahrenbegriff den nuklearspezifischen Besonderheiten Rechnung tragen muss und dass die als Gefahrenvorbeugung verstandene Risikovorsorge nicht kurzerhand mit der immissionsschutzrechtlichen (belastungsverteilenden) Vorsorge gleichgesetzt werden kann. Dennoch fließen im Atomrecht Gefahrenabwehr und Risikovorsorge nicht dergestalt zu einer einheitlichen und untrennbaren Schadensvorsorge zusammen, dass nunmehr alles, was mit der Schadensvorsorge zusammenhängt, drittschützend wäre. Vielmehr muss sich der Kläger auch im Rahmen der Schadensvorsorge auf Gefahren berufen können, denen gerade er unterliegt. Insbesondere sind die verschiedenen Betriebszustände kerntechnischer Anlagen auseinanderzuhalten (bestimmungsgemäßer Betrieb, Störfall, Unfall). Wer aus räumlichen Gründen nur bei Abweichungen vom bestimmungsgemäßen Betrieb einer kerntechnischen Anlage geschädigt werden kann, kann nur die unzureichende Auslegung der Anlage gegen Stör- und Unfälle rügen (also nicht die Strahlenbelastung im Normalbetrieb).[165] Das bedeutet, dass der Kreis der Nachbarn nicht von vornherein räumlich fixiert ist, sondern je nach dem substantiierten Vorbringen der Kläger variiert.[166] Auch ausländische Grenznachbarn sind gegen atomrechtliche Genehmigungen klagebefugt.[167] Im übrigen spricht nichts dagegen, auf den Nachbarschaftsbegriff des § 5 I Nr. 1 BImSchG zurückzugreifen.[168] Die über die Gefahrenabwehr hinausgehende. nach h.L. im Versagungsermessen verortete Risikovorsorge ist, wie erwähnt, nicht nachbarschützend. Vor allem ist dem Kläger die Berufung auf das Bevölkerungsrisiko verwehrt.[169] Nicht nachbarschützend ist ferner der Entsorgungsnachweis (§ 9 a

---

158 Vgl. hierzu *Ronellenfitsch* in: Lukes (Hrsg.), 3. Deutsch-Japanisches Atomrechts-Symposium, 1994, S. 75. Grundsatzentscheidungen: BVerwG v. 19.12.1985, BVerwGE 72, 300 (Wyhl); v. 09.09.1988, BVerwGE 80, 207 (Mülheim-Kärlich); v. 07.06.1991, BVerwGE 88, 286 (Obrigheim). Diese Entscheidungen betreffen die Rechtslage vor dem Ausstiegsbeschluss der rot/grünen Koalition und dem Interregnum der großen Koalition. Die künftigen Regierungen werden den Ausstieg aus dem Ausstieg wohl kaum vermeiden können. Dann gewinnt die nachfolgend behandelte Rechtsprechung wieder an Aktualität.

159 Vgl. VG Schleswig v. 30.11.1979, et 1980, 305.

160 Vgl. (teilweise weitergehend) *Wahl/Wahl* VwGO, § 42, Rn. 214.

161 Vgl. auch BVerwG v. 19.01.1989, BVerwGE 81, 185 = JZ 1989, 898 m. Anm. *Karpeη*_v. 10.04.2008, DVBl 2008, 853.

162 Vgl. nur BWVGH v. 27.10.1983, RdE 1984, 84 (85).

163 BVerwG v. 13.07.1989, DVBl 1990, 58; NWOVG v. 19.12.1988 – 21 AK 8/88 –. Nachträgliche Auflagen sind im übrigen im Bereich des Restrisikos ohnehin unzulässig, NdsOVG v. 16.02.1989, NVwZ 1989, 1180; HessVGH v. 28.06.1989, NVwZ 1989, 1183.

164 BVerwG v. 19.12.1985, BVerwGE 72, 300 (315 f.); vgl. aber auch BVerwG v. 23.11.1988, NVwZ 1989, 670; v. 05.04.1989, NVwZ 1989, 1170.

165 Grundlegend BVerwG v. 22.12.1980, BVerwGE 61, 256.

166 Vgl. auch VG Schleswig v. 05.10.1983, RdE 1984, 115.

167 BVerwG v. 17.12.1986, BVerwGE 75, 285; vgl. auch *Grof* NuR 1987, 262; allgemeiner *Brandt* DVBl 1995, 779.

168 VG Oldenburg v. 28.09.1983, RdE 1984, 80.

169 BVerwG v. 22.12.1980, BVerwGE 61, 256; falsch NdsOVG v. 24.11.1982, DÖV 1984, 34 m. Anm. *Winter*.

AtG).[170] Anders als die Dosisgrenzwerte des § 45 StrlSchV vermittelt das in § 28 I Nr. 2 StrlSchV niedergelegte und in § 46 I Nr. 2 StrlSchV wiederholte Strahlenminimierungsgebot keinen Drittschutz.[171] Verfahrensrechte können zwar bei Beachtung von § 46 VwVfG die Klagebefugnis begründen, aber nicht selbständig durchgesetzt werden (§ 44 a VwGO). Die Aufgliederung des atomrechtlichen Genehmigungsverfahrens in Verfahrensstufen[172] ist nur dann angreifbar, wenn der Regelungsgehalt der Teilgenehmigungen zu unbestimmt ist.[173]

Im Recht der *Gentechnik*[174] ist der Nachbarschutz am ehesten dem des Atomrechts vergleichbar. **37**

Im Grunde geht es zwar um den Schutz vor den Gefahren, die mit gentechnischen Arbeiten verbunden sind (§ 7 GenTG). Das GenTG stellt aber die gentechnischen Anlagen in den Vordergrund, in denen die gentechnischen Arbeiten nur durchgeführt werden dürfen (§ 8 GenTG). Angriffsobjekt des Nachbarschutzes sind somit auch hier die Anlagengenehmigungen. Daraus folgt, dass die auf den Betrieb der gentechnischen Anlagen bezogenen Genehmigungsvoraussetzungen (z.B. § 13 I Nr. 1 und 2 GenTG a.F. (neu: § 11)) nur drittschützend sind, sobald und sofern in den Anlagen gentechnische Arbeiten durchgeführt werden. Nicht drittschützend sind die Vorschriften über die Risikobewertung und Aufzeichnungspflicht (§ 6 I, III GenTG), die Anzeigepflichten (§ 21 GenTG) und § 13 I Nr. 5 GenTG a.F. (neu: § 11). Von zentraler Bedeutung für den Nachbarschutz ist dagegen die Betreibergrundpflicht des § 6 II GenTG. Die Betreibergrundpflicht betrifft Gefahrenabwehr und Gefahrenvorbeugung (Risikovorsorge), wobei die Festlegung der Gefahrenschwelle einen auf Wahrscheinlichkeitsbetrachtungen beruhenden wertenden Akt darstellt. Dieser wertende Akt und die Ausgestaltung der Gefahrenabwehr sind nachbarschützend. Die Gefahrenvorbeugung betrifft demgegenüber das allgemeine Bevölkerungsrisiko. Selbst wenn bei der Gentechnik die Wahrscheinlichkeitsprognose über das Gefährdungspotential (noch) schwierig sein mag, geht es nicht an, hier de facto die Popularklage einzuführen. Drittschutz im Bereich des »Gefahrenverdachts« ist folglich abzulehnen.[175] Bei der Freisetzungsgenehmigung (§ 16 GenTG) gelten die gleichen Erwägungen.

Auch das *Bergrecht* kennt Unternehmergenehmigungen mit planungsrechtlichem Einschlag und demzufolge den Nachbarschutz. **38**

Ein »typisch bergrechtliches Instrument zur präventiven und laufenden Betriebsüberwachung durch Unternehmen und Bergaufsicht«[176] ist das Betriebsplanverfahren, das entwickelt wurde, weil Betriebe, die Bodenschätze aufsuchen und gewinnen, sich permanent verändern.[177] Die bergrechtlichen Sonderregelungen für das Betriebsplanverfahren sind in den §§ 51 bis 57 BBergG enthalten. Nach § 55 I S. 1 Nr. 3 BBergG ist die Zulassung eines Betriebsplans zu erteilen, wenn u.a. die erforderliche Vorsorge gegen Gefahren für Leben, Gesundheit und zum Schutz von Sachgütern, Beschäftigter und Dritter »im Betrieb« getroffen ist. Dem Wortlaut nach beziehen sich Gefahrenabwehr und Nachbarschutz zwar nur auf die bergbaulichen Tätigkeiten selbst. Das BVerwG hat die Vorschrift jedoch erweiternd dahin gehend ausgelegt, dass jedenfalls Leben und Gesundheit Dritter auch außerhalb des Betriebs geschützt sind.[178] Dann ist es aber nur konsequent, auch Sachgütern Dritter Nachbarschutz zukommen zu lassen.

170 BWVGH v. 27.10. 1983, DVBl 1984, 880.
171 VG Oldenburg v. 28.09.1983, RdE 1984, 80. Zur vermeintlichen Antiquiertheit der Dosisgrenzwerte von § 45 StrSchV BVerwG v. 21.06.1996, DVBl 1997, 52 m. Anm. *Steinberg*.
172 Hierzu BVerwG v. 19.12.1985, BVerwGE 72, 300 (306 ff.).
173 BVerwG v. 09.09.1988, BVerwGE 80, 207; vgl. auch Urt. v. 07.06.1991, BVerwGE 88, 286 (300).
174 Einzelheiten *Ronellenfitsch* § 12 GenTG, in: Eberbach/Lange/Ronellenfitsch, GenTR, Losebl.; vgl. auch BlnOVG v. 10.08.1998, NVwZ 1999, 95 (Freisetzung).
175 Anderer Ansicht *Hirsch/Schmidt-Didczuhn* GenTG, § 13 Rn. 76. Zum Freilandversuch BerlOVG 10.08.1998, NVwZ 1999, 95.
176 BT-Drucks. 8/1315, Anl. S. 71.
177 Vgl. auch *Berkemann* DVBl 1989, 625.
178 BVerwG v. 13.12.1991, BVerwGE 89, 246.

## F. Nachbarnormenkontrolle

39 Die Nachbarnormenkontrolle richtet sich zumeist gegen Bebauungspläne. Die Nachbarschaft drückt sich dann darin aus, dass der Antragsteller räumlich nur mittelbar vom angegriffenen Bebauungsplan erfasst wird.

Auch insoweit herrscht einige Verwirrung. So ist die Antragsbefugnis nach § 47 II 1 VwGO von vornherein zu bejahen, wenn sich der Eigentümer eines *im* Plangebiet gelegenen Grundstücks gegen eine bauplanerische Festsetzung wendet, die unmittelbar sein Grundstück betrifft.[179] Antragsbefugt sind dann auch nur obligatorische Berechtigte (Mieter, Pächter), denen durch den Bebauungsplan ihre Rechtsstellung entzogen wird. Nur handelt es sich dann in Wahrheit um keine »Nachbar-Normenkontrolle«, sondern um die Antragsbefugnis von Normadressaten.

Aus seiner Rechtsstellung als Nachbar heraus kann nur der Eigentümer eines außerhalb des Geltungsbereichs eines Bebauungsplans belegenen Grundstück den Bebauungsplan angreifen, wenn sich dessen Festsetzung auf das Grundstück auswirken und dabei möglicherweise nachbarschützende Vorschriften verletzen.[180] Dann gilt die Faustregel, dass der Plannachbar nur antragsbefugt sein kann, wenn er als unmittelbarer Planbetroffener antragsbefugt wäre (vgl. § 14 Rn. 21). Nicht sämtliche Belange, die in die Abwägung nach § 1 VI BauGB einzustellen sind, dienen auch Dritten. Sie werden auch nicht durch den Gesamtvorgang der Abwägung zu einem einheitlichen Drittschutzgemisch verklammert. Hinzu kommt, dass Eigentum und Nutzung gerade der Nachbargrundstücke in die Abwägung einzustellen waren.

Das ist beispielsweise der Fall, wenn die Festsetzungen eines Bebauungsplans die Änderung der Nutzbarkeit von Nachbargrundstücken außerhalb seines Geltungsbereichs zur Folge haben.[181] Die Eröffnung der Bebauungsmöglichkeit des Nachbargrundstücks und die damit verbundene Beeinträchtigung einer Ortsrandlage genügt dagegen nicht.[182]

40 Nachbargemeinen sind antragsbefugt, wenn sie die Verletzung der Abstimmungspflicht nach § 2 II S. 1 BauGB geltend machen können. Dies setzt als Ausfluss der kommunalen Planungshoheit voraus, dass eine hinreichend bestimmbare Planung der Nachbargemeinde nachhaltig gestört wird oder dass wesentliche Teile ihres Gebiets einer durchsetzbaren Planung entzogen werden.[183] Auch Ziele der Raumordnung (§ 1 IV BauGB) können im Verhältnis der Gemeinden untereinander drittschützenden Charakter entfalten. Nach der Neufassung von § 2 IV 2 BauGB gilt das für die den Gemeinden ausdrücklich zugewiesenen Funktionen, sowie für die Auswirkungen auf ihre zentralen Versorgungsbereiche. Zentrale Versorgungsbereiche sind räumlich abgrenzbare Bereiche einer Gemeinde, denen aufgrund vorhandner Einzelhandelsnutzung eine Versorgungsfunktion über den unmittelbaren Nahbereich zukommt. Dies kann auf planrechtlichen Festlegungen oder auf den tatsächlichen Verhältnissen beruhen.[184]

179 BVerwG v. 07.07.1997, BauR 1997, 972; v. 10.03.1998, NVwZ 1998, 732.

180 BVerwG v. 24.09.1998, BVerwGE 107, 215; v. 26.02.1999, ZfBR 1999, 223; v. 06.12.2000, ZfBR 2001, 202; v. 30.08.2001, DVBl 2002, 269; v. 21.03.2002, DÖV 2002, 1038.

181 BVerwG v. 20.08.1992, BRS 24 Nr. 21; NWOVG v. 25.03.2009, BeckRS 2009, 32866.

182 BVerwG v. 22.08.2000, BauR 2000, 1834.

183 BVerwG v. 09.01.1995, BauR 1995, 354; RhPfOVG v. 06.03.2002, DÖV 2002, 622.

184 BVerwG v. 11.10.2007, BVerwGE 129 307; RhPfOVG v. 06.05.2009, DVBl 2009, 981; auch NWOVG v. 01.07.2009, DVBl 2009, 1184.

# § 16 Konkurrentenklage und Konkurrentennormenkontrolle

## A. Allgemeines

Der Nachbarklage an Bedeutung vergleichbar ist die Konkurrentenklage, die im öffentlichen Dienstrecht, im Wirtschaftsverwaltungsrecht und im Medienrecht eine große Rolle spielt.[1] Die Konkurrentenklage ist *keine spezielle Klageart*. Sie umfasst außerdem so unterschiedliche Fallkonstellationen, dass ihr nicht kurzerhand eine der möglichen Klagearten zugeordnet werden kann. Deshalb wird sie auch nicht bei den Klagearten dargestellt, sondern dort, wo Gemeinsamkeiten bestehen: nämlich bei der Klagebefugnis. Gleichwohl muss auch hier differenziert werden. Ausgangspunkt ist dabei der Begriff des Konkurrenten, also des Mitbewerbers oder Rivalen. Verwaltungsrechtlich relevante Konkurrenzsituationen ergeben sich, wenn ein Mitbewerber am Markt durch hoheitliche Maßnahmen in seiner Wettbewerbssituation gegenüber anderen Mitbewerbern beeinträchtigt wird, ferner, wenn mehrere eine öffentlich-rechtliche Position oder Leistung begehren, die nur einer erlangen kann (Mitbewerberklage). Die größte Affinität zur Nachbarklage weist die sog. defensive Konkurrentenklage auf, mit der sich Konkurrenten gegen Begünstigungen Dritter zur Wehr setzen, die ihre Wettbewerbschancen beeinträchtigen. Im weiteren Sinn zählen zur Konkurrentenklage auch Klagen Privater gegen die Aufnahme der erwerbswirtschaftlichen Betätigung der öffentlichen Hand.[2] Hierbei geht es aber in erster Linie um Rechtsstreitigkeiten, die nicht vor den Verwaltungsgerichten zu entscheiden sind. Darüber hinaus gehört diese Form des Konkurrentenschutzes nicht in den Sachzusammenhang des Rechtsschutzes gegen Begünstigungen Dritter. Es empfiehlt sich daher nicht, auch solche Streitigkeiten unter den verwaltungsprozessualen Begriff der Konkurrentenklagen zu fassen. 1

## B. Mitbewerberklage

Eine Mitbewerberklage wird erhoben, wenn mehrere Konkurrenten einen begünstigenden VA begehren, der nur einem von ihnen erteilt werden kann,[3] wenn also eine *Vergabeentscheidung* zu treffen ist. Primäres Klageziel ist eine Leistung, so dass die *Verpflichtungsklage* die gebotene Klageart ist. Mit einer Anfechtungsklage allein wäre dem Mitbewerber nicht gedient. Im Hinblick auf die Klagebefugnis bereitet die Verpflichtungsklage an sich auch keine Schwierigkeiten, da der Kläger die Leistung für sich selbst begehrt. Die Leistung muss jedoch möglich sein, und dies ist nicht mehr der Fall, wenn dem Mitbewerber die Begünstigung erteilt wurde und der begünstigende VA nicht mehr aufgehoben werden kann. Bei der Mitbewerberklage genügt es folglich regelmäßig nicht, dass der Kläger mit der Verpflichtungsklage seine eigene Begünstigung 2

---

1 Vgl. *Schenke* Rn. 272; *Weinhardt* Die Klagebefugnis der Konkurrenten, 1974; *Brohm* FS Menger, S. 235; *Miebach* JuS 1987, 956; *Ronellenfitsch* VerwArch 1991, 121; *Huber* Konkurrenzschutz im Verwaltungsrecht, 1991; *Schmidt-Preuß* Kollidierende Privatinteressen im Verwaltungsprozessrecht, 1992, S. 580; *Wittkowski* NJW 1993, 817; *Fehling* Die Konkurrentenklage bei der Zulassung privater Rundfunkveranstalter, 1995; *H. Zuck* Auswahl- und Verteilungsentscheidungen beim Bewerberüberhang usw., Diss. Tübingen 1994; *Koenig* Die öffentlich-rechtliche Verteilungslenkung, 1994; *Hösch* Die Verwaltung 1997, 211; *Frenz* Verwaltungsrechtlicher Rechtsschutz in Konkurrenzsituationen, 1999; *Wernsmann* Verwaltung 2003, 67; *Heinze* DÖV 2005, 946; *Steiner* NVwZ 2009, 486; *Rennert* DVBl 2009, 1333.

2 Vgl. Rn. 9.

3 Vgl. *Zuleeg* Subventionskontrolle durch Konkurrentenklage, 1974; *Friehe* JuS 1981, 867; *Heinrich* WiVerw 1985, 1.

betreibt. Zugleich muss er vielmehr die Begünstigung des Mitbewerbers verhindern, sich also gegen einen fremdbegünstigenden VA wenden. Erforderlich ist *zusätzlich* eine *Anfechtungsklage.* Insofern ist die Geltendmachung der möglichen Rechtsbeeinträchtigung des Klägers schwieriger, denn das beeinträchtigte Recht soll ja gerade erst durch die Verpflichtungsklage erstritten werden. Nun könnte man die Ansicht vertreten, dass in der Verpflichtungsklage in Form der Versagungsgegenklage die Anfechtungsklage enthalten sei, so dass die Adressatenproblematik bei der Klagebefugnis gar nicht bestehe.[4] Die Versagungsgegenklage richtet sich indessen gegen die Versagung des vom Kläger begehrten VA. Bei der Mitbewerberklage müssen demgegenüber mindestens zwei VAe ergehen, die getrennt bekannt zu machen sind und dementsprechend zu unterschiedlichen Zeitpunkten wirksam werden können, nämlich ein stattgebender und ein versagender VA. Der stattgebende VA ist zugleich ein VA mit Drittwirkung (Doppelwirkung), den der Adressat des versagenden VA ebenfalls angreifen muss.

Auch das Argument der *Unzumutbarkeit* einer kombinierten Klage bei mehreren Begünstigten[5] greift zu kurz. Hier liegt zumeist gar keine Vergabeentscheidung vor; vielmehr wird der Kläger aus seiner Sicht zu Unrecht diskriminiert. Will der Kläger *zusätzlich* in den Kreis der Leistungsberechtigten aufgenommen werden, genügt die Verpflichtungsklage.[6]

Es bleibt also dabei: Schon mit Rücksicht auf den vorläufigen Rechtsschutz ist es bei der Mitbewerberklage geboten, zusätzlich zur Verpflichtungsklage die Anfechtungsklage zu erheben (*Klagehäufung*).[7]

3 Im *Beamtenrecht* steht heute zwar außer Streit, dass der trotz besserer Eignung bei einer Einstellung oder Beförderung nicht berücksichtigte Bewerber die Verletzung eigener Rechte rügen kann. Die Klagebefugnis sollte aber nach vor kurzem noch verbreiteter Ansicht i.d.R. daran scheitern, dass dem übergangenen Bewerber kein Anspruch auf Ernennung oder Beförderung zustehe.[8] Diese restriktive Ansicht überzeugte nicht, solange der Konkurrent noch nicht wirksam ernannt ist, weil jedenfalls ein Anspruch auf fehlerfreie Ermessensbetätigung besteht und das Prinzip der »Ämterstabilität« noch nicht greift[9]

Praktisch läuft ein Berufungs- oder Beförderungsverfahren in der Weise ab, dass die Stelle ausgeschrieben wird (vgl. § 8 BBG). Unter den Bewerbern trifft der Dienstherr in einem förmlichen Verfahren die Bestenauslese. Die Auswahlentscheidung wird der erfolgereichen Bewerberin oder dem erfolgreichen Bewerber mitgeteilt. Gleichzeitig erhalten die Unterlegenen die Mitteilung, dass ihre Bewerbung erfolglos geblieben ist und wer die Stelle erhalten solle. Hierbei handelt es sich um VAe, mit denen sich der Dienstherr bereits festgelegt hat. Ihnen schließt sich als zweiter Akt die Ernennung durch Übergabe einer Ernennungsurkunde an (§ 17 DRiG).

---

4 Für diese Ansicht lässt sich die arbeitsgerichtliche Rechtsprechung heranziehen; vgl. BAG v. 28.05.2002, NZA 2003, 324; *Lasnicker/Schirtzek* NJW 2003, 2481; ebenso BVerwG v. 25.09.2008, DVBl 2009, 44.

5 So *Hufen* § 15 Rn. 6; *Schenke* Rn. 276.

6 BVerwG v. 07.10.1988, BVerwGE 80, 270 (273).

7 BVerwG v. 23.08.1994, NVwZ 1995, 478.

8 Vgl. etwa HessVGH v. 14.07.1982, DVBl 1983, 86; *Schnellenbach* RiA 1990, 153. Zum Wehrdienstverhältnis BVerwG v. 22.04.1975, BVerwGE 53, 33. Zu den militärischen Verwendungsentscheidungen BVerwG v. 25.09.2002, BVerwGE 117, 81.

9 Das Prinzip gilt nicht bei der Wahl einer behördlichen Frauenvertreterin; VG Berlin v. 18.09.1995, NVwZ-RR 1996, 406.

Vor der Ernennung ist die Klagebefugnis für eine kombinierte Anfechtungs- und Verpflichtungsklage (Neubescheidungsklage) zu bejahen.[10] Der Ausweg über die vorbeugende Feststellungsklage) erübrigt sich. *Dass* der im Streit um den Zugang zu einem öffentlichen Amt unter Verstoß gegen Art. 33 II GG abgelehnte Bewerber die Möglichkeit haben muss, vor Gericht die Beachtung seiner Rechte durchzusetzen, folgt im Übrigen bereits aus Art. 19 IV GG. Daher ist der Dienstherr verpflichtet, den unterlegenen Bewerber *vor* Besetzung des Amts vom Ausgang des Auswahlverfahrens so rechtzeitig zu unterrichten, dass dessen Rechtsschutz nicht vereitelt wird.[11] Wurde von dem begünstigenden VA nämlich bereits Gebrauch gemacht, ist die Konkurrentenklage des unterlegenen Mitbewerbers nämlich grundsätzlich unzulässig geworden[12] Auch ein FBA auf Gewährung eines gleichwertigen Amts ist regelmäßig ausgeschlossen,[13] und Schadensersatzansprüche kommen ebenfalls nur ausnahmsweise in Betracht, weil sonst der Planstellenvorbehalt unterlaufen würde[14] Der Planstellenvorbehalt gibt auch Aufschluss, von welchem Zeitpunkt an von der Begünstigung Gebrauch gemacht worden ist. Bei der Einstellung ist dies die Einweisung in die Planstelle. Bei der *Beförderung* soll das ebenfalls gelten.[15] Da hier aber weder die Beendigung der Ausschreibung noch die Übertragung des Beförderungsdienstpostens auf den Mitbewerber zu einer Erledigung des Konkurrentenstreits führen,[16] sollten Rechtsschutzbelange Vorrang vor der Ämterstabilität haben.[17] Dies gilt auch für Schadensersatzansprüche wegen Nichtbeförderung.[18]

Das BVerwG scheint mittlerweile mit einer Radikallösung zu sympathisieren. Wird entgegen einer e.A. ein Mitbewerber befördert, so kann der im vorläufigen Rechtsschutz obsiegende Beamte seinen Beförderungsanspruch im Hauptsacheverfahren weiterverfolgen, ohne dass dies die Möglichkeit voraussetzt, die bereits erfolgte Ernennung aufzuheben.[19] Soll doch die Behörde schauen, wie sie zu einer Planstelle kommt. Ob dies mit dem Gewaltenteilungsgrundsatz vereinbar ist, mag bezweifelt werden.

*Materiell-rechtlich* hat sich die Auswahl zwischen den Konkurrenten an den Maßstäben des Art. 33 II GG zu orientieren.[20] Die Besetzung von Stellen des öffentlichen Dienstes

---

10 *Würtenberger* Rn. 291.

11 BVerfG, KB v. 19.09.1989, DVBl 1989, 1247; 1990, 106 m. Anm. *Busch;* KB v. 01.07.2002, 3090; BVerwG v. 25.08.1988, BVerwGE 80, 127.

12 Zur Ausnahmesituation der Zusage einer anderen freiwerdenden Stelle BVerwG v. 22.01.1998, NVwZ 1998, 1082.

13 BVerwG v. 29.08.1996, NJW 1997, 1320.

14 Hierzu BGH v. 06.04.1995, NJW 1995, 2344; *Czybulka/Biermann* JuS 1998, 601. Planstellen werden im Haushaltsplan durch den Haushaltsgesetzgeber im Rahmen seiner organisatorischen Gestaltungsfreiheit ausgebracht; vgl. BVerwG v. 25.04.1996, BVerwGE 101, 112 (114 ff.). Die gleiche Dispositionsfreiheit kommt dem Dienstherrn bei der Stellenplanbewirtschaftung zu, der ein eingeleitetes Bewerbungs- und Auswahlverfahren jederzeit wieder beenden kann; vgl. BVerwG v. 22.07.1999, DVBl 2000, 485.

15 BVerwGE 80, 127.

16 BVerwG v. 16.08.2001, BVerwGE 115, 58 (59).

17 Auch das BVerwG hat es für zweifelhaft erklärt, ob an der bisherigen Rspr. festzuhalten sei; vgl. Urt. v. 13.09.2001, BVerwGE 115, 89 (91).

18 BVerwG v. 17.08.2005, DÖV 2006, 264.

19 BVerwG v. 21.08.2003, DVBl 2004,317 = ZBR 2004, 104 m. Anm. *Schnellenbach*. Nach *Battis* NJW 2004, 1085 (1089) ist es fraglich, ob die Neukonzeption des Konkurrentenschutzes sich durchsetzen wird.

20 Zu den Auswahlkriterien BVerwG v. 27.02.2003, NVwZ 2003, 1397. Zur entsprechenden Anwendung auf die Bundesrichterwahl SHOVG v. 15.10.2001, DVBl 2002, 134; v. 31.07.2002, NJW 2003, 158; VG Schleswig v. 17.06.2002, NJW 2002, 2657; *Bertram* NJW 2001, 1838; dazu auch *Grigoleit/Siehr*, DÖV 2002, 455. Generell zur Richterwahl BWVGH v. 02.12.1994, DÖD 1995, 134; HessVGH v. 26.10.1993, DVBl 1994, 593; MVOVG v. 11.07.2001, NVwZ-RR 2002, 52; SHOVG

dient zwar allein dem öffentlichen Interesse an einer bestmöglichen Erfüllung der öffentlichen Aufgaben. Die Bewerber können aber beanspruchen, dass über ihre Bewerbung ohne Rechtsfehler und insbesondere nicht gleichheitswidrig verstoßen wird.[21] Besondere Schwierigkeiten bereit in diesem Zusammenhang nach wie vor die »Frauenquote«.[22] Um den Verdacht von Manipulationen von vornherein nicht aufkommen zu lassen, ist der Dienstherr gehalten, das Anforderungsprofil des zu besetzenden Dienstpostens vor Beginn des Auswahlverfahrens förmlich festzusetzen.[23] Dabei ist zur Vermeidung etwaiger Entschädigungsansprüche eine geschlechtsbezogene Diskriminierung bei der Stellenausschreibung tunlichst zu vermeiden.[24]

4 Weitere typische Anwendungsfälle der Mitbewerberklage sind das Auswahlverfahren nach § 70 GewO,[25] die Vergabeverfahren nach § 13 II Nr. 2, IV PBefG[26] und nach den Landesrundfunk- oder -mediengesetzen.[27] Im Vergabeverfahren für Bauleistungen ist die Situation ähnlich. Die Materie ist in Anlehnung an den Verwaltungsprozess der Zivilgerichtsbarkeit überantwortet, die sich dieses »Geschenks« wohl kaum erfreuen dürfte.[28] Für die Mitbewerberklage ist nur dann Raum, wenn das Kontingent der Genehmigungen unstreitig erschöpft ist. Andernfalls ist ein Angriff gegen den Mitbewerber unnötig. Wird gleichwohl eine Konkurrentenklage erhoben, handelt es sich in Wirklichkeit um eine defensive Konkurrentenklage. Um eine Erschöpfung des Kontingents geht es auch bei der Krankenhausfinanzierung, da nach § 8 I 1 KHG Krankenhäuser nur einen Anspruch auf Förderung haben, soweit und solange sie in den Krankenhausplan des betreffenden Bundeslands aufgenommen sind. Obwohl ein konkretes Krankenhaus kein subjektives Recht auf Aufnahme in den Krankenhausplan hat, muss gegen den bei Auswahl mehrerer Bewerber ergehenden Feststellungsbescheid jedenfalls dem unterlegenen Mitbewerber die Konkurrentenklage möglich sein.[29]

5 Generell liegt keine Mitbewerberklage vor, wenn nicht der gleiche, sondern nur ein gleichartiger VA begehrt wird. Dieser VA hat nämlich keine (rechtliche) Drittwirkung, sondern schließt häufig die Begünstigung anderer nur aus tatsächlichen Gründen aus.

---

v. 25.11.2002, DÖV 2003, 298. Zur Notarauswahl (vgl. oben § 5, 15) BVerfG v. 20.04.2004, NJW 2004, 1935.

21 BVerwG v. 25.04.1996, BVerwG 101, 112 (114 f.).

22 Anschauliche Beispiele für deren schillernde Bewertung liefern die Entscheidungen des EuGH v. 17.10.1995, Slg. 1995, I- 3069 (Kalanke); v. 11.11.1997, Slg. 1997, I-6383 (Marschall; hierzu auch *Schnellenbach* NWVBl 1998, 417); v. 28.03.2000, Slg. 2000, I-000 (Badeck u.a.) und v. 06.07.2000, DVBl 2000, 1761 (Abrahamson); vgl. auch BVerfG v. 24.01.1995, BVerfGE 92, 112; BVerwG v. 18.07.2002, DVBl 2003, 139 (143); NWOVG v. 30.07.2001, NVwZ-RR 2002, 53; *Laubinger* VerwArch 1996, 305.

23 BVerwG v. 16.08.2001, BVerwGE 115, 58; BayVGH v. 19.01.2000, DVBl 2000, 1140.

24 Vgl. BAG v. 05.02.2004, NJW 2004, 2112.

25 BVerfG, KB v. 15.08.2002, NJW 2002, 3691; BVerwG v. 27.04.1984, DVBl 1984, 1071; NdsOVG v. 18.07.2002, NJW 2003, 531.

26 BVerwG v. 06.04.2000, DVBl 2000, 1614; v. 02.07.2003, NJW 2003, 2696; BWVG v. 01.02.2006, DÖV 2006, 484.

27 BWVGH v. 14.12.1988, NJW 1990, 340; RPOVG v. 18.07.1997, MMR 1998, 389; *Breunig* VBlBW 1993, 45; *Fehling* S. 265 ff., 271 ff.; *Heine/Neun* MMR 2001, 353; *Bumke* in: Hahn/Vesting, Rundfunkrecht, 2003, § 20 Rn. 122 ff. Zur Frequenzvergabe nach § 55 I TCG v. 26.05.2009, DVBl 2009, 983.

28 Kritisch auch *Broß* Blümel, 1999, S. 97; ferner *Ronellenfitsch* StT 1996, 458; zum Gemeinschaftsrecht EuGH v. 19.06.2003, EuZW 2003, 629 BIG; WED; *Schilling* EuZW 1999, 239. Zu den §§ 97–129 GWB *Heiermann* Neues deutsches Vergaberecht, 1999.

29 Weitergehend *Seiler/Vollmüller* DVBl 2003, 235, die auch bereits aufgenommenen Krankenhausträgern die Klagebefugnis für eine defensive Konkurrentenklage zubilligen. Grundlegend BVerwG v. 25.09.2008, BVerwGE 132, 64.

**Beispiel:** Begehren mehrere die Zulassung zu einem Studium, so geht es um die Zulassung als solche, nicht um einen bestimmten Studienplatz. Ähnlich ist die Situation, wenn sich mehrere Schausteller um einen (nicht einen bestimmten!) Platz auf einem Volksfest bemühen. Die Begehren sind jeweils rechtlich selbständig und voneinander unabhängig; eine rechtliche Konkurrenzsituation besteht nicht.[30]

Eine Mitbewerberklage ist auch dann nicht gegeben, wenn Kläger vom Kreis staatlicher Begünstigten ausgeschlossen werden. Hier geht es nicht darum, die Begünstigung eines »Konkurrenten« anzugreifen, sondern darum, den Ausschluss von der Begünstigung anzugreifen.

**Beispiel:** Die Meisterbegünstigungsprämie NW wurde von einer Frist zur Selbständigmachung abhängig gemacht, die für Männer und Frauen unterschiedlich lang bemessen ist. Die hiergegen (erfolglos[31]) erhobene Klage eines Handwerksmeisters war keine Mitbewerberklage.

## C. Defensive Konkurrentenklage

Häufig werden Teilnehmer am Wirtschaftsverkehr durch VAe in der Weise begünstigt, dass eine *Verschiebung* der *Wettbewerbschancen* im Verhältnis zu den Konkurrenten eintritt, die diese Begünstigung nicht begehrt hatten. Eine einheitliche Linie der Rspr. zu diesem Problemkreis ist nicht festzustellen.[32] Dennoch wird an der bereits in den Vorauflagen vertretenen Auffassung festgehalten, dass grundsätzlich jedem Teilnehmer am Wirtschaftsverkehr die *Anfechtungsklage* zustehen sollte, falls zu seinem rechtlichen Nachteil ein aktueller oder potentieller Konkurrent durch einen VA begünstigt wird.[33] Die Parallele zur Nachbarklage wurde bereits angedeutet. Auch eine defensive Konkurrentenklage oder »negative Konkurrentenklage«[34] kommt nur in Betracht, wenn der Angriff in eine eigene Rechtsposition abgewehrt werden soll. Verletzt die Begünstigung des Konkurrenten nur öffentliche Interessen, fehlt es an der möglichen Rechtsbeeinträchtigung des Konkurrenten. Zum Verteidiger des Gemeinwohls darf sich auch hier niemand aufschwingen. Das bedeutet, dass nicht bereits gegen jede beliebige Zulassung von Konkurrenten vorgegangen werden kann. Andernfalls würde die defensive Konkurrentenklage zu einem generellen Schutz unternehmerischer Erwerbschancen.[35] 6

*Beispiele* für defensive Anfechtungsklagen gegen VAe, durch welche Konkurrenten begünstigt werden, sind die Klage eines Ladeninhabers gegen eine Ausnahmebewilligung für verlängerte Ladenöffnungszeiten,[36] die Klage gegen die Zulassung eines Pflanzenschutzmittels eines Konkurrenten,[37] die Klage eines Taxiunternehmers gegen die einem Konkurrenten erteilte Genehmigung zum Verkehr mit Mietwagen[38] wie – nach verbrei- 7

---

30 BVerwG v. 08.02.1980, DVBl 1980, 922; BWVGH v. 23.09.1983, GewArch 1984, 26.
31 BVerwG v. 18.07.2002, DÖV 2003, 288 unter fragwürdiger Berufung auf Art. 3 II 2 GG.
32 Vgl. zum Konkurrentenstreit bei Entscheidungen der Kommission EuGH v. 23.05.2000, DVBl 2000, 1266 (Société française de production u.a./Kommission), Rn. 39.
33 Dogmatische Fundierung bei *Lübbe-Wolff* Die Grundrechte als Eingriffsabwehrrechte, 1988, S. 294, 305.
34 So *Miebach* JuS 1987, 956.
35 BVerwG v. 22.05.1980, NJW 1980, 2764; vgl. auch EuG v. 05.06.1996, EuZW 1996, 700. RPOVG v. 15.07.1981, NJW 1982, 1301; BayVGH v. 10.04.1984, NJW 1985, 758; BSG v. 15.05.1991, NJW 1991, 2589.
36 BVerwG v. 23.03.1982, BVerwGE 65, 167 (173) – »Stuttgarter Klett-Passage«.
37 VG Braunschweig v. 16.03.1984, NJW 1985, 83.
38 BayVGH v. 10.04.1984, NJW 1985, 758.

teter Meinung – generell die Klagen von Taxiunternehmern gegen die Erteilung von neuen Taxikonzessionen.[39]

Ob § 13 IV und V PBefG den Schutz einzelner Unternehmer bezweckt, die bereits Inhaber einer Taxikonzession sind, erscheint aber zweifelhaft. Geschützt wird nämlich die Funktionsfähigkeit des örtlichen Taxigewerbes im öffentlichen Verkehrsinteresse.[40] Bei der Taxikonzession besteht somit eine Parallele zu den Vorschriften der HandwO (z.B. § 8 I), die ebenfalls dem öffentlichen Interesse an der Erhaltung eines leistungsfähigen Handwerks dienen und nicht dem Schutz der einzelnen Handwerker.[41]

8 Wehrt sich der Konkurrent gegen einen *öffentlich-rechtlichen Subventionsvertrag*, so dürfte die Feststellungsklage die richtige Klageart sein.[42] Die Leistungsklage auf Unterlassung der Auszahlung des Subventionsbetrags wird nämlich in aller Regel zu spät kommen.

9 Eine spezielle Form der Konkurrentenklage stellt die Klage Privater gegen die wirtschaftliche Betätigung der Gemeinden dar, mit der ein Verstoß gegen die Vorschriften der Gemeindeordnungen (Ob-Frage), etwa gegen die Subsidiaritätsklauseln,[43] gerügt wird. Diese Konkurrentenklage hat an Bedeutung gewonnen, seitdem der BGH dem expandierenden Kontrollstreben der Instanzgerichte auf der Grundlage von § 1 UWG[44] einen Riegel vorgeschoben hat.[45]

## D. Konkurrentennormenkontrolle

10 Spiegelbildlich zur Konkurrentenklage kommt auch eine Konkurrentennormenkontrolle in Betracht, wenn durch die angegriffene Rechtsnorm die Rechtsstellung der Mitbewerber verbessert wird.

**Beispiel:**[46] Normenkontrolle, die es den Betreibern von Verkaufsstellen ermöglicht, gegen eine VO vorzugehen, durch welche die Ladenschlusszeiten der Konkurrenten verkürzt werden.

39 Vgl. BayVGH v. 29.10.1980, BayVGHE 33, 161; differenzierend NWOVG v. 01.02.1980, NJW 1980, 2323.

40 Vgl. BVerwG v. 15.04.1988, BVerwGE 79, 208; v. 07.09.1989, NJW 1990, 1376. Die Kritik von *Langer* NJW 1990, 1328 geht fehl. Die Entscheidung nach § 13 PBefG ist keine Leistung; vielmehr handelt es sich bei der Ablehnung der Begünstigung um einen Eingriff, der der Rechtfertigung bedarf. Rechtfertigungsgrund kann nur ein überragend wichtiges Gemeinschaftsgut sein, nicht aber der Schutz privater Dritter. Die Vorschriften über die Genehmigung der Übertragung einer personenbeförderungsrechtlichen Genehmigung (§ 2 II Nr. 2 PBefG) sind jedenfalls nicht konkurrentenschützend; BWVGH v. 11.06.1992, VBlBW 1992, 436.

41 BVerwG v. 22.03.1982, GewArch 1982, 271; v. 20.07.1983, DVBl 1983, 1251; vgl. aber auch BVerwG v. 29.08.2001, BVerwGE 115, 70.

42 NWOVG v. 22.09.1982, GewArch 1984, 227; *Knuth* JuS 1986, 523; vgl. auch OLG Frankfurt v. 10.12.1992, NVwZ 1993, 706.

43 Vgl. BayVGH v. 23.07.1976, GewArch 1976, 326 (kommunale Wohnungsvermittlung); *A. Faber* DVBl 2003, 761. Zu § 85 I Nr. 3 RPGO, RPVerfGH v. 28.03.2000, DVBl 2000, 992 m. Anm. *Henneke*; zu § 107 I 1 Nr. 1 NWGO NWOVG v. 13.08.2003, NVwZ 2003, 1520, 1467 m. Anm. *Anweiler*= DVBl 2004, 133 m. Anm. *Schliesky;* hierzu auch *Grootehorst/Törnig* DÖV 2004, 685.

44 OLG Hamm v. 23.09.1997, NWBl 1998, 456 (»Gelsengrün«); OLG Düsseldorf v. 29.05.2001, DVBl 2001, 1283 (»Innovatio«).

45 BGH v. 25.04.2002, NWVBl 2002, 396; hierzu *Henneke* NdsVWBl 2002, 318; *Köhler* NJW 2002, 2761; *Meyer* NVwZ 2002, 1075.

46 SächsOVG v. 02.12.1998, NJW 1999, 2539.

# § 17 Vorverfahren, Klagefristen und Fehlen anderweitiger Rechtshängigkeit

## A. Vorverfahren

Das Vorverfahren bzw. Widerspruchsverfahren wird zusammenhängend in den §§ 24–50 behandelt. Dort finden sich insbesondere Ausführungen darüber, wann das Vorverfahren als Sachurteilsvoraussetzung erforderlich ist und wann das nicht der Fall ist. An dieser Stelle genügt der Hinweis, dass sich das Widerspruchsverfahren in einer existenziellen Krise befindet. Unter Berufung auf Schlagworte wie »Bürokratieabbau, Deregulierung und Verfahrensbescheunigung« haben einige Bundesländer von der Öffnungsklausel des § 68 I 2 VwGO a.F. extensiv Gebrauch gemacht und das Widerspruchsverfahren generell zumindest als zwingende Sachurteilsvoraussetzung faktisch abgeschafft.[1] Hinzu kommen bereichsspezifische Ausnahmeregelungen des Bundes.[2] Im Vorgriff auf diese Reform hat die Rspr. an die Einhaltung der §§ 68 ff. VwGO obendrein einen *großzügigen Maßstab* angelegt. So soll in Sonderfällen das Vorverfahren aus Gründen der Prozessökonomie dadurch entbehrlich werden, dass der Beklagte sich auf die Klage einlässt und deren Abweisung beantragt.[3] Rügt dagegen der Beklagte die Unzulässigkeit der Klage und äußert er sich nur vorsorglich materiell zum Vorbringen des Klägers, so macht das das Vorverfahren nicht überflüssig.[4] 1

Ganz allgemein verzichtet die Rechtsprechung auf die Durchführung des Vorverfahrens, wenn dessen *Zweck* schon auf andere Weise *erfüllt* worden ist oder offensichtlich nicht (mehr) erfüllt werden kann.[5] Das ist der Fall, wenn der angefochtene oder begehrte VA nur einen VA abändert, ersetzt oder in unmittelbarem Zusammenhang mit diesem steht, gegen den bereits ein Vorverfahren durchgeführt war.[6] Ferner braucht gegen einen Bescheid, der auf Widerspruch einem früheren Bescheid z.T. abhilft, in seinem belastenden Teil aber den früheren Bescheid lediglich wiederholt, nicht erneut Widerspruch eingelegt zu werden.[7] Bei mehreren Klägern hält es das BVerwG entgegen einer weit verbreiteten Meinung[8] zu Recht für ausreichend, wenn das Vorverfahren durch einen Kläger durchgeführt wurde.[9] Die Selbstkontrolle der Verwaltung hat dann nämlich stattgefunden; die Einstellung der Behörde ist klar, ein weiteres Vorverfahren wäre überflüssig, da es den Rechtsstreit nicht verhindern würde. Der Erwerber eines die Klagebefugnis gegen einen VA vermittelnden Gegenstands braucht kein eigenes Widerspruchsverfah- 2

---

1 § 15 BWAGVwGO; Art. 15 I BayAGVwGO; § 16 a I AGVwGO; § 8 a I und II NdsAGVwGO; § 6 I NWAGVwGO. Vgl. *Biermann* DÖV 2008, 395.

2 § 75 AsylVfG, § 84 I AufenthG; § 212 a BauGB, § 17 e II 1 FStrG; § 20 V 1 AEG; § 20 VII WaStrG; § 29 VI 2 PBefG.

3 BVerwG v. 27.02.1963, BVerwGE 15, 306; v. 02.09.1983, BayVBl 1984, 155; BGH v. 22.04.1983, BGHZ 88, 1 (2); BWVGH v. 23.09.1991, DVBl 1991, 1379 (LS); *Hufen* § 14 Rn. 150; vgl. auch *U. Meier* Die Entbehrlichkeit des Widerspruchsverfahrens, 1992, S. 69, 77.

4 BayVGH v. 09.02.1983, BayVBl 1983, 309.

5 Vgl. BVerwG v. 07.01.1972, DÖV 1972, 644.

6 BVerwG v. 26.06.1969, BVerwGE 32, 243; v. 23.03.1982, BayVBl 1982, 471; OVG RhPf v. 02.10.1991, NVwZ 1992, 386. Ist die Widerspruchsbehörde mit der Ausgangsbehörde identisch und erlässt sie trotz Fehlens eines Ausgangsbescheides einen Widerspruchsbescheid, ist das Vorverfahren ebenfalls entbehrlich; SächsOVG v. 30.07.1997, SächsVBl 1998, 87.

7 BayVGH v. 08.11.1974, BayVBl 1975, 21.

8 Vgl. *Kopp/Schenke* § 68 Rn. 7.

9 BVerwG v. 13.06.1975, NJW 1976, 1516.

ren durchzuführen, soweit die auf den Erwerbsgegenstand bezogene Beschwer bereits Gegenstand eines Widerspruchs seines Rechtsvorgängers war.[10]

3 Handelt die Behörde in der irrigen Annahme, ein Widerspruchsverfahren sei nicht erforderlich, ist die Klage ohne Vorverfahren zulässig.[11]

4 Heftig umstritten ist seit langem die Rspr. zum *formfehlerhaften* oder *verspäteten* Widerspruch. Hierbei ist zu unterscheiden, ob die Widerspruchsbehörde den Widerspruch als unzulässig zurückgewiesen oder ob sie sich auf eine Sachentscheidung eingelassen hat.

Hat die Widerspruchsbehörde den Widerspruch als unzulässig zurückgewiesen, ist zunächst der Widerspruchsbescheid angreifbar (§ 79 II VwGO). Stellt sich heraus, dass der Widerspruch tatsächlich unzulässig war, dann muss richtiger Ansicht nach ein *Prozessurteil* ergehen.[12] Ansonsten hat das Gericht zur Sache zu entscheiden.

Hat sich dagegen die Widerspruchsbehörde in der Sache eingelassen, so ist nach Ansicht der Rspr. der Weg zu einer gerichtlichen Sachentscheidung wieder eröffnet. Namentlich das BVerwG vertritt den Standpunkt, der Widerspruchsbehörde stehe als *Herrin über den Streitstoff* die Befugnis zu, eine erneute Sachentscheidung zu treffen[13] – »Domina-Theorie« –. Demgegenüber wird zu Recht geltend gemacht, dass bei unzulässigem Widerspruch der ursprüngliche VA (Klagegegenstand!) bereits formell bestandskräftig geworden ist.[14] Die Widerspruchsbehörde ist dann nur Herrin des Verfahrens, wenn sie auf Grund eines Selbsteintrittsrechts einen Zweitbescheid erlassen dürfte.[15] Auf ein Vorverfahren kann dann verzichtet werden. Die Begründung des Selbsteintrittsrechts mit dem angeblichen Devolutiveffekt des verspäteten Widerspruchs[16] ist jedoch eine petitio principii.

Beim VA mit Drittwirkung darf die Widerspruchsbehörde zudem nicht die Vertrauensposition (vgl. § 50 VwVfG) des begünstigten Dritten zunichte machen.[17] Im Übrigen kommt nur eine Klage nach § 79 II VwGO in Betracht.[18]

5 Die Frage, ob das Verwaltungsgericht zur Gewährung der Wiedereinsetzung bei Versäumung der Widerspruchsfrist zuständig ist, wird ebenfalls unterschiedlich beantwortet. Nach einer Ansicht soll nur die Möglichkeit bestehen, die Behörde auf Wiedereinsetzung zu verklagen, da nur so die innerbehördliche Kontrolle (Ermessen!) sichergestellt sei.[19] Dabei wird übersehen, dass die Entscheidung über die Wiedereinsetzung eine rechtlich gebundene Vorfragenentscheidung darstellt und aus Gründen der Konnexität von der Instanz getroffen werden muss, die mit der Hauptfrage, d.h. mit der Zulässigkeit des Widerspruchs, betraut ist. Da § 60 VwGO nicht abschließend verstanden

10 BVerwG v. 12.06.2006, DVBl 2006, 1247.
11 BVerwG v. 19.01.1972, BVerwGE 39, 265.
12 So zutreffend *v. Mutius* S. 190 ff.; a.A. BVerwG v. 16.01.1964, DVBl 1965, 89; vgl. aber auch BVerwG v. 07.05.1965, BVerwGE 21, 93; vgl. ferner *Hofmann* VerwArch 1967, 64, 135.
13 BVerwG v. 13.12.1967, BVerwGE 28, 305; v. 20.06.1988, NVwZ-RR 1989, 85; BWVGH v. 14.03.2001, NVwZ-RR 2002, 6; ebenso *Schmitt Glaeser/Horn* Rn. 2013.
14 Einzelheiten unten § 42 Rn. 3 ff.
15 Zutreffend BayVGH v. 21.06.1983, BayVBl 1984, 20. Zum Selbsteintritt BWVGH v. 23.12.1994, NVwZ-RR 1995, 476.
16 So BWVGH v. 31.08.1979, DÖV 1980, 383 (384); v. 26.10.1981, DÖV 1982, 206.
17 Vgl. BVerwG v. 04.08.1982, NVwZ 1983, 285.
18 Vgl. *Redecker/v. Oertzen* § 68 Rn. 7.
19 So *Schmidt* DÖV 1981, 229.

werden muss, bedeutet das, dass das Gericht selbst über die Wiedereinsetzung im Rahmen des Hauptantrags entscheiden kann.[20]

## B. Klage- und Antragsfristen

### I. Allgemeines

Für *bestimmte Klagearten* (Rn. 7–10) sieht die VwGO Klagefristen vor, bei deren Ver- 6
säumung die Klage durch Prozessurteil abzuweisen ist oder auch durch Gerichtsbescheid (§ 84 I VwGO) abgewiesen werden kann. Auch der Antrag im Normenkontrollverfahren ist fristgebunden. Gegen die Versäumung der Frist kann der Kläger oder Antragsteller Wiedereinsetzung in den vorigen Stand beantragen (§ 60 VwGO). *Nicht fristgebunden* sind regelmäßig die allgemeinen Gestaltungs-, Leistungs- und Feststellungsklagen. Die Behandlung der Fortsetzungsfeststellungsklage ist umstritten (Rn. 9). Der Wechsel von einer verfristeten auf eine nicht fristgebundene Klage eröffnet nicht die Möglichkeit, zur Ursprungsklage zurückzukehren.[21] Angemessene Klagefristen verstoßen nicht gegen Art. 19 IV GG. Vielfach sind sie aus rechtsstaatlichen Gründen (Rechtssicherheit) geboten. Auch mit dem Gemeinschaftsrecht stehen Klagefristen im Einklang. Werden dagegen Rechte aus einer unmittelbar anwendbaren, jedoch nicht ordnungsgemäß umgesetzten Richtlinie geltend gemacht, beginnt die Frist erst im Zeitpunkt der ordnungsgemäßen Umsetzung zu laufen.[22]

Fristen erfüllen nur dann ihre *Ordnungsfunktion,* wenn sie nicht allzu großzügig gehandhabt werden. So sind Werktage bei der Fristberechnung auch dann zu berücksichtigen, wenn dienstfrei ist. Hinsichtlich der *Klageerhebung bei einem unzuständigen Gericht* muss dagegen differenziert werden. Eine versehentlich bei einem unzuständigen Gericht erhobene Klage (das Gericht war nach der Klageschrift gar nicht gemeint; es fehlt am prozessualen Erklärungswillen) oder eine schuldhaft beim unzuständigen Gericht erhobene Klage (angesichts einer Rechtsbehelfsbelehrung vermeidbarer Irrtum über die Zuständigkeit) vermag selbst bei Verweisung an das zuständige Gericht die Klagefrist nicht zu wahren. Im übrigen wahrt (regelmäßig) die fristgerecht beim sachlich, örtlich oder funktionell unzuständigen Gericht und sogar im falschen Rechtsweg erhobene Klage mit Rücksicht auf die von Amts wegen erfolgende Verweisung die Klagefrist, wobei der Zeitpunkt der Verweisung keine Rolle spielt.[23]

### II. Anfechtungs- und Verpflichtungsklage

Nach § 74 VwGO beträgt die Klagefrist bei der Anfechtungsklage und – wenn der An- 7
trag auf Vornahme eines VA abgelehnt worden ist – bei der Verpflichtungsklage einen Monat. Die Klagefrist ist auch bei einer Anfechtungsklage gegen einen nichtigen VA

---

20 BWVGH v. 22.11.1994, NVwZ-RR 1995, 232 f. sowie unten § 34 Rn. 8 ff.

21 VG Kassel v. 10.10.1994, NVwZ-RR 1995, 704.

22 EuGH v. 25.07.1991, Slg. 1991, I-4269 (Emmott). Vgl. aber *Stadie* NVwZ 1994, 435.

23 § 17 b I 2 GVG; vgl. auch BVerwG v. 20.01.1993, DVBl 1993, 562 (563); *Kopp/Schenke* § 74 Rn. 8. Zur versehentlichen Klageerhebung beim unzuständigen Gericht RhPfOVG v. 08.10.1980, NJW 1981, 1005. Zur schuldhaften Klageerhebung beim unzuständigen Gericht VG Augsburg v. 21.04.1994; BayVBl 1994, 606; a.A. RhPfOVG, NVwZ-RR 1996, 181. Eine teleologische Reduktion von § 17 b I 2 GVG ist durchaus geboten. Die Vorschrift soll den Kläger vor Zuständigkeitsstreitigkeiten schützen, nicht ihm den bequemsten Zugang zur Gerichtsbarkeit eröffnen. Die h.L. läuft darauf hinaus, das jeweils nächstgelegene Gericht zur Anlaufstelle für zeitlich bedrängte Kläger zu machen.

einzuhalten (RhPfOVG v. 12.05.1998, NVwZ 1999, 198), obwohl dort der Übergang zur unbefristeten Nichtigkeitsfeststellungsklage unschwer möglich ist. § 74 VwGO gilt entsprechend bei Leistungs- und Feststellungsklagen gem. § 126 III BRRG. Abweichende Regelungen können nur noch durch Bundesrecht getroffen werden.[24] Die Klagefrist beginnt mit der Zustellung des Widerspruchsbescheids oder in den Fällen, in denen ein Widerspruchsverfahren nicht erforderlich ist, mit der Bekanntgabe des VA (§ 74 I VwGO). Wird der Bescheid mehreren Personen zugestellt[25] oder bekannt gegeben, läuft die Klagefrist für jeden gesondert. Nach der Rspr. kommt es auf den Zeitpunkt der Verwaltungsentscheidung für den Fristbeginn nicht an. Eine zunächst wegen Fristablaufs abgewiesene Klage wird daher zulässig, wenn die Widerspruchsbehörde erst nach Einlegung der Berufung sachlich über den Widerspruch entscheidet.[26] Die Monatsfrist beginnt nur zu laufen, wenn eine zutreffende Rechtsbehelfsbelehrung erteilt wurde (§ 58 I VwGO). Bei fehlender oder unrichtiger[27] Rechtsbehelfsbelehrung gilt die Jahresfrist des § 58 II VwGO.

Schwierigkeiten bereitet die Fristberechnung, wenn einem *Nachbarn* eine Baugenehmigung nicht (mit Rechtsbehelfsbelehrung) mitgeteilt wurde. Auszugehen ist von dem das Nachbarverhältnis prägenden Gebot der Rücksichtnahme, aus dem sich für den Nachbarn Rechte, aber auch Lasten ergeben. Bemerkt jemand Baumaßnahmen in seiner Nachbarschaft, muss er sich unverzüglich Kenntnis von der Tragweite des Vorhabens verschaffen. Das gilt nicht nur für die unmittelbaren Grenznachbarn, sondern für alle klagebefugten Nachbarn. Sobald diese sichere Kenntnis von dem Vorhaben erlangt haben – Indiz ist der *Baubeginn* –, beginnt die Frist des § 58 II VwGO zu laufen.[28]

## III. Untätigkeitsklage

8 Bei der Untätigkeitsklage überkreuzen sich das Verwaltungsverfahren und das verwaltungsgerichtliche Verfahren. Das führt zu Abstimmungsproblemen. Fraglich ist daher erstens *wie lange* und zweitens *ab wann* eine Untätigkeitsklage erhoben werden kann.

Mit der ersten Frage befasste sich § 76 VwGO a.F., der für die Untätigkeitsklage eine *Ausschlussfrist von einem Jahr* vorsah. Da unklar war, inwieweit die Klageerhebung und der Ablauf der Klagefrist das Verwaltungsverfahren beeinflussen, wurde § 76 VwGO aufgehoben. Gewonnen wurde dadurch wenig. Seit 01.01.1977 besteht vielmehr eine Regelungslücke. Seither ist nämlich zu klären, unter welchen Voraussetzungen erst nach Jahren erhobene Klagen *missbräuchlich* sind. § 76 a.F. hatte insoweit nur einen allgemeinen Rechtsgedanken zum Ausdruck gebracht. Da der Gesetzgeber die Untätig-

---

24 Vgl. BVerfG v. 17.01.1967, BVerfGE 21, 106. **Beispiel:** § 74 I AsylVfG (zwei Wochen bzw. eine Woche); die Frist soll auch für den Bundesbeauftragten für Asylangelegenheiten gelten, wenn dieser gegen die Feststellung von Abschiebungshindernissen Klage erhebt; HessVGH v. 30.12.1997, NVwZ-Beil. 1998, 73 (zweifelhaft).

25 Vgl. auch BVerwG v. 22.10.1992, FamRZ 1993, 544.

26 BayVGH v. 15.02.1973, BayVGHE 26, 57. Ergeht während des Klageverfahrens ein neuer den Streitgegenstand betreffender VA, so hindert die Klage nicht die Bestandskraft dieses VA; BWVGH v. 09.09.1987, NVwZ-RR 1988, 58. Ist die bei einer Verpflichtungsklage einzuhaltende Klagefrist versäumt worden, macht ein während des Klageverfahrens ergangener Änderungsbescheid die (ursprüngliche) Klage nicht zulässig; NWOVG v. 05.03.1993, NVwZ-RR 1993, 590.

27 Vgl. unten § 48 Rn. 14, ferner BWVGH v. 23.10.1998, NVwZ 1999, 207. Auch in diesem Zusammenhang sollte ergebnisorientiert argumentiert werden, also darauf abgestellt werden, ob der Rechtsschutz durch die Belehrung beeinträchtigt ist. Heißt es fälschlich, die Klagefrist beginne nach der Bekanntgabe statt (richtig) nach der Zustellung des Widerspruchsbescheids zu laufen, ist das unschädlich, wenn Bekanntgabe und Zustellung zeitlich zusammenfallen; HessVGH v. 24.06.1988, NVwZ-RR 1989, 583.

28 BVerwG v. 10.02.1994, UPR 1994, 229; zu restriktiv VG Berlin v. 21.09.1984, NVwZ 1985, 932. Vgl. unten § 33 Rn. 11.

keitsklage gewiss nicht unbefristet zulassen wollte,[29] gilt das Klagerecht weiterhin mit Ablauf eines Jahres seit Einlegung des Widerspruchs oder seit der Stellung des Antrags auf Vornahme eines VA als *verwirkt*.

Die zweite Frage beantwortet § 75 VwGO: Die Klage kann nach Ablauf von *drei Monaten* seit Einlegung des Widerspruchs oder des Antrags auf Erlass eines VA erhoben werden, wenn eine sachliche Entscheidung ohne zureichenden Grund unterblieben ist.[30] Für die Beurteilung des Gerichts, ob die Klage schon zulässig ist, ist der Zeitpunkt der Klageerhebung maßgeblich. Die h.M., die auf den Zeitpunkt der gerichtlichen Entscheidung abstellt, verfehlt den Zweck der Vorschrift.[31] Ergeht nach Ablauf der Sperrfrist der VA, ist das Vorverfahren nachzuholen. Die Klage wird jedoch nicht im Hinblick auf § 74 I VwGO unzulässig; die förmliche und fristgebundene (erneute) Einlegung des Widerspruchs ist überflüssig.[32] Bei besonderen Umständen ist eine Verkürzung der Sperrfrist geboten.

*Faustregel:* Besondere Gründe liegen dann vor, wenn der Kläger bei einer ablehnenden Entscheidung vorläufigen Rechtsschutz (§ 123 VwGO) begehren könnte.

Sonderrecht zu § 75 VwGO enthält § *14a BImSchG*, der dem WF erlaubt, Klage zu erheben, wenn über seinen Widerspruch nach Ablauf von 3 Monaten seit der Einlegung nicht entschieden ist, es sei denn, dass wegen besonderer Umstände des Falles eine kürzere Frist geboten ist. Die Regelung verbessert die Rechtsschutzposition des Genehmigungsbewerbers insoweit, als sie Unsicherheit über die Zulässigkeit einer Untätigkeitsklage beseitigt; denn nach Ablauf der Frist ist die Klage auf jeden Fall zulässig, selbst wenn die Behörde einen zureichenden Grund für die Untätigkeit hatte.

## IV. Fortsetzungsfeststellungsklage

Ob für die Fortsetzungsfeststellungsklage eine Klagefrist läuft, ist streitig (vgl. auch unten § 31 Rn. 29 und 30). Da die Fortsetzungsfeststellungsklage unterschiedliche Fall- 9
konstellationen erfasst, muss *differenziert* werden:

Erledigt sich eine *verspätet erhobene Anfechtungs- oder Verpflichtungsklage* während des Rechtsstreits, ist § 74 VwGO unmittelbar anwendbar. Die Klage bleibt auch bei Übergang auf die (nachträgliche) Fortsetzungsfeststellungsklage unzulässig.[33]

Die »nachgezogene Fortsetzungsfeststellungsklage« (Erledigung vor Klageerhebung) ist ebenfalls ein Unterfall der Anfechtungs- oder Verpflichtungsklage. Sie führt gleichsam ein Widerspruchsverfahren fort; Streitgegenstand ist ein Widerspruchsbescheid. Tritt die Erledigung *während des Vorverfahrens* ein, findet ebenfalls § 74 VwGO unmittelbar Anwendung; denn entweder erging bereits ein Widerspruchsbescheid in der Sache oder – bei Erledigung auch vor Erlass des Widerspruchsbescheids – ein Einstellungsbescheid bzw. ein Fortsetzungsfeststellungswiderspruchsbescheid. Bei Erledigung *vor Einlegung des Widerspruchs* (und vor Ablauf der Widerspruchsfrist) ist nach hier vertre-

29 A.A. Schoch/Schmidt-Aßmann/Pietzner/*Dolde* § 75 Rn. 12; *Kopp/Schenke* § 76 Rn. 2.
30 Ein Grund kann nur dann zureichend sein, wenn er mit der Rechtsordnung im Einklang steht; BVerwG v. 23.07.1991, NVwZ 1991, 1189. Als zureichende Gründe kommen etwa die besonderen Schwierigkeiten des Einzelfalls und die außergewöhnliche Überlastung der Behörde in Betracht; BVerwG v. 27.03.1968, DÖV 1968, 496. Die kontinuierliche Steigerung der Arbeitslast einer Behörde ist keine außergewöhnliche Belastung; HbgOVG v. 01.09.1989, NJW 1990, 1379.
31 Wie hier Beck-OK, VwGO/*Brink* VwGO, § 75 Rn. 9; a.A. BVerwG v. 24.02.1994, NVwZ 1995, 80.
32 Vgl. BVerwG v. 13.01.1983, DVBl 1983, 849; BWVGH v. 30.04.1984, NJW 1986, 149.
33 Eyermann/*Rennert* § 74 Rn. 2.

tener Ansicht ein Fortsetzungsfeststellungswiderspruch erforderlich.[34] Bei diesem Verständnis ändert sich an der Klagefrist nichts. § 74 VwGO bleibt anwendbar. Überwiegend wird aber in solchen Fällen *kein* Widerspruchsverfahren für erforderlich gehalten. Die Klage nach § 113 I 4 VwGO soll dann unmittelbar zulässig sein. Unterbleibt aber ein Widerspruchsverfahren, fehlt es i.d.R. an der Belehrung über die Klagemöglichkeit, so dass die Fortsetzungsfeststellungsklage zumindest innerhalb der Jahresfrist des § 58 II VwGO erhoben werden kann.[35] Die Auffassung, die ursprüngliche Fortsetzungsfeststellungsklage stelle keinen Unterfall der Anfechtungs- und Verpflichtungsklage dar, sondern sei in Wahrheit eine Feststellungsklage, für die *überhaupt keine Klagefrist* laufe,[36] überzeugt nicht. Dann könnte man bei Erledigungsfällen vor Klageerhebung nämlich gänzlich auf die Fortsetzungsfeststellungsklage verzichten und gleich auf § 43 VwGO zurückgreifen. Wer § 113 I 4 VwGO auf solche Fälle analog anwendet, muss konsequenterweise § 74 VwGO ebenfalls analog heranziehen.

## V. Normenkontrollverfahren

10 Seit dem 01.01.1997 ist auch die Normenkontrolle fristgebunden. Die Frist beträgt nach § 47 II 1 VwGO ein Jahr nach Bekanntmachung der angegriffenen Rechtsvorschrift. Bei Änderungen der Rechtsvorschrift wird die Frist nur neu in Gang gesetzt, wenn die Änderung neue Bestimmungen enthält oder die Wirksamkeit der Änderung selbst streitig ist.[37] Die Inzidentkontrolle der Norm im Klageverfahren wird dadurch nicht verhindert.[38] Da diese aber nur inter partes wirkt, sollte man für sie die Befristung der Normenkontrolle insofern heranziehen, als subjektive Rechte, die nicht im Normenkontrollverfahren gerügt wurden, nach Ablauf der einjährigen Frist als *verwirkt* gelten. Die allgemeinen Verwirkungsgrundsätze (vgl. § 33 Rn. 10 ff.) gelten in verstärktem Maß im vorliegenden Zusammenhang. Bei der Angleichung der zeitlichen Dimension des Rechtsschutzes im Normenkontrollverfahren und bei der Inzidentkontrolle fließen Gesichtspunkte der verfahrensrechtlichen und materiell-rechtlichen Verwirkung ineinander. Speziell die für die Normenkontrolle nach § 47 I Nr. 1 VwGO wichtigen subjektivrechtlich verfestigten Abwägungsbelange i.S.v. § 1 VI BauGB verlieren an Gewicht, wenn sie nicht rechtzeitig in die Abwägung eingebracht werden. Wer die Möglichkeit hat, seine Rechte im Normenkontrollverfahren geltend zu machen, muss diese Möglichkeit zur Vermeidung des Rechtsverlusts fristgerecht nutzen. Personen, die diese Möglichkeit nicht hatten, weil sie erst nach Ablauf der Ausschlussfrist des § 47 II 1 VwGO antragsbefugt geworden sind, bleibt der inzidente Rechtsschutz unbenommen. Würde der inzidente Rechtsschutz dem Gebot des effektiven Rechtsschutzes nicht genügen, wäre der fakultative Charakter des Normenkontrollverfahrens verfassungsrechtlich angreifbar. Eine Verfassungsbeschwerde ist allerdings nach erfolgloser verwaltungsge-

---

34 Vgl. *Stengelmann-Nolten* Der Fortsetzungsfeststellungswiderspruch, Diss. FU Berlin 1997.

35 So bereits BVerwG v. 09.02.1967, BVerwGE 26, 161 (168); BWVGH v. 04.06.1980, VBlBW 1980, 20; v. 15.10.1997, VBlBW 1998, 109 (110); RhPfOVG v. 15.07.1982, NJW 1982, 1301 (1302); *Würtenberger* Rn. 658; unzutreffend BayVGH v. 19.07.1991, DVBl 1992, 1492 m. Anm. *Kopp* = BayVBl 1992, 51 mit Anm. *Funk* (471 f.) und *Frohn* (473 ff.); *Göpert* S. 106 f.; *Schmitt Glaeser/Horn* Rn. 363; *Rozek* JuS 1995, 697 (700), *Detterbeck* Streitgegenstand und Entscheidungswirkungen im öffentlichen Recht, 1995, S. 293.

36 BVerwG v. 14.07.1999, BVerwGE 109, 203 (207).

37 BVerwG v. 21.01.2004, DVBl 2004, 583.

38 BVerwG v. 26.06.1998, SächsVBl 1998, 236; *Meissner* VBlBW 1997, 81 ff. (87); allgemein Schoch/Schmidt-Aßmann/Pietzner/*Gerhardt* § 47 Rn. 8 f.

richtlicher Normenkontrolle nur möglich, wenn der Normenkontrollantrag in der *Jahresfrist* des § 93 III BVerfGG eingereicht wurde.[39]

## C. Fehlen anderweitiger Rechtshängigkeit

### I. Überblick

Nach § 17 I 2 GVG ist eine neue Klage über den gleichen Streitgegenstand während der Rechtshängigkeit vor einem beliebigen anderen Gericht (»anderweitig«) unzulässig *(perpetuatio fori)*. Lediglich die Rechtshängigkeit der Streitsache bei der Verfassungsgerichtsbarkeit steht einem Prozess vor den Verwaltungsgerichten nicht entgegen.[40] 11

Die Streitsache ist rechtshängig bei *Identität der Beteiligten* und *Identität des Streitgegenstands*. Anders als im Schrifttum[41] vielfach vertreten, sind damit nicht nur die Hauptbeteiligten und deren Rechtsnachfolger, sondern auch die notwendig Beigeladenen erfasst, da auch deren materiellen Rechte streitbefangen sind. Für die Identität des Streitgegenstandes[42] kommt es auf das Rechtsschutzbegehren und die gewählte Rechtsschutzform an.[43] Der Streitgegenstand bestimmt den Umfang der Rechtshängigkeit. 12

Die Rechtshängigkeit beginnt mit der wirksamen Erhebung der Klage (§ 90 I VwGO)[44] und endet mit dem rechtskräftigen Abschluss des Verfahrens, mit Klagerücknahme (§ 92 III 1 VwGO), mit Abschluss eines Prozessvergleichs (§ 106 VwGO) oder mit übereinstimmenden Erledigungserklärungen (§ 161 II VwGO).

### II. Klagerücknahme

Die Klagerücknahme[45] ist die *Erklärung des Klägers, dass er sein Klagebegehren* in anhängigen Verfahren ganz oder teilweise *nicht mehr weiterverfolgen will*. Sie muss dem 13

39 BVerfG v. 23.06.1987, BVerfGE 76, 107 (115 ff.). Bei identischem Inhalt von Gesetz und Satzung darf die Normenkontrolle nicht dazu umfunktioniert werden, die Frist für die Verfassungsbeschwerde gegen das Gesetz zu unterlaufen. Die Möglichkeit, nach Ablauf der Frist ein Verfahren nach § 47 VwGO mit dem Zweck zu betreiben, eine Vorlage nach Art. 100 I GG zu erreichen, wird dadurch ausgeschlossen, dass bereits die Antragsbefugnis nach § 47 II VwGO zu verneinen ist; BWVGH v. 10.02.1998, NVwZ 1998, 643.

40 BVerwG v. 05.02.1976, BVerwGE 50, 104. Die Anhängigkeit der Klage vor einem ausländischen Gericht führt zur perpetuatio fori, wenn dadurch der Justizgewährleistungsanspruch nicht beeinträchtigt wird (forum shopping!) und das ausländische Urteil im Inland anzuerkennen sein wird: BGH v. 18.03.1987, NJW 1987, 3083 m. Anm. *Geimer*. Der EuGH ist wohl eher einem Verfassungsgericht gleichzubehandeln; a.A. *Redecker/v. Oertzen* § 90 Rn. 4; *Kopp/Schenke* § 90 Rn. 15.

41 *Kopp/Schenke* § 90 Rn. 12; wie hier *Baden* NVwZ 1984, 144.

42 Hierzu *Detterbeck* Streitgegenstand und Entscheidungswirkungen im öffentlichen Recht, 1995, S. 50 ff.

43 Keine Identität des Streitgegenstandes besteht, wenn ein Kläger in verschiedenen Instanzen die Aufhebung desselben Planfeststellungsbeschlusses in bezug auf verschiedene Grundstücke betreibt; BayVGH v. 11.10.1994, BayVBl 1996, 25. Unterschiedliche prozessuale Ansprüche werden auch geltend gemacht, wenn Abwehransprüche gegen Musikveranstaltungen im Zivilrechtsweg auf §§ 1004, 906 BGB, im Verwaltungsrechtsweg auf bauaufsichtliche Eingriffsnormen gestützt werden; BVerwG v. 17.07.2003, NJW 2003, 3360.

44 Erhoben ist die Klage mit dem Zugang bei Gericht. Die Nachsendung des Originals bei Klageerhebung per Telefax begründet keine neue Rechtshängigkeit; HessVGH v. 19.03.1992, NJW 1992, 3055. Ein Verstoß gegen zwingende Vorschriften der §§ 81, 82 VwGO macht die Klage nicht nur unzulässig, sondern verhindert auch den Eintritt der Rechtshängigkeit; vgl. *Krüger*, VBlBW 1998, 52. Im Übrigen spielt die Zulässigkeit der Klage für die Rechtshängigkeit keine Rolle. Im Gegensatz zum Zivilprozess ist auch die Zustellung der Klageschrift an den Beklagten nicht erforderlich.

45 Vgl. *App* VR 1992, 431 ff.; *Decker* BayVBl 1997, 673.

Gericht gegenüber zwar nicht ausdrücklich erklärt werden, jedoch eindeutig sein,[46] und ist bis zur Rechtskraft[47] des Urteils jederzeit zulässig (§ 92 I 1 VwGO).

Ob nach Abgabe übereinstimmender Erledigungserklärungen die Klage noch wirksam zurückgenommen werden kann, wird von der Rspr. unterschiedlich beantwortet. Der BayVGH hält wegen Beendigung der Rechtshängigkeit die Zurücknahme für unzulässig.[48] Nach den Erledigungserklärungen bleibt das Verfahren jedoch wegen der Kosten anhängig. Die Finanzgerichte halten daher zu Recht eine Klagerücknahme noch für möglich.[49]

**14** Nach Stellung der Anträge des Beklagten oder des VÖI setzt die Klagerücknahme deren *Einwilligung* voraus. Betreibt ein Kläger den Rechtsstreit nicht, fehlt ihm das Rechtsschutzbedürfnis für eine Sachentscheidung. Ähnlich wie § 81 S. 1 AsylVfG *fingiert* daher § 92 II 1 VwGO die Erklärung der Klagerücknahme. Hierzu sind drei Voraussetzungen erforderlich:

1. der Kläger betreibt das Verfahren nicht oder nur unzureichend und gibt dem Gericht Anlass für eine Betreibensaufforderung,[50]
2. das Gericht fordert ihn unter Belehrung nach § 92 II 2 VwGO zum Betreiben auf,
3. der Kläger betreibt den Prozess weitere drei Monate nicht.

**15** Mit der erklärten oder fingierten Klagerücknahme gilt das Verfahren als nicht rechtshängig geworden (§ 173 VwGO i.V.m. § 269 III 1 Halbs. 1 ZPO); das Gericht stellt das Verfahren durch Beschluss ein und spricht die sich nach der VwGO ergebenden Rechtsfolgen aus (§ 92 III 1 VwGO), nämlich:

1. Wirkungslosigkeit eines bereits ergangenen, noch nicht rechtskräftigen Urteils (§ 173 VwGO i.V.m. § 269 III 1 Halbs. 2 ZPO),
2. in aller Regel Kostenlast des Klägers (§ 155 VwGO).[51]

Der Beschluss ist unanfechtbar (§ 92 III 2 VwGO).[52] Dies gilt auch für den Feststellungsbeschluss nach § 92 II 4 VwGO.[53] Bei nach Erlass des Einstellungsbeschlusses entstandenem Streit über die Wirksamkeit der Klagerücknahme muss die Fortsetzung des ursprünglichen Verfahrens in der Instanz beantragt werden, die es auf Grund der Rücknahme eingestellt hat.[54] Das Gericht entscheidet über den Streit nach mündlicher Ver-

---

46 Eyermann/*Rennert* § 92 Rn. 6; strenger wohl NWOVG v. 14.09.1993, NVwZ-RR 1994, 423; *Kopp/Schenke* § 92 Rn. 7. Wenn aber § 92 II VwGO eine Rücknahme sogar fingiert, muss eine Rücknahme schon vorher auch durch konkludentes Verhalten möglich sein. Zur Bedingungsfeindlichkeit der Rücknahme BVerwG v. 10.04.2002, NVwZ 2002, 990.

47 Zur teilweisen Rechtskraft NWOVG v. 20.03.1990, NVwZ-RR 1991, 111.

48 Urt. v. 28.12.1979, BayVBl 1980, 342; Schoch/Schmidt-Aßmann/Pietzner/*Clausing* § 92 Rn. 17; § 161 Rn. 17; Eyermann/*Rennert* § 92 Rn. 8; *Kopp/Schenke* § 92 Rn. 9.

49 BFH v. 05.12.1967, BStBl II 1968, 202; FG München v. 26.07.1982, BayVBl 1983, 314; ebenso *Pietzner* VerwArch 1984, 75 ff.

50 Das ist eine ungeschriebene, aber aus der Natur der Sache gebotene Voraussetzung. Grundlos kann das Gericht keine Betreibensaufforderung aussprechen; vgl. Eyermann/*Rennert* § 92 Rn. 16.

51 Ausnahmen sind denkbar z.B. nach § 155 IV VwGO (HessVGH v. 12.01.1988, NVwZ-RR 1989, 54 f.) und § 161 III VwGO (vgl. BVerwG v. 23.07.1991, NVwZ 1991, 1180).

52 Mit dieser durch das 4. VwGOÄndG 1990 eingeführten Vorschrift hat sich der langjährige Streit, ob neben dem Fortsetzungsantrag auch die Beschwerde statthaft ist (s. Schoch/Schmidt-Aßmann/Pietzner/*Clausing* § 92 Rn. 77), erledigt.

53 Schoch/Schmidt-Aßmann/Pietzner/*Clausing* § 92 Rn. 71; BWVGH v. 02.04.1998, VBlBW 1998, 346; OVG LSA v. 05.08.1998, NVwZ-RR 1999, 348 f.; SaarlOVG v. 20.01.1999, NVwZ 1999, 897 (898); BayVGH v. 19.01.1999, NVwZ 1999, 896 (897); a.A. VG Stuttgart v. 14.05.1997, BayVBl 1997, 699; *Decker* BayVBl 1997, 679.

54 Vgl. BVerwG v. 12.11.1993, NVwZ-RR 1994, 362; BVerfG v. 13.07.1998, NVwZ 1998, 1173.

handlung durch Urteil, und zwar durch Sachentscheidung[55] oder durch prozessuales Feststellungsurteil des Inhalts, dass die Klage zurückgenommen ist.[56]

## III. Prozessvergleich

Nach § 106 VwGO können die Beteiligten zur vollständigen oder teilweisen Erledigung des geltend gemachten Anspruchs einen Prozessvergleich[57] zur Niederschrift (§ 105 VwGO) des Gerichts oder des beauftragten oder ersuchten Richters abschließen, soweit sie über den Streitgegenstand verfügen können.[58] Bei Streit über die Wirksamkeit des Vergleichs (anfängliche Unwirksamkeit, Anfechtung) ist das Verfahren fortzusetzen.[59] 16

Häufig wird bei Abschluss des Vergleichs dessen *Widerruf* innerhalb einer bestimmten Frist vorbehalten.[60] Hier ist es zweckmäßig, wenn das Gericht am Ende der mündlichen Verhandlung beschließt, dass im Falle des Widerrufs eine gerichtliche Entscheidung – in einem gleichzeitig festgesetzten Verkündungstermin – verkündet oder unter Verzicht auf Verkündung gem. § 116 II VwGO zugestellt wird. Gegen die Beratung der im Widerrufsfall zu treffenden Entscheidung bereits am Tag der mündlichen Verhandlung sprechen keine prozessualen Bedenken.

Nachträgliches Unwirksamwerden des Vergleichs – nicht Nichtigkeit[61] – durch veränderte Umstände kann nur in einem neuen Prozess geltend gemacht werden.[62] So kommt beim Wegfall der Geschäftsgrundlage eine Abänderungsklage (§ 173 VwGO i.V.m. § 323 I und IV ZPO) oder, wenn aus dem Vergleich vollstreckt werden soll, eine Vollstreckungsgegenklage (§ 173 VwGO i.V.m. § 767 ZPO) in Betracht.[63]

55 In diesem Fall kann die Unwirksamkeit der Klagerücknahme auch durch Zwischenurteil nach § 109 VwGO oder § 173 VwGO i.V.m. § 303 ZPO ausgesprochen werden. Vgl. BVerwG v. 14.10.1988, NVwZ-RR 1989, 110 (111) zu übereinstimmenden Erledigungserklärungen.

56 BVerwG v. 18.03.1965, MDR 1965, 1014 m. abl. Anm. *Bettermann*. Das gilt auch dann, wenn das Verfahren bereits durch Beschluss nach § 92 III VwGO eingestellt worden ist. BVerwG v. 26.01.1981, Buchholz 310 § 92 VwGO Nr. 5. Der Beschluss muss nicht notwendig aufgehoben werden. Hinsichtlich der Unwirksamkeit früherer Entscheidungen und der Kosten bleibt er ohnehin richtig. Das Feststellungsurteil kann sich also auf die Entscheidung über die durch die Fortsetzung entstandenen Kosten beschränken. Sie fallen dem zur Last, der die Wirksamkeit bestritten hat. Vgl. Schoch/Schmidt-Aßmann/Pietzner/*Clausing* § 92 Rn. 79. Im Berufungsverfahren kann die Feststellung auch durch Beschluss nach § 130a VwGO getroffen werden. Vgl. BVerwG v. 12.11.1993, NVwZ-RR 1994, 362 für die Hauptsacheerledigung.

57 Hierzu *Eisenlohr* Der Prozessvergleich in der Praxis der Verwaltungsgerichtsbarkeit, 1998; *R. Franke* Der gerichtliche Vergleich im Verwaltungsprozess, 1996; *Schröder* Der Prozessvergleich in den verwaltungsgerichtlichen Klagearten, 1971; *Kluth* BauR 1990, 678 ff.; *Lüke* NJW 1994, 233 ff. Zur Rechtsnatur BVerwG v. 27.10.1993, DVBl 1994, 211.

58 Zum Vergleich über eine Aufenthaltsduldung BWVGH v. 11.04.1988, NVwZ 1988, 755; zur Rechtsnachfolge NdsOVG v. 24.05.1994, BauR 1994, 616.

59 NWOVG v. 26.02.1991, NVwZ-RR 1992, 277 (278); HbgOVG v. 11.06.1993, NVwZ-RR 1994, 239; vgl. auch BVerwG v. 29.12.1992, NJW 1993, 1940. Wird aufgrund eines Vergleichs ein VA erlassen, können Einwendungen gegen dessen Übereinstimmung mit dem Vergleich in einem neuen Klageverfahren geltend gemacht werden; BWVGH v. 28.02.1997, NVwZ-RR 1998, 465.

60 Vgl. BVerwG v. 26.01.1993, DVBl 1993, 883; NdsOVG v. 15.04.1992, NJW 1992, 3253; ThürOVG v. 20.05.1998, ThürVBl 1998, 256.

61 Vgl. BayVGH v. 13.06.1979, DVBl 1980, 62.

62 BayVGH v. 21.12.1999, DVBl 2000, 568.

63 Vgl. BVerwG v. 19.06.1991, NJW 1992, 191; NWOVG v. 24.01.1992, NVwZ 1992, 897. Zur Vollstreckung eines Prozessvergleichs BWVGH v. 23.03.1998, NJW 1998, 3291; NWOVG v. 13.02.1997, NVwZ 1998, 534 und Schoch/Schmidt-Aßmann/Pietzner/*Pietzner* § 168 Rn. 19 und § 172 Rn. 21.

## IV. Erledigung der Hauptsache

17 Die Erledigung der Hauptsache spielt in der Praxis eine große Rolle.[64] Die Prozessordnungen beschäftigen sich mit ihr nur am Rande.[65] Die Frage, wann und unter welchen Voraussetzungen von einer Erledigung ausgegangen werden kann, richtet sich daher nach den *allgemeinen,* von Rspr. und Wissenschaft entwickelten *Grundsätzen.* Der Ausdruck »Grundsätze« darf allerdings nicht darüber hinwegtäuschen, dass zahlreiche Fragen umstritten sind. Einigkeit besteht lediglich im Ausgangspunkt, nämlich dass zwischen übereinstimmender und einseitiger Erledigungserklärung zu unterscheiden ist.

### 1. Übereinstimmende Erledigungserklärung

18 Durch die übereinstimmende Erledigungserklärung[66] wird der Rechtsstreit automatisch beendet.[67] Das Verfahren wird durch deklaratorischen Beschluss entspr. § 92 III 1 VwGO eingestellt (Tenor: § 20 Rn. 52). Die übereinstimmende Erledigungserklärung ist Ausfluss der auch für den Verwaltungsprozess maßgeblichen Dispositionsmaxime. Eine Überprüfung der Erledigung durch das Gericht und die Erledigungsfeststellung von Amts wegen in Ausnahmefällen scheiden daher aus.[68] Entsteht Streit über die Erledigung, gilt das gleiche wie bei der Klagerücknahme (§ 17 Rn. 15): Antrag auf Fortsetzung des Verfahrens, Entscheidung durch Urteil (ggf. Beschluss nach § 130 a VwGO), das entweder auf eine Sachentscheidung geht oder den (prozessualen Feststellungs-)Anspruch, dass der Rechtsstreit (durch die gegenseitigen Erledigungserklärungen) beendet ist.[69]

Die Erledigungserklärung kann nicht angefochten und nur bis zu dem Zeitpunkt widerrufen werden, in dem der Gegner eine entsprechende Erklärung noch nicht abgegeben hat.[70]

Beruht die Erledigungserklärung auf einem Gesetz, das vom Bundesverfassungsgericht (ex tunc!) für nichtig erklärt wird, so ist sie gegenstandslos mit der Folge, dass das Klageverfahren vor den Verwaltungsgerichten fortgesetzt werden muss.[71]

---

64 Zur Erledigung der Hauptsache im Verwaltungsprozess *Cordmann* Die Erledigung im Verwaltungsprozess, 1998; *R. P. Schenke* Der Erledigungsrechtsstreit im Verwaltungsprozess, 1996; *Pietzner* VerwArch 1984, 79; *ders.* VerwArch 1986, 299; *Günther* DVBl 1988, 612; *Manssen* NVwZ 1990, 1018; *Burgi* DVBl 1991, 193; *Feser/Kirchmaier* BayVBl 1995, 641; *Chr. Konrad* JA 1998, 331; *Deckenbrock/Dötsch* JuS 2004, 489 (589, 689).

65 § 91 a ZPO wurde erst 1950 nachträglich eingefügt; vgl. aber bereits § 41 der 3. VereinfachungsVO v. 16.05.1942 (RGBl. I S. 333; zur historischen Entwicklung *Göppinger* Die Erledigung des Rechtsstreits in der Hauptsache, 1958, S. 171 ff.). Auch § 161 II VwGO befasst sich nur mit der Kostenentscheidung, wenn die Erledigung der Hauptsache eingetreten ist.

66 Hierzu *Pietzner* VerwArch 1984, 79; *Günther* DVBl 1988, 612.

67 Das gilt für ein Verfahren, das allein auf Grund eines Rechtsmittels des VÖI anhängig war, selbst dann, wenn der VÖI das Rechtsmittel aufrechterhält; das Rechtsmittel ist in diesem Fall als unzulässig zu verwerfen; vgl. BayVGH v. 28.12.1979, BayVBl 1980, 342. Zu den Einwänden der Beigeladenen BVerwG v. 14.10.1988, NVwZ-RR 1989, 110.

68 *Pietzner* VerwArch 1984, 87; vgl. auch BerlOVG v. 22.01.1985, NVwZ 1986, 672.

69 BVerwG v. 12.11.1993, NVwZ-RR 1994, 362.

70 Vgl. BVerwG v. 20.07.1972, DVBl 1973, 369; v. 15.11.1991, NVwZ-RR 1992, 276 (277); v. 22.01.1998, NVwZ 1999, 404. Die Erledigungserklärung ist bedingungsfeindlich. Eine hilfsweise Erledigungserklärung ist von vornherein unzulässig; vgl. OVG Lüneburg v. 11.10.1982, NJW 1983, 902; BWVGH v. 11.02.1988, NVwZ-RR 1989, 445; a.A. NWOVG v. 05.01.1977, JZ 1977, 398. Vgl. auch *v. Heitzenberg* FS Berge, 1989, S. 125.

71 So jedenfalls BVerwG v. 09.03.1979, BVerwGE 57, 311.

19 Bei der in der Regel nach § 161 II VwGO zu treffenden unanfechtbaren[72] Kostenentscheidung entscheidet das Gericht nach »billigem« (nicht freiem) Ermessen. Hierbei ist der bisherige Sach- und Streitstand zu berücksichtigen. Es kommt also einmal darauf an, wer die Kosten hätte tragen müssen, wenn sich die Hauptsache nicht erledigt hätte.[73] Zum anderen spielt es eine Rolle, ob einer der Beteiligten die Erledigung verursacht hat.[74]

War die Klage bereits unzulässig, so hat ohne weiteres der Kläger die Kosten zu tragen. Zweifelhaft ist lediglich, ob das angerufene Gericht überhaupt eine Entscheidung nach § 161 II VwGO treffen darf, wenn die gerichtsbezogenen Sachurteilsvoraussetzungen nicht vorliegen. Dies wird überwiegend aus Gründen der Prozessökonomie bejaht.[75] Die zusätzlichen Kosten, etwa wenn nach § 17a II GVG, § 83 VwGO verwiesen wird, sind gewiss unerfreulich. Dennoch muss das billige Ermessen vom gesetzlichen Richter ausgeübt werden. Nur das zuständige Gericht ist folglich zur Entscheidung nach § 161 II VwGO befugt. Für die kursorische Begründetheitsprüfung ist maßgeblich die Sach- und Rechtslage unmittelbar vor dem erledigenden Ereignis.[76]

20 *Ausnahmen* von der Regel des § 161 II VwGO ergeben sich, wenn der Beklagte durch sein Verhalten keine Veranlassung zur Erhebung der Klage gegeben hat und den Anspruch sofort, d.h. ehe der Rechtsstreit streitig anhängig war, anerkennt (§ 156 VwGO). Bei Anfechtungs- und Verpflichtungsklagen geht § 161 III VwGO dem § 156 VwGO als lex specialis vor. Danach trägt prinzipiell der Beklagte die Kosten der Untätigkeitsklage, wenn der Kläger mit seiner Bescheidung vor Klageerhebung rechnen durfte. Die Privilegierung des Beklagten bedingt die Zulässigkeit der Untätigkeitsklage.[77] Ergeht nachträglich der beantragte VA, führt der Kläger den Rechtsstreit aber zunächst weiter und erklärt erst danach die Erledigung der Hauptsache, so richtet sich die Kostenentscheidung nach den allgemeinen Vorschriften.[78] Der Rechtsmittelausschluss bei § 161 II VwGO gilt sinngemäß auch für die Kostenentscheidung nach § 161 III VwGO.[79] Beenden die Beteiligten den Rechtsstreit in der Hauptsache durch Vergleich nach § 106 VwGO, so können sie eine Kostenübereinkunft treffen. Für eine gerichtliche Entscheidung ist dann insoweit kein Raum. Fehlt eine Kostenübereinkunft, so findet § 160 VwGO Anwendung. § 160 VwGO ist aber nur ein Notbehelf. Schließen die Beteiligten

72 § 158 II VwGO; vgl. auch BVerwG v. 03.11.1981, BayVBl 1982, 156.
73 *Günther* DVBl 1988, 613.
74 Mit *Stoeckle* BayVBl 1981, 203 ist aber der vom BayVGH mit Beschl. v. 15.05.1975, BayVBl 1975, 513 und v. 02.05.1980 Nr. 3 XV 78 aufgestellte Grundsatz abzulehnen, wonach (immer) demjenigen Beteiligten die Kosten aufzuerlegen sind, der das die Hauptsache erledigende Ereignis aus eigenem Entschluss herbeigeführt hat; so auch BayVGH v. 18.01.1979, BayVBl 1979, 246. Zu den Besonderheiten des Hochschulzulassungsstreits in diesem Zusammenhang BVerwG v. 11.05.1982, NVwZ 1982, 500 gegen SaarlOVG v. 14.10.1983, NVwZ 1984, 128.
75 Vgl. *Günther* DVBl 1988, 613; *Redecker/v. Oertzen* § 107 Rn. 16; *Kopp/Schenke* § 161 Rn. 11; Schoch/Schmidt-Aßmann/Pietzner/*Clausing* § 161 Rn. 17; *Deckenbrock/Dötsch* JuS 2004, 489 (492).
76 Einzelheiten bei *Günther* DVBl 1988, 612 ff. Zur Heilung eines gesetzlosen VA durch nachträglichen Erlass der Rechtsgrundlage BayVGH v. 04.10.1985, NVwZ 1986, 1032; OVG Lüneburg v. 03.08.1988, NVwZ-RR 1989, 447. Zur Erledigung einer Anfechtungsklage infolge behördlichen Verhaltens BVerwG v. 21.04.1989, NVwZ 1989, 859; BWVGH v. 11.12.1989, NVwZ 1990, 1090; RhPfOVG v. 26.10.1989, NVwZ 1990, 1091. **Gegenbeispiel:** Erledigung einer Verpflichtungsklage auf Baugenehmigung infolge der Rücknahme des Bauantrags, BVerwG v. 14.04.1989, NVwZ 1989, 860.
77 Anderer Ansicht *Kopp/Schenke* § 161 Rn. 35 a.
78 OVG Lüneburg v. 04.05.1973, NJW 1974, 1103; BayVGH v. 24.09.1975, BayVBl 1976, 243.
79 BerlOVG v. 10.05.1983, DÖV 1983, 686 m. abl. Anm. *Schultz* S. 987 f.

einen außergerichtlichen Vergleich mit oder ohne Kostenregelung und erklären dann übereinstimmend den Rechtsstreit in der Hauptsache für erledigt, so ist die Kostenentscheidung entgegen einer verbreiteten Ansicht[80] nicht entsprechend § 160 VwGO zu treffen, sondern nach § 161 II VwGO.[81] Bei der Billigkeitsentscheidung ist dann der Kostenabrede Rechnung zu tragen.

## 2. Streitige Erledigung

21 Bei einer einseitigen Erledigungserklärung des Klägers,[82] der sich der Beklagte mit aufrechterhaltenem Abweisungsantrag widersetzt (streitige Erledigungserklärung), kann der Prozess ohne Entscheidung des Gerichts nicht enden. Entschieden werden muss dann die Frage, ob der Rechtsstreit, nicht ob das mit der Klage verfolgte subjektive Recht des Klägers erloschen ist. Die Erledigung des Rechtsstreits in der Hauptsache setzt voraus, dass ein nach der Klageerhebung eingetretenes außerprozessuales Ereignis dem Klagebegehren die Grundlage entzogen hat.[83] Kriterien für die Erledigung ergeben sich aus § 43 II VwVfG und § 113 I 4 VwGO. Die Einzelheiten sind in § 27 Rn. 19–26 behandelt. Zentrales Argument bei der Erledigung von VAen ist, dass diese keine Wirkungen und Steuerungsfunktion mehr entfalten.

Die Erledigung ist daher abzulehnen, wenn der VA nach wie vor die Grundlage für Vollstreckungsmaßnahmen bildet.[84]

Hält das Gericht die Hauptsache tatsächlich für erledigt, so kommt es nach der verwaltungsprozessualen h.M. auf Zulässigkeit und Begründetheit des ursprünglichen Klagebegehrens grundsätzlich nicht mehr an; die Erledigung der Hauptsache kann durch Urteil festgestellt werden,[85] soweit keine verdeckte Klagerücknahme vorliegt.[86] Im Beschwerdeverfahren auf Zulassung der Revision erfolgt die Erledigungsfeststellung durch Beschluss.[87]

Nach einer im Schrifttum verbreiteten, der Rspr. des BGH folgenden[88] Meinung setzt demgegenüber die gerichtliche Feststellung der Hauptsachenerledigung die ursprüngliche Zulässigkeit und Begründetheit der Klage voraus.[89] Verneint danach das Gericht die ursprüngliche Zulässigkeit oder Begründetheit der Klage, so ist der Erledigungsantrag als unbegründet,[90] verneint das Gericht die Erledigung der Hauptsache, so ist der vom Kläger gestellte Erledigungsantrag als unzulässig abzuweisen.[91] Die verwaltungsprozessuale h.L. verdient den Vorzug. Anders als im Zivilprozess ist der Beklagte im Verwaltungsprozess zumeist nicht schutzbedürftig, vielmehr muss gerade im Interesse des Klägers die Waffengleichheit hergestellt werden.[92]

80 So etwa BayVGH v. 12.10.1979, BayVBl 1980, 119.
81 HessVGH v. 07.02.1983, DÖV 1983, 558.
82 Hierzu *Pietzner* VerwArch 1986, 299 ff.; *J. Schmidt* DÖV 1984, 622 ff.
83 BVerwG v. 11.12.2003, DÖV 2004, 340 (343).
84 BVerwG v. 17.11.1998, BRS 60 Nr. 164 (Beseitigungsanordnung). Zum Sonderfall der Erledigungserklärung der Widerspruchsbehörde, die auch akzessorische VAe erfasst SaarlOVG v. 27.11.2001, DÖV 2003, 167.
85 Vgl. BVerwG v. 25.11.1981, BVerwGE 73, 312 (313); v. 22.01.1993, NVwZ 1993, 979; v. 17.12.1993, NVwZ-RR 1994, 547; *Hufen* § 36 Rn. 36; *Schenke* Rn. 1117 a.
86 Zur Lehre von der »verschleierten Klagerücknahme« *Pietzner* VerwArch 1986, 313; vgl. BVerwG Buchholz 451.55 MStG Nr. 115.6; auch BayVGH v. 24.09.1984, BayVBl 1986, 86 f.; *Schmidt* DÖV 1984, 626.
87 BVerwG v. 17.12.1993, NVwZ-RR 1994, 547.
88 Vgl. BGH v. 08.05.1985, BGHZ 94, 268 (274); *Pietzner* VerwArch 1986, 300 ff. m.w.N.
89 Vgl. *Manssen* NVwZ 1990, 1018 ff.
90 *Köppl* BayVBl 1979, 460 ff. (462).
91 So BayVGH v. 17.04.1975, BayVBl 1975, 476.
92 *Pietzner* VerwArch 1986, 396 ff.

Das BVerwG vertritt freilich die These von der Unabhängigkeit der Erledigungsfeststellung von ursprünglicher Zulässigkeit und Begründetheit nur im Grundsatz. Besteht ein *schutzwürdiges Interesse* des Beklagten an der Frage, ob die Klage gegen ihn zu Recht erhoben worden ist, dann ist die Erledigung der Hauptsache nur festzustellen, wenn die Klage im Zeitpunkt des Eintritts des erledigenden Interesses zulässig und begründet war.[93] Das schutzwürdige Interesse muss über das allgemeine Interesse an der Klärung von Rechtsfragen und über das allgemeine Rechtsschutzinteresse hinausgehen. Es ist vergleichbar mit dem »berechtigten Interesse« i.S.v. § 113 I 4 VwGO und beispielsweise gegeben, wenn zwischen den Beteiligten mehrere Verfahren anhängig sind oder wenn weitere Auseinandersetzungen der Beteiligten, insbes. ein Amtshaftungsprozess vermieden werden können.[94] Für ein schutzwürdiges Interesse des Beklagten genügt es aber nicht, dass Rechtsfragen geklärt werden können, die für seine Rechtsbeziehungen zu anderen Personen bedeutsam sind.[95]

Die Kostenentscheidung bei der streitigen Erledigungserklärung ist nach 154 I VwGO zu treffen.[96]

Die *einseitige Erledigungserklärung des Beklagten* hat keine selbständige Bedeutung 22
und ist allenfalls eine zusätzliche Begründung für den Antrag auf Klageabweisung. Bei tatsächlicher Erledigung ist die Klage mangels Rechtsschutzinteresses gem. § 154 I VwGO kostenpflichtig abzuweisen.[97]

## V. Einwand der res iudicata

Das Vorliegen einer *rechtskräftigen Entscheidung in der gleichen Sache* verbietet ledig- 23
lich eine abweichende neue Entscheidung zwischen den gleichen Beteiligten über denselben Streitgegenstand. Darüber hinaus ist richtiger Ansicht nach eine erneute Sachentscheidung nicht ausgeschlossen.[98] Ein nichtiges Urteil kann den Einwand der res iudicata nicht begründen.[99]

---

93 BVerwG v. 25.04.1989, BVerwGE 82, 41; NVwZ 1999, 405 = JZ 1999, 89 m. krit. Anm. *Ziekow*; HessVGH v. 19.05.1987, NVwZ 1988, 266; v. 24.08.1988, NVwZ-RR 1989, 447.

94 Nachw. und Kritik bei *Pietzner* VerwArch 1986, 318 ff. Der Sache nach handelt es sich bei dieser Rspr. um die Zulassung einer (Feststellungs-)Widerklage des Beklagten, die an sich an § 89 II VwGO scheitert; a.A. mit beachtlicher Begründung *R.P. Schenke* Der Erledigungsrechtsstreit im Verwaltungsprozess, 1996, S. 211 ff., 255 ff.

95 BVerwG v. 25.04.1989, BVerwGE 82, 44.

96 BWVGH v. 06.03.1980, VBlBW 1980, 21; BayVGH v. 04.10.1985, BayVBl 1986, 148 (149); a.A. (§ 161 II VwGO) BVerwGE 20, 153; OVG Lüneburg v. 09.05.1979, VerwRspr 31, 254.

97 So auch für das finanzgerichtliche Verfahren BFH (GS) v. 05.03.1979, BFHE 127, 147 = JuS 1979, 910.

98 BVerwG v. 04.06.1970, BVerwGE 35, 234; *Redecker/v. Oertzen* § 121 Rn. 5.

99 Rechtsbehelfe gegen das nichtige Urteil sind die Wiederaufnahme des Verfahrens nach § 153 I VwGO i.V.m. §§ 578 ff. ZPO, die Feststellungsklage nach § 43 VwGO sowie Berufung und Revision; vgl. BayVGH v. 18.11.1980, BayVBl 1983, 502.

# § 18 Rechtsschutzbedürfnis

## A. Allgemeines

1 Nach ganz überwiegender Meinung muss für jede Verfahrenshandlung ein Rechtsschutzbedürfnis bestehen.[1] Zu unterscheiden sind dabei das allgemeine und das besondere Rechtsschutzbedürfnis.[2]

Das *besondere* Rechtsschutzbedürfnis wird bei den einzelnen Klagetypen näher umschrieben – vgl. §§ 43 I, 113 I 4 VwGO, §§ 256, 257, 259 ZPO.

Das *allgemeine Rechtsschutzbedürfnis* ist dagegen nirgendwo geregelt. Sein Geltungsgrund ist nach wie vor ungeklärt. Außer Streit steht lediglich, dass die Gerichte vor überflüssigen, nutzlosen und mutwilligen Prozessen bewahrt werden sollen. Der sog. Prozesszweck oder Gesichtspunkte der Prozessökonomie rechtfertigen es aber allein wohl noch nicht, Rechtsschutz in der Sache zu versagen.[3] Nicht nur die Gerichte sind vor unnützen Prozessen zu schützen (damit sie ihre Arbeitskraft relevanten Streitigkeiten zuwenden können), sondern auch und vor allem der Prozessgegner. Das Rechtsschutzbedürfnis lässt sich deshalb zunächst auf das *Arglistverbot* zurückführen, genauer, auf das Verbot des Missbrauchs prozessualer Rechte.[4]

Der Missbrauch prozessualer Rechte dürfte äußerst selten sein bzw. wird sich nur ausnahmsweise nachweisen lassen. Bei den meisten Klagen kann deshalb ohne weiteres vom Vorliegen des Rechtsschutzbedürfnisses ausgegangen werden. Eine nähere Erörterung des Rechtsschutzbedürfnisses ist nur erforderlich, wenn Anhaltspunkte dafür bestehen,

- dass der Kläger oder Antragsteller sein prozessuales Ziel sachgerechter (einfacher, umfassender, schneller oder billiger) erreichen könnte *(ineffektiver Rechtsschutz)*,[5]
- dass die Ausübung der prozessualen Befugnisse die Rechtsstellung des Klägers oder Antragstellers nicht verbessern kann, weil ein zu beseitigender Nachteil gar nicht besteht oder ein bestehender Nachteil nicht behebbar ist *(nutzloser Rechtsschutz)*,[6]
- dass die Klage oder der Antrag ausschließlich dazu dienen, den Gegner zu schädigen oder das Gericht zu belästigen *(Schikaneverbot)*,[7]

---

1 Vgl. BVerfG v. 14.12.2004, NJW 2005, 1855 (1856); BVerwG v. 12.07.2001, BVerwGE 115, 1 (3); *Hufen* § 23 Rn. 10 ff.; *Schenke* Rn. 55 ff.; *Schmitt Glaeser/Horn* Rn. 117 ff.; *Würtenberger* Rn. 253 ff.

2 *Schmitt Glaeser/Horn* Rn. 117 f.

3 Weitergehend aber *Kröpil* DVBl 2000, 686 f.

4 Vgl. *Zeiss* Die arglistige Prozesspartei, 1967, S. 150 ff.; *Schmitt Glaeser/Horn* Rn. 118.

5 BVerwG v. 26.09.2001, BVerwGE 115, 158 (161).

6 BVerwG v. 28.08.1987, BVerwGE 78, 85 (91); NWOVG v. 13.02.1989, NWVBl 1989, 378; HessVGH v. 17.03.1997, NVwZ-Beil. 1997, 57. Besondere Bedeutung hat dieser Gesichtspunkt in Verfahren mit dem Ziel der Anerkennung als Kriegsdienstverweigerer aus Gewissensgründen erlangt. Hier lässt nur eine dauernde Wehrdienstausnahme das Rechtsschutzbedürfnis entfallen; vgl. BVerwG v. 11.08.1986, BVerwGE 74, 342; v. 19.04.1988, Buchholz 448.6 § 13 KDVG Nr. 8; v. 21.06.1989, BVerwGE 82, 154; v. 22.08.1994, NVwZ-RR 1995, 209; v. 18.11.1994, NVwZ-RR 1995, 208. Ähnlich ist die Lage bei der Baunachbarklage. Kein Rechtsschutzbedürfnis besteht, wenn der Inhaber der Baugenehmigung aus rechtlichen oder tatsächlichen Gründen an der Verwertung der Genehmigung gehindert ist. Die wirtschaftliche Unsinnigkeit des Vorhabens lässt dagegen das Rechtsschutzbedürfnis nicht entfallen; BVerwG v. 09.02.1995, NVwZ 1995, 894.

7 Gegen die Zulässigkeit einer Klage, die zur »Verhöhnung« des Gerichts erhoben wurde, bereits *Hellwig* System des deutschen Zivilprozessrechts, I, 1912, S. 258. Der Erwerb von »Sperrgrundstücken« mit dem ausschließlichen Zweck, sich eine prozessuale Position zu verschaffen, um unerwünschte Vorhaben zu verhindern, ist rechtsmissbräuchlich, wird aber leider von der Rspr. hingenommen

- dass Klage oder Antrag verfrüht sind *(unzeitiger Rechtsschutz)*.[8]

Im Übrigen orientiert sich das Rechtsschutzbedürfnis an dem konkreten Prozesszweck. Beispielsweise ist das Rechtsschutzbedürfnis bei einer Feststellungsklage (Feststellungsinteresse) strukturell mit dem Rechtsschutzinteresse bei einer Verfassungsbeschwerde vergleichbar.[9] Folglich hängen die spezifischen Anforderungen an das (allgemeine und besondere) Rechtsschutzbedürfnis von der jeweiligen Klageart ab.

## B. Das Rechtsschutzbedürfnis bei den einzelnen Klagearten

### I. Gestaltungsklagen

Weil nur das Urteil endgültig gestalten kann, fehlt bei Gestaltungsklagen nur ausnahms- 2
weise das Rechtsschutzbedürfnis. Bei *Anfechtungsklagen* liegt es regelmäßig vor, wenn der Kläger die Aufhebung eines ihn belastenden VA beantragt;[10] die Adressatentheorie wirkt sich also auch insoweit aus. Entsprechendes gilt für *Abänderungsklagen* und *Vollstreckungsgegenklagen* sowie für *allgemeine Gestaltungsklagen,* die ausschließlich auf die Aufhebung hoheitlicher Maßnahmen zielen.

Besondere Umstände, die das Rechtsschutzbedürfnis *ausschließen,* müssen im Einzelfall 3
nachgewiesen werden.[11]

Von praktischer Bedeutung sind hier namentlich die sog. *akzessorischen VAe,* von denen die Wirksamkeit privatrechtlicher Rechtsgeschäfte abhängt.[12] Da die Verdoppelung des Rechtswegs nach Möglichkeit zu vermeiden ist und über die Gültigkeit des Rechtsgeschäfts die ordentlichen Gerichte zu entscheiden haben, sind bei identischem Streitgegenstand Anfechtungsklagen unzulässig, wenn das Schwergewicht des Rechtsverhältnisses dem Zivilprozess angehört.[13] Nichts mit dem Rechtsschutzbedürfnis zu tun hat die Frage, ob Dritte akzessorische VAe angreifen können. Das ist vielmehr eine Frage der Klagebefugnis, die zumeist fehlt, da die Genehmigung privater Rechtsgeschäfte in aller Regel nur im öffentlichen Interesse erfolgt.[14]

Ausdrücklich *nachgewiesen* werden muss demgegenüber das Rechtsschutzbedürfnis 4
bei der *isolierten Anfechtungsklage,* weil hier der Kläger seinem Klageziel mit der Verpflichtungsklage näher käme.[15] Das BVerwG stellt darauf ab, dass »die gleichen Kriterien maßgebend sein müssen, die in der Rspr. der Zivilgerichte für das Verhältnis von Feststellungsklagen zu den rechtsschutzintensiveren Leistungsklagen entwickelt worden sind«.[16] Danach ist eine isolierte Anfechtungsklage unzulässig, wenn sich abzeichnet, dass der Kläger auch eine Verpflichtungsklage erheben will und wird. Die Parallele

(BVerwG v. 27.07.1990, NVwZ 1991, 781; zutreffend *Fliegauf* NVwZ 1991, 748). Zumindest bei Abwägungsentscheidungen kommt im Rahmen der Begründetheitsprüfung dem Schutz des Sperrgrundstücks kaum Gewicht zu.

8 *Martens* S. 116.

9 Hierzu BVerfG, KB v. 24.09.2002, NJW 2003, 1175.

10 BVerwG v. 05.04.1960, JR 1960, 430.

11 Vgl. die Beispiele bei *Redeker/v. Oertzen* § 42 Rn. 29; ferner SchlHOVG v. 04.06.1991, NVwZ-RR 1992, 444.

12 **Beispiele:** Vertrags- und Auflassungsgenehmigungen nach § 19 BauGB; die Zustimmung zur Kündigung nach § 9 Mutterschutzgesetz, BVerwG v. 18.08.1977, BVerwGE 54, 276 (277) oder zu Massenentlassungen nach § 17 Kündigungsschutzgesetz; vgl. *Redeker/v. Oertzen* § 42 Rn. 30 f.

13 BVerwG v. 13.03.1957, BVerwGE 4, 317 und 332.

14 Vgl. BVerwG v. 08.07.1977, DÖV 1978, 619 zur Tarifgenehmigung nach § 43 LuftVZO.

15 *Schmitt Glaeser/Horn* Rn. 1265. Zur isolierten Anfechtungsklage gegen einen Musterungsbescheid BVerwG v. 12.08.1998, NVwZ 1999, 178.

16 Urt. v. 30.04.1971, BVerwGE 38, 99.

von Feststellungs- und Leistungsklagen lässt sich unschwer auf das Verhältnis von Gestaltungsklagen und Leistungsklagen im Allgemeinen übertragen.

*Laubinger* vertritt demgegenüber die auf den ersten Blick bestechende Ansicht, nicht für die isolierte Anfechtungsklage fehle das Rechtsschutzbedürfnis, sondern für die anschließende Verpflichtungsklage.[17] Aber wie das Übermaßverbot zwei Seiten hat, so gilt auch im Prozessrecht, dass die Rechtsschutzmöglichkeiten nicht dosiert (in Raten) ausgeübt werden dürfen, sondern ausgeschöpft werden müssen. Einem Kläger, der seine prozessualen Chancen testet, sollte man dennoch nicht mit der Unzulässigkeit der Verpflichtungsklage den Erfolg in der Sache völlig abschneiden. Ein negatives Prozessurteil über die Anfechtungsklage schließt im Gegensatz zu einem die Anfechtungsklage zulassenden bzw. stattgebenden Urteil eine Verpflichtungsklage nicht aus. Im Übrigen bestätigt die Subsidiaritätsklausel des § 43 II 1 VwGO den Vorrang der rechtsschutzintensiveren Klageform. Das bedeutet aber auch, dass für eine isolierte Anfechtungsklage im eigentlichen Sinne, die auch wirklich isoliert (ausschließlich) erhoben wird, das Rechtsschutzbedürfnis nicht fehlt. Sie ist ein Aliud – kein Weniger – im Verhältnis zur Verpflichtungsklage.

## II. Leistungsklagen

5 Für die *Verpflichtungsklage* ist das Rechtsschutzinteresse nur dann zu verneinen, wenn besondere Umstände vorliegen, etwa wenn für die beabsichtigte Rechtsverfolgung sachnähere und wirksamere Klagearten zur Verfügung stehen.[18] Im Übrigen ist das Rechtsschutzbedürfnis regelmäßig vorhanden, wenn der Kläger einen Rechtsanspruch auf Erlass des begehrten VA geltend macht.[19] Dies gilt auch beim feststellenden VA. Dem Interesse an rechtlicher Klarstellung wird nämlich nicht allein durch die Möglichkeit der Feststellungsklage Rechnung getragen. Vielmehr muss auch die (einfachere) Möglichkeit bestehen, die Streitfrage im Verwaltungsverfahren auszutragen. Die Verpflichtungsklage kommt dann freilich nur in Form der Bescheidungsklage in Betracht.[20]

6 Bei der *allgemeinen Leistungsklage* kommt es darauf an, worin die begehrte Leistung besteht. Für eine Leistungsklage, die auf eine den Kläger begünstigende Verwaltungstätigkeit (z.B. Erteilung einer Auskunft)[21] gerichtet ist, genügt die Fälligkeit des eingeklagten Anspruchs.[22] Das Rechtsschutzinteresse fehlt, wenn der Kläger bereits einen Vollstreckungstitel über den eingeklagten Anspruch hat[23] oder wenn er die Befriedigung

17 FS Menger, S. 457.

18 BVerwG v. 26.09.2001, BVerwGE 115, 158 (161).

19 Vgl. BVerwG v. 17.01.1989, BVerwGE 81, 164 (165 f.) mit der wenig aussagekräftigen Argumentation, bereits dadurch, dass sich der Kläger wegen der ausstehenden Leistung an das Gericht wende, werde offenbar, dass er an der gerichtlichen Entscheidung »subjektiv« interessiert sei: Daraus, dass der Kläger auf Leistung an sich selbst klage, ergebe sich das »objektive« Interesse der Rechtsordnung an der Inanspruchnahme des Gerichts. Das subjektive Interesse an der gerichtlichen Entscheidung erlischt dann nur durch nachträgliches widersprüchliches Verhalten; vgl. BVerwG v. 15.01.1999, NVwZ -RR 1999, 472.

20 BayVGH v. 18.08.1980, NJW 1981, 2076.

21 Zur Rechtsnatur von Auskünften grundlegend BVerwG v. 25.02.1969, BVerwGE 31, 301. Die Erteilung einer Auskunft ist eine schlichte Leistung. Sie wird nicht dadurch zum VA, dass ihr die interne Entscheidung vorausgeht, ob die Leistung erbracht wird oder nicht. Auch die interne Entscheidung stellt regelmäßig keinen VA dar, es sei denn, sie soll einen Rechtsanspruch auf die Leistung begründen (Auskunftsermessen) oder bestätigen; vgl. auch *P. Stelkens/U. Stelkens* StBS, § 35 Rn. 56 ff. sowie BerlOVG v. 16.12.1986, NJW 1987, 817. Beispiel für VA: NWOVG v. 13.08.1998, NWVBl 1999, 139.

22 Aus dem Haushaltsgrundsatz der zeitlichen Spezialität folgt nicht, dass ein auf die Gewährung einer Zuwendung gerichtetes Verpflichtungsbegehren nach Ablauf des Haushaltsjahres infolge Zeitablaufs erlischt und das Rechtsschutzbedürfnis entfallen lässt; SächsOVG v. 17.09.2001, DÖV 2002, 577.

23 Zur Vollstreckung im Ausland aber VG Schleswig v. 30.10.1990, NJW 1991, 1129.

seines Anspruchs in einem einfacheren Verfahren (z.B. durch Leistungsbescheid)[24] erreichen kann.

Im *Prüfungsrecht* besteht die Besonderheit, dass für die isolierte Klage auf Erteilung einer besseren Note für einzelne Prüfungsleistungen, die das Prüfungsergebnis selbst nicht beeinflusst haben, nur die allgemeine Leistungsklage statthaft ist. Ein Rechtsschutzbedürfnis besteht aber nur, wenn die Einzelnote gesondert auszuweisen ist und ihre Verbesserung für den Prüfungsbewerber eine nachweisbare hohe individuelle Bedeutung hat.[25] Der Umstand, dass etwa jeder Schüler ein Recht darauf hat, bei der pädagogisch-fachlichen Bewertung seiner Leistungen gerecht behandelt zu werden,[26] ändert hieran nichts. Denn dieser Anspruch ist kein Selbstzweck; nur in Verbindung mit einem vernünftigen Zweck der Rechtsverfolgung begründet er ein Rechtsschutzbedürfnis.[27]

7 Bei Klagen auf eine in ihrem Bestand gewisse[28] *künftige Leistung* muss aus der Sicht des Klägers die begründete Besorgnis bestehen, dass der Schuldner die Leistung nicht erbringen wird (§ 173 VwGO i.V.m. § 259 ZPO). Die Besorgnis der Rechtsbeeinträchtigung ist auch dann als Prüfungsmaßstab heranzuziehen, wenn mit der Leistungsklage eine den Kläger belastende Verwaltungstätigkeit verhindert werden soll. Bei der Klage auf Unterlassung einer schlichten Amtshandlung genügt es zur Bejahung des Rechtsschutzbedürfnisses, wenn der Kläger eine Rechtsbeeinträchtigung zu besorgen hat.[29]

8 Strengere Anforderungen werden dagegen an das Rechtsschutzbedürfnis bei der *vorbeugenden Unterlassungsklage* – insbesondere, wenn diese auf die Unterlassung eines VA gerichtet ist – gestellt. Nach st. Rspr. des BVerwG setzt der vorbeugende Rechtsschutz ein entsprechend *qualifiziertes,* gerade auf die Inanspruchnahme vorbeugenden Rechtsschutzes gerichtetes *Rechtsschutzinteresse* voraus; dem Kläger muss es unzumutbar sein, die drohende Rechtsverletzung abzuwarten.[30] Dies gilt auch dann, wenn der vorbeugende mit dem vorläufigen Rechtsschutz kombiniert wird; ein Antrag nach § 123 VwGO erfordert dann ebenfalls ein qualifiziertes Rechtsschutzbedürfnis.[31]

Die Neigung der Rspr., vorbeugende Unterlassungsklagen an der fehlenden Unzumutbarkeit scheitern zu lassen, ist mit Rücksicht auf den Gewaltenteilungsgrundsatz begrüßenswert. Auch im *Planungsrecht* kommt es dadurch nicht zu einer Verkürzung des effektiven Rechtsschutzes aller Beteiligten.[32] Trotz der

24 NWOVG v. 28.10.1982, DÖV 1983, 428 stellt darauf ab, ob ein Leistungsbescheid auch tatsächlich durchsetzbar ist. Sei die geltend gemachte Forderung nach Grund oder Höhe streitig und sei ohnehin mit der gerichtlichen Austragung des Rechtsstreits zu rechnen, so sei auch das Rechtsschutzbedürfnis für eine Leistungsklage zu bejahen. Besonderheiten bestehen jedenfalls für das Erstattungsverfahren, vgl. BVerwG v. 12.02.1971, BVerwGE 37, 192/193. Bejaht man in diesen Fällen das Rechtsschutzbedürfnis, so ist es im Unterschied zur Verpflichtungsklage auch nicht erforderlich, dass das begehrte Verwaltungshandeln bei der zuständigen Behörde beantragt wurde; so zutreffend *Bettermann* DVBl 1969, 700 (703).

25 BWVGH v. 14.12.1981, DÖV 1982, 164.

26 Vgl. *Löwer* DVBl 1980, 952 (959).

27 BVerwG v. 25.04.1983, DÖV 1983, 819.

28 BGH v. 16.12.1964, BGHZ 43, 28.

29 BVerwG v. 20.07.1962, BVerwGE 14, 323.

30 Grundlegend die *Krabbenkamp-Entscheidung* des BVerwG v. 08.09.1972, BVerwGE 40, 323; ferner BVerwG v. 03.06.1983, NVwZ 1984, 168 (169); v. 09.03.1990, BVerwGE 85, 54 (Gorleben); *Langer* DÖV 1987, 418. Hilfreich ist das Kriterium der Wiederholungsgefahr; vgl. BWVGH v. 28.02.1995, VBlBW 1995, 312.

31 BWVGH v. 10.06.1987, GewArch 1987, 295. Die Feststellung im vorläufigen Verfahren muss im Übrigen endgültig sein. Eine nur vorläufige Feststellung wäre unzulässig; vgl. RhPfOVG v. 10.09.1986, DVBl 1986, 1215; vgl. auch NWOVG v. 06.09.1994, DVBl 1995, 433; VG Frankfurt a.M. v. 27.02.1995, NVwZ-RR 1995, 427.

32 Das Rechtsschutzbedürfnis wird zu Recht insbesondere verneint bei vorbeugenden Unterlassungsklagen gegen die Genehmigung nach § 6 LuftVG; vgl. BVerwG v. 21.02.1973, DVBl 1973, 448 (dazu *Blümel* DVBl 1973, 436); BVerwG v. 29.11.1973, ZLW 1975, 58. Zur Frage, in welchem Umfang Gemeinden die Genehmigung angreifen können, BVerwG v. 07.07.1978, BVerwGE 56, 110; BVerfG

*Floatglas-Entscheidung* des BVerwG[33] besteht zwar der Verdacht, dass Gerichte sich von vollendeten Tatsachen beeinflussen lassen, sobald diese eine gewisse Dimension (Flughafen, Kernkraftwerk) erreicht haben,[34] auch wenn das aus Kreisen der Gerichtsbarkeit immer wieder bestritten wird und es zahlreiche Gegenbeispiele gibt. Aber es wäre durchaus richtig, wenn die Gerichte sich wirklich beeinflussen ließen. Es bedeutet nun einmal qualitativ etwas anderes, den Bau einer extrem teuren, häufig gemeinnützigen, Großanlage zu verbieten, als den Abriss der bereits gebauten Anlage anzuordnen. In aller Regel reicht hier aber der repressive Rechtsschutz aus. Lediglich Rechtsschutz, der zu spät kommt, ist für alle Beteiligten nicht akzeptabel. In Ausnahmefällen muss gerade im Planungsrecht die vorbeugende Unterlassungsklage statthaft sein. Damit soll jedoch einer schrankenlosen vorbeugenden Unterlassungsklage nicht das Wort geredet werden. Fehlt es – wie in Umweltprozessen häufig – bereits an der Beschwer des Klägers, so ist auch eine vorbeugende Unterlassungsklage unzulässig.[35]

## III. Feststellungsklagen

### 1. Allgemeine Feststellungsklage

9 Bei der allgemeinen Feststellungsklage fordert § 43 I VwGO *neben* dem Rechtsschutzbedürfnis ein berechtigtes Interesse des Klägers an der baldigen Feststellung des Bestehens oder Nichtbestehens eines Rechtsverhältnisses oder der Nichtigkeit eines VA *(Feststellungsinteresse)*.

Das Feststellungsinteresse ist anders als die Klagebefugnis kein Unterfall der Prozessführungsbefugnis, sondern eine *Ergänzung des Rechtsschutzbedürfnisses.* Gerade an der *gerichtlichen Feststellung* muss ein rechtliches Interesse bestehen (»qualifizierte Form des Rechtsschutzbedürfnisses«, BVerwG v. 28.08.2009, BeckRS 2009, 39256). Dieses Feststellungsinteresse setzt die Klagebefugnis voraus. Besonders deutlich zeigt sich dies bei der Nichtigkeitsfeststellungsklage. Nur wer durch einen angegriffenen VA möglicherweise in seinen Rechten verletzt ist, kann die gerichtliche Feststellung der Nichtigkeit verlangen. Für die Feststellung selbst genügt dann allerdings ein berechtigtes Interesse.[36] Da die Feststellungsklage generell Verletztenklage ist (oben § 14 Rn. 1), gilt für die Feststellung des Bestehens oder Nichtbestehens eines Rechtsverhältnisses nichts anderes. Von diesem Rechtsverhältnis müssen *eigene* Rechte des Klägers zumindest abhängen. Das kann auch in einem sog. *Drittrechtsverhältnis* der Fall sein. Dann muss aber das Feststellungsinteresse gerade gegenüber dem Beklagten bestehen; ein Feststellungsinteresse gegenüber (beigeladenen) Dritten genügt nicht.[37] Die eigenen »Rechte« können auch subjektivierte Rechtspositionen von Behörden oder Amtsträgern sein. Das ist vor allem relevant bei *Binnenrechtsstreitigkeiten* (Aufsichtsstreitigkeiten)[38] und kommunalverfassungsrechtlichen Organstreitigkeiten.[39]

10 Das *berechtigte Interesse* reicht weiter als das rechtliche Interesse nach § 256 ZPO. Es umfasst je nach Sachlage jedes schutzwürdige Interesse rechtlicher, wirtschaftlicher

---

v. 02.05.1980, DVBl 1981, 46; hierzu *Ronellenfitsch* DVBl 1984, 501 (506 ff.); a.A. *Blümel* HKWP I, 1981, S. 229 (259 ff.). Für zulässig gehalten wird die vorbeugende Unterlassungsklage gegen eine Ortsplanung, BVerwG v. 08.09.1972, BVerwGE 40, 323; BayVGH v. 26.10.1976, BayVBl 1977, 303.

33 BVerwG v. 05.07.1974, BVerwGE 45, 309.

34 Hierzu *Blümel* DVBl 1975, 695 (701); *Degenhart* AöR 103 (1978), 163.

35 Vgl. BVerwG v. 29.07.1977, NJW 1978, 554; hierzu *Birk* JuS 1979, 412.

36 BVerwGE v. 09.12.1981, NJW 1982, 2205; weniger exakt BVerwG v. 06.02.1986, BVerwGE 74, 1 (4); v. 29.06.1995, DVBl 1995, 1250; BWVGH v. 14.12.1987, DÖV 1988, 469 (470).

37 BVerwG v. 27.04.1997, NJW 1997, 3257.

38 Zum Feststellungsinteresse für die Klage einer Gemeinde gegen den Träger der Rechtsaufsicht BWVGH v. 27.05.1974, BWVPr 1974, 200; vgl. auch KrG-Gera-Stadt v. 25.04.1991, LKV 1991, 384.

39 RhPfOVG v. 29.08.1984, AS 19, 65; BWVGH v. 14.12.1987, DÖV 1988, 469; NWOVG v. 14.06.1994, NVwZ-RR 1995, 105 f.; *Schoch* JuS 1997, 783.

oder ideeller Art an der Klärung eines Rechtsverhältnisses[40] oder der Nichtigkeitsfeststellung des VA,[41] das hinreichend gewichtig ist, um die Position des Betroffenen zu verbessern.[42] Zweifelhaft ist, ob das Feststellungsinteresse für *Behörden* entfällt, weil diese selbst eine hoheitliche Entscheidung herbeiführen können. Die Rspr. stellt auf den Einzelfall ab und hat mehrfach das Feststellungsinteresse für Klagen des Staates bejaht.[43] Grundsätzlich ist aber die Klärung der Rechtslage originäre Aufgabe der Verwaltung, so dass die Gerichte nur ausnahmsweise angerufen werden können.

Das Interesse an *baldiger* Feststellung liegt vor, wenn die Gefährdung der klägerischen Rechtsstellung zu besorgen ist.[44] Das Feststellungsinteresse ist einerseits zukunftsgerichtet, so dass vergangene Vorgänge nur klärungsbedürftig sind, wenn sie weiterwirken oder Wiederholungsgefahr besteht (vgl. Rn. 13). 11

**Beispiel:** Die Eltern eines versetzten Schülers haben dann ein berechtigtes Interesse an der Feststellung, dass die Verwendung eines Schulbuchs in einer Jahrgangsstufe rechtswidrig war, wenn ihre jüngeren Kinder die gleiche Schule besuchen.[45]

Andererseits muss das Bedürfnis des Klägers nach Klarstellung der Rechtslage bereits in der Gegenwart oder für eine nicht ferne Zukunft bestehen.

Umstritten ist in diesem Zusammenhang, ob mit der Feststellungsklage ein *Zivilprozess* vorbereitet werden darf. Hieran kann wegen der präjudiziellen Bedeutung des sachnäheren verwaltungsgerichtlichen Urteils für die Zivilgerichte[46] ein berechtigtes Interesse bestehen. Das Schrifttum lehnt die Statthaftigkeit der Feststellungsklage unter Hinweis auf die §§ 17 ff. GVG und unter Berufung auf die Prozessökonomie überwiegend ab und fordert, der Zivilrichter müsse selbst über die öffentlich-rechtlichen Vorfragen entscheiden.[47] Die Rspr. stellt demgegenüber eine Parallele zur Fortsetzungsfeststellungsklage her, betrachtet eine Feststellungsklage zur Fortführung einer nach Klageerhebung erledigten Leistungsklage als zulässig und lässt das Feststellungsinteresse nur dann entfallen, wenn der vorzubereitende Zivilprozess offenbar aussichtslos ist oder das Rechtsverhältnis bereits vor Erhebung der Feststellungsklage der Vergangenheit angehörte.[48]

---

40 Vgl. BVerwG v. 03.05.1988, NVwZ-RR 1990, 19 (Verwendung eines Schulbuchs); BWVGH v. 27.02.1989, NJW 1990, 268 (Baulast); aber auch v. 26.02.1991, VBlBW 1991, 371 (Vertragsstrafe); HessVGH v. 27.06.2006, NJW 2007, 457 (Zugehörigkeit zu einer jüdischen Gemeinde). Restriktiv auch zum Prüfungsrecht BWVGH v. 17.07.1990, DVBl 1990, 60; ablehnend zum Feststellungsinteresse für eine Stärkung der Verhandlungsposition BWVGH v. 15.12.1994, UPR 1995, 355.

41 BVerwG v. 06.02.1986, BVerwGE 74, 1 (4); zur Abwehr der Vollstreckung aus unanfechtbarem VA BWVGH v. 24.02.1992, NVwZ 1993, 72.

42 Eine *Feststellungswiderklage,* die ausschließlich den Klageanspruch zum Gegenstand hat, ist unzulässig; BWVGH v. 27.10.1980, VBlBW 1981, 256.

43 BVerwG v. 25.10.1967, BVerwGE 28, 153 (generell bejaht); v. 05.03.1969, BVerwGE 29, 166 (für negative Feststellungsklage im konkreten Fall verneint); *Kopp/Schenke* § 43 Rn. 24.

44 Allgemein *Trzaskalik* Die Rechtsschutzzone der Feststellungsklage im Zivil- und Verwaltungsprozess, 1978, S. 168 ff.

45 BVerwG v. 03.05.1988, NVwZ-RR 1990, 18.

46 Vgl. BGH v. 08.05.1980, BGHZ 77, 338 (341).

47 *Schenke* Rn. 578 (differenzierend); *Würtenberger* Rn. 243; Schoch/Schmidt-Aßmann/Pietzner/*Pietzcker* § 43 Rn. 53.

48 BVerwG v. 15.12.1972, BVerwGE 37, 247; v. 12.09.1978, NJW 1980, 197; v. 14.01.1980, DÖV 1980, 917; v. 11.03.1993, BVerwGE 92, 172 (176); v. 08.12.1995, BVerwGE 100, 83 (91); BWVGH v. 05.12.1990, NVwZ-RR 1991, 518.

Dem ist zuzustimmen. Unter den genannten Einschränkungen sollte mit Rücksicht auf § 148 ZPO eine Feststellungsklage als *fachspezifischere Rechtsschutzform* generell zulässig sein.[49]

Der Gesichtspunkt der fachspezifischeren Rechtsschutzform spielt auch eine Rolle, wenn durch die Feststellungsklage Einfluss auf *Straf-, Ordnungswidrigkeiten- oder Disziplinarverfahren* genommen werden soll. Die Feststellungsklage dient hier der Vermeidung von Sanktionen. Das macht sie strenggenommen noch nicht zur vorbeugenden Feststellungsklage. Die Feststellungsklage soll vielmehr klären, was dem Kläger *aktuell* erlaubt, verboten oder geboten ist. Prüft man dagegen, ob es dem Kläger zumutbar sei, künftige Sanktionen zu provozieren und diese vor den dann zuständigen Gerichten anzugreifen, nimmt die Feststellungsklage den Charakter einer vorbeugenden Klage an. Die Feststellungsklage zur Präjudizierung sanktionsberechtigter Instanzen ist daher der vorbeugenden Feststellungsklage zuzuordnen.

**12** § 43 II 1 VwGO schließt die Gewährung vorbeugenden Rechtsschutzes gegen drohende VA in Form einer *vorbeugenden Feststellungsklage* grundsätzlich aus.[50] Davon gibt es Ausnahmen, die vom Gebot effektiven Rechtsschutzes erfordert werden. Dementsprechend sind zwei Erscheinungsformen der vorbeugenden Feststellungsklage zu unterscheiden.

Die *erste Variante* betrifft künftige Rechtsbeeinträchtigungen, die sich durch repressiven Rechtsschutz nicht mehr korrigieren lassen (vollendete Tatsachen). Sie dient dem effektiven Rechtsschutz und erfordert ein *qualifiziertes Feststellungsinteresse*, das dem besonderen Rechtsschutzinteresse bei der vorbeugenden Unterlassungsklage entspricht.[51] Demnach muss ein längeres Zuwarten für den Kläger unzumutbar sein, insbesondere weil der nachträgliche Rechtsschutz unzulänglich wäre. Das qualifizierte Feststellungsinteresse ist nicht gegeben, wenn es an einer begründeten Besorgnis für die Rechtsstellung des Klägers fehlt.[52]

Die *zweite Variante* ergibt sich aus der sog. *Damokles-Rspr.*[53] Wie der Name schon sagt, drohen dem Kläger in einer verwaltungsrechtlich unklaren Situation Sanktionen. Dem Kläger ist es dann nicht zuzumuten, verwaltungsrechtliche Zweifelsfragen »auf der Anklagebank erleben zu müssen.« Bereits die Drohung mit einer Strafanzeige oder mit einem Ordnungswidrigkeitenverfahren begründet (bei Verwaltungsrechtsakzessorietät) regelmäßig das qualifizierte Feststellungsinteresse.

Die Feststellungsklage ist leider auch deshalb unverzichtbar, weil Strafverfolgungsbehörden und Strafgerichte wenig Neigung zeigen, die *Bindungswirkung* behördlicher Genehmigungen und Duldungen zu akzeptieren und daher z.B. die Genehmigungspflicht lästiger Anlagen oder Abgabenpflichten als strafrechtliche Vorfragen selbst prüfen. Dem kann nur gegengesteuert werden, indem man wenigstens eine Aussetzungspflicht (§ 262 II StPO analog i.V.m. Ermessensreduzierung auf Null) zugunsten einer Fest-

49 *Schmitt Glaeser/Horn* Rn. 345. Gegen einen Anspruch auf den »sachnäheren« Richter BVerwG v. 20.01.1989, BVerwGE 81, 226 (228). Mit »Sachnähe« soll nicht zum Ausdruck gebracht werden, dass der Verwaltungsrichter das formelle und materielle Verwaltungsrecht besser beherrscht, sondern dass er vor allem in zeitlicher Hinsicht dem streitigen Geschehen näher steht.

50 BVerwG v. 07.05.1987, BVerwGE 77, 207; v. 12.06.2008, DÖV 2008, 919 (920).

51 BVerwG v. 08.09.1972, BVerwGE 40, 323 (326); v. 03.06.1983, DÖV 1983, 980; ablehnend *Kopp/Schenke* § 43 Rn. 24.

52 BVerwG v. 30.09.1999, DVBl 2000, 636 (637).

53 BVerwG v. 13.01.1969, BVerwGE 31, 177; v. 07.05.1987, BVerwGE 77, 207 (213); v. 23.01.1992, BVerwGE 89, 327 (331); v. 14.04.2005, DVBl 2006, 60; HessVGH v. 09.08.1990, NVwZ-RR 1991, 226 (227); NWOVG v. 31.01.1996, NVwZ-RR 1997, 264.

stellungsklage vor den Verwaltungsgerichten annimmt. Erst recht muss eine Feststellungsklage vor Anklageerhebung statthaft sein.

**Beispiele:** Wird die Weinwerbung einer Firma von der Überwachungsbehörde beanstandet und zum Gegenstand einer Anzeige bei der Staatsanwaltschaft gemacht, dann hat die Firma ein berechtigtes Interesse an der Klärung der mit der Beanstandung zusammenhängenden Rechtsfragen, auch wenn nur die für sie verantwortlich handelnden Personen der Gefahr strafrechtlicher Verfolgung ausgesetzt sind.[54]

Sieht die Überwachungsbehörde von der Beanstandung irreführender Werbebehauptungen eines Lebensmittelherstellers ab und leitet stattdessen OWiG-Maßnahmen ein oder droht mit der Einleitung, ist es für den Betroffenen unzumutbar, die Sanktionen abzuwarten.[55] Anders verhält es sich, wenn der Umfang der Warenuntersuchungspflichten eines Lebensmittelimporteurs unklar ist, im Zeitpunkt der Klageerhebung aber keinerlei Eingriffsmaßnahmen der Lebensmittelbehörde anstehen oder auch nur angedroht wurden.[56]

Im Hinblick auf die vorbeugende Feststellungsklage gegen den Vollzug eines *Abgabenbescheids* hat das BVerwG Grundsätze entwickelt, die generell für die Prüfung der Zulässigkeit einer vorbeugenden Feststellungsklage hilfreich sind.[57]

Danach verbietet sich die Inanspruchnahme vorbeugenden Rechtsschutzes ohne weiteres, wenn der abzuwehrende Rechtsnachteil (noch) gar nicht droht, nämlich wenn:

1. vor Einleitung von Vollzugsmaßnahmen noch ein VA ergehen muss oder erwirkt werden kann,
2. der im Zusammenhang mit diesem VA eröffnete »normale« Rechtsschutz den Betroffenen hinreichend sichert und
3. keine Anhaltspunkte bestehen, dass sich die Behörde über die dafür einschlägigen Vorschriften hinwegzusetzen gedenkt.

Das berechtigte Interesse besteht zumindest so lange, wie sich ein Feststellungsurteil noch auf die anderen Verfahren auswirken kann.[58]

Bei *vergangenen Rechtsverhältnissen* kommt ein berechtigtes Interesse in Betracht, wenn Wiederholungsgefahr besteht oder Rehabilitierungsbelange auf dem Spiel stehen (Nachwirkungen), aber auch – entsprechend den zu § 113 I 4 VwGO entwickelten Grundsätzen (vgl. Rn. 21) – bei erledigten Eingriffen im Grundrechtsbereich.[59] **13**

Die Feststellung des Bestehens oder Nichtbestehens eines Rechtsverhältnisses, also nicht die Feststellung der Nichtigkeit eines VA, kann nach dem Wortlaut von § 43 II 1 VwGO nicht begehrt werden, soweit *der Kläger* seine Rechte durch Gestaltungs- oder Leistungsklagen verfolgen kann. **14**

Gegenüber der negativen Feststellungsklage des *Beklagten* hat auch im Verwaltungsprozess die Leistungsklage des Klägers Vorrang, weil widerstreitende Entscheidungen der Gerichte und parallele Verfahren über denselben Streitgegenstand zu vermeiden sind (vgl. BGH v. 21.12.2005, BGHZ 156, 395 [309]).

---

54 VG Braunschweig v. 16.02.1989, ZLR 1989, 497 m. Anm. *Koch*. Abzulehnen VG Berlin v. 03.02.1989, NVwZ-RR 1989, 469: Kein berechtigtes Interesse einer GmbH als Betreiberin einer inzwischen nach §§ 4 ff. BImSchG genehmigten Anlage auf Fragestellung, dass die Anlage früher illegal betrieben wurde, selbst dann, wenn die Geschäftsführer nach § 327 II Nr. 1 StGB angeklagt sind!

55 Vgl. HessVGH v. 17.12.1985, NVwZ 1988, 445.

56 BVerwG v. 07.05.1987, BVerwGE 77, 207 (313); v. 23.01.1992, BVerwGE 89, 327 (331).

57 BVerwG v. 03.06.1983, NVwZ 1984, 168.

58 *Lässig* NVwZ 1988, 410 (412); enger VG Frankfurt v. 11.02.1987, NVwZ 1988, 470 (bereits ein nicht rechtskräftiges Strafurteil schließt das Feststellungsinteresse aus).

59 BVerwG v. 08.12.1995, BVerwGE 100, 83 (91); v. 29.04.1997, NJW 1997, 2534; v. 23.01.2008, BVerwGE 130, 180 (184 f.); BWVGH v. 29.04.1997, VBlBW 1998, 13; v. 15.10.1997, VBlBW 1998, 109 (110); HessVGH v. 27.06.2006, NJW 2007, 457.

Diese Subsidiaritätsklausel ist im Gesetz zu pauschal und zudem ungenau formuliert, so dass eine teleologische Korrektur geboten ist. Stellt man auf Sinn und Zweck der Vorschrift ab, gilt die Subsidiarität der allgemeinen Leistungsklage nur unter Einschränkungen. Dabei gilt die Faustregel, dass immer der sachnähere und effektivere Weg zur Klärung der streitigen Sach- oder Rechtsfrage gewählt werden muss.[60]

**15** Generell kann die Feststellungsklage gegenüber Gestaltungs- und Leistungsklagen nur subsidiär sein, *soweit* der Rechtsschutz durch diese Klagearten in gleichem Umfang und mit derselben Effektivität sichergestellt ist.[61] Ferner schließt die Subsidiarität der Feststellungsklage materiell-rechtliche Vereinbarungen nicht aus, welche die Wahl gerade dieser Klageart ermöglichen sollen.[62] Im Übrigen soll die Subsidiaritätsklausel lediglich verhindern, dass die besonderen Anforderungen an die Zulässigkeit von Anfechtungs- und Verpflichtungsklagen durch Erhebung einer Feststellungsklage unterlaufen werden.[63] Dementsprechend gilt § 43 II 1 VwGO *nicht* für Gestaltungs- oder Leistungsklagen in einem anderen Rechtsweg[64] sowie für die *allgemeine Gestaltungs- und allgemeine Leistungsklage.*[65]

Das ist v.a. im Organstreit wichtig. Ein Vorrang der allgemeinen Leistungsklage besteht auch hier nicht.[66] Das Interesse an einer baldigen Feststellung ist ferner gegeben, wenn bei einem einheitlichen Rechtsverhältnis die – an sich mögliche – Durchsetzung von einzelnen künftigen Ansprüchen mit der Leistungsklage zu einer Vielzahl von Prozessen führen würde.[67]

**16** Die Subsidiaritätsklausel kommt weiter nicht zum Zug, wenn das Klageziel mit einer Feststellung erreicht ist (Beispiel: Verpflichtungsklage auf Erlass eines feststellenden VA). Ändert sich während der Anhängigkeit einer Verpflichtungsklage die Rechtslage zum Nachteil des Klägers, so kann er den Verpflichtungsantrag aufrechterhalten und hilfsweise die Feststellung beantragen, dass das Vorhaben nach der alten Rechtslage zulässig war,[68] oder generell auf die Feststellungsklage übergehen.[69]

Das BVerwG wendet die Subsidiaritätsklausel bei *Klagen gegen einen Träger der öffentlichen Gewalt* nicht an, weil hier wegen Art. 20 III GG ein Vollstreckungsdruck nicht erforderlich sei.[70] Im Schrifttum wird diese Ansicht überwiegend abgelehnt.[71] Gleichgültig ist es dagegen, ob Anfechtungs- oder Verpflichtungsklagen gegen Dritte gerichtet werden müssen.

---

60 BVerwG v. 16.01.2003, BVerfGE 117, 322 (325).

61 BVerwG v. 18.06.1969, BVerwGE 32, 333; v. 07.09.1989, DVBl 1990, 155; v. 16.01.2003, DVBl 2003, 545.

62 BVerwG v. 12.03.1982, DVBl 1982, 841.

63 BVerwG v. 25.05.1972, Buchholz 310 § 43 VwGO Nr. 41; RhPfOVG v. 24.09.1975, AS 14, 79 (87). Das gilt auch für den Organstreit; NWOVG v. 29.01.1997, NWVBl 1998, 140.

64 BVerwG v. 17.02.1971, BVerwGE 37, 243; v. 29.08.1986, NVwZ 1987, 216 (217).

65 BVerwG v. 27.10.1970, BVerwGE 36, 179 (181); v. 08.09.1972, BVerwGE 40, 323 (327 f.); v. 02.07.1976, BVerwGE 51, 69 (75); v. 07.05.1987, BVerwGE 77, 207 (211); v. 29.04.1997, NJW 1997, 2534 (2535); v. 19.09.2000, NVwZ-RR 2001, 93 (94); LSAOVG v. 13.04.2000, DVBl 2000, 1362; a.A. *Kopp/Schenke* § 43 Rn. 28; *Hufen* § 18 Rn. 11.

66 VG Münster v. 22.08.1978, NJW 1979, 1720.

67 HessVGH v. 28.11.1978, NJW 1979, 997.

68 § 113 I 4 VwGO; vgl. BVerwG v. 24.10.1980, NJW 1981, 2426.

69 BVerwG v. 13.06.1980, NJW 1981, 473.

70 BVerwG v. 27.10.1970, BVerwGE 36, 179 (Leitentscheidung); v. 30.04.1971, BVerwGE 38, 99 (Parallele zur isolierten Anfechtungsklage).

71 Vgl. *v. Mutius* VerwArch 1972, 229; *Redeker/v. Oertzen* § 43 Rn. 26 m.w.N.

**Beispiel:** Die auf Feststellung gerichtete Klage einer Handwerkskammer, dass der Inhaber eines Unternehmens nicht berechtigt sei, seinen Betrieb ohne Eintragung in die Handwerksrolle zu führen, ist unzulässig, da die Handwerkskammer diese Frage nach § 16 III HandwO durch Verpflichtungsklage gegen die Ordnungsbehörden klären lassen kann (OVG Lüneburg v. 29.09.1978, NJW 1979, 1998). Dagegen liegt ein berechtigtes Interesse an der Feststellung der Rechtswidrigkeit eines VA immer vor, wenn diese zu den tatbestandsmäßigen Voraussetzungen eines Folgenbeseitigungsanspruchs zählt (BWVGH v. 29.01.1982, DVBl 1982, 454).

Besteht bei der Nichtigkeitsfeststellungsklage die Möglichkeit, zuvor bei der Behörde die Rücknahme oder die Feststellung der Nichtigkeit des VA zu beantragen, so schließt das das Rechtsschutzbedürfnis nicht aus.[72] Der Kläger ist aber dann gehalten, sich eindeutig zwischen Leistungs- und Feststellungsklage zu entscheiden.[73]

## 2. Fortsetzungsfeststellungsklage

17 Bei der Fortsetzungsfeststellungsklage ist das Feststellungsinteresse ähnlich wie bei der allgemeinen Feststellungsklage geregelt. Dem Wortlaut nach entfällt im Fall des § 113 I 4 VwGO lediglich das Interesse an der *baldigen* Feststellung. Trotzdem ist das Feststellungsinteresse nach § 113 I 4 VwGO grundsätzlich *nicht* mit demjenigen nach § 43 VwGO *identisch.* Als schutzwürdiges Interesse an der gerichtlichen Feststellung kommt nicht nur ein Interesse rechtlicher, wirtschaftlicher oder ideeller Art in Betracht.[74] Vielmehr sind an das Feststellungsinteresse bei der Fortsetzungsfeststellungsklage jedenfalls dann *geringere Anforderungen* zu stellen, wenn bereits ein gerichtliches Verfahren stattgefunden hat (Gedanke der Früchteerhaltung).[75] Die Interessenkonstellationen, die ein Interesse zu einem Feststellungsinteresse i.S.v. § 113 I 4 VwGO machen, lassen sich nicht erschöpfend beschreiben. Erste Orientierungspunkte bilden aber die Kriterien der Rehabilitation, der Wiederholungsgefahr, der Vorbereitung von Amtshaftungsprozessen und die Fortdauer von Grundrechtsbeeinträchtigungen.[76]

18 Das Rehabilitierungsinteresse ist regelmäßig ein Interesse ideeller Art. Es ist gegeben, wenn der beanstandete erledigte VA nach Ausspruch, Begründung oder Begleitumstän-

---

72 BSG v. 23.02.1989, NVwZ 1989, 902.

73 NWOVG v. 30.08.1990, NVwZ-RR 1991, 331. Zum Rehabilitationsinteresse bei Nichtigkeitsfeststellung NWOVG v. 15.07.1994, DVBl 1995, 375; BWVGH v. 24.11.1994, DVBl 1995, 367.

74 Vgl. BGH v. 09.07.2002, NJW 2002, 3545 (3547). Ein solches Interesse vermag *ebenfalls* das Fortsetzungsfeststellungsinteresse zu begründen. BVerwG v. 04.03.1976, BVerwGE 53, 134 (137); v. 21.11.1980, BVerwGE 61, 164 (165 f.).

75 BVerwG v. 27.06.1997, NJW 1997, 3257 (3258); v. 28.04.1999, DVBl 1999, 1291 (1292). Für die Schutzwürdigkeit des Interesses an einer Feststellungsklage ist nach dem BVerwG kennzeichnend, »dass eine Partei nicht ohne Not um die Früchte des bisherigen Prozesses gebracht werden darf, insbesondere dann nicht, wenn das Verfahren unter entsprechendem Aufwand einen bestimmten Stand erreicht hat und sich mit der Erledigung des ursprünglichen Antrags die Frage stellt, ob dieser Aufwand nutzlos gewesen sein soll und der Kläger der (häufig nicht auf sein Verhalten zurückgehenden) Erledigung wegen in diesem Verfahren leer ausgehend muss«; Urt. v. 18.04.1986, Buchholz 310 § 161 VwGO Nr. 69 S. 9 (13 f.); v. 27.03.1998, BVerwG 106, 295 (298); *Göpfert* NVwZ 1997, 143. Diese besondere Schutzwürdigkeit entfällt, wenn in analoger Anwendung des § 113 I S. 4 VwGO die Klage erst *nach Erledigung des VA* erhoben wurde. Hier bestehen die gleichen strengeren Anforderungen wie bei der allgemeinen Feststellungsklage; vgl. BVerwG v. 20.01.1989, BVerwGE 81, 226 (228).

76 *Schnellenbach* DVBl 1990, 142; vgl. auch BWVGH v. 15.05.1990, NJW 1991, 2437. Zur vorbeugenden Fortsetzungsfeststellungsklage BWVGH v. 14.01.1993, NVwZ-RR 1993, 362; v. 15.03.1995, NVwZ-RR 1995, 621.

den seines Zustandekommens sich für den Betroffenen fortdauernd diskriminierend auswirkt[77] und damit sein Persönlichkeitsrecht verletzt.[78]

**Beispiel:** Wird eine Gaststättenerlaubnis wegen Unzuverlässigkeit widerrufen und gibt der Gaststätteninhaber nach Erhebung der Anfechtungsklage die Gaststätte auf, so hat sich – im Gegensatz zum Untersuchungsverfahren nach § 35 I 3 GewO – das Verfahren erledigt. Gleichwohl besteht ein Rehabilitierungsbedürfnis (§ 149 II Nr. 1 a und Nr. 2 GewO), das zur Annahme eines Fortsetzungsfeststellungsinteresses genügt.[79]

Streitigkeiten über die diskriminierende Wirkung von VAen sind vor allem im schulischen Bereich[80] und im öffentlichen Dienst[81] häufig, weil sich dort auch erledigte Maßnahmen auf den beruflichen Werdegang des Betroffenen auswirken können.

*Bejaht* wurde beispielsweise das Feststellungsinteresse eines – unter nach Ansicht des Gerichts diskriminierenden Umständen – abgewiesenen Bewerbers um eine Professorenstelle[82] sowie eines von einer, ihn in der Achtung der Öffentlichkeit oder seiner Kollegen herabsetzenden Entziehungsentscheidung Betroffenen, dessen Sicherheitsüberprüfung allgemein bekannt geworden war.[83] *Verneint* wurde dagegen das berechtigte Interesse an der Feststellung der Rechtswidrigkeit der Entziehung des Sicherheitsbescheids, wenn der Kläger nur unsubstantiiert behauptete, die Entziehung sei Ursache dafür gewesen, dass er nicht auf den Offizierslehrgang geschickt worden sei.[84]

Geht es nicht um den weiteren beruflichen Werdegang oder um Diskriminierungen des Klägers, so darf unter dem Aspekt der Rehabilitation nicht jedem rechthaberischen Anliegen entsprochen werden, mag es auch grundrechtlich eingekleidet sein.[85]

So hat die Pflicht eines Medizinstudenten, an Tierversuchen teilzunehmen, keine diskriminierende Wirkung; das für das Feststellungsinteresse erforderliche Rehabilitationsinteresse fehlt.[86] Erledigte polizeiliche Überwachungsmaßnahmen gegen eine Demonstration begründen nur dann ein Rehabilitationsinteresse, wenn zugleich die Voraussetzungen des Folgenbeseitigungsanspruchs gegeben sind.[87] Ein Feststellungsinteresse bei versammlungsrechtlichen Maßnahmen ergibt sich dort weniger aus Rehabilitationserwägungen als aus dem Gesichtspunkt der Wiederholungsgefahr, der bei Demonstrationen grundsätzlich keine Rolle spielen sollte, es sei denn, man hält »Berufsdemonstranten« und »Demonstrationstouristen« für besonders schutzwürdig.[88]

---

77 Vgl. BVerwG v. 09.08.1990, DVBl 1991, 51; NWOVG v. 28.01.1992, NVwZ 1993, 75; BWVGH v. 22.08.1994, NVwZ 1995, 88.

78 SächsOVG v. 20.02.2001, NVwZ-RR 2001, 53; NWOVG v. 12.02.2007, NJW 2007, 3798.

79 OVG Lüneburg v. 16.02.1977, GewArch 1977, 233; vgl. auch BVerwG v. 09.08.1990, NVwZ 1991, 270. Der Hinweis auf die Möglichkeit der Gründung eines vergleichbaren Betriebs genügt dagegen nicht; BWVGH v. 09.03.1994, GewArch 1994, 204.

80 Vgl. BVerwG v. 14.07.1978, BVerwGE 56, 155 (156 f.); v. 24.10 2006, DÖV 2007, 166. Feststellungsinteresse, wenn der beanstandete VA der Nichtversetzung sich dadurch erledigt hat, dass der Kläger die entsprechende Klasse mit Erfolg durchlaufen hat. S. auch BVerwG v. 21.04.1989, NVwZ 1989, 859 (Aufhebung eines Studiengangs); BWVGH v. 11.12.1990, NVwZ-RR 1991, 479 (Sonderschulzuweisung). Zum Prüfungswesen BVerwG v. 04.09.1989, NVwZ 1990, 59; BayVGH v. 24.09.1990, NVwZ-RR 1991, 240.

81 Vgl. BVerwG v. 29.03.1979, ZBR 1981, 227. Vgl. aber auch BVerwG v. 06.06.1996, DVBl 1996, 1151 (kein Feststellungsinteresse für eine Klage gegen eine vorläufige Dienstenthebung, wenn der Beamte in den Ruhestand versetzt worden ist).

82 OVG Lüneburg v. 11.08.1982, NJW 1984, 1639; best. durch BVerwG, RiA 1986, 45; zu diesem Rechtsstreit auch BVerwG v. 21.02.1984, NJW 1984, 1636.

83 BVerwG v. 15.02.1989, NVwZ 1989, 1056 (LS).

84 BVerwG v. 24.10.1977, BVerwGE 53, 134 (137 f.).

85 Hierzu NWOVG v. 28.01.1992, NVwZ 1993, 75; v. 14.11.1994, NVwZ-RR 1995, 628 (629); *Dietlein* ThürVwBl 1994, 149; ferner Rn. 21. Vgl. aber auch BVerwG v. 07.12. 1998, NVwZ 1999, 290.

86 BWVGH v. 15.11.1983, NJW 1984, 1832.

87 Vgl. BWVGH v. 29.01.1982, DVBl 1982, 454.

88 Bedenklich VG Bremen v. 05.12.1988, NVwZ 1989, 895; BremOVG v. 04.11.1986, NVwZ 1987, 235. Einschränkend NWOVG v. 22.12.1993, DVBl 1994, 541; BWVGH v. 17.05.1993, NVwZ-RR 1994, 89 (LS).

Die Fortsetzungsfeststellungsklage ist weiter zulässig, um der Wiederholung gleichartiger rechtswidriger VAe vorzubeugen *(Wiederholungsgefahr)*.[89] Dabei muss der Fall der Wiederholung tatsächlich bevorstehen, in absehbarer Zeit möglich sein oder sich konkret abzeichnen.[90] *Die Gleichartigkeit* der zu erwartenden Entscheidung ist nach der Rspr. des BVerwG nur gegeben, wenn sich die tatsächlichen und die rechtlichen Verhältnisse seit Erlass des erledigten VA nicht geändert haben und diese Verhältnisse auch im Zeitpunkt der zukünftig zu erwartenden Entscheidungen mit hinreichender Wahrscheinlichkeit noch vorliegen werden.[91] Haben sich die Verhältnisse geändert, so kann nur noch mit einer gleichartigen Entscheidung gerechnet werden, wenn die Behörde eine entsprechende Absicht erkennen lässt. 19

**Beispiel:** Der Antrag eines Beamten auf Sonderurlaub für Demonstrationen[92] ist bei jeder Demonstration neu zu prüfen. Wird der Antrag mit der (zutreffenden) Begründung abgelehnt, Sonderurlaub werde in Fällen dieser Art nie erteilt (Ermessensentscheidung), so begründet dies die Gleichartigkeit und damit die Wiederholungsgefahr.

Die Feststellung muss geeignet sein, dem Kläger eine verlässliche Beurteilungsgrundlage für künftige Entscheidungen zu verschaffen. Dazu ist nicht erforderlich, dass derselbe Sachverhalt mit demselben Begehren erneut zur Entscheidung der Behörde gestellt werden wird. Maßgeblich ist vielmehr, ob zukünftig gleiche tatsächliche Verhältnisse herrschen, ob gleiche Tatbestandsvoraussetzungen gelten werden und ob es um dieselben Personen gehen wird.[93]

Eine Fortsetzungsfeststellungsklage zur *Vorbereitung eines Zivilprozesses*, insbesondere eines Amtshaftungsprozesses, lässt die überwiegende Rspr. nur zu, wenn die Klage im Zivilprozess bereits anhängig oder mit hinreichender Sicherheit zu erwarten (»ernsthaft beabsichtigt«) ist[94] und der Zivilprozess nicht offensichtlich aussichtslos ist.[95] Außerdem besteht nur ein Feststellungsinteresse, wenn das verwaltungsgerichtliche Urteil für den Zivilprozess vorgreiflich ist. Dies ist nicht der Fall bei der Feststellung der Rechtswidrigkeit, des Verschuldens und bei der Schadenshöhe.[96] Bei Entscheidungen mit Ermessen oder Beurteilungsspielraum kann das Verwaltungsgericht nicht die Feststellung treffen, dass die Behörde zu der begehrten Amtspflicht verpflichtet gewesen sei.[97] Vorgreiflich ist allein die Entscheidung, ob der Beurteilungsspielraum nicht eingehalten oder ein Ermessensfehler gemacht wurde. Generell gilt, dass die Fortsetzungsfeststellungsklage nur einen Ausgleich schaffen will für den Anfechtungskläger, der nutzlos in einen Prozess gedrängt, oder für den Verpflichtungskläger, der grundlos in einen Prozess getrieben wurde. Hat sich der angefochtene oder begehrte VA bereits *vor Klageerhebung erledigt* und erstrebt der Kläger letztlich nur Schadensersatz, dann muss er *gleich* den hierfür gebotenen *Zivilrechtsweg* beschreiten. Ein Fortsetzungsfest- 20

89 BVerwG v. 24.02.1983, DVBl 1983, 850 (851); NdsOVG v. 18.07.2002, NJW 2003, 531 (532).

90 NWOVG v. 10.06.1981, NVwZ 1982, 45; vgl. auch BVerwG v. 27.11.1981, BayVBl 1982, 312.

91 BVerwG v. 26.04.1993, Buchholz 310 § 113 Nr. 255; v. 25.08.1993, NVwZ-RR 1994, 234; v. 19.01.1995, Buchholz 310 § 113 Nr. 272. Kein berechtigtes Interesse besteht an der Feststellung der Rechtswidrigkeit einer Passentziehung, da die Ausstellung eines neuen Passes begehrt werden kann, NWOVG v. 25.02.1986, NVwZ 1986, 935 (zu den materiellen Fragen NWOVG v. 31.03.1987, OVGE 39, 103).

92 Vgl. auch BVerwG v. 15.03.1973, BVerwGE 42, 79. Zur Rechtswidrigkeit eines Polizeieinsatzes VG Berlin v. 31.05.1990, LKV 1991, 377; NWOVG v. 24.11.1998, NJW 1999, 2202 (Sicherstellung einer Videokassette).

93 BGH v. 25.09.2007, NJW 2008, 1234 (1235).

94 BVerwG v. 12.09.1978, NJW 1980, 197.

95 So das BVerwG in st. Rspr.; vgl. BVerwG v. 27.03.1998, BVerwG 106, 295 (298); v. 19.09.2002, DVBl 2003, 526 (527); ferner BWVGH v. 08.06.1993, NVwZ 1994, 709.

96 Vgl. BVerwG v. 17.12.1981, BayVBl 1982, 348.

97 BVerwG v. 02.10.1986, NVwZ 1987, 229.

stellungsinteresse besteht insoweit nicht.[98] Eine Ausnahme ergibt sich nur dann, wenn die Widerspruchsbehörde nach Erledigung des angefochtenen VA dessen Rechtmäßigkeit (noch einmal) ausdrücklich feststellt.[99] Wurde die Schadensersatzklage gleichzeitig und damit unabhängig von der Erledigung der Anfechtungs- oder Verpflichtungsklage erhoben, bleibt es bei der Subsidiaritätsklausel des § 43 II 1 VwGO.[100]

21 Die Ansicht, wonach ein Fortsetzungsfeststellungsinteresse gegeben ist, wenn aus dem erledigten VA »*fortdauernde Grundrechtsbeeinträchtigungen*« resultieren,[101] hat immer noch keine klaren Konturen gewonnen. Mit den fortdauernden Grundrechtsbeeinträchtigungen sind wohl die mittelbaren Folgen des VA gemeint, da andernfalls der VA nicht erledigt wäre.[102] Die in diesem Zusammenhang vertretene Unterscheidung von »besonders bedeutsamen« und weniger bedeutsamen Grundrechten[103] ist abzulehnen; alle Grundrechte sind bedeutsam. Eher dürfte auf die *Eingriffsschwere* abzustellen sein.

**Beispiel:** Die Versagung der Verlängerung des Reisepasses eines seit vielen Jahren im Ausland lebenden Deutschen kann bewirken, dass diesem dort der Einwandererstatus entzogen wird. Nach Verstreichen des Zeitpunkts, bis zu dem eine Verlängerung höchstens zulässig gewesen wäre, besteht ein berechtigtes Interesse an der Feststellung, dass die Versagung rechtswidrig war.[104]

Das Abstellen auf die Intensität der Grundrechtsbeeinträchtigung birgt freilich die Gefahr in sich, dass die Fortdauer der Beeinträchtigungen aus dem Blick gerät. Eingriffe in »besonders wichtige« Grundrechte bzw. richtiger besonders schwere Eingriffe in Grundrechte begründen denn auch nach einer gelegentlich geäußerten Ansicht per se ein Feststellungsinteresse.

**Beispiel:** Wurde eine Telefonüberwachung wegen des Verdachts der Zusammenarbeit mit der RAF nur deswegen aufgehoben, weil der Kläger im Ausland zu einer mehrjährigen Haftstrafe verurteilt wurde, so soll mit Rücksicht auf Art. 10 GG ein berechtigtes Interesse an der Klärung der Frage bestehen, ob die Anordnung der Telefonüberwachung rechtmäßig war.[105]

Diese Ansicht ist abzulehnen.[106] Gehen von einem VA keinerlei Folgen mehr aus, dann besteht auch kein Interesse an der Feststellung seiner Rechtswidrigkeit mehr, mag diese noch so grundrechtsrelevant gewesen sein.[107]

Ein Sammelsurium der verschiedenen Begründungsansätze für das Vorliegen eines Fortsetzungsfeststellungsinteresses im *versammlungsrechtlichen Verfahren* enthält der Beschluss des BVerfG v. 03.03.2004.[108] Danach gilt:

1. Die Bedeutung der Versammlungsfreiheit für die Demokratie gebietet stets die Möglichkeit nachträglichen Rechtsschutzes, wenn die Grundrechtsausübung durch ein Versammlungsverbot tatsächlich unterbunden oder die Versammlung aufgelöst worden ist.

98 BVerwG v. 20.01.1989, BVerwGE 81, 226 (228).
99 BWVGH v. 20.09.1983, NVwZ 1984, 251.
100 BVerwG v. 12.07.2000, NVwZ 2000, 1411.
101 *Schenke* FS Menger, S. 461 (472).
102 Insoweit richtig *Schnellenbach* DVBl 1990, 145.
103 *Schnellenbach* DVBl 1990, 145.
104 NWOVG v. 31.03.1987, OVGE 39, 103; v. 13.11.1992, DVBl 1993, 567 (LS); vgl. auch HessVGH v. 02.05.1994, NVwZ-RR 1994, 615; BayVGH v. 28.03.1993, NVwZ-RR 1993, 621; NWOVG v. 24.11.1998, NJW 1999, 2202 (2203) sowie oben Fn. 78.
105 NWOVG v. 27.10.1982, DVBl 1983, 1017; v. 28.01.1992, NVwZ 1993, 75.
106 Vgl. BayVGH v. 24.01.1997, BayVBl 1998, 406.
107 Zutreffend OLF Frankfurt a.M. v. 18.07.2003, NJW 2003, 2843 (2844).
108 DVBl 2004, 822.

2. Ein Fortsetzungsinteresse ist ebenso zu bejahen, wenn die Versammlung zwar durchgeführt werden konnte, durch Nebenbestimmungen aber in ihrem kommunikativen Anliegen wesentlich erschwert wurde. Ist das nicht der Fall, kommt es darauf an, ob die durch die Nebenbestimmungen zum Ausdruck kommenden Negativbeurteilungen besonderes Gewicht haben.
3. Das Fortsetzungsinteresse ist weiter gegeben bei Wiederholungsgefahr, die besteht, wenn die Durchführung einer vergleichbaren Versammlung möglich ist und die eingreifende Behörde voraussichtlich an ihrer Rechtsauffassung festhalten wird.
4. Ein Rehabilitierungsinteresse, das ein Fortsetzungsfeststellungsinteresse begründet, ist anzunehmen, wenn die versammlungsrechtliche Maßnahme diskriminierenden Charakter hatte.

Das Bundesverwaltungsgericht neigt dazu, in versammlungsrechtlichen Streitigkeiten das berechtigte Interesse nach § 43 VwGO mit dem Fortsetzungsfeststellungsinteresse gleichzusetzen.[109]

### 3. Sonstige Feststellungsklagen

22 Bei der *Zwischenfeststellungsklage* und bei dem Feststellungsantrag im Zusammenhang mit dem Verbot einer Vereinigung ist neben dem allgemeinen Rechtsschutzbedürfnis kein besonderes Feststellungsinteresse erforderlich.

## IV. Normenkontrollverfahren

23 Im Normenkontrollverfahren indiziert die Antragsbefugnis bei natürlichen und juristischen Personen das Rechtsschutzbedürfnis. Denn wer durch die angegriffene Rechtsvorschrift oder deren Anwendung möglicherweise in seinen Rechten verletzt ist oder in absehbarer Zeit verletzt werden wird, hat regelmäßig auch ein Rechtsschutzbedürfnis für sein Vorgehen. Während dem weiten Nachteilsbegriff des § 47 II 1 VwGO a.F. ein weites Rechtsschutzbedürfnis korrespondierte, hat die verschärfte aktuelle Fassung der Vorschrift die Anforderungen an die Verneinung des Rechtsschutzbedürfnisses erleichtert.[110] Gleichwohl müssen Antragsbefugnis und Rechtsschutzbedürfnis klar auseinandergehalten werden.[111] Nur bei Behörden, die als Behörden antragsbefugt sind, besteht kein Anlass, Antragsbefugnis und Rechtsschutzbedürfnis gesondert zu erörtern (vgl. Rn. 25). Bei der Verletztennormenkontrolle gibt es dagegen etliche Fallkonstellationen, bei denen trotz Vorliegens der Antragsbefugnis kein Rechtsschutzbedürfnis für eine gerichtliche Entscheidung besteht.

24 Das Rechtsschutzbedürfnis für die Nichtigerklärung einer Satzung *entfällt,* wenn diese nur eine unmittelbar geltende gesetzliche Bestimmung wortgleich wiederholt.[112] Dagegen beseitigt die gleichzeitige Erhebung einer Gestaltungsklage gegen den Vollzugsakt

---

109 Urt. v. 16.05.2007, NVwZ 2007, 1431; v. 22.08.2007, NVwZ 2007, 1434; v. 25.06.2008, NJW 2009, 98.

110 Angedeutet in BVerwG v. 23.09.1997, NVwZ 1998, 613. Zum früheren Recht BVerwG v. 25.05.1993, BRS 55 Nr. 25. Großzügiger dagegen BVerwG v. 23.04.2002, NVwZ 2002, 1126.

111 Zutreffend HessVGH v. 03.07.1995, NVwZ-RR 1996, 84. Auch im Normenkontrollverfahren besteht nur ein Rechtsschutzbedürfnis, wenn mit ihm die Rechtsstellung des Antragstellers verbessert werden kann; NdsOVG v. 19.01.1996, NVwZ-RR 1996, 384.

112 BWVGH v. 27.01.1987, NJW 1987, 1350; v. 10.02.1998, NVwZ 1998, 643; hierzu krit. *Gril* JuS 1999, 442 Dies ist anders, wenn ein früherer Bebauungsplan wieder Geltung erlangt, BWVGH v. 02.04.1993, UPR 1993, 353.

der Norm das Rechtsschutzbedürfnis nicht.[113] Kein Rechtsschutzbedürfnis besteht dann aber, wenn die Klage gegen die angegriffene Maßnahme unabhängig von der Aufhebung der Norm aussichtslos ist.[114] Zweifelhaft ist ferner, ob auch dann ein Rechtsschutzbedürfnis besteht, wenn die Norm vollzogen wurde und der Vollzugsakt unanfechtbar ist. Das BVerwG hat das Rechtsschutzinteresse verneint, wenn der Antragsteller im Normenkontrollverfahren seine Rechtslage derzeit nicht verbessern könne.[115] Dem ist zuzustimmen. Um die Popularklage zu vermeiden, wird ein Rechtsschutzbedürfnis nur unter ähnlichen Voraussetzungen wie denen des § 113 I 4 VwGO zu bejahen sein.[116]

Der Hinweis auf § 113 I 4 VwGO bedeutet nicht, dass die Vorschrift entsprechend anzuwenden ist. Das Ergebnis folgt vielmehr unmittelbar aus § 47 II 1 VwGO. Zur Begründung kann § 47 V 3 i.V.m. § 183 VwGO herangezogen werden, wonach – von der Vollstreckung abgesehen – nicht mehr anfechtbare Entscheidungen der Verwaltungsgerichte, die auf einer für nichtig erklärten Norm beruhen, unberührt bleiben. Dieser allgemeine Rechtsgedanke gilt auch für unanfechtbare VAe, die auf der Grundlage einer ungültigen Norm erlassen wurden. Voraussetzung ist aber, dass etwa die Baugenehmigungen bereits verwirklicht wurden. Ein Rechtsschutzbedürfnis ist zu bejahen, wenn die Nichtigerklärung des Bebauungsplans die Tatbestandsvoraussetzungen für eine Rücknahme oder nachträgliche Einschränkung der Baugenehmigungen schafft.[117]

Generell besteht kein Rechtsschutzbedürfnis, wenn der Antragsteller selbst bei Obsiegen in absehbarer Zeit daraus keine ihm günstige Maßnahmen ableiten könnte und die erstrebte Entscheidung für ihn letztlich mutmaßlich »wertlos« wäre.[118]

Nach dem Beschluss des BVerwG v. 14.07.1978[119] bedarf es auch eines besonderen Rechtsschutzbedürfnisses, wenn eine aufgehobene Rechtsvorschrift Gegenstand der Normenkontrolle ist. Eine nach § 47 II 1 VwGO anerkennenswerte Beschwer komme nur dann in Betracht, wenn die aufgehobene Rechtsvorschrift noch Rechtswirkungen zu äußern vermöge, weil in der Vergangenheit liegende Sachverhalte nach dieser Vorschrift zu entscheiden seien. Diese enge Auslegung hat das BVerwG aber durch Beschluss v. 02.09.1983[120] modifiziert. Der Beschluss betrifft die Frage, ob der Antragsteller die Feststellung begehren kann, dass eine Veränderungssperre nach § 14 BBauG (= § 14 BauGB) ungültig war, wenn die Veränderungssperre während der Anhängigkeit eines nach § 47 II 1 VwGO (ursprünglich) zulässigen Antrags außer Kraft tritt. Das BVerwG bejaht dies unter zutreffender Betonung der Rechtsschutzfunktion des Normenkontrollverfahrens.

**25** Ein besonderes Rechtsschutzbedürfnis für den Normenkontrollantrag der *Behörden* (in ihrer Funktion als normvollziehende oder normgebundene Verwaltungsorgane) ist entgegen der überwiegenden Ansicht[121] *nicht erforderlich*. Behörden haben immer ein Interesse daran, nur rechtmäßige Normen anzuwenden oder zu beachten.

113 *Kopp/Schenke* § 47 Rn. 91.

114 BWVGH v. 12.08.1982, DÖV 1982, 993. Bedenklich daher BayVGH v. 29.01.1988, NVwZ 1988, 546, wonach im Verfahren über den Normenkontrollantrag eines Nachbarn unter dem Gesichtspunkt des Rechtsschutzinteresses nicht zu prüfen sei, ob ein im Bebauungsplan vorgesehenes Vorhaben auch nach § 35 BauGB verwirklicht werden könne.

115 BVerwG v. 25.05.1993, NVwZ 1994, 268.

116 Vgl. *Schenk* DVBl 1976, 198 (201).

117 BWVGH v. 03.03.1983, NVwZ 1984, 44.

118 BVerwG v. 06.07.2001, DÖV 2001, 75 (76).

119 BVerwG v. 14.07.1978, BVerwGE 56, 172.

120 BVerwG v. 02.09.1983, BVerwGE 68, 12; eng dagegen BWVGH v. 04.05.1999, NVwZ 1999, 565.

121 Vgl. etwa BVerwG v. 15.03.1989, NVwZ 1989, 654; *Rasch* BauR 1977, 147 (150).

## C. Rechtsschutzbedürfnis bei behördlichen Verfahrenshandlungen

### I. Grundrechtsschutz durch Verfahren

Nicht zuletzt wegen des *Mülheim-Kärlich-Beschlusses* des BVerfG vom 20.12.1979[122] wurde der Grundrechtsschutz durch Gestaltung des Verwaltungsverfahrens zu einem Modethema, das allmählich ausdiskutiert schien, zuletzt aber unter gemeinschaftsrechtlichen Vorzeichen reanimiert wurde.[123] Bekanntlich haben nach Ansicht des BVerfG Verfahrensvorschriften, die nach dem Willen des Gesetzgebers ein Grundrecht grundlegend sichern, Verfassungsrang. Die Verletzung von Verfahrensvorschriften soll sich auf das jeweilige Einzelgrundrecht auswirken. Im konkreten Fall kann mit solchen Aussagen indessen wenig angefangen werden. Ganz abgesehen davon, dass weder Anlass noch Notwendigkeit für die Hochstufung einfacher Verfahrensvorschriften auf die Ebene des Verfassungsrechts besteht, ließ das BVerfG selbst offen, welche Verfahrensvorschriften im einzelnen grundrechtsrelevant sind. Offen blieb außerdem, welche Sanktionen an die Verletzung von Verfahrensvorschriften geknüpft sind. Auf den ersten Blick liegt die verbreitete Argumentation nahe, Verfahrensvorschriften seien grundrechtsrelevant und damit so wichtig, dass ihre Verletzung automatisch zur Aufhebung der späteren Verwaltungsentscheidung führen müsse. Diese Argumentation überzeugt jedoch nicht. In den meisten Fällen stellen Verfahrensvorschriften nämlich lediglich den geordneten Ablauf des Verwaltungsverfahrens sicher. Sie haben dann nur komplementäre Bedeutung; denn allein maßgeblich ist die rechtmäßige Sachentscheidung. Letztlich kann also nur ein Verfahrensverstoß beachtlich sein, der die Sachentscheidung beeinflusst hat. Trennt man Verfahrensverstoß und Sachentscheidung, so wird die Verfahrenskontrolle zum Selbstzweck; genauer: Die Aufhebung der sachlich richtigen Entscheidung wegen eines Verfahrensfehlers dient der Disziplinierung der Verwaltungsbehörde. Mit Grundrechtsschutz durch Verfahrensgestaltung hat das in Wahrheit nichts mehr zu tun. Für den Grundrechtsschutz, wie allgemein für den Rechtsschutz, kommt es allein auf die *materielle Rechtsbeeinträchtigung* an. Daraus folgt zweierlei: Zum einen muss eine Verwaltungsentscheidung nicht aufgehoben werden, weil sie unter Verletzung von (nicht zwingenden) Verfahrensvorschriften zustande gekommen ist, wenn keine andere Entscheidung in der Sache hätte getroffen werden können. § 46 VwVfG und § 214 BauGB bringen insoweit nur einen allgemeinen Rechtsgedanken zum Ausdruck. Zum anderen besteht für die Rechtsbehelfe gegen behördliche Verfahrenshandlungen i.d.R. allenfalls dann ein Rechtsschutzbedürfnis, wenn sie zusammen mit den gegen die Sachentscheidung zulässigen Rechtsbehelfen geltend gemacht werden. 26

### II. Einheitlicher Rechtsschutz

Den zuletzt dargestellten Gedanken verdeutlicht § 44 a VwGO, der weder verfassungspolitisch verfehlt ist noch der verfassungskonformen restriktiven Auslegung bedarf und auch nicht durch das 2. VwVfÄndG außer Kraft gesetzt worden ist.[124] Im Ergebnis geht hiervon auch das BVerwG aus, das freilich meint, der Ausschluss der selbständigen Anfechtung behördlicher Verfahrenshandlungen ergebe sich nicht daraus, dass es am Rechtsschutzbedürfnis fehle. Vielmehr beruhe § 44 a S. 1 VwGO darauf, dass den nicht in § 44 a S. 2 VwGO genannten behördlichen Verfahrenshandlungen der einem VA ei- 27

122 BVerfG v. 20.12.1979, BVerfGE 53, 30.
123 Vgl. *Kahl* VerwArch 2004, 1.
124 BVerwG v. 10.02.1999, DVBl 1999, 986 (987).

gene Regelungsgehalt fehle.[125] Für § 44 a S. 1 VwGO ist nicht maßgebend, ob es sich bei der streitigen Verfahrenshandlung um einen VA handelt, sondern ob die Handlung über das anhängige Verfahren hinaus materielle Rechte des Bürgers berührt und insoweit anfechtbar ist. Die die Zulässigkeit der Klage betreffende Voraussetzung gilt folglich für alle Klagearten.

Verfahrenshandlungen, die nicht isoliert angegriffen werden können, sind etwa die Akteneinsichten,[126] Anhörungen,[127] die Entgegennahme eines Antrags[128] oder die Tätigkeit eines angeblich befangenen Sachbearbeiters.[129]

28 Schließt man sich der hier vertretenen Auffassung an, dass der Grundrechtsschutz durch Verfahren nicht als Selbstzweck betrieben werden darf, dann steht einer Verknüpfung von § 44 a S. 1 VwGO und § 46 VwVfG nichts entgegen.[130] Dogmatisch ist die Lage ohnehin eindeutig: § 44 a S. 1 VwGO bezieht sich auf die Zulässigkeit, § 46 VwVfG auf die Begründetheit der Klage. Mit Begründetheitserwägungen darf eine Vorschrift über die Klagezulässigkeit nicht interpretiert werden.

### III. Isolierter Rechtsschutz gegen behördliche Verfahrenshandlungen

29 Genügen Rechtsbehelfe gegen die Sachentscheidung dem Rechtsschutzinteresse des durch behördliche Verfahrenshandlungen in seinen Rechten Betroffenen nicht, so ermöglicht § 44 a S. 2 VwGO die isolierte Anfechtung der Verfahrenshandlungen. Das Gesetz erwähnt Verfahrenshandlungen, die selbständig vollstreckt werden können, z.B. die Beschlagnahme und Verwertung von Briefen eines Beteiligten, und Verfahrenshandlungen gegen Nichtbeteiligte. Die gelegentlich vertretene[131] weite Auslegung der Ausnahmevorschrift (!) verstößt gegen den Gesetzeswortlaut.[132]

125 Urt. v. 09.12.1992, DVBl 1993, 503.

126 NWOVG v. 13.06.1980, DVBl 1980, 964; *Bergner* Grundrechtsschutz durch Verfahren; eine rechtsvergleichende Untersuchung des deutschen und britischen Verwaltungsverfahrensrechts, 1998.

127 *Stelkens* NJW 1982, 1137.

128 BayVGH v. 10.10.1979, BayVBl 1979, 753. Zutreffend dagegen BVerwG v. 21.03.1997, NVwZ-RR 1997, 663. Durch die Streichung von § 97 VwVfG, der seinerzeit § 44 a VwGO in die VwGO eingefügt hatte, ist die Regelung nicht »aus Versehen« *(Tiedemann* NJW 1998, 3475*)* aufgehoben worden; BVerwG v. 10.02.1999, NJW 1999, 1729; *Roth* NVwZ 1999, 155.

129 NWOVG v. 10.01.2000, DVBl 2000, 572.

130 Ebenso BVerwG v. 27.05.1981, NJW 1982, 120.

131 Vgl. *Pagenkopf* NJW 1979, 2382; ebenso BWVGH v. 26.08.1993, DVBl 1993, 1315.

132 Vgl. umfassend *Eichberger* Die Einschränkung des Rechtsschutzes gegen behördliche Verfahrenshandlungen, 1986.

# 3. Abschnitt. Das Urteil

## § 19 Arten und Verfahren

### A. Die Arten der Urteile

1 Nach § 107 VwGO wird, soweit nichts anderes bestimmt ist, durch Urteil über die Klage entschieden. Durch Urteil entscheidet außerdem das OVG (VGH) im Normenkontrollverfahren, es sei denn, das Gericht hält eine mündliche Verhandlung nicht für erforderlich (§ 47 V 1 VwGO). Wie im Zivilprozess lassen sich bestimmte Arten von Urteilen unterscheiden.

2 Für den Umfang der Rechtskraft ist es wichtig, ob über eine (zulässige) Klage in der Sache entschieden wird *(Sachurteil)* oder ob wegen Fehlens einer Sachurteilsvoraussetzung nur ein *Prozessurteil* ergehen kann.

3 Von Bedeutung ist weiter die formelle Einteilung in Zwischen- und Endurteile. *Endurteile* beenden das Verfahren in der Instanz. Je nachdem, ob sie den Streitgegenstand ganz oder nur zu einem abtrennbaren Teil behandeln, handelt es sich um *Voll- oder Teilurteile.* Ein Teilurteil darf nur ergehen, wenn der weitere Verlauf des Prozesses die Entscheidung unter keinen Umständen mehr berühren kann.[1] Vor allem bei Leistungsklagen kann ein Teilurteil erlassen werden, wenn nur ein Teil des Streitgegenstandes zur Entscheidung reif ist (§ 110 VwGO). Das dann über das noch offengebliebene Klagebegehren entscheidende Endurteil heißt *Schlussurteil.*

*Zwischenurteile* entscheiden über einzelne Streitfragen, ohne das Verfahren zu beenden. Besonders geregelt sind das *Grundurteil* (§ 111 VwGO),[2] das über den Grund eines Anspruchs vorab entscheidet, wenn Grund und Betrag eines Anspruchs streitig sind, das *Zulässigkeitszwischenurteil,* durch welches das Vorliegen einer Sachurteilsvoraussetzung bejaht wird (§ 109 VwGO),[3] und das Zwischenurteil über die Rechtmäßigkeit der Zeugnisverweigerung (§ 98 VwGO i.V.m. § 387 ZPO). Über die gesetzlich geregelten Fälle hinaus steht es im Ermessen des Gerichts, weitere Entscheidungen durch Zwischenurteil zu treffen.[4]

4 Nach dem Klagebegehren richtet sich die für die Tenorierung maßgebliche Unterscheidung von *Gestaltungs-, Leistungs- und Feststellungsurteilen.* Im einzelnen kann hier auf die Ausführungen zur Unterscheidung der Klagearten verwiesen werden (s. §§ 9 ff.).

5 Eine weitere Unterscheidung knüpft an das prozessuale Verhalten der Beteiligten an. Auch im Verwaltungsprozess sind danach *Anerkenntnisurteile* allein auf Grund des An-

---

1 BGH v. 16.08.2007, BGHZ 173, 328.

2 § 111 VwGO erfasst nach BVerwG v. 08.07.1994, NVwZ 1996, 175 nicht Verpflichtungsklagen, die auf GeldleistungsVAe gerichtet sind; a.A. Schoch/Schmidt-Aßmann/Pietzner/*Clausing* § 111 Rn. 3 m.w.N.

3 BVerwG v. 19.05.1988, NVwZ 1988, 913. Zur Unterscheidung gegenüber einem Zwischenurteil nach § 173 VwGO i.V.m. § 303 ZPO, das grds. nicht selbständig anfechtbar ist und nur innerhalb der jeweiligen Bindungswirkung entfaltet, s. BVerwG v. 06.12.1996, NVwZ 1997, 1210 und § 3 Rn. 5 a.E.

4 Schoch/Schmidt-Aßmann/Pietzner/*Clausing* § 109 Rn. 10; *Redeker/v. Oertzen,* § 107 Rn. 3.

erkenntnisses des Beklagten und *Verzichtsurteile* bei entsprechenden Anträgen der Beteiligten möglich (§ 173 VwGO i.V.m. §§ 306, 307 ZPO; § 87a I Nr. 2 VwGO).[5]

6 Schließlich kennt der Verwaltungsprozess noch *Vorbehalts- und Abänderungsurteile* (§ 173 VwGO i.V.m. §§ 302, 323 ZPO).[6]

## B. Das Urteilsverfahren

### I. Mündliche Verhandlung

7 Urteile ergehen in der Regel auf Grund – im Normenkontrollverfahren nur bei – mündlicher Verhandlung (§ 101 I und III VwGO). Eine mündliche Verhandlung ist nicht erforderlich, wenn alle Beteiligten i.S.v. § 63 VwGO mit einer Entscheidung ohne mündliche Verhandlung einverstanden sind (§ 101 II VwGO).[7] Ergeht das Urteil auf Grund mündlicher Verhandlung, so kann es nach § 112 VwGO nur von denjenigen Richtern gefällt werden, die an der dem Urteil zugrundeliegenden Verhandlung teilgenommen haben.[8]

8 § 112 VwGO ist nicht anwendbar, wenn das Urteil nicht auf Grund mündlicher Verhandlung ergeht. In diesem Fall wird die Entscheidung von den nach der Zuständigkeitsverteilung im Geschäftsverteilungsplan dazu berufenen Richtern unter Ausschluss sonstiger Personen gefällt.[9]

### II. Erlass

9 *Wirksamkeit* erlangt das Urteil erst mit seinem Erlass. Die VwGO kennt mehrere Formen des Erlasses. Wird auf Grund mündlicher Verhandlung entschieden, dann wird das Urteil in der Regel in dem Termin, in dem die mündliche Verhandlung geschlossen wird, verkündet. Möglich ist auch die *Verkündung* in einem besonderen Termin, der am Schluss der mündlichen Verhandlung durch Beschluss anberaumt wird und nicht über zwei Wochen hinaus angesetzt werden soll (§ 116 I VwGO).

10 Im Gegensatz zum Zivilprozess ist die Verkündung nicht zwingend. Zulässig ist auch die *Zustellung* des Urteils, das dann binnen zwei Wochen nach der mündlichen Ver-

---

5 Vgl. BVerwG v. 07.01.1997, BVerwGE 104, 27 (28) für die Verpflichtungsklage; BWVGH v. 12.09.1990, NJW 1991, 859; vgl. allerdings BVerwG v. 26.02.1981, BVerwGE 62, 18 (19) für die Anfechtungsklage.

6 Vorbehaltsurteile spielen vor allem eine Rolle bei der Aufrechnung. Vgl. BVerwG v. 27.10.1982, BVerwGE 66, 218 (223); v. 12.02.1987, BVerwGE 77, 19 (28); v. 31.03.1993, NJW 1993, 2255; v. 07.10.1998, NJW 1999, 160 = JuS 1999, 830 *(Hufen);* zur Abänderungsklage BayVGH v. 20.07.1977, BayVBl 1978, 53 (54).

7 Der Verzicht muss klar, eindeutig und vorbehaltlos erklärt werden, was im Regelfall eine schriftliche oder zur Niederschrift des Urkundsbeamten der Geschäftsstelle abgegebene Erklärung voraussetzt; vgl. BVerwG v. 20.02.1981, NJW 1981, 1852. § 128 II 3 ZPO (Verzicht wirkt nur 3 Monate) ist nicht entspr. anwendbar (BVerwG v. 15.02.1980, NJW 1980, 1482). Wohl aber kann der Verzicht »verbraucht« werden durch einen nachfolgenden Beweisbeschluss, da er sich seiner Natur nach nur auf die nächste Entscheidung des Gerichts bezieht. Vgl. BVerwG v. 14.02.1962, BVerwGE 14, 17 (18) und v. 17.09.1998 – BVerwG 8 B 105.98 –.

8 **Rubrum:** »…, auf die mündliche Verhandlung …, an der teilgenommen haben …«. Bei mehreren Terminen ist die letzte mündliche Verhandlung maßgebend. Bei der Verkündung müssen nicht dieselben Richter mitwirken, die das Urteil gefällt haben.

9 Vgl. § 55 VwGO i.V.m. §§ 192 ff. GVG; BVerwG v. 16.10.1997, VIZ 1998, 63 (64). Zur Bedeutung des Verzichts auf weitere mündliche Verhandlung BVerwG v. 02.08.1984, Buchholz 310 § 112 VwGO Nr. 6. Zum sog. Umlaufverfahren BVerwG v. 23.09.1991, NJW 1992, 257.

handlung der Geschäftsstelle zu übergeben ist (§ 116 II VwGO).[10] Haben die Beteiligten auf die mündliche Verhandlung verzichtet, so ergeht die Entscheidung stets durch Zustellung (§ 116 III VwGO). Mit der Zustellung an einen Hauptbeteiligten ist das Urteil erlassen.

## III. Bindung des Gerichts

Nach § 173 VwGO i.V.m. § 318 ZPO ist das Gericht an das erlassene Urteil gebunden. 11
Von diesem Grundsatz kennt die VwGO drei *Ausnahmen:* Einmal kann eine *offenbare Unrichtigkeit* auf Grund eines entsprechenden Beschlusses nach § 118 VwGO behoben werden. Ferner ist ebenso zu verfahren bei nicht offensichtlichen Unrichtigkeiten oder Unklarheiten des *Tatbestands,* wenn die *Berichtigung* binnen zwei Wochen nach Zustellung des Urteils beantragt wird (§ 119 VwGO).[11] Schließlich kann das ursprüngliche Urteil durch ein nachträgliches Urteil *ergänzt* werden, wenn ein nach dem Tatbestand von einem Beteiligten gestellter Antrag oder die Kostenfolge bei der Entscheidung ganz oder zum Teil übergangen ist (§ 120 VwGO). Auch hier ist der Antrag eines Beteiligten erforderlich (Frist: 2 Wochen nach Zustellung); eine Ergänzung von Amts wegen kommt nicht in Betracht.[12]

---

10 Nach BVerwG v. 24.06.1971, BVerwGE 38, 220; v. 03.12.1992, DÖV 1993, 719 (720); v. 08.03.1994, NVwZ 1994, 694 (695); Schoch/Schmidt-Aßmann/Pietzner/*Clausing* § 116 Rn. 9 genügt – entspr. § 117 IV 2 VwGO – zur Wahrung der Frist die Übergabe der (von allen Richtern, die mitgewirkt haben) unterschriebenen Urteilsformel; das vollständige Urteil ist dann »alsbald« abzusetzen, zu unterschreiben und der Geschäftsstelle zu übergeben. Eine starre Frist für die Abfassung der Entscheidungsgründe besteht nicht; die Beurkundungsfunktion der Entscheidungsgründe ist jedoch – entspr. der in den §§ 516, 522 ZPO enthaltenen Wertung des Gesetzgebers – nicht mehr gewahrt, wenn zwischen der Verkündung und Zustellung mehr als 5 Monate verstrichen sind. Vgl. BVerwG-GS v. 23.04.1992, NVwZ 1992, 1085; GmSOGB v. 27.04.1993, BVerwGE 92, 367. Die Entscheidung des Gerichts, dass das Urteil statt im Verkündungs- im Zustellungsweg ergehen soll, ist im Anschluss an die mündliche Verhandlung durch Beschluss zu verkünden; der Beschluss kann ggf. im schriftlichen Verfahren nachgeholt werden. Vgl. BVerwG v. 01.07.1975, NJW 1976, 124.
Schärfere Anforderungen gelten an die Übergabe der unterschriebenen Entscheidungsformel, die grundsätzlich innerhalb der Zwei-Wochen-Frist erfolgen muss; jedenfalls eine Verspätung von 3½ Monaten stellt einen Verfahrensfehler dar, auf dem die Entscheidung beruht. Vgl. BVerwG v. 06.05.1998, DVBl 1998, 1080.

11 An dem Beschluss wirken die ehrenamtlichen Richter nicht mit. Vgl. BVerwG v. 26.06.1986, NVwZ 1987, 128.

12 Vgl. BVerwG v. 02.06.1999, NVwZ-RR 1999, 694.

# § 20 Der Urteilsinhalt

**Aufbau: Urteil**

1. Rubrum
2. Tenor
3. Tatbestand
4. Entscheidungsgründe
5. Rechtsmittelbelehrung
6. Streitwertbeschluss

## A. Vorbemerkung

1 Für das verwaltungsgerichtliche Urteil gelten grundsätzlich die gleichen Aufbauregeln, die vom zivilgerichtlichen Urteil bekannt sind. Der Inhalt des verwaltungsgerichtlichen Urteils ergibt sich aus § 117 VwGO. Danach ist insbesondere das Urteil schriftlich abzufassen und von den an der Entscheidung beteiligten Berufsrichtern zu unterschreiben.[1]

Ferner ist im Tatbestand der Sach- und Streitstand, unter Hervorhebung der gestellten Anträge, seinem wesentlichen Inhalt nach gedrängt darzustellen, wobei im Übrigen auf Schriftsätze, Protokolle und andere Unterlagen verwiesen werden soll, soweit sich aus diesen der Sach- und Streitstand ausreichend ergibt. Die Abfassung in Schriftform und deutscher Sprache setzt voraus, dass allgemeinverständliche Schrift- und Zahlenzeichen verwendet werden. Zur Abfassung des Urteils dürfen auch Textbausteine verwendet werden.[2] Der Verweis durch Schlüsselzeichen oder Kennzeichen auf außerhalb des schriftlichen Urteils befindliche Textbestandteile ist dagegen unzulässig.[3]

1 Gemeint sind die Richter, die an der letzten mündlichen Verhandlung teilgenommen und das Urteil beschlossen haben. Die Unterschrift kann nur von den Richtern geleistet werden, die zum Zeitpunkt der Unterschriftsleistung dem Gericht noch angehören. Bei Verhinderung eines Richters an der Unterschriftsleistung hat der Vorsitzende, bei dessen Verhinderung der dienstälteste beisitzende Richter einen Verhinderungsvermerk anzufertigen (§ 117 I 3 VwGO; vgl. auch BVerwG v. 19.01.1987, BVerwGE 75, 340). Zur »vollständigen Abfassung« BVerwG v. 15.09.1995, Buchholz 310 § 107 Nr. 42.

2 Schoch/Schmidt-Aßmann/Pietzner/*Clausing* § 117 Rn. 4; BVerwG v. 01.02.1982 – 9 B 13/15.81 –.

3 HessVGH v. 26.06.1984, NJW 1984, 2429.

## B. Die einzelnen Bestandteile des Urteils

### I. Urteilseingang (Rubrum)

#### 1. Eingangsformel

Das Urteil ergeht »im Namen des Volkes«. Unmittelbar vor oder nach dieser Überschrift folgt die Angabe, ob es sich um ein »Urteil«, »Zwischenurteil«, »Teil-« oder »Schlussurteil« handelt. 2

#### 2. Die Bezeichnung der Beteiligten und Bevollmächtigten

Die Bezeichnung der Beteiligten schließt im Genitiv an die Formulierung »In der Verwaltungsstreitsache« (»In dem verwaltungsgerichtlichen Verfahren«, »In der Verwaltungsrechtssache«, »In dem Verwaltungsrechtsstreit«, »In dem Normenkontrollverfahren«) an. Die Beteiligten, ihre gesetzlichen Vertreter und die Bevollmächtigten müssen mit Namen, Anschrift, Beruf und Verfahrensstellung genau bezeichnet werden.[4] 3

Mehrere Kläger werden mit arabischen Zahlen nummeriert, jedoch im Rubrum allgemein als »Kläger« und nicht als »Kläger zu 1« usw. bezeichnet.

### II. »Betreff«

Wie im Zivilprozess ist eine kurze Bezeichnung des Streitgegenstandes üblich, aber nicht notwendig. Der »Betreff« ist ausreichend bestimmt, wenn mit ihm bei Einlegung eines Rechtsmittels geklärt werden kann, welcher Senat nach der Geschäftsverteilung zuständig ist. 4

### III. Bezeichnung des Gerichts

Bindeglied zwischen der Bezeichnung des erkennenden Gerichts sowie des Spruchkörpers und den Namen der Mitglieder des Gerichts, die an der Entscheidung mitgewirkt haben, ist die Feststellung, ob und bejahendenfalls an welchem Tag die mündliche Verhandlung stattgefunden hat, auf die das Urteil ergeht: »... hat die X-Kammer des Verwaltungsgerichts Karlsruhe auf die mündliche Verhandlung vom ..., an der teilgenommen haben[5] ... für Recht erkannt.« 5

---

4 Amtsinhaber (Minister, Regierungspräsident, Landrat, Bürgermeister) sind *nicht* namentlich aufzuführen, weil sonst jede personelle Veränderung der Ämter zu prozessualen Schwierigkeiten führen würde. Von den Behörden in die mündliche Verhandlung entsandte Beamte werden im Rubrum nicht genannt.

5 Oder: »unter Mitwirkung«, »durch«.

**Rubrum eines verwaltungsgerichtlichen Urteils**

**Verwaltungsgericht Karlsruhe**

Aktenzeichen

**IM NAMEN DES VOLKES**

**Urteil**

(Zwischen-, Teil-, Schlussurteil)

In der Verwaltungsrechtssache[6]

des Landwirts Klaus Hofmann, Plöck 12, (PLZ) Heidelberg,

Klägers,

Prozessbevollmächtigter: Rechtsanwalt Dornemann,

Friedrich-Ebert-Anlage 17, (PLZ) Heidelberg,

gegen

die Stadt Heidelberg,

Beklagte,

vertreten durch den Oberbürgermeister,

beigeladen: ...

beteiligt: ...

wegen

Sondernutzungsgebühr

Hat die 3. Kammer des Verwaltungsgerichts Karlsruhe auf Grund (auf die ...) der mündlichen Verhandlung vom 28.10.2009 (ohne mündliche Verhandlung am ... oder: im Wege der schriftlichen Entscheidung auf Grund der Beratung vom ...), an der teilgenommen haben (durch, unter Mitwirkung von):

1. Vorsitzende(r) Richter(in) am Verwaltungsgericht
2. Richter(in) am Verwaltungsgericht
3. Richter(in)[7]
4. ehrenamtliche(r) Richter(in)
5. ehrenamtliche(r) Richter(in)

Für Recht erkannt:

6 Auch gebräuchlich: Verwaltungsstreitsache (BVerwG, BayVGH, BbgOVG, MVOVG), Verwaltungsrechtsstreit (NWOVG, RhPfOVG, SaarlOVG); Verwaltungsstreitverfahren (HessVGH, ThürOVG). Den obigen Eingang verwenden BWVGH, BremOVG, HbgOVG, OVG Lüneburg, SHOVG, SAOVG, SächsOVG.

7 Die Amtsbezeichnung »Richter« führt nur der Richter auf Probe (§ 19 a III DRiG). Bei einer gerichtlichen Entscheidung darf nicht mehr als ein Richter auf Probe, kraft Auftrags, im Nebenamt oder ein abgeordneter Richter mitwirken (§ 29 DRiG).

## IV. Urteilsformel (Tenor)

Die Urteilsformel ist Kondensat und Vorankündigung der aus den Entscheidungsgründen ersichtlichen Entscheidung. Die Auffassung, die Urteilsformel enthalte die »eigentliche« Entscheidung, der die Entscheidungsgründe »nur« die nähere Begründung liefern, mag im Strafprozess zutreffen. Im Verwaltungsprozess liegen die Dinge etwas komplizierter. Die Urteilsformel sagt den Beteiligten (nicht mehr und nicht weniger), wie der Prozess gelaufen ist. 6

Die Urteilsformel muss von den anderen Teilen des Urteils erkennbar abgesetzt sein, neben dem Ausspruch zur Sache – Hauptsachetenor – eine Kostenentscheidung – Kostentenor – enthalten (§ 161 I VwGO) und sich gegebenenfalls über die Zulassung der Berufung oder Revision auslassen – Rechtsmitteltenor – (§ 132 VwGO). Gewöhnlich enthält sie auch einen Ausspruch über die vorläufige Vollstreckbarkeit (§ 167 VwGO i.V.m. §§ 708 ff. ZPO). Muster für typische Urteilsformeln finden sich unter C (Rn. 36 ff.).[8] 7

## V. Tatbestand

Der Tatbestand ist von den Entscheidungsgründen zu trennen.[9] 8

Lediglich das Bundesverwaltungsgericht fasst den Tatbestand (I) und die Entscheidungsgründe (II) unter den Oberbegriff »Gründe«.

Er beurkundet den für die Entscheidung maßgeblichen Tatsachenstoff und muss erkennen lassen, welcher Sachverhalt der rechtlichen Würdigung zugrunde liegt. Der Tatbestand liefert daher nicht nur nach § 173 VwGO i.V.m. § 314 ZPO Beweis für das mündliche Parteivorbringen, sondern gem. § 98 VwGO i.V.m. § 418 I ZPO auch vollen Beweis über die in ihm bezeugten eigenen Wahrnehmungen und Handlungen des Gerichts.[10]

Behörden sind zur Vorlage von Urkunden oder Akten und zu Auskünften verpflichtet § 99 I 1 VwGO. Über die Vorlage von Akten und Urkunden, die Betriebes- oder Geschäftsgeheimnisse eines Verfahrensbeteiligten enthalten, an das Gericht der Hauptsache entscheiden die zuständigen Behörden gemäß § 99 I 2 VwGO nach pflichtgemäßem Ermessen, das voller gerichtlicher Kontrolle unterliegt. Das Gericht der Hauptsache[11] hat abzuwägen, wie sich die Geheimhaltung der entscheidungserheblichen Tatsachen auf den Ausgang des Rechtsstreits auswirkt und zu würdigen, wie die Einschränkung der verfassungsrechtlich gebotene Effektivität der Rechtsschutz rechtfertigen lässt.[12]

Der für die Entscheidung maßgebliche Verhandlungsstoff ergibt sich aus dem Tatbestand und nicht aus der Verhandlungsniederschrift.[13] Rechtsbehelf gegen die Formulierung des Tatbestands ist der binnen zweier Wochen nach Zustellung des Urteils zu stellende Antrag auf Berichtigung (§ 119 VwGO).[14]

Da der Verwaltungsprozess vom Untersuchungsgrundsatz beherrscht wird (§ 86 I VwGO; vgl. Rn. 12), weicht § 117 III VwGO in einigen Punkten von der Parallelregelung des § 313 II ZPO ab. Der Tatbestand beginnt mit der sog. *Geschichtserzählung,* die den unstreitig vorgetragenen oder vom Gericht ermittelten Sachverhalt und das Vorver- 9

8 Weiterhin *Geiger* JuS 1998, 344; *Lemke* JA 1998, 72; *Jansen/Wesseling* JuS 2009, 32.
9 Vgl. § 117 II und III VwGO. Erforderlich ist eine inhaltliche, nicht zwingend eine äußerliche Trennung; BVerwG v 18.08.1976, Buchholz 310 § 117 VwGO Nr. 10.
10 BVerwG v. 03.07.1987, NJW 1988, 1228.
11 BVerwG v. 24.11.2003, BVerwGE 119, 229.
12 BVerwG v. 15.08.2003, DVBl 2004, 62.
13 BVerwG v. 06.12.1978, Buchholz 402.5 WaffG Nr. 15.
14 Vgl. auch BVerwG v. 06.12.1978, DVBl 1979, 726; v. 26.06.1986, NVwZ 1987, 128.

fahren umfasst und im Indikativ des Imperfekts darzustellen ist. Ein strenger Schematismus ist nicht erforderlich. Die Unterscheidung zwischen unstreitigem und streitigem Vorbringen kann gegebenenfalls im Interesse einer besser verständlichen Darstellung entfallen. Die tatsächlichen und rechtlichen Ausführungen der Beteiligten im Vorverfahren brauchen nur angedeutet zu werden, wenn sie im Prozess wiederholt wurden. Der Geschichtserzählung folgt die *Prozessgeschichte*, die Auskunft geben soll über die Entwicklung des Rechtsstreits vom Eingang der Klage bei Gericht bis zum Urteil. Die Prozessgeschichte ist im Perfekt zu schildern. Normalerweise erschöpft sie sich in der Angabe des Datums der Klageerhebung und leitet zum Vortrag der Parteien, zum *Streitstand* über. Zunächst werden die Behauptungen und Rechtsansichten des Klägers mitgeteilt. Dann folgt etwas abgesetzt und eingerückt der Antrag des Klägers, dem nach Möglichkeit der Antrag des Beklagten gegenüberzustellen ist. Daran schließen die Behauptungen und rechtlichen Ausführungen des Beklagten an. Die Einzelheiten sind vom Zivilprozess bekannt. Auch Repliken und Dupliken sind denkbar. Die Anträge sollen wörtlich gebracht werden. Zur Kennzeichnung des Tatsachenverlaufs sind technische Ausdrücke wie »behaupten«, »darstellen«, »vortragen« zu verwenden. Über rechtliche Vorgänge können die Parteien dagegen nur eine »Meinung«, »Auffassung« oder »Ansicht« vertreten.

**Aufbau des Tatbestands eines verwaltungsgerichtlichen Urteils**

1. Geschichtserzählung
   a) unstreitiger Sachverhalt
   b) Vorverfahren
2. Prozessgeschichte
3. Streitstand
   a) Behauptungen und Rechtsausführungen des Klägers
   b) Antrag des Klägers
   c) Antrag des Beklagten
   d) Behauptungen und Rechtsausführungen des Beklagten
4. Beweiserhebungen

10 Die Rechtsausführungen der Beteiligten sind im Verwaltungsprozess anders als im Zivilprozess erschöpfend darzustellen. Für den Vortrag der Beteiligten verwendet man die indirekte Rede (Konjunktiv Präsens), für die Anträge Indikativ Präsens.

11 Nach der Schilderung des Streitstandes folgt eine knappe Wiedergabe der *Beweisaufnahme.* Die in der Praxis übliche Verweisung auf die Akten u. dgl. ist in Examensarbeiten unzulässig.

12 Der *Untersuchungsgrundsatz*[15] bedeutet im Verwaltungsprozess, dass das Gericht den Sachverhalt zwar von Amts wegen erforscht, dass die Beteiligten hierbei aber mitwirken müssen. Ihnen obliegt daher eine echte Darlegungs- und Beweislast.[16] Das entbindet das Gericht jedoch nicht von der Pflicht, die spezifische eigene Sachkunde für bestimmte Fachfragen darzutun.[17]

15 Hierzu *Nierhaus,* pass.; *Arntz* DVBl 2008, 78; *Stumpe* VBlBW 1995, 172; BVerwG v. 11.09.2007; NVwZ 2008, 330; NWOVG v. 31.01.2007; NVwZ-RR 2007, 432.

16 *Hufen* § 35 Rn. 22. Zu den Grenzen der Mitwirkungspflicht BVerwG v. 26.02.1995, NVwZ 1995, 473 (Scientology).

17 BVerwG v. 20.08.1986, NVwZ 1987, 47; v. 19.02.1998, NVwZ 1999, 75; v. 14.08.1998, NVwZ 1999, 63; v. 11.02.1995, NVwZ-Beil. I 1999, 89; BVerfG v. 22.01.1999, NVwZ-Beil. I 1999, 81.

## VI. Entscheidungsgründe

### 1. Funktion

Die Entscheidungsgründe greifen die in der Urteilsformel ausgesprochene oder wenigstens angekündigte Entscheidung wieder auf und liefern die Begründung für diese Entscheidung.[18] Sie bestimmen die Reichweite der materiellen Rechtskraft. **13**

### 2. Inhalt der Entscheidung

Der Inhalt der Entscheidung richtet sich nach dem Klagebegehren. Bei klageabweisenden Urteilen ergibt sich (ähnlich wie bei rein kassatorischen Urteilen) erst aus den Entscheidungsgründen, in welchem Umfang das Urteil die Beteiligten bindet.[19] Hier muss deutlich herausgearbeitet werden, aus welchen Gründen die Klage keinen Erfolg hatte. Entscheidende Bedeutung hat dabei die Prüfungsreihenfolge. Wo ein Prozessurteil in Betracht kommt, sind jedenfalls im Examen alle – auch hilfsweisen – Ausführungen zur Sache falsch. Bei stattgebenden Urteilen unterscheidet man sinnvoller Weise, ob das Klagebegehren auf eine Gestaltung, Leistung oder Feststellung abzielt. **14**

Bei *Gestaltungsklagen* wird grundsätzlich eine *kassatorische* Entscheidung getroffen.[20] Bei der allgemeinen Gestaltungsklage wird die angegriffene Verwaltungsmaßnahme aufgehoben, soweit sie rechtswidrig ist und dadurch den Klägern in seinen Rechten verletzt; bei den sonstigen Gestaltungsklagen entspricht das Gericht dem speziellen Gestaltungsbegehren des Klägers. **15**

Ausdrücklich geregelt ist der Entscheidungsgehalt des Gestaltungsurteils bei der *Anfechtungsklage.* Nach §§ 113 I, 115 VwGO werden bei einer Anfechtungsklage der angegriffene VA und etwaige Widerspruchsbescheide aufgehoben, soweit sie rechtswidrig sind und dadurch den Kläger in seinen Rechten verletzen. Der Erfolg der Anfechtungsklage hängt also von *drei Voraussetzungen* ab: Der angegriffene VA bzw. Widerspruchsbescheid muss erstens »rechtswidrig« und zweitens muss der »Kläger in seinen Rechten verletzt« sein. Durch das Wort »dadurch« werden drittens die erste und zweite Voraussetzung in der Weise miteinander verknüpft, dass sich die objektive Rechtswidrigkeit »spiegelbildlich als Verletzung auch eines subjektiven Rechts des Klägers darstellt«.[21] Einfacher ausgedrückt: *Nicht jede* objektive Rechtswidrigkeit ist relevant, sondern nur die Rechtswidrigkeit, »soweit« sie subjektive Rechte des Klägers verletzt. **16**

Aus der Formulierung *»soweit«* ergibt sich somit, dass eine *Teilaufhebung* nicht nur möglich, sondern u.U. – im Rahmen des Klagebegehrens – zwingend geboten ist, nämlich dann, wenn die angefochtene Verwaltungsentscheidung nur teilweise rechtswidrig ist und/oder wenn sie den Kläger nur teilweise in seinen Rechten verletzt. Die Teilauf- **17**

18 Die Bezugnahme auf Erwägungen einer genau bezeichneten anderen Entscheidung ist zulässig; vgl. BVerwG v. 27.05.1988, NVwZ 1988, 249 (250). Diese Möglichkeit tritt ergänzend zu der Möglichkeit nach § 117 V VwGO hinzu, auf die Begründung des VA oder des Widerspruchsbescheid Bezug zu nehmen; BVerwG v. 08.11.2001, NVwZ 2002, 730 (733).

19 *Martens* S. 166 ff.

20 *Redeker/v. Oertzen* § 113 Rn. 1.

21 *Weyreuther* FS Menger, S. 681 (691).

hebung kann dabei die angefochtene Entscheidung in räumlicher,[22] sachlicher,[23] persönlicher[24] und zeitlicher Hinsicht betreffen.[25]

Wurde etwa ein ursprünglich rechtmäßiger VA nachträglich rechtswidrig, so scheidet eine Rücknahme mit Wirkung ex tunc aus; nichts spricht aber gegen eine »Rücknahme ex nunc«, d.h. gegen eine Rücknahme zu dem Zeitpunkt, an dem die Rechtswidrigkeit eintrat.

Zur Begründung des Anfechtungsurteils muss genau dargestellt werden, weshalb der VA in der Gestalt des Widerspruchsbescheids rechtswidrig ist und inwiefern der Kläger durch den rechtswidrigen VA in der Gestalt des Widerspruchsbescheids in seinen Rechten verletzt wird.

**18** Mit der kassatorischen Entscheidung kann die Verpflichtung verbunden werden, die Vollziehung des VA rückgängig zu machen, wenn ein entsprechender Antrag vorliegt, die Behörde dazu in der Lage und diese Frage spruchreif ist (§ 113 I 2/3 VwGO). Der *Vollzugsfolgenbeseitigungsanspruch* ist immer noch Gegenstand zahlreicher Kontroversen.[26] Deshalb ist es bedauerlich, dass die VwGO nur eine fragmentarische Regelung enthält.

Andererseits ist es nicht Aufgabe der VwGO, materiell-rechtliche Anspruchsgrundlagen zu normieren.[27] Abgesehen von der prozessualen Ergänzung des Folgenbeseitigungsanspruchs gestattet § 113 IV VwGO die Verbindung eines Gestaltungs- und Leistungsurteils. Ein ersetzendes Gestaltungsurteil, bei dem das Gericht nicht nur eine Verwaltungsentscheidung aufhebt, sondern selbst eine Regelung trifft, ist ausnahmsweise bei der Festsetzung von Leistungen in anderer Höhe[28] und bei feststellendem VA möglich (§ 113 II VwGO).

**19** Urteile, die einer *Leistungsklage* stattgeben, sprechen die Verpflichtung zur Vornahme der beantragten Leistung aus. Bei der Verpflichtungsklage wird die Behörde entweder zur Vornahme des begehrten VA oder zur Bescheidung unter Beachtung der Rechtsauffassung des Gerichts verpflichtet (§§ 113 V, 114 VwGO). Im Bescheidungsurteil darf auf alle umstrittenen spruchreifen Rechtsfragen eingegangen werden. Die sonst verpönten Hilfsbegründungen sind hier zulässig. Bei der Versagungsgegenklage ist es zweckmäßig, den ablehnenden Bescheid und Widerspruchsbescheid ausdrücklich aufzuheben.[29]

**20** *Feststellungsurteile* beschränken sich auf die begehrte Feststellung. Sie sind in der Hauptsache nicht vollstreckbar. Ihr Inhalt entspricht dem Antrag, wenn diesem nach dem Gesetz entsprochen werden darf.

---

22 **Beispiel:** Der insgesamt angefochtene Planfeststellungsbeschluss für eine Straße wird nur für einen bestimmten Straßenabschnitt aufgehoben.

23 Zur isolierten Anfechtungsklage oben § 9 Rn. 15.

24 **Beispiel:** Eine durch Allgemeinverfügung angeordnete Verkehrsregelung verletzt nur bestimmte Personen in ihrem Recht auf Anliegergebrauch.

25 Hierzu *Ronellenfitsch* Teilbarkeit, S. 39 ff.

26 **Klassisches Beispiel:** Polizeiliche Räumungspflicht einer zur Unterbringung Obdachloser rechtswidrig beschlagnahmten Wohnung. Ähnlich ist die Situation im Fall der ursprünglich rechtmäßigen Beschlagnahme nach Ablauf der Beschlagnahmepflicht. Die Räumung liegt nicht nur im öffentlichen Interesse. Daher besteht auch kein polizeiliches Entschließungsermessen; der von der (nicht mehr rechtmäßigen) Beschlagnahme Betroffene hat ein subjektives öffentliches Recht auf Räumung; vgl. BWVGH v. 22.02.1990, VBlBW 1990, 351. Vgl. auch § 31 Rn. 7 (Fn. 15).

27 Hierzu *Maurer* § 29.

28 Eine Ermessensentscheidung steht dem Gericht dabei nicht zu, VG Sigmaringen v. 27.08.1970, BaWüVBl 1971, 45; Schoch/Schmidt-Aßmann/Pietzner/*Gerhardt* § 113 Rn. 39; a.A. NWOVG v. 20.04.1960, OVGE 15, 284.

29 Vgl. Schoch/Schmidt-Aßmann/Pietzner/*Gerhardt* § 113 Rn. 64, 72.

Im *Normenkontrollverfahren* ergeht jedenfalls nach h.L. ebenfalls nur eine feststellende Entscheidung. Leistungsbegehren sollen daher grundsätzlich unzulässig sein, da der Gesetzgeber nicht zum Tätigwerden verpflichtet werden könne.[30] Auch die (positive) Feststellung einer derartigen Verpflichtung scheide grundsätzlich aus. Nicht ausgeschlossen ist indessen auch nach h.M. die Feststellung, dass eine untergesetzliche Rechtsnorm etwa im Hinblick auf das Gebot der Konfliktbewältigung lückenhaft und deshalb nur rechtswidrig sei. Bis zum 19.07.2004 hatte nämlich regelmäßig gem. § 47 VI 2 VwGO a.F. das OVG (VGH) die angegriffene Rechtsvorschrift für nichtig zu erklären, wenn es von ihrer Ungültigkeit überzeugt war.[31] Nach § 47 VI 2 VwGO i.d.F. des EAG Bau erklärt seither das OVG (VGH) die angegriffene Rechtsvorschrift, von deren Ungültigkeit es überzeugt ist, für *unwirksam*. In der Sache dürfte dadurch keine Änderung eingetreten sein. Schon nach früherer Rechtslage hielt die Rspr. über den Gesetzeswortlaut hinaus auch die *Feststellung der Rechtswidrigkeit der Vorschrift* ohne Nichtigerklärung für zulässig mit der Folge, dass die Vorschrift (vorläufig) weiter anwendbar war, dem Normgeber aber faktisch ein Korrekturauftrag aufgegeben wurde.[32] Erst recht besteht die Möglichkeit weiterhin de lege lata. Das Druckmittel der Gerichte im Verhältnis zum Normgeber ist zwar nicht ganz unbedenklich. Im Hinblick auf die Vertauschbarkeit exekutiver Handlungsformen erscheint es jedoch akzeptabel. Es hat darüber hinaus den Vorteil, dass ein bescheidener Ausgleich geschaffen wird für den fehlenden gerichtlich durchsetzbaren Anspruch auf Normerlass. Bei einem Unterlassen des Normgebers hätte nämlich die Unwirksamkeitserklärung (wovon?) wenig Sinn. 21

Einen – vom Gesetzgeber wohl nicht mitbedachter – positiven Nebeneffekt hat die Änderung des § 47 V 2 VwGO: Der Anwendungsvorrang des EU-Rechts führt nur zur Unanwendbarkeit (Unwirksamkeit) deutscher Rechtsvorschriften, die gegen Gemeinschaftsrecht verstoßen. Das OVG (VGH) ist hier nicht befugt, eine deutsche Rechtsvorschrift für nichtig zu erklären.

Auf längere Sicht wird sich die Anreicherung der Normenkontrolle nach § 47 VwGO um Leistungselemente nicht vermeiden lassen. Ansonsten bleibt es dabei: § 47 VwGO ist im Verhältnis zu § 43 VwGO lex specialis. Neben der Feststellung der Rechtswidrigkeit normgeberischen Unterlassens nach § 47 VwGO bleibt für die Feststellung einer Normerlass- oder Ergänzungspflicht nach § 43 VwGO kein Raum.

30 Vgl. aber oben § 12 Rn. 13 ff.

31 Die Bindungswirkung der Entscheidung ist umstritten. Während der 2. Senat des BWVGH als Gegenstand des Normenkontrollverfahrens nur den bestimmten angegriffenen Rechtssatz betrachtet (Beschl. v. 27.11.1972, BaWüVBl 1973, 89), stellt der 1. Senat des BWVGH auf die Frage ab, ob und unter welchen Voraussetzungen der Normgeber befugt sei, eine Norm diesen Inhalts zu erlassen (Beschl. v. 26.09.1978, DÖV 1979, 571). Nach der vorzugswürdigen letzteren Ansicht umfasst die von einem Normenkontrollurteil(-beschluss) ausgehende Bindungswirkung für den Verordnungs- oder Satzungsgeber auch das Verbot, ohne Änderung der maßgeblichen Sach- oder Rechtslage eine Rechtsvorschrift gleichen Inhalts zu erlassen. Entgegen HessVGH v. 08.12.1992, NVwZ-RR 1993, 294 (296) lässt sich die Rspr. des BVerfG (v. 06.10.1987, BVerfGE 77, 84 [103 f.]) zu § 31 BVerfGG insoweit nicht auf den Verwaltungsprozess übertragen; zutreffend NK-VwGO/*Ziekow* § 47 Rn. 370. Hier besteht ein *Normwiederholungsverbot*.

32 Vgl. BWVGH v. 16.03.1979, DÖV 1979, 258; aber auch v. 27.11.1979, DÖV 1980, 259; BerlOVG v. 22.04.1983, NVwZ 1983, 416.

### 3. Maßgebliche Sach- und Rechtslage

22 Den *maßgeblichen Zeitpunkt bei der Beurteilung der Sach- und Rechtslage* durch das Gericht bestimmt eine im Schrifttum verbreitete Ansicht generell nach dem Inhalt des Klageantrags.[33] Dies wird der unterschiedlichen Zielrichtung der einzelnen Klagearten nicht gerecht. Der für die Entscheidung maßgebliche Zeitpunkt muss vielmehr für die jeweiligen Klagearten *unterschiedlich* bestimmt werden.

Die Frage des maßgeblichen Zeitpunkts hat nichts mit der Frage zu tun, welches Recht anzuwenden ist. (Beispiel: Nach welcher Fassung der BauNVO bemisst sich die Zulässigkeit eines baulichen Vorhabens?) Für das anzuwendende Recht sind nicht prozessuale Regeln ausschlaggebend, sondern allein das materielle Recht.[34]

Insbesondere bei der *Anfechtungsklage* ist der maßgebliche Zeitpunkt umstritten.[35] Die früher h.L. stellte ausschließlich auf die Sach- und Rechtslage im Zeitpunkt der letzten Verwaltungsentscheidung ab.[36] Für die Gegenposition ist der Klageantrag maßgeblich.[37] Nach einer dritten Auffassung, die den anderen Ansichten die Vermengung von prozess- und materiell-rechtlichen Fragen vorwirft und die Rspr. für sich reklamiert, soll die Sach- und Rechtslage im Zeitpunkt der letzten mündlichen Verhandlung nach Maßgabe des materiellen Rechts maßgeblich sein.[38] Das BVerwG stellt in seiner jüngeren Rspr. bei der Bestimmung des maßgeblichen Zeitpunkts für die Beurteilung der Sach- und Rechtslage zwar in der Tat generell auf das *materielle Recht* ab, nimmt aber gleichwohl und gerade deshalb die gebotenen Differenzierungen vor,[39] so dass sich an der in der früheren Judikatur zur Anfechtungsklage verfolgten mittleren Linie wenig geändert hat. Danach kommt es *grundsätzlich* auf den *Zeitpunkt* an, *zu welchem der VA erlassen wurde.*[40] *Von*

---

33 *Schmitt Glaeser/Horn* Rn. 521 ff. m.w.N.

34 BVerwG v. 14.02.1975, Buchholz 407.4 § 17 FStrG Nr. 19; v. 18.05.1982, BVerwGE 65, 313 (315).

35 Vgl. *Kleinlein* VerwArch 1990, 149; *Osterloh* JuS 1990, 942; *Piendl* Eine Studie zur maßgebenden Sach- und Rechtslage beim Rechtsschutz gegen Verwaltungsakte, 1992; *Scherzberg* BayVBl 1992, 426; *Mager* Der maßgebliche Zeitpunkt für die Beurteilung der Rechtswidrigkeit von Verwaltungsakten, 1994; *Sieger* Die maßgebliche Sach- und Rechtslage für die Beurteilung der Rechtswidrigkeit des Verwaltungsaktes im verwaltungsgerichtlichen Anfechtungsprozess, 1995; *Lemke* JA 1999, 240; *Sauthoff* FG-BVerwG, 2003, S. 599; *Gatawis* JA 2003, 692; *Polzin* JuS 2004, 211; *Baumeister* Jura 2007, 655; Schoch/Schmidt-Aßmann/Pietzner/*Gerhardt* § 113 Rn. 21 Fn. 109; *Hufen* § 24 Rn. 7; *Schenke* Rn. 782 ff.

36 Vgl. *Ule* S. 304.

37 Fn. 39.

38 *Schenke* Rn. 786 ff. Durch die schroffe Trennung von prozessrechtlichen und materiellrechtlichen Auffassungen werden Pappkameraden aufgebaut. Für die Beurteilung der Rechtsverletzung des Klägers im Zeitpunkt der mündlichen Verhandlung kommt es auf das materielle Recht an, welches regelmäßig auch Aufschluss gibt, ob der angegriffene VA im Zeitpunkt der letzten verbindlichen Verwaltungsentscheidung rechtmäßig war und seither rechtmäßig geblieben ist. In Zweifelsfällen kann aber ergänzend auf die prozessualen Faustregeln zurückgegriffen werden; vgl. *Hufen* § 24 Rn. 7.

39 BVerwG v. 27.01.1993, BVerwGE 92, 32 (35 f.); v. 31.03.2004, BVerwG 120, 246 (250); v. 13.12.2006, NJW 2007, 2199 (zu einer Übergangsregelung durch das BVerfG).

40 BVerwG v. 12.12.1967, BVerwGE 28, 292; v. 30.10.1969, BVerwGE 34, 155; v. 16.12.1971, BVerwGE 39, 197; v. 14.02.1975, BVerwGE 48, 56; v. 11.01.1991, NVwZ-RR 1991, 236; NWOVG v. 21.12.1993, NVwZ-RR 1994, 410 (411); Schoch/Schmidt-Aßmann/Pietzner/*Gerhardt* § 113 Rn. 21 Fn. 109; NK-VwGO/*Spannowsky* § 113 Rn. 66 ff. Vor allem im *Nachbarstreit* können sich dem Nachbarn günstige Rechtsänderungen, die nach Erteilung der Baugenehmigung eingetreten sind, im allgemeinen nicht zu Lasten des Bauherrn auswirken; vgl. BVerwG v. 23.04.1998 – 4 B 40.98; NWOVG v. 15.03.2007, DVBl 2008, 791 (792). Wehrt sich ein *Ausländer* gegen seine Ausweisung, so ist die Sach- und Rechtslage im Zeitpunkt der letzten mümdlichen Verhandlung oder Entscheidung des Tatsachengerichts maßgeblich vgl. BVerwG v. 15.11.2007, DÖV 2008, 334. Für die Rechtmäßig-

*diesem Grundsatz bestehen Ausnahmen,*[41] etwa, wenn der Erlass des VA im Zeitpunkt der mündlichen Verhandlung infolge neuer Umstände (z.B. Gesetzesänderung) rechtswidrig wäre und ein Aufhebungsantrag ex nunc gestellt wurde, bei Dauerverwaltungsakten[42] und bei rechtsgestaltenden VAen, deren Wirkung noch aufgeschoben ist.[43]

Im *Erschließungsbeitragsrecht* besteht die Besonderheit, dass die Beitragspflicht in dem Zeitpunkt entsteht, in dem alle gesetzlichen Voraussetzungen erfüllt sind,[44] und dass die hierzu zählende Beitragssatzung rückwirkend erlassen werden kann.[45] Für die Rechtmäßigkeit eines Beitragsbescheids kommt es deshalb auf die abschließende mündliche Verhandlung der letzten Tatsacheninstanz an.[46] Ungeklärt ist die Lage beim *Vollzugsfolgenbeseitigungsanspruch,* dem wohl eher vollstreckungsrechtlich beizukommen ist.[47] Abweichend vom Grundsatz, dass über die Rechtsmäßigkeit einer Entziehung der Fahrerlaubnis auf der Grundlage der tatsächlichen und rechtlichen Gegebenheiten im Zeitpunkt der letzten Behördenentscheidung, regelmäßig also des Widerspruchsbescheids, zu befinden ist, kommt es für die Beurteilung einer auf § 4 III 1 Nr. 3 StVG gestützten Verfügung auf die Sach- und Rechtsage im Zeitpunkt der Bekanntgabe dieser Verfügung an.[48]

Für *Leistungsklagen* ist nach h.M. regelmäßig die letzte mündliche Verhandlung bzw. die letzte gerichtliche Entscheidung maßgeblich.[49] Ausnahmsweise ist ein früherer Zeitpunkt maßgeblich, wenn der Kläger auf Grund eines inzwischen aufgehobenen oder abgeänderten Gesetzes einen Anspruch auf die begehrte Leistung hatte,[50] bei Prüfungsklagen[51] und wenn es dem Kläger um die Anerkennung dauernder Leistungspflichten (Bezüge, Renten u. dgl.) geht.[52] 23

Bei *Verpflichtungsklagen* differenzierte das BVerwG zwischen Ermessens-/Abwägungsentscheidungen und gebundenen Entscheidungen.

Danach war nur bei gebundenen Entscheidungen der Zeitpunkt der gerichtlichen Entscheidung maßgeblich, weil es hier keine rechtzeitigen Entscheidungsalternativen gab. Ausgehend von der ohnehin fragwürdigen Ansicht, § 45 I Nr. 2 VwVfG stehe dem

---

keit des *Einberufungsbescheids* kommt es auf den Gestellungszeitpunkt an, BVerwG v. 24.06.1981, NVwZ 1982, 116.

41 Vgl. Beck-OK, VwGO/*Decker* § 113 Rn. 22.1; *Hufen* § 24 Rn. 9 ff.; Schoch/Schmidt-Aßmann/Pietzner/*Gerhardt* § 113 Rn. 21 Fn. 109.

42 BVerwG v. 22.01.1998, BVerwGE 106, 141 (143 f.); v. 18.06.2008, NJW 2008, 3589 (3590); Das früher wichtigste Beispiel, der Entzug der Gewerbeerlaubnis nach § 35 I GewO, gehört nicht mehr hierher. Die Neufassung von § 35 VI 1 GewO veranlasste nämlich das BVerwG, unter Preisgabe der bisherigen Rspr. nunmehr auf den Zeitpunkt der letzten Verwaltungsentscheidung abzustellen; vgl. Beschl. v. 23.11.1990, NVwZ 1991, 3; v. 19.02.1993, GewArch 1995, 117; Urt. v. 14.07.2003, DVBl 2004, 129; vgl. demgegenüber aber NdsOVG v. 15.09.1993, NVwZ 1995, 185; *Mager* NVwZ 1996, 134 f.; anders für die Verpflichtungsklage auf Wiedergestattung des untersagten Gewerbes HessVGH v. 18.03.1985, NJW 1986, 1983. Kein VA mit Dauerwirkung ist auch der Widerruf der Bestellung zum Bezirksschornsteinfeger; vgl. VG Düsseldorf v. 18.04.1978, GewArch 1978, 297 sowie der Standortvorbescheid nach § 7 a AtG; vgl. BVerwG v. 09.07.1982, DÖV 1982, 820. Den VA mit Dauerwirkung für überflüssig hält *Felix* NVwZ 2003, 385; vgl. auch *Wehr* BayVBl 2007, 385.

43 Vgl. BVerwG v. 10.03.1983, BayVBl 1983, 474 (Namensänderung). Zu weiteren Anfechtungsmöglichkeiten bei noch nicht vollzogenem VA vgl. BayVGH v. 20.02.1979, BayVBl 1979, 688, (690).

44 BVerwG v. 14.03.1975, Buchholz 406.11 § 132 BBauG Nr. 17.

45 BVerwG v. 28.11.1975, BVerwGE 50, 2.

46 BVerwG v. 25.11.1981, DVBl 1982, 544.

47 Vgl. BerlOVG v. 14.02.1992, NVwZ 1992, 901 (902 f.).

48 BayVGH v. 08.06.2007, NJW 2008, 1547 (1548).

49 BVerwG v. 21.03.1986, BVerwGE 74, 115 (118); v. 28.07.1989, NJW 1989, 3233 (3234); BayVGH v. 16.12.1977, BayVBl 1978, 309; NWOVG v. 04.04.1979, NJW 1979, 2221; a.A. *Schmitt Glaeser/Horn* Rn. 729.

50 BVerwG v. 22.06.1973, BVerwGE 42, 296.

51 BVerwG v. 07.02.1973, VerwRspr 25, 274.

52 BVerwG v. 29.09.1971, BVerwGE 38, 299; v. 19.01.1972, BVerwGE 39, 261.

Nachschieben von Ermessenserwägungen im Verwaltungsprozess entgegen (BVerwGE 42, 296, 300), sollte sich die Rechtmäßigkeit von Ermessens- und Abwägungsentscheidungen dagegen nach der Sachlage im Zeitpunkt der letzten Verwaltungsentscheidung (Widerspruchsentscheidung) richten.[53]

Diese Rspr. ist durch § 114 S. 2 VwGO überholt.[54] Grundsätzlich kommt es immer auf den Zeitpunkt der gerichtlichen Entscheidung an. Ausnahmsweise kann auch ein späterer Zeitpunkt als der der mündlichen Verhandlung maßgeblich sein, etwa, wenn Hindernisse für einen begünstigenden VA im Zeitpunkt, zu dem er begehrt wird, weggefallen sind.[55] Umgekehrt ist, da es auf das materielle Recht ankommt, bei »Zeitabschnittgesetzen« auch ein früherer Zeitpunkt maßgeblich.[56]

**24** Lediglich bei *Feststellungsklagen* (einschließlich der Normenkontrolle) bestimmt sich der maßgebliche Zeitpunkt immer nach dem Inhalt des Klageantrags.[57] Bei der Nichtigkeitsfeststellungsklage »fixiert« freilich die Klageart den Antrag, da die Nichtigkeit eines VA nicht zur Disposition der Beteiligten stehen kann.[58] Die Sachurteilvoraussetzungen einer Feststellungsklage müssen demgegenüber spätestens im Zeitpunkt der Entscheidung des Gerichts gegeben sein.[59]

**25** Bei *Konkurrentenklagen* ist die Lage komplizierter. Hier geht es um die Kombination einer Anfechtungs- und Verpflichtungsklage. Für das Verpflichtungsbegehren kann es dann nur auf die Sach- und Rechtslage im Zeitpunkt der letzten mündlichen Verhandlung des Tatsachengerichts ankommen; denn dem Kläger darf nur eine Genehmigung zugesprochen werden, deren Voraussetzungen er erfüllt. Zugleich ist für das Anfechtungsbegehren auf die Sach- und Rechtslage im Zeitpunkt der letzten Verwaltungsentscheidung abzustellen. Der Kläger kann sich den Weg zu Genehmigung nur freimachen, wenn die angefochtene Genehmigung im Zeitpunkt ihres Erlasses rechtswidrig war.[60] Der im Zeitpunkt der Genehmigungserteilung zu Recht nicht berücksichtigte oder zurückgesetzte Konkurrent kann sich die Konkurrenzsituation nicht offen halten, bis sich seine Rechtsstellung verbessert hat. Das bedeutet, dass einer Konkurrentenklage nur stattzugeben ist, wenn *sowohl* der Anfechtungs- *wie auch* der Verpflichtungsteil unter Zugrundelegungen der für die für Anfechtungs- und Verpflichtungsklage unterschiedlichen Zeitpunkte der maßgeblichen Sach- und Rechtslage zulässig und begründet sind. Nur diese *additive* prozessrechtliche Sichtweise entspricht dem materiellen Recht. Sie ermöglicht es allerdings nur, zum materiellen Recht vorzustoßen, folgt aber nicht aus dem materiellen Recht, so dass auch hier die rein materiell-rechtliche Sichtweise auf eine petitio principii hinausläuft.

**26** Bei der *revisionsgerichtlichen* Beurteilung eines Gestaltungs- und Feststellungsurteils ist auf die Rechtslage abzustellen, die für das Berufungsgericht maßgeblich wäre, wenn es zur gleichen Zeit entschiede.[61] Bei Verpflichtungsklagen ist maßgeblicher Zeitpunkt für die Beurteilung der Sach- und Rechtslage das die Tatsacheninstanz abschließende Ur-

53 BVerwG v. 21.01.1992, NVwZ 1992, 1211 (1212); v. 23.04.1997, BVerwGE 104, 337, 347; a.A. Schoch/Schmidt-Aßmann/Pietzner/*Gerhard* § 113 Rn. 66 Fn. 307; *Kopp/Schenke* § 113 Rn. 217.
54 Hierzu *Decker* JA 1999, 154 ff.; *Bader* NVwZ 1999, 120 ff.
55 *Hufen* § 24 Rn. 20 ff.; vgl. aber auch OVG Lüneburg v. 02.10.1979, DVBl 1980, 885.
56 VG Ansbach v. 31.03.1983, GewArch 1984, 201.
57 *Redeker/v. Oertzen* § 108 Rn. 26.
58 Vgl. *Hufen* § 24 Rn. 19.
59 BVerwG v. 23.08.2007, DÖV 2008, 160.
60 BVerwG v. 06.04.2000, DVBl 200, 1614 (1615).
61 BVerwG v. 18.08.1981, DÖV 1982, 159.

teil.[62] In asylrechtlichen Streitigkeiten hat das Berufungsgericht nach § 77 I AsylVfG regelmäßig auf die Rechtslage im Zeitpunkt seiner letzten mündlichen Verhandlung abzustellen.[63]

## VII. Kosten, Zinsen und vorläufige Vollstreckbarkeit

### 1. Kosten

Die Entscheidung über die Kosten (§ 162 I VwGO) ist vom zivilgerichtlichen Urteil bekannt (vgl. *Anders/Gehle* Rn. 156 ff.). Für die Kostenentscheidung genügt der Hinweis auf die maßgebliche Vorschrift (§§ 154 bis 156, § 159 VwGO, § 100 ZPO). Vergessen darf man nicht, dass einem *Beigeladenen* die Kosten nur auferlegt werden können (und dann auch müssen), soweit er erfolglos Anträge gestellt oder Rechtsmittel eingelegt hat (§ 154 III VwGO). Deshalb entspricht es regelmäßig der Billigkeit, die außergerichtlichen Kosten des Beigeladenen nur dann gemäß § 162 III VwGO für erstattungsfähig zu erklären und der unterliegenden Partei aufzuerlegen, wenn der Beigeladene durch Antragstellung selbst ein Kostenrisiko eingegangen ist. Diese Regel darf aber nicht gedankenlos angewendet werden. So kann es im Einzelfall sehr wohl der Billigkeit entsprechen, die dem notwendig beigeladenen Bauherrn entstandenen Kosten auch dann dem klagenden Nachbarn aufzuerlegen, wenn der Bauherr keine Anträge gestellt hat.[64] 27

**Tenorierungsbeispiele:** »Der Kläger trägt die Kosten des Verfahrens einschließlich der außergerichtlichen Aufwendungen des Beigeladenen« (oder: »mit Ausnahme der außergerichtlichen Aufwendungen des Beigeladenen, die dieser selbst trägt«).

Die Festsetzung der *zwischen den Beteiligten* zu erstattenden Aufwendungen *(Kostenfestsetzung)* erfolgt auf Antrag des Erstattungsberechtigten – auf der Grundlage und nach Maßgabe der Kosten(grund)entscheidung – nach § 164 VwGO durch den Urkundsbeamten des Gerichts des ersten Rechtszugs.

Auch die Entscheidung über die Erstattungsfähigkeit der durch die Zuziehung eines Rechtsanwalts für das Vorverfahren entstandenen Kosten (§ 162 II 2 VwGO) gehört, obwohl sie vom Gericht zu treffen ist, sachlich in das Kostenfestsetzungsverfahren. § 158 I VwGO gilt deshalb nicht. Die Entscheidung kann im Urteil oder durch selbständigen Beschluss ergehen und in beiden Fällen selbständig mit der Beschwerde angefochten werden.[65]

Im Kostenfestsetzungsbeschluss ist auf Antrag auszusprechen, dass der festgesetzte Betrag seit Eingang des Festsetzungsgesuchs an *mit 4% zu verzinsen* ist (§ 173 VwGO i.V.m. § 104 I 2 ZPO). Der Kostenfestsetzungsbeschluss ist Vollstreckungstitel (§ 168 I Nr. 4 VwGO, § 798 ZPO). Rechtsbehelf gegen die Kostenfestsetzung ist der *Antrag*

62 BVerwG v. 12.03.2002, BVerwGE 116, 119 (120).
63 BVerwG v. 11.09.2007, BVerwGE 129, 252 (258).
64 BWVGH v. 25.07.1983, VBlBW 1984, 74; v. 27.12.1985, VBlBW 1987, 68; allgemein BayVGH v. 16.01.1990, NVwZ-RR 1990, 655. Die Aufwendungen für vom Kläger vorgelegte Privatgutachten zählen regelmäßig nicht zu den erstattungsfähigen Aufwendungen; BWVGH v. 05.06.1991, NVwZ-RR 1992, 53. Eine unvollständige Kostenentscheidung kann nach § 120 I VwGO nur auf Antrag ergänzt werden; BVerwG v. 02.06.1999, NVwZ-RR 1999, 694.
65 BVerwG v. 28.04.1967, BVerwGE 27, 39 (41); SaarlOVG v. 18.03.1998, NVwZ-RR 1999, 213; Schoch/Schmidt-Aßmann/Pietzner/*Olbertz* § 162 Rn. 85. Zur Reichweite des § 158 I VwGO s. BVerwG v. 14.06.1999, NVwZ-RR 1999, 692 f.

*auf gerichtliche Entscheidung* (§ 165 S. 2 i.V.m. § 151 VwGO). Rechtsmittel: Kostenbeschwerde nach § 146 VwGO (Beschwerdewert: 200 €; § 146 III VwGO).

§ 164 VwGO gilt nicht für die Festsetzung des Vergütungsanspruchs, der dem *Rechtsanwalt gegen seinen Mandanten* aus dem Verwaltungsprozess zusteht. Er ist privatrechtlicher Natur und im Zivilrechtsweg durch Gebührenklage zu verfolgen. Seit der Kostenrechtsreform 1957 ist daneben als vereinfachte Alternative das *Vergütungsfestsetzungsverfahren* beim Urkundsbeamten des VG eröffnet. Es ist aber auf gebührenrechtliche Fragen beschränkt, so dass bei nicht offensichtlich unbegründeten Einwendungen nicht gebührenrechtlicher Art (z.B. fehlendes Mandat, Mandatsniederlegung zur Unzeit) der Festsetzungsantrag abzulehnen ist.[66]

## 2. Zinsen

28 Die im bürgerlichen Recht geltenden Grundsätze über die Zubilligung von *Prozesszinsen* (§ 291 BGB) sind auch im öffentlichen Recht sinngemäß anwendbar (§ 173 VwGO i.V.m. § 262 ZPO).[67] Voraussetzung ist, dass unmittelbar auf Leistung einer fälligen Geldforderung geklagt oder eine Verpflichtungsklage erhoben wurde, die auf Erlass eines unmittelbar die Zahlung auslösenden VA gerichtet war.[68] Die Anfechtungsklage gegen einen Leistungsbescheid allein löst einen Zinsanspruch auch dann nicht aus, wenn auf den Bescheid – wenn auch unter Vorbehalt – Leistungen erbracht worden sind. Der Anfechtungskläger muss vielmehr zusätzlich einen Leistungsantrag stellen (§ 113 I 2 und IV VwGO).[69] Die Heranziehung des § 291 S. 1 BGB setzt weiter voraus, dass der Prozess mit dem Zuspruch einer eindeutig bestimmten Geldforderung endet, sei es durch Verurteilung zur Zahlung derselben, sei es durch Verpflichtung zum Erlass eines entsprechenden Leistungsbescheids; ein Bescheidungsurteil genügt also ebenso wenig[70] wie eine Verurteilung dem Grunde nach.[71]

## 3. Vorläufige Vollstreckbarkeit

29 Über die vorläufige Vollstreckbarkeit ist nach § 167 I i.V.m. § 537 ZPO zu befinden.[72] Im Grundsätzlichen kann deshalb auf *Anders/Gehle*, Rn. 182 ff. verwiesen werden. Unterschiede bestehen vor allem in Folgendem:

*Urteile auf Anfechtungs- und Verpflichtungsklagen* können nur hinsichtlich der *Kosten für vorläufig vollstreckbar erklärt* werden (§ 167 II VwGO). Das Gesetz nimmt hier Rücksicht auf die Eigenart, insbesondere die Bedingungsfeindlichkeit hoheitlicher Verwaltungstätigkeit. Entsprechendes gilt für Klagen auf *Unterlassung eines VA*,[73] *für Stu-*

66 Vgl. BayVGH v. 25.07.1990, BayVBl 1991, 221.

67 BVerwG v. 18.05.1973, BVerwGE 51, 287 (288); v. 28.06.1995, BVerwGE 99, 53 (54); v. 28.05.1998, NJW 1998, 3368 f. Vgl. generell zu Zinsen im öffentlichen Recht *H.A. Wolff* DÖV 1998, 872.

68 BVerwG v. 09.11.1976, MDR 1977, 427; BVerwG v. 28.06.1995, BVerwGE 99, 54 f.; NJW 1998, 3369.

69 BVerwG v. 27.10.1998, NJW 1999, 1201.

70 Vgl. BVerwG v. 28.06.1995, BVerwGE 99, 55.

71 Vgl. BVerwG NJW 1998, 3369.

72 Im verwaltungsgerichtlichen Vollstreckungsverfahren richtet sich die Kostenentscheidung aber nicht nach § 788 ZPO, sondern nach §§ 154 ff. VwGO; so SaarlOVG v. 08.01.1982, NVwZ 1982, 254; RhPfOVG v. 01.07.1985, DVBl 1986, 288; BWVGH v. 04.11.1987, VBlBW 1988, 298 (299); Schoch/Schmidt-Aßmann/Pietzner/*Pietzner* § 167 Rn. 72; NWOVG v. 08.09.1992, NVwZ 1993, 383 (384 f.) gegen OVG Lüneburg v. 07.05.1981, NJW 1981, 2324; NWOVG v. 19.09.1980, OVGE 35, 106 (107 f.).

73 BremOVG v. 13.09.1967, NJW 1967, 2222 f.; OVG Lüneburg v. 30.08.1989, NVwZ 1990, 275; HessVGH v. 19.09.1989, NVwZ 1990, 272; Schoch/Schmidt-Aßmann/Pietzner/*Pietzner* § 167 Rn. 133. Fehlt die Erklärung nach § 167 II VwGO, so kann Urteilsergänzung nach § 167 II VwGO i.V.m. § 716 ZPO beantragt werden; HessVGH v. 18.05.1988, NVwZ 1990, 275.

*fenklagen* nach § 113 I 2 und IV *VwGO*[74] *sowie für Leistungsklagen* auf Vornahme oder Unterlassen *schlicht-hoheitlichen Verwaltungshandelns.*[75] Ebenfalls nur hinsichtlich der Kosten für vorläufig vollstreckbar erklärt werden können alle *klageabweisenden, sonst feststellenden* und *gestaltenden Urteile,* da sie in der Hauptsache entweder keinen vollstreckungsfähigen oder keinen vollstreckungsbedürftigen Inhalt haben.[76]

Die Erklärung der vorläufigen Vollstreckbarkeit ist vom Prozessgericht *von Amts wegen*[77] in der Urteilsformel (nach der Kostenentscheidung) auszusprechen.[78] Die nur im Kostenpunkt vorläufig vollstreckbaren Urteile sind in entspr. Anwendung des § 708 Nr. 11 (2. Altern.) ZPO[79] *ohne Sicherheitsleistung* für vorläufig vollstreckbar zu erklären, wenn die Kostenforderung die Grenze von 1500 € nicht übersteigt. Dasselbe gilt – ohne Wertbegrenzung – für Urteile des OVG/VGH, einschließlich der Hauptsachenurteile in vermögensrechtlichen Streitigkeiten (§ 708 Nr. 10 ZPO).[80] In den Fällen des § 708 Nr. 4 bis 11 ZPO hat das Gericht auszusprechen, dass der Schuldner die Vollstreckung durch Sicherheitsleistung abwenden darf, wenn nicht der Gläubiger vor der Vollstreckung Sicherheit leistet (§ 711 S. 1 ZPO).[81] 30

Darf nur wegen der Kosten vollstreckt werden, kann die Ausrechnung der Sicherheit unterbleiben, da der beitreibbare Betrag vor der Vollstreckung ohnehin im Kostenfestsetzungsbeschluss beziffert werden muss. Die Praxis tenoriert deshalb: »Die Kostenentscheidung (Das Urteil ist im Kostenpunkt/hinsichtlich/wegen der Kosten) ist vorläufig vollstreckbar. Der Beklagte darf die Vollstreckung durch Sicherheitsleistung in Höhe des (bei mehreren Gläubigern: jeweils) beizutreibenden (zu vollstreckenden/vollstreckbaren/festzusetzenden/festgesetzten) Betrages abwenden, wenn nicht (bei mehreren: der jeweilige Gläubiger) der Kläger vor der Vollstreckung Sicherheit in gleicher Höhe leistet.«

## VIII. Streitwertfestsetzung

Für die verwaltungsprozessuale Streitwertfestsetzung ist wie im Zivilprozess ausschließlich das *GKG* maßgeblich, welches durch das vom 10.07.2004 an geltende KostRMoG erneuert wurde. Da auch die Verfahrensgebühr im Allgemeinen sofort mit der Einreichung von Klage und Antrag fällig wird (§ 6 I Nr. 4 GKG) erfolgt die vorläufige Streitwertfestsetzung »sogleich« (§ 63 I GKG) durch das Gericht, von Amts wegen durch *Beschluss,* der als Zwischenentscheidung nicht selbständig anfechtbar ist. Eine 31

74 Vgl. BFH v. 16.07.1980, BFHE 131, 158 (168); HessVGH v. 05.11.1986, NVwZ 1987, 517; Schoch/Schmidt-Aßmann/Pietzner/*Pietzner* § 167 Rn. 134.

75 Vgl. OVG Lüneburg v. 18.05.1988, NVwZ 1990, 275; *Wolfrum* NVwZ 1990, 237 (239 f.); Schoch/Schmidt-Aßmann/Pietzner/Pietzner § 167 Rn. 135; a.A. HessVGH v. 19.09.1989, NVwZ 1990, 272.

76 *Vgl.* Schoch/Schmidt-Aßmann/Pietzner/*Pietzner* § 168Rn. 8.

77 Vgl. BVerwG v. 26.08.1963, BVerwGE 16, 254 (255); *Pietzner* JA 1974, 183 (184); a.A. NWOVG v. 22.01.1964, OVGE 19, 202.

78 Hat das VG die Entscheidung über die vorläufige Vollstreckbarkeit oder Anträge der Beteiligten nach den §§ 710 ff. ZPO ganz oder teilweise übergangen, so kann nach § 167 I 1 VwGO, § 716 ZPO, § 120 VwGO Ergänzungsurteil beantragt werden. Wird die Zwei-Wochen-Frist des § 120 II VwGO versäumt, so bleibt nur der Weg über die Berufung und den Vorabentscheidungsantrag nach § 718 ZPO. Vgl. HessVGH, NVwZ 1990, 276; BWVGH v. 13.05.1993, NVwZ-RR 1994, 472; Schoch/Schmidt-Aßmann/Pietzner/*Pietzner* § 167 Rn. 147 ff.

79 Herrschende Meinung: vgl. NWOVG 12.03.1979, OVGE 34, 85 (86 f.); HessVGH NVwZ 1990, 276; Schoch/Schmidt-Aßmann/Pietzner/*Pietzner* § 167 Rn. 141; a.A. (zur Vorgängervorschrift § 709 Nr. 4 ZPO) BVerwGE 16, 255.

80 Vgl. Schoch/Schmidt-Aßmann/Pietzner/*Pietzner* § 167 Rn. 153.

81 Das gilt auch aus Gründen der Waffengleichheit, wenn Kostengläubiger die öffentliche Hand ist. Vgl. BFH v. 23.01.1972, BFHE 106, 23 (25); v. 20.12.1993, BFH/NV 1994, 335 (336); Schoch/Schmidt-Aßmann/Pietzner/*Pietzner* § 167 Rn. 143; a.A. VG Ansbach v. 21.07.1977, GewArch 1977, 306 (307).

Säumnis des Klägers bleibt prozessual ohnehin folgenlos. Der endgültige Streitwertbeschluss ist weiterhin nach § 122 II VwGO zu begründen und mit der Beschwerde nach §§ 68 I, 66 III 3 GKG, nicht nach § 146 VwGO, anfechtbar.[82] Ähnlich wie bei § 146 III VwGO besteht eine Wertgrenze (200 €). Auch bei Festsetzung im Urteil ist die Entscheidung als gesonderter Beschluss zu behandeln.

32 Zentrale Vorschrift für die Bestimmung des Streitwerts im verwaltungsgerichtlichen Verfahren[83] ist *§ 52 GKG.* Danach ist der Streitwert vorbehaltlich der folgenden Vorschriften nach der Bedeutung der Sache für den Kläger,[84] die sich durch dessen Antrag ergibt, durch Ermessensentscheidung des Gerichts zu bestimmen. Die Praxis orientierte sich hierbei bislang weitgehend an dem von der aus Richtern der Verwaltungsgerichtsbarkeit zusammengesetzten Arbeitsgruppe 1991 erarbeiteten *»Streitwertkatalog« (Stw),* sodann i.d.F. vom Januar 1996[85] und nunmehr i.d.F. vom Juli 2004.[86] Ergänzt wird der StW durch die »Streitwertannahmen« der Bausenate des NdsOG vom 01. 01.2002 (NordÖR 2002, 197 = NdsVBl 2002, 192; vgl. NdsOVG vom 15.08.2007, NVwZ RR 2008, 143) und des NWOVG vom 17.09.2003 (BauR 2003, 1883). Der Stw enthält allgemeine Regeln, z.B. für Verbandsklagen (Stw 1.2) oder Feststellungsklagen (Stw 1.3, hierzu ThürOVG v. 09.05.2009, NVwZ RR 2009, 739.

**Beispiele:** *Baurecht* griff der Streitwertkatalog 1991 als Anknüpfungspunkt die Rohbaukosten heraus, was der Interessenlage häufig nicht gerecht wurde.[87] Das BVerwG hielt die bisherigen weiteren Anknüpfungspunkte (Bodenwertsteigerung, Nutzwert) nach wie vor ebenfalls für sachgerecht (Beschl. v. 28.08.1992, NVwZ-RR 1993, 108) und bevorzugte im Übrigen differenzierte Pauschalwerte.[88] Der Stw ist dem gefolgt. (Ziff. 9) Bei der Nachbarklage kommt es auf das Interesse des Nachbarn an der Verhinderung des Vorhabens an (BVerwG v. 11.01.1999, NVwZ 1999, 879 BWVGH v. 28.01.2008 NVwZ-RR 2008, 256). Klagt umgekehrt ein Bauherr gegen die Aufhebung der Baugenehmigung auf Widerspruch Drittbetroffener, so ist der Streitwert durch den Wert der Interessen der Drittbetroffenen begrenzt (BayVGH v. 18.09.2002, NVwZ-RR 2003, 77). Bei der Klage gegen einen *Planfeststellungsbeschluss* mit enteignender Vorwirkung kommt es auf den Verkehrswert des betroffenen Grundstückteils an (BWVGH vom 28.02.1991, NVwZ-RR 1991, 670), der aber nur mit 30 % bis 50 % anzusetzen war (BVerwG, v. 01.03.1993, NVwZ-RR 1993, 331 f.; HbgOVG v. 02.11.1998, NVwZ-RR 1999, 700; BVerfG v. 26.03.1999, NVwZ 1999, 1104 f.). Eine Sondersituation besteht hier im Weisungsstreit (BVerwG v. 25.08.1997, NVwZ-RR 1998, 458). Bei Großprojekten (zum Streitwert bei Klagen aus *Immissionen* BVerwG v. 20.12.1989, NJW 1990, 930; HessVGH v. 27.10.1987, NVwZ-RR 1998, 786 und im *Atomrecht* RhPfOVG v. 15.07.1993, NVwZ-RR 1994, 381) sieht es so aus, als ob die Rspr. – wohl contra legem – die wirtschaftlichen und sozialen Belange des Klägers in die Streitwertfestsetzung einfließen lässt (vgl. grundlegend BVerwG v. 16.03.1972, DVBl 1972, 678, 682). Dies wird der Bedeutung der Vorhaben nicht gerecht. Für einen Rechtsstreit über die Erlaubnis oder Untersagung einer *Gewerbeausübung* ist der nachhaltig erzielbare, mindestens mit 15.000 € zu bewertende, Jahresreingewinn maßgeblich.[89] Im *Waffenrecht* führt der Streitwert von 7.500 € für eine Klage auf Erteilung eines Waffenscheins zwar zu tragbaren Ergebnissen (vgl. BWVGH v. 09.03.1992, NVwZ-RR 1992, 448). Bei der

82 Auch die Staatskasse kann eine zu niedrige Streitwertfestsetzung angreifen; vgl. BayVGH v. 27.09.1978, BayVBl 1979, 246. Das Verbot der Reformatio in peius gilt hier nicht. Vgl. BWVGH v. 23.03.1990, NVwZ-RR 1990, 386.

83 Vgl. *Zimmer* NVwZ 1995, 138.

84 Im Fall der Streitgenossenschaft ist der volle Streitwert für jeden Streitgenossen anzunehmen; BayVGH v. 11.10.1982, BayVBl 1983, 157.

85 Vgl. DVBl 1991, 1239 = NVwZ 1991, 1156 = DÖV 1992, 257. Die Fassung 1996 ist abgedruckt NVwZ 1996, 563 = DVBl 1996, 605.

86 Vgl. Anhang, sowie *Herrmann* VBlBW 2005, 424; Geige DAR 2005, 491.

87 NdsOVG v. 16.09.1992, NVwZ-RR 1993, 167.

88 Vgl. *Zimmer* NVwZ 1995, 141, – NWOVG v. 30.07.1998, NVwZ-RR 1999, 479.

89 Vgl. BVerwG v. 01.09.1992, NVwZ-RR 1994, 182; generell zum Streitwert im *Gewerberecht* NWOVG v. 08.10.1993, NVwZ-RR 1994, 182, im *Handwerksrecht* BVerwG v. 25.02.1992,

Waffenbesitzkarte ist der vorgeschlagene Streitwert von 750 € je Waffe (Ziff. 50.2 Stw) jedoch nach wie vor indiskutabel, so dass unabhängig von der Zahl der Waffen ein Auffangwert zu bilden ist (BVerwG v. 15.10.1993 – 1 B 92.92 – insoweit in NVwZ-RR 1994, 210 nicht abgedruckt. Der langjährige Streit um die Bewertung der *beamtenrechtlichen Streitigkeiten* wurde vom Gesetzgeber selbst durch Einfügung des Abs. 5 in § 52 GKG behoben (hierzu BVerwG v. 12.03.1997, NVwZ-RR 1998, 75).

Betrifft der Antrag des Klägers eine *bezifferte Geldleistung* oder einen hierauf gerichteten VA, so ist deren Höhe maßgebend. *Zinsen* bleiben außer Betracht. In der *Verwaltungsvollstreckung* kommt es für die Streitwertfestsetzung auf den Betrag an, der beigetrieben werden soll.[90] Bietet der bisherige Sach- und Streitstand keine genügenden Anhaltspunkte für die Bemessung, so ist seit 01.07.2004 ein *Auffangstreitwert* von 5.000 € anzunehmen (§ 52 II GKG).

**Beispiel:** Die *Studienzulassung* ist kein unmittelbar in Geldwert messbarer wirtschaftlicher Vorgang. Auf das im Rahmen der nach Abschluss des Studiums angestrebten Berufsausübung zu erzielende Einkommen kann nicht abgestellt werden (BWVGH v. 20.10.1976, BWVPr 1976, 279; BayVGH v. 08.02.1977, BayVBl 1977, 341).[91] Im *Schwerbehindertenrecht* legt die Rspr. zutreffend weiterhin den Auffangstreitwert zugrunde (BVerwG v. 16.12.1992, MDR 1993, 584; NWOVG v. 10.02.1992, NVwZ-RR 1992, 488). Auch für das gerichtliche Verfahren auf Anerkennung als *Asylberechtigte* wurde allgemein der Auffangstreitwert angenommen, weil keine genügenden Anhaltspunkte für die Bestimmung von Individualinteressen bestehen. Die meist im gleichen Verfahren erhobene Klage gegen aufenthaltsbeendende Maßnahmen wurde dann als Folge der Ablehnung des Asylantrags geringer bewertet.[92] Gleichwohl ergaben sich Kosten, die letztlich nicht beigetrieben werden konnten. Das AsylVfG trug diesen Zwängen Rechnung, stellt die Asylverfahren gerichtskostenfrei (§ 83 b I AsylVfG) und führte zwei Auffangstreitwerte ein (§ 83 b II AsylVfG), die sich an § 13 I 2 GKG orientierten. Da der Gesetzgeber aber glaubte, auf eine dynamische Verweisung verzichten zu sollen, bestehen jetzt unterschiedliche Auffangwerte. Dies kann zu Ungereimtheiten führen, wenn ein Asylbewerber zugleich Rechtspositionen nach dem AsylVfG und dem AufenthG geltend macht (vgl. BayVGH v. 10.03.2008, NVwZ-RR 2008, 740; NWOVG v. 19.11.1998, NVwZ-RR 1999, 402). Die Berufsfreiheit der Rechtsanwälte wird dadurch aber gewiss nicht beeinträchtigt (BVerwG v. 20.01.1994, DVBl 1994, 537). Der Auffangwert ist auch für *Einberufungen* maßgeblich (BVerwG v. 23.04.1993, DÖV 1994, 170). Ähnliches galt nach früherer Rspr. auch für *Einbürgerungen*. Seit dem Urteil des BVerwG v. 28.09.1993, NVwZ-RR 1994, 182, dem der Streitwertkatalog folgt, ist jedoch vom doppelten auszugehen. Für das *Lebensmittel-/Arzneimittelrecht* ist auf den Verkaufswert der betroffenen Waffe abzustellen (25.1 Stw; BWVGH v. 12.12.2007; NVwZ-RR 2008, 430).

Für typische Sonderfälle nimmt die Rechtsprechung eine pauschale Erhöhung des Regelwertes vor.

**Beispiele:** In Verwaltungsprozessen um die allgemeine *Fahrerlaubnis* war der Auffangwert sachgerecht (ähnlich für Fahrtenbuchauflage BayVGH v. 20.09.1991, NVwZ-RR 1992, 164; vgl. *Heinrich* DAR 2009, 2358). Ging es dagegen um die Erlaubnis für mehrere Fahrzeugklassen oder zur Fahrgastbeförderung, so erhöhte sich der Regelwert (BayVGH v. 22.06.1979, BayVBl 1979, 476; vgl. aber auch v. 05.12.1990, NVwZ-RR 1991, 391). Dem trägt der Streitwertkatalog durch eine Staffelung nach Fahrerlaubnisklassen Rechnung (Ziff. 46.1–1 Stw). Die im alten Streitwertkatalog angesetzte pauschale Er-

NVwZ-RR 1992, 516 sowie im *Gaststättenrecht* HessVGH v. 21.12.1992, NVwZ-RR 1993, 672. Zur Genehmigung von *Stromtarifen,* SächsOVG v. 14.08.1997, NVwZ-RR 1998, 459.

90 Vgl. zu Nr. 8.3 Stw BWVGH v. 24.09.2007, NVwZ-RR 2008, 143; NWOVG v. 17.07.2007, NVwZ-RR 2008, 216.

91 Zur Streitwertfestsetzung im einstweiligen Anordnungsverfahren auf Studienzulassung vgl. ferner BWVGH v. 18.08.1976, NJW 1977, 862; NWOVG v. 28.10.1976, RiA 1977, 79; zum schulischen Verweis SHOVG v. 23.01.1992, NVwZ-RR 1992, 280. Zum Streitwert in Streitigkeiten über die Ausstattung eines Lehrstuhls HbgOVG v. 17.08.1998, NVwZ-RR 1999, 349 (LS).

92 Vgl. nur BVerwG v. 18.02.1992, NVwZ-RR 1992, 516; HessVGH v. 17.09.1991, NVwZ-RR 1992, 279.

höhung des Auffangwerts für Streitigkeiten um *Fernverkehrsgenehmigungen* auf 60.000 DM erschien angesichts der Liberalisierung des Güterfernverkehrs überzogen (vgl. BerlOVG v. 14.06.1993 – OVG 1 L 13/93 –). Die F. 1996 sieht nur noch 40.000 DM vor.

Das KostRModG hat uns ferner eine Gebührenobergrenze beim Streitwert beschert (§ 39 II GKG), die sich entsprechend der Wertbegrenzung in § 22 II RVG auf 30 Mio. € beläuft.

**33** Als Sondervorschriften kommen § 52 I und V in Betracht. Die Bedeutung der Sache für den Kläger muss jeweils nach den Umständen des Einzelfalls bestimmt werden.[93] Daher ist nicht ein besonderes Liebhaberinteresse und auch nicht jede denkbare Folgewirkung der Entscheidung in die Betrachtung einzubeziehen; zu berücksichtigen ist allein das im Antrag zum Ausdruck kommende objektive Interesse des Klägers.[94] Beim VA mit Drittwirkung bleibt das Interesse eines Beigeladenen außer Betracht.[95] In Verfahren nach §§ 80 V, 123, 47 VI VwGO verweist § 53 III GKG auf § 52 I und II KG. Dabei bemisst sich der Streitwert nach einem jeweils zu ermittelnden Bruchteil des Wertes der Hauptsache, in der Regel 1/2 in den Fällen des § 80 II Nr. 1 VwGO und bei allen anderen auf bezifferte Geldleistungen gerichteten VAen $^1/_4$, bei Vorwegnahme der Hauptsache bis $^1/_1$.[96]

**34** Mehrere Ansprüche, die im Wege der *objektiven Klagehäufung* geltend gemacht werden, werden in entsprechender Anwendung von § 12 I GKG i.V.m. § 5 ZPO zusammengerechnet, wenn sie (wirtschaftlich) von selbständigem Wert sind.[97] Das gleiche gilt für die Fälle *subjektiver Klagehäufung*[98], es sei denn, die Kläger bejahen oder bekämpfen eine Maßnahme als Rechtsgemeinschaft.[99]

*Muster für Streitwertbeschlüsse finden sich unter III 3 (Rn. 64 ff.).*

## IX. Rechtsmittelbelehrung

**35** Die Verwaltungsgerichte verwenden üblicherweise Muster für die Rechtsmittelbelehrung. Von Examenskandidaten wird nicht erwartet, dass sie diese Muster auswendig beherrschen. Es genügt in aller Regel der Hinweis: »Rechtsmittelbelehrung: Berufung zum OVG/VGH …« Wird eine Rechtsmittelbelehrung ausdrücklich verlangt, dann lässt sich der notwendige Inhalt der Belehrung aus § 58 I VwGO entnehmen. Erforderlich sind danach Angaben, welches Rechtsmittel gegeben ist, wo die-

---

93 *Noll* NJW 1976, 219 (220). Ob der Gegenstandswert im Prozesskostenhilfe-Beschwerdeverfahren anhand des Hauptsachenstreitwertes (BayVGH v. 23.02.2006, NJW 2007, 861) oder auf Grund des Interesses an der erstrebten Prozesskostenhilfegewährung zu bestimmen ist (BWVGH v. 12.03.2009, NJW 2009, 1692), ist noch nicht abschließend geklärt.

94 BWVGH v. 20.12.1976, NJW 1977, 827.

95 So bereits BVerwG v. 16.03.1972, DVBl 1972, 678 (682); v. 03.05.1990, NVwZ-RR 1990, 669 (670). Eine gesonderte Streitwertfestsetzung für den Beigeladenen ist freilich nicht von vornherein ausgeschlossen. Praktisch kommt sie aber nur in Betracht, wenn sich die Beiladung nur auf einen Teil des Streitgegenstandes bezieht, vgl. OVG Lüneburg v. 02.08.1976, NJW 1977, 917.

96 Vgl. auch BVerwG v. 31.10.1997, NVwZ-RR 1998, 541; NWOVG v. 29.04.1999, 2760; v. 19.12.208, DÖV 2009, 300; BWVGH v. 09.02.2009, BeckRS 2009, 31684; NdsOVG v. 26.11.2007, NVwZ 2008, 438; v. 03.06.2008, NVwZ-RR 2009, 744.

97 Vgl. I Nr. 3 Streitwertkatalog und BVerwG v. 22.09.1981, DÖV 1982, 410.

98 Vgl. I Nr. 4 Streitwertkatalog und BayVGH v. 26.09.1979, BayVBl 1981, 29; 05.12.1990, BayVBl 1991, 158 (gemeinschaftliche Nachbarklagen); HessVGH v. 23.03.1994, MDR 1994, 735.

99 Vgl. I Nr. 4 Streitwertkatalog und BVerwG v. 28.01.1991, NVwZ-RR 1991, 669 (ausgewiesenes Ehepaar); BayVGH v. 10.03.1982, BayVBl 1982, 315 (Miteigentümer gegen Erschließungsbeitragsbescheid).

ses Rechtsmittel anzubringen ist und welche Fristvorschriften zu beachten sind. Belehrt werden muss auch über den Sitz des Gerichts, bei dem das Rechtsmittel einzulegen ist.[100] (Näheres zum Inhalt der Rechtsmittelbelehrung unten § 48) Auf die notwendige Form muss die Rechtsbehelfsbelehrung nicht hinweisen (s. § 48 Rn. 13). Deshalb ist ein Hinweis auf den beim OVG bestehenden Vertretungszwang nicht erforderlich.[101]

## C. Beispiele für einige typische Urteilsformeln

### I. Erstinstanzliche Urteile

#### 1. Klageabweisung

Die Tenorierung bei klageabweisenden Urteilen ist einheitlich und entspricht der Formulierung im Zivilprozess: 36

1. Die Klage wird abgewiesen.[102]
2. Der Kläger hat die Kosten des Verfahrens zu tragen.
3. Das Urteil ist wegen der Kosten vorläufig vollstreckbar. Der Kläger darf die Vollstreckung durch Sicherheitsleistung in Höhe des beizutreibenden Betrages abwenden, falls nicht der Beklagte vor der Vollstreckung Sicherheit in derselben Höhe leistet.

#### 2. Erfolgreiche Anfechtungsklagen

Die Fassung der Urteilsformel bei einer Anfechtungsklage ist durch § 113 I 1 VwGO vorgegeben. Für sonstige Gestaltungsklagen gilt Entsprechendes. 37

Die in § 79 I Nr. 1 VwGO gebrauchte Formulierung »... in der Gestalt, die er durch den Widerspruchsbescheid gefunden hat«, kann sinnvoller Weise nur übernommen werden, wenn der ursprüngliche VA durch den Widerspruchsbescheid überhaupt verändert wurde. Beschränkt sich der Widerspruchsbescheid auf die Zurückweisung des Widerspruchs, so ist er neben dem ursprünglichen VA aufzuheben.

##### a) Kassatorische Entscheidung

1. Der Bescheid des Polizeipräsidenten in ... vom ... und der Widerspruchsbescheid des Senators für Inneres vom ... werden aufgehoben.[103] 38
2. Die Zuziehung eines Bevollmächtigten für das Vorverfahren wird für notwendig erklärt (oder: war notwendig).[104]
3. Der Beklagte trägt die Kosten des Verfahrens.

---

100 BVerwG v. 30.04.2009, NJW 2009, 2322.

101 Vgl. BWVGH v. 05.05.1997, NJW 1997, 2698 (2699); BayVGH v. 06.03.1998, NVwZ-RR 1998, 594 (595) sowie BVerwG v. 15.04.1977, BVerwGE 52, 226 (232).

102 Ob als unzulässig oder unbegründet, gehört nicht in den Tenor, sondern als Teil der Begründung in die Entscheidungsgründe. Auch unzulässige Klagen werden abgewiesen. »Verworfen« werden nur Rechtsmittel (vgl. §§ 125 II 1, 144 I VwGO).

103 Ein häufiger Anfängerfehler ist die Formulierung: »Der Klage wird stattgegeben.« – ein unbestimmter und nicht vollstreckungsfähiger Tenor. Vgl. *Geiger* JuS 1998, 343 (344) und unten § 41 Rn. 21.

104 Vgl. § 162 II 2 VwGO.

4. Das Urteil ist wegen der Kosten vorläufig vollstreckbar.
   Dem Beklagten wird nachgelassen, die Vollstreckung durch Sicherheitsleistung in Höhe von 200 € abzuwenden.

*Bei Teilstattgabe:*

39 1. Der Bescheid des Beklagten vom ... in der Fassung des Widerspruchsbescheids vom ... wird insoweit aufgehoben, als ein Zwangsgeld von 100 € festgesetzt worden ist. Im Übrigen wird die Klage abgewiesen.
2. Die Kosten des Verfahrens werden zu $\frac{7}{10}$ dem Kläger, zu $\frac{3}{10}$ dem Beklagten auferlegt.
3. Das Urteil ist wegen der Kosten vorläufig vollstreckbar.

### b) Folgenbeseitigung (§ 113 I 2, 3 VwGO)

Zusatz zu 1. (bei Rn. 38):

40 Der Beklagte wird verpflichtet, die Vollziehung durch Rückzahlung des Zwangsgeldes von 100 € rückgängig zu machen.[105]

### c) Abänderung (§ 113 II VwGO)

41 1. Der Bescheid der Beklagten vom ... wird dahin abgeändert, dass die vom Kläger zu entrichtende Gebühr auf 45 € festgesetzt wird.
2. Die Beklagte hat die Kosten des Verfahrens zu tragen.
3. Das Urteil ist wegen der Kosten vorläufig vollstreckbar. Der Beklagte darf die Vollstreckung durch Sicherheitsleistung in Höhe der noch festzusetzenden Kosten abwenden, falls nicht der Kläger Sicherheit in gleicher Höhe leistet.

*Alternative zu 1 bei Anwendung des § 113 II 2 VwGO:*

42 1. Der Bescheid der Beklagten ... vom ... wird dahin abgeändert, dass der Betrag »x €« durch einen von der Beklagten nach Maßgabe der Entscheidungsgründe neu zu berechnenden Betrag ersetzt wird.[106]

### d) Verbindung von Gestaltungs- und Leistungsurteil (§ 113 IV VwGO)

*Hier Teilstattgabe:*

43 1. Der Beklagte wird unter teilweiser Aufhebung der Bescheide des Landesamtes für ... vom ... und ... sowie des Widerspruchsbescheids des Senators für Finanzen vom ... verurteilt, an den Kläger weitere 102,37 €, also insgesamt 513,63 € zu zahlen. Im Übrigen wird die Klage abgewiesen.
2. Der Kläger und der Beklagte haben die Kosten des Verfahrens je zur Hälfte zu tragen.
3. Das Urteil ist wegen der Kosten vorläufig vollstreckbar.

---

105 Weiteres Beispiel bei *Geiger* JuS 1998, 345: »..., dem Kläger den eingezogenen Führerschein herauszugeben.«

106 Vgl. Schoch/Schmidt-Aßmann/Pietzner/*Gerhardt* § 113 Rn. 42; NK-VwGO/*Spannowsky* § 113 Rn. 193. Zur Anwendbarkeit der Vorschrift im Erschließungsbeitragsrecht vgl. BVerwG v. 18.01.1991, BVerwGE 87, 288 (297) sowie NWOVG v. 21.04.1997, NVwZ-RR 1998, 584 f.

### 3. Erfolgreiche Verpflichtungsklagen

Die Urteilsformel folgt aus § 113 V VwGO. Ein Vornahmeausspruch kommt bei Vornahmeklagen und Untätigkeitsklagen nur in Betracht, wenn die Sache spruchreif ist. Bei Vornahmeklagen werden zusätzlich die ablehnenden Verwaltungsentscheidungen aufgehoben. Ein Bescheidungsurteil hat zu ergehen, wenn die Sache nicht spruchreif ist. Ob der Klage nur teilweise stattzugeben ist, wenn auf eine Vornahmeklage ein Bescheidungsurteil ergeht, ist streitig. Das hier vorgeschlagene Beispiel folgt der Rechtsprechung des BVerwG.[107] 44

#### a) Vornahmeurteil

*Stattgabe:*

1. Der Beklagte wird (unter Aufhebung des Ablehnungsbescheids vom ... und des Widerspruchsbescheids vom ...) verpflichtet, dem Kläger eine Einzelhandelserlaubnis zum Betrieb einer Apotheke zu erteilen. 45
2. Der Beklagte trägt die Kosten des Verfahrens.
3. Das Urteil ist wegen der Kosten vorläufig vollstreckbar. Der Beklagte darf die Vollstreckung durch Sicherheitsleistung in Höhe des beizutreibenden Betrages abwenden, falls nicht der Kläger Sicherheit in der gleichen Höhe leistet.

*Teilstattgabe:*

1. Der Beklagte wird verpflichtet, hinsichtlich aller Eintragungen über den Kläger im Melderegister, jedoch nicht wegen seines Familiennamens, seiner Vornamen und seiner gegenwärtigen Anschrift, eine Auskunftssperre des Inhalts anzuordnen, dass die Eintragungen Dritten mit Ausnahme deutscher Behörden und Dienststellen nur bekannt gegeben werden dürfen, wenn dies zur Beseitigung einer Störung der öffentlichen Sicherheit und Ordnung oder zur Abwehr einer im einzelnen Fall bevorstehenden Gefahr für die öffentliche Sicherheit oder Ordnung erforderlich ist. 46
   Im vorstehenden Umfang werden die Verfügung des Polizeipräsidenten in ... vom ... und der Widerspruchsbescheid des Senators für Inneres vom ... aufgehoben. Im Übrigen wird die Klage abgewiesen. Im vorstehenden Umfang werden die Verfügung des Polizeipräsidenten in ... vom ... und der Widerspruchsbescheid des Senators für Inneres vom ... aufgehoben. Im Übrigen wird die Klage abgewiesen.
2. Die Kosten des Verfahrens werden gegeneinander aufgehoben.
3. Das Urteil ist wegen der Kosten vorläufig vollstreckbar.

#### b) Bescheidungsurteil Stattgabe:

*Stattgabe*

1. Die Beklagte (Filmförderungsanstalt) wird unter Aufhebung der Bescheide vom ... und ... und der diesen zugrundeliegenden Beschlüssen des Verwaltungsrats vom ... und ... verpflichtet, die Klägerinnen wegen Gewährung des Grundbetrages der Förderungshilfe für den Film unter Beachtung der Rechtsauffassung des Gerichts erneut zu bescheiden. 47
2. Die Beklagte trägt die Kosten des Verfahrens.

---

107 Vgl. BVerwG v. 16.12.1970, BVerwGE 37, 57 (61).

3. Die Kostenentscheidung ist gegen Sicherheitsleistung in Höhe von 4.920 € vorläufig vollstreckbar.

*Teilstattgabe (Bescheidungsurteil auf Vornahmeklage):*

48 1. Der Beklagte wird unter Aufhebung seines Ablehnungsbescheides vom ... und des Widerspruchsbescheids des Regierungspräsidenten vom ... verpflichtet, den Antrag des Klägers auf Erteilung einer Ausnahmegenehmigung für sein Bauvorhaben vom ... unter Beachtung der Rechtsauffassung des Gerichts neu zu bescheiden. Im Übrigen wird die Klage abgewiesen.
2. Der Kläger und der Beklagte haben jeweils die Hälfte der Verfahrenskosten zu tragen.
3. Das Urteil ist wegen der Kosten vorläufig vollstreckbar.

### 4. Erfolgreiche allgemeine Leistungsklagen

#### a) Leistungsurteil

49 1. Die Beklagte wird verurteilt, an den Kläger 18.000 € nebst 8 % Zinsen seit dem ... zu zahlen.
2. Die Beklagte trägt die Kosten des Verfahrens.
3. Das Urteil ist gegen Sicherheitsleistung in Höhe von 20.000 € vorläufig vollstreckbar.

#### b) (Vorbeugendes) Unterlassungsurteil

50 1. Dem Beklagten wird untersagt, weitere Ausnahmegenehmigungen nach § 8 der Lärmverordnung für die Durchführung von Motorsportveranstaltungen auf der AVUS zu erteilen, soweit nicht Schutzmaßnahmen zugunsten der Klägerin angeordnet werden, welche über die bisher ergriffenen hinausgehen.
2. Die Kosten des Verfahrens werden dem Beklagten auferlegt.
3. Das Urteil ist (im Kostenpunkt)[108] vorläufig vollstreckbar.

### 5. Erfolgreiche Feststellungsklagen

#### a) Feststellungsurteil

51 1. Es wird festgestellt, dass die Kläger für die Errichtung einer Schwimmhalle auf dem Grundstück Gemarkung Römerberg, Flur 24, Flurstück 301, keiner naturschutzrechtlichen Ausnahmebewilligung bedürfen.[109]
2. Der Beklagte trägt die Kosten des Verfahrens.
3. Das Urteil ist wegen der Kosten vorläufig vollstreckbar.

---

108 Str. – vgl. oben Fn. 72.

109 Bei der Nichtigkeitsfeststellungsklage (§ 43 II 2 VwGO) lautet der Tenor: »Es wird festgestellt, dass der Bescheid des Beklagten vom ... nichtig ist.«

### b) Fortsetzungsfeststellung (§ 113 I 4 VwGO)

*Hier Teilstattgabe:*

1. Es wird festgestellt, dass die polizeiliche Verwahrung der Klägerin am ... und die Anfertigung von Lichtbildern ihrer Person rechtswidrig gewesen sind. Im Übrigen wird die Klage abgewiesen. 52
2. Die Kosten des Verfahrens werden der Klägerin zu $\frac{1}{4}$, der Beklagten zu $\frac{3}{4}$ auferlegt.
3. Das Urteil ist wegen der Kosten vorläufig vollstreckbar, für die Klägerin jedoch nur gegen Sicherheitsleistung in Höhe von 570 €.

*oder (Verpflichtungsklage):*

1. Es wird festgestellt, dass die Ablehnung der Baugenehmigung durch den Bescheid des Beklagten vom ... in der Gestalt des Widerspruchsbescheids vom ... rechtswidrig gewesen ist.

### c) Prozessuales Feststellungsurteil (Streit über Wirksamkeit der Rechtsmittelzurücknahme)[110]

1. Auf die Revision der Beklagten wird festgestellt, dass der Kläger die Berufung gegen das Urteil des Verwaltungsgerichts Stade vom ... zurückgenommen hat[111] und die Urteile des Niedersächsischen Oberverwaltungsgerichts vom ... und ... unwirksam sind.[112] 53
2. Der Kläger trägt die Kosten des Berufungs- und des Revisionsverfahrens.[113]

## 6. Erledigung der Hauptsache[114]

### a) Streitige Erledigung

1. Die Hauptsache ist erledigt.[115] 54
2. Die Kosten des Verfahrens werden dem Beklagten auferlegt.
3. Das Urteil ist wegen der Kosten vorläufig vollstreckbar.

110 S. § 3 Rn. 5. Tenor der Entscheidung BVerwG v. 06.12.1996, NJW 1997, 2897; ähnlich bei Streit über Wirksamkeit der Klagerücknahme (s. § 17 Rn. 13) oder übereinstimmender Erledigungserklärungen (s. § 17 Rn. 16).

111 Unter den Voraussetzungen des § 130 a VwGO kann diese Feststellung auch durch Beschluss erfolgen. BVerwG v. 06.12.1996, NJW 1997, 2897 (2898); NVwZ 1999, 404.

112 § 173 VwGO i.V.m. entspr. Anwendung des § 269 III 1 ZPO.

113 §§ 126 III 2, 155 II VwGO.

114 Zu den Voraussetzungen und zum Verfahren der Erledigung der Hauptsache vgl. § 17 Rn. 15 ff.

115 Vgl. BVerwG v. 27.02.1969, BVerwGE 31, 318; v. 30.10.1969, BVerwGE 34, 159; v. 20.03.1974, Buchholz 310 § 161 II VwGO Nr. 42.

#### b) Übereinstimmende Erledigungserklärung (§ 161 II VwGO)

55 Bei Teilerledigung ergeht Urteil, ansonsten – wie hier – Beschluss (2. Instanz):[116]

1. Das Verfahren wird eingestellt. Das Urteil des Verwaltungsgerichts Darmstadt vom … ist unwirksam (oder: … wird für gegenstandslos erklärt)[117]
2. Die Kosten des Verfahrens werden dem Kläger auferlegt.
3. Der Wert des Streitgegenstandes wird auf 3.000 € festgesetzt.

## II. Rechtsmittelentscheidungen

### 1. Berufung

#### a) Zurückweisung

56

1. Die Berufung des Beklagten gegen das Urteil des Verwaltungsgerichts Berlin vom … wird zurückgewiesen.
2. Die Kosten des Berufungsverfahrens trägt der Beklagte.
3. Das Urteil ist wegen der Kosten vorläufig vollstreckbar.
4. Dem Beklagten wird nachgelassen, die Zwangsvollstreckung durch Sicherheitsleistung in Höhe von 1.700 € abzuwenden, falls nicht der Kläger vor der Vollstreckung Sicherheit in gleicher Höhe leistet.
5. Die Revision wird zugelassen.

#### b) Stattgabe

57

1. Unter Abänderung des Urteils des Verwaltungsgerichts Karlsruhe vom … wird die Klage abgewiesen.
2. Der Kläger hat die Kosten des Verfahrens beider Rechtszüge zu tragen.
3. Das Urteil ist wegen der Kosten vorläufig vollstreckbar.
4. Die Revision wird nicht zugelassen.

#### c) Teilstattgabe

58

1. Unter Abänderung des Urteils des Verwaltungsgerichts Neustadt a.d. Weinstraße vom … wird die beklagte Ortsgemeinde verurteilt, an die Klägerin einen Betrag von 16.000 € nebst 4 % Zinsen ab Rechtshängigkeit zu zahlen; im übrigen wird die Berufung zurückgewiesen.
2. Die Kosten des Verfahrens beider Rechtszüge tragen die Parteien je zur Hälfte.[118]
3. Das Urteil ist gegen eine Sicherheitsleistung in Höhe von 18.000 € vorläufig vollstreckbar.
4. Die Revision wird nicht zugelassen.

---

116 In entspr. Anwendung des § 92 II VwGO; vgl. BVerwG v. 09.10.1970, BVerwGE 36, 130 (133).

117 § 173 VwGO i.V.m. entsprechender Anwendung des § 269 III ZPO: Vgl. BVerwG v. 27.09.1973, Buchholz 310 § 161 II VwGO Nr. 41.

118 Die in § 155 I 1 VwGO auch vorgesehene Kostenaufhebung ist i.d.R. nur angebracht, wenn beide Parteien durch einen Rechtsanwalt vertreten sind, da Kostenaufhebung bedeutet, dass die Gerichtskosten jedem Teil zur Hälfte zur Last fallen und jeder seine außergerichtlichen Kosten selbst trägt (§ 155 I 2 VwGO).

## 2. Revision

### a) Zurückweisung (§ 144 II VwGO)

Die Revision des Klägers gegen das Urteil (den Beschluss) des Verwaltungsgerichtshofs ... vom ... wird zurückgewiesen. 59

Der Kläger trägt die Kosten des Revisionsverfahrens.

### b) Stattgabe (§ 144 III Nr. 1 VwGO)

Das Urteil (Der Beschluss) des Oberverwaltungsgerichts ... vom ... wird aufgehoben. Die Berufung des Beklagten gegen das Urteil (den Gerichtsbescheid) des Schleswig-Holsteinischen Verwaltungsgerichts vom ... wird zurückgewiesen. Der Beklagte trägt die Kosten des Berufungs- und des Revisionsverfahrens. 60

Oder:

Das Urteil (Der Beschluss) des Oberverwaltungsgerichts ... vom ... und das Urteil des Verwaltungsgerichts ... vom ... werden aufgehoben. 61

Die Klage wird abgewiesen.

Die Klägerin trägt die Kosten des Verfahrens.

Oder:

Das Urteil (Der Beschluss) des Verwaltungsgerichtshofs ... vom ... wird aufgehoben. Ferner werden das Urteil (der Gerichtsbescheid) des Verwaltungsgerichts vom ... und der Bescheid des Beklagten vom ... und der Widerspruchsbescheid vom ... aufgehoben. Der Beklagte wird verpflichtet, ... 62

Der Beklagte trägt die Kosten des Verfahrens.

### c) Zurückverweisung an die Vorinstanz (§ 144 III Nr. 2 VwGO)

Das Urteil des Oberverwaltungsgerichts ... vom ... wird aufgehoben. 63

Die Sache wird zur anderweitigen Verhandlung und Entscheidung an das Oberverwaltungsgericht ... zurückverwiesen.

Die Entscheidung über die Kosten bleibt der Schlussentscheidung vorbehalten.

## III. Streitwertbeschlüsse

### 1. Festsetzung durch das VG

64 **Beschluss:**

Der Streitwert wird auf 2.322,67 € festgesetzt.

**Gründe:**

Der Streitwert entsprach der Höhe der vom Kläger geltend gemachten Nachforderung (§ 13 II GKG).

**Rechtsmittelbelehrung:**

Gegen diesen Beschluss kann innerhalb einer Ausschlussfrist von sechs Monaten, nachdem die Entscheidung in der Hauptsache Rechtskraft erlangt oder das Verfahren sich anderweitig erledigt hat, schriftlich oder zur Niederschrift des Urkundsbeamten der Geschäftsstelle beim Verwaltungsgericht in ... Beschwerde eingelegt werden. Die Beschwerde ist jedoch nicht gegeben, wenn der Wert des Beschwerdegegenstandes 100,– € nicht übersteigt (§ 25 III GKG). Über die Beschwerde entscheidet das Oberverwaltungsgericht ..., wenn das Verwaltungsgericht ihr nicht abhilft.

gez. (A) (B) (C)

Oder:

65 **Beschluss:**

Der Streitwert wird auf 4.000 € festgesetzt (§§ 25 I 1, 13 I 2 GKG).

Gegen diese Entscheidung steht den Beteiligten und den sonst von der Entscheidung Betroffenen die Beschwerde nach Maßgabe des § 25 III GKG an das Oberverwaltungsgericht Rheinland-Pfalz in Koblenz, Regierungsstraße 7, zu.

Die Beschwerde ist bei dem Verwaltungsgericht in Koblenz, Regierungsstraße 7, schriftlich oder zur Niederschrift des Urkundsbeamten der Geschäftsstelle einzulegen. Sie kann auch bei dem Oberverwaltungsgericht eingelegt werden.

Die Beschwerde ist nicht gegeben, wenn der Wert des Beschwerdegegenstandes 100,– € nicht übersteigt (§ 25 III 1 GKG).

### 2. Festsetzung durch das OVG

66 **Beschluss:**

Der Wert des Streitgegenstandes wird unter Abänderung des Beschlusses des ... vom ... für beide Rechtszüge auf je 5.000 € festgesetzt.

**Gründe:**

Es ist gerechtfertigt, den vom Verwaltungsgericht angenommenen Streitwert herabzusetzen, weil die vermögensmäßigen Aufwendungen, die für den Kläger durch die angefochtene Verfügung entstehen, nur nach den Kosten für die Beseitigung des Autowracks von seinem Grundstück zu berechnen sind. Dafür erscheint ein Betrag von 5.000 € angemessen (§ 13 I 1 GKG). Dieser Beschluss ist unanfechtbar (§ 25 III 2 GKG).

gez. (A) (B) (C)

### 3. Streitwertbeschwerde

**Beschluss:** 67

I. Die Beschwerde wird zurückgewiesen.
II. Der Beschwerdeführer trägt die Kosten des Beschwerdeverfahrens.[119]

Oder:

Der Streitwert des Verfahrens vor dem Verwaltungsgericht wird unter Abänderung des Beschlusses des Verwaltungsgerichts … vom … auf 7.000 € festgesetzt.[120] 68

## IV. Urteile im Normenkontrollverfahren

### 1. Abweisung 69

1. Der Antrag wird abgelehnt.
2. Der Antragsteller trägt die Kosten des Verfahrens.
3. Die Kostenentscheidung ist vorläufig vollstreckbar.[121] Der Antragsteller kann die Vollstreckung durch Sicherheitsleistung in Höhe des beizutreibenden Betrages abwenden, wenn nicht die Antragsgegnerin zuvor Sicherheit in gleicher Höhe leistet.
4. Die Revision wird nicht zugelassen.

### 2. Stattgabe (mit Rubrum)

OBERVERWALTUNGSGERICHT BERLIN 70

IM NAMEN DES VOLKES

Aktenzeichen OVG 2 A … 98

URTEIL

In dem Normenkontrollverfahren

der Verkäuferin Ursula Oldinger, …

Antragstellerin,

– Verfahrensbevollmächtigter: Rechtsanwalt Dr. Finkenberg –

gegen

---

119 Begründung: »Die Kostenentscheidung beruht auf § 154 II VwGO. Das Beschwerdeverfahren ist gebührenfrei; Kosten werden nicht erstattet (§ 25 IV GKG).« Da der Beschwerdeführer jedenfalls gerichtliche Auslagen zu erstatten hat, ist gleichwohl eine Kostenentscheidung erforderlich. Die Kostenfreiheit nach § 25 IV GKG setzt jedoch eine nach § 25 III GKG statthafte Beschwerde voraus. BVerwG v. 17.11.1994, NVwZ-RR 1995, 361.

120 Nebenentscheidungen fehlen, weil das Beschwerdeverfahren gebührenfrei ist, Kosten nicht erstattet (§ 25 IV GKG) und Auslagen nicht erhoben werden (Abs. 1 vor Nr. 9000 des Kostenverzeichnisses, Anl. 1 zu § 11 I GKS). Die Kosten können auch nicht dem Prozessgegner auferlegt werden, weil das Beschwerdeverfahren gegnerfrei ist. Vgl. BFH v. 03.02.1976, NJW 1976, 1864 (LS); HessVGH v. 07.03.1983, AnwBl 1984, 49.

121 Die Entscheidung über die vorläufige Vollstreckbarkeit beruht auf einer entsprechenden Anwendung des § 167 II VwGO i.V.m. den §§ 708 Nr. 11, 711 ZPO.

das Land Berlin, vertreten durch die Senatsverwaltung für Bauen, Wohnen und Verkehr, Württembergische Straße 6–10, (PLZ) Berlin,

Antragsgegner,

hat der 2. Senat des Oberverwaltungsgerichts Berlin aufgrund der mündlichen Verhandlung vom ... durch den Präsidenten des Oberverwaltungsgerichts A, die Richter am Oberverwaltungsgericht B und C sowie die ehrenamtlichen Richter D und E

für Recht erkannt:

1. Der Bebauungsplan XX 132 vom 18.12.1989 ist hinsichtlich der Festsetzung »Parkanlage und Dauerkleingärten« unwirksam (oder: wird ... für unwirksam erklärt.).[122]
2. Die Kosten des Verfahrens trägt die Antragsgegnerin.
3. Die Kostenentscheidung ist vorläufig vollstreckbar.
4. Die Revision wird nicht zugelassen.

122 So § 47 V 2 VwGO. Der hier vorgeschlagene Tenor bringt den deklaratorischen Feststellungscharakter der Entscheidung (s. BVerwG v. 06.05.1993, BVerwGE 92, 267/270) jedoch besser zum Ausdruck.

# 4. Abschnitt. Beschluss und Gerichtsbescheid

## § 21 Beschlüsse

### A. Allgemeines

#### I. Vorbemerkung

Beschlüsse werden von den Prozessordnungen stiefmütterlich behandelt. Auch § 122 I VwGO erklärt nur einige für Urteile geltende Vorschriften für entsprechend anwendbar. Die Aufzählung in § 122 I VwGO ist zudem nicht abschließend.[1] Durch Beschlüsse werden vor allem – bezogen auf das Urteilsverfahren in der Hauptsache – untergeordnete prozessuale und gelegentlich auch materiell-rechtliche Fragen entschieden. Angesichts der Vielfalt derartiger Fragen scheidet eine umfassende Darstellung aller möglichen Beschlüsse aus. 1

#### II. Arten

In der Regel handelt es sich bei den Beschlüssen nur um Anordnungen innerhalb des Verfahrens, die der Erarbeitung der Entscheidung in der Hauptsache dienen *(vorbereitende Beschlüsse)*.[2] 2

Derartige Beschlüsse werden im Examen selten verlangt. Im Normalfall ist eine Sachentscheidung gefordert. Freilich ist nie ausgeschlossen, dass die gefundene, aus vertretbaren Gründen von der Musterlösung abweichende Lösung einer Sachentscheidung entgegensteht. In diesem Fall kann beispielsweise ein guter Beweisbeschluss (in Verbindung mit einem Hilfsgutachten) die Punkte einbringen, die die an sich gewünschte Urteilsformel gebracht hätte.

Von den Beschlüssen sind prozessleitende Verfügungen[3] sowie sonstige *Verfügungen und Anordnungen* zu unterscheiden, die sich nur auf den äußeren Fortgang des Verfahrens beziehen. Sie werden vom Vorsitzenden oder vom Berichterstatter getroffen (§ 87 I VwGO), sind nicht formgebunden und können nicht angefochten werden (§ 146 II VwGO). Besondere Vorschriften gelten auch für die Entscheidungen des Urkundsbeamten. 3

Den vorbereitenden Beschlüssen vergleichbar sind Beschlüsse über die *nichtstreitige Beendigung* (Einstellung) des Verfahrens. Sie spielen in der Praxis selten eine Rolle. Ein über *Nebenfolgen* des Verfahrens befindender Beschluss dürfte ebenfalls kaum allein vorkommen, ist dagegen in Verbindung mit der Sachentscheidung häufig (v.a. Streitwertbeschluss). 4

Wichtig sind dagegen die *streitentscheidenden Beschlüsse*,[4] die die gleiche Funktion wie Urteile erfüllen, nämlich die Beschlüsse nach § 47 V, § 80 VII, §§ 123 IV, 125 II, 133 V 1 und § 144 I VwGO. Auf sie finden grundsätzlich alle für das Urteilsverfahren geltenden Bestimmungen Anwendung, mit Ausnahme des § 101 I VwGO (Erfordernis einer mündlichen Verhandlung); vgl. § 101 III VwGO. 5

1 Vgl. Schoch/Schmidt-Aßmann/Pietzner/*Clausing* § 122 Rn. 3.
2 *Kopp/Schenke* § 122 Rn. 1.
3 Vgl. *Buck* DÖV 1964, 537 ff.
4 Vgl. *Martens* S. 177.

Im *Examen* bedeutsam sind in erster Linie Normenkontrollbeschlüsse (§ 47 V 1 VwGO) und Beschlüsse im vorläufigen Verfahren. Beschlüsse gem. §§ 125 II, 144 I VwGO haben dagegen im Examen praktisch keine Bedeutung.

## III. Sonderfall: Zurückweisung der Berufung

6 Nach *§ 130 a VwGO* kann das OVG (VGH) eine Berufung ohne mündliche Verhandlung durch Beschluss zurückweisen oder ihr stattgeben. Diese Möglichkeit besteht, bis eine mündliche Verhandlung stattgefunden hat und die Entscheidung auf Grund der mündlichen Verhandlung ergeht. Sie ist auch noch gegeben nach Aufhebung eines Berufungsurteils und Zurückverweisung der Sache an das Berufungsgericht.[5] Voraussetzung ist, dass das Gericht die Berufung einstimmig für unbegründet und dass es eine mündliche Verhandlung nicht für erforderlich hält.

Verfassungsrechtlich ist die Regelung unbedenklich, da sich die Gebote effektiven Rechtsschutzes (Art. 19 IV GG) und rechtlichen Gehörs (Art. 103 I GG) auch ohne mündliche Verhandlung erfüllen lassen.[6] Die dem Berufungsgericht eingeräumte Wahlmöglichkeit, über eine Berufung in der Beschlussbesetzung oder auf Grund mündlicher Verhandlung ggf. unter Hinzuziehung ehrenamtlicher Richter zu entscheiden, verstößt auch nicht gegen Art. 101 GG.[7] Der Hinweis, das Gericht erwäge die Anwendung des Verfahrens nach § 130 a VwGO, rechtfertigt (selbstverständlich) nicht die Besorgnis der Befangenheit.[8]

7 Die früheren Beschränkungen des § 5 I 1 EntlG hat § 130 a VwGO bewusst nicht übernommen. Ein Zurückweisungsbeschluss ist deshalb auch dann noch zulässig, wenn das Gericht zunächst eine Berufungsverhandlung anberaumt, diese aber wieder aufgehoben hat.[9] Ebenso wenig steht die Anordnung oder gar die Durchführung einer Beweiserhebung[10] einer Entscheidung nach § 130 a entgegen. Über Beweisanträge muss auch nicht vorab nach § 86 II VwGO entschieden werden,[11] wohl aber ist eine erneute Anhörung erforderlich, wenn die Beweisanträge erst auf die Anhörungsmitteilung hin gestellt werden (vgl. Rn. 8 a.E.).

8 Das Gericht muss *einstimmig* die Berufung für *unbegründet* halten.

Für die *unzulässige Berufung* enthält § 125 II 2 VwGO eine vergleichbare Regelung. Eine *unzulässige Wiederaufnahmeklage* gegen eine Berufungsentscheidung kann nach § 153 I VwGO i.V.m. §§ 589 I, 585 ZPO in entsprechender Anwendung des § 125 II (und des § 130 a) VwGO durch Beschluss beschieden werden.[12]

Keine Einstimmigkeit ist erforderlich im Hinblick auf die Frage, ob durch Urteil im normalen Verfahren oder durch Zurückweisungsbeschluss entschieden werden soll. Die Einstimmigkeit bezieht sich ferner nur auf das *Ergebnis*, nicht auf die Begründung der Entscheidung.[13] Die Beteiligten sind vor Erlass des Beschlusses zu hören (§ 130 a S. 2 i.V.m. § 125 II 4 VwGO), ihre Zustimmung ist jedoch nicht erforderlich.[14]

---

5 BVerwG v. 05.08.1980, NJW 1981, 935.
6 BVerwG v. 10.04.1992, NVwZ 1992, 890; v. 22.01.1998, NVwZ 1999, 404.
7 BVerwG v. 25.07.1985, DVBl 1986, 286.
8 BVerwG v. 06.02.1979, DVBl 1979, 560.
9 BVerwG v. 16.06.1999, NVwZ 1999, 1108; NWOVG v. 12.10.1992, DVBl 1993, 565.
10 Vgl. BVerwG, NVwZ 1999, 1108 und BSG v. 13.10.1993, NZS 1994, 190 f. zum inhaltsgleichen § 153 IV SGG.
11 Vgl. BVerwG v. 10.04.1992, NVwZ 1992, 890 (891); Schoch/Schmidt-Aßmann/Pietzner/*Meyer-Ladewig* § 130 a Rn. 10.
12 Vgl. BVerwG v. 15.09.1995 – 11 PKH 9/95 – und v. 31.10.1995 – BVerwG 5 B 176/95 – sowie NWOVG v. 13.06.1994, NVwZ 1995, 95.
13 BVerwG v. 13.12.1983, NVwZ 1984, 792.
14 BVerwG v. 02.11.1987, NJW 1988, 1280.

Für die Anhörung reicht einerseits ein formularmäßiger Hinweis des Senatsvorsitzenden oder des Berichterstatters[15] an die Beteiligten auf die Möglichkeit des § 130a 1 VwGO nicht aus.[16] Andererseits gebietet § 130a S. 2 VwGO dem Gericht nicht, dem Kläger diejenigen Erwägungen mitzuteilen, auf Grund derer es die Berufung für unzulässig hält.[17] Werden nach der Anhörung wesentliche neue Tatsachen vorgetragen und dazu Beweisanträge gestellt, ist eine weitere Anhörungsmitteilung erforderlich.[18]

Der Beschluss ist *unzulässig*, wenn das VG verfahrensfehlerhaft ohne mündliche Verhandlung durch Urteil ohne Einverständnis der Beteiligten (§ 101 II VwGO) entschieden hat (Art. 6 I EMRK).[19] 9

Sinn dieser Regelung ist es, dem Rechtsschutzsuchenden jedenfalls eine Tatsacheninstanz mit mündlicher Verhandlung zu gewährleisten.[20] Sie findet daher keine Anwendung, wenn die mündliche Verhandlung in erster Instanz auf Grund des Einverständnisses der Beteiligten gem. § 101 II VwGO unterblieben ist[21] oder wenn der Kläger trotz ordnungsgemäßer Ladung an der mündlichen Verhandlung vor dem VG nicht teilgenommen hat.[22]

## B. Formen und Verfahren

Die maßgebliche Bestimmung für Entscheidungen in Beschlussform enthält § 122 VwGO, der § 329 ZPO nachgebildet und ähnlich lückenhaft ist. Neben den in § 122 I VwGO erwähnten Vorschriften sind auch §§ 86, 99, 108 II, 112, 116 und 117 VwGO entsprechend anwendbar. Auf streitentscheidende Beschlüsse finden grundsätzlich alle für das Urteilsverfahren geltenden Regeln Anwendung;[23] die mündliche Verhandlung bildet allerdings die Ausnahme (§ 101 III VwGO). Ob derartige Beschlüsse schriftlich zu begründen sind, ergibt sich nicht eindeutig aus § 122 II VwGO.[24] Regelmäßig sollte eine schriftliche Begründung erfolgen. Sobald Beschlüsse rechtlich existent geworden sind, ggf. also bereits vor der Zustellung, können sie mit Rechtsmitteln angefochten werden.[25] 10

15 Ist die Urschrift der Anhörungsmitteilung nicht vom Vorsitzenden oder Berichterstatter unterzeichnet, darf nicht durch Beschluss entschieden werden. Vgl. BVerwG v. 17.11.1994, Buchholz 310 § 130a VwGO Nr. 11.

16 BVerwG v. 21.08.1981, NJW 1982, 1011. Vgl. weiter BVerwG v. 21.12.1993, NVwZ-RR 1994, 362.

17 BVerwG v. 09.06.1981, BayVBl 1981, 602. Wenn das Gericht aber Erwägungen mitteilt, dürfen sie nicht irreführend sein und den Betroffenen nicht in seiner Rechtsverteidigung beeinträchtigen. Vgl. BVerwG v. 22.04.1999, NVwZ 1999, 1107 f.

18 BVerwG v. 03.09.1992, NVwZ-RR 1993, 165; v. 03.02.1993, NVwZ-RR 1994, 120. *Ausnahme:* Beweisantrag nicht hinreichend substantiiert. BVerwG v. 24.11.1994, Buchholz 310 § 130a VwGO Nr. 12.

19 Vgl. Schoch/Schmidt-Aßmann/Pietzner/*Meyer-Ladewig* § 130a Rn. 3.

20 Vgl. BVerwG v. 22.01.1998, NVwZ 1999, 404; vgl. weiter BVerwG v. 12.03.1999, NVwZ 1999, 763.

21 BVerwG NVwZ 1999, 404.

22 Vgl. BVerwG v. 06.11.1987, NVwZ 1988, 1018.

23 *Kopp/Schenke* § 122 Rn. 4.

24 Für zwingende Schriftform NWOVG v. 03.06.1985, NVwZ 1988, 370 (LS); Schoch/Schmidt-Aßmann/Pietzner/*Clausing* § 122 Rn. 7; Eyermann/*Happ* § 122 Rn. 7; *Kopp/Schenke* § 122 Rn. 7; *Martens* S. 177; a.A.z.T. *Redeker/v. Oertzen* § 122 Rn. 4. Der Gesetzgeber ging offenbar von der Schriftform aus, vgl. §§ 122 II, 58 I VwGO.

25 Vgl. BayVGH v. 13.06.1978, NJW 1978, 2469; v. 19.08.1982, BayVBl 1983, 342; BWVGH v. 09.03.1984, NVwZ 1984, 528; Schoch/Schmidt-Aßmann/Pietzner/*Clausing* § 122 Rn. 6.

## C. Inhalt

11 Für den Inhalt der streitentscheidenden Beschlüsse gelten die gleichen Regeln wie für das Urteil. § 117 VwGO findet Anwendung.[26] Die Beschlüsse ergehen jedoch nicht »Im Namen des Volkes«. Die formelle Trennung von Tatbestand und Entscheidungsgründen ist nicht üblich. Stattdessen folgt der Beschlussformel die Überschrift »Gründe«.

*Begründungspflicht* ordnet § 122 II 2 VwGO an für Beschlüsse nach den §§ 80, 80 a, 123, 161 II VwGO. Dasselbe gilt für rechtsmittelfähige sowie für Beschlüsse, die über ein Rechtsmittel entscheiden (§ 122 II 1 VwGO). Die letzteren bedürfen keiner weiteren Begründung, soweit das Gericht das Rechtsmittel aus den Gründen der angefochtenen Entscheidung als unbegründet zurückweist (§ 122 II 3 VwGO).

## D. Beispiele

### I. Beweisbeschluss (§§ 96, 98 VwGO)

12 **Beschluss:**

In der Verwaltungsrechtssache

des Spenglermeisters Peter Petersen, Rege 9, (PLZ) Hamburg,

Klägers,

gegen

den Kreis Rendsburg-Eckernförde,

vertreten durch den Landrat, Verwaltungsstelle Eckernförde, in Eckernförde,

Beklagten,

wegen

Baugenehmigung

hat die VIII. Kammer des Schleswig-Holsteinischen Verwaltungsgerichts am 11. Januar 2010 beschlossen:

1. Zur weiteren Aufklärung des Sachverhalts soll eine Ortsbesichtigung vorgenommen werden.
2. Gleichzeitig soll mit den Prozessbeteiligten die Sach- und Rechtslage erörtert werden.
3. Mit der Durchführung des Beweis- und Erörterungstermins wird der Berichterstatter beauftragt.
4. Termin wird von Amts wegen anberaumt werden.

Unterschrift (A) (B) (C)

26 *Redeker/v. Oertzen* § 122 Rn. 6. Zur Frage des Tatbestandes bei Beschlüssen nach § 130 a VwGO BVerwG, Urt. v. 25.08.1999, NVwZ 2000, 73.

## II. Beiladungsbeschluss (§ 65 VwGO)

**Beschluss:** 13

In der Verwaltungsrechtssache

des Vertreters Gerhard Rainer in Eutin,

Klägers,

gegen

den Landkreis Eutin, vertreten durch den Landrat,

Beklagten,

hat die II. Kammer des Schleswig-Holsteinischen Verwaltungsgerichts in Schleswig am 18.05.2009 beschlossen:

Zu dem Rechtsstreit wird gemäß § 65 VwGO beigeladen:

1.Steueramtmann Anton Schleppsäbel

2.Frau Erika Schleppsäbel, beide Eutin

**Gründe:**

...

Dieser Beschluss ist nach § 65 IV 3 VwGO unanfechtbar.

## III. Anordnung der aufschiebenden Wirkung (§ 80 VwGO)

**Beschluss:** 14

In der Verwaltungsstreitsache

des Herrn August Ehrbar, Jahnstraße 2, (PLZ) Neustadt,

– Antragstellers –

gegen

die Stadt Neustadt, vertreten durch den Oberbürgermeister,

– Antragsgegnerin –

wegen

Pfändungs- und Überweisungsverfügung; hier:

Antrag auf Anordnung der aufschiebenden Wirkung

hat die 8. Kammer des Verwaltungsgerichts Neustadt/Weinstraße

am 25.05.2009

beschlossen:

1. Die aufschiebende Wirkung des Widerspruchs des Antragstellers gegen den Pfändungs- und Überweisungsbeschluss der Antragsgegnerin vom 14.01.2009 wird angeordnet.

2. Die Antragsgegnerin hat die Kosten des Verfahrens zu tragen.
3. Der Wert des Streitgegenstandes wird auf 500 € festgesetzt.

Gründe:

...

## IV. Einstweilige Anordnung (§ 123 VwGO)

15 **Beschluss:**

In der Verwaltungsstreitsache

der Studentin Anna-Lena Müller, Friedrich-Engels-Str. 12, 13156 Berlin,

– Antragstellerin –

gegen

die Freie Universität Berlin, vertreten durch ihren Präsidenten, Altensteinstraße 40, 14195 Berlin,

– Antragsgegnerin –

hat die XII. Kammer des Verwaltungsgerichts Berlin durch Vorsitzenden Richter A, Richter B und Richter C ohne mündliche Verhandlung

am 12.02.2009

beschlossen:

1. Die Antragsgegnerin wird im Wege der einstweiligen Anordnung verpflichtet, die Antragstellerin vorläufig wieder zum Studium der Humanmedizin zuzulassen und sie in die Liste der Studierenden wieder einzutragen.
2. Die Kosten des Verfahrens trägt die Antragsgegnerin.
3. Der Wert des Streitgegenstandes wird auf 2.000 € festgesetzt.

**Gründe:**

...

**(Rechtsmittelbelehrung:)**

## V. Normenkontrollentscheidung (§ 47 VwGO)

Normenkontrollbeschlüsse kommen nur in Betracht, wenn das OVG (VGH) eine mündliche Verhandlung nicht für erforderlich hält (Besetzung im Beispielsfall: § 15 II HessAG VwGO). Im Übrigen ergeht ein Urteil (s. § 20 Rn. 66 f.).

16 **Hessischer Verwaltungsgerichtshof**

3 N .../87

**Beschluss**

In dem Normenkontrollverfahren

des …

Antragstellers,

Bevollmächtigt: Rechtsanwälte …,

gegen

das Land Hessen,

vertreten durch den Hessischen Minister für Landwirtschaft, Forsten und Naturschutz, Hölderlinstraße 1–3, (PLZ) Wiesbaden,

Antragsgegner,

wegen

Normenkontrolle der Verordnung über die Bestandsregulierung von Rabenvögeln

hat der 3. Senat des Hessischen Verwaltungsgerichtshofs am … durch den Vorsitzenden Richter am Hess. VGH A und die Richter am Hess. VGH B, C, D und E beschlossen:

1. Auf den Normenkontrollantrag des Antragstellers wird festgestellt, dass die Verordnung der Hessischen Landesregierung vom 28. Juli 1987 (GVBl I S. 156) über die Bestandsregulierung von Rabenvögeln nichtig[27] ist.
2. Der Antragsgegner trägt die Kosten des Verfahrens.
3. Der Beschluss ist hinsichtlich der Kosten vorläufig vollstreckbar.
4. Die Revision wird nicht zugelassen.
5. Der Wert des Streitgegenstandes wird auf 4.000 € festgesetzt.

**Gründe:**

…

**Rechtsmittelbelehrung (wie Rn. 17):**

Hinweis: Die Streitwertfestsetzung ist unanfechtbar (§ 152 I VwGO).

| Unterschrift | (A) | (B) | (C) | (D) | (E) |
|---|---|---|---|---|---|

## VI. Rechtsmittelbeschlüsse

### 1. Zurückweisung einer Berufung (§ 130a VwGO)

**Az. xxx** 17

RO xxx

**Bayerischer Verwaltungsgerichtshof**

In der Verwaltungsstreitsache

Laszlo Holdy

Bevollmächtigter: Rechtsanwalt Peter Schaeffer, Weißenburger Str. 20–22, 63739 Aschaffenburg

27 Nunmehr »unwirksam« ist.

Kläger,

gegen

die Bundesrepublik Deutschland,

vertreten durch den Bundesminister des Innern in Bonn, dieser vertreten durch den Leiter des Bundesamtes für die Anerkennung ausländischer Flüchtlinge in Zirndorf,

Beklagte,

beteiligt: Bundesbeauftragter für Asylangelegenheiten in Zirndorf

wegen

Asylrechts;

hier Berufung des Klägers gegen das Urteil des Verwaltungsgerichts Regensburg vom 09.01.2009

erlässt der Bayer. Verwaltungsgerichtshof, 22. Senat,

durch

den Richter am Bayer. Verwaltungsgerichtshof Dr.K. als Vorsitzenden und die Richter am Bayer. Verwaltungsgerichtshof Dr.P. und Dr.B. ohne mündliche Verhandlung am 21.09.2009 folgenden

**Beschluss:**

I. Die Berufung wird zurückgewiesen.

II. Der Kläger trägt die Kosten des Berufungsverfahrens.

III. Die Revision wird nicht zugelassen.

IV. Der Streitwert des Berufungsverfahrens wird auf 6.000 € festgesetzt.

**Gründe:**

I.

Der Kläger erstrebt seine Anerkennung als Asylberechtigter. Sein Antrag beim Bundesamt für die Anerkennung ausländischer Flüchtlinge in Zirndorf, sein Widerspruch bei diesem Amt und seine Klage beim Verwaltungsgericht Ansbach blieben erfolglos. Mit der gegenwärtigen Berufung verfolgt er sein Ziel weiter.

Der Kläger trägt vor: ...

Wegen des Sach- und Streitstandes wird auf die Gerichts- und Behördenakten Bezug genommen (§ 173 VwGO i.V.m. § 543 ZPO).

II.

Der Senat hält die Berufung aus den Gründen der angefochtenen Entscheidung einstimmig für unbegründet; der Kläger hat keinen Anspruch auf Anerkennung als Asylberechtigter. Eine mündliche Verhandlung erscheint nicht erforderlich, da die Sache keine tatsächlichen oder rechtlichen Fragen aufwirft, die weiterer Erörterung bedürften. Nach Anhörung der Beteiligten konnte die Berufung daher durch Beschluss zurückgewiesen und von einer weiteren Begründung abgesehen werden (§ 130a S. 1, § 122 II 3 VwGO).

Kosten: § 154 II VwGO.

Nichtzulassung der Revision: § 132 II VwGO.

Streitwert: § 52 GKG.

**Rechtsmittelbelehrung:**

Nach § 133 VwGO kann die Nichtzulassung der Revision durch Beschwerde zum Bundesverwaltungsgericht in Leipzig angefochten werden. Die Beschwerde ist beim Bayerischen Verwaltungsgerichtshof (in München, Hausanschrift: Ludwigstraße 23, 80539 München; Postfachanschrift: Postfach 340148, 80098 München; in Ansbach: Pfarrstraße 22, 91522 Ansbach) innerhalb eines Monats nach Zustellung dieser Entscheidung schriftlich einzulegen und innerhalb von zwei Monaten nach Zustellung dieser Entscheidung zu begründen. Die Beschwerde muss die angefochtene Entscheidung bezeichnen. In der Beschwerdebegründung muss die grundsätzliche Bedeutung der Rechtssache dargelegt oder die Entscheidung des Bundesverwaltungsgerichts, des Gemeinsamen Senats der obersten Gerichtshöfe des Bundes oder des Bundesverfassungsgerichts, von der die Entscheidung des Bayerischen Verwaltungsgerichtshofs abweicht, oder der Verfahrensmangel bezeichnet werden.

Vor dem Bundesverwaltungsgericht muss sich jeder Beteiligte durch einen Rechtsanwalt oder einen Rechtslehrer an einer deutschen Hochschule im Sinne des Hochschulrahmengesetzes mit Befähigung zum Richteramt als Bevollmächtigten vertreten lassen, soweit er einen Antrag stellt. Das gilt auch für die Einlegung der Beschwerde gegen die Nichtzulassung der Revision. Abweichend davon können sich juristische Personen des öffentlichen Rechts und Behörden auch durch Beamte oder Angestellte mit Befähigung zum Richteramt sowie Diplomjuristen im höheren Dienst vertreten lassen.

Unterschrift Dr.K. Dr.P. Dr.B.

## 2. Beschwerde wegen Nichtzulassung der Revision (§ 133 VwGO)

### a) Zurückweisung (Verwerfung) der Beschwerde

**Bundesverwaltungsgericht**

BVerwG 5 B 40.96 18

OVG 13 A 5592/94

**Beschluss**

In der Verwaltungsstreitsache

der Frau Martha Ehrlich, Kastanienallee 12,

... B ...,

Klägerin, Berufungsklägerin

und Beschwerdeführerin,

Prozessbevollmächtigte: Rechtsanwälte ...

gegen

den Oberstadtdirektor der Stadt B ...,

Rathaus-Center, ... B ...,

Beklagten, Berufungsbeklagten

und Beschwerdegegner,

hat der 5. Senat des Bundesverwaltungsgerichts

am …

durch die Vorsitzende Richterin am Bundesverwaltungsgericht Dr.A. und die Richter am Bundesverwaltungsgericht B. und C.

beschlossen:

Die Beschwerde der Klägerin gegen die Nichtzulassung der Revision in dem Urteil des Oberverwaltungsgerichts für das Land Nordrhein-Westfalen vom … wird zurückgewiesen (bei Unzulässigkeit: verworfen).

Die Klägerin trägt die Kosten des Beschwerdeverfahrens.[28]

Der Wert des Streitgegenstandes wird für das Beschwerdeverfahren auf 15.000 € festgesetzt.

### b) Zurückverweisung an die Vorinstanz (§ 133 VI VwGO)

19 Das Urteil (Der Beschluss) des Oberverwaltungsgerichts für das Land Nordrhein-Westfalen vom … wird aufgehoben. Die Sache wird zur anderweitigen Verhandlung und Entscheidung an das Oberverwaltungsgericht für das Land Nordrhein-Westfalen zurückverwiesen. Die Entscheidung über die Kosten bleibt der Schlussentscheidung vorbehalten.

## 3. Antrag auf Zulassung der Berufung (§ 124 a VwGO)

### a) Zurückweisung (Verwerfung) des Antrags

20 **Oberverwaltungsgericht Rheinland-Pfalz**

Az …

**Beschluss**

In der Verwaltungsstreitsache

des Herrn …,

Kläger und Antragsteller,

Prozessbevollmächtigter: Rechtsanwalt …

gegen

die Stadt …, vertreten durch den Oberbürgermeister,

wegen

Sondernutzungserlaubnis

28 Zusatz in den Fällen des § 188 S. 2 VwGO: »Gerichtskosten werden nicht erhoben.«

hat der 1. Senat des Oberverwaltungsgerichts Rheinland-Pfalz in Koblenz am … durch den Vorsitzenden Richter am OVG A und die Richter am OVG B und C beschlossen:

1. Der Antrag des Klägers auf Zulassung der Berufung gegen das Urteil des VG … vom … wird zurückgewiesen (verworfen).
2. Der Kläger trägt die Kosten des Antragsverfahrens.
3. Der Streitwert wird auf 2.500 € festgesetzt.

### b) Zulassung der Berufung

1. Die Berufung des Klägers gegen das Urteil des VG … vom … wird zugelassen. 21
2. Die Entscheidung über die Kosten des Antragsverfahrens folgt der Kostenentscheidung in der Hauptsache.

**Rechtsmittelbelehrung**

Das Antragsverfahren wird als Berufungsverfahren fortgesetzt; der Einlegung einer Berufung bedarf es nicht.

Die Berufung ist innerhalb eines Monats nach Zustellung dieses Beschlusses zu begründen. Die Begründung ist bei dem Oberverwaltungsgericht Rheinland-Pfalz, Deinhardplatz 4, 56068 Koblenz, einzureichen. Die Begründungsfrist kann auf einen vor ihrem Ablauf gestellten Antrag von dem Vorsitzenden verlängert werden. Die Begründung muss einen bestimmten Antrag enthalten sowie die im einzelnen aufzuführenden Gründe der Anfechtung (Berufungsgründe).

Für das Berufungsverfahren besteht Vertretungszwang; dies gilt auch für die Begründung der Berufung. Danach muss sich jeder Beteiligte durch einen Rechtsanwalt oder einen Rechtslehrer an einer deutschen Hochschule als Bevollmächtigten vertreten lassen, soweit er einen Antrag stellt. Juristische Personen des öffentlichen Rechts und Behörden können sich auch durch Beamte oder Angestellte mit Befähigung zum Richteramt sowie Diplomjuristen im höheren Dienst vertreten lassen.

## VII. Verweisungsbeschluss (§ 83 S. 1 VwGO i.V.m. § 17 a II 1 GVG)

*Nur Tenor und Gründe:* 22

Das Bundesverwaltungsgericht erklärt sich, soweit der Antragsteller den Erlass einer einstweiligen Anordnung begehrt, für unzuständig und verweist den Rechtsstreit an das Verwaltungsgericht Hamburg.

**Gründe:**

Soweit der Antragsteller den Erlass einer einstweiligen Anordnung zur Zahlung von … in Höhe von … € begehrt, erklärt sich das Bundesverwaltungsgericht nach Anhörung der Beteiligten gemäß § 83 S. 1 VwGO in Verbindung mit § 17 a II 1 GVG für unzuständig und verweist den Rechtsstreit an das Verwaltungsgericht … Nach der ständigen Rechtsprechung des Bundesverwaltungsgerichts (vgl. BVerwGE 58, 179 [181]) ist das Revisionsgericht für den Erlass einstweiliger Anordnungen nicht zuständig. Zuständig ist vielmehr das Gericht des ersten Rechtszuges oder, wenn die Hauptsache im Berufungsverfahren anhängig ist, das Berufungsgericht (§ 123 II 1 und 2 VwGO).

# § 22 Gerichtsbescheid

## A. Allgemeines

1 Der Gerichtsbescheid soll den Verwaltungsgerichten die Möglichkeit geben, einfache Rechtsstreitigkeiten auf vereinfachte Weise zu entscheiden.[1] Der Gerichtsbescheid hat die Wirkung eines Urteils (§ 84 III VwGO), so dass er dem Urteil unter Verzicht auf die mündliche Verhandlung (§ 101 II VwGO) eher vergleichbar ist als der frühere Vorbescheid.[2]

2 Die Entlastung der Verwaltungsgerichte durch den Gerichtsbescheid liegt in dem vom Willen der Beteiligten unabhängigen Verzicht auf die mündliche Verhandlung. Verfassungsrechtliche Bedenken gegen diese Regelung greifen nicht durch, da Art. 19 IV GG eine mündliche Verhandlung nicht fordert.

3 Die Examensrelevanz des Gerichtsbescheids ist gering. Eine Sache, die keine besonderen Schwierigkeiten tatsächlicher oder rechtlicher Art aufweist, bietet sich nicht gerade als größere Examensaufgabe an.

In der Praxis hält sich das Gerücht, dass manche OVG-Präsidenten Gerichtsbescheiden reserviert gegenüberstehen, so dass sich gerade für jüngere Richterinnen und Richter diese Entscheidungsform nicht unbedingt aufdrängt. Gleichwohl kann man nicht ausschließen, dass im Examen etwa im Zusammenhang mit dem Aktenvortrag die Anfertigung eines Gerichtsbescheids verlangt wird (vgl. etwa *Limpens* JA 1995, 234 ff.).

## B. Anwendungsbereich

4 Durch Gerichtsbescheid kann vom Verwaltungsgericht nur über Klagen entschieden werden. Angesprochen sind nur die Verwaltungsgerichte der ersten Stufe, d.h. auch OVG (VGH) und BVerwG, wenn diese erstinstanzlich entscheiden[3] (ansonsten: § 125 I 2, § 141 S. 1 VwGO). Die Beschränkung auf Klageverfahren ist sinnvoll, da im vorläufigen Verfahren die mündliche Verhandlung ohnehin nur fakultativ vorgesehen ist und auch im Normenkontrollverfahren ohne mündliche Verhandlung (durch Beschluss) entschieden werden kann.

## C. Voraussetzungen

5 Die Kammer oder der Senat können durch Gerichtsbescheid entscheiden, wenn die Sache keine besonderen Schwierigkeiten tatsächlicher oder rechtlicher Art aufweist und der Sachverhalt geklärt ist (§ 84 I VwGO).[4]

---

1 Vgl. BR-Drucks. 276/77, S. 9; *Schnellenbach* DÖV 1981, 317 ff.

2 Vgl. 9. Auflage dieses Buchs § 22 I.

3 Vgl. *Kopp/Schenke* § 84 Rn. 3.

4 Die Voraussetzungen sind aus § 348 ZPO übernommen, so dass auch die Rspr. und Kommentarliteratur zu dieser Vorschrift herangezogen werden sollte. Vgl. weiter Schoch/Schmidt-Aßmann/Pietzner/*Clausing* § 84 Rn. 14 ff. Besondere Schwierigkeiten weist eine Sache z.B. auf, wenn ihre Entscheidung von einer schwierigen, bisher ungeklärten Rechtsfrage abhängt, und/oder ihre Beantwortung weitreichende Folgewirkungen für einen Beteiligten hat. Vgl. NWOVG v. 24.10.1996, NVwZ-RR 1997, 760. Dem VG kommt ein im Instanzenzug nur beschränkt überprüfbarer Beurteilungsspielraum zu; er ist überschritten, wenn der Beurteilung sachfremde Erwägungen oder eine grobe Fehleinschätzung zugrunde liegen. Vgl. NWOVG v. 24.10.1996, NVwZ-RR 1997, 760 unter Hinweis auf BVerwG v. 15.12.1989, BVerwGE 84, 220 (229) und Schoch/Schmidt-Aßmann/Pietzner/*Clausing* § 84 Rn. 20.

Die ehrenamtlichen Richter wirken nicht mit (§ 5 III 2 VwGO). Die Praxis wendet überwiegend daneben auch die §§ 6, 87 a II, III VwGO an, lässt also auch einen Gerichtsbescheid durch den *Einzelrichter* oder den Vorsitzenden/Berichterstatter zu.[5]

Das Vorliegen der Voraussetzungen des Gerichtsbescheids muss vom Gericht – anders als früher – nicht mehr einstimmig bejaht werden. Die Entscheidung, ob ein Gerichtsbescheid ergehen soll und die Entscheidung in der Sache konnten schon unter der Geltung von § 1 S. 1 EntlG mit einfacher Mehrheit getroffen werden.[6] 6

Um den Beteiligten mit Rücksicht auf Art. 6 MRK[7] wenigstens eine mündliche Verhandlung zu ermöglichen, eröffnet § 84 II Nr. 1 VwGO den Zugang zur mündlichen Verhandlung.[8] 7

## D. Verfahren

Dass das Gericht keine mündliche Verhandlung anberaumt und keine Beweiserhebung angeordnet hat, ist nicht Voraussetzung des Gerichtsbescheids. Vor Erlass des Gerichtsbescheids sind die Beteiligten – üblicherweise in Form einer Anhörungsermittlung – zu hören (§ 84 I 2 VwGO).[9] 8

Das Anhörungsverfahren dient dazu, den Beteiligten vor einer Entscheidung im vereinfachten Verfahren Gelegenheit zu geben, innerhalb der gesetzten Frist den bisherigen Sachvortrag – falls erforderlich – zu ergänzen, Beweisanträge zu stellen und etwaige Bedenken gegen eine Entscheidung ohne mündliche Verhandlung geltend zu machen. Es hat deshalb besondere Bedeutung für die Gewährung des rechtlichen Gehörs. Die Frist darf deshalb nicht zu kurz gesetzt werden und muss vom Gericht auch tatsächlich beachtet werden.[10]

Der Gerichtsbescheid *wirkt als Urteil* (§ 84 III Halbs. 1 VwGO). Die Vorschriften über Urteile – insbesondere § 117 VwGO – gelten entsprechend.[11] Der Gerichtsbescheid ergeht also »Im Namen des Volkes«. Die Rechtsmittelbelehrung muss dem Rechtsmittelsystem des § 84 II VwGO Rechnung tragen. In den Fällen des § 84 II Nr. 1 und 3 VwGO haben die Beteiligten die *Wahl* zwischen Zulassungsantrag (§ 124 a VwGO) bzw. Nichtzulassungsbeschwerde (§ 132 VwGO) und Antrag auf mündliche Verhandlung; wird (von mehreren Beteiligten)[12] von beiden Rechtsbehelfen Gebrauch gemacht, findet eine mündliche Verhandlung statt. 9

---

5 Zustim. Schoch/Schmidt-Aßmann/Pietzner/*Clausing* § 84 Rn. 10 ff.; wohl auch *Schnellenbach* DVBl 1993, 230 (234); a.A. dagegen Schoch/Schmidt-Aßmann/Pietzner/*Stelkens* § 6 Rn. 19 f.

6 *Meyer-Ladewig* NJW 1978, 858; Schoch/Schmidt-Aßmann/Pietzner/*Clausing* § 84 Rn. 19; a.A. *Weigert* BayVBl 1978, 393; *Schnellenbach* DÖV 1981, 319 f. Der Gegenmeinung ist zuzugestehen, dass bei fehlender Übereinstimmung bezüglich der Rechtslage die Sache regelmäßig doch nicht so einfach ist. Dies muss aber nicht immer so sein.

7 Hierzu *Roth* NVwZ 1997, 657.

8 Vgl. BWVGH v. 09.12.1993, BWGZ 1994, 698 f. Zur Behandlung der Fälle, in denen der Antrag auf mündliche Verhandlung ausgeschlossen ist, vgl. Schoch/Schmidt-Aßmann/Pietzner/*Clausing* § 84 Rn. 6.

9 Das Anhörungsschreiben rechtfertigt regelmäßig kein Ablehnungsgesuch. Vgl. BWVGH v. 25.05.1993, NVwZ-RR 1994, 183 m.w.N. Es muss vom zuständigen Richter unterschrieben sein. Die Beifügung einer Paraphe genügt nicht. Vgl. BVerwG v. 04.03.1993, NJW 1994, 746; NWOVG v. 24.10.1996, NVwZ-RR 1997, 760.

10 BVerwG v. 24.06.1993, VIZ 1993, 450.

11 Zu den §§ 119, 120 VwGO vgl. BWVGH v. 16.03.1994, VBlBW 1994, 364 (370).

12 Ein und demselben Beteiligten stehen die Rechtsbehelfe nur alternativ zur Verfügung. Legt er gleichwohl beide ein, muss durch Auslegung geklärt werden, welcher wirklich gewollt ist. Hierbei helfen § 84 II Nrn. 1 und 3 Halbs. 2 VwGO als Auslegungsregel: im Zweifel Vorrang des Antrags auf mündliche Verhandlung. Vgl. BFH v. 05.05.1994, BFHE 174, 307 (309 f.) = NVwZ-RR 1995, 217.

Fühlt sich ein Beteiligter durch das Verfahren des VG allein in seinem rechtlichen Gehör verletzt, steht ihm nur der Antrag auf mündliche Verhandlung, nicht aber die Zulassungsberufung nach § 124 II Nr. 5 VwGO zu.[13]

10 Wird rechtzeitig (innerhalb eines Monats nach Zustellung) *Antrag auf mündliche Verhandlung* gestellt, gilt der Gerichtsbescheid als nicht ergangen (§ 84 III Halbs. 2 VwGO).[14] In dem dann ergehenden Urteil kann von einer weiteren Darstellung des Tatbestandes und der Entscheidungsgründe abgesehen werden, soweit das Gericht der Begründung des Gerichtsbescheides folgt und dies in seiner Entscheidung feststellt (§ 84 III VwGO).

Über einen verspäteten Antrag auf mündliche Verhandlung kann das VG analog § 125 II VwGO durch Beschluss entscheiden, gegen den entspr. § 124 II 4 VwGO der Zulassungsantrag nach § 124 a VwGO statthaft ist.[15]

## E. Beispiel

11 **Gerichtsbescheid (§ 84 VwGO)**

**BUNDESVERWALTUNGSGERICHT**

**IM NAMEN DES VOLKES**

**Gerichtsbescheid**

BVerwG 11 A 20.96

In der Verwaltungsstreitsache

1. der Frau Karmen Lehmann,

2. des Herrn Hans Lehmann, beide wohnhaft Ahornallee 3, 96270 Großmarkt,

Kläger,

– Prozessbevollmächtigter:

Rechtsanwalt Bernhardt Maier, Rathausplatz 17 a, 96270 Großmarkt –

gegen

die Bundesrepublik Deutschland, vertreten durch den Präsidenten des Eisenbahn-Bundesamtes, Außenstelle Oberstadt, Kirchplatz 5, 91554 Oberstadt,

Beklagte,

---

Unzulässig ist auch die Stellung eines Zulassungsantrages unter der Bedingung der Erfolglosigkeit eines Antrags auf mündliche Verhandlung. Vgl. SächsOVG v. 10.11.1997, SächsVBl 1998, 138.

13 Vgl. ThürOVG v. 18.09.1996, NVwZ-Beil. 1997, Nr. 6, 44; RhPfOVG v. 17.09.1998, DÖV 1999, 36.

14 Wird der Antrag später zurückgenommen, lebt der Gerichtsbescheid wieder auf. Vgl. BVerwG v. 25.04.1996 – BVerwG 11 A 21.95 –; BFH v. 22.10.1971, BFHE 103, 310; v. 09.05.1990, BFHE 160, 6; Schoch/Schmidt-Aßmann/Pietzner/*Clausing* § 84 Rn. 42.

15 HbgOVG v. 01.12.1997, DVBl 1998, 487 gegen HessVGH v. 04.04.1998, ESVGH 28, 220; BayVGH v. 24.02.1981, DÖV 1981, 639; Schoch/Schmidt-Aßmann/Pietzner/*Clausing* § 84 Rn. 43.

Beigeladene:

Deutsche Bahn AG, vertreten durch den Vorstand,

Geschäftsbereich Netz, Regionalbüro Oberstadt,

Leitwiesenstraße 20, 91554 Oberstadt,

hat der 11. Senat des Bundesverwaltungsgerichts

am 20. Mai 1996

durch den Vorsitzenden Richter am Bundesverwaltungsgericht

Dr. A. und die Richter am Bundesverwaltungsgericht

Dr. B., Dr. C., D. und E.

für Recht erkannt:[16]

Die Klage wird abgewiesen.

Die Kläger tragen die Kosten des Verfahrens mit Ausnahme etwaiger außergerichtlicher Kosten der Beigeladenen als Gesamtschuldner.

Gründe:[17]

I.

Die Kläger begehren die Aufhebung des Planfeststellungsbeschlusses des Eisenbahn-Bundesamtes – Außenstelle Oberstadt – vom 10. November 1995 für die Auflassung des Bahnübergangs in Bahn-km 10,003 durch den Neubau einer Eisenbahnbrücke in Bahn-km 10,000 und Straßenanlagen an der Bahnlinie Flecken – Goldstein in Großmarkt.

...

Wegen der weiteren Einzelheiten des Sachverhalts wird auf die Streitakte und die beigezogenen Verwaltungsvorgänge Bezug genommen.

II.[18]

Der Senat entscheidet nach § 84 I VwGO durch Gerichtsbescheid, weil die Sache keine besonderen Schwierigkeiten aufweist und der entscheidungserhebliche Sachverhalt geklärt ist. Die Beteiligten sind hierzu gehört worden. Die Klage hat keinen Erfolg. Die Kläger müssen sich die Präklusionswirkung des § 18 a Nr. 7 AEG entgegenhalten lassen.

...

Die Kostenentscheidung beruht auf §§ 154 I, 159 S. 2, 162 III VwGO.

Rechtsmittelbelehrung[19]

Die Beteiligten können innerhalb eines Monats nach Zustellung dieses Gerichtsbescheides mündliche Verhandlung beantragen. Der Antrag ist beim Bundesverwaltungsgericht, Hardenbergstraße 31, 10623 Berlin, einzureichen.

16 Gebräuchlich sind auch folgende Formulierungen; »–... entschieden« oder: »... erlässt das VG ... durch ... am ... ohne mündliche Verhandlung folgenden Gerichtsbescheid: ...«.

17 In den Instanzen: »Tatbestand«.

18 In den Instanzen: »Entscheidungsgründe«.

19 § 84 II Nr. 4 VwGO.

Auch insoweit muss sich jeder Beteiligte, soweit er einen Antrag stellt, durch einen Rechtsanwalt oder einen Rechtslehrer an einer deutschen Hochschule vertreten lassen. Juristische Personen des öffentlichen Rechts und Behörden können sich auch durch Beamte oder Angestellte mit Befähigung zum Richteramt sowie Diplomjuristen im höheren Dienst vertreten lassen.

Dr. A. Dr. B. Dr. C. D. E.

12 *Eine Rechtsmittelbelehrung nach § 84 II Nr. 1 VwGO* könnte etwa folgenden Inhalt haben:

Gegen diesen Gerichtsbescheid können die Beteiligten innerhalb eines Monats nach Zustellung bei dem Verwaltungsgericht Köln, Appelhofplatz, 50667 Köln, die Zulassung der Berufung beantragen.

Der Antrag auf Zulassung der Berufung kann nur durch einen Rechtsanwalt oder Rechtslehrer an einer deutschen Hochschule gestellt und begründet werden; juristische Personen des öffentlichen Rechts und Behörden können sich auch durch Beamte oder Angestellte mit Befähigung zum Richteramt sowie Diplomjuristen im höheren Dienst vertreten lassen.

Der Antrag muss den angefochtenen Gerichtsbescheid bezeichnen.

In dem Antrag sind die Gründe, aus denen die Berufung zuzulassen ist, darzulegen. Die Berufung ist nur zuzulassen, wenn

1. ernstliche Zweifel an der Richtigkeit des Gerichtsbescheids bestehen,
2. die Rechtssache besondere tatsächliche oder rechtliche Schwierigkeiten aufweist,
3. die Rechtssache grundsätzliche Bedeutung hat,
4. der Gerichtsbescheid von einer Entscheidung des Oberverwaltungsgerichts, des Bundesverwaltungsgerichts, des gemeinsamen Senats der obersten Gerichtshöfe des Bundes oder des Bundesverfassungsgerichts abweicht und auf dieser Abweichung beruht oder
5. ein der Beurteilung des Berufungsgerichts unterliegender Verfahrensmangel geltend gemacht wird und vorliegt, auf dem die Entscheidung beruhen kann.

Die Antragsschrift sollte dreifach eingereicht werden.

Gegen diesen Gerichtsbescheid können die Beteiligten innerhalb eines Monats nach Zustellung schriftlich oder zur Niederschrift des Urkundsbeamten der Geschäftsstelle bei dem Verwaltungsgericht Köln, Appelhofplatz, 50667 Köln, auch mündliche Verhandlung beantragen. Wird gleichzeitig mündliche Verhandlung und Zulassung der Berufung beantragt, findet mündliche Verhandlung statt.

Die Antragsschrift sollte dreifach eingereicht werden.

# 3. Teil. Die verwaltungsbehördliche Entscheidung

## 1. Abschnitt. Überblick

### § 23 Formen verwaltungsbehördlicher Entscheidungen

Anders als das von großer Formenstrenge gekennzeichnete verwaltungsgerichtliche Verfahren mit seinem Numerus clausus der möglichen Entscheidungsformen (vgl. § 21) kennt das Verwaltungsverfahren vielfältige Formen des Verwaltungshandelns. Ist der Verwaltungsvorgang noch nicht zur Entscheidungsreife gediehen, kann die Anfertigung 1

- eines Gutachtens,
- eines Aktenvermerks oder
- eines Schreibens an eine höhere Behörde

in Betracht kommen. Ansonsten kann man mit der Abfassung oder dem Entwurf

- eines sog. Erstbescheids, also eines VA der »ersten Verwaltungsinstanz«,
- eines Widerspruchsbescheids, in Bayern auch eines abgabenrechtlichen Einspruchsbescheids,
- eines Bescheids in Beantwortung einer formlosen Beschwerde (Schreiben an den Petenten, ggf. aufsichtliche Verfügung an die Ausgangsbehörde),
- einer Aufsichtsverfügung (fachaufsichtliche Weisung, Beanstandungsverfügung),
- eines öffentlich-rechtlichen Vertrages[1] oder
- einer Verordnung, Satzung oder Allgemeinen Verwaltungsvorschrift

konfrontiert werden.

#### A. Entscheidungen im Widerspruchsverfahren

Am häufigsten wird im schriftlichen Teil des Examens und im Aktenvortrag eine *Entscheidung im Widerspruchsverfahren* oder/und ein Gutachten zur Vorbereitung dieser Entscheidung verlangt. Die zu formulierende Entscheidung kann, je nach dem Stadium des in Aktenform unterbreiteten Verfahrens, 2

- ein *Abhilfebescheid* nach § 72 VwGO,
- ein die Abhilfe verweigerndes *Vorlageschreiben* an die Widerspruchsbehörde oder
- ein *Widerspruchsbescheid* nach § 73 VwGO

sein. In allen drei Fällen muss zuerst geprüft werden, ob eine Entscheidung in der Sache überhaupt zulässig ist. Die im Widerspruchsverfahren zu beachtenden Sachbescheidungsvoraussetzungen sind dargestellt in den §§ 29 ff., die bei der Abfassung der Entscheidungen zu beachtenden Förmlichkeiten in den §§ 41 ff. Mit den Grundlagen und dem Ablauf des Widerspruchsverfahrens machen die §§ 25 ff. vertraut.

---

1 Vgl. die Einführung in die Vertragsgestaltung im öffentlichen Recht von *Grziwotz* JuS 1998, 902 ff., 1013 ff., 1113 ff.; 1999, 36 ff., 145 ff., 245 ff.

Für außergerichtliche Rechtsbehelfsentscheidungen nach der Abgabenordnung gelten weitgehend dieselben Grundsätze. Einen Überblick über die Sachbescheidungsvoraussetzungen mit Angabe der einschlägigen Vorschriften der AO findet sich in § 29 Rn. 4, ein Muster für die Abfassung der Bescheide in § 50 Rn. 6 f.

## B. Erstbescheide

3 Für die *Abfassung von Erstbescheiden* gelten die für den Widerspruchsbescheid dargestellten Grundsätze entsprechend, soweit sich nicht aus der besonderen Förmlichkeit des Widerspruchsverfahrens Abweichungen ergeben. Die *Zulässigkeitsvoraussetzungen* beschränken sich auf die Prüfung

- der Zuständigkeit der Behörde,

*bei antragsbedingten VAen* zusätzlich auf die Fragen, ob

- ein wirksamer, insbesondere form- und fristgerechter Antrag (noch)[2] vorliegt (vgl. § 22 S. 2 Nr. 2 VwVfG),[3]
- der Antragsteller beteiligtenfähig, handlungsfähig, ggf. ordnungsgemäß vertreten (vgl. § 32) und antragsbefugt (vgl. § 35 Rn. 1 ff.) ist,
- ein Sachbescheidungsinteresse vorliegt (vgl. § 35 Rn. 6 ff.).

4 In der äußeren Form und im Aufbau weicht der Erstbescheid nur insoweit vom Widerspruchsbescheid ab, als er in der *Erlassformel* mit »Bescheid«, »Verfügung«, ggf. auch konkreter, z.B. »Ordnungsverfügung« oder »Genehmigung«, »Erlaubnis« (auch z.B. »Sondernutzungserlaubnis«) zu bezeichnen ist. Zustellung und Rechtsbehelfsbelehrung sind zwar, soweit dies nicht gesetzlich besonders angeordnet ist, nicht erforderlich, gleichwohl aber zweckmäßig und durchaus üblich (vgl. § 48 Rn. 3 f.).

Die Entscheidungsformel, der *Tenor (verfügende Teil) des Bescheids,* setzt sich – ähnlich wie der des Widerspruchsbescheids – zusammen aus:

1. Entscheidung in der Sache.
2. Ggf. Androhung eines Zwangsmittels und Fristsetzung (vgl. z.B. § 13 II BVwVG).
3. Ggf. Anordnung der sofortigen Vollziehung (§ 80 II Nr. 4 VwGO).
4. Kostenentscheidung, soweit die Amtshandlung gebührenpflichtig ist.

5 Die inhaltliche Formulierung der Hauptsachenentscheidung richtet sich nach dem Charakter des jeweiligen VA, – soweit vorhanden – nach der gesetzlichen Grundlage und ggf. unter Berücksichtigung des gestellten Antrags. Maßgebliche Richtschnur bei der Formulierung ist auch hier, dass der Inhalt des zu erlassenden VA so bestimmt sein muss, dass der Empfänger das von der Behörde Gewollte unmissverständlich erkennen kann.[4]

---

2 Ein Antrag kann auch noch nach Ergehen des beantragten VA bis zu einer rechtskräftigen Entscheidung im gerichtlichen Verfahren zurückgenommen werden, vgl. BVerwG v. 22.06.1999, Buchholz 402, 240 § 7 AuslG Nr. 9; OLG Düsseldorf v. 29.04.2003, NZBau 2004, 64 und § 27 Rn. 20, soweit nicht wie im Beamtenrecht Sonderregeln bestehen; hierzu BVerwG v. 15.05.1997, NJW 1998, 401. Die Antragsrücknahme ist als Verfahrenshandlung bedingungsfeindlich, vgl. BVerwG v. 25.10.1988, NVwZ 1989, 476 und § 33 Rn. 17, § 36 Rn. 10. Zur Rechtswidrigkeit eines ohne Antrag ergangenen VA vgl. § 38 Rn. 4 und 11; zur Beschränkung der Rücknahme materiell-rechtlich bedeutsamer Anträge BVerwG v. 15.05.1997, BVerwGE 104, 375 (379 f.).

3 Vgl. BeckOK VwVfG § 22 Rn. 21; BSG v. 15.10.1981, NVwZ 1983, 767 f.; RhPfOVG v. 16.10.1985, NVwZ 1986, 576. Generell: *Schnell* Der Antrag im Verwaltungsverfahren, 1986.

4 Eine eingehende Darstellung der Abfassung erstinstanzlicher Bescheide mit zahlreichen Mustern findet sich bei *Linhart* § 19 Rn. 22.

## C. Entscheidungen im formlosen Beschwerdeverfahren

Die bei der *Behandlung formloser Beschwerden* (Gegenvorstellung, Dienst-, Sachaufsichtsbeschwerde) zu beachtenden Zulässigkeitsvoraussetzungen und Mindestanforderungen an den Inhalt des Antwortschreibens sind in § 24 III dargestellt. Da mit dem Beschwerdebescheid keine Frist in Gang gesetzt wird, entfallen Zustellung und Rechtsbehelfsbelehrung. Auch die Hervorhebung einer Entscheidungsformel ist unüblich. Der Beschwerdebescheid wird vielmehr in der *Form eines einfachen behördlichen Schreibens* an den Bürger abgefasst. Nach dem Bescheidseingang mit persönlicher Anrede wird üblicherweise formuliert: 6

»Auf Ihre Eingabe vom ... habe ich das Verhalten des .../die Entscheidung der Behörde ... geprüft, jedoch keinen Grund für eine Beanstandung gefunden.

- Darstellung des festgestellten Sachverhalts.
- Rechtliche und tatsächliche Würdigung des Beschwerdevorbringens.

Bei dieser Sachlage besteht kein Grund für ein dienstliches Einschreiten. Ich bitte um Ihr Verständnis, dass ich Ihnen keinen günstigeren Bescheid erteilen kann.

Hochachtungsvoll
i.V./i.A. Unterschrift«

Hat eine Gegenvorstellung Erfolg, ergeht neben oder anstelle des Antwortschreibens ein VA, für den die obigen Ausführungen zum Erstbescheid gelten. Hat eine Aufsichtsbeschwerde Erfolg, ist neben dem Antwortschreiben an den Bürger die Aufsichtsverfügung an die Ausgangsbehörde zu fertigen, mit der diese angewiesen wird, den beanstandeten VA aufzuheben oder den beantragten zu erlassen. Denn die Aufsichtsbehörde ist – von den Ausnahmefällen des Selbsteintrittsrechts abgesehen – grundsätzlich nicht befugt, in der Sache selbst zu entscheiden (vgl. dazu § 42 Rn. 11 f.). 7

## D. Aufsichtliche Verfügungen und Bescheide

*Aufsichtliche Verfügungen und Bescheide* werden grundsätzlich an die Behörde adressiert, deren Tätigkeit beanstandet wird. Soweit sie gegenüber dem beaufsichtigten Verwaltungsträger VAe darstellen oder darstellen können (z.B. kommunalaufsichtliche Beanstandungsverfügungen), sind wie bei normalen Erstbescheiden Zustellungsvermerk und Rechtsbehelfsbelehrung zweckmäßig. Die inhaltliche Formulierung des Tenors bestimmt sich nach den Verhältnissen des konkreten Falles unter Berücksichtigung der jeweils einschlägigen Normen über die Befugnisse der Aufsichtsbehörde. 8

Der *verfügende Teil (Tenor) einer Beanstandungsverfügung*[5] kann folgende Bestandteile enthalten: 9

1. Beanstandung ungesetzlichen Handelns (vgl. z.B. Art. 112 S. 1 BayGO) oder gesetzeswidriger Untätigkeit (vgl. z.B. Art. 112 S. 2 BayGO).
2. Aufhebungs- oder Änderungsverlangen (Art. 112 S. 1 BayGO) bzw. Aufforderung zur Durchführung der notwendigen Maßnahmen, verbunden mit der Setzung einer angemessenen Frist (Art. 113 S. 1 BayGO).
3. Androhung[6] der Ersatzvornahme (Art. 113 BayGO).

---

5 Ein Muster einer rechtsaufsichtlichen Beanstandungsverfügung findet sich abgedruckt bei *Linhart* § 22 Rn. 32.

6 Diese »Androhung« ist keine Vollstreckungsmaßnahme i.S.d. Verwaltungsvollstreckungsgesetze. Denn die kommunalrechtliche Ersatzvornahme ist ein spezialgesetzlich geregeltes Institut, dessen Ausübung nicht den formellen Bindungen der Verwaltungsvollstreckung unterliegt. Der Sache nach

4. Kostenentscheidung (i.d.R. Kostenfreiheit; vgl. Art. 3 I Nr. 1 BayKostG).
5. Ggf. Anordnung der sofortigen Vollziehung (§ 80 II Nr. 4 VwGO).[7]

## E. Behördliche Schreiben an übergeordnete Behörden

Ausnahmsweise kann auch einmal die Anfertigung eines *behördlichen Schreibens* an eine übergeordnete Behörde zur Einholung einer Weisung oder beratenden Stellungnahme in Betracht kommen.

10 *Weisungen einer übergeordneten Behörde* für die Behandlung einer Angelegenheit sollen nur eingeholt werden, wenn die Entscheidung besonders schwierig ist oder Einheitlichkeit bei der Entscheidung solcher Angelegenheiten erreicht werden soll oder die Angelegenheit von grundsätzlicher oder weittragender Bedeutung ist. In dem Vorlageschreiben ist die eigene Auffassung der vorlegenden Behörde zum Ausdruck zu bringen.[8] Im Verkehr mit der übergeordneten Behörde ist grundsätzlich der *Dienstweg* einzuhalten.[9] Dies gilt auch für Gemeinden und Gemeindeverbände, wenn sie sich an Mittel- oder Zentralbehörden wenden.[10] Dem ist bei der Adressierung des Schreibens Rechnung zu tragen. Es müsste z.B. heißen: »An das Innenministerium des Landes ... über das Regierungspräsidium in ...«. Persönliche Anrede und Grußformel entfallen wie bei allen zwischenbehördlichen Schreiben.

---

handelt es sich vielmehr um die von Art. 28 BayVwVfG grundsätzlich geforderte Ankündigung, die in der Praxis häufig nach Fristablauf in einem gesonderten Bescheid ergeht.

7 Zum vorläufigen Rechtsschutz vgl. statt vieler RhPfOVG v. 19.11.1971, DVBl 1972, 787; BayVGH v. 12.07.1983, BayVBl 1983, 532 f.

8 Vgl. Nr. 12 BWDO.

9 Vgl. Nr. 15 BWDO; § 18 BayADO; § 30 NWGeschORP; zur Bedeutung des Dienstweges vgl. *Glienicke* BWVPr 1976, 175 ff.

10 Vgl. NWOVG v. 11.02.1959, OVGE 14, 319 ff.

# § 24 Außergerichtliche Rechtsbehelfe

Rechtsbehelfe, mit denen der Bürger sein Recht außerhalb eines gerichtlichen Verfahrens verfolgt oder verteidigt, werden unter dem systematischen Oberbegriff »außergerichtliche Rechtsbehelfe« zusammengefasst.[1] Je nach den für ihre Einlegung zu beachtenden Förmlichkeiten unterscheidet man zwischen *förmlichen* (vgl. § 79 VwVfG, § 62 SGB X) und *formlosen* Rechtsbehelfen. 1

## A. Der Widerspruch

Der bekannteste förmliche Rechtsbehelf ist der Widerspruch. Er leitet das der Anfechtungs- und Verpflichtungsklage im Verwaltungsprozess vorgeschaltete Vorverfahren ein, das deshalb auch als *Widerspruchsverfahren* bezeichnet wird (§§ 68 ff. VwGO, 78 ff. SGG). In diesem (außergerichtlichen) *Vorverfahren* sind Rechtmäßigkeit und Zweckmäßigkeit des VA (bzw. seiner Ablehnung bei der Verpflichtungsklage) von der Verwaltung erneut zu überprüfen. Das Vorverfahren ist vom Gesetzgeber als »Voraussetzung der verwaltungsgerichtlichen Klage« (§ 77 II VwGO) eingerichtet worden. Seine erfolglose Durchführung ist deshalb Sachurteilsvoraussetzung im Verwaltungsprozess.[2] 2

Das Vorverfahren hat drei, ineinander übergreifende Funktionen.[3] 3

a) Es dient zunächst dem *Rechtsschutz des Bürgers,* indem es die angefochtene Entscheidung nochmals in vollem Umfange – und zwar auch hinsichtlich der Ausübung des Ermessens – zur Nachprüfung der Behörde stellt. Insofern geht es über den gerichtlichen Rechtsschutz hinaus, der nur eine auf die Einhaltung der rechtlichen Grenzen beschränkte Ermessenskontrolle eröffnet (vgl. §§ 114 S. 1 VwGO, 102 FGO, 54 II 2 SGG).
b) Neben der individuellen Rechtsschutzfunktion hat das Vorverfahren auch die Funktion einer *Selbstkontrolle der Verwaltung.* Ausgangs- und Widerspruchsbehörde haben im Vorverfahren Gelegenheit, die tatsächlichen Feststellungen und Rechtsauffassungen, die dem angegriffenen VA zugrunde liegen, zu überprüfen.
c) Dies kann und soll nach dem Zweck des Vorverfahrens zur Vermeidung unnötiger Prozesse führen. Wegen dieser Filterfunktion bezweckt das Vorverfahren auch die *Entlastung der Gerichte.*

Trotz seiner Bedeutung für das verwaltungsgerichtliche Verfahren ist das Widerspruchsverfahren weder Bestandteil des gerichtlichen noch ein ihm ähnliches Verfahren, sondern ein – wenn auch besonderes und auf das gerichtliche Verfahren hingeordnetes – *Verwaltungsverfahren.*[4] Dies ergibt sich eindeutig aus § 79 VwVfG, der subsidiär die 4

1 Eine Sonderrolle spielt die Mediation, die sich strukturell immer mehr einem gerichtlichen Vorverfahren annähert, aber niemals das Widerspruchsverfahren ersetzen kann; vgl. hierzu *Ronellenfitsch* DVBl 2010 (im Erscheinen).
2 Siehe dazu oben § 17 I.
3 Vgl. statt vieler BVerfG v. 28.10.1975, BVerfGE 40, 237 (255); BVerwG v. 23.03.1972, BVerwGE 40, 25 (28 f.); v. 12.11.1976, BVerwGE 51, 310 (314); *Bettermann* DVBl 1959, 311; *Hufen* § 5 Rn. 15 ff.; Knack/*Geis* § 68 Rn. 1 ff.; *Oppermann* S. 40 ff.; kritisch *Presting* DÖV 1976, 269 ff.; *Oerder* S. 54 ff. Die empirischen Untersuchungen *Oppermanns* (S. 340 ff.) zeigen allerdings, dass sich die Widerspruchsbehörde häufig auf eine reine Rechtskontrolle und verfahrensrechtliche Fehlerkorrektur beschränkt, die Rechtsschutzfunktion also häufig leerläuft.
4 Vgl. *Schmitt Glaeser/Horn* Rn. 184; *Weides* § 13; *Allesch* S. 26; *Hufen* § 5 Rn. 7; *Oppermann* S. 34 ff.

Geltung des VwVfG anordnet, wenn die VwGO und die zu ihrer Ausführung ergangenen Rechtsvorschriften der Länder Regelungslücken enthalten.

5 Mit dieser Einordnung ist freilich noch nicht darüber entschieden, ob das Vorverfahren auch *kompetenzrechtlich* als Verwaltungsverfahren anzusprechen ist. Denn das historische Erscheinungsbild der Verwaltungsgerichtsbarkeit in Deutschland war bis in die Weimarer Zeit hinein geprägt durch eine enge Verschränkung gerichtlicher und außergerichtlicher Rechtsbehelfsverfahren, da ganz regelmäßig erst in der letzten Instanz ein echtes Gericht im Sinne unserer heutigen rechtsstaatlichen Vorstellung agierte. Wenn auch nach dem Verständnis des GG selbst ein justizförmig ausgestaltetes Widerspruchsverfahren nach Art des Verfahrens vor den saarländischen oder rheinland-pfälzischen Rechtsausschüssen der Sache nach Verwaltungsverfahren ist, so heißt dies nicht, dass das GG seine rechtsstaatlichen Vorstellungen über Gewaltenteilung und richterliche Unabhängigkeit gerade auch in den Kompetenzartikeln mit aller Schärfe zum Ausdruck bringen und eine *weite, am historisch geprägten Sachzusammenhang orientierte Auslegung* des Kompetenzbegriffs »gerichtliches Verfahren« in Art. 74 Nr. 1 GG ausschließen will.

Die Frage nach Grund und Reichweite der Bundeskompetenz für das Widerspruchsverfahren gehört nach wie vor zu den – auch in der Rspr. des BVerwG (§ 40 Rn. 10) – umstrittensten Grundproblemen der VwGO. Eine *weite Auslegung* der Bundesprozessrechtskompetenz vertrat die Bundesregierung im Gesetzgebungsverfahren zum Erlass der VwGO; sie hielt den Einwänden des Bundesrats entgegen, das Vorverfahren sei kein selbständiges Verwaltungsverfahren, sondern untrennbarer Bestandteil des verwaltungsgerichtlichen Verfahrens (BT-Drucks. III/55, S. 77). Dem ist im Ergebnis zuzustimmen; denn aus der Entstehungsgeschichte des GG ergibt sich, dass die Kompetenzmaterie »Verwaltungsgerichtsverfahren«, die im Vorläufer des heutigen Art. 84 I GG neben den verwaltungsverfahrensrechtlichen Materien ausdrücklich aufgeführt war, das Widerspruchsverfahren erfasste und in diesem Zuschnitt in der Kompetenzmaterie »gerichtliches Verfahren« aufgegangen ist.[5] Das BVerfG hat bisher ausdrücklich nur die Grundsatzfrage entschieden, dass der Bundesgesetzgeber zur Einführung des Widerspruchsverfahrens gemäß Art. 74 Nr. 1 GG zuständig war, da es die Voraussetzung für ein Sachurteil im verwaltungsgerichtlichen Verfahren ist (vgl. BVerfG v. 09.05.1973, BVerfGE 35, 65/72). Die knappe Begründung und das Zitat von BVerwGE 17, 248 (vgl. § 40 Rn. 10) lassen allerdings die Vermutung zu, dass das BVerfG einer umfassenden Kompetenz des Bundes aus Art. 74 Nr. 1 GG nicht ablehnend gegenübersteht.

Vertritt man dagegen eine *enge,* an der materiellen Unterscheidung »gerichtliches Verfahren – Verwaltungsverfahren« ausgerichtete *Auslegung* des Art. 74 Nr. 1 GG, lässt sich eine umfassende Bundeszuständigkeit für das Vorverfahren nicht begründen (vgl. § 40 Rn. 8). Nach enger Auffassung wäre der Bund nur zuständig für *prozessuale Regelungen,* insonderheit für die Konstituierung der Sachurteilsvoraussetzung »erfolgloses Vorverfahren«, womit – allenfalls – Vorschriften über Einlegung des Widerspruchs, seine Form und die Frist inbegriffen wären.[6] Eine *vermittelnde Meinung* geht weiter und erlaubt unter dem Gesichtspunkt des *Sachzusammenhangs* nach Art. 74 Nr. 1 GG auch verwaltungsverfahrensrechtliche Regelungen, wenn sie zu dem für eine sachgemäße Durchführung des Widerspruchsverfahrens erforderlichen Mindeststandard gehören.[7]

6 Charakteristisch für den Widerspruch als förmlichen außergerichtlichen Rechtsbehelf ist, dass die VwGO ihn an bestimmte Formalien (Form und Frist) gebunden und mit bestimmten verfahrensrechtlichen Wirkungen ausgestattet hat. Der Widerspruch hat auf-

5 Vgl. hierzu *Pietzner* VerwArch 1990, 275 f. Eine umfassende Bundeskompetenz aus Art. 74 Nr. 1 GG bejahen ebenfalls *Ule* DVBl 1978, 656; *Bachof* DVBl 1958, 8; *Mandelartz* VR 1978, 134; *Determann* Jura 1997, 350 (354). Zu einem ähnlichen Ergebnis gelangen die in § 40 Fn. 21 aufgeführten Autoren durch Kombination der Kompetenztitel Art. 74 Nr. 1, Art. 84 I GG.

6 Vgl. *Bettermann* VVDStRL 17 (1959), 154; *v. Mangoldt/Klein* GG, 2. Aufl. 1969, Bd. III, Art. 84 Anm. III 5 bb; *Trzaskalik* S. 44; *Renck* JuS 1980, 29 f.; *Topel* BayVBl 1988, 10; *Oerder* S. 40 ff.

7 Vgl. *Kopp/Schenke* Vorb. § 68 Rn. 5; *Erichsen* Jura 1992, 646. Vgl. auch BVerwG (4. Senat) v. 17.11.1972, Buchholz 310 § 73 VwGO Nr. 7: Annexkompetenz für die Regelung des Zustellungsverfahrens für Widerspruchsbescheide; a.A. insoweit z.B. *Langohr* DÖV 1987, 143.

schiebende Wirkung (§ 80 I VwGO, sog. *Suspensiveffekt;* vgl. dazu § 53) und verlagert die Entscheidungszuständigkeit über den Widerspruch im Regelfalle auf die nächsthöhere Behörde, wenn die Ausgangsbehörde eine Abhilfe verweigert (§ 73 I 2 Nr. 1 VwGO, sog. *Devolutiveffekt;* vgl. dazu unten § 25 II). Der Widerspruch kann demnach als förmlicher außergerichtlicher Rechtsbehelf mit Vorschaltcharakter bezeichnet werden.

Da der Widerspruch, mit Ausnahme des Widerspruchs in beamtenrechtlichen Streitigkeiten, nur als Vorschaltrechtsbehelf für Anfechtungs- und Verpflichtungsklagen statthaft ist, kann man – entsprechend der Terminologie bei den gerichtlichen Rechtsbehelfen – unterscheiden[8] zwischen 7

a) *Anfechtungswiderspruch* und
b) *Verpflichtungswiderspruch.*

## B. Andere förmliche außergerichtliche Rechtsbehelfe

*Andere förmliche Vorschaltrechtsbehelfe* als den Widerspruch – vor Erlass der VwGO: den Einspruch und die devolutiv wirkende (Verwaltungs-) Beschwerde – gibt es für den Bereich der allgemeinen Verwaltungsgerichtsbarkeit grundsätzlich nicht mehr. Sie sind, soweit sie auf Landesrecht beruhten, generell, soweit sie auf Bundesrecht beruhten, im Grundsatz beseitigt worden *(§ 77 VwGO).* 8

Die aufrechterhaltenen bundesrechtlichen Vorschriften über andere Vorschaltrechtsbehelfe, wie z.B. über die Beschwerde nach § 336 LAG, § 65 II ZDG, sind in § 190 VwGO aufgeführt. 9

Sondervorschriften über den Widerspruch finden sich z.B. in den §§ 33 WPflG, 72 ZDG, § 21 SeeUG (BGBl. I 1985 S. 2146), § 36 VermögensG, §§ 24 f. UmweltauditG (BGBl. I 1995 S. 1591) und §§ 59, 141 FlurberG.

Vorschriften für Einspruchs- und Beschwerdeverfahren, die nicht als Voraussetzungen der verwaltungsgerichtlichen Klage (§ 77 II VwGO), also nicht als Vorschaltverfahren gedacht sind, hat die VwGO dagegen nur für das Bundesrecht, nicht aber für das Landesrecht aufgehoben. 10

Das Landesrecht hat sie allerdings fast ausnahmslos gestrichen (vgl. etwa Art. 14 BayAGVwGO). Soweit sie aufrechterhalten worden sind und die Sonderregelung Lücken enthält, greifen § 79 VwVfG und die Parallelvorschriften der LandesVwVfGe ein.

## C. Formlose Rechtsbehelfe

Unberührt geblieben von der VwGO sind dagegen, weil verfassungsrechtlich abgesichert, die sog. *formlosen Rechtsbehelfe.* Sie sind gesetzlich i. allg. nicht geregelt,[9] sondern allenfalls vorausgesetzt,[10] und gründen sich auf das Grundrecht des *Art. 17 GG,* sich schriftlich mit Bitten oder Beschwerden an die zuständigen Stellen und an die Volksvertretung[11] zu wenden. 11

8 Vgl. BayVGH v. 15.12.1972, BayVBl 1973, 555.

9 Ausnahmen bilden vor allem die gesetz- oder geschäftsordnungsmäßigen Regelungen der Parlamente über die Behandlung von Petitionen sowie die Beamtengesetze und Regelungen anderer besonderer Gewaltverhältnisse, die häufig die Einhaltung des Dienstweges durch den Petenten vorschreiben. Vgl. § 171 BBG, § 108 StrVollzG, § 2 II 2. Halbs. BürgerbeauftragtenG, BayVerfGH v. 03.12.1975, BayVBl 1976, 301 f. und *Liebscher* DVBl 1972, 9 ff.

10 Vgl. z.B. Art. 12 IV, V BayPOG.

11 Bestritten ist, ob kommunale Vertretungskörperschaften »*Volksvertretungen*« i.S.d. Art. 17 GG sind. So z.B. NWOVG v. 25.07.1978, DVBl 1978, 895 ff.; a.A. die h.M.: OVG Lüneburg v.

12 Wendet sich der Bürger mit einer Bitte oder Beschwerde an das Parlament, spricht man üblicherweise von einer *Petition*,[12] wendet er sich an die Verwaltung (oder an Organe der Rechtsprechung), hat es sich eingebürgert, zwischen *Gegenvorstellung, (Sach-)Aufsichtsbeschwerde* und *Dienstaufsichtsbeschwerde* zu unterscheiden.

13 Art. 17 GG gewährt lediglich einen *formellen Bescheidungsanspruch*, gibt aber keinen Anspruch auf die inhaltliche Erledigung der Petition i.S.d. Petenten oder gar auf die Beseitigung einer etwa geltend gemachten Rechtsverletzung.[13] Die mit der Petition befasste Stelle muss die Eingabe entgegennehmen, prüfen und einen sachlichen Bescheid erteilen, aus dem ersichtlich ist, wie sie die Petition zu behandeln gedenkt.[14]

14 Ablehnende Petitionsbescheide sind deshalb nach der zutreffenden, wenn auch umstrittenen Ansicht der h.M. *keine VAe*, weil sie keine Regelung enthalten, sondern lediglich die tatsächliche Erfüllung der Verpflichtung aus Art. 17 GG.[15] Richtige Klageart ist deshalb die *Leistungsklage*. Die früher vereinzelt vertretene Auffassung, gegen Petitionsbescheide sei nur die Verfassungsbeschwerde eröffnet,[16] beruhte auf einer fragwürdigen Auslegung von BVerfGE 2, 225 ff., das eine Verfassungsbeschwerde vor Erschöpfung des Rechtsweges angenommen hatte, und dürfte heute als überwunden gelten.[17]

15 Die Bescheidung verbraucht das Petitionsrecht insoweit, als eine inhaltsgleiche Eingabe ohne neues Vorbringen von derselben Stelle nicht noch einmal (sachlich) beschieden zu werden braucht.[18]

16 Die Petition ist *fristlos*. Jedermann, nicht nur der Beschwerte, kann sie einreichen *(Popularbeschwerde)*. Sie ist *schriftlich* (Art. 17 GG) einzulegen, womit – entsprechend dem Sinn dieses formlosen Bitt- und Beschwerderechts, einen möglichst ungehinderten Zugang zu den staatlichen Stellen zu gewährleisten[19] – allerdings lediglich ein Recht auf mündlichen Vortrag sowie die Zulässigkeit anonymer und ohne erkennbaren Absender eingereichter Petitionen ausgeschlossen sein soll.[20] Mündliche Beschwerden genießen zwar nicht den Grundrechtsschutz, sind aber gleichwohl zulässig. Eine Antwortpflicht besteht allerdings nicht, es sei denn, die mündliche Erhebung der Beschwerde ist ausdrücklich zugelassen (so z.B. § 2 RhPf BürgerbeauftragtenG, § 11 S. 3 Petitions- und BürgerbeauftragtenG M-V). Petitionen müssen an eine *zuständige Stelle* adressiert sein, allerdings nicht den Instanzenzug einhalten,[21] haben aber weder Suspensiv- noch Devolutiveffekt.

---

30.05.1967, OVGE 23, 403 (407 f.); *v. Mutius* JuS 1978, 542 f.; VerwArch 1979, 171 ff. und *Löwer* StuGB 1979, 29 ff. m.w.N. Auf jeden Fall ist der Rat »*zuständige Stelle*« und kann sich im Rahmen seiner Zuständigkeit mit Petitionen befassen und zumindest zur Vorbereitung der Petitionsbescheidung auch Beschwerdeausschüsse bilden. Vgl. § 24 NWGO und hierzu BVerwG v. 22.05.1980, NJW 1981, 700; OLG Düsseldorf v. 16.03.1983, NVwZ 1983, 502.

12 Vgl. die Grundsätze des Petitionsausschusses des Dt. Bundestages über die Behandlung von Bitten und Beschwerden v. 08.03.1989, NVwZ 1989, 843 und *Betz* FS Hans Hamisch 1994, S. 13 ff.

13 BVerfG v. 11.07.1961, BVerfGE 13, 54 (90); BayVerfGH v. 12.02.1982, BayVBl 1982, 431 (432); BremOVG v. 13.02.1990, JZ 1990, 965 (966); *Gierth* DÖV 1977, 764 ff.

14 BVerfG v. 22.04.1953, BVerfGE 2, 225 (229 ff.); v. 15.05.1992, NJW 1992, 3033 = JuS 1993, 251 *(Sachs)*. Zur Frage der Begründungspflicht vgl. BVerwG v. 13.11.1990, NJW 1991, 936; *Siegfried* DÖV 1990, 279 ff.

15 Vgl. *Slupik/Spohler* JuS 1992, 412 ff.

16 So *Seuffert* FS G. Müller, 1970, S. 497.

17 Vgl. BVerfG v. 19.05.1988, NVwZ 1989, 953.

18 NWOVG v. 23.02.1993, NWVBl 1993, 296.

19 Daher findet § 3 a VwVfG Anwendung.

20 Vgl. *Woike* DÖV 1984, 422.

21 *Woike* DÖV 1984, 422 plädiert mit Rücksicht auf den Notrufcharakter des Petitionsrechts mit einigem Recht dafür, in der Zuständigkeit kein Zulässigkeitserfordernis, sondern lediglich eine Sachbehandlungsvoraussetzung i.V.m. einer Abgabepflicht an die zuständige Behörde zu sehen.

Eine zulässige Petition liegt ferner nicht vor, wenn etwas gesetzlich Verbotenes gefordert wird, oder die Form der Petition den Anforderungen nicht entspricht, die an jede bei einer Behörde einzureichende Eingabe zu stellen sind, also etwa beleidigenden, herausfordernden oder erpresserischen Inhalt hat.[22]

In der Regel sind Petitionen *gebührenfrei* und müssen es wegen des Schutzzwecks des Art. 17 GG auch sein. Allenfalls »Mutwillenskosten« sind zulässig.[23] Ebenso scheidet allerdings auch eine Kostenerstattung zugunsten des erfolgreichen Petenten aus. Denn § 80 VwVfG gilt nur für förmliche Rechtsbehelfe.[24]

Ob Art. 17 GG nur die formlosen Rechtsbehelfe konstituiert oder auch im Umfang seiner Regelung einen Mindeststandard behördlicher Bescheidungspflichten bei förmlichen Rechtsbehelfen garantiert,[25] ist jedenfalls für den Widerspruch eine praktisch nicht relevante Frage, da die §§ 72, 73 VwGO die Behörde eindeutig zum Erlass eines Abhilfe- bzw. Widerspruchsbescheids verpflichten (vgl. § 26 Rn. 4)[26] und dem WF, weil zumindest auch seine Interessen schützend, ein korrespondierendes *Recht auf Bescheidung* gewähren.[27] 17

Bestritten ist lediglich, wie dieser Anspruch durchzusetzen ist. Anerkannt ist die Möglichkeit der *isolierten Anfechtungsklage* gegen einen auf Verletzung wesentlicher Verfahrensvorschriften beruhenden Widerspruchsbescheid (§ 79 II 2 VwGO),[28] die bei Erfolg die Widerspruchsbehörde zu einer Neubescheidung verpflichtet; ebenso die Befugnis des Gerichts, bei der Anfechtung des VA und des Widerspruchsbescheids allein den letzteren mit der Folge der Neueröffnung des Vorverfahrens aufzuheben.[29] Bleibt dagegen die Widerspruchsbehörde auf den Widerspruch untätig, ist neben der nach § 75 VwGO zulässigen Untätigkeitsklage auf Aufhebung des angefochtenen oder Erlass des abgelehnten VA eine isolierte *Verpflichtungsklage auf Erlass eines Widerspruchsbescheids* wegen mangelnden Rechtsschutzbedürfnisses unzulässig,[30] es sei denn, die verweigerte Widerspruchsentscheidung könnte dem WF im Einzelfall ein Mehr an Rechtsschutz gewähren als das Urteil, wie z.B. bei VAen nach Ermessen.[31] Auch für die isolierte Anfechtung eines Widerspruchsbescheids verlangt das BVerwG das Vorliegen eines besonderen Rechtsschutzbedürfnisses an einer Wiedereröffnung des Widerspruchsverfahrens (vgl. oben § 9 Rn. 17). Die Klage nach § 79 II 2 VwGO ist deshalb nur zulässig bei Entscheidungen, die nach Ermessens- und 18

---

22 BVerwG v. 09.03.1994, BVerwGE 103, 81 (89); BayVerfGH v. 29.01.1982, BayVBl 1983, 348 (350).

23 Wie hier BayVGH v. 08.05.1968, BayVBl 1968, 361 (362).

24 Vgl. NWOVG v. 29.06.1981, NVwZ 1982, 251; BVerwG v. 07.02.1982, NVwZ 1983, 345 f.; v. 20.05.1987, BVerwGE 77, 268 (270) für »Widersprüche« gegen nicht als VAe zu bewertende Verwaltungshandlungen. Vgl. auch BVerwG v. 29.04.1988, BVerwGE 79, 291 (293 f.) und § 46 Rn. 4.

25 So *Gierth* DÖV 1977, 763 f.

26 Die Empfehlung des BayStMdI v. 10.05.1991 (IA3–1042-1/91), offensichtlich unbegründete oder unzulässige Widersprüche im Interesse der Verwaltungsvereinfachung bewusst nicht zu bescheiden und den WF auf die Untätigkeitsklage zu verweisen, ist deshalb schlicht rechtswidrig. Ebenso *Klein* BayVBl 1993, 582 (583).

27 Vgl. *Schenke* DÖV 1996, 529 ff.

28 Vgl. NWOVG v. 05.06.1975, VerwRspr 27, 761; BVerwG v. 01.12.1978, BVerwGE 57, 130 (147 f.); BayVGH v. 17.07.1997, BayVBl 1998, 502 f. und unten § 25 Rn. 5, § 26 Rn. 14, § 30 Rn. 9, § 34 Rn. 8, § 43 Rn. 2.

29 Vgl. BVerwG v. 21.11.1961, BVerwGE 13, 195 (198); v. 17.05.1979, DÖV 1979, 791; v. 15.07.1980, BayVBl 1980, 725 (726); v. 11.10.1984, BVerwGE 70, 196 (197); *Seibert* BayVBl 1983, 174 ff.; *Kopp* JuS 1994, 742 (743 ff.); a.A. *H.J. Müller,* NJW 1982, 1371: einheitlicher, untrennbarer Verfahrensgegenstand; wohl auch BVerwG v. 21.10.1964, BVerwGE 19, 327 (330); *Dawin* NVwZ 1987, 872 (873); BWVGH v. 15.11.1989, NVwZ 1990, 1085.

30 BVerwG v. 30.08.1962, MDR 1962, 1010; BFH v. 05.05.1970, NJW 1971, 216; *v. Schledorn* NVwZ 1995, 250 f.; a.A. vor allem *Kopp/Schenke* Vorb. § 68 Rn. 13; *ders.* JuS 1994, 746; *Schenke* DÖV 1996, 537 ff.: generell zulässig; zu weitgehend BayVGH v. 22.10.1975, BayVBl 1976, 241, der wegen § 75 VwGO die Bescheidungspflicht lediglich als prozessuale Obliegenheit ansieht; ebenso BWVGH v. 09.02.1993, ESVGH 43, 142 (143); v. 10.11.1993, NVwZ 1995, 280; *Renck* JuS 1980, 30; hiergegen *Schenke* DÖV 1996, 535 ff.

31 Vgl. *v. Schledorn* NVwZ 1995, 251.

anderen Zweckmäßigkeitsgesichtspunkten[32] oder auf Grund einer Beurteilungsermächtigung getroffen werden,[33] nicht aber, wenn sich der AusgangsVA nach zwingendem Recht beurteilt und der vollen gerichtlichen Nachprüfung unterliegt.[34]

Ein Rechtsschutzbedürfnis ist weiterhin anzuerkennen für *Verpflichtungsklagen* des Bauherrn *auf Zurückweisung des Widerspruchs eines Nachbarn* (vgl. auch § 27 Rn. 14), da ansonsten dem Bauherrn eine der Bestandskraft fähige Baugenehmigung, auf die er nach materiellem Baurecht Anspruch hat, durch die verfahrensrechtlichen Wirkungen des Nachbarwiderspruchs vorenthalten würde.[35]

---

32 Vgl. BVerwG v. 11.10.1984, BVerwGE 70, 196 (200) – Rücknahme; vgl. auch NWOVG v. 08.03.1973, OVGE 28, 250 (252 f.).

33 Vgl. oben § 10 Rn. 10.

34 Vgl. BVerwG v. 05.11.1975, BVerwGE 49, 307 (308 f.); v. 07.10.1980, BVerwGE 61, 45 (47 f.); v. 07.09.1987, BVerwGE 78, 93 (94 ff.); v. 03.12.1987, NVwZ 1988, 346; v. 20.12.1988, NVwZ 1989, 756 f. = JuS 1990, 68 *(Osterloh)*.

35 Vgl. *Klein* BayVBl 1993, 583; VG Arnsberg v. 23.01.1998, NWVBl 1999, 111 f. Ebenso im Ergebnis BWVGH v. 10.11.1993, NVwZ 1995, 280, aber gestützt auf einen materiell-rechtlichen Anspruch auf Erlass eines Widerspruchsbescheids.

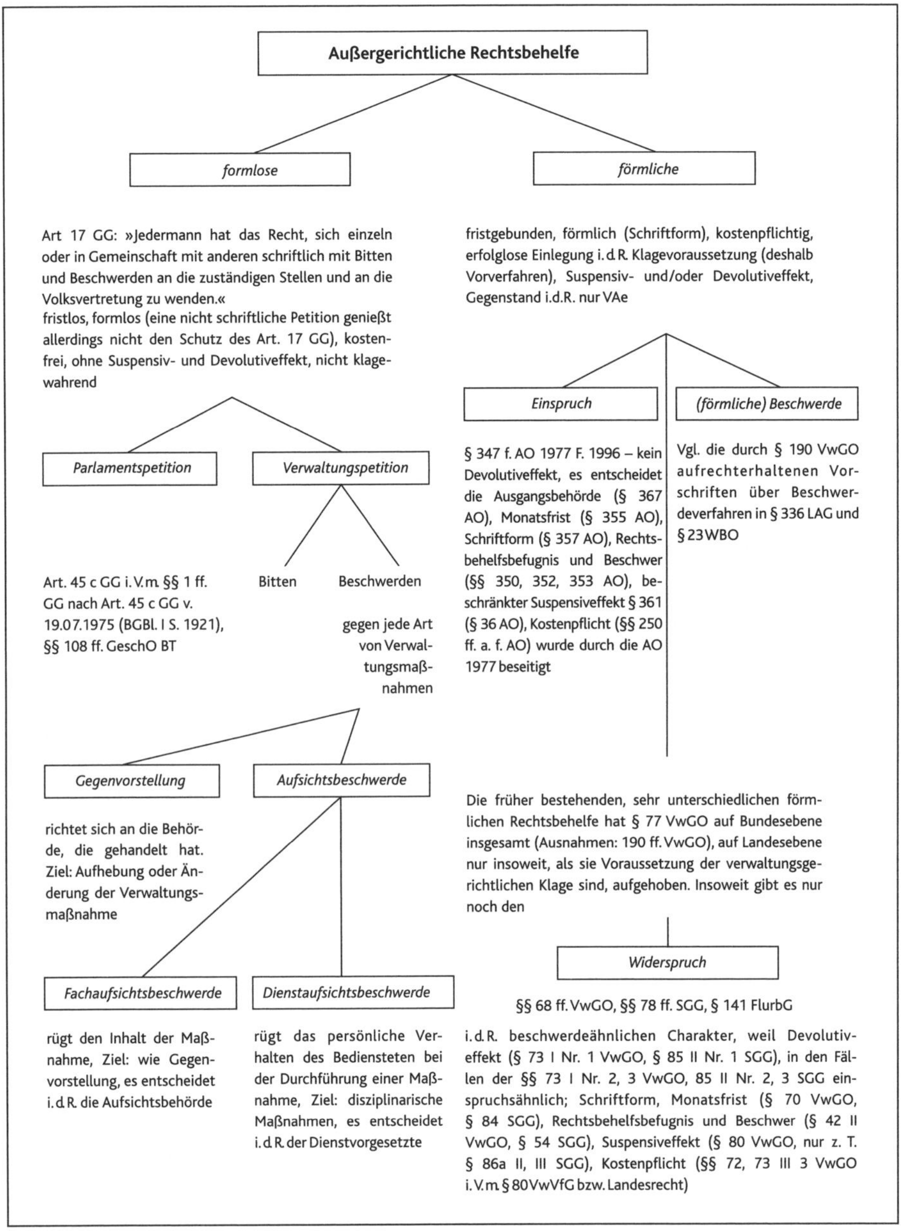
Außergerichtliche Rechtsbehelfe
formlose
förmliche
Art 17 GG: »Jedermann hat das Recht, sich einzeln oder in Gemeinschaft mit anderen schriftlich mit Bitten und Beschwerden an die zuständigen Stellen und an die Volksvertretung zu wenden.«
fristlos, formlos (eine nicht schriftliche Petition genießt allerdings nicht den Schutz des Art. 17 GG), kostenfrei, ohne Suspensiv- und Devolutiveffekt, nicht klagewahrend
fristgebunden, förmlich (Schriftform), kostenpflichtig, erfolglose Einlegung i. d. R. Klagevoraussetzung (deshalb Vorverfahren), Suspensiv- und/oder Devolutiveffekt, Gegenstand i.d.R. nur VAe
Parlamentspetition
Verwaltungspetition
Einspruch
(förmliche) Beschwerde
§ 347 f. AO 1977 F. 1996 – kein Devolutiveffekt, es entscheidet die Ausgangsbehörde (§ 367 AO), Monatsfrist (§ 355 AO), Schriftform (§ 357 AO), Rechtsbehelfsbefugnis und Beschwer (§§ 350, 352, 353 AO), beschränkter Suspensiveffekt § 361 (§ 36 AO), Kostenpflicht (§§ 250 ff. a. f. AO) wurde durch die AO 1977 beseitigt
Vgl. die durch § 190 VwGO aufrechterhaltenen Vorschriften über Beschwerdeverfahren in § 336 LAG und § 23 WBO
Art. 45 c GG i. V. m. §§ 1 ff. GG nach Art. 45 c GG v. 19.07.1975 (BGBl. I S. 1921), §§ 108 ff. GeschO BT
Bitten
Beschwerden
gegen jede Art von Verwaltungsmaßnahmen
Gegenvorstellung
Aufsichtsbeschwerde
richtet sich an die Behörde, die gehandelt hat. Ziel: Aufhebung oder Änderung der Verwaltungsmaßnahme
Die früher bestehenden, sehr unterschiedlichen förmlichen Rechtsbehelfe hat § 77 VwGO auf Bundesebene insgesamt (Ausnahmen: 190 ff. VwGO), auf Landesebene nur insoweit, als sie Voraussetzung der verwaltungsgerichtlichen Klage sind, aufgehoben. Insoweit gibt es nur noch den
Widerspruch
§§ 68 ff. VwGO, §§ 78 ff. SGG, § 141 FlurbG
Fachaufsichtsbeschwerde
Dienstaufsichtsbeschwerde
rügt den Inhalt der Maßnahme, Ziel: wie Gegenvorstellung, es entscheidet i. d. R. die Aufsichtsbehörde
rügt das persönliche Verhalten des Bediensteten bei der Durchführung einer Maßnahme, Ziel: disziplinarische Maßnahmen, es entscheidet i. d. R. der Dienstvorgesetzte
i. d. R. beschwerdeähnlichen Charakter, weil Devolutiveffekt (§ 73 I Nr. 1 VwGO, § 85 II Nr. 1 SGG), in den Fällen der §§ 73 I Nr. 2, 3 VwGO, 85 II Nr. 2, 3 SGG einspruchsähnlich; Schriftform, Monatsfrist (§ 70 VwGO, § 84 SGG), Rechtsbehelfsbefugnis und Beschwer (§ 42 II VwGO, § 54 SGG), Suspensiveffekt (§ 80 VwGO, nur z. T. § 86a II, III SGG), Kostenpflicht (§§ 72, 73 III 3 VwGO i. V. m. § 80 VwVfG bzw. Landesrecht)

# 2. Abschnitt. Struktur und Verlauf des Widerspruchsverfahrens

## § 25 Einleitung des Vorverfahrens und Devolutiveffekt

### A. Beginn des Vorverfahrens

1 Das Vorverfahren *beginnt* mit der Erhebung des Widerspruchs (§ 69 VwGO). *Erhoben* ist der Widerspruch in dem Zeitpunkt, in dem er der zu seiner Entgegennahme zuständigen Behörde *zugeht;* nicht entscheidend ist also, wann dem zuständigen Sachbearbeiter die Widerspruchsschrift vorgelegt wird. Von diesem Zeitpunkt ab treten die vollen Wirkungen des Widerspruchs, insbesondere der Suspensiveffekt, ein. *Zu erheben* ist der Widerspruch schriftlich binnen Monatsfrist bei der Behörde, die den VA erlassen hat (§ 70 I 1 VwGO).

Ein wirksamer Widerspruch liegt nicht vor, wenn das Widerspruchsschreiben nicht erkennen lässt, gegen welchen Bescheid sich das Rechtsmittel richtet und wer die Ausgangsbehörde ist (BWVGH v. 07.03.1991, VGHBW-Ls 179/1991).

2 Sind *Ausgangs- (Erst- oder Abhilfe-) und Widerspruchsbehörde,* wie im Regelfall (§ 73 I 2 Nr. 1 VwGO), nicht identisch, wird die Frist auch durch Einlegung bei der Behörde, die den Widerspruchsbescheid zu erlassen hat, gewahrt (§ 70 I 2 VwGO).

Auch im Fall des § 70 I 2 VwGO beginnt das Vorverfahren mit dem Eingang des Widerspruchs bei der Widerspruchsbehörde. Bereits dann ist er erhoben i.S.d. § 69 VwGO.[1] Die unterschiedliche Wortwahl in § 70 I 1 und 2 (erheben – einlegen) beruht auf sprachlichen Gründen; sie ist augenscheinlich synonym gemeint und hat keine Bedeutung für den Beginn des Vorverfahrens und den Eintritt der Wirkungen des Widerspruchs.

Die Schriftform kann durch die elektronische Form ersetzt werden, wenn die zuständige Behörde einen entsprechenden Zugang eröffnet hat. Dies geschieht i.d.R. durch Portale. Erforderlich ist aber, dass eine E-Mail mit einer qualifizierten elektronischen Signatur im Sinne des SigG versehen wird. Diese Anforderungen lassen sich nur schwer erfüllen, so dass der Einsatz von E-Mails zur Widerspruchserhebung mit Risiken behaftet ist (vgl. Beck-OK – VwVfG/*U. Müller* § 3 a).

### B. Der Devolutiveffekt des Widerspruchs

3 Da im Regelfall zwei Behörden unterschiedlicher Verwaltungsebenen als entscheidende Instanzen im Vorverfahren auftreten, bedarf es einer Bestimmung ihres Verhältnisses zueinander, einer Abgrenzung ihrer Zuständigkeiten. Die VwGO ordnet das Verhältnis der Ausgangs-(Abhilfe-)Behörde zur Widerspruchsbehörde durch das Institut des Devolutiveffekts, das sie in eigentümlicher, noch näher zu bestimmender Weise mit dem der Abhilfe verknüpft (§§ 72, 73 I 1 VwGO).

---

1 Vgl. *Renck* DÖV 1973, 265; BayVGH v. 27.07.1964, BayVBl 1965, 66: spätestens mit Eingang des bei der Widerspruchsbehörde eingelegten und der Ausgangsbehörde übersandten Widerspruchs bei dieser.

Bei den (gerichtlichen) Rechtsmitteln *Berufung* und *Revision*[2] tritt der Devolutiveffekt mit ihrer Einlegung gleichsam »*automatisch*« ein. Die Einlegung des Rechtsmittels *hebt* ex lege den Rechtsstreit an die höhere Instanz. Die *Anfallwirkung* des Devolutiveffekts begründet gleichzeitig die Zuständigkeit des Oberrichters und beendet die des Unterrichters (vgl. §§ 124a II 1, 125, 139 III 2 VwGO).

Der *Devolutiveffekt des Widerspruchs* dagegen ist *gehemmt, aufschiebend bedingt durch die Abhilfeverweigerung* seitens der Ausgangsbehörde. Seine zuständigkeitsbegründende Anfallwirkung ist abhängig von der Verweigerung der Abhilfe (§ 73 I 1 VwGO). 4

Insoweit ist der Widerspruch am ehesten mit dem Rechtsmittel der Beschwerde (vgl. §§ 133 V 1, 148 I VwGO) vergleichbar.

Die nächsthöhere Behörde ist deshalb nur und erst dann zur Entscheidung über den Widerspruch zuständig, wenn zuvor die Ausgangsbehörde ausdrücklich oder konkludent, etwa durch Übersendung der Verfahrensakten, die Abhilfe verweigert hat.[3] Die zuständigkeitsbegründende Anfallwirkung des Devolutiveffekts des Widerspruchs tritt ein mit der Abhilfeverweigerung durch die Ausgangsbehörde, nicht erst mit dem Eingang der Verfahrensakten bei der nächsthöheren Behörde,[4] mag auch rein tatsächlich die Entscheidungsmöglichkeit i.d.R. von der Verfügbarkeit der Akten abhängen.[5]

Im Fall des § 70 I 2 VwGO hat deshalb die Widerspruchsbehörde zunächst der Ausgangsbehörde Gelegenheit zur Abhilfe zu geben, was formlos geschehen kann, i.d.R. aber durch Übersendung der Widerspruchsschrift erfolgen wird. Eine Missachtung dieser Pflicht stellt einen wesentlichen Verfahrensmangel dar, der – ebenso wie die Entscheidung einer unzuständigen Widerspruchsbehörde[6] – zur isolierten Anfechtung des Widerspruchsbescheids berechtigt (§ 79 II 2 VwGO),[7] denn § 70 I 2 VwGO stellt nur eine Erleichterung für den WF hinsichtlich des Ortes der Widerspruchseinlegung und der Fristwahrung dar, enthält aber keine Änderung der in den §§ 72, 73 VwGO abschließend geregelten und zwingenden Zuständigkeiten. 5

Anders als im gerichtlichen Rechtsmittelrecht hat die *Anfallwirkung des Devolutiveffekts* nicht eine die Zuständigkeit der Abhilfebehörde beendende, sondern nur eine relative, eine Zuständigkeitskonkurrenz zwischen Abhilfe- und Widerspruchsbehörde erzeugende *Wirkung*.[8] Die Ausgangsbehörde kann deshalb dem Widerspruch auch dann noch abhelfen, wenn sie die Abhilfe zunächst verweigert und die Sache der Widerspruchsbehörde vorgelegt hat. 6

Dies ergibt sich aus dem Wortlaut und dem systematischen Zusammenhang der §§ 72, 73 I 1 VwGO, die beide von dem Gedanken der Abhilfe beherrscht werden[9] und ihr keine zeitlichen Schranken setzen.[10] Es kann nicht Sinn des § 73 I 1 VwGO sein, der Widerspruchsbehörde ein Entscheidungsmonopol zu sichern.

2 Nicht jedoch die Anhörungsrüge nach § 152a VwGO.
3 Vgl. *v. Mutius* S. 206; *Schoch* NVwZ 1983, 255.
4 Vgl. BayVGH v. 27.07.1964, BayVBl 1965, 66: spätestens mit Eingang des abhilfeverweigernden Schreibens der Ausgangsbehörde.
5 Vgl. *Renck* DÖV 1973, 265.
6 Vgl. unten § 30 Rn. 9.
7 Vgl. BVerwG v. 04.07.1973, Buchholz 448.0 § 32 WpflG Nr. 10 und § 9 Rn. 17, § 24 Rn. 19.
8 Vgl. BVerwG v. 27.09.1989, BVerwGE 82, 336 (338); v. 18.04.1986, NVwZ 1987, 224 (225); BayVGH v. 27.07.1964, BayVBl 1965, 67 (6. Senat); v. 23.03.1987, BayVBl 1987, 465 (14. Senat); v. 25.03.1988, BayVBl 1988, 628, 629 (23. Senat);. RhPfOVG v. 09.03.1987, NVwZ 1987, 1098; BWVGH v. 02.05.1988, VBlBW 1989, 53 (54).
9 *Kopp/Schenke* § 72 Rn. 2.
10 BayVGH v. 27.07.1964, BayVBl 1965, 67.

7 Die Gegenansicht begründet die Annahme einer die Zuständigkeit der Abhilfebehörde beendenden Anfallwirkung des Devolutiveffekts mit dem Hinweis darauf, dass im gerichtlichen Rechtsmittelrecht die Vorlage an die nächsthöhere Instanz nach verweigerter Abhilfe anerkanntermaßen eine ausschließliche Zuständigkeit des Oberrichters begründe (§§ 133 V 1, 148 I VwGO,[11] § 571 ZPO,[12] § 306 II StPO) und, da dem Gesetzgeber dieser Begriff der »Abhilfe« bekannt war, kein Grund ersichtlich sei, ihn in den §§ 72, 73 I 1 VwGO anders zu verstehen.[13]

8 Gleichwohl hält auch diese Ansicht die Abhilfebehörde nach Vorlage des Widerspruchs und Eintritt des Devolutiveffekts für berechtigt, zugunsten des WF zu entscheiden und den angegriffenen VA aufzuheben. Nur sei diese Zugunstenentscheidung kein Abhilfebescheid i.S.d. § 72 VwGO, sondern ein Zweitbescheid.[14] Die Zuständigkeit der Ausgangsbehörde hierfür ergebe sich deshalb nicht aus der VwGO, sondern aus der für den jeweiligen VA geltenden Zuständigkeitsregelung.[15]

9 Überzeugend ist diese Ansicht nicht. Von einem Zweitbescheid kann schlechterdings nicht gesprochen werden, denn dieser setzt nach einhelliger Auffassung ein bestandskräftig abgeschlossenes Verwaltungsverfahren voraus.[16] Hieran fehlt es, solange der Widerspruch noch anhängig ist.

Keinen Abhilfebescheid, sondern einen Zweitbescheid erlässt die Ausgangsbehörde deshalb nur dann, wenn der Widerspruch verfristet,[17] das Vorverfahren durch bestandskräftigen Widerspruchsbescheid abgeschlossen oder gar der angegriffene VA durch rechtskräftiges Urteil bestätigt worden ist.

10 Richtig ist lediglich, dass die Ausgangsbehörde den angegriffenen VA jederzeit, auch und gerade bevor er unanfechtbar geworden ist, nach den §§ 48 I 1, 49 II VwVfG aufheben kann; Vertrauensschutzeinschränkungen bestehen, solange ein Rechtsbehelfsverfahren schwebt, grundsätzlich nicht (arg. § 50 VwVfG).[18] Gerade wegen dieser umfassenden Sachherrschaft ist die Ausgangsbehörde als Abhilfebehörde in das Widerspruchsverfahren eingegliedert und durch § 72 VwGO in Pflicht genommen worden. Auch dies spricht entscheidend gegen die Beschränkung der Abhilfepflicht des § 72 VwGO auf die Zeit bis zum Eintritt des Devolutiveffekts. Nicht von ungefähr verwendet auch § 50 VwVfG den Begriff der Abhilfe in einem umfassenden Sinne: Aufhebung des angegriffenen VA durch die Ausgangsbehörde sowohl vor als auch nach Eintritt des Devolutiveffekts.

Dass § 50 VwVfG nur den Verfahrensabschnitt nach Eintritt des Devolutiveffekts erfasse,[19] kann nur der meinen, der die Entstehungsgeschichte ignoriert. § 50 VwVfG war vornehmlich als klarstellende »salvatorische« Norm gedacht. Sollten die §§ 72, 73 VwGO wegen der bestrittenen Bundeskompetenz tat-

11 Vgl. BVerwG v. 11.05.1962, NJW 1962, 1692; a.A. *Bettermann* ZZP 1975, 409 für die einfache Beschwerde.

12 Vgl. statt vieler *Baumbach/Lauterbach/Albers/Hartmann* § 571 Rn. 9.

13 Vgl. *Birkner/Rott* S. I/147, S. I/149 f. unter Hinweis auf die dort abgedruckte Entscheidung des BayVGH v. 24.10.1974 (8. Senat), LS: BayVBl 1976, 691; *Linhart* § 20 Rn. 20.

14 *Kopp/Schenke* § 72 Rn. 8.

15 BayVGH v. 24.10.1974; *Linhart* § 20 Rn. 21.

16 Vgl. statt vieler *Wolff/Bachof/Stober* I, § 50 Rn. 11 f.; *Maurer* JuS 1976, 25 ff. und *Wilke* FS 125 Jahre Jur. Gesellschaft Berlin, S. 851.

17 Vgl. dazu unten § 42 Rn. 3 ff. und *Oberrath/Hahn* JA 1995, 886 (888).

18 Vgl. *Erichsen* AllgVerwR, § 19 Rn. 9 m.w.N.

19 So etwa *Erichsen* AllgVerwR, § 19 Rn. 6; vgl. auch *Knoke* S. 298, 300, der freilich § 50 VwVfG auf die Abhilfe nach § 72 VwGO überhaupt nicht anwenden will, weil er die §§ 72, 73 VwGO als abschließende Spezialregelungen – auch in materiell-rechtlicher Hinsicht – versteht; a.A. – wie hier – *Meyer/Borgs* § 50 Rn. 16; *Lange* Jura 1980, 463, 465; *Kopp/Ramsauer* § 50 Rn. 10; Beck-OK – VwVfG/*Falkenbach* VwVfG, § 50 Rn. 11; wie hier *Wolff/Decker* VwVfG, § 50 Rn. 11.

sächlich nur als Verfahrensnormen zu verstehen sein,[20] würde sich die Aufhebung des angegriffenen VA im Widerspruchsverfahren materiell nach den §§ 79, 48, 49 VwVfG richten und damit die Abhilfe beim Drittwiderspruch den Vertrauensschutzschranken der §§ 48 I 2, 49 II VwVfG unterliegen, obwohl der Begünstigte während eines anhängigen Rechtsbehelfsverfahrens grundsätzlich keinen Vertrauensschutz verdient.[21] Eine derartige Interpretation auszuschließen, ohne zu der umstrittenen Kompetenzfrage Stellung nehmen zu müssen, war der erklärte Zweck des § 50 VwVfG.[22] Besteht aber der Sinn des § 50 VwVfG vornehmlich darin, den § 72 VwGO sicherheitshalber durch eine flankierende materielle Aufhebungsvorschrift zu ergänzen, ist einsichtig, dass § 50 VwVfG auch und vor allem die Abhilfe vor Eintritt des Devolutiveffekts erfasst.

Auch die *Parallele zum Devolutiveffekt gerichtlichen Rechtsmittel* ist nicht haltbar, 11
denn der Widerspruch ist kein Rechtsmittel, sondern ein außergerichtlicher Rechtsbehelf. Das Prozessrecht kennt konkurrierende Zuständigkeiten mehrerer Gerichtsinstanzen nicht und kann sie wegen des verfassungsrechtlichen Grundsatzes des gesetzlichen Richters (Art. 101 I 2 GG) und der Neutralitäts- und Passivitätspflicht des Richters (»ne eat judex ex officio«)[23] auch nicht kennen. Dem Verwaltungsverfahrensrecht sind dagegen konkurrierende Zuständigkeiten mehrerer Behörden nicht fremd, wie z.B. das Institut des Selbsteintrittsrechts der höheren Behörde zeigt.[24] Sie sind auch unbedenklich, weil dem Verwaltungsverfahren, auch in der Form des außergerichtlichen Rechtsbehelfsverfahrens, eben nicht die Funktion einer Streitentscheidung durch eine dritte, neutrale Instanz, sondern einer gesetzmäßigen Gestaltung des Verwaltungsrechtsverhältnisses zukommt. Weder die Funktion des Vorverfahrens, eine nochmalige Selbstkontrolle der Verwaltung herbeizuführen, noch seine Entlastungs- und Rechtsschutzfunktion erfordern eine die Abhilfebefugnis der Ausgangsbehörde beendende Anfallwirkung des Devolutiveffekts; im Gegenteil, allen drei Zwecken ist am besten gedient durch eine möglichst rasche, dem Gesetzmäßigkeitsprinzip Rechnung tragende Entscheidung. Dies aber wird am ehesten durch die Annahme einer Zuständigkeitskonkurrenz, reguliert durch das *Prioritätsprinzip*,[25] garantiert (s.a. § 27 Rn. 1). Es besteht deshalb kein Grund, der Ausgangsbehörde nach Eintritt des Devolutiveffekts die Abhilfebefugnis zu verweigern.

---

20 Vgl. oben § 24 Rn. 5 m.w.N.

21 *Maurer* Verwaltungsrecht, § 11 Rn. 71 spricht daher von einem »Scheinproblem«.

22 Vgl. BT-Drucks. 7/910, S. 74.

23 Vgl. *Bettermann* EvStL, Sp. 2779.

24 Vgl. dazu unten § 42 Rn. 11. Zur Zuständigkeitskonkurrenz im Sicherheitsrecht vgl. BayVGH v. 25.03.1974, BayVBl 1974, 471 (472).

25 Vgl. *Renck* DÖV 1973, 265; ebenso *Hofmann* FS Menger, S. 619; *Kopp/Schenke* § 72 Rn. 2; Schoch/Schmidt-Aßmann/Pietzner/*Dolde* § 72 Rn. 7.

# § 26 Die Entscheidung über den Widerspruch und die Struktur des Vorverfahrens

## A. Die Entscheidung über die Abhilfe

1 Kraft des gehemmten Devolutiveffekts des Widerspruchs (§§ 72, 73 I 1 VwGO) ist zunächst ausschließlich die Ausgangsbehörde zur Entscheidung über den Widerspruch zuständig. Sie prüft zunächst die Zulässigkeit des Widerspruchs (§ 70 VwGO) und sodann erneut die Rechtmäßigkeit und Zweckmäßigkeit des VA in vollem Umfang nach (§ 68 I 1 VwGO).[1]

Der *Zweckmäßigkeitsnachprüfung* kommt besondere Bedeutung in Selbstverwaltungsangelegenheiten zu, wenn die nächsthöhere Behörde auf die Rechtmäßigkeitskontrolle beschränkt ist.[2] Vereinzelt ist durch Spezialrecht die Abhilfebefugnis der Ausgangsbehörde ausgeschlossen (so z.B. § 33 S. 2 SUG, bei Widersprüchen gegen einen Spruch des Seeamtes, um »Mehraufwand zu vermeiden« – vgl. BT-Drucks. 11/7030, S. 41).

2 Der dem VA zugrunde gelegte *Sachverhalt* ist von der Ausgangsbehörde erneut voll nachzuprüfen. Neu vorgetragene Tatsachen sind zu berücksichtigen, der Sachverhalt, falls erforderlich, neu aufzuklären.[3] Zwischenzeitlich eingetretene *Rechtsänderungen* zugunsten des WF sind zu berücksichtigen.[4]

Nachteilige Rechtsänderungen können dagegen von der Abhilfebehörde nicht berücksichtigt werden, da die Verwerfungsbefugnis nur der Widerspruchsbehörde zusteht.

Ist die Aufhebung oder Änderung eines VA im Widerspruchsverfahren erstmalig mit einer Beschwer verbunden, so soll der Betroffene vor Erlass des Abhilfebescheides gehört werden (§ 71 VwGO i.d.F. des 6. VwGOÄndG).[5]

3 Hält die Ausgangsbehörde den Widerspruch für zulässig[6] und begründet, so hilft sie ihm ab[7] und entscheidet über die Kosten (§ 72 VwGO).[8] Ansonsten muss sie den Widerspruch unverzüglich der Widerspruchsbehörde vorlegen, die einen schriftlichen, mit Rechtsbehelfsbelehrung und Kostenentscheidung versehenen Widerspruchsbescheid erlässt (§ 73 VwGO).[9]

In *Hessen* muss die Abhilfebehörde vor Verweigerung der Abhilfe i.d.R. den Entscheidungsvorschlag eines beratenden Ausschusses einholen.[10]

4 Durch die Vorlage der Sache an die Widerspruchsbehörde wird die Abhilfebefugnis der Ausgangsbehörde nicht beseitigt; sie bleibt für die gesamte Dauer des Widerspruchsverfahrens erhalten.[11] Die Abhilfebefugnis ist – ebenso wie die Entscheidungsbefugnis über

---

1 Hier gelten die gleichen Maßstäbe wie für die Nachprüfung durch die Widerspruchsbehörde.
2 Vgl. dazu unten § 37 Rn. 17 f.
3 Vgl. *Schnuck/De Clerk* § 72 Rn. 1 a.
4 Vgl. dazu unten § 38 Rn. 15 f.
5 Dazu näher unten Rn. 16.
6 Vgl. dazu unten § 29 Rn. 1.
7 Zur Abfassung des Abhilfebescheides und des Vorlageschreibens vgl. unten § 41 Rn. 15 ff.
8 Vgl. dazu unten §§ 44 ff.
9 Zum Inhalt des Widerspruchsbescheids und zum Verfahren der Widerspruchsbehörde vgl. unten Rn. 11 ff. und §§ 38 ff.
10 Vgl. dazu unten Fn. 41 und § 37 Rn. 23.
11 Vgl. § 25 Rn. 6 ff., § 45 Rn. 10.

die Kosten[12] – auch *Pflicht* der Abhilfebehörde, da § 72 VwGO insoweit keinen Entscheidungsspielraum eröffnet.[13]

Nicht haltbar ist deshalb die *Praxis der bayerischen inneren Verwaltung,* in Fällen einer durch den WF zu vertretenden Änderung der Sach- und Rechtslage (etwa durch Einschränkung oder Erweiterung des ursprünglichen, dem VA zugrundeliegenden Antrags) die Ausgangsbehörde anzuhalten, dem Widerspruch nicht abzuhelfen, sondern ihn der Widerspruchsbehörde unter Hinweis darauf vorzulegen, dass sie beabsichtige, den VA im Hinblick auf die veränderte Sach- und Rechtslage aufzuheben.[14] Dies soll den Sinn haben, eine Kostenentscheidung nach § 72 VwGO zugunsten des WF zu vermeiden, da die Aufhebung nach Vorlage an die Widerspruchsbehörde nach Ansicht des BayVGH eine Erledigung[15] darstellt, die eine flexible Kostenentscheidung ermöglicht. Dies stellt einen Verstoß gegen die Abhilfepflicht des § 72 VwGO und eine Umgehung der als unbefriedigend empfundenen Kostenregelung des Art. 80 BayVwVfG dar.[16]

Die *Abhilfebefugnis* der Ausgangsbehörde ist beschränkt auf die positive Entscheidung 5
zugunsten des WF. Sie kann den angefochtenen VA nur ganz oder teilweise aufheben, den beantragten und abgelehnten VA nur ganz oder teilweise erlassen, nicht aber den Widerspruch als unzulässig oder unbegründet zurückweisen, verwerfen oder gar den ursprünglichen VA zum Nachteil des WF verbösern.[17]

Eine *Verwerfungsbefugnis* in diesem Sinne besitzt nur die Widerspruchsbehörde.[18] Eine nach außen wir- 6
kende Entscheidungszuständigkeit kommt also der Abhilfebehörde in den Verwerfungsfällen nicht zu[19] Lehnt sie die Abhilfe ab, ist dies eine *verfahrensinterne Entscheidung,* die in den Akten zu vermerken und nur gegenüber der Widerspruchsbehörde, nicht aber gegenüber dem WF zu verlautbaren ist.[20]

Hält die Abhilfebehörde den Widerspruch für teilweise begründet, ist sie zum Erlass ei- 7
nes *Teilabhilfebescheids* nicht verpflichtet.[21]

Eine Abhilfepflicht spricht § 72 VwGO nur für die (Voll-)Abhilfe aus. Dies ergibt sich aus dem Vergleich mit § 113 I VwGO, der ausdrücklich auch die Teilaufhebung mit einschließt (»soweit«). Die unterschiedliche Behandlung der Voll- und Teilabhilfe rechtfertigt sich daraus, dass die VwGO für den Fall der Teilabhilfe noch einen Bescheid der Widerspruchsbehörde vorsieht und deshalb eine Abhilfepflicht nicht erforderlich ist.

12 Vgl. dazu unten § 44 Rn. 8, 10.

13 Vgl. BWVGH v. 02.05.1988, VBlBW 1989, 53 (54); *v. Mutius* S. 45; *Kratzer* BayVBl 1960, 167; *Renck* DÖV 1973, 266; *Linhart* § 20 Rn. 29; *Knoke* S. 295 sowie § 27 Rn. 5.

14 Vgl. Nr. II 1 c des RdSchr. des BayStMI v. 26.07.1965, abgedruckt bei *Birkner/Rott* S. I/129 ff.; *Linhart* 20 Rn. 28.

15 Vgl. dazu unten § 27 Rn. 2.

16 Wie hier *Linhart* § 20 Rn. 29, der zu Recht darauf hinweist, dass Unbilligkeiten hinsichtlich der Kostenlast in diesen Fällen wegen § 80 I 4 VwVfG kaum auftreten können; ebenso *Allesch* S. 151.

17 Eine Reformatio in peius (dazu unten § 40) ist also der Abhilfebehörde verwehrt; vgl. *v. Mutius* S. 46, Fn. 97, S. 222; *Freitag* VerwArch 1965, 330; *Skouris* DÖV 1982, 133; *Kopp/Schenke* § 72 Rn. 3; *Allesch* S. 148; BremOVG v. 6. 1.1989, BauR 1989, 191 (193); Schoch/Schmidt-Aßmann/Pietzner/*Dolde* § 72 Rn. 13; a.A. *Oerder* S. 162 ff.; *Beckmann*, VR 1998, 227.

18 Vgl. *Renck* DÖV 1973, 265; *v. Mutius* S. 46, 222.

19 Vgl. *v. Mutius* S. 66.

20 Vgl. *Kopp/Schenke* § 72 Rn. 3; *Schnuck/De Clerk* § 72 Rn. 2; *v. Mutius* S. 205 f.; Knack/*Busch,* § 79 Rn. 06.07.2; *Sachs* NVwZ 1982, 422; a.A. wohl *Weides* S. 230; *Oberrath/Hahn* JA 1995, 886 (888) und vor allem *Linhart* § 13 Rn. 4; § 20 Rn. 17, der die Mitteilung an den WF – entsprechend § 148 II VwGO – für zweckmäßig hält. Bejaht man die Zulässigkeit einer Verlautbarung gegenüber dem WF, kann sie allenfalls den Charakter einer rein verfahrensrechtlichen Zwischennachricht ohne Regelungsgehalt haben.

21 Vgl. auch *Pietzner* VerwArch 1982, 236 Fn. 22. Wie hier *Linhart* § 20 Rn. 18; *Weides* S. 230; *Allesch* S. 149; Knack/*Busch* § 79 Rn. 6.7, 06.07.2; a.A. *Redeker/v. Oertzen* § 72 Rn. 2; *Ule* S. 123; Schoch/Schmidt-Aßmann/Pietzner/*Dolde* § 72 Rn. 12.

8 Da die Teilabhilfe den Widerspruch nicht verbraucht,[22] wird auch in diesem Fall der gesamte Verfahrensgegenstand bei der Widerspruchsbehörde anhängig. Die Widerspruchsbehörde könnte deshalb den Teilabhilfebescheid aufheben und durch Zurückweisung des Widerspruchs den Ausgangs-VA wiederherstellen. Es wird deshalb i.d.R. zweckmäßig sein, die Teilabhilfe zu unterlassen und den Vorgang mit einer entsprechenden Stellungnahme an die Widerspruchsbehörde weiterzuleiten,[23] zumal auch die Kostenentscheidung erst im Widerspruchsbescheid getroffen werden kann, da erst dieser das Widerspruchsverfahren endgültig abschließt und erst zu diesem Zeitpunkt sich übersehen lässt, wer im Endergebnis unterliegt.[24]

9 Über die Kosten des Widerspruchsverfahrens darf die Abhilfebehörde nur entscheiden, wenn sie dem Widerspruch voll abhilft. Bei Teilabhilfe könnte sie von vornherein nur über die Kostenquote entscheiden, die dem Umfang des Obsiegens des WF entspricht, denn eine Verwerfungsbefugnis steht der Abhilfebehörde nicht zu (vgl. oben Rn. 6).[25] Hält man eine Kostenentscheidung bei Teilabhilfe für geboten,[26] würde dies deshalb zwangsläufig zu Kostentrennung und Teilkostenentscheidungen von Abhilfe- und Widerspruchsbehörde führen – ein Ergebnis, das nicht nur unpraktikabel wäre, sondern auch gegen das den §§ 72, 73 III 2 VwGO, 80 VwVfG zugrundeliegende *Prinzip der Einheitlichkeit der Kostenentscheidung* verstieße.[27] Insonderheit die mit der Kostenentscheidung zu treffende Entscheidung über die Notwendigkeit der Beiziehung eines Bevollmächtigten (§ 80 III 2 VwVfG) kann für das gesamte Widerspruchsverfahren nur einheitlich getroffen werden.

10 Sind *Abhilfe- und. Widerspruchsbehörde identisch*, entfällt das Abhilfeverfahren.[28] Abhilfe und Devolutiveffekt sind Institute, die auf das Tätigwerden zweier selbständiger Entscheidungsinstanzen zugeschnitten sind. Sie verlieren ihren Sinn, wenn über den Rechtsbehelf die Erlassbehörde selbst zu entscheiden hat. § 73 I 1 VwGO ist – wie § 72 VwGO – am Regelfall des zweistufigen Widerspruchsverfahrens ausgerichtet. Sein Sinn besteht darin, die Voraussetzungen des Devolutiveffekts zu regeln. Kann dieser in Ermangelung einer nächsthöheren Behörde nicht eintreten, geht § 73 I 1 VwGO ins Leere, so dass nach der Systematik der §§ 72, 73 VwGO sogleich § 73 I 2 VwGO eingreift.

---

22 Und zwar auch nicht teilweise (*Erichsen* Jura 1992, 647; Schoch/Schmidt-Aßmann/Pietzner/*Dolde* § 72 Rn. 12), denn weder hat der WF mit der Teilabhilfe sein Verfahrensziel erreicht, noch ist die Widerspruchsbehörde an den Teilabhilfebescheid gebunden, wie sie auch nicht an den AusgangsVA gebunden ist. Vgl. weiterhin *Pietzner* VerwArch 1982, 234 f. Die Gegenansicht beruht m.E. zu sehr auf prozessrechtlichen Vorstellungen, die aus der Verfahrensherrschaft der Prozessbeteiligten und dem anders gearteten Verhältnis zweier einander übergeordneter Gerichtsinstanzen herrühren dürften. Die Gegenansicht müsste zudem annehmen, dass im Falle einer erstmaligen Beschwer durch den Teilabhilfebescheid dieser durch Klage angefochten werden müsste und es zu einer Überschneidung von Widerspruchs- und Klageverfahren kommen müsste (so konsequent Schoch/Schmidt-Aßmann/Pietzner/*Dolde* § 68 Rn. 19).

23 Ebenso *Oberrath/Hahn* JA 1995, 887.

24 Vgl. BVerwG v. 18.12.1975, Buchholz 424.01 § 147 FlurbG Nr. 3 S. 2; v. 15.02.1991, BVerwGE 88, 41 (46) = JuS 1992, 971 *(Osterloh)* und ausführlich *Pietzner* VerwArch 1982, 232 ff.; zustim. Knack/*Busch* § 79 Rn. 06.07.2; Eyermann/*Rennert* § 72 Rn. 8; Schoch/Schmidt-Aßmann/Pietzner/*Dolde* § 72 Rn. 17; a.A. BWVGH v. 18.05.1981, ESVGH 31, 224 (225); v. 13.03.1991, NVwZ-RR 1992, 54; ebenso *Kopp/Schenke* § 72 Rn. 5; *Renz* DÖV 1991, 138; *Gern* NVwZ 1991, 437; wohl auch *Schmitt Glaeser/Horn* Rn. 220. Vgl. auch unten § 45 Rn. 10.

25 Vgl. *Pietzner* VerwArch 1982, 235 f.

26 Vgl. BWVGH, ESVGH 31, 225; *Kopp/Schenke* § 72 Rn. 5.

27 Vgl. *Pietzner* VerwArch 1982, 233 f., 237. Eine Kostentrennung tritt nur dann ein, wenn sich dem Widerspruchsverfahren, soweit nicht abgeholfen worden ist, ein Klageverfahren angeschlossen hat und insoweit die Kosten des Vorverfahrens Teil der Kosten des gerichtlichen Verfahrens geworden sind (§§ 161 I, 162, 164 VwGO) und dem Regime des gerichtlichen Kostenrechts unterliegen. Aber auch hier hat die Widerspruchsbehörde eine volle Kostenentscheidung zu treffen, die von der gerichtlichen Kostenentscheidung teilweise ersetzt wird.

28 BVerwG v. 20.07.1984, BVerwGE 70, 4 (12).

Bei Identität von Ausgangs- und Widerspruchsbehörde hat deshalb immer ein Widerspruchsbescheid zu ergehen, und zwar auch dann, wenn dem Widerspruch ganz oder teilweise abgeholfen wird.[29]

## B. Die Entscheidung der Widerspruchsbehörde

Nach erfolgter Vorlage beginnt das Verfahren vor der Widerspruchsbehörde, die von Amts wegen (§ 79 i.V.m. § 24 VwVfG), soweit erforderlich, den *Sachverhalt* erneut aufzuklären und grundsätzlich unter Berücksichtigung der zwischenzeitlich eingetretenen *Veränderungen der Sach- und Rechtslage* zu entscheiden hat.[30] 11

Soweit die Widerspruchsbehörde den Widerspruch für zulässig und begründet hält, hebt sie auf einen Anfechtungswiderspruch hin den VA auf. Auf einen Verpflichtungswiderspruch hin erlässt sie entweder den beantragten VA selbst oder verpflichtet die Ausgangsbehörde hierzu.[31]

Ist die Aufhebung oder Änderung eines VA im Widerspruchsverfahrens *erstmalig* mit einer *Beschwer* verbunden, so *soll* der *Betroffene* vor Erlass des Widerspruchsbescheids *gehört* werden (§ 71 VwGO i.d.F. des 6. VwGOÄndG). 12

Die Verletzung der Anhörungspflicht macht den Widerspruchsbescheid zwar nicht nichtig,[32] stellt aber einen wesentlichen Verfahrensmangel dar, der zur isolierten Anfechtung des Widerspruchsbescheids berechtigt (§ 79 II 2 VwGO)[33] und jedenfalls dann zur Aufhebung führt, wenn eine andere Entscheidung in der Sache hätte getroffen werden können (§ 79 II 2 VwGO), wie typischerweise bei Ermessensentscheidungen.[34]

In der Altfassung des § 71 VwGO war die Anhörungspflicht auf *Dritte* beschränkt; dem WF war rechtliches Gehör nach § 79 i.V.m. § 28 VwVfG zu gewähren.[35]

In der *Ausgestaltung des Verfahrens* ist die Widerspruchsbehörde wie die Ausgangsbehörde, soweit keine besonderen Rechtsvorschriften bestehen, grundsätzlich frei (§ 79 i.V.m. § 10 VwVfG). Fehlt eine besondere Regelung des rechtlichen Gehörs, genügt es, wenn der Betroffene Gelegenheit hatte, sich schriftlich an die entscheidenden Stellen zu wenden.[36] Ein Anspruch, persönlich in mündlicher Verhandlung gehört zu werden, besteht grundsätzlich nicht.

Ansonsten ist das rechtliche Gehör in der gesetzlich vorgeschriebenen Form zu gewähren, in mündlicher Verhandlung also, wenn eine solche als Voraussetzung des das Wider- 13

29 Auch BVerwG v. 18.05.1982, BVerwGE 65, 313 (318) scheint dieser Auffassung zu sein; es spricht von einer Stattgabe durch Widerspruchsbescheid gem. § 73 i.V.m. § 72 VwGO. Vgl. auch BVerwG v. 20.07.1984, BVerwGE 70, 4 (12): jedenfalls eine vorgeschaltete Nichtabhilfeentscheidung ist überflüssig, es hat sofort ein Widerspruchsbescheid zu ergehen.

30 Näher hierzu unten § 38 Rn. 15 f.

31 Näher im einzelnen unten § 42 Rn. 14 ff.

32 Vgl. BayVGH v. 01.10.1974, BayVBl 1975, 142.

33 Vgl. BVerwG v. 01.10.1963, DVBl 1965, 26 (28 f.); BayVGH, BayVBl 1975, 142; BremOVG v. 05.11.1982, NJW 1983, 1869; *Redeker/v. Oertzen* § 71 Rn. 2; *Kopp/Schenke* § 71 Rn. 6; *Weides* S. 275.

34 Vgl. BVerwG v. 29.08.1986, NVwZ 1987, 215; BremOVG v. 16.11.1982, ZfSH/SGB 1984, 23 (24); *Kopp/Schenke* § 71 Rn. 8; *Schmitt Glaeser/Horn* Rn. 209.

35 Vgl. BVerwG NVwZ 1987, 215; BremOVG ZfSH/SGB 1984, 24; BWVGH v. 06.04.1987, VBlBW 1988, 18 f. und unten § 40 Rn. 31.

36 BVerwG v. 14.01.1965, BVerwGE 20, 160 (166); v. 10.03.1971, BVerwGE 37, 307 (309).

spruchsverfahren abschließenden Bescheids vorgeschrieben ist,[37] wie z.B. grundsätzlich vor den Rechtsausschüssen in Rheinland-Pfalz und dem Saarland.

Die *mündliche Verhandlung* wird im Prinzip hier in Analogie zum gerichtlichen Verfahren abgewickelt und durchläuft i.d.R. folgende Verfahrensstufen[38]:

a) Aufruf der Sache,
b) Feststellung der Anwesenheit,
c) Sachvortrag durch den Vorsitzenden,
d) Ausführungen des Widerspruchsführers,
e) Ausführungen des Widerspruchsgegners,
f) Beweisaufnahme,
g) Würdigung der Beweisaufnahme,
h) geheime Beratung und Abstimmung,
i) Verkündung der Entscheidung mit kurzer mündlicher Begründung.

**14** Schreibt ein Gesetz die *Mitwirkung oder Anhörung einer anderen Behörde* oder Stelle vor Erlass des Widerspruchsbescheids vor,[39] stellt die Verletzung dieser verfahrensrechtlichen Beteiligungspflicht i.d.R. einen wesentlichen Verfahrensmangel i.S.d. § 79 II VwGO dar.[40] Der *Widerspruchsbescheid* selbst ist schriftlich zu erlassen, zu begründen, mit einer Rechtsbehelfsbelehrung zu versehen und zuzustellen. Er bestimmt auch, wer die Kosten trägt (§ 73 III VwGO).[41]

## C. Die Struktur des Vorverfahrens

**15** Hilft die Ausgangsbehörde dem Widerspruch in vollem Umfange ab, hat der WF sein Verfahrensziel erreicht. Der Widerspruch ist »verbraucht«.[42] Der Devolutiveffekt tritt nicht ein. Die Widerspruchsbehörde wird mit der Angelegenheit nicht (mehr) befasst.[43] § 72 VwGO lässt demnach keinen Zweifel daran, dass auch der Abhilfebescheid eine Entscheidung über den Widerspruch, mithin ebenso wie der Widerspruchsbescheid eine Entscheidung im Widerspruchsverfahren (s. § 71 VwGO n.F.) nach der VwGO darstellt, die zunächst den Regelungen der §§ 68 ff. VwGO[44] und nur subsidiär denen des allgemeinen Verwaltungsverfahrensrechts unterliegt (§ 79 VwVfG). Zwar bezeichnet die VwGO nur den Bescheid der Widerspruchsbehörde ausdrücklich als Widerspruchsbescheid (§ 73 VwGO).[45] Daraus lässt sich aber nicht der Schluss ziehen, das Abhilfever-

37 *Kopp/Schenke* § 71 Rn. 5.

38 Vgl. *Glienicke* BWVPr 1974, 218.

39 Vgl. etwa § 6 HessAGVwGO, und dazu unten § 37 Rn. 23 sowie § 114 II BSHG, nach dem vor Erlass des Widerspruchsbescheids sozial erfahrene Personen beratend zu beteiligen sind.

40 Vgl. BVerwG v. 02.06.1965, BVerwGE 21, 208 (210); v. 11.10.1984, BVerwGE 70, 196 (199 ff.) und HessVGH v. 21.07.1966, MDR 1967, 245 zu § 114 II BSHG. Vgl. § 9 Rn. 17, § 24 Rn. 18. Verstößen gegen die in § 7 HessAGVwGO vorgeschriebene Ausschussanhörung spricht HessVGH v. 29.04.1986, NJW 1987, 1096 f. jegliche Beachtlichkeit i.S.d. § 79 II VwGO ab, weil das Anhörungsverfahren durch Landesrecht »außerhalb der Ermächtigung des § 73 II VwGO« eingeführt worden sei. Das überzeugt nicht; landesrechtliche Konkretisierungen des rechtlichen Gehörs im Widerspruchsverfahren sind m.E. zulässig.
Verwaltungsvorschriften sind allerdings keine wesentlichen Verfahrensvorschriften i.S.d. § 79 II 2 VwGO (BVerwG v. 09.05.1985, BVerwGE 71, 251 (255).

41 Näheres unten §§ 42 ff. Zum Anspruch auf einen Widerspruchsbescheid oben § 24 Rn. 17.

42 Vgl. BVerwG v. 04.02.1981, Buchholz 310 § 73 VwGO Nr. 19; BayVGH v. 10.01.1983, BayVBl 1983, 530.

43 Vgl. Nr. 1 des RdSchr. des BayStMdI v. 26.07.1965, abgedruckt bei *Birkner/Rott* S. I/129; BayVGH v. 27.07.1964, BayVBl 1965, 65 (67); *Renck* DÖV 1973, 265.

44 So richtig *Renck* DÖV 1973, 265; *v. Mutius* S. 66.

45 Zur Frage, ob ein durch den Abhilfebescheid beschwerter WF oder Dritter ein erneutes Vorverfahren durchführen muss, vgl. unten § 31 Rn. 24 f.

fahren sei ein dem eigentlichen förmlichen Widerspruchsverfahren vorgeschaltetes formloses, Läuterungszwecken dienendes Zwischenverfahren und deshalb sachlich dem allgemeinen, auf Erlass des VA hinzielenden Verwaltungsverfahren zuzuordnen.[46] Denn eine solche Differenzierung ist mit Wortlaut und Systematik der §§ 68 ff. VwGO unvereinbar. Die VwGO kennt die Begriffe Abhilfeverfahren und Widerspruchsverfahren nicht, sondern nur ein einheitliches Vorverfahren (§§ 68 I 1, 69 VwGO).[47] Nicht die Abhilfeverweigerung leitet das Widerspruchsverfahren ein,.[48] sondern die Erhebung des Widerspruchs (§ 69 VwGO)[49] Die Abhilfeverweigerung hat lediglich zuständigkeitsaktualisierende Wirkung (§ 73 I 1 VwGO).

Beide Behörden werden demnach zu einem einheitlichen verfahrensmäßigen Zweck, der Verbescheidung des Rechtsbehelfs »Widerspruch«, tätig.[50] Für beide Behörden gelten einheitliche Verfahrensnormen[51] Die Abhilfebehörde hat wie die Widerspruchsbehörde die Rechtmäßigkeit und Zweckmäßigkeit des VA (§ 68 I 1 VwGO) sowie die Einhaltung der Formvorschriften (§ 70 I VwGO) nachzuprüfen. Das Verfahren vor Erlass des Widerspruchsbescheids war allenfalls insoweit förmlicher ausgestaltet, als § 71 VwGO a.F. die Anhörung eines möglicherweise beschwerten Dritten nur vor Erlass des Widerspruchsbescheids ausdrücklich anordnete. Da aber § 71 VwGO systematisch vor den §§ 72, 73 VwGO steht, hatten wir argumentiert, dass die VwGO unter Widerspruchsbescheid *hier* auch den Abhilfebescheid meint. Dem hat sich das 6. VwGO-ÄndG mit der klarstellenden Neufassung des § 71 VwGO angeschlossen (s. Rn. 2). Nur der Abschluss des Vorverfahrens ist von unterschiedlicher Förmlichkeit; nur der Widerspruchsbescheid ist nach § 73 III VwGO zu begründen und mit einer Rechtsbehelfsbelehrung versehen zuzustellen. Dies beruht indes darauf, dass die VwGO in § 72 VwGO offensichtlich nur den Regelfall bedacht hat, in dem es einer Regelung nach Art des § 73 III nicht bedarf, weil die Entscheidung über die Verweigerung der Abhilfe keine Außenwirkung hat und der positive Abhilfebescheid den WF im Regelfall nicht beschwert.[52] Enthält dagegen der Abhilfebescheid eine Beschwer für einen Dritten oder für den WF (Kostenentscheidung!), liegt eine, durch analoge Anwendung des § 73 III VwGO zu schließende, Regelungslücke vor,[53] da auch gegen den Abhilfebescheid nach § 68 I 2 Nr. 2 VwGO n.F. ein erneutes Vorverfahren nicht zulässig ist. 16

Seiner Struktur nach ist demnach das Vorverfahren ein einheitliches förmliches Rechtsbehelfsverfahren im Bereich der Verwaltung. Es zerfällt nicht in zwei unterschiedlich zu beurteilende Verfahrensabschnitte.

46 So aber *Weides* S. 228 f.; wohl auch BWVGH, ESVGH 31, 225; OVG Lüneburg v. 27.10.1989, NVwZ 1990, 675.

47 Vgl. *Theis* Das Widerspruchsverfahren nach der VwGO, 1967, S. 91; *v. Mutius* S. 65 ff.; *Renck* DÖV 1973, 265; *Pietzner* VerwArch 1982, 236 f.; *Allesch* S. 75; vgl. auch BVerwG v. 31.01.1968, BVerwGE 29, 99.

48 So aber wohl *Weides* S. 228.

49 Vgl. aber *v. Mutius* S. 66 f.

50 Vgl. *Renck* DÖV 1973, 265.

51 Vgl. *Renck* DÖV 1973, 265; *v. Mutius* S. 65 ff.

52 Vgl. *v. Mutius* S. 66.

53 Vgl. auch BayVGH v. 09.10.2003, BayVBl 2004, 149; *Beckmann* VR 1998, 227 f.

# § 27 Beendigung des Vorverfahrens

## A. Abhilfebescheid

### I. Abhilfebescheid und Widerspruchsbescheid

1 Das Vorverfahren endet im Regelfall mit dem Zugang des *Abhilfebescheids*, wenn dieser dem Widerspruchsbegehren voll *stattgibt* (s. § 26 Rn. 15), ansonsten mit der Zustellung des *Widerspruchsbescheids.*

BVerwG v. 15.02.1991, BVerwGE 88, 41 (43): »Eine solche Vollabhilfe ist stets gegeben, wenn die Behörde den durch einen Widerspruch angegriffenen (Beitrags-)Bescheid auf eben diesen Widerspruch hin in vollem Umfang aufhebt, d.h. wenn sie den Widerspruch dadurch bescheidet, dass sie – durch ihn veranlasst – den angegriffenen Bescheid insgesamt »aus der Welt schafft«. Trifft das zu, ist es im Rahmen des § 72 VwGO ohne Belang, ob die Behörde gleichzeitig mit der Aufhebung oder später einen inhaltlich ähnlichen oder sogar gleichen Bescheid erlässt. § 72 VwGO gebietet eine derart formale Betrachtungsweise. Das gilt schon deshalb, weil er anderenfalls in Fällen, in denen eine quantitative Teilung nicht klar von einer qualitativen Abweichung zu trennen ist, nicht hinreichend handhabbar wäre.«

Für den Zeitraum nach verweigerter Abhilfe, in dem Abhilfe- und Widerspruchsbehörde konkurrierend zuständig sind, gilt nichts anderes. Die Verfahrensbeendigung richtet sich nach dem *Prioritätsprinzip*: Die zuerst ergehende Entscheidung beendet, auch mit Wirkung gegenüber der anderen Behörde, das Vorverfahren und führt es förmlich zum Abschluss.[1] Folglich hat auch die zuerst entscheidende Behörde über die Kosten zu entscheiden.

2 Die Entscheidung der Abhilfebehörde ist wie die der Widerspruchsbehörde eine Entscheidung über den Widerspruch (s. § 26 Rn. 15) und bringt das Vorverfahren förmlich zum Abschluss. Eine Erledigung kann hierin bereits per definitionem nicht gesehen werden.[2]

### II. Abhilfebescheid und Rücknahme (Widerruf) »außerhalb des Vorverfahrens«

3 Keine Abhilfe, sondern eine *Rücknahme außerhalb des Widerspruchsverfahrens* liegt vor, wenn die Ausgangsbehörde, sei es aus eigenem Entschluss oder auf Weisung der Aufsichtsbehörde, einen als rechtswidrig erkannten VA *allein* aus nicht widerspruchsbezogenen Erwägungen aufhebt oder ändert.[3]

Erweist sich z.B. die vom Nachbarn angefochtene Baugenehmigung als objektiv rechtswidrig, sind aber nachbarschützende Normen nicht verletzt, kommt lediglich eine Rücknahme nach etwaigen Spezialvorschriften der LBauO oder nach § 48 VwVfG, nicht aber eine Abhilfe nach § 72 VwGO in Betracht.[4] Denn die §§ 68ff. VwGO ermöglichen der Widerspruchsbehörde die Aufhebung oder Änderung eines begünstigenden VA auf den Widerspruch eines Dritten hin nur, soweit der Widerspruch zulässig und be-

1 Vgl. ausführlich *Renck* DÖV 1973, 265 f.

2 Vgl. *Engelbrecht* JuS 1997, 550 (551) und § 45 Rn. 10.

3 Vgl. BVerwG v. 29.10.1968, DÖV 1969, 142 (143); v. 29.03.1979, Buchholz 310 § 72 VwGO Nr. 9 S. 3 f.; v. 17.01.1986, NVwZ 1986, 475; v. 29.03.2007, NVwZ-RR 2007, 617; BWVGH v. 15.01.1981, AnwBl 1981, 245; BayVGH v. 12.02.1982, BayVBl 1982, 439 f.; OVG Lüneburg v. 07.02.1986, DVBl 1986, 695 (697); HessVGH v. 31.05.1990, NVwZ 1991, 88 (89).

4 Vgl. auch den von BVerwG v. 18.05.1982, BVerwGE 65, 313 entschiedenen immissionsschutzrechtlichen Fall (Verschärfung einer Auflage auf unzulässigen Nachbarwiderspruch); weiterhin HessVGH v. 18.05.1990, NVWZ 1991, 276 zu § 4 I Nr. 3 GastG.

gründet ist.[5] Ebensowenig stellt es eine Abhilfe dar, wenn die Behörde bei Doppelanfechtung ein und desselben VA diesen auf Widerspruch des einen hin aufhebt, den des anderen aber unbeschieden lässt, weil er mangels Rechtsbetroffenheit des WF unzulässig ist.[6]

Ebenfalls keine Abhilfe sieht das BVerwG im Widerruf des mit Widerspruch angefochtenen Einberufungsbescheids, weil der WF nachträglich als Kriegsdienstverweigerer anerkannt worden ist und sich das Widerspruchsverfahren über die Einberufung erledigt habe.[7]

Von einem Aufhebungs- oder Änderungsbescheid außerhalb des Widerspruchsverfahrens unterscheidet sich der Abhilfebescheid durch seinen Charakter als *Rechtsbehelfsbescheid.* Seine Eigenart besteht darin, dass er über einen Rechtsbehelf und den mit diesem verfolgten materiellen Anspruch entscheidet. Hieraus ergeben sich in Voraussetzungen und Rechtsfolgen folgende Unterschiede:

1. Aufhebung oder Änderung gem. den §§ 48 ff. VwVfG dienen nicht dem Rechtsschutz des Bürgers, sondern allein der Wahrung der Gesetzmäßigkeit (BVerwG v. 28.04.2009, NJW 2009, 2968: der nachträglichen Durchsetzung der objektiven Rechtslage) sowie der Zweckmäßigkeit der Gestaltung des Verwaltungsrechtsverhältnisses. Sie sind in diesem Sinne nicht widerspruchsbezogen. Erlassvoraussetzung ist allein die objektive Rechts- oder Zweckwidrigkeit. § 72 VwGO bindet dagegen die Abhilfe an den Erfolg des Rechtsbehelfs, also daran, dass der Widerspruch zulässig und begründet ist, fordert also zusätzlich *subjektive Rechts- oder Zweckwidrigkeit.*[8] 4
2. Anders als die §§ 48 ff. VwVfG gewährt § 72 VwGO weder Ermessen noch Vertrauensschutz, sondern *verpflichtet* die Ausgangsbehörde zur Abhilfe[9] ohne Rücksicht auf Vertrauensschutzinteressen eines begünstigten Dritten, wenn der Widerspruch zulässig und begründet ist. Diese Gebundenheit der Abhilfeentscheidung resultiert aus dem Rechtsschutzzweck der Abhilfe und dem vom WF mit seinem Rechtsschutzbegehren verfolgten Anspruch (s. § 25 Rn. 10). Wegen dieser Bindung stellt § 50 VwVfG die Behörde von den Vertrauensschutzeinschränkungen der §§ 48, 49 VwVfG frei, wenn ein begünstigender VA auf Drittwiderspruch hin aufgehoben wird, soweit dadurch dem Widerspruch abgeholfen wird. 5

Der Schutzzweck des § 50 VwVfG rechtfertigt diese Freistellung jedoch nur, soweit der Rechtsschutz des Dritten dies erfordert. Der Widerspruch des Dritten muss deshalb *zulässig*[10] *und begründet*[11] sein, und nur soweit er dies ist, muss der Vertrauensschutz des Begünstigten zurücktreten. Auf die subjek- 6

---

5 Vgl. BVerwG v. 18.05.1982 und BVerwGE 65, 318; v. 15.06.1994, Buchholz 451.512 MGVO Nr. 95; v. 14.12.1995, VIZ 1996, 213 (214); v. 01.07.1999 – BVerwG 4 C 23.97.

6 Vgl. BVerwG v. 23.02.1982, NJW 1982, 1827 für den unzulässigen Widerspruch des Frachtschuldners gegen die Überleitung der tariflichen Nachforderung auf die BA für den Güterfernverkehr gem. § 23 III GüKG, wenn die Überleitungsanzeige auf den Widerspruch der Transportfirma hin aufgehoben wird.

7 BVerwG v. 17.11.1986 NVwZ 1986, 475. Zum hilfsweisen Widerruf BayVGH v. 02.07.2004, NVwZ-RR 2005, 787; ferner BVerwG v. 29.03.2007, NVwZ-RR.

8 Vgl. v. 22.06.1982, BayVBl 1983, 212 (213 ff.); NWOVG v. 15.05.1991, OVGE 42, 186 (189) und § 29 Rn. 1, § 38 Rn. 1. Zustim. *Meister* DÖV 1985, 148.

9 BWVGH v. 02.05.1988, VBlBW 1989, 53 (54); a.A. wohl BVerwG v. 10.02.1994, NVwZ 1994, 896 (897).

10 BVerwG v. 14.12.1995, VIZ 1996, 213 (215); v. 13.11.1997, BVerwGE 105, 354 (360).

11 So BVerwG 15.02.1990 NVwZ 1990, 857; SächsOVG v. 05.09.1995, SächsVBl 1995, 286; a.A.: *Meyer/Borgs* § 50 Rn. 12 ff.; *Schenke* DÖV 1983, 328; BayVGH v. 10.12.1996, NVwZ 1997, 701 (702 f.); NWOVG 24.04.1988, OVGE 40, 71 f. = NVwZ 1989, 72; *Gassner* JuS 1997, 794 (799); weitergehend SächsOVG v. 26.08.1992, JbSächsOVG 1, 69 (73) = SächsVBl 1993, 85 (86); *Stelkens/Bonk/Sachs* § 50 Rn. 100, 104: Rechtsbehelf darf nicht offensichtlich unbegründet sein; ebenso BWVGH v. 06.05.1996, NVwZ-RR 1977, 401 (402). Dass auch rechtmäßige VAe unter § 50 VwVfG fallen, spricht entgegen NWOVG v. 24.04.1988, NVwVZ 1989, 72 nicht gegen die hier vertretene Ansicht,

tive Sicht der Behörde, das Für-Zulässig- oder Begründet-Halten,[12] kann es angesichts des Zwecks des § 50 VwVfG, die Rechtssphären des Begünstigten und des Belasteten gegeneinander abzugrenzen, nicht ankommen. Nicht widerspruchsbezogene Aufhebungsgründe können die Anwendung des § 50 VwVfG nicht rechtfertigen, denn die Widerspruchsbezogenheit ist dem auch in § 50 VwVfG verwendeten Begriff der Abhilfe immanent.[13]

7 3. *Der* Abhilfebescheid *ist nach § 72 VwGO beschränkt* auf die Entscheidung zugunsten des WF.[14] Will die Erlassbehörde ihren angefochtenen Ausgangs-VA zu Lasten des WF verschärfen, ändern oder ersetzen, kann sie dies nur nach den §§ 48 ff. VwVfG oder diesen entsprechenden Spezialregelungen.[15]

Ein solcher Änderungsbescheid führt, da er keine Teilabhilfe beinhaltet, weder zu einer Beendigung noch zu einer Erledigung des Widerspruchsverfahrens, sondern allein zu einer Änderung des Verfahrensgegenstandes: Der geänderte VA wird entsprechend § 79 I Nr. 1 VwGO Gegenstand des Widerspruchsverfahrens.[16]

8 4. Der Abhilfebescheid *beendet* in der Reichweite seines Regelungsgehalts das Widerspruchsverfahren; Rücknahme oder Widerruf des VA außerhalb des Widerspruchsverfahrens führen dagegen lediglich zur *Erledigung* der Hauptsache. Es bedarf eines entsprechenden Abschlusses des Widerspruchsverfahrens, sei es durch Verfahrenseinstellung wegen Erledigung oder Entscheidung über einen Fortsetzungsfeststellungswiderspruch.

9 5. Der Abhilfebescheid ist mit einer *Kostenlastentscheidung* zu versehen, die über den Erstattungsanspruch des WF dem Grunde nach zu entscheiden hat (§ 72 VwGO i.V.m. § 80 VwVfG). Die Aufhebung oder Änderung außerhalb des Vorverfahrens führt dagegen in aller Regel nicht zu einer Kostenerstattung. Denn Kosten im Verwaltungsverfahren sind – von wenigen spezialgesetzlichen Ausnahmen abgesehen[17] – nicht erstattungsfähig (s. § 44 Rn. 18), und die Vorschriften über die Kostenerstattung im Vorverfahren erfassen – mit Ausnahme von Art. 80 I 5 BayVwVfG und der §§ 80 I 5 BWVwVfG, 80 I 6 ThürVwVfG, 19 I 5 RhPfAGVwGO – den Fall der Erledigung nicht (s. § 46 Rn. 10 ff.).

10 § 80 I 1 VwVfG ist zwar insoweit bewusst undifferenziert und voraussetzungslos formuliert, als er weder darauf abstellt, ob dem Widerspruch aus Recht- oder Zweckmäßigkeitserwägungen stattgegeben worden ist, noch, in welchem Stadium des Widerspruchsverfahrens dieser Erfolg eingetreten ist. Vorausgesetzt wird aber, dass der Widerspruch erfolgreich war, mithin, dass über den Widerspruch entschieden worden ist und diese Entscheidung zugunsten des WF ausgefallen ist.[18] Diese Voraussetzung vermag eine Aufhebung des VA, die unabhängig vom Widerspruch erfolgt, nicht dem Rechtsschutz des WF, sondern allein der Wahrung der objektiven Gesetzmäßigkeit bzw. Zweckmäßigkeit dient und in diesem Sinne nicht widerspruchsbezogen ist, nicht zu erfüllen. Der Ausschluss einer Kostenerstattung in diesen Fällen ist auch sachgerecht. Sinn des § 80 I S. 1 VwVfG ist es, den sich aus den Prinzipien der Wirksamkeit auch rechtswidriger VAe (§ 43 VwVfG) und der Bestandskraft (Unanfechtbarkeit) nach Ablauf der Rechtsbehelfsfristen (§§ 70, 74, 58 VwGO) ergebenden Zwang

---

denn die Widerspruchsbehörde kann auch rechtmäßige VAe aus Zweckmäßigkeitserwägungen aufheben, und der WF hat Anspruch auf diese Prüfung.

12 So wohl *Schmidt-Aßmann* Festgabe 25 Jahre BVerwG, S. 583; *Gassner* JuS 1997, 799.

13 A.A.: NWOVG v. 24.04.1988, NVwZ 1989, 72; *Meyer/Borgs* § 50 Rn. 14.

14 Vgl. oben § 26 Rn. 5; zustimmend *Meister* DÖV 1985, 149.

15 Vgl. BayVGH v. 12.02.1982, BayVBl 1982, 439 f. für den Fall einer Ersetzung des AusgangsVA durch einen verschärften neuen Herstellungskostenbescheid.

16 BVerwG v. 25.03.1981, BVerwGE 62, 80 (81 ff.); vgl. auch BFH v. 04.02.1976, BFHE 119, 168 (171 f.); v. 19.01.1977, BFHE 121, 421 (423); a.A. BayVGH BayVBl v. 12.02.1982 1982, 439 (440) für den Fall einer Ersetzung. In § 86 I SGG ist dies ausdrücklich angeordnet. Vgl. weiter *Kraft* BayVBl 1995, 519.

17 Vgl. z.B. § 48 II BLG, § 19 VIII WPflG, § 18 ZDG, § 12 KDVG.

18 Vgl. BVerwG v. 11.05.1981, BVerwGE 62, 201 (203 f.); v. 10.06.1981, Buchholz 316 § 80 VwVfG Nr. 6; v. 23. 2.1982, NJW 1982, 1827; NWOVG v. 15. 5. 1991, DÖV 1992, 122 (124).

zur Rechtsbehelfseinlegung auf der finanziellen Ebene auszugleichen und erträglich zu halten. Dieses Ausgleichs bedarf es nicht, wenn sich der WF unzulässigerweise zum Sachwalter der Allgemeinheit aufschwingt, seine Rechte nicht form- oder fristgerecht wahrt oder sich von vornherein unter Verzicht auf seinen materiellen Aufhebungsanspruch auf einen formlosen Rechtsbehelf beschränkt.

6. *Zuständig* für die Aufhebung eines VA außerhalb des Widerspruchsverfahrens ist die im Zeitpunkt der Aufhebung nach § 3 VwVfG zuständige Behörde, nach Unanfechtbarkeit sogar unabhängig davon, ob sie den aufzuhebenden VA erlassen hat oder nicht (§§ 48 V, 49 IV VwVfG). Die Abhilfe gem. § 72 VwGO erfolgt dagegen immer durch die Erlassbehörde. 11

Der nächsthöheren Behörde kommt eine Zuständigkeit zur Aufhebung oder Änderung eines erstinstanziellen VA grundsätzlich nur innerhalb des Vorverfahrens kraft des Devolutiveffekts des Widerspruchs zu. Auch hier ist Voraussetzung, dass der Widerspruch zulässig und begründet ist. Die *Umdeutung* eines wegen fehlender Widerspruchsbefugnis des Dritten rechtswidrigen Abhilfebescheides in eine Rücknahme durch die Widerspruchsbehörde scheidet wegen der unterschiedlichen Voraussetzungen aus. Im Übrigen ist die nächsthöhere Behörde – ebenso wie bei der Aufsichtsbeschwerde – auf die Inanspruchnahme ihrer Aufsichtsmittel beschränkt. Sie kann die Erlassbehörde zur Aufhebung anweisen, regelmäßig aber nicht selbst den VA aufheben oder ändern (s. § 42 Rn. 10 ff.). Nur wenn im Einzelfall die Widerspruchsbehörde neben ihrer Befugnis als Rechtsbehelfsbehörde gleichzeitig erstinstanzielle Zuständigkeiten besitzt, kann sie von diesen – unabhängig von der Zulässigkeit und Begründetheit des Widerspruchs – Gebrauch machen. 12

Wegen der unterschiedlichen Rechtsfolgen ist es zur Vermeidung von Unklarheiten erforderlich, dass die Ausgangsbehörde in ihrem Bescheid *klarstellt*, ob sie einen Abhilfe- oder Rücknahme-(Widerrufs-)Bescheid erlassen will.[19] Unklarheiten gehen – wie auch sonst im Verwaltungsrecht – zu Lasten der Behörde, die sich klarer hätte ausdrücken können; im Zweifel ist deshalb eine Abhilfeentscheidung mit entsprechender Kostenlast der Behörde anzunehmen.[20] 13

Im Regelfall wird es sich empfehlen, zuerst über den Widerspruch zu entscheiden oder die Entscheidung der nächsthöheren Behörde abzuwarten und dann den VA aufzuheben oder zu ändern. Bei umgekehrter Reihenfolge könnte der Rücknahme- oder Widerrufsbescheid leicht als Abhilfe missverstanden werden und den WF verleiten, Kostenerstattung zu beanspruchen.

Schwierigkeiten bereiten die Fälle, in denen der angefochtene VA wegen objektiver Rechts- oder Zweckwidrigkeit aufgehoben wird, ohne dass die Behörde prüft, ob auch subjektive, den WF beschwerende Rechts- oder Zweckwidrigkeit vorliegt. Würde man bei der Unterscheidung zwischen Abhilfe- und Rücknahme-(Widerrufs-)Bescheid allein auf den angegebenen Aufhebungsgrund abstellen, wäre der Behörde die Möglichkeit eröffnet, sich der Kostenlast nach den §§ 72 VwGO, 80 I 1 VwVfG zu entziehen. Das widerspräche dem Schutzzweck dieser Vorschriften. Dem WF kann deshalb der Rückgriff auf die wirkliche Rechtslage nicht verwehrt werden. Von einer Rücknahme (Widerruf) ist nur dann auszugehen, wenn die Aufhebung des angefochtenen VA *bei objektiver Betrachtung allein* der Korrektur objektiver Rechts- oder Zweckwidrigkeit dient.

Deklariert die Behörde eine Abhilfeentscheidung fälschlicherweise als Rücknahmeentscheidung, etwa, um der Kostenerstattungslast zu entgehen, ist der WF nicht rechtsschutzlos. Er kann gegen die auch bei Einstellung des Widerspruchsverfahrens erforderliche Kostenlastentscheidung vorgehen und rügen,

19 Ein »Wahlrecht« (hierfür allerdings BVerwG v. 18.04.1996, BVerwGE 101, 64 (70 ff.); Eyermann/*Rennert* § 72 Rn. 11; *Kraft* BayVBl 1995, 522) hat die Ausgangsbehörde hierbei freilich nicht; denn wenn die Voraussetzungen des Abhilfebescheides vorliegen, *muss* die Behörde ihn erlassen und kann sich dieser Pflicht auch nicht durch »Falschetikettierung« entziehen. Wie hier wohl *Spranger* KStZ 1998, 131 (132 f.).

20 Vgl. NWOVG v. 15.05.1991, OVGE 43, 186 (188 f.) = NVwZ-RR 1992, 450.

dass sie nach § 80 I 1 VwVfG hätte getroffen werden müssen, weil in Wahrheit seinem Widerspruch abgeholfen worden sei.[21]

Zu einem ähnlichen Ergebnis gelangt BVerwG v. 18.04.1996, BVerwGE 101, 64 (71 ff.), das der Behörde zwar ein Wahlrecht zwischen Abhilfe und Rücknahme einräumt, sie in den Fällen des zulässigen und begründeten Widerspruchs aber in aller Regel für verpflichtet hält, dem Widerspruch stattzugeben; auf jeden Fall wäre es sachwidrig und gegen die ungeschriebenen Grundsätze fairer Verfahrensführung und die Prinzipien von Treu und Glauben verstoßend, wenn sich die Behörde in der Absicht, der somit bestehenden Kostenlast des § 80 I VwVfG zu entgehen, für das Verfahren der Rücknahme entschiede.

## B. Widerspruchsbescheid

14 Mit der wirksamen Zustellung des Widerspruchsbescheids wird das Widerspruchsverfahren förmlich abgeschlossen.[22]

Wird der Widerspruchsbescheid durch ein Gericht aufgehoben (vgl. oben § 24 Rn. 18), bewirkt dies nur dann eine *Wiedereröffnung des Vorverfahrens,* wenn die Aufhebung der Sache nach eine Zurückverweisung an die Widerspruchsbehörde enthält, wie z.B. bei Aufhebung wegen eines wesentlichen Verfahrensmangels bei VAen nach Ermessen oder in Ausübung einer Beurteilungsermächtigung. In diesen Fällen ist die Widerspruchsbehörde verpflichtet, nach Maßgabe des für sie geltenden Rechts und unter Beachtung der Rechtsauffassung des Gerichts über den Widerspruch erneut zu entscheiden (vgl. § 115 VwGO).[23] Wird dagegen z.B. ein Widerspruchsbescheid wegen materieller Rechtswidrigkeit isoliert angefochten und unterliegt der AusgangsVA, weil er sich nach zwingendem Recht beurteilt, der vollen gerichtlichen Nachprüfung, geht die Entscheidungsbefugnis im Umfang des Klageantrags auf das Gericht über. Die gerichtliche Entscheidung über die Aufhebung des Widerspruchsbescheids gestaltet das Verwaltungsrechtsverhältnis abschließend; für eine Wiedereröffnung des Vorverfahrens, und sei es nur zu dem Zweck, den Widerspruch eines Dritten entsprechend der Rechtsauffassung des Gerichts zurückzuweisen, ist kein Raum.[24] Ficht also ein Bauherr oder Anlagenbetreiber einen Widerspruchsbescheid an, durch den auf Nachbarwiderspruch hin die Bauerlaubnis oder Anlagengenehmigung zu Unrecht aufgehoben worden ist, kann neben der Aufhebung des Widerspruchsbescheids nicht auch die Verpflichtung der Widerspruchsbehörde ausgesprochen werden, den Nachbarwiderspruch zurückzuweisen.

Entsprechendes gilt, wenn erst im Gerichtsverfahren ein begünstigender VA mit belastender Drittwirkung auf Klage des Dritten aufgehoben wird: Für einen zusätzlichen Bescheid des Inhalts, der Antrag des Begünstigten werde abgelehnt, ist kein Raum. Der Antrag ist durch Bescheidung gemäß § 9 VwVfG verbraucht; die Gerichtsentscheidung gestaltet das Verwaltungsrechtsverhältnis Kraft der ihr innewohnenden Rechtskraft endgültig.[25]

Mit der Zustellung *endet* grundsätzlich die besondere, durch den Devolutiveffekt des Widerspruchs ausgelöste *Zuständigkeit (Sachherrschaft) der Widerspruchsbehörde.*[26]

---

21 Vgl. BWVGH v. 15.01.1981 AnwBl 1981, 245, 246; ähnlich *Meister* DÖV 1985, 149 f.

22 BVerwG v. 10.04.1978, BVerwGE 55, 299 (302); v. 11.05.1979, BVerwGE 58, 100 (105). Vgl. auch BayVGH v. 16.02.1968, BayVBl 1968, 210 f.; v. 22.03.1979, BayVBl 1980, 298; NWOVG v. 01.12.1983, OVGE 37, 58 (59).

23 Vgl. BVerwG v. 21.11.1961, BVerwGE 13, 195 (198); v. 17.05.1979, DÖV 1979, 791.

24 So zu Recht BayVGH v. 10.01.1983, BayVBl 1983, 530 gegen BremOVG v. 02.04.1965, NJW 1965, 1619.

25 Vgl. BVerwG v. 31.08.1989 und v. 12.06.1990, Buchholz 402.25 § 5 AsylVfG Nrn. 7 u. 9 gegen VG Trier v. 12.10.1988, InfAuslR 1989, 70 f.

26 Vgl. BVerwG v. 31.01.1963, BVerwGE 15, 259 (263 ff.); v. 18.05.1967, BVerwGE 27, 78 (79) für LAG-Beschwerdeverfahren; BVerwG v. 06.12.1971, BVerwGE 39, 128 (132 ff.); BVerwGE v. 11.05.1979, 58, 105 für Widerspruchsverfahren in Musterungs- und Kriegsdienstverweigerungssachen; v. 04.02.1981, Buchholz 310 § 73 VwGO Nr. 19 für das Flurbereinigungsrecht; BayVGH v. 23.07.1998, BayVBl 1999, 150 (151); BWVGH v. 23.12.1994, NVwZ-RR 1995, 476; VG Stuttgart v. 15.01.1992, VBlBW 1992, 355 m. zustim. Anm. *Gardemann, v. Mutius*, S. 211.

Die Widerspruchsbehörde kann deshalb nach Zustellung des Widerspruchsbescheids diesen grundsätzlich nicht mehr sachlich ändern oder in sonstiger Weise Einfluss auf die Bestandskraft des Widerspruchsbescheids, etwa durch erneute Zustellung, nehmen.[27]

Über Rücknahme, Widerruf oder Wiederaufgreifen des Verwaltungsverfahrens (§§ 48, 49, 51 VwVfG) *entscheidet* deshalb grundsätzlich die *Ausgangsbehörde*.[28] 15

Wenn und soweit die Widerspruchsbehörde gleichzeitig *Aufsichtsbehörde* der Ausgangsbehörde ist, kann sie auf diese Entscheidung der Ausgangsbehörde durch Weisungen Einfluss nehmen. Selbst in der Sache entscheiden kann sie jedoch nur dann, wenn und soweit ihr ausnahmsweise im Einzelfall ein Selbsteintrittsrecht zusteht.[29]

Dies gilt auch dann, wenn der aufzuhebende VA erst von der Widerspruchsbehörde erlassen worden ist.[30] Denn die Aufhebung des durch den Widerspruchsbescheid wirksam gewordenen VA erfolgt in einem neuen selbständigen Verwaltungsverfahren, für dessen Durchführung die außerhalb des Widerspruchsverfahrens geltenden Zuständigkeitsbestimmungen Anwendung finden.

Wegen dieses Charakters der Aufhebung von VAen als einer Neuordnung des Verwaltungsrechtsverhältnisses können auch keine Bedenken dagegen erhoben werden, dass die Ausgangsbehörde VAe der übergeordneten Instanz aufhebt.[31]

Die *Ausgangsbehörde* ist nach Wirksamwerden des Widerspruchsbescheids zwar grundsätzlich an diesen *gebunden*, doch reicht die Bindung nicht weiter als diejenige, die den vor ihr selbst erlassenen VAen innewohnt.[32] 16

Unterschiede bestehen lediglich im Maße des dem von der Aufhebung Betroffenen einzuräumenden *Vertrauensschutzes*. Insbesondere bei prozessähnlich ausgestalteten Widerspruchsverfahren, in denen der Verwaltung Klagemöglichkeiten gegen den Widerspruchsbescheid eingeräumt sind, kann der Vertrauensschutz derart verstärkt zur Geltung kommen, dass i.d.R. eine Aufhebung ausscheidet und nur besonders zwingende und schwerwiegende, den Erwägungen der Rechtssicherheit übergeordnete Gründe durchschlagen können.[33]

*Ausnahmen* von der Beendigung der Sachherrschaft der Widerspruchsbehörde durch förmlichen Abschluss des Vorverfahrens gelten nur dort, wo das Verwaltungsverfahrens- oder Verwaltungsprozessrecht die *Zuständigkeit der Widerspruchsbehörde* über diesen Zeitpunkt hinaus *prolongiert*. 17

Dies ist z.B. der Fall bei *Wiedereinsetzungsentscheidungen* (arg. §§ 70 II, 60 IV VwGO) und *übergangenen Kostenentscheidungen* (arg. § 80 III VwVfG). Gleiches gilt für die *Berichtigung offenbarer Unrichtigkeiten* im Widerspruchsbescheid.[34] Der über § 79 VwVfG entsprechend anwendbare § 42 VwVfG lässt nämlich die Frage der Berichtigungszuständigkeit ausdrücklich offen, so dass aufgrund des engen Sinnzusammenhangs zwischen Erlass- und Berichtigungszuständigkeit und im Interesse einer möglichst flexiblen Handhabung dieser Vorschrift zugunsten des Bürgers alles dafür spricht, zumindest auch die Widerspruchsbehörde für zuständig zu halten.

---

27 BVerwG v. 11.05.1979, BVerwGE 58, 105 f.

28 Vgl. Beck-OK, VwVfG/*J. Nüller* LVwVfG § 48 Rn. 127; diess./*Falkenbach* UNVfG § 57 Rn. 65.

29 Vgl. BayVGH v. 17.05.1982, BayVBl 1982, 754 ff.; v. 22.06.1982, BayVBl 1983, 212 (216); BWVGH 23.12.1994, NVwZ-RR 1995, 476 (477).

30 Vgl. *Wolff/Decker* UNVfG § 48 Rn. 40.

31 BVerwG v. 18.05.1967, BVerwGE 27, 78 (80): Nur dadurch sei auch gewährleistet, dass der durch die Aufhebung Beschwerte seine Rechte in allen Stufen des Verwaltungsverfahrens geltend machen könne.

32 Grundlegend BVerwG v. 28.02.2002, DVBl 2002, 1045; *Nüller* ZA 2002, 851; abweichend *Uhle* NVwZ 2003, 811.

33 Vgl. *Wolff/Bachof/Stober* I, § 51 Rn. 81; RhPfOVG, AS 14, 420 ff.

34 Vgl. BWVGH v. 22.12.1994, NVwZ-RR 1995, 477.

18 Eine *Prolongierung* der Zuständigkeit der Widerspruchsbehörde *in der Sache* wird man nur ausnahmsweise annehmen können, wenn und soweit der Widerspruchsbescheid selbständiger Gegenstand einer Klage (§ 79 VwGO) ist, da die VwGO in § 113 I 4 VwGO davon ausgeht, dass die verklagte Behörde bzw. ihr Rechtsträger durch die Rechtshängigkeit ihre Verfügungsbefugnis in der Sache nicht verliert, vielmehr den Kläger durch Aufhebung der angefochtenen Entscheidung klaglos stellen kann (vgl. auch § 50 VwVfG). Soweit die Widerspruchsbehörde nicht demselben Rechtsträger wie die Ausgangsbehörde angehört, würde in diesen Fällen die Verneinung einer Prolongierung der Sachherrschaft zu prozessökonomisch unhaltbaren Ergebnissen führen.[35]

## C. Erledigung

19 Eine Beendigung des Vorverfahrens durch Erledigung in der Hauptsache kann demnach nur dadurch eintreten, dass das Widerspruchsverfahren vor seinem förmlichen Abschluss (und anders als) durch Abhilfe- oder Widerspruchsbescheid gegenstandslos wird. Eine derartige Erledigung kann durch *Zurücknahme des Widerspruchs*[36] *oder »auf andere Weise«* (vgl. Art. 80 I 5 BayVwVfG) eintreten,

- bei *Anfechtungswidersprüchen* durch Erledigung des angefochtenen VA (§ 43 II VwVfG), also dadurch, dass der Geltungsanspruch des angegriffenen VA anders als durch Abhilfe- oder Widerspruchsbescheid erlischt, sich inhaltlich erschöpft und alle seine in die Zukunft weisenden Rechtswirkungen fortfallen,[37]
- bei *Verpflichtungswidersprüchen* durch Gegenstandsloswerden des mit dem Antrag auf Erlass eines bestimmten VA verfolgten materiellen Anspruchs.[38]

Hierbei ist an folgende Fälle zu denken:

### I. Durch spätere Rechtsakte

20
- *Aufhebung* des angefochtenen VA oder rückwirkende Vernichtung des geltend gemachten Anspruchs durch Gesetz,[39] Wegfall einer Erlaubnispflicht,[40] Aufhebung des angefochtenen VA außerhalb des Vorverfahrens (s. § 27 Rn. 3 ff.), *inhaltliche Überholung* durch späteren Bescheid,[41]
- *Verzicht* des Begünstigten auf einen zustimmungsbedürftigen VA[42] bzw. *Rücknahme* des Antrags bei einem antragsbedingten VA,[43]

---

35 Vgl. BVerwG v. 16.10.1980, Buchholz 448.0 § 33 WPflG Nr. 26; BayVGH v. 20.10.1954, BayVBl 1955, 61; BayVBl 1966, 356; v. 17.07.1990, BayVBl 1991, 19 (20); vgl. auch Fn. 32.

36 Zu den Voraussetzungen und Wirkungen der Zurücknahme vgl. unten § 36 Rn. 7 ff. Die gleiche Wirkung hat ein Rechtsbehelfsverzicht (s. § 26 Rn. 2). Zum Rechtsverzicht s. § 36 Rn. 5.

37 Vgl. BVerwG v. 09.02.1967, BVerwGE 26, 161 (165); v. 02.07.1982, BVerwGE 66, 75 (77); v. 15.11.1990, NVwZ 1991, 570 (571); v. 27.03.1998, NVwZ 1998, 729.

38 Vgl. BVerwG v. 24.10.1980, BVerwGE 61, 128 (134 f.); v. 15.08.1988, NVwZ 1989, 48; NWOVG v. 07.08.1990, NVwZ-RR 1991, 223 (224).

39 Vgl. BVerwG v. 24.07.1980, BVerwGE 60, 328 (332 f.); *Wolff/Bachof/Stober* I § 52 Rn. 9.

40 Vgl. BVerwG v. 27.11.1973, DÖV 1974, 677.

41 Vgl. z.B. BVerwG v. 06.12.1971, BVerwGE 39, 122: Einberufungsbescheid erledigt mit Eintritt der Unanfechtbarkeit die Versagung der Zurückstellung; ebenso die Entlassung aus dem Wehrdienstverhältnis, vgl. BVerwG v. 04.05.1984, NJW 1985, 876.

42 Vgl. BVerwG v. 15.12.1989, BVerwGE 84, 209 (211 f.): Verzicht auf immissionsschutzrechtliche Anlagengenehmigung; BWVGH v. 10.11.1993, NVwZ 1995, 280: Verzicht auf Baugenehmigung.

43 Vgl. *Wolff/Bachof/Stober* I § 52, 9. Beck-OK – VwVfG/*Kunze* § 79 Rn. 27.

**Beispiel:** Der Nachbar erhebt Widerspruch gegen die dem Bauherrn erteilte Bauerlaubnis, der Bauherr nimmt den Antrag zurück. Die Erlaubnis erlischt, das Widerspruchsverfahren hat sich erledigt durch Wegfall der Beschwer für den WF.[44]

Ebenso wird einem Verpflichtungswiderspruch auf Erteilung einer Baugenehmigung durch die *Zurücknahme des Bauantrags* der Boden entzogen.[45] Dies kann auch noch im Prozess erfolgen; die Einschränkungen des § 92 II VwGO gelten insoweit nicht,[46] denn die dort vorgesehene Beschränkung der prozessualen Dispositionsbefugnis lässt die im materiellen Recht und im Verwaltungsverfahrensrecht begründete Befugnis des Klägers, über die Sache zu verfügen, unberührt.

- *Legalisierung* eines von einem Dritten angegriffenen formell illegalen Vorhabens,

**Beispiel:** Der Nachbar verlangt mit Verpflichtungswiderspruch bauaufsichtliches Einschreiten gegen einen Schwarzbau; die Baugenehmigung wird nachträglich erteilt.[47]

- Abschluss eines *Vergleichs* (§ 79 i.V.m. § 55 VwVfG; § 16 III RhPfAGVwGO F. 1995).

## II. Durch spätere rechtserhebliche Änderung der Sachlage

- Tod der berechtigten oder verpflichteten Person bei *höchstpersönlichen Rechten* oder Pflichten,[48] 21

Durch den Tod des anwaltlich nicht vertretenen WF wird das Widerspruchsverfahren unterbrochen (§§ 79 VwVfG, 173 VwGO, 239 I, 246 I ZPO entspr.)[49] und kann sowohl vom Erben wie der Behörde entsprechend den §§ 239 ff. ZPO wieder aufgenommen werden.[50] Ist die Hauptsache erledigt, tritt der Rechtsnachfolger, wenn er die Hauptsache für erledigt erklärt (§ 42 Rn. 33) und keinen Fortsetzungsfeststellungsantrag (Rn. 26) stellt, in das Widerspruchsverfahren nur noch hinsichtlich der Kosten ein.[51] Ansonsten übernimmt er das Widerspruchsverfahren in dem verfahrensrechtlichen Zustand, in dem es sein Rechtsvorgänger hinterlassen hat. Fristen beginnen nicht erneut zu laufen. Eine Verfristung des Widerspruchs nach § 70 VwGO muss er deshalb gegen sich gelten lassen.[52]

---

44 Vgl. BWVGH v. 06.10.1980, NJW 1981, 1524.
45 Vgl. BVerwG v. 14.04.1989, NVwZ 1989, 860.
46 A.A. OVG Lüneburg v. 31.08.1983, NVwZ 1985, 431 m. krit. Anm. *J. Martens,* NVwZ 1986, 536.
47 BVerwG v. 15.08.1988, NVwZ 1989, 48.
48 Zur Vererblichkeit im öffentlichen Recht vgl. BVerwG v. 18.09.1981, BVerwGE 64, 105 (108 ff.); zur Rechtsnachfolge generell *Rumpf* VerwArch 1987, 269 ff.; *Stadie* DVBl 1990, 501 ff.; *Peine* JuS 1997, 984 ff.; *Riedl* Die Rechts- und Pflichtennachfolge im Verwaltungsrecht, 1996; *Dietlein* Nachfolge im Öffentlichen Recht, 1999.
49 BremOVG v. 14.02.1984, NVwZ 1984, 917; *Spannowsky* NVwZ 1992, 426 f.; a.A. für den Fall der Gesamtvollstreckung OVG LSA v. 25.11.1993, NVwZ 1994, 1227.
50 Zur Frage, gegen wen bei Testamentsvollstreckung aufzunehmen ist, vgl. BremOVG NVwZ 1984, 917.
51 Vgl. *Wallerath* JuS 1971, 461 f.; *Pietzner* VerwArch 1984, 79 (87 ff.); *Riedl* Die Rechts- und Pflichtennachfolge im Verwaltungsrecht, 1996, S. 328 und NWOVG v. 29.10.1991, OVGE 42, 213 f.; v. 15.11.1993, NVwZ 1994, 696 (697).
52 Rechtsgedanke der §§ 239 f., 325 ZPO, 121 VwGO, 45, 166 AO.

- Das gleiche gilt, wenn jemand im Wege der *Einzelrechtsnachfolge* in die Verpflichtungswirkung eines *»dinglichen« VA* eintritt:[53]

Die materiell-rechtliche Rechtsnachfolge zieht eine verfahrensrechtliche – einen gesetzlichen Beteiligtenwechsel – nach sich. Der Rechtsnachfolger übernimmt das Widerspruchsverfahren in dem verfahrensrechtlichen Zustand, in dem es sich bei Eintritt der Rechtsnachfolge befunden hat (Rechtsgedanke des § 49 BauGB).[54] Der ursprüngliche WF dagegen verliert mit dem Verlust des Eigentums am sachlichen Substrat des VA seine Widerspruchsbefugnis; die §§ 265, 266 ZPO finden über § 79 VwVfG, § 173 VwGO keine entspr. Anwendung, da sie auf die Stabilisierung der entstandenen Prozesslage zugunsten des Prozessgegners zielen und deshalb auf Verfahrenslagen vor Rechtshängigkeit nicht übertragbar sind.[55] Die Widerspruchsbehörde darf deshalb auch den Widerspruchsbescheid nicht mehr gegen den Rechtsvorgänger richten, da sie damit eine Verpflichtung gegen einen Nichtmehrverpflichteten aufrechterhalten würde.[56]

- *Zeitablauf,*

22 **Beispiele:** Ablauf der Frist bei befristeter Erlaubnis;[57] politisches Betätigungsverbot an Ausländer für die Dauer des Staatsbesuchs;[58] Verbot einer Versammlung[59] oder Duldungsverfügung (Betreten des Grundstücks)[60] für den Tag X; Änderungsantrag für WahlO nach Wahldurchführung.[61]

- *Nichtgebrauch von Erlaubnissen,*

**Beispiele:** Die Baugenehmigung erlischt, je nach der Regelung der einschlägigen LandesBauO, nach einem Zeitraum von 1 bis 4 Jahren[62] (vgl. Art. 69 BayBauO, Art. 77 BayBauO: nach 4 Jahren; Art. 71 I 2 BayBauO, Art. 75 I 2 BayBauO: Vorbescheid nach 3 Jahren), die Gaststättenerlaubnis nach 1 Jahr (§ 8 GastG), die Anlagengenehmigung nach § 18 BImSchG nach 3 Jahren.

23 - *tatsächliches Unmöglichwerden und andere Fälle des Wegfalls des Regelungsobjekts.*

**Beispiele:** Der seuchenverdächtige Hund wird überfahren; Abbruchverfügung an Eigentümer, Duldungsverfügung an Besitzer zur Überwindung des sich aus seinen Besitzrechten ergebenden Vollstreckungshindernisses, Erledigung der Duldungsverfügung durch Eigentumserwerb des Besitzers.[63]

---

53 Die Rechtsnachfolge in bauaufsichtliche Beseitigungsanordnungen – soweit nicht ohnehin gesetzlich geregelt (§ 89 II 3 NdsBauO, § 81 S. 3 RhPfBauO, § 88 III SaarlBauO, § 77 S. 3 ThürBauO, §§ 79 I 2, 80 S. 3 BauO MV, §§ 70 II, 76 III, 77 S. 3 SächsBauO) – wird von der ganz h.M. bejaht: vgl. BVerwG v. 22.01.1971, NJW 1971, 1624; RhPfOVG v. 26.07.1983, NVwZ 1987, 427; NWOVG v. 09.09.1986, NVwZ 1987, 427; BWVGH v. 12.03.1991, NVwZ 1992, 392 (für naturschutzrechtl. Beseitigungsanordnung); HessVGH v. 17.06.1997, NVwZ 1998, 1315 (für abfallrechtl. Stilllegungsverfügung) m. abl. Bespr. *Volkmann* JuS 1999, 544 ff.; *Ortloff* JuS 1981, 574 ff.; *Guckelberger* VerwArch 1999, 499 ff.; a.A. HessVGH v. 01.03.1976, NJW 1976, 1910 und – für ein bauaufsichtl. Nutzungsverbot – HbgOVG v. 14.12.1995, NVwZ-RR 1997, 11 f.

54 Vgl. unten § 33 Rn. 12 und BVerwG v. 09.05.1989, NVwZ 1989, 967; BayVGH v. 27.12.1985, BayVBl 1986, 304 (305); *Stadie* DVBl 1990, 507 f.; *Guckelberger* VerwArch 1999, 523 f.; *Kopp/Schenke* § 74 Rn. 6.

55 So BVerwG v. 20.01.1984, NJW 1984, 2427 (2428); v. 24.02.1999, RÜ BARoV 1999, Nr. 5, 25; a.A. *Linhart* § 20 Rn. 177; *Riedl* Die Rechts- und Pflichtennachfolge im Verwaltungsrecht, 1996, S. 331 f.

56 Vgl. NWOVG v. 23.04.1996, NVwZ-RR 1997, 12 (13).

57 BVerwG v. 15.12.1983, DVBl 1984, 530. Vgl. auch BVerwG v. 04.11.1976, BVerwGE 51, 264 (265): Berufung in das Beamtenverhältnis nach Ablauf der Altersgrenze; NWOVG v. 25.02.1986, NVwZ 1986, 935 (Geltungsbeschränkung eines Passes).

58 BWVGH v. 14.07.1969, DVBl 1970, 511.

59 BremOVG v. 03.09.1971, VerwRspr 23, 589; OVG Lüneburg v. 24.06.1975, OVGE 31, 404 f.

60 BayVGH v. 08.04.1981, BayVBl 1981, 756 f.

61 BVerwG v. 03.09.1963, BVerwGE 16, 312 (315 f.).

62 Vgl. NWOVG v. 03.12.1975, OVGE 31, 265; v. 28.06.1978, BRS 33 Nr. 155; BayVGH v. 22.03.1984, BayVBl 1984, 596.

63 BWVGH NJW 1977, 861.

## III. Der Sonderfall des Vollzuges

Die *Vollziehung* eines VA – wie auch die Erfüllung seitens des Pflichtigen, um Zwang abzuwenden – bedeutet *grundsätzlich nicht seine Erledigung.*[64] *Dies ergibt sich bereits aus § 113 I 2 VwGO,* der die Anfechtungsklage auch für die Aufhebung eines bereits vollzogenen VA zulässt, nur zusätzlich zur Aufhebung das Gericht ermächtigt, »auf Antrag *auch*« auszusprechen, »dass und wie die Verwaltungsbehörde die Vollziehung rückgängig zu machen hat«. Eine *Erledigung durch Vollzug* kann nur *ausnahmsweise* angenommen werden, wenn sich durch den Vollzug der VA inhaltlich derart erschöpft hat, dass aus ihm auch für die Zukunft nichts mehr abgeleitet werden kann. 24

*Kontrollfrage:* Ist die Aufhebung des VA oder wenigstens eine Folgenbeseitigung logisch denkbar und sinnvoll?

Erledigung ist deshalb bei VAen ohne Dauerwirkung denkbar, bei denen durch Vollzug irreparable Tatsachen geschaffen worden sind.

**Beispiele:**

- Tötung eines seuchenverdächtigen Rennpferdes.
- Gebot, Straße zu räumen, hat sich mit Räumung der Straße durch Schlagstockgebrauch inhaltlich erschöpft; die Anwendung unmittelbaren Zwanges kann nicht rückgängig gemacht werden.[65]

*Keine Erledigung* tritt ein, wenn der *VA als causa* des durch den Vollzug geschaffenen, reparablen Zustandes fortwirkt. 25

**Beispiele:**

- Gebrauchmachen einer Baugenehmigung erschöpft diese nur insoweit, als weitere Baumaßnahmen auf Grund der Genehmigung nicht gerechtfertigt sind. Sie wirkt aber weiter mit ihrem feststellenden Teil als causa des geschaffenen Baubestandes (formelle Baurechtmäßigkeit).[66]
- Zahlung des Pflichtigen auf Grund eines Leistungsbescheides erschöpft das Zahlungsgebot des VA, wirkt aber fort als causa der erfolgten Vermögensverschiebung und muss deshalb aufgehoben werden.[67]
- Vollzug eines VA durch Ersatzvornahme erschöpft Grundverfügung hinsichtlich der Handlungspflicht; als tragende Grundlage der Verwaltungsvollstreckung (Vollstreckungstitel!) wirkt die Verfügung fort und berechtigt die Behörde, Kostenerstattung zu verlangen.[68]

NWOVG v. 23.10.1971, OVGE 27, 138 (139): »Vielmehr hat sich mit der gepfändeten Forderung in Höhe des Schuldbetrages die Pfändungsverfügung auch nicht in dem Sinne erledigt, dass sie nunmehr weggefallen und rechtlich nicht mehr existent wäre. Durch die Überweisung des gepfändeten Betrages hat sich zwar ihre Bedeutung praktisch erschöpft. Jedoch ist die Pfändungsverfügung weiterhin bestehen geblieben und stellt auch jetzt noch die Rechtsgrundlage für die zwangsweise erfolgte Einziehung des Forderungsbetrages auf diesem Wege dar.«

---

64 BWVGH v. 04.10.1972, BRS 25 Nr. 212; *Schenke* Jura 1980, 134 f.

65 BVerwGE 26, 165 (Schwabinger Krawalle).

66 Vgl. RhPfOVG v. 31.01.1967, BRS Bd. 18, 234 (237).

67 Vgl. NWOVG v. 06.04.1976, OVGE 32, 21 (25 ff.); BVerwG v. 03.06.1983, NVwZ 1984, 168; v. 01.09.1995, NVwZ-RR 1996, 166.

68 NWOVG v. 04.11.1996, NWVBl 1997, 218; BWVGH v. 19.05.1981, VBlBW 1981, 325; v. 30.03.1982, ESVGH 32, 88 (89); v. 26.03.1984, NVwZ 1985, 202 (205); v. 20.01.1989, NVwZ-RR 1989, 515 f.; v. 08.02.1993, VBlBW 1993, 298 (300); *Huxholl* S. 86 f.; a.A. SHOVG v. 20.10.1992, NJW 1993, 2004; BWVGH v. 07.12.1993, NVwZ 1994, 1130; BayVGH v. 18.07.1997, BayVBl 1998, 500 f.; Schoch/Schmidt-Aßmann/Pietzner/*Gerhardt* § 113 Rn. 88.

Keine Erledigung des Widerspruchsverfahrens stellt die rechtskräftige Abweisung einer Untätigkeitsklage dar.[69]

**26** Während die *Rücknahme* des Widerspruchs das Vorverfahren *automatisch beendet* und die Abhilfe- oder Widerspruchsbehörde die Erledigung nur noch deklaratorisch in der Begründung des Einstellungsbescheides feststellt (s. § 36 Rn. 11), führt die *Erledigung des angegriffenen VA* nur dann auch zu einer Erledigung des Vorverfahrens, wenn der WF seinen Anfechtungs- oder Verpflichtungswiderspruch nicht auf einen *Fortsetzungsfeststellungswiderspruch* entsprechend § 113 I 4 VwGO umstellt.[70] Die Behörde muss deshalb den WF vor ihrer Entscheidung zu einer Erklärung auffordern. Legt der WF weiterhin Wert auf eine Entscheidung der Behörde über die Recht- oder Zweckmäßigkeit des erledigten VA – ein Feststellungsantrag braucht bereits im Klageverfahren[71] und erst recht nicht im Widerspruchsverfahren[72] ausdrücklich gestellt zu werden – muss die Abhilfe- oder Widerspruchsbehörde nunmehr die Zulässigkeit und sodann die Begründetheit des Feststellungswiderspruchs prüfen und ihn entweder als unzulässig oder unbegründet zurückweisen. Das Vorverfahren wird demnach in diesen Fällen durch einen förmlichen Bescheid in der (freilich geänderten) Hauptsache und nicht durch deklaratorische Verfahrenseinstellung abgeschlossen.

69 Vgl. BayVGH v. 16.02.1968, BayVBl 1968, 210.

70 Zur Widerruflichkeit einer einseitigen Erledigungserklärung vgl. BVerwG v. 23.11.1978, Buchholz 310 § 77 VwGO Nr. 1.

71 Vgl. BVerwG v. 09.07.1956, NJW 1956, 1652; NWOVG v. 25.09.1975, NJW 1976, 439.

72 Zum Antragserfordernis im Widerspruchsverfahren vgl. § 28 Rn. 3.

# 3. Abschnitt. Die Zulässigkeitsprüfung im Widerspruchsverfahren

## § 28 Auslegung des Rechtsbehelfsbegehrens

*Formlose Rechtsbehelfe* ersetzen zwar nicht den Widerspruch, weil sie die Klagefrist nicht wahren, können aber gleichwohl *anstatt oder neben einem Widerspruch eingelegt* werden. Da zudem die VwGO keinerlei förmliche Anforderungen an den Inhalt einer Widerspruchsschrift stellt, kann im Einzelfall die Feststellung des tatsächlich gewählten Rechtsbehelfs schwierig sein. Hinzu kommt, dass auch die *Teilanfechtung eines VA* zulässig ist. Vor der Zulässigkeitsprüfung muss deshalb bei unklarem Sachvortrag des Rechtsbehelfsführers (RF) durch Auslegung und ggf. Umdeutung[1] geklärt werden, welches Verfahrensziel er anstrebt, welchen Rechtsbehelf er verfolgt. 1

In der Praxis wird die Behörde durch *Rückfragen beim RF* i.d.R. Unklarheiten beseitigen können. Im Examen besteht nur die Möglichkeit, anhand des Ihnen unterbreiteten Sachverhalts mit den im nachfolgenden dargestellten Auslegungsmitteln das Rechtsbehelfsbegehren festzustellen. 2

### A. Feststellung des Rechtsbehelfsantrags

Der Widerspruch bedarf nach § 70 VwGO weder eines förmlichen Antrags noch einer Begründung.[2] Da auch die Einschränkung eines Rechtsbehelfs zulässig ist,[3] muss zunächst durch Auslegung entspr. § 133 BGB festgestellt werden, in welchem Umfang die Verwaltungsmaßnahme angegriffen wird. Dies wird der RF i.d.R. im Antrag zu erkennen geben. Ist ein Antrag nicht ausdrücklich gestellt und ergibt die Rechtsbehelfsschrift auch sonst keine Einschränkung, ist davon auszugehen, dass der RF die angefochtene Maßnahme in vollem Umfang zur Nachprüfung der Rechtsbehelfsbehörde stellt.[4] 3

Der Umfang des Rechtsbehelfsbegehrens kann vor allem von Bedeutung sein für die Kostenerstattung, da dem WF ein Erstattungsanspruch nur zusteht, *soweit* der Rechtsbehelf erfolgreich war (s. § 46 Rn. 1).

---

1 Vgl. hierzu *Ziegler* JuS 1999, 481 ff.

2 Vgl. BVerwG v. 17.01.1957, BVerwGE 4, 233 (234) sowie *Kopp/Schenke* § 70 Rn. 5; vgl. auch BFH v. 27.11.1985, BFHE 145, 122 (123 f.). Vgl. zum Anspruch auf Überdenken einer Prüfungsentscheidung unten § 39 Rn. 5 f. und *Gohrke/Brechsan* SächsVBl 1999, 53 (56); a.A. wohl *Löwer/Linke* WissR 1997, 128 (144).

3 Vgl. BVerwG v. 25.06.1969, DÖV 1970, 13; v. 26.04.1974, VerwRspr 26, 430; z.B. nur Anfechtung der dem VA beigegebenen Auflage oder eines GeldleistungsVA nur in bestimmter Höhe. Vgl. auch § 40 Rn. 19.

4 Vgl. BVerwGE 9, 111; v. 22.10.1986, NVwZ 1988, 147 f.; Eyermann/*Fröhler* § 70 Rn. 1 a; vgl. auch BFH-GS v. 23.10.1989, BFHE 159, 4 = NVwZ 1990, 598. Soweit Sondervorschriften eine Begründung der Rechtsbehelfsschrift vorschreiben, sollen sie i.d.R. der Behörde diese Nachprüfung erleichtern und sind deshalb zumeist als reine Ordnungsschriften ohne rechtliche Sanktion aufzufassen; vgl. BVerwGE 4, 234; 8, 111; DVBl 1960, 397.

## B. Feststellung des gewählten Rechtsbehelfs

4 Nach dem Sinn des Widerspruchsverfahrens, vor Klageerhebung eine nochmalige Nachprüfung des VA zu ermöglichen, ist es nicht erforderlich, dass das Schreiben ausdrücklich als Widerspruch oder als Widerspruchsschrift bezeichnet wird. Es reicht vielmehr aus, dass sich aus dem Gesamtinhalt der Erklärung einschließlich der Begleitumstände, unter denen sie erfolgt und die dem Empfänger erkennbar sind, der Wille des Absenders ergibt, sich mit dem VA nicht zufriedengeben zu wollen und dessen Änderung oder Beseitigung zu erstreben.[5]

Die Erklärung, die Zahlung erfolge »unter Vorbehalt«,[6] ist ebensowenig als Widerspruch zu werten wie die Bezeichnung einer selbst errechneten Lohnsummensteuererklärung als »vorläufig«,[7] weil eine solche Erklärung lediglich auf Bedenken hinweist, deren Geltendmachung nicht bestimmt angekündigt, sondern eben nur »vorbehalten« wird.

*Falsche Bezeichnungen* wie Einspruch, Beschwerde, Dienstaufsichtsbeschwerde u. dgl. schaden deshalb nicht, vielmehr sind auch Verwaltungsverfahrenshandlungen nach den allgemeinen, für Willenserklärungen geltenden Grundsätzen (vgl. insbes. § 133 BGB) unter Berücksichtigung des Antrags und der unterschiedlichen Wirkungen der einzelnen außergerichtlichen Rechtsbehelfe so auszulegen, dass sie dem Willen und der Zielsetzung des RF bei verständiger Würdigung gerecht werden.[8] Auch die *Umdeutung* ist möglich und erforderlich, wenn bei verständiger Würdigung anzunehmen ist, dass der RF bei Kenntnis der wirklichen Sach- oder Rechtslage den richtigen Rechtsbehelf ergriffen hätte.[9] Die *Grenze* für eine Auslegung oder Umdeutung liegt dort, wo sie den RF bevormunden und ihm einen Rechtsbehelf unterschieben würde, den er eindeutig nicht ergreifen wollte, obwohl er einer zweckentsprechenden Rechtsverfolgung dienlich wäre.[10]

Rechtsbehelfserklärungen, die von einem Rechtsanwalt abgegeben worden sind, sind deshalb einer Umdeutung grundsätzlich nicht zugänglich.[11]

Bei der Anwendung dieser abstrakten Maßstäbe sollten Sie von folgenden *Faustregeln* ausgehen:

5 a) Wendet sich der Betroffene ausschließlich gegen das persönliche Verhalten des Bediensteten, ohne die Sachentscheidung anzugreifen, liegt i.Zw. eine *Dienstaufsichtsbeschwerde* vor.[12]

---

5 Vgl. OVG Lüneburg v. 26.02.1974, OVGE 30, 384 (385); BVerwG v. 17.05.1978, BVerwGE 63, 74 (76 f.); NWOVG v. 15.03.1989, NVwZ 1990, 676.

6 Vgl. BVerwG v. 18.08.1972, VerwRspr 24, 894 f.; BWVGH v. 23.10.1984, ESVGH 35, 84 (86).

7 Vgl. BVerwG, VerwRspr 24, 894 f. Zur Selbsterrechnungserklärung vgl. auch unten § 33 Rn. 17.

8 Vgl. BVerwG v. 20.11.1970, VerwRspr 22, 634 f.; v. 23.02.1982, BayVBl 1982, 473: »Einspruch« als Widerspruch; HessVGH v. 10.10.1973, HessVGRspr 1974, 12 (14): »Antrag auf rechtsmittelfähigen Bescheid« als Widerspruch; BFH v. 08.02.1974, BStBl 1974 II, 417 f.: »Erneuter Antrag« als Einspruch; BFH v. 22.01.1971, BFHE 101, 277 (280); vgl. auch BVerwG v. 27.04.1990, BayVBl 1990, 600 (601).

9 So BVerwG v. 26.10.1966, BVerwGE 25, 191 (194) für die Umdeutung eines innerhalb der Rechtsbehelfsfrist gestellten Antrages, ein vermeintlich unanfechtbar abgeschlossenes Verfahren wiederaufzugreifen, in eine Beschwerde nach § 336 LAG; ebenso NWOVG v. 10.05.1984, OVGE 37, 120: Zweitantrag innerhalb der Widerspruchsfrist ist umzudeuten in einen Widerspruch; a.A. NWOVG, NVwZ 1990, 677: Umdeutung eines Leistungsantrags in einen Widerspruch scheidet regelmäßig aus.

10 Vgl. BFH BStBl 1974 II, 418; BVerwG v. 14.11.1978, BVerwGE 63, 152; v. 02.08.1995, DVBl 1996, 105.

11 Vgl. BVerwG v. 22.02.1985, NJW 1985, 2658 (2660) m.w.N.

12 Vgl. *Redecker/v. Oertzen* § 70 Rn. 10; *Woike* DÖV 1984, 423.

b) Wendet sich der Betroffene gegen Maßnahmen, die keine VAe darstellen, oder fehlt ihm die Widerspruchsbefugnis, ist ein gleichwohl eingelegter »Widerspruch« i.Z.w in eine *Sachaufsichtsbeschwerde* umzudeuten oder bereits als solche auszulegen (s. § 35 Rn. 4).[13] 6

c) Wendet sich dagegen der Betroffene unter Wahrung von Widerspruchsfrist und -form gegen einen VA, ist i.Zw. davon auszugehen, dass er den ihm günstigsten Rechtsbehelf ergreifen will. Dies ist der *Widerspruch,* weil er ihm die Möglichkeit der Klage offenhält.[14] 7

Besondere Bedeutung kann hierbei den Umständen der Übersendung zukommen. Geht z.B. die Eingabe wenige Tage vor Ablauf der Widerspruchsfrist mit Einschreiben ein, spricht dies – wegen des sich in den Umständen offenbarenden Zwecks der Fristwahrung – deutlich dafür, dass die Eingabe als Widerspruch gemeint ist (OVG Lüneburg OVGE 30, 386).

Anderes kann im *Beamtenverhältnis* wegen der dort vorhandenen engen Bindungen zwischen Dienstherrn und Beamten gelten. Hier ist es nicht ungewöhnlich, dass der Dienstherr einen VA zunächst ohne Rechtsbehelfsbelehrung erlässt, in der Erwartung, der Beamte werde zunächst mehr zu unstreitigen, formlosen Verhandlungen geneigt sein, und der Beamte sich hiergegen tatsächlich zunächst auf formlose Gegenvorstellungen beschränkt. 8

Entscheidet in einem solchen Fall die Behörde die Eingabe unter Rechtsbehelfsbelehrung abschlägig und lässt damit deutlich erkennen, dass sie zunächst die Eingabe nur als Gegenvorstellung gewertet hat, muss der Beamte nunmehr innerhalb der Monatsfrist Widerspruch einlegen und kann sich nicht auf das Fehlen der Rechtsbehelfsbelehrung im Erstbescheid berufen.[15]

d) Wird neben dem VA auch das Verhalten des Bediensteten angegriffen, liegt i.Zw. ein *»gemischter Rechtsbehelf«*[16] *vor, da Widerspruch und Dienstaufsichtsbeschwerde wegen ihrer unterschiedlichen Angriffsziele durchaus sinnvoll miteinander verbunden und unabhängig voneinander geprüft werden können.* 9

In einem solchen Fall ist i.d.R. zunächst zur Sache zu entscheiden. Im Widerspruchsbescheid ist darauf hinzuweisen, dass der Rechtsbehelf, soweit er Dienstaufsichtsbeschwerde ist, gesondert gewürdigt wird. Sodann ist ein Abdruck der Sachentscheidung nebst der Rechtsbehelfsschrift dem Dienstvorgesetzten zuzuleiten, der über die Dienstaufsichtsbeschwerde entscheidet. 10

13 Vgl. *Weides* S. 245. Vgl. auch NWOVG v. 29.06.1981, NVwZ 1982, 251 f. Unzulässig ist dagegen die Umdeutung von Gegenvorstellungen gegen einen erst angekündigten VA in einen wirksamen Widerspruch gegen den später erlassenen VA; vgl. BayObLGSt v. 24.06.1971, VerwRspr 23, 481 (488 f.) und unten § 33 Rn. 17.

14 Vgl. die Lösungsskizze für einen Aufsichtsfall in BayVBl 1974, 113 und *Drews/Wacke/Vogel/Martens* Gefahrenabwehr, 9. Aufl. 1986, S. 574; *Tipke/Kruse* vor § 347 AO Rn. 31.

15 Vgl. BVerwG v. 26.10.1961, Buchholz 11 Art. 19 GG Nr. 21.

16 *Gierth* DÖV 1977, 765: »*Kumulativer* Rechtsbehelf«.

# § 29 Die Sachbescheidungsvoraussetzungen im Widerspruchsverfahren – Bedeutung und System

1 Ebenso wie bei der Klage ist beim Widerspruch *vor* der Begründetheitsprüfung die Zulässigkeit zu erörtern.

Für den Widerspruch ergibt sich dies aus § 72 VwGO, der der Ausgangsbehörde eine Abhilfe nur eröffnet, wenn sie den Widerspruch für begründet hält und mit dieser Terminologie die Bejahung der Zulässigkeit offensichtlich voraussetzt.[1]

2 Nur vereinzelt[2] wird die Auffassung vertreten, die *Zulässigkeit* des außergerichtlichen Rechtsbehelfs könne *dahingestellt* bleiben, wenn deren Feststellung zeitraubende, schwierige Aufklärungen erfordern würde, die Unbegründetheit aber eindeutig und offensichtlich feststeht. Dies mag aus Gründen der Verfahrensökonomie zweckmäßig und im Widerspruchsverfahren auch vertretbar sein, da die von der Prozessrechtslehre aus dem Umfang der Rechtskraft hergeleiteten Gegenargumente auf Verwaltungsentscheidungen nur bedingt übertragbar sind.

Einer näheren Auseinandersetzung bedarf es hier allerdings nicht, denn für das Examen ist dieses Problem eigentlich nur von theoretischem Interesse. Werden nämlich in einem Klausurtext Zulässigkeitsfragen aufgeworfen, können Sie sie schon deshalb nicht dahingestellt sein lassen, weil man von Ihnen erwartet, dass Sie den gestellten Problemen nicht ausweichen.

3 **Aufbauschema:**
**Sachbescheidungsvoraussetzungen im Widerspruchsverfahren nach der VwGO**

1. Zuständigkeit der Widerspruchsbehörde (§ 73 VwGO)
2. Zulässigkeit des Verwaltungsrechtsweges (§ 40 VwGO)
3. Statthaftigkeit des Widerspruchs (§ 68 VwGO)
   a) Vorliegen eines VA/Erstreben eines VA
      aa) Anfechtungswiderspruch (§ 68 I 1 VwGO)
      bb) Verpflichtungswiderspruch (§ 68 II VwGO)
      cc) Fortsetzungsfeststellungswiderspruch analog § 113 I 4 VwGO (bestr.; a.A. BVerwGE 81, 226/229)
   b) Fehlen spezialgesetzlicher Ausschlussnormen (§ 68 I 2 VwGO)
   c) VA einer Behörde unterhalb des Ranges einer obersten Bundes- oder Landesbehörde (§ 68 I 2 Nr. 1 VwGO)
   d) keine erstmalige Beschwer durch Abhilfe- oder Widerspruchsbescheid (§ 68 I 2 Nr. 2 VwGO)
   e) kein Untätigkeitswiderspruch (§§ 68 II, 75 VwGO)
4. Beteiligtenfähigkeit (§ 79 i.V.m. § 11 VwVfG)
5. Handlungsfähigkeit (§ 79 i.V.m. § 12 VwVfG)
6. Vorliegen der Vertretungsmacht (§ 79 i.V.m. § 14 VwVfG)
7. Ordnungsgemäße Widerspruchserhebung (§ 70 VwGO)
8. Wahrung der Widerspruchsfrist (§ 70 VwGO)
9. Widerspruchsbefugnis (§§ 70 I 1, 68, 42 II VwGO)

---

1 Vgl. BVerwG v. 18.04.1996, BVerwGE 101, 64 (67); BremOVG v. 07.09.1981, NVwZ 1982, 455 (456); *Kopp/Schenke* § 72 Rn. 3; a.A. *Schmitt Glaeser/Horn* Rn. 210.

2 Vgl. *Tipke/Kruse* AO/FGO, 16. Aufl. 1996, § 358 AO Rn. 25.

10. Widerspruchs-(Sachbescheidungs-)Interesse
11. Fehlender Rechtsbehelfsverzicht
12. keine Zurücknahme des Widerspruchs

**Aufbauschema: Sachbescheidungsvoraussetzungen im außergerichtlichen Rechtsbehelfsverfahren nach der AO** 4

1. Zuständigkeit der Einspruchsbehörde (§ 367 AO 1977)
2. Zulässigkeit des Finanzverwaltungsweges (§ 347 I 1 i.V.m. II AO 1977), Erweiterung über § 33 FGO hinaus durch Sondergesetze, die die §§ 347 ff. AO 1977 für anwendbar erklären (§ 347 I Nr. 4 AO 1977), z.B. § 51 SparprämienG
3. Statthaftigkeit des Einspruchs
   a) Gegen VAe (§ 347 I 1 AO 1977)
   b) Untätigkeitseinspruch (§ 347 I 2 AO 1977) bei Nichtbescheidung eines Antrags auf Erlass eines VA
   c) Ausschluss des Einspruchs (§ 348 AO 1977)
4. Handlungsfähigkeit (§ 365 I i.V.m. § 79 AO 1977)
5. Vorliegen der Vertretungsmacht (§ 365 I i.V.m. § 80 AO 1977)
6. Ordnungsgemäße Einlegung des Einspruchs (§ 357 AO 1977)
7. Wahrung der Einspruchsfrist (§ 355 AO 1977)
8. Einspruchsbefugnis (Beschwer)
   a) Allgemein: §§ 350, 351 AO 1977
   b) bei einheitlichen Feststellungsbescheiden: § 352 AO 1977
   c) des Rechtsnachfolgers: § 353 AO 1977
9. Fehlender Einspruchsverzicht (§ 354 AO 1977)
10. Keine Zurücknahme des Einspruchs (§ 362 AO 1977)

Aus dem Vorschaltcharakter des Widerspruchs folgt, dass Verwaltungsrechtsschutz 5
grundsätzlich nur im selben Umfange eröffnet ist wie Verwaltungsgerichtsschutz. Die oben erörterten Sachurteilsvoraussetzungen für die verwaltungsgerichtliche Klage gelten deshalb grundsätzlich entsprechend auch als *Sachbescheidungsvoraussetzungen* für den Widerspruch, wenn sich nicht ausdrücklich aus der VwGO oder aus dem Charakter des Widerspruchsverfahrens etwas anderes ergibt.[3] Für die *Reihenfolge* der Prüfung der einzelnen Sachbescheidungsvoraussetzungen gilt das oben § 4 Rn. 5 zu den Sachurteilsvoraussetzungen Gesagte; sie ist weitgehend eine Frage der Zweckmäßigkeit, die anhand des konkreten Falles entschieden werden sollte.

Unsicherheiten bestehen erfahrungsgemäß häufig darüber, an welcher Stelle die *Zuständigkeit der Wi-* 6
*derspruchsbehörde* zu prüfen ist. I.d.R. wird empfohlen, sie am Ende der Zulässigkeitsprüfung zu erörtern.[4] Die Praxis neigt eher dazu, die Zuständigkeit als ersten Punkt der Zulässigkeit zu prüfen. Logischen Vorrang hätte allenfalls die Frage der Zulässigkeit des Verwaltungsrechtswegs, da von ihr das Eingreifen der Zuständigkeitsregelung des § 73 VwGO abhängt. Aber auch ein gegen eine zivilrechtliche Willenserklärung der Verwaltung erhobener Widerspruch muss verbeschieden werden. Deshalb spricht mehr dafür, die Zuständigkeit zuerst zu prüfen, denn auch ein formfehlerhafter, verfristeter, unstatthafter oder sonst unzulässiger Widerspruch darf jedenfalls nicht von der unzuständigen Behörde zurückgewiesen werden.

3 H.M.: vgl. *Weides* S. 224; *Kopp/Schenke* § 69 Rn. 4; *Schenke* Rn. 649; *Löwer* MDR 1965, 92.
4 Vgl. *Würtenberger* Rn. 374.

7 Die Prüfung der Zuständigkeit als ersten Punkt der Sachbescheidungsvoraussetzungen empfiehlt sich außerdem wegen des *Doppelcharakters der Zuständigkeit.* Im Gegensatz zu den weiteren Sachbescheidungsvoraussetzungen ist sie nicht allein Zulässigkeitsvoraussetzung des Widerspruchs, sondern auch und vor allem – wie die behördliche Zuständigkeit auch sonst – formelle Rechtmäßigkeitsbedingung des Verwaltungshandelns. *Zulässigkeitsvoraussetzung* des Widerspruchs ist die Zuständigkeit der Widerspruchsbehörde nur insoweit, als ihre Wahl vom Willen des WF abhängt.[5]

Wendet sich der WF an eine unzuständige Behörde, ist sein Widerspruch weder ordnungsgemäß erhoben noch vermag er die Frist zu wahren (vgl. unten § 33 Rn. 1). Wendet sich dagegen der WF an die Ausgangsbehörde und legt diese den Widerspruch einer unzuständigen Behörde vor, wird natürlich der Widerspruch nicht unzulässig.[6] Gleichwohl ist dieser wie auch der vom WF zu Unrecht angegangenen Behörde die Entscheidung über den Widerspruch verwehrt; sie hat vielmehr ihrerseits den Widerspruch der zuständigen Behörde vorzulegen.[7]

Insoweit ist also die Zuständigkeit zwar nicht Zulässigkeitsvoraussetzung des Widerspruchs, wohl aber *Sachbescheidungsvoraussetzung.* Sie sollte deshalb zweckmäßigerweise wegen ihres andersartigen Charakters an erster Stelle vor den Zulässigkeitsvoraussetzungen im eigentlichen Sinne geprüft werden, um Zusammengehöriges nicht durch einen systematischen Fremdkörper auseinanderzureißen. Für die Gründe des Widerspruchsbescheids ergibt sich daraus grundsätzlich folgender Aufbau:

II.

1. Ich bin zur Entscheidung über Ihren Widerspruch gemäß … berufen.
2. Ihr Widerspruch ist zulässig.
3. Ihr Widerspruch ist auch begründet. Oder:

In der Sache konnte Ihr Widerspruch jedoch keinen Erfolg haben.

5 So richtig *Schenke* Rn. 651.
6 Vgl. BVerwG v. 03.01.1964, DVBl 1964, 357 (358); v. 06.02.1988, NVwZ 1987, 320 und § 30 Rn. 9.
7 Tut sie das nicht, ist der Widerspruchsbescheid rechtswidrig und kann insoweit angefochten werden. Vgl. BVerwG v. 06.02.1986, NVwZ 1987, 320. Vgl. § 30 Rn. 9.

# § 30 Zuständigkeitsbezogene Sachbescheidungsvoraussetzungen

## A. Zulässigkeit des Verwaltungsrechtswegs (§§ 68, 40 VwGO)

Auch hier sind die anderweitigen Rechtswegzuweisungen zu beachten.

Die Zulässigkeit des Verwaltungsrechtswegs ist – wie alle Sachbescheidungsvoraussetzungen – nur dann zu erörtern, wenn an ihrem Vorliegen nach dem Sachverhalt ernstliche Zweifel bestehen können. 1

Hat die Verwaltung durch VA entschieden, liegt zwar stets eine öffentlich-rechtliche Streitigkeit vor, über die aber nicht notwendigerweise die Verwaltungsgerichte zu entscheiden haben. 2

**Bekanntestes Beispiel:** § 217 I BauGB. Im Übrigen ist generell der Anspruch aus Enteignung, samt Nebenansprüchen wie z.B. dem Anspruch auf Erstattung von Anwaltskosten für das Enteignungsverfahren, nach § 40 I 1 VwGO i.V.m. Art. 14 III 3, 14 III 4 GG im Zivilrechtsweg zu verfolgen, und zwar auch dann, wenn die Behörde über die Entschädigungsfrage durch VA entschieden hat.[1] 3

Der Rechtsschutz richtet sich in diesen Fällen ausschließlich nach der Verfahrensordnung des anderen Rechtsweges. Ein Widerspruch nach den §§ 68 ff. VwGO ist *unzulässig*,[2] ein Vorverfahren nur dann erforderlich, wenn es das Zuweisungsgesetz (oder eine zu ihm ergangene Ausführungsvorschrift) ausdrücklich vorschreibt.[3] 4

Hieran ändert auch *§ 79 VwVfG* nichts, denn die Vorschrift hat lediglich lückenfüllende Funktion, nicht aber konstitutiven Charakter. § 79 VwVfG setzt die Konstituierung eines förmlichen außergerichtlichen Rechtsbehelfs durch eine anderweitige gesetzliche Regelung voraus und will lediglich eine Verfahrensvereinheitlichung bei offen gelassenen Lücken durch ergänzende Anwendung der VwGO und des VwVfG erreichen.[4] Auch dies gilt nur, wenn der dem anderen Rechtsweg zugewiesene VA überhaupt dem Geltungsbereich des VwVfG unterfällt. Soweit deshalb in Zivilprozesssachen kraft Zuweisung das Zuweisungsgesetz kein Vorverfahren vorschreibt oder zulässt, verbleibt es bei dem alten Rechtszustand: ein Widerspruch ist unzulässig. 5

## B. Zuständigkeit der Widerspruchsbehörde (§ 73 VwGO)

Die Zuständigkeit zur Entscheidung über den Widerspruch wird in der Praxis üblicherweise als erster Punkt der rechtlichen Würdigung des Widerspruchs erörtert (vgl. oben § 29 Rn. 6). 6

**Beispiel:** »Gründe: II. Ich bin zur Entscheidung über Ihren Widerspruch gemäß § 126 Abs. 3 Nr. 2 BRRG in Verbindung mit der Anordnung des ... vom ... berufen.«

Die Zuständigkeit zum Erlass des Widerspruchsbescheids ist zwar in § 73 VwGO im Grundsatz recht einfach und übersichtlich geregelt. Durch die Zulassung zahlreicher Ausnahmen zugunsten der Landesgesetzgebung und durch die Verweisung auf das *jeweilige Organisationsrecht* des Bundes oder Landes kann es im Einzelfall jedoch große

---

1 Vgl. BVerwG v. 14.12.1971, BVerwGE 39, 169 für die enteignende Festsetzung eines Wasserschutzgebietes (§§ 19, 20 WHG); BVerwG v. 14.07.1972, BVerwGE 40, 254 für den Anspruch des Landabgabepflichtigen auf Erstattung der Anwaltskosten.

2 Vgl. *Baumgärtel* ZZP 1960, 406; *Kopp/Schenke* Vorb. § 68 Rn. 2 a.

3 Vgl. etwa § 212 BauGB i.V.m. § 5 BerlDVO-BauGB v. 05.11.1998 (GVBl. S. 331); § 24 II EGGVG (hierzu BVerfG v. 28.10.1975, BVerfGE 40, 237 ff.); § 109 III StrafVollzG.

4 Ebenso NK-VwGO/*Geis* § 68 Rn. 101. Lücken im *Vorverfahren nach* § 212 BauGB z.B. sind deshalb durch § 79 VwVfG zu schließen; ebenso *Meyer/Borgs* § 79 Rn. 18, 24; *Stelkens/Bonk/Sachs* § 79 Rn. 30.

Schwierigkeiten bereiten, die zuständige Widerspruchsbehörde zu bestimmen. In der Praxis sind deshalb Zuständigkeitsfehler nicht eben selten.

7 Ändern sich nach Erlass des VA die die örtliche Zuständigkeit begründenden Umstände, etwa durch Wohnsitzwechsel des Adressaten (vgl. § 3 I Nr. 3 a VwVfG), ist dies auf die Zuständigkeit von Abhilfe- und Widerspruchsbehörde ohne Einfluss. § 3 III VwVfG sieht zwar für das allgemeine Verwaltungsverfahren nur eine eingeschränkte *perpetuatio magistratus* vor, und die §§ 48 V, 49 IV VwVfG durchbrechen dieses Prinzip für Rücknahme und Widerruf zugunsten der nunmehr zuständigen Behörde völlig. Selbst aber wenn man die Aufhebung eines VA im Widerspruchsverfahren als Unterfall der Rücknahme verstehen will,[5] kommen diese Regeln nach § 79 VwVfG nicht zur Anwendung, da die VwGO in den §§ 70, 72, 73 abschließende Sondervorschriften enthält, die allein auf den Erlass des AusgangsVA und das Verhältnis der Widerspruchs- zur Ausgangsbehörde abstellen und insoweit eine Zuständigkeitsperpetuierung anordnen.[6] Späteres Bundesrecht kann freilich Abweichendes regeln.

8 Prozessual ist zwar die Verletzung der Zuständigkeitsvorschrift des § 73 VwGO insofern unbeachtlich, als sie keine Sachurteilsvoraussetzung darstellt und für die Zulässigkeit der Klage unerheblich ist.[7] Die Entscheidung einer unzuständigen Behörde über den Widerspruch stellt jedoch einen *wesentlichen Verfahrensfehler im Sinne des § 79 II 2 VwGO* dar, der zur isolierten Anfechtung des Widerspruchsbescheids berechtigt.[8]

Verwaltungsvorschriften stellen freilich keine wesentlichen Verfahrensvorschriften i.S.d. § 79 II 2 VwGO dar.[9]

Nach Ansicht des BVerwG[10] soll dieser Verfahrensfehler allerdings dadurch *geheilt* werden können, dass die zuständige Widerspruchsbehörde im gerichtlichen Verfahren erklärt, sie halte den angefochtenen VA für rechtmäßig, da dadurch dem Zweck des Vorverfahrens, der Widerspruchsbehörde Gelegenheit zur nochmaligen Überprüfung der Einwendungen des WF zu geben, Rechnung getragen sei. Diese Entscheidung ist bisher vereinzelt geblieben, wird aber durch die Tendenz des BVerwG, an die Einhaltung der Vorschriften über das Vorverfahren einen großzügigen Maßstab anzulegen (vgl. dazu oben § 17 Rn. 2), bestätigt. Überzeugend ist diese Rechtsprechung nicht, da sie einseitig den Zweck der Verwaltungsselbstkontrolle in den Vordergrund stellt und die Entlastung der Verwaltungsgerichte wie den Rechtsschutz des Bürgers vernachlässigt.[11]

Die Zuständigkeiten im Einzelnen werden in § 37 gesondert dargestellt.

---

5 So wohl BVerwG v. 21.11.1968, BVerwGE 31, 67 (69) und unten § 40 Fn. 28.

6 Im Ergebnis ebenso *J. Schmidt* DÖV 1977, 777; *Oldiges* DÖV 1989, 883; *Finkelnburg/Lässig* VwVfG § 3 Rn. 54; BVerwG v. 08.03.1957, BVerwGE 4, 316; v. 18.07.1975, Buchholz 448.0 § 33 WehrpflG Nr. 17 S. 3; HessVGH v. 07.02.1983, ESVGH 33, 308 (LS) = FamRZ 1983, 737; a.A. HbgOVG v. 16.02.1999, NVwZ-RR 1999, 633 (634 f.); Stelkens/Bonk/*Sachs* § 3 Rn. 44; *Meyer/Borgs* § 3 Rn. 25: § 3 III VwVfG gilt auch im Widerspruchsverfahren; differenzierend *Louis/Abry* DVBl 1986, 333 f.; Zur Anwendbarkeit des § 3 III VwVfG bei Zuständigkeitswechsel während des gerichtlichen Verfahrens vgl. BVerwG v. 24.05.1995, BVerwGE 98, 313 (316); v. 10.12.1996, Buchholz 402.240 § 5 AuslG 1990 Nr. 1.

7 Vgl. BWVGH v. 26.06.1972, ESVGH 23, 196 (197); BVerwG v. 03.01.1964, DVBl 1964, 357 (358); v. 06.02.1986, NVwZ 1987, 320.

8 Vgl. RhPfOVG v. 14.07.1961, VerwRspr 23, 846; NWOVG v. 08.03.1973, OVGE 28, 250 (252 f.); BerlOVG v. 06.02.1976, AS 14, 53; BVerwG v. 26.03.1980, Buchholz 310 § 79 VwGO Nr. 13; NVwZ 1987, 320 und oben §§ 9 Rn. 17, 24 Rn. 18.

9 Vgl. BVerwG v. 09.05.1985, BVerwGE 71, 251 (255).

10 BVerwG DVBl 1964, 358; bestätigt in BVerwG v. 10.10.1984, Buchholz 230 § 126 BRRG Nr. 18.

11 Zu Recht deshalb ablehnend *v. Mutius* S. 207 f.; krit. auch *Weides* S. 257.

# § 31 Statthaftigkeit des Widerspruchs

## A. Vorliegen eines VA (§§ 68, 42 I VwGO)

1 Während der gerichtliche Rechtsschutz von der Generalklausel bestimmt wird, folglich das Vorliegen eines VA lediglich von Bedeutung für die Statthaftigkeit einer bestimmten Klageform ist, wird der *Rechtsbehelf »Widerspruch« nur enumerativ* gewährt, wenn im Anschluss an das Vorverfahren Anfechtungs- oder Verpflichtungsklage, letztere in der Form der Versagungsgegenklage, zu erheben wäre.

2 Alle anderen Klagen können dagegen ohne ein Vorverfahren erhoben werden.[1] Ein Widerspruch ist hier *unstatthaft,* so dass das Vorliegen eines VA für das Widerspruchsverfahren rechtsschutzeröffnende Funktionen hat.[2]

3 **Ausnahme:** § 126 III BRRG[3] Danach kann der Widerspruch unmittelbar auch gegen Handlungen des Dienstherrn erhoben werden, die keine VAe sind. Vor Erhebung der allgemeinen Leistungsklage oder einer Feststellungsklage braucht die begehrte Leistung nicht beim Dienstherrn beantragt werden.[4] Für Klagen aus dem Wehrdienstverhältnis fehlt eine entsprechende Vorschrift. Leistungsklagen eines Soldaten sind deshalb ohne Vorverfahren zulässig.[5]

### I. Anfechtungswiderspruch (§ 68 I 1 VwGO)

4 Da § 68 VwGO den Widerspruch nur gewährt gegen bereits ergangene VAe, mithin für die Zulässigkeit des Widerspruchs ein bereits vorhandenes Anfechtungsobjekt voraussetzt, ist sowohl ein »*Untätigkeitswiderspruch*« (s. Rn. 26 ff.) als auch ein »*vorweggenommener oder vorsorglicher*« Widerspruch gegen einen erwarteten oder angekündigten VA als auch ein »vorbeugender Unterlassungs- oder besser: *VA-Verhinderungswiderspruch*«[6] unstatthaft. Vorbeugende Unterlassungsklagen gegen drohende VAe sind deshalb – unabhängig davon, ob man sie systematisch als negative Verpflichtungsklagen, vorverlegte Anfechtungs- oder VA-Verhinderungsklagen oder als allgemeine Leistungsklagen[7] einordnet – ohne Vorverfahren zulässig.[8]

5 Hinsichtlich des VA gilt das gleiche wie für die Statthaftigkeit der Anfechtungsklage: Der VA *muss objektiv vorliegen,* nicht nur behauptet werden.[9] Entscheidend ist dabei allein, ob sich die behördliche Willenserklärung ihrem objektiven Erklärungsgehalt nach aus der Sicht des verständigen Adressaten als VA darstellt;[10] unerheblich ist, als was sie gewollt war, erst recht, als was sie hätte ergehen dürfen.

1 Vgl. BVerwG v. 25.02.1969, BVerwGE 31, 301 (305).
2 Vgl. RhPfOVG v. 14.07.1971, VerwRspr 23, 846 (847); NWOVG v. 18.07.1974, NJW 1975, 794; BremOVG v. 21.10.1987, NVwZ 1988, 651. Insoweit kann man deshalb auch von der Statthaftigkeit des Widerspruchs reden; vgl. *Weides* S. 245; *Allesch* S. 141.
3 Suspensiveffekt hat jedoch nur der der Anfechtungsklage vorgeschaltete »Anfechtungswiderspruch«. Bei der allgemeinen Gestaltungsklage kann man wegen der strukturellen Ähnlichkeit mit der Anfechtungsklage eine Analogie in Betracht ziehen; zu einem ähnlichen Ergebnis BerlOVG v. 01.12.1970, DVBl 1972, 42; vgl. weiter BWVGH v. 20.08.1987, VBlBW 1988, 146.
4 BVerwG v. 28.06.2001, DVBl 2002, 196.
5 BVerwG v. 20.04.1977, BVerwGE 52, 247 (251).
6 Vgl. BVerwG v. 01.09.1989, NVwZ 1990, 59; NWOVG v. 05.05.1995, DVBl 1996, 115.
7 So z.B. BVerwG v. 16.04.1971, DVBl 1971, 746 (747); *Ule* VerwArch 1974, 308.
8 Ebenso im Ergebnis BVerwG DVBl 1971, 747; BVerwG v. 08.09.1972, BVerwGE 40, 323 (328); v. 08.12.1977, NJW 1978, 1870.
9 Vgl. BVerwG v. 22.05.1980, BVerwGE 60, 144; v. 29.04.1988, BVerwGE 79, 291 (296).
10 Vgl. BVerwG v. 19.12.1995, BVerwGE 100, 206 (207); v. 03.11.1998, NVwZ-RR 1999, 277.

Deshalb ist auch gegen eine als schlichte Willenserklärung erlassene *Rechnung* die Anfechtungsklage eröffnet, wenn die Widerspruchsbehörde sie im Widerspruchsbescheid als VA qualifiziert, also aus der Rechnung einen VA macht.[11] Rechtmäßig handelt die Widerspruchsbehörde dabei freilich nicht, denn sie ist weder befugt, die Statthaftigkeit des Widerspruchs zu begründen, noch besitzt sie, wenn sie nicht mit der Erlassbehörde identisch ist, die Zuständigkeit zum (in einer solchen Umgestaltung liegenden) Erlass erstinstanzlicher VAe.[12] Dass der Betroffene eine solche Umgestaltung nicht nach § 79 II 1 VwGO anfechten könne, weil der Wechsel in der Rechtsform belastungsindifferent sei (so BVerwGE 78, 6), trifft wegen der besonderen Formwirkungen des VA (vgl. nur § 53 VwVfG, § 1 VwVG, § 74 VwGO) nicht zu.

Die Anfechtungsrechtsbehelfe sind deshalb auch eröffnet gegen sog. (nur) *formelle VAe* oder *VAe kraft Form.*

Fehlprodukte behördlicher Formenvertauschung sind solche, die zwar als VA ergangen sind, aber eigentlich als verwaltungsinterner Mitwirkungsakt oder als zivil- oder verwaltungsrechtliche Willenserklärung, als Verordnung oder Satzung hätten ergehen müssen, sind ebenfalls mit dem Anfechtungswiderspruch angreifbar.[13] Dies gilt freilich nur, soweit die Fehlprodukte eine Regelung enthalten, da die äußere Form eine Regelung nicht ersetzen kann.[14]

6 Schließlich kann ein *nichtiger VA* (§ 44 I VwVfG)[15] wegen der an seine reale – nicht rechtliche – Existenz anknüpfenden Rechtsscheinwirkungen mit Widerspruch und Anfechtungsklage angegriffen werden.[16] Dasselbe gilt für einen mangels gültiger Bekanntgabe nicht wirksam gewordenen VA (vgl. §§ 41, 43 VwVfG).[17] Angreifbar sind obendrein den Anschein einer Regelung suggerierende »Scheinverwaltungsakt«.[18]

7 Mit dem Anfechtungswiderspruch kann als Annex ein *Vollzugsfolgenbeseitigungsantrag* verbunden werden, und zwar unabhängig davon, ob mit ihm lediglich reale Folgenbeseitigung oder der Erlass eines VA begehrt wird; die VwGO sieht Anfechtung und Folgenbeseitigung als (verfahrensrechtliche) Einheit an und trägt damit der Tatsache Rechnung, dass es dem WF bei bereits erfolgtem Vollzug regelmäßig nicht nur um die im Bereich des Ideellen verbleibende Kassation des belastenden VA, sondern auch

---

11 Vgl. BVerwG v. 26.07.1987, BVerwGE 78, 3 (5) m.w.N.; abl. Anm. *Renck* BayVBl 1988, 409 und NVwZ 1989, 117.

12 Vgl. § 40 Rn. 19 und *Renck* NVwZ 1989, 119; *Martens* NVwZ 1988, 689.

13 Vgl. BVerwG v. 01.10.1963, BVerwGE 18, 1; v. 01.03.1967, BVerwGE 26, 251; v. 11.09.1968, BVerwGE 30, 211; v. 26.09.1969, DVBl 1970, 282 (283); v. 17.03.1982, DÖV 1982, 784; v. 09.11.1984, NVwZ 1985, 264; v. 23.01.1990, BVerwGE 84, 274 (275); BFH v. 02.04.1987, NVwZ 1987, 1118; kritisch zu dem Begriff des formellen VA *Schenke* NVwZ 1990, 1009 ff.; *Erfmeyer* DÖV 1996, 629 ff. Zur Frage der Anwendbarkeit des aus dem Zivilprozessrecht geläufigen *Meistbegünstigungsprinzips* bei formal inkorrekter Entscheidung vgl. *Pestalozza* Formenmißbrauch des Staates 1973, S. 162 f.

14 *Kopp/Ramsauer* § 35 Rn. 16.

15 Besonders schwerwiegend i.S.d. § 44 I VwVfG ist ein Fehler nur dann, wenn er den davon betroffenen VA als schlechterdings unerträglich, d.h. mit tragenden Verfassungsprinzipien oder der Rechtsordnung immanenten wesentlichen Wertvorstellungen unvereinbar erscheinen lässt. Vgl. BVerwG v. 17.10.1997, NVwZ 1998, 1061 (1062); vom 31.05.2000, NVwZ 2000, 1039 (1040); BGH vom 14.06.2007, NVwZ-RR 2008, 154.

16 Vgl. HessVGH v. 10.10.1973, HessVGRspr 1974, 12 (14) für den Fall einer mangels Vorliegens eines Antrags nichtigen Urlaubsgewährung an Beamten und *Pietzner* JA 1971, 528 f.; JA 1975, 70. Anfechtung ist allerdings nur innerhalb der Fristen zulässig. Vgl. BFH v. 26.06.1985, NVwZ 1987, 359 (360). Die Möglichkeit eines Feststellungsantrags nach § 44 V VwVfG, der nicht einmal vor Erhebung einer Nichtigkeitsfeststellungsklage zwingend ist (vgl. BSG v. 23.02.1989, NVwZ 1989, 902 und oben § 11 Rn. 6), nimmt dem Anfechtungswiderspruch nicht das Rechtsschutzinteresse, da er nicht fristwahrend wirkt. Vgl. NK-VwGO/*Geis* § 68 Rn. 85; *Schenke* Rn. 576.

17 *Stelkens/Bonk/Sachs* § 41 Rn. 12 f.; BayObLG v. 21.06.1978, BayVBl 1978, 770; HbgOVG v. 18.08.1981, DVBl 1982, 218; BayVGH v. 25.10.1983, DÖV 1984, 453.

18 *Blunk/Schroeder* JuS 2005, 602.

und vornehmlich um die reale Konsequenz, die Beseitigung der tatsächlichen Vollzugsfolgen geht (Rechtsgedanke der §§ 113 I 2, 80 V 3 VwGO).[19]

Auch wenn mit dem Folgenbeseitigungsantrag der Erlass eines VA erstrebt wird, ist deshalb die Durchführung eines selbständigen Antrags- und Widerspruchsverfahrens nicht erforderlich.[20] 8

Ein ausdrücklicher *Antrag* braucht nicht gestellt zu werden (vgl. oben § 28 Rn. 3), sondern ist der Widerspruchsschrift durch *Auslegung* zu entnehmen. Enthält die Widerspruchsschrift keine Einschränkung, ist regelmäßig davon auszugehen, dass der WF auch Folgenbeseitigung begehrt, da seinem Rechtsbehelfsinteresse mit der Aufhebung des VA allein ohne reale Vollzugsfolgenbeseitigung nicht gedient ist.[21]

## II. Verpflichtungswiderspruch (§ 68 II VwGO)

Wird mit dem Widerspruch der Erlass eines VA begehrt, muss ihm – wie bei der Verpflichtungsklage – zusätzlich ein *erfolgloses Antragsverfahren* vorausgegangen sein (§ 68 II VwGO),[22] auf das nur verzichtet werden kann, wenn aus dem Zusammenhang mit einem anderen Verwaltungsverfahren eindeutig erkennbar ist, dass die Behörde auch diesen Antrag ablehnen würde.[23] 9

Begehrt der Bürger *auf Grund eines verwaltungsrechtlichen Vertrages* den Erlass des zugesagten VA, ist dies ein Vertragserfüllungsverlangen und kein Antrag auf Erlass eines VA. Die Vorschrift des § 68 II VwGO passt auf derartige Erfüllungsklagen zur Durchsetzung von Vertragspflichten nicht. Ein Widerspruch ist hier unstatthaft; es ist eine Leistungsklage zu erheben.[24] 10

Wird ein *FBA selbständig* und nicht als Annex eines Anfechtungswiderspruchs erhoben, ist ein Verpflichtungswiderspruch nach erfolglosem Antrag im Verwaltungsverfahren nur dann statthaft (und erforderlich), wenn der Erlass eines VA begehrt wird. 11

*Entscheidend hierfür ist das Anspruchsziel.* Begehrt der WF lediglich realen Folgenbeseitigungserfolg und überlässt es der Behörde, wie sie ihn bewirkt, ist richtige Klageform die allgemeine Leistungsklage, ein Widerspruch deshalb nicht statthaft. 12

# B. Unstatthaftigkeit des Widerspruchs auf Grund spezialgesetzlicher Ausnahmen (§ 68 I 2 VwGO)

Unstatthaft ist der Widerspruch auch, wenn ein formelles (Bundes- oder Landes-)[25] *Gesetz* die Entbehrlichkeit des Vorverfahrens bestimmt (§ 68 I 2 VwGO). Die beschränkende 13

19 Vgl. BVerwG v. 17.07.1974, BVerwGE 46, 283 (286 f.); BWVGH v. 30.03.1982, ESVGH 32, 88 (89 f.); *Kopp/Schenke* § 73 Rn. 8. Zum *Folgenbeseitigungsanspruch* vgl. BVerwG v. 26.08.1993, BVerwGE 94, 100; BWVGH vom 21.10.2008, VwVBL 2009, 68; VG Freiburg vom 28.11.2008, BeckRS 2008, 40852; *Bumke* JuS 2005, 22.

20 Vgl. OVG Lüneburg, OVGE 18, 348; v. 25.11.1965, DVBl 1965, 275 (276); BerlOVG v. 21.04.1967, BRS 18 Nr. 12; HessVGH v. 18.12.1968, VerwRspr 20, 760 (763); v. 11.11.1993, NVwZ 1995, 300 (301); BWVGH, ESVGH 28, 234; 32, 89; Schoch/Schmidt-Aßmann/Pietzner/*Gerhardt*, in: VwGO § 113, Rn. 59.

21 Im Ergebnis ebenso OVG Lüneburg OVGE 18, 348; BWVGH ESVGH 28, 234; *Schenke* Rn. 654.

22 BVerwG v. 25.02.1969, DVBl 1969, 702; v. 04.11.1976, DVBl 1978, 607.

23 Vgl. BWVGH v. 27.10.1971, GewArch 1973, 205; HessVGH v. 29.11.1973, ESVGH 24, 190 (191): Antrag auf Steuerstundung, Widerspruchsziel: Erlass; a.A. NK-VwGO/*Geis* § 68 Rn. 92. Vgl. auch BWVGH v. 09.12.1977, ESVGH 28, 32 (35).

24 HessVGH v. 26.03.1964, DÖV 1964, 462; *Lerche* in: Staatsbürger und Staatsgewalt, Bd. II, 1963, S. 78; *Meyer/Borgs* § 61 Rn. 4; *Stelkens/Bonk/Sachs* § 61 Rn. 3; NK-VwGO/*Geis* § 68 Rn. 93; a.A. z.B. *Hegel* DÖV 1965, 415; *Redeker* DÖV 1966, 546; *Fluck* Die Erfüllung des öffentlich-rechtlichen Vertrages durch VA, 1985, S. 84 ff.; *Ule/Laubinger* § 72 Rn. 16.

25 Zur Auslegung vgl. BVerfG v. 09.05.1973, BVerfGE 35, 65 (72 ff.); v. 17.04.1991, BVerfGE 84, 34 (48): auch durch VO; a.A. NK-VwGO/*Geis* § 68 Rn. 122; *Meier* Die Entbehrlichkeit des Widerspruchsverfahrens, 1992, S. 30 f.; *Kopp/Schenke* § 68 Rn. 17 a.

Klausel »für besondere Fälle« ist durch das 6. VwGOÄndG gestrichen worden. Damit ist § 68 I 2 VwGO zu einer unbeschränkten *Öffnungsklausel zugunsten der Länder* geworden, die als Ausnahme vom verwaltungsprozessualen Kodifikationsprinzip weit über das in der Gesetzesbegründung angegebene Ziel, bereichsspezifische Freistellungen – etwa für Genehmigungsverfahren, in denen die Sach- und Rechtslage vor der ersten Verwaltungsentscheidung so umfassend geprüft worden ist, dass sich während des Widerspruchsverfahrens regelmäßig keine neuen Aspekte ergeben[26] – zu ermöglichen hinausgeht.

**14** Umfangreichen Gebrauch von der Öffnungsklausel haben bisher *Bayern* (Art. 15 BayAGVwGO); *Hessen* (§ 16 a HessAGVwGO); Niedersachsen (§ 8 NdsAGVwGO) und Sachsen-Anhalt (§ 8 a LSAAGVwGO) gemacht. Diese Regelungen mögen verwaltungspolitisch verfehlt und verfassungsrechtlich bedenklich sein,[27] weil sie das bundesrechtlich vorgegebene Regel-Ausnahme-Verhältnis der §§ 68 ff. VwGO negieren. Der Bundesgesetzgeber hat indessen selbst die Sperrwirkung des Art. 72 GG aufgehoben. Obendrein kann selbst bei verfassungskonformer Auslegung von § 68 I 2 Alt. 1 VwGO der Landesgesetzgeber unstreitig zulässig durch weitreichende punktuelle Ausschlussregelungen dem Widerspruchsverfahren faktisch das Wasser abgraben. Auf diese Weise ist der Landesgesetzgeber in Baden-Württemberg (§ 15 BWAGVwGO), Berlin (§ 4 II BerlAGVwGO), Hamburg (§ 6 II HHAGVwGO), Nordrhein-Westfalen (§ 6 I NWAGVwGO) und Thüringen (§§ 8 a, 8 b ThürAGVwGO) vorgegangen.

**Beispiele für Ausnahmeregelungen:** § 25 IV 2 JuSchG, §§ 70, 74 I 2 VwVfG, § 17 b I FStrG i.V.m. § 74 VI 3 VwVfG, § 65 II 2, 66 II DRiG, § 11 AsyVfG, § 36 IV VermögensG, § 102 II 1 BWUniG.

**15** Strittig, aber zu bejahen ist die Frage, ob § 68 I 2 VwGO auch landesrechtliche Vorschriften, die *vor Erlass der VwGO* bereits bestanden, meint. Dies war die erklärte Absicht des Reg.-Entw. (»... wenn ein Gesetz ... bezieht sich auch auf vorhandene Spezialgesetze«), die im Text der VwGO hinreichend Ausdruck gefunden hat. So lässt sich »bestimmt« in § 68 I 2 VwGOsowohl als Futur wie auch als Präsens lesen. Auch § 77 II VwGO hat derartiges Landesrecht nicht beseitigt, weil es das Vorverfahren für entbehrlich erklärt und gerade nicht als Voraussetzung der gerichtlichen Klage normiert.[28]

**16** Dies war vor allem von Bedeutung bei der Beurteilung der Gültigkeit der *Vorschriften der Gemeindeordnungen*, die das Vorverfahren bei gemeindlichen Klagen gegen Verfügung der Kommunalaufsichtsbehörden ausschließen[29] (z.B. § 112 NWGO a.F.). Soweit die Gemeindeordnungen zwischenzeitlich neu bekanntgemacht worden sind (so z.B. § 123 NWGO F. 1994), hat sich die Streitfrage überlebt, da die entsprechenden Vorschriften als in den Willen des Landesgesetzgebers neu aufgenommene Normen nunmehr als nach der VwGO erlassene Gesetze anzusehen sind.

§ 112 NWGO schließt das Vorverfahren nur bei der Anfechtung repressiver Aufsichtsmaßnahmen aus, nicht aber bei der Verpflichtungsklage auf Erlass (präventiver) Genehmigungen.[30]

---

26 Vgl. BT-Drucks. 13/5098, S. 23 zu Nr. 5 a. Krit. *Schmieszek* NVwZ 1996, 1151 (1155); *Meissner* VBlBW 1997, 81 (86); *Meier* NVwZ 1998, 688 (693).

27 Weitergehend *Geiger* BayVBl 2008, 161; *Koehl* JuS 2009, 145.

28 Wie hier BayVGH v. 15.04.1969, BayVBl 1969, 434; *Schunck/De Clerk* § 68 Rn. 2 a; a.A. die überwiegende M. im Schrifttum: vgl. *Schmitt Glaeser/Horn* Rn. 179; *Kopp/Schenke* § 68 Rn. 17 a m.w.N.

29 Zur Gültigkeit des § 112 NWGO a.F. mit der auch oben angezogenen Begründung vgl. VG Münster v. 06.11.1962, *Kottenberg/Steffens* RsprKomVerfR NW, GO § 108 Nr. 5; NWOVG v. 27.10.1969, *Kottenberg/Steffens* GO § 112 Nr. 5 und *Rauball/Paffermann/Roters* GONW, 3. Aufl. 1981, § 112 Rn. 1.

30 Vgl. NWOVG v. 08.01.1964, OVGE 19, 192.

## C. VA einer obersten Verwaltungsbehörde (§ 68 I 2 Nr. 1 VwGO)

Unstatthaft ist der Widerspruch weiterhin, wenn der VA von einer *obersten Bundes- oder Landesbehörde* erlassen worden ist,[31] außer wenn ein formelles (Bundes- oder Landes-)Gesetz die Nachprüfung vorschreibt (§ 68 I 2 Nr. 1 VwGO). 17

**Beispiele:** § 126 III Nr. 1 BRRG; § 55 PBefG; § 40 I 2 SchwBG; Art. 8 BremAGVwGO.

*Rechtspolitischer Grund* des § 68 I 2 Nr. 1 VwGO: besondere fachliche Qualifikation oberster Bundesbehörden, die ein Vorverfahren nur als unnütze Verzögerung des Verwaltungsgerichtsschutzes erscheinen lässt (vgl. Begründung zum Reg.-Entw., BT-Drucks. III/55, S. 38).

*Oberste Bundesbehörden* sind: Bundespräsident,[32] Bundeskanzler, Bundesminister, die Präsidenten von Bundestag,[33] Bundesrat, Bundesverfassungsgericht (§ 1 BVerfGG), Bundesrechnungshof (Art. 114 II GG), Zentralbankrat und Direktorium der Dt. Bundesbank (Art. 88 GG, § 29 BBankG), nicht jedoch z.B. Bundesbehörden nach Art. 87 III GG.[34] 18

Handeln nachgeordnete Behörden als *Mandatare* einer obersten Bundes- oder Landesbehörde, gilt ihr VA als VA der obersten Behörde, nicht aber, wenn sie als *Delegatare* auftreten.[35] 19

Vgl. z.B. die Ermächtigungen in § 60 I 1 BBG, § 126 III BRRG; weiter § 90 S. 2 SGB X. Das Mandat muss – um wirksam zu sein – vom Mandatar *eröffnet* werden (z.B. »Namens und im Auftrag ...«).[36]

Auch bei der sog. *Organleihe* wird das Handeln des entliehenen Organs dem Entleiher zugerechnet.[37] Wird eine oberste Verwaltungsbehörde als *Aufsichtsbehörde* im Wege der *Ersatzvornahme* tätig, gilt der ersetzte VA als solcher der beaufsichtigten Behörde. Dritte haben deshalb das Vorverfahren einzuhalten, während die beaufsichtigte Behörde, wenn sie in wehrfähigen Rechten betroffen ist, unmittelbar klagen kann.[38]

## D. Erstmalige Beschwer durch Abhilfe- oder Widerspruchsbescheid (§ 68 I 2 Nr. 2 VwGO)

Ein nochmaliger Widerspruch ist unzulässig, wenn der Abhilfebescheid oder der Widerspruchsbescheid erstmalig eine Beschwer enthält (§ 68 I 2 Nr. 2 VwGO i.d.F. des 6. VwGOÄndG). Die Ursprungsfassung war dagegen ihrem Wortlaut nach auf die erst- 20

---

31 Bestätigend § 6 II HbgAGVwGO für VAe der Bürgerschaft und Beschlüsse des Senats.

32 Vgl. unten § 37 Fn. 9 sowie BVerwG v. 24.02.1966, BVerwGE 23, 295 (297) zur Versetzung eines Generals in den einstweiligen Ruhestand gem. § 50 SoldG.

33 Etwa bei der Entscheidung über Erstattung von Wahlkampfkosten; vgl. BVerfG v. 07.10.1969, BVerfGE 27, 152 (157); VG Stuttgart v. 15.06.1972, BWVBl 1973, 43.

34 Nach HessVGH v. 19.06.1975 – VII OE 1/75 (n.v.) soll das HessJPA eine oberste Landesbehörde sein (dahingestellt in HessVGH v. 02.08.1977, HessVGRspr 1977, 99).

35 Vgl. Nr. 2.2 des RdErl. des NWMdI v. 21.12.1960 (SMBl NW 2010); *Kopp/Schenke* § 68 Rn. 19 m.w.N. Zum Unterschied zwischen Delegation und Mandat vgl. HessVGH v. 25.04.1952, ESVGH 1, 139; v. 30.01.1974, HessVGRspr 1974, 25 (26 ff.); BVerwG v. 20.11.1964, DVBl 1965, 163; v. 12.06.1979, Buchholz 442.08 § 21 BbG Nr. 1; v. 13.08.1979, BVerwGE 63, 258 (260); *Schwabe* DVBl 1974, 69 ff.; *Schenke* VerwArch 1977, 118 ff. m.w.N. Zur Auslegung von Delegationsnormen (Subdelegation an »Regierungspräsidenten« als Behörde, nicht als Person) vgl. RhPfOVG v. 11.04.1979, DÖV 1979, 607.

36 Vgl. HessVGH HessVGRspr 1974, 28 zu § 60 I 1 BBG; *Schenke* VerwArch 1977, 161. Zur rechtlichen Zulässigkeit zwischenbehördlicher Mandate vgl. BDiszG v. 24.01.1985, DÖV 1985, 451 mit Anm. *Schenke* sowie *Horn* NVwZ 1986, 808 ff. m.w.N.

37 Vgl. BVerwG v. 13.02.1976, Buchholz 11 Art. 104 a GG Nr. 2; BVerfG v. 12.01.1983, BVerfGE 63, 1 (31 ff.).

38 Undifferenziert *Kopp/Schenke* § 68 Rn. 19 (nicht erforderlich); a.A. NK-VwGO/*Geis* § 68 Rn. 149 (erforderlich).

malige Beschwer eines Dritten durch den Widerspruchsbescheid beschränkt. Ein weiteres Vorverfahren wird hier für entbehrlich erklärt, weil Filter- und Selbstkontrollfunktion des Widerspruchsverfahrens bereits zum Tragen gekommen sind und dem Rechtsschutzinteresse des Betroffenen durch die Anhörungspflicht nach § 71 VwGO Genüge getan ist.

**21** »Normalfall« ist der *VA mit Drittwirkung:* Die zunächst erteilte, auf Widerspruch des Nachbarn versagte Baugenehmigung beschwert erstmalig den Bauherrn, die zunächst mit Auflagen zum Schutz des Anliegers versehene, von der Widerspruchsbehörde von Auflagen befreite wasserrechtliche Erlaubnis erstmalig den Anlieger.[39] Aber auch andere Konstellationen fallen unter § 68 I 2 Nr. 2 VwGO: Ein Widerspruchsbescheid, der auf Widerspruch des Nichtpflichtigen gegen einen diesem zugestellten Abgabenbescheid unter Zurückweisung und Zahlungsaufforderung erstmals dem Pflichtigen zugestellt wird, beschwert den Pflichtigen als Dritten (NWOVG v. 23.06.1971, OVGE 27, 63/65).

**22** Seinem Zweck entsprechend ist § 68 I 2 Nr. 2 VwGO auch dann anzuwenden, wenn nicht ein Dritter, sondern ein *Beteiligter* des Vorverfahrens durch den Widerspruchsbescheid erstmals beschwert wird.[40] Das hat das 6. VwGOÄndG durch die Neufassung der Vorschrift ausdrücklich klargestellt.

**Beispiel:** Ein Widerspruchsbescheid des Landratsamtes, der dem von der Gemeinde abgelehnten Antrag auf Befreiung vom Anschluss an die Müllabfuhr stattgibt, beschwert die Gemeinde, weil er sie in ihrem Selbstverwaltungsrecht beeinträchtigen kann.[41] Ebenso wird der Vertreter der Interessen des Ausgleichsfonds erstmals beschwert, wenn auf Beschwerde des Antragstellers der LAG-Bescheid zu dessen Gunsten erhöht wird.[42]

**23** Dasselbe gilt – wie ebenfalls vom 6. VwGOÄndG klargestellt –, wenn der Widerspruchsbescheid den *WF selbst* zusätzlich beschwert (arg. § 79 II VwGO).[43]

**Beispiel:** Verböserung; Kostenentscheidung; Verletzung einer wesentlichen, dem Schutz des WF dienenden Verfahrensvorschrift; Ablehnung eines Widerspruchsbescheids in der Sache.[44]

**24** Nicht anwendbar sollte § 68 I 2 Nr. 2 VwGO a.F. sein, wenn nicht die Widerspruchsbehörde, sondern bereits die Ausgangsbehörde durch den sog. *Abhilfebescheid* (§ 72 VwGO) den Dritten erstmalig beschwert, da nach dem Sprachgebrauch der VwGO der Abhilfebescheid kein Widerspruchsbescheid sei.[45]

**Beispiel:** Die Baugenehmigung wird auf Widerspruch des Nachbarn bereits von der Baugenehmigungsbehörde wieder aufgehoben.

**25** Im Ergebnis musste die früher h.M. den Abhilfebescheid mit einem Erstbescheid gleichsetzen, die Zugehörigkeit des Abhilfeverfahrens zum Widerspruchsverfahren leugnen

---

39 BVerwG v. 01.10.1963, DVBl 1965, 26; v. 03.03.1995, NVwZ-RR 1995, 613. Vgl. auch den von BremOVG v. 05.11.1982, NJW 1983, 1869 entschiedenen Fall.

40 Vgl. BVerwG v. 23.03.1972, BVerwGE 40, 25 (27); NVwZ-RR 1995, 614.

41 BWVGH v. 21.05.1963, ESVGH 13, 120 (122 f.) mit zustim. Anm. *Ule* DVBl 1964, 156; v. 24.11.1977, BRS 33 Nr. 145; vgl. auch BVerwG v. 09.07.1964, BVerwGE 19, 121 (122 ff.) und BayVGH v. 17.05.1982, NVwZ 1983, 161.

42 BVerwG v. 23.03.1972, BVerwGE 40, 25 (27); vgl. auch BVerwG v. 22.11.1963, BVerwGE 17, 148 (150).

43 Vgl. *v. Mutius* Jura Extra, 162; *Mußgnug* VBlBW 1993, 447; HessVGH v. 22.09.1969, HessVGRspr 1970, 11 (12); v. 21.06.1971, HessVGRspr 1971, 89 (90); BWVGH v. 31.01.1974, BRS 28 Nr. 124; RhPfOVG v. 02.10.1991, AS 23, 307 = NVwZ 1992, 386.

44 Vgl. HessVGH v. 01.02.1971, NJW 1971, 1717; BVerwG v. 15.01.1970, Buchholz 310 § 70 VwGO Nr. 5.

45 Vgl. BWVGH v. 23.05.1995, VBlBW 1995, 364; *Kopp/Schenke* § 72 Rn. 7; *Redeker/v. Oertzen* § 72 Rn. 2; *Weides* S. 252; *Hufen* VPR § 6 Rn. 22. *Weides* S. 230, will wenigstens das Abhilfeverfahren entfallen und den Widerspruch sofort bei der nächsthöheren Instanz anfallen lassen.

und es in das allgemeine, auf Erlass eines VA hinzielende Verwaltungsverfahren einordnen.[46] Dies aber widerspricht dem eindeutigen Wortlaut und der Systematik der VwGO, die von einem einheitlichen, durch Widerspruch eingeleiteten Vorverfahren ausgeht (§§ 68 I 1, 69, 72, 73 II 1 VwGO).[47] Nach hier vertretener Auffassung war deshalb § 68 I 2 Nr. 2 VwGO auch auf den Abhilfebescheid anzuwenden.[48] Dem hat sich das 6. VwGO-ÄndG im Interesse der Verfahrensbeschleunigung und der Entlastung der Widerspruchsbehörden angeschlossen[49] und »klargestellt«, dass auch der Abhilfebescheid dem § 68 I 2 Nr. 2 VwGO unterfällt.

## E. Untätigkeit der Behörde auf Vornahmeantrag (§§ 68 II, 75 VwGO)

Einen »*Untätigkeitswiderspruch*« gibt es nach der VwGO – anders als im abgaberecht- 26
lichen Einspruchsverfahren (§ 347 I 2 AO 1977 F. 1996, früher: Untätigkeitsbeschwerde – § 349 II AO 1977 a.F.) – nicht, denn § 68 II VwGO schreibt den Widerspruch als Vorschaltsrechtsbehelf nur für die Versagungsgegenklage vor, und § 75 S. 1 VwGO erklärt das Vorverfahren bei Untätigkeit der Behörde auf einen Vornahmeantrag für entbehrlich. Dies wird bestätigt durch § 68 I 1 VwGO, der Widerspruch nur stattfinden lässt gegen bereits ergangene VAe (s. oben Rn. 4).

Insoweit stellt auch § 126 III BRRG *keine* Ausnahme dar, da nach seinem Wortlaut »für Klagen . . ., einschließlich der Leistungs- und Feststellungsklagen . . . die Vorschriften des 8. Abschnitts der VwGO« – und damit auch § 75 VwGO – gelten.[50]

Rechtspolitisch sinnvoll ist die Ausnahme vom Vorverfahren bei Untätigkeit nicht; Rechtsschutz-, Ent- 27
lastungs- und Selbstkontrollfunktion fordern auch hier die Durchführung eines Vorverfahrens. Zu Recht wollte deshalb § 71 II Nr. 2 EVwPO den Untätigkeitswiderspruch generell einführen.[51]

Ist die *Untätigkeitsklage* zulässigerweise erhoben und wird nunmehr der Vornahmean- 28
trag von der Behörde abgelehnt, soll nach BVerwG v. 23.03.1973, BVerwGE 42, 108 jedenfalls dann die Durchführung des Widerspruchsverfahrens erforderlich sein, wenn die Behörde aus einem zureichenden Grund untätig geblieben ist und den Antrag innerhalb der vom Gericht gesetzten Frist beschieden hat.

Ist dagegen das Verwaltungsgericht nicht nach § 75 S. 3 VwGO verfahren, bleibt eine zulässigerweise erhobene Untätigkeitsklage zulässig und erfordert selbst dann kein Vorverfahren, wenn die Behörde den Kläger doch noch während des Rechtsstreits ablehnend bescheidet.[52]

---

46 So ausdrücklich *Weides* S. 228; *Redeker/v. Oertzen* § 72 Rn. 2; *Kopp/Schenke* § 72 Rn. 7; *Schmitt Glaeser/Horn* Rn. 203.

47 So zutreffend *v. Mutius* S. 65 ff.; *Renck* DÖV 1973, 265; BayVGH v. 04.03.1985, BayVBl 1985, 467 (468). S.a. § 26 Rn. 16.

48 Ebenso HessVGH v. 22.09.1969, HessVGRspr 1970, 11 (12); v. 21.06.1971, HessVGRspr 1971, 89 (90) und *Renck* DÖV 1973, 266; offen gelassen von BayVGH v. 22.06.1982, BayVBl 1983, 212 (214); v. 23.03.1987, BayVBl 1987, 465 (466).

49 Vgl. BT-Drucks. 13/5098 S. 23 zu Nr. 5 a: »Ändert die Behörde ihre eigene Entscheidung nachträglich ab, sprechen hierfür in der Regel gewichtige Gründe. Es ist davon auszugehen, dass die Behörde eine solche Entscheidung nur nach sorgfältiger Prüfung der Sach- und Rechtslage treffen kann.« Krit. dagegen *Beckmann* VR 1998, 226, (228), der eine Mehrbelastung der Verwaltungsgerichtsbarkeit befürchtet.

50 So richtig Nr. 1.2 des RdErl. des NWMdI vom 21.12.1960 (SMBl NW 2010) und die h.M.: vgl. *Ule* Beamtenrecht, 1970, § 126 BRRG, 3; *Stich* ZBR 1960, 208 ff., insbes. 211; *Meier* S. 43. Zu § 37 I VermG vgl. BVerwG v. 01.03.1994, VIZ 1994, 242.

51 Zustim. *Kopp* DVBl 1982, 617; *Schenke* DÖV 1982, 716; abgelehnt vom 54. DJT, vgl. *Laubinger* DÖV 1982, 897.

52 Vgl. BVerwG v. 13.01.1983, BVerwGE 66, 342; v. 16.01.1983, Buchholz 310 § 75 VwGO Nr. 9; v. 04.06.1991, BVerwGE 88, 254 (256); BWVGH v. 30.04.1984, NJW 1986, 149; v. 12.07.1995, VBlBW 1996, 97.

Einer ausdrücklichen Einlegung des Widerspruchs bedürfe es nicht, er sei mit der Klage antizipiert. Das anhängig bleibende Klageverfahren könne erst fortgeführt werden, wenn auch die Widerspruchsbehörde die Frist des § 75 VwGO ungenutzt verstreichen lasse. Diese Auffassung wird zu Recht überwiegend abgelehnt, weil sie den Rechtsschutz des Untätigkeitsklägers unangemessen verkürzt.[53]

## F. Erledigung des VA in der Hauptsache (§ 113 I 4 VwGO entsprechend)

29 Erledigt sich ein VA vor Klageerhebung (zum Begriff der Erledigung oben § 27 Rn. 19 ff.), gewährt die Rspr. Rechtsschutz in Form der sog. *Fortsetzungsfeststellungsklage analog § 113 I 4 VwGO,* wobei die Durchführung eines Vorverfahrens für entbehrlich erklärt wird.[54]

Die vom BVerwG angezogene Begründung, die Klage analog § 113 I 4 VwGO sei keine Anfechtungs-, sondern eine ohne Vorverfahren zulässige Feststellungsklage, zudem falle es nicht unter die Aufgabe der Verwaltung, verbindlich über die Rechtswidrigkeit eines erledigten VA zu entscheiden, kann nur dahin verstanden werden, dass das Gericht das Vorverfahren nicht nur für entbehrlich, sondern einen Widerspruch überhaupt für unstatthaft hält.[55]

Erledigt sich der angefochtene VA während des Widerspruchsverfahrens, darf nach Ansicht des BVerwG eine Widerspruchsentscheidung in der Sache nicht mehr ergehen. Das Widerspruchsverfahren ist vielmehr einzustellen (s. § 42 Rn. 33). Ein gleichwohl ergehender Widerspruchsbescheid beschwert – jedenfalls, wenn er den Widerspruch zurückweist – den WF, weil er den Eindruck erweckt, der (erledigte) VA sei bestandskräftig geworden, und ist deshalb auf Klage aufzuheben.[56]

30 Überzeugend ist diese Auffassung nicht. Zunächst handelt es sich bei der Fortsetzungsfeststellungsklage, wie bereits die gewählte Analogie zu § 113 I 4 VwGO erkennen lässt, nicht um eine reine Feststellungsklage, sondern vielmehr um eine kupierte, auf die auch sonst in der Anfechtungsklage mit inbegriffene Feststellung der Rechtswidrigkeit des angegriffenen VA zurückgeschnittene Anfechtungsklage. Zum anderen ist es nicht einzusehen, warum es der Verwaltung verwehrt sein sollte, Feststellungen über die Rechtswidrigkeit eines erledigten VA zu treffen.

In beamtenrechtlichen Streitigkeiten ist der Fortsetzungsfeststellungswiderspruch ohnehin geltendes Recht (§ 126 III BRRG und BVerwG DVBl 1981, 502 f.; *H. Günther* DöD 1991, 78 ff.; a.A. NK-VwGO/*Geis* § 68 Rn. 110). Die Verwaltungspraxis hat auch im Übrigen wenig Scheu, sich derartigen Feststellungen zu stellen (vgl. etwa den von BWVGH v. 20.08.1983, NVwZ 1984, 251 entschiedenen Fall).

Ähnliche Feststellungen kann und muss sie auch bei für nichtig erkannten VAen treffen, wie § 44 V VwVfG in Anerkennung eines allgemeinen Rechtsgedankens ausdrücklich

53 Vgl. *Redeker/v. Oertzen* § 75 Rn. 10 und ausführlich *Ehlers* DVBl 1976, 71 ff. m.w.N.; zustim. dagegen *Weides* S. 226 f.; *Weides/Bertrams* NVwZ 1988, 677; *Kopp/Schenke* § 75 Rn. 21.

54 Vgl. BVerwG v. 09.02.1967, BVerwGE 26, 161 (165 ff.); v. 05.06.1974, DÖV 1974, 855; v. 07.06.1978, BVerwGE 56, 24 (26); zur Einhaltung der in §§ 74 I, 58 II VwGO geregelten Fristen s. § 11 Rn. 16.

55 Vgl. neben BVerwGE 26, 165; v. 23.10.1980, DVBl 1981, 502; BWVGH v. 14.07.1969, DVBl 1970, 512; BremOVG v. 03.09.1971, VerwRspr 23, 589; RhPfOVG, NJW 1982, 1302; auch BVerwG v. 02.12.1971, BVerwGE 43, 291 (292); zustim. insoweit *Menger/Erichsen* VerwArch 1968, 182; *v. Mutius* S. 233 f.; *Würtenberger jun.* JuS 1974, 321; *Schmitt Glaeser/Horn* Rn. 362; *Allesch* S. 154; *Redeker/v. Oertzen* § 73 Rn. 16; *Funk* BayVBl 1992, 471; *ders.* BayVBl 1993, 585; *Hufen* § 8 Rn. 33; § 18 Rn. 84; NK-VWGO/*Geis* § 68 Rn. 109.

56 Vgl. BVerwG v. 20.01.1989, BVerwGE 81, 226 (229); BWVGH v. 17.07.1990, VBlBW 1991, 148 (150); SHOVG v. 20.10.1992, NJW 1993, 2004 (2005).

vorsieht.[57] Eine derartige Feststellung ist auch für den WF nicht ohne Interesse, denn sie ist, gerade wenn sie von der nächsthöheren Behörde im Widerspruchsverfahren getroffen wird, geeignet, die realen Folgen des erledigten VA zu beseitigen (Wiederholungsgefahr, Diskriminierungen u. dgl.) und dadurch unnötige Prozesse zu vermeiden. Nach hier vertretener Ansicht sind deshalb auch »*Fortsetzungsfeststellungswidersprüche*« zulässig, wenn der WF ein berechtigtes Interesse i.S.d. § 113 I 4 VwGO hat.[58]

Tritt die Erledigung nach Erhebung des Widerspruchs ein, muss sich der WF zwischen Erledigungserklärung und Fortsetzungsfeststellungsantrag entscheiden (s. § 42 Rn. 33). Entscheidet er sich für die Fortsetzung des Widerspruchsverfahrens entsprechend § 113 I 4 VwGO, muss er nach Zustellung des Widerspruchsbescheids die Klagefrist einhalten. Für die Fortsetzungsfeststellungsklage ist bei Zugrundelegung der hier vertretenen Auffassung die erfolglose Durchführung eines Widerspruchsverfahrens Sachurteilsvoraussetzung.[59]

## G. Unstatthaftigkeit bei richterrechtlichen Ausnahmen vom Erfordernis des Vorverfahrens?

In den Fällen dagegen, in denen die Rechtsprechung die Durchführung eines Vorverfahrens vor Klageerhebung über die gesetzlich geregelten Ausnahmen hinaus für entbehrlich erklärt,[60] ist zwar der Widerspruch nicht erforderlich, um die Zulässigkeit der Klage zu eröffnen, gleichwohl aber statthaft.[61] Dies ergibt sich sowohl aus dem Anliegen dieser Rechtsprechung, lediglich den gerichtlichen Rechtsschutz nicht über Gebühr hinauszuzögern, wie auch aus der Tatsache, dass nach dem Gesetz der Widerspruch in diesen Fällen jedenfalls für statthaft erklärt wird. 31

57 Zustim. *Weides* S. 254; *Stelkens/Bonk/Sachs* § 44 Rn. 207; § 79 Rn. 50; *Dreier* NVwZ 1987, 477; *Frohn* BayVBl 1992, 473; *Kopp* DVBl 1992, 1495; *Höfer* S. 17; *Schenke* Rn. 666.

58 Ebenso VG Wiesbaden v. 02.02.1981, AnwBl 1981, 450; *Wittig* BayVBl 1964, 395 f.; *Schenke* FS Menger 1985, S. 467 ff.; *Kopp/Schenke* vor § 68 Rn. 2, § 113 Rn. 127; *I. Becker* MDR 1973, 983; *Kopp* DVBl 1992, 1494 f.; BayVBl 1992, 759; *Stelkens/Bonk/Sachs* § 79 Rn. 50; *Weides* S. 254, 279 f.; *Linhart* § 20 Rn. 22; *Dreier* NVwZ 1987, 477; *Meier* S. 96 ff.; Schoch/Schmidt-Aßmann/Pietzner/*Dolde* § 68 Rn. 23.

59 Vgl. FS Menger, S. 469 f.; zur Gegenposition zuletzt BayVGH, NVwZ-RR 1992, 218.

60 Vgl. hierzu *Kopp/Schenke* § 68 Rn. 22 ff. m.w.N. und oben § 17 Rn. 1 f.

61 Vgl. *Kopp/Schenke* § 68 Rn. 22.

# § 32 Beteiligtenbezogene Sachbescheidungsvoraussetzungen

## A. Beteiligtenfähigkeit, Handlungsfähigkeit

1 Die Fähigkeit, am Verfahren beteiligt zu sein *(Beteiligtenfähigkeit)*, sowie die Fähigkeit, Verfahrenshandlungen vorzunehmen *(Handlungsfähigkeit)*, beurteilt sich nach den auch für das Verwaltungsverfahren geltenden §§ 11, 12 VwVfG (§ 79 VwVfG).

Fehlt die Handlungsfähigkeit, können VAe nur an den gesetzlichen Vertreter wirksam bekanntgegeben werden;[1] ggf. ist ein Ergänzungspfleger oder ein gesetzlicher Vertreter nach § 16 I Nr. 4 VwVfG zu bestellen.[2] Eine unwirksame Bekanntgabe an einen Handlungsunfähigen kann mit Wirkung ex nunc wirksam werden, wenn der (wieder) handlungsfähig gewordene Empfänger von dem Inhalt des ihm bekanntgegebenen VA Kenntnis nimmt.[3]

2 Sondervorschriften des öffentlichen Rechts, die für bestimmte Verfahren Minderjährigen Handlungsfähigkeit verleihen[4] – z.B. §§ 19 V, 44 I 5 WehrpflG;[5] weggefallen § 7 I StVZO;[6] § 12 AsylVfG; § 68 AuslG;[7] § 36 SGB I –, sind zu beachten.

## B. Vertretung

3 Auch im Verwaltungsverfahren einschließlich des Vorverfahrens können sich die Beteiligten, soweit es sich nicht um unvertretbare Handlungen handelt (z.B. Prüfung), durch einen Bevollmächtigten vertreten lassen (§ 79 i.V.m § 14 VwVfG).

Häufig ist z.B. die *Bevollmächtigung des Architekten* im Baugenehmigungsverfahren, etwa dadurch, dass der Bauherr eine formblattmäßige Baubeschreibung einreicht, in der der Architekt als »Betreuer/Beauftragter, Planverfasser und Bauleiter« bezeichnet wird.[8] Will der Vertreter nicht nur in fremdem, sondern auch in eigenem Namen Widerspruch einlegen, muss er dies unmissverständlich zum Ausdruck bringen.[9]

4 Ein Bevollmächtigter ist *zurückzuweisen*, wenn er geschäftsmäßig fremde Rechtsangelegenheiten besorgt, ohne dazu befugt zu sein (§ 14 V VwVfG i.V.m. Art. I §§ 1, 5 RBerG); die Zurückweisung ist nur in Bezug auf ein konkretes Verwaltungsverfahren, nicht generell zulässig.[10]

Der unter Verstoß gegen das RBerG abgeschlossene Geschäftsbesorgungsvertrag ist zwar nach § 134 BGB nichtig, jedoch schlägt dies wegen des abstrakten Charakters der Vollmacht nicht auf diese durch.[11]

Verfahrenshandlungen des Zurückgewiesenen aus der Zeit vor der Zurückweisung bleiben aus Gründen der Rechtssicherheit wirksam (vgl. § 14 VII 2 VwVfG, §§ 80 VII 2, 80 VIII 2 AO 1977, § 13 VII 2 SGB

1 HbgOVG v. 18.08.1981, DVBl 1982, 218; Schl-HOVG v. 07.05.1993, NVwZ-RR 1994 484 f.
2 KG 10.11.1981, NJW 1982, 526; generell *Laubinger/Repkewitz* VerwArch 1994, 86 ff.
3 BVerwG v. 11.02.1994, NJW 1994, 2633 f.; BWVGH v. 20.02.1990, NVwZ-RR 1991, 493 (494).
4 Generell *Robbers* DVBl 1987, 709 ff.; *Meyer* Die Stellung des Minderjährigen im öffentl. Recht, 1988.
5 Vgl. BVerwG v. 23.05.1958, BVerwGE 7, 66 (67).
6 Vgl. BVerwG v. 03.12.1965, MDR 1966, 442.
7 Vgl. HbgOVG v. 17.04.1995, NVwZ-RR 1996, 708.
8 Vgl. den Fall in NWOVG v. 03.02.1977, NJW 1977, 1981. Vgl. auch OVG Lüneburg v. 24.02.1986, NdsRPfl 1987, 62.
9 Vgl. BFH v. 27.11.1984, NVwZ 1986, 158; ThürOVG v. 25.05.1994, ThürVBl 1995, 68.
10 Vgl. BayVGH v. 21.09.1984, BayVBl 1984, 724.
11 Vgl. BGH v. 25.06.1962, BGHZ 37, 258 (261 ff.); BayVGH v. 11.11.1980, BayVBl 1983, 444; *Wohlfahrth* KStZ 1981, 208 f.

X).[12] Zurückzuweisen sind auch Bevollmächtigte, die unter Verstoß gegen *kommunalrechtliche Vertretungsverbote*[13] *tätig werden.*

Die *Vollmacht* ermächtigt zu allen das Verwaltungsverfahren betreffenden Verfahrenshandlungen, sofern sich aus ihrem Inhalt nicht etwa anderes ergibt. 5

Vgl. § 14 I 2 VwVfG; § 80 I 2 AO 1977; § 13 I 2 SGB X; § 79 I 2 Schl.-H.LVwG; § 125 I FlurbG. Für die Auslegung der Vollmacht ist entsprechend § 133 BGB maßgebend, wie sie der Empfänger bei objektiver Würdigung verstehen konnte.[14]

Ihrem *Umfang* nach bezieht sie sich, wenn nichts anderes ausdrücklich gesagt wird,[15] nur auf die jeweilige formell verselbständigte Verfahrenseinheit, also nur auf das Verwaltungsverfahren einschließlich des Vorverfahrens, das mit dem erstinstanzlichen Verwaltungsverfahren eine Einheit bildet (arg. § 79 VwGO), nicht aber auf das anschließende Gerichtsverfahren.[16]

Ist dagegen einem Anwalt bereits vor Einleitung des Vorverfahrens eine Prozessvollmacht gem. §§ 81, 82 ZPO erteilt worden, gilt sie selbstverständlich für den nachfolgenden Prozess, im Zweifel aber auch für das Vorverfahren, da es notwendige Voraussetzung für eine zulässige Klageerhebung ist und der WF durch die frühzeitige Erteilung der Vollmacht zu erkennen gegeben hat, dass er sich auch im Vorverfahren sachkundig vertreten lassen wolle.

*Eigene Erklärungen des Vertretenen* werden durch die Bevollmächtigung nicht ausgeschlossen.[17] Auf Grund der geringeren Förmlichkeit des Verwaltungsverfahrens ist die Bevollmächtigung nicht – wie im Prozess (§ 80 I ZPO) – ex lege durch schriftliche, zu den Akten einzureichende Vollmacht nachzuweisen, es sei denn, dies ist ausnahmsweise gesetzlich besonders angeordnet. 6

Vgl. z.B. § 110 II 4 BauGB; § 123 FlurbG. Die Vollmacht kann also im Regelfall auch *mündlich* und sogar durch *konkludentes Handeln*[18] erteilt werden.

Ansonsten hat der Bevollmächtigte nur *auf Verlangen seine Vollmacht schriftlich nachzuweisen* (§ 14 I 3 VwVfG).

Ebenso § 80 I 3 AO 1977; § 13 I 3 SGB X; §§ 79 I 3, 79 II 1 Schl-HLVwG. Die Beachtlichkeit eines Antrags, etwa hinsichtlich der Verschweigungsfrist der Behörde gem. § 19 III 6 BauGB, hängt deshalb nicht vom schriftlichen Vollmachtnachweis ab.[19] Kommt der Bevollmächtigte der Aufforderung innerhalb gesetzter Frist nicht nach, kann ihn die Behörde als Vertreter ohne Vertretungsmacht (vgl. Rn. 10 f.) behandeln *(Kopp* VwVfG § 14 7).

Die Vorlage der Vollmacht wird die Behörde i.d.R. nur verlangen, wenn an der Vertretungsmacht vernünftige Zweifel bestehen. Bei Anwälten und Ehegatten kann regelmäßig die Bevollmächtigung unterstellt werden.[20] 7

Der *Verwalter einer Wohnungseigentümergemeinschaft* ist nach § 27 II Nr. 4 WEG befugt, im Namen der Wohnungseigentümer z.B. einen baurechtlichen Nachbarwiderspruch zu erheben, da der Wider-

---

12 Zur Prozessvollmacht vgl. BWVGH v. 30.07.1962, ESVGH 12, 171 (174); OLG Köln v. 18.05.1973, MDR 1974, 310; BayVGH v. 11.11.1980, BayVBl 1983, 444.

13 Zu deren Zulässigkeit vgl. BVerfG v. 07.10.1987, NJW 1988, 694; BVerwG v. 25.01.1988, NJW 1988, 1994.

14 Vgl. BVerwG v. 15.01.1988, NJW 1988, 1612; v. 22.04.1994, BayVBl 1995, 159.

15 So z.B. in BWVGH, NVwZ-RR 1991, 494.

16 So BSG v. 15.08.1991, NJW 1992, 196; a.A. dagegen NWOVG v. 21.06.1972, NJW 1972, 1910.

17 Vgl. BayVGH v. 17.10.1975, NJW 1976, 1117.

18 Vgl. BGH v. 12.07.1990, BGHZ 112, 157 (162); HessVGH v. 10.08.1992, NVwZ-RR 1993, 432 (433).

19 BVerwG v. 09.05.1979, DVBl 1979, 625.

20 Vgl. hierzu und zur *Anscheinsvollmacht* unter Ehegatten BSG v. 15.10.1981, NVwZ 1983, 767 f.; HessVGH v. 09.02.1987, NVwZ 1987, 898 f.; BWVGH v. 29.09.1988, NVwZ-RR 1989, 597.

spruch fristgebunden ist und seine Erhebung deshalb eine Maßnahme darstellt, die zur Wahrung einer Frist erforderlich ist.[21]

8 Die Vollmacht wird weder durch den *Tod des Vollmachtgebers* noch durch eine Veränderung in seiner Handlungsfähigkeit oder seiner gesetzlichen Vertretung aufgehoben; der Bevollmächtigte hat jedoch, wenn er für den *Rechtsnachfolger* im Verwaltungsverfahren auftritt, dessen Vollmacht auf Verlangen schriftlich beizubringen.

Vgl. § 14 II VwVfG; § 13 II SGB X; § 80 II AO 1977; § 126 I FlurbG.

Zum Erlöschen der Vollmacht führt allein der *Widerruf*, der aus Gründen der Rechtssicherheit der Behörde gegenüber jedoch erst mit *Zugang der Widerrufsanzeige* wirksam wird.

Vgl. § 14 I 4 VwVfG; § 80 I 4 AO 1977; § 13 I 4 SGB X; § 79 I 3 Schl.-H.LVwG; § 126 II FlurbG.

Die Anzeige kann nur ausnahmsweise durch schlüssige Handlungen erfolgen. Allein in der Tatsache, dass der Vertretene vor der Behörde selbst Erklärungen abgibt und einen von seinem Bevollmächtigten eingelegten Widerspruch zurücknimmt, kann eine Widerrufsanzeige nicht gesehen werden, insbesondere dann nicht, wenn die Rücknahmeerklärung bei persönlicher Vorsprache abgegeben wird, da sich der Beamte hier ohne besondere Schwierigkeiten vergewissern kann, ob die Vollmacht fortbesteht.[22]

9 Ist für das Verfahren ein Bevollmächtigter bestellt, so *soll* sich die Behörde an ihn wenden (§ 14 III 1 VwVfG).[23] Sie kann sich an den Beteiligten selbst wenden, soweit er zur Mitwirkung verpflichtet ist, soll in diesem Fall aber den Bevollmächtigten verständigen (§ 14 III 2 und 3 VwVfG).[24]

Ebenso § 80 III 1 bis 3 AO 1977; weitergehend § 79 II 2 und 3 Schl-HLVwG (*ist* der Bevollmächtigte zu benachrichtigen); § 13 III 1 SGB X (Behörde *muss* sich an Bevollmächtigten wenden).

§ 14 III 1 VwVfG gilt auch für die *Bekanntgabe* von VAen.[25] Das in § 41 I 2 VwVfG anzutreffende »kann« soll nur von der Bekanntgabepflicht an den Beteiligten befreien, nicht aber von § 14 III 1 VwVfG. Auch hier besteht also im Regelfall die Pflicht, die Bekanntgabe an den Bevollmächtigten zu richten. Ein Verstoß gegen diese Pflicht beeinträchtigt das Wirksamwerden des VA jedoch nicht und setzt die Rechtsbehelfsfrist in Lauf; der Beteiligte kann aber grundsätzlich darauf vertrauen, dass der VA auch seinem Bevollmächtigten bekanntgegeben worden ist und dieser die erforderlichen Schritte zur Fristwahrung unternommen hat; anderenfalls ist *Wiedereinsetzung* in die Widerspruchsfrist zu gewähren.[26]

---

21 Vgl. BayVGH v. 01.10.1974, BayVBl 1975, 141; OVG Lüneburg v. 17.01.1986, OVGE 39, 375 ff. Vgl. auch BGH v. 25.09.1980, NJW 1981, 282; VG Freiburg v. 12.05.1987, NJW 1988, 2689; enger VG Schleswig v. 02.10.1987, NJW-RR 1988, 845, (846). Zur Anscheinsvollmacht eines Verwalters für Müllgebührenbescheide vgl. BVerwG v. 25.02.1994, DVBl 1994, 810 (812). Zur Vertretung einer Jagdgenossenschaft vgl. *Herold* BayVBl 1985, 235.

22 BayVGH NJW 1976, 1117 f.

23 Dieses *gebundene Ermessen* verpflichtet im Regelfall zum Herantreten an den Bevollmächtigten und erlaubt eine Abweichung nur in atypischen Fällen. Vgl. BerlVG v. 20.09.1983, NVwZ 1984, 601; HessVGH v. 09.04.1984, NVwZ 1984, 802; *Stelkens/Bonk/Sachs* § 14, 22.

24 Die Nichtbeteiligung des bevollmächtigten Anwalts verletzt diesen nicht in eigenen Rechten. Vgl. BVerwG v. 10.07.1984, NJW 1985, 339 f.; § 14 III VwVfG dient nicht dem Schutz des Bevollmächtigten.

25 BWVGH v. 07.10.1986, VBlBW 1987, 297 (298); *Drescher* NVwZ 1988, 680 ff.; *Kopp/Ramsauer* § 14 Rn. 22; § 41 Rn. 16; *Ule/Laubinger* § 17 Rn. 12; wohl auch HessVGH, NVwZ-RR 1993, 434; offengelassen in NWOVG v. 28.11.1995, NVwZ-RR 1997, 77 (78); a.A. BVerwG v. 30.10.1997, BVerwGE 105, 288 (293 f.).

26 HessVGH 10.08.1992 NVwZ-RR 1993, 433 f.; *Ule/Laubinger* § 17 Rn. 12. Zur Wirksamkeit vgl. NWOVG v. 28.11.1995, NVwZ-RR 1997, 77 (78).

Die Vorschriften über *Zustellungen* an Bevollmächtigte bleiben unberührt (§ 14 III 4 VwVfG). Nach §§ 7 I 1, 8 I 1 VwZG *können* Zustellungen an den Bevollmächtigten gerichtet werden. Hat er schriftliche Vollmacht vorgelegt, *muss* an ihn zugestellt werden (§§ 7 I 2, 8 I 2 VwZG und § 49 Rn. 20). Eine Heilung des Zustellungsmangels nach §§ 8 I, 9 I VwZG ist möglich,[27] es sei denn, durch die Zustellung soll die Klagefrist in Lauf gesetzt werden (s. § 49 Rn. 3, 20).

Bei mehreren gesetzlichen Vertretern, etwa den Eltern, genügt die Zustellung an einen von ihnen §§ 6 III, 7 III VwZG;[28] erst recht gilt dies für die formlose Bekanntgabe.[29] Bei mehreren Bevollmächtigten gilt nichts anderes.[30] Wird an alle zugestellt, beginnt der Lauf der Widerspruchsfrist mit der ersten Zustellung.[31]

Ein von einem *Vertreter ohne Vertretungsmacht* eingelegter Widerspruch ist als unzulässig zu verwerfen.[32] Diese Entscheidung ergeht – entgegen der ganz h.M.[33] – gegenüber dem vollmachtlosen Vertreter. Dem Vertreter ist entsprechend den Rechtsgedanken der §§ 164 II, 179, BGB die Berufung auf den mangelnden Willen, in eigenem Namen handeln zu wollen, versagt; er muss sich deshalb als Beteiligter behandeln lassen; sein Rechtsbehelf ist als Drittwiderspruch mangels Widerspruchsbefugnis *unzulässig.* 10

Die ganz h.M. hält dagegen den angeblich Vertretenen für den Beteiligten, gegen den die Entscheidung ergeht, will aber im Regelfall dem Vertreter die Kosten auferlegen.[34] *Begründung:* Der vollmachtlose Vertreter habe nicht in eigenem, sondern in fremdem Namen den Rechtsbehelf eingelegt; der in fremdem Namen Handelnde werde nicht dadurch Partei, dass ihm die Vertretungsmacht fehle. Die Kosten fielen – entsprechend dem kostenrechtlichen Grundsatz der Veranlasserhaftung – dem vollmachtlosen Vertreter zur Last, es sei denn, es sei offenkundig, dass der Vertretene das Tätigwerden des Vertreters veranlasst habe.[35] 11

Die dogmatischen Schwächen der h.M. sind offenkundig: Sie vermag weder zu erklären, wie der angeblich Vertretene ohne sein Zutun Verfahrensbeteiligter werden kann,[36] noch, wie einen angeblich nicht Verfahrensbeteiligten eine Kostenpflicht treffen kann.[37] Der von der h.M. für sich reklamierte Vorteil, die Parteirolle erhalte dem Vertretenen die Möglichkeit, die unbefugte Verfahrensausübung zu genehmigen (vgl. § 89 II ZPO)[38] und sich dadurch die Wahrung bestimmter Prozessvoraussetzungen wie Kla-

---

27 BVerwG v. 15.01.1988, NJW 1988, 1612 f.; BWVGH v. 05.08.1993, NVwZ-RR 1994, 384 (385).

28 Vgl. BFH v. 22.10.1976, BFHE 120, 148; BVerwG v. 29.01.1980, Buchholz 303 § 84 ZPO Nr. 1.

29 BayVGH v. 21.07.1978, BayVBl 1979, 52; BFH v. 23.06.1988, NJW 1989, 1182 f.

30 Vgl. BVerwG v. 21.12.1983, NJW 1984, 2115.

31 BVerwG v. 31.07.1998, NJW 1998, 3582.

32 Vgl. BayVGH v. 01.10.1974, BayVBl 1975, 141; BWVGH v. 07.10.1981, VBlBW 1982, 44 (45); GmSOGB v. 17.04.1984, BVerwGE 69, 380 (381). Die Vollmacht kann im Klageverfahren für das Widerspruchsverfahren nicht nachgereicht werden; VG Augsburg v. 08.10.2002, NJW 2003, 917.

33 BVerwG v. 10.08.1994; Buchholz § 138 Ziff. 4 VwGO Nr. 6.

34 RG v. 20.04.1907, RGZ 66, 37 (39); BGH v. 04.03.1993, BGHZ 121, 397 (400); BVerwG, Buchholz 310 § 67 VwGO Nr. 39; § 138 Ziff. 4 VwGO Nr. 6 sowie *Vollkommer/Schwaiger* FamRZ 1996, 1336; a.A. vor allem *Renner* MDR 1974, 355 ff.: Kostenpflicht des angeblich Vertretenen, der sich außerhalb des Prozesses am vollmachtlosen Vertreter schadlos zu halten hat.

35 BVerwG Buchholz 310 § 67 VwGO Nr. 39, § 155 Nr. 2; BWVGH NJW 1982, 843; *Rosenberg/Schwab/Gottwald* § 56 II 2. Auch eine teilweise Kostenpflicht des Vertretenen nach § 155 V VwGO kann in Betracht kommen. Vgl. BVerwG v. 14.06.1999, NVwZ-RR 1999, 692.

36 Vgl. insoweit die Kritik des BerlFG v. 29.07.1980, EFG 1981, 101 f.; weiter *Vollkommer/Schwaiger* FamRZ 1996, 1337. Dass dem angeblich Vertretenen hierdurch kein sachlich-rechtlicher Nachteil entsteht, weil sich die Rechtskraftwirkung des Prozessurteils auf die Frage der Bevollmächtigung beschränkt (vgl. *Renner* MDR 1974, 35), ist richtig, rechtfertigt aber nicht, jemanden ohne seinen Willen in die Rolle der Partei zu zwingen.

37 Vgl. die insoweit berechtigte Kritik bei *Renner* MDR 1974, 356.

38 BVerwG v. 04.06.1962, BVerwGE 14, 209 (212); v. 13.04.1978, Buchholz 237.2 § 79 LBG Berlin Nr. 2 S. 6; BGH v. 24.10.1979, MDR 1980, 308; BSG v. 23.01.1986, DVBl 1987, 244. Vgl. auch GmSOGB, BVerwGE 69, 380.

gefrist und erfolgloses Vorverfahren für seine Person zunutze zu machen, ist zwar von erheblichem Gewicht, aber keineswegs an die Konstruktion der h.M. gebunden.[39]

**12** Die Behörde kann den Vertreter ohne Vertretungsmacht jedoch auch vorläufig zu Erklärungen zulassen und eine Frist zur Vorlage der Vollmacht setzen. Wird innerhalb der Frist weder Vollmacht vorgelegt noch der Widerspruch vom Vertretenen genehmigt, werden die Erklärungen des Vertreters unwirksam.[40]

**13** Ein von einem *Handlungsunfähigen* erhobener Widerspruch ist unwirksam, kann aber nachträglich (auch nach Fristablauf) mit rückwirkender Kraft durch *Genehmigung* des gesetzlichen Vertreters oder des handlungsfähig Gewordenen selbst *geheilt* werden.[41]

39 So ließe sich z.B. an eine Rechtsnachfolge in die Parteirolle durch Genehmigung denken.

40 Vgl. § 124 FlurbG.

41 Vgl. BVerwG Buchholz 237.2 § 79 LBG Berlin Nr. 2 für ein beamtenrechtliches Zwangspensionierungsverfahren, jedoch mit verallgemeinerungsfähigen Gründen.

# § 33 Ordnungsgemäßheit der Widerspruchserhebung

## A. Form des Widerspruchs (§ 70 I VwGO)

Der Widerspruch ist schriftlich oder zur Niederschrift bei der Behörde zu erheben, die den VA erlassen hat (§ 70 I 1 VwGO). Er kann auch bei der Widerspruchsbehörde erhoben werden (§ 70 I 2 VwGO). 1

Wird der Widerspruch bei einer unzuständigen Behörde erhoben, ist es deren Amtspflicht, den Widerspruch unverzüglich an die zuständige Behörde weiterzuleiten. Unterlässt sie dies, kann der Gedanke der *Einheit der Verwaltung* dazu führen, dass die Verwaltung den Widerspruch als ordnungsgemäß erhoben gegen sich gelten lassen muss.[1]

Zur Wahrung der *Schriftform* gehört grundsätzlich das Bekenntnis zum Inhalt der Widerspruchsschrift durch *eigenhändige Unterschrift*,[2] *weil in aller Regel allein diese die verlässliche Zurechenbarkeit der Eingabe sicherstellt. Die mündliche Erklärung*, mit dem Bescheid nicht einverstanden zu sein, reicht für die formgerechte Erhebung des Widerspruchs jedenfalls nicht aus;[3] ebensowenig ein über die mündliche Einlegung des Widerspruchs später gefertigter *Aktenvermerk*.[4] Er erfüllt auch nicht die Formerfordernisse des Erhebens *zur Niederschrift;* denn hier muss der Widerspruch *in Anwesenheit des WF zu Protokoll genommen*, vorgelesen und genehmigt werden. Die Unterschrift braucht zwar nicht unbedingt *lesbar* zu sein; auch Undeutlichkeiten und Verstümmelungen schaden grundsätzlich nicht. 2

Ein willkürliches Handzeichen, das keinerlei individuellen Bezug auf den Namen des WF erkennen lässt, reicht aber nicht;[5] ebensowenig ein Faksimile.[6]

Die von § 70 VwGO verlangte Schriftform ist jedoch nicht derart zwingend, dass eine Widerspruchsschrift ohne Unterschrift stets und ausnahmslos unwirksam wäre. Ist die Widerspruchsschrift nicht unterzeichnet, so genügt sie gleichwohl dem Erfordernis der Schriftform, wenn sich aus ihr selbst oder aus sonstigen Unterlagen oder aus den besonderen Umständen des Einzelfalls ohne Rückfrage oder Beweiserhebung zweifelsfrei ergibt, dass sie von dem WF herrührt und mit dessen Willen in den Verkehr gelangt ist.[7] 3

**Beispiel:** maschinenschriftlich mit zutreffendem Briefkopf gefertigter, aber nicht unterschriebener Widerspruch, der allerdings im Absendervermerk auf dem Briefumschlag einen eigenhändig vollzogenen Namenszug enthält.[8] BVerwG v. 26.05.1978, NJW 1979, 120 (IV.S.) gegen VI. S. v. 20.04.1977, VerwRspr 29, 764 ff. ließ es genügen, dass *maschinenschriftlich* mit dem Namen *unterzeichnet* wird, wenn sich nur aus dem Schreiben (voller Briefkopf, Betreff mit zutreffendem Aktenzeichen, Adressierung an Sachbearbeiter der richtigen Behörde, Bezugnahme auf Vorkorrespondenz u.dgl.) eindeutig die

1 BVerwG v. 12.09.1980, Buchholz 407.4 § 17 FStrG Nr. 35; vgl. auch BWVGH v. 27.04.1990, VBlBW 1990, 335.
2 BVerwG v. 17.10.1968, BVerwGE 30, 274 (276 f.); v. 06.12.1988, BVerwGE 81, 32 ff.
3 BVerwG v. 16.02.1967, BVerwGE 26, 201 (202 f.); NWOVG v. 28.06.1972, OVGE 28, 63 (64). Nimmt der Sachbearbeiter allerdings einen telefonisch eingelegten Widerspruch als Widerspruch anstandslos entgegen und versäumt der WF deshalb die Frist, kann dies eine Wiedereinsetzung rechtfertigen (vgl. BVerwG v. 27.02.1976, BVerwGE 50, 248 (254 f.).
4 BWVGH v. 21. 10.1992, VBlBW 1993, 220 (221).
5 BVerwG v. 25.08.1970, BVerwGE 43, 113 (114 f.); BGH; v. 29.10.1986, NJW 1987, 1333.
6 Vgl. BFH v. 07.08.1974, BFHE 113, 490 (491 f.).
7 BVerwG v. 18.12.1992, NJW 1993, 1874.
8 BVerwG v. 17.10.1968, BVerwGE 30, 274 (276 ff.); ebenso BVerwG v. 07.11.1973, VerwRspr 26, 252 f. für die ohne Anwaltsvertretung eingereichte Klageschrift. Vgl. auch NWOVG v. 30.09.1971, OVGE 27, 115 ff. und BVerwG Buchholz 310 § 81 VwGO Nr. 8.

Urheberschaft des WF ergibt. Später ging das BVerwG noch weiter: Während es früher daran festhielt, dass Urheberschaft und Entäußerungswille in irgendeiner Weise in den übersandten Schriftstücken ihren Niederschlag gefunden haben mussten, ließ es nunmehr auch die besonderen Begleitumstände der Rechtsbehelfseinlegung ausreichen.[9] Damit war das Erfordernis der eigenhändigen Unterschrift – zu Recht – praktisch aufgegeben.

Schriftform wird auch genügt durch *telegrafische* oder *fernschriftliche* Erhebung des Widerspruchs oder durch Widerspruchserhebung mittels Telebrief/Telekopie (Telefax).[10] oder Computerfax[11] Ein Widerspruchsschreiben, das mit ringfacher E-Mail ohne qualifizierte elektronsiche Sigantur übermittelt wird, genügt dagegen nicht dem Erfordernis der Schriftsform.[12]

Die Angabe der juristischen Person als Unterschrift (Stadt X – Rechtsamt) ist ungenügend.[13] Unter Berufung auf die oben bei Fußn. 8 nachgewiesene Rspr. rückt der 7. Senat des BVerwG (v. 22.06.1978, BayVBl 1978, 577 f.) von diesem Erfordernis ab, wenn die Angaben im Telegramm (hier: Bezeichnung des Beklagten, des genauen Streitgegenstandes, des Widerspruchsbescheids mit Datum und Aktenzeichen und die Person der Klägerin) so detailliert sind, dass an der Urheberschaft des Klägers keine Zweifel bestehen können. Diese Rspr. lässt sich nicht verallgemeinern, da das BVerwG wesentlich darauf abstellt, dass Telegramme – anders als Schriftsätze – nach der Lebenserfahrung nicht versehentlich aufgegeben werden.

5 Nicht gefordert werden kann dagegen die handschriftliche Unterzeichnung des Aufgabetelegramms,[14] wenn man die telefonische Aufgabe entsprechend den Gepflogenheiten des modernen Geschäftsverkehrs zulässt.

Bestimmende Schriftsätze einer Behörde genügen der Schriftform, wenn der maschinenschriftlichen Unterschrift ein handschriftlich unterzeichneter Beglaubigungsvermerk beigegeben ist.[15] Die Beifügung eines Dienstsiegels oder Kanzleistempels ist nicht erforderlich.[16]

6 Nicht ausreichend ist dagegen die *fernmündliche Einlegung* des Widerspruchs, und zwar auch dann nicht, wenn der den Fernruf entgegennehmende Beamte über dessen Inhalt einen schriftlichen Vermerk fertigt, ihn nochmals vorliest und genehmigen lässt. Hieraus kann jedoch ein *Wiedereinsetzungsgrund* folgen.[17]

Dass die Rechtsbehelfseinlegung zur Niederschrift der Behörde nicht fernmündlich erfolgen könne, wird damit begründet, dass eine Prüfung der Identität des WF bei fernmündlicher Einlegung nicht mög-

9 Vgl. BVerwG Buchholz 448.0 § 33 WPflG Nr. 28. Vgl. auch BVerwG v. 30.06.1983, NJW 1984, 444: Unbedenklich, wenn RF Rechtsmittelschrift nicht unterschrieben, aber offen seinem Vorgesetzten zur Weiterleitung übergeben hat. Vgl. BVerwGE 81, 39 f. Die Versendung durch Einschreiben mit Rückschein *allein* reicht allerdings nicht aus; denn ein Aussagewert über Urheberschaft und Rechtsverkehrswillen kann dieser Versendungsart nicht beigelegt werden (BVerwG v. 01.08.1990, BayVBl 1992, 159 f.).

10 Vgl. BVerfG v. 01.08.1996, NJW 1996, 2857; BVerwG v. 13.02.1987, BVerwGE 77, 38 ff.; v. 13.06.1990, DÖV 1991, 116 sowie *Pape/Notthoff* NJW 1996, 417 ff.

11 Vgl. BSG v. 15.10.1996, NJW 1997, 1254 (PC-Modem); BVerwG v. 19.12.1994, NJW 1995, 2121 (Btx-Mitteilung); a.A. BGH v. 29.09.1998, NJW 1998, 3649, der deshalb den GmSOGB angerufen hat; zustim. Schwachheim NJW 1999, 621 ff.

12 HessVGH v. 03.11.2005, DÖV 2006, 438.

13 Vgl. BVerwGE 3, 56 ff.; OVG Lüneburg v. 17.01.1972, OVGE 28, 361 (362 ff.); BFH v. 24.07.1973, BFHE 110, 232 f. m.w.N. Vgl. auch BWVGH v. 17.09.1981, VBlBW 1982, 49.

14 So BWVGH VBlBW 1982, 49.

15 Vgl. BFH v. 23.05.1974, BFHE 116, 142 (145); GmSOGB v. 30.04.1979, BVerwGE 58, 359 ff. gegen die Ansicht des vorlegenden BSG.

16 Vgl. BVerwG-GS v. 15.06.1959, BVerwGE 10, 1 ff.; zustimm. GmSOGB, BVerwGE 58, 367 entgegen BFHE 116, 145.

17 BVerwG v. 22.11.1963, BVerwGE 17, 166 ff.; v. 27.02.1976, BVerwGE 50, 248 ff. und unten § 34 Fn. 2.

lich sei und deshalb die Gefahr des Missverständnisses und der Täuschung durch Unbefugte zu groß sei. Dies gilt jedoch für Telegramm und Fernschreiber im selben Maße und ist deshalb inkonsequent. BGHSt v. 20.12.1979, NJW 1980, 1290 f. lässt dagegen den fernmündlich zur Niederschrift erklärten Einspruch (§ 67 OWiG) zu, weil häufig Aufenthaltsort des Betroffenen und Sitz der Behörde so weit auseinanderlägen, dass das Festhalten am persönlichen Erscheinen die Möglichkeit der Einlegung zur Niederschrift leerlaufen ließe.

Nur unter besonderen Umständen kann auf die Einlegung des Widerspruchs in eigener Person verzichtet und die Widerspruchserhebung eines anderen auch dem nicht tätig gewordenen zugerechnet werden.[18]

## B. Widerspruchsfrist (§ 70 VwGO)

Der Widerspruch ist innerhalb eines *Monats,* nachdem der VA dem Beschwerten bekanntgegeben worden ist, bei der Ausgangsbehörde zu erheben (§ 70 I 1 VwGO), kann aber auch fristwahrend bei der Widerspruchsbehörde erhoben werden (§ 70 I 2 VwGO). 7

*Spezialvorschriften:* § 33 I WPflG, § 72 II ZDG, § 18 I KDVG (2 Wochen).

Für die Fristberechnung gilt aus denselben Gründen, die für die Anwendung des § 56 II VwGO maßgeblich sind (s. § 49 Rn. 1), § 57 VwGO i.V.m. § 222 ZPO, §§ 187 ff. BGB, nicht §§ 79, 31 VwVfG i.V.m. §§ 187 ff. BGB.[19] Da beide Vorschriften bei den §§ 187 ff. BGB enden und die §§ 222 II ZPO, 193 BGB inhaltsgleiche Regelungen enthalten, hat die Streitfrage auf das Ergebnis keinen Einfluss und ist allenfalls im Examen als Frage nach der richtigen Verweisungskette von theoretischem Interesse.

Wird der Widerspruch bei einer anderen Behörde erhoben, ist die Frist nur gewahrt, wenn diese den Widerspruch an die zuständige Behörde innerhalb der Frist abgibt (vgl. jedoch oben Rn. 1). Da das BVerfG dem Bürger als verfassungsrechtlich gebotenen (Art. 103 GG) Ausgleich für die Befristung eines Rechtsbehelfs zubilligt, Fristen voll auszuschöpfen und die Rechtsbehelfsschrift auch noch nach Ablauf der Dienstzeit in den Hausbriefkasten der Behörde einzuwerfen,[20] kann es für die Wahrung der Widerspruchsfrist nicht – wie bei der Bekanntgabe des VA (vgl. Rn. 16 a.E.) und öffentlich-rechtlichen Willenserklärung (§ 130 BGB) des Bürgers (vgl. § 36 Rn. 9) – auf die bei gewöhnlichem Verlauf und normaler Gestaltung der Verhältnisse zu beurteilende Kenntnismöglichkeit, sondern lediglich auf den *tatsächlichen Eingang der Widerspruchsschrift in die Verfügungsgewalt der Behörde* ankommen. Unterhält diese zu ihrer Erleichterung ein *Postfach,* gilt deshalb der Widerspruch mit dem Zeitpunkt des Einsortierens als zugegangen und erhoben.[21]

§ 70 VwGO gilt allerdings nur, wenn sich der Widerspruch gegen einen VA richtet, also nicht bei beamtenrechtlichen Leistungs- oder Feststellungswidersprüchen. 8

Ein Widerspruch gegen eine dienstliche Beurteilung oder Umsetzung unterliegt deshalb – wenn man sie mit dem BVerwG nicht als VA wertet – weder der Monatsfrist noch der Jahresfrist der §§ 70 II, 58 II

18 Vgl. BVerwG v. 13.02.1976, NJW 1976, 1516 für Eheleute, die aus demselben Rechtsgrund inhaltlich übereinstimmend in Anspruch genommen werden; abl. ThürOVG v. 25.05.1994, ThürVBl 1995, 68 (69) für den Geschäftsführer einer Vor-GmbH.

19 So zutreffend *Kopp/Schenke* § 70 Rn. 8; Eyermann/*Rennert* § 70 Rn. 4; a.A. mit beachtlichen Gegengründen *Kylen* § 6 Rn. 33; *Geis/Hintersch* Jura 2001, 1176. Im Ergebnis spricht aber für die »VwGO-Lösung«, dass es sich bei § 58 VwGO um eine vor die Klammer gezogene Vorschrift handelt.

20 Vgl. BVerfG v. 07.04.1976, BVerfGE 42, 128 ff.; v. 03.10.1979, BVerfGE 52, 203; zusammenfassend BVerfG v. 14.05.1985, NJW 1986, 244 f.

21 Vgl. BVerwG v. 31.01.1964, NJW 1964, 788; BSG v. 02.09.1977, MDR 1978, 83; v. 01.02.1979, ZBR 1980, 195; BGH v. 19.06.1986, NJW 1986, 2646; a.A. BSG v. 11.08.1976, BSGE 42, 140 ff.; wohl auch HessVGH v. 21.12.1977, HessVGRspr 1978, 41 f.

VwGO, sondern lediglich den Rechtsgrundsätzen der unten dargestellten Verwirkung.[22] Nach Erlass des Widerspruchsbescheids muss der WF jedoch die *Klagefrist* des § 74 VwGO beachten.[23]

In der Regel wird der Tag des Eingangs der Widerspruchsschrift bei der Behörde durch den *Eingangsstempel* als öffentliche Urkunde (§§ 415, 418 ZPO) bewiesen. Wann der zulässige Gegenbeweis (§ 418 II ZPO) erbracht ist, richtet sich nach den Besonderheiten des Einzelfalls und unterliegt dem Freibeweisverfahren.[24]

Dabei sind die Gebote rechtsstaatlicher Verfahrensgestaltung zu beachten. Wird z.B. der *Briefumschlag* nicht aufbewahrt und der WF erst nach längerer Zeit erstmals im Widerspruchsbescheid mit der – angeblichen – Verspätung konfrontiert, kann u.U. sogar die einfache Beteuerung, den Widerspruch rechtzeitig abgesandt zu haben, ausreichen.[25]

## I. Fristenlauf bei Bekanntgabe

9 Unter *Bekanntgabe* (§ 41 VwVfG) ist nicht jede – etwa zufällige –, sondern *nur die amtlich veranlagte Kenntnisnahme* zu verstehen. Begrifflich setzt nämlich die Bekanntgabe den Willen der Behörde zur Eröffnung des VA an den Betroffenen voraus, andernfalls würde in die Fristvorschrift durch Zufälligkeiten und durch die Erschwerung des Nachweises der Bekanntgabe eine unerträgliche Rechtsunsicherheit hineingetragen werden.[26] Eine anders als durch amtliche Bekanntgabe vermittelte Kenntnis des Beschwerten von dem VA kann deshalb die Widerspruchsfrist nicht in Lauf setzen. Dies hat zur Folge, dass in diesen Fällen *auch nicht die Jahresfrist des § 58 II 1 VwGO* läuft, vielmehr der amtlich nicht bekanntgegebene VA grundsätzlich unbefristet mit Widerspruch angegriffen werden kann.[27]

Das gleiche gilt, wenn das Fachrecht Zustellung vorschreibt, bei amtlich veranlasster Kenntnisnahme ohne Zustellungswillen (vgl. unten Rn. 16). Vorausgesetzt ist aber immer, dass der VA überhaupt *existent* geworden ist. Hat der VA nur einen Adressaten und ist er diesem ohne Bekanntgabewillen zur Kenntnis gelangt, z.B. durch versehentliche Versendung eines VA-Entwurfs, liegt ein »*Nichtakt*« vor.[28]

Ein Nichtakt liegt auch vor, wenn der VA wegen *Geschäfts- und/oder Handlungsunfähigkeit* des Adressaten nicht wirksam bekanntgegeben worden ist. Die Bekanntgabe kann in diesen Fällen aber dadurch wirksam werden, dass der Empfänger später (wieder) geschäfts- und/oder handlungsfähig wird und in diesem Zustand von dem VA Kenntnis hat oder erhält.[29]

Die Bekanntgabe ist *an denjenigen Beteiligten zu richten,* für den der Verwaltungsakt bestimmt ist oder der von ihm betroffen wird (§ 41 I 1 VwVfG). Ist ein *Bevollmächtigter* bestellt, *soll* die Bekanntgabe ihm gegenüber vorgenommen werden (§ 41 I 2 VwVfG,

22 BVerwG v. 13.11.1975, BVerwGE 49, 351 (357 f.); *Blümel* VerwArch 1983, 156 m.w.N.; a.A. NK-VwGO/*Geis* § 68 Rn. 100.
23 HessVGH v. 25.10.1978, ESVGH 29, 40 f.
24 Vgl. BVerwG v. 22.05.1969, NJW 1969, 1730 (1731); v. 07.10.1993, NJW 1994, 535 (536); BFH v. 19.07.1995, NJW 1996, 679.
25 Vgl. BVerfG v. 26.03.1997, NJW 1997, 1770; HbgOVG v. 18.02.1994, NVwZ-RR 1995, 122 f.; zu streng NWOVG v. 08.05.1996, NVwZ-RR 1997, 327.
26 Vgl. BVerwG v. 23.07.1965, BVerwGE 22, 14 (15 f.); v. 25.01.1974, BVerwGE 44, 294 (296 f.); v. 11.02.1994, NJW 1994, 2633 (2634).
27 Vgl. z.B. NWOVG v. 30.06.1971, OVGE 27, 68 f. zur Zustellung eines Vergnügungssteuerbescheids nur an den Gastwirt, nicht auch an den Automatenaufsteller. Vgl. auch BVerwG v. 16.09.1977, VerwRspr 29, 495 (498): Fehlt es an einer durch das Landesrecht bestimmten Bekanntgabe des VA (hier öffentl. Bekanntmachung der Eintragung eines Weges in das Wegebestandsverzeichnis), ist der Beginn eines nach der VwGO beachtlichen Fristenlaufs bereits nach § 57 I VwGO ausgeschlossen.
28 Vgl. BFH v. 27.06.1986, NVwZ 1987, 632; v. 24.11.1988, NVwZ 1990, 104 und oben § 31 Rn. 6.
29 Vgl. BVerwG v. 11.02.1994, NJW 1994, 2633 (2634).

eingeschränkt durch § 14 III 1 VwVfG, s. § 32 Rn. 9).[30] Ein schriftlicher VA, der durch die *Post* im Geltungsbereich des VwVfG übermittelt wird, gilt mit dem 3. Tag nach der Aufgabe zur Post als bekanntgegeben, außer wenn er nicht oder an einem späteren Zeitpunkt zugegangen ist (§ 41 II VwVfG, »im Zweifel« Beweislast für Zugang und Zeitpunkt: Behörde).[31] Die Bekanntgabe schriftlicher VAe kann auch durch *Telefax* erfolgen (zur Zustellung § 49 Rn. 4).[32]

Richtet sich ein (zusammengefasster) VA an mehrere Adressaten, z.B. Eheleute, muss, wenn die Adressaten sich nicht gegenseitig zur Empfangnahme des VA bevollmächtigt haben, jedem Adressaten ein eigenes, für ihn bestimmtes Schriftstück übermittelt werden (vgl. auch § 49 Rn. 6).

Bekanntgabemängel können *entsprechend § 8 I VwZG geheilt* werden.[33] Anders aber als bei der formstrengen Zustellung reicht für die Wirksamkeit der Bekanntgabe wie für die Heilung von Bekanntgabemängeln die *tatsächliche Kenntnisnahme* vom Inhalt des Verwaltungsaktes aus; eine Begründung von Alleinbesitz an dem Schriftstück ist nicht erforderlich.[34]

## II. Fristenlauf nach Verwirkungsgrundsätzen

Die bei nicht in Lauf gesetzter Rechtsbehelfsfrist im Interesse der Rechtssicherheit notwendigen Schranken ergeben sich aus dem *Verbot unzulässiger Rechtsausübung.* In der Rechtsprechung ist anerkannt, dass nicht nur die Ausübung materieller Ansprüche,[35] sondern ebenso auch die Ausübung verfahrensrechtlicher Befugnisse durch den *Grundsatz von Treu und Glauben* inhaltlich begrenzt wird, insbesondere auch verwirkt werden kann.[36] In Fällen illoyaler Berufung auf die mangelnde Bekanntgabe des VA erweist sich die Einlegung des Widerspruchs als unzulässige Rechtsausübung und rechtfertigt – nicht anders als bei einem verfristeten Widerspruch – die Zurückweisung des Widerspruchs als unzulässig.[37] Welche Anforderungen an die Annahme einer Verwirkung 10

30 Vgl. zur Bekanntgabe gebündelter Müllabfuhrgebührenbescheide einer Wohnungseigentümergemeinschaft an den Verwalter kraft Anscheinsvollmacht BVerwG v. 25.02.1994, DVBl 1994, 810 (812).

31 Zur Anwendung vgl. NWOVG v. 07.03.1994, NVWZ 1995, 1228 (1229); v. 28.11.1995, NVwZ-RR 1997, 77 (78); *Kintz* JuS 1997, 1115 (1117 f.) sowie § 49 Fn. 25.

32 Vgl. BFH v. 08.07.1998, BFHE 186, 491 (492) = NVwZ 1999, 220 (für Einspruchsentscheidungen, die nur bekanntzugeben sind, § 366 S. 2 AO); weiter BVerwG v. 05.05.1997, Buchholz 402.240 § 45 AuslG 1990 Nr. 11; *Stelkens/Bonk/Sachs* § 41 Rn. 28 ff.

33 Vgl. BVerwG v. 25.02.1994, DVBl 1994, 812; BFH v. 29.10.1997, NVwZ 1998, 998 (999); *Stelkens/Bonk/Sachs* § 41 Rn. 14. Zur Frage der Heilung von Bekanntgabemängeln durch die ordnungsgemäße Zustellung der Rechtsbehelfsentscheidung vgl. BFH v. 25.01.1994, BFHE 173, 213 (220) = NVwZ-RR 1995, 181 sowie *Engelhardt/App* VwVG-VwZG § 9 VwZG Rn. 5.

34 Vgl. BVerwG v. 24.01.1992, NVwZ 1992, 565 (566); v. 25.02.1994, DVBl 1994, 810 (812). OVG Lüneburg v. 18.03.1982, NVwZ 1984, 246 f.; *Linhart* § 18 Rn. 102; *Stelkens/Bonk/Sachs* § 41 Rn. 43; a.A. BFH v. 26.03.1985, BFHE 143, 491 (494) = NVwZ 1986, 156 f.; *Preißer* NVwZ 1987, 870; *Kopp/Ramsauer* § 41 Rn. 33; *Obermayer* VwVfG § 41 Rn. 29; wohl auch *Ule/Laubinger* § 53 Rn. 6.

35 Vgl. hierzu *Stich* DVBl 1959, 234 f., und *Menger* VerwArch 1975, 85 m.w.N.; aus der Rechtsprechung vgl. BVerwG v. 18.12.1973, NJW 1974, 2247 (Rückforderungsansprüche aus rechtswidrigen Verträgen); v. 06.09.1988, BVerwGE 80, 178 (Folgenbeseitigungsanspruch).

36 Vgl. für den baurechtlichen Drittwiderspruch BVerwG v. 20.10.1972, DÖV 1973, 350; v. 25.01.1974, BVerwGE 44, 294 (298 ff.) mit krit. Anm. *Mittenzwei* NJW 1974, 1884 f.; BVerwG v. 10.02.1994, NVwZ 1994, 896 f. v. 04.06.1991, Buchholz 310 § 132 VwGO Nr. 298 (Klage); BVerfG v. 26.01.1972, BVerfGE 32, 305 (308) zum Antrag auf Wiederaufnahme eines Steuerstrafverfahrens; BVerwG v. 22.05.1987, NVwZ 1987, 793 f. zur Berufung auf Zustellungsmängel. Zur Verwirkung des Antragsrechts nach § 47 VwGO vgl. BVerwG v. 18.12.1989, NVwZ 1990, 554 f.; v. 23.01.1992, NVwZ 1992, 974 (975) und *Blümel* VerwArch 1983, 153 ff. m.w.N.

37 *Kopp/Schenke* § 70 Rn. 1.

zu stellen sind, bemisst sich in erster Linie nach dem jeweils in Rede stehenden Fachrecht und den in ihm den Beteiligten auferlegten Geboten wechselseitiger Rücksichtnahme.[38]

Von der *verfahrensrechtlichen Verwirkung* ist dogmatisch die materiell-rechtliche streng zu scheiden, obwohl sie natürlich Hand in Hand gehen können und häufig bei Annahme einer verfahrensrechtlichen auch eine *materielle Verwirkung* eingetreten sein dürfte. Gleichwohl hat die Unterscheidung Konsequenzen: Die verfahrensrechtliche Verwirkung führt zur Unzulässigkeit des Rechtsbehelfs,[39] die materielle zur Unbegründetheit;[40] nur die verfahrensrechtliche Verwirkung setzt voraus, dass eine Baugenehmigung zuvor erteilt worden ist, die materielle kann auch gegenüber ungenehmigten Bauvorhaben eintreten.[41] Wegen der unterschiedlichen Reichweite der Rechtskraft eines Prozessurteils ist die Prüfung der prozessualen Verwirkung vorrangig.

11 Beschränkt auf den Sonderfall des *baurechtlichen Nachbarwiderspruchs* hat das BVerwG[42] – gestützt auf das besondere Rücksichten gebietende nachbarliche Gemeinschaftsverhältnis – die Grundsätze von Treu und Glauben dahin konkretisiert, dass sich der Nachbar von dem Zeitpunkt ab, von dem er von der erteilten Baugenehmigung »zuverlässige Kenntnis erlangt« hat, in aller Regel so behandeln lassen muss, als sei ihm die Baugenehmigung amtlich bekanntgegeben worden mit der Folge, dass er binnen Jahresfrist (§§ 70, 58 II VwGO) Widerspruch einlegen muss. BVerwGE 44, 294 betraf nur einen Fall *unmittelbarer Grenznachbarschaft.* Das BVerwG hat nunmehr klargestellt, dass diese Rechtsprechung gleichermaßen auch für den *Drittschutz anderer Nachbarn* gilt, da der Drittschutz im Baurecht generell im nachbarlichen Gemeinschaftsverhältnis wurzelt und es auf das Kriterium der räumlichen Nähe nicht entscheidend ankomme.[43]

12 Aus der Schutzfunktion der Baugenehmigung zugunsten des Bauherrn folgert BWVGH v. 30.11.1978, NJW 1979, 999 (ebenso im Ergebnis BayVGH v. 24.02.1978, BRS 33 Nr. 161), dass der Eintritt der Bestandskraft durch *Fristversäumnis* des Nachbarn diesem ebenso wie ein Rechtsverzicht (vgl. § 36 Rn. 6) alle Einwendungen gegen die Rechtmäßigkeit der Baugenehmigung abschneidet (materielle Ausschlusswirkung) und dieser Einwendungsverlust auch *zu Lasten des Einzelrechtsnachfolgers* wirkt, da die öffentlich-rechtlichen Abwehrrechte des Nachbarn, ebenso wie seine baurechtlichen Pflichten[44] nicht höchstpersönlicher, sondern sachbezogener Natur seien (Annex der dinglichen Berechtigung; vgl. § 36 Rn. 6 und BWVGH v. 25.09.1991, VBlBW 1992, 103 f. für die Verwirkung nachbarlicher Abwehrrechte).

*Diese materiell-rechtliche Lösung* des Rechtsnachfolgeproblems bedingt, dass das Bestehen der nachbarrechtlichen Abwehrbefugnis des Rechtsnachfolgers im Rahmen der Widerspruchsbefugnis (so BayVGH für § 42 II VwGO) oder der Begründetheit (so BWVGH), nicht aber im Rahmen der Fristvorschriften zu prüfen ist. BWVGH, NJW 1979, 999 lehnt eine *Bestandskrafterstreckung auf den Rechtsnachfolger* ausdrücklich ab,[45] weil der subjektive Umfang der Unanfechtbarkeit nach den §§ 58 II, 70 VwGO begrenzt

---

38 BayVGH v. 21.08.1991, GewArch 1992, 68 für den Widerspruch eines Meistergesellen gegen die Bestellung eines anderen Listenbewerbers zum Bezirksschornsteinfegermeister.

39 Vgl. BVerwG v. 20.10.1972, BRS 25 Nr. 176 S. 308 f.; NVwZ 1988, 730; NVwZ 1991, 1183.

40 Vgl. NWOVG v. 04.03.1970, BRS 23 Nr. 168; v. 15.09.1980, NJW 1981, 598 f.; BVerwG NVwZ 1988, 730.

41 Vgl. BVerwG v. 18.03.1988, NVwZ 1988, 730; v. 16.05.1991, NVwZ 1991, 1182 f.; v. 11.02.1997, NJW 1998, 329; BremOVG v. 03.12.1991, BauR 1992, 752 f.

42 BVerwGE v. 25.01.1974 44, 298 ff.; vgl. auch OVG Lüneburg v. 01.03.1985, OVGE 38, 416 f. und BWVGH v. 07.11.1997, VBlBW 1998, 217 (219) – Flugplatzanwohner. Vgl. auch VG Karlsruhe v. 28.04.2009, *BeckRS* 2009, 34724. Ob die Grundsätze entspr. im *Fachplanungsrecht* für das Verhältnis Vorhabenträger – Planungsbetroffene zur Anwendung kommen, hat BVerwG v. 27.11.1996, NVwZ 1997, 994 (995) offengelassen. Zur Verwirkung von Nachbarrechten im öffentlichen Baurecht allgemein *H. Bauer* Verw 1990, 211 ff.

43 Vgl. BVerwG v. 28.08.1987, BVerwGE 78, 85 (89 f.) = JuS 1988, 576 *(Selmer).* Ebenso früher bereits VG München v. 21.09.1978, NJW 1979, 1375; NWOVG, NJW 1981, 598 f.; VG Berlin v. 21.09.1984, NVwZ 1985, 932 f.; OVG Lüneburg v. 06.03.1985, NVwZ 1985, 506 f.

44 Vgl. oben § 27 Rn. 21. Vgl. auch BVerwG v. 17.07.1980, BVerwGE 60, 297 (315).

45 A.A. BWVGH v. 29.10.1971, BRS 24 Nr. 162; wohl auch BWVGH v. 23.01.1979, NJW 1979, 1565 f. zur Einzelrechtsnachfolge in eine Abbruchanordnung.

sei auf diejenigen, denen der VA amtlich bekanntgegeben worden ist, und anderweitige Bundesrechtsnormen über Bestandskrafterstreckung fehlten.

Dies ist jedoch inkonsequent, da der materielle Einwendungsverlust lediglich verfahrensrechtlich bedingt ist und der materiellen Rechtsnachfolge eine verfahrensrechtliche korrespondieren muss. Die zweifellos vorhandene verfahrensrechtliche Lücke ist deshalb durch eine Rechtsanalogie zu den §§ 121 VwGO, 325 ZPO, 182 II 1, 353 AO, 127 LAG zu schließen.

Gleiches soll gelten, wenn der Nachbar die zuverlässige Kenntnis hätte haben müssen, weil sich ihm das Vorliegen der Baugenehmigung aufdrängen musste und es ihm möglich und zumutbar war, sich hierüber – etwa durch Anfrage beim Bauherrn oder bei der Baugenehmigungsbehörde – Gewissheit zu verschaffen.[46] 13

Diese »Treu-und-Glauben«-Rechtsprechung führt im praktischen Ergebnis für den baurechtlichen Nachbarstreit i.d.R. zu einer – vom BVerwG zuvor abgelehnten – entsprechenden Anwendung der §§ 58, 70 VwGO. Das BVerwG betont aber ausdrücklich, dass dies nur für den Nachbarwiderspruch, nicht für VAe mit Doppelwirkung schlechthin gilt und dass weiterhin für den Verlust des Widerspruchsrechts die jeweiligen *Umstände des Einzelfalls* entscheidend sind: Er könne im Einzelfall deshalb vor[47] oder auch erst nach Ablauf der Jahresfrist eintreten. 14

BVerwGE 78, 90 diskutiert, ob die Erhebung des Normenkontrollantrags innerhalb der Jahresfrist, auch wenn sie einen Widerspruch gegen die Baugenehmigung nicht ersetzt, nicht doch das Vertrauen auf der Seite des Bauherrn, die ihm erteilte Baugenehmigung werde Bestand haben, zerstört haben könnte. Denn die aus dem nachbarlichen Gemeinschaftsverhältnis abzuleitenden rechtlichen Folgerungen richteten sich nach den Gegebenheiten auf *beiden* Seiten dieses Verhältnisses.

Die *Verwirkung* als Hauptanwendungsfall des Verbots widersprüchlichen Verhaltens (venire contra factum proprium) bedeutet, dass ein Recht nicht mehr ausgeübt werden darf, wenn seit der Möglichkeit der Geltendmachung längere Zeit verstrichen ist und besondere Umstände hinzutreten, die die verspätete Geltendmachung als Verstoß gegen Treu und Glauben erscheinen lassen.[48] 15

Das Tatbestandsmerkmal *»längere Zeit«* setzt eine Dauer der Untätigkeit des Berechtigten voraus, die sich von der ihm eingeräumten regulären Rechtsbehelfsfrist von einem Monat für die verfahrensrechtliche Geltendmachung seines Rechts (vgl. §§ 70, 58 I VwGO) *deutlich abhebt.*[49]

Das ist insbesondere der Fall, wenn der Verpflichtete infolge eines bestimmten Verhaltens des Berechtigten darauf vertrauen durfte, dass dieser das Recht nach so langer Zeit nicht mehr geltend machen würde *(Vertrauensgrundlage)*, der Verpflichtete ferner tatsächlich darauf vertraut hat, dass das Recht nicht mehr ausgeübt würde *(Vertrauenstatbestand)* und sich infolgedessen in seinem Verhalten so eingerichtet hat, dass ihm durch die verspätete Durchsetzung des Rechts ein unzumutbarer Nachteil entstehen würde.[50]

46 Vgl. BVerwG v. 03.07.1987, NJW 1988, 1228; v. 18.01.1988, NVwZ 1988, 532; NdsOVG v. 17.01.1997, NdsVBl 1997, 234 f.

47 Das setzt jedoch voraus, dass der Bauherr aus aktivem Tun des Nachbarn oder einer ihm gleichzusetzenden Duldung auf dessen Einverständnis hätte schließen können. Vgl. BVerwG v. 17.02.1989, Buchholz 406.19 Nachbarschutz Nr. 87. Einen derartigen Fall finden Sie in OVG Lüneburg v. 25.04.1974, OVGE 30, 399 ff.: Hat der Nachbar einem Bauvorhaben schriftlich zugestimmt, muss er spätestens in dem Zeitpunkt, in dem die konkrete Form der Bauausführung für ihn erkennbar wird und er meint, sie stimme nicht mit den von ihm gebilligten Bauvorlagen überein und verletze seine Nachbarrechte, die von ihm geschaffene Vertrauenslage *unverzüglich* und mit den rechtlich gebotenen Mitteln, also durch Widerspruch aufheben. Ansonsten verwirkt er seinen Abwehranspruch. Vgl. auch BWVGH v. 28.08.1987, NVwZ 1989, 76 (78); ThürOVG v. 28.07.1993, LKV 1994, 110 (111).

48 BVerwG v. 30.10.2009, BeckRS 2009, 41584; BGH v. 06.11.2009, BeckRS 2009, 87765.

49 Vgl. BVerwG NVwZ 1991, 1183 f.; NWOVG v. 09.04.1992, NVwZ-RR 1993, 397 f.

50 Vgl. BVerwGE 44, 343 f. (in Anlehnung an *Stich* DVBl 1959, 236 f.); NVwZ 1991, 1184; DÖV 1975, 716; RPOVG v. 13.12.1979, BRS 36 Nr. 216.

Ob der Berechtigte auch Kenntnis von seinem Anspruch haben musste *(subjektive Zurechenbarkeit)*, ist bestritten, aber gleichwohl zu bejahen.[51]

An der kausalen Verknüpfung des Verhaltens des Berechtigten mit bestimmten Maßnahmen des Verpflichteten fehlt es z.B. dann, wenn der Bauherr eine Baugenehmigung sofort im wesentlichen Umfang ausgenutzt hat, bevor die Untätigkeit des Nachbarn die für eine Verwirkung erhebliche Mindestdauer zu erreichen begann.[52]

## III. Fristenlauf bei Zustellung

16 *Bekanntgabe* (§ 41 VwVfG) schließt als *Oberbegriff* jede zulässige Art der Eröffnung des VA an den Betroffenen ein, auch die förmliche Zustellung, ist aber mit ihr nicht gleichzusetzen.[53]

Ist *Zustellung* – durch Rechtsvorschrift[54] oder behördliche Anordnung[55] – vorgeschrieben (§ 1 II VwZG), läuft die Frist erst mit bewirkter Zustellung[56] (zu den Zustellungsarten s. § 49). Werden bei der Zustellung zwingende Zustellungsvorschriften verletzt, kann der *Formfehler nach § 8 VwZG geheilt* werden, da die Widerspruchsfrist nicht unter die der Heilung nach § 8 VwZG nicht zugänglichen Fristen fällt.[57] Der VA gilt dann nach § 8 VwZG in dem Zeitpunkt als zugestellt, in dem ihn der Empfangsberechtigte nachweislich erhalten hat. Nach Ansicht des BVerwG erfasst die Heilungsmöglichkeit auch *Mängel des Zustellungsgegenstandes*, die nicht dem Zustellungsvorgang, sondern dem zuzustellenden Schriftstück selbst anhaften,[58] es also nicht die erforderliche Form (Urschrift, Ausfertigung oder beglaubigte Abschrift, § 2 I VwZG) aufweist, ihm z.B. der Ausfertigungsvermerk fehlt oder es sich um eine schlichte *Fotokopie* handelt. Voraussetzung sei freilich, dass der Zweck der Zustellung, dem Adressaten zuverlässige Kenntnis

---

51 Vgl. *Stich* DVBl 1959, 237 m.w.N.; BSG SGb. 1973, 408; offengelassen von BVerwGE 44, 344; verneint von BVerwGE 44, 300 für den Sonderfall des Grenznachbarwiderspruchs, für den die positive Kenntnis durch pflichtwidrige, weil gegen die aus dem nachbarlichen Gemeinschaftsverhältnis folgende Erkundigungspflicht verstoßende Unkenntnis ersetzt wird; wohl auch NWOVG NJW 1981, 598 f. für »normale« Nachbarwidersprüche; ablehnend insoweit *Menger* VerwArch 1975, 91. Nach der Ausdehnung der Grenznachbarrechtsprechung auf alle Nachbarwidersprüche nunmehr wie NWOVG auch BVerwG v. 18.01.1988, NVwZ 1988, 532.

52 Vgl. BVerwG NVwZ 1991, 1184 f.; kritisch *de Vivie/Barsahn* BauR 1995, 492 (495 ff.).

53 Vgl. BVerwGE 22, 15 f.; v. 05.05.1978, Buchholz 316 § 43 VwVfG Nr. 2; v. 09.12.1988, NVwZ 1989, 648 (649); NWOVG v. 25.07.1972, NJW 1973, 165.

54 Vgl. z.B. § 73 III VwGO für den Widerspruchsbescheid und unten § 49; § 44 I WehrPflG (vgl. hierzu BVerwG v. 29.06.1990, BVerwGE 85, 213 ff.); § 71 II ZDG; § 175 BBG (hierzu BVerwG v. 20.08.1985, BVerwGE 83, 40/42); § 332 II LAG; BWVGH v. 28.08.1987, NVwZ 1989, 76 (77) für Baugenehmigung nach BWBauO; BayVGH v. 06.12.1990, BayVBl 1991, 338 f. für Zwangsgeldandrohung (Art. 36 VII BayVwZVG).

55 Vgl. BVerwG Buchholz 316 § 43 VwVfG Nr. 2; BSG v. 26.10.1989, NVwZ 1990, 1108.

56 Vgl. BVerwGE 22, 16; v. 31.08.1965, BVerwGE 25, 20 (21); BWVGH NVwZ 1989, 77.

57 Vgl. BVerwG v. 09.07.1986, Buchholz 340 § 9 VwZG Nr. 10; v. 09.12.1988, NVwZ 1989, 648 (649). Das Landesrecht erfasst z.T. auch die Widerspruchsfrist; vgl. Art. 9 II BayVwZVG, § 9 II ThürVwZVG und *Linhart* § 18 Rn. 159.

58 BVerwG v. 18.04.1997, BVerwGE 104, 301 (314); v. 09.10.1998, NVwZ 1999, 183 (184); ebenso BFHE 119, 219 (222); BGH v. 25.01.1980, NJW 1980, 1754 (1755); MünchKomm-ZPO/*v. Feldmann* § 187 Rn. 3; Stein/Jonas/*Roth* ZPO, 21. Aufl., § 187 Rn. 9; a.A. BSG v. 26.10.1989, NVwZ 1990, 1108 (1109); BGHZ 100, 234 (238); *Baumbach/Lauterbach/Albers/Hartmann* § 187 Rn. 5; Schoch/Schmidt-Aßmann/Pietzner/*Meissner* § 56 Rn. 73; NK-VwGO/*Czybulka* § 56 Rn. 80; Zöller/*Stöber* ZPO § 187 Rn. 7 und eingehend *Bitter* NVwZ 1999, 144 (146 f.).

des Bescheidinhalts zu verschaffen, erreicht wird, also z.B. die Fotokopie das Original nach Inhalt und Fassung vollständig wiedergibt.[59]

Die Anwendung des § 8 VwZG setzt allerdings voraus, dass die Behörde den Willen hatte, eine Zustellung vorzunehmen.[60] Fehlt der *Zustellungswille,* etwa bei formloser Übersendung des VA, unterliegt der Widerspruch nur den oben in Rn. 9ff. dargestellten Verwirkungsschranken. Darüber hinaus muss sich der Adressat eines VA in *besonderen* Fällen, wenn er die Zustellung unter Verstoß gegen besondere – gesetzliche oder vertragliche – Rechtspflichten treuwidrig vereitelt hat, nach den Rechtsgrundsätzen der §§ 162, 242 BGB so behandeln lassen, als sei ihm die Zustellung wie im Falle seines pflichtgemäßen Verhaltens zugegangen.[61] Die schlichte Verweigerung der Entgegennahme eines Einschreibens *allein* hat diese Wirkung jedoch nicht.

*Empfangsberechtigter* i.S.d. § 8 I VwZG ist nur derjenige, an den die Zustellung des Schriftstücks nach dem Gesetz *zu richten war,* nicht aber auch der Personenkreis, an den die Zustellung nach den Vorschriften des VwZG – ersatzweise – *erfolgen darf.*[62]

Keineswegs muss der Empfangsberechtigte mit dem Adressaten des VA identisch sein. Hat z.B. ein Vertreter schriftliche Vollmacht vorgelegt, sind Zustellungen an ihn zu richten (§ 7 I 2 VwZG), ist er Empfangsberechtigter.[63] Unterbleibt dies und erhält der Vollmachtgeber den VA ausgehändigt, tritt eine Heilung nicht ein, da der VA nicht dem Empfangsberechtigten zugegangen ist.[64]

*Erhalten* hat der Empfangsberechtigte den VA in dem Zeitpunkt, in dem er tatsächlich über ihn verfügen und von seinem Inhalt Kenntnis erlangen konnte, ohne dass es auf die tatsächliche Kenntnis- oder Inbesitznahme ankommt (§ 130 BGB analog).[65]

Erhaltenhaben bedeutet bei der Zustellung – anders als bei der Bekanntgabe (vgl. oben Rn. 9) – *Übergabe zum Alleinbesitz,* nicht lediglich Verschaffen der Möglichkeit, Kenntnis vom Inhalt des Schriftstücks nehmen zu können (vgl. § 49 Rn. 6). Fehlt es hieran, wie z.B. bei der Übergabe eines zusammengefassten Bescheides an *Eheleute* in nur einer Ausfertigung, tritt eine Heilung nicht ein.[66]

Die Abhängigkeit des Fristbeginns bei gesetzlich vorgeschriebener Zustellung von der 17
Bewirkung der Zustellung soll jedoch vornehmlich dem Schutz des WF dienen und

---

59 *Bitter* NVwZ 1999, 147 bezweifelt zu Recht, dass der Zweck der Zustellung allein im Kenntnisverschaffen liegt: dem Adressaten soll vor allem Sicherheit gegeben werden, dass das zugestellte Schriftstück mit dem Original übereinstimmt. Das kann nur die Unterschrift, der Ausfertigungsvermerk oder die Beglaubigung gewährleisten. Die Formenstrenge des Zustellungsrechts ist also keine leere Formalie.

60 Vgl. BVerwG v. 19.06.1963, BVerwGE 16, 165 (166f.); v. 29.04.1968, BVerwGE 29, 321 (322f.); v. 29.06.1990, BVerwGE 85, 213 (215); HbgOVG v. 08.01.1997, NVwZ-RR 1997, 576; BWVGH v. 07.11.1997, VBlBW 1998, 217 (218).

61 Vgl. BVerwG v. 22.05.1987, NVwZ 1987, 793f.; BVerwG v. 29.06.1990, BVerwGE 85, 215 für die schuldhafte Vereitelung der Zustellung eines Einberufungsbescheides unter Verstoß gegen wehrrechtliche Melde- und Mitwirkungspflichten.

62 Vgl. BVerwG v. 18.04.1997, BVerwGE 104, 313 und unter § 49 Rn. 4, 9, 11.

63 Vgl. BVerwG v. 07.06.1972, BVerwGE 40, 116 (125f.).

64 Vgl. BFH v. 09.12.1980, BFHE 132, 380f. und unten § 49 Rn. 20. Vgl. auch BSG v. 26.10.1989, NVwZ 1990, 1108f.

65 Vgl. BVerwG v. 18.04.1997, BVerwGE 104, 313; v. 16.08.1983, Buchholz 427.3 § 234 LAG Nr. 19; v. 22.02.1994 Buchholz 316 § 41 VwVfG Nr. 2 m.w.N.; für die Einlegung in ein Postfach des Adressaten vgl. BFH v. 14.08.1975, NJW 1976, 2040. Ein VA ist empfangs-, nicht annahmebedürftig (BVerwG v. 05.05.1978, Buchholz 316 § 43 VwVfG Nr. 2).

66 Vgl. § 49 Rn. 4 a.E. und 6 m. Fn. 7, 12 und 14; a.A. BWVGH v. 17.08.1995, NVwZ-RR 1996, 612 (613); NWOVG v. 15.07.1975, OVGE 31, 166 (169); v. 26.09.1994, OVGE 44, 179 (182) = NVwZ-RR 1995, 623; HessVGH v. 11.03.1985, ESVGH 35, 187 (189ff.) = NVwZ 1986, 137f. und *Allesch* NVwZ 1993, 545f.; *Kintz* JuS 1997, 1115 (1119), die die gemeinsame Verfügungsmacht von Eheleuten ausreichen lassen wollen. BayVGH BayVBl 1991, 339 nimmt Verwirkung an, wenn der Ehegatte Widerspruch eingelegt hat, ohne den Mangel zu rügen und einen ordnungsgemäß zugestellten Widerspruchsbescheid erhalten hat.

schließt nicht aus, dass der Widerspruch bereits *vor* förmlicher Zustellung zulässig ist, wenn der Betroffene vom zuständigen Beamten über die Ablehnung seines Antrags unterrichtet worden ist.[67] Ansonsten ist ein »vorweggenommener« oder »*vorsorglicher*«, durch Erlass des VA bedingter Widerspruch gegen einen noch nicht ergangenen, wenn auch angekündigten oder absehbaren VA mangels Beschwer sowie wegen der für jeden Rechtsbehelf geltenden Bedingungsfeindlichkeit[68] grundsätzlich unzulässig und wird auch nicht durch den nachträglichen Erlass des VA wirksam.[69]

Hat die Behörde durch die missverständliche Fassung eines Anhörungsschreibens den verfrühten Widerspruch provoziert, kann sie gehalten sein, bei der späteren Antragsablehnung auf die Notwendigkeit der Erneuerung des Widerspruchs besonders hinzuweisen.[70]

In dem *Sonderfall* der Steuererhebung durch Selbsterrechnungserklärung des Steuerpflichtigen kann in der Steuererklärung allerdings selbst Widerspruch erhoben werden, da in diesen Fällen ein förmlicher Festsetzungsbescheid nicht zu ergehen pflegt.[71]

Eine weitere Ausnahme nimmt das BVerwG für die Untätigkeitsklage an:

Der innerhalb der Aussetzungsfrist des § 75 S. 3 VwGO erlassene Ablehnungsbescheid ist gleichsam schon bei seinem Erlass mit dem in der Untätigkeitsklage antizipierten Widerspruch behaftet.[72]

**18** Ist eine *Rechtsbehelfsbelehrung unterblieben* oder *unrichtig erteilt*, so ist die Einlegung des Widerspruchs nur innerhalb eines Jahres seit Zustellung, Eröffnung oder Verkündung zulässig, außer wenn die Einlegung vor Ablauf der Jahresfrist infolge höherer Gewalt unmöglich war oder eine schriftliche Belehrung dahin erfolgt ist, dass ein Rechtsbehelf nicht gegeben sei (§ 70 II i.V.m. § 58 II 1 VwGO).[73]

Da § 70 I 1 VwGO – anders als § 74 I 1 – nur den Oberbegriff der Bekanntgabe verwendet und die Rechtsbehelfsbelehrung auf die Art der jeweiligen Bekanntmachung nicht hinzuweisen braucht,[74] ist die Rechtsbehelfsbelehrung nicht unrichtig, wenn sie auf einen Monat nach Bekanntgabe lautet, selbst wenn im Einzelfall Zustellung des AusgangsVA vorgeschrieben ist.[75]

Die Rechtsbehelfsbelehrung muss nicht als Bestandteil des Bescheids ergehen, sondern darf dem Bescheid mit gesondertem (unterzeichnetem und gesiegeltem) Anschreiben beigefügt werden.[76]

---

67 Vgl. BVerwG v. 21.08.1965; BVerwGE 25, 20 (22 f.) jedenfalls, wenn der VA bereits unterschrieben ist; strenger BFH v. 13.12.1973, BStBl 1974 II, 433 (434); v. 08.04.1983, BStBl 1983 II, 551: erst ab Bekanntgabe des schriftlichen VA. Zum Parallelproblem eines nur telefonisch mitgeteilten § 80 V-Beschlusses vgl. BayVGH v. 13.06.1978, BayVBl 1978, 671 ff. und *Korber* NVwZ 1982, 85 f.

68 Vgl. BVerfG v. 29.10.1975, BVerfGE 40, 272 (275); v. 17.10.1984, BVerfGE 68, 132 (142) und BVerwG v. 27.04.1990, NJW 1991, 508 (509); v. 16.08.1995, DVBl 1996, 105 f. m.w.N.

69 Vgl. BVerwG v. 06.02.1985, BayVBl 1985, 605; BayOblGSt v. 24.06.1971, VerwRspr 23, 481 (488 f.); NWOVG v. 05.05.1995, NVwZ-RR 1996, 184. Zum *vorbeugenden* Widerspruch vgl. oben § 31 Rn. 4.

70 Vgl. NWOVG v. 31.05.1985, NVwZ 1986, 134 = OVGE 38, 111.

71 Vgl. BVerwG v. 20.01.1967, BVerwGE 26, 54 (55 f.). Zu weitgehend HessVGH v. 29.04.1976, ESVGH 27, 111 f., der einen Widerspruch gegen die *Aufforderung*, die Selbsterrechnungserklärung vorzulegen, ausreichen lässt.

72 Vgl. BVerwG v. 23.03.1973, BVerwGE 42, 108 (114).

73 Vgl. unten § 48 Rn. 16.

74 Vgl. unten § 48 Rn. 12.

75 Vgl. BWVGH v. 02.06.1981, VBlBW 1982, 14 (16) unter Hinweis auf NWOVG v. 05.06.1975, DÖV 1976, 607 f.

76 Vgl. BVerwG v. 11.02.1998, BayVBl 1999, 58.

# § 34 Wiedereinsetzung in den vorigen Stand

§ 70 II VwGO erklärt bei schuldloser[1] Versäumung der Widerspruchsfrist[2] § 60 I bis IV VwGO für entsprechend anwendbar. 1

Beruht die verspätete Anfechtung auf einem Begründungs- oder Anhörungsmangel, gilt die Fristversäumung als nicht verschuldet (§ 45 III VwVfG).[3] *Vertreterverschulden* ist bei der Anwendung des § 60 I VwGO gem. § 173 VwGO i.V.m § 85 II ZPO dem Vertretenen zuzurechnen; dies gilt gem. § 70 II VwGO auch für das Widerspruchsverfahren.[4]

## A. Form und Verfahren

Der *Antrag* auf Wiedereinsetzung muss binnen zwei Wochen, grundsätzlich längstens binnen Jahresfrist (§ 60 III VwGO) nach Wegfall des Hindernisses gestellt, die versäumte Rechtshandlung, also die Widerspruchseinlegung, innerhalb der Frist nachgeholt werden (§ 60 II VwGO). Ist letzteres geschehen, kann die Wiedereinsetzung *auch ohne Antrag* gewährt werden (§ 60 II 4 VwGO). Voraussetzung hierfür ist allerdings, dass die Gründe für die unverschuldete Fristversäumung *offenkundig* sind, sich also mit einer für eine Glaubhaftmachung ausreichenden Gewissheit aus dem Akteninhalt ergeben (z.B. aus dem Poststempel des Briefumschlags der Widerspruchsschrift).[5] 2

Wiedereinsetzung in den vorigen Stand ist auch wegen Versäumung der Wiedereinsetzungsfrist des § 60 II 1 VwGO zulässig.[6]

Der *Antrag* bedarf derselben Form, die für die versäumte Rechtshandlung vorgeschrieben ist, also der *Schriftform.* Er muss nicht ausdrücklich gestellt werden, kann also durch Auslegung ermittelt werden.[7] Hierauf beruht letztlich auch § 60 II 4 VwGO, der davon ausgeht, dass in der Nachholung der versäumten Rechtshandlung konkludent der Wiedereinsetzungsantrag enthalten ist.[8]

1 BVerfG v. 11.02.1976, BVerfGE 41, 332 (336); BVerwG 30.03.1995, NVwZ-RR 1995, 613 und *Kintz* JuS 1997, 1115 (1123) m.w.N.; *Kummer* Wiedereinsetzung in den vorigen Stand, 2003.

2 Ist zwar fristgemäß, aber nicht wirksam, weil nicht formgerecht, Widerspruch eingelegt worden, kann dies wegen der engen Verknüpfung von Form und Frist (der formwidrige Widerspruch ist nicht fristwahrend) eine Wiedereinsetzung rechtfertigen, so z.B., wenn der WF über die Form nicht belehrt worden ist und der Sachbearbeiter seinen telefonischen Widerspruch ohne Beanstandung entgegennimmt (BVerwG v. 27.02.1976, BVerwGE 50, 248; HessVGH v. 04.01.1980, HessVGRspr 1980, 81 [82]) oder ein mündlich eingelegter Widerspruch nicht zu Protokoll genommen wird *(v. Mutius* S. 202; a.A. HessVGH v. 18.12.1963, DVBl 1964, 599; *Weides* S. 267 Fn. 39).

3 Vgl. zum inhaltsgleichen § 126 III AO BFH v. 30.07.1980, BStBl 1981 II, 3 (4). Landesrechtliche, dem § 45 III VwVfG entsprechende Regelungen scheitern entgegen *Kopp/Ramsauer* S. 45, 49 und *Allesch* S. 137 nicht am Kodifikationsprinzip der VwGO, denn § 45 III VwVfG hat den § 60 VwGO als späteres Bundesgesetz insoweit ergänzt und als auf Ergänzung durch den Landesgesetzgeber angelegte Teilkodifikation den Ländern insoweit einen Regelungsraum eröffnet.

4 Vgl. BVerwG v. 09.10.1973, Buchholz 340 § 3 VwZG Nr. 4 S. 12; vgl. auch BVerfG v. 20.04.1982, BVerfGE 60, 253 zur Zurechnung von Vertreterverschulden in grundrechtssensiblen Bereichen (Asyl). Zur Frage, inwieweit der Anwalt Hilfskräfte mit der Fristenwahrung betrauen darf, BVerwG v. 08.05.1991, NJW 1992, 63 (64) und *Kintz* JuS 1997, 1124. Die Ehefrau, an die Ersatzzustellung erfolgen kann, ist aber nicht deshalb bereits Bevollmächtigte. Vgl. NWOVG v. 29.03.1995, NJW 1995, 2508.

5 BGH v. 08.10.1986 NJW-RR 1987, 319; v. 05.05.1993, NJW-RR 1993, 1091 (1092) und oben § 33 Rn. 8 a.E. Fällt das Hindernis noch innerhalb der Widerspruchsfrist weg, gilt nicht automatisch eine Überlegungsfrist von 2 Wochen. Vgl. BVerwG v. 16.02.1999, NVwZ-RR 1999, 472.

6 BVerwG v. 05.09.1985, DVBl 1986, 287.

7 Vgl. BayVerfGH v. 29.10.1976, BayVBl 1977, 177.

8 Vgl. eingehend *Rotter* DVBl 1971, 379.

3 Die Tatsachen zur Begründung des Antrags sind bei der Antragstellung oder im Verfahren über den Antrag glaubhaft zu machen (§ 60 II 2 VwGO). § 60 II 2 VwGO gilt aber nur für das Glaubhaftmachen der Wiedereinsetzungsgründe, nicht für den Vortrag der Gründe als solcher; er muss deshalb innerhalb der Zwei-Wochen-Frist erfolgen, es sei denn, die in Betracht kommenden Tatsachen sind für die Behörde offenkundig.[9]

4 *Zuständig* für die Wiedereinsetzung ist entsprechend § 60 IV VwGO sowohl die Abhilfe- als auch die Widerspruchsbehörde. Da die Zuständigkeit der Abhilfebehörde im Widerspruchsverfahren auf die Fälle beschränkt ist, in denen sie abhelfen will (s. § 26 Rn. 5), ist ihre Befugnis, über den Antrag auf Wiedereinsetzung zu entscheiden, ebenfalls auf diese Fälle beschränkt.[10]

Hiervon aus Zweckmäßigkeitserwägungen abzugehen,[11] ist nach der eindeutigen Rechtslage unzulässig. Da nach den §§ 72, 70 II, 60 IV VwGO die Zuständigkeit zur Wiedereinsetzung von der zur Entscheidung über den Widerspruch abhängig ist, muss die Abhilfebehörde zuerst – ggf. durch neue Sachverhaltsermittlungen – klären, ob sie abhilft;[12] eine Wiedereinsetzung »auf Verdacht« ist unzulässig und für die Widerspruchsbehörde nicht bindend.[13]

Hilft die Ausgangsbehörde nicht ab, hat sie den Wiedereinsetzungsantrag mit den Akten der Widerspruchsbehörde vorzulegen.

5 Die Zuständigkeit der Widerspruchsbehörde endet an sich mit dem Erlass des Widerspruchsbescheids. Da es aber gerade Sinn einer Wiedereinsetzung ist, den Wiedereintritt in ein abgeschlossenes Verfahren zu ermöglichen, bleibt die Zuständigkeit für die Wiedereinsetzung auch dann erhalten, wenn die Widerspruchsbehörde den Widerspruch bereits als verfristet zurückgewiesen hat und nunmehr der WF einen Wiedereinsetzungsantrag bei der Behörde stellt.[14]

6 Die Entscheidung der Widerspruchsbehörde über die Wiedereinsetzung ist ein *(verfahrensgestaltender)* VA,[15] der im Widerspruchsverfahren als Nebenentscheidung ergeht und deshalb der Formvorschrift des § 73 III 1 VwGO unterliegt.[16] Sie ist als isolierte Entscheidung schriftlich (und damit ausdrücklich)[17] zu erlassen, zu begründen, mit einer Rechtsbehelfsbelehrung zu versehen und zuzustellen. In der Regel wird sie als Bestandteil mit in den Widerspruchsbescheid aufgenommen. In diesem Fall genügt es, wenn sich die Wiedereinsetzung aus der Widerspruchsentscheidung im Wege der Auslegung ermitteln lässt,[18] etwa dadurch, dass in der Sachverhaltsdarstellung die vom WF vorgetragenen Tatsachen erwähnt sind und sodann zur Sache entschieden wird.

Auf keinen Fall aber reicht es für die Annahme einer Wiedereinsetzung aus, wenn die Behörde zur Sache entschieden, die Frage der Wiedereinsetzung aber in keiner Weise erkennbar in ihren Willen aufgenommen, sondern die Fristversäumung möglicherweise übersehen hat.[19]

---

9 Vgl. BVerwG v. 22.08.1984, Buchholz 310 § 60 VwGO Nr. 142; v. 16.02.1999, NVwZ-RR 1999, 472.

10 Schoch/Schmidt-Aßmann/Pietzner/*Dolde* § 70 Rn. 29; *Sachs* NVwZ 1982, 422; a.A. *Weller* DÖV 1964, 691 f. (nur die Widerspruchsbehörde) sowie BremOVG v. 07.09.1981, NVwZ 1982, 455 (456: Ausgangsbehörde unter bestimmten Voraussetzungen auch, wenn sie nicht abhilft).

11 So BremOVG v. 07.09.1981, NVwZ 1982, 456.

12 Wie hier *Sachs* NVwZ 1982, 422.

13 Vgl. *Sachs* NVwZ 1982, 422; a.A.; Eyermann/*Rennert* § 70 Rn. 12.

14 Vgl. RhPfOVG *v.* 05.06.1974, AS 13, 433 (434 f.).

15 Vgl. BWVGH v. 03.10.1972, NJW 1973, 727; v. 26.10.1981, NVwZ 1982, 316; *Weides/Söhn* GS Johann Riederer, S. 194 f., 196. Er bewirkt bei Wiedereinsetzung eine rückwirkende Durchbrechung der bereits eingetretenen Bestandskraft des angefochtenen VA (vgl. BVerwG v. 03.01.1961, BVerwGE 11, 322).

16 Vgl. *Weides* S. 268.

17 Vgl. *Kopp/Schenke* § 70 Rn. 11.

18 BVerwG v. 22.04.1971, BVerwGE, 38, 60 (66).

19 BVerwG v. 22.04.1971, BVerwGE, 38, 60 (66).

## B. Rechtsschutz

Anders als im Verwaltungsprozess (§ 60 V VwGO) ist die Wiedereinsetzung nicht unanfechtbar (§ 70 II VwGO verweist nicht auf § 60 V). Sowohl der WF als auch der betroffene Dritte können gegen die Versagung oder die Gewährung gerichtlichen *Rechtsschutz* in Anspruch nehmen. Sehr umstritten ist allerdings die Form dieses Rechtsschutzes. 7

**Grundfall:** Der WF legt verspätet Widerspruch ein und beantragt gleichzeitig Wiedereinsetzung; die Widerspruchsbehörde lehnt die Wiedereinsetzung ab und weist deshalb den Widerspruch als unzulässig zurück.

Der überwiegende Teil der Rechtsprechung gestattet dem WF in diesem Fall, seinen Anspruch auf Aufhebung des angefochtenen oder Erlass des abgelehnten VA mit einer Klage in der Hauptsache (§ 79 I Nr. 1 VwGO) zu verfolgen und hält das *Gericht* für befugt, die *Wiedereinsetzung selbst* zu gewähren.[20] 8

Ob der Widerspruch rechtzeitig erhoben ist und ob, wenn dies nicht der Fall ist, dem WF Wiedereinsetzung zu gewähren ist, ist nach Ansicht des BVerwG eine die Zulässigkeit der Klage betreffende verfahrensrechtliche Frage, die selbst das Revisionsgericht ohne Bindungen an die tatsächlichen Feststellungen in dem angefochtenen Urteil entscheiden kann.

Da § 60 V VwGO bei Versäumung der Widerspruchsfrist nicht gilt, kann auch die beklagte Behörde die gerichtlich gewährte Wiedereinsetzung anfechten.[21]

Der WF hat darüber hinaus (wahlweise) die Möglichkeit, den *Widerspruchsbescheid* nach § 79 II VwGO *isoliert anzufechten,* da die zu Unrecht versagte Wiedereinsetzung einen wesentlichen Verfahrensmangel darstellt, und auf diese Weise zu erreichen, dass die Widerspruchsbehörde nunmehr erneut und in der Sache entscheiden muss.[22] Hieran kann er insbesondere bei Ermessensentscheidungen ein Interesse haben.

Die *Gegenansicht* hält das Gericht nicht für befugt, die Wiedereinsetzung selbst zu gewähren, da dies nach dem entsprechend anwendbaren § 60 IV VwGO in die Zuständigkeit der Verwaltung falle, denn ausschließlich sie habe über die versäumte Rechtshandlung, den Widerspruch, zu entscheiden. Der WF könne deshalb Wiedereinsetzung in die Widerspruchsfrist *nur* im Wege der Verpflichtungsklage erstreiten. 9

Die Gegenansicht überzeugt nicht, weil die Wahrung der Widerspruchsfrist Zulässigkeitsvoraussetzung sowohl des Widerspruchs- wie des Klageverfahrens ist, also auch die Klage als versäumt anzusehen ist, wenn die Widerspruchsfrist nicht gewahrt ist.[23] Wird deshalb vom WF Klage in der Hauptsache erhoben, *geht* die *Zuständigkeit* zur Entscheidung über die Wiedereinsetzung nach § 60 IV VwGO *auf das Gericht* der Hauptsache *über.* Bedenken aus dem Gewaltenteilungsprinzip ergeben sich hier nicht, da die Wiedereinsetzungsentscheidung der Behörde wegen ihrer Bedeutung auch für die Zulässigkeit der Klage in den Bereich der dritten Gewalt übergreift und deshalb, wenn das Gericht mit der Hauptsache befasst ist, auch zu seiner Disposition stehen muss. 10

---

20 Vgl. BVerwG v. 08.03.1983, NJW 1983, 1923; HessVGH v. 31.03.1976, ESVGH 27, 175 (176 f.); NWOVG v. 05.06.1975, VerwRspr 27, 761; BWVGH v. 28.03.1980, DÖV 1981, 228; BSG v. 28.01.2009, BbKA 11/08.

21 BVerwG v. 08.03.1993, NJW 1983, 1923.

22 Vgl. BVerwG v. 27.10.1966, DVBl 1967, 237; v. 25.04.1975, DÖV 1976, 167; v. 28.11.1986, VBlBW 1987, 332; BWVGH DÖV 1981, 229; NWOVG v. 05.06.1975, VerwRspr 27, 761; RhPfOVG AS 13, 433 (436).

23 Vgl. BVerwG v. 13.02.1987, NVwZ 1988, 63.

11 Wird die Fristversäumnis erst im Prozess über die Hauptsache erkannt, ist das Gericht für die Wiedereinsetzung zuständig.[24] Hat der WF den Wiedereinsetzungsantrag bei der Behörde erst gestellt, nachdem sein Widerspruch bereits wegen Fristversäumnis zurückgewiesen worden ist, kann er auch *isolierte Verpflichtungsklage auf Wiedereinsetzung* erheben.[25] Das Gericht kann in diesem Fall, da die Hauptsache bei ihm nicht anhängig ist, die Wiedereinsetzung nicht selbst aussprechen.

12 Wird von der Widerspruchsbehörde Wiedereinsetzung gewährt, der Widerspruch aber in der Sache zurückgewiesen, hat das Gericht von Amts wegen die Voraussetzungen des § 60 VwGO zu prüfen und bei negativem Ergebnis die Klage als unzulässig abzuweisen. Von der Rechtsprechung wird diese sich aus der Natur der Widerspruchsfrist als zwingende Prozessvoraussetzung ergebende Konsequenz nicht immer durchgehalten. Gewährt die Widerspruchsbehörde Wiedereinsetzung und gibt gleichzeitig dem Widerspruch in der Sache statt, kann ein hierdurch belasteter Dritter hiergegen mit der *Anfechtungsklage* vorgehen.[26]

24 Vgl. BayVGH, v. 17.02.1971, BayVBl 1972, 308.
25 BWVGH v. 13.08.1971, NJW 1972, 461.
26 Vgl. *Ganter* VBlBW 1984, 404.

# § 35 Berechtigung zur Widerspruchserhebung

## A. Widerspruchsbefugnis (§§ 70 I 1, 68, 42 II VwGO)

1 Ebenso wie eine Popularklage ist auch ein »*Popularwiderspruch*« unzulässig. Widerspruch kann deshalb nicht jedermann einlegen, sondern nur, wer durch den VA oder seine Ablehnung in seinen Rechten »beschwert« ist (arg. § 70 I 1).[1]

2 Einen *Nachbarwiderspruch* z.B. kann deshalb nur befugterweise erheben, wer zum Zeitpunkt der Erteilung der streitigen Baugenehmigung Eigentümer oder entsprechend dinglich Berechtigter ist[2] und sich auf nachbarschützende Normen berufen kann.[3] Kraft dinglicher Rechtsnachfolge kann die Widerspruchsbefugnis nur erworben werden, wenn der Rechtsvorgänger noch in ihrem Besitz war, insbesondere also die Baugenehmigung nicht bestandskräftig geworden oder auf Einwendungen verzichtet worden ist. Ebensowenig kann der Frachtschuldner einer Überleitungsanzeige nach § 23 III GüKG widersprechen, da der verfügte Gläubigerwechsel die Schuldnerposition unberührt lässt und beim Frachtschuldner allenfalls eine faktische bzw. wirtschaftliche Betroffenheit auslöst.[4] Auch der Inhaber eines schuldrechtlichen Nutzungsrechts ist regelmäßig nicht zur Anfechtung eines Restitutionsbescheides nach dem VermG befugt, da dieser solche Nutzungsrechte unberührt lässt.[5]

3 Strittig ist lediglich, welcher Art diese *Beschwer* sein muss. Die früher überwiegende Meinung[6] fordert in Analogie zu § 42 II VwGO und unter Hinweis auf den Vorschaltcharakter des Widerspruchsverfahrens, dass der WF – soweit gesetzlich nichts anderes bestimmt ist[7] – geltend machen muss, durch den VA oder seine Ablehnung in seinen *Rechten verletzt* zu sein, geht mithin davon aus, dass der Kreis der Widerspruchsbefugten mit dem der Klagebefugten identisch ist. Für gebundene VAe trifft dies auch zu.[8]

Bei *VAen nach Ermessen* ist jedoch Folgendes zu beachten: Richtig ist zwar, dass die Beeinträchtigung bloßer (wirtschaftlicher oder anderer) Interessen nicht ausreicht.[9] Darüber hinausgehend aber eine *Rechtsverletzung* zu fordern, ist jedoch mit § 68 I 1 nicht vereinbar, da dieser ausdrücklich anordnet, dass im Vorverfahren über die Rechtmäßigkeit des VA hinaus dessen Zweckmäßigkeit zu überprüfen ist. Der Widerspruchsbehörde ist es deshalb verwehrt, einen Widerspruch allein wegen der Rechtmäßigkeit des angegriffenen VA mangels Beschwer als unzulässig zurückzuweisen. Ein rechtmäßiger, aber unzweckmäßiger VA kann zwar den WF nicht in seinen Rechten verletzen, wohl aber *beschweren*.[10] Bei VAen nach Ermessen muss es demnach für die Widerspruchsbefugnis

---

1 Vgl. auch §§ 68 I 2, Nr. 2, 71, 78, 79 I Nr. 2, II 1 VwGO und BVerwG v. 04.07.1973, BVerwGE 43, 318 (319 f.); BWVGH v. 18.09.1969, VerwRspr 21, 506; OVG Lüneburg v. 21.10.1986, NVwZ 1987, 341 f.; BSG v. 15.05.1991, NJW 1991, 2989.

2 Vgl. BVerwG v. 28.11.1995, NVwZ 1996, 389; NWOVG v. 11.04.1997, BRS 59 Nr. 194.

3 Zur Definition der Drittschutz vermittelnden Norm BVerwG v. 13.10.1994, BVerwGE 97, 39 (40 f.).

4 Vgl. BVerwG v. 23.02.1982, NJW 1982, 1827. Vgl. auch BVerwG v. 30.10.1992, NJW 1993, 1610 (1611).

5 BVerwG v. 14.12.1995, VIZ 1996, 213 (214). Ähnliches gilt für den Verpächter im Milchaufgabevergütungsverfahren, weil er bei laufendem Pachtvertrag in Bezug auf die Referenzmenge keine Rechtsposition innehat. BVerwG v. 13.11.1997, BVerwGE 105, 354 (361).

6 Vgl. z.B. *Menger/Erichsen* VerwArch 1966, 263; *Simon* BayVBl 1969, 100.

7 Vgl. z.B. § 16 III 1 und 2 HandwO: Widerspruchsbefugnis der Handwerkskammer und RhPfOVG v. 09.07.1980, GewArch 1980, 300.

8 Vgl. BVerwG v. 30.10.1992, NJW 1993, 1610 f.; v. 15.06.1994, Buchholz 451.512 MGVO Nr. 95; v. 14.12.1995, VIZ 1996, 213 (214); v. 13.11.1997, BVerwGE 105, 354 (361); HessVGH v. 10.11.1995, NVwZ-RR 1996, 330; BWVGH v. 01.02.1996, NVwZ 1997, 594 (597).

9 BFH v. 16.12.1977, NJW 1978, 1456 zu § 350 AO.

10 Vgl. HessVGH v. 29.05.1972, ESVGH 22, 232 (234).

ausreichen, wenn der WF geltend macht, durch die Zweckwidrigkeit des VA in seinen Rechten beeinträchtigt zu sein.[11]

4 *Die Ermessensnorm muss jedoch zumindest auch dem Interesse des WF zu dienen bestimmt sein.*[12] Begehrt z.B. ein Bürger mit einem Verpflichtungswiderspruch *aufsichtsbehördliches Einschreiten,* kann die erstrebte Maßnahme der Aufsichtsbehörde gegenüber dem beaufsichtigten Rechtsträger zwar sehr wohl einen VA darstellen, wenn sie diesen in seinem *gegenüber der Aufsicht abgeschirmten Rechtskreis beeinträchtigen würde, nicht aber das* ein Einschreiten im Aufsichtswege ablehnende Schreiben gegenüber dem Bürger.[13] Die Zulässigkeit des Widerspruchs würde aber auf jeden Fall an der fehlenden Widerspruchsbefugnis scheitern, da die Normen über die Aufsicht ausschließlich im öffentlichen Interesse erlassen sind, mithin unserer Rechtsordnung ein Anspruch auf aufsichtsbehördliches Einschreiten schlicht unbekannt ist.[14]

5 Für die Zulässigkeit des Widerspruchs reicht ferner aus, dass die Beschwer nach dem Sachvortrag des WF *möglich* ist. Selbst wenn die Unbegründetheit des Widerspruchs feststeht, ist der Widerspruch nicht als unzulässig, sondern als unbegründet zurückzuweisen.[15]

## B. Widerspruchsinteresse

6 Die verwaltungsgerichtliche Sachurteilsvoraussetzung des Rechtsschutzbedürfnisses findet ihre Entsprechung im Verwaltungsverfahren im Erfordernis des *Antrags- oder Sachbescheidungsinteresses.*[16] Diese verwaltungsverfahrensrechtliche Sachentscheidungsvoraussetzung[17] rechtfertigt sich aus dem Prinzip der Verwaltungswirtschaftlichkeit sowie aus dem Zweck des Verwaltungsverfahrens, eine einfache, zweckmäßige und wirksame Erfüllung der Verwaltungsaufgabe sicherzustellen.[18]

Das Fehlen des Sachbescheidungsinteresses stellt jedoch die große Ausnahme dar, die von der Verwaltung zu beweisen ist.[19] Es fehlt nicht bereits dann, wenn der Antragsteller eine behördliche Genehmigung beantragt für ein Vorhaben, für das er noch eine weitere Genehmigung benötigt, die er aber noch nicht beantragt hat.[20]

---

11 Ebenso *Hufen* § 6 Rn. 26; *Brühl* JuS 1994, 157; BVerwG v. 29.10.1968, DÖV 1969. 142; HessVGH v. 10.10.1969, HessVGRspr 1970, 26; HessVGH, ESVGH 22, 234; wohl auch Schoch/Schmidt-Aßmann/Pietzner/*Dolde* § 70 Rn. 42; a.A. *Klüsener* NVwZ 2002, 816.

12 Vgl. BVerwG v. 26.02.1993, BVerwGE 92, 153 (156 f.). Zum Ermessen i.R.d. § 45 StVO BVerwG v. 27.01.1993, BVerwGE 92, 32/35), zum Zulassungsermessen für Demonstrationen auf öffentlichen Flächen BVerwG v. 29.10.1992, BVerwGE 91, 135 (140), zum Schutzzweck baurechtlichen Eingriffsermessens vgl. BWVGH v. 05.02.1992, NVwZ 1992, 992.

13 Vgl. zur Beanstandung BVerwG v. 05.02.1992, NVwZ-RR 1992, 371; BayVGH v. 06.12.1989, BayVBl 1990, 338 f.; zur fachaufsichtlichen Weisung BVerwG v. 27.02.1978, NJW 1978, 1820 f. m. Rezension *Schmidt-Jortzig* JuS 1979, 488 ff.; v. 14.12.1994, NVwZ 1995, 910 m. Bespr. *Schwerdtner* VBlBW 1996, 209 ff.; NdsOVG v. 17.07.1996, NVwZ 1998, 94; zum Antwortschreiben der Staatsaufsicht vgl. BVerwG v. 01.09.1976, NJW 1977, 119. Weiterhin *Kallerhoff* NWVBl 1996, 53 ff.

14 Vgl. NWOVG v. 17.04.1975, OVGE 31, 51 (53 f.); BVerwG NJW 1977, 119 mit zustim. Anm. *Pietzner* JA 1977, 38 und *A. Weber* NJW 1977, 595; RhPfOVG v. 29.05.1985, DÖV 1986, 162.

15 Vgl. BVerwG v. 17.02.1972, NJW 1972, 1100; BVerwGE 85, 221 f.

16 So im Anschluss an *Gierth* DVBl 1967, 848 ff., auf den auch die Prägung des Begriffs »Sachbescheidungsinteresse« zurückgeht. BVerwG v. 23.03.1973, BVerwGE 42, 115 (117 f.); v. 24.10.1980, BVerwGE 61, 128 (130 f.); v. 13.01.1987, BVerwGE 75, 304 (305, 309); v. 06.08.1996, BVerwG 101, 323 (327).

17 So BVerwGE v. 06.08.1996 101, 327.

18 Vgl. § 10 VwVfG.

19 Vgl. *Gierth* DVBl 1967, 849; *Obermayer* FS Boorberg-Verlag, S. 125.

20 HbgOVG v. 25.03.1976, MDR 1976, 1050 für eine bauaufsichtliche Abbruchgenehmigung und die noch nicht beantragte Genehmigung nach der ZweckentfremdungsVO.

Ausnahmsweise kann die Widerspruchsbehörde einen Widerspruch als unzulässig zurückweisen, wenn dem WF ein schutzwürdiges Interesse an der Bescheidung seines Widerspruchs nicht zur Seite steht. Das *Widerspruchsinteresse* kann[21] fehlen,

a) wenn der WF *zur Verwirklichung seines Rechts einer behördlichen Entscheidung nicht bedarf;* 7

*z.B.* Bauerlaubnis für ein nicht genehmigungspflichtiges, sondern lediglich anzeigepflichtiges Vorhaben;[22] Bebauungsgenehmigung für ein Grundstück, dessen Bebaubarkeit nach § 21 I BauGB feststeht;[23] Ausnahmebewilligung für eine unselbständige Handwerksausübung.[24]

b) wenn die *beantragte Sachentscheidung für ihn offensichtlich nutzlos ist*, weil er die damit auszusprechende Rechtsfolge wegen »schlechthin nicht ausräumbarer«[25] rechtlicher oder tatsächlicher Hindernisse nicht verwirklichen kann; 8

*z.B.* Baugenehmigung bei fehlender und nach Lage der Dinge nicht erreichbarer privatrechtlicher Berechtigung zum Bauen;[26] Rechtsbeistandserlaubnis für einen Beamten, dem die Nebentätigkeitserlaubnis durch den Dienstherrn versagt worden ist;[27] Bebauungsgenehmigung (Bauvoranfrage) für ein offensichtlich bauordnungsrechtlich unzulässiges Vorhaben[28] oder bei bestehender Veränderungssperre nach § 34 FlurbG;[29] Gaststättenerlaubnis bei schlechthin nicht ausräumbaren baurechtlichen Hindernissen;[30] Grabungsgenehmigung, wenn Grabung aus wirtschaftlichen Gründen durchgeführt werden soll, eine wirtschaftliche Verwertung der gefundenen Fossilien aber rechtlich ausgeschlossen ist.[31]

Dass die Behörde nur berechtigt, *nicht aber verpflichtet* sei, die Baugenehmigung mangels zivilrechtlicher Berechtigung zu versagen,[32] widerspricht an sich der verfahrensrechtlichen Maxime, dass Zulässigkeitsmängel von Amts wegen zu berücksichtigen sind, rechtfertigt sich aber aus der Besonderheit des Baurechts, nach der Bauerlaubnisse unbeschadet privater Rechte Dritter zu erteilen sind – ein Grundsatz, der die Behörde von der verfahrensrechtlichen Prüfungspflicht entbindet. Auf keinen Fall hat der Grundsatz fehlenden Sachbescheidungsinteresses in diesen Fällen drittschützende Funktion.[33]

c) wenn der WF ein *gegenwärtiges Interesse* an einer Sachentscheidung entweder noch nicht oder nicht mehr hat; 9

*z.B.* Feststellung künftiger Berechtigungen oder die Fälle des § 113 I 4 VwGO, ohne dass ein berechtigtes Interesse an der Feststellung der ursprünglichen Rechtswidrigkeit vorliegt. Erledigt sich der VA während eines anhängigen Widerspruchsverfahrens, wird der Widerspruch unzulässig – nach Ansicht einiger Oberverwaltungsgerichte, weil das Rechtsschutzinteresse an der nachträglichen Aufhebung des VA nunmehr fehlt,[34] richtigerweise, weil es an einem aufhebbaren VA fehlt und ein Fortsetzungsfeststellungsinteresse nicht vorliegt.

---

21 Im Anschluss an die Formulierung *Gierths* DVBl 1967, 849 ff.
22 Vgl. *Gierth* DVBl 1967, 849.
23 Vgl. BVerwG v. 10.05.1968, NJW 1969, 73.
24 Vgl. BVerwG v. 19.10.1971, BVerwGE 39, 15 (17); v. 13.11.1980, BVerwGE 61, 145 (150).
25 Vgl. BVerwG 12.08.1993, NVwZ-RR 1994, 381.
26 Vgl. PrOVGE 41, 374 f.; BVerwG v. 12.08.1993, NVwZ-RR 1994, 381; BerlOVG v. 07.05.1976, AS 14, 56 ff.; v. 25.08.1978, BauR 1979, 225 f.; SchlHOVG v. 27.06.1995, NuR 1996, 478 (480); BWVGH v. 18.11.1994, NVwZ-RR 1995, 563 (564).
27 BVerwG v. 13.02.1970, NJW 1970, 1059 (1061).
28 SaarlOVG v. 29.09.1977, NJW 1978, 1495 (Mangel der verkehrsmäßigen Erschließung) und das hierzu ergangene Revisionsurteil BVerwGE 61, 128 (131). Vgl. weiterhin BVerwG v. 11.05.1989, BVerwGE 82, 61 (70) für den Mangel einer atomrechtlichen Genehmigungsfähigkeit.
29 BayVGH v. 25.05.1977, GewArch 1979, 16.
30 Vgl. BVerwGE 84, 12 f.; v. 05.02.1996, GewArch 1996, 240.
31 BVerwG v. 21.11.1996, NJW 1997, 1173.
32 BVerwG v. 23.03.1973; BVerwGE 42, 115 (117); v. 26.03.1973, BVerwGE 50, 283 (286).
33 Vgl. BVerwGE 50, 285; 82, 70; BVerwG v. 27.05.1988, NJW 1988, 2056; BerlOVG, AS 14, 58; ebenso BayVGH v. 12.05.1986, BayVBl 1986, 595.
34 So BWVGH v. 14.07.1969, DVBl 1970, 511 (512); BremOVG v. 03.09.1971, VerwRspr 23, 587 (589).

10 d) wenn der WF die Tätigkeit der Behörde *missbräuchlich* in Anspruch nimmt;

*z.B.* übermäßige, insbesondere unnötige oder gar schikanöse Auskunftsverlangen aus dem Melderegister zur Durchsetzung wirtschaftlicher Interessen.[35] Wiederholung eines abgelehnten Antrags in so kurzem zeitlichen Abstand, dass sich keine rechtliche oder tatsächliche Änderung der Voraussetzungen ergeben haben kann und auch der Vortrag des Antragstellers nicht die Möglichkeit einer Änderung ergibt.[36]

35 Vgl. NWOVG v. 28.06.1972, OVGE 28, 67. Vgl. auch NWOVG v. 23.02.1993, NWVBl 1993, 296; v. 12.06.1995, NVwZ-RR 1996, 126.

36 NWOVG v. 02.10.1997, NUR 1998, 329 (330).

# § 36 Verzicht auf Durchführung eines Widerspruchsverfahrens

## A. Rechtsbehelfsverzicht und verfahrensrechtliche Verwirkung

Auch im Verwaltungsverfahren ist entsprechend dem allgemeinen Rechtsgedanken, dass es der Partei überlassen bleiben muss, von einem Rechtsbehelf Gebrauch zu machen und sich hierüber noch vor Ablauf der Rechtsmittelfrist zu erklären, ein Verzicht auf Rechtsbehelfe zulässig.[1] Der Verzicht muss *unzweideutig*[2] *und vorbehaltlos ohne Bedingungen* erklärt werden. 1

Für die *Form* gilt – vorbehaltlich gesetzlicher Regelung § 70 VwGO entsprechend.[3] Der Verzicht kann *nicht vor Bekanntgabe* des VA, bei vorgeschriebener Zustellung nicht vor Zustellung rechtswirksam abgegeben werden, da der WF vor Bekanntgabe des VA keine ausreichenden Grundlagen zur Verfügung hat, um eine vernünftige, die Tragweite seines Verzichts übersehende Entscheidung treffen zu können, und die Vorschriften über die Bekanntgabe des VA auch den Sinn haben, ihn vor einem übereilten Verzicht zu schützen.[4] *Unwirksam* ist auch ein Rechtsbehelfsverzicht, den die Behörde unter Missbrauch ihrer behördlichen Übermacht und unter Verstoß gegen Treu und Glauben erwirkt hat, weil ohne diese Sanktion der grundrechtlichen Garantie eines effektiven Rechtsschutzes (Art. 19 IV GG) nicht genügt wäre.[5] 2

Hat der WF mit Rücksicht auf den vermeintlich wirksamen Rechtsbehelfsverzicht die Widerspruchsfrist versäumt, ist Wiedereinsetzung zu gewähren.

Ein wirksam erklärter Rechtsbehelfsverzicht[6] nimmt dem Widerspruch die Zulässigkeit; es tritt Bestandskraft ein. Entscheidet die Widerspruchsbehörde über den gleichwohl eingelegten Widerspruch ohne Berufung auf den Verzicht in der Sache selbst, soll – jedenfalls dann, wenn Rechte Dritter nicht berührt werden[7] – der Verwaltungsrechtsweg neu eröffnet sein.[8] Hiergegen bestehen die gleichen Bedenken wie beim verfristeten Widerspruch.

Bei VAen mit Drittwirkung kann sich auch die Konstellation ergeben, dass der belastete Dritte sich gegenüber dem Begünstigten gegen *Zahlung eines Entschädigungsbetrages* verpflichtet, gegen die Anlagengenehmigung keinen Widerspruch einzulegen bzw. einen eingelegten Widerspruch zurückzunehmen. Derartige Verträge sind grundsätzlich nach der h.M. mit den §§ 134, 138 BGB vereinbar.[9] Nur eine sorgfältige Prüfung des Einzelfalls kann zeigen, ob etwa die Genehmigungsbehörde in unzulässiger Weise auf den Rechtsbehelfsverzicht hingewirkt (§ 134 BGB i.V.m. Art. 19 IV GG), der WF eine Zwangslage des 3

1 BVerwG v. 20.01.1967; BVerwGE 26, 50; BWVGH v. 04.03.2009 BeckRS 2009, 32469.

2 BVerwGv. 28.04.1978, BVerwGE 55, 355 (357); BFH v. 10.07.1980, BStBl 1981 II, S. 5, SächsOVG v. 08.12.1993, NVwZ 1995, 189.

3 HbgOVG v. 05.10.1973, HbgJVBl 1974, 16.

4 BVerwG v. 31.08.1966, BVerwGE 25, 20 (21 f.). Dies gilt allerdings nur für den einseitigen, *nicht* aber für den rechtsgeschäftlich, etwa in Form eines Vergleichs, *vereinbarten Verzicht.* Vgl. BerlOVG v. 09.02.1978, AS 14, 178 (180). Weitergehend VG München v. 06.02.1992, BayVBl 1992, 762 (763): zulässig einseitiger Verzicht unter auflösender Bedingung, dass VA bestimmten Inhalts ergeht.

5 BVerwG v. 27.07.1964, BVerwGE 19, 159 (160 ff.): Baudispens gegen Rechtsmittelverzicht; BayVGH v. 25.02.1977, BayVBl 1977, 404: Entlassung aus der Abschiebungshaft gegen Rechtsmittelverzicht.

6 Zur Widerruflichkeit vgl. BWVGH v. 01.04.1982, NVwZ 1983, 229.

7 NWOVG v. 09.11.1982, NVwZ 1983, 681 (682).

8 Vgl. BVerwG v. 30.05.1960, NJW 1960, 1781; NWOVG v. 09.11.1982, NVwZ 1983, 682; BWVGH v. 06.03.1991, NJW 1992, 1582.

9 Vgl. BGH v. 11.12.1980, BGHZ 79, 131 ff. (Bürgerinitiative gegen Kohlekraftwerk; StEAG-Fall) sowie die Besprechung von *Knothe* JuS 1983, 18 ff. und *Herzog* et 1984, 372 ff.; BGH v. 02.07.1999, NJW 1999, 3113. Vgl. weiterhin BayVGH v. 25.01.1993, NVwZ 1994, 85.

Begünstigten ausgebeutet oder sich auffällig überhöhte Entschädigungsbeträge ausgehandelt hat (§ 138 II BGB) oder schließlich die Abstandnahme von der Verteidigung immaterieller Interessen gegen Geld sich als sittenwidrig erweist.[9] Bei aller Sympathie für eine flexible Verfahrengestaltung von Infrastrukturvorhaben ist die Kommerzialisierung des Rechtsschutzes eine Fehlentwicklung.

Die verfahrensrechtliche Befugnis zur Einlegung eines Widerspruchs kann auch *verwirkt* werden. Die Verwirkung verfahrensrechtlicher Rechte, etwa des Nachbarn, setzt wie der Rechtsbehelfsverzicht und anders als Rechtsverzicht und materiell-rechtliche Verwirkung voraus, dass eine *Baugenehmigung zuvor erteilt* worden ist.[10]

## B. Rechtsverzicht und materiell-rechtliche Verwirkung

4 Vom Rechtsbehelfsverzicht und der verfahrensrechtlichen Verwirkung zu unterscheiden sind die materiell-rechtliche Verwirkung (s. Rn. 6) und der Verzicht auf das den Rechtsbehelf tragende *materielle* (subjektive) Recht.[11]

**Beispiel:** Der Nachbar verzichtet gegenüber der Baubehörde auf Einwendungen gegen das Vorhaben des Bauherrn.[12] Die BauOen sehen fast durchgehend in Anlehnung an § 92 MusterBauO eine Nachbarbeteiligung vor, die entfällt, wenn der Nachbar die Baupläne unterschrieben oder ihnen schriftlich zugestimmt hat. Über diese verfahrensrechtliche Wirkung hinaus wird die Zustimmung auch als Verzicht auf die Abwehrrechte aus dem materiellen Baurecht gewertet.[13]

5 Ein solcher *Rechtsverzicht* lässt das subjektiv-öffentliche Abwehrrecht untergehen und entzieht damit einem späteren Widerspruch gegen die Baugenehmigung die materiellrechtliche Grundlage.[14] Im Gegensatz zum Rechtsbehelfsverzicht ist er *bereits vor Erlass des VA* zulässig,[15] unterliegt den Formvorschriften des für ihn einschlägigen Verwaltungsverfahrensrechts[16] und führt in der Regel zu Unbegründetheit des Widerspruchs, da der Nachbar die Baugenehmigung trotz seiner Verzichtserklärung nur dann anfechten wird, wenn Streit über den Inhalt seiner Erklärung besteht oder aber er sie angefochten oder widerrufen hat.[17]

---

10 BVerwG v. 18.03.1988, NVwZ 1988, 730; v. 16.05.1991, NVwZ 1991, 1182 f.; v. 11.02.1997, NJW 1998, 329.

11 Zur Zulässigkeit im öffentlichen Recht BVerwG v. 28.04.1978, DÖV 1978, 775; NWOVG v. 03.12.1985, NJW 1987, 1964 f.; HessVGH v. 07.12.1994, NVwZ-RR 1995, 495.

12 Ein solcher Einwendungsverzicht wird von der h.M. für zulässig gehalten: vgl. BWVGH v. 01.04.1982, NVwZ 1983, 229; SaarlOVG v. 14.03.1983, AS 18, 183 (184); HessVGH v. 07.12.1994, NVwZ-RR 1995, 495; RhPfOVG v. 22.05.1981, BRS 38 Nr. 180; BayVGH v. 09.11.1976, BRS 30 Nr. 143.

13 Vgl. BWVGH v. 16.05.1973, BRS 27 Nr. 164; v. 01.04.1982, NVwZ 1983, 229; SaarlOVG v. 12.05.1978, BauR 1979, 135 (137); HessVGH v. 03.05.1974, BRS 28 Nr. 126; BayVGH v. 09.11.1976, BRS 30 Nr. 143; RhPfOVG, BRS 38 Nr. 180; NWOVG v. 15.06.1984, NJW 1985, 644.

14 Vgl. BWVGH v. 15.06.1977, BRS 32 Nr. 164; SaarlOVG v. 24.07.1981, BRS 38 Nr. 179; HessVGH v. 07.12.1994, NVwZ-RR 1995, 495. NWOVG v. 15.05.1997, NVwZ-RR 1998, 614 (616).

15 Der Verzicht muss sich aber auf ein hinreichend bestimmtes Vorhaben beziehen; ein genereller Verzicht auf öffentliche Nachbarrechte wäre unwirksam. Vgl. HessVGH v. 07.12.1994, NVwZ-RR 1995, 495.

16 Vgl. BWVGH v. 09.09.1968, ESVGH 19, 42.

17 Überwiegend wird Anwendbarkeit der §§ 119 ff. BGB angenommen; vgl. BWVGH v. 07.12.1981, VBlBW 1983, 22; *Hartmann* DÖV 1990, 13 f.; allgemein *Schmidt-De Caluwe* Jura 1993, 399; RhPfOVG v. 21.12.1983, DVBl 1984, 281; VG München v. 06.02.1992. Nach BVerwG v. 29.07.1976, Buchholz 316 § 23 VwVfG Nr. 1 ist eine Anfechtung, deren Möglichkeit es offenlässt, jedenfalls nur dann »*unverzüglich*«, wenn sie, entsprechend dem Rechtsgedanken, der den Regelungen der §§ 70 I, 74, 124 II, 133 II, 139 I VwGO zugrunde liegt, innerhalb einer »Überlegungsfrist« von einem Monat erklärt wird. Der BayVGH (v. 31.10.1979, BauR 1980, 56) hält – entgegen der h.M., die § 130 BGB analog anwendet – die Zustimmungserklärung des Nachbarn (jedenfalls) bis zum Erlass der Bau-

In allen diesen Fällen erscheint nach dem Vortrag des WF eine Verletzung seiner Rechte jedenfalls als möglich, so dass die Frage, ob ein wirksamer Rechtsverzicht (noch) vorliegt, nicht im Rahmen der Widerspruchsbefugnis, sondern erst im Rahmen der Begründetheit zu prüfen ist.

Der Verzicht des Nachbarn auf seine baurechtlichen Abwehrrechte wird wirksam, wenn er der Bauaufsichtsbehörde zugeht.[18] Er wirkt auch *zu Lasten seines Rechtsnachfolgers,* da diese öffentlich-rechtlichen Befugnisse lediglich Annex der dinglichen Berechtigung sind, der Verzicht zu ihrem Untergang führt und der Rechtsnachfolger nur noch in die nunmehr geschmälerte Rechtsposition eintritt.[19] 6

Dieselbe Wirkung wie dem Rechtsverzicht kommt der *Verwirkung des materiellen (subjektiven) Rechts* zu (s. § 33 Rn. 9 ff.).

Sie ist in *baurechtlichen Nachbarstreitigkeiten* dann angenommen worden, wenn das Einverständnis mit dem Bauvorhaben nicht der Baubehörde (oben Rn. 4), sondern gegenüber dem Bauherrn erklärt worden ist.[20]

Materielle Abwehrrechte des Nachbarn können *schon vor* und *unabhängig von der Erteilung einer Baugenehmigung,* ja sogar gegenüber einem *Schwarzbau* verwirkt werden (s. Rn. 3). Entscheidend ist allein, ob der Nachbar in Kenntnis der ihn beeinträchtigenden Baumaßnahmen widerspruchslos hinnimmt, dass der Bauherr weitere Investitionen tätigt.[21]

## C. Rücknahme des Widerspruchs

Da die VwGO keine ausdrückliche Vorschrift darüber enthält, bis zu welchem *Zeitpunkt* der Widerspruch wirksam zurückgenommen werden kann, gilt, soweit nicht abweichende Sonderregelungen bestehen, der zahlreichen Vorschriften zugrundeliegende verfahrensrechtliche Grundsatz, dass ein Rechtsbehelf jedenfalls so lange zurückgenommen werden kann, *als noch nicht über ihn entschieden worden ist.*[22] Dies gilt entsprechend auch für die Rücknahme der Erklärung über die Einlegung des Widerspruchs (§ 69 VwGO), so dass sich – bei mehrfacher Widerspruchseinlegung – die Frist des § 70 VwGO nach der aufrechterhaltenden Widerspruchseinlegung bemisst. 7

Strittig ist, ob die Regelungen der VwGO für die gerichtlichen Rechtsbehelfe, nach denen die Rücknahme sogar bis zur Rechtskraft der über den Rechtsbehelf getroffenen Entscheidung zulässig ist (§§ 92 I 1, 126 I 1, 140 I 1 VwGO), entsprechend auch auf das Widerspruchsverfahren anwendbar sind mit der Wirkung, dass die Rücknahme auch noch *nach Erlass des Widerspruchsbescheids* bis zum Ablauf der einmonatigen Klagefrist zulässig wäre. Für den WF hätte diese Lösung den Vorteil, dass er einer Reformatio in peius im Widerspruchsbescheid durch die Rücknahme des Widerspruchs nachträglich den Boden entziehen und so wenigstens den Status quo wahren könnte.[23] 8

---

genehmigung entspr. § 183 BGB für frei widerruflich (ebenso generell *Middel* Öffentlich-rechtliche Willenserklärungen von Privatpersonen 1971, S. 101 ff.).

18 Vgl. HessVGH v. 07.12.1994, NVwZ-RR 1995, 496.

19 Vgl. BWVGH v. 16.08.1978, BRS 33 Nr. 176 unter Berufung auf den Rechtsgedanken der §§ 398, 399, 401 BGB.

20 Vgl. BVerwG v. 02.12.1974, BRS 28 Nr. 125; NWOVG v. 25.04.1974, OVGE 30, 400; v. 12.05.2003, NWVBl 2003, 468.

21 BVerwG v. 18.03.1988, NVwZ 1988, 730.

22 Vgl. BVerwG v. 31.08.1973, BVerwGE 44, 64 (66); v. 22.05.1974, MDR 1975, 251; BSG v. 07.10.1976, BSGE 42, 279.

23 Bejahend NdsOVG v. 14.04.1993, OVGE 43, 426 Schoch/Schmidt-Aßmann/Pietzner/*Dolde* § 69 Rn. 13; *Bienert* SächsVBl 2003, 29 (32 f.).

Die entsprechende Anwendung ist aber mit der h.M. zu verneinen, weil mit dem Erlass des Widerspruchsbescheids das verfahrensrechtliche Ziel des Widerspruchs erreicht und damit der Widerspruch in einer Weise »verbraucht« ist, die seine Rücknahme nicht mehr gestattet.[24] Dies gilt auch für *erfolgreiche Drittwidersprüche*.[25] Der mit seinem Widerspruch erfolgreiche Dritte ist allerdings nach materiellem Recht nicht gehindert, auf sein durch den Widerspruchsbescheid in Schutz genommenes Recht auch noch im Anfechtungsprozess des Begünstigten gegen den Widerspruchsbescheid zu *verzichten*. Dadurch fällt das rechtliche Substrat des Widerspruchsbescheids weg; er erledigt sich nach § 43 II VwVfG »auf andere Weise«.

9 Für den *Zeitpunkt des Wirksamwerdens* der Rücknahme, der insofern von entscheidender Bedeutung sein kann, als von ihm abhängt, ob die Rücknahme oder eine erneute Widerspruchserhebung noch erfolgen konnte oder ein gleichzeitig erklärter Widerruf der Rücknahme das Wirksamwerden der Rücknahmeerklärung verhindert hat, gelten die Grundsätze des *§ 130 BGB* entsprechend: Entscheidend für den Zugang ist der Zeitpunkt, in dem die Erklärung so in den Machtbereich der Behörde gelangt ist, dass bei Annahme gewöhnlicher Verhältnisse von ihrer *Kenntnismöglichkeit* auszugehen war, also z.B. bei Briefzustellung über ein Postfach nicht mit dem Einsortieren, sondern erst in dem Zeitpunkt, in dem das Postfach nach den Gepflogenheiten des Verkehrs oder nach den von Behörden, die sich auf die Entgegennahme fristabhängiger Äußerungen einzustellen haben, zu erwartenden Vorkehrungen geleert zu werden pflegt.[26]

10 Vorbehaltlich besonderer gesetzlicher Regelungen kann die Rücknahme des Widerspruchs nur ausdrücklich und nur in derselben *Form* erklärt werden, die für die Einlegung zu beachten ist (§ 70 VwGO).[27] In Ermangelung einer dem § 92 I 2 VwGO vergleichbaren Regelung bedarf es der Einwilligung anderer Beteiligter oder der Ausgangsbehörde nicht. Innerhalb der Widerspruchsfrist kann der WF *erneut Widerspruch* einlegen.[28] Als Verfahrenshandlung ist die Rücknahme des Widerspruchs (wegen ihrer prozeduralen Gestaltungswirkung und aus Gründen der Rechtssicherheit zur Vermeidung unsicherer Verfahrenslagen) grundsätzlich *bedingungsfeindlich*,[29] *unwiderruflich und unanfechtbar*.[30]

Bei Vorliegen eines *Wiederaufnahmegrundes* (§§ 153 VwGO, 51 I Nr. 3 VwVfG, 580 ZPO) hält BVerwGE 57, 346 unter Hinweis auf BVerwG v. 26.01.1971, Buchholz 310 § 92 VwGO Nr. 3 einen *Widerruf ausnahmsweise* für zulässig. Dasselbe muss gelten für Fallgestaltungen, in denen ein Rechtsbehelfsverzicht unwirksam wäre (vgl. Rn. 2), will man hier nicht sogar die Rücknahmeerklärung ebenfalls für unwirksam halten.[31]

11 Die Regelung des fiktiven Nichteintritts der Rechtshängigkeit bei Klagerücknahme (§ 173 VwGO i.V.m § 269 III 1 ZPO) ist eine prozessuale Sonderregelung, die sich auf das Widerspruchsverfahren nicht übertragen lässt.[32] Die Widerspruchsrücknahme be-

24 Vgl. *Schildheuer* NvwZ 1997, 637 (641). BVerwG v. 31.08.1973, BVerwGE 44, 64 (66 f.).

25 Wie hier *Artzt* NVwZ 1995, 666; a.A. § 92 I 1 VwGO entspr.: NdsOVG v. 14.04.1993, NdsOVGE 43, 426; *Schildheuer* NVwZ 1997, 642.

26 Vgl. BSG v. 07.10.1976, BSGE 42, 279; BFH v. 03.08.1978, DB 1978, 2252 und zur Geltung des § 130 BGB im öffentlichen Recht *Middel* Öffentlich-rechtliche Willenserklärungen von Privatpersonen, 1971, S. 94 ff.

27 BayVGH v. 08.11.1974, BayVBl 1975, 21 f.; HessVGH v. 01.02.1971, NJW 1971, 1717.

28 H.M.: Vgl. BVerwGE v. 04.12.2001, BVerwGE 115, 274.

29 Vgl. BVerwG v. 21.03.1979, BVerwGE 57, 342 (347); v. 16.08.1995, DVBl 1996, 105; BWVGH v. 10.11.1993, NVwZ 1995, 280 (281).

30 BayVGH v. 25.09.1974, BayVBl 1975, 675; BVerwGE 57, 346 ff.

31 Weitergehend BSG v. 07.10.1976, BSGE 42, 279 (282) unter Konkretisierung der sozialrechtlichen Betreuungspflicht der Behörde.

32 Vgl. *Schildheuer* NVwZ 1997, 637 (639).

endet vielmehr das Vorverfahren *ex nunc*;[33] sie stellt einen Unterfall der Erledigung dar. Ein förmlicher Abschluss des Verfahrens durch Einstellung entsprechend § 92 III 1 VwGO ist nicht erforderlich, aus Gründen der Klarstellung und *Rechtssicherheit gleichwohl zweckmäßig und üblich.*

33 Vgl. *Klein* BayVBl 1993, 582 (584).

# § 37 Die Zuständigkeit zur Entscheidung über den Widerspruch

## A. Nächsthöhere Behörde als Widerspruchsbehörde

1 Über den Widerspruch entscheidet grundsätzlich die nächsthöhere Behörde, soweit nicht durch Gesetz eine andere höhere Behörde bestimmt wird (§ 73 I 2 Nr. 1 VwGO).

*Begründung zum Reg.-Entw.* (BT-Drucks. III/55, S. 38 zu § 70): »Das Vorverfahren kann die ihm zugedachte Aufgabe nämlich,

- eine Selbstkontrolle der Verwaltung zu ermöglichen,
- den Rechtsschutz des Bürgers zu verstärken,
- die Verwaltungsgerichte zu entlasten,

nur erfüllen, wenn die Zweitentscheidung grundsätzlich von einer übergeordneten Behörde zu erlassen ist.«

2 Die *Ausnahme zugunsten der Länder*, eine andere höhere Behörde durch Gesetz zu bestimmen, ist durch Art. 12 des Gesetzes zur Erleichterung der Verwaltungsreform in den Ländern (ZuständigkeitslockerungsG) vom 10.03.1975 (BGBl. I S. 685) eingefügt worden, um die Durchführung der Funktionalreform zu erleichtern.

Die jetzige Fassung des Art. 12 des als Bundesratsentwurf eingebrachten ZuständigkeitslockerungsG geht auf eine Intervention der Bundesregierung zurück, die in ihrer Stellungnahme (BT-Drucks. 7/273, S. 25) Bedenken dagegen erhoben hatte, die Zuständigkeit auch zugunsten unterer Behörden zu lockern und damit auch die Bestimmung der Ausgangsbehörde als Widerspruchsbehörde zuzulassen, da dem Devolutiveffekt nach der bereits zitierten Begründung zum Reg.-Entw. der VwGO erhebliche Bedeutung zukomme.

Wie sich aus § 73 I 2 Nr. 2 VwGO ergibt, ist diese Regelung auf einen *dreistufigen Verwaltungsaufbau* (Ministerium, Mittel- und Unterbehörden) zugeschnitten.

3 *Nächsthöhere Behörde* ist diejenige, die der Ausgangsbehörde nach dem jeweils einschlägigen Organisationsrecht des Landes oder des Bundes unmittelbar übergeordnet ist. Da die §§ 72, 73 VwGO allein auf den Erlass des AusgangsVA und das Verhältnis der nächst höheren zur Ausgangsbehörde abstellen (vgl. § 30 Rn. 8), gilt dies auch dann, wenn die Ausgangsbehörde für den angegriffenen VA nicht zuständig war.[1] Nächsthöhere Behörde bei *beauftragten (mandatierten) Erlassbehörden* it die für den Auftraggeber zuständige Widerspruchsbehörde (vgl. § 90 S. 2 SGB X, § 96 II 2 Halbs. 2 BSHG).

Nächsthöhere Behörde im Bereich der Bundeseigenverwaltung mit eigenem Verwaltungsunterbau ist z.B.

- für Bundespolizeidirektionen das Bundespolizeipräsidium;
- für die Grenzschutz- und Bahnpolizeiämter das Grenzschutzpräsidium (§ 57 II BPolG);
- für die Wasser- und Schifffahrtsämter die Wasser- und Schifffahrtsdirektion.

In den großen Flächenländern mit dreistufigem Verwaltungsaufbau sind dies für den Bereich der allgemeinen inneren Verwaltung die Behörden der *Mittelinstanz* (Regierungspräsident, Regierungspräsidien, Bezirksregierungen, Struktur- und Genehmigungsdirektion).

Hat also z.B. die untere Bauaufsichtsbehörde (in Baden-Württemberg: Baurechtsbehörde) die Erteilung einer Bauerlaubnis verweigert, entscheidet über den Widerspruch die obere (höhere) Bauaufsichts-(Baurechts-)Behörde. *Untere Bauaufsichtsbehörden* sind i.d.R. die Landratsämter/Oberkreisdirektoren/

---

1 Ebenso Schoch/Schmidt-Aßmann/Pietzner/*Dolde* § 73 Rn. 6; Eyermann/*Rennert* § 73 Rn. 1; a.A. *Kopp/Schenke* § 73 Rn. 3: auch die Behörde, die zuständig wäre, wenn die richtige Ausgangsbehörde entschieden hätte, da nur sie auch in der Sache entscheiden könnte.

Oberstadtdirektoren, z.T. auch größere kreisangehörige Gemeinden unter bestimmten Voraussetzungen, *obere Bauaufsichtsbehörden* fast ausnahmslos die Behörden der Mittelinstanz.

Zum Teil ist in Spezialregelungen für bestimmte Verwaltungszweige die nächsthöhere Behörde ausdrücklich bestimmt.

Vgl. z.B. § 7 II BWAGVwGO, Art. 12 BayPOG, § 6 III RhPfAGVwGO, § 26 SächsJG.

Nächsthöhere Behörde bei *beliehenen Unternehmern* ist die für sie zuständige *Aufsichtsbehörde,* i.d.R. die Beleihungsbehörde.[2] Ist dies eine oberste Bundes- oder Landesbehörde, entscheidet der Beliehene selbst über den Widerspruch (§ 73 I 2 Nr. 2 VwGO, dazu unter B.). 4

Umstritten ist, wer über *Widersprüche gegen die Versagung der Zuteilung einer Prüfplakette* nach § 29 StVZO durch amtlich anerkannte, einem TÜV angehörende Sachverständige oder Prüfer zu entscheiden hat.[3] Nach Ansicht des BayVGH[4] ist dies der Leiter der Technischen Prüfstelle, weil die Sachverständigen in der Prüfstelle als organisatorische Einheit zusammengefasst seien, bei ihrer Tätigkeit der Aufsicht des Leiters unterstünden und die Prüfstelle unmittelbar der Aufsicht des Bayer. Staatsministeriums für Wirtschaft und Verkehr unterstellt sei (§ 73 I Nr. 2 VwGO). Andere dagegen halten die TÜV-Prüfer für Organe der Kfz-Zulassungsstelle und demgemäß die der Zulassungsstelle übergeordnete Behörde, i.d.R. die Mittelinstanz, für die zuständige Widerspruchsbehörde.[5] Da das Aufsichtsrecht des Leiters der Prüfstelle nur arbeitsrechtlicher Natur ist, der TÜV selbst nicht Beliehener ist und andererseits § 29 II 2 StVZO die anerkannten Prüfer gleichrangig neben die Zulassungsstellen setzt, also für deren Organstellung gegenüber den Zulassungsstellen nichts hergibt, sind die Prüfer als Ein-Mann-Behörden anzusehen. Sie entscheiden über Widersprüche selbst, da die Aufsichtsbehörden i.d.R. oberste Landesbehörden sind.[6]

Dass der Beliehene, auch als natürliche Person (z.B. Flugkapitän,[7] TÜV-Sachverständiger), selbst *Behörde i.S.d. § 73 VwGO* ist, ergibt sich aus dem funktionell zu verstehenden Behördenbegriff des Verfahrensrechts.[8]

## B. Ausgangsbehörde als Widerspruchsbehörde

### I. Überblick

Abweichend von der Grundregel der Nr. 1 entscheidet die Ausgangsbehörde selbst über den Widerspruch, 5

a) wenn die *Ausgangsbehörde selbst eine oberste Bundes- oder Landesbehörde* darstellt und das Verfahren abweichend von § 68 I 2 Nr. 1 VwGO vorgeschrieben ist;

2 Vgl. *Steiner* JuS 1969, 74; *R. Michaelis* Der Beliehene, 1969, S. 208. Vgl. auch BVerwG v. 11.11.1988, NVwZ-RR 1989, 359. Zum Begriff des Beliehenen; BVerwG v. 05.10.1990, NVwZ-RR 1991, 330 BWVGH v. 18.03.1985, NVwZ 1987, 431 f.; v. 29.07.1993, NVwZ 1994, 1135; BayVGH v. 12.07.2002, BayBl. 2002, 82; MVOVG v. 12.03.2002, NordÖR 2002, 216.

3 Vgl. auch *Ronellenfitsch* Die Kraftfahrzeugprüfung nach § 29 StVZO durch gesellschaftsrechtlich strukturierte Sachverständigen-Büros der Gesellschaft für technische Überwachung GTÜ GmbH, 2008.

4 BayVGH v. 11.02.1974, DÖV 1975, 211; ebenso OVG Lüneburg v. 14.02.1977, DÖV 1979, 604.

5 Vgl. *Borchert* JuS 1974, 726; *Götz* DÖV 1975, 212.

6 Vgl. *Steiner* NJW 1975, 1798; *Menger* VerwArch 1976, 209. Zur Frage des richtigen Beklagten vgl. VG München v. 28.11.1983, BayVBl 1984, 410 m. Anm. *Bouskat; Ehlers* FS Menger, S. 387.

7 Zu den Sky Marshalls *Ronellenfitsch/Glemser* JuS 2008, 888.

8 Vgl. § 1 IV VwVfG und MVOVG v. 12.09.2002, NordÖR 2002, 216. Behördeneigenschaft kann das Privatrechtssubjekt allerdings nur durch eine wirksame Beleihung erlangen, die insbesondere dem (institutionellen) *Vorbehalt des Gesetzes* genügen muss. Vgl. NWOVG v. 13./27.09.1979, JZ 1980, 93 ff.; BVerwG v. 11.12.1980, BVerwGE 61, 222 (224 ff.); v. 19.01.1989, BVerwGE 81, 185 (188); v. 22.11.1994, BVerwGE 97, 117 (119); v. 23.05.1995, BVerwGE 98, 280 (298).

b) wenn die *Ausgangsbehörde eine Selbstverwaltungsbehörde* ist und in Selbstverwaltungsangelegenheiten entschieden hat, soweit nicht durch Gesetz anderes bestimmt ist (§ 73 I 2 Nr. 3 VwGO);
c) wenn die *nächst höhere Behörde eine oberste Bundes- oder Landesbehörde* ist (§ 73 I 2 Nr. 2 VwGO).

6 Diese Regelung ist wie die der Nr. 1 auf die großen Flächenstaaten mit dreiinstanzigem Verwaltungsaufbau zugeschnitten. In den Stadtstaaten wie in den kleinen Flächenstaaten Brandenburg, Mecklenburg-Vorpommern, Saarland und Schleswig-Holstein, die eine Mittelinstanz i.d.R. nicht kennen, lässt *§ 185 II VwGO* ausdrücklich abweichende Regelungen zu. Diese Länder können also durch Gesetz auch die oberste Landesbehörde als nächsthöhere Behörde bestimmen.

Vgl. § 27 I lit. c, 30 II lit. a BerlAZG; § 16 a BerlStrG, § 74 a BerlBauO; Art. 9 I BremAGVwGO; § 7 I Nrn. 4, 5 SaarlAGVwGO; §§ 136 S. 2, 193 I, 218 I SaarlKSVG. § 119 Schl-HLVwG ermächtigt die Landesregierung, durch Rechtsverordnung[9] die fachliche oberste Landesbehörde als Widerspruchsbehörde zu bestimmen.

7 Über Widersprüche gegen VAe der oberen Bundes- oder Landesbehörden wie auch der Behörden der Mittelinstanz, soweit sie nicht ausnahmsweise einer Oberbehörde nachgeordnet sind, entscheiden demnach diese selbst. Im Einzelfall kann die Feststellung, ob die nächst höhere Behörde bereits die oberste Landesbehörde ist, durchaus Schwierigkeiten bereiten.

Nach HessVGH v. 31.05.1967, ESVGH 18, 55 (57) entscheidet über Widersprüche gegen VAe der *Hess. Tierseuchenkasse* als nichtrechtsfähigem Sondervermögen des Landes Hessen deren Vorstand, weil nächsthöhere Behörde das zuständige Ministerium ist (§§ 3, 5 HessAG TierseuchenG i.d.F. vom 05.03.1986, GVBl I S. 88).

Ebenso entscheiden die *Bayerischen Gewerbeaufsichtsämter* selbst über Widersprüche, weil sie nach Meinung der Praxis nicht von der Bezirksregierung, sondern von dem Staatsministerium für Arbeit und Sozialordnung angehörenden Landesgewerbeaufsichtsamt beaufsichtigt werden (vgl. *Fellner* DVBl 1974, 612).

## II. Der Sonderfall des § 126 III Nr. 2 BRRG

8 Das BRRG war ein Rahmengengesetz i.S.v. Art. 75 I Nr. 1 GG und enthielt Bestimmungen die vom Bundesgesetzgeber und den Landesgesetzgebern beim Erlass ihrer Beamtengesetze umzusetzen hatten. Kapitel II enthielt obendrein unmittelbar verbindliches Recht. Die Föderalismusreform I schaffe die Rahmengesetzgebung ab. Das BRRG wurde mit Wirkung vom 1. April 2009 durch das Beamtenstatusgesetz ersetzt. Wirksam blieben jedoch die §§ 121–133 f. BRRG sowie § 135 BRRG. Die wichtigste *Ausnahme* von § 73 I 2 Nr. 2 VwGO stellt somit nach wie vor *§ 126 III Nr. 2 BRRG* (§ 172 BBG) dar. Danach entscheidet über *Widersprüche aus dem Beamtenverhältnis* grundsätzlich die *oberste Dienstbehörde*.[10] Dies ist bei *staatlichen Beamten* die oberste Be-

9 Anders als bei § 68 VwGO (vgl. oben § 31 Rn. 13) ist im Rahmen des § 185 II VwGO kein formelles Gesetz erforderlich. Auf Grund des § 119 II LVWG ist ergangen die LVO über die Zuständigkeit der obersten Landesbehörden für Widerspruchsbescheide (ZVOWiBe) v. 19.12.1995 (GVOBl 1996, S. 75 – GS Schl-H II 20-1-14), zuletzt geändert durch VO v. 21.08.1998 (GVBl S. 251).

10 Unerheblich ist dabei, ob die Ausgangsentscheidung von einer der Widerspruchsbehörde verfassungsrechtlich übergeordneten Stelle getroffen worden ist. Vgl. BVerwG v. 09.05.1985, NVwZ 1986, 199; NdsOVG v. 19.11.1992, OVGE 43, 325 für das Verhältnis Nds Landesministerium (= Kabinett) – Fachminister.

hörde ihres Dienstherrn, in deren Dienstbereich sie ein Amt bekleiden (§ 31 BBG), i.d.R. das jeweilige Resortministerium.[11]

Die Entscheidung übers die Versetzung bestimmter politischer Beamtinnen und Beamter in den einstweiligen Ruhestand trifft nach § 54 I BBG der Bundespräsident.

Oberste Dienstbehörde der *kommunalen Beamten* ist das nach dem jeweils einschlägigen Landesbeamten- bzw. Kommunalverfassungsrecht zuständige Organ, i.d.R. entweder das kommunale Repräsentativorgan (Vertretung)[12] oder das Verwaltungsorgan der Selbstverwaltungskörperschaft, ausnahmsweise die staatliche Aufsichtsbehörde.[13]

Häufig übersehen wird, dass die oberste Dienstbehörde nach *§ 126 III Nr. 2 S. 2 BRRG* 9
ihre Entscheidungszuständigkeit für die Fälle, in denen sie den VA nicht selbst erlassen hat, durch allgemeine, zu veröffentlichende *Anordnung* auf andere Behörden *übertragen* kann. Derartige Delegationen sind in weitem Umfang erfolgt.

Für den Bund finden sie sich zusammengestellt unter der Gliederungsnummer 2030–14 des Fundstellennachweises A, Beilage zum BGBl. Teil I.

Für die einzelnen Bundesländer sind dagegen die entsprechenden Anordnungen, soweit keine bereinigten Sammlungen des Landesrechts existieren, schwierig zu finden. Es hilft nur eine Recherche in den Gesetzesammlungen oder in den Kommentaren zu den jeweiligen Beamtengesetzen.

In der Regel wird die Zuständigkeit der Ausgangsbehörde übertragen, so dass der Regelfall des § 73 I 2 Nr. 2 VwGO in der praktischen Konsequenz wieder hergestellt wird.

### III. Ausschluss bei Mitwirkung am Erstbescheid?

Ist die Widerspruchsbehörde mit der Ausgangsbehörde identisch, kann es im Einzelfall 10
durchaus sein, dass der Widerspruch dem Beamten zur Entscheidung vorgelegt wird, der auch den ersten Bescheid erlassen hat. Nach Möglichkeit sollte zwar die Verwaltung durch geeignete organisatorische Maßnahmen Vorsorge treffen, dass der Widerspruchsbescheid nicht von einem Bediensteten erlassen wird, der an dem Erstbescheid mitgewirkt hat, da ansonsten die Erreichung der Zwecke des Vorverfahrens (s. dazu oben § 24 Rn. 3) gefährdet werden könnte.[14] Ein rechtlich beachtlicher Verfahrensfehler ist hierin jedoch nicht zu sehen, da dem Verwaltungsverfahrensrecht ein dem *§ 41 Nr. 6 ZPO* entsprechender Ausschlussgrund (Ausschluss bei Mitwirkung in der Vorinstanz oder bei früherer Entscheidung) nicht bekannt ist und auch bewusst in das VwVfG nicht aufgenommen worden ist.[15]

---

11 Für Beamte, die in der Bundestag, Bundesrat, dem Bundesverfassungsgericht oder dem Bundespräsidenten angegliederten Verwaltung tätig sind, ist oberste Dienstbehörde der Präsident des Verfassungsorgans bzw. der Bundespräsident.

12 Zum Beispiel Art. 136 BayBG i.V.m. Art. 29, 30 II, 43 I BayGO, 22, 23 I 2, 38 I BayLKrO vgl. weiterhin NWOVG v. 03.03.1973, DVBl 1974, 60; v. 08.03.1973, OVGE 28, 252.

13 Vgl. BVerwG v. 09.07.1964, DVBl 1965, 86.

14 So ausdrücklich Nr. 8 des RdErl. des Schl-HMdI v. 02.11.1971 »Widerspruchsentscheidungen in Bausachen« (Amtsbl. S. 755) sowie Nr. 4.4 des RdErl. des NWMdI v. 21.12.1960 (SMBO. NW 2010); Anweisung des RhPfMdI v. 07.03.1977 – Az.: 145–63/5 (Vorsitz im Rechtsausschuss soll nicht der Beamte führen, der Verwaltungsverfahren durchgeführt oder VA unterzeichnet hat); *Wolff/Bachof* III § 161 Rn. 23; BVerwG v. 14.12.1970 DÖV 1971, 746; *Hufen* Rn. 403.

15 Vgl. Begründung zum EVwVfG 1973 (BT-Drucks. 7/910), S. 46 f.; a.A. *Hufen* § 8 Rn. 17: §§ 20, 21 VwVfG seien so auszulegen, dass der mit dem Erstbescheid befasste Bedienstete als befangen anzusehen sei. Ebenso wohl auch NK-VWGO/*Geis* § 68 Rn. 55; *Oppermann* Verw 1997, 517 (540). Anders ist die Rechtslage im Wehrbeschwerderecht; vgl. BVerwG v. 11.12.1985, BVerwGE 83, 87 (88 f.).

Die Grundsätze der §§ 20, 21 VwVfG über ausgeschlossene Personen und Besorgnis der Befangenheit gelten allerdings auch im Vorverfahren (§ 79 VwVfG).[16]

## C. Widerspruchsbehörde in Selbstverwaltungsangelegenheiten

11 In Selbstverwaltungsangelegenheiten entscheidet die Selbstverwaltungsbehörde über den Widerspruch, soweit nicht durch Gesetz anderes bestimmt wird *(§ 73 I 2 Nr. 3 VwGO).*

*Begründung zum Reg.-Entw.* (BT-Drucks. III/55, S. 38 zu § 71 bis 74): »In Selbstverwaltungsangelegenheiten ist eine nächsthöhere Behörde nicht vorhanden; eine Ermessensnachprüfung durch die staatliche Aufsichtsbehörde stellte aber einen unzulässigen Eingriff in das Selbstverwaltungsrecht dar.«

### I. Selbstverwaltungsbehörde

12 Welche Stelle einer Selbstverwaltungskörperschaft »*Selbstverwaltungsbehörde*« i.S.d. § 73 I 2 Nr. 3 VwGO ist, bestimmt, sofern gesetzliche Regelungen des Landesorganisationsrechts fehlen, die Selbstverwaltungskörperschaft im Rahmen ihrer Organisationsgewalt selbst.

§ 73 I 2 Nr. 3 VwGO will klarstellen, dass in Selbstverwaltungsangelegenheiten der dem Widerspruch sonst grundsätzlich zukommende Devolutiveffekt das Vorverfahren nicht bei einer Stelle außerhalb der Selbstverwaltungskörperschaft, insbesondere nicht bei der staatlichen Rechtsaufsichtsbehörde, anhängig macht. Da diese Regelung gerade auf der Respektierung des Selbstverwaltungsrechts beruht, lässt sie sich sinnvollerweise nicht so verstehen, dass prinzipiell die Behörde der Selbstverwaltungskörperschaft, die den VA erlassen hat, auch über den Widerspruch zu entscheiden hätte. Eine solche Auslegung würde gerade die der Selbstverwaltung inhärente Organisationshoheit in inneren Angelegenheiten beeinträchtigen. Diesem Zweck des § 73 I 2 Nr. 3 VwGO entsprechend ist als »Selbstverwaltungsbehörde« die Gesamtheit der bei einer Selbstverwaltungskörperschaft bestehenden Behördeneinrichtung zu verstehen. Soweit spezialgesetzliche Regelungen fehlen, entscheidet deshalb über den Widerspruch gegen den VA einer Selbstverwaltungsbehörde die nach dem *jeweils einschlägigen internen Organisationsrecht* der Selbstverwaltungskörperschaft zuständige Behörde, beim Fehlen derartiger Regelungen die Ausgangsbehörde.[17]

Kann z.B. nach den Bestimmungen einer Innungssatzung gegen Beschlüsse des Innungsvorstandes die Entscheidung der *Innungsversammlung* beantragt werden, so erlässt diese den Widerspruch als Selbstverwaltungsbehörde.[18]

### II. Selbstverwaltungsangelegenheiten

13 Selbstverwaltungsangelegenheiten sind *nur die weisungsfreien Angelegenheiten des eigenen Wirkungskreises,* nicht dagegen die Angelegenheiten des übertragenen Wirkungskreises, die sog. Auftragsangelegenheiten oder die Pflichtaufgaben zur Erfüllung nach Weisung. Für den *übertragenen Wirkungskreis* gelten die Vorschriften des § 73 I 2

---

16 Zur Auslegung des § 20 VwVfG vgl. BVerwG v. 30.05.1984, BVerwGE 69, 256 = JuS 1986, 488 f. *(Osterloh);* v. 05.12.1986, BVerwGE 75, 214 (228 f.).

17 So BWVGH v. 08.08.1963, DÖV 1963, 767: Widerspruchsbehörde gegen die Ablehnung der Eintragung in die Architektenliste durch den Eintragungsausschuss der *Architektenkammer* ist nach deren Satzung der Landesvorstand der Kammer.

18 So VG Oldenburg v. 17.07.1963 GewArch 1964, 62. Vgl. auch BerlOVG v. 16.02.1966 JR 1967, 396: Börsenvorstand für die Berliner Börse.

Nr. 1 und 2 VwGO. Nächsthöhere Behörde i.S.d. § 73 I 2 Nr. 1 ist i.d.R. die (Fach-)Aufsichtsbehörde; ist diese eine oberste Landesbehörde, entscheidet die Kommunalbehörde selbst.[19]

Die *Abgrenzung* zwischen eigenem und übertragenem Wirkungskreis kann im Einzelfall Schwierigkeiten bereiten.

Über die *Zulassung* und den Ausschluss eines Bewerbers zu einem von der Gemeinde veranstalteten *Volksfest* entscheidet diese als Selbstverwaltungsbehörde, während sie als Marktordnungsbehörde eine Pflichtaufgabe nach Weisung wahrnimmt.[20] So entscheidet z.B. über Widersprüche gegen die Verweigerung der *Teilungsgenehmigung* die Behörde der Mittelinstanz (Regierungspräsident u. dgl.) auch dann, wenn die Verweigerung von einer Gemeinde, die gleichzeitig Baugenehmigungsbehörde ist (§ 19 III 1 BauGB), ausgesprochen worden ist; denn die Entscheidung über die Teilungsgenehmigung ist ebensowenig wie die über die Baugenehmigung eine Angelegenheit der kommunalen Selbstverwaltung.[21] Ebensowenig greift § 73 I 2 Nr. 3 VwGO ein, wenn staatliche Behörden einer Selbstverwaltungskörperschaft nicht eingegliedert, sondern als organisatorisch selbständige Behörden lediglich angegliedert sind und ausschließlich der staatlichen Aufsicht unterliegen.[22] Ob Maßnahmen zur Vollstreckung einer Geldforderung als Angelegenheiten der kommunalen Selbstverwaltung oder zur Erfüllung nach Weisung getroffen werden, bestimmt sich nach dem Wesen des VA, der vollstreckt wird *(Annexcharakter der Vollstreckung* wegen Geldforderungen).

Strittig ist insbesondere, ob eine *Gebühren-(Verwaltungskosten-)Erhebung durch Gemeinden* (Gemeindeverbände) auf Grund der staatlichen Gebühren-(Verwaltungskosten-)Gesetze auch dann als Selbstverwaltungsangelegenheit anzusehen ist, wenn die gebührenpflichtige Amtshandlung als Weisungsaufgabe erfüllt wird.[23] Da die Gebühren der Gemeinde als eigene Einnahme verbleiben und – soweit ausdrückliche sondergesetzliche Regelungen fehlen – lediglich die Verwaltungsaufgabe als solche, nicht aber die Ausübung der Gebührenhoheit der Sonderaufsicht unterworfen ist, fällt die Gebührenerhebung nach der Allzuständigkeitsvermutung der Gemeindeordnungen in den Selbstverwaltungsbereich der Kommunalbehörde. 14

Konsequenz dieser Auffassung ist allerdings eine Aufsplitterung der Zuständigkeit für die Entscheidung über den Widerspruch (für den VA in der Sache die nächsthöhere, für den Gebührenbescheid die Kommunalbehörde selbst), der bei der Rechtsmittelbelehrung Rechnung zu tragen ist. Dies mag rechtspolitisch unbefriedigend sein, lässt sich aber verwaltungstechnisch dadurch bewältigen, dass die Kommunalbehörde über den Widerspruch gegen den Gebührenbescheid erst dann entscheidet, wenn über den Widerspruch in der Sache entschieden ist.

## III. Anderweitige gesetzliche Regelungen

§ 73 I 2 Nr. 3 VwGO ermächtigt den Landesgesetzgeber ausdrücklich, eine andere als die Selbstverwaltungsbehörde zur Widerspruchsbehörde zu erklären.[24] 15

Vgl. §§ 8, 9 BWAGVwGO, Art. 119 Nr. 1 BayGO, Art. 105 Nr. 1 BayLKrO, Art. 52 Nr. 1 BayKommZG, Art. 9 II BremAGVwGO, § 13 HessAGVwGO, § 6 I RhPfAGVwGO, § 8 I SaarlAGVwGO, § 21 SächsJustAG.

19 So ausdrücklich Art. 119 Nr. 2 BayGO; Art. 105 Nr. 2 BayLKrO; Art. 52 Nr. 2 BayKommZG; Art. 100 BayBezO. Ebenso § 7 NWAGVwGO.

20 Vgl. NWOVG v. 14.10.1992, NVwZ-RR 1993, 354; vgl. weiter VG Freiburg v. 04.04.1988, VBlBW 1989, 34.: Änderung von Hausnummern ist Selbstverwaltungsangelegenheit.

21 Vgl. statt vieler NWOVG v. 30.09.1965, OVGE 21, 348.

22 So NWOVG v. 21.12.1967, OVGE 24, 1 (2) für den Prüfungsausschuss für ärztliche Vorprüfung an einer Universität nach der BestallungsO für Ärzte.

23 Bejahend für *Hessen:* HessVGH v. 18.05.1978, HessVGRspr 1978, 54.

24 Diese Ermächtigung bezieht sich auch auf landesrechtliche Regelungen, die vor Inkrafttreten der VwGO erlassen worden sind. Vgl. NWOVG v. 03.03.1965, OVGE 21, 169 (171).

Bei der Inanspruchnahme dieser Ermächtigung hat die Ausführungsgesetzgebung die bereits eingangs in der Begründung zum Regierungsentwurf der VwGO angezogene verfassungsrechtliche *Garantie der kommunalen Selbstverwaltung (Art. 28 II GG)* zu beachten. Wenn deshalb staatlichen Behörden die Zuständigkeit zur Entscheidung über Widersprüche gegen VAe der kommunalen Selbstverwaltung übertragen wird, muss die Kontrollbefugnis der staatlichen Widerspruchsbehörde *auf die Rechtmäßigkeitskontrolle beschränkt* werden.[25]

Vgl. § 8 I 2 BWAGVwGO, Art. 119 Nr. 1 BayGO, § 6 II RhPfAGVwGO, § 8 II SaarlAGVwGO; § 21 2 SächsJustAG. Nach Ansicht des BremOVG v. 14.02.1984, KStZ 1984, 138 handelt der zuständige Senator als Organ der Stadtgemeinde Bremen, wenn er über Widersprüche in Selbstverwaltungsangelegenheiten entscheidet.

Da dieser erhöhte verfassungsrechtliche Schutz lediglich den Gemeinden und Gemeindeverbänden zukommt, greift bei anderen Selbstverwaltungsträgern diese Schranke nicht ein. Sie können einer umfassenden Recht- und Zweckmäßigkeitskontrolle unterworfen werden.[26]

Vgl. z.B. § 9 BWAGVwGO, § 13 HessAGVwGO und § 7 ThürAGVwGO für die Wasser- und Bodenverbände.

16 Soweit die Widerspruchsbehörde auf die Rechtmäßigkeitskontrolle beschränkt ist, kann sie auch prüfen, ob der Selbstverwaltungsbehörde bei der Ausübung des Ermessens *Rechtsfehler i.S.d. § 114 VwGO* unterlaufen sind, nicht aber, ob die Selbstverwaltungskörperschaft innerhalb des Ermessensspielraums die zweckmäßigste Entscheidung getroffen hat. Diese Kontrollbefugnis verbleibt vielmehr bei der Selbstverwaltungskörperschaft, die sie im Rahmen des Abhilfeverfahrens nach § 72 VwGO vorzunehmen hat.[27]

17 Auch für diese Fälle des *aufgespaltenen Widerspruchsverfahrens* gilt nichts anderes als für das normale Abhilfeverfahren. Den Widerspruchsbescheid erlässt ausschließlich die staatliche Behörde, wobei sie dem WF die von der Gemeinde angestellten Zweckmäßigkeitserwägungen mitteilt, und zwar nicht als eigene Erwägungen, sondern als Stellungnahme der Selbstverwaltungsbehörde.[28]

Im Falle der *Zurückweisung des Widerspruchs als unbegründet* wird deshalb die Formulierung i.d.R. lauten: »Dass die Widerspruchsgegnerin ihr Ermessen überschritten oder missbraucht habe, konnte nach alledem nicht festgestellt werden. Da die Widerspruchsbehörde im übrigen in eine Prüfung der Zweckmäßigkeit nicht eintreten kann (§ 8 I 2 BWAGVwGO), war der Widerspruch als unbegründet abzuweisen.«

Zu beachten ist im Rahmen des § 73 I 2 Nr. 3 VwGO auch die Sondervorschrift des § 126 III Nr. 2 BRRG.

Für die Entscheidung über beamtenrechtliche Widersprüche von Gemeindebediensteten ist deshalb nicht die Rechtsaufsichtsbehörde nach § 8 BWAGVwGO, sondern die oberste Dienstbehörde zuständig.[29]

---

25 Vgl. *Redeker/v. Oertzen* § 73 Rn. 2.

26 Vgl. *Redeker/v. Oertzen* § 73 Rn. 2.

27 So ausdrücklich § 8 I 2 BWAGVwGO, § 21 I 2 SächsJustAG, Art. 119 Nr. 1 BayGO; Art. 105 Nr. 1 BayLKrO, Art. 52 Nr. 1 BayKommZG.

28 So *Scholler* BayVBl 1961, 99; *(Helmreich)/Widtmann/Grasser* Bayerische Gemeindeordnung 5. Aufl. Art. 119 Anm. 7b; *Goes* BaWüVBl 1965, 51 f. (52).

29 Vgl. Erl. des MdI über das Widerspruchsverfahren bei Entscheidungen der Gemeinden über das Maß der Inanspruchnahme von Beamten durch das Amt v. 18.12.1963 (GABl 1964 S. 4).

# D. Ausschüsse und Beiräte

## I. Überblick

§ 73 II 1 VwGO lässt Vorschriften, nach denen im Vorverfahren Ausschüsse oder Beiräte an die Stelle einer Behörde treten, unberührt. Nach § 73 II 2 VwGO können die Ausschüsse oder Beiräte *abweichend von § 73 II Nr. 1 VwGO auch bei der Behörde gebildet werden, die den VA erlassen hat.*[30] Nach seiner Entstehungsgeschichte ist § 73 II 2 VwGO nicht derart zwingend, dass die Ausschüsse nur bei den in § 73 I VwGO bezeichneten Behörden, also entweder bei der Ausgangsbehörde oder bei der nächsthöheren Behörde, gebildet werden könnten. 18

In *Rheinland-Pfalz* ist deshalb der *Kreisrechtsausschuss* auch dann die richtige Widerspruchsbehörde, wenn als untere Bauaufsichtsbehörde nicht die Kreisverwaltung, sondern die Stadtverwaltung einer (kleinen) kreisangehörigen Stadt tätig geworden ist. Sind nämlich einer kleinen kreisangehörigen Stadt die Aufgaben der unteren Bauaufsichtsbehörde übertragen worden, ist die Stadt in dieser Funktion der Kreisverwaltung als untere Bauaufsichtsbehörde gleich- und nicht untergeordnet. Nächsthöhere Behörde und somit zuständige Widerspruchsbehörde wäre dann die Bezirksregierung als obere Bauaufsichtsbehörde. Gleichwohl ist der Kreisrechtsausschuss nach § 6 I Nr. 1 lit. d RhPfAGVwGO als Widerspruchsbehörde zuständig, da der Landesgesetzgeber befugt war, nach der oben beschriebenen Auslegung des § 73 II 2 VwGO den Ausschuss abweichend von § 73 I Nr. 1 VwGO nicht nur bei der Ausgangs- oder nächsthöheren, sondern auch bei einer anderen Behörde der gleichen Stufe der Ausgangsbehörde zu bilden.[31] 19

Derartige Ausschüsse sind z.B. 20

auf *Bundesebene*

- die Beschwerdeausschüsse nach §§ 310, 336 LAG,
- die Widerspruchsausschüsse nach § 26 VermögensG, §§ 40 ff. SchwbG,[32] § 23 HäftlingsHG, §§ 18, 20 SortenschutzG, §§ 38, 40 SaatgutverkehrsG, §§ 5 II, 21 See-UG, §§ 24 f. UmweltauditG,
- die Musterungskammern nach § 33 III WehrpflG, die Kammern für Kriegsdienstverweigerung nach § 18 I KDVG sowie die Beschlusskammer nach §§ 7 II, 8 der 3. DVO zum Gesetz über die Errichtung eines Bundesaufsichtsamtes für das Versicherungswesen (BGBl. III 7630–1-3),

auf *Landesebene*

- die Widerspruchsausschüsse in *Hamburg*,[33]
- die Stadt- und Kreisrechtsausschüsse in *Rheinland-Pfalz* und dem *Saarland*,
- der Ständige Prüfungs- und der Ausbildungsausschuss nach § 25 LehrerausbildungsG in *Bremen.*

## II. Einzelne Landesregelungen

### 1. Hessen

Eine Besonderheit stellen die bei den Städten mit 30.000 und mehr Einwohnern und bei den Landräten als Behörden der Landesverwaltung gebildeten *Ausschüsse* (§ 6 II HessAGVwGO) dar, durch die der WF in den in § 7 HessAGVwGO genannten Fällen *mündlich anzuhören* ist, wenn die Ausgangsbehörde dem 21

---

30 § 73 II deckt auch Regelungen des Landesrechts, die zur Zeit des Inkrafttretens der VwGO bereits bestanden (arg. § 195 II VwGO). Vgl. BVerwG v. 02.07.1963, MDR 1963, 870.

31 So RhPfOVG v. 18.12.1969, AS 11, 275; a.A. offenbar *Redeker/v. Oertzen* § 73 Rn. 6.

32 Stimmenenthaltung in ihnen ist unzulässig. Vgl. HessVGH v. 10.08.1993, ESVGH 44, 42.

33 Vgl. § 7 II AGVwGO und die VO über Widerspruchsausschüsse v. 24.03.1987 (GVBl S. 85 = HbgGV 340–1-1), zuletzt geändert durch VO v. 28.07.1998 (GVBl S. 187). Eine Aufsichtsklage wie in Rheinland-Pfalz und dem Saarland ist nicht vorgesehen. § 1 IV VwBehördenG bleibt unberührt (§ 7 III AGVwGO), d.h., der Senat kann mit seinem *Evokationsrecht* jederzeit ein Widerspruchsverfahren an sich ziehen. Vgl. auch § 26 Rn. 13.

Widerspruch nicht abhelfen will.[34] Im Unterschied zu den früheren Einspruchs- und Beschwerdeausschüssen nach §§ 40a, 48a VGG entscheidet der Ausschuss nicht mehr selbst, sondern hört den WF mündlich an,[42] erörtert die Rechts- und Sachlage mit den Beteiligten und wirkt auf eine *gütliche Einigung* hin. Das wesentliche Ergebnis der Anhörung ist in eine Niederschrift aufzunehmen und mit einem begründeten Entscheidungsvorschlag der Ausgangsbehörde vorzulegen (§ 12 HessAGVwGO). Bleibt die Ausgangsbehörde bei der Verweigerung der Abhilfe, legt sie den Widerspruch der nächsthöheren Behörde vor bzw. entscheidet selbst über den Widerspruch.

## 2. Rheinland-Pfalz

22 Anstelle der in § 73 I 2 Nr. 1 und 3 VwGO genannten Behörden erlassen nach *§ 6 I AGVwGO* den Widerspruchsbescheid die bei der Kreis- bzw. Stadtverwaltung kreisfreier oder großer kreisangehöriger Städte gebildeten *Kreis- und Stadtrechtsausschüsse.*[35]

Bei der Nachprüfung von VAen der Kommunen und der anderen Selbstverwaltungsträger, die in *Selbstverwaltungsangelegenheiten* erlassen worden sind, sind die Rechtsausschüsse auf die *Rechtmäßigkeitsprüfung* beschränkt (§ 6 II AGvwGO).

Der Begriff der *Stadt- bzw. Gemeindeverwaltung* in § 6 I AGVwGO ist funktionell zu verstehen und nicht im begrifflich-organisatorischen Sinne. Die Zuständigkeit der Kreis- bzw. Stadtrechtsausschüsse beschränkt sich deshalb nicht auf die Nachprüfung von VAen der monokratischen Stadt- bzw. Gemeindeverwaltungen, sondern erfasst auch die Akte der kommunalen Vertretungskörperschaften, wenn und soweit es sich bei diesen um VAe handelt.[36]

23 Die *Rechtsausschüsse* entscheiden in der Besetzung von einem Vorsitzenden und zwei Beisitzenden i.d.R. auf Grund mündlicher, öffentlicher Verhandlung (§§ 7 II, 16 AGVwGO). Den Vorsitz führt der Landrat (Oberbürgermeister), der sich auch durch einen Beamten mit der Befähigung zum Richteramt (§ 174 VwGO) vertreten lassen kann (§ 8 AGVwGO). Die Beisitzer werden vom Kreistag (Stadtrat) für die Dauer seiner Wahlperiode gewählt (§§ 9 ff. AGVwGO). Die Reihenfolge der Heranziehung der Beisitzer hat in einem nach objektiven Kriterien vorauszubestimmenden Verfahren zu geschehen, das vom Landrat (Oberbürgermeister) vor Beginn des Kalenderjahres festzulegen ist (§ 13 I AGVwGO). Von der festgelegten Reihenfolge darf nur bei unvorhergesehener Verhinderung abgewichen werden (§ 13 II AGVwGO).[37]

24 Die Rechtsausschüsse sind Ausschüsse des Landkreises (der kreisfreien oder großen kreisangehörigen Stadt) und in ihren Entscheidungen *keiner Weisung unterworfen*, und zwar weder durch Organe der Gebietskörperschaften, bei denen sie gebildet sind (§ 7 I 2 AGVwGO), noch durch Organe der staatlichen Verwaltung. Dies ergibt sich aus dem Institut der unten dargestellten Aufsichtsklage.[38] Dennoch sind die Rechtsausschüsse keine gerichtlichen Instanzen oder einem Gericht gleich zu achtende Spruchkörper. Zwar sind sie nicht in der sonst üblichen Weise der Verwaltung eingegliedert, sondern stellen als sog. *ministerialfreier Raum* eine zulässige Ausnahme vom Prinzip der durchgehenden Regierungsverantwortung dar.[39] Auch ist das Verfahren vor dem Ausschuss durch den Grundsatz der mündlichen Verhandlung

---

34 Vgl. die eingehende Erläuterung zu den §§ 7 ff. AGVwGO durch den RdErl. des HessMdI v. 05.04.1962 (StAnz S. 502) unter II. 2 und 3. Zur Zusammensetzung vgl. § 10 HessAGVwGO. Ein Verstoß gegen die §§ 7 ff. HessAGVwGO führt nach der Rechtsprechung des HessVGH v. 29.04.1986, ESVGH 41, 105 (106) nicht zur Fehlerhaftigkeit des Widerspruchsbescheids (vgl. § 26 Fn. 41).

35 Näher zum Verfahren und zu den rechtspolitischen Vor- und Nachteilen der Rechtsausschüsse *Glienicke* BWVPr 1974, 218 ff.; *v. Oertzen* LKreis 1960, 367 ff.; *Röper* DÖV 1978, 312 ff.; ausführlich *Oster/Nies* RhPfAGVwGO 1998.

36 *So* RhPfOVG v. 14.07.1971, VerwRspr 23, 846 (852 f.) für die Versagung der Zustimmung zum Hinausschieben der Polizeistunde durch die Gemeindevertretung; ebenso *Redeker/v. Oertzen* § 73 Rn. 7; *Oster/Nies* § 6 RhPfAGVwGO 1.1.

37 Ein Verstoß hiergegen impliziert einen wesentlichen Verfahrensfehler. RhPfOVG v. 02.10.1980, AS 16, 88.

38 Vgl. RhPfOVG v. 09.01.1964, AS 9, 130; SaarlOVG v. 04.12.1972, AS 13, 71 (76 f.).

39 Vgl. hierzu BVerfG v. 27.04.1959, BVerfGE 9, 268 (282) und v. 20.06.1967, BVerfGE 22, 106 (111). Zum ministerialfreien Raum *W. Müller* JuS 1985, 497 ff. *Oebbecke* Weisungs- und unterrichtungsfreie Räume in der Verwaltung 1986; *Waechter* Geminderte demokratische Legitimation staatlicher Institutionen im parlamentarischen Regierungssystem, 1994.

einem gerichtsförmigen Verfahren angenähert. Gleichwohl gehören die Ausschüsse nicht zur rechtsprechenden Gewalt, sondern sind *Teil der inneren Verwaltung*, ihre Entscheidungen mithin VAe.[40]

Zum Ausgleich des durch die Weisungsfreiheit verursachten Verantwortungs- und Kontrolldefizits gegenüber dem zuständigen (parlamentarisch verantwortlichen) Ressortminister[41] wird deshalb der staatlichen Aufsichtsbehörde ein *gesetzliches*, von dem Bestehen eigener Rechte losgelöstes *Anfechtungsrecht* in Form der sog. Aufsichtsklage eingeräumt.[42] 25

Wird durch den Widerspruchsbescheid ein VA ganz oder teilweise aufgehoben oder die Behörde zum Erlass eines abgelehnten VA verpflichtet, so ist der Widerspruchsbescheid außer den Beteiligten unverzüglich auch der *Bezirksregierung* (ab 2000: Aufsichts- und Dienstleistungsdirektion)[43] zuzustellen (§ 16 IV AGVwGO), damit diese von ihrem Recht nach § 17 AGVwGO, im öffentlichen Interesse Klage gegen den Widerspruchsbescheid zu erheben, Gebrauch machen kann. Für diese Klageverfahren ist die Bezirksregierung (Aufsichts- und Dienstleistungsdirektion) Beteiligte i.S.d. § 61 Nr. 3 VwGO (§ 17 II AGVwGO). Diese *Beanstandungs- oder Aufsichtsklage* ist ihrer Natur nach eine Anfechtungsklage,[44] bei der der Landesgesetzgeber auf Grund des Vorbehalts des § 42 II VwGO vom Erfordernis der individuellen Rechtsverletzung (Klagebefugnis) befreien durfte.

Nur in dieser Deutung ist die Aufsichtsklage wegen der abschließenden Regelungen der VwGO über die Klagearten mit dem Bundesrecht vereinbar.[45] An alle anderen Erfordernisse der VwGO für die Anfechtungsklage ist der Landesgesetzgeber dagegen wegen des kodifikatorischen Charakters der VwGO gebunden. Die Aufsichtsklage muss deshalb binnen Monatsfrist erhoben (§ 74 VwGO) und gegen die Behörde der Körperschaft, der der Rechtsausschuss angehört (§ 73 VwGO), gerichtet werden. Die dem widersprechenden Vorschriften des RhPfAGVwGO (Anfechtungsfrist von fünf Wochen) und des SaarlAG VwGO (Klagegegner der durch den Widerspruchsbescheid Begünstigte, also auch der WF) sind daher vom BVerfG für nichtig erklärt worden. 26

## 3. Saarland

**§ 7 Bildung der Rechtsausschüsse** 27

(1) Zur Entscheidung über Widersprüche im Vorverfahren, denen die Behörde, die den Verwaltungsakt erlassen hat, nicht abhilft, wird für die Fälle des § 8 Abs. 1 Nr. 1 bis 3 in jedem Landkreis ein Kreisrechtsausschuss, im Regionalverband Saarbrücken ein Rechtsausschuss für den Regionalverband, in der Landeshauptstadt Saarbrücken und in jeder kreisfreien Stadt ein Stadtrechtsausschuss gebildet.

(2) Der Rechtsausschuss entscheidet in der Besetzung von einem Vorsitzenden und zwei Beisitzern.

Das Saarland hat ebenso wie das Land Rheinland-Pfalz Rechtsausschüsse gebildet, und zwar

- den *Kreisrechtsausschuss* bei jedem Landrat,
- den *Stadtrechtsausschuss* bei jeder kreisfreien Stadt und
- den *Rechtsausschuss für den Stadtverband in der Landeshauptstadt Saarbrücken* (§ 51 AGVwGO).

---

40 Vgl. BVerfG v. 11.10.1966, BVerfGE 20, 238 (252 f.); RhPfOVG, AS 11, 131 f.; AS 11, 409 f.

41 Vgl. RhPfOVG v. 09.12.1965, AS 9, 407 (409 f.); SaarlOVG v. 04.12.1972, AS 13, 75. Unter dem Gesichtspunkt der Regierungsverantwortlichkeit ist eine derartige Aufsichtsklage nicht zu beanstanden (BVerfGE 22, 111), gleichwohl aber verfassungsrechtlich nicht gefordert, wie wohl das RhPfOVG anzunehmen scheint (vgl. *Löwer* VerwArch 1977, 354 f.). Die HbgVO über Widerspruchsausschüsse (vgl. oben Fn. 41) hat auf sie verzichtet. Zur rechtspolitischen Zweckmäßigkeit der Aufsichtsklage krit. *Bull* DVBl 1971, 582.

42 Wegen ihrer Kompensationsfunktion ist die Aufsichtsklage nur insoweit gegeben, als durch den Widerspruchsbescheid die unmittelbare Ausübung des staatlichen Aufsichtsrechts ausgeschlossen wird, also nur, soweit die Bindungswirkung des Widerspruchsbescheids reicht. § 17 I RhPfAGVwGO ist insoweit einschränkend auszulegen; vgl. RhPfOVG v. 09.12.1965, AS 9, 406.

43 Vgl. Art. 151 RhPfVwORG v. 12.10.1999 (GVBl S. 325).

44 Sie hat deshalb auch a. W; vgl. SaarlOVG, AS 13, 71; zweifelnd dagegen *Bettermann* NJW 1967, 436.

45 So BVerfGE 20, 238 (254 f.); BVerwG v. 10.12.1970, BVerwGE 37, 47 (48 f.) zum SaarlAGVwGO und BVerfG v. 17.01.1967, BVerfGE 21, 106 (116) zum RhPfAGVwGO.

Die Rechtsausschüsse entscheiden auf Grund öffentlicher, mündlicher Verhandlung (§ 14 AGVwGO) in der Besetzung von einem Vorsitzenden (Landrat, Stadtverbandspräsident oder Oberbürgermeister) und zwei Beisitzern (§§ 5 I, 7 AGVwGO). Die §§ 84, 102 II VwGO gelten entsprechend (§ 14 I 2 AGVwGO). Der Widerspruchsbescheid ist gleichzeitig mit der Zustellung an die Beteiligten auch dem fachlich zuständigen *Minister zuzustellen* (§ 14 V AGVwGO), damit dieser durch die sog. *Aufsichtsklage* eine Entscheidung des Verwaltungsgerichts herbeiführen kann, wenn er geltend macht, dass der Widerspruchsbescheid des Rechtsausschusses rechtswidrig ist (§ 15 AGVwGO – zur Zulässigkeit derartiger Aufsichtsklagen vgl. die Ausführungen zum RhPfAGVwGO). In kommunalen Selbstverwaltungsangelegenheiten und bei den VAen juristischer Personen der mittelbaren Staatsverwaltung beschränkt sich die Nachprüfung im Widerspruchsverfahren auf die Rechtmäßigkeit des VA (§ 6 II AGVwGO). Zur Zuständigkeit der Rechtsausschüsse im Einzelnen vgl. § 6 AGVwGO.

28

| **Zuständigkeiten zur Entscheidung über den Widerspruch** | |
|---|---|
| Ausgangsbehörde | *Widerspruchsbehörde* |
| Oberste Bundes- oder Landesbehörde | Ausgangsbehörde selbst, wenn abweichend von § 68 I 2 Nr. 1 VwGO Vorverfahren vorgeschrieben |
| Mittelbehörde | Mittelbehörde selbst: § 73 I 2 Nr. 2 VwGO |
| Untere staatliche Verwaltungsbehörde | Mittelbehörde: § 73 1 2 Nr. 1 VwGO, soweit nicht durch Gesetz eine andere höhere Behörde bestimmt ist; nach § 185 II VwGO u.U. auch die Oberste Landesbehörde. Ist ein Ausschuss bei der Ausgangsbehörde gebildet (§ 73 II 2 VwGO), entscheidet dieser. |
| Selbstverwaltungsbehörde im übertragenen Wirkungskreis | Die nächst höhere Aufsichtsbehörde: § 73 I 2 Nr. 1 VwGO. Ist dies eine oberste Behörde, entscheidet die Selbstverwaltungsbehörde (§ 73 I 2 Nr. 2 VwGO).<br>Ausnahme: Ausschüsse nach § 73 II 2 VwGO |
| in Selbstverwaltungsangelegenheiten (eigener Wirkungskreis) | Selbstverwaltungsbehörde selbst: § 73 I 2 Nr. 3 VwGO, soweit nicht durch Gesetz die nächst höhere Aufsichtsbehörde oder ein Ausschuss (§ 73 II 2 VwGO) bestimmt ist. |

# 4. Abschnitt. Die Begründetheitsprüfung im Widerspruchsverfahren

## § 38 Der Prüfungsmaßstab

### A. Rechtmäßigkeit und Zweckmäßigkeit

Begründet ist der Widerspruch, wenn und soweit der angefochtene VA oder – beim Verpflichtungswiderspruch – die Ablehnung des beantragten VA *rechtswidrig* und der WF dadurch in seinen Rechten verletzt ist. 1

Das »und« wird häufig übersehen. Die nächsthöhere Behörde darf in ihrer Funktion als Widerspruchsbehörde z.B. eine rechtswidrige Baugenehmigung auf Widerspruch des Nachbarn nur dann aufheben, wenn dieser zulässig *und* begründet ist. Fehlt es an einer Rechtsverletzung des WF, muss der Widerspruch trotz Rechtswidrigkeit der Baugenehmigung als unbegründet zurückgewiesen werden. 2

Bei *VAen* nach *Ermessen* ist der Widerspruch auch dann begründet, wenn der VA oder die Ablehnung des beantragten VA unzweckmäßig und die Ermessensnorm zumindest auch den Interessen des WF zu dienen bestimmt ist.[1] *Unzweckmäßig* ist der VA dann, wenn er so, wie er ergangen ist, seinem Inhalt nach zwar rechtlich ergehen durfte, aber zur Erreichung des von der Verwaltung angestrebten Zweckes entweder nicht unerlässlich oder weniger geeignet ist als ein rechtmäßiger VA anderen, den WF weniger belastenden Inhalts oder gar ein Verzicht auf die Maßnahme. 3

In der Verwaltungspraxis wird dies vornehmlich bei der Auswahl zwischen mehreren geeigneten Mitteln relevant werden.

Ein VA ist rechtswidrig, wenn das in dem für seine Beurteilung maßgeblichen Zeitpunkt geltende Recht unrichtig angewendet oder bei der Entscheidung von einem Sachverhalt ausgegangen worden ist, der sich als unrichtig erweist (vgl. § 44 I 1 SGB X).[2] 4

### B. Heilung von Form- und Verfahrensfehlern

Die Verletzung bestimmter Verfahrens- und Formvorschriften kann, soweit sie nicht ausnahmsweise den VA nichtig macht,[3] jedoch durch *Nachholung der gebotenen Verfahrenshandlung* geheilt werden (§§ 45 VwVfG, 41 SGB X, 126 AO)[4] mit der Wirkung, dass der VA danach als rechtmäßig gilt.[5] 5

1 Vgl. BVerwG v. 29.11.1961, BVerwGE 13, 195 (198); v. 29.03.1979, Buchholz 310 § 72 VwGO Nr. 9 S. 4 f.

2 BVerwG v. 30.01.1969, BVerwGE 31, 222 (223); GS v. 19.12.1984, BVerwGE 70, 356 (358); *Schnapp/Henkenötter* JuS 1998, 624 f.

3 So macht z.B. die fehlende Begründung bei einem objektiv mehrdeutigen VA (z.B. schlichte Zahlungsaufforderung) diesen derart unvollständig, dass er nichtig ist Vgl. weiter *Storost* NVwZ 1998, 797 (799); *Hufen* JuS 1999, 313 (316).

4 Vgl. *Laubinger* VerwArch 1981, 333 ff.

5 Vgl. *Schnapp/Cordewener* JuS 1999, 147.

## I. Nachholung der Antragstellung durch den Adressaten des VA (§ 45 I Nr. 1 VwVfG)

6 Wird ein VA ohne den kraft Rechtsvorschrift notwendigen Antrag erlassen, kann der hieraus resultierende Mangel *durch nachträgliche Stellung des Antrags geheilt* werden (§ 45 I Nr. 1 VwVfG, § 41 I Nr. 1 SGB X, § 126 I Nr. 1 AO),[6] es sei denn, die dem Antrag nach dem jeweils einschlägigen Fachrecht zukommende Bedeutung ist von einem derartigen Gewicht, dass der Mangel des Antrags zur *Nichtigkeit* führt.[7]

Daraus, dass § 45 I VwVfG – ebenso wie § 41 I SGB X und § 126 I AO – die Heilungsmöglichkeit unter Nichtigkeitsvorbehalt stellt, kann allenfalls geschlossen werden, dass die Annahme, der Mangel des Antrags führe stets zur Nichtigkeit,[8] fehl geht). Für die These, der Mangel des unterbliebenen Antrags könne in jedem Fall geheilt werden,[9] bietet dagegen das Gesetz keinen Anhaltspunkt.

Die Nachholung muss in der vorgeschriebenen *Form* erfolgen;[10] bei Fehlen besonderer Formvorschriften kann der Antrag auch durch konkludentes Verhalten nachgeholt werden.[11]

## II. Nachholung der gebotenen Verfahrenshandlung durch die Behörde

### 1. Zuständigkeit

7 Zuständig für die Heilung ist bis zur Abhilfeentscheidung (§ 72 VwGO) allein die Ausgangsbehörde, danach daneben auch die Widerspruchsbehörde, die dem VA die für die gerichtliche Nachprüfung maßgebende Gestalt gibt (§ 79 I Nr. 1 VwGO).[12]

8 Eine Heilung des Verfahrensmangels durch die *Widerspruchsbehörde* scheidet allerdings dann aus, wenn Gegenstand des Widerspruchsverfahrens eine Ermessensentscheidung ist und die Widerspruchsbehörde ausnahmsweise nicht befugt ist, ihr *Ermessen* an die Stelle des Ermessens der Ausgangsbehörde zu setzen, also auf die Ermessenskontrolle i.S.d. § 114 S. 1 VwGO (als Rechtskontrolle) beschränkt ist.[13] Dasselbe gilt für *Beurteilungsermächtigungen,* wenn und soweit die Kontrollbefugnis der Widerspruchsbehörde auf die Rechtskontrolle beschränkt ist.

9 Aus der Schutzfunktion der konkret verletzten Verfahrensvorschrift kann sich ergeben, dass bei *Ermessensentscheidungen* auch dann, wenn der Widerspruchsbehörde eine Zweckmäßigkeitskontrolle zusteht, eine Heilung nur durch die Ausgangsbehörde im Rahmen der Abhilfe zulässig ist.

---

6 Gesetzliche Ausschlussfristen, die für den Antrag gelten, bleiben jedoch unberührt und können nicht über § 45 VwVfG geheilt werden. Vgl. die Amtl. Begründung BT-Drucks. 7/910, S. 65.

7 Ebenso BSG v. 21.06.1995, BSGE 76, 149 (151 f.) = NVwZ-RR 1996, 665 (verneint für den Prüfantrag nach § 106 V SGB V); BWVGH v. 04.03.1986, ZBR 1986, 334 (verneint für Urlaubsantrag); BayVGH v. 07.06.1989, BayVBl 1990, 152 (153); verneint für Antrag auf Vergabe eines Nutzungsrechts an einem Familiengrab).

8 So früher BSG v. 15.10.1981, BSGE 52, 245 (246) sowie HessVGH v. 10.10.1973, HessVGRspr 1974, 12; Das BVerwG vertrat dagegen bereits immer eine nach dem Gewicht des Antrags für das in Rede stehende Verwaltungsrechtsverhältnis differenzierende Auffassung. Vgl. BVerwG v. 11.02.1966, BVerwGE 23, 237 (238): schlichte Rechtswidrigkeit bei Einberufung in den Ersatzdienst, Nichtigkeit bei Beamtenernennung. Vgl. weiter BVerwG v. 16.04.1971, DÖV 1972, 173 (174). Ebenso auch die heute h.M.: vgl. NWOVG v. 08.07.1988, NWVBl 1989, 242 (243 f.); BFH v. 15.11.1991, NJW 1992, 2175; *Badura* in: Erichsen AllgVerwR, § 36 Rn. 8.

9 So z.B. *Kopp/Ramsauer* § 44 Rn. 21; wohl auch HessVGH, NVwZ 1985, 498; RhPfOVG v. 17.05.1988, NVwZ 1988, 947 f.; BayVGH v. 10.09.1991, BayVBl 1992, 21 f.

10 Vgl. BVerwG v. 17.03.1988 – BVerwG 5 B 60.87.

11 Vgl. BSGE v. 21.06.1995, BSGR 76, 149 (151).

12 Vgl. BVerwG v. 17.08.1982, BVerwGE 66, 111 (114 f.); v. 14.10.1982, BVerwG 66, 184 (187); v. 18.10.1983, NVwZ 1984, 578 (579); *Kopp/Ramsauer* § 45 Rn. 40.

13 Vgl. BVerwG v. 18.02.1991, NVwZ-RR 1991, 337; *Schoch* NVwZ 1983, 255; *Hufen* JuS 1999, 316.

So führt der 3. Senat des BVerwG zur *Anhörung* aus: Wenn die Widerspruchsbehörde mit der Zurückweisung des Widerspruchs bestätige, dass das Ermessen zweckmäßig ausgeübt worden sei, so schließe das nicht aus, dass sie nicht auch eine andere dem Betroffenen günstigere Ermessensausübung gebilligt hätte. Es sei also nicht auszuschließen, dass in Fällen vorheriger Anhörung eine für den Betroffenen günstigere Entscheidung ergehe, wie er sie im Widerspruchsverfahren nicht mehr erreichen könne. Darum könne die Nachholung nur durch eine Handlung der Ausgangsbehörde selbst bewirkt werden.[14]

## 2. Heilung eines Begründungsmangels des Erstbescheides (§ 45 I Nr. 2 VwVfG)

§ 45 I Nr. 2 VwVfG knüpft durch das Tatbestandsmerkmal der »erforderlichen Begründung« an § 39 I VwVfG an und meint deshalb nur die Heilung *formeller Begründungsfehler,*[15] das *Nachholen der Begründung,* also die Fälle gänzlich fehlender[16] oder den formellen Mindestanforderungen des § 39 I VwVfG nicht genügender Begründungen.[17] 10

Die *materielle, inhaltliche Unrichtigkeit* einer formell ordnungsgemäßen Begründung ist dagegen ein Problem der materiellen Rechtswidrigkeit des angefochtenen VA,[18] für dessen »Heilung« durch Berichtigung, Ergänzung oder Erweiterung der Begründung nach wie vor die vom BVerwG entwickelten Zulässigkeitsschranken für das *Nachschieben von Gründen* im Verwaltungsprozess gelten: Die nachträglich von der Behörde angegebenen Gründe müssen schon bei Erlass des VA vorgelegen haben, der VA darf durch sie nicht in seinem Wesen verändert und der Betroffene nicht in seiner Rechtsverteidigung beeinträchtigt werden.[19] 11

Wann der VA *in seinem Wesen verändert* wird, bestimmt nach der Rspr. des BVerwG maßgeblich das einschlägige Fachrecht, von dem abhängt, ob das Wesen des auf seiner Grundlage ergehenden VA allein durch den »Spruch« oder auch durch bestimmte, vom Fachrecht für unabdingbar notwendig erklärte Begründungserwägungen bestimmt wird.[20] Bei *ErmessensVAen*[21] ist eine Wesensänderung jedenfalls dann anzunehmen, wenn die bisherige Ermessensbegründung im Kern ausgewechselt[22] oder einem VA, der bisher als gebundene Entscheidung verstanden wurde, erstmals eine Ermessensbegründung gegeben wird.[23] Unzulässig ist weiterhin bei ErmessensVAen ein Nachschieben von Gründen im Prozess durch eine mit der Widerspruchsbehörde nicht identische 12

14 Vgl. BVerwG v. 17.08.1982, BVerwGE 66, 188 f. unter Übernahme der – allerdings speziell zum Einberufungsverfahren entwickelten Erwägungen des 8. Senats, Urt. v. 10.03.1971, BVerwGE 37, 307 (312 f.); ebenso BVerwG v. 15.12.1983, BVerwGE 68, 267 (274 f.); a.A. (Heilung durch die Widerspruchsbehörde auch bei Ermessensakten) der 1. Senat: BVerwG v. 17.08.1982, BVerwGE 66, 114 f.; wohl auch der 5. Senat, vgl. BVerwG v. 18.08.1977, BVerwGE 54, 276 (280).

15 Vgl. *Schoch* DÖV 1984, 402 ff.; *Messerschmidt* NVwZ 1985, 878.

16 Vgl. BVerwG v. 05.02.1992, NVwZ 1993, 976; SächsOVG v. 16.11.1998, SächsVBl 1999, 108 (110).

17 Vgl. OVG Lüneburg v. 14.12.1982, OVGE 37, 327 (330); wohl auch BVerwG v. 15.12.1983, BVerwGE 68, 267 (275); *Schoch* DÖV 1984, 405 f.; *Meyer/Borgs* § 45 Rn. 29.

18 BVerwG v. 14.05.1991, Buchholz 451.512 MGVO Nr. 37; v. 05.02.1992, NVwZ 1999, 976 (977).

19 Zum Nachschieben von Gründen vgl. BVerwG v. 16.06.1997, BVerwGE 105, 55 (59); v. 05.05.1998, BVerwGE 106, 351 (363) m. Rezension *R.-P. Schenke* JuS 2000, 230; weiter *R.-P. Schenke* VerwArch 1999, 232 (247 ff.); *Bader* NVwZ 1999, 122 f.

20 Vgl. BVerwG v. 18.05.1990, BVerwGE 85, 163 (165 f.); SächsOVG v. 27.02.2001, NVwZ 2009, 121, 219 und *R.P. Schenke* VerwArch 1999, 253.

21 Für Beurteilungsermächtigungen gilt Entsprechendes. Vgl. SächsOVG SächsVBl v. 06.05.1998, 219; *Bader* NVwZ 1999, 122.

22 Einen solchen Fall entschied BVerwG v. 20.08.2003, RiA 2004, 35.

23 Vgl. BVerwG v. 28.02.1975, BVerwGE 48, 81 (84); v. 14.01.1999, NJW 1999, 2912 (2913); RhPfOVG v. 23. 9. 1997,NVwZ-RR 1998, 315 (316); BayVGH v. 23.03.1999, BayVBl 1999, 627 f.

Ausgangsbehörde.[24] Ansonsten bestehen aber auch bei ErmessensVAen Freiräume für ein Nachschieben von Gründen.[25]

13 Liegen z.B. bei Erlass eines ErmessensVA die Gesichtspunkte a, b und c vor, auf die die Ermessensentscheidung gestützt werden könnte, und hält die Behörde den Gesichtspunkt a für derart durchschlagend, dass er den ErmessensVA allein zu tragen vermag, so braucht sie, um den formellen Anforderungen des § 39 I 3 VwVfG zu genügen, nur diesen zu nennen. Denn nach dem Gesetzeswortlaut kommt es für die Reichweite des Begründungszwanges allein auf die rechtliche Einschätzung der Behörde an. Stellt sich im gerichtlichen Verfahren heraus, dass a nicht tragfähig ist, erweist sich die formell ordnungsgemäße Begründung als sachlich unrichtig. Die Gesichtspunkte b und c konnten, soweit dies die Schranken des Nachschiebens von Gründen wahrte, von der Behörde auch über die verwaltungsverfahrensrechtliche Zeitschranke des § 45 II VwVfG a.F. hinaus nachgeschoben werden.[26]

14 Besonderheiten gelten in den Fällen *intendierten Ermessens.*[27] Ist eine ermessenseinräumende Norm dahin auszulegen, dass sie für den Regelfall von einer Ermessensausübung in einem bestimmten Sinne ausgeht, so müssen besondere Gründe vorliegen, um eine gegenteilige Entscheidung zu rechtfertigen. Liegt ein vom Regelfall abweichender Sachverhalt nicht vor, so versteht sich das Ergebnis der Abwägung von selbst und bedarf deshalb nach § 39 I 3 VwVfG auch keiner das Selbstverständliche darstellenden Begründung. Folglich handelt es sich, wenn die Behörde nachträglich zu individuellen oder sonstigen Besonderheiten abwägend Stellung nimmt, um eine Ergänzung nicht um eine Nachholung der Ermessensbegründung).

15 Mit der Anfügung des *§ 114 S. 2 VwGO* durch das 6. VwGOÄndG sollte die Zulässigkeit des Nachschiebens von Gründen klargestellt sowie die Streitfrage geklärt werden, ob ein Nachschieben von Gründen durch die Ausgangsbehörde auch dann möglich ist, wenn diese mit der Widerspruchsbehörde nicht identisch ist.[28]

Prozessrechtlicher Art ist von diesen Themen allenfalls das letzte, wenn man es so verstehen wollte, dass in diesen Fällen ein erneutes Vorverfahren nicht erforderlich sein soll. Insoweit unterläge es nach Art. 74 I Nr. 1 GG der Regelungsbefugnis des Bundesgesetzgebers, der aber ersichtlich von ihr keinen Gebrauch gemacht hat; denn Ausnahmen vom Erfordernis des Vorverfahrens sind in der VwGO in § 68 I 2 abschließend geregelt.[29] Ansonsten ist das Nachschieben von Gründen kompetenzrechtlich dem materiellen Verwaltungsrecht und dem Verwaltungsverfahrensrecht zuzuordnen, für das der Bundesgesetzgeber nur eine begrenzte Zuständigkeit hat.

16 Bei verfassungskonformer Sicht kann § 114 S. 2 VwGO deshalb von vornherein nur als rein prozessuale Regelung verstanden werden.[30] Dann aber sagt § 114 S. 2 VwGO nicht mehr als die auch bisher nicht bestrittene Binsenweisheit, dass die VwGO dem Nach-

---

24 Vgl. BVerwG v. 13.11.1981, DVBl 1982, 304 (305).

25 Vgl. BVerwG v. 05.05.1998, BVerwGE 106, 351 (365); RhPfOVG v. 23. 9. 1997, NVwZ-RR 1998, 316; NWOVG v. 03.02.1994, NVwZ-RR 1995, 247 (248 f.); Eyermann/*Rennert* § 114 Rn. 89; *Determann* Jura 1997, 350 (351). Zu Unrecht gehen *Dolderer* DÖV 1999, 104 (106) und *Bader* NVwZ 1999, 120 (121) davon aus, dass nach der bisherigen Rspr. des BVerwG die Ermessensergänzung immer den Erlass eines neuen VA bedeutete.

26 Vgl. BVerwG v. 18. 9. 1985, Buchholz 237.5 § 14 HessLBG Nr. 2; *Horn* Verw 1992, 225; a.A. BWVGH v. 20.05.1980, ESVGH 31, 23 (25 f.): nur die ursprüngliche Begründung, also der Gesichtspunkt a, kann noch präzisiert und klargestellt werden; zustim. *Laubinger* VerwArch 1981, 337; wohl auch *Schoch* DÖV 1984, 408; *Schenke* NVwZ 1988, 1.

27 Vgl. BVerwG v. 05.07.1985, BVerwGE 72, 1 (6); v. 25. 9. 1992, BVerwGE 91, 82 (90); v. 16.06.1997, BVerwGE 105, 55 (57); zum intendierten Ermessen: *Volkmann* DÖV 1996, 282; *Borowski* DVBl 2000, 149; *Pabst* VerwArch 2002, 540 ff.

28 Vgl. BT-Drucks. 13/3993, S. 13 zu Nr. 14; 13/5098, S. 24.

29 Vgl. Schoch/Schmidt-Aßmann/Pietzner/*Gerhardt* § 114 Rn. 12e; wohl auch SächsOVG v. 06.05.1998, SächsVBl 1998, 218 (220).

30 *W.-R. Schenke* NJW 1997, 81 (88 ff.); *Millgramm* SächsVBl 1997, 107 (110).

schieben von Gründen – von § 137 II VwGO abgesehen[31] – nicht entgegensteht und die dem entsprechende Ergänzung der Ermessenserwägungen weder eine Klageänderung noch die Durchführung eines erneuten Vorverfahrens erforderlich macht. Der Kläger kann auf das Nachschieben von Gründen mit einer Erledigungserklärung reagieren, um Kosten von sich fernzuhalten (§ 161 II VwGO).[32]

Ein (völliges) Auswechseln der bisherigen Ermessensbegründung und die erstmalige Begründung einer Ermessensentscheidung, die bisher als gebundene Entscheidung verstanden wurde, fällt nicht unter § 114 S. 2 VwGO). In diesen Fällen wird auf jeden Fall der *VA in seinem Wesen* geändert, mithin in Wahrheit ein neuer VA erlassen.[33] 17

Der Kläger kann ihn in den Tatsacheninstanzen im Wege der Klageänderung in das Verfahren einbeziehen oder aber zum Erledigungsfeststellungsantrag (§ 113 I 4 VwGO) übergehen oder den Rechtsstreit in der Hauptsache für erledigt erklären, um der Kostenlast zu entgehen.[34] Eines erneuten Vorverfahrens bedarf es nach der Rspr. des BVerwG nicht, wenn dem Zweck des Vorverfahrens bereits genügt worden ist oder sich sein Zweck ohnehin nicht (mehr) erreichen lässt.[35] Diese Voraussetzungen können ausnahmsweise auch dann gegeben sein, wenn die Änderung einer Ermessensentscheidung durch die mit der Widerspruchsbehörde nicht identische Ausgangsbehörde erfolgt ist, wenn und weil der Widerspruchsbehörde hinsichtlich der von der Ausgangsbehörde nachgeholten Ermessenserwägung kein eigenes Ermessen zustand, das eine andere, namentlich dem Kläger günstigere Entscheidung erlaubt hätte.[36]

### 3. Heilung der Verletzung rechtlichen Gehörs[37] (§ 45 I Nr. 3 VwVfG)[38]

Die nachzuholende *Anhörung* besteht darin, dass dem Beteiligten Gelegenheit gegeben wird, sich zu den für die Entscheidung wesentlichen Tatsachen zu äußern (§ 28 VwVfG).[39] Eines *besonderen Hinweises* der nachholenden Behörde auf die Gelegenheit zur Äußerung bedarf es im Regelfall nicht; vielmehr genügt die Bekanntgabe eines mit Gründen und Rechtsbehelfsbelehrung versehenen Ausgangsbescheides.[40] 18

Etwas anderes gilt lediglich dann, wenn die Ausgangsbehörde und der WF eine nach Auffassung der Widerspruchsbehörde entscheidungserhebliche Tatsache übersehen haben. In diesem Fall gebietet der Schutzzweck des § 28 VwVfG, den Beteiligten darauf hinzuweisen, dass die bisher übersehene Tatsache entscheidungserheblich sei und er Gelegenheit habe, sich dazu zu äußern. Als entscheidungserheblich i.S.d. § 28 I VwVfG sind nur diejenigen Tatsachen anzusehen, auf die es nach der rechtlichen Einschätzung der Behörde ankommt.

Der Anhörungsmangel wird demnach i.d.R. geheilt, wenn der Betroffene seine Einwendungen im Wege des Widerspruchs vortragen kann, die zuständige Behörde etwaiges 19

31 Vgl. BVerwG v. 09.12.1999, Buchholz 239.2 § 28 SVG Nr. 3.
32 Vgl. BVerwG v. 05.05.1998, BVerwGE 106, 352 (365); zustim. *Clausing* JuS 2000, 59 (60); abl. *Pöcker/Barthelmann* DVBl 2002, 668 (672) .
33 Vgl. BVerwG v. 18.05.1990, BVerwGE 85, 163 (165); NWOVG v. 02.08.2001, DVBl 2002, 790 (LS).
34 Vgl. BerwG v. 18.05.1990, BVerwGE 85, 163 (166) m.w.N.
35 Vgl. BVerwG v. 18.05.1990. BVerwGE 85, 163 (167) m.w.N.
36 Vg l. BerwG v. 18.05.1990, BVerwGE 85, 162 (167).
37 Zur Auslegung des § 28 VwVfG vgl. 18.10.1988, BVerwGE 80, 299 (303 f.); BayVGH v. 21.12.2006 BayVBl 2007, 499; NWOVG v. 01.07.1983, NVwZ 1983, 746; NdsVGH 07.03.2008, NuR 2009, 53; *Schoch* Jura 2007, 28; *Hochhuth* NVwZ 2003, 30; BeckOK/*Hermann* § 28 VwVfG.
38 § 45 I Nr. 3 VwVfG ist entsprechend anwendbar auf alle Verfahrenshandlungen, deren vornehmlicher Zweck darin besteht, den Beteiligten rechtliches Gehör zu gewähren, also etwa die für förmliche Verfahren vorgeschriebene mündliche Verhandlung (§ 67 I VwVfG); die in § 45 I Nr. 3 VwVfG genannte Anhörung (§ 28 VwVfG) ist hierfür nur ein Beispiel. Vgl. BVerwG v. 18.10.1983, NVwZ 1984, 578 (579); zur analogen Anwendung von § 45 I VwVfG auf die nachgeholte Vorprüfung nach § 3 c UVPG BVerwG v. 20.09.2008, NVwZ 2008, 1349.
39 Vgl. HessVGH v. 24.10.2008, DÖV 2009, 212; BayVGH v. 22.10.2008, ZUR 2009, 103.
40 Vgl. BVerwG v. 20.10.1982, DÖV 1983, 246; OVG Lüneburg v. 13.10.1986, NVwZ 1987, 511.

Vorbringen zur Kenntnis nimmt und bei ihrer Entscheidung, z.B. dem Widerspruchsbescheid (aus den Gründen erkennbar), in Erwägung zieht.[41]

### 4. Heilung der unterlassenen Mitwirkung eines Ausschusses oder einer anderen Behörde[42] (§ 45 I Nr. 4 und Nr. 5 VwVfG)[43]

20 Eine Heilung ist ausgeschlossen, wenn das Gesetz die Mitwirkung zwingend *vor* Erlass des VA vorschreibt und die Nachholung der Mitwirkung durch die Widerspruchsbehörde den Schutzzweck der Vorschrift unterlaufen würde).

## III. Zeitliche Schranken und Folgen der Heilung

21 Wird der Fehler durch die *Widerspruchsbehörde* geheilt, ist der Widerspruch, wenn der VA in der Sache rechtmäßig war, als unbegründet zurückzuweisen, jedoch sind der Ausgangsbehörde die *Kosten* des durch den Verfahrensfehler provozierten Widerspruchs aufzuerlegen (§ 80 I 2 VwVfG).[44] Ist wegen unterlassener Begründung oder Anhörung die Rechtsbehelfsfrist versäumt worden, kann der RF nach § 45 III VwVfG *Wiedereinsetzung* verlangen.

22 Die frühere verwaltungsverfahrensrechtliche Zeitschranke für die Heilungsmöglichkeit (§ 45 II VwVfG a.F.: »bis zum Abschluss des Vorverfahrens«) ist durch das GenBeschlG[45] hinausgeschoben worden bis zum Abschluss des verwaltungsgerichtlichen Verfahrens.

Den berechtigten Belangen des Klägers soll nach der Gesetzesbegründung zum GenBeschlG[46] dadurch Rechnung getragen werden, dass das Gericht die erst im verwaltungsgerichtlichen Verfahren erfolgte Heilung bei der Kostenentscheidung berücksichtigt. Da die Novellierung des § 45 II VwVfG nicht durch eine Vorschrift des gerichtlichen Kostenrechts nach Art des § 80 I 2 VwVfG flankiert worden ist,[47] kann der Kläger von den Kosten nur entlastet werden, wenn er die Hauptsache aufgrund der Heilung für erledigt erklärt (§ 161 II VwGO).[48] Führt der Kläger den Prozess weiter, weil er nach wie vor Bedenken

41 Vgl. BVerwG v. 09.12.1988, NJW 1989, 1873.

42 Zu beachten ist, dass nach der Rechtsprechung des BVerwG § 45 VwVfG sich nur mit der nach außen wirkenden Tätigkeit der Behörden befasst, nicht aber mit ihrer inneren Willensbildung. Personalvertretungen sind deshalb weder Behörden noch Ausschüsse i.S.d. § 45 VwVfG (kritisch hierzu *Laubinger* VerwArch 1985, 449 und *Battis* NVwZ 1986, 889). Die Frage der Heilung ist deshalb allein nach dem Personalvertretungsrecht zu beurteilen, das allerdings für die oben beschriebene Mitwirkung weitgehend zu gleichen Ergebnissen kommt.

43 Vgl. BVerwG v. 24.06.1965, BVerwGE 21, 240 (249 f.) zur *Mitwirkung des Personalrats* bei der Zwangspensionierung eines Beamten; BVerwG v. 24.11.1983, BVerwGE 68, 189 (193 ff.) zur *Mitwirkung des Personalrats* bei Entlassung eines Beamten auf Widerruf unter Einhaltung einer Frist (bestätigt in BVerwG v. 09.05.1985, DVBl 1985, 1236); v. 11.05.1979, BVerwGE 58, 80 zur Beteiligung sachverständiger Stellen der gewerblichen Wirtschaft nach § 3 III BLG; v. 08.03.1991, NVwZ-RR 1991, 349 (Anhörung der Schornsteinfegerinnung vor Bestellung des Bezirksschornsteinfegermeisters). Zur Mitwirkung sozial erfahrener Personen nach § 114 II BSHG vgl. § 26 Rn. 14.

44 Vgl. zur Auslegung *Frohn* SGb 1996, 110 und *Stampa* SGb 1996, 589.

45 Gesetz zur Beschleunigung von Genehmigungsverfahren (Genehmigungsverfahrensbeschleunigungsgesetz) vom 12.09.1996 (BGBl. I S. 1354).

46 BT-Drucks. 13/3994, S. 8 zu Nr. 3.

47 Der Bundesrat hatte dies im Rahmen der Beratungen zum 6. VwGOÄndG vorgeschlagen (BT-Drucks. 13/3993, S. 23 f. zu Nr. 21), die Bundesregierung einen Vorschlag zur Ergänzung des § 155 VwGO zugesagt (BT-Drucks. 13/4069, S. 3 zu Nr. 21), aber nicht eingelöst.

48 Vgl. *Schmitz/Wessendorf* NVwZ 1996, 955 (958); *Schmieszek* NVwZ 1996, 1151 (1155); Schoch/Schmidt-Aßmann/Pietzner/*Gerhardt* § 114 Rn. 12 f.; *Hufen* JuS 1999, 318.

gegen die Rechtmäßigkeit des angefochtenen VA hat, kann ihm nach § 155 IV VwGO nur geholfen werden, wenn und soweit der geheilte Verfahrensfehler ausscheidbare Kosten verursacht hat.[49]

Die Heilung ist nach dem ausdrücklichen Wortlaut des § 45 II VwVfG nunmehr auf den Abschluss der letzten mündlichen Tatsacheninstanz eines verwaltungsgerichtlichen Verfahrens beschränkt,[50] da in der *Revisionsinstanz* nach § 137 II VwGO neue Tatsachen grundsätzlich nicht mehr berücksichtigt werden können. 23

§ 45 II VwVfG trägt den berechtigten Interessen der Verwaltung an Vermeidung unnötiger Verfahrenswiederholungen Rechnung. 24

## C. Unbeachtlichkeit von Form- und Verfahrensfehlern

Nach § 46 VwVfG (§ 42 SGB X, § 127 AO) kann die *Aufhebung* eines (nicht nichtigen) VA von Anfang an nicht *beansprucht* werden, wenn lediglich die Verletzung von Vorschriften über 25

- das *Verfahren*[51]
- die *Form*[52] *oder*
- die *örtliche Zuständigkeit*[53]

gerügt wird und keine andere Entscheidung *in der Sache* hätte getroffen werden können (§ 46 VwVfG n.F.: »wenn offensichtlich ist, dass die Verletzung die Entscheidung in der Sache nicht beeinflusst hat«).

Für die qualifizierte, an die res sita anknüpfende örtliche Zuständigkeit gilt dies wegen § 44 II Nr. 3 VwVfG nicht. Die Verletzung von Vorschriften über die *sachliche* oder gar die *Verbandszuständigkeit* wird von § 46 VwVfG nicht erfasst.[54] Derartige Zuständigkeitsverletzungen führen unabhängig von ihrer Entscheidungserheblichkeit stets zur Aufhebung (sondergesetzliche Ausnahme z.B.: § 8 I 2 BRRG) und werden auch nicht dadurch geheilt, dass die zuständige Behörde den Widerspruchsbescheid erlässt.[55] Die Verletzung einer *kommunalrechtlichen Organzuständigkeit* ist kein Mangel der sachlichen Zuständigkeit, sondern eine Verletzung von Vorschriften über das Verfahren.[56] 26

Das Fachrecht kann bestimmen, dass die Verfahrensvorschrift so gewichtig ist, dass ihre Verletzung einen *absoluten Aufhebungsgrund* darstellt. Dann geht sie nach § 1 I VwVfG dem § 46 VwVfG vor.[57] 27

§ 46 VwVfG legt eine bereits vorher durch die höchstrichterliche Rechtsprechung herausgearbeitete Schranke für die Anfechtbarkeit von VAen fest: Nur solche Verfahrensfehler, auf denen die angefochtene Entscheidung beruhen kann (sog. *wesentliche Ver-* 28

---

49 Vgl. Schoch/Schmidt-Aßmann/Pietzner/*Olbertz* § 155 Rn. 26; großzügiger *Berkemann* DVBl 1998, 446 (448).

50 Das 3. Gesetz zur Änderung verwaltungsverfahrensrechtlicher Vorschriften v. 21.08.2002 (BGBl. I S. 3322) hat diese Unklarheit des GenBeschlG korrigiert.

51 Vgl. z.B. BVerwG v. 25.08.1981, Buchholz 451.20 § 35 GewO Nr. 34; BVerwGE v. 15.12.1989, 68, 276; NWOVG v. 02.03.1979, GewArch 1979, 331; RhPfOVG v. 17.01.1979, AS 15, 198 (200 f.) für § 28 VwVfG.

52 Die inhaltliche Bestimmtheit fällt nicht hierunter. Vgl. BFH v. 05.07.1978, BStBl 1978 II 542 f.; *Laubinger* VerwArch 1981, 343; differenzierend *Meyer/Borgs* § 46 Rn. 18.

53 Vgl. NWOVG v. 15.08.2007; NJOZ 2007, 5843; BVerwG v. 13.05.1976, Buchholz 315.326 Rücknahme Nr. 8, S. 8 f. m.w.N.

54 Vgl. BVerwG v. 29.09.1982, BVerwGE 66, 178 (183); v. 10.12.1996, Buchholz 402.240 § 5 AuslG 1990 Nr. 1; BFH v. 23.4.1986, BFHE 147, 125 (132); BayVGH v. 13.08.1996, NVwZ-RR 1997, 399; HessVGH v. 14.11.1991, NVwZ 1992, 393 (396); BWVGH v. 18.05.1978, DÖV 1978, 696.

55 VglBVerwG v. 16.07.1968, BVerwGE 30, 138 (145).

56 Vgl. BayVGH v. 31.03.2003, NVwZ-RR 2003, 771 (772); *Linhart* § 20 Rn. 122 a.

57 So für § 29 BNatSchG a.F. (jetzt § 58 BNatSchG) BVerwG v. 12.11.1997, BVerwGE 105, 348 (353 f.); zu § 36 BBauG s. § 39 Rn. 7.

*fahrensfehler)*, sollen zur Aufhebung des VA führen können.[58] Was wesentlich in diesem Sinne ist, war früher streitig. Überwiegend wandte man § 46 VwVfG nicht auf Ermessens- und planerische Abwägungsentscheidungen an. Selbst bei unbestimmten Rechtsbegriffen wurde die Anwendbarkeit des § 46 VwVfG bestritten. Das überzeugte schon damals nicht. »Rechts«- schutz kann nur bedeuten, dass eine materiell fehlerhafte Entscheidung aufgehoben werden muss. Einen Ermessenentscheidung ist aber nicht schon deshalb fehlerhaft, weil genauso gut eine andere Entscheidung hätte ergehen können. Hinzu kommt, dass § 46 VwVfG bei VA mit Doppelwirkung verfassungskräftig geschützte Rechte Dritter absichert. § 46 VwVfG war in diesem Kontext schon immer extensiv zu verstehen.[59]

29 Die Begrenzung des Anwendungsbereichs auf gebundene VAe einschließlich der Fälle der Ermessensreduzierung auf Null hat Art. 1 Nr. 4 GenBeschlG aufgegeben. Die Neuformulierung des letzten Halbsatzes des § 46 VwVfG stellt nicht mehr allein auf die (rechtliche) Alternativenlosigkeit des Entscheidungsinhalts ab, sondern auch auf die mangelnde Kausalität des Verfahrens- oder Formfehlers[60] (faktische Alternativenlosigkeit). »Damit werden auch solche Entscheidungen erfasst, in denen zwar keine Ermessensreduzierung auf Null vorliegt, in denen die Behörde aber bei Vermeidung des Verfahrens- oder Formfehlers dieselbe – materiell rechtmäßige – Entscheidung getroffen hätte.«[61] Das Erfordernis der *Offensichtlichkeit des Kausalitätsmangels* soll einen angemessenen Ausgleich zwischen den Erfordernissen der Verfahrensökonomie und den berechtigten Rechtsschutzinteressen Dritter bewirken.[62] Offensichtlichkeit liegt vor, wenn die fehlende Kausalität gleichsam auf den ersten Blick – ohne nähere Nachforschungen – klar erkennbar ist.[63] Die Beweislast für die fehlende Kausalität liegt bei der Behörde. Das Gemeinschaftsrecht zwingt zu keiner abweichenden Sichtweise.[64]

30 § 46 VwVfG versagt dem WF und späteren Anfechtungskläger den *materiellen Aufhebungsanspruch);* die Möglichkeit der Aufhebung durch Verwaltung oder Gericht ist dagegen in § 46 VwVfG nicht angesprochen. Gleichwohl besteht auch für das Gericht wegen § 113 I 1 VwGO keine Aufhebungsbefugnis.

*Dasselbe gilt für die Widerspruchsbehörde* aus den dargelegten Erwägungen.[65] In ihrer Funktion als Rechtsbehelfsbehörde ist die Widerspruchsbehörde zur Aufhebung des angefochtenen VA nur im Umfang der subjektiven Rechts- oder Zweckwidrigkeit befugt (Sind die Voraussetzungen des § 46 VwVfG gegeben, *ist* deshalb der Widerspruch als unbegründet zurückzuweisen).

## D. Maßgebliche Sach- und Rechtslage

31 Bei der Begründetheitsprüfung ist grundsätzlich auf die Sach- und Rechtslage zum *Zeitpunkt des Erlasses des Widerspruchsbescheids* abzustellen.[66] Änderungen der tatsächlichen oder rechtlichen Grundlagen eines VA, die im Laufe des Widerspruchsverfahrens

58 Vgl. hierzu BVerwG v. 21.04.1982, Buchholz 316 § 46 VwVfG Nr. 8 m.w.N.; *Papier* Der verfahrensfehlerhafte Staatsakt 1973; *Bettermann* FS Menger, S. 711.

59 *Ronellenfitsch* Beschleunigung und Vereinfachung des Eisenbahnkreuzungsgesetzes 1994, S. 129.

60 Bei gebundenen VAen ist auch unter der Neufassung wegen der Alternativlosigkeit der Entscheidung die mangelnde Kausalität aus der objektivierten Sicht, die das Gesetz fordert, stets offensichtlich. Vgl. BVerwG v. 06.08.1998 – BVerwG 9 B 773.97 –; *Schöbener* VerwArch 2000, 447 (470 f.).

61 So die Gesetzesbegründung BT-Drucks. 13/3995, S. 8.

62 Vgl. BT-Drucks. 13/3995, S. 8.

63 Vgl. *Schmitz/Wessendorf* NVwZ 1996, 955 (958).

64 A.A. *Gassner* NVwZ 2009, 1203.

65 Vgl. BVerwG v. 09.09.2008, NVwZ 2009, 530; NWOVG v. 07.03.1979, OVGE 34, 76 (77 f.).

66 BVerwG v. 09.08.2007, NVwZ 2007, 1436.

eintreten, sind deshalb von der Widerspruchsbehörde grundsätzlich zu berücksichtigen, es sei denn, das jeweilige Fachrecht sieht Abweichendes vor.[67]

Vgl. hierzu die Leitentscheidung BVerwG v. 06.04.1955, BVerwGE 2, 55 (62): »Unter allgemeinen rechtsstaatlichen Gesichtspunkten obliegt den Verwaltungsbehörden die Verpflichtung, ob die von ihnen noch nicht abschließend geregelten Fälle unter Kontrolle zu halten, solange sie – im Wirkungskreis der Verwaltung verblieben – noch der endgültigen Regelung harren. Diese Verpflichtung trifft mithin die Beschwerde- und die Einspruchsbehörde, wenn sie mit einem Rechtsmittel befasst werden.«

Wird z.B. eine (wirksame) kommunale Abgabensatzung durch eine neue ersetzt, bleibt die alte Satzung wegen des Grundsatzes der *Einmaligkeit der Beitragserhebung* maßgeblich für die unter ihrer Geltung ergangenen Abgabenbescheide.[68] Eine weitere Ausnahme von dem oben herausgestellten Grundsatz gilt nach der Rechtsprechung des BVerwG für Fälle *baurechtlicher Nachbarwidersprüche,* da eine dem Begünstigten zum Zeitpunkt des Erlasses des VA zustehende Rechtsposition nicht nachträglich ohne ausdrückliche Rechtsgrundlage entzogen werden dürfe.[69] Dies wird begründet mit dem Hinweis auf die Eigentumsgarantie des Art. 14 GG und einen das Bodenrecht kennzeichnenden Grundsatz, der dem Bauherrn eingeräumte Rechtspositionen trotz Rechtsänderung grundsätzlich belasse und ihre Beseitigung nur gegen Entschädigung gestatte (vgl. § 14 III BauGB). 32

Legt also z.B. der Nachbar Widerspruch gegen eine dem Bauherrn erteilte Baugenehmigung ein, so können Rechtsänderungen, die zwischen Wirksamwerden der Baugenehmigung und der Widerspruchsentscheidung zum Nachteil des Bauherrn eintreten, nicht berücksichtigt werden. Entscheidende Voraussetzung hierfür ist allerdings die – ebenfalls bestrittene – Annahme, dass die Baugenehmigung bereits mit der Bekanntgabe an den Bauherrn und nicht erst im Zeitpunkt des Zugehens beim letzten Betroffenen wirksam wird.[70]

Auf das *Immissionsschutzrecht* lässt sich diese Rechtsprechung wegen der §§ 17, 67 IV BImSchG nicht übertragen.[71] 33

Das bedeutet freilich nicht, dass jede verschärfende nachträgliche Neuregelung im Verfahren über den Widerspruch eines Drittbetroffenen berücksichtigt werden kann. Denn ein Nachbarwiderspruch eröffnet der Widerspruchsbehörde nicht die volle Sachherrschaft; die Widerspruchsbehörde ist vielmehr darauf beschränkt, den angegriffenen Verwaltungsakt auf die Verletzung nachbarschützender Vorschriften hin zu überprüfen. Daraus folgt, dass verschärfende Regelungen im – nicht Drittschutz vermittelnden – Vorsorgebereich (§ 5 I Nr. 2 BImSchG) außer Betracht zu bleiben haben.[72]

---

67 Vgl. BVerwG v. 03.11.2006, DÖV 2007, 302; *Schenke* Rn. 684.

68 Vgl. BVerwG v. 30.01.1987, BVerwGE 75, 356 (359).

69 Bei Rechtsänderungen *zugunsten* des Bauherrn verbleibt es dagegen bei der Regel. Denn es wäre nicht sinnvoll und mit der verfassungsmäßigen Garantie des Eigentums nicht vereinbar, eine (bei ihrem Erlass fehlerhafte) Baugenehmigung aufzuheben, obwohl sie sogleich wieder erteilt werden müsste. Vgl. BVerwG v. 05.10.1965, BVerwGE 22, 129 (133); v. 22.04.1996, NVwZ-RR 1996, 628.

70 Vgl. BVerwG, DÖV 1970, 137 m.w.N. und *Ule/Laubinger* § 56 Rn. 6.

71 Vgl. BVerwG v. 18.05.1982, BVerwGE 65, 313 (315 ff.); BWVGH v. 05.02.1980, GewArch 1980, 197 (200); BayVGH v. 10.01.1983, BayVBl 1983, 530.

72 OVG Lüneburg v. 21.10.1986, NVwZ 1987, 341 (342); zu § 4 I Nr. 3 GastG HessVGH v. 18.05.1990, NVwZ 1991, 278 f.; NWOVG v. 09.12.1992, NWVBl 1993, 302 f. und *Metzner* GastG, 6. Aufl. 2002, § 4 Rn. 347 f.

# § 39 Der Prüfungsumfang

## A. Der Grundsatz umfassender Kontrollkompetenz

1 Auf Grund der durch den Devolutiveffekt des Widerspruchs begründeten Sachherrschaft wächst der Widerspruchsbehörde innerhalb des durch den Widerspruch abgesteckten Rahmens die volle Entscheidungskompetenz der Ausgangsbehörde zu. Sie kann deshalb den ursprünglichen VA bestätigen, aufheben, abändern oder durch einen anderen ersetzen oder den beantragten VA selbst erlassen.[1] Die Widerspruchsbehörde ist auch befugt, andere tatsächliche und rechtliche Gesichtspunkte zur Begründung des von der Ausgangsbehörde erlassenen VA anzuführen sowie die Ermessenserwägungen der Ausgangsbehörde uneingeschränkt abzuändern und zu ersetzen,[2] also nicht nur andere Gründe für eine bereits getroffene Ermessensentscheidung zu berücksichtigen, sondern auch eine *neue Ermessensentscheidung* zu treffen.[3] Dies ergibt sich aus dem umfassenden Kontrollzweck des Widerspruchsverfahrens sowie der verfahrensrechtlichen Einheit von Ausgangs- und Widerspruchsbescheid (§§ 68, 79 VwGO).[4] Für Ermessensakte folgt hieraus, dass die gerichtliche Prüfung grundsätzlich am Widerspruchsbescheid auszurichten ist.[5]

Ist z.B. eine Abrissverfügung auf naturschutzrechtliche Gründe gestützt worden, so kann im Vorverfahren die Widerspruchsbehörde eine neue Ermessensentscheidung treffen und dabei baurechtliche Gesichtspunkte heranziehen. Zu beachten sind jedoch die Einschränkungen der Ermessenskontrolle bei Nachprüfung der VAe von Selbstverwaltungsbehörden durch staatliche Widerspruchsbehörden.

2 Die Grundsätze über das *»Nachschieben von Gründen«* und über die Umdeutung fehlerhafter VAe greifen, solange das Widerspruchsverfahren noch nicht abgeschlossen ist, für die Widerspruchsbehörde nicht ein. Deshalb kann ein wegen Ermessensunterschreitung rechtswidrig als gebunden erlassener VA dadurch geheilt werden, dass die Widerspruchsbehörde die Rechtsgrundlage auswechselt und ihn auf zutreffende Ermessenserwägungen stützt,[6] ein Verfahren, das nach Abschluss des Widerspruchsverfahrens unzulässig wäre, weil es den VA in seinem Wesen verändern würde. Diese Befugnisse stehen der Widerspruchsbehörde jedoch nur innerhalb des durch Ausgangsbescheid und Widerspruch abgesteckten Rahmens zu. Sie darf den AusgangsVA, soweit er durch Widerspruch angegriffen ist, anhand der in § 68 I 1 VwGO niedergelegten Maßstäbe kontrollieren und ihm seine abschließende Gestalt geben, sich aber nicht an die Stelle der Ausgangsbehörde setzen und aus Anlass des Widerspruchs einen anderen – nicht in ihre Zuständigkeit fallenden – VA erlassen; dies wäre kein Widerspruchsbescheid, sondern ein ihre Kompetenz überschreitender Erstbescheid.

Das wäre z.B. der Fall, wenn die Widerspruchsbehörde einen Geldleistungsbescheid zugunsten einer anderen Abgabenart aufrechterhält (z.B. festgesetzte Säumniszuschläge als Verzugszinsen zu rechtfertigen sucht), da dies den Ersterlass eines anderen GeldleistungsVA bedeuten würde. Dazu wäre die Widerspruchsbehörde nur unter den Voraussetzungen des § 47 VwVfG berechtigt, die aber im Beispielsfall nicht vorliegen. § 47 I VwVfG verlangt nämlich Zielidentität, die bei Säumniszuschlag und Verzugszins

1 Vgl. BVerwG v. 17.05.1979, DÖV 1979, 791 (792); v. 18.09.1991, NVwZ-RR 1992, 68; RhPfOVG v. 08.11.1973, AS 13, 291 (293); v. 21.02.1984, NVwZ 1985, 436; BayVGH v. 19.03.1981, NJW 1982, 460; SaarlOVG v. 12.11.1982, AS 18, 15 (17 ff.).
2 BVerwG v. 03.04.1974, Buchholz 402.24 § 10 AuslG Nr. 34.
3 RhPfOVG v. 08.11.1973, AS 13, 291 (293).
4 BVerwG v. 27.09.1989, BVerwGE 82, 336 (338); v. 01.12.1989, BVerwGE 84, 178 (181).
5 Vgl. BVerwG v. 06.04.1989, NVwZ 1989, 768 (769); BWVGH v. 15.11.1989, NVwZ 1990, 1085.
6 Vgl. BVerwG v. 14.12.1970, DÖV 1971, 746 (747); v. 28.02.1975, BVerwGE 48, 81 (84, 86); v. 21.10.1980, BVerwGE 61, 105 (110).

fehlt: Der Säumniszuschlag soll den Rechtsungehorsam beugen, der Verzugszins nimmt ihn hin und gewährt Ersatz des durch ihn verursachten Schadens.

Der umfassende Kontrollzweck des Widerspruchsverfahrens verbietet es, dass die Wi- 3
derspruchsbehörde den VA nur unter Beschränkung auf die in ihm angegebenen Gründe auf seine Rechtmäßigkeit und Zweckmäßigkeit hin überprüft. Macht der WF einen Verpflichtungs- oder Bescheidungsanspruch geltend, so darf sich die Widerspruchsbehörde *nicht auf eine Überprüfung der Gründe beschränken,* die in dem *ablehnenden Entscheid* angeführt sind. Vielmehr hat sie die Pflicht, über die Begründetheit des geltend gemachten Anspruchs, soweit möglich, in vollem Umfang und abschließend zu entscheiden. Dies gilt stets und ohne Einschränkung auch dann, wenn sich die Ausgangsbehörde selbst auf die Prüfung einzelner Fragen beschränkt hat, diese aber nach Auffassung der Widerspruchsbehörde für die Ablehnung nicht ausreichen.[7]

Ähnliches ist auch bei Entscheidungen in Ausübung von *Beurteilungsermächtigungen* zu beachten.

Ein Recht zur Letzterkenntnis kann der zur Beurteilung ermächtigten Ausgangsbe- 4
hörde grundsätzlich nur im Rahmen richterlicher Kontrolle erwachsen, nicht aber ohne weiteres auch gegenüber der zur umfassenden Rechts- und Zweckmäßigkeitsprüfung verpflichteten Widerspruchsbehörde.[8]

Die Widerspruchsbehörde ist deshalb z.B. nicht auf die Prüfung beschränkt, ob der zum *Eignungsurteil* berufene Dienstvorgesetzte seinen Beurteilungsspielraum eingehalten hat, sondern hat grundsätzlich den Bewertungsvorgang erneut zu vollziehen.[9]

## B. Einschränkungen der Kontrollbefugnis

### I. Prüfungsrecht

Einschränkungen der Kontrollbefugnis der Widerspruchsbehörde können sich im Prüfungsrecht ergeben:

#### 1. aus rechtlichen Gründen

§ 68 I 2, 1. Alt. VwGO ermächtigt nicht nur zur gesetzlichen Abschaffung des Vorver- 5
fahrens, sondern auch zur Beschränkung des Kontrollmaßstabes der Widerspruchsbehörde.[10] Deshalb kann der Gesetzgeber die Beurteilungsermächtigung auch lediglich der Ausgangsbehörde vorbehalten, was durch Auslegung zu klären ist.

Hieran hat sich durch die neuere Rechtsprechung des BVerfG zum prüfungsrechtlichen Bewertungsspielraum (vgl. B. v. 17.04.1991, BVerfGE 84, 34 ff.; 84, 59 ff.; v. 10.10.1991, NVwZ 1992, 652 f.) nichts geändert. BVerfGE 84, 34 (47) weist in LS 1 und den Gründen vielmehr ausdrücklich darauf hin, dass die Eröffnung einer zweiten Verwaltungsinstanz mit einer vollständigen Neubewertung umstrittener Prüfungsleistungen nicht

7 Vgl. RhPfOVG v. 09.12.1965, AS 9, 407 (408 f.).

8 BVerwG v. 01.12.1978, BVerwGE 57, 130 (145); v. 17.05.1979, DÖV 1979, 791 (792); v. 09.05.1985, BVerwGE 71, 251 (254); v. 24.02.1993, BVerwGE 92, 132 (141).

9 BVerwGE 57, 145 f.; DÖV 1979, 792; BremOVG v. 01.10.1976, DöD 1977, 137; vgl. auch BayVGH v. 11.02.1977, BayVGHE 30, 44 ff.; ebenso NWOVG v. 08.09.1966, NJW 1967, 949 (950) für Reifeprüfungen.

10 BVerwG v. 27.10.1978, Buchholz 421.0 Nr. 98; v. 16.02.1981, Buchholz 421.0 Prüfungsrecht Nr. 140; BayVGH v. 08.03.1982, NJW 1982, 2685 (2686); SHOVG v. 08.10.1993, DÖV 1994, 394.

geboten sei.[11] Entscheidend sei nur, dass der betroffene Bürger auf vermeintliche Irrtümer und Rechtsfehler im Prüfungsverfahren rechtzeitig und wirkungsvoll hinweisen und damit ein Überdenken ausstehender oder bereits getroffener Entscheidungen erreichen könne (BVerfGE 84, 48 f.). Das bedeutet in der Sache einen verwaltungsverfahrensrechtlichen Anspruch auf Entgegennahme substantiierter Einwendungen und Nachbewertung (Nachkorrektur), der grundsätzlich von den betroffenen Prüfern zu erfüllen ist.[12]

### 2. aus tatsächlichen Gründen

6 Leistungen, die in einer einmaligen und nicht wiederholbaren Prüfungssituation, etwa im *Prüfungsgespräch*, erbracht worden sind, wird eine übergeordnete Behörde, deren Organwalter der Prüfung nicht persönlich beigewohnt haben, nicht mehr uneingeschränkt selbst bewerten können. Denn nach einem anerkannten Grundsatz des Prüfungs- und Bewertungsrechts setzt die Bewertung einer Leistung ihre volle Kenntnis voraus.

Der Widerspruchsbehörde verbleibt also in diesen Fällen dieselbe Aufgabe wie dem Verwaltungsgericht, nämlich festzustellen, ob die Prüfer die Verfahrensvorschriften und das anzuwendende materielle Recht beachtet haben, insonderheit den Rahmen des Bewertungsspielraums eingehalten, ihrer Bewertung einen richtigen und vollständigen Sachverhalt zugrunde gelegt, allgemeingültige Bewertungsmaßstäbe einschließlich des dem Prüfling zuzubilligenden fachwissenschaftlichen Antwortspielraums beachtet und sich sachfremder Erwägungen enthalten haben. Der Anspruch des Prüflings auf ein *eigenständiges verwaltungsinternes Kontrollverfahren* zum Zwecke des Überdenkens insbesondere der prüfungsspezifischen Wertungen muss dann jedoch durch Einschaltung der Prüfer in der Abhilfephase gewährleistet werden. Ist das Widerspruchsverfahren gesetzlich ausgeschlossen, hat der Gesetzgeber ein entsprechendes verwaltungsinternes Kontrollverfahren zu konstituieren.

## II. Verweigerung gemeindlichen Einvernehmens (§ 36 I BauGB)

7 *Besondere Probleme* ergeben sich, wenn die Widerspruchsbehörde die Versagung einer bauaufsichtlichen Genehmigung, die auf der *Verweigerung des gemeindlichen Einvernehmens* (§ 36 I BauGB) beruht, zu überprüfen hat.

---

11 Folglich hat BVerfGE 84, 59 (67) den Ausschluss des Widerspruchsverfahrens im Fall des Beschwerdeführers zu 2) nach § 68 I 2 Nr. 1 VwGO (Landesprüfungsamt als oberste Landesbehörde) als solchen nicht beanstandet. Das Widerspruchsverfahren ist also in Prüfungssachen keineswegs Verfassungspflicht. Eine andere Frage ist, ob sich das verwaltungsinterne Kontrollverfahren nicht am sinnvollsten im Rahmen der Abhilfephase eines ansonsten auf Rechtskontrolle beschränkten Widerspruchsverfahrens organisieren ließe. In diesem Sinne wohl *Muckel* JuS 1992, 203 f.; *ders.* NVwZ 1992, 350; *Pietzcker* JZ 1991, 1085; *Krüger* NWVBl 1992, 66; *Löwer/Linke* WissR 1997, 128 (138 f.). Brandenburg hat deshalb den Widerspruch eingeführt, die Überprüfung aber auf Rechtsfehler beschränkt (§ 9 BbgJAG). Ohne Einschränkungen dagegen § 17 JAG MV, § 4 a BWJAG, § 25 der Übereinkunft Hamburg/Niedersachsen/Schl-H (§ 1 Rn. 4) und § 3 a SächsJAG. Nach § 19 I JAG NW entscheidet der Vorsitzende des JPA, bei Angriffen gegen die Beurteilung auf der Grundlage einer einzuholenden Stellungnahme der Beurteiler; ebenso § 6 JAG-LSA; ähnlich § 19 V BerlJAG.

12 Vgl. BVerwGE v. 01.06.1995, BVerwGE 98, 324 (330 ff.); v. 11.07.1996, NVwZ-RR 1997, 102 f.; *Löwer* FS Redeker, S. 515 (517 f.); *ders./Linke* WissR 1997, 136. Ein solches grundrechtgestütztes, formloses verwaltungsinternes Gegenvorstellungs- und Kontrollverfahren muss nicht notwendig vor Erhebung der Klage abgeschlossen sein, um als »effektiv« zu gelten, zwingt aber wegen seines Vorrangs in aller Regel zur Aussetzung des gerichtlichem Verfahrens (§ 94 VwGO). v. 08.11.1973, AS 13, 291 .

Nach st. Rspr. des BVerwG ist die Mitwirkungsbefugnis der Gemeinde ein *Verwaltungsinternum,* ihre Versagung deshalb kein anfechtbarer VA. Im Außenverhältnis ist ausschließlich die Baugenehmigungsbehörde zum Erlass dieses *mehrstufigen VA* befugt.[13] Ohne das erklärte Einvernehmen der Gemeinde darf weder die Baugenehmigungs- noch die Widerspruchsbehörde die Baugenehmigung erteilen. Dies gilt grundsätzlich auch dann, wenn das Einvernehmen rechtswidrig versagt wurde.[14] Haben Baugenehmigungs- und Widerspruchsbehörde das Einvernehmen nicht eingeholt oder sich über die Versagung hinweggesetzt, weil sie sie für rechtswidrig hielten, ist auf Klage der Gemeinde die Baugenehmigung allein wegen dieses Verfahrensfehlers aufzuheben, ohne dass es auf die materielle Rechtmäßigkeit der Baugenehmigung ankäme. Die Anwendung des § 46 VwVfG ist ausgeschlossen, weil nach Ansicht des BVerwG die Beachtung des § 36 BauGB nicht nur verfahrensrechtliche Bedeutung hat, sondern auch und vornehmlich die Planungshoheit der Gemeinde sichern soll.[15] Eine *Ersetzung* des rechtswidrig vorenthaltenen Einvernehmens der Gemeinde war nach Ansicht des BVerwG nur möglich im Wege der *Rechtsaufsicht* (Beanstandung, Fristsetzung, Ersatzvornahme) durch die Kommunalaufsichtsbehörde oder durch das *Gericht* im Rahmen eines vom Bauwerber gegen die Versagung der Baugenehmigung eingeleiteten Überprüfungsverfahrens.

Legt man diese Rspr. zugrunde, kann die Widerspruchsbehörde lediglich die Ableh- 8
nungsgründe der Baugenehmigungsbehörde überprüfen, grundsätzlich aber nicht das verweigerte Einvernehmen der Gemeinde ersetzen. Dies ist von ihr ebenso hinzunehmen wie von der Baugenehmigungsbehörde, es sei denn, der Widerspruchsbehörde ist durch die Vorschriften des anzuwendenden materiellen Rechts und seiner Zuständigkeitsvorschriften eine weitergehende Befugnis zur Entscheidung in der Sache eingeräumt als der Erstbehörde).

Eine Ausnahme bestand schon immer für die *Stadtrechtsausschüsse* in Rheinland-Pfalz und dem Saar- 9
land. Bei Identität von Genehmigungs- und Gemeindebehörde bedarf es nach Sinn und Zweck des § 36 I BauGB der förmlichen Herstellung des gemeindlichen Einvernehmens nicht.[16] Der Stadtrechtsausschuss als Kommunalorgan kann deshalb die Versagung der Baugenehmigung in vollem Umfang überprüfen und bei Vorliegen der gesetzlichen Voraussetzungen ohne Rücksicht auf ein verweigertes Einvernehmen erteilen ohne dass die Stadt hiergegen klagen könnte. Denn in ihrem Recht auf Ausübung der Planungshoheit kann sie nicht durch ein eigenes Organ, dessen Entscheidungen ihr rechtlich zuzurechnen sind, verletzt werden. Für das Verhältnis Gemeinde – Kreisrechtsausschuss gelten dagegen die allgemeinen Grundsätze.[17]

Ist die Widerspruchsbehörde der Auffassung, die Gemeinde habe ihr Einvernehmen 10
rechtswidrig verweigert, so soll sie eine Überprüfung durch die *Kommunalaufsichtsbehörde* herbeiführen). Diese kann unter Einhaltung des aufsichtlichen Verfahrens anstelle der Gemeinde das Einvernehmen im Wege der Ersatzvornahme erklären.[18] Erst die Unanfechtbarkeit oder rechtskräftige gerichtliche Bestätigung dieser Erklärung räumt das Rechtshindernis des mangelnden Einvernehmens endgültig aus. Bis dahin ist das Widerspruchsverfahren grundsätzlich *auszusetzen.* Ob das immer noch gilt, ist fraglich.

Seit 1998 bestimmt § 36 II 3 BauGB, dass *die nach Landesrecht zuständige Behörde* ein 11
rechtswidrig versagtes Einvernehmen der Gemeinde ersetzen kann.[19] Da § 36 II 3 BauGB keine verfahrensrechtlichen Regelungen enthält und dem Bundesgesetzgeber

---

13 Vgl. BVerwG v. 19.11.1965, BVerwGE 22, 342 (344 f.); v. 15.11.1991, NVwZ-RR 1992, 529.

14 BVerwG v. 15.11.1991, NVwZ-RR 1992, 530; v. 11.08.2008, NVwZ 2008, 1347.

15 Vgl. BVerwG v. 12.12.1991, NVwZ 1992, 878; v. 18.2004, BVerwGE 121, 339.

16 Vgl. BVerwG, v. 06.10.1989, NVwZ 1990, 460 (462).

17 BVerwG v. 21.06.1974, NJW 1974, 1838.

18 Vgl. NWOVG v. 24.06.1970, DÖV 1970, 785 f.; HessVGH v. 05.10.1971, BRS 24 Nr. 141; BayVGH v. 12.07.1983, BayVBl 1983, 532.

19 Eingefügt durch das Bau- und RaumordnungsG 1998 vom 18.08.1998 (BGBl. I S. 2061). In der Entwurfsfassung war die Ersetzungsbefugnis unmittelbar durch Bundesrecht der höheren Verwaltungsbehörde anvertraut. Vgl. BT-Drucks. 13/6392 S. 60. Der Landesrechtsvorbehalt ist durch den Vermittlungsausschuss eingefügt worden. Vgl. BT-Drucks. 13/8019 S. 7.

die kommunalaufsichtlichen Landesmodelle bekannt waren, wird man annehmen müssen, dass sich der Landesrechtsvorbehalt auch auf die Regelung des Verfahrens bezieht.[20] Soweit spezifisch baurechtliche Verfahrensregelungen fehlen, gelten die VwVfGe der Länder, insbesondere § 28 VwVfG, bei Ersetzung durch die Widerspruchsbehörde § 71 VwGO.

12 Die Länder haben sich – mit Ausnahme der überkommenen kommunalaufsichtlichen Modelle und § 71a BauO M-V – auf die Bestimmung der zuständigen Behörde beschränkt.

Art. 67 I i.V.m. Art. 53 I 2 BayBO; § 70 BbgBO; § 22 III HessDVO-BauGB; § 71 I i.V.m. § 57 II 1 LBauOMV; § 1 a I NdsDVO BauGB, § 2 Nr. 4 a I BürokratieabbauGNW i.V.m. § 2 III BauGB-DVO; § 2 Nr. 1 BauGBZustV RhPf i.V.m. §§ 60, 71 LBauO; § 72 I i.V.m. § 59 I SaarlLBauO; § 71 I i.V.m. § 57 I 2 SächsBauO; § 70 I i.V.m. § 56 I 2 BauO LSA.; § 69 I i.V.m. § 61 I ThürBO.

13 Wo derartige spezifisch baurechtliche Zuständigkeitsregelungen fehlen (Baden-Württemberg; Schleswig-Holstein), soll es nach h.M. bei der alten Rechtslage verbleiben: Ersetzung des Einvernehmens durch die Kommunalaufsichtsbehörden). Die Intention des Gesetzgebers, der Obstruktion der Gemeinden gegen materiell rechtliche zulässige Bauvorhaben, einen Riegel vorzuschieben, sprechen eher dafür, die als nach Landesrecht zuständige Behörde unmittelbar mit der Baugenehmigungsehörde gleichzusetzen, den betroffenen Gemeidnen gegen die Ersetzensentscheidung aber ein Klagerecht einzuräumen.[21]

## III. Inzidentkontrolle untergesetzlicher Normen

14 Einschränkungen der Kontrollbefugnis der Widerspruchsbehörde können schließlich daraus folgen, daß nach h.M. der Verwaltung keine *Inzident-Verwerfungsbefugnis* gegenüber Satzungen und anderen im Range unter dem förmlichen Gesetz stehenden Rechtsnormen zukommt.[22]

Das BVerwG[23] hat bisher nur entschieden, dass die höhere Verwaltungsbehörde als Plangenehmigungsbehörde weder befugt ist, die Nichtigkeit eines von ihr als ungültig erkannten Bebauungsplans verbindlich festzustellen, noch nach Inkrafttreten des Plans die rechtswidrig erteilte Genehmigung zurückzunehmen oder ihre Nichtigkeit festzustellen; der als ungültig erkannte Bebauungsplan ist vielmehr in dem für die Aufhebung von Bebauungsplänen geltenden Verfahren aufzuheben, um damit den Anschein seiner Rechtsgeltung zu beseitigen.[24]

Ausdrücklich offengelassen wurde dagegen, wie sich eine Behörde bei der Entscheidung eines Einzelfalles – wie etwa die Bauaufsichtsbehörde bei der Entscheidung über ein

20 Vgl. *Lasotta* BayVBl 1998, 609 (612).
21 NdsOVG v. 10.01.2008; NJOZ 2008, 2298. Zu den haftungsrechtlichen Implikationen des rechtswidrig versagten Einvernehmens *Desens* DÖV 2009, 197.
22 Vgl. oben § 14 Rn. 20 und *Schmidt* BayVBl 1976, 1 ff.; *Kopp* DVBl 1983, 821 ff.; *Jung* NVwZ 1985, 790 ff.; *Hill* 58. DJT, 1990, Bd. I, D 102; BayVGH v. 01.04.1982, BayVBl 1982, 654 m. abl. Anm. *Renck;* SaarlOVG v. 20.02.1989, NVwZ 1990, 172; v. 09.12.1991, NVwZ 1993, 396; vgl. auch Nr. 40.03.2 der NdsVV-BBauG 1980 v. 31.10.1980 (NdsMinBl S. 1513). Für die Gegenansicht vgl. *Pietzcker* DVBl 1986, 806 ff.; *Volhard* NVwZ 1986, 105 ff.; *Maurer* § 4 Rn. 46 f.; *Gaentzsch* in: Berliner Kom. BauGB, 2. Aufl. 1995, § 10 Rn. 19; HessVGH v. 20.12.1989, NVwZ 1990, 885 f.; BWVGH v. 05.11.1990, ESVGH 41, 108 (113 f.).
23 BVerwG v. 21.11.1986, BVerwGE 75, 142 = DVBl 1987, 481 m. Anm. *Steiner.*
24 Zu Bedeutung und Zulässigkeit sog. Klarstellungs- oder Nichtigkeitsfeststellungsbeschlüsse vgl. *Gaentzsch* in: Berliner Kom. BauGB, 2. Aufl. 1995, § 10 Rn. 17; HessVGH v. 08.01.1987, DÖV 1987, 450; NWOVG v. 24.03.1982, DÖV 1983, 86; *Jäde* BayVBl 1988, 5 ff.

Baugesuch – zu verhalten hat, wenn sie Zweifel an der Gültigkeit eines (entscheidungserheblichen) Bebauungsplanes hat.[25]

Die Widerspruchsbehörde hat in solchen Fällen das *Verfahren auszusetzen*[26] *und die Gültigkeitsfrage zu klären. Hierfür stehen ihr mehrere Möglichkeiten zur Verfügung:* 15

a) Hat sie selbst Verfügungsmacht über die Norm, steht ihr nur das *förmliche Aufhebungsverfahren* zur Verfügung; für einen Normenkontrollantrag nach § 47 VwGO fehlt ihr das Rechtsschutzinteresse.[27] Fehlt ihr eine solche Verfügungsmacht, kann sie den *Antrag nach § 47 VwGO* stellen und/oder ein förmliches Normaufhebungsverfahren beim zuständigen Normgeber anregen.[28]
b) Daneben kann sie, wenn sie gleichzeitig (Kommunal-)Aufsichtsbehörde des Normurhebers ist, mit den Mitteln der *Rechtsaufsicht* ein Normaufhebungsverfahren einleiten, notfalls im Wege der Ersatzvornahme die Norm selbst aufheben (vgl. oben Rn. 7, 10). Widerspruchsbehörden, die nicht gleichzeitig die Funktion der Aufsichtsbehörde haben, können ein aufsichtliches Einschreiten anregen (vgl. oben Rn. 10).
c) Widerspruchsbehörden, die wie die Stadtrechtsausschüsse in Rheinland-Pfalz und dem Saarland (§ 37 Rn. 24 ff. und oben Rn. 9) Teil der Gemeindeverwaltung sind, können beim Rat als dem zuständigen Ortsgesetzgeber ein förmliches Normaufhebungsverfahren anregen,[29] darüber hinaus aber auch einen Normenkontrollantrag stellen, da sie eigenständige Behörden sind, ohne aber selbst über die Norm verfügen zu können.[30]

Lässt die Widerspruchsbehörde diese Möglichkeiten ungenutzt oder aber führen sie nicht zur Aufhebung der Norm, hat die Widerspruchsbehörde die Norm trotz der Gültigkeitsbedenken ihrer Entscheidung zugrunde zu legen.

25 Vgl. BVerwG v. 21.11.1986, BVerwGE 75, 146. Zur Lösung zuletzt *Becker* SächsVBl 1998, 276 f.

26 Vgl. oben Rn. 10 und BGH v. 10.04.1986, DVBl 1986, 1264 (1266); SaarlOVG v. 20.02.1989, NVwZ 1990, 172 (174); 1993, 397; *Steiner* DVBl 1987, 486. Vgl. auch BVerfG v. 21.02.1961, BVerfGE 12, 180 (186).

27 Vgl. BVerwG v. 15.03.1989, BVerwGE 81, 307 (310); v. 11.08.1989, NVwZ 1990, 57; v. 26.06.1998, SächsVBl 1998, 236; SaarlOVG NVwZ 1993, 397; SächsOVG v. 31.07.1997, SächsVBl 1998, 59 (60).

28 Vgl. BayVGH BayVBl 1982, 654.

29 Vgl. SaarlOVG NVwZ 1990, 174; 1993, 397; *Gaentzsch* in: Berliner Kom. BauGB 2. Aufl. 1995 § 10 Rn. 20.

30 Vgl. BVerwG 81, 310. Sehr strittig – vgl. *Jäde,* BayVBl 1986, 6 m.w.N. Das Verbot des Insichprozesses (vgl. § 7 Rn. 12) greift hier wegen der objektivrechtlichen Ausgestaltung des Normenkontrollverfahrens (*jede* Behörde!) nicht ein (vgl. auch § 14 Rn. 19 f.).

# § 40 Die Reformatio in peius

1 Ergibt die Begründetheitsprüfung, dass der angefochtene VA rechtswidrig oder zweckwidrig ist, weil er den WF zuwenig belastet oder ihm zuviel gewährt, ist der Widerspruch auf jeden Fall unbegründet. Heftig umstritten ist, ob die Widerspruchsbehörde in diesen Fällen den angefochtenen VA auch zum Nachteil des WF abändern, reformieren, verbösern darf.[1]

Ausdrücklich zugelassen ist die Reformatio in peius in § 337 II LAG,[2] § 367 II 2 AO 1977, § 3 V 2 RhPfKAG, § 3 I Nr. 7 BWKAG und § 3 I Nr. 7 SächsKAG.[3]

## A. Begriff

2 Von einer Reformatio in peius (Verböserung, Verschlechterung – im folgenden: Rip) spricht man nur dann, wenn *innerhalb eines Rechtsbehelfsverfahrens* die angefochtene Verwaltungsentscheidung *zum Nachteil des Rechtsbehelfsführers* (RF) reformiert wird.

Außerhalb eines Rechtsbehelfsverfahrens greifen die Grundsätze über die Rücknahme rechtswidriger VAe ein.[4]

3 Eine Verböserung liegt *nicht* bereits darin, dass die Widerspruchsbehörde dem VA eine *andere materiell-rechtliche Begründung* gibt, also die Entscheidungsgründe austauscht, sondern nur und erst dann, wenn der Entscheidungsausspruch – der Tenor – zum Nachteil des WF geändert wird.[5]

Im Einzelfall kann freilich – je nach der Aussage des anzuwendenden materiellen Rechts – das Auswechseln etwa der Rechtsgrundlage durchaus auch mit einem Eingriff in den Spruch des Bescheides verbunden sein, wenn und weil die Angabe der Rechtsgrundlage zum Spruch des Bescheides gehört, ihr Auswechseln mithin das Wesen des Bescheides berührt.[6]

4 Für das *gerichtliche Verfahrensrecht* ist das Verbot der Rip anerkannt. Es wird generell den Grundsätzen der Beachtung der Verteidigungsrechte, der Rechtssicherheit und des Vertrauensschutzes zugeordnet, die sogar eine Durchbrechung des Anwendungsvorrangs von Gemeinschaftsrecht rechtfertigen.[7] Im deutschen Recht wird das auf kleinerer Flamme gekocht. Das Verbt der Rip wird hier aus der Dispositionsmaxime und der hieraus abgeleiteten Bindung des Gerichts an die Anträge der Beteiligten (§§ 88, 122, 129, 141 VwGO) gefolgert.[8] Selbst aber im Verwaltungsprozess greift das Verböserungsverbot nicht schrankenlos ein, sondern wird durchbrochen durch das Institut des *Anschlussrechtsmittels* (§§ 127, 141 VwGO), das eine Verböserung zu Lasten des RF zulässt, wenn der Prozessgegner Anschlussberufung oder -revision einlegt. Keine

---

1 Vgl. *Pietzner* VerwArch 1989, 501 ff.; *ders.* VerwArch 1990, 261 ff.; *Oerder* S. 157 ff.; *W. Hess* Rip, 1990; *Renz* DÖV 1991, 138 ff.; *Juhnke* BayVBl 1991, 136 ff.; *Erichsen* Jura 1992, 650 f.; *Klindt* NWVBl 1996, 452; *Jaroschek* JA 197, 668; *Scheerbarth* Die verwaltungsbehördliche Rip und ihre prozessuale Problematik 1996; *Meister* JA 2002, 567; *Klingreen* DÖV 2003, 1; Schoch/Schmidt-Aßmann/Pietzner/*Schoch* § 68 Rn. 47 ff. Kritisch etwa *Hufen* § 49 Rn. 20.

2 Vgl. hierzu BVerwG v. 23.03.1972, BVerwGE 40, 25 (29).

3 SächsOVG v. 30.07.2002, SächsVBl. 2003, 43.

4 Vgl. z.B. BVerwG v. 19.05.1965, BVerwGE 21, 142 (145); v. 12.07.1968, BVerwGE 30, 132.

5 Vgl. BVerwG v. 15.05.1957, Buchholz 454.3 § 14 WBewG Nr. 11; v. 22.04.1971, BVerwGE 38, 60 (65); v. 27.02.1976, Buchholz 406.11 § 134 BBauG Nr. 3 und für das gerichtliche Verfahren BVerwG v. 15.09.1965, BVerwGE 22, 45 (46).

6 Vgl. BVerwG v. 19.08.1988, BVerwGE 80, 96 (97 f.).

7 EuGH v. 25.11.2008, DVBl 2009, 108.

8 Vgl. statt vieler *Bettermann* FS Wacke, S. 235 f.

Durchbrechung des Verböserungsverbots, sondern bereits begrifflich kein Fall der Rip liegt dann vor, wenn nur einer von mehreren Beteiligten ein Rechtsmittel einlegt und das Gericht das Urteil der ersten Instanz zum Nachteil des nicht als RF auftretenden Beteiligten abändert, da das Verböserungsverbot nur eine Verschlechterung *zu Lasten des RF selbst* verbietet. Dementsprechend ist auch die Widerspruchsbehörde im Vorverfahren jedenfalls nicht durch das Verböserungsverbot daran gehindert, eine Baugenehmigung, die lediglich vom drittbelasteten Nachbarn angefochten wird, zum Nachteil des Bauherrn aufzuheben oder mit Auflagen zu versehen, da der Bauherr selbst nicht als WF aufgetreten ist und sich deshalb nicht auf das Verböserungsverbot berufen kann.[9]

Schranken der Reformationsbefugnis der Widerspruchsbehörde können sich in einem solchen Fall allenfalls aus Vorschriften des materiellen Verwaltungsrechts ergeben. Nur diesen Fall regelt § 50 VwVfG, indem er die Behörde von den Vertrauensschutzschranken der §§ 48, 49 VwVfG befreit, »soweit« durch die Rücknahme oder den Widerruf »dem Widerspruch oder der Klage abgeholfen wird«. 5

Eine Verböserung kann in unterschiedlichen *Fallvarianten* auftreten, sei es, dass 6

a) die Widerspruchsbehörde die *angefochtene Belastung verschärft,*

z.B. eine bauaufsichtliche Beseitigungsanordnung auf weitere Anlagen(-teile) erstreckt;[10] statt einer auf die Nacht beschränkten Teilbetriebsstillegung die vollständige Betriebsstillegung verfügt,[11] die Feststellung eines Wertausgleichs (§ 7 VermöG) in einen Eckübertragungsbescheid erhöht[12] (ergänzen) einen Abgabenbescheid[13] oder einen Bescheid über die Rückforderung von Gasölsubventionen[14] oder BAföG-Leistungen[15] erhöht oder die Sperrfrist für die Wiedererteilung eines Jagdscheins von drei auf fünf Jahre verlängert;[16]

b) eine dem WF bereits gewährte, aber von ihm *als zu niedrig angegriffene Begünstigung ganz oder teilweise wieder entzieht,*

z.B. einen auf das Führen einer Gaspistole beschränkten Waffenschein[17] oder eine unter Nebenbestimmungen erteilte Investitionszulagenbescheinigung[18] ganz versagt oder eine Leistung niedriger festsetzt;[19]

c) oder die einer Begünstigung beigegebenen und vom WF *angefochtenen Einschränkungen verschärft,*

z.B. einer Baugenehmigung weitere Bedingungen oder Auflagen beifügt oder die einer wasserrechtlichen Bewilligung beigefügten Auflagen verschärft.[20]

---

9 Vgl. BVerwG v. 18.05.1982, BVerwGE 65, 313 (318 f.); BayVGH v. 10.01.1983, BayVBl 1983, 530; *Klindt* NWVBl 1996, 452.

10 Vgl. z.B. BayVGH v. 21.03.1973, BayVBl 1973, 556 und BWVGH v. 13.05.1974, BRS 28 Nr. 157 mit BVerwG v. 12.11.1976, BVerwGE 51, 310 ff.

11 Vgl. HbgOVG v. 01.11.1956, DVBl 1957, 284 mit BVerwG v. 10.09.1957, DÖV 1957, 782. Vgl. auch BayVGH v. 19.11.1987, GewArch 1988, 276 (277): Verschärfung einer Anordnung nach § 24 BImSchG; HbgOVG v. 24.04.1990, GewArch 1990, 405 und BVerwG v. 17.06.1996, NVwZ-RR 1997, 26: Ausdehnung der Gewerbeuntersagung auf alle Gewerbe (§ 35 I 2 GewO).

12 BVerwG v. 28.11.2001, BVerwGE 115, 259 (265 f.).

13 Vgl. BVerwG v. 15.04.1983, BVerwGE 67, 129 (134).

14 Vgl. BVerwG v. 29.08.1986, NVwZ 1987, 215; vgl. auch BVerwG v. 17.06.1996, NVwZ-RR 1997, 26.

15 Vgl. BremOVG v. 16.11.1982, ZfSH/SGB 1984, 23 (26 f.) mit BVerwG v. 06.12.1984, Buchholz 436.36 § 20 BAföG Nr. 20; ebenso BWVGH v. 9. 10. 1989, ESVGH 41, 76 (nur LS).

16 Vgl. OVG Lüneburg v. 06.08.1965, OVGE 21, 367 (369 f.).

17 Vgl. BayVGH v. 27.04.1971, DÖV 1972, 318.

18 Vgl. BVerwG v. 24.04.1987, NJW 1988, 276 (277).

19 Vgl. BVerwG v. 23.05.1962, BVerwGE 14, 175 (178 ff.); RhPfOVG v. 02.10.1991, NVwZ 1992, 386. Der im Ausgangsbescheid neben der Versagung der Rückübereignung noch festgestellte Entschädigungsanspruch wird von der Widerspruchsbehörde ebenfalls versagt.

20 Vgl. BVerwG v. 21.01.1972, DÖV 1972, 789.

## B. Zulässigkeit der Verböserung

7 Das Verbot der Rip ist *kein Wesensmerkmal* eines jeden dem Individualrechtsschutz dienenden Rechtsbehelfs.[21] Es fußt nicht auf begrifflichen Notwendigkeiten, sondern auf legislatorischen Zweckmäßigkeitserwägungen bei der Abwägung der einander widerstreitenden Rechtsprinzipien der materiellen Gerechtigkeit und der Gesetzmäßigkeit der Verwaltung einerseits und der Rechtssicherheit und des Vertrauensschutzes andererseits.

### I. Rechtsgrundlagen

8 Eine *bundeseinheitliche Regelung* der Verböserung wäre nur möglich über die Gerichtsverfahrenskompetenz des Art. 74 Nr. 1 GG; denn Verwaltungsverfahrensrecht kann der Bund jedenfalls im Bereich des landeseigenen Vollzugs von Landesrecht überhaupt nicht – auch nicht mit Zustimmung des Bundesrates – regeln.[22] Nach hier vertretener Ansicht[23] besitzt der Bund auf Grund einer historisch geprägten weiten Auslegung des Art. 74 Nr. 1 GG die Befugnis, das Widerspruchsverfahren umfassend und damit auch die Rip zu regeln.

So haben dies auch die Mitglieder des Bund-Länder-Ausschusses zur Erarbeitung eines Musterentwurfs eines VwVfG gesehen. Sie bezweifelten, ob die Regelung der Rip in den VwVfGen der Länder überhaupt zulässig sei und befürworteten deshalb eine verfassungsrechtlich zweifelsfreie Regelung durch eine Änderung der VwGO (vgl. Musterentwurf 1964, S. 183 f.). Die Folge davon ist, dass sich die VwVfGe des Bundes und der Länder bewusst einer Regelung der Verböserungsproblematik enthalten haben.

9 Von dieser Befugnis hat der Bund jedoch entgegen den verschiedentlich vertretenen Auffassungen, die Verböserung im Widerspruchsverfahren der §§ 68 ff. VwGO sei bundesrechtlich für zulässig erklärt[24] oder sei – umgekehrt – bundesrechtlich ausgeschlossen worden,[25] bisher keinen Gebrauch gemacht.

10 So das BVerwG in ständiger Rechtsprechung: vgl. BVerwG v. 23.05.1962, BVerwGE 14, 175 (178); v. 12.11.1976, BVerwG 51, 310 (313 ff.); v. 18.05.1982, BVerwGE 65, 31 (319); v. 29.08.1986 NVwZ 1987, 215; v. 17.06.1996, NVwZ-RR 1997, 26. Das BSG vertritt für das SGG denselben Standpunkt: vgl. BSG v. 08.06.1982, BSGE 53, 284 (286); v. 02.12.1992, BSGE 71, 274 (275, 278). BVerwGE 51, 310 (313) hat der bisherigen Rechtsprechung zur Enthaltsamkeit der VwGO den Satz hinzugefügt: »Die Zurückhaltung des Bundesgesetzgebers mag sich daraus erklären, dass er nicht befugt ist, das Verwaltungsverfahren der Bundesländer in vollem Umfange zu regeln, sondern insoweit nur die erforderlichen Regelungen über das Verwaltungsvorverfahren als Voraussetzung der Klageerhebung treffen durfte (Art. 74 Nr. 1 GG).«

11 Folglich richtet sich die Zulässigkeit der Rip nach dem jeweils *anzuwendenden (formellen und materiellen) Bundes- oder Landesrecht.*

*BVerwGE 51, 314:* »Ob im Widerspruchsverfahren die Rip zulässig ist, ist nicht in der VwGO geregelt, sondern richtet sich nach dem jeweils anzuwendenden Bundes- oder Landesrecht (LS 2) ... Der Senat ist

---

21 Vgl. BVerwG v. 10.09.1957; BVerwG DÖV 1957, 782 unter Hinweis auf *Schultzenstein* ZZP 1903, 1 ff.; a.A. *Hufen* § 9 Rn. 20; *Klindt* NWVBl 1996, 455. Einen anschaulichen Beleg hierfür gab § 80 Süddt.VGG, der die Verböserung auch im verwaltungsgerichtlichen Verfahren zuließ. Ein weiteres Beispiel bietet das Institut des Anschlussrechtsmittels.

22 So bereits BVerwG-GS v. 01.11.1965, BVerwGE 22, 281 (284).

23 Vgl. oben § 24 Rn. 5 und unten Rn. 10.

24 So vor allem *Freitag* VerwArch 1965, 333 ff. sowie *Determann* Jura 1997, 350 (353); *Beckmann* VR 1998, 226 (227) mit Hinweis auf die Neufassung der §§ 68 I 2 Nr. 2, 71, 78 II VwGO durch das 6. VwGOÄndG, die nunmehr auch die erstmalige Beschwer des WF erfassen. Damit wird aber nur die Möglichkeit der Rip vorausgesetzt, nicht aber ihre Zulässigkeit bundesrechtlich normiert.

25 So *Ule/Laubinger* § 46 Rn. 5, § 61 Rn. 7; *Renck* BayVBl 1974, 639; wohl auch *Hufen* § 9 Rn. 20.

der Auffassung, dass der Bundesgesetzgeber insoweit die Regelung der anderweitigen Normierung – sei es im Verwaltungsverfahrensrecht oder in Spezialgesetzen der Länder, sei es in Spezialregelungen des Bundes – überlassen hat.«

Derartiges Spezialrecht war und ist freilich selten. Vgl. § 4 II AFWoG-Verböserungsverbot für bereits zurückliegende Zeitabschnitte (NWOVG v. 14.09.1988, NWVBl 1989, 202 f.); weiterhin BVerwG v. 24.02.1993, DVBl 1993, 848 (489): Verbot der Rip bei Neubewertung einer Prüfungsarbeit (Grund: Gebot der Chancengleichheit); zustim. *v. Golitschek*, BayVBl 1994, 257 (263); krit. *Klindt*, NWVBl 1996, 459 f.; Verböserungsverbot für die Widerspruchsbehörde nach § 49 I S. 1 Rh.-Pf. LDiszG v. 02.03.1998. Materielles Verwaltungsrecht, das Verböserung grundsätzlich erlaubt: § 20 BAföG § 11 GVLwG, § 35 I S. 2 GewO Erschließungsbeitragsrecht (BVerwG v. 05.03.1997, Buchholz 406.11 § 127 BauGB Nr. 86).

Einschlägiges Bundes- oder Landesrecht in diesem Sinne findet und fand sich aber nicht nur im geschriebenen Recht, also in den vorhandenen verwaltungsrechtlichen Spezialgesetzen des Bundes und der Länder, sondern auch und vor allem in den nicht positivierten – in Konkretisierung der rechtsstaatlichen Verfassungsprinzipien über Gesetzmäßigkeit, Rechtssicherheit und Vertrauensschutz zu gewinnenden – *Grundsätzen des allgemeinen Verwaltungsrechts*,[26] die die Lücken des geschriebenen Verwaltungsrechts füllen und als Gewohnheitsrecht auch nach Erlass der VwVfGe des Bundes und der Länder fortgelten, wenn und soweit die verwaltungsverfahrensrechtlichen Kodifikationen eine Regelungslücke enthalten. Das BVerwG orientiert sich jedoch in aller Regel am geschriebenen Recht.

BVerwG v. 28.11.2001, BVerwGE 115, 259: Deren (erg. der Rip) Zulässigkeit ergibt sich allerdings nicht bereits aus der Verwaltungsgerichtsordnung; vielmehr ist nach Maßgaben des jeweils anzuwendenden Bundes- oder Landesrechts zu entscheiden, ob eine Verböserung im Rahmen des Widerspruchsverfahren zulässig ist.

## II. Materiell-rechtliche Beurteilung der Verböserung

Die ältere Rechtsprechung des BVerwG bis zum Erlass der VwVfGe des Bundes und der 12
Länder war vornehmlich der Herausarbeitung dieser allgemeinen Grundsätze des Verwaltungsrechts gewidmet. Danach war ist die Rip materiell-rechtlich *in aller Regel zulässig*.[27] Bei *begünstigenden VAen* war die Regelungslücke des positiven Rechts nach Ansicht des BVerwG durch eine vergleichende Heranziehung (nicht Anwendung!)[28] der allgemeinen *Grundsätze über den Widerruf* (nach heutiger Terminologie: *Rücknahme)* rechtswidriger begünstigender VAe zu schließen:[29]

26 Zur Rechtsnatur derartiger allgemeiner Grundsätze vgl. *Ossenbühl*, in: Erichsen, AllgVerwR, § 6 Rn. 84 ff.; *Maurer* AllgVerwR § 4 Rn. 29 ff.

27 Die Haltung des BSG ist reservierter. Während es zunächst die Zulässigkeit der Rip im sozialgerichtlichen Widerspruchsverfahren generell verneint hatte (vgl. BSG v. 20.04.1961, BSGE 14, 154, 157 f.; v. 23.04.1964, SozR 1500 § 77 SGG Nr. 44; setzt sich in der späteren Rspr. zunehmend die Einsicht durch, dass die Bindungswirkung des SozialVA (§ 77 SGG) durch die §§ 45 ff. SGB X durchbrochen wird und diese oder vergleichbare Vorschriften deshalb auch für eine Rip nutzbar gemacht werden können. Vgl. BSG v. 08.06.1982, BSGE 53, 284 (287 ff.); v. 02.12.1992, BSGE 71, 274 (277 ff.); v. 05.05.1993, SozR 3-3870 § 4 SchwbG Nr. 5; *Bühler*, BWVPr 1988, 252 (253 f.); *Frohn NZS* 1994, 450 f.; *Meyer-Ladewig/SGG,* 6. Aufl. 1998, § 85, 5.

28 Vgl. *Pietzner* VerwArch 1989, 511.

29 Vgl. BVerwG v. 21.11.1968, BVerwGE 31, 67 (69) zum AbgeltungsG; v. 21.01.1972, DÖV 1972, 789 zum WHG; v. 15.04.1983, BVerwGE 67, 129 (134) zum – Erschließungsbeitragsrecht; v. 24.06.1986, NVwZ 1986, 840 zum Beamtenrecht; v. 29.08.1986 NVwZ 1987, 215 zum Subventionsrecht; v. 17.06.1996 NVwZ-RR 1997, 26 (Gewerberecht). Ebenso BWVGH v. 13.05.1974, BRS 28 Nr. 157 (Baurecht); v. 29.08.1989, ZBR 1990, 330 (BeamtVersG) und v. 19.06.1990, NVwZ-RR 1991, 113 (BesG); BayVGH v. 27.04.1971, DÖV 1972, 318 (WaffG); v. 21.03.1973, BayVBl 1973, 556 (Baurecht); v. 19.11.1987, GewArch 1988, 276 (BImSchG); NWOVG v. 30.01.1975, DVBl 1976, 46

*BVerwGE 14, 179:* »Wie beim Widerruf eines begünstigenden VA entsteht auch hier das Problem aus der Berührung des Interesses an einer gesetzmäßigen und rechtmäßigen Entscheidung mit dem Interesse an Rechtssicherheit. Es verlangt daher eine ähnliche Lösung wie das des Widerrufs rechtswidriger begünstigender VAe. Allerdings kann der Begünstigte, der mit der ihm gewährten Begünstigung nicht zufrieden ist und im Rechtsbehelfsverfahren noch mehr erreichen will, sich nicht in demselben Maß auf Vertrauensschutz berufen, wie der durch einen unangefochtenen oder unanfechtbaren VA Begünstigte. Denn der zuerst Genannte hat selbst die Ursache für die Unbeständigkeit des ergangenen VA gesetzt. Er kennt die Unbeständigkeit und kann sein Verhalten darauf einrichten; er verdient daher einen geringeren Schutz, ja, in aller Regel überhaupt keinen ... Das Verbot der nachteiligen Änderung ... kann mithin nur in ganz seltenen Ausnahmefällen in Betracht kommen, so dass in aller Regel die Rip zulässig ist.«

*BVerwGE 21, 145:* »Der Grundsatz der Rechtssicherheit – bezogen auf die ›Bestandskraft‹ von Bescheiden – gewinnt bei VAen im allgemeinen erst dann den Vorrang, wenn Unanfechtbarkeit eingetreten ist.«

13 Diese Grundsätze galten und gelten auch und erst recht für *belastende VAe.*[29] Denn belastende VAe bieten von vornherein dem Adressaten wenig Anlass, überhaupt ein schutzfähiges und schutzwürdiges Vertrauen zu bilden.

Wem geboten wird, eine lärmintensive gewerbliche Betätigung zur Nachtzeit zu unterlassen,[30] mag hoffen, den Betrieb zur Tageszeit aufrechterhalten zu können. Vertrauen kann er hierauf nicht; denn eine entsprechende Aussage enthält weder der Tenor des Bescheides, noch ist sie seinen Gründen zu entnehmen. Anders mag dies zu beurteilen sein, wenn der belastende VA den Adressaten zu vermögenswirksamen Aufwendungen nötigt, die sich später als Fehlinvestition erweisen, weil die Verwaltung zu einem stärkeren Mittel greift, das mit dem früheren nicht in einem Minus-majus-Verhältnis steht, sondern ein aliud darstellt, für dessen Erfüllung die Aufwendungen des Adressaten nicht verwertbar sind.)

14 Bei *Abgabenbescheiden* dagegen, die eine Geldleistung aus bestimmtem Anlass oder für einen bestimmten Zeitraum festsetzen, liegt die Erwartung des Adressaten nicht fern, dass mehr als festgesetzt für den Anlass oder den Zeitraum nicht geschuldet werde. Hier mag für die Aufhebung des Abgabenbescheides außerhalb eines laufenden Rechtsbehelfsverfahrens das Eingreifen von Vertrauensschutzgesichtspunkten diskutiert werden.[31] Der Zulässigkeit einer Rip stehen sie aber grundsätzlich ebensowenig entgegen wie bei der Verböserung begünstigender VAe.

*BVerwG v.15.04.1983, BVerwGE 67, 129 (134):* »Der Kläger hat den Bescheid ... mit dem Widerspruch angefochten. Damit hat er selbst die Aufrechterhaltung dieses Bescheides in Frage gestellt und ihm die Eignung als Grundlage eines schutzwürdigen Vertrauens genommen. Wer einen Bescheid anficht, muss ... grundsätzlich auch die Verschlechterung seiner Position in Kauf nehmen und kann deshalb ein entgegenstehendes schutzwürdiges Vertrauen auf Grund dieses Bescheids nicht bilden.«

Unabhängig hiervon kann aber eine Höherfestsetzung aus abgabenrechtlichen Gründen im Widerspruchsverfahren ausgeschlossen sein, wenn z.B. gegen eine *Teilfestsetzung* Widerspruch erhoben worden ist und der zunächst nicht festgesetzte Anspruch durch *Ablauf der Festsetzungsfrist* während des Widerspruchsverfahrens erlischt (vgl. HessVGH v. 08.03.1994, NVwZ 1994, 924).

15 An dieser durch die allgemeinen Grundsätze des Verwaltungsrechts geprägten Rechtslage hat sich durch den Erfass *der VwVfGe* des Bundes und der Länder nichts geändert; denn diese haben sich bewusst einer Regelung der Rip enthalten.

Konkreten Ausdruck hat diese Zurückhaltung in § 43 II VwVfG gefunden. Diese Vorschrift nennt neben der Rücknahme und dem Widerruf eines VA noch dessen anderweitige Aufhebung und gibt damit zu erkennen, dass nach der Systematik des VwVfG die Aufhebung im Rechtsbehelfsverfahren nicht unter den Begriff der Rücknahme oder des Widerrufs fällt. Zwar gelten die §§ 48 f. VwVfG auch vor Eintritt der Unanfechtbarkeit mit der Folge, dass ein VA vor Ablauf der Widerspruchsfrist außerhalb des Widerspruchsverfahrens zurückgenommen oder widerrufen werden kann. Wird von dieser Möglichkeit Ge-

---

(USG); OVG Lüneburg v. 06.08.1965, OVGE 21, 369 (BJagdG); RhPfOVG v 10.06.1987, AS 21, 224 (Nebentätigkeitsrecht); v. 02.10.1992, AS 23, 307 = NVwZ 1992, 387 (BeamtVersG).

30 Vgl. BVerwG, v. 10.09.1997, DÖV 1997, 782.

31 Vgl. BVerw v. 18.03.1988, BVerwGE 79, 163 (169 f.); sowie *Knoke* S. 56 ff. m.w.N.

brauch gemacht, setzt die Behörde ein weiteres, zweites Verwaltungsverfahren in Gang. Der eingelegte Widerspruch dagegen verhindert den endgültigen Abschluss des ursprünglichen Verwaltungsverfahrens, und der einer Rücknahme oder einem Widerruf unterliegende VA gewinnt erst Gestalt durch den Widerspruchsbescheid.

Auch das BVerwG schien einer direkten Anwendung der §§ 48, 49 VwVfG ablehnend gegenüberzustehen. In BVerwG v. 17.06.1996, NVwZ-RR, 1997, 26 stützt sich das Gericht jedoch unmittelbar auf die Grundsätze von Rücknahme und Widerruf.

Nicht endgültig entschieden ist gleichwohl, in welchem Umfang der Rückgriff auf die §§ 48 ff. VwVfG die Möglichkeiten der Rip im Widerspruchsverfahren präjudiziert. Richtiger Ansicht nach können die §§ 48 ff. VwVfG nur entsprechende für die materiellrechtliche Frage herangezogen werden, *ob* eine Rip *überhaupt* zulässig ist. Über die Ausgestaltung des Vertrauensschutzes (§ 48 III VwVfG) und Rechtsausübungsfristen (§ 48 IV VwVfG) ist damit noch nichts gesagt. Sie müssen als Rechtsquelle allgemeiner Grundsätze in Ermangelung allgemeingültiger Aussagen außer Betracht bleiben.[32] Dagegen wird die Rip von §§ 68 I 2 Nr. 2, 71, 78 II und 79 II VwGO unmittelbar vorausgesetzt. Diese formellen Voraussetzungen müssen ihren Widerspruch im materiellen Recht finden. 16

Die Rip ist demnach nach materiellem Verwaltungsrecht grundsätzlich zulässig. Dies gilt auch für *Ermessensentscheidungen,* da bei ihnen unter dem Gesichtspunkt des Vertrauensschutzes des WF Abweichungen nicht ersichtlich sind. Das gilt jedoch nur, soweit die Widerspruchsbehörde nicht nur eine Kontrollkompetenz, sondern auch eine eigene Entscheidungskompetenz besitzt. Das ist, wie § 79 I Nr. 1 VwGO zeigt, der Regelfall. Ausnahmen ergeben sich nur für die Fälle, in denen eine Widerspruchsbehörde ausdrücklich auf die Rechtskontrolle beschränkt ist.[33] 17

Generell ist freilich auch bei der Rip der rechtsstaatlich gebotene Vertrauensschutz zu beachten. Den Anforderungen dieses rechtsstaatlichen Vertrauensschutzmodells genügt die Rechtsprechung des BVerwG zur Rip im Widerspruchsverfahren dadurch, dass sie zwar im Regelfall den Vorrang des Gesetzmäßigkeitsinteresses betont, den Richter aber gleichwohl – auch bei zwingendem Spezialrecht, das ein Aufhebungsermessen nicht einräumt – für verpflichtet hält, der Frage nachzugehen, ob nicht einer der (seltenen) Ausnahmefälle vorliegt, in denen der Vertrauensschutzgedanke zu einem Verböserungsverbot führt.[34] 18

Die Ausnahmen von der grundsätzlichen Zulässigkeit der Rip sind von den Fällen zu unterscheiden, in denen bereits der Entscheidungsrahmen der Widerspruchsbehörde begrenzt ist. Zu nennen sind nur die Fälle der *Teilanfechtung*. 19

Eine nur scheinbare Ausnahme von der grundsätzlichen Zulässigkeit der Verböserung im Vorverfahren stellen die *Fälle der Teilanfechtung* dar. Enthält ein VA mehrere rechtlich selbständige Entscheidungen, so kann die Anfechtung auf jeden selbständigen Teil beschränkt werden. Insoweit besteht rechtlich kein Unterschied zwischen der Teilanfechtung im Verwaltungsprozess und im Widerspruchsverfahren. Eine Rip zu Lasten des WF hinsichtlich des nichtangefochtenen Teils des VA scheidet dann aus,[35] weil inso- 20

32 Vgl. BWVGH v. 29.08.1989, ZBR 1990, 330.
33 Vgl. RPOVG v. 28.04.2003, NVwZ-RR 2004, 723.
34 Vgl. z.B. BVerwG v. 17.06.1996, NVwZ-RR 1997, 26.
35 Vgl. BVerwG v. 22.10.1958, Buchholz 427.4 § 1 WAG Nr. 9; v. 15.06.1970, Buchholz 427.3 § 337 LAG Nr. 18; v. 16.07.1998, VIZ 1998, 563 (564); BayVGH v. 15.12.1972, BayVBl 1973, 554 f.; *Menger/Erichsen* VerwArch 1966, 281; a.A. wohl *Freitag* VerwArch 1965, 327.

weit eine Entscheidungszuständigkeit der Widerspruchsbehörde nicht begründet worden ist.

Ähnliches gilt, wenn die Widerspruchsbehörde einen Widerspruch zum Anlass nimmt, über die Bestätigung oder Änderung des angefochtenen VA hinaus einen hiervon rechtlich unabhängigen *zusätzlichen* Eingriffsakt gegenüber dem WF zu erlassen.[36] Auch dies wäre keine Entscheidung über den Widerspruch mehr, sondern eine (neue) Erstentscheidung, die von der Widerspruchsbehörde rechtmäßig nur dann erlassen werden kann, wenn sie hierfür auch zuständig ist, also entweder mit der Ausgangsbehörde identisch ist oder ein Selbsteintrittsrecht besitzt.

## III. Verwaltungsverfahrensrechtliche Beurteilung der Verböserung

21 Ist demnach die Rip nach materiellem Verwaltungsrecht grundsätzlich zulässig, so folgt daraus noch keineswegs, dass gerade auch die Widerspruchsbehörde zu ihrer Vornahme befugt ist.

Unproblematisch sind dabei die Fälle, in denen *Widerspruchs- und Ausgangs-(Erlass-)Behörde identisch* sind, da kein Grund ersichtlich ist, warum einer Behörde eine Befugnis, die ihr nach dem jeweils einschlägigen Bundes- oder Landesverwaltungsverfahrensrecht im »normalen« Verwaltungsverfahren zusteht, versagt sein soll, wenn dieselbe Behörde als Widerspruchsbehörde eine zweite Entscheidung über den gleichen Verfahrensgegenstand treffen soll.[37]

22 Entscheidet dagegen – wie es dem gesetzlichen Regelfall (§ 73 I 2 Nr. 1 VwGO) entspricht – die *nächsthöhere* Behörde über den Widerspruch, bedarf es des Nachweises einer Kompetenznorm, die der Widerspruchsbehörde die Befugnis zuspricht, *im Außenverhältnis zum Bürger* das Verwaltungsrechtsverhältnis abschließend zu gestalten. Denn außerhalb des Widerspruchsverfahrens ist die nächsthöhere Behörde als Aufsichtsbehörde grundsätzlich auf Weisungen im Innenverhältnis beschränkt und nur – ausnahmsweise – unter den strengen Voraussetzungen des *Selbsteintrittsrechts* befugt, selbst VAe im Außenverhältnis zum Bürger zu erlassen.[38]

23 Wer mit dem Devolutiveffekt des Widerspruchs die Sachherrschaft auf die Widerspruchsbehörde übergehen lässt, gerät in Versuchung, daraus eine materielle Entscheidungsbefugnis abzuleiten.[39] Das ist aber eine petitio principii.

24 Das *BVerwG* bemüht § 73 I VwGO in diesem Zusammenhang nicht, sondern greift auch hier auf das jeweils anzuwendende Bundes- oder Landesrecht zurück.[40] Es ist damit gezwungen, allgemeine Grundsätze des (Landes- oder Bundes-)Verwaltungsverfahrensrecht herauszuarbeiten.

---

36 Vgl. BWVGH v. 31.01.1974, BRS 28 Nr. 124: Aufhebung der Baugenehmigung auf Drittwiderspruch hin und Abbruchverfügung; BerlOVG v. 07.01.1977, NJW 1977, 1166: Zurückweisung des Widerspruchs gegen Versagung der Aufenthaltserlaubnis und Ausweisung; HessVGH v. 16.01.1981, BRS 38 Nr. 201: Ausdehnung einer Abbruchverfügung auf ein zweites, bisher nicht erfasstes Bauwerk durch ausdehnende, objektiv nicht gerechtfertigte Auslegung des Ausgangsbescheides durch die Widerspruchsbehörde; BayVGH v. 19.03.1981, DÖV 1982, 83: Bestätigung einer Betriebsschließungsverfügung und erstmalige Zwangsmittelandrohung durch die Widerspruchsbehörde; HessVGH v. 08.03.1994, NVwZ 1994, 924: Höherfestsetzung einer Abgabe nach Ablauf der Festsetzungsfrist auf Widerspruch gegen Teilfestsetzungsbescheid; wohl aber: Ersetzung einer Abrissverfügung durch ein Nutzungsverbot; vgl. SaarlOVG v. 12.11.1982, AS 18, 15 ff.

37 Vgl. *Fischer-Hüftle* BayVBl 1989, 231; *Oerder* S. 168; *Schmitt Glaeser/Horn* Rn. 213; BWVGH v. 19.06.1990, NVwZ-RR 1991, 113 (114); RhPfOVG.

38 Vgl. unten Rn. 28 und § 27 Rn. 12, § 42 Rn. 11.

39 Vgl. etwa *Petz* JA 1987, 331; *Renz* DÖV 1991, 143.

40 BVerwG v. 29.08.1986, NVwZ 1987, 215 (217).

Nach diesen *allgemeinen Grundsätzen des Verwaltungsverfahrensrechts* ist die Verböserung nur dann *zulässig*, wenn

a) die *Widerspruchsbehörde mit der Ausgangsbehörde identisch* oder *mit denselben Zuständigkeiten ausgestattet ist* wie diese oder aber 25
b) zumindest als *vorgesetzte Behörde* der Ausgangsbehörde gegenüber *weisungsbefugt* ist.[41] 26
c) Ist die Widerspruchsbehörde dagegen *auf die Rechtsschutzfunktion beschränkt*, ist ihr eine Verböserung versagt, es sei denn, die Zuständigkeit hierzu ist ihr durch Gesetz ausdrücklich eingeräumt. 27

Die in der Rechtsprechung herausgearbeiteten allgemeinen Grundsätze des Verwaltungsverfahrensrechts über die Befugnis dienstvorgesetzter Behörden, VAe nachgeordneter Behörden im außergerichtlichen Rechtsbefehlsverfahren zum Nachteil des RF zu verschlechtern, besitzen – eine lange Tradition; sie wurzeln in ungebrochenen Rechtsüberzeugungen, die bis an den Beginn dieses Jahrhunderts zurückreichen. Sie können deshalb mit Fug als *gemeindeutsches Gewohnheitsrecht* bezeichnet werden. Ihr Geltungsanspruch hat den Erlass der Landesorganisations- und Landesverwaltungsgesetze ebenso überdauert wie der der materiellen Verböserungsgrundsätze das Inkrafttreten der VwVfGe des Bundes und der Länder; denn ebenso wie die VwVfGe haben sich die Landesorganisations- und Landesverwaltungsgesetze einer Regelung der Rip im Widerspruchsverfahren enthalten und sich auf die Regelung der allgemeinen Befugnisse der Aufsichtsbehörden einschließlich des Selbsteintrittsrechts beschränkt. 28

## IV. Rechtsprechungsüberblick

Beurteilt sich die Zulässigkeit der Verböserung nach alledem weder nach der VwGO noch nach den VwVfGen,[42] sondern nach dem jeweils anzuwendenden formellen und materiellen Verwaltungsrecht des Bundes und/oder der Länder,[43] so kommt es im Examen entscheidend auf die Kenntnis der Rechtsprechung des für die Auslegung des jeweiligen Verwaltungsrechts letztinstanzlich zuständigen Gerichts an. 29

*Baden-Württemberg:* Spezialregelung im BWKAG (vgl. Rn. 1 mit Fn. 4), Verböserung dort seit dem ÄnderungsG v. 15.12.1986 entsprechend § 367 II 2 AO 1977 zulässig; ansonsten gelten die allgemeinen Grundsätze vgl. BWVGH v. 19.01.2001, NVwZ-RR 2002, 3.

*Bayern:* Verböserung grundsätzlich zulässig (vgl. BayVGH v. 19.11.1987, GewArchiv 1988, 276).

*Berlin:* Verböserung grundsätzlich zulässig (vgl. BerlOVG, NJW 1977, 1167; VG Berlin v. 22.03.1983 – VG 8 A 265/81 – A.U.S 7 ff.) Der 2. Senat des OVG hat allerdings in einem obiter dictum erkennen lassen, dass er an seiner früheren Rspr. zur grundsätzlichen Zulässigkeit der Rip im Vorverfahren mit »Hinblick auf die neuere Rspr. des BVerwG« nicht mehr festhalte, sondern der Auffassung zuneige, »dass die

41 Vgl. BVerwG NVwZ-RR 1997, 26 (Fachaufsichtsbehörde); BWVGH, BRS 28 Nr. 157 (Regierungspräsidium); v. 09.10.1989 (Fn. 14 – LAmt f. Ausbildgsfö); BayVGH DÖV 1972, 318; BayVBl 1973, 556 und GewArch 1988, 277 (Regierung); BerlOVG v. 04.10.1957, Bd. 5, 7 (10); v. 24.10.1960, Bd. 6, 171 (173 f.); v. 09.06.1987 – OVG 4 B 81.86 – A.U.S 7 f. – alle für den Fachsenator in Mietpreissachen; BremOVG, ZfSH/SGB 1984, 26 f. (Fachsenator); HessVGH v. 12.07.1984, ESVGH 35, 159 (höhere Naturschutzbehörde); OVG Lüneburg v. 11.07.1952, OVGE 6, 309 (311-Beschwerdeausschuß für Sonderhilfssachen); OVGE 21, 369 (Fachminister); RhPfOVG, AS 21, 226; VG Leipzig SächsVBl 1995, 20 (LA zur Regelung offener Vermögensfragen).

42 Das gleiche gilt für das SGB X – vgl. die Nachw. in Fn. 14.

43 Nicht selten wird sich die materiell-verwaltungsrechtliche Seite der Verböserung nach Bundesrecht, die verwaltungsverfahrensrechtliche nach Landesrecht beurteilen. Vgl. z.B. BVerwG NVwZ 1987, 216.

Verböserung im Widerspruchsverfahren nur bei Vorliegen einer ausdrücklichen normativen Regelung zulässig ist« (U. v. 16.01.1987 – OVG 2 B 81/86 – A.U.S 9).

*Bremen:* Rip grundsätzlich zulässig (BremOVG v. 16.11.1982, ZfSH/SGB 1984, 26).

*Hamburg:* Allgemeine Grundsätze (HbgOVG v. 01.11.1956 DVBl 1957, 284).

*Hessen:* Verböserung grundsätzlich zulässig, wenn und soweit durch Gesetz nichts anderes vorgesehen (HessVGH v. 08.03.1994, NVwZ 1994, 924).

*Niedersachsen:* Es gelten die allgemeinen Grundsätze.

*Nordrhein-Westfalen:* Verböserung grundsätzlich zulässig.

*Rheinland-Pfalz:* Verböserungsverbot für die Kreis- und Stadtrechtsausschüsse, ansonsten Rip i.allg. zulässig.

*Sachsen:* Spezialregelung im SächsKAG (vgl. Rn. 1), ansonsten gelten die allgemeinen Grundsätze (VG Leipzig v. 28.04.1994, SächsVBl 1995, 20 – vgl. Fn. 18).

## V. Verböserung und Anhörung

30 Der drohenden Verböserung kann der WF dadurch entgehen, dass er den Widerspruch vor Erlass des Widerspruchsbescheids zurücknimmt. § 367 II 2 AO verpflichtet die Einspruchsbehörde, vor der Verböserung den Einspruchsführer auf die Möglichkeit einer verbösernden Entscheidung unter Angabe von Gründen hinzuweisen und ihm Gelegenheit zu geben, sich hierzu zu äußern (ebenso § 3 V 2 RhPfKAG, §§ 3 I Nr. 7 BW/SächsKAG)[44]. Solange die Anhörungspflicht bezüglich des WF lediglich in den auf die entscheidungserheblichen Tatsachen ausgerichteten §§ 28, 79 VwVfG gründete, war die Widerspruchsbehörde nur zur Anhörung des WF verpflichtet, wenn die Verböserung auf neuen Tatsachen[45] oder auf solchen beruht, die bislang ersichtlich nicht in das Verfahren eingeführt worden waren.[46] Mit der Einbeziehung des WF in den § 71 VwGO (s. § 26 Rn. 12) ist diese Einschränkung entfallen. Denn diese Vorschrift bezieht die Anhörungspflicht auf die erstmalige Beschwer und damit auf die drohende Verböserung.[47]

Rechtliche Bedeutung kann ein solcher Anhörungsfehler im Widerspruchsverfahren freilich nur haben im Rahmen einer gegen den Widerspruchsbescheid gerichteten Klage nach § 79 II VwGO, die jedoch ein besonderes Rechtsschutzbedürfnis voraussetzt, das in der Regel nur bei VAen nach Ermessen oder in Ausübung einer Beurteilungsermächtigung gegeben ist.[48]

---

44 Diesen Erfordernissen wird die Mitteilung des Finanzamts (FA) nur dann gerecht, wenn aus den mitgeteilten Gründen i.V.m. der Steuerfestsetzung für den Einspruchsführer objektiv und nachprüfbar erkennbar ist, in welcher Beziehung und in welchem Umfang das FA seine der Steuerfestsetzung zugrundeliegende Auffassung geändert hat. Vgl. BFH v. 21. 9. 1983, BStBl II 1984, 177 (178); weiterhin BFH v. 10.11.1989, NVwZ 1990, 1109; v. 15.12.1992, BFH/NV 1993, 599.

45 Knack/*Busch*; BVerwG v. 22.06.1972, Buchholz 427.3 § 337 LAG Nr. 19; weitergehend in Richtung einer umfassenden Anhörungspflicht nach Art des § 367 II 2 AO 1977 BSG v. 01.03.1979, SozR 1200 § 34 SGB I Nr. 8.

46 Vgl. BWVGH v. 24.03.1994, NVwZ 1995, 1220 (1221).

47 Vgl. BVerwG v. 19.05.1999, NVwZ 1999, 1218 (1219); Schoch/Schmidt-Aßmann/Pietzner/*Dolde* § 71Rn. 5.

48 Vgl. BVerwG NVwZ 1999, 1219 und BVerwG v. 19.05.1999, NVwZ 1999, 1218 (1220); vgl. auch BWVGH v. 19.01.2001, NVwZ-RR 2002, 3.

# 5. Abschnitt. Der Widerspruchsbescheid

## § 41 Die äußere Gestaltung der im Vorverfahren ergehenden Bescheide

Anders als für Urteile (§§ 113 bis 115, 117 VwGO) enthält die VwGO über Form und Inhalt eines Widerspruchsbescheids nur unvollkommene Regelungen. Nach § 73 III VwGO ist der Widerspruchsbescheid zu begründen, mit einer Rechtsmittelbelehrung sowie einer Kostenentscheidung zu versehen und zuzustellen. Aus dem Zustellungserfordernis folgt zwingend auch die Schriftform, da nur schriftliche Bescheide zugestellt werden können. Als schriftlicher VA muss der Widerspruchsbescheid die erlassende Behörde erkennen lassen und die Unterschrift oder die Namenswiedergabe des Behördenleiters, seines Vertreters oder seines Beauftragten enthalten (§ 79 i.V.m. § 37 III VwVfG). 1

Widerspruchsbescheide von Ausschüssen brauchen nur vom Vorsitzenden und nicht auch von den Beisitzern unterschrieben zu werden (vgl. § 20 KSKSaV). 2

### A. Form des Widerspruchsbescheids

Ob der Widerspruchsbescheid dagegen in einer dem gerichtlichen Beschluss angenäherten Form oder in Form eines schlichten Bescheids erlassen wird, ist von der VwGO freigestellt, wenn er nur die in § 73 III geforderten Bestandteile enthält und den Adressaten, die erlassende Behörde sowie den Entscheidungsausspruch aufführt. Dementsprechend uneinheitlich ist auch die behördliche Praxis. Einige Behörden legen ihn wie einen Gerichtsbeschluss an und formulieren unpersönlich. Andere Widerspruchsbescheide sind in der »Ich«-Form abgefasst und reden den Bürger im Entscheidungssatz wie in den Gründen unmittelbar an, wobei teilweise eine persönliche Anrede und eine Höflichkeitsschlussformel verwendet wird. 3

Muster der unterschiedlichen Formen finden sich unten in § 50.

#### I. Bescheid- oder Beschlussform?

Da die VwGO hinsichtlich der formalen Gestaltung des Widerspruchsbescheids keine Regelungen enthält, ist dies weitgehend eine Frage der Zweckmäßigkeit. Grundsätzlich sollte die *Beschlussform* vermieden werden, da sie dem Charakter des Widerspruchsbescheids nicht angemessen ist. 4

Trotz seiner Regelung in der VwGO und seines Charakters als Vorschaltverfahren ist und bleibt das Widerspruchsverfahren nämlich ein Verwaltungsverfahren. Die Widerspruchsbehörde entscheidet nicht – wie der Richter – als neutraler Dritter einen Rechtsstreit zwischen der Ausgangsbehörde und dem WF, sondern als Organ der dem Bürger gegenüber als Einheit auftretenden Verwaltung.[1] Der Widerspruchsbescheid ist deshalb nicht unpersönlich, neutral wie ein gerichtliches Urteil oder ein Beschluss unter Nen- 5

1 Dies ergibt sich u.a. aus § 79 I Nr. 1 VwGO, der als Gegenstand der Anfechtungsklage grundsätzlich den ursprünglichen VA in der Gestalt, die er durch den Widerspruchsbescheid gefunden hat, nennt. Vgl. auch BVerwG v. 23.02.1982, BayVBl 1982, 473 (474); v. 27.09.1989, BVerwGE 82, 336 (338).

nung der am Verfahren Beteiligten zu formulieren, sondern prinzipiell genauso wie der Erstbescheid als persönliches Anschreiben an den WF zu adressieren.[2]

6 Etwas anderes gilt, wenn die Widerspruchsentscheidung von einem *Widerspruchs-* bzw. Rechtsausschuss getroffen wird.[3] Die kollegiale Zusammensetzung dieser Widerspruchsausschüsse sowie ihr formalisiertes, regelmäßig in Form einer mündlichen Verhandlung ablaufendes Verfahren wirken sich auch auf die Fassung des Widerspruchsbescheids aus, der in seiner äußeren Form der eines verwaltungsgerichtlichen Beschlusses stark ähnelt. Dem sachlichen Gehalt des Widerspruchsverfahrens entspricht dies an sich nicht.

7 Ob der Widerspruchsbescheid in der »Ich«-Form abgefasst oder unpersönlich formuliert wird, ist ebenfalls eine Frage der Zweckmäßigkeit, die von Land zu Land und von Behörde zu Behörde unterschiedlich gehandhabt wird. Sinnvoll ist die Wahl der »*Ich*«-Form nur dann, wenn die offizielle Bezeichnung der Behörde auf eine natürliche Person hindeutet.[4]

Ist also Widerspruchsbehörde z.B. »Der Polizeipräsident oder Die Polizeipräsidenten« Der Oberkreisdirektor oder Oberkreisdirketorin usw. kann formuliert werden: »Auf Ihren Widerspruch vom … hebe ich die Verfügung des … vom … auf.«

Ist dagegen Widerspruchsbehörde z.B. Der Rhein-Neckar-Kreis, Das Landratsamt, Die Bezirksregierung, ist die Wahl der »Ich«-Form unangemessen. Hier sollte formuliert werden: »Auf Ihren Widerspruch vom … erlässt die Bezirksregierung XY folgenden Widerspruchsbescheid: Der Bescheid der Stadt A vom … wird aufgehoben.«

## II. Die äußere Gestaltung im Einzelnen

8 In der Regel haben die großen Flächenländer für ihre Behörden durch Runderlasse Geschäfts- bzw. Dienstordnungen erlassen, in denen sie die Gestaltung des behördlichen Schriftverkehrs regeln.[5]

9 Entwurf und Reinschrift erhalten oben links auf der ersten Seite die *Behördenbezeichnung,* darunter das *Geschäftszeichen,* das in den beiden ersten Stellen das Kennzeichen des jeweiligen Dezernats angibt; dahinter ist ein Punkt zu setzen, dem dann das Aktenzeichen des betreffenden Vorganges folgt. *Ort und Datum* stehen oben rechts. Die Reinschrift hat außerdem die Straßenbezeichnung, die Fernsprech- und Fernschreibnummer sowie die Nummer des Hausapparates des Sachbearbeiters zu enthalten.

10 Unter der Anschrift des Empfängers ist vor dem Text der behandelte Sachgegenstand in Stichworten zu bezeichnen. Anschließend ist auf das veranlassende Ereignis hinzuweisen sowie die Zahl der *Anlagen* anzugeben.

11 Da der Widerspruchsbescheid zuzustellen ist, ist in Entwurf und Reinschrift auch die *Art der Zustellung anzugeben,* üblicherweise rechts neben *oder* über der Anschrift.

---

2 Vgl. *Junker* StKV 1972, 313; *Volkert* Die Verwaltungsentscheidung, 3. Aufl. 1997, S. 91.

3 Vgl. *Brühl* JuS 1994, 331; *Volkert* Die Verwaltungsentscheidung, 3. Aufl. 1997, S. 92.

4 Vgl. z.B. § 26 I 2 der GeschO für die Kreispolizeibehörden des Landes Nordrhein-Westfalen (GOKPB), RdErl. des MdI v. 10.09.1993 (MBl S. 1674). Nr. 37 III BremGGO (unten Rn. 8): Die Senatorischen Behörden führen ihren Schriftverkehr in der ›Ich-Form‹. Satz 1 gilt nicht für die Senatskommission für das Personalwesen; sie schreibt wie alle übrigen Dienststellen in der ›Wir-Form‹. Die ›Ich-Form‹ ist auch anzuwenden auf Briefbögen mit einer personifizierten Dienststellenbezeichnung (z.B. ›Chef der Senatskanzlei‹, ›Präsident des OVG‹).

5 Dienstordnung für die Behörden des Freistaates Sachsen (DienstO) vom 18.05.2005 [Geändert durch VwV vom 24.10.2008 (SächsABl. S. 1534) mit Wirkung vom 14.11.2008].

Der Zustellungsvermerk lautet i.d.R. bei Zustellung an den WF: »Durch (Gegen) Postzustellungsurkunde«; bei Zustellung an einen bevollmächtigten Anwalt: »Gegen Empfangsbekenntnis«.

*Unterzeichnet* wird der Widerspruchsbescheid durch den Dezernenten, die Dezernentin oder den Sachbearbeiter, die Sachbearbeiterin mit dem Zusatz »Im Auftrag«.[6]

Im Schriftverkehr mit Privatpersonen sind *Höflichkeitsanreden* (Sehr geehrter Herr, Frau) und eine *Grußformel* (z.B. »Mit freundlichen Grüßen«) zu gebrauchen, es sei denn Inhalt oder Zweck des Schreibens lassen dies als unangebracht erscheinen. Bei förmlichen Bescheiden, zu denen auch der Widerspruchsbescheid gehört, sollen nach verbreiteter Meinung in der Verwaltung keine Höflichkeitsformeln verwendet werden. Dies entspricht wohl auch der überwiegenden Praxis in den Bundesländern, da man eine zu persönlich gehaltene Note mit Höflichkeitsanrede und Grußformel der notwendigen Förmlichkeit des Widerspruchsbescheids nicht für angemessen hält. Diese Ansicht ist schlechterdings überholt. Auch wenn das unsinnige Schlagwort vom »kundenorientierten« Verwaltungshandeln keine plumpen Anbiederungen rechtfertigt, verdient auch ein polizeilicher Störer Respekt als Mitglied der Rechtsgemeinschaft. 12

Auf keinen Fall sollte der Widerspruchsbescheid durch seine äußere Gestaltung oder inhaltliche Formulierung jedoch darüber hinwegtäuschen, dass er den förmlichen Abschluss eines Rechtsbehelfsverfahrens, der seinerseits wiederum Fristen in Lauf setzt, darstellt. Er sollte deshalb ausdrücklich *als Widerspruchsbescheid überschrieben* werden, um Zweifel bei dem Empfänger von vornherein auszuschließen. Die VwGO fordert – wie gesagt – dies nicht; sollte die ausdrückliche Bezeichnung als Widerspruchsbescheid einmal fehlen, muss nach den allgemeinen Regeln über die Auslegung von VAen beurteilt werden, ob der Betroffene bei sachgemäßer Würdigung nach Treu und Glauben die Mitteilung der Behörde als Widerspruchsbescheid verstehen musste. Zweifel gehen zu Lasten der Widerspruchsbehörde, die sich deutlicher hätte ausdrücken können. 13

Das Fehlen einer Rechtsmittelbelehrung und förmlicher Zustellung ist insoweit unschädlich. Unerheblich ist auch, wie die Behörde üblicherweise ihre Widerspruchsbescheide gestaltet, sofern dies dem WF nicht bekannt ist.[7] Enthält ein Schreiben Elemente eines Widerspruchsbescheids (z.B. Rechtsmittelbelehrung, Zustellung) und solche, die der Annahme eines solchen entgegenstehen (z.B. erklärter Verzicht auf einen förmlichen Widerspruchsbescheid, Fehlen einer Kostenentscheidung), so dass der Adressat keine klaren Schlüsse auf dessen Rechtsqualität ziehen kann, liegt kein Widerspruchsbescheid vor und die Klagefrist wird nicht in Lauf gesetzt.[8]

Wird im Bearbeitungsvermerk ausdrücklich der Entwurf eines Widerspruchsbescheids verlangt, muss dieser als solcher gekennzeichnet und die nach dem normalen Verwaltungsgang erforderlichen *Begleitverfügungen* geschrieben, bei Zeitnot wenigstens stichwortartig angedeutet werden. Die einzelnen Teile eines Entwurfs (Aktenvermerk, Anschreiben und nachfolgende Bearbeitungsvermerke) sind in zahlenmäßiger Reihenfolge zu ordnen; nach dem Widerspruchsbescheid das Schreiben an die Ausgangsbehörde, mit dem dieser eine Abschrift des Widerspruchsbescheids und ggf. der überlassene Verwaltungsvorgang übersandt wird. Wird mit dem Widerspruchsbescheid ein Kostenfestsetzungsbescheid verbunden, ist ein Vermerk über die Eintragung in die Verwaltungsgebührenkontrolliste anzufügen. Als Schluss des Entwurfs ist je nach Sachlage zu verfügen: Wvl./Wv. (Wiedervorlage), z.V./z.Vg. (zum Vorgang), z.d.A (zu den Ak- 14

6 Nur der Vertreter oder Vertreterin der Behördenleitung zeichnet »In Vertretung«.
7 Vgl. NWOVG v. 12.11.1971, DÖV 1972, 799 Nr. 326 und *Kopp/Schenke* § 73 Rn. 6.
8 BayVGH v. 28.11.1996, GewArch 1997, 75.

ten), wgl./wegl. (weglegen); beim Widerspruchsbescheid i.d.R. z.d.A., es sei denn, die Widerspruchsbehörde ist ausnahmsweise selbst Beklagter im anschließenden Verwaltungsprozess oder mit der Vertretung des Bundes/Landes in Verwaltungsprozessen beauftragt. Dann empfiehlt sich »Wvl. am ... (Klage erhoben?)«.

## B. Form des Abhilfebescheids und des Vorlageschreibens

15 Statt eines Widerspruchsbescheids kann im Einzelfall auch einmal die Fertigung eines *Abhilfebescheides* verlangt werden. Dieser kann entweder in der Aufhebung oder Änderung des angefochtenen, dem Erlass eines bisher verweigerten VA oder in der lediglich verfahrensinternen Vorlageentscheidung an die Widerspruchsbehörde bestehen. Richtet sich der Abhilfebescheid an den Bürger, gelten die für den Widerspruchsbescheid dargelegten Grundsätze über die äußere Gestaltung des behördlichen Bescheids entsprechend.

16 Abweichungen ergeben sich nur für das *Vorlageschreiben* insoweit, als dienstliche Schreiben im zwischenbehördlichen Verkehr grundsätzlich an die Behörde und nicht an einen Sachbearbeiter zu richten sind und deshalb auf jeden Fall persönliche Anrede und Grußformel wegfallen. Das gleiche gilt für den Zustellungsvermerk.

17 Inhaltlich hat das Vorlageschreiben den Sachverhalt darzulegen und zur Zulässigkeit und Begründetheit des Widerspruchs Stellung zu nehmen. Hierbei kann auf den Ausgangsbescheid Bezug genommen werden, um Wiederholungen zu vermeiden. In der Praxis werden Vorlageschreiben häufig mit der Bitte abgeschlossen, den Widerspruch zurückzuweisen. Erforderlich ist dies nicht, da die Abhilfebehörde weder Bitt- noch Antragsteller im Widerspruchsverfahren ist. Verfehlt wäre es deshalb auf jeden Fall, das Vorlageschreiben mit der Stellung eines Antrags abzuschließen.

## C. Entscheidungsformel(satz, Tenor)

### I. Gesetzliche Grundlagen

18 § 73 VwGO fordert nur, *dass* ein Widerspruchsbescheid zu ergehen habe, sagt aber – im Gegensatz zu § 113 VwGO für verwaltungsgerichtliche Urteile – nichts über den möglichen Inhalt der Entscheidungsformel eines derartigen Bescheides aus.[9] Wegen seiner Unvollständigkeit und wegen der nur beschränkten Analogiefähigkeit der auf das verwaltungsgerichtliche Urteil zugeschnittenen Vorschriften kann § 73 VwGO nicht als kodifikatorische Vollregelung verstanden werden. Deshalb sind die Länder befugt, den offengelassenen Raum durch eigene Regelungen des Verwaltungsverfahrensrechts auszufüllen, soweit sie dabei die durch den Sinn und Zweck eines Widerspruchsbescheids vorgezogenen Grenzen einhalten.[10]

19 Selbstverständlich kann auch der Bundesgesetzgeber verwaltungsverfahrensrechtliche Regelungen über den Inhalt eines Widerspruchsbescheids treffen. Für Gesetze nach Erlass der VwGO folgt dies aus der Lex-posterior-Regel, für frühere aus der unvollständigen Regelung des § 73 VwGO, z.T. sogar aus § 190 VwGO.

9 Vgl. BVerwG v. 10.12.1970, BVerwGE 37, 47 (52 f.).
10 Vgl. BremOVG v. 16.11.1965, DÖV 1966, 575.

## II. Allgemeines zur Tenorierung

Leitender Gesichtspunkt bei der Formulierung des Entscheidungssatzes ist der für alle VAe geltende Grundsatz *der inhaltlichen Bestimmtheit* (§ 79 i.V.m. § 37 I VwVfG).[11] Die Bescheidungsformel hat deshalb unmissverständlich und klar zu sein. 20

Schlicht *falsch* sind deshalb Formulierungen wie: »Ich gebe Ihrem Widerspruch statt.« Richtig ist vielmehr z.B. bei einem erfolgreichen Anfechtungswiderspruch: »Auf Ihren Widerspruch vom ... hebe ich die Verfügung des ... vom ... auf.«

In der Praxis ist es vielfach üblich, den Grund der Zurückweisung des Widerspruchs mit in den Entscheidungssatz aufzunehmen, den Widerspruch also als unbegründet oder unzulässig zurückzuweisen. Korrekt ist dies nicht, denn wie beim gerichtlichen Urteil sind derartige Zusätze Teile der Begründung der Entscheidung, die folglich auch dort zu behandeln sind.

---

11 Vgl. BVerwG v. 15.05.1986, BVerwGE 74, 196 (205); v. 06.04.1989 und v. 14.03.1990, Buchholz 316 § 37 VwVfG Nrn. 4 und 7; v. 26.01.1990, NVwZ 1990, 855 (856).

21

**Aufbau des Widerspruchsbescheids**

Bescheidungseingang

Widerspruchsbehörde
Geschäftszeichen

PLZ Ort und Datum
Straßenbezeichnung
Fernsprechnr. (Hausapparat)
Zustellungsvermerk

Postanschrift des Empfängers

Betreff:
Bezug:
Anlagen:

(Anrede)

Erlassformel: ... folgenden

**Widerspruchsbescheid:**

Tenor

1. Entscheidung in der Sache[12]
2. Entscheidung nach § 80 VwGO
3. Kostenentscheidung

Gründe

**Gründe** (Begründung):

I.

Sachverhaltsdarstellung

II.

Rechtliche Würdigung

1. Zuständigkeit
2. Zulässigkeit
3. Begründung der Sachentscheidung (Rechtsgrundlage und Subsumtion)
4. Begründung der Entscheidung nach § 80 VwGO
5. Begründung der Kostenentscheidung

Schluss

**Rechtsbehelfsbelehrung**

(Grußformel)
(i.A., i.V.) Unterschrift

---

12 *Brühl* JuS 1994, 331 nennt darüber hinaus als Merkposten für den Tenor: »Ggf. Androhung von Zwangsmitteln.« Hierbei ist Vorsicht geboten: Jedenfalls eine erstmalige Zwangsmittelandrohung ist der Widerspruchsbehörde versagt. Vgl. BayVGH v. 19.03.1981, DÖV 1982, 83.

# § 42 Die inhaltliche Gestaltung der im Vorverfahren ergehenden Bescheide

## A. Entscheidung bei unzulässigem Widerspruch

### I. Zurückweisung des Widerspruchs

Ist der Widerspruch nicht statthaft oder mangelt es an einer anderen Sachbescheidungsvoraussetzung, ist der Widerspruch grundsätzlich als unzulässig zurückzuweisen. Ausdrücklich geregelt ist die *Pflicht zur Zurückweisung* in § 358 AO. 1

Der WF kann sich hiergegen mit der isolierten Anfechtung des Widerspruchsbescheids wehren (§ 79 II VwGO).[1] Auch hier besteht – wie auch sonst – eine Pflicht der Widerspruchsbehörde zur Entscheidung, die die Annahme eines zureichenden Grundes i.S.d. § 75 S. 1 VwGO ausschließt.[2]

### II. Entscheidung in der Sache trotz Verfristung oder Formfehlers?

Während § 358 AO auch bei Verfristung und Formfehlerhaftigkeit des Rechtsbehelfs eine Pflicht zur Zurückweisung vorsieht, ist nach ständiger *Rechtsprechung des BVerwG* die Widerspruchsbehörde in der Regel *nicht verpflichtet* den Widerspruch wegen Fristversäumung zurückzuweisen, vielmehr soll es ihrem *freien Ermessen* überlassen bleiben, den verfristeten Widerspruch sachlich zu bescheiden und damit den Klageweg in vollem Umfang (neu) zu eröffnen.[3] 2

Allerdings ist damit die Widerspruchbehörde auch grundsätzlich nicht verpflichtet, den Widerspruch in der Sache zu bescheiden.[4] Für *Formmängel* kann im Prinzip nichts anderes gelten, da sie die Wirksamkeit der Widerspruchserhebung beeinträchtigen und nur ein wirksamer Widerspruch die Frist wahrt, mithin ein formfehlerhafter Widerspruch stets auch verfristet ist.[5]

Begründet wird dies damit, dass die *Sachherrschaft* der Behörde durch die Versäumung der Widerspruchsfrist nicht berührt werde (»Domina-These«), da außerhalb der streng formalisierten Vorschriften des Prozessrechts die im Verwaltungsverfahren zuständigen Behörden Herrinnen über den Streitstoff und deshalb in der Lage blieben, durch sachlich begründete Bescheide die Voraussetzung für einen anschließenden Verwaltungs- 3

1 Vgl. BWVGH v. 12.02.1971, ESVGH 22, 97 f.

2 Vgl. HessVGH v. 10.08.1992, NVwZ-RR 1993, 432 (433).

3 BVerwG v. 27.11.1963, DVBl 1964, 190; v. 19.05.1965, BVerwGE 21, 142 (145); v. 18.09.1970, NJW 1971, 1195; v. 21.01.1972, DÖV 1972, 789; v. 21.03.1979, BVerwGE 57, 342 (344); v. 4. 8.1982, NVwZ 1983, 285; v. 28.10.1982 NVwZ 1983, 608; v. 20.06.1988; NVwZ-RR 1989, 85 (86); BWVGH v. 31.08.1979, DÖV 1980, 383 (in ausführlicher Auseinandersetzung m. der hier vertr. Ansicht); v. 26.10.1981, NVwZ 1982, 316 (317); v. 15.10.1991, VBlBW 1992, 96; VBlBW 1993, 221; v. 14.03.2001, NVwZ-RR 2002, 6; HessVGH v. 10.10.1969, HessVGRspr 1970, 25; RhPfOVG v. 02.10.1980, AS 16, 88 (92 f.); SaarlOVG v. 22.03.1985, NVwZ 1986, 578 (579); BayVGH v. 19.07.1991, DVBl 1992, 1492 MVOVG v. 19.10.1994, LKV 1995, 255.

4 Vgl. BVerwG v. 26.08.1977, NJW 1978, 508. Der BWVGH dagegen räumt dem WF sogar einen Anspruch auf fehlerfreie Ermessensausübung ein, der sich im Einzelfall zu einem Anspruch auf Sachentscheidung verdichten kann. Vgl. BWVGH v. 21.10.1992, VBlBW 1993, 220 (221 f.).

5 Folgerichtig wenden deshalb NWOVG v. 28.06.1972, OVGE 28, 63 (64 f.) und SaarlOVG v. 22.03.1985, NVwZ 1986, 578 die Grundsätze des verfristeten Widerspruchs auch auf formfehlerhafte Widersprüche an, während der HessVGH v. 18.12.1963, DVBl 1964, 599 im Gegensatz zu seiner Stellungnahme zum verfristeten Widerspruch für den formfehlerhaften keine Verfügbarkeit der Widerspruchsbehörde annimmt; ebenso VG Augsburg v. 17.09.1980, BayVBl 1981, 315.; BVerwG v. 20.06.1988, NVwZ-RR 1989, 85 (86) stellt darauf ab, dass bei fehlender Wahrung der Schriftform, der Urheber der Erklärung und der Wille, sie in den Rechtsverkehr zu bringen, nicht ohne weiteres zu ermitteln sei.

prozess zu schaffen.[6] Ergehe trotz Verfristung ein sachlicher Bescheid, so schließe das für das nachfolgende gerichtliche Verfahren die Beachtlichkeit der Verspätung aus.[7] § 70 VwGO setze weder eine gesetzliche Ausschlussfrist des materiellen Rechts noch eine die Zulässigkeit der Klage betreffende Frist.[8]

4 Eine *Begrenzung der Sachherrschaft* der Behörde nimmt das BVerwG nur dann an, wenn durch die Sachbescheidung schutzwürdige Positionen von *Dritten,* die auf die Unanfechtbarkeit des VA vertraut hatten, beeinträchtigt würden.[9]

**Beispiel:** Eine mit bestimmten Auflagen zum Schutz des Nachbarn erteilte Baugenehmigung wird von der Widerspruchsbehörde auf einen verfristeten Widerspruch des Bauherrn hin von den nachbarschützenden Auflagen befreit, ein Bauwichdispens auf verspäteten Nachbarwiderspruch hin aufgehoben.

5 In diesen Fällen darf die Rechtslage zum Nachteil des Begünstigten nur nach Maßgabe des jeweils anzuwendenden Rechts einschließlich seiner Zuständigkeitsvorschriften[10] (i.d.R. die Grundsätze über die Rücknahme rechtswidrig begünstigender VAe) verschlechtert werden.[11]

Der Eingriff in die durch die Bestandskraft vermittelte »gesicherte Rechtsposition«[12] erfordert eine besondere Ermächtigungsgrundlage. Diese enthalten die §§ 68 ff. VwGO nicht, da sie die Zulässigkeit des Widerspruchs voraussetzen. Dasselbe gilt für § 50 VwVfG. Für Rücknahme und Widerruf außerhalb des Vorverfahrens ist dagegen die Ausgangsbehörde zuständig (§§ 48 V, 49 V VwVfG). Eine Aufhebung oder Änderung durch die Widerspruchsbehörde kommt also nur dann in Betracht, wenn sie mit der Ausgangsbehörde identisch ist oder ihr ausnahmsweise ein Selbsteintrittsrecht zusteht; ansonsten kann sie anlässlich des unzulässigen Widerspruchs nur mit Weisungen auf die Aufhebung oder Änderung durch die Ausgangsbehörde hinwirken und auch dies nur, wenn sie gleichzeitig Aufsichtsbehörde der Ausgangsbehörde ist.

6 Ein schutzwürdiges Vertrauen erkennt das BVerwG regelmäßig dann nicht an, wenn der Dritte selbst noch ein Widerspruchsverfahren betreibt, weil er dann mit einer Verschlechterung seiner Rechtsstellung (durch eine *Reformatio in peius)* zu seinen Lasten rechnen musste.[13] Außerdem könne eine derartige Vertrauensposition, die die Sachherrschaft der Widerspruchsbehörde einzuschränken in der Lage sei, nur bei beteiligten privaten Dritten, *nicht* aber bei *beteiligten Gemeinden* entstehen,[14] da es abwegig wäre, der Gemeinde einen Vertrauensschutz zuzubilligen, wie ihn der begünstigte Dritte nach der Rechtsprechung gegenüber dem Widerruf genießt.[15]

7 *Unberührt* von diesen Grundsätzen bleibt die *Befugnis* der Widerspruchsbehörde als *Aufsichtsbehörde,* den Widerspruch – ebenso wie Eingaben anderer Bürger – zum Anlass zu nehmen, die Rechtmäßigkeit des VA von Amts wegen zu überprüfen und im Rahmen ihrer Zuständigkeit einen etwa rechtswidrigen begünstigenden VA nach den dafür entwickelten Regeln aufzuheben oder seine Aufhebung zu veranlassen.[16]

---

6 BVerwG v. 27.11.1963, DVBl 1964, 190; v. 16.01.1964, DVBl 1965, 90.
7 BVerwG v. 24.05.1969, BayVBl 1969, 357; v. 02.10.1970, DVBl 1971, 272.
8 BVerwG v. 16.01.1964, DVBl 1965, 90; v. 20.06.1988; NVwZ-RR 1989, 87.
9 BVerwG v. 29.10.1968, DÖV 1969, 142; v. 17.07.1980, BVerwGE 60, 297 (314) v. 04.08.1982, NVwZ 1983, 285; v. 18.05.1982, BVerwGE 65, 313 (318 f.); v. 11.02.1998, BayVBl 1999, 58.
10 BVerwG v. 11.02.1998, BayVBl 1999, 58.
11 BVerwG v. 29.10.1968, DÖV 1969, 142.
12 Vgl. BVerwG v. 17.10.1975, BVerwGE 49, 244 (249); v. 12.10.2006, LKV 2007, 178.
13 BVerwG v. 21.01.1972, DÖV 1972, 789.
14 BVerwG v. 07.01.1972, DVBl 1972, 424.
15 BVerwG v. 18.09.1970, NJW 1971, 1195.
16 BVerwG v. 29.10.1968, DÖV 1969, 142 (143); BWVGH v. 23.04.1969, DÖV 1969, 646.

Diese Rechtsprechung befriedigt in mehrfacher Hinsicht nicht. Im Ergebnis führt sie dazu, dass die *Fristvorschrift des § 70 VwGO* zur Disposition der Widerspruchsbehörde gestellt wird. Disponibel kann aber eine Vorschrift nur für denjenigen sein, in dessen ausschließlichem Interesse sie erlassen worden ist. Gerade dies trifft aber für § 70 VwGO nicht zu, denn die Befristung dient nicht nur den Interessen der Widerspruchsbehörde, sondern auch denen der Ausgangsbehörde und beteiligter Dritter an Bestandsschutz und Rechtssicherheit und darüber hinaus dem übergeordneten öffentlichen Interesse an Vermeidung uferlosen Prozessierens und übermäßiger Inanspruchnahme der Verwaltungsgerichte. Sie steht deshalb *nicht zur Disposition der Widerspruchsbehörde*[17]. Dies ergibt sich zudem mit Deutlichkeit aus § 70 II VwGO, der die Frage der Fristversäumung ausdrücklich regelt, indem er auf die Vorschrift über die Wiedereinsetzung (§ 60 I bis IV VwGO) verweist und damit die Beseitigung der Fristversäumung nur in bestimmten Fällen und nur in einem formalisierten Verfahren zulässt.[18] Ein verfristeter Widerspruch ist deshalb nicht in der Lage, den Devolutiveffekt zu entfalten und damit die Zuständigkeit der nächsthöheren Behörde als Widerspruchsbehörde für die Entscheidung in der Sache zu begründen. Die Widerspruchsbehörde hat ihn daher als unzulässig zurückzuweisen. 8

Zum anderen vernachlässigt diese Rechtsprechung das *Prinzip der formellen Bestandskraft* (Unanfechtbarkeit), das in der zeitlichen Beschränkung der Geltendmachung des Aufhebungsanspruchs durch die Fristvorschriften der VwGO für Widerspruch und Klage zum Ausdruck kommt.[19] Mit dem Ablauf der Widerspruchs- oder Anfechtungsfrist erlangt der angegriffene VA Bestandskraft, die nur noch durch Wiedereinsetzung in den vorigen Stand oder durch Wiederaufnahme des Verwaltungsverfahrens nach den Regeln des allgemeinen Verwaltungsrechts[20] beseitigt werden kann.[21] Für ein Widerspruchsverfahren gegen den bestandskräftig gewordenen VA ist nur Raum im Falle der Wiedereinsetzung in den vorigen Stand. 9

Fehl geht deshalb der Hinweis *J. Schmidts* VBlBW 1983, 97, die These der Rechtsprechung habe ihre Bestätigung in den §§ 48 I 1, 49 I VwVfG gefunden, die dem Bürger auch nach Eintritt der Bestandskraft einen Anspruch gegen die Ausgangsbehörde auf eine Ermessensentscheidung darüber einräumten, ob nochmals in der Sache entschieden werden solle oder nicht. Dies ist zwar richtig, trägt aber die Rechtsprechung nicht. Ein Wiederaufgreifen im Ermessenswege (§ 51 V i.V.m. §§ 48 I 1, 49 I VwVfG) hat einen ganz anderen Streitgegenstand als das Widerspruchsverfahren. Mit dem letzteren wird, sei es auf Anfechtungs- oder Verpflichtungswiderspruch hin, ein materieller Anspruch durchgesetzt. Gegenstand des

17 Vgl. *Kopp/Schenke* § 70 Rn. 9; NK-VwGO/*Geiss* § 68 Rn. 42; Eyermann/*Rennert* § 70 Rn. 11; Schoch/Schmidt-Aßmann/Pietzner/*Dolde* § 70 Rn. 40; *Wolff/Decker* § 70 Rn. 15; *Schoch* Jura 2003, 752 (755 f.).

18 *Judick* NVwZ 1984, 356; *Funk* BayVBl 1992, 472.

19 Eyermann/*Rennert* § 70 Rn. 13; *Funk* BayVBl 1992, 472 f.

20 Vgl. hierzu *Erichsen/Ebber* Jura 1997, 424; *Baumeister* VerwArch 1992, 374. In der Regel wird ein *Wiederaufgreifen* i.e.S. nach § 51 VwVfG, auf das der Antragsteller unter den dort genannten Voraussetzungen einen Rechtsanspruch hat (vgl. BVerwG v. 21.04.1982, NJW 1982, 2204), nicht in Betracht kommen, sondern allenfalls ein *Wiederaufgreifen i.w.S.* nach § 51 V VwVfG i.V.m. §§ 48 I 1, 49 I VwVfG (Wiederaufgreifen im Ermessenswege; zur Begriffsbildung und Unterscheidung vgl. v. 15.12.1987, BVerwGE 78, 332 [338]), bei dem ein Wiederaufgreifensanspruch nur in besonders gelagerten Fällen durch Ermessensverdichtung auf Null in Frage kommen kann, wenn die Aufrechterhaltung des Erstbescheides schlechthin unerträglich wäre, etwa in Fällen offensichtlicher Fehlerhaftigkeit oder Verstoßes gegen die guten Sitten oder Treu und Glauben (BVerwG v. 27.01.1994, BVerwGE 95, 86 [92]).

21 Vgl. Schoch/Schmidt-Aßmann/Pietzner/*Dolde* § 70 Rn. 40.

Wiederaufnahmeverfahrens ist dagegen lediglich der formelle Anspruch auf fehlerfreie Ausübung des Wiederaufgreifenermessens.[22]

10 Dies hat erhebliche praktische Relevanz, denn die *Zuständigkeit* und damit auch die *Sachherrschaft* für die Wiederaufnahme eines bestandskräftig abgeschlossenen Verwaltungsverfahrens liegt regelmäßig ausschließlich bei der Ausgangsbehörde und nicht bei der ihr übergeordneten Widerspruchsbehörde.

So ist z.B. zuständig für die Erteilung einer Bauerlaubnis nach dem Bauordnungsrecht der Länder i.d.R. ausschließlich die untere Bauaufsichtsbehörde, nicht aber die höhere, die i.d.R. gleichzeitig Widerspruchsbehörde ist. Nur wenn und soweit die höhere Bauaufsichtsbehörde im Rahmen eines zulässigen Widerspruchsverfahrens angegangen wird, geht die Sachherrschaft kraft des Devolutiveffekts auf sie über, so dass sie eine abgelehnte Baugenehmigung selbst erteilen kann. Als höhere Bauaufsichtsbehörde außerhalb des Widerspruchsverfahrens hat sie dagegen lediglich Aufsichtsbefugnisse und kann die Baugenehmigung nicht selbst erteilen, sondern lediglich die untere Behörde zur Erteilung anweisen.[23] Ebenso liegt die Befugnis, einen VA auf dem Gebiet der Selbstverwaltung nach Unanfechtbarkeit noch einmal sachlich zu überprüfen, bei der Selbstverwaltungsbehörde und nicht bei der Rechtsaufsichtsbehörde. Deshalb kann die Rechtsaufsichtsbehörde, die mit einem verspäteten Widerspruch in einer Selbstverwaltungsangelegenheit befasst wird, nicht nach ihrem Ermessen darüber befinden, ob durch eine neue Sachentscheidung der Gerichtsweg wieder voll eröffnet werden soll.

11 Nur wenn und soweit der höheren Behörde – ausnahmsweise – ein *Selbsteintrittsrecht* zusteht[24] oder die Widerspruchsbehörde mit der Erlassbehörde identisch ist, kann sie auf einen unzulässigen Widerspruch hin in der Sache entscheiden, muss hierbei aber die Grundsätze über Rücknahme und Widerruf beachten.

In der Sache handelt es sich dann jedoch um einen sog. *Zweitbescheid* nach Wiederaufgreifen des Verwaltungsverfahrens, nicht um einen Widerspruchsbescheid, der folglich auch nicht die Kostenerstattungsfolgen des § 80 VwVfG auslösen kann. Schon wegen § 80 VwVfG ist deshalb der Charakter des Bescheids ausdrücklich zu benennen. Der Zweitbescheid erledigt im Umfang seiner Abhilfe das Widerspruchsverfahren und kann mit dem (verfahrenseinstellenden) Widerspruchsbescheid verbunden werden. Ein durch den Zweitbescheid belasteter Dritter muss Widerspruch erheben. § 68 I 2 Nr. 2 VwGO gilt für diesen Fall nicht.[25]

12 Fehlt der Widerspruchsbehörde ein Selbsteintrittsrecht, muss sie den Widerspruch als unzulässig zurückweisen. Ist sie gleichzeitig Aufsichtsbehörde gegenüber der Abhilfebehörde, kann sie jedoch den ihr bekannt gewordenen Vorgang zum Anlass nehmen, der Ausgangsbehörde eine Weisung hinsichtlich der Wiederaufnahme des bestandskräftig abgeschlossenen Verwaltungsverfahrens zu erteilen.

## B. Entscheidung bei begründetem Widerspruch

### I. Anfechtungswiderspruch

13 Erweist sich ein Anfechtungswiderspruch als begründet, wird der angefochtene VA aufgehoben.

---

22 Vgl. BVerwG v. 30.01.1974, BVerwGE 44, 333; v. 21.03.1979, BVerwGE 57, 342 (345); v. 15.12.1987, BVerwGE 78, 338.

23 Vgl. BWVGH v. 21.03.1972, ESVGH 22, 238 (239 f.); v. 12.02.1974, BRS 28 Nr. 155; v. 03.05.1974, BRS 28 Nr. 157; v. 24.02.1992, VBlBW 1992, 376.

24 Vgl. z.B. § 44 I 2 StVO; generell zum Selbsteintritt; *Herdegen* Verw 1990, 183; *Guttenberg* Weisungsbefugnisse und Selbsteintritt, 1992; RhPfOVG v. 14.05.1969, AS 7, 302; BVerwG v. 18.03.1977, Buchholz 310 § 137 VwGO Nr. 84; BremOVG v. 16.11.1965, DÖV 1966, 575; BerlOVG v. 07.01.1977, NJW 1977, 1167; BayVGH v. 19.03.1981, DÖV 1982, 83 = VGH n.F. 34, 75 (77); BWVGH v. 24.02.1992, NVwZ-RR 1992, 602; HessVGH v. 24.11.1992, NVwZ-RR 1993, 183; NdsOVG v. 01.03.1997, NVwZ-RR 1997, 474.

25 Vgl. *Kopp/Schenke* § 70 Rn. 10.

Bei *Teilerfolg* ist der Kassationstenor mit einem Zurückweisungstenor zu koppeln, wobei das Bestimmtheitsgebot zu beachten und der Umfang der Aufhebung genau anzugeben ist.[26]

> **Beispiel:** I. Der Bescheid der Stadt X vom 31.01.2009 – Az.: … – wird insoweit aufgehoben, als der Widerspruchsführer zur Zahlung von mehr als 3500 € verpflichtet wird.
>
> II. Im übrigen wird der Widerspruch zurückgewiesen.

War der angefochtene VA im Zeitpunkt der Widerspruchsentscheidung bereits ganz oder teilweise vollzogen und hat der WF ausdrücklich oder sinngemäß *Folgenbeseitigung* beantragt, hat die Widerspruchsbehörde auch darüber zu entscheiden, ob und wie die Vollziehung rückgängig zu machen ist.

Bei *erfolgreichen Drittwidersprüchen* – etwa des Nachbarn – wird neben der Aufhebung etwa der Baugenehmigung auch die Zurückweisung des Antrags des ursprünglich Begünstigten, im Beispielsfall des Bauherrn, verlangt;[27] ansonsten könnte die Ausgangsbehörde aufgrund des nach wie vor gestellten Bauantrags erneut eine Baugenehmigung erlassen.[28]

> **Beispiel:** I. Die Baugenehmigung der Stadt X vom 01.01.2004 – Az.: … – wird aufgehoben.
>
> II. Der Bauantrag der Reifenmeier-GmbH vom 10.08.2003 wird abgelehnt.

Eine derartige Abweichungsgefahr besteht jedoch wegen der Bindungswirkung des Widerspruchsbescheids nicht. Wegen der Pflicht zur Rückabwicklung der Baugenehmigungsgebühren durch die Ausgangsbehörde – ggf. gegen Verrechnung mit Ablehnungsgebühren – ist es aus Gründen der Verwaltungspraktikabilität sinnvoller, die Ablehnung des Bauantrages der Ausgangsbehörde zu überlassen.

## II. Verpflichtungswiderspruch

### 1. Aufhebung des Versagungsbescheides

Auf einen begründeten Verpflichtungswiderspruch hin *kann* die Widerspruchsbehörde 14
den *Versagungsbescheid aufheben* und sollte es aus Gründen der Rechtsklarheit auch. Erforderlich ist dies – wenn nicht ausdrücklich gesetzlich angeordnet – nicht, da der Verpflichtungswiderspruch voraussetzungsgemäß die Anfechtung des Versagungsbescheides mit umfasst und der gewährende VA als Actus contrarius den Versagungsbescheid wenigstens konkludent beseitigt, ihn gegenstandslos werden lässt.

### 2. Erlass des beantragten VA oder Verpflichtung der Ausgangsbehörde?

Bei der Bescheidung eines begründeten Verpflichtungswiderspruchs ist die Wider- 15
spruchsbehörde *nicht an § 113 V VwGO gebunden,* da diese Vorschrift auf der Respektierung der Eigenständigkeit der Verwaltung gegenüber Eingriffen der Judikative beruht und auf das Verhältnis zweier instanziell einander übergeordneter Behörden der dem Bürger gegenüber als Einheit auftretenden Verwaltung nicht übertragbar ist.

---

26 Beispiele bei *Brühl* JuS 1994, 330 (334).
27 *Uhlenbrock/Arndt* NdsVBl 2000, 256 (260); *Brühl* Jus 1994, 330 (333). So auch der BayVGH v. 17.07.1990, NVwZ-RR 1990, 594 zugrunde liegenden Widerspruchsbescheid.
28 So *Uhlenbrock/Arndt* NdsVBl 2000, 256 (260).

16 Unabhängig von der entsprechenden Anwendung des § 113 V VwGO ist gleichwohl strittig, ob die Widerspruchsbehörde den beantragten VA selbst erlassen kann[29] oder darauf beschränkt ist, die Ausgangsbehörde zum Erlass des VA zu verpflichten. Denn nach dem Verwaltungsorganisationsrecht des Bundes und der Länder ist die nächsthöhere Behörde i.d.R. lediglich Aufsichtsbehörde und kann als solche die nachgeordnete Behörde zum Erlass des beantragten und abgelehnten VA anweisen, nicht aber ihn selbst erteilen).

17 Die erstgenannte Auffassung lässt sich deshalb nur halten, wenn man dem sog. *Devolutiveffekt des Widerspruchs* (§ 73 I VwGO) die im gerichtlichen Verfahrensrecht unbestrittene Eigenschaft zuerkennt, die Sachbefugnis der Ausgangsbehörde in vollem Umfang auf die Widerspruchsbehörde übergehen zu lassen oder aber einen entsprechenden ungeschriebenen Grundsatz des allgemeinen Verwaltungsverfahrensrechts über die Außenrechtsbefugnisse dienstvorgesetzter Behörden im außergerichtlichen Rechtsbehelfsverfahren nachweist.

18 Die Streitfrage kann jedoch dahinstehen. Selbst wenn die Widerspruchsbehörde befugt sein sollte, einen beantragten VA selbst zu erlassen, ist sie dazu jedenfalls nicht verpflichtet. Denn § 73 VwGO schreibt einen bestimmten Inhalt des Widerspruchsbescheids nicht vor. Auch Sinn und Zweck des Vorverfahrens werden durch einen die Ausgangsbehörde anweisenden Bescheid nicht beeinträchtigt. Für die Selbstkontroll- und Entlastungsfunktion ist dies offensichtlich. Für die Rechtsschutzfunktion gilt nichts anderes. Denn die Anweisung an die Ausgangsbehörde genügt dem Verfahrensziel des WF im praktischen Ergebnis ebenso wie der den VA erteilende Widerspruchsbescheid, zumal eine zeitliche Verzögerung im Zweifel schon deshalb nicht eintritt, weil die Widerspruchsbehörde weder personell noch verwaltungstechnisch (z.B. Formulare für Baugenehmigungen) für die Erteilung des beantragten VA im selben Maße ausgerüstet ist wie die Ausgangsbehörde. Schon aus Gründen der Verwaltungseffektivität und auch der Verfahrensbeschleunigung wird deshalb regelmäßig der Anweisung der Vorzug zu geben sein. Dies ist auch fast durchgängig die Praxis der Widerspruchsbehörden.

19 Auch *Einschränkungen der Ersetzungsbefugnis* der Widerspruchsbehörde *durch Landesgesetz* sind zulässig, soweit der Landesgesetzgeber das Widerspruchsverfahren auch ganz abschaffen könnte oder landesrechtliche Regelungen durch § 73 II VwGO aufrechterhalten worden sind.

20 Anders als das Gericht ist aber der Rechtsausschuss bei seiner *Ermessenskontrolle* nicht auf die Nachprüfung auf Ermessensfehler i.S.d. § 114 VwGO hin beschränkt, sondern kann und muss sein Ermessen an die Stelle des Ermessens der Ausgangsbehörde setzen, soweit er nicht ausdrücklich wegen der Achtung des Selbstverwaltungsrechts der Ausgangsbehörde nach § 6 II RhPfAG VwGO auf die Rechtskontrolle beschränkt ist.[30]

21 Eine Verpflichtung der Ausgangsbehörde, den WF erneut zu bescheiden, kann insbesondere dann in Betracht kommen, wenn die Sache noch nicht spruchreif ist, weil etwa im Baugenehmigungsverfahren die Ausgangsbehörde den Antrag aus Rechtsgründen abgelehnt und die bautechnischen Einzelheiten (wie Statik, Auflagen usw.) noch nicht geprüft hat.

Ein solcher »*Bescheidungstenor*« kommt allerdings nur in dem sogleich unter 3 erörterten Umfang in Betracht. Keinesfalls darf sich der Rechtsausschuss vor der Entscheidung spruchreifer Rechtsfragen »drücken«.[31]

---

29 *Hufen* VPR § 9 Rn. 10; Schoch/Schmidt-Aßmann/Pietzner/*Dolde* § 73 Rn. 39; *Schoch* Jura 2003, 752 (758); BVerwG v. 12.10.1970, BVerwGE 37, 47 (52 f.); v. 17.05.1979, DÖV 1979, 791 (792); v. 24.06.1981, NVwZ 1982, 116 (117); SaarlOVG v. 12.11.1982, AS 18, 15 (17).

30 RhPfOVG v. 08.11.1973, AS 13, 291 (292 f.).

31 Vgl. Schoch/Schmidt-Aßmann/Pietzner/*Dolde* § 73 Rn. 39.

## III. Zurückverweisung der Sache an die Ausgangsbehörde?

Umstritten ist weiterhin die Zulässigkeit einer Zurückverweisung der Sache an die Ausgangsbehörde. 22

Sie wird z.T. in *entsprechender Anwendung des § 130 VwGO* für zulässig gehalten,[32] z.T. auf die Fälle beschränkt, in denen die Widerspruchsbehörde nicht befugt oder nicht in der Lage ist, den beantragten VA selbst zu erlassen,[33] wobei allerdings nie klar gesagt wird, welche Fallgestaltungen unter den Begriff der Zurückverweisung fallen sollen.

Nach Ansicht des *BVerwG* fordert § 73 I 1 VwGO nicht, dass der VA, der an die Stelle des angefochtenen VA tritt, in allen Fällen von der Widerspruchsbehörde in seiner endgültigen Form erlassen wird. Sei nur die Ablehnung eines beantragten VA im Streit, so bestünden keine Bedenken gegen eine Entscheidung im Widerspruchsverfahren, die – ähnlich wie im Falle eines Urteils nach § 113 V 2 VwGO – der Erstbehörde aufgibt, einen neuen VA zu erlassen und dabei die Rechtsauffassung der Widerspruchsbehörde zu beachten. 23

So BVerwG v. 10.12.1970, BVerwGE 37, 47 (52 f.) für die Entscheidung eines Saarl. Rechtsausschusses, der in Wohngeldsachen einen Ablehnungsbescheid mit der Begründung aufhob, dass Versagungsgründe nicht vorlägen, und der Wohngeldbehörde aufgab, den Antrag nach der Auffassung des Stadtrechtsausschusses erneut zu bescheiden. Da die Aufgabe der Wohngeldbehörde nur noch darin bestehen sollte, das dem WF zustehende Wohngeld zu berechnen und zu bewilligen, seien keine Bedenken dagegen zu erheben, dass die damit verbundene Arbeit vom Rechtsausschuss nicht übernommen worden sei, weil er für die umfassende Tätigkeit, die der Erteilung eines Wohngeldbescheides vorausgehe, nicht ausgerüstet sei.

Dieser Entscheidung mag man für den konkreten Fall zustimmen, da angesichts der personellen Zusammensetzung des Rechtsausschusses dieser mit der konkreten Errechnung des Wohngelds in der Tat überfordert wäre und dem Interesse des WF mit dem Erlass eines *Widerspruchsbescheids »dem Grunde nach«* ausreichend gedient ist. 24

Insoweit kann auf die vorstehenden Ausführungen zur Zulässigkeit der Erlassanweisung durch die Widerspruchsbehörde verwiesen werden, denn hinter dem Bescheidungstenor des Widerspruchsbescheids verbirgt sich nichts anderes als die Anweisung zum Erlass eines zwar ziffernmäßig noch offenen, aber gesetzlich fixierten und deshalb bestimmten VA.

Die über den konkreten Fall hinausweisende Begründung greift allerdings zu weit und ist abzulehnen. Denn die unbeschränkte Zulassung der Zurückverweisung an die Ausgangsbehörde ist mit Sinn und Zweck des Vorverfahrens nicht vereinbar.[34] Der umfassende Kontrollzweck des Widerspruchsverfahrens (§ 68 I 1 VwGO) gebietet der Widerspruchsbehörde, über die Begründetheit des vom WF geltend gemachten Anspruchs, soweit möglich, in vollem Umfang und abschließend zu entscheiden. 25

Hat sich z.B. die Ausgangsbehörde einer Bescheidung in der Sache enthalten, weil sie den Antrag für unzulässig hielt, etwa wegen Versäumung einer Antragsfrist oder wegen fehlenden Sachbescheidungsinteresses, kann sich die Widerspruchsbehörde nicht darauf beschränken, den Versagungsbescheid aufzuheben und die Sache zur erneuten Entscheidung zurückzuverweisen, sondern muss die Begründetheit in vollem Umfange nachprüfen. Das gleiche gilt, wenn die Ausgangsbehörde die materielle Prüfung auf einzelne Punkte beschränkt hat, z.B. eine Baugenehmigung versagt hat, weil das Grundstück für eine Bebauung nicht geeignet oder die Wasserversorgung nicht gesichert ist, diese Ablehnungsgründe aber nach Ansicht der Widerspruchsbehörde nicht ausreichen. Die Widerspruchsbehörde hat vielmehr die Unbedenklichkeit des Vorhabens umfassend und abschließend zu prüfen.[35]

---

32 NWOVG v. 25.08.1955, OVGE 10, 87 (88).
33 Vgl. *Redeker/v. Oertzen* § 73 Rn. 19.
34 Vgl. RhPfOVG v. 09.12.1965, AS 9, 407 (408 f.).
35 Ebd.

Bestätigt wird dies durch § 73 I 2 VwGO, der die Widerspruchsbehörde unmissverständlich zum Erlass eines Widerspruchsbescheids und damit zu einer abschließenden Regelung des Verwaltungsrechtsverhältnisses anhält.

26 Zudem würde eine Zurückverweisung in der Sache dem verfassungsrechtlich verbürgten Rechtsschutzanspruch des WF widersprechen. Art. 19 IV GG lässt zwar die Vorschaltung eines zweiinstanzigen Verwaltungsverfahrens vor der Rechtswegeröffnung zu, gebietet aber andererseits effektiven Rechtsschutz, der ohne zwingenden sachlichen Grund zeitlich nicht unzumutbar lange hinausgezögert werden darf.[36] Gerade diesen Erfolg hätte aber die Zurückverweisung in Verpflichtungssachen, da das Verwaltungsverfahren unter Hintansetzung des Verfahrensziels des WF, den erstrebten VA zu erlangen, in das Stadium der erstinstanzlichen Antragsbescheidung zurückversetzt wird, ohne dass über die Berechtigung des geltend gemachten Anspruchs abschließend befunden worden wäre.

27 Auch die *Verletzung wesentlicher Verfahrensvorschriften* durch die Ausgangsbehörde ist grundsätzlich kein zwingender sachlicher Grund für eine Zurückverweisung, da i.d.R. der Verfahrensfehler durch Nachholung der gebotenen Verfahrenshandlung seitens der Widerspruchsbehörde geheilt werden kann.[37] Selbst wenn ausnahmsweise eine Heilung nur durch eine Maßnahme der Ausgangsbehörde möglich ist, besteht kein Anlass zur Aufhebung des VA und zur Zurückverweisung durch die Widerspruchsbehörde. Vielmehr kann die Widerspruchsbehörde in diesen Fällen der Ausgangsbehörde die Nachholung der Verfahrenshandlung aufgeben und bis zu diesem Zeitpunkt das Widerspruchsverfahren aussetzen.[38]

28 Die *Zurückverweisung* ist demnach *auf die Fälle zu beschränken*, in denen die *Widerspruchsbehörde in ihrer Kontrollbefugnis beschränkt ist* und eine abschließende Entscheidung in der Sache nicht treffen kann.

So kann z.B. die Widerspruchsbehörde den Bescheid, durch den eine Gemeinde den Erlass einer *gemeindlichen Gebühr* (Beitrag, Steuer) abgelehnt hat, wegen Ermessensmissbrauchs aufheben, die Gemeinde unter Bindung an die Aufhebungsgründe zur erneuten Bescheidung verpflichten, nicht aber den Erlass selbst gewähren oder die Gemeinde hierzu anweisen (die Fälle der Ermessensschrumpfung ausgenommen), da der Widerspruchsbehörde nur die Rechtmäßigkeitskontrolle zusteht und die Erlassanweisung ein Eingriff in die Selbstverwaltungsgarantie wäre.

Ebenso kommt bei der Aufhebung einer Beurteilungs- oder *Prüfungsentscheidung* wegen eines wesentlichen Verfahrensfehlers nur die Zurückverweisung in Betracht, wenn und soweit der Widerspruchsbehörde eine eigene Beurteilungsermächtigung nicht zusteht.

## IV. Fachaufsichtliche Weisung statt Widerspruchsbescheid?

29 Ist die Widerspruchsbehörde als nächsthöhere Behörde – wie häufig – zugleich auch die der Ausgangsbehörde übergeordnete Aufsichtsbehörde, zieht sie es in der Praxis nicht selten vor, die Ausgangsbehörde durch fachaufsichtliche Weisung zur Abhilfe anzuhalten, um so eine Erledigung des Widerspruchsverfahrens ohne förmlichen Wider-

36 Vgl. BVerfG v. 28.10.1975, BVerfGE 40, 237 (256 f.).

37 BVerwG v. 13.07.1967, BVerwGE 27, 295 (299 ff.); v. 25.07.1973, NJW 1974, 158.

38 Vgl. BVerwG v. 10.03.1971, BVerwGE 37, 307 (313) für die unterbliebene vorherige Anhörung des Wehrpflichtigen vor Erlass des Einberufungsbescheides, die nach Sinn und Zweck des § 13 III MusterungsVO i.d.F. v. 06.02.1963 (BGBl. I S. 113) nur durch eine Maßnahme des Kreiswehrersatzamtes selbst nachgeholt werden konnte; a.A. Schoch/Schmidt-Aßmann/Pietzner/*Dolde* § 73, Rn. 41.

spruchsbescheid zu erreichen.[39] Dies mag mehrere Gründe haben: Zum einen bereitet die fachaufsichtliche Weisung weniger Arbeit, da sie nicht so ausführlich begründet zu werden braucht wie ein Widerspruchsbescheid. Zum anderen vermeidet sie, da sie dem WF i.d.R. nicht bekannt wird, die Desavouierung der Ausgangsbehörde durch die Nächsthöhere. Schließlich – und das mag wohl der entscheidende Grund sein[40] – schiebt dieses Verfahren der Ausgangsbehörde die Prozessführungslast zu, wenn ein Dritter durch den Abhilfebescheid beschwert wird.

Höchstrichterlich entschieden ist diese Frage bisher noch nicht. Anerkannt ist lediglich, dass die Befugnis der Ausgangsbehörde, einem Widerspruch nach *§ 72 VwGO* abzuhelfen, diese nicht von fachaufsichtlichen Weisungen freistellt, da § 72 VwGO lediglich eine Einschränkung des sog. Devolutiveffekts, nicht aber – worauf die Freistellung von fachaufsichtlichen Weisungen im Ergebnis hinauslaufen würde – eine Ausweitung der Befugnisse der Ausgangsbehörde beinhaltet.[41] **30**

Damit ist allerdings nur klargestellt, dass die Widerspruchsbehörde, wenn sie von dem bei der Ausgangsbehörde anhängigen Widerspruchsverfahren Kenntnis erhält – in der Regel dadurch, dass der Widerspruch bei ihr eingelegt wird und sie ihn der Ausgangsbehörde zur Abhilfe weiterreicht –, auf die Entscheidung der Abhilfebehörde durch Fachweisungen Einfluss nehmen darf. Erst wenn die Ausgangsbehörde die Abhilfe verweigert und den Widerspruch der nächsthöheren Behörde zur Entscheidung vorgelegt hat, wird deren Zuständigkeit als Widerspruchsbehörde durch den Devolutiveffekt begründet. Ob die Widerspruchsbehörde auch noch in diesem Stadium von ihrem Weisungsrecht Gebrauch machen darf, ist eine Frage, die sich nicht nach § 72, sondern nach § 73 I VwGO bemisst. Angesichts der unmissverständlichen und bestimmten Fassung des § 73 I (... »so ergeht ein Widerspruchsbescheid. Diesen erlässt«) spricht alles dafür, dass die VwGO die Widerspruchsbehörde zum Erlass eines Widerspruchsbescheids verpflichten will. Deshalb ist der Ansicht der Vorzug zu geben, dass die Widerspruchsbehörde – wenn und soweit sie gleichzeitig Fachaufsichtsbehörde ist – sich dieser Pflicht nicht durch den Erlass einer fachaufsichtlichen Weisung entledigen darf.[42] **31**

Diese Bedenken greifen nicht, wenn die Widerspruchsbehörde eine *fachaufsichtliche Weisung* nicht *statt* des Widerspruchsbescheids erlässt, sondern *in oder im Zusammenhang mit einem Widerspruchsbescheid* etwa dergestalt, dass sie in einem stattgebenden Widerspruchsbescheid oder in Vollzug eines solchen die Ausgangsbehörde anweist, den angefochtenen VA aufzuheben oder den begehrten VA zu erlassen.[43]

Da die Ausgangsbehörde gebunden ist und die Widerspruchsbehörde ihre Weisungsbefugnis im Außenverhältnis eingesetzt hat, liegt die eigentliche Beschwer etwaiger Dritter im Widerspruchsbescheid und nicht in dem Vollzugsakt der Ausgangsbehörde, so dass die Klage ohne erneutes Vorverfahren gegen die Widerspruchsbehörde bzw. ihren Rechtsträger zu richten wäre.[44] Auch eine unzulässige Vermengung von Widerspruchs- und Aufsichtsverfahren[45] liegt hierin nicht, da Widerspruchsbescheide mit fachauf-

39 Vgl. hierzu *Oppermann*, S. 260 ff.

40 Zutreffend weist freilich *Oppermann* S. 281 darauf hin, dass das Kostenrisiko durch die Vorschriften der Gemeindeordnungen über die Kostenerstattungspflicht des Landes bei rechtswidriger Weisung letztlich beim Träger der Widerspruchsbehörde verbleibt.

41 So überzeugend BVerwG v. 21.01.1971, DÖV 1971, 355.

42 Ebenso im Ergebnis *Schoch* Jura 2003, 752 (758); *Hufen* § 8 Rn. 30; Schoch/Schmidt-Aßmann/Pietzner/*Dolde* § 73 Rn. 35; a.A. *Redeker/v. Oertzen* § 73 Rn. 16.

43 NWOVG v. 14.01.1992, NVwZ-RR 1993, 289; wohl auch Schoch/Schmidt-Aßmann/Pietzner/*Dolde* § 73 Rn. 35.

44 A.A. NWOVG NWVBl 1992, 250.

45 So aber *Stelkens/Bonk/Sachs* § 48 Rn. 76.

sichtlicher Weisung in diesen Fällen allein dem Regime der Vorschriften über das Widerspruchsverfahren und nicht dem der §§ 48 ff. VwVfG unterliegen.[46]

## C. Entscheidung bei unbegründetem Widerspruch

32 Ist der Widerspruch unbegründet, *muss* ihn die Widerspruchsbehörde zurückweisen.[47] Die Unbegründetheit kann darauf beruhen, dass der angefochtene VA rechtmäßig *und* zweckmäßig ist. Unbegründet ist der Widerspruch aber auch, wenn der angefochtene VA rechtswidrig oder zweckwidrig ist, weil er den WF zuwenig belastet oder ihm zuviel gewährt wird.

Unbegründet ist ein *Drittwiderspruch* auch, wenn der angefochtene VA objektiv rechtswidrig ist, aber den Dritten nicht in seinen Rechten verletzt.

Zur Herstellung rechtmäßiger Verhältnisse kommt hier nur eine *Rücknahme »außerhalb des Vorverfahrens«* in Betracht, auf die die Widerspruchsbehörde, wenn sie mit der Ausgangsbehörde nicht identisch ist, mit Weisungen Einfluss nehmen darf (vgl. § 27 Rn. 3, 5 f., 11 ff.).

## D. Entscheidung bei Erledigung des Widerspruchs

33 Erledigt sich das Widerspruchsverfahren durch Zurücknahme des Widerspruchs oder auf andere Weise, ist das Widerspruchsverfahren nach Rücknahme von Amts wegen, ansonsten auf Erledigungserklärung des WF hin[48] *einzustellen.*[49] Es ist zwar nicht erforderlich, gleichwohl aus Gründen der Rechtssicherheit empfehlenswert, dies im Tenor des Widerspruchsbescheids ausdrücklich festzustellen, um damit das Widerspruchsverfahren auch in der Sache formell abzuschließen;[50] eine Kostenentscheidung ist nach § 73 III 3 VwGO ohnehin erforderlich.

Der *Tenor* des Widerspruchsbescheids lautet im Falle der Erledigung:

»Das Widerspruchsverfahren wird eingestellt.«[51]

Bei *streitiger Erledigung* lautet der Tenor auch dann nicht anders, wenn der WF für erledigt erklärt, die Widerspruchsbehörde aber den Eintritt eines erledigenden Ereignisses bestreitet. Anders als im Verwaltungsprozess kommt im Widerspruchsverfahren eine streitige Erledigungsentscheidung (i.S.: »Die Hauptsache ist erledigt«) von vornherein nicht in Betracht, da die Ausgangsbehörde nicht »Partei« ist und die Verfügungsbefugnis über den Verfahrensgegenstand allein dem WF zusteht,[52] er also nicht durch Verwei-

---

46 A.A. NWOVG NWVBl 1992, 250.

47 Diese Pflicht kann auch von der Rechtsaufsichtsbehörde eingefordert werden. Vgl. BWVGH VBlBW 1993, 338 f. für die Durchsetzung von Erschließungsbeiträgen.

48 Vgl. BFH v. 04.11.1981, NVwZ 1982, 583 (584). Eine Einstellung von Amts wegen kommt grundsätzlich nur bei der Rücknahme des Widerspruchs in Betracht, da der WF seine Dispositionsbefugnis bereits durch die Rücknahmeerklärung ausgeübt hat. Bei der Erledigung auf sonstige Weise kann die Erklärung aber auch konkludent abgegeben werden. Verschweigt sich der WF auf Nachfrage der Widerspruchsbehörde, kann das Verfahren auch von Amts wegen eingestellt werden. Vgl. *Kopp/Schenke* § 73 Rn. 2; *Engelbrecht* JuS 1997, 552.

49 Vgl. auch BVerwG v. 20.01.1989, BVerwGE 81, 226 (228 f.). Die Einstellung ist freilich rein deklaratorischer Natur. Vgl. BWVGH v. 10.11.1993, NVwZ 1995, 280 (281).

50 Insoweit dürfte § 69 III VwVfG einen allgemeinen Rechtsgedanken für Verfahren enthalten, die ein gewisses Maß an Förmlichkeit aufweisen.

51 BVerwG v. 20.01.1989, BVerwGE 81, 226 (229); NWOVG v. 15.05.1991, DÖV 1992, 122 (123); BWVGH v. 17.07.1990, VBlBW 1991, 148 (150).

52 Dies verkennt grundlegend *Allesch* S. 241 (ebenso *Engelbrecht* JuS 1997, 553), der sogar eine übereinstimmende Erledigungserklärung nur bei tatsächlicher Erledigung für zulässig hält (ähnlich wohl

gerung der Zustimmung zur Erledigung am »Aussteigen« aus dem Widerspruchsverfahren gehindert werden kann. Ob wirklich erledigt ist, kann deshalb allenfalls bei einer möglicherweise zu treffenden Kostenentscheidung von Bedeutung sein. Die Ausgangsbehörde ist durch die kurze Widerspruchsfrist gegen eine Rechtsbehelfswiederholung ausreichend geschützt.

Begehrt der WF eine Widerspruchsentscheidung in der Sache, obwohl die Hauptsache erledigt ist, darf die Widerspruchsbehörde nicht einstellen,[53] sondern muss den Widerspruch wegen fehlenden Rechtsschutzbedürfnisses zurückweisen.

Auf Antrag des WF ist bei Vorliegen eines berechtigten Interesses *entsprechend § 113 I 4 VwGO* festzustellen, dass der angegriffene VA rechtswidrig gewesen ist. Soweit eine Rechtsgrundlage hierfür vorhanden ist, muss auch über die Kosten des Widerspruchsverfahrens entschieden werden.

*Zuständig* für die Verfahrenseinstellung und Kostenentscheidung ist die Behörde, unter deren Verfahrensherrschaft das erledigende Ereignis eingetreten ist, also die *Ausgangsbehörde allein* bis zu dem Zeitpunkt, in dem sie die Abhilfe verweigert und die Sache der Widerspruchsbehörde vorlegt,[54] nach Eintritt des Devolutiveffektes daneben *auch die Widerspruchsbehörde*.[55] Dass nach § 72 VwGO die Verwerfungsbefugnis hinsichtlich des Widerspruchs der Widerspruchsbehörde vorbehalten is), hindert die Abhilfebehörde an der Erledigungsfeststellung nicht, denn § 72 VwGO will nur die Verwerfungsbefugnis der Ausgangsbehörde ausscheiden, weil eine derartige Entscheidung »in eigener Sache« potentiell geeignet ist, die Zwecke des Widerspruchsverfahrens zu gefährden. Die deklaratorische Erledigungsfeststellung wird hiervon nicht erfasst. 34

Begehrt der WF, dass die Behörde die Rechts- oder Zweckwidrigkeit des erledigten VA feststellt, lautet der *Tenor* im Falle der Zulässigkeit und Begründetheit:

»Es wird festgestellt, dass der Bescheid des ... vom ... rechtswidrig gewesen ist.«

Ansonsten wird der Widerspruch als unzulässig oder unbegründet zurückgewiesen.

---

auch BayVGH v. 12.02.1982, BayVBl 1982, 439 [440]), weil das Widerspruchsverfahren nicht nur dem Rechtsschutz, sondern auch öffentlichen Belangen diene. Letzteres ist zwar richtig, gleichwohl gibt aber das Gesetz die Verfahrensherrschaft über Beginn und Beendigung allein in die Hand des WF. Unabhängig vom erreichten Verfahrensstand kann er deshalb – anders als der Kläger (§ 92 I 2 VwGO) – allein durch seine Erklärung das Widerspruchsverfahren beenden (ähnlich *Kobes* S. 45). Die Einwände *Huxholls* S. 241 f., laufen auf eine Bevormundung des Bürgers hinaus.

53 Vgl. BVerwG v. 24.04.1969, DVBl 1970, 215 f. Vgl. auch *Meyer/Borgs* § 80 Rn. 18.

54 SaarlOVG v. 08.09.1988, AS 22, 254 (258).

55 *Engelbrecht* JuS 1997, 553.

## § 43 Begründung

1 Nach der Entscheidungsformel folgt unter der Überschrift »*Begründung*« oder »*Gründe*« die von § 73 III 1 VwGO vorgeschriebene Begründung des Widerspruchsbescheids. § 73 III 1 VwGO konkretisiert einen rechtsstaatlichen, aus Art. 19 IV, 20 III, 28 I GG folgenden Grundsatz, der dem Bürger, in dessen Rechte die Verwaltung eingreift, einen Anspruch darauf gibt, die hierfür maßgeblichen Gründe zu erfahren, weil er nur dann seine Rechte sachgemäß verteidigen kann.[1] Neben der *Rechtsschutzfunktion* dient der Begründungszwang auch im besonderen der *Entlastungsfunktion des* Widerspruchsverfahrens, da er dem WF die Prüfung der Erfolgsaussichten einer etwaigen Klage ermöglichen und dadurch auch unnötiges Prozessieren verhindern soll.

2 Fehlt die Begründung oder ist sie mangelhaft, liegt ein *wesentlicher Verfahrensfehler* vor, der nach § 79 II 2 VwGO zur selbständigen Anfechtung des Widerspruchsbescheids berechtigt. Die VwGO enthält in den §§ 73 III, 79 II 2 VwGO Spezialrecht für den Widerspruchsbescheid, das die Themen der §§ 39, 46 VwVfG behandelt, ohne sich zur Problematik des § 45 VwVfG zu äußern. Dies legt den Schluss nahe, dass eine Heilung i.S.d. § 45 VwVfG überhaupt ausgeschlossen sein soll.[2] Der rechtspolitische Ansatz des Genehmigungsverfahrensbeschleunigungsgesetzes 1996 spricht jedoch eindeutig dafür, dass der Bundesgesetzgeber mit der Erweiterung der Heilungsmöglichkeit bis zum Abschluss des verwaltungsgerichtlichen Verfahrens (§ 45 II VwVfG) auch Widerspruchsbescheide erfassen und das Nachbessern einer verfahrensfehlerhaften Begründung auch noch im Prozess zulassen wollte. Den Kläger, wenn er daraufhin die Klage zurücknimmt oder für erledigt erklärt, von den Gerichtskosten zu entlasten, ist nur im Rahmen des § 161 II VwGO möglich. § 46 VwVfG findet neben wegen § 79 II 2 VwGO, der freilich weitgehend zum gleichen Ergebnis führt, Anwendung.[3]

3 Die Begründung muss die *wesentlichen tatsächlichen und rechtlichen Gründe* mitteilen, die die Widerspruchsbehörde zu ihrer Entscheidung bewogen haben (vgl. § 39 I 2 VwVfG), also Sachverhalt, Rechtsgrundlage und wesentliche Subsumtionswege. Welchen *Inhalt und Umfang* die Begründung des Widerspruchsbescheids haben muss, richtet sich nach den Besonderheiten des jeweiligen Rechtsgebietes und nach den Umständen des Einzelfalles. Maßgebliches Kriterium ist, dass der WF in die Lage versetzt werden muss, die Erfolgsaussichten einer Klage abschätzen und sie sachgemäß begründen zu können. Die Begründung braucht sich nicht ausdrücklich mit allen in Betracht kommenden Umständen und Einzelüberlegungen auseinanderzusetzen; sie kann sich sehr kurz halten, wenn die Gründe auf der Hand liegen oder dem Betroffenen bekannt sind.[4]

Dies gilt insbesondere für stattgebende Widerspruchsbescheide, soweit durch sie ein Dritter nicht belastet wird. Eine knappe Begründung ist aber auch hier erforderlich.

Bei *Ermessensentscheidungen* muss die Begründung auch die Gesichtspunkte erkennen lassen, von denen die Behörde bei der Ausübung des Ermessens ausgegangen ist (vgl. § 39 I 3 VwVfG).[5] Entsprechendes gilt für Entscheidungen in Ausübung von *Beurteilungsprärogativen,* wenn und soweit eine voll inhaltliche Nachprüfung durch die Wi-

---

1 Vgl. statt vieler BVerfG v. 16.01.1957, BVerfGE 6, 32 (44); v. 29.10.1975, NJW 1976, 38; v. 23.08.1988, FamRZ 1989, 145; BVerwG v. 14.10.1965, BVerwGE 22, 215 (217); v. 15.06.1971, BVerwGE 38, 191 (194); v. 07.05.1981, DÖV 1982, 76 (77) und *Schick* JuS 1971, 1.; *Scheffler* DÖV 1977, 768 f.; *Dolzer* DÖV 1986, 9.; *Horn* Verw 1992, 216.

2 *Oerder* S. 118.

3 A.A. BVerwG v. 19.05.1999, NVwZ 1999, 1218 (1219); Schoch/Schmidt-Aßmann/Pietzner/*Pietzcker* § 79 Rn. 15.

4 Vgl. BVerwG v. 15.05.1986, BVerwGE 74, 196 (205); RhPfOVG v. 20.09.1972, VerwRspr 25, 100 (102); BWVGH v. 28.02.1991, NVwZ 1992, 898.

5 Vgl. BVerwG v. 07.05.1981, DVBl 1982, 198 (199); v. 05.07.1985, BVerwGE 72, 1 (6 f.).

derspruchsbehörde zulässig ist. Hier muss die Widerspruchsbehörde auch die Beurteilungsmaßstäbe erkennen lassen, die sie ihrer Entscheidung zugrunde gelegt hat.[6]

Ausnahmen von der Begründungspflicht sieht § 73 III VwGO – anders als § 39 II VwVfG – nicht vor; über § 79 VwVfG kommt deshalb nur eine ergänzende Anwendung des § 39 I VwVfG in Betracht.[7]

Anders als beim Urteil wird in Verwaltungsentscheidungen der *Sachverhalt* zur Entscheidungsbegründung im weiteren Sinne gerechnet[8] und nicht als »Tatbestand« gesondert abgesetzt. Der Sachverhalt ist zweckmäßigerweise in einem eigenen Absatz darzustellen, der – wenn längere Ausführungen erforderlich sind – auch mit einer römischen Gliederungsziffer kenntlich gemacht werden kann. Für den *Aufbau* des Sachverhalts gelten die beim Urteilstatbestand dargestellten Regeln entsprechend, allerdings mit den dargestellten Abweichungen. Für den *Umfang* der Sachverhaltsdarstellung lassen sich keine allgemeinen Regeln aufstellen, außer denen, die sich aus dem oben dargestellten Zweck der Begründungspflicht ergeben. Da der Widerspruchsbescheid den förmlichen Abschluss eines einheitlichen Verwaltungsverfahrens darstellt, kann ausdrücklich oder konkludent auf den bereits im Ausgangsbescheid dargestellten Sachverhalt Bezug genommen werden, wenn die Sachlage unverändert geblieben ist. Denn regelmäßig kann davon ausgegangen werden, dass dem WF der Sachverhalt aus den Verwaltungsverfahren bekannt ist. Eine ausführlichere Darstellung des Sachverhalts ist nur erforderlich, 4

- wenn die Widerspruchsbehörde mit einem WF konfrontiert wird, der im Ausgangsverfahren nicht beteiligt war,

etwa einem Dritten beim Drittwiderspruch oder einem Rechtsnachfolger des Antragstellers,

- wenn die Widerspruchsbehörde ihrer Entscheidung neue Tatsachen zugrunde legt,

etwa, weil sich die Sachlage im Verlauf des Widerspruchsverfahrens geändert hat oder weil sie von einer anderen rechtlichen Beurteilung ausgeht als die Ausgangsbehörde und deshalb die Ermittlung anderer Tatsachen erforderlich war, oder weil die Ausgangsbehörde aus formalen Gründen eine Entscheidung in der Sache abgelehnt und deshalb den Sachverhalt in materieller Hinsicht nicht aufgeklärt hat.

Im Regelfall reicht dagegen eine wenige Sätze umfassende, aus Geschichtserzählung und Verfahrensgeschichte komprimierte Darstellung aus, wobei die Begründung der Ausgangsbehörde für ihren VA wie die Begründung der Widerspruchsschrift nur umrisshafte Erwähnung zu finden braucht. 5

**Beispiel:**

**Gründe:**

Im Jahre 2001 erwarben Sie das Grundstück Lgb. Nr. 3. Es liegt außerhalb des Geltungsbereichs des Bebauungsplans XY am Rande des bebauten Ortskerns der Gemeinde X. Die nördlich an Ihr Grundstück angrenzenden Grundstücke Lgb. Nrn. 1 und 2 sind unbebaut. Auf den südlich angrenzenden Grundstücken Lgb. Nrn. 4 und 5 sind Einfamilienhäuser errichtet.

Am 11.08.2008 stellten Sie den Antrag auf Erteilung einer Baugenehmigung zur Errichtung eines Einfamilienhauses, der durch Bescheid der Kreisverwaltung X vom 12.11.2008 abgelehnt wurde, weil Ihr Grundstück außerhalb des Geltungsbereichs eines Bebauungsplanes und außerhalb eines im Zusammenhang bebauten Ortsteiles liegt.

---

6 Vgl. BVerwG v. 16.01.1971, BVerwGE 39, 197 (204); v. 06.09.1995, BVerwGE 99, 185 (189 ff.); *Günther* NWVBl 1991, 181.

7 Vgl. *Skouris* DÖV 1982, 135; a.A. *Brühl* JuS 1994, 422; auch § 39 II VwVfG; BWVGH v. 28.02.1991, NVwZ 1992, 899 für § 39 II Nr. 2 VwVfG.

8 Vgl. *Schick* JuS 1971, 5; *Linhart* § 19 Rn. 177.

Gegen diesen Ablehnungsbescheid richtet sich Ihr Widerspruch vom 22.11.2008. In der Begründung berufen Sie sich auf die vorhandene Bebauung auf den Grundstücken Lgb. Nrn. 4 und 5. Durch die Ausführung Ihres Vorhabens würde der vorhandene Baukomplex nach Ihrer Auffassung abgerundet werden. Ihr Widerspruch ist zulässig, aber nicht begründet.

# § 44 Die Kostenentscheidung im Vorverfahren (Überblick)

## A. Grundbegriffe

### I. Kosten

Ebenso wie im gerichtlichen Verfahren können im Vorverfahren Kosten entstehen, über deren Erstattung folglich entschieden werden muss. Zu den *Kosten* des Widerspruchsverfahrens gehören die *Verwaltungskosten* (Gebühren und Auslagen) der Widerspruchsbehörde und die zur zweckentsprechenden Rechtsverfolgung oder Rechtsverteidigung *notwendigen Aufwendungen* der Beteiligten. Auch hier sind deshalb grundsätzlich drei Fragenkreise zu unterscheiden:

a) Welche Kosten und von wem kann die *Widerspruchsbehörde* für ihre Tätigkeit im Vorverfahren ersetzt verlangen? Dies beantwortet das für den Rechtsträger, dem die Widerspruchsbehörde angehört, einschlägige Verwaltungskostenrecht. Es ist in seiner Funktion dem GKG vergleichbar und sieht wie dieses Abgeltung der Kosten durch Gebühren und Auslagen vor. 1

b) Welche Vergütung kann ein *Rechtsanwalt* vom Auftraggeber für seine Bemühungen im Rahmen eines Vorverfahrens beanspruchen? Diese Antwort gibt – wie im gerichtlichen Verfahren – die BRAGO das RVG mit seinem Vergütungsverzeichnis (hier: §§ 17 Nr. 1 RVG und Nrn. 2400, 2401 VV118, 119). 2

c) Schließlich: Wem fallen die von den *Beteiligten* (also dem WF, einem nach § 13 II VwVfG hinzugezogenen Dritten oder der Ausgangsbehörde) zur zweckentsprechenden Rechtsverfolgung oder Rechtsverteidigung gemachten notwendigen *Aufwendungen* zur Last? Dies beantworten die Vorschriften über die *Erstattung von Kosten im Vorverfahren*, vornehmlich also § 80 VwVfG und die entsprechenden Normen des Landesrechts. 3

### II. Kostenlast- und Kostenfestsetzungsentscheidung

Ebenso wie im gerichtlichen Verfahren sind bei der Kostenentscheidung im Vorverfahren auseinander zu halten[1] die 4

a) *Kostenlastentscheidung* über die Kostenpflicht dem Grunde nach und wen sie trifft (§§ 72, 73 III 23 VwGO, §§ 80 III 2 VwVfG, 63 III 2 SGB X) sowie die
b) *Kostenfestsetzungsentscheidung* (§§ 80 III 1 VwVfG, 63 III 1 SGB X). Diese Trennung ist insbesondere wegen der unterschiedlichen Rechtsbehelfe zu beachten. Zum notwendigen Inhalt der *Kostenlastentscheidung* zählen nach Wortlaut und Systematik der §§ 80 VwVfG, 63 SGB X auch die Entscheidung, ob ein Erstattungsberechtigter bestimmte Aufwendungen wegen Verschuldens selbst zu tragen hat (§§ 80 I 4 VwVfG, 63 I 3 SGB X),[2] sowie die Bestimmung über die Notwendigkeit der Zuziehung eines Bevollmächtigten (§§ 80 III 2 VwVfG, 63 III 2 SGB X), obwohl letztere sachlich eigentlich in das Kostenfestsetzungsverfahren gehört.[3]

1 Vgl. zu dieser Differenzierung BVerwG v. 27.02.1981, Buchholz 316 § 80 VwVfG Nr. 4; v. 10.06.1981, BVerwGE 62, 296 (298). Allgemein *Vahle* DVP 2006, 189; *Stelkens/Bonk/Sachs* § 80; BeckOK – VwVfG/*Kunze* § 80.

2 Vgl. BVerwG v. 27.02.1981, Buchholz 316 § 80 VwVfG Nr. 4.

3 Vgl. BVerwG v. 29.08.1983, BVerwGE 68, 1 (3); v. 05.09.1984, BVerwGE 70, 58 (59 f.); v. 29.10.1986, BVerwGE 75, 107 (108); v. 18.04.1988, BVerwGE 79, 226 (229); v. 25.09.1992, Buchholz 316 § 80 VwVfG Nr. 33. § 80 III 2 VwVfG ist § 162 II 2 VwGO nachgebildet, der die Notwendigkeitserklärung dem Gericht vorbehält, weil der Kostenfestsetzungsbeamte wegen der rechtlichen Schwierigkeiten überfordert sein könnte. Im Widerspruchsverfahren kann der Gesichtspunkt unterschiedlicher Sachkompetenz zwischen Kostenentscheidungs- und Festsetzungsinstanz nicht tragend sein, da i.d.R. beide Zuständigkeiten in einer Hand liegen. Die Zuordnung der Notwendigkeitserklärung zur Kostenlastentscheidung beruht vielmehr auf dem Gesichtspunkt der sachlichen Nähe zur Wider-

§ 80 III 2 VwVfG erfasst allerdings nicht den Fall, dass der Anwalt den WF zwar berät, aber nicht als förmlicher Bevollmächtigter gegenüber der Widerspruchsbehörde auftritt; über die Notwendigkeit dieser Beratungskosten ist deshalb im Festsetzungsverfahren zu entscheiden.[4]

## III. Kostenlastentscheidung als Grundlage der Kostenfestsetzung

5 Das *Kostenfestsetzungsverfahren* baut auf der – *konstitutiven*[5] – Kostenlastentscheidung auf. Sie ist Grundlage und Titel der Kostenfestsetzung. Erst durch sie wird überhaupt ein Kostenerstattungsanspruch dem Grunde nach zur Entstehung gebracht. Im Kostenfestsetzungsverfahren wird lediglich über die *konkrete Höhe* der zu erstattenden Kosten entschieden. Kostenfestsetzung ist deshalb nur möglich auf der Grundlage und im Rahmen einer Kostenlastentscheidung.

6 *Konkret bedeutet dies:* Kostenerstattung kann der erfolgreiche WF nur verlangen, wenn er eine ihm günstige Kostenlastentscheidung vorweisen kann. Ein Kostenfestsetzungsantrag wie nachfolgende Rechtsbehelfe setzen deshalb, wenn eine Kostenlastentscheidung bisher unterblieben ist, um überhaupt erfolgreich sein zu können, rechtslogisch voraus, dass der WF zumindest gleichzeitig den Erlass einer ihm günstigen Kostenlastentscheidung begehrt.[6]

Hat die Widerspruchsbehörde bewusst eine Kostengrundentscheidung unterlassen und der WF den Bescheid unanfechtbar werden lassen, ist deshalb eine Kostenerstattung ausgeschlossen.[7]

Dasselbe gilt für Anträge, die Hinzuziehung eines Bevollmächtigten im Vorverfahren für notwendig zu erklären. Die Entscheidung über die *Notwendigkeit der Beiziehung eines Bevollmächtigten* bestimmt dem Grunde nach über die Erstattungsfähigkeit der Gebühren und Auslagen des Bevollmächtigten, beides Posten innerhalb der erstattungsfähigen Aufwendungen; sie gehört sachlich in das Kostenfestsetzungsverfahren und setzt deshalb eine Kostenlastentscheidung voraus.[8] Fehlt es an dieser Kostengrundentscheidung, entfaltet deshalb die Bestimmung über die Notwendigkeit, einen Bevollmächtigten zuzuziehen, grundsätzlich keine rechtlichen Wirkungen; sie geht ins Leere.

Ist ausnahmsweise nur die Erstattungsfähigkeit der Bevollmächtigtenkosten, nicht aber die Kostenlast dem Grunde nach ausdrücklich tenoriert worden, darf deshalb in aller Regel der Widerspruchsbescheid dahin interpretiert werden, dass er (konkludent) auch über die Kostenerstattungspflicht mitentschieden hat. Dies gilt freilich nicht in den Fällen, in denen § 80 VwVfG eine Kostenerstattung nicht zubilligt, wie z.B. bei Drittbeteiligten; hier fehlt es an der Basis für einen Schluss auf eine (konkludente) Kostenlastentscheidung.[9]

7 Andererseits *bindet* eine *bestandskräftig* gewordene Kostenlastentscheidung im Umfang ihres Regelungsgehalts auch im Rahmen des Kostenfestsetzungsverfahrens. Das Bestehen der Kostenpflicht dem Grunde nach kann von der Festsetzungsbehörde nicht

---

spruchsentscheidung und dem Anliegen, das Kostenfestsetzungsverfahren von schwierigen Fragen zu entlasten.

4 Vgl. BVerwG v. 18.04.1988, BVerwGE 79, 229 ff.; wohl auch NWOVG v. 29.11.1995, NVwZ-RR 1996, 620 (621). Ebenso zu § 162 II 2 VwGO OVG Lüneburg v. 20.02.1972, OVGE 28, 366 (368); BWVGH v. 08.05.1998, VBlBW 1998, 347 (348); BayVGH v. 16.07.1992, NVwZ-RR 1993, 221 f.; NWOVG, NVwZ-RR 1996, 620 f.; a.A. NWOVG v. 11.03.1988, OVGE 40, 40.

5 BVerwG v. 16.12.1988, NVwZ-RR 1989, 581; *Odenthal* NVwZ 1990, 642.

6 Vgl. BVerwG v. 20.05.1987, BVerwGE 77, 268 (270).

7 BremOVG v. 20.10.1965, NJW 1965, 564.

8 BVerwG v. 15.02.1991, BVerwGE 88, 41 (45); v. 29.06.2006, NVwZ 2006, 1294.

9 Vgl. BVerwG v. 22.05.1986, NVwZ 1987, 490.

mehr verneint,[10] Kostenfestsetzung vom WF aber auch nur im Rahmen der Kostenlastentscheidung verlangt werden.

Hat die Behörde bestimmte Aufwendungen wegen Verschuldens nach § 80 I 4 VwVfG von der Erstattungspflicht ausgenommen und der WF die Kostenentscheidung unanfechtbar werden lassen, kann er im Kostenfestsetzungsverfahren nicht mehr volle Erstattung verlangen. Umgekehrt kann die Verwaltung dem WF im Kostenfestsetzungsverfahren nicht Verschulden i.S.d. § 80 I 4 VwVfG entgegenhalten, wenn sie die Kostenlastentscheidung ohne Einschränkungen zugunsten des WF getroffen hat. Auch die in der Kostenlastentscheidung mitzutreffende Entscheidung, dass die Zuziehung eines Bevollmächtigten notwendig war, ist im Kostenfestsetzungsverfahren verbindlich.[11]

## B. Die Rechtsgrundlagen der Kostenentscheidung

### I. §§ 72, 73 II 3 VwGO

Nach § 72 VwGO hat die Ausgangsbehörde, wenn sie einem Widerspruch abhilft, über die Kosten zu entscheiden. Nach § 73 II 3 VwGO bestimmt der Widerspruchsbescheid »auch, wer die Kosten trägt«. Eine lex specialis enthält z.B. § 38 II 3 VermG. 8

Die Vorschrift des *§ 162 VwGO*, die ausdrücklich die Kosten des Vorverfahrens in die erstattungsfähigen außergerichtlichen Kosten einbezieht, beschränkt sich ihrem Anwendungsbereich nach auf den Inhalt der gerichtlichen Kostenentscheidung, mithin auf den Fall, dass im Anschluss an das Vorverfahren Klage erhoben worden ist,[12] erfasst also nicht das sog. »*isolierte*«, nicht durch einen Prozess fortgesetzte *Vorverfahren.*

Nur für ein Verfahren in der *Hauptsache* ist die Durchführung eines Vorverfahrens Sachurteilsvoraussetzung, nur hier können deshalb die Kosten des Vorverfahrens als Vorbereitungskosten dem gerichtlichen Verfahren zugerechnet werden. *Vorläufige Rechtsschutzverfahren* nach den §§ 80, 123 VwGO sind dagegen selbständige Nebenverfahren, die über einen anderen Streitgegenstand geführt werden und allenfalls die Erhebung des Widerspruchs (vgl. § 80 V 2 VwGO), nicht aber die Durchführung des Vorverfahrens zur Voraussetzung haben. Bei ihnen ist deshalb eine Einbeziehung der Vorverfahrenskosten in die gerichtliche Kostenentscheidung unzulässig.[13] 9

Den §§ 72, 73 III 23 VwGO ist lediglich zu entnehmen, *dass* und *wann* eine Kostenlastentscheidung zu ergehen hat und wer dafür *zuständig* ist.[14] Über den Inhalt der Kostenlastentscheidung dagegen schweigt die VwGO. 10

### II. § 80 VwVfG und die Parallelvorschriften des Bundes- und Landesrechts

Durch § 80 VwVfG (Sondervorschriften in § 44 BDG, § 25 II UmweltauditG, § 38 II 2 VermG) und die nahezu gleichlautenden Parallelvorschriften des Landesrechts ist diese Lücke jedoch weitgehend geschlossen worden. 11

---

10 Vgl. BVerwG v. 29.04.1988, BVerwGE 79, 291 (297).

11 Vgl. BSG v. 22.03.1984, AnwBl 1985, 652; BVerwGE 79, 297.

12 Dass das Klageverfahren durch eine Sachentscheidung abgeschlossen wird, setzt § 162 I nicht voraus. Er erfasst deshalb die Vorverfahrenskosten auch bei Rücknahme (BWVGH v. 03.04.1989, NVwZ-RR 1989, 587; Schoch/Schmidt-Aßmann/Pietzner/*Olbertz* § 162 Rn. 63; NK-VwGO/*Neumann* § 162 Rn. 125; a.A. BWVGH v. 09.08.1982, VBlBW 1982, 72 f. m. abl. Anm. *Kopp*) oder Hauptsachenerledigung (NWOVG v. 15.06.2001; NVwZ-RR 2001, 77; *Kopp/Schenke* § 162 Rn. 16). Die Wirkung, dass der Rechtsstreit als nicht anhängig geworden anzusehen ist (§ 173 VwGO i.V.m. § 269 III 2 ZPO), tritt nämlich gerade nicht für die Verfahrenskosten ein.

13 Vgl. OVG Lüneburg v. 06.08.1974, NJW 1974, 2022; NWOVG v. 15.02.1993, DVBl 1993, 889; BayVGH v. 02.11.1972, BayVBl 1973, 163; HessVGH v. 27.07.1998, NVwZ-RR 1999, 346; BWVGH v. 18.08.1982, VBlBW 1983, 168; RhPfOVG v. 02.05.1989, DVBl 1989, 892; ThürOVG v. 15.09.2000, NVwZ-RR 2001, 205; *Clausing* JuS 2000, 59 (62).

14 BVerwG v. 29.03.1979, Buchholz 310 § 72 VwGO Nr. 9 S. 4; v. 10.06.1981, BVerwGE 62, 296 (299).

12 § 80 VwVfG gilt kraft Verweisung in Berlin, Niedersachsen und Sachsen. Gleichlautende und gleichnumerierte Vorschriften enthalten das BbgVwVfG, BremVwVfG, HbgVwVfG, HessVwVfG, VwVfG M-V, NWVwVfG, VwVfG LSA und das SaarlVwVfG. Art. 80 BayVwVfG, § 80 ThürVwVfG, § 80 BWVwVfG (i.d.F. v. 11.02.1992, GBl S. 91) und § 19 RhPfAGVwGO (i.d.F. v. 12.10.1995, GVBl S. 412) gehen als vollständigste Regelungen der Kostenerstattung zum Teil über § 80 VwVfG hinaus. § 120 Schl-HLVwG als älteste Regelung bleibt dagegen im Gehalt hinter § 80 VwVfG zurück (auch i.d.F. v. 02.06.1992, GVOBl S. 243).

13 Wegen der Ausnahmen vom Geltungsbereich des VwVfG (§ 2 VwVfG) und der in der Regelung nicht bedachten Fälle bleiben aber nach wie vor Freiräume, bei deren Ausfüllung die alte Diskussion um die analoge Anwendung der §§ 154 ff. VwGO oder des § 80 VwVfG selbst wieder auflebt.

14 Die von § 2 VwVfG offengelassenen Freiräume sind vom Gesetzgeber bisher erst zum Teil ausgefüllt worden. Für die *Sozialverwaltung* enthält § 63 SGB X eine fast wörtlich dem § 80 VwVfG entsprechende Regelung, die sich von § 80 VwVfG nur darin unterscheidet, dass sie von einer Kostenpflicht des erfolglosen WF aus sozialpolitischen Erwägungen absieht (vgl. auch § 77 EStG für das Kindergeldrecht).

15 Im Bereich der von § 2 II Nr. 1 VwVfG ausgenommenen *Steuerverwaltung* existiert eine dem § 80 VwVfG vergleichbare Vorschrift nicht. Das außergerichtliche Rechtsbehelfsverfahren ist vielmehr von der AO kosten-, aber auch erstattungsfrei ausgestaltet worden, weil es sich aufgrund der Eigenart der Steuerverwaltung (Massenverwaltung mit typischerweise häufigen Fehlerquellen) lediglich als verlängertes Veranlagungsverfahren darstelle.[15]

16 Die LVwVfGe enthalten (unterschiedlich formulierte) Exemtionsvorschriften für das Landesabgabenrecht, die durch Verweisungsnormen der KAGe auf Vorschriften der AO ausgefüllt werden. Da die Verweisungsnormen aber gerade nicht die §§ 347 ff. AO über das außergerichtliche Rechtsbehelfsverfahren in Bezug nehmen, ist strittig geworden, ob für das Widerspruchsverfahren in *Kommunalabgabensachen* nicht doch das LVwVfG und damit auch § 80 VwGO gilt.

Die zunächst überwiegende Meinung verneinte dies.[16] Sie konnte für sich den Wortlaut der Exemtionsklauseln, die das einschränkende »soweit« nicht verwenden, und ihren Zweck, das Steuererhebungsverfahren auf Landesebene zu vereinheitlichen, anführen. Die Gegenmeinung[17] weist darauf hin, dass in KAG-Sachen nach wie vor die §§ 68 ff. VwGO gelten und der Sinn der §§ 79, 80 LVwVfG, das Widerspruchsverfahren zu vereinheitlichen, und die Entstehungsgeschichte dazu anhalten, die Exemtionsklauseln einschränkend zu verstehen. Hinzu kommt, dass sachliche Gründe für die Versagung der Kostenerstattung in kommunalen Abgabenstreitigkeiten unter dem Gesichtspunkt des Art. 3 GG nicht ersichtlich sind. Die für die Steuerverwaltung angeführten Gründe sind kaum übertragbar, denn im Kommunalabgabenrecht bereitet die Feststellung der abgabenrelevanten Fakten der Behörde in aller Regel keine besonderen Schwierigkeiten, weil sie entweder nicht im Herrschaftsbereich des Abgabepflichtigen realisiert werden oder aber die Abgabenpflicht an äußerlich ohne weiteres erkennbaren Vorgängen bzw. an bereits von anderen Behörden bindend festgestellten Bemessungsgrundlagen anknüpft. Kommunalabgabenverfahren sind deshalb jedenfalls nicht vom Typus her Massenverfahren mit den diesen eigenen häufigen Fehlerquellen, die ein nachfolgendes Widerspruchsverfahren lediglich als verlängertes Veranlagungsverfahren erscheinen lassen könnten. Auch unter dem Gesichtspunkt der verfassungskonformen Auslegung ist deshalb ein einengendes Verständnis der landesrechtlichen Exemtionsklauseln geboten.

15 BFH v. 23.07.1996, BFHE 180, 529; kritisch hierzu unter Gleichheitsgesichtspunkten *Meßerschmidt* DÖV 1983, 453.

16 Vgl. die Nachw. in § 44 Fn. 26 der 8. Auflage.

17 *Pietzner* VerwArch 1982, 238 f.; *Meßerschmidt* DÖV 1983, 453.

Das BVerwG[18] hat sich bei der Auslegung des Art. 2 II Nr. 1 BayVwVfG (»Dieses Gesetz gilt ... nicht für ... Verfahren, die unter Art. 10 KAG fallen«) der erstgenannten Meinung angeschlossen, gleichzeitig aber deutlich gemacht, dass diese Frage nach der konkreten Fassung der Exemtionsklausel zu beantworten und folglich anders zu beurteilen sei, wenn die Geltung des LVwVfG nur ausgeschlossen ist, »soweit« die AO anzuwenden ist (vgl. z.B. § 2 II Nr. 1 BremVwVfG, § 2 II Nr. 1 NdsVwVfG F. 1985, § 2 II Nr. 1 VwVfG LSA).

Die Bedeutung dieser Entscheidung für die Rechtseinheit im Kommunalabgabenrecht ist gering geblieben und hat sich auf *Hessen,*[19] *Nordrhein-Westfalen,*[20] *und Berlin* sowie *Brandenburg*[21] und *Thüringen*[22] beschränkt, deren § 2 II Nr. 1 VwVfG die gleiche Fassung aufweist wie § 2 II Nr. 1 NWVwVfG. In *Niedersachsen, Bayern, Baden-Württemberg, Mecklenburg-Vorpommern* und *Rheinland-Pfalz* finden sich ausdrückliche Regelungen im Sinne der hier vertretenen Ansicht.[23] Für das *Saarland*[24] ist das BVerwG nicht zuständig (vgl. Art. 99 GG), und die Exemtionsklausel in *Hamburg* und *Berlin* stellt auf Finanzbehörden ab. In *Schleswig-Holstein* (§ 11 Schl-HKAG) schließlich findet primär das LVwG, die AO nur ergänzend Anwendung (*Kleiner*, KStZ 1991, 69), und § 2 Sächs VwVfG kennt eine entsprechende Exemtion nicht.[25]

Die sich bisher in der Literatur abzeichnende Meinung zu den *Fällen des § 2 VwVfG* tendiert überwiegend dahin, eine ausdehnende Anwendung des § 80 VwVfG über den Anwendungsbereich des Gesetzes hinaus abzulehnen.[26] Dass dies dem Willen des Gesetzgebers entspricht, ergibt sich eindeutig aus § 80 IV VwVfG, der in einer an sich durch § 2 VwVfG ausgenommenen Spezialmaterie (Richterdienstrecht) ausdrücklich die Anwendung des § 80 VwVfG anordnet.[27] 17

Seinem Wortlaut nach beschränkt sich § 80 VwVfG auf *Vorverfahren nach den § 68 ff. VwGO.* Soweit indes VAe, die dem Geltungsbereich des VwVfG unterfallen, durch Spezialgesetz einem anderen Rechtsweg zugewiesen sind und die Spezialzuweisung die Erhebung eines förmlichen außergerichtlichen Rechtsbehelfs vorsieht, wird der Anwendungsbereich des § 80 VwVfG durch *§ 79 VwVfG* erweitert (s. § 30 Rn. 6). Diese 18

18 BVerwG v. 27.09.1989, BVerwGE 82, 336.

19 Vgl. bereits HessVGH v. 13.07.1978, HessStGZ 1978, 405; v. 02.06.1982, ESVGH 32, 319 (LS); v. 30.09.1982, ESVGH 33, 152 (LS). Dort sind auch Widerspruchsverfahren in kommunalen Steuersachen kostenfrei (vgl. § 14 III HessAGVwGO).

20 Vgl. bereits NWOVG v. 07.03.1979, OVGE 34, 76; v. 21.03.1979, NJW 1980, 356; v. 26.04.1991, NVWZ 1992, 585 f. Zur Kostenfreiheit des unterlegenen WF vgl. § 15 III GebG NW, § 5 III 1 u. VIII KAG NW.

21 Vgl. Nr. 5.3 VVO KAG des BbgMdI v. 02.03.2000 (Gesetze des Landes Bbg. Nr. 700 a).

22 Vgl. ThürOVG v. 19.10.2000, NVwZ-RR 2001, 487 (488).

23 Vgl. Art. II Nr. 1 des Gesetzes zur Änderung des NdsKAG und anderer abgabenrechtlicher Vorschriften vom 02.07.1985 (GVBl S. 207); Begründung: LT-Drucks. 10/3930, S. 14 f. Vgl. 2. Gesetz zur Änderung des BayVwVfG v. 24.07.1990 (GVBl S. 235), durch dessen § 1 die oben zitierte Klausel aus Art. 2 II Nr. 1 BayVwVfG gestrichen worden ist. Vgl. BVerwG v. 15.02.1991, BVerwGE 88, 41 (44). § 80 IV Nr. 2 BWVwVfG i.d.F. des Änderungsgesetzes v. 25.04.1991 (GBl S. 223) ordnet die Geltung des § 80 I bis III VwVfG auch für abgabenrechtliche Vorverfahren an, in denen an die Stelle des Einspruchs der Widerspruch tritt (Begründung: keine sachlichen Gründe für eine Differenzierung ersichtlich, LT-Drucks. 10/4374, S. 19); inhaltsgleich § 80 IV Nr. 2 VwVfG M-V. § 3 V 1 RhPfKAG vom 20.06.1995 (GVBl S. 175) verweist für Rechtsbehelfe ausdrücklich auf § 19 RhPfAGVwGO.

24 Vgl. SaarlOVG v. 24.07.1985, AS 19, 342.

25 Vgl. SächsOVG v. 30.07.2002, SächsVBl 2003, 43.

26 Vgl. *Stelkens/Bonk/Sachs* § 80 Rn. 8; *Altenmüller* DVBl 1978, 285.

27 So treffend *Altenmüller* DVBl 1978, 285; Belegt wird dies durch das Bemühen des Gesetzgebers, durch eigenständige Regelungen die nach Erlass des VwVfG verbliebenen Lücken zu füllen (vgl. z.B. § 63 SGB X). Hierzu ist der Gesetzgeber auch verfassungsrechtlich gehalten, da er i.d.R. keine sachlich einleuchtenden Gründe für die gleichheitswidrige Versagung der Kostenerstattung in den von § 2 VwVfG ausgenommenen Bereichen anzuführen in der Lage sein dürfte.

Vorschrift ordnet nämlich für alle förmlichen außergerichtlichen Rechtsbehelfe (selbstverständlich nur gegen VAe, die dem Geltungsbereich des VwVfG unterliegen) die lückenfüllende Anwendung des VwVfG und damit auch des § 80 an.

Für formlose Rechtsbehelfe gilt § 80 VwVfG, wie sich aus § 79 VwVfG ergibt, von vornherein erst recht nicht für erstinstanzliche Verwaltungsverfahren.[28] Aufwendungen für die Vertretung durch einen Rechtsanwalt bei der Anhörung im Verwaltungsverfahren sind deshalb grundsätzlich (soweit nicht in Spezialvorschriften vorgesehen) nicht erstattungsfähig (vgl. BSG NVwZ-RR 1992, 286 f. und § 27 Rn. 9).

19 Eine *entsprechende Anwendung der §§ 154 ff. VwGO* oder ein Rückgriff auf einen allgemeinen Rechtsgedanken scheidet nach Erlass des VwVfG nunmehr endgültig aus, da der Gesetzgeber klar zu erkennen gegeben hat, dass eine Kostenerstattung nur auf der Grundlage einer ausdrücklichen gesetzlichen Anordnung in Betracht kommt. Dies gilt auch für eine *analoge Anwendung des § 80 VwVfG* selbst für die in § 80 VwVfG nicht geregelten Erstattungsfragen, etwa bei Drittwidersprüchen und bei Rücknahme oder anderweitiger Erledigung des Widerspruchs. Denn bereits während der Gesetzgebungsarbeiten zum VwVfG lagen vollständige Erstattungsvorschriften nach Art des Art. 16 BayAGVwGO vor, deren Unkenntnis man dem Gesetzgeber schwerlich unterstellen kann.[29] Lediglich in den Ausnahmefällen einer vom Gesetzgeber nicht bedachten planwidrigen Lücke ist deshalb eine Analogie zu § 80 VwVfG zulässig. Ansonsten ist nach wie vor auf die Grundsätze der Amtshaftung, der Enteignung oder der Fürsorgepflichtverletzung zurückzugreifen, die aber nur insoweit als Grundlage einer Kostenentscheidung nach den §§ 72, 73 III 2 3 VwGO in Betracht kommen, als sie dem Verwaltungsrechtsweg unterliegen.

## III. Das Verwaltungskostenrecht

20 § 80 VwVfG beschränkt sich auf die Regelung der Kostenerstattung zwischen WF und Ausgangsbehörde. Welche Gebühren und Auslagen die Widerspruchsbehörde und von wem verlangen kann, war und ist allein in den Verwaltungskostengesetzen geregelt.[30]

Soweit allerdings der WF unabhängig vom Ausgang des Vorverfahrens (neben der unterlegenen Behörde, der die Kosten auferlegt worden sind) Kostenschuldner ist und auf Grund eines Vorschussverlangens der Widerspruchsbehörde bereits Gebühren gezahlt hat, sind diese Teil der nach § 80 VwVfG zu erstattenden Verfahrensaufwendungen.

21 Da § 80 I 3 VwVfG lediglich den auch von den §§ 68, 73 VwGO vorausgesetzten *Regelfall* des *»dreigliedrigen« Verfahrensverhältnisses* zur Grundlage seiner Regelung macht, gewährt er der Verwaltung keinen Erstattungsanspruch in den Fällen, in denen Widerspruchs- und Erlassbehörde identisch sind, wie z.B. bei erstinstanzlichen Entscheidungen der Mittelinstanz. Auch in diesen Fällen findet deshalb eine Erstattung der Verfahrensaufwendungen der Behörde allein nach Verwaltungskostenrecht statt.[31]

28 Vgl. BWVGH v. 11.05.1981, VBlBW 1982, 196; BVerwG v. 01.09.1989, NVwZ 1990, 59; NWOVG v. 11.03.1998, DÖV 1998, 654; BayVGH v. 26.06.1998, NVwZ-RR 1999, 347; ebenso BSG v. 12.12.1990, NVwZ 1992, 286 f. für § 63 SGB X. Für das Verwaltungsverfahren zur Klärung der Dienst(un)fähigkeit eines Beamten vgl. NWOVG v. 26.06.1992, NWVBl 1992, 426 und *von der Heydte* BayVBl 2000, 459.

29 SaarlOVG v. 14.10.1982, AS 17, 440 (445); BWVGH v. 19.07.1983, VBlBW 1984, 375 f.; HessVGH v. 16.03.1984, ESVGH 35, 5 (8).

30 Vgl. OVG LSA v. 27.02.2001, NVwZ 2003, 121; Knack/*Busch* § 80 Rn. 52; *Stelkens/Bonk/Sachs* § 80 Rn. 16; *Altenmüller* DVBl 1978, 288; RhPfOVG v. 29.07.1980, AS 16, 38 (39). Umgekehrt gibt natürlich auch das Verwaltungskostenrecht keine Rechtsgrundlage für ein Erstattungsverlangen eines Verfahrensbeteiligten.

31 Vgl. *Altenmüller* DVBl 1978, 288.

# § 45 Die Entscheidung über die Verwaltungskosten

Die Widerspruchsbehörde kann für ihre Tätigkeit im Vorverfahren *Gebühren* und *Auslagen* als Abgeltung ihrer Verwaltungskosten erheben, wenn und soweit das für sie einschlägige Verwaltungskostenrecht den Erlass des Widerspruchsbescheids als gebührenpflichtigen Tatbestand umschreibt.

## A. Kostenlast

### I. »Zweiseitige« Verwaltungskostenlast

Umfassende Regelungen der *Gebührenpflicht für alle Widerspruchsbescheide*, unabhängig vom Ausgang in der Sache, existieren nur in Rheinland-Pfalz, Thüringen und dem Saarland. Hier werden prinzipiell für jeden Widerspruch Verwaltungskosten erhoben. Bei Misserfolg trifft die Kostenlast den WF, soweit er unterliegt; bei Erfolg des Widerspruchs dagegen fallen Gebühren und Auslagen des Widerspruchsverfahrens dem Rechtsträger zur Last, dessen Behörde die angefochtene Amtshandlung erlassen oder den Erlass der beantragten Amtshandlung zu Unrecht verweigert hat. Bei Teilerfolg sind die Kosten verhältnismäßig zu teilen. 1

Vgl. § 15 IV und V i.V.m. § 13 I Nr. 1 RhPfGebG;[1] § 6 II und III ThürBauGebVO; § 9 a I, II und III SaarlGebG.[2] Zu Recht stellt § 9 a III 2 und 3 SaarlGebG den allein wegen § 45 VwVfG erfolglosen Widerspruch dem erfolgreichen gleich.

### II. »Einseitige« Verwaltungskostenlast

#### 1. Erfolglose Widersprüche

In den übrigen Ländern ist die Erhebung einer Widerspruchsgebühr nur vorgesehen *für erfolglose Widersprüche,* 2

§§ 1, 2 BWGebG i.V.m. Nr. 76.01.1. GebVz.; Art. 9 I und III BayKostG; § 11 I und III SächsVwKG; § 8 BremGebBeitrG i.V.m. Nrn. 101.11 f. GebVz; §§ 12 II, III 1 HbgGebG i.V.m. lfd. Nr. 6 der Anlage; § 14 I 1 HessAGVwGO iVm § 4 III 1 HessVwKostG; § 12 NdsVwKostG[3] i.V.m. Nr. 110.6 des Kostentarifs der Allgem. GebO; § 13 I und II VwKostG LSA.

zum Teil sogar lediglich für erfolglose Widersprüche gegen VAe, durch die eine *Amtshandlung gebührenpflichtig* versagt oder vorgenommen worden ist.

§ 16 II BerlGebG; §§ 15 III Bbg/NWGebG; §§ 15 III, IV Schl-HVwKostG/VwKostG M-V; §§ 5 III Bbg/NWKAG/KAG M-V; § 5 IV Schl-HKAG. In diesen Ländern kann die Widerspruchsbehörde die Gebühren auch nicht der Erlassbehörde auferlegen; vielmehr unterbleibt eine Gebührenerhebung überhaupt. Entsprechendes gilt allerdings nicht für *besondere Auslagen* wie etwa Sachverständigenkosten, Porti u. dgl., die von dem Rechtsträger der Ausgangsbehörde auch dann zu erstatten sind, wenn dieser sog. persönliche Kostenfreiheit genießt (vgl. § 6 BWGebG; Art. 4, 10 III BayKostG; § 5 BerlGebG; § 11 BremGebBeitrG; § 5 IV HbgGebG; §§ 10 II Bbg/NWGebG; §§ 10 II Schl-HVwKostG/VwKostG M-V).

---

1 Vgl. RhPfOVG v. 10.04.1991, NVwZ-RR 1992, 221 (222); VG Trier v. 15.10.1996, DVP 1997, 471.

2 Vgl. SaarlOVG v. 08.09.1988, AS 22, 254 (256 f.) für die bei Zurücknahme des Widerspruchs und anderweitiger Erledigung zu treffende Kostenentscheidung nach billigem Ermessen.

3 Wo derartige Regelungen fehlen, können die Widerspruchsgebühren wegen § 80 I 3 VwVfG und den landesrechtlichen Parallelvorschriften als Teil der notwendigen Rechtsverfolgungs(verteidigungs)kosten gegenüber der Ausgangsbehörde geltend gemacht werden. Vgl. *Saller* NdsVBl 2001, 258 (262).

Widersprüche, die allein wegen § 45 VwVfG keinen Erfolg hatten, werden z.T. wie erfolgreiche Widersprüche behandelt.[4]

§ 8 III BremGebBeitrG; § 15 III 4 Bbg/NWGebG; § 13 I VwKostG LSA[5]

3 Für Widersprüche auf bestimmten Sachgebieten besteht z.T. *sachliche Gebühren-(Kostenlast-)Freiheit,* so z.B. für Verfahren nach dem G zur Regelung offener Vermögensfragen (§ 38 I VermG), auf dem Gebiet der öffentlichen *Fürsorge*

§ 5 I Nr. 2 BWGebG; § 3 Nr. 2 BerlVwGebO, Tarifstelle 1901 GebVz; § 6 II BremGebBeitrG; § 10 HbgGebG i.V.m. § 4 I Nr. 1, III GebührenfreiheitsVO

und für Widersprüche gegen VAe, die im Rahmen eines bestehenden oder früheren öffentlich-rechtlichen *Dienst- oder Amtsverhältnisses* oder einer bestehenden oder früheren gesetzlichen Dienstpflicht oder einer Tätigkeit, die anstelle der gesetzlichen Dienstpflicht geleistet werden kann, erlassen worden sind.[6]

§ 5 I Nrn. 3, 5 BWGebG; Art. 3 I Nr. 8 und II BayKostG; § 3 Nr. 1 BerlVwGebO; § 6 I Nr. 3, II BremGebBeitrG; §§ 7 Nrn. 3, 4 Bbg/NWGebO; § 7 I Nr. 11 HessVwKostG; § 7 II Nrn. 4, 5 RhPfGebG i.V.m. § 4 LVO; § 3 I Nr. 9 und II SächsVwKG; § 13 III VwKostG LSA; §§ 7 Nrn. 4, 5 Schl-H VwKostG/ VwKostG M-V.

## 2. Erfolgreiche Widersprüche

4 Bei *erfolgreichem Widerspruch* fallen dem WF keine Verwaltungskosten zur Last.

So ausdrücklich Art. 9 III 1 BayKostG; § 11 III 1 SächsVwKG; § 6 I Nr. 5, II BremGebBeitrG; § 12 III 1 HbgGebG. In Niedersachsen besteht jedoch Gebührenpflicht, wenn der Widerspruch deshalb Erfolg hat, weil der AusgangsVA auf unrichtigen oder unvollständigen Angaben des WF beruhte (Nr. 72 des Kostentarifs der Allgem.GebO). Vgl. auch § 10 BremGebBeitrG und § 12 III 2 HbgGebG.

Lediglich die Kosten einer auf den Widerspruch hin vorzunehmenden Amtshandlung hat er zu tragen.

So ausdrücklich Art. 9 III 2 BayKostG; § 11 III 2 SächsVwKG; § 12 I 2 NdsVwKostG;[7] § 13 I 1 VwKostG LSA; § 15 IV 1 RhPfGebG.

5 Hat der Widerspruch nur zum *Teil Erfolg,* wird die Kostenlast gequotelt bzw. ermäßigt.

Art. 9 III 1 BayKostG; § 11 III 1 SächsVwKG; § 16 II 1 BerlGebO (soweit); § 8 I 3 BremGebBeitrG i.V.m. Nr. 101.11 Anm. a GebVz.; §§ 3 II, 12 III HbgGebG i.V.m. lfd. Nr. 6 der Anlage; § 4 III 1

---

4 Die Regelung in Niedersachsen ist etwas verwirrend. § 12 NdsVwKostG behandelt nur Widersprüche gegen *gebührenpflichtige* VAe, § 12 I Widersprüche des Adressaten, § 12 II Drittwidersprüche, allerdings nur unter dem Aspekt der Kostenlast des Adressaten: Hat der Drittwiderspruch Erfolg, ist dem Adressaten der die Ablehnungsgebühr übersteigende Anteil der Amtshandlungsgebühr zu erstatten; bei unrichtigen oder unvollständigen Angaben des Antragstellers entfällt die Erstattungspflicht. Nr. 110.06.1 des Kostentarifs erfasst dagegen als Auffangtatbestand Widersprüche in *nicht* gebührenpflichtigen Angelegenheiten sowie Drittwidersprüche (Nr. 110.06.01.3.). Vgl. OVG Lüneburg v. 08.12.1981, OVGE 36, 487.

5 Auf die Fälle der materiellen Unrichtigkeit der Begründung ist § 13 I VwKostG LSA nicht entsprechend anwendbar (OVG LSA v. 27.02.2001, NVwZ 2003, 121).

6 Die Regelungen über die sachliche Gebührenfreiheit in öffentlichen Dienst- und Amtsverhältnissen tragen dem Gedanken der Fürsorgepflicht des Dienstherrn Rechnung. Sie beruhen auf der Erkenntnis, dass sich der Bedienstete im öffentlichen Dienstrecht gegen hoheitliche Handlungen zur Regelung seines Dienstverhältnisses nur dann erfolgversprechend wehren kann, wenn sein Rechtsschutz nicht durch ein übermäßiges Kostenrisiko entscheidend beeinträchtigt wird (so die Begründung BT-Drucks. 7/910, S. 92).

7 Ob nach Erfolg des WF im Verwaltungsgerichtsverfahren durch Vergleich die Widerspruchsgebühr zu erstatten ist, beantwortet sich nicht nach § 12 I 2, sondern nach § 12 II NdsVwKostG, der eine entsprechende Erstattung nicht kennt. Vgl. NdsOVG v. 18.07.1995, NdsVwBl. 1995, 259.

HessVwKostG; § 12 I NdsVwKostG (soweit), § 4 II Nds Mustersatzung; §§ 15 III, IV Bbg/NWGebG, §§ 5 II Bbg/NWKAG (soweit); § 15 V 2 RhPfGebG; § 9 a II 2 SaarlGebG; § 13 II 1 VwKostG LSA; §§ 15 III 1 Schl-HVwKostG/VwKostG M-V (soweit).

### 3. Zurücknahme des Widerspruchs und andere Arten der Erledigung

Kostenpflichtig sind z.T. auch die *Zurücknahme des Widerspruchs* 6

§ 1, 2, 11 I 3 BWGebG i.V.m. Nr. 76.01.2 GebVz.; Art. 9 BayKostG; § 11 II Sächs VwKG; § 9 II 2 BremGebBeitrG; § 12 IV HbgGebG; § 4 V HessVw-KostG; § 11 III lit. b NdsVwKostG; § 15 IV 4 i.V.m. § 15 II Nr. 1 RhPfGebG; §§ 15 III 3 Schl-HVwKostG/VwKostG M-V; § 9 a IV SaarlGebG; § 6 V ThürBauGebVO;

und *andere Arten der Erledigung.*

Art. 9 II BayKostG; § 11 II SächsVwKG; § 15 IV RhPfGebG; § 9 a IV SaarlGebG; §§ 15 III 3 Schl-HVwKostG/VwKostG M-V; § 9 a IV SaarlGebG; § 6 V ThürBauGebVO.

### 4. Drittwidersprüche

Baurechtliche Nachbarwidersprüche machten vor allem in den Ländern Probleme, in 7
denen nur erfolglose Widersprüche gegen gebührenpflichtige Amtshandlungen kostenpflichtig waren und die Widerspruchsgebühr an der Amtshandlungsgebühr ausgerichtet war.[8] Da die Baugenehmigung gebührenpflichtig war, fiel der erfolglose Nachbarwiderspruch nach dem Wortlaut des Gesetzes unter die Gebührenpflicht, die aber am Amtshandlungsinteresse des Bauherrn ausgerichtet war und deshalb für den Nachbarn eine unverhältnismäßige und gleichheitswidrige Belastung darstellen würde. Dies führte zu verfassungskonformen, einengenden Auslegungen, die den Dritten kostenfrei ließen.[9] Die Landesgesetzgeber haben darauf reagiert, indem sie für erfolglose Drittwidersprüche eigene Gebührentatbestände schufen.

§ 15 IV NWGebG i.d.F. vom 19.03.1985 (GV NW S. 256) iVm Tarifst. 31 des Allgem. Gebührentarifs (Anlage zu § 1 Allgem.VwGebO NRW); ebenso § 15 IV BbgGebG i.V.m. Tarifst. 8.2 GebVz der BbgBauGebO; Art. 9 I 4 BayKostG; ebenso Nr. 110.06.01.3 Kostentarif der Anlage zur Nds Allgem. GebO; Nr. 12.3 der Anlage zur HambBauGebO; weiterhin § 4 III 2 HessVwKostG; § 11 I 4 SächsVwKostG.

Kostenlast des Antragstellers, wenn der beantragte VA auf *erfolgreichen Drittwiderspruch* hin aufgehoben wird, sah lediglich 8

§ 4 I Nr. 1 BWGebG i.V.m. Nr. 77.01.1 GebVz. in den Fassungen des GebVz. vor 1985 vor. Nach Art. 9 III 2 BayKostG, § 11 III 2 SächsVwKG hat in diesem Fall der Antragsteller die für die Ablehnung der entsprechenden Amtshandlung vorgeschriebenen Kosten zu tragen. Ähnlich § 14 I SaarlGebG, § 13 IV 3 VwKostG LSA.

## III. Zuständigkeit für die Kostenlastentscheidung

*Zuständig für die Kostenlastentscheidung* ist die Ausgangsbehörde, wenn sie abhilft 9
(§ 72 VwGO), ansonsten die Widerspruchsbehörde (§ 73 III 3 VwGO). Hilft die Aus-

8 Wo dagegen das Verwaltungskostenrecht der Widerspruchsbehörde bei der Festsetzung der Widerspruchsgebühr einen Rahmen lässt (so z.B. § 15 III 2 VwKostG M-V: »bis zur Höhe« der Amtshandlungsgebühr), kann dem wirtschaftlich geringeren Interesse des Nachbarn an der Entscheidung seines Widerspruchs Rechnung getragen werden. Vgl. MVOVG v. 16.01.1998, NVwZ-RR 2000, 198.

9 Vgl. NWOVG v. 19.02.1979, OVGE 34, 56; auch BVerfG v. 06.02.1979, BVerfGE 50, 217. Wie NWOVG auch SaarlOVG v. 30.09.1983, AS 18, 267 zum inzwischen aufgehobenen § 2 KostOWiVf und BerlOVG v. 30.01.1987, Bd. 18, 29 zu § 16 II 1 BerlGebG.

gangsbehörde nur zum Teil ab, bleibt die Kostenentscheidung der Widerspruchsbehörde vorbehalten.

*Erledigt* sich das Widerspruchsverfahren durch Zurücknahme des Widerspruchs oder auf andere Weise, trifft die Kostenlastentscheidung die Ausgangsbehörde allein, wenn sie die Sache noch nicht der Widerspruchsbehörde vorgelegt hat; nach Eintritt des Devolutiveffekts ist auch die Widerspruchsbehörde zuständig.[10]

10 Endet ein Widerspruchsverfahren dadurch, dass die *Ausgangsbehörde* dem Widerspruch in vollem Umfange *abhilft,* obwohl sie zunächst die Abhilfe verweigert und die Sache der Widerspruchsbehörde zur Entscheidung vorgelegt hatte, so ist dies kein Fall der Erledigung, über die die Widerspruchsbehörde nach billigem Ermessen eine isolierte Kostenentscheidung zu treffen hätte.[11] Vielmehr ist in diesem Fall das Widerspruchsverfahren noch nicht abgeschlossen, so dass sich noch nicht endgültig übersehen lässt, wer im Ergebnis unterliegen wird. Der stattgebende Abhilfebescheid verbraucht nunmehr den Widerspruch und beendet das Widerspruchsverfahren und damit die Zuständigkeit der Widerspruchsbehörde.[12]

## B. Kostenfestsetzung

### I. Verfahren und Zuständigkeit

11 Die Festsetzung der Verwaltungskosten erfolgt *von Amts wegen* (vgl. z.B. § 14 I 1 BundesVwKostG). Zuständig hierfür ist die Behörde, die die kostenpflichtige Amtshandlung vorgenommen, also den Abhilfe- bzw. Widerspruchsbescheid erlassen hat (vgl. z.B. § 12 BWGebG, § 11 I BerlGebG).

12 Zum Teil ordnet das Gesetz an, dass die Festsetzung, soweit möglich, zusammen mit der Sachentscheidung ergehen soll (vgl. z.B. §§ 14 I 2 Bbg/HessVwKostG/NWGebG/VwKostG M-V). Eine verfahrensmäßige Trennung zwischen Kostenlastentscheidung und Kostenfestsetzung ist dem Verwaltungskostenrecht fremd. In der Praxis wird deshalb die Gebührenfestsetzung häufig mit in den Tenor des Widerspruchsbescheids aufgenommen.

Der Kostenfestsetzungsbescheid ist *Vollstreckungstitel.* Der Ausschluss des Suspensiveffekts nach § 80 II Nr. 1 VwGO greift hier jedoch i.d.R. nicht ein.[13]

### II. Höhe der Verwaltungskosten

13 Die der Behörde erwachsenen *Auslagen* sind in der Regel durch die Gebühr mit abgegolten. Nur besondere bare Auslagen sind neben der Gebühr zu erstatten (vgl. z.B. Art. 10 BayKostG). Sie sind in der tatsächlich angefallenen Höhe festzusetzen.

10 Vgl. § 42 Rn. 34 f.; SaarlOVG v. 08.09.1988, AS 22, 254 (256) meint, die §§ 72, 73 III VwGO erfassten diese Fälle nicht, die Pflicht zur Kostenlastentscheidung ergebe sich mithin allein aus dem LVwVfG oder dem LGebG, wenn und soweit sie den Fall der Erledigung kostenrechtlich regeln. Jedenfalls bei § 73 III 3 VwGO wird dies schon dem Wortlaut nicht gerecht.

11 Vgl. BayVGH v. 29.12.1982, BayVBl 1983, 246; *Linhart* § 20 Rn. 347. Offengelassen in BayVGH v. 04.03.1985, BayVBl 1985, 467 (469); v. 02.08.1988, NVwZ-RR 1989, 221.

12 BVerwG v. 29.03.1979, Buchholz 310 § 72 VwGO Nr. 9; wohl auch BVerwG v. 21.08.1981, BayVBl 1982, 29.

13 Einen von der Hauptsacheentscheidung unabhängigen Charakter hat die Kostenentscheidung insoweit nur, wenn auch der erfolgreiche Widerspruch gebührenpflichtig ist.

Die *Widerspruchsgebühren* sind dagegen i.d.R. Rahmengebühren. Bei ihrer Festsetzung ist zu berücksichtigen:

- der mit der Amtshandlung verbundene Verwaltungsaufwand, soweit Aufwendungen nicht als Auslagen gesondert berechnet werden;
- die Bedeutung, der wirtschaftliche Wert oder der sonstige Nutzen der Amtshandlung für den WF sowie dessen wirtschaftliche Verhältnisse.

Vgl. § 8 BWGebG; Art. 6 BayKostG; § 8 SächsVwKG; § 8 II BerlGebG; lfd. Nr. 6 der Anlage zu § 2 HbgGebG; § 3 I HessVwKostG; § 9 I VwKostG M-V; §§ 9 I Bbg/NW/RhPfGebG; §§ 9 I Nds/Schl-HVwKostG; § 10 VwKostG LSA; § 9 ThürVwKostG.

## C. Kostenvorschuss

14 In der Regel werden die Kosten erst mit Beendigung des Vorverfahrens erhoben, entweder im Widerspruchsbescheid oder in einem besonderen Kostenfestsetzungsbescheid. Das Verwaltungskostenrecht sieht allerdings fast durchgehend vor, dass eine Amtshandlung, die auf Antrag vorzunehmen ist,[14] von einem angemessenen Gebührenvorschuss abhängig gemacht werden kann.

§ 16 VwKostG; §§ 16 BW/Bbg/NW/RhPfGebG; § 16 VWKostG M-V; Art. 14 BayKostG; § 15 SächsVwKostG/ThürVwKostG; § 16 V BerlGebG; § 16 II BremGebBeitrG; § 18 HbgGebG; § 7 II 1 NdsVwKostG; §§ 16 Hess/Schl-HVwKostG; § 7 II VwKostG LSA; anders dagegen § 9 a I 2 SaarlGebG.

Die Heranziehung des WF zur Vorschusspflicht[15] liegt im *Ermessen* der Widerspruchsbehörde.[16]

Von ihr ist abzusehen, wenn dadurch dem WF oder einem Dritten ein wesentlicher Nachteil entstehen würde oder die Anforderung aus anderen Gründen unbillig wäre, etwa bei einem offensichtlich begründeten Rechtsbehelf (vgl. § 16 S. 2 BWGebG; Art. 14 II BayKostG; § 15 II SächsVwKostG; § 16 V 5 BerlGebG).

15 *Sanktioniert* ist ein derartiges Kostenvorschussverlangen durch mehrere, nach Ermessen unter Beachtung des Verhältnismäßigkeitsprinzips wählbare Rechtsfolgen, auf die aus Gründen rechtsstaatlicher Verwaltungsführung in der Vorschussanforderung hingewiesen werden muss:

- Beitreibung des Vorschusses im Verwaltungswege;
- Nichteintritt in die Sachbehandlung (unter Ausschluss der Untätigkeitsklage).

16 Obsiegt der WF ganz oder teilweise in der Sache, kann er *Erstattung* der vorgeschossenen Gebühren, soweit sie den endgültig festgesetzten Betrag nicht übersteigen, nur dann von der Widerspruchsbehörde verlangen, wenn und soweit der erfolgreiche Widerspruch gebührenfrei ist, also der Widerspruchsbehörde im Ergebnis überhaupt keine Gebühren zustehen. Dieser Erstattungsanspruch beurteilt sich allein nach Verwaltungskostenrecht.[17] Ist dagegen auch der erfolgreiche Widerspruch gebührenpflichtig (§ 15 III, IV RhPfGebG; § 9 a I bis III SaarlGebG), haftet der WF, der nach dem Verwaltungskostenrecht als Antragsteller ebenfalls Kostenschuldner ist, neben der von der

14 Worunter auch ein Widerspruchsbescheid verstanden wird; vgl. BayVGH v. 08.07.1974, BayVBl 1975, 80 f.; v. 12.07.1979, BayVBl 1979, 565.

15 Sie erfolgt durch VA.

16 Da sie eine Ermessensentscheidung ist, die unter mehreren Reaktionsmöglichkeiten wählt, muss ihr eine auf den konkreten Fall abgestellte Begründung beigegeben werden, die erkennen lässt, warum die Behörde von ihrem Ermessen gerade in dieser Weise Gebrauch gemacht hat; vgl. BayVGH v. 24.02.1978, BayVBl 1979, 116; a.A. BayVGH v. 08.01.1979, BayVBl 1979, 564; v. 12.07.1979, BayVBl 1979, 565 (567) unter Bezugnahme auf § 39 II Nr. 2 VwVfG.

17 Vgl. BVerwG v. 31.01.1975, BayVBl 1976, 57.

Kostenentscheidung im Widerspruchsbescheid betroffenen Erlassbehörde als Gesamtschuldner, so dass die Widerspruchsbehörde die Gebühren zu Recht erhalten hat. Die Erstattungspflicht trifft deshalb in diesen Fällen ausschließlich die Erlassbehörde.[18] Die vorgeschossenen Gebühren sind als Teil der notwendigen Verfahrensaufwendungen des WF Gegenstand des verfahrensrechtlichen Erstattungsanspruches nach § 80 VwVfG und deshalb im Festsetzungsverfahren nach § 80 III VwVfG mit zu berücksichtigen.

18 Vgl. auch RhPfOVG v. 26.04.1990, NVwZ-RR 1990, 668; v. 10.04.1991, NVwZ-RR 1992, 221 (222).

# § 46 Die Entscheidung über die Erstattung der Aufwendungen Beteiligter

## A. Kostenlast

Die Erstattungslastregelungen des § 80 VwVfG und der landesrechtlichen Parallelvorschriften orientieren sich weitgehend am Vorbild der §§ 154 ff. VwGO. Als *Grundsatz* gilt auch hier, dass die Kostenlast nach dem Erfolg in der Hauptsache zu verteilen ist: Wer unterliegt, trägt neben seinen eigenen Aufwendungen die des obsiegenden Beteiligten. Bei *Teilerfolg* sind die Kosten verhältnismäßig zu teilen, also zu quoteln. 1

So ausdrücklich Art. 80 I 3 BayVwVfG und § 80 I 4 ThürVwVfG unter Verweisung auf § 155 I VwGO. Bei den übrigen Vorschriften ergibt sich dies aus dem »soweit«.[1] Wenn nicht ausnahmsweise die entsprechende Anwendung des § 155 I VwGO bei Teilerfolg angeordnet ist, dürfen die Kosten nicht *gegeneinander aufgehoben* werden; wegen der regelmäßig unterschiedlichen Belastung von WF und Ausgangsbehörde, die mit einer solchen Kostenentscheidung verbunden ist, bedarf es einer ausdrücklichen Ermächtigungsgrundlage.[2] Diese enthält § 80 I 1 VwVfG gerade nicht, denn »soweit« der Erfolg reicht, besteht eine Erstattungs*pflicht* (»hat«). Ein von der Widerspruchsbehörde erwirkter Verzicht des WF auf Kostenerstattung wird nur in Ausnahmefällen mit Sinn und Zweck des § 80 VwVfG vereinbar sein.[3]

Die Ausführungen zur *Zuständigkeit* in § 45 gelten auch hier.

### I. Kostenerstattung bei erfolgreichem Widerspruch

Soweit der Widerspruch erfolgreich ist – ihm also durch Abhilfe[4] oder Widerspruchsbescheid stattgegeben worden ist –, hat der Rechtsträger, dessen Behörde den angefochtenen VA erlassen hat, dem WF die zur zweckentsprechenden Rechtsverfolgung oder Rechtsverteidigung notwendigen Auslagen zu erstatten (§ 80 I 1 VwVfG). Rechtsträger ist der Hoheitsträger, dessen Funktionen die Ausgangsbehörde wahrgenommen hat, bei Beliehenen die Beleihungskörperschaft.[5] 2

Worauf der Erfolg beruht, ob z.B. der VA allein aus Zweckmäßigkeitsgründen aufgehoben worden ist, bleibt bei der Kostenverteilung, die vom Gesetz bewußt voraussetzungslos und undifferenziert formuliert worden ist unberücksichtigt. Deshalb ist es auch unerheblich, ob der Widerspruch – bei zutreffender Würdigung der Sach- und Rechtslage – hätte Erfolg haben dürfen, die Widerspruchsbehörde sich etwa über die Zulässigkeit des Widerspruchs geirrt hat; allein auf den Erfolg, die Stattgabe, kommt es an.[6] § 80 I 1 VwVfG gewährt den Erstattungsanspruch auch unabhängig davon, ob der WF den das Vorverfahren auslösenden Widerruf einer ihm gewährten Vergünstigung durch die rechtzeitige Vorlage eines ihm obliegenden Nachweises hätte vermeiden können. § 80 VwVfG macht auch keinen Unterschied zwischen Widersprüchen, die von Anfang an begründet waren, und solchen, die dies erst im Laufe des Widerspruchsverfahrens geworden sind.

Als erfolgreichen Widerspruch *fingiert* § 80 I 2 VwVfG auch die Widersprüche, die nur deshalb keinen Erfolg hatten, weil die Verletzung einer Verfahrens- oder Formvorschrift nach *§ 45 VwVfG* unbeachtlich ist. 3

---

1 BVerwG v. 25.09.1992, Buchholz 316 § 80 VwVfG Nr. 33.
2 *Kopp/Ramsauer* § 80 Rn. 29.
3 BWVGH v. 17.10.1985, NJW 1986, 1370 (1372 f.).
4 BSG v. 22.03.1984, AnwBl 1985, 652; BVerwG v. 23.02.1982, NJW 1982, 1827.
5 NWOVG v. 19.05.1989, NVwZ 1990, 678.
6 BVerwG v. 18.04.1996, BVerwGE 101, 64 (67).

Diese Vorschrift ist trotz ihres Billigkeitsanliegens auf die Fälle des *§ 46 VwVfG nicht analog* anwendbar,[7] da es an der Wertungsgleichheit der Interessenlage fehlt: Dem Widerspruch ist nicht durch behördliches Verhalten nachträglich die Erfolgschance genommen worden; er war vielmehr von Anfang an unbegründet.

4 Trotz seines etwas missverständlichen Wortlauts (»angefochtener VA«) gilt § 80 VwVfG auch für *Verpflichtungswidersprüche,* da eigentlich nur hier *Rechtsverfolgungskosten* entstehen. Darüber hinaus ist § 80 VwVfG wegen seiner voraussetzungslosen Überschrift auf alle Vorverfahren nach der VwGO anzuwenden, mögen sie Anfechtungs- oder Verpflichtungswidersprüche oder aber *Leistungs- und Feststellungswidersprüche* wie im Falle des § 126 III BRRG zum Gegenstand haben.[8]

Im Regelfall des § 68 VwGO verbleibt es freilich bei dem Grundsatz, wo kein VA, dort kein Widerspruch und keine Kostenerstattung nach § 80 VwVfG, es sei denn, die Behörde übersieht dies, lässt sich auf den Widerspruch ein und hilft ihm ab.

5 Aufwendungen, die durch das Verschulden eines Erstattungsberechtigten entstanden sind, hat dieser selbst zu tragen, wobei das Verschulden eines Vertreters dem Vertretenen zuzurechnen ist (§ 80 I 4 VwVfG). Auch hierüber ist in der Kostenlastentscheidung mit zu befinden.

Als Verschulden i.S.d. Vorschrift kommt auch schuldhaftes Verhalten des WF oder seines Vertreters *im vorangegangenen Verwaltungsverfahren* in Betracht, insbesondere, wenn er dort in vorwerfbarer Weise nicht oder unzureichend mitgewirkt hat. Das Verschulden muss sich aber (unmittelbar) auf einzelne, selbständig ausscheidbare Aufwendungen beziehen, die im Widerspruchsverfahren entstanden sind. Der Erstattungsanspruch des erfolgreichen WF kann deshalb nicht nach § 80 I 4 VwVfG verweigert werden, wenn dieser durch rechtzeitige Vorlage von Unterlagen den Erlaß des angefochtenen VA und damit das Vorverfahren insgesamt zumutbar hätte vermeiden können.

## II. Kostenerstattung bei erfolglosem Widerspruch

6 Soweit der Widerspruch erfolglos geblieben ist, also weder die Abhilfe- noch die Widerspruchsbehörde dem Begehren des WF stattgegeben hat, trifft die Erstattungslast den WF.

Erstattungsberechtigt ist die Behörde, die den angefochtenen VA erlassen bzw. den begehrten VA verweigert hat. *Kein* Erstattungsanspruch steht der Erlassbehörde zu:

7
- in den Fällen des § 45 VwVfG (§ 80 I 2 VwVfG);
- wenn der Widerspruch gegen einen VA eingelegt worden ist, der im Rahmen (also nicht zur Anbahnung)
  1. eines bestehenden oder früheren öffentlich-rechtlichen Dienst- oder Amtsverhältnisses oder
  2. einer bestehenden oder früheren gesetzlichen Dienstpflicht oder einer Tätigkeit, die anstelle der gesetzlichen Dienstpflicht geleistet werden kann, erlassen wurde;
  3. in Rheinland-Pfalz darüber hinaus bei Widersprüchen gegen VAe in einer Angelegenheit, für die aufgrund einer Rechtsverordnung nach § 7 II Nr. 1 und 2 GebG Gebührenfreiheit besteht (§ 19 I 3 Nr. 3 RhPfAGVwGO).

## III. Kostenerstattung bei Drittwidersprüchen

8 Nicht berücksichtigt sind in § 80 VwVfG die Besonderheiten bei Drittwidersprüchen. Als Erstattungspflichtiger kommt lediglich in Betracht der WF oder der Rechtsträger der Ausgangsbehörde, nicht aber derjenige, der einen VA beantragt hat, wenn auf Widerspruch eines Dritten hin dieser aufgehoben wird.

---

7 So aber *Kopp/Ramsauer* § 80 Rn. 30.

8 Vgl. *Meyer/Borgs* § 80 Rn. 6 f.; *Altenmüller* DVBl 1978, 285.

Ebenso wenig kennt § 80 VwVfG die Erstattung der Aufwendungen des dem Verfahren nach § 13 II VwVfG beigezogenen Begünstigten, wenn der Dritte mit seinem Widerspruch erfolglos geblieben ist. Eine Lückenfüllung durch entsprechende Anwendung des § 162 III VwGO kommt wegen des abschließenden Charakters des § 80 VwVfG nicht in Betracht.[9] 9

## IV. Kostenerstattung bei Rücknahme des Widerspruchs und anderweitiger Erledigung

§ 80 VwVfG beschränkt die Kostenerstattung auf die Fälle, in denen das Widerspruchsverfahren durch Abhilfebescheid oder einen Widerspruchsbescheid abgeschlossen wird, der dem Widerspruch ganz oder teilweise stattgibt oder ihn abweist.[10] Dass das Widerspruchsverfahren auch auf andere Weise, sei es durch Zurücknahme des Widerspruchs, Erledigung der Hauptsache oder Vergleichsvertrag, enden kann, wird vom Gesetz nicht berücksichtigt. 10

Unter den landesrechtlichen Parallelregelungen sah bisher lediglich Art. 80 BayVwVfG bei Zurücknahme und anderweitiger Erledigung eine Erstattungspflicht vor. Im ersten Fall trägt der WF die Kosten (Art. 80 I 2), im zweiten Fall ist über die Kosten nach billigem Ermessen unter Berücksichtigung des bisherigen Sachstandes zu entscheiden (Art. 80 I 5). Der letzteren Regelung haben sich jetzt das ThürVwVfG (§ 80 I 6), das BWVwVfG (§ 80 I 5, eingefügt durch ÄnderungsG v. 11.02.1992 – GBl S. 91) und das RhPfAGVwGO (§ 19 I 5, eingefügt durch ÄnderungsG v. 12.10.1995 – GVBl S. 412) angeschlossen.

Auch hier ist eine analoge Anwendung der §§ 155 II, 161 II VwGO oder des § 80 VwVfG selbst wegen des abschließenden Charakters des § 80 VwVfG unzulässig.[11] Bei der Beendigung des Vorverfahrens durch *Vergleich* besteht hierfür auch rechtspolitisch kein Bedürfnis, da die Beteiligten die Kostenerstattung vertraglich regeln können.[12] Die Freistellung des WF von der Erstattungspflicht bei *Zurücknahme* des Widerspruchs erleichtert diesem zwar die Flucht vor einer drohenden Abweisung und der damit verbundenen Erstattungslast, entspricht aber der Entlastungsfunktion und damit einem wichtigen Zweck des Vorverfahrens. 11

Nimmt allerdings der WF den Widerspruch zurück, nachdem ein Mangel des VA nach § 45 VwVfG geheilt worden ist, erscheint eine analoge Anwendung des § 80 I 2 VwVfG gerechtfertigt,[13] um unnötigen Verfahrensaufwand zu vermeiden; andernfalls würde man den WF zwingen, lediglich wegen der Kostenerstattung auf der Zurückweisung des Widerspruchs zu bestehen.

Lediglich bei *anderweitiger Erledigung* der Hauptsache kann das Fehlen einer Erstattungsregelung als misslich empfunden werden. Dies gilt allerdings nur in den Fällen, in denen der WF kein berechtigtes Interesse an einem Fortsetzungsfeststellungswiderspruch besitzt. Ansonsten ist nämlich über den Fortsetzungsfeststellungswiderspruch förmlich durch Widerspruchsbescheid zu befinden und die Kosten nach dem Ausgang dieser nunmehr geänderten Hauptsache zu verteilen. Hält man allerdings einen Widerspruch analog § 113 I 4 VwGO für unstatthaft, entfällt auch hier die Möglichkeit der Kostenerstattung. 12

9 Vgl. BVerwG v. 05.09.1984, BVerwGE 70, 58; v. 22.05.1986, NVwZ 1987, 490.

10 Vgl. BVerwG v. 10.06.1981, BVerwGE 62, 296 (299); v. 23.02.1982, NJW 1982, 1827; v. 17.01.1986, Buchholz 310 § 72 VwGO Nr. 13; SaarlOVG v. 14.10.1982, AS 17, 440 (444).

11 Vgl. BVerwG v. 11.05.1981, BVerwGE 62, 201 (204 ff.); v. 10.06.1981, BVerwGE 62, 300; v. 18.04.1996, BVerwGE 101, 64 (68); NWOVG v. 07.08.1990, NVwZ-RR 1991, 223 (224) für § 63 SGB X.

12 Vgl. *Meyer/Borgs* § 80 Rn. 20; *Altenmüller* DVBl 1978, 286.

13 So VG Hamburg v. 25. 2.1981, AnwBl 1981, 249 f.

13 *Keine Erledigung,* sondern eine die Kostenerstattungspflicht nach den §§ 72 VwGO, 80 I 1 VwVfG auslösende Abhilfeentscheidung stellt die Aufhebung des angefochtenen VA durch die Erlassbehörde dar, und zwar auch dann, wenn sie die Abhilfe zunächst verweigert und die Sache der Widerspruchsbehörde vorgelegt hatte.[14] Dient allerdings die Aufhebung des angefochtenen VA nicht der Abhilfe, sondern *allein* der Korrektur des als objektiv rechtswidrig erkannten VA, liegt ein echter Fall der Erledigung vor. Hier der Ausgangsbehörde durch eine entsprechende Anwendung des § 161 II VwGO zu einer Kostenerstattung zu verhelfen,[15] ist schon deshalb nicht gerechtfertigt, weil die Abhilfebehörde es in der Hand hat, sich durch Abwarten des zurückweisenden Widerspruchsbescheids ihren Erstattungsanspruch zu erhalten.

## B. Kostenfestsetzung

14 Die Kostenlastentscheidung im Widerspruchs- oder Abhilfebescheid bringt einen *verfahrensrechtlichen Erstattungsanspruch*[16]*) dem Grunde nach zur Entstehung. Über seine konkrete Höhe ist gesondert im Kostenfestsetzungsverfahren zu entscheiden.*

### I. Die erstattungsfähigen Aufwendungen

15 Der abstrakte Umfang des Erstattungsanspruchs hängt zunächst vom Maße des Erfolgs in der Hauptsache ab. In diesem Rahmen sind erstattungsfähig die Aufwendungen, die zur zweckentsprechenden Rechtsverfolgung/-verteidigung *notwendig* waren. Dies ist ebenso wie bei § 162 VwGO aus der *Ex-ante-Sicht* einer *verständigen* (nicht aus der Sicht einer rechtskundigen) Partei unter Berücksichtigung der rechtlichen und tatsächlichen Schwierigkeiten der Sache zu beurteilen.[17]

In Betracht kommen etwa Porti, Telekommunikationsgebühren, Reisekosten bei Fahrten zum Termin, Kosten für anwaltlichen Rat ohne förmliche Bevollmächtigung des Rechtsanwalts oder für Privatgutachten[18] u. dgl. mehr. Auch hier gilt der zu § 162 VwGO entwickelte Grundsatz, dass jeder Verfahrensbeteiligte die Pflicht hat, die Kosten im Rahmen des Verständigen nach Möglichkeit niedrig zu halten.

Keine Rechtsverfolgungskosten sind dagegen z.B. die Kosten für ein in Fahrerlaubnissachen beizubringendes Eignungsgutachten[19] oder für ein von der Ausgangsbehörde nach der BauvorlagenVO gefordertes Lärmgutachten, selbst wenn diese Forderung erst im Widerspruchsverfahren gestellt wird.[20] Ähnliches gilt für zu Unrecht gezahlte *Verwaltungsgebühren* für die erstinstanzliche Amtshandlung; ihre Erstattung richtet sich allein nach Verwaltungskostenrecht.

16 Stets erstattungsfähig sind die vom WF vorgeschossenen *Widerspruchsgebühren,* wenn und soweit er in der Sache obsiegt. Sie fallen allerdings nur dann unter die nach § 80 VwVfG zu erstattenden Aufwendungen, wenn die Erlassbehörde gebührenpflichtig ist. Bei Gebührenfreiheit der Erlassbehörde dagegen ist der Erstattungsanspruch ausschließlich gegen die Widerspruchsbehörde zu richten. Er beruht dann auf Verwaltungskostenrecht.

14 Vgl. NWOVG v. 15.05.1991, OVGE 42, 186 (188).
Ebenso sind die Fälle zu behandeln, in denen z.B. mehrere Nachbarn gegen eine Baugenehmigung Widerspruch erhoben haben und die Behörde in einem Widerspruchsbescheid nur an einen Nachbarn die Genehmigung aufhebt, um gegenüber den anderen sich ihrer Erstattungspflicht durch Hinweis auf die Erledigung zu entziehen.

15 So aber BWVGH v. 15.01.1981, AnwBl 1981, 245.

16 VG Bremen v. 20.10.1965, NJW 1966, 564; Vgl. auch BVerwG v. 16.12.1988, NVwZ-RR 1989, 581.

17 BVerwG v. 10.04.1978, BVerwGE 55, 299 (306 f.). Die umfangreiche Rechtsprechung zu § 162 VwGO ist hier sinngemäß verwertbar.

18 Vgl. BVerwG v. 13.03.1992, NVwZ 1993, 268; v. 15.03.1994 und v. 03.04.1996, Buchholz 316 § 80 VwVfG Nrn. 35 und 37.

19 Vgl. BWVGH v. 17.10.1985, NJW 1986, 1370 (1371 f.).

20 Vgl. OVG Lüneburg v. 11.02.1985, UPR 1986, 186.

Wird der Widerspruchsbescheid im verwaltungsgerichtlichen Verfahren aufgehoben, sind bereits gezahlte Widerspruchsgebühren Teil der notwendigen außergerichtlichen Aufwendungen des Klägers (§ 162 I VwGO).[21]

*Nicht erstattungsfähig* ist der Aufwand für das auf den Erlass des VA hinzielende (erstinstanzliche) Verwaltungsverfahren sowie der *allgemeine,* nicht konkret ausscheidbare *Verfahrensaufwand* an Zeit und Mühe.[22] 17

Deshalb ist die Erlassbehörde nicht befugt, ihren allgemeinen, durch das Abhilfeverfahren beanspruchten Verwaltungsaufwand geltend zu machen, wohl aber konkretisierbare Kosten, wie z.B. Reisekosten bei erneutem Ortstermin, Porti für die Übersendung der Akten an die Widerspruchsbehörde u. dgl. In der Praxis dürfte deshalb der Erstattungsanspruch zugunsten der Erlassbehörde kaum große Bedeutung erlangen.

Die Ausgrenzung des Zeitaufwandes und der Mühewaltung für das Betreiben des Verfahrens aus den erstattungsfähigen Aufwendungen ist sachgerecht und beruht auf der Grundanschauung des Rechtsverkehrs, der die Mühewaltung für die Rechtswahrung zum eigenen Aufgabenkreis des Beteiligten rechnet.[23]

Deshalb ist auch die Auffassung zutreffend, ein in eigener Sache im Vorverfahren tätiger Rechtsanwalt könne keine Erstattung (fiktiver) Gebühren und Auslagen verlangen.[24] Die Gegenansicht[25] missachtet den Wortlaut des § 80 II VwVfG, der die tatsächliche, nicht fiktive Beauftragung eines Bevollmächtigten verlangt, setzt sich wegen der unterschiedlichen Behandlung von »Normalbürger« und Rechtsanwalt dem Vorwurf eines Gleichheitsverstoßes aus und behauptet zu Unrecht, *§ 91 II 4 ZPO* enthalte einen allgemeinen Rechtsgedanken.[26] 18

In Parallele zu § 162 II 2 VwGO erklärt § 80 II VwVfG die gesetzlichen (nicht die vereinbarten) *Gebühren und Auslagen eines Verfahrensbevollmächtigten* für erstattungsfähig, wenn die Zuziehung *notwendig* war, worüber im Tenor des Widerspruchsbescheids zum Kostenpunkt von Amts wegen mitzubefinden ist (§ 80 III 2 VwVfG, § 38 II 2 u. 3 VermöG).[27] 19

Die Beauftragung eines Rechtsanwalts ist das gute Recht des Bürgers, das im Grunde erst die Waffengleichheit mit der i.d.R. über juristisch ausgebildete Beamte verfügenden Erlassbehörde herstellt. Die Erkenntnis- und Urteilsfähigkeit des Bürgers, ob die Beauftragung eines Rechtsanwalts notwendig sei, darf deshalb nicht überschätzt werden, vielmehr wird i.d.R. eine Erstattung zu gewähren sein.[28] Andererseits wird die Beiziehung eines Rechtsanwalts durch die Erlassbehörde in aller Regel nicht als notwendig anerkannt werden können, da sie grundsätzlich über ausreichenden juristischen Sachverstand verfügt.[29]

Voraussetzung für die Anwendung des § 80 II VwVfG ist, wie sich aus dem Tatbestandsmerkmal »Zuziehung eines Bevollmächtigten« ergibt, daß der Bevollmächtigte nach außen aufgetreten ist (s. § 44 Rn. 4).

---

21 HbgOVG v. 27.06.1975, VerwRspr 27, 1006. Dies gilt jedoch nur für bereits gezahlte Widerspruchsgebühren; falsch daher BayVGH v. 22.08.1983, BayVBl 1984, 691.

22 BayVGH v. 12.08.1982, BayVBl 1982, 692 (693). Allgemein *Lipp* NJW 1992, 1913.

23 BGH v. 09.03.1976, BGHZ 66, 112 (114).

24 So BayVGH v. 11.04.1978, DÖV 1978, 697.

25 BVerwG v. 16.10.1980, BVerwGE 61, 100 (102 ff.); BWVGH v. 28.11.1979, AnwBl 1980, 219; *Meyer/Borgs* § 80 Rn. 34, 36.

26 Zur verfassungsrechtlichen Zulässigkeit differenzierender Regelungen in den einzelnen Verfahrensordnungen vgl. BVerfG v. 26.02.1980, BVerfGE 53, 207.

27 Zur Auslegungsfähigkeit des Tenors vgl. BVerwG v. 29.10.1986, BVerwGE 75, 107 (109).

28 BVerwG v. 15.02.1991, BVerwGE 88, 41 (45). Vgl. zusammenfassend *Sonnenschein-Berger* JuS 1996, 1107 ff. Ferner BVerwG v. 05.11.2007, NVwZ 2008, 324; LSAOVG v. 06.05.2008, NVwZ-RR 2008, 738.

29 Vgl. BWVGH v. 17.08.1992, NVwZ-RR 1993, 111.

## II. Verfahren

20 Die Behörde, die die Kostenentscheidung getroffen hat, setzt *auf Antrag* den Betrag der zu erstattenden Aufwendungen fest (§ 80 III 1 VwVfG). Antragsberechtigt ist der in der Kostenlastentscheidung titulierte Erstattungsberechtigte. Dies kann – neben der Ausgangsbehörde – nach § 80 I 1 VwVfG nur der WF selbst sein. Der Bevollmächtigte hat, ebenso wie im gerichtlichen Verfahren (vgl. § 103 ZPO, § 164 VwGO;[30] Ausnahme: § 126 I ZPO), weder ein eigenes Antragsrecht noch ein Anfechtungsrecht;[31] er kann den Kostenerstattungsanspruch nur im Namen seines Mandanten oder als Zessionar geltend machen, muss aber im letzteren Fall die Abtretung nachweisen.

Ein Antrag, die festgesetzten Kosten seit Anbringung des Kostenfestsetzungsgesuchs mit 4% zu *verzinsen,* ist im Widerspruchsverfahren unstatthaft, da § 104 I 2 ZPO nur im gerichtlichen Verfahren gilt und § 80 III VwVfG sich insoweit trotz der ansonsten bewussten Parallele zu den §§ 164 VwGO, 104 ZPO verschweigt.[32]

21 Hat ein *Ausschuss* oder Beirat nach § 73 II VwGO die Kostenentscheidung getroffen, so obliegt die Kostenfestsetzung der Behörde, bei der der Ausschuss gebildet ist.

Diese Regelungen weichen von § 164 VwGO, der die Kostenfestsetzung generell dem Urkundsbeamten des Gerichts des ersten Rechtszuges überantwortet, ab, weil nicht erwartet werden könne, dass die Ausgangsbehörde die Kosten mit der nötigen Unbefangenheit festsetzen werde, wenn ihr VA von der nächsthöheren Behörde aufgehoben worden ist.

22 Bei der Kostenfestsetzung ist zu prüfen, ob die vom WF geltend gemachten Aufwendungen *notwendig* waren. Der Erstattung von Rechtsanwaltsgebühren hat eine *Festsetzung des Gegenstandswerts* (§ 2 I RVG) in entsprechender Anwendung der für die Gerichtsgebühren geltenden Wertvorschriften des GKG (§ 23 I 3 RVG)[33] vorauszugehen. Die Festsetzung erfolgt inzidenter im Kostenfestsetzungsverfahren. Für eine isolierte, selbständige Gegenstandswertfestsetzung im Tenor des Widerspruchsbescheids, die bestandskraftfähig wäre und Bindungswirkung gegenüber dem Bevollmächtigten hätte, ist kein Raum, da eine den §§ 32 I, 33 I RVG entsprechende Ermächtigungsnorm fehlt.[34] Die dem Anwalt regelmäßig zustehende *Geschäftsgebühr* (§ 2 II RVG i.V.m. Nr. 2400 VV) weist einen Rahmen von 0,5 bis 2,5 auf, innerhalb dessen der Anwalt die Gebühr unter Berücksichtigung aller Umstände nach billigem Ermessen bestimmt; die vom Anwalt getroffene Bestimmung ist dann nicht verbindlich, wenn sie unbillig ist und die Gebühr von einem Dritten zu ersetzen ist (§ 14 I 4 RVG).

In durchschnittlichen Widerspruchsverfahren ist i.d.R. von der »Mittelgebühr« von 1,3 (vgl. Amtl. Anm. VV 2400) auszugeben. Wegen des dem Rechtsanwalt durch § 14 I RVG eingeräumten Spielraums kann die von ihm bestimmte Gebühr erst dann als unbillig hoch bezeichnet werden, wenn sie die von der Behörde oder vom Gericht für angemessen gehaltene Gebühr um 20% und mehr übersteigt.

Bei Inanspruchnahme anwaltlicher Beratung ohne förmliche Bevollmächtigung des Anwalts beträgt die *Ratsgebühr* 0,5 bis 1,0 (§ 2 II RVG iVm Nr. 2100 VV).

Das Gebührenfestsetzungsermessen des Anwalts bezieht sich im übrigen auch auf den Gegenstandswert. Innerhalb des dem Anwalt eingeräumten Rahmens hat deshalb die Behörde gem. § 80 III 1 VwVfG keine Befugnis, zu einer anderen Bestimmung des Gegenstandswerts zu kommen.

---

30 Vgl. BVerfG v. 15.07.1997, BVerfGE 96, 251 (253); Schoch/Schmidt-Aßmann/Pietzner/*Albertz* § 165 Rn. 4; a.A. HessVGH v. 02.01.1988, DÖV 1988, 524.
31 Wie hier BVerwG v. 26.03.1986, NJW 1986, 2128.
32 BayVGH v. 12.08.1982, BayVBl 1982, 692 (693).
33 BayVGH v. 05.09.1994, BayVBl 1995, 599.
34 BWVGH v. 13.03.1991, NVwZ-RR 1992, 54.

23 Dem Anwalt ist neben der Geschäftsgebühr eine Erledigungsgebühr gem. § 2 II RVG iVm Nr. 1002 VV zuzubilligen, wenn er durch eine überzeugende Widerspruchsbegründung ersichtlich die Zurücknahme des VA verursacht hat.[35] Hat der Anwalt bereits für das vorausgegangene Verwaltungsverfahren eine Gebühr berechnet, kommt eine Gebührenberechnung auch für das Widerspruchsverfahren in Betracht (§ 17 Nr. 1 RVG und Nr. 2401 VV: 0,5 bis 1,3, Mittelgebühr 0,7).

24 Das *Kostenfestsetzungsverfahren* ist ein erneutes, selbständiges Verwaltungsverfahren i.S.d. § 9 VwVfG (das i.d.R. kostenfrei ist). Der Erstattungspflichtige ist deshalb z.B. vor Erlass des Kostenfestsetzungsbescheides zu hören (§ 28 VwVfG). Trotz dieser Selbständigkeit des Kosten festsetzungsverfahrens bestehen enge Verknüpfungen zum Widerspruchsverfahren. Der Kostenfestsetzungsbescheid hat den Charakter eines *Folgebescheides,* der die Kostenlastentscheidung im Widerspruchsbescheid zur Grundlage und ihr gegenüber Vollziehungscharakter hat. Er darf deshalb erst ergehen, wenn die Kostenlastentscheidung *unanfechtbar* geworden ist oder Rechtsbehelfe gegen sie *keine a.W.* haben.[36]

Zu beachten ist, dass § 80 II Nr. 1 VwGO für unselbständige Kostenentscheidungen nicht gilt.

25 Der *Kostenfestsetzungsbescheid* ist ein vollstreckungsfähiger VA i.S.d. Verwaltungsvollstreckungsrechts.[37] Die begünstigte Behörde kann aus ihm vollstrecken, muss aber zunächst noch den Schuldner zur Leistung auffordern, da dieses Leistungsgebot im Kostenfestsetzungsbescheid nicht enthalten ist (vgl. § 3 II lit. a VwVG und § 5 I VwVG i.V.m. § 254 I AO).

26 Zugunsten des *Bürgers* ist dagegen eine Vollstreckung aus dem Festsetzungsbescheid nicht möglich. Die Generalklauseln des Verwaltungsvollstreckungsrechts ermächtigen lediglich zur Beitreibung verwaltungseigener Forderungen. Die Fremdvollstreckung zugunsten eines Bürgers bedarf besonderer gesetzlicher Anordnung, die das VwVfG, anders als in § 61 II 2 für Vertragspflichten, für den Festsetzungsbescheid hinsichtlich der zu erstattenden Aufwendungen nicht enthält. Der Bürger muss deshalb notfalls *Leistungsklage* erheben).

---

35 BayVGH v. 10.05.1979, BayVBl 1979, 506; a.A. BVerwG v. 21.08.1981, BayVBl 1982, 29 f.; v. 04.10.1985, BayVBl 1986, 158; BWVGH v. 23.04.1990, VBlBW 1990, 373; NWOVG v. 25.05.1992, NVwZ-RR 1993, 111. Vgl. auch BSG v. 02.10.2008, NJW 2009, 3804.

36 Wie hier OVG Lüneburg v. 23.02.1974, OVGE 30, 382.

37 Ebenso *Böhm* NJW 1977, 1721; a.A. (neuer titulierender Leistungsbescheid der Erlassbehörde erforderlich): *Altenmüller* DVBl 1978, 291.

# § 47 Inhalt der Kostenentscheidung, Tenorierung und Rechtsschutz

## A. Inhalt

1 Zum *notwendigen Inhalt* der Kostenentscheidungen im Vorverfahren gehört lediglich die Kostenlastentscheidung; nur diese meinen die in bewusster Parallele zu den §§ 154 ff. VwGO formulierten §§ 72, 73 III 3 VwGO und § 80 III VwVfG.[1]

2 Eine *Kostenlastentscheidung* muss auf jeden Fall ergehen, und zwar auch dann, wenn ihr die materiell-rechtliche Grundlage im Verwaltungskosten- bzw. Verwaltungsverfahrensrecht fehlt. Dies fordert sowohl das Anliegen der Rechtssicherheit, durch die Entscheidung klare Verhältnisse zu schaffen, als auch der unmissverständliche Wortlaut der §§ 72, 73 III 3 VwGO, *dass* eine Kostenentscheidung zu ergehen hat. Mit in den *Tenor des Widerspruchsbescheids im Kostenpunkt* ist aufzunehmen:

- die Entscheidung darüber, ob die *Zuziehung eines Verfahrensbevollmächtigten* notwendig war (§ 80 III 2 VwVfG),
- die Entscheidung darüber, ob ein Erstattungsberechtigter schuldhaft verursachte Aufwendungen selbst zu tragen hat (§ 80 I 4 VwVfG),
- in Bayern die Entscheidung darüber, ob anderen Beteiligten als dem WF und der Erlassbehörde Aufwendungen zu erstatten sind und wen die Erstattungslast trifft (Art. 80 I 2 BayVwVfG).[2]

3 *Nicht in den Tenor* des Widerspruchsbescheids gehört die *Festsetzung der Höhe der* dem WF oder der Ausgangsbehörde zu ersetzenden *Aufwendungen*. Auch die Festsetzung der Verwaltungsgebühr sowie die Entscheidung darüber, ob und welche Auslagen der Widerspruchsbehörde zu erstatten sind, gehören sachlich ins Kostenfestsetzungsverfahren. Da jedoch die Widerspruchsbehörde i.d.R. gleichzeitig Kostenfestsetzungsbehörde ist, wird in der Praxis häufig die *Gebührenfestsetzung* – nicht die Auslagenfestsetzung – mit im Kostenpunkt des Widerspruchsbescheids getroffen.[3] Zwingend ist dies auch dann nicht, wenn das Verwaltungskostenrecht ausdrücklich anordnet, dass die Kostenentscheidung zusammen mit der Hauptsacheentscheidung ergehen soll. Zum einen ist dies lediglich eine Soll-Vorschrift, die zudem auf erstinstanzliche VAe zugeschnitten ist, zum anderen wird diesem Gebot auch hinreichend genügt, wenn im Anschluss an die Rechtsbehelfsbelehrung des Widerspruchsbescheids ein gesonderter Kostenfestsetzungsbescheid angefügt wird. Dies dürfte sich vor allem deswegen empfehlen, weil für die notwendigerweise in der Kostenlastentscheidung mitzuregelnden Punkte und die ausschließlichen Kostenfestsetzungsentscheidungen unterschiedliche Rechtsbehelfe gegeben sind (s. unten Rn. 10 ff.) und letztere daher auch einer gesonderten Rechtsbehelfsbelehrung bedürfen.[4]

Werden Widerspruchsbescheid und Kostenfestsetzungsbescheid vor der Rechtsbehelfsbelehrung miteinander verbunden, empfiehlt sich eine deutliche Trennung der Rechtsbehelfsbelehrung (vgl. BVerwG v. 11.05.1994, Buchholz 310 § 58 VwGO Nr. 63).

1 Vgl. BVerwG v. 27.02.1981, Buchholz 316 § 80 VwVfG Nr. 4.
2 VG Regensburg v. 02.06.1981, BayVBl 1981, 634 (635).
3 Vgl. *Linhart* § 20 Rn. 416.
4 Vgl. BVerwG v. 11.05.1994, NVwZ-RR 1994, 617.

**Beispiel:**

**Rechtsbehelfsbelehrungen**

I.

Gegen diesen Widerspruchsbescheid kann innerhalb eines Monats nach Zustellung Klage bei dem Verwaltungsgericht in ... schriftlich oder zur Niederschrift des Urkundsbeamten der Geschäftsstelle erhoben werden (weiterer Text s. *§ 48 Rn. 21*).

II.

Gegen diesen Bescheid, *soweit er sich auf die Festsetzung der Widerspruchsgebühren bezieht*, kann innerhalb eines Monats nach Bekanntgabe Widerspruch erhoben werden. Der Widerspruch ist bei ... schriftlich oder zur Niederschrift einzulegen.

## B. Tenorierung

Fehlen materiell-rechtliche Vorschriften über den Inhalt der Kostenentscheidung, lautet der *Tenor* im Kostenpunkt: 4

»Verfahrenskosten werden nicht erhoben.

Aufwendungen Verfahrensbeteiligter werden nicht erstattet.«

Ebenso kann tenoriert werden, wenn der Widerspruch erfolgreich war, eine Kostenerstattung zugunsten des WF nicht vorgesehen ist und der Rechtsträger der Ausgangsbehörde Gebührenfreiheit genießt.

An sich entspricht eine positiv formulierte Kostenentscheidung eher dem Wortlaut des § 73 III 3 VwGO. Dies wäre jedoch in den oben genannten Fällen nur recht kompliziert auszudrücken, da letztlich alle Beteiligten ihre Verfahrensaufwendungen bzw. Verwaltungskosten selbst tragen. Ähnliches gilt für *erfolglose Widersprüche in Beamten- und ähnlichen Dienstverhältnissen,* da hier der Beamte Verwaltungskosten- und Aufwendungserstattungsfreiheit genießt und vom Rechtsträger der Ausgangsbehörde, der regelmäßig zugleich Träger der Widerspruchsbehörde ist, keine Verwaltungskosten erhoben werden. Ein positiv formulierter Tenor im Kostenpunkt könnte hier wie folgt aussehen:

»Der Widerspruchsführer hat die Kosten des (Widerspruchs-)Verfahrens mit Ausnahme der dem Regierungspräsidium X entstandenen Aufwendungen zu tragen. Verwaltungskosten werden nicht erhoben.«

War der *Widerspruch erfolgreich,* lautet der *Tenor* bei voller Kostenlast des Rechtsträgers der Ausgangsbehörde: 5

»Die Stadt X hat die Kosten des Verfahrens zu tragen«.

Ggf.: »Die Zuziehung eines Rechtsanwalts wird für notwendig erklärt.«

Wird der erste Satz versehentlich vergessen, ergibt er sich in aller Regel im Wege der Auslegung als konkludent mitentschieden aus dem zweiten Satz, da dieser den ersten zur gedanklich notwendigen Voraussetzung hat.

Genießt der Widerspruchsgegner *sachliche Gebührenfreiheit,* ist zu formulieren:

»Die Stadt X hat die Kosten des Verfahrens zu tragen. Die Zuziehung eines Rechtsanwalts wird für nötig erklärt. Verwaltungskosten werden nicht erhoben.«

Oder, wenn Gebühren-, aber nicht Auslagenfreiheit besteht:

»Dieser Bescheid ergeht gebührenfrei.«

In Konkretisierung der behördlichen Betreuungspflicht gegenüber dem Bürger ist am am Schluss des Tenors zum Kostenpunkt folgender Hinweis möglich:

»Die Ihnen entstandenen Kosten werden gem. § 80 Abs. 3 VwVfG nur auf Antrag erstattet. Der Antrag muss eine genaue Aufstellung der Ihnen entstandenen Kosten enthalten; die Aufwendungen sind zu belegen.«

Dies ist – ebenso wie bei gerichtlicher Tenorierung – zwar unüblich, gleichwohl unschädlich.

6 Bei *Teilerfolg des Widerspruchs* werden die Kosten entsprechend gequotelt:

»Die Kosten des Widerspruchsverfahrens hat der Widerspruchsführer zu $1/4$, das Land ... zu $3/4$ zu tragen. Das Land ... ist jedoch von der Zahlung einer Widerspruchsgebühr befreit. Die Zuziehung eines Bevollmächtigten durch den Widerspruchsführer wird für notwendig erklärt.«

7 War der *Widerspruch erfolglos* und wird die *Gebührenfestsetzung* mit in den Tenor aufgenommen, kann z.B. formuliert werden:

»Der Widerspruchsführer hat die Kosten des Verfahrens (einschließlich der dem Land X erwachsenen notwendigen Aufwendungen) zu tragen. Für diesen Bescheid wird eine Gebühr von ... € festgesetzt.«

An sich ist es nur konsequent, bei dieser Art der Tenorierung die restlichen Bestandteile der Kostenfestsetzung, also Angaben über

- die als Gebühren und Auslagen zu zahlenden Beträge sowie
- wo, wann und wie die Gebühren und Auslagen zu zahlen sind

mit in den Tenor aufzunehmen. Dies würde allerdings den Tenor überlasten und wird deshalb in der Praxis weitgehend unterlassen.

8 Generell dient es der Übersichtlichkeit, den Tenor auf die Kostenlastentscheidung zu beschränken und den Kostenfestsetzungsbescheid nach der Rechtsbehelfsbelehrung anzufügen:

*Kostenfestsetzung*

Die Kosten des Widerspruchsverfahrens werden auf ... € festgesetzt.

Sie setzen sich zusammen aus einer Gebühr in Höhe von ... € und Auslagen für ... (z.B. Zustellgebühren) in Höhe von ... €.

Die Kostenfestsetzung beruht auf ...

Zahlen Sie bitte zur Vermeidung der zwangsweisen Beitreibung den Betrag innerhalb von ... an die ... Kasse ... (Konto-Nr. bei ...) unter Angabe des o.a. Aktenzeichens (der lfd. Nr. .../2009) der Widerspruchsgebührenliste/des Sollverzeichnisses).

*Rechtsbehelfsbelehrung (Widerspruch.)*

## C. Rechtsschutz gegenüber der Kostenentscheidung

9 Kostenentscheidungen ergehen zwar im Zusammenhang mit einer Sachentscheidung und setzen deren Existenz voraus, sind aber *selbständige Verwaltungsakte*,[5] die bei Fehlen von Sonderregelungen vor Klageerhebung mit Widerspruch anzugreifen sind. Sie können zusammen mit der Sachentscheidung oder selbständig angefochten werden. Das Verbot isolierter Kostenanfechtung (§ 158 I VwGO) gilt für behördliche Kostenentscheidungen wegen Art. 19 IV GG nicht.[6] Rechtsbehelfe gegen die Sachentscheidung ergreifen nach §§ 22 I BVwKostG, BbgGebG, NWGebG, VwKostG M-V, RhPfGebG, Schl-HKostG ex lege auch die Kostenentscheidung.[7]

---

5 Vgl. BVerwG v. 26.11.1954, NJW 1955, 318.
6 BVerwG v. 25.09.1992, Buchholz 316 § 80 VwVfG Nr. 33.
7 Ebenso VG Schwerin v. 14.10.1997, KStZ 1998, 29; a.A. NWOVG v. 03.02.1984, KStZ 1984, 217; *Emrich* NVwZ 2000, 163 (164).

## I. Vorverfahren

Gegen die Teile der Kostenentscheidung, die kraft Gesetzes Bestandteile des Widerspruchsbescheids sind führt der Rechtsschutz unmittelbar zum Gericht[8] (§ 79 II i.V.m. §§ 68 I 2 Nr. 2, 78 II VwGO). Die Klage ist nach §§ 79 II 3, 78 II VwGO gegen die Widerspruchsbehörde bzw. ihre Trägerkörperschaft zu richten.[9] 10

Werden der AusgangsVA und der Widerspruchsbescheid angefochten, handelt es sich i.d.R. um die »*Einheitsklage*« nach § 79 I Nr. 1 VwGO. Hat sie Erfolg, hebt das Gericht den VA »und den etwaigen Widerspruchsbescheid auf« (§ 113 I 1 VwGO). Die Kostenentscheidung teilt in diesem Fall also das verfahrensrechtliche Schicksal des AusgangsVA. Nur wenn der Kläger die Rechtswidrigkeit der Kostenentscheidung aus von der Hauptsache unabhängigen Erwägungen rügt, kann eine isolierte Anfechtungsklage gegen den Widerspruchsbescheid angenommen werden, die dann allerdings auch gegen den richtigen Klagegegner gerichtet werden muss.[10]

*Bei isolierter Kostenanfechtung* wird der Widerspruchsbescheid ansonsten bestandskräftig. Einwendungen gegen den Gebührenanspruch können deshalb nicht mehr daraus hergeleitet werden, der Widerspruch sei zu Unrecht zurückgewiesen worden; etwas anderes gilt auch dann nicht, wenn andere WF im Massenverfahren ihre Widersprüche gegen den VA im gerichtlichen Verfahren weiterverfolgen).

Eines *Vorverfahrens* bedarf es auch dann nicht, wenn der Widerspruchsbescheid angefochten wird und diese Klage kraft Gesetzes im Widerspruchsbescheid enthaltene Festsetzungsentscheidungen mit erfasst (s. Rn. 9). Ansonsten sind Kostenfestsetzungsentscheidungen, da sie nicht Bestandteil des Widerspruchsbescheids, sondern lediglich Folgenentscheidungen sind, wie normale Erstbescheide zunächst mit Widerspruch anzugreifen,[11] es sei denn, das Vorverfahren ist durch Gesetz ausgeschlossen (vgl. z.B. § 16 a HessAGVwGO i.V.m. Nr. 10.1 der Anlage). 11

## II. Rechtsschutz gegenüber der Kostenlastentscheidung

Richtige Klageart ist die *Anfechtungsklage*, wenn die Beschwer des WF in einem isoliert aufhebbaren Teil der Kostenlastentscheidung besteht, etwa, wenn ihm Aufwendungen wegen angeblichen Verschuldens nach § 80 I 4 VwVfG trotz Obsiegens in der Sache auferlegt worden sind,[12] ansonsten die *Verpflichtungsklage*, wenn der Erlass, die Änderung oder Ergänzung der Kostenlastentscheidung, wie etwa die verweigerte oder unterlassene Erklärung über die Notwendigkeit der Zuziehung eines Bevollmächtigten, erstrebt wird.[13] 12

Der Zulässigkeit einer Verpflichtungsklage des WF auf eine ihm günstige Kostenlastentscheidung steht nicht entgegen, dass er bei der Einlegung des Widerspruchs regelmäßig eine Kostenentscheidung nicht aus-

8 BayVGH v. 02.08.1988, BayVBl 1989, 757; NWOVG v. 26.04.1991, NVwZ 1992, 585.

9 BayVGH, v. 20. 11. 1984, BayVBl 1985, 350.

10 Vgl. BVerwG v. 27.11.1975, Buchholz 310 § 58 VwGO Nr. 29; v. 26.03.1980, Buchholz 310 § 79 VwGO Nr. 13; v. 25.08.1982, Buchholz 310 § 79 Nr. 18; BWVGH v. 25.07.1996, NVwZ-RR 1997, 447. Zu den Auswirkungen eines gerichtlichen Vergleichs auf die Widerspruchsgebühr vgl. BVerwG v. 31.01.1975, NJW 1975, 1715; NWOVG v. 14.08.1979, DVBl 1981, 55 f. m. abl. Anm. *Redeker;* BWVGH v. 18.06.1982, VBlBW 1983, 102.; NdsOVG v. 18.07.1995, NdsVBl 1995, 259; zur Auswirkung der Erledigung des angefochtenen VA und der Sachentscheidung im Widerspruchsbescheid auf die Widerspruchsgebühr vgl. BWVGH v. 14.05.1976, NJW 1977, 861 (LS 3).

11 BVerwG v. 18.04.1988, BVerwGE 79, 226 (236). Für die Gebührenfestsetzung wie hier: BVerwG v. 11.05.1994, NVwZ-RR 1994, 617; VG Göttingen v. 16.09.1999, NVwZ-RR 2000, 650; *Saller* NdsVBl 2001, 258 (266); *Eschenbach/Koch* KStZ 1998, 21; a.A. BayVGH v. 16.02.1968, BayVBl 1968, 210; v. 29.12.1982, BayVBl 1983, 246 (247); VG Stuttgart v. 20.01.1988, VBlBW 1988, 485 (486).

12 Im Einzelfall kann mit der Anfechtungsklage auch die Teilanfechtung einer Kostenlastentscheidung hinsichtlich einer bestimmten Kostenquote begehrt werden.

13 Vgl. BVerwG v. 15.02.1991, BVerwGE 88, 41 (45); v. 17.12.2001, NVwZ-RR 2002, 446 (447).

drücklich beantragt haben wird. Da die Widerspruchsbehörde die Kostenlastentscheidung von Amts wegen im Widerspruchsbescheid zu treffen hat, ist dem vorprozessualen Antragsverfahren als Sachurteilsvoraussetzung der Verpflichtungsklage durch den Widerspruch als Antrag in der Hauptsache genügt.

Unterbleibt dagegen im Widerspruchsbescheid *versehentlich* eine Kostenlastentscheidung oder ein Teil von ihr, etwa die Entscheidung über die Notwendigkeit der Beiziehung eines Verfahrensbevollmächtigten, liegt insoweit eine bestandskräftige Entscheidung nicht vor. In diesem Fall kann der WF seinen Rechtsschutz durch Verpflichtungsklage in Form der *Untätigkeitsklage* suchen. Die dreimonatige Sperrfrist des § 75 S. 2 VwGO gilt hier nicht.[14]

**13** Ebenso kann die Behörde die übergangene Kostenlastentscheidung jederzeit *von Amts wegen*[15] nachholen, und zwar auch die *Widerspruchsbehörde.*

Dem steht nicht entgegen, dass die Sachherrschaft nach Erlass des Widerspruchsbescheids auf die Ausgangsbehörde zurückfällt. Dies kann nämlich nur für die Sachherrschaft hinsichtlich der Hauptsache, nicht aber hinsichtlich der Kostenentscheidung gelten, da sowohl das Verwaltungskostenrecht wie § 80 VwVfG die Zuständigkeit der Widerspruchsbehörde für die Kostenfestsetzung über den förmlichen Abschluss des Widerspruchsverfahrens hinaus prolongieren. Sinn dieser Regelungen ist es, die Zuständigkeiten für Kostenlast und Kostenfestsetzung wegen ihres engen funktionellen Zusammenhangs bei einer Behörde zu konzentrieren, so dass die Festsetzungszuständigkeit der Widerspruchsbehörde auch die Kostenlastentscheidung ergreift und insoweit deren Schicksal von dem der Hauptsachenentscheidung trennt.

**14** Allerdings wird man für den Fall der übergangenen Kostenlastentscheidung verlangen müssen, dass der WF vor Erhebung der Verpflichtungsklage einen entsprechenden *Ergänzungsantrag* bei der Widerspruchsbehörde stellt. Zwar muss die Widerspruchsbehörde über die Kostenlast von Amts wegen entscheiden, und ein entsprechender Antrag des WF ist zunächst nicht erforderlich, gleichwohl dürfte ihm nach Erlass des Widerspruchsbescheids für eine unmittelbare Klage das Rechtsschutzbedürfnis abzusprechen sein, weil er den nächstliegenden und einfacheren Weg noch nicht beschritten hat.[16] Dieser Ergänzungsantrag unterliegt jedoch *nicht* der Zweiwochenfrist des *§ 120 VwGO.* Diese rechtfertigt sich aus dem Schutz der Rechtskraft gerichtlicher Entscheidungen und dem Verbot der isolierten Anfechtung von Kostenentscheidungen (§ 158 VwGO) und kann deshalb auf verwaltungsbehördliche Kostenentscheidungen nicht entsprechend angewandt werden.[17]

## III. Rechtsschutz im Kostenfestsetzungsverfahren

**15** Gegen die Festsetzung der zu erstattenden Aufwendungen (§ 80 III 1 VwVfG) ist auch eine Gemeinde, die im eigenen oder im übertragenen Wirkungskreis Ausgangsbehörde war, wegen ihrer zum Selbstverwaltungsrecht gehörenden Finanzhoheit anfechtungsbefugt.[18] Verweigert die Behörde im Kostenfestsetzungsverfahren die Erstattung be-

---

14 Ihr Sinn ist es unter anderem, einer verfrühten und deshalb unter Rechtsschutzgesichtspunkten (noch) nicht gerechtfertigten Klageerhebung entgegenzuwirken und dadurch die Gerichte zu entlasten (BVerwG v. 23.03.1973, BVerwGE 42, 108 ff., 110). Hat die Behörde vor Ablauf der Sperrfrist zwar über den Widerspruch, nicht aber über die Kosten entschieden, kann angesichts des zwingenden Gebots der §§ 72, 73 III 3 VwGO nicht von einer verfrühten Klagemöglichkeit gesprochen werden.

15 Vgl. BerlOVG v. 12.03.1982, NJW 1982, 2516.

16 Vgl. *Schmitt Glaeser/Horn* Rn. 388. Vgl. auch NWOVG v. 15.05.1991, DÖV 1992, 122 (123); BayVGH v. 12.06.2002, BayVBl 2003, 476 (477); a.A. NK-VwGO/*Geis* § 73 Rn. 49.

17 Vgl. VG Münster v. 31.08.1967, NJW 1968, 1004; VG Düsseldorf v. 10.12.1968, NJW 1969, 859; VG Regensburg BayVBl 1981, 635; offen gelassen von BVerwG v. 29.08.1983, BVerwGE 68, 1 (2, 4); v. 18.04.1988, BVerwGE 79, 226 (228).

18 BVerwG v. 29.05.2002, BVerwGE 116, 273 (275).

stimmter Aufwendungen überhaupt oder in bestimmter Höhe, so ist dagegen dem WF – nach vorausgegangenen Vorverfahren[23]) – die *Verpflichtungsklage* eröffnet.[19]

Soweit die erstrebte Kostenentscheidung (einschließlich der in der Kostenlastentscheidung zu treffenden Feststellungen) nicht im Ermessen der Behörde steht, was regelmäßig der Fall ist, kann mit der Verpflichtungsklage auch – *entsprechend § 113 II VwGO*[20] *– eine Änderungsfeststellung oder -festsetzung* durch das Gericht selbst beantragt werden.[21]

Ebenso wenig wie die Kostenfestsetzungsentscheidung der Widerspruchsbehörde ist das Änderungsfestsetzungsurteil des Gerichts ein Vollstreckungstitel für den erstattungsberechtigten Bürger, denn das Festsetzungsurteil erlässt anstelle der Behörde den VA selbst mit der Folge, dass die Änderungsfestsetzung nicht dem Gericht, sondern der Behörde zuzurechnen ist und deshalb wie deren Festsetzungsbescheid kein Titel für die Vollstreckung zugunsten des Bürgers ist.[22] Der Bürger, der eine höhere Kostenfestsetzung erstrebt und diese auch vollstrecken können will, muss deshalb die Änderungsfestsetzungsklage mit einer allgemeinen *Leistungsklage* auf Auszahlung des festzusetzenden Betrages kombinieren. Die Möglichkeit dieser Klagenverbindung ergibt sich aus einer *entsprechenden Anwendung des § 113 IV VwGO,* dessen Grundgedanke, Stufenstreitigkeiten aus Gründen der Verfahrensökonomie in einem Verfahren abzuwickeln, auch für Verfahren der vorliegenden Art Geltung beanspruchen kann.[23]

Unter bestimmten Voraussetzungen sind auch *Stufenklagen* denkbar,[24] die Kostenlast- **16**
und Kostenfestsetzungsentscheidungen umfassen.

Hat die Behörde eine Kostenerstattung überhaupt abgelehnt, enthält die Klage auf Zahlung der geltend gemachten Anwaltskosten – neben der Leistungsklage auf Zahlung entsprechend § 113 IV VwGO – ein auf den Erlass *dreier VAe* gerichtetes Verpflichtungsbegehren:

1. eine Kostenlastentscheidung zugunsten des WF (§ 80 III 1 VwVfG i.V.m. §§ 72, 73 III 3 VwGO),
2. einen in dieser Kostenentscheidung enthaltenen Ausspruch, dass die Zuziehung eines Rechtsanwalts oder sonstigen Bevollmächtigten notwendig war (§ 80 III 2 VwVfG i.V.m. § 80 II VwVfG),
3. die Festsetzung der zu erstattenden Aufwendungen gemäß § 80 III 1 VwVfG.

Eines Vorverfahrens für den 3. Verpflichtungsantrag bedarf es nach § 75 S. 1 VwGO nicht, da die Behörde es wegen der Vorgreiflichkeit der Entscheidungen zu 1. und 2. ablehnen wird, den Festsetzungsantrag zu bescheiden.

---

19 BVerwG v. 20.05.1987, BVerwGE 77, 268 (270).

20 Zur entsprechenden Anwendung des § 113 II VwGO vgl. BVerwG v. 18.01.1978, BVerwGE 55, 170 (172); v. 03.05.1982, DVBl 1982, 1145.

21 BayVGH v. 12.08.1982, BayVBl 1982, 692 (693).

22 Auch eine Vollstreckung gem. § 170 VwGO kommt nicht in Betracht, da diese Spezialform des Verpflichtungsurteils durch den Erlass des VA die Vollstreckung bereits in sich trägt und die Vollstreckung des VA Sache der Verwaltung bleibt.

23 Vgl. BVerwG v. 16.12.1988, NVwZ-RR 1989, 581.

24 Vgl. *Odenthal* NVwZ 1990, 643.

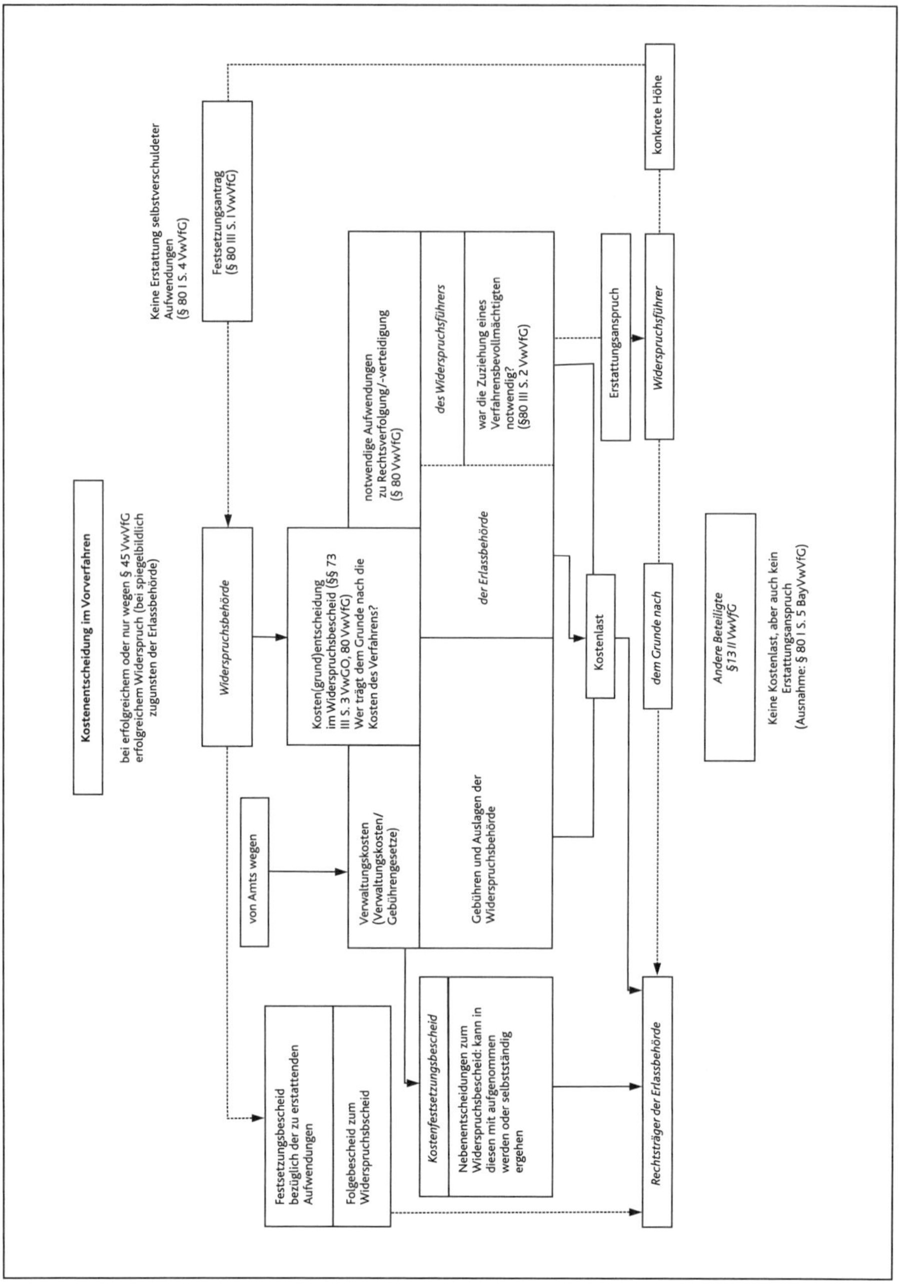
Kostenentscheidung im Vorverfahren
bei erfolgreichem oder nur wegen § 45 VwVfG erfolgreichem Widerspruch (bei spiegelbildlich zugunsten der Erlassbehörde)
Keine Erstattung selbstverschuldeter Aufwendungen (§ 80 I S. 4 VwVfG)
Festsetzungsantrag (§ 80 III S. 1 VwVfG)
Widerspruchsbehörde
Kosten(grund)entscheidung im Widerspruchsbescheid (§§ 73 III S. 3 VwGO, 80 VwVfG) Wer trägt dem Grunde nach die Kosten des Verfahrens?
notwendige Aufwendungen zu Rechtsverfolgung/-verteidigung (§ 80 VwVfG)
des Widerspruchsführers
war die Zuziehung eines Verfahrensbevollmächtigten notwendig? (§80 III S. 2 VwVfG)
der Erlassbehörde
Erstattungsanspruch
Widerspruchsführer
konkrete Höhe
Kostenlast
dem Grunde nach
Andere Beteiligte § 13 II VwVfG
Keine Kostenlast, aber auch kein Erstattungsanspruch (Ausnahme: § 80 I S. 5 BayVwVfG)
von Amts wegen
Verwaltungskosten (Verwaltungskosten/ Gebührengesetze)
Gebühren und Auslagen der Widerspruchsbehörde
Festsetzungsbescheid bezüglich der zu erstattenden Aufwendungen
Folgebescheid zum Widerspruchsbscheid
Kostenfestsetzungsbescheid
Nebenentscheidungen zum Widerspruchsbescheid: kann in diesen mit aufgenommen werden oder selbstständig ergehen
Rechtsträger der Erlassbehörde

# § 48 Rechtsbehelfsbelehrung

## A. Vorbemerkung

Die Rechtsbehelfsbelehrung orientiert sich an den §§ 73 III, 58 I, 74 VwGO. 1

*Zur Terminologie:* Der Begriff »*Rechtsmittel*« ist auf die gerichtlichen Rechtsbehelfe, mit denen eine gerichtliche Entscheidung der höheren Instanz zur Nachprüfung unterbreitet wird, also Berufung, Revision und Beschwerde, beschränkt. Widerspruch und Klage sind zwar Rechtsbehelfe, aber keine Rechtsmittel (arg. § 155 II VwGO). Korrekt muss es deshalb heißen: Rechtsbehelfsbelehrung. Der Ausdruck »Rechtsmittelbelehrung« in § 73 III VwGO beruht auf einem Redaktionsfehler, da ansonsten die VwGO die Unterscheidung zwischen Rechtsmittel und Rechtsbehelf genauestens durchhält. 2

## B. Erforderlichkeit einer Rechtsbehelfsbelehrung

Eine Rechtsbehelfsbelehrung schreibt die VwGO nur für *Widerspruchsbescheide* (§ 73 III VwGO) und für *schriftliche,* der Anfechtung unterliegende *VAe von Bundesbehörden* (§ 59 VwGO)[1] vor.[2] 3

Schriftliche VAe sind auch – trotz der gegenüber § 36 SGB X und § 3 BerlVwVfG engeren Fassung – schriftlich bestätigte, aber ursprünglich mündliche oder auf andere Weise erlassene VAe.[3]

Für VAe von Landesbehörden hat die VwGO dies dem für das Verwaltungsverfahrensrecht jeweils zuständigen Gesetzgeber überlassen, der eine Belehrungspflicht nur in Ausnahmefällen vorgesehen hat.

Vgl. z.B. § 211 BauGB (hierzu BGH v. 20.12.1998, BGHZ 140, 208), § 36 SGB X, § 3 BerlVwVfG, §§ 108 IV, 136 II 2 Schl-HLVwG. In der Regel haben sich die Länder darauf beschränkt, durch Verwaltungsanweisungen die Beifügung von Rechtsbehelfsbelehrungen vorzuschreiben. Die AO enthält in den §§ 157 I 3, 366 S. 1 den §§ 59, 73 III VwGO vergleichbare Regelungen.

Zuständig ist dagegen der Bundesgesetzgeber, die Folgen einer unterbliebenen oder unrichtigen Rechtsbehelfsbelehrung für den Lauf der *Widerspruchs- und Klagefrist* zu regeln, da dies in das gerichtliche Verfahrensrecht fällt. Er hat dies für Widerspruch und Klage in den *§§ 70 II, 58 II VwGO* mit der Maßgabe getan, dass Widerspruchs- und Klagefrist bei fehlender oder unrichtiger Rechtsbehelfsbelehrung nicht zu laufen beginnen, vielmehr die Monatsfrist durch eine einjährige Ausschlussfrist ersetzt wird. Die §§ 70 II, 58 II VwGO enthalten demnach lediglich eine Obliegenheit, die allerdings in der Praxis einen mittelbaren Zwang zur Rechtsbehelfsbelehrung bewirkt. 4

1 Zur Geltung in Zivilprozesssachen kraft Zuweisung vgl. *Pietzner* DÖV 1978, 874.
2 Eine verfassungsrechtliche Pflicht zur Rechtsbehelfsbelehrung existiert nach h.M. nicht. Vgl. *Kopp/Schenke* § 59 Rn. 2; BFH v. 01.12.1954, JZ 1955, 347 m. abl. Anm. *Fritz Werner;* BVerwG v. 21.09.1972, DVBl 1973, 313; *Pietzner* DÖV 1978, 875; offengelassen von BVerfG v. 28.10.1975, BVerfGE 40, 237 (258 f.); verneint von BVerfG v. 20.06.1995, NJW 1995, 3173 f. für Zivilurteile im Hinblick auf den dort herrschenden Anwaltszwang, der auch die unterschiedliche Behandlung im Verhältnis zu verwaltungsgerichtlichen Urteilen rechtfertigt.
3 Vgl. *Stelkens* NuR 1982, 11.

## C. Umfang der Rechtsbehelfsbelehrung

### I. Sinn

5 Die Rechtsbehelfsbelehrung hat den Sinn, die Rechtsunkenntnis des Rechtssuchenden in verfahrensrechtlicher Hinsicht zu beseitigen[4] und muss sich wegen dieses Zweckes auch an Art. 103 I GG messen lassen.

6 Die Ansicht, ein der deutschen Sprache nicht hinreichend mächtige *Ausländer*, dem ein Strafbefehl (oder Bußgeldbescheid) in deutscher Sprache ohne eine ihm verständliche Rechtsbehelfsbelehrung zugestellt worden ist, könne deshalb im Falle der Fristversäumung nicht anders behandelt werden, als wenn die Rechtsbehelfsbelehrung unterblieben wäre,[5] ist gleichwohl verfehlt.[6] Der Ausländer hat schon keinen Anspruch auf eine Belehrung in seiner Heimatsprache. Wenn er der deutschen Sprache nicht hinreichend mächtig ist, kann ihm im Wiedereinsetzungsverfahren darüber hinaus pauschal entgegengehalten werden, er habe sich nicht rechtzeitig um Wiedereinsetzung bemüht. Generell gilt, dass er sich bei amtlichen Schreiben um eine Übersetzung bemühen muss, nicht nur, wenn wohl er nach Lage des Falles dazu Anlass hatte.

7 Die Rechtsbehelfsbelehrung richtet sich an den *geschäfts- und prozessfähigen Bürger*, dem sie nicht jede Unsicherheit hinsichtlich Frist und Form des einzulegenden Behelfs abnehmen muss. An ihren Inhalt sind deshalb keine übertriebenen Anforderungen zu stellen.

### II. Notwendiger Inhalt

Zwingend vorgeschrieben ist vom Gesetz (§ 58 I VwGO) lediglich eine Belehrung über:

#### 1. Den Rechtsbehelf

8 Insoweit muss die Rechtsbehelfsbelehrung klar und eindeutig zum Ausdruck bringen, ob und inwieweit ein Rechtsbehelf zulässig ist.

Enthält eine behördliche Maßnahme neben VAen auch privatrechtliche Erklärungen oder ist dies zweifelhaft, so genügt es nicht, über den Rechtsbehelf zu belehren, »soweit in dieser Urkunde VAe enthalten sind«.[7] Ebensowenig ersetzt die Belehrung über die (isolierte) Anfechtbarkeit des Widerspruchsbescheids (§ 79 I Nr. 2 oder § 79 II VwGO i.V.m. § 78 II VwGO) die Belehrung über die Klagemöglichkeit gegen den Ausgangsbescheid (in der Gestalt des Widerspruchsbescheids – § 79 I Nr. 1 VwGO); dies selbst dann nicht, wenn Rechtsträger beider Behörden derselbe ist.[8] Anders ist dies, wenn in der zuletzt genannten Konstellation der Widerspruchsbescheid den Ausgangsbescheid bestätigt hat, also keine selbständige Beschwer enthält.[9]

Da § 73 III VwGO die Rechtsbehelfsbelehrung zwingend vorschreibt, ist sie auch einem Widerspruchsbescheid, der dem Widerspruch voll stattgibt, beizufügen, und zwar unabhängig davon, ob ein Dritter beschwert wird.[10]

Etwas anderes mag dort gelten, wo das Gesetz die Pflicht zur Rechtsbehelfsbelehrung auf VAe begrenzt, »die der Anfechtung unterliegen«, wie z.B. § 59 VwGO und § 3 BerlVwVfG.

---

4 Vgl. BVerwG v. 09.11.1966, BVerwGE 25, 261 (262).

5 So BVerfG v. 10.06.1975, BVerfGE 40, 95 (98).

6 BVerwG v. 14.08.1974, Buchholz 310 § 58 VwGO Nr. 27 für eine Ausweisungsverfügung mit der zutreffenden Begründung, die Amts- und Gerichtssprache sei deutsch und der Ausländer müsse sich über den Inhalt mit Hilfe eines Dolmetschers vergewissern.

7 Vgl. BVerwG v. 21.05.1965, DÖV 1967, 713 (714).

8 Vgl. BayVGH v. 16.10.1986, BayVBl 1987, 278 f.; HessVGH v. 30.03.1982, NJW 1983, 242; a.A. SHOVG v. 17.09.1991, NVwZ 1992, 385.

9 Vgl. BVerwG v. 01.09.1988, Buchholz 310 § 58 VwGO Nr. 54.

10 Ebenso Schoch/Schmidt-Aßmann/Pietzner/*Dolde* § 73 Rn. 69.

Da die Feststellung, ob der WF durch den stattgebenden Widerspruchsbescheid nicht doch beschwert wird, im Einzelfall schwierig sein kann, würde das Fehlen der Rechtsbehelfsbelehrung die Bestandskraft des Widerspruchsbescheids ein Jahr lang in Schwebe halten. Die Rechtsbehelfsbelehrung ist also auch in diesen Fällen generell anzuraten.

*Nicht unter die Belehrungspflicht* des § 58 VwGO fällt nach h.M. der Hinweis, dass gegen den kraft Gesetzes (§ 80 II Nr. 1 bis 3 VwGO) oder kraft behördlicher Vollziehungsanordnung (§ 80 II Nr. 4 i.V.m. § 80 III VwGO) eintretenden Ausschluss des Suspensiveffektes Rechtsschutz durch *Antrag auf Anordnung bzw. Wiederherstellung der aufschiebenden Wirkung* (§ 80 IV und V VwGO) möglich ist;[11] dies deshalb, weil der Antrag unbefristet und § 58 VwGO auf derartige Rechtsschutzmöglichkeiten nicht zugeschnitten ist. Als Sanktion käme deshalb nur die Rechtswidrigkeit der sofortigen Vollziehung in Betracht, die aber vom Gesetz nur für den Fall der mangelhaften Begründung (§ 80 III VwGO) vorgesehen wird. Dies mag rechtspolitisch unbefriedigend sein, weil der Bürger aus Rechtsunkenntnis seine vorläufigen Rechtsschutzmöglichkeiten u.U. nicht ausnutzen kann, verstößt aber gleichwohl nicht gegen Art. 19 IV GG[12] (vgl. auch die Sonderregelung des § 36 III 2 und 3 AsylVfG). 9

Auch über Möglichkeit und Voraussetzungen einer Wiedereinsetzung ist nach h.M. nicht zu belehren (vgl. BVerwG v. 28.11.1986, VBlBW 1987, 332).

## 2. Die Verwaltungsbehörde oder das Gericht, bei denen der Rechtsbehelf anzubringen ist

Zur Vollständigkeit genügt der Hinweis auf die Behörde oder das Gericht, bei denen der Rechtsbehelf zu erheben *ist.* Ein Hinweis auch auf die Behörde oder das Gericht, bei denen der Rechtsbehelf ebenfalls wirksam eingelegt werden *kann,* ist nicht erforderlich,[13] *allein* aber nicht ausreichend[15]). 10

Zu nennen ist die Behörde, die den Widerspruchsgegner nach außen vertritt (also z.B. »der OB der Stadt N«), nicht aber das konkret handelnde Amt (z.B. Steuerabteilung/Kämmerei – vgl. OVGMV v. 05.08.1998, NVwZ-RR 1999, 476 f.).

## 3. Den Sitz

Die Belehrung über den Sitz verlangt nur die Bezeichnung des *Ortes,* an dem die Verwaltung oder das Gericht errichtet ist. Die Mitteilung der Anschrift ist nicht erforderlich.[14] 11

## 4. Die einzuhaltende Frist

Für die Fristbelehrung genügt die Bezeichnung der *abstrakten Frist,* die konkrete Bestimmung ihres Laufs fällt in die Eigenverantwortlichkeit des Betroffenen.[15] 12

---

11 Vgl. NdsOVG v. 04.10.1994, NVwZ-RR 1995, 176 (177); Schoch/Schmidt-Aßmann/Pietzner/*Meissner* § 58 Rn. 17.

12 A.A. insoweit *Stober* BayVBl 1976, 171 ff. und NK-VwGO/*Czybulka* § 58 Rn. 26 f.

13 Vgl. BVerwG v. 17.09.1954, BVerwGE 1, 192 f.; v. 22.08.1974, Buchholz 310 § 58 VwGO Nr. 28; NWOVG v. 23.01.1974, NJW 1974, 879; v. 07.03.1978, DÖV 1979, 104.

14 Vgl. BVerwG v. 23.08.1990, 85, 298 (300); weitergehend HessVGH v. 26.08.1965, ESVGH 19, 119: auch Straße und Hausnummer, wenn Verwechslungsgefahr besteht.

15 Vgl. BVerwG 27.04.1990, NJW 1991, 508 (509); BVerfG v. 27.07.1971, BVerfGE 31, 388 (390); BFH v. 21.08.1980, BStBl 1981 II S. 70.

Die Rechtsbehelfsbelehrung braucht deshalb auf die Art der jeweiligen Zustellung nicht hinzuweisen.[16] Sie muss aber in sich korrekt sein und dem § 74 I VwGO entsprechen, also: innerhalb eines Monats nach Zustellung, nicht nach Bekanntgabe.[17]

Der Hinweis, dass der Rechtsbehelf innerhalb der angegebenen Frist bei dem Gericht eingegangen sein muss, ist nach § 58 VwGO nicht erforderlich.[18]

## III. Fakultativer Inhalt

13 Eine Belehrung über die *Form*[19]) *und den notwendigen Inhalt* der Klageschrift (§§ 81, 82 VwGO) oder die Form des Widerspruchs (§ 70 VwGO) fordert § 58 I VwGO dagegen nicht. Sie gehört deshalb nicht zu den zwingenden Elementen der Rechtsbehelfsbelehrung.[20] Gleichwohl wird sie als *Nobile officium* empfunden und regelmäßig mit in die Rechtsbehelfsbelehrung aufgenommen. In den amtlichen Mustern finden sich häufig auch Hinweise darauf, dass der Rechtsbehelf fristwahrend auch beim Magistratus/Iudex ad quem eingelegt werden könne, die Anschrift der Behörde oder des Gerichts sowie der Hinweis, dass bei schriftlicher Einlegung der Rechtsbehelf innerhalb der Frist eingegangen sein müsse (oben Rn. 12). Derartige Hinweise sind, wie bereits ausgeführt, nicht erforderlich, um den Lauf der Rechtsbehelfsfrist in Gang zu setzen.

14 *Zusätze und Bestandteile,* die über den zwingenden Inhalt hinaus in die Rechtsbehelfsbelehrung aufgenommen werden, müssen jedoch *auf jeden Fall korrekt und vollständig* sein, denn eine Rechtsbehelfsbelehrung ist auch dann unrichtig i.S.d. § 58 II VwGO, wenn sie einen unzutreffenden oder irreführenden Inhalt hat, der seiner Art nach generell (abstrakt) geeignet ist, die Einlegung des Rechtsbehelfs zu erschweren.[21]

Dies hat die Rechtsprechung insbesondere dann angenommen, wenn die Rechtsbehelfsbelehrung den Eindruck erweckt, bestimmte inhaltliche Anforderungen an die Klageschrift, die lediglich auf Sollvorschriften beruhen, seien zwingender Natur.[22] HessVGH v. 04.06.1980, HessVGRspr 1980, 81 (82) hält eine *analoge Anwendung* des § 58 II VwGO für erwägenswert, wenn die Rechtsbehelfsbelehrung richtig

---

16 BVerwG v. 09.12.1988, NVwZ 1989, 648 (650); BayVGH v. 02.02.1977, BayVBl 1977, 341 zu § 4 I VwZG; a.A. BFH v. 22.01.1964, NJW 1964, 1246; v. 29.10.1974, BStBl 1975 II S. 155.

17 Für die Zustellung mit PZU wie hier BWVGH v. 04.03.1988, VBlBW 1988, 255; a.A. BVerwG v. 31.05.2006, NVwZ 2006, 943; v. 27.04.1990, NJW 1991, 509. und die Vorinstanz HessVGH v. 24.06.1988, ESVGH 38, 289 f., weil bei dieser Zustellungsart auch aus der Sicht des Empfängers Zustellung und Bekanntgabe stets zusammenfielen. Das trifft wegen der Möglichkeit der Niederlegung des Schriftstücks bei der Post nicht zu. Vgl. auch NWOVG v. 25.07.1972, NJW 1973, 165 v. 25.02.1975, NJW 1975, 2087 für die irreführende Beschreibung des Fristbeginns bei Zustellung nach § 17 II VwZG und v. 04.03.2009, NJW 2009, 1832 (für den Hinweis auf die Bekanntgabe); HessVGH v. 08.12.1977, ESVGH 28, 192 (194 f.) für AusgangsVA, der über »Zustellung« belehrt, tatsächlich aber formlos bekanntgegeben wurde.

18 Vgl. BVerwG v. 21.01.1972, NJW 1972, 1435; v. 03.09.1981, Buchholz 310 § 58 VwGO Nr. 45; a.A. BVerwG v. 14.11.1969 und v. 26.08.1970, BVerwGE 43, 26 und 115 (117) für Sondervorschriften im Wehrdisziplinar- und Wehrbeschwerdeverfahren.

19 Anders dagegen § 36 SGB X.

20 So BVerwG v. 17.09.1954, BVerwGE 1, 192 (193); v. 27.02.1976, BVerwGE 50, 248 (250 ff.); v. 13.12.1978, BVerwGE 57, 188 (190); v. 27.08.1997, NVwZ 1997, 1211; Schoch/Schmidt-Aßmann/Pietzner/*Meissner* § 58 Rn. 32.

21 BVerwG v. 21.03.2002, DVBl 2002, 1553.

22 Vgl. BVerwG v. 17.01.1980, NJW 1980, 1707 (abl. Anm. *Petersen* DÖV 1981, 344 f.); BSG v. 22.07.1982, SozR 1500 § 93 SGG Nr. 1 und HessVGH v. 07.11.1989, NVwZ-RR 1990, 671 für die Einreichung der Klage in mehreren Ausfertigungen; BWVGH v. 13.10.1992, VBlBW 1993, 230 für die Belehrung, der Widerspruch solle begründet werden; HessVGH v. 30.03.1982, NJW 1983, 242 und BayVGH v. 16.10.1986, DVBl 1987, 698 für die Belehrung, Klage sei gegen den Widerspruchsbescheid zu erheben, obwohl Fall des § 79 I Nr. 1 VwGO und Rechtsträger der Widerspruchsbehörde mit dem der Ausgangsbehörde nicht identisch – bei Identität dagegen keine Irreführung

ist, aber die Behörde den WF durch eine falsche »authentische Interpretation« ihrer eigenen Rechtsbehelfsbelehrung davon abhält, formgerecht zu widersprechen.

## D. Rechtsfolgen fehlerhafter Rechtsbehelfsbelehrungen

Fehlt die Rechtsbehelfsbelehrung oder wird sie unrichtig erteilt, beginnt die Monatsfrist für Widerspruch und Klage nicht zu laufen. Der Rechtsbehelf ist *innerhalb eines Jahres* seit Zustellung zulässig *(§ 58 II VwGO).* Die Jahresfrist ist eine *Ausschlussfrist,* die dem Gedanken der Rechtssicherheit Rechnung trägt.[23] *Über die Jahresfrist hinaus* ist die Einlegung der Klage nur dann zulässig, wenn sie vor Ablauf der Jahresfrist infolge höherer Gewalt unmöglich war oder eine schriftliche Belehrung dahin erfolgt ist, daß ein Rechtsbehelf nicht gegeben sei (§ 58 VwGO). Im ersten Fall ist die Zulässigkeit der Klage durch die Zwei-Wochen-Frist des § 60 II VwGO, im zweiten lediglich durch das Institut der Verwirkung zeitlich begrenzt. 15

Wird fälschlich über eine längere als die gesetzliche Rechtsbehelfsfrist belehrt, beginnt, da die Belehrung über die längere (unrichtige) Frist auch die kürzere (richtige) Frist einschließt, die Klagefrist zu laufen mit der Folge, dass sie noch bis zum Ablauf der längeren (unrichtigen) Frist genutzt werden kann, jedoch nie über die einjährige Ausschlußfrist hinaus, da § 58 II VwGO von diesem Zeitpunkt das Vertrauen auf die Richtigkeit der (unrichtigen) Rechtsbehelfsbelehrung nicht mehr schützt. Dies gilt auch, wenn die Belehrung dahin ging, der Rechtsbehelf sei unbefristet gegeben. Ist eine Rechtsbehelfsbelehrung unterblieben oder unrichtig, kann dies jederzeit durch Nachholung oder Berichtigung geheilt werden, allerdings nur innerhalb der Ausschlußfrist des § 58 II VwGO. Der Lauf der Frist bestimmt sich dann vom Zeitpunkt des Zugangs der fehlerfreien Rechtsbehelfsbelehrung an. Die Nachholung oder Berichtigung kann in einem einfachen dienstlichen Schreiben erfolgen. Zustellung ist nicht erforderlich, da die Rechtsbehelfsbelehrung kein Bestandteil des Widerspruchsbescheids ist und der Zustellungszwang des § 73 III VwGO sie deshalb nicht ergreift; gleichwohl ist sie aus Gründen der Rechtssicherheit üblich und empfehlenswert. 16

## E. Muster für Rechtsbehelfsbelehrungen

Die Behörden selbst verwenden üblicherweise Muster, die durch *ministerielle Runderlasse* vorgeschrieben oder doch empfohlen sind. 17

Von ihnen wird nachfolgend als Beispiel das Rundschreiben des Bundesministers des Innern abgedruckt. Zum zwingenden Inhalt einer Rechtsbehelfsbelehrung gehören in den Mustern 2 bis 4 lediglich die Ausführungen im ersten Absatz, wobei sogar noch die Belehrungen über die genaue Anschrift des zuständigen Verwaltungsgerichts und über die Form, in der der Rechtsbehelf zu erheben ist, überflüssig sind. 18

---

(HessVGH v. 10.04.1991, NVwZ-RR 1992, 334; SHOVG v. 17.09.1991, NVwZ 1992, 385); Angabe nur des Postschließfaches (SächsOVG v. 16.12.1996, SächsVBl 1997, 159 f.).
Nicht als irreführend wurde dagegen angesehen: »... schriftlich bzw. zur Niederschrift ...« statt: »... oder ...«. Erstreckung der Sollvorschrift des § 81 II VwGO auf die Anlagen der Klage (BVerwG v. 02.03.1989, Buchholz 310 § 58 VwGO Nr. 56); die gemeinsame Zustellung eines mit zutreffender Rechtsbehelfsbelehrung versehenen Widerspruchsbescheids und eines gleichfalls mit zutreffender Rechtsbehelfsbelehrung versehenen Kostenfestsetzungsbescheids (BVerwG v. 11.05.1994, NVwZ-RR 1994, 617).

23 Vgl. BVerwG v. 10.11.1966, NJW 1967, 591. Sie läuft deshalb unabhängig davon, ob der WF von der Möglichkeit des Rechtsbehelfs Kenntnis gehabt hat. Vgl. BVerwG v. 24.09.1992, Buchholz 310 § 58 VwGO Nr. 60.

**Belehrung über Rechtsbehelfe nach der Verwaltungsgerichtsordnung (VwGO)**
– RdSchr. d. BMI v. 23.05.1997 – VII 1-132 120/6 –

*(Auszug)*

Die neuen Muster können für alle belastenden schriftlich erlassenen Verwaltungsakte verwendet werden, soweit es sich nicht um Fälle handelt, in denen nach §§ 50, 190 bis 192 VwGO besondere Vorschriften gelten.

Die Muster haben nur Gültigkeit für das allgemeine Verwaltungsverfahren; für besondere Verwaltungsverfahren gelten teilweise abweichende Regelungen.

An die

obersten Bundesbehörden

19 **Anlage 1**
(Muster 1)

Muster einer

**Rechtsbehelfsbelehrung**

bei einem schriftlich erlassenen anfechtbaren (belastenden) Verwaltungsakt, wenn vor Erhebung der Anfechtungsklage oder der Verpflichtungsklage ein Vorverfahren durchzuführen ist (§ 68 Abs. 1 Satz 1 VwGO oder § 68 Abs. 2 in Verbindung mit § 68 Abs. 1 Satz 1 VwGO), sofern nicht nach §§ 190 bis 192 VwGO besondere Vorschriften gelten.

Gegen diesen (diese) ... (Bescheid, Verfügung, Anordnung oder Entscheidung) kann innerhalb eines Monats nach Bekanntgabe Widerspruch erhoben werden. Der Widerspruch ist bei ... (Anschrift der Behörde, die den Verwaltungsakt erlassen hat) schriftlich oder zur Niederschrift einzulegen.

20 **Anlage 2**
(Muster 2)

Muster einer

**Rechtsbehelfsbelehrung**

bei einem Widerspruchsbescheid in den Fällen des § 79 Abs. 1 Nr. 1 VwGO, sofern nicht nach §§ 50, 190 bis 192 VwGO besondere Vorschriften gelten.

Gegen den (die) ... (Bescheid, Verfügung, Anordnung oder Entscheidung) der ... (Bezeichnung und Anschrift der Behörde, die den Verwaltungsakt erlassen hat) vom ... kann innerhalb eines Monats nach Zustellung dieses Widerspruchsbescheids Klage bei dem Verwaltungsgericht in ... (Anschrift des nach § 52 VwGO zuständigen Verwaltungsgerichts) schriftlich oder zur Niederschrift des Urkundsbeamten der Geschäftsstelle erhoben werden.

Die Klage muss den Kläger, den Beklagten und den Gegenstand des Klagebegehrens bezeichnen. Sie soll einen bestimmten Antrag enthalten. Die zur Begründung dienenden Tatsachen und Beweismittel sollen angegeben werden.

Der Klage nebst Anlagen sollen so viele Abschriften beigefügt werden, dass alle Beteiligten eine Ausfertigung erhalten können.

**Anlage 3** 21
(Muster 3)

Muster einer

**Rechtsbehelfsbelehrung**

bei einem Abhilfebescheid oder Widerspruchsbescheid in den Fällen des § 79 Abs. 1 Nr. 2 und Abs. 2 VwGO, sofern nicht nach §§ 50, 190 bis 192 VwGO besondere Vorschriften gelten.

Gegen diesen ... (Abhilfebescheid, Widerspruchsbescheid) kann innerhalb eines Monats nach Zustellung Klage bei dem Verwaltungsgericht in ... (Anschrift des nach § 52 VwGO zuständigen Verwaltungsgerichts) schriftlich oder zur Niederschrift des Urkundsbeamten der Geschäftsstelle erhoben werden.

Die Klage muss den Kläger, den Beklagten und den Gegenstand des Klagebegehrens bezeichnen. Sie soll einen bestimmten Antrag enthalten. Die zur Begründung dienenden Tatsachen und Beweismittel sollen angegeben werden.

Der Klage nebst Anlagen sollen so viele Abschriften beigefügt werden, dass alle Beteiligten eine Ausfertigung erhalten können.

**Anlage 4** 22
(Muster 4)

Muster einer

**Rechtsbehelfsbelehrung**

bei einem schriftlich erlassenen anfechtbaren (belastenden) Verwaltungsakt, gegen den nach § 68 Abs. 1 Satz 2 VwGO oder § 68 Abs. 2 in Verbindung mit § 68 Abs. 1 Satz 2 VwGO unmittelbar die Anfechtungsklage oder die Verpflichtungsklage gegeben ist, sofern nicht nach §§ 50, 190 bis 192 VwGO besondere Vorschriften gelten.

Gegen diesen (diese) ... (Bescheid, Verfügung, Anordnung oder Entscheidung) kann innerhalb eines Monats nach Bekanntgabe Klage bei dem Verwaltungsgericht in ... (Anschrift des nach § 52 VwGO zuständigen Verwaltungsgerichts) schriftlich oder zur Niederschrift des Urkundsbeamten der Geschäftsstelle erhoben werden.

Die Klage muss den Kläger, den Beklagten und den Gegenstand des Klagebegehrens bezeichnen. Sie soll einen bestimmten Antrag enthalten. Die zur Begründung dienenden Tatsachen und Beweismittel sollen angegeben werden.

Der Klage nebst Anlagen sollen so viele Abschriften beigefügt werden, dass alle Beteiligten eine Ausfertigung erhalten können.

GMBl 1997, S. 282.

# § 49 Zustellung

## A. Rechtsgrundlagen und Rechtsfolgen der Zustellung

1 Die Zustellung von Widerspruchsbescheiden erfolgt nach dem *VwZG des Bundes* und zwar auch dann, wenn durch Landesbehörden zugestellt wird (§ 73 III 2 VwGO).

2 Die wirksame Zustellung bringt das Vorverfahren förmlich zum Abschluss und setzt die Klagefrist in Lauf. Bei mehrfacher Zustellung ist hierfür die *erste wirksame* maßgebend; das gilt auch bei der Zustellung an mehrere Bevollmächtigte. Der zweiten Zustellung kommt keine rechtliche Bedeutung mehr zu, insbesondere beseitigt sie nicht eine bereits eingetretene Bestandskraft, da es ansonsten die Widerspruchsbehörde in der Hand hätte, die Zuständigkeitsvorschriften des § 60 VwGO zu umgehen.[1] Neben der Funktion, den Lauf von Fristen in Gang zu setzen, hat die Zustellung auch *Bedeutung für den Eintritt der (äußeren) Wirksamkeit des VA* (§ 43 I VwVfG).

3 Die Novelle des VwZG und die Folgenänderung (Art. 9 a G v. 11.12.2008, BGBl. I S. 2418) dienten der Modernisierung der Behördenzustellung und der Anpassung an den elektronischen Rechtsverkehr. Neu eingeführt wurde der Begriff der verwaltungsbehördlichen Zustellung. Bestand diese früher grundsätzlich in der Übergabe des Schriftstücks in Urschrift, Ausfertigung oder beglaubigter Abschrift, so besteht sie nunmehr nach § 2 I VwZG in der Bekanntgabe eines schriftlichen oder elektronischen Dokuments in der im VwZG bestimmten Form.

4 Die Zustellung erfolgt durch die Post mittels Zustellungsurkunde (§ 3 VwZG) oder mittels Einschreiben (§ 4 VwZG) bzw. durch die Behörde durch Aushändigung des originalen Dokuments gegen Empfangsbekenntnis (§ 5 VwZG).

Zustellung ist die Bekanntgabe eines schriftlichen oder elektronischen Dokuments in der im VwZG vorgeschriebenen Form. Die Bekanntgabe des Dokuments besteht grundsätzlich in der Übergabe des Dokuments (Urschrift, Ausfertigung, beglaubigte Abschrift). Der Begriff »Dokument« wird dabei als Oberbegriff für zustellungsfähige Mitteilungen (Schriftstücke und elektronische Dokumente) verwendet. Die Übersendung einer bloßen Fotokopie genügt nicht. Die Übermittlung eines Schriftstücks durch Telefax reicht somit nicht aus.[2]

Denn das Telefax ist weder die Urschrift des Schriftstücks, sondern lediglich eine Art Vervielfältigung oder Kopie von ihr, noch in Ermangelung entsprechender Vermerke eine Ausfertigung oder beglaubigte Abschrift. Das ZustellungsreformG hat deshalb den Zustellungsbegriff für das gerichtliche Verfahrensrecht neu definiert als Bekanntgabe eines Schriftstücks in der im Titel 2 des 2. Abschnitts der ZPO bestimmten Form (§ 166 ZPO) und eine Zustellung eines Schriftstücks an Rechtsanwälte und der gleichen unter Einhaltung bestimmter Formalien durch *Telekopie* ausdrücklich zugelassen (§ 174 II ZPO). Für das VwZG hat das ZustellungsreformG jedoch keine Änderung gebracht, so dass hier die Übermittlung eines Schriftstücks im Wege der Telekopie nach wie vor ausgeschlossen ist. Das gilt auch für die Zustellung gegen *Empfangsbekenntnis*, denn die in § 5 IV VwZG zugelassene Übermittlung des Schriftstücks »auf andere Weise« bezieht sich auf die in § 5 I VwZG geregelte Form der Übermittlung, nicht auf Abweichungen von dem in § 2 I VwZG geregelten Zustellungsgegenstand.[3] Eine *Heilung* nach § 8

1 Vgl. BVerwG v. 11.05.1979, BVerwGE 58, 100 (105 f.); HessVGH v. 15.06.1998, NVwZ 1998, 1313 (1314).

2 BFH v. 27.06.2002, BFHE 198, 330 = NVwZ 2003, 252; NWOVG v. 26.10.1994, NVwZ 1995, 395 (396); SG Marburg v. 06.04.1995, SGb 1997, 120 (LS); *Kopp/Schenke* § 73 Rn. 23; a.A. zulässig im Rahmen des § 5 II VwZG: HbgOVG v. 15.04.1997, NJW 1997, 2616 (2617); RhPfOVG v. 13.03.1998, AuAS 1998, 126 (127); *Ewer/Schürmann* NVwZ 1990, 336 ff.; Schoch/Schmidt-Aßmann/Pietzner/*Meissner* § 56 Rn. 71.

3 BFH v. 27.06.2002, BFHE 198, 330 = NVwZ 2003, 252; *Tipke/Kruse* AO, § 2 VwZG Rn. 9; *Kopp/Schenke* § 73 Rn. 23; *Stelkens/Bonk/Sachs*, § 37, 54 b; NWOVG v. 26.10.1994, NVwZ 1995, 395 (396); SG Marburg v. 06.04.1995, SGb 1997, 120 (LS); a.A. HbgOVG v. 15.04.1997, NJW 1997, 2616

VwZG scheitert daran, dass diese Vorschrift Mängel im Zustellungsgegenstand nicht erfasst (s. § 33 Rn. 16).[4]

*Übergabe* bedeutet, dass der Zustellungsempfänger das Schriftstück in seinen Herrschaftsbereich bekommt, und dass er es auch behalten darf, um an seiner Hand die notwendigen Überlegungen (Entschließung über einen Rechtsbehelf, Vergewisserung über den Inhalt des ihm gegenüber Entschiedenen) treffen zu können.[5] 5

Richtet sich ein VA an mehrere Adressaten *(sog. Sammelverfügung,* § 155 III AO 1977: *zusammengefasste Bescheide),* muss deshalb grundsätzlich jedem Adressaten eine eigene für ihn bestimmte Urkunde ausgehändigt werden; ansonsten ist die Zustellung unwirksam,[6] denn ihr Ziel, jedem einzelnen Empfangsberechtigten die alleinige und dauernde Verfügungsgewalt über das Schriftstück als zuverlässige Grundlage für seine weiteren Überlegungen und Maßnahmen zu verschaffen, ist nicht erreicht worden. Einem *Zustellungsbevollmächtigten* mehrerer Beteiligter sind so viele Ausfertigungen und Abschriften zuzustellen, als Beteiligte vorhanden sind (§ 7 II VwZG). Nur bei einem *für mehrere Beteiligte bestellten Bevollmächtigten* lässt § 7 I 3 VwVfG aus Vereinfachungsgründen die Zustellung eines Schriftstücks an den Vertreter für alle Beteiligten genügen, da der Vertreter die verfahrensrechtlichen Belange der Beteiligten wahrnimmt.[7] Auch *Eheleuten* muss deshalb ein an beide gerichteter, zusammengefasster Bescheid in zwei Ausfertigungen zugestellt werden, es sei denn, sie hätten sich gegenseitig bevollmächtigt,[8] was auch stillschweigend erfolgen kann, etwa durch gemeinsame Unterschrift unter eine Steuererklärung bei Zusammenveranlagung.[9] Die für die Bekanntgabe in § 122 VII AO 1977 vorgesehene Erleichterung kann schon wegen der größeren Formenstrenge des Zustellungsrechts nicht entsprechend angewandt werden.[10] Zudem dient sie der Verwaltungsvereinfachung und Kostenersparnis im Massenverfahren der Steuerveranlagung, während die Verfahren, in denen Zustellung vorgeschrieben ist, typischerweise gerade keine Massenverfahren sind.

Lässt sich die formgerechte Zustellung eines Schriftstücks nicht nachweisen oder ist das Schriftstück unter Verletzung zwingender Zustellungsvorschriften zugegangen, so gilt es als in dem Zeitpunkt zugestellt, in dem es der Empfangsberechtigte nachweislich erhalten hat (§ 8 VwZG).[11] 6

Eine Heilung des Zustellungsmangels tritt allerdings nur ein, wenn der *Empfangsberechtigte* das Schriftstück erhalten hat. Wird das Schriftstück einem nicht empfangsberechtigten Minderjährigen übergeben[12] oder fehlt es an der Übergabe eines geeigneten Übergabeobjekts, wie z.B. bei der Zustellung eines zusammengefassten Verwaltungsakts an mehrere Adressaten in nur einer Ausfertigung[13] oder bei der Übergabe

---

(2617); RhPfOVG v. 13.03.1998, AuAS 1998, 126 (127); *Ewer/Schürmann* NVwZ 1990, 336 ff.; Schock/Schmidt-Aßmann/Pietzner/*Meissner* § 56 Rn. 71; offengelassen von NdsOVG v. 14.01.2002, NJW 2002, 1969.

4 BFH v. 27.06.2002, BFHE 198, 330 = NVwZ 2003, 252; *Stelkens/Bonk/Sachs,* § 41, Rn. 30 b; a.A. *Kopp/Schenke* § 73 Rn. 23 a und oben § 33 Rn. 16.

5 Vgl. BVerwG v. 08.07.1958, DÖV 1958, 715; BWVGH v. 13.02.1985, VBlBW 1986, 183; HessVGH, ESVGH 35, 188 = NVwZ 1986, 137; BerlOVG v. 12.06.1985, NVwZ 1986, 136; RhPfOVG, NVwZ 1987, 899.

6 Vgl. BFH v. 20.01.1972, BFHE 104, 45 (47); v. 16.08.1978, BFHE 126, 5 (6); 178, 106 = NJW 1995, 3207; v. 06.12.1990, BayVBl 1991, 338; BWVGH v. 23.05.1985, NVwZ 1986, 139 (140); v. 28.04.1989, NVwZ-RR 1989, 593 (594); SchlHOVG v. 19.03.1993, DVBl 1993, 890.

7 § 8 I 3 VwVfG gilt nach h.M. auch dann, wenn der Vertreter neben dem Auftraggeber zugleich sich selbst und erst dadurch mehrere Beteiligte vertritt. Vgl. BFH v. 13.08.1970, BFHE 100, 171 (174 f.) = NJW 1971, 727. Vgl. auch SHOVG v. 19.09.1993, DVBl 1993, 890 (GmbH-Geschäftsführer).

8 Vgl. BVerwG v. 22.10.1992, NJW 1993, 2884; NWOVG v. 26.09.1994, OVGE 44, 179 (180 f.) = NVwZ-RR 1995, 623.

9 Vgl. BFH v. 19.08.1976.

10 Vgl. BFH v. 08.06.1955; BFHE 178, 105 (107); *Preißer* NVwZ 1987, 8705.

11 § 9 II VwZG a.F., der eine Heilung von Zustellungsmängeln ausschloss, wenn mit der Zustellung eine Frist für die Erhebung einer Klage oder sonstige gerichtliche Rechtsmittel-(auch Begründungs)fristen begann, ist durch das ZustellungsreformG v. 25.06.2001 (BGBl. I S. 1206) aufgehoben worden.

12 Vgl. HbgOVG v. 18.08.1981, DVBl 1982, 218; BayVGH v. 25.10.1983, DÖV 1984, 433.

13 Vgl. BFH v. 08.06.1995, BFHE 178, 105 (106), 714; BayVGH v. 08.01.1982, NVwZ 1984, 249 (250); a.A. – grundsätzlich heilbar: NWOVG v. 26.09.1994, NVwZ-RR 1995, 623 (624); HessVGH v.

an einen Empfangsboten, der das Schriftstück nicht an den Empfangsberechtigten weiterreicht,[14] ist sowohl die Zustellung unwirksam als auch der zuzustellende Verwaltungsakt *nicht wirksam geworden.*[15]

§ 8 VwZG ist Ausdruck des das Zustellungsrecht beherrschenden Grundsatzes der Formenstrenge und abschließend gemeint. Deshalb darf eine von der Verwaltung gewählte, aber formfehlerhaft durchgeführte Zustellungsart *nicht* in eine andere formfehlerfreie Zustellungsart *umgedeutet* werden.[16] Ebenso scheidet die *Umdeutung* einer unwirksamen Zustellung in eine wirksame Bekanntgabe aus.[17]

## B. Zustellungsarten

Das VwZG stellt mehrere Zustellungsarten zur Auswahl (§ 2 II, III VwZG).

### I. Zustellung durch die Post

Post ist jeder Erbringer von Postdienstleistungen. Bei der förmlichen Zustellung wird ein Lizenznehmer als beliehener Unternehmer tätig.

Die Zustellung durch die Post erfolgt

- durch Zustellungsurkunde (§ 3 VwZG i.V.m. §§ 177 bis 182 ZPO) oder
- mittels eingeschriebenen Briefes (§ 4 VwZG).

7 **1.** Bei der **Zustellung durch Postzustellungsurkunde** wird das in einem besonderen (inneren) Umschlag nach den Vorgaben der Anlage 2 ZustVV verschlossene Schriftstück zusammen mit einem vorbereiteten Vordruck für die Zustellungsurkunde in einem (äußeren) Umschlag der Post übergeben. Unter dem »vorbereiteten« Vordruck einer Zustellungsurkunde ist zu verstehen, dass die Behörde auf dem Vordruck Aktenzeichen, Adressat und die eigene (Absender-)Anschrift eingetragen, also den Vordruck den Anforderungen der Zustellungsverordnung entsprechend vorbereitet hat.

Die (richtige) Angabe des Geschäftszeichens ist zwingend, da sie unentbehrlich ist, um die Identifikation der übergebenen mit der in der Urkunde als zugestellt bezeugten Sendung eindeutig sicherstellen zu können.[18]

8 Der Postbedienstete stellt nach den §§ 177 bis 182 ZPO zu, beurkundet die Zustellung und leitet die Zustellungsurkunde an die Behörde zurück.

Wird der Tag der Zustellung auf der dem Empfänger übergebenen Sendung nicht, nicht richtig oder nicht eindeutig vermerkt (§ 180 S. 3 ZPO), wird die Klagefrist nicht in Lauf gesetzt.[19]

9 *Ersatzzustellung* ist möglich i.R. der §§ 178 bis 181 ZPO, die nunmehr auch eine Ersatzzustellung durch Einlegen in den Briefkasten erlauben (§ 180 ZPO).

---

11.03.1985, ESVGH 35, 187 (189 f.); BWVGH, NVwZ-RR 1992, 397 f.; *Allesch* NVwZ 1993, 544 (545 f.).

14 Vgl. BFH v. 25.01.1994, BFHE 173, 213 (216 f.) = NVwZ-RR 1995, 181.

15 Vgl. neben Fn. 15 und § 31 Rn. 6.

16 Vgl. NWOVG v. 16.06.1971, OVGE 27, 50 (54 f.); BFH v. 09.09.1970, BFHE 100, 179; BWVGH v. 10.01.1977, NJW 1977, 645 und *Linhart* BayVBl 1982, 214 f. Vgl. auch Rn. 6 a.E.

17 Vgl. BFHE 173, 218 = NVwZ-RR 1995, 181; 178, 108 = NJW 1995, 3207; *Kintz* JuS 1997, 1115; a.A. *Allesch* NVwZ 1993, 545.

18 Vgl. BVerwG v. 24.11.1966, DÖV 1967, 688; BFH v. 17.06.1998, NVwZ 1999, 694. Zur Angabe des Zustellungsempfängers SächsOVG v. 06.05.1993, NVwZ 1994, 81.

19 GmSOGB v. 09.11.1976, NJW 1977, 621; BVerwG v. 07.11.1979, NJW 1980, 1482; v. 09.12.1982, NJW 1983, 1076; BFH v. 29.10.1986, NVwZ 1988, 478; v. 13.01.1987, NVwZ 1988, 288; a.A. noch BVerwG v. 22.02.1972, DÖV 1972, 391.

Unwirksam ist z.B. eine Ersatzzustellung, wenn die schriftliche Mitteilung über die *Niederlegung bei der Post* unter Verletzung des § 181 I 2 ZPO nicht in der bei gewöhnlichen Briefen üblichen Weise abgegeben, sondern in der Wohnung des Empfängers hinterlassen wird[20] oder der Empfänger zum Zeitpunkt der Ersatzzustellung unter der Zustellungsanschrift nicht mehr wohnt, d.h. die Räumlichkeit tatsächlich nicht mehr benutzt, wobei es entscheidend auf die Benutzung zum Schlafen ankommt.[21] [22] Die *Beweiskraft der Postzustellungsurkunde* (§ 182 I 2 ZPO i.V.m. § 418 ZPO)[23] erstreckt sich nicht darauf, dass der Zustellungsadressat unter der Zustellungsanschrift wohnt. Allerdings wird insoweit durch die Erklärung des Zustellungsbeamten, dass er den Adressaten in seiner Wohnung nicht angetroffen habe, ein beweiskräftiges Indiz begründet, das vom Adressaten durch eine plausible und schlüssige Darstellung entkräftet werden muss.[24]

An der Zulässigkeit der förmlichen Zustellung von Schriftstücken durch die Post und deren Befugnis, hierbei öffentliche Urkunden i.S.d. § 415 I ZPO zu erzeugen, hat sich durch die Privatisierung der Post nichts geändert.[25]

**2.** Bei der **Zustellung mittels eingeschriebenen Briefes** *gilt* dieser mit dem 3. Tag nach der Aufgabe zur Post als zugestellt, es sei denn, dass das zuzustellende Schriftstück nicht oder zu einem späteren Zeitpunkt zugegangen ist. Bei Zweifeln trifft die Beweislast für den Zugang wie für den Zeitpunkt[26] die Behörde (§ 4 II VwZG). § 4 II VwZG enthält eine gesetzliche, unter eine Bedingung gestellte Fiktion; er gilt auch dann, wenn das Schriftstück nachweislich vor dem 3. Tag zugegangen ist.[27] 10

Wegen dieser Fiktionswirkung verlängert sich der 3-Tage-Zeitraum nicht, wenn der 3. Tag ein Sonntag oder ein gesetzlicher Feiertag sein sollte.[28]

---

20 Vgl. BVerwG v. 05.05.1973, BVerwGE 42, 180 (181 ff.); vgl. auch BFH v. 22.07.1980, BStBl 1981 II S. 115 f.: Einschieben in seitlichen Türspalt ist kein Befestigen i.S.d. § 182 ZPO a. F.; ebenso HessVGH v. 16.02.1989, NJW 1990, 1500. Zum Fristbeginn vgl. NWOVG v. 08.09.1981, NVwZ 1982, 564.

21 BVerwG v. 14.08.1974, Buchholz 340 § 3 VwZG Nr. 5; v. 04.07.1983, DVBl 1984, 90; v. 20.08.1985, BVerwGE 83, 40 (42 f.); v. 01.03.1991, BVerwGE 88, 66 (67); BVerfG v. 03.06.1991, NJW 1992, 224 (225); BGH v. 17.02.1992, NJW 1992, 1963; BFH v. 20.10.1987, BayVBl 1988, 123.

22 Zur Zulässigkeit der Ersatzzustellung im Geschäftslokal des Adressaten bei Poststücken, die an die Privatadresse gerichtet sind, vgl. BVerwG v. 09.10.1973, BVerwGE 44, 104; keine Ersatzzustellung an den im Nebenhaus wohnenden Bruder (vgl. BayVGH v. 16.02.1978, BayVBl 1978, 278), wohl aber an den *Lebensgefährten (Meyer/Rang* NJW 1988, 811 f.; HbgOVG v. 05.06.1987, NJW 1988, 1807; BGHZ v. 14.03.1990, BGHZ 111, 1 (3 ff.) = JZ 1990, 759 m. zustim. Anm. *Roth:* jedenfalls, wenn er mit einer Familie zusammenlebt; a.A. für den Fall, dass der Adressat nur mit seinem Lebensgefährten zusammenlebt; BGH v. 08.01.1987, BGHSt 34, 250 = NJW 1987, 1562; BFH v. 29.04.1982, NJW 1982, 2895; bejahend dagegen auch für diesen Fall BVerwG v. 13.06.2001, NVwZ 2002, 80 (81)).

23 Vgl. BFH v. 08.02.1999, NVwZ 2000, 239.

24 BVerfG, NJW 1992, 225; BGH, NJW 1992, 1963.

25 Zur Beleihung durch § 16 I PostG a.F. (jetzt § 33 PostG) vgl. BGH v. 19.03.1998, NJW 1998, 1716; v. 19.10.2000, NJW 2001, 832; BFH v. 17.12.1996, NJW 1997, 3264; v. 29.04.1998, BFH/NV 1998, 1497; *Rößler* DStZ 1998, 288 ff.; a.A. *Späth* NJW 1997, 2155 ff.; *Löwe/Löwe* ZIP 1997, 2002 ff.

26 Vgl. BayVerfGH v. 24.03.1977, BayVBl 1977, 335. Die Forderung nach einem »substantiierten« Bestreiten des Adressaten überfordert diesen in Sonderheit beim behaupteten Nichtzugang, da negative Tatsachen weder bewiesen noch substantiiert dargetan werden können *(negativa non sunt probanda).* Ausreichend ist also das »schlichte« Bestreiten, denn die Behörde hat es in der Hand, durch die Wahl beweissicherer Zustellungsarten die Beweisnot zu vermeiden. Wie hier im Ergebnis *Rail* BayVBl 1986, 391; BSG v. 23.05.2000, NZS 2001, 53 (54); BFH v. 14. 3.1989, NVwZ 1990, 303; NWOVG v. 07.03.1994, NVwZ 1228 (1229); a.A. BWVGH v. 14.11.1984, VBlBW 1985, 424.

27 BVerwG v. 23.07.1965, BVerwGE 22, 11; v. 03.07.1987, NVwZ 1988, 63.

28 Vgl. BFH v. 07.10.1976, NJW 1977, 216; v. 05.03.1986, BayVBl 1986, 413; BayVGH-GS v. 23.07.1990, BayVBl 1990, 693 ff.; BWVGH v. 19.11.1991, NVwZ 1992, 799 (800); *Rail* BayVBl 1986, 391 ff.; *Kopp/Ramsauer* § 41 Rn. 44; offengelassen von BVerwG v. 27.05.1983, DÖV 1983, 1011; a.A. *Knack/Henneke* § 41 Rn. 19.

11 Die Zustellung mittels eingeschriebenen Briefs ist ordnungsgemäß, wenn sie den Vorschriften der Post[29] genügt.[30] § 4 VwZG meint jedoch nur Einschreibeformen, die mit der dokumentierten Übergabe des zuzustellenden Schriftstücks verbunden sind; dies sind von den von der Post zur Zeit angebotenen Einschreibearten das »Einschreiben« (früher: Übergabe-Einschreiben) und das »Einschreiben Rückschein«, nicht aber das »Einschreiben Einwurf«.[31] Die Sendung wird dem in der Anschrift bezeichneten Empfänger, seinem Ehegatten oder Postbevollmächtigten zugestellt. Eine *Ersatzzustellung* ist nicht möglich,[32] sondern lediglich die *Zustellung an Ersatzempfänger*, wie z.B. an den Vermieter oder Angehörige.[33]

Ein minderjähriger Angehöriger kommt als Ersatzempfänger nur in Betracht, wenn er genügend einsichtsfähig ist, um die unverzügliche Weitergabe der Sendung an den Empfänger erwarten zu lassen.[34]

12 *Zugegangen* ist der Einschreibebrief aber nur, wenn er in den Verfügungsbereich des Empfängers gelangt ist, sei es auch nur durch Entgegennahme seitens eines Ersatzempfängers. Wird nur ein Benachrichtigungsschein in den Briefkasten oder das Postfach eingelegt, ist der VA erst mit Aushändigung des Briefes zugegangen,[35] und zwar auch dann, wenn der Empfänger die Abholung bewusst verzögert,[36] denn er ist zur Entgegennahme der Einschreibesendung grundsätzlich nicht verpflichtet (s. Rn. 19). Die Wahl der Zustellung durch eingeschriebenen Brief trifft deshalb die Behörde angesichts dieser Unsicherheitsfaktoren auf eigenes Risiko.

13 Der *Tag der Aufgabe zur Post ist in den Akten zu vermerken;* eines Namenszeichens bedarf es nicht (§ 4 II 4 VwZG).

Nach früher überwiegender Meinung soll § 4 II 4 VwZG eine zwingende Formvorschrift sein.[37] Der Vermerk »Abgesandt am …« soll nicht ausreichen, da dies auch der Tag der Übergabe an den behördlichen Boten sein kann. Erforderlich sei »Zur Post am …«.[38] Ebensowenig soll der Aktenvermerk durch die Einheftung des Posteinlieferungsscheins oder durch die Beiziehung des behördlichen »Einschreibe-

29 Allgemeine Geschäftsbedingungen für den Briefdienst (Inland) – AGB BfD Inl.

30 BVerwG v. 20.02.1980, Buchholz 340 § 4 VwZG Nr. 7; BayVerfGH v. 30.10.1981, NJW 1982, 2660 (2661).

31 BVerwG v. 19.09.2000, BVerwGE 112, 78 (79 f.).

32 BVerwG v. 01.10.1970, BVerwGE 36, 127 (129 f.); v. 20.02.1980, Buchholz 340 § 4 VwZG Nr. 7; BSG v. 10.05.1990, NJW 1991, 63; *Herrmann* DÖV 1970, 846 f.

33 BVerwG v. 19.01.1972, BVerwGE 39, 257 (261).

34 BVerwG v. 27.04.1977, NJW 1977, 2092; Buchholz 340 § 4 VZG Nr. 9; BWVGH v. 15.12.1977, NJW 1978, 719.

35 H.M.: vgl. BAG v. 25.04.1996, BAGE 83, 73 (77); BGH v. 03.11.1976, BGHZ 67, 271 (275); BSG v. 30.09.1966, NJW 1967, 597; v. 10.05.1990, NJW 1991, 63; BVerwG v. 01.10.1970, BVerwGE 26, 127 (139); BVerwGE 36, 129 f.; BVerwG v. 27.05.1983, DÖV 1987, 1011 (11012); a.A. *Behn* ArchPF 1981, 202 ff.; *Weber* JA 1998, 593 (597 ff.): Zugang mit Benachrichtigungsschein und Ablauf des darauffolgenden Werktages.

36 Weitergehend NWLSG v. 14.06.1989, NJW 1990, 407: wird Annahme verweigert, gilt Sendung nach § 242 BGB als am Tag der Vorlage zugestellt; BAG v. 25.04.1996, BAGE 83, 73 (75) für den Zugang einer Kündigung, nicht aber für den Lauf der Klagefrist. Kritisch hierzu *Herbert* NJW 1997, 1829 ff.; weiterhin *Franzen* JuS 1999, 429 (431 ff.). Vgl. weiterhin BVerwG v. 29.06.1990, BVerwGE 85, 213 (214 ff.) für den Sonderfall der wehrrechtlichen Pflichten bei Einberufung.

37 Vgl. *Tipke/Kruse* § 4 VwZG, 10; Eyermann/*J. Schmidt* § 56 Rn. 4; BFH v. 28.02.1969, NJW 1970, 80; v. 28.02.1978, BFHE 124, 487 (489 f.); BayObLG v. 05.05.1970, VerwRspr 22, 883; BayVGH v. 19.01.1972, BayVBl 1978, 278; NWOVG v. 11.07.1984, NVwZ 1985, 53; *Gregarek/Stollmann* BayVBl 1997, 486 (491); – zweifelnd BVerwGE 39, 260; – ablehnend BGH v. 11.02.1982, NJW 1983, 2064 (LS) = HFR 1984, 23; BremOVG v. 11.03.1974, NJW 1974, 1722; VG Leipzig v. 12.07.1994, NJW 1994, 3179 f.; *v. Wallis* in: Hübschmann/Hepp/Spitaler, AO/FGO, § 4 VwZG Rn. 4; *Sadler* VwZG, § 4, Rn. 38; Schoch/Schmidt-Aßmann/Pietzner/*Meissner* § 56 Rn. 42.

38 BVerwG v. 27.04.1977, NJW 1977, 2092.

buches« ersetzt werden können.[39] Da der Beweiswert des Aktenvermerks gering ist und der Aufgabetag durch den mit der Geschäftsnummer des zuzustellenden Schriftstücks versehenen Posteinlieferungsschein bewiesen werden kann, ist der Ansicht, die in § 4 II 4 VwZG nur eine die Wirksamkeit der Zustellung nicht beeinträchtigende Ordnungsvorschrift sieht, der Vorzug zu geben. BVerwG v. 05.07.1985, NVwZ 1985, 900 stellt jedenfalls an die Förmlichkeit des Aktenvermerks nur geringe Anforderungen und lässt deshalb z.B. einen Aktenvermerk der Widerspruchsbehörde nach Rückfrage bei der Erstbehörde ausreichen. Nach BVerwG NVwZ 1989, 649 liegt jedenfalls dann ein Zustellungsmangel vor, wenn die Behörde den Tag der Aufgabe zur Post nicht auf andere Weise nachweisen kann.

## II. Zustellung durch die Behörde

Die Zustellung durch die Behörde erfolgt

- gegen Empfangsbekenntnis (§ 5 VwZG) oder
- mittels elektronischer Zustellung.

In der Praxis bedeutsam ist nur die *Zustellung durch Empfangsbekenntnis,* bei der der zustellende Bedienstete das Schriftstück dem Empfänger aushändigt, dieser das mit dem Aushändigungsdatum versehene Empfangsbekenntnis unterschreibt und der Bedienstete das Zustellungsdatum auf dem Schriftstück vermerkt (§ 5 I VwZG).[40] 14

An *Behörden, Rechtsanwälte* und andere Angehörige der rechts- und steuer-(wirtschafts)beratenden Berufe kann das Schriftstück *auch auf andere Weise* (ohne besondere Übergabe), i.d.R. durch *einfachen Brief mit beiliegendem Empfangsbekenntnis* oder *elektronisch*, übermittelt werden (§ 5 IV VwZG). Als Nachweis der Zustellung genügt dann das Empfangsbekenntnis, das mit Datum und Unterschrift versehen bzw. elektronisch an die Behörde zurückzusenden ist (§ 5 VII VwZG). Als *öffentliche Urkunde* (§ 418 ZPO) erbringt das Empfangsbekenntnis vollen Beweis dafür, dass der darin angegebene Zustellungszeitpunkt der Wirklichkeit entspricht. *Gegenbeweis* ist zulässig, kann aber nur dann mit Erfolg geführt werden, wenn durch ihn jede Möglichkeit der Richtigkeit des Empfangsbekenntnisses ausgeschlossen wird.[41] 15

Der Empfänger kann Empfang und Annahmewillen auf beliebige Weise schriftlich bestätigen, etwa in der Klageschrift; die Verwendung des Vordrucks ist kein Wirksamkeitserfordernis.[42] Auf andere als die dort ausdrücklich genannten Personengruppen kann § 5 IV VwZG auch nicht analog angewandt werden; die sorgfältige Enumeration weist § 5 IV VwZG als erkennbar abschließende Norm aus.[43]

In diesem Fall tritt die Ausstellung des Empfangsbekenntnisses durch den *Anwalt* an die Stelle der Beurkundung durch den Beamten. Maßgebend für den Zeitpunkt der Zustellung ist nicht der Eingang bei der Anwaltskanzlei, sondern der Zeitpunkt, zu dem der Anwalt von dem zuzustellenden Schriftstück Kenntnis erlangt und bereit ist, die Zustel-

39 Vgl. SHLSG v. 11.12.1970, NJW 1971, 776; NWOVG v. 11.07.1984, OVGE 37, 149 (151 f.); a.A. BremOVG v. 11.08.1974, NJW 1974, 1722; BVerwG v. 15.06.1981, Buchholz 340 § 4 VwZG Nr. 8. Vgl. auch NWOVG v. 06.02.1991, NVwZ-RR 1992, 398 f.

40 Ausreichend ist es, wenn der Bedienstete den Aushändigungsvermerk an das Ende des Bescheides nach der Rechtsbehelfsbelehrung setzt (vgl. NWOVG v. 14.06.1988, DÖV 1989, 359). Fehlt das Zustellungsdatum, wird die Klagefrist nicht in Lauf gesetzt (vgl. oben Fn. 25); a.A. noch BayVGH v. 25.02.1975, BayVBl 1975, 477.

41 Vgl. BGH v. 07.06.1990, NJW 1990, 2125; BVerwG v. 07.10.1993, NJW 1994, 535.

42 Vgl. BGH v. 11.03.1987, NJW 1987, 2679.

43 BFH v. 08.03.1972, BFHE 105, 508 (509) für Wirtschaftsprüfer vor deren Einfügung in § 5 II VwZG, *Engelhardt/App* § 5 VwZG 4; a.A. BSG v. 14.08.1959, BSG 10, 244; v. 09.11.1961, BSG 15, 216 (221) und *Meyer-Ladewig* SGG, 7. Aufl. 2002, § 63 Rn. 5 e für die in § 73 VI S. 3 SGG genannten Verbandsvertreter.

lung entgegenzunehmen.[44] Entsprechend ist die Zustellung *an eine Behörde* erst dann bewirkt, wenn das Schriftstück einem zeichnungsberechtigten und zur Empfangnahme bereiten Beamten vorgelegt wird, und nicht schon mit dem Eingang in der Postannahmestelle.[45] Lässt sich die Erteilung des Empfangsbekenntnisses nicht nachweisen, ist die Zustellung unwirksam.[46]

16 Das Fehlen des Datums auf dem Empfangsbekenntnis ist dagegen unbeachtlich, wenn sich der Zeitpunkt auf andere Weise nachweisen lässt.[47] Das Unterschriftserfordernis ist allerdings zwingend, Abkürzungen reichen nicht aus.[48] Lesbarkeit ist andererseits nicht erforderlich. Es genügt ein die Individualität des Unterzeichners ausreichend kennzeichnender Schriftzug.[49]

## III. Sonderarten der Zustellung

Als Sonderarten der Zustellung werden in § 9 VwZG die Zustellung im Ausland und in § 10 VwZG die öffentliche Zustellung geregelt.

Die besonderen Regelungen für die Behördenzustellung der §§ 10 bis 13 VwZG 1952 sind aufgehoben; entsprechende Regelungen bestehen in den Ländern fort, die ihre Verwaltungszustellungsgesetze noch nicht angepasst haben. Daneben besteht die Möglichkeit nach § 5 IV VwZG vereinfacht an besonders vertrauenswürdige Stellen zuzustellen, auch elektronisch und als elektronisches Dokument. Abs. 5 ermöglicht die elektronische Zustellung an jedermann, der einen entsprechenden Zugang eröffnet hat.

17 In der Praxis bedeutsam ist vor allem die **öffentliche Zustellung durch öffentliche Bekanntmachung** (§ 10 VwZG),[50] insbesondere für den Fall, dass der Aufenthaltsort des Empfängers unbekannt ist. Da die öffentliche Zustellung im Allgemeinen dem Empfänger nicht bekannt wird, sind an ihre Zulässigkeit – auch aus verfassungsrechtlichen Gründen (rechtliches Gehör!)[51] – strenge Anforderungen zu stellen. Sie setzt i.d.R. einen erfolglosen Zustellungsversuch an die letzte bekannte Adresse des Empfängers[52] sowie gründliche und sachdienliche Nachforschungsbemühungen der Behörde (wie Suchvermerk im Bundeszentralregister) voraus.[53]

Die öffentliche Zustellung erfolgt durch Bekanntmachung einer Benachrichtigung an der Stelle, die von der Behörde hierfür allgemein bestimmt ist, oder durch Veröffent-

44 BVerwG v. 17.05.1979, BVerwGE 58, 107; v. 25.01.1995, BVerwGE 97, 316 (318). Den Willen des Anwalts, die Zustellung »anzuerkennen«, setzt die Wirksamkeit der Zustellung freilich nicht voraus. Der Anwalt wird in § 5 II VwZG als *Organ der Rechtspflege* angesprochen; er kann sich deshalb bei Ausstellung des Empfangsbekenntnisses nur durch einen Zustellungsbevollmächtigten (§ 30 BRAO), amtlich bestellten Vertreter oder bevollmächtigten Anwalt, nicht aber durch einen Büroangestellten vertreten lassen. BVerwGE 58, 108 f.; HbgOVG v. 24.09.1998, NJW 1999, 965 f. und zu § 212 a ZPO a.F. (jetzt: § 174 IV ZPO n.F.) BGH v. 16.03.1994, NJW 1994, 2295; BAG v. 10.11.1993, NZA 1994, 948 (949 f.); a.A. BGH v. 10.06.1976, BGHZ 67, 10 (12).

45 Vgl. BVerwGE 97, 318; v. 28.11.1995, Buchholz 340 § 5 VwZG Nr. 17.

46 BGH v. 30.01.1975, NJW 1975, 1171. Vgl. allerdings BFH v. 06.03.1990, BayVBl 1990, 699.

47 BVerwG v. 07.01.1972, DÖV 1972, 390; *Schütze* DVBl 1973, 354 f.; a.A. BGH v. 12.09.1990, NJW 1991, 709: unwirksam (aber unrichtige Daten können berichtigt werden). Vgl. auch BGH v. 29.10.1986, NJW 1987, 1335 zur Beweiskraft des EB.

48 BGH v. 26.10.1971, BGHZ 57, 160 (163 f.); v. 17.11.1994, NJW 1995, 533; a.A. BVerwG v. 04.04.1972, Buchholz 340 § 5 VwZG Nr. 4.

49 BVerwG v. 11.09.1978, Buchholz 340 § 5 VwZG Nr. 5.

50 Eingehend hierzu *Volbers* DOK 1973, 480 f.; *App* ZfSH/SGB 1996, 16 ff.

51 Vgl. BVerfG v. 02.12.1987, NJW 1988, 1255 (1256); BVerwG v. 18.04.1997, BVerwGE 104, 301 (306).

52 Vgl. BayVGH v. 29.07.1970, BayVGHE 23, 143; vgl. auch BayObLG v. 28.07.1983, NVwZ 1983, 765.

53 Vgl. BVerwG v. 18.04.1997, BVerwGE 104, 307.

lichung einer Benachrichtigung im Bundesanzeiger oder im elektronischen Bundesanzeiger (§ 10 II 1 VwZG).

Die Benachrichtigung muss neben der Behörde, für die zugestellt wird, den Namen und die letzte bekannte Anschrift des Adressaten, Datum und Aktenzeichen des Dokuments sowie die Stelle, wo das Dokument eingesehen werden kann, erkennen lassen (§ 10 II 2 VwZG). Zudem muss die Benachrichtigung einen Hinweis enthalten, dass durch die öffentliche Zustellung Fristen in Gang gesetzt werden, deren Ablauf zu Rechtsverlusten führen kann (§ 10 II 3 VwZG). Bei der Zustellung einer Ladung muss die Benachrichtigung den Hinweis erhalten, dass das Dokument eine Ladung enthält und dass die Versäumnis des Termins Rechtsnachteile zur Folge haben kann (§ 10 II 4 VwZG). Das Dokument gilt als zugestellt, wenn seit dem Tag der Bekanntmachung der Benachrichtigung zwei Wochen vergangen sind (§ 10 II 6 VwZG).

Des Weiteren sind **Sondervorschriften** über die Zustellung, wie bspw. § 10 AsylVfG, zu beachten.

## C. Die Wahl der Zustellungsart durch die Behörde

Die Behörde kann nach *pflichtgemäßem Ermessen* zwischen den einzelnen Zustellungs- 18
arten wählen (§ 2 III VwZG). Sie soll hierbei die Höhe der jeweiligen Postgebühren berücksichtigen.

Gebührenmäßig schneidet die Zustellung durch Einschreiben i.d.R. etwas günstiger ab als die durch Postzustellungsauftrag.

Gleichwohl ist in der Praxis, wenn der Widerspruchsbescheid an den WF selbst zuge- 19
stellt wird, die *Zustellung mit Zustellungsurkunde* die gebräuchlichste Form. Bei der Wahl der Zustellungsart ist nämlich weiterhin zu beachten, dass eine *Ersatzzustellung* nur möglich ist, wenn die Person, der zugestellt werden soll, in ihrer Wohnung, in dem Geschäftsraum oder in der Gemeinschaftseinrichtung, in der sie wohnt, nicht angetroffen, werden kann.

In diesen Fällen kann die Zustellung nach § 178 I Hs. 2 ZPO erfolgen.

## D. Zustellungsempfänger

Zustellungsempfänger ist der nach materiellem Recht zu bestimmende Adressat des Schriftstücks oder elektronischen Dokuments. Bei natürlichen Personen ist grundsätzlich diese Person Zustellungsempfänger. Bei juristischen Personen sind Zustellungsempfänger Leiter, Vorstand oder sonstige zur Vertretung berechtigte Personen. Dabei ist durch die Behörde sicherzustellen, dass die Zustellung an die tatsächlich gemeinte Person erfolgt.[54] Die Klagefrist beginnt erst mit der Zustellung.[55]

Soll eine Zustellung an mehrere Personen erfolgen, ist für jede von ihnen eine eigene, gesonderte Ausfertigung zuzustellen.

Wird der WF durch einen *Bevollmächtigten* im Vorverfahren vertreten und hat dieser 20
eine *schriftliche Vollmacht* vorgelegt, *muss* an ihn zugestellt werden (§ 7 I 2 VwZG und § 32 Rn. 9).

---

54 HessVGH v. 20.10.2008, NJW 2009, 1624.
55 NdsOVG v. 13.03.2009, NJW 2009, 1834.

Die Missachtung des § 7 I 2 VwZG durch Zustellung an den Vollmachtgeber macht die Zustellung unwirksam.[56] Der Zustellungsmangel wird aber nach § 8 VwZG geheilt, wenn der Bevollmächtigte das Schriftstück nach Weiterleitung durch den Vertretenen erhält. Auch nach Anzeige der Mandatsniederlegung ist an den Bevollmächtigten zuzustellen, wenn der Vollmachtvertrag und damit die Verfahrensvollmacht in Wirklichkeit fort besteht, etwa weil die Verbindung zum Vollmachtgeber abgerissen war und der Vollmachtvertrag vom Bevollmächtigten deshalb nicht wirksam hatte gekündigt werden können.[57]

Ansonsten kann an ihn zugestellt werden (§ 7 I 1 VwZG).[58]

Ist aber der Widerspruch von einem Rechtsanwalt eingelegt worden und hat die Widerspruchsbehörde ihn, obwohl er keine schriftliche Vollmacht vorgelegt hat, als Bevollmächtigten durch Anführung im Rubrum anerkannt, dann muss sie an ihn zustellen; eine andere Handhabung ist ermessensmissbräuchlich und setzt die Klagefrist nicht in Lauf.[59]

Ist der Bevollmächtigte ein *Rechtsanwalt* oder sonstiger Angehöriger der in § 5 IV VwZG aufgeführten rechts- oder steuerberatenden Berufe, wird in der Praxis i.d.R. *gegen Empfangsbekenntnis* nach § 5 IV VwZG durch einfachen Brief zugestellt.

Wird der WF durch mehrere Bevollmächtigte vertreten, und wird der Widerspruchsbescheid an alle zugestellt, setzt die erste Zustellung die Klagefrist in Lauf (s. § 32 Rn. 9).

56 HbgOVG, NVwZ-RR 1993, 110; BWVGH v. 05.08.1993, NVwZ-RR 1994, 384 (385). § 7 I 2 VwZG setzt jedoch voraus, daß die Vollmacht dem zuständigen Sachbearbeiter bekannt ist oder bei ordnungsgemäßem Geschäftsgang hätte bekannt sein müssen; eine nach Absendung des zuzustellenden Schriftstückes eingehende Vollmacht beeinträchtigt die Wirksamkeit der Zustellung nicht. Vgl. BWVGH v. 11.12.1992, VBlBW 1993, 176; BerlOVG v. 12.04.1989, NVwZ-RR 1989, 510 (511); s.a. BVerwG v. 21.09.1992, BayVBl 1993, 30 sowie *Gregerek/Stollmann* BayVBl 1997, 492.

57 Vgl. BVerwG DVBl 1984, 90; HessVGH v. 06.08.1990, NVwZ-RR 1991, 216 (LS); v. 15.06.1998, NVwZ 1998, 1313.

58 Was z.B. zweckmäßig sein kann, wenn der WF sich im Ausland aufhält (vgl. SHOVG v. 17.09.1991, NVwZ 1992, 385 [386]).

59 Vgl. BFH v. 25.10.1963, BStBl 1963 III S. 600; BayVGH v. 07.04.1975 Nr. 90 VI 74 (u.v.). Weitere Fälle fehlerhaften Ermessensgebrauchs nennt das RdSchr. des BMF v. 30.04.1982, BB 1982, 912 (914). Vgl. weiterhin NWOVG v. 14.12.1989, NVwZ-RR 1990, 451.

# § 50 Muster für Widerspruchsbescheide und Begleitverfügungen

## A. Widerspruchsbescheid

### I. Bescheidform

#### 1. Form des persönlichen Schreibens

Der Regierungspräsident ... PLZ ..., den 1
Mein Zeichen: ... Postfach
Hauptstraße 5

Frau
Marta Ritter Durch Postzustellungsurkunde
Pappelstraße 10
PLZ Oberhausen

Bezug: Kostenbescheid der Stadt Oberhausen vom ... Az. ...
Betr.: Ihr Widerspruch vom ...

**Widerspruchsbescheid**[1]

Sehr geehrte Frau Ritter!

Auf Ihren Widerspruch vom ... hebe ich den Kostenbescheid des Ordnungsamts der Stadt Oberhausen vom ..., Az.: ... auf.

Die Kosten des Verfahrens trägt die Stadt Oberhausen. Dieser Bescheid ergeht kostenfrei.

Oder:

Auf Ihren Widerspruch vom ... ergeht folgender

**Widerspruchsbescheid**

Der gegen Sie vom Ordnungsamt der Stadt Oberhausen am ... erlassene Kostenbescheid (Az.: ...) wird aufgehoben.

**Gründe:**

(Sachbericht und rechtliche Würdigung können sehr knapp gehalten werden, da dem Widerspruchsbegehren entsprochen wird.)

Die Kostenentscheidung beruht auf § 73 Abs. 3 S. 3 VwGO, § 80 Abs. 1 S. 1 des Verwaltungsverfahrensgesetzes für das Land Nordrhein-Westfalen (VwVfG.NRW) i.d.F. der Bek. vom 12.11.1999 (GV NRW S. 602) die Kostenfreiheit des Widerspruchsverfahrens auf § 15 Abs. 3 S. 1 des Gebührengesetzes für das Land Nordrhein-Westfalen (GebG NRW) i.d.F. der Bek. vom 23.08.1999 (GV NRW S. 524), zuletzt geändert durch Gesetz vom 18.12.2002 (GV NRW 2003 S. 24).

Hochachtungsvoll
Im Auftrage:
gez. Dr. Müller

---

1 Vgl. auch das Beispiel in der Klausurlösung *Gailus/Verleger* JuS 1989, 395 (402) sowie *Brühl* JuS 1994, 331 ff.

## 2. Form des unpersönlichen Schreibens[2]

2 … -kreis
Landratsamt
– Kommunalrechtsamt –
Az.:

PLZ …, den
Postfach
Neckarstraße 20

Herrn
Rechtsanwalt
Dr. Max Wagemut
Burggraben 20
PLZ Altstadt

Gegen Empfangsbekenntnis

Betr.: Erschließungsbeitragsbescheide der Gemeinde Altstadt
Bezug: Widerspruch des Herrn Fritz Sandstein, vertreten durch Rechtsanwalt Dr. Max Wagemut, Altstadt, vom …
Anlagen: – 1 – (Durchschrift für Mandanten)

**Widerspruchsbescheid**

1. Der Widerspruch des Herrn Fritz Sandstein, Altstadt, Am Hang 2, gegen den Erschließungsbeitragsbescheid der Gemeinde Altstadt vom … Kto.-Nr. … für das Grundstück Lgb. Nr. …, Am Hang 2, wird (als unbegründet)[3] zurückgewiesen.
2. Der Antrag auf Aussetzung der Vollziehung des Bescheids wird abgelehnt.
3. Die Kosten des Verfahrens hat der Widerspruchsführer[4] zu tragen.
4. Für diese Entscheidung wird eine Gebühr von 40 € festgesetzt.[5]

**Gründe:**

I.

Der Widerspruchsführer ist Eigentümer des Grundstücks … (Sachbericht einschließlich einer knappen Darstellung des Widerspruchsvorbringens).[6]

II.

Der Widerspruch ist zulässig, insbesondere form- und fristgerecht erhoben, aber nicht begründet. Eine erneute Überprüfung der Sach- und Rechtslage hat auch unter Berücksichtigung der im Widerspruchsverfahren vorgebrachten Einwände ergeben, dass der Widerspruchsführer zu Recht zu dem angeforderten Erschließungsbeitrag herangezogen worden ist.

(Ermächtigungsgrundlage: §§ 127 ff. BauGB i.V.m. der gemeindlichen Erschließungsbeitragssatzung, Subsumtion des festgestellten Sachverhalts unter Würdigung des Widerspruchsvorbringens.)

Der Widerspruch musste somit als unbegründet zurückgewiesen werden.

---

2 Vgl. auch die die bayerische Praxis wiedergebenden Muster bei *Schmitt Glaeser/Horn* S. 150 ff. und *Linhart* § 23 Rn. 3 ff.

3 Vgl. dazu oben § 41 Rn. 21.

4 Früher üblich in Baden-Württemberg: Widersprecher.

5 Die Aufnahme der Gebührenfestsetzung in den Tenor ist üblich, aber nicht erforderlich. Ein Muster für einen isolierten Kostenfestsetzungsbescheid findet sich oben § 47 Rn. 8.

6 S. das Beispiel § 43 Rn. 5.

III.

Bei dieser Sach- und Rechtslage kann auch dem Antrag auf Aussetzung der Vollziehung nach § 80 Abs. 4 VwGO nicht stattgegeben werden, denn ...

IV.

Die Kostenentscheidung beruht auf § 73 Abs. 3 S. 3 VwGO, § 80 Abs. 1 S. 3 des Verwaltungsverfahrensgesetzes für Baden-Württemberg (Landesverwaltungsverfahrensgesetz – LVwVfG) vom 21.06.1977 (GBl S. 227), zuletzt geändert durch Gesetz vom 24.11.1997 (GBl S. 470), in Verbindung mit § 1 Abs. 1, § 2 Abs. 1 des Landesgebührengesetzes (LGebG) vom 21.03.1961 (GBl S. 59), zuletzt geändert durch Art. 2 des Gesetzes vom 29.06.1998 (GBl S. 358), und Nr. 76.01.1 des Gebührenverzeichnisses (GebVerz.), Anlage zu § 1 der Verordnung der Landesregierung über die Festsetzung der Gebührensätze für Amtshandlungen der Staatlichen Behörden – GebVO – vom 28.06.1993 (GBl S. 381, ber. S. 643), zuletzt geändert durch Verordnung 01.12.2003 (GBl S. 727).

**Rechtsbehelfsbelehrungen**[7]

In Vertretung:
Dr. Müller

## II. Beschlussform

### 1. Form bei Verfahren ohne mündliche Verhandlung

Bezirksregierung ... Az.: ... | PLZ ..., den ... Postfach Pfalzstraße 10 3

**In der Widerspruchssache**

des griechischen Staatsangehörigen Wassilos Hainakis, geb. am 13.01.1940 in Piräus, wohnhaft in Großstadt, Kolonnadenstraße 4,

Widerspruchsführer,

– Verfahrensbevollmächtigter: Rechtsanwalt Dr. Max Schnell, Schlossallee 12, Großstadt –

gegen

das Land Rheinland-Pfalz, vertreten durch das Polizeipräsidium Großstadt,

Widerspruchsgegnerin,

wegen

Versagung der Aufenthaltserlaubnis zur selbständigen Erwerbstätigkeit erlässt die Bezirksregierung ... folgenden

**Widerspruchsbescheid:**

1. Der Widerspruch gegen die Verfügung des Polizeipräsidiums Großstadt vom ..., Az.: ... wird zurückgewiesen.
2. Der Widerspruchsführer hat die Kosten des Verfahrens zu tragen.

7 S. § 47 Rn. 3 a.E.

3. Für diesen Bescheid wird eine Gebühr von 50 € festgesetzt.

**Gründe:**

I.

(Sachbericht)

II.

(Rechtliche Würdigung)

III.

Die Kostenentscheidung beruht auf § 73 Abs. 3 S. 3 VwGO, § 19 Abs. 1 S. 3 des Landesgesetzes zur Ausführung der VwGO (AG VwGO) i.d.F. vom 05.12.1977 (GVBl S. 451), zuletzt geändert durch Gesetz vom 21.07.2003 (GVBl S. 212), in Verbindung mit § 15 Abs. 4, § 13 Abs. 1 Nr. 1 des Landesgebührengesetzes für Rheinland-Pfalz (LGebG) vom 03.12.1974 (GVBl S. 578), zuletzt geändert durch Gesetz vom 21.07.2003 (GVBl S. 212).

**Rechtsbehelfsbelehrungen**[8]

Im Auftrag
gez. Dr. Müller

Gegen Empfangsbekenntnis

in Abdruck

Herrn
Rechtsanwalt
Dr. Max Schnell
Schlossallee 12
PLZ Großstadt

## 2. Form bei Entscheidung eines Rechtsausschusses

4 Stadtverwaltung Hochstadt
– Stadtrechtsausschuss –
Az: ...

PLZ Hochstadt, den ...
Parkstraße 12

Herrn
Rechtsanwalt
Dr. Günther Klug
Akazienallee 28
PLZ Hochstadt

Gegen Empfangsbekenntnis

**In der Widerspruchssache**

des Herrn Willi Pfeil, Hessenweg 5, PLZ Hochstadt,

Widerspruchsführer,

vertreten durch Rechtsanwalt Dr. Günther Klug, Akazienallee 28, PLZ Hochstadt,

8 S. § 47 Rn. 3 a.E.

gegen

die Stadtverwaltung Hochstadt – Bauaufsichtsbehörde –,

Widerspruchsgegnerin,

wegen

Versagung einer Baugenehmigung

hat der Stadtrechtsausschuss bei der Stadtverwaltung Hochstadt auf Grund der mündlichen Verhandlung vom ... (ggf.: ohne mündliche Erörterung in seiner Sitzung am ...), an der teilgenommen haben:[9]

Stadtrechtsdirektor Dr. Müller als Vorsitzender,
Malermeister Spachtel als Beisitzer,
Elektriker Schnur als Beisitzer

folgenden

**Widerspruchsbescheid**

erlassen:

1. Der Bescheid der Stadtverwaltung Hochstadt – Bauaufsichtsbehörde – vom ..., Az.: ..., wird aufgehoben. Die Stadtverwaltung Hochstadt – Bauaufsichtsbehörde – wird verpflichtet, die Baugenehmigung gemäß dem Bauantrag des Widerspruchsführers vom ... zu erteilen (oder: ..., den Bauantrag des Widerspruchsführers vom ... unter Beachtung der Rechtsauffassung des Stadtrechtsausschusses erneut zu bescheiden)[10]
2. Die Stadt Hochstadt trägt die Kosten des Verfahrens.
3. Die Zuziehung eines Rechtsanwalts durch den Widerspruchsführer wird für notwendig erklärt.

**Gründe:**

I.

(Sachbericht)

II.

(Rechtliche Würdigung)

III.

Die Kostenentscheidung beruht auf § 73 Abs. 3 S. 3 VwGO, § 80 Abs. 1 S. 1, Abs. 2 des Saarländischen Verwaltungsverfahrensgesetzes (SVwVfG) vom 15.12.1976 (Amtsbl S. 1151), zuletzt geändert durch Gesetz vom 26.11.1997 (Amtsbl S. 1998 S. 42), in Verbindung mit § 9 a Abs. 2 S. 1 des Gesetzes über die Erhebung von Verwaltungs- und Benutzungsgebühren im Saarland (Saarl-GebG) vom 24.06.1964 (Amtsbl S. 629) i.d.F. des

9 Die Praxis der Rechtsausschüsse bei der Abfassung des Rubrums ist sehr unterschiedlich. Zum Teil werden alle bei der mündlichen Verhandlung anwesenden Personen (Protokollführer, Vertreter des WF und der Ausgangsbehörde) oder doch wenigstens der Protokollführer mit aufgeführt. Sinnvoll ist lediglich – wie bei gerichtlichen Rubren (§ 117 II Nr. 2 VwGO) – die Nennung der Ausschussmitglieder, da die Eingangsformel insoweit ausschließlich die Funktion hat, den Autor der Entscheidung zu benennen.

10 Zur Zulässigkeit derartiger Verpflichtungstenöre vgl. oben § 42 Rn. 15 ff.

Gesetzes vom 12.05.1982 (Amtsbl S. 534), zuletzt geändert durch Gesetz vom 07.11.2001 (Amtsbl S. 518).

**Rechtsbehelfsbelehrung**

| | | |
|---|---|---|
| Beisitzer: | Vorsitzender: | Beisitzer: |
| gez. Spachtel | gez. Dr. Müller | gez. Schnur |

## B. Entwurf eines Widerspruchsbescheids mit Begleitverfügungen

5 Entwurf

(E., Entw.)

Der Regierungspräsident …
Az.: … PLZ …, den

Vfg.

1. Gegen Empfangsbekenntnis

An die Herren
Rechtsanwälte
Dr. Spitz und Kannenroth
Domgasse 12
PLZ …

Betr.: Versagung einer Ausnahmegenehmigung nach § 4 Landschaftsschutzverordnung für die Fischereigerätehütte des Herrn Martin Gluck in …
Bezug: Ihr Widerspruch vom …
Anlagen: – 1 – (Durchschrift für Mandanten)

Sehr geehrte Herren Rechtsanwälte!

Auf Ihren namens und im Auftrag Ihres Mandanten Martin Gluck eingelegten Widerspruch vom … gegen die Verfügung des Oberkreisdirektors – Untere Naturschutzbehörde – in … vom … Az.: …, ergeht folgender

**Widerspruchsbescheid:**

1. Der Widerspruch wird zurückgewiesen.
2. Die Kosten des Verfahrens trägt der Widerspruchsführer.

**Gründe:**

…

**Rechtsbehelfsbelehrung**

…

2. Gegen Einschreiben (Empfangsbekenntnis)

An den
Oberkreisdirektor …
Postfach
PLZ …

Betr.: Versagung einer Ausnahmegenehmigung nach § 4 Landschaftsschutzverordnung gegenüber Herrn Martin Gluck in ...

Anlage: – 2 –

In der Anlage übersende ich den mir überlassenen Vorgang sowie meinen Widerspruchsbescheid in Durchschrift mit der Bitte um Kenntnisnahme. Sollte Klage erhoben werden, bitte ich, mir zu berichten.

Wenn Gebühr festgesetzt ist:

3. Eintrag der Gebühr im Sollverzeichnis/in die Verwaltungsgebührenkontrollliste/Haushaltsüberwachungsliste Nr.: ...
4. z.d.A

Im Auftrag:
gez. Dr. Müller

## C. Steuerrechtliche Einspruchsentscheidung

### 6 I. Entwurf einer Einspruchsentscheidung mit Begleitverfügungen[11]

**Entwurf**

**Finanzamt** ______________________

Steuernummer / Aktenzeichen ______________________
(Bitte bei allen Eingaben angeben)
Einspruchsliste ____________ Nr. ____________

Ort, Datum

Straße, Hausnummer

**Briefanschrift**

Telefon Telefax Zimmer-Nr.

Bearbeiter(in)

Anlage(n):

# Einspruchsentscheidung

Über den Einspruch / die Einsprüche vom

des / der

vertreten durch

gegen den / die

entscheidet das Finanzamt:

**Rechtsbehelfsbelehrung**

Sie können gegen diese Entscheidung beim **Finanzgericht München, 81630 München, Postfach 86 03 60**, schriftlich oder zur Niederschrift des Urkundsbeamten der Geschäftsstelle beim **Finanzgericht München in München, Maria-Theresia-Straße 17**, Klage erheben. Die Klage ist gegen das vorstehend bezeichnete Finanzamt zu richten.

Die Frist für die Erhebung der Klage beträgt einen Monat. Sie beginnt mit Ablauf des Tages, an dem Ihnen die Entscheidung bekanntgegeben worden ist. Tag der Bekanntgabe ist bei Zustellung mit Postzustellungsurkunde oder gegen Empfangsbekenntnis der Tag der Zustellung. Bei Zusendung mit einfachem Brief oder Zustellung durch eingeschriebenen Brief gilt die Bekanntgabe mit dem dritten Tag nach Aufgabe zur Post als bewirkt, es sei denn, daß die Entscheidung zu einem späteren Zeitpunkt zugegangen ist. Tag der Aufgabe zur Post ist das Datum der Einspruchsentscheidung.

Die Frist für die Erhebung der Klage gilt als gewahrt, wenn die Klage beim vorstehend bezeichneten Finanzamt oder der angegebenen Außenstelle innerhalb der Frist angebracht oder zur Niederschrift gegeben wird.

Die Klage muß den Kläger, den Beklagten, den Gegenstand des Klagebegehrens und den Verwaltungsakt sowie die Entscheidung über den außergerichtlichen Rechtsbehelf bezeichnen. Sie soll einen bestimmten Antrag enthalten und die zur Begründung dienenden Tatsachen und Beweismittel angeben. Die Klageschrift soll in zweifacher Ausfertigung eingereicht werden.

**ASt 231** Einspruchsentscheidung (Entwurf) 30 000 - 3.94 - 15/2380/94

11 Das nachstehend abgedruckte Formular wurde uns freundlicherweise von der OFD München zur Verfügung gestellt. Vgl. zu Form, Inhalt und Bekanntgabe außergerichtlicher Rechtsbehelfsentscheidungen *Frenkel* DStR 1980, 558 ff.

## Erledigungsvermerke

Zutreffendes ankreuzen [x] oder ausfüllen

| Nr. | | Erledigt Datum | Nz. |
|---|---|---|---|
| 1. | Eintragen in<br>Einspruchsliste ..........<br>☐ Eingabebogen für die Speicherung personeller Veranlagungsergebnisse fertigen bzw.<br>Eingabe im Dialogverfahren .......... | | |
| 2. | Mitteilung(en) an<br>☐ Wohnsitzfinanzamt (-ämter) ..........<br>☐ Gemeinde(n) betreffend ☐ GewSt-Meßbetrag – ☐ Grst-Meßbetrag –<br>☐ Neue Zerlegung durchführen | | |
| 3. | ☐ Änderung auf dem vorangegangenen Berechnungsbogen/Eingabebogen oder der Durchschrift des maschinellen Steuerbescheides vermerken | | |
| 4.1. | Einspruchsentscheidung fertigen (Dienstsiegel u. Beglaubigungsvermerk anbringen):<br>___ Ausfertigung(en) für den/die Rechtsbehelfsführer } Beteiligte gemäß § 359 AO<br>___ Ausfertigung(en) für den/die Hinzugezogenen }<br>a) ___<br>b) ___<br>c) ___<br>☐ 1 Abdruck für den steuerlichen Vertreter ..........<br>1 Abdruck für den Vorgang ..........<br>___ Abdruck(e) für ___ | | |
| 4.2 | ☐ Postzustellungsurkunde fertigen – als Geschäfts-Nr. ist neben der Steuer-Nr. die Rechtsbehelfs-Nr. anzugeben – | | |
| 5. | ☐ Entwurf der Einspruchsentscheidung über die Finanzkasse zur Datenerfassung, wenn ein Steuerbetrag geändert wird | | |

| Steuernummer | | Prog.-Nr. 500 | | | | Datenerfassung |
|---|---|---|---|---|---|---|
| | | | | | | |

| Zeitraum | Abg.-Art | Betrag DM | Betrag Pf | Fälligkeit | BT |
|---|---|---|---|---|---|
| | | | | | |
| | | | | | |
| | | | | | |
| | | | | | |
| | | | | | |
| | | | | | |
| | MPS | | | | |

| Nr. | | Erledigt Datum | Nz. |
|---|---|---|---|
| 6. | Entwurf der Einspruchsentscheidung mit maschinell erstellter Abrechnung zurück an Festsetzungsstelle | | |
| 7. | ☐ ___ | | |

| | | | |
|---|---|---|---|
| 8. | Ausfertigung(en) - ☐ mit Abdruck - ☐ und Abrechnung - absenden:<br>Zur Post - ☐ mit einfachem Brief, datiert auf den Tag der Aufgabe zur Post -<br>☐ mit Postzustellungsurkunde - - am | | |
| 9. | ☐ Postzustellungsurkunde(n) zu den Vorgängen nehmen ............................ | | |
| 10.1 | ☐ Im Falle der Aussetzung der Vollziehung sind nach Bekanntgabe/Zustellung<br>a) der Einspruchsführer<br>b) die Finanzkasse<br><br>- mit Vordruck ASt 145 -<br>auf die innerhalb eines Monats nach der Bekanntgabe der Entscheidung eintretende Fälligkeit des ausgesetzten Betrages hinzuweisen ..................................... | | |
| 10.2 | ☐ Bei Aussetzung der Vollziehung eines Grundlagenbescheides sind die davon betroffenen Finanzämter und Gemeinden, die die Aussetzung eines Folgebescheides verfügt haben, über die Beendigung der Vollziehungsaussetzung mit Vordruck ASt 147 zu benachrichtigen und auf die Zinspflicht nach § 237 AO hinzuweisen ................................ | | |
| 10.3 | ☐ Aussetzungszinsen (§ 237 AO) sind nach Bestandkraft festzusetzen | | |
| 11. | 1 Abdruck der Entscheidung zur Akte | | |
| 12. | ☐ WV am: | | |
| 13. | ☐ Z. d. A. | | |

______________________ ______________________ ______________________

*(Sachgebietsleiter/in) (Datum) (Bearbeiter/in)

*Die EE ist am Schluß der Gründe mit voller Namensunterschrift des Sachgebietsleiters zu versehen.

## II. Entwurf einer Einspruchsentscheidung mit Tenorierungsvorschlägen[12]

Finanzamt

**Zutreffendes bitte ankreuzen oder ausfüllen!**

Ort, Datum

Steuernummer

Rechtsbehelfsliste Nr.:

# A. Einspruchsentscheidung

Auf den Einspruch

vertreten durch

vom

gegen

☐

bescheid für

☐ den Verwaltungsakt wegen

vom

in der Fassung ☐ des korrigierten ☐ der korrigierten

bescheid vom

nach Hinzuziehung

wird wie folgt entschieden:

☐ **Der Einspruch wird als** ☐ **unbegründet zurückgewiesen.**
☐ **unzulässig verworfen.**

☐ Unter **Abänderung des angefochtenen Bescheids**

| | |
|---|---|
| ☐ | wird ☐ werden |
| ☐ | die steuer |
| ☐ | die Einkünfte aus |
| ☐ | der einheitliche Gewerbesteuermeßbetrag |
| ☐ | der Einheitswert des |
| ☐ | für den Veranlagungszeitraum ☐ für die Veranlagungszeiträume |
| ☐ | |
| ☐ | für den Feststellungszeitraum ☐ für die Feststellungszeiträume |
| ☐ | |
| ☐ | auf den 01.01. |

StA 51 · Entwurf der Einspruchsentscheidung (Ko 10/95) A15EEZ

Recycling-Papier aus 100% Altpapier · Spart Energie und Rohstoffe. Ein Beitrag zum aktiven Umweltschutz.

12 Das nachstehend abgedruckte Formular wurde uns freundlicherweise von der OFD Koblenz zur Verfügung gestellt.

anderweitig wie folgt ☐ festgesetzt:
☐ festgestellt:

| Steuerart/ Art der Feststellung | Zeitraum/Zeitpunkt | festgesetzte Steuer/ festgestellte Besteuerungsgrundlage |
|---|---|---|
| | | |
| | | |
| | | |
| | | |

Einzelberechnung siehe Anlage

Die Zurechnung ☐ der Einkünfte
☐ des Einheitswerts ergibt sich aus der Anlage.

**Im übrigen wird der Einspruch zurückgewiesen.**

## Gründe

StA 51 - Entwurf der Einspruchsentscheidung (Ko 10/95) A15EEZ

# 4. Teil. Der vorläufige Rechtsschutz

## 1. Abschnitt. Grundlagen

### § 51 Bedeutung und System des vorläufigen Rechtsschutzes

#### A. Zeitliche Dimension des Rechtsschutzes

Art. 19 IV GG gewährleistet umfassenden und damit *effektiven Rechtsschutz* auch auf dem Gebiet der Verwaltung.[1] Ein effektiver Rechtsschutz hat den Zeitfaktor zu berücksichtigen. Die (gerichtliche) Entscheidung, durch die einem Rechtsbehelf stattgegeben wird, ist nutzlos, wenn sie zu spät kommt, weil bereits *vollendete Tatsachen* geschaffen worden sind oder die begehrte Leistung nicht mehr erbracht werden kann. Umgekehrt können auch vollendete Tatsachen geschaffen werden, wenn die Umsetzung einer Verwaltungsentscheidung bis zum rechtskräftigen Abschluss der gerichtlichen Kontrolle gehemmt wird. Diesen zeitlichen Zwängen tragen die Bestimmungen über den vorläufigen Rechtsschutz Rechnung.[2] Zu nennen sind hier insbesondere die §§ 80, 123, 47 VI VwGO. Das deutsche differenzierte System des vorläufigen Rechtsschutzes entspricht gemeinschaftsrechtlichen Anforderungen, hat aber für Europa allenfalls paradigmatische Bedeutung[3] und könnte durchaus noch vollzugsfreundlicher gestaltet werden. Ein Zwang zur »Europäisierung«[4] besteht angesichts des Subsidiaritätsprinzips jedoch nicht. 1

1 Zum effektiven vorläufigen Rechtsschutz BVerfG v. 18.06.1973, BVerfGE 35, 263 (274); seither st. Rspr. vgl. etwa Urt. v. 14.05.1996, BVerfGE 94, 166 (216, 226); v. 20.02.1998, BVerfGE 97, 298 (315); KB v. 15.08.2002, DVBl 2003, 257 (Vergabestreit) KB v. 17.05.2004, NJW 2004, 2297 (2298 Grundwehrdienst); KB v. 19.03.2004, NJW 2004, 3100 (Vornahmesachen); v. 20.03.2009 http://www.bverfg.de/entscheidungen/rk20090320_1bvr241008.html; EuGH v. 11.08.2003, DVBl 2004, 34 – Sfelero/Prefetto ie Genova; Allgemein *Wilfinger* Das Gebot effektiven Rechtsschutzes in Grundgesetz und Europäischer Menschenrechtskonvention, 1995.

2 Zum vorläufigen Rechtsschutz im Verwaltungsprozess *Finkelnburg/Jank;* ferner die Monographien von *Wieseler* Der vorläufige Rechtsschutz gegen Verwaltungsakte, 1967; *Rohmeyer* Geschichte und Rechtsnatur der einstweiligen Anordnung im Verwaltungsprozess, 1967; *Leipold* Grundlagen des einstweiligen Rechtsschutzes, 1971; *Limberger* Probleme des vorläufigen Rechtsschutzes bei Großprojekten, 1985; *Schoch* Vorläufiger Rechtsschutz und Risikoverteilung im Verwaltungsrecht, 1988; *M. Weber* Vorläufiger Rechtsschutz bei subventionsrechtlichen Konkurrentenklagen, 1990; *Timmler* Maßstab und Rechtsnatur der Aussetzungsentscheidung nach § 80 Abs. 5 Satz 1 VwGO, 1993; *Grigoleit* Die Anordnung der sofortigen Vollziehbarkeit gem. § 80 Abs. 2 als Verwaltungshandlung, 1997; *C. Krämer* Vorläufiger Rechtsschutz im VwGO-Verfahren, 1998; *Dunkl/Moeller/Baur/Feldmeier* Handbuch des vorläufigen Rechtsschutzes, 3. Aufl. 1999 sowie die Beiträge von *Ekard/Beckmann* DÖV 2006, 672; *Happ* NVwZ 2005, 282; *Loos* JA 2001, 698 ; *Schoch* Jura 2001, 671; 2002.

3 Vgl. *Knoll* Grundzüge eines europäischen Standards für den einstweiligen Rechtsschutz gegen Verwaltungsakte, 2002.

4 *Buck* Die Europäisierung des verwaltungsgerichtlichen vorläufigen Rechtsschutzes, 2000.

## B. Arten des vorläufigen Rechtsschutzes

2 Die VwGO kennt zwei Arten des vorläufigen Rechtsschutzes, je nachdem, ob im Hauptsacheverfahren eine Anfechtungsklage oder eine sonstige Klage zu erheben bzw. ein Antrag im Normenkontrollverfahren zu stellen ist: das *Aussetzungsverfahren* und das *Anordnungsverfahren*.

Bei der Anfechtungsklage kommt es darauf an zu verhindern, dass der belastende VA vollzogen wird oder vollzogen bleibt. Dem dient das spezielle Verfahren nach § 80 VwGO. Bei allen übrigen (§ 123 V VwGO a.e.c) Klagen hat das Gericht einstweilige Anordnungen zu treffen, die sich nach dem jeweiligen Klagebegehren richten. Dies gilt auch für den vorläufigen Rechtsschutz nach § 47 VI VwGO im Rahmen des Normenkontrollverfahrens.

3 § 80 I VwGO gewährt gegenüber belastenden VAen vorläufigen Rechtsschutz dadurch, dass er den Rechtsbehelfen Widerspruch und Anfechtungsklage grundsätzlich *aufschiebende Wirkung* (a.W.) beimisst. Dieser *Suspensiveffekt* wurde bislang als adäquate Ausprägung der *verfassungsrechtlichen* Rechtsschutzgarantie und als fundamentaler Grundsatz des öffentlich-rechtlichen Prozesses[5] verstanden.

**Begründung:** Der Suspensiveffekt stellt den notwendigen Ausgleich dafür dar, dass die Exekutive bei dem Erlass von Eingriffs-VAen sozusagen in der »Vorhand« und auf Grund des Wirksamkeitsprinzips (§ 43 VwVfG) in der Lage ist, vor endgültiger gerichtlicher Klärung der Rechtmäßigkeit (vorläufig) verbindliche Regelungen zu treffen. Da er den Sinn hat, effektiven Gerichtsschutz gegenüber Maßnahmen der Exekutive zu sichern und durchzusetzen sowie die Schaffung vollendeter Tatsachen durch Vollzug zu verhindern, ist der Suspensiveffekt die Regel; er entfällt nur kraft ausdrücklicher gesetzlicher Anordnung (§ 80 II Nrn. 1 bis 3 VwGO) oder durch Anordnung der sofortigen Vollziehung seitens der Behörde (§§ 80 II Nr. 4, 80 III VwGO), die aber nach der gesetzlichen Systematik der VwGO wie auch nach dem Anspruch des Art. 19 IV GG die Ausnahme bildet und deshalb ein besonderes öffentliches Interesse voraussetzt, das über jenes Interesse hinausgehen muss, das den VA selbst rechtfertigt.[6]

Diese verfassungsrechtliche Überhöhung der a.W. verleitet zu Einseitigkeiten, ist unnötig und obendrein überholt.

- Bei begünstigenden VAen mit belastender Drittwirkung und bei mehrpoligen Rechtsverhältnissen würde die einseitige Betonung des Verhinderungsinteresses der Betroffenen den effektiven Rechtsschutz der Begünstigten gefährden. Daher muss hier auf die *Ausgewogenheit des Rechtsschutzes* abgestellt werden (hierzu unter C.).
- Wie namentlich *Schoch* nachgewiesen hat, handelt es sich bei Entscheidungen im vorläufigen Rechtsschutzverfahren um Risikoentscheidungen, die auch *ohne Annahme eines Regel-Ausnahme-Verhältnisses* sachgerecht getroffen werden können.[7]
- Bei Vollzug von *Gemeinschaftsrecht* kollidiert ein Automatismus des Suspensiveffekts mit der Rspr. des EuGH,[8] der aber seinerseits um effektiven Rechtsschutz bemüht ist und die Maßstäbe des »fumus boni iuris« gelockert hat.[9]

---

5 Vgl. SchlHOVG v. 20.08.1991, NVwZ 1992, 690 m.w.N.

6 BVerfG KB v. 19.02.1991, NVwZ-RR 1991, 365; *Hufen* § 31 Rn. 4.

7 Vgl. ausführlich Schoch/Schmidt-Aßmann/Pietzner/*Schoch* § 80 Rn. 15 ff.

8 Vgl. Urt. v. 21.02.1991, EuGH Slg. I 1991 – 415; kritisch *Dänzer-Vanotti* BB 1991, 1015 (1016 f.); *Schlemmer-Schuhe* EuZE 1991, 307; *Gornig* JZ 1992, 39; aber auch *Schwarte* FS Börner, S. 389; *Triantafyllou* NVwZ 1992, 129; *Pernice* GS Grabitz, S. 523 (543); *Classen* NJW 1995, 2457 (2463); *Burgi* Verwaltungsprozess und Europarecht, 1996, S. 66 ff.; *Schoch* DVBl 1997, 289 (291).

9 Beschl. des Präsidenten v. 18.10.2002, DVBl 2003, 255 (Kommission/Technische Glaswerke Ilmenau).

Man mag darüber streiten, ob *de lege ferenda* die Abschaffung des Suspensiveffekts zugunsten einer allgemeinen einstweiligen Anordnung wünschenswert wäre.[10] Verfassungsrechtliche Hinderungsgründe bestünden hiergegen nicht. Vor allem aber darf *de lege lata* das Regel-Ausnahme-Verhältnis nicht zum Dogma hochstilisiert werden. Es beruht auf einer Entscheidung des (einfachen) Gesetzgebers, dem bei der Zulassung von Ausnahmen keine Schranken gesetzt sind.

Die beiden Arten des vorläufigen Rechtsschutzes sind in Wesen und Konstruktion ver- 4
schieden.[11]

Die Unterscheidung der Aussetzungs- und Anordnungsverfahren ist weitgehend *historisch* bedingt. Während die besatzungsrechtlichen Vorläufer der VwGO praktisch alle die a.W. vorsahen,[12] kannten nur § 30 BVerwGG und § 64 Landesgesetz über die Verwaltungsgerichtsbarkeit in RhPf v. 14.04.1950 die e.A. Zum Teil bestanden daher Verweisungen auf die ZPO, die eine entsprechende Anwendung der §§ 935, 940 ZPO ermöglichten. Da in der britischen Zone eine vergleichbare Verweisung fehlte, ließen die Gerichte erst nach einigem Zögern die entsprechende Anwendung zu. Bei Erlass der VwGO übernahm der Gesetzgeber diese Praxis und damit die Unterschiede der beiden Rechtsschutzformen.

Eine allgemeine Kennzeichnung der Besonderheiten beider Rechtsschutzformen ist schwierig. Als Faustregel wird häufig vertreten, im Verfahren nach § 80 VwGO gelte es, einen Nachteil abzuwehren, während durch die einstweilige Anordnung (nur) ein Vorteil erlangt werden solle. Das ist jedoch irreführend, weil gerade in der a.W. ein Nachteil (des durch den VA Begünstigten) liegen kann.

Auf allgemeine dogmatische Ausführungen zu den konstruktiven Unterschieden der 5
Arten des vorläufigen Rechtsschutzes wird vorliegend bewusst verzichtet, da der Eindruck vermieden werden soll, als schlössen sich die unterschiedlichen Verfahren stets wechselseitig aus. Dies ist gerade nicht der Fall.[13] Das bedeutet aber nicht, dass die Rechtsschutzformen vermengt werden dürften. Die Wahl der einen oder anderen Rechtsschutzform hat vielmehr erhebliche rechtliche Konsequenzen.

- Im Aussetzungsverfahren ist das Gericht der Hauptsache zuständig; es besteht also die Chance, im Revisionsverfahren, d.h. fernab vom Hauptkriegsschauplatz, eine Entscheidung des BVerwG zu bekommen. Die e.A. erlässt das erstinstanzliche Gericht, das BVerwG also nur in den seltenen Fällen seiner erstinstanzlichen Zuständigkeit.
- Das Aussetzungsverfahren setzt einen bestimmten, bereits erlassenen belastenden VA voraus. Einziges Ziel des Verfahrens ist die Anordnung oder Wiederherstellung der a.W. des eingelegten Rechtsbehelfs. Gegenstand des Anordnungsverfahrens ist ein Recht oder Rechtsverhältnis des Antragstellers. Ein Hauptsacheverfahren ist nicht erforderlich. Das Verfahren ist selbständig. Die Anordnungen kann das Gericht flexibel gestalten.
- Ist das Gericht beim »Wie« der Entscheidung im Anordnungsverfahren frei, so folgern daraus manche im Gegenschluss, dass das »Ob« der Entscheidung rechtlich gebunden sei.[14] Im Aussetzungsverfahren ist dagegen unstreitig insgesamt eine Interessenabwägung vorzunehmen, d.h. eine Ermessensentscheidung zu treffen.

---

10 Vgl. *Haibach* ZRP 1996, 173; *ders.* DÖV 1996, 60.

11 Vgl. die Übersicht Schaubild S. 454. Unter dem verfassungsrechtlichen Gesichtspunkt der Effektivitätsgehalte des Art. 19 IV GG sind sie *gleichwertig* (BVerfGE 51, 285).

12 Vgl. *Wieseler* S. 116 f.

13 Vgl. nur HessVGH v. 11.01.1989, NVwZ-RR 1989, 547. Zum Zusammentreffen des einstweiligen Rechtsschutzes nach § 80 V und § 123 VwGO Schoch/Schmidt-Aßmann/Pietzner/*Schoch* § 80 Rn. 60.

14 *Kopp/Schenke* § 123 Rn. 23.

- Im Anordnungsverfahren trifft den Antragsteller die Beweislast. Im Streit um die Wiederherstellung der a.W. muss die Behörde nachweisen, dass die VzA im öffentlichen Interesse liegt.
- Ein Schadensersatzrisiko besteht nach h.L. nur im Anordnungsverfahren.
- Schließlich unterscheiden sich noch die Rechtsbehelfe.

Die aufgeführten Unterschiede machen deutlich, dass man es sich im Einzelfall mit der Abgrenzung nicht zu leicht machen darf.

## C. Effektiver und ausgewogener Rechtsschutz

6 Die vielfach beschworene Effektivität des Rechtsschutzes bezog sich ursprünglich auf das Verhältnis des (unmittelbar betroffenen) Bürgers zur *Eingriffsverwaltung*, und hier hat in der Tat der Suspensiveffekt einen guten Sinn. Beim VA mit Doppel- oder Drittwirkung wie generell bei der Infrastrukturverwaltung liegen die Dinge dagegen völlig anders. Hier geht es nicht darum, den Bürger vor dem Staat zu schützen, sondern einen Ausgleich der Interessen im *mehrpoligen Rechtsverhältnis*[15] konträr Betroffener (und der Allgemeinheit) zu finden. Wer den effektiven Rechtsschutz einseitig zur Bewahrung des Status quo einsetzt, beeinträchtigt Rechte des Begünstigten in unangemessener Weise. Verzögerung ist nach dem zweiten Parkinsonschen Gesetz bekanntlich schlimmer als der Tod. Vor allem bei Großvorhaben hat die – schwerpunktmäßig in den vorläufigen Verfahren ausgefochtene – rechtliche Auseinandersetzung gerade wegen der Aspekte des effektiven Rechtsschutzes und der vollendeten Tatsachen eine unglückliche Schlagseite erfahren. Der vorläufige Rechtsschutz dient hier der Verhinderung der Vorhaben schlechthin. Art. 19 IV GG rechtfertigt jedoch kein »*Verhinderungsinteresse*«. Umgekehrt ist es aber auch verfehlt, mit Rücksicht auf die Bedeutung des Vorhabens (z.B. wegen der zu schaffenden Arbeitsplätze, Infrastruktur usw.) ein »*Durchsetzungsinteresse*« der Behörden und (beigeladenen) Unternehmern in der Interessenabwägung, etwa im Verfahren nach § 80 V VwGO, zu berücksichtigen. Zwar dürfte es zur Vermeidung vollendeter Tatsachen bisweilen geboten sein, ein Vorhaben vor der Entscheidung in der Hauptsache (auf eigenes Risiko!) zunächst einmal fertig zu stellen. Verhinderungs- und Durchsetzungsinteresse beziehen sich indessen auf die Hauptsachenentscheidung selbst. Im vorläufigen Rechtsschutzverfahren sind dagegen immer nur Aufschub- und Vollzugsinteresse abzuwägen. Zu prüfen ist, welche Konsequenzen der vorläufig gewährte Rechtsschutz haben wird, wenn der im Eilverfahren Obsiegende im Hauptsacheverfahren unterliegt. Dabei sind auch die Konsequenzen eines zeitweiligen Aufschubs von Vorhaben zu berücksichtigen. Bei mehrpoligen Rechtsverhältnissen, wie generell im Anlagenzulassungs- und Planungsrecht kommt es damit nicht allein darauf an, dass der Rechtsschutz *für den Antragsteller* effektiv ist, der Rechtsschutz muss vielmehr im Interesse *aller* Beteiligten in erster Linie ausgewogen sein.[16]

## D. Mitwirkungslast

7 Dient der vorläufige Rechtsschutz der Verhinderung vollendeter Tatsachen, muss derjenige die Entstehung solcher Tatsachen gegen sich geltend lassen, die er hätte verhindern können. Dies beeinflusst beispielsweise das Forstsetzungsfeststellungsinteresse und ist

---

15 Vgl. BVerwG v. 17.07.1980, BVerwGE 60, 297.

16 *Hierzu grundlegend Schmidt-Aßmann* NVwZ 1983, 1; ferner *Ronellenfitsch* in: Blümel (Hrsg.) Die Teilbarkeit von Planungsentscheidungen, 1984, S. 37 ff. (43).

insbesondere bei Amtshaftungsansprüchen zu berücksichtigen. Das schuldhafte Unterlassen, einen Antrag nach § 80 V oder § 123 VwGO zu stellen, kann nach § 839 III BGB zum Verlust des Amtshaftungsanspruchs führen.[17] Dann kommt es freilich darauf an, ob die Einlegung des gebotenen Rechtsbehelfs den Schaden verhindert hätte. Das bedeutet praktisch, dass neben die summarische Prüfung der Erfolgsaussichten im verwaltungsgerichtlichen vorläufigen Rechtsschutzverfahren eine *hypothetische* Prüfung dieses Verfahrens durch die Zivilgerichte tritt. Für den Kausalitätsnachweis des Schadenseintritts trotz Einlegung des Rechtsbehelfs kommt es also nicht darauf an, wie richtiger Weise hätten entschieden werden müssen, sondern wie wahrscheinlich entschieden worden wäre.[18] Bei reinen Rechtsfragen läuft die Prüfung jedoch auf eine Klärung der wahren Rechtslage hinaus.[19]

17 Vgl. BGH v. 16.11.2000, NJW 2001, 1068.
18 BGH v. 16.01.1986, NJW 1986, 1924 (1925).
19 BGH v. 09.10.2003, BGHZ 156, 294 (298 ff.).

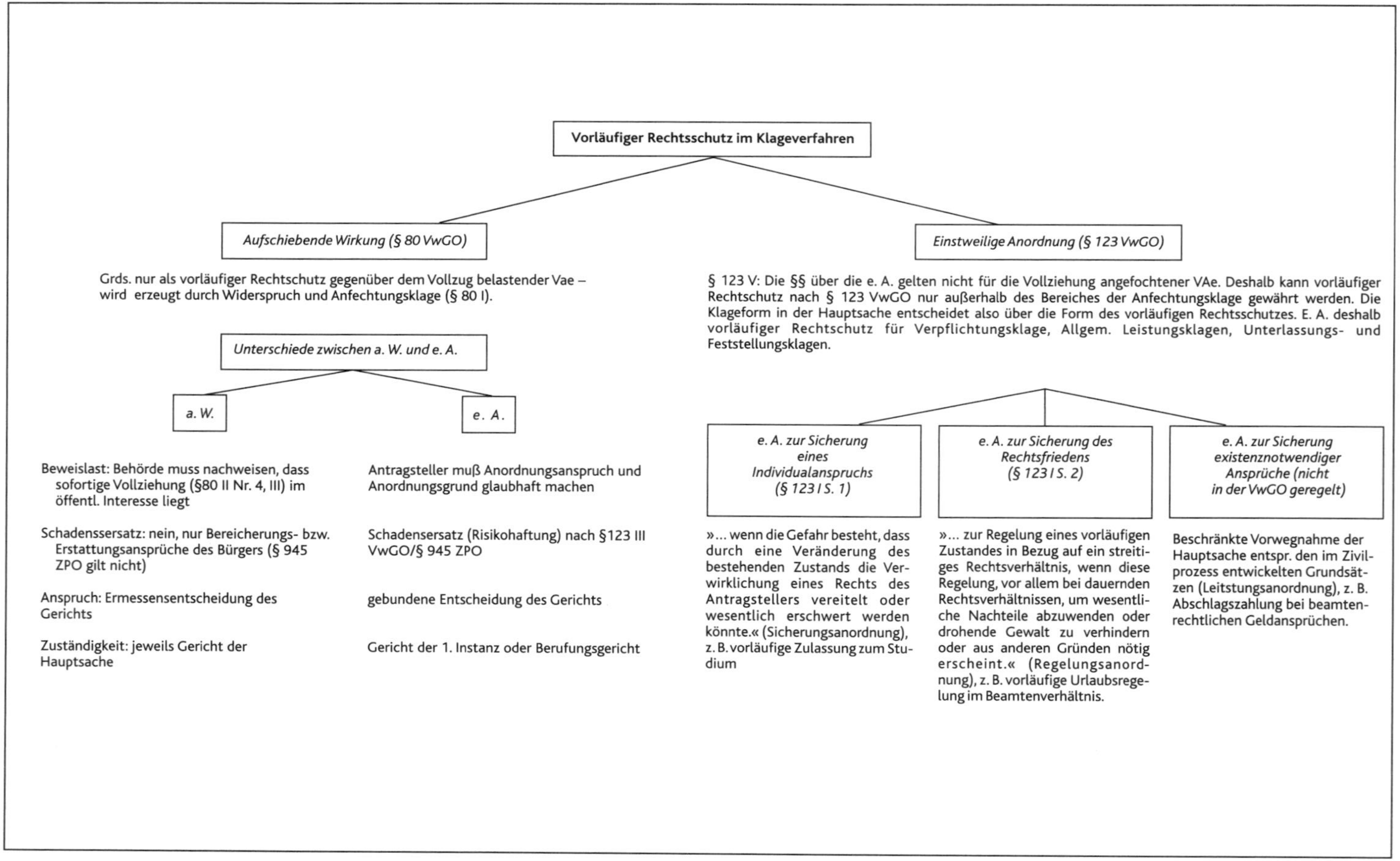
Vorläufiger Rechtsschutz im Klageverfahren
Aufschiebende Wirkung (§ 80 VwGO)
Grds. nur als vorläufiger Rechtschutz gegenüber dem Vollzug belastender Vae – wird erzeugt durch Widerspruch und Anfechtungsklage (§ 80 I).
Unterschiede zwischen a. W. und e. A.
a. W.
e. A.
Beweislast: Behörde muss nachweisen, dass sofortige Vollziehung (§80 II Nr. 4, III) im öffentl. Interesse liegt
Antragsteller muß Anordnungsanspruch und Anordnungsgrund glaubhaft machen
Schadenssersatz: nein, nur Bereicherungs- bzw. Erstattungsansprüche des Bürgers (§ 945 ZPO gilt nicht)
Schadensersatz (Risikohaftung) nach §123 III VwGO/§ 945 ZPO
Anspruch: Ermessensentscheidung des Gerichts
gebundene Entscheidung des Gerichts
Zuständigkeit: jeweils Gericht der Hauptsache
Gericht der 1. Instanz oder Berufungsgericht
Einstweilige Anordnung (§ 123 VwGO)
§ 123 V: Die §§ über die e. A. gelten nicht für die Vollziehung angefochtener VAe. Deshalb kann vorläufiger Rechtschutz nach § 123 VwGO nur außerhalb des Bereiches der Anfechtungsklage gewährt werden. Die Klageform in der Hauptsache entscheidet also über die Form des vorläufigen Rechtsschutzes. E. A. deshalb vorläufiger Rechtschutz für Verpflichtungsklage, Allgem. Leistungsklagen, Unterlassungs- und Feststellungsklagen.
e. A. zur Sicherung eines Individualanspruchs (§ 123 I S. 1)
e. A. zur Sicherung des Rechtsfriedens (§ 123 I S. 2)
e. A. zur Sicherung existenznotwendiger Ansprüche (nicht in der VwGO geregelt)
»... wenn die Gefahr besteht, dass durch eine Veränderung des bestehenden Zustands die Verwirklichung eines Rechts des Antragstellers vereitelt oder wesentlich erschwert werden könnte.« (Sicherungsanordnung), z. B. vorläufige Zulassung zum Studium
»... zur Regelung eines vorläufigen Zustandes in Bezug auf ein streitiges Rechtsverhältnis, wenn diese Regelung, vor allem bei dauernden Rechtsverhältnissen, um wesentliche Nachteile abzuwenden oder drohende Gewalt zu verhindern oder aus anderen Gründen nötig erscheint.« (Regelungsanordnung), z. B. vorläufige Urlaubsregelung im Beamtenverhältnis.
Beschränkte Vorwegnahme der Hauptsache entspr. den im Zivilprozess entwickelten Grundsätzen (Leitsungsanordnung), z. B. Abschlagszahlung bei beamtenrechtlichen Geldansprüchen.

# 2. Abschnitt. Vorläufiger Rechtsschutz nach § 80 VwGO

## § 52 Geltungsbereich des § 80 VwGO

### A. Grundsatz

Die Klageart in der Hauptsache bestimmt die Art des vorläufigen Rechtsschutzes.[1] Wie sich auch im Gegenschluss aus § 123 V VwGO ersehen lässt, gilt § 80 VwGO seinem Wortlaut und Sinn nach *grundsätzlich* nur für die Fälle, in denen in der Hauptsache *Anfechtungsklage* erhoben worden ist oder zu erheben wäre,[2] mithin auch nur für *Anfechtungswidersprüche*. 1

Fast ausnahmslos trifft daher die Faustregel zu: 2

*Vorläufiger Rechtsschutz nach § 80 VwGO immer, aber auch nur bei Anfechtungsklage in der Hauptsache.*

Die Faustregel darf jedoch nicht dahin gehend missverstanden werden, dass bei jeder Verpflichtungsklage von vornherein § 80 VwGO nicht anwendbar sei. Der Ausschluss der Verpflichtungsklage bezieht sich nur auf das Leistungsbegehren. Soweit die Verpflichtungsklage (Versagungsgegenklage) Elemente der Anfechtungsklage enthält, d.h. soweit mit ihr auch die Aufhebung einer Belastung verfolgt wird, kann sie ebenfalls die Wirkungen des § 80 I VwGO auslösen; sie ist dann im Sinne dieser Vorschrift Anfechtungsklage.

### B. VAe mit Drittwirkung

VAe mit Drittwirkung sind VAe, die nicht nur für den Adressaten (Destinatär), sondern auch für weitere Personen rechtliche Wirkungen entfalten. Im Regelfall sind diese Wirkungen gegenläufig, so dass unter die VAe mit Drittwirkung vor allem solche VAe fallen, die *eine Person begünstigen* und *eine andere Person*, einen Dritten, *belasten* (VA mit Drittwirkung i.e.S.). 3

Die Terminologie ist nicht einheitlich. Selbst der Gesetzgeber hat seinen Beitrag zum terminologischen Durcheinander geleistet. Häufig werden nämlich – wie in § 80 a VwGO – die VAe mit Drittwirkung als VAe mit Doppelwirkung bezeichnet. Verbreitet ist auch die synonyme Verwendung beider Bezeichnungen.[3] Beide Bezeichnungen sollten jedoch auseinandergehalten werden, da sie auf Unterschiede in der Sache hindeuten. Beim *VA mit Doppelwirkung* treten die günstigen und nachteiligen Wirkungen uno actu, also zum gleichen Zeitpunkt, ein. Das ist evident beim eigentlichen VA mit Doppelwirkung, der *einen* Adressaten (den Destinatär) zugleich begünstigt und belastet. Es gibt aber auch VAe mit unterschiedlichen Begünstigten und Betroffenen (Destinatären), die nur gleichzeitig wirksam und verbindlich werden können (z.B. streitentscheidende VAe). Auch diese VAe kann man noch VAe mit Doppelwirkung nennen. Der Normalfall im *Mehrpersonenverhältnis* ist aber, wie § 43 I VwVfG zeigt, der VA mit Drittwirkung im oben bezeichneten Sinne. Materieller Adressat (Destinatär) ist dort der Begünstig-

---

1 BerlOVG v. 06.06.1991, DVBl 1991, 762 (763). Auch im Zusammenhang mit einer Anfechtungsklage sind aber Leistungs- oder Feststellungsbegehren im zugehörigen vorläufigen Rechtsschutzverfahren nicht ausgeschlossen.

2 Vgl. BVerwGE v. 09.06.1983, Buchholz 310 § 80 VwGO Nr. 42; NK-VwGO/*Puttler* § 80 Rn. 17; *Schenke* Rn. 936.

3 Vgl. ferner *Buhren* Der gerichtliche Rechtsschutz gegen Verwaltungsakte mit drittbelastender Doppelwirkung, 1973.

te; die Dritten sind diejenigen, denen gegenüber der VA rechtliche Wirkungen entfaltet. § 80a VwGO erwähnt nun in der Überschrift ausdrücklich den VA mit Doppelwirkung. Der ungenaue Sprachgebrauch dürfte damit zusammenhängen, dass der Gesetzgeber sich an der Sonderform des VA mit Doppelwirkung, am VA mit mehreren Destinatären, orientierte. In der Begründung zum Entwurf des 4. VwGO-ÄndG ist nämlich vom januskköpfigen VA die Rede. Geregelt werden sollte jedoch und geregelt wurde, wie § 80a I VwGO zeigt, der VA mit Drittwirkung i.e.S. Wenn § 80a VwGO vom VA mit Doppelwirkung spricht, so ist in Wahrheit der begünstigende VA mit drittbelastender Wirkung gemeint.

4 Dass bei VAen mit Drittwirkung i.e.S. der belastete Dritte in der Hauptsache Anfechtungsklage erheben und deshalb seinen vorläufigen Rechtsschutz nach § 80 VwGO suchen muss, ist mittlerweile allgemein anerkannt und gesetzlich geregelt (vgl. § 80 I 2; § 80a VwGO).

§ 80a VwGO hat allerdings nicht alle mit dem VA mit Drittwirkung verbundenen Zweifelsfragen geklärt. Die Einzelheiten des vorläufigen Rechtsschutzes bei personalen VAen mit Drittwirkung werden später im jeweiligen Sachzusammenhang dargestellt.

5 Ähnlich problematisch wie bei den personalen VAen mit Drittwirkung ist die Rechtslage bei den *Allgemeinverfügungen* (§ 35 S. 2 VwVfG), insbesondere bei ihrer sachenrechtlichen Erscheinungsform, dem VA, der die öffentlichrechtliche Eigenschaft einer Sache oder ihre Benutzung durch die Allgemeinheit betrifft. Spezifisches Strukturelement eines derartigen VA ist die intransitive Zustandsregelung, deren mittelbar-personale Rechtsfolgen jeden betreffen, den die konkrete Ordnung eines bestimmten Sozialbereichs angeht (*dingliche*, besser: *adressatlose* VAe). Auch dingliche Allgemeinverfügungen lassen sich im weiteren Sinn als VAe mit Drittwirkung bezeichnen,[4] weil sie, bezogen auf das Verhältnis Behörde – öffentliche Sache, eine Vielzahl von Dritten (= Nichtadressaten) mittelbar betreffen.

**Beispiele** für Allgemeinverfügungen sind: Widmung, Verkehrszeichen und schulische Organisationsakte.

Bei der *Widmung*[5] sind die Parallelen zum personalen VA mit Drittwirkung noch am deutlichsten. Die Anwendbarkeit von § 80 VwGO ist nicht bestritten. Hinsichtlich der Verkehrszeichen ist die Frage des vorläufigen Rechtsschutzes systemimmanent durch entsprechende Anwendung des § 80 II Nr. 2 VwGO gelöst. Für *Schulorganisationsakte* vertrat das NWOVG zeitweilig eine teleologische Reduktion des § 80 VwGO zugunsten des § 123 VwGO.

Die auf zweipolige Rechtsverhältnisse zugeschnittene Regelung des § 80 VwGO habe den Fall intransitiver Zustandsregelungen nicht bedacht und werde dem schwer überschaubaren Interessengeflecht zwischen Lehrern, Eltern und Schülern nicht gerecht.[6] Diese vom Ergebnis her plausible Rspr. ist zu Recht überwiegend auf Ablehnung gestoßen, weil sie die Systematik der §§ 80 und 123 VwGO ohne Not verließ.[7]

Soweit der Eintritt einer individuellen, nur relativen a.W. im Verhältnis zum Kreis der anderen Betroffenen nicht hinnehmbar erscheint, bietet § 80 II Nr. 4 VwGO ausreichende Möglichkeiten, die a.W. durch VzA auszuschließen.

---

4 *Lüke* NJW 1978, 82 (86).
5 Vgl. NWOVG v. 16.09.1975, NJW 1976, 810.
6 Vgl. NWOVG v. 27.02.1976, DVBl 1976, 948 (Einführung der 5-Tage-Woche); v. 02.06.1977, DVBl 1978, 116 (Schulauflösung); Aufgegeben durch NWOVG v. 30.01.1979, DVBl 1979, 563; v. 18.08.1979, DÖV 1979, 303 Nr. 31.
7 Vgl. BVerwG v. 24.04.1978, DVBl 1978, 640; HessVGH v. 25.08.1988, DÖV 1989, 358.

## C. VAe mit Doppelwirkung

Bei begünstigenden VAen, die für den Antragsteller mit belastenden Teilregelungen verbunden sind (VA mit Doppelwirkung i.e.S.), hängt der Eintritt der a.W. davon ab, ob die Belastung selbständig (isoliert) mit der Anfechtungsklage angefochten oder ob nur eine neue, uneingeschränkte Begünstigung mit der Verpflichtungsklage erstritten werden kann. Allein im ersten Fall haben Widerspruch und Klage a.W.[8] 6

Soweit die isolierte Anfechtung einer *Nebenbestimmung* zulässig ist, erfasst der Suspensiveffekt ausschließlich die Nebenbestimmung, nicht die Begünstigung, da bei Teilanfechtung gerade *nicht der gesamte VA streitbefangen wird.*[9] Wie oben ausgeführt, können nicht nur (aber auch nicht alle) echten Auflagen selbständig angefochten werden. Vielmehr kommt es auf die Teilbarkeit von VA und Nebenbestimmung, von Begünstigung und Belastung an. Modifizierte Gewährungen und modifizierende Auflagen sowie inhaltliche Beschränkungen eines VA sind einer isolierten Anfechtung nicht zugänglich. Die Suspendierung der Belastung würde auch die Begünstigung zu Fall bringen. Die Erteilung einer Erlaubnis unter nicht abteilbaren Nebenbestimmungen stellt letztlich nichts anderes dar als die (völlige) Ablehnung der beantragten uneingeschränkten Erlaubnis.

## D. Versagungsbescheide

Vorläufiger Rechtsschutz gegenüber Bescheiden, mit denen die Behörde eine begehrte Amtshandlung abgelehnt hat, ist grundsätzlich im Rahmen des § 123 VwGO zu suchen. In der Hauptsache ist eine Leistungs-/Verpflichtungsklage zu erheben. § 80 VwGO ist auf diese Fälle nicht zugeschnitten; es sei denn, der Kläger betreibt die isolierte Anfechtung des Versagungsbescheids, wofür nur ausnahmsweise ein Rechtsschutzbedürfnis besteht.[10] 7

Die a.W. verhindert nur, dass eine bestehende Rechtsposition trotz eingelegten Rechtsbehelfs geschmälert wird, sie schließt aber begrifflich die mit dem Antrag auf Erlass eines begünstigenden VA verfolgte Ausweitung einer Rechtsposition aus.[11]

Wird der beantragte begünstigende VA abgelehnt, so muss die Begünstigung im Wege der Verpflichtungsklage erstritten werden. Auch im Hinblick auf die Ablehnung der noch zu erstreitenden Vergünstigung hat die Verpflichtungsklage keine a.W. Anders liegen die Dinge, wenn der Bescheid über die Ablehnung der Begünstigung (= keine Ausweitung der Rechtsposition des Betroffenen) zugleich die Rechtsposition des Antragstellers verschlechtert.[12] Da die Versagungsgegenklage eine gesetzliche Kombination von Anfechtungs- und Leistungsklage ist, führt sie neben der Erweiterung der Rechtsstellung des Klägers auch zur Kassation der Belastung. In dem Umfang, in dem die Belastung über die Versagung der angestrebten Begünstigung hinausgeht, kann die Verpflichtungsklage a.W. haben. Sie ist dann der Sache nach eine Anfechtungsklage, so dass inhaltlich die Faustregel (Rn. 2) nicht in Frage gestellt wird.

---

8 NdsOVG v. 18.11.1991, NVwZ 1992, 387; *Redeker/v. Oertzen* § 80 Rn. 4; Schoch/Schmidt-Aßmann/Pietzner/*Schoch* § 80 Rn. 40; NK-VwGO/*Puttler* § 80 Rn. 22.
9 Vgl. auch *Pietzcker* NVwZ 1995, 15 (19); a.A. *Meyer/Borgs* § 36 Rn. 43.
10 Vgl. BayVGH v. 04.08.1989, GewArch 1990, 101.
11 BVerwG v. 13.11.1974, BVerwGE 47, 169 (175); v. 30.11.1977, BVerwGE 55, 94 (98 f.).
12 Vgl. BVerwG v. 18.12.1969, BVerwGE 34, 325 (328 ff.).

8 Bei negativen *Prüfungsentscheidungen* gewährt die h.M. vorläufigen Rechtsschutz allein nach § 123 VwGO.[13] Dies gilt jedoch nicht, wenn die nicht bestandene Prüfung ex lege unmittelbar beeinträchtigende Wirkung für eine bereits bestehende Rechtsstellung des Kandidaten hat oder wenn im Verlauf der Prüfung selbständig belastende Sanktionen verhängt werden.[14] Hier kommt wiederum eine isolierte Anfechtungsklage in Betracht. Im *Ausländerrecht* wirkt sich dagegen der Anfechtungseffekt der Verpflichtungsklage aus. Beantragt ein Ausländer nach der Einreise eine Aufenthaltsgenehmigung oder deren Verlängerung, so gilt sein Aufenthalt bis zur Entscheidung der Ausländerbehörde vorläufig als geduldet. Widerspruch und Anfechtungsklage haben keine a.W. (§ 84 AufenhG). Die gegen die Versagung der Aufenthaltserlaubnis gerichtete Verpflichtungsklage führt bei Erfolg zur Aufhebung der Ablehnung und der mit ihr verbundenen Belastung. Soweit die Verpflichtungsklage Anfechtungscharakter hat, hat sie in diesen Fällen auch a.W. Ist die a.W. durch Gesetz ausgeschlossen, kann das Gericht sie nach § 80V VwGO anordnen.[15]

9 Vom *Anfechtungseffekt der Verpflichtungsklage* wird allein der in der Ablehnung liegende »*negative*« VA erfasst.[16] Die gerichtliche Verpflichtung »neutralisiert« die Leistungsversagung. Eine Drittbegünstigung wird deshalb nur dann suspendiert, wenn diese ausschließlich aus der Versagung der beantragten Amtshandlung folgt.[17] Anders ist die Situation, wenn zusätzlich zur Ablehnung der beantragten Begünstigung, also zusätzlich zum Versagungsbescheid, ein weiterer VA mit Drittwirkung ergeht, der einem Dritten die Begünstigung gewährt, die der Adressat des Versagungsbescheids begehrt hatte.

Erhält z.B. bei Auswahlentscheidungen zwischen mehreren Konkurrenten um dieselbe Erlaubnis oder denselben Posten ein Konkurrent einen Ablehnungsbescheid und erfährt er, dass zugunsten eines Dritten ein stattgebender VA ergangen ist, so muss der übergangene Konkurrent den drittbegünstigenden VA selbständig anfechten und daneben sein Leistungsbegehren verfolgen. Wurde die Begünstigung für sofort vollziehbar erklärt, ist der Antrag nach § 123 VwGO zu kombinieren mit dem Antrag nach § 80V VwGO, um die erstrebte Vergünstigung überhaupt wieder verfügbar zu machen.[18]

---

13 So etwa *Finkelnburg/Jank* Rn. 1206; auch *Niehues* Schul- und Prüfungsrecht Bd. 2, 3. Aufl. 1994, Rn. 414 ff.; allgemein *Zimmerling/Brehm* Prüfungsrecht, 2000.

14 Beispiel: Bei Verdacht eines Täuschungsversuchs gibt die Prüfungsbehörde dem Prüfling auf, die Prüfungsarbeit erneut anzufertigen; NWOVG v. 12.07.1983, NJW 1983, 2278. Die Prüfungsbehörde erklärt mit VzA die Prüfung für nicht bestanden, weil der Kandidat unentschuldigt zum Prüfungstermin nicht erschienen ist; NWOVG v. 27.11.1987, NVwZ 1988, 455. Zur Entlassung aus der Schule aufgrund mehrmaliger Nichtversetzung BWVGH v. 28.09.1992, DVBl 1993, 53 gegen BayVGH v. 18.10.1993, NVwZ-RR 1994, 160.

15 BVerwG v. 09.06.1983, Buchholz 310 § 80 VwGO Nr. 42; BWVGH v. 12.12.1991, NVwZ-RR 1992, 509; v. 28.07.1998, DVBl 1999, 176; HessVGH v. 14.02.1991, NVwZ-RR 1991, 426; v. 16.03.1993, DVBl 1993, 1016.

16 Vgl. BayVGH v. 15.12.1981, NJW 1982, 2134 (2135).

17 **Beispiel:** Eine Verpflichtungsklage auf Anordnung einer Schutzauflage im Planfeststellungsbeschluss verhindert, dass der Planfeststellungsbeschluss insgesamt, – d.h. auch im streitgegenständlichen Umfang rechtsbeständig wird; BVerwG v. 17.11.1972, BVerwGE 41, 178 (180 ff.); v. 21.05.1976, BVerwGE 51, 15 (21).

18 Eyermann/*Happ* § 123 Rn. 15; RhPfOVG v. 05.06.1996, NVwZ-RR 1996, 651; MVOVG v. 23.01.1996, NVwZ-RR 1997, 139; SHOVG v. 31.07.2002, NJW 2003, 158.

Bei der *beamtenrechtlichen Konkurrentenklage* vermied die früher h.L. dieses Ergebnis aus Gründen des materiellen Rechts.[19] Die Anfechtung einer Beamtenernennung sollte unzulässig sein aus Gründen der Ämterstabilität und weil nach den Beamtengesetzen eine ermessensfehlerhafte Beamtenernennung nicht zurückgenommen werden könne. Tragfähig ist allenfalls der Gesichtspunkt der Ämterstabilität. Hat der fehlerhaft ernannte Beamte seinen Dienst noch nicht aufgenommen oder die Beförderungsstelle noch nicht angetreten, so ist nicht einzusehen, wieso das Gericht nicht in der Lage sein soll, die Auswahlentscheidung aufzuheben. Die Anwartschaft auf Ernennung nach Mitteilung der Bestenauslese begründet noch keinen Vertrauensschutz, da dem Begünstigten die Rechtsschutzmöglichkeiten der Konkurrenten bekannt sind. Diese können einen sog. »Stoppantrag« nach § 123 I 1 VwGO stellen, mit dem die Ernennung des Begünstigten vorläufig untersagt wird.[20] In diesem Fall muss die Fehlerhaftigkeit der Auswahlentscheidung glaubhaft gemacht werden, nicht jedoch die realistische Möglichkeit einer für den Antragsteller positiven neuen Auswahlentscheidung.[21] Eine Ausnahme besteht, wenn der Anordnungsanspruch von vornherein ausgeschlossen ist, etwa weil für den Konkurrenten eine Ernennung zum Zeitpunkt der Gerichtsentscheidung aus Rechtsgründen ausscheidet.[22] Im Regelfall bleibt es aber dabei: Effektiv ist die beamtenrechtliche Konkurrentenklage nur, wenn sie vor der Ernennung des Konkurrenten erhoben wird. Im vorläufigen Verfahren reicht dann ein Antrag nach § 123 I 1 VwGO zur Sicherung des Rechts auf fehlerfreie Ermessensausübung.[23] Entsprechendes gilt, wenn ein Ausschreibungsverfahren abgebrochen wird und eine Neuausschreibung der Stelle erfolgt.[24] Die vorstehend skizzierte Problematik besteht allerdings nur beim echten, vollendete Tatsachen schaffenden Vergabestreit (Beamtenernennung, Beförderung). Bei einem Streit mehrer öffentlicher Bediensteter um die schlichte Besetzung eines Dienstpostens stellt sich die Lage anders dar, da die organisatorische Maßnahme ohne weiteres reversibel ist. Ein Anlass zur Suspendierung der Maßnahme besteht nicht. Für eine e.A. dürfte sich i.d.R. der Anordnungsgrund nicht glaubhaft machen lassen.[25]

## E. »Zahlungseinstellungsbescheide«

Entsprechendes wie für die Versagungsbescheide gilt für die Bescheide, mit denen eine *laufende Leistung* seitens der Behörde eingestellt wird. § 80 VwGO greift nur ein, wenn der Einstellungsbescheid sich als Eingriff in eine zuvor innegehabte Rechtsstellung, mithin als *Rücknahme bzw. Widerruf eines Bewilligungsbescheids* darstellt.[26] Wurde dagegen schlicht, allein auf Grund des Leistungsgesetzes ohne Zwischenschaltung eines Bescheids bezahlt und wendet sich hier der Rechtsbehelfsführer gegen die Zahlungseinstellung, so erstrebt er eine mit der Leistungs- oder Verpflichtungsklage durchzusetzende und vorläufig nach § 123 VwGO zu schützende Erweiterung seiner Rechtsposition.[27] 10

Gegen die Einstellung laufender Hilfe zum Lebensunterhalt nach dem BSHG ist deshalb vorläufiger Rechtsschutz nach § 123 VwGO zu beantragen, wenn man die Gewäh- 11

19 BVerwG v. 25.08.1988, BVerwGE 80, 127; v. 09.03.1989, ZBR 1990, 79; vgl. BWVGH v. 14.06.1982, NVwZ 1983, 41; BayVGH v. 11.01.1983, DÖV 1983, 391; vgl. auch *Ronellenfitsch* VerwArch 1991, 121.

20 HessVGH v. 20.08.2002, NVwZ 2003, 240. Der Begünstigte ist im Anordnungsverfahren notwendig beizuladen. Im Konkurrentenstreit ist dann im Interesse eines ausgewogenen Rechtsschutzes darauf zu achten, ob der Stoppantrag nicht offensichtlich missbräuchlich und ggf. bereits unzulässig ist. Auf diese Weise entschärft sich die Problematik, dass der Beigeladene de lege lata (§ 123 III VwGO; § 945 ZPO) unabhängig vom Ausgang des Anordnungsverfahrens keinen Verzögerungsschaden beanspruchen kann; hierzu *Rudek* NJW 2003, 3531.

21 BVerfG KB v. 24.05.2002, NVwZ 2003, 200.

22 NWOVG v. 24.05.2002, NVwZ-RR 2003, 135.

23 Vgl. SächsOVG v. 16.01.2001, NVwZ-RR 2002, 56.

24 SaarlOVG v. 29.05.2002, NVwZ-RR 2003, 48.

25 NWOVG v. 08.05.2002, NVwZ-RR 2003, 50.

26 Vgl. zum Widerruf einer Abgabenstundung BayVGH v. 17.12.1973, BayVGH 26, 227.

27 So RhPfOVG v. 16.12.1969, AS 11, 264; vgl. auch BVerwG v. 15.05.1959, DVBl 1959, 663 zur Unterhaltshilfe nach dem LAG; RhPfOVG v. 04.01.1979, AS 15, 163 für das Pflegegeld an Schwerbehinderte (LPflGG).

rung der Hilfe mit der zutreffenden Auffassung des BVerwG nicht als Dauer-VA, der durch die Einstellung widerrufen wird,[28] sondern als Ketten-VAe, die zeitlich jeweils für den laufenden Monat erneut die Bewilligung aussprechen, ansieht,[29] da dann die Einstellung sich rechtlich nur als Ablehnung einer weiteren Gewährung darstellt.[30]

## F. Rechtsgestaltende und feststellende VAe

12 § 80 VwGO gilt auch für rechtsgestaltende und feststellende VAe, soweit sie belastenden Charakter haben und mit der Anfechtungsklage angegriffen werden können.

Für gestaltende VAe war dies von Anfang an ausdrücklich in § 80 I 2 VwGO angeordnet, weil sie einer Vollziehung im eigentlichen Sinn nicht bedürfen, um wirksam zu werden. Für feststellende VAe fehlte eine Regelung. Es konnte aber nichts anderes gelten, denn § 80 I 2 VwGO hat nur klarstellende Funktion und war für einen Gegenschluss nicht geeignet. Folgerichtig wird seit dem 4. VwGOÄndG der feststellende VA ebenfalls in § 80 I 2 VwGO erwähnt.[31]

28 RhPfOVG v. 27.12.1972, AS 13, 133 für die Gewährung von Dienstbezügen.
29 BVerwG v. 18.01.1979, BVerwGE 57, 237 (239); v. 16.01.1986, NVwZ 1987, 412.
30 Vgl. *Finkelnburg/Jank* Rn. 1247 ff.
31 Vgl. auch *Finkelnburg/Jank* Rn. 645.

# § 53 Der Suspensiveffekt

## A. Rechtsnatur

1 Widerspruch und Anfechtungsklage haben nach § 80 I 1 VwGO a.W. Gebräuchlich ist auch die synonyme Bezeichnung »Suspensiveffekt«.

Der Suspensiveffekt von § 80 I 1 sowie § 80 I 2 i.V.m. § 80a VwGO erfasst alle VAe, durch die verfügend, gestaltend oder feststellend die Rechtsstellung des Betroffenen beeinträchtigt oder geschmälert wird.[1] Die Eigenart der a.W. von (Anfechtungs-)Widerspruch und Anfechtungsklage besteht über die bestandskrafthemmende Wirkung hinaus, die bereits die Anfechtung selbst äußert,[2] in der *Erzeugung eines rechtlichen Schwebezustands.*

2 Die konkrete rechtliche Wirkung des Suspensiveffekts ist *umstritten.* Letztlich stehen sich mit der Wirksamkeitstheorie und der sog. Vollziehbarkeitstheorie nur zwei Theorien gegenüber, die aber in zahlreichen Varianten vertreten werden. Etliche Varianten der einen oder anderen Theorie unterscheiden sich nur noch in Nuancen.

Die *Wirksamkeitstheorie* versteht die a.W. als Hemmung (Suspension) der Wirksamkeit des angefochtenen VA schlechthin.[3] Nach der insbesondere in der Rspr. vertretenen *Vollziehbarkeitstheorie* ist dagegen die a.W. auf die Wirksamkeit des VA ohne Einfluss, sondern hemmt nur dessen Vollziehung.[4] Neben diesen beiden Theorien wird noch eine sog. *vermittelnde Auffassung* vertreten.[5] Dabei handelt es sich aber lediglich um eine Variante der Wirksamkeitstheorie (»vorläufige Wirksamkeitshemmung«),[6] welche die Kapitulation vor der Vollziehbarkeitstheorie verbal verbirgt. Die »vermittelnde Auffassung« behilft sich nämlich mit einer verfahrensrechtlichen Fiktion. Der vom Suspensiveffekt erfasste VA wird behandelt, als ob er noch keine Wirksamkeit erlangt hätte. Die Fiktion ermöglicht es, die Wirksamkeitshemmung zeitlich zu begrenzen; Suspensiveffekt bedeutet hiernach nur *vorläufige* Wirksamkeitshemmung. Wer so weit geht, kann sich letztlich gleich – und dogmatisch widerspruchsfreier – zur Vollziehbarkeitstheorie bekennen.

3 Die *Vollziehbarkeitstheorie* stellt denn auch den *richtigen Ansatz* dar. Dies ergibt sich sowohl aus dem Sinn des Suspensiveffekts, der lediglich eine Hemmung der Vollziehbarkeit und nicht der Wirksamkeit des VA fordert, wie auch aus § 80 II Nr. 4 VwGO, die die a.W. durch Anordnung der sofortigen Vollziehung entfallen lässt und durch diese gedankliche Gleichsetzung von a.W. und Aussetzung der Vollziehung, die auch den Vorschriften der §§ 80 III, IV 1 und 2, V 1 und 3 VwGO zugrunde liegt, eindeutig zu erkennen gibt, dass das Wesen der a.W. in der Vollziehbarkeitssuspension besteht.

---

1 BVerwG v. 06.07.1973, DÖV 1973, 786.

2 Vgl. *Schoch* Vorläufiger Rechtsschutz S. 1161; *Kallerhoff* LKV 1991, 237.

3 Vgl. BVerwG v. 25.10.1988, BVerwGE 89, 313 (wegen vollstreckungsrechtlicher Besonderheiten nicht verallgemeinerungsfähig); VG Augsburg v. 10.02.1995, NVwZ-RR 1995, 382 (384); *Schoch* S. 1162 ff.; Schoch/Schmidt-Aßmann/Pietzner/*Schoch* § 80 Rn. 76 ff.

4 BVerwG v. 08.09.1953, BVerwGE 1, 11; v. 17.08.1995, BVerwGE 99, 109 (112); BGH v. 12.03.1993, NJW 1993, 2232 (2233); BWVGH v. 11.04.1986, VBlBW 1987, 141; aber auch v. 18.12.1991, NVwZ 1992, 700; BayVGH v. 17.07.1990, BayVBl 1991, 19 (20); BremOVG v. 17.11.1992, NVwZ-RR 1993, 216 (217); HessVGH v. 30.08.1991, NVwZ 1992, 798 (799); NWOVG v. 09.12.1996, NVwZ 1997, 1006 (1007); RhPfOVG v. 31.05.1976, AS 14, 271; OVG Lüneburg v. 13.05.1986, DÖV 1987, 36; SaarlOVG v. 18.12.1974, AS 14, 183; *Würtenberger* Rn. 509 f.

5 *Schenke* Rn. 951.

6 Schoch/Schmidt-Aßmann/Pietzner/*Schoch* § 80 Rn. 85.

4 Im Übrigen ist die Kontroverse ziemlich fruchtlos, weil die häufig verzerrte Wiedergabe der jeweiligen Theorie durch ihre Gegner verschleiert, dass die Auffassungen oft gar nicht weit auseinander liegen und in der Praxis zumeist zu identischen Ergebnissen führen. *Praktische Bedeutung* kommt dem Theorienstreit nur zu, wenn man einerseits die Wirksamkeitstheorie im Sinne einer (für die Dauer des Rechtsschutzverfahrens) *endgültigen* Wirksamkeitshemmung versteht, andererseits bei der Vollziehbarkeitstheorie nur die Hemmung *behördlicher* Vollziehungsmaßnahmen, wenn auch im weitesten Sinne, zugestehen will.

5 Die *enge Wirksamkeitstheorie* (endgültige Wirksamkeitshemmung) würde in der Tat insoweit über das Ziel hinausschießen, als sie dem VA erst mit der endgültigen Entscheidung im Rechtsbehelfsverfahren Wirksamkeit und dadurch dem Rechtsbehelfsführer bis zu diesem Zeitpunkt den vollen Erhalt seiner bisher innegehabten Rechtsposition zugestehen würde.

> **Beispiel:** Der entlassene Beamte bliebe bis zum rechtskräftigen Urteil, mit dem seine Anfechtungsklage abgewiesen wird, Beamter mit allen sich aus diesem Status ergebenden Rechten und Pflichten. Das bis zu diesem Zeitpunkt gezahlte Gehalt müsste nicht zurückgezahlt werden.

6 Das vorstehende Beispiel der angefochtenen Beamtenernennung wird der Wirksamkeitstheorie immer wieder entgegengehalten trifft diese aber nicht, weil sie in der skizzierten engen Form von kaum jemandem vertreten wird.

Angesichts der Tatsache, dass das Anfechtungsurteil den angefochtenen VA ex tunc kassiert oder bestätigt, kann eine endgültige Wirksamkeitshemmung für die Dauer des vorläufigen Rechtsschutzes sinnvollerweise auch gar nicht behauptet werden und ist von Vertretern der Wirksamkeitstheorie auch selten behauptet worden. Im Gegenteil: Bekennt man sich zur Wirksamkeitstheorie, so ist die Annahme eines ex tunc wirkenden Wegfalls der Wirksamkeitshemmung unausweichlich. Die Aufgabe des Suspensiveffekts besteht darin, die Effektivität des Rechtsschutzes durch Verhinderung irreparabler Sachlagen zu garantieren, also eine Schmälerung der Rechtsposition des WF oder Klägers vor endgültiger Klärung der Rechtslage vorläufig zu verhindern, nicht aber ihm Vorteile, die ihm nach der Rechtslage nicht oder nicht mehr zustehen, endgültig, und sei es auch nur für eine Übergangszeit, zu sichern. Die Wirksamkeitstheorie wurde somit von Anfang an in einem ähnlichen Sinn verstanden wie die sog. vermittelnde Ansicht.

7 Da nach der weiteren Wirksamkeitstheorie bzw. nach der vermittelnden Ansicht die Möglichkeit einer rückwirkenden Aufhebung der Wirksamkeitshemmung offen bleibt, gelangt die Wirksamkeitstheorie zumeist zu den gleichen Ergebnissen wie die Rspr.

> **Beispiel aus der Zeit vor der Postreform:** Wurde gegen den Widerruf der Zulassung zum Postzeitungsdienst Widerspruch und Anfechtungsklage erhoben, so bewirkte die a.W. auch bei Zugrundelegung der Wirksamkeitstheorie, dass die Post die Druckschrift vorläufig zum ermäßigten Gebührensatz weiter zu befördern hatte. Die rechtskräftige Abweisung der Klage ließ allerdings die a.W. rückwirkend entfallen, so dass der Kläger die Gebührendifferenz zu erstatten hatte. Die Verjährung des Gebührenanspruchs war für die Dauer der a.W. gehemmt.[7]
>
> Ebenso ist in der Rspr. des BVerwG anerkannt, dass die a.W. der gegen die Entlassungsverfügung erhobenen Anfechtungsklage für die *fortgezahlten Bezüge* keinen rechtlich verselbständigten, die Endentscheidung in der Hauptsache überdauernden Leistungsgrund materiell-rechtlicher Art darstellt, son-

7 Ebenso BVerwG v. 18.08.1976, NJW 1977, 823.

dern lediglich einen vorläufigen, auf einer verfahrensrechtlichen Fiktion beruhenden und von vornherein *unter dem Vorbehalt des rückwirkenden Fortfalls* stehenden Rechtsgrund i.S.d. entsprechend anwendbaren § 820 I 2 BGB.[8] Das nehmen auch die Vertreter der Wirksamkeitstheorie an. Die Rückforderung beurteilt sich nach § 12 II 1 BBesG i.V.m. §§ 820 I, 818 IV BGB (*Rechtsfolgeverweisung*). Ein Wegfall der Bereicherung durch Verbrauch der fortgezahlten Bezüge zum Lebensunterhalt ist nur ausnahmsweise gegeben, wenn besondere Umstände nach Treu und Glauben verbieten, diesen Einwand unberücksichtigt zu lassen, etwa hinsichtlich des Umfangs des lebensnotwendigen Unterhalts (»tägliches Brot«).[9] Darüber hinaus kann die Behörde nach § 12 II 3 BBesG von der Rückforderung aus Billigkeitsgründen ganz oder teilweise absehen.[10]

Die Annahme eines ex tunc wirksamen Wegfalls der a.W. bedeutet aber nicht, dass die Verwaltung 8
(oder der Richter) befugt ist, nachträglich an das Handeln oder Unterlassen des WF während des Schwebezustandes *Sanktionen* anzuknüpfen, also etwa den WF wegen Ungehorsams gegen den Verwaltungsbefehl strafrechtlich oder disziplinarisch zu verfolgen oder einen VA wegen Missachtung einer Auflage zu widerrufen, denn auch die ex-tunc Wirkung kann die Tatsache der Wirksamkeitssuspension nicht ungeschehen machen.

Ebenso wie eine eng verstandene Wirksamkeitstheorie über den Sinn des vorläufigen 9
Rechtsschutzes hinausschießen würde, ließe eine *eng verstandene Vollziehbarkeitstheorie* Lücken im vorläufigen Rechtsschutz für die Fälle der Drittanfechtung. Wäre nämlich die Vollziehbarkeitshemmung auf behördliche Vollzugsmaßnahmen beschränkt, könnten Rechtsbehelfe des Nachbarn das Gebrauchmachen von der Bauerlaubnis seitens des Bauherrn nicht hemmen, während nach Auffassung der Wirksamkeitstheorie der Bauherr ohne Bauerlaubnis jedenfalls formell baurechtswidrig handeln würde. Der Nachbar müsste deshalb seinen vorläufigen Rechtsschutz nach der für ihn ungünstigeren Norm des § 123 VwGO suchen.

Zwingend wäre diese Interpretation der Vollziehbarkeitstheorie jedoch nur, wenn 10
der *Begriff der Vollziehung in § 80 VwGO* weitgehend identisch wäre mit dem des Vollzuges des Vollstreckungsrechts. Dass dies nicht zutrifft, ergibt sich bereits aus § 80 I 2 VwGO. Rechtsgestaltende VAe sind eines Vollzuges im vollstreckungsrechtlichen Sinn weder zugänglich noch bedürftig, da sie die Rechtsgestaltung unmittelbar herbeiführen und damit den Vollzug gleichsam »in sich« tragen. Wenn § 80 I 2 VwGO gleichwohl auch für sie a.W. anordnet, kann dies nur dahin verstanden werden, dass die VwGO hier *Vollziehung in einem weiten Sinne* verstanden wissen will und deshalb die a.W. auf alle behördlichen Folge- und Ausführungsmaßnahmen erstreckt.[11]

Die Begriffe der a.W. und des Vollzugs bedingen sich folglich *wechselseitig*. Was Vollzug ist, ergibt sich daraus, was aufgeschoben wurde. Das ist keine petitio principii, sondern folgt zwingend aus der Systematik des § 80 VwGO.

Auf eine petitio principii läuft dagegen die Argumentation von *Schoch* hinaus, der sich von einem ähnlichen Ansatz her um eine Rechtfertigung der Wirksamkeitstheorie bemüht. *Schoch* wirft der Vollzieh-

8 BVerwG v. 13.10.1971, JR 1972, 211; v. 25.11.1982, DÖV 1983, 898 (899); BWVGH v. 07.11.1978, DöD 1979, 83.

9 BVerwG v. 23.10.1968, BVerwGE 30, 296.

10 Vgl. zur Rückforderungsproblematik VG Göttingen v. 09.11.1996, NVwZ-RR 1998, 250.

11 Vgl. für die Einstellung der Gehaltszahlung als Vollziehung der Entlassungsverfügung BVerwG v. 16.01.1973, Buchholz 232 § 31 BBG Nr. 18; für die Feststellung des Verlusts der Dienstbezüge wegen unentschuldigten Fernbleibens vom Dienst am neuen Arbeitsplatz nach (angefochtener) Abordnung, BVerwG v. 17.05.1978, BVerwGE 63, 74 (77 f.); für die Kennzeichnung eines Flüchtlingsausweises durch Aussteuerungsvermerk als Vollziehung des Feststellungsbescheids nach § 13 III BVfG a.F. BVerwG v. 06.07.1973, DÖV 1973, 786.

barkeitstheorie vor, sie stelle die gesetzliche Systematik auf den Kopf, da sie den Inhalt der a.W. vom Vollziehungsbegriff her zu begründen versuche. An der Spitze des § 80 VwGO stehe aber die a.W., als deren Korrelat (!) die VzA und der gesetzliche Ausschluss der a.W. fungiere. Was der »Vollziehung« i.S.d. § 80 VwGO zugänglich sei, bestimme sich nach dem Inhalt der a.W.[12] Den Inhalt der a.W. gilt es jedoch gerade zu bestimmen. Was aufgeschoben wird, lässt sich ohne Rückgriff auf den Vollziehungsbegriff gar nicht klären. Die dogmatische Schwäche der Ansicht von *Schoch*, wie allgemein der Wirksamkeitstheorie, liegt darin, dass sie mit dem speziellen Vollzugsbegriff des § 80 VwGO nichts anfangen kann. Die Formel: Aufschiebende Wirkung, *also* keine Wirksamkeit des VA, ist ohnehin verfehlt. Aufgeschoben wird nicht die (innere) Wirkung des angefochtenen VA. Vielmehr haben (Anfechtungs-)Widerspruch und Anfechtungsklage die Wirkung, dass sie den Vollzug des angefochtenen VA suspendieren und damit seine Verwirklichung hemmen.

11 *Keine* Verwirklichungsmaßnahme liegt vor, wenn die behördliche Maßnahme lediglich die Konsequenz aus dem eingetretenen Schwebezustand zieht und ein von dem angefochtenen VA präjudiziell berührtes Verwaltungsverfahren bis zur endgültigen Entscheidung des Aussetzungsstreits *aussetzt*.

**Beispiel:** Eine Polizeibeamtin erhebt gegen die Verfügung, eine Dienstwaffe zu führen, Widerspruch und Anfechtungsklage, die a.W. haben. Solange die durch die a.W. entstandene Schwebelage dauert, darf der Dienstherr zwar eine Beförderung nicht wegen mangelnder Eignung ablehnen, wohl aber die Beförderung zurückstellen, bis die für die Eignung erhebliche Eigenschaft als Waffenträgerin geklärt ist. Die Beförderung setzt nämlich die positive Feststellung der Eignung voraus, die während der Dauer der a.W. nicht möglich ist. Die Zurückstellung ist deshalb keine Folge der (suspendierten) Verfügung, sondern der Suspension selbst.[13]

12 Versteht man die Rechtsnatur der a.W. in diesem Sinne als *Vollziehbarkeitshemmung im weitesten Sinne*, als Verwirklichungshemmung, ist es nur ein kleiner, zudem logisch gebotener Schritt, die a.W. auch auf *private* Folge- und Ausnutzungsmaßnahmen zu erstrecken und sie dem Begriff der Vollziehung i.S.d. § 80 VwGO einzuordnen, mithin die a.W. als umfassende Verwirklichungs- und Ausnutzungshemmung, als *an alle Beteiligten gerichtetes vorläufiges Verwirklichungsverbot* zu definieren.[14] Dass dies auch die Sicht der VwGO ist, ergibt sich bereits aus § 80 II Nr. 4, der die VzA als Gegenstück zur a.W. auch im überwiegenden Interesse eines beteiligten Privaten zulässt, um diesem die Ausnutzung eines ihn begünstigenden VA zu ermöglichen.

13 Die in Rspr. und Lehre überwiegende Meinung hat diesen Schritt bereits seit längerem getan, indem sie dem Nachbarn Rechtsschutz gegen eine ihn belastende Baugenehmigung in der Hauptsache durch Anfechtungsklage, im vorläufigen Verfahren nach § 80 VwGO gewährte und andererseits dem Bauherrn die Möglichkeit einräumte, die a.W. durch VzA entsprechend § 80 II Nr. 4 VwGO zu beseitigen. Gedankliche Voraussetzung dieser Praxis ist nämlich nichts anderes als die Annahme, auch das Gebrauchmachen von der Bauerlaubnis werde durch die a.W. suspendiert wie durch die VzA wieder erlaubt und falle mithin unter den Begriff der Vollziehung i.S.d. § 80 VwGO.

Diese Praxis wurde vom Gesetzgeber durch die Einfügung von § 80 a VwGO und seine Aufnahme in § 80 I 2 VwGO ausdrücklich bestätigt. Angriffe gegen den weiten Begriff der Vollziehung sind seither überholt.

---

12 *Schoch* Vorläufiger Rechtsschutz S. 1173 f.; Schoch/Schmidt-Aßmann/Pietzner/*Schoch* § 80 Rn. 84.

13 Im Ergebnis zu Recht sieht deshalb BerlOVG v. 06.09.1977, AS 14, 151 (153 f.) die Zurückstellung der Beförderung nicht als Verwirklichung der angefochtenen Verfügung, sondern lediglich als von der a.W. nicht berührte sonstige (mittelbare) Folge an.

14 Ebenso ausdrücklich SaarlOVG v. 04.12.1972, AS 13, 71 (79); RhPfOVG v. 31.05.1976, AS 14, 271 f.; BayVGH v. 28.07.1982, DÖV 1983, 38; HessVGH v. 24.11.1989, GewArch 1990, 75.

Die im vorstehenden Sinn fortentwickelte (erweiterte) Vollziehbarkeitstheorie lässt sich als *Verwirklichungstheorie*[15] umschreiben. 14

Die Verwirklichungstheorie unterscheidet sich kaum noch von der vermittelnden Ansicht bzw. der vorläufigen Wirksamkeitstheorie. Der Vollzugsbegriff ist so weit, dass auch hier praktisch fast eine Situation besteht, als ob die Rechtswirksamkeit des angefochtenen VA nicht eingetreten wäre. Insoweit kann man sagen, dass Rechtswirksamkeit und Vollzug gleichgesetzt werden.[16] Doch bedeutet dies nicht, dass die Verwirklichungstheorie in Wahrheit eine anders etikettierte Wirksamkeitstheorie ist,[17] sondern vielmehr, dass beide Theorien notwendigerweise mit einem erweiterten Vollzugsbegriff arbeiten müssen, der ihre unterschiedlichen theoretischen Ansatzpunkte im praktischen Ergebnis weitestgehend nivelliert.

Der Theorienstreit zwischen der vorläufigen Wirksamkeitstheorie und der Verwirklichungstheorie hat zumeist nur *akademische Bedeutung*. Bei gestaltenden VAen oder in gestuften Verfahren verhindert freilich nur die Verwirklichungstheorie einen überschießenden Rechtsschutz.

So hat es der letztlich erfolglose Rechtsbehelfsführer nicht in der Hand, die Wirksamkeit etwa einer Entlassung hinauszuzögern. Behörden sind nicht an der Aufrechnung mit einer Forderung gehindert, wenn der dieser Forderung zugrundeliegende Forderungsbescheid angefochten wurde.[18] Bei stufenförmigen Genehmigungsverfahren führt die Drittanfechtung vorgängiger Teilgenehmigungen (»vorläufiges positives Gesamturteil«) nicht zur formellen Illegalität der weiteren Genehmigungen.[19] Trotz der Möglichkeit einer VzA wäre dem Vorhabenträger die Rechtsunsicherheit in der Schwebesituation unzumutbar.

15 Vgl. *Wieseler* S. 143, 159 ff.; *Hufen* § 32 Rn. 3 f.; NK-VwGO/*Puttler* § 80 Rn. 35 ff.; *Schmitt/Glaeser/Horn* Rn. 250.
16 Vgl. *Papier* VerwArch 1973, 287.
17 So aber *Papier* ebd. Eher ist die vermittelnde Ansicht eine falsch etikettierte Vollzugstheorie.
18 BVerwG v. 27.10.1982, BVerwGE 66, 218; a.A. *Felix* NVwZ 1996, 734.
19 Zutreffend BayVGH v. 17.07.1990, NVwZ-RR 1990, 594; ungenau *Kollmann* DÖV 1990, 189 (195).

15

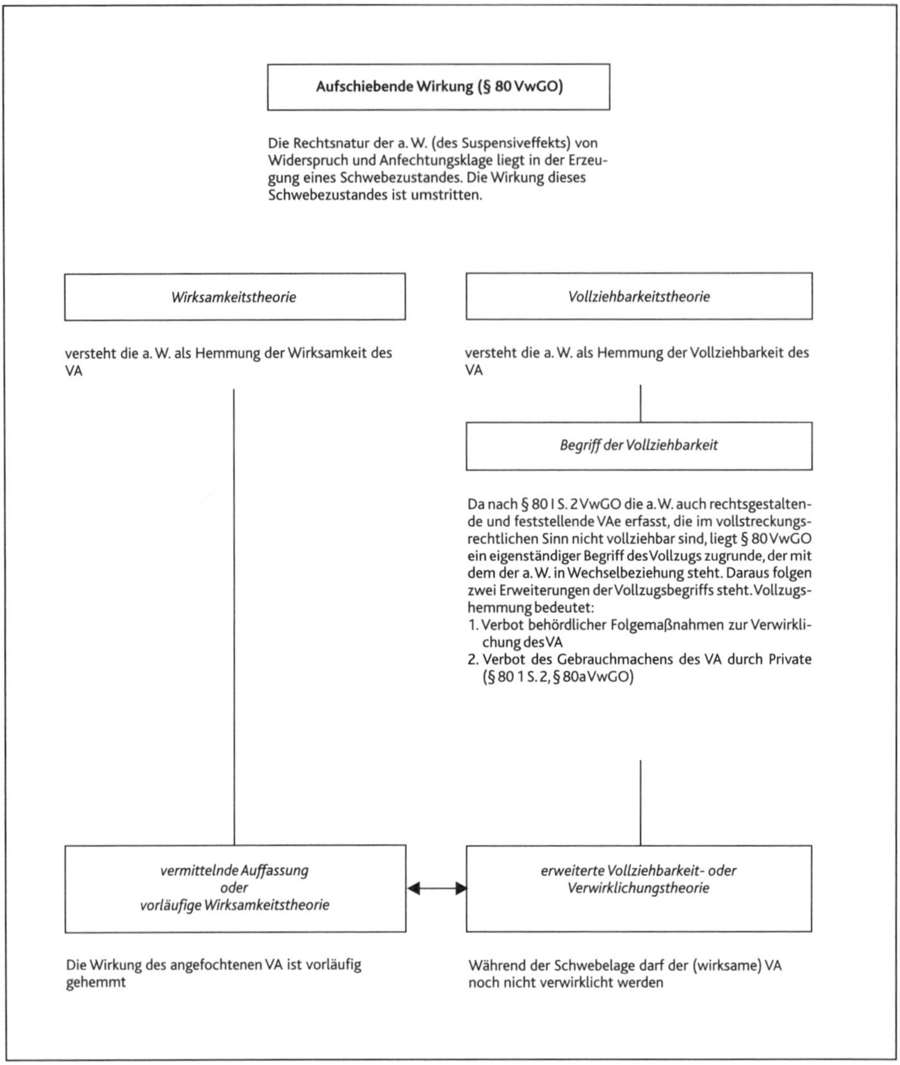


## B. Suspensiveffekt und Erfolgsaussichten des Rechtsbehelfs in der Hauptsache

16 § 80 I 1 VwGO bestimmt apodiktisch, dass Widerspruch und Anfechtungsklage a.W. haben. Die a.W. tritt kraft Gesetzes *»automatisch«* ein. Irgendwelche Anforderungen an Widerspruch und Anfechtungsklagen sieht das Gesetz nicht vor. Fraglich ist gleichwohl, ob jeder *beliebige* Anfechtungswiderspruch und jede Anfechtungsklage a.W. entfalten oder ob nicht Widerspruch und Anfechtungsklage begründet oder wenigstens zulässig sein müssen.

17 Dass für den Eintritt der a.W. die Begründetheit des Rechtsbehelfs ohne Bedeutung ist, ergibt sich bereits aus dem Wesen des vorläufigen Rechtsschutzes: Bis zur endgültigen Klärung der Sach- und Rechtslage – also bis »zur Klärung gerade der Begründetheit des Rechtsbehelfs« – bleibt der Status quo erhalten. Für Fälle *offensichtlicher Unbegründet-*

*heit* kann, von krassen Ausnahmefällen abgesehen, nichts anderes gelten.[20] Diese Sicht wird bestätigt durch § 80 IV 3 VwGO, der davon ausgeht, dass der gesetzliche Ausschluss der a.W. bei der Anforderung von öffentlichen Abgaben und Kosten auch dann eingreift, wenn ernstliche Zweifel an der Rechtmäßigkeit des angegriffenen VA bestehen. Auch der VA mit Drittwirkung erfordert mit Rücksicht auf die Möglichkeit des § 80 a I Nr. 2 VwGO keine Sonderbehandlung.

Nach dem Wortlaut des § 80 I VwGO ist die a.W. ferner lediglich von der Einlegung von Widerspruch und Anfechtungsklage, nicht aber von deren *Zulässigkeit* abhängig. Deshalb soll nach verbreiteter Auffassung die a.W. *unabhängig von der Zulässigkeit des Rechtsbehelfs in der Hauptsache* eintreten.[21] Für die Vertreter dieser rigiden Auffassung liegt der Sinn des § 80 VwGO darin, der »Selbstherrlichkeit der vollziehenden Gewalt« zu begegnen. Das Risiko des Bestehens der a.W. wird der Exekutive aufgebürdet, die ausreichend durch die Möglichkeit der VzA (§ 80 II Nr. 4 VwGO) geschützt sei. Schon im Rahmen der Eingriffsverwaltung ist diese Prämisse fragwürdig. Bei mehrpoligen Rechtsverhältnissen greift die strenge Auffassung jedoch zu kurz. Ein Rechtsschutz, der bereits unzulässigen Rechtsbehelfen a.W. beimisst, kann nicht als ausgewogen bezeichnet werden. 18

Die Gegenmeinung macht den Eintritt der a.W. demgegenüber *generell* von der Zulässigkeit des Rechtsbehelfs abhängig.[22] Dies ergebe sich daraus, dass bei einem wegen Fristversäumnis unzulässigen Rechtsbehelf bereits Unanfechtbarkeit des VA eingetreten und hier eine a.W. bereits begrifflich ausgeschlossen sei[23] und sich für eine Differenzierung zwischen einzelnen Unzulässigkeitsgründen aus dem Gesetz kein Anhaltspunkt ergebe. Die hieraus in Zweifelsfällen folgende Ungewissheit müsse der Bürger hinnehmen, da er durch § 80 V 3 VwGO ausreichend geschützt sei. 19

Die zwischen diesen beiden gegensätzlichen Auffassungen *vermittelnden Meinungen* stellen entweder auf die Evidenz des Unzulässigkeitsgrundes ab oder differenzieren nach der Art des Unzulässigkeitsgrundes. Nach der ersten Ansicht tritt die a.W. nicht ein bei *evidenter Unzulässigkeit* des Rechtsbehelfs, etwa, wenn Widerspruch erst nach Fristablauf eingelegt wird und ein Wiedereinsetzungsantrag offensichtlich aussichtslos ist, der Verwaltungsrechtsweg offensichtlich nicht gegeben ist, die angegriffene Maßnahme offensichtlich keinen VA darstellt oder die Klagebefugnis offensichtlich fehlt.[24] In diesen Fällen bestehe kein Bedürfnis dafür, den Bürger vor einer Vollziehung zu schützen, da es an dem von § 80 I VwGO unterstellten Schutzbedürfnis fehle. Im Falle der evidenten Verfristung sei der Bestand des VA nicht ungewiss und deshalb die Gefahr einer ungerechtfertigten Vollziehung, der das Institut der a.W. begegnen wollte, nicht mehr gegeben. In den übrigen Fällen fehle es an der Vorrangstellung der Verwaltung, die der Suspensiveffekt ausgleichen solle. 20

20 BWVGH v. 03.09.1990, NVwZ-RR 1991, 176 (177); OVG Lüneburg v. 12.06.1987, NVwZ 1987, 999; Schoch/Schmidt-Aßmann/Pietzner/*Schoch* § 80 Rn. 62; NK-WwGO/*Puttler* § 80 Rn. 31; *Wieseler* S. 71 f.; *Schenke* Rn. 956.

21 BerlOVG v. 01.12.1970, AS 11, 98 (101 ff.); SaarlOVG v. 18.12.1974, AS 14, 176 (185); *Leipold* S. 196; *Dürr* DÖV 1994, 841 (852).

22 Vgl. *Huba* JuS 1990, 382 (385); *Schmaltz* DVBl 1992, 230 (231).

23 Ebenso HessVGH v. 24.09.1970, ESVGH 21, 97 (98).

24 BerlOVG v. 01.11.2002, DVBl 2003, 342 (erweitert auf Beteiligungsfähigkeit).

21 Die nach einzelnen Zulässigkeitsgründen *differenzierende Auffassung* macht den Eintritt der a.W. davon abhängig, dass

- der Verwaltungsrechtsweg tatsächlich gegeben ist,
- objektiv ein belastender VA vorliegt,
- der Rechtsbehelf wirksam eingelegt worden ist,
- der Rechtsbehelfsführer rechtsmittelbefugt ist,
- die Rechtsbehelfsfrist gewahrt ist.

Das Erfordernis der Statthaftigkeit des Rechtsbehelfs ergebe sich aus § 80 I VwGO selbst. Bei der Versäumung der Rechtsbehelfsfrist habe der VA Bestandskraft erlangt und sei einer a.W. per definitionem nicht mehr zugänglich.[25] Das Vorliegen der Rechtsbehelfsbefugnis müsse deswegen gefordert werden, weil die Ausschaltung von Popularrechtsbehelfen ein durchgängiges Anliegen der VwGO sei und deshalb der Außenstehende nicht über die Rechtsmacht verfüge, vollzugshemmend in ein ihn nicht berührendes Verwaltungsverfahren einzugreifen.

22 Dem Wortlaut und Sinn des *§ 80 VwGO* wie auch der gesetzlichen Abgrenzung der vorläufigen Rechtsschutzformen in den §§ 80 und 123 VwGO *werden nur die vermittelnden Auffassungen gerecht*. Dass § 80 I VwGO nur eingreifen kann, wenn für das Hauptsacheverfahren der *Rechtsweg* zu den allgemeinen Verwaltungsgerichten eröffnet ist, ergibt sich eindeutig aus dem Geltungsanspruch der VwGO. Ebenso eindeutig lässt sich bereits dem Wortlaut des § 80 I VwGO entnehmen, dass nur anfechtenden Rechtsbehelfen gegen *belastende VAe* a.W. zukommt.[26] Dies wird durch die gesetzliche Interessenwertung in § 123 VwGO bestätigt; wenn nämlich das Gesetz demjenigen, der sich gegen eine nicht als VA zu qualifizierende Maßnahme der Verwaltung richtigerweise vorläufig durch eine e.A. nach § 123 VwGO zu schützen versucht, zumutet, bis zur Entscheidung des Gerichts Verwirklichungsmaßnahmen der Verwaltung hinzunehmen, kann billigerweise nichts anderes gelten, wenn sich der Bürger in der vorläufigen Rechtsschutzform vergreift oder gar dolos auf § 80 VwGO zurückgreift. Der Sinn des § 80 I VwGO steht dieser Auslegung nicht entgegen, sondern fordert sie geradezu. Denn wenn § 80 I VwGO effektiven Rechtsschutz durch »automatische« vorläufige Zementierung des Status quo ante gewährt, um die sich aus dem Eigenwert des belastenden VA ergebende Vorrangstellung der Verwaltung auszugleichen, besteht kein Anlass, den Eintritt des Suspensiveffektes auch dort anzunehmen, wo diese Vorrangstellung gerade nicht gegeben ist.

23 *Insoweit* sind auch Evidenzgesichtspunkte unangebracht, da das Gesetz den Eintritt der a.W. vom Vorliegen eines VA wie der Voraussetzungen des § 40 I VwGO und nicht von ihrer Evidenz abhängig macht. Weitere Anforderungen an den Eintritt der a.W. lassen sich aus dem Wortlaut des Gesetzes nicht ableiten.[27] Man könnte sie nur noch aus dem Sinn und Zweck des Suspensiveffektes folgern. Dies würde in den bewusst knapp und (relativ) voraussetzungslos formulierten § 80 I VwGO ein mit der Ipso-jure-Auto-

25 BVerwG v. 30.10.1992, Buchholz 310 § 137 VwGO Nr. 175; BWVGH v. 03.06.2004, DÖV 2004, 844; HessVGH v. 20.09.1999, InfAuslR 2000, 21; NWOVG v. 18.07.1974, NJW 1975, 794 (795); SchlHOVG v. 10.06.1996 – 4 M 24/96; ThürOVG v. 28.07.1993, LKV 1994, 110.

26 Vgl. BVerwG v. 10.11.1976, NJW 1977, 1166: Versetzung eines Zivildienstpflichtigen kein VA, deshalb auch keine a.W.; ebenso BWVGH v. 04.07.1983, ESVGH 34, 22 f. für die Umsetzung eines Schülers in eine Parallelklasse und BerlOVG v. 25.03.1976, DVBl 1976, 949 (950) für die Auswahl aus der Berufungsliste, kein VA und keine a.W. der Klage der Hochschule; vgl. auch VG Frankfurt v. 09.08.1977, DÖV 1978, 251 (Anm. *Gönsch*) zur Umsetzung eines StA.

27 Insofern unterscheidet das Gesetz jedenfalls in § 80 I VwGO durchaus zwischen einzelnen Gründen der Unzulässigkeit eines Rechtsbehelfs.

matik schwer zu vereinbarendes Maß an Rechtsunsicherheit hineintragen und hinsichtlich der Vollziehung des VA die vom Gesetzgeber vorgesehene Rollenverteilung umkehren. Nicht die Verwaltung müsste aktiv werden und die sofortige Vollziehung anordnen, sondern der der Hoheitsgewalt unterworfene Bürger, um die sofortige Vollziehung zu stoppen.

Beim VA *mit Drittwirkung* besteht indessen eine andere Situation. Hier gilt es, den Missbrauch von Rechtsbehelfen zu verhindern. Indiz für den Rechtsmissbrauch ist ein offensichtlich unzulässiger und in Ausnahmefällen offensichtlich unbegründeter Rechtsbehelf.

Grundsatz BVerwG v. 30.10.1992, DVBl 1993, 256:
*»Der Widerspruch eines durch den angefochtenen VA nicht im Sinne des § 42 II VwGO betroffenen Dritten hat keine a.W.«*

Alle übrigen Zulässigkeitsvoraussetzungen können zwar bei der Prüfung der VzA durch die Verwaltung oder der Entscheidung des Gerichts über die Wiederherstellung oder Anordnung im Rahmen der summarischen Anprüfung der Hauptsache Berücksichtigung finden, nicht aber im Rahmen des § 80 I VwGO. Während in den Fällen der §§ 80 IV/V VwGO eine Prüfung der Erfolgsaussichten in der Hauptsache stattfindet, tritt die a.W. nach § 80 I VwGO automatisch ein. Folglich müssen die Voraussetzungen des § 80 I VwGO im Interesse der Rechtssicherheit klar und griffig sein. **24**

## C. Dauer des Suspensiveffekts

Die a.W. *tritt erst mit der Einlegung des Rechtsbehelfs ein*, äußert dann aber rückwirkende Kraft[28] (arg. § 80 V 3 VwGO). **25**

In der Zeit zwischen Bekanntgabe und Anfechtung ist der VA nach der Sicht des § 80 I VwGO wirksam und grundsätzlich vollziehbar, ohne dass es einer VzA nach § 80 II Nr. 4 VwGO bedürfte.[29] Dies gilt aber nur für die Sicht der VwGO, denn das *Verwaltungsvollstreckungsrecht* macht seinerseits fast durchgehend die Zulässigkeit von Vollstreckungsmaßnahmen von der Unanfechtbarkeit des VA oder dem Ausschluss der a.W. durch Gesetz oder VzA abhängig (vgl. z.B. § 6 I BVwVG). Die Ansicht, ein VA könne vor Eintritt der a.W. vollzogen werden,[30] ist demnach für die dem § 6 I BVwVG unterfallenden VAe auf Herausgabe einer Sache, Vornahme einer Handlung, Duldung oder Unterlassung falsch[31] und kann nur für Leistungsbescheide sowie für feststellende und gestaltende VAe, die einer Vollziehung, nicht aber einer Vollstreckung zugänglich sind, Geltung beanspruchen. **26**

Ist die Nichtbeachtung des VA durch eine *Strafandrohung* sanktioniert (z.B. Verkehrszeichen), besteht eine strafrechtlich erhebliche Gehorsamspflicht nur dann, wenn der VA ohne Rücksicht auf die Einlegung des Rechtsbehelfs vollziehbar, eine a.W. also ausgeschlossen ist. In diesem Fall ist die Nichtbeachtung auch dann strafbar, wenn ein Rechtsbehelf eingelegt worden ist und Erfolg gehabt hat, da die einmal gegebene Straf- **27**

---

28 BVerwG v. 06.07.1973, Buchholz 310 § 80 VwGO Nr. 23; NWOVG v. 18.10.1979, OVGE 34, 240 (242); Schoch/Schmidt-Aßmann/Pietzner/*Schoch* § 80 Rn. 100; *Redeker/v. Oertzen* § 80 Rn. 7; NK-VwGO/*Puttler* § 80 Rn. 50; *Schenke* Rn. 962; *Hufen* § 32 Rn. 8.

29 Vgl. NWOVG v. 20.06.1969, DÖV 1970, 66; *Schmitt/Glaser/Horn* Rn. 247.

30 Vgl. BayObLG v. 12.04.1960, DVBl 1960, 815; wohl auch BGH v. 23.07.1969, BGHSt 23, 86 (91).

31 Wie hier NWOVG v. 14.07.1969, OVGE 25, 91 (93); BWVGH v. 10.11.1969, DÖV 1970, 684.

barkeit nicht rückwirkend entfällt.[32] Hat der Rechtsbehelf dagegen a.W., bleibt der Ungehorsam auch für die Zeit zwischen Bekanntgabe und Einlegung des Rechtsbehelfs straflos.[33]

**28** Schwierig ist die Situation, wenn beim *VA mit Doppel-/Drittwirkung der Begünstigte* bereits *mit der Ausführung des VA begonnen* hat und vor Eintritt der Unanfechtbarkeit Widerspruch und Anfechtungsklage eingelegt werden. Fraglich ist dann, ob durch die a.W. dem Begünstigten *automatisch* verboten ist, die Ausnutzung des VA fortzusetzen,[34] oder ob die Folge der a.W. behördlich durchgesetzt werden muss.[35] Ausgehend von der Verwirklichungstheorie ist grundsätzlich der zuerst genannten Ansicht zu folgen. Bestehen Zweifel am Eintritt der a.W.,[36] so ist es Aufgabe der angerufenen Behörde oder des Gerichts, diese Zweifel zu beheben und festzustellen, dass dem Rechtsbehelf keine a.W. zukommt. Bis dahin darf die Begünstigung nicht ausgenutzt werden.

**29** Schon nach bisherigem Recht *endete die a.W.* des Widerspruchs und der Anfechtungsklage mit der *Unanfechtbarkeit* des VA bzw. mit der *Rechtskraft* der gerichtlichen Entscheidung. Das hat dazu geführt, dass vielfach Rechtsbehelfe nur ergriffen wurden, um Zeit zu schinden. Bei Bauvorhaben war dem Gegner schon damit gedient, das Vorhaben möglichst lange zu verhindern. Vielen Ausländern, die an ihrer Ausreisepflicht an sich keine Zweifel hatten, wollten ihren (legalen) Aufenthalt in der Bundesrepublik möglichst lange ausdehnen. Es liegt auf der Hand, dass eine derartige Motivation mit der Zielsetzung des vorläufigen Rechtsschutzes nichts zu tun hat. Der Zeitgewinn wird hier zur Hauptsache. Dem konnte schon nach bisherigem Recht gegengesteuert werden.[37] *§ 80b VwGO* stellt einen zaghaften Versuch dar, der *Verzögerungstaktik einen Riegel vorzuschieben:* Die a.W. endet (bei noch anfechtbaren VA)[38] auch dann, wenn die Anfechtungsklage im ersten Rechtszug abgewiesen wurde und *drei Monate nach Ablauf der gesetzlichen Begründungsfrist* des gegen die abweisende Entscheidung gegebenen Rechtsmittels (Zulassungsantrag nach § 124a VwGO)[39] Revision abgelaufen sind (§ 80b I 1 VwGO).[40]

Ursprünglich sollte die a.W. bereits mit Ablauf der Begründungsfrist enden.[41] Die Gesetz gewordene Fassung trägt praktischen Bedenken Rechnung, das OVG könnte mit vorläufigen Rechtsschutzanträgen überschwemmt werden. Die jetzige Dreimonatsfrist stellt sicher, dass in der Mehrzahl der Fälle entweder bereits eine ablehnende, die Unanfechtbarkeit herbeiführende Zulassungsentscheidung vorliegt oder aber eine Annahme

---

32 BayObLG v. 26.02.1969, BayVBl 1969, 329; OLG Karlsruhe v. 28.04.1977, NJW 1978, 116; HbgOLG v. 23.11.1979, JZ 1980, 110; NK-VwGO/*Puttler* § 80 Rn. 52; a.A. OLG Frankfurt v. 26.10.1966, NJW 1967, 262; *Schenke* JR 1970, 450; *Berg* WiVerw. 1982, 169; differenzierend *Lorenz* DVBl 1971, 165; *Gerhards* NJW 1978, 86; vgl. auch *Odenthal* NStZ 1991, 418 und BVerfGE 87, 399; 80, 244.

33 BGHSt v. 23.07.1969, BGHSt 23, 86 (91 f.); OLG Hamm v. 21.12.1978, NJW 1979, 728.

34 Schoch/Schmidt-Aßmann/Pietzner/*Schoch* § 80 Rn. 100.

35 *Liebig/Hoyer* UPR 1985, 49 f.

36 Oben Rn. 22.

37 Durch VzA oder, wenn die a.W. gerichtlich angeordnet war, durch Abänderungsanträge bei Gericht.

38 Ist kein Rechtsmittel gegen die erstinstanzliche Entscheidung gegeben oder wurde diese Entscheidung rechtskräftig, kommt es nicht zum Lauf der Rechtsmittelbegründungsfrist. Die a.W. endet dann mit Unanfechtbarkeit des VA.

39 Auch er ist ein Rechtsmittel, da er Suspensiv- und Devolutiveffekt hat (vgl. oben § 3 Rn. 12). Wie hier *Lotz* BayVBl 1997, 257 (262 f.); Schoch/Schmidt-Aßmann/Pietzner/*Meyer-Ladewig* § 124a Rn. 8.

40 Die Befristung der a.W. nach § 80b I VwGO gilt nicht im Rahmen von Berufungsverfahren nach altem Recht.

41 BT-Drucks. 13/3993, S. 11 zu Nr. 7.

der Berufung, die zumeist Anlass geben wird, die a.W. zu verlängern.[42] Da der Rechtsmittelführer mit seinem Zulassungsantrag in aller Regel zugleich einen Verlängerungsantrag nach § 80b II VwGO stellen wird, kann das OVG ohne großen Mehraufwand über die Zulassung der Berufung und a.W. in einem Beschluss entscheiden.[43]

Das Ende der aufschiebenden Wirkung nach Ablauf der genannten Frist bezieht sich nach § 80b I 2 VwGO auch auf die Fälle, in denen eine behördliche Vollziehungsaussetzung erfolgte (§ 80 IV, § 80a I Nr. 2 VwGO) oder die a.W. gerichtlich angeordnet oder wiederhergestellt worden ist (§ 80 V, § 80a III VwGO). Eine *Ausnahme* gilt, wenn »die Behörde«[44] die Vollziehung bis zur Unanfechtbarkeit ausgesetzt hat. Offenbar sollte dadurch auf die Sachherrschaft der Behörde über den von ihr erlassenen VA Rücksicht genommen werden. Hierzu bestand aber kein Anlass. Der Behörde wird eine Einschätzungsprärogative der Sach- und Rechtslage eingeräumt, die nach Abweisung der Anfechtungsklage und im Hinblick auf § 80b II VwGO wenig einsichtig erscheint und fast schon einem venire contra factum proprium gleichkommt. Die Aussetzung der Vollziehung bei Unsicherheit über die Rechtmäßigkeit der eigenen Entscheidung ist verständlich. Wurden die rechtlichen Zweifel gerichtlich ausgeräumt, wird jedes Zaudern unverständlich. Die Ungereimtheiten der Regelung lassen sich dadurch vermeiden, dass nach Klageabweisung die Behörde die Aussetzung bis zur Unanfechtbarkeit entsprechend § 80 VII 1 VwGO wieder aufhebt. 30

Nach *§ 80b II VwGO* kann das OVG *die Fortdauer der a.W. anordnen.* Der Antrag setzt keinen vergeblichen Aussetzungsantrag bei der Behörde voraus, doch ist § 80 VI VwGO entsprechend anwendbar.[45] Es steht zu befürchten, dass die Regelung zusätzliche gerichtliche Verfahren geradezu provoziert. Ob die Neuregelung einer flexiblen Handhabung des § 80 VII VwGO vorzuziehen war, wird sich erst noch erweisen müssen. 31

42 Vgl. BT-Drucks. 13/5098, S. 23 zu Nr. 7.

43 *Schmieszek* NVwZ 1996, 1151 (1154 f.). Die verfassungsrechtlichen Bedenken von *Lackner* JA 1997, 526 (528) sind deshalb ungegründet.

44 Gemeint ist die Behörde, die den VA erlassen oder über den Widerspruch zu entscheiden hat. § 80b I 1 Halbs. 2 VwGO betrifft dagegen die Fallkonstellation, dass die Anfechtungsklage a.W. hat; NWOVG v. 10.10.1997, NVwZ-RR 1998, 312.

45 Zu den Entscheidungskriterien NWOVG v. 29.05.2001, NVwZ-RR 2001, 76.

# § 54 Ausschluss des Suspensiveffekts kraft Gesetzes

## A. Allgemeines

1 Selbst im Staat-/Bürger-Verhältnis darf dem Schutzzweck des Suspensiveffekts nicht unbeschränkt Vorrang eingeräumt werden. Vielmehr können sich im Gemeinschaftsleben auch Situationen ergeben, in denen mit Rücksicht auf die öffentlichen Interessen die Behörden zu Sofortmaßnahmen in der Lage sein müssen. § 80 II VwGO versucht zwischen dem Interesse am Schutz der Individualsphäre und dem öffentlichen Interesse an sofortiger Vollziehung einen tragfähigen Ausgleich zu finden.[1] Die a.W. von Widerspruch und Anfechtungsklage ist danach nur die Regel. In *Ausnahmesituationen »entfällt«* sie. Eine völlige Umkehrung des Regel-/Ausnahme-Verhältnisses liegt vor, wenn die a.W. – von vornherein – kraft Gesetzes ausgeschlossen ist.

*Kraft Gesetzes* entfällt die a.W. von Widerspruch und Anfechtungsklage in den in § 80 II Nr. 1 bis 3 VwGO genannten Fällen. Vorläufigen Rechtsschutz erlangt der Betroffene hier durch Anträge nach § 80 IV und § 80 V VwGO.

## B. Anforderung öffentlicher Abgaben und Kosten (§ 80 II 1 Nr. 1 VwGO)

### I. Sinn des § 80 II 1 Nr. 1 VwGO

2 Der Ausschluss der a.W. bei der Anforderung öffentlicher Abgaben und Kosten dient den Interessen einer überschaubaren öffentlichen Finanzwirtschaft. Er soll verhindern, dass den öffentlichen Haushalten durch zahlreiche Rechtsbehelfe, die sich später als unbegründet erweisen, auf unabsehbar lange Zeit Einnahmen entzogen werden. Denn dadurch würde eine ordnungsgemäße Haushaltsplanung unmöglich gemacht.[2] Bliebe es im Regelfall bei der a.W., wäre die Finanzierung notwendiger öffentlicher Aufgaben gefährdet.[3] Andererseits ist die private Vorleistungspflicht bei einer behördlichen Fehleinschätzung materiell nur gerechtfertigt, wenn es später zu einer Ertragsabschöpfung der staatlichen Kapitalnutzung kommt.[4]

### II. Öffentliche Abgaben und Kosten

3 Entsprechend der eingeschränkten Bedeutung des § 80 II 1 Nr. 1 VwGO, der öffentlichen Hand die Geldbeträge, auf die sie zur Erfüllung ihrer Aufgaben angewiesen ist, ohne Verzögerung durch Rechtsbehelfe zur Verfügung zu stellen, ist der Begriff der öffentlichen Abgaben und Kosten *eng* zu verstehen. Er beschränkt sich auf die Geldleistungslasten, die nach allgemeingültigen, im Voraus festgelegten, also normativen Sätzen erhoben werden, um den öffentlichen *Finanzbedarf* zu decken.[5] Dies dann aber in einem umfassenden Sinn.

---

1 So die Begründung zum Reg.-Entw., BT-Drucks. III/55, S. 39.

2 Vgl. BVerwG v. 17.12.1992, DVBl 1993, 441; BWVGH v. 01.07.1971, KStZ 1972, 59; BayVGH v. 22.01.1985, BayVBl 1985, 409; BerlOVG v. 13.12.1994, NVwZ-RR 1995, 433 (434); HbgOVG v. 23.04.1991, NVwZ-RR 1992, 318; HessVGH v. 14.01.1991, NVwZ-RR 1992, 378; NdsOVG v. 19.05.1992, NVwZ-RR 1993, 279; NWOVG v. 17.03.1994, NVwZ-RR 1994, 617; RhPfOVG v. 25.08.1988, NVwZ-RR 1990, 54; SaarlOVG v. 30.06.1986, DÖV 1987, 1115.

3 Vgl. auch *Wüterich* NVwZ 1987, 959.

4 Zutreffend *Heckmann* Der Sofortvollzug staatlicher Geldforderungen, 1992.

5 Grundlegend BVerwG v. 17.12.1992, DVBl 1993, 441; vgl. auch BayVGH v. 16.07.1990, DÖV 1990, 119. Zum sanierungsbezogenen Ausgleichsbetrag VG Dresden v. 22.01.1997, NVwZ-RR 1997, 189; zu Kostenbeiträgen nach §§ 91 ff. SGB VIII LSAOVG v. 21.05.2008, NJW 2008, 3304 (3305).

Der Begriff der in § 80 II 1 Nr. 1 VwGO erwähnten *öffentlichen Abgaben* ist gesetzlich nicht definiert. 4

Die *Entstehungsgeschichte* der Vorschrift ist wenig aufschlussreich. Die Formulierung öffentliche Abgaben und Kosten entstammt den §§ 51 der SüddeutschenVGG und MRVO Nr. 165. Sie sollte eine Angleichung an das Steuerrecht im engeren Sinne bewirken, das Rechtsmitteln ebenfalls a.W. versagt (BTDrs III/55, S. 40). Der Hinweis auf die Steuergesetzgebung in den Materialien der Vorschrift war wohl mit dafür verantwortlich, dass man ursprünglich unter »öffentlichen Abgaben« überwiegend nur Steuern, Gebühren und Beiträge verstand.[6] Diese Ansicht war aber selbst bei restriktivem Verständnis der Zweckrichtung von § 80 II Nr. 1 VwGO zu eng.

Nach *Sinn und Zweck* von § 80 II 1 Nr. 1 VwGO kommt es nicht allein auf den *steten* Eingang bestimmter Abgaben an, sondern auf den vorhersehbaren Eingang von Abgaben schlechthin. Gerade in der gegenwärtigen Finanzlage Deutschlands ist die Finanzierungsfunktion manifest. Erfüllt dabei die Auferlegung einer Geldleistungslast mehrere Funktionen, so muss es genügen, wenn sie *auch* und nicht unerheblich auf die Finanzierung staatlicher Aufgaben abzielt. Dass die Geldforderung dann daneben einen Antriebs-, Lenkungs-, Zwangs- oder Strafzweck erfüllt, schließt das Vorliegen einer öffentlichen Abgabe nicht aus; der Verwendungszweck der Geldleistung ist ebenfalls unerheblich.[7]

**Beispiele** für öffentliche Abgaben i.S.v. § 80 II 1 Nr. 1 VwGO sind demnach auch die Abwasserabgabe,[8] die Ausgleichsabgabe nach § 77 SGB IX,[9] Zweitwohungssteuern[10] Beiträge zum Abwrackfonds,[11] Umlagen von Verwaltungsgemeinschaften,[12] Sonderabfallabgaben,[13] Ausgleichszahlungen nach § 154 I BauGB,[14] die Ausgleichszahlungen nach dem Gesetz zum Abbau von Fehlsubventionierung und der Mietverzerrung im Wohnungswesen,[15] Kostenbeiträge im Bereih der Jugendhilfe[16] und Studienbeiträge.[17] Beiträge zu öffentlich-rechtlichen berufsständischen Versorgungswerken,[18] Duldungsbescheide i.S.d. § 191 AO,[19] Stundungszinsen[20] und Säumniszuschläge.[21] *Keine* Abgaben sind Geldleistungen, die zur Ablösung der Stellplatzpflicht gezahlt werden, da kein Vorteilszusammenhang ersichtlich ist.[22]

---

6 So noch die 5. Aufl. dieses Buchs m.w.N.

7 BWVGH v. 27.01.1984, DVBl 1984, 394; BayVGH v. 19.12.2007, BeckRS 2008, 35665; NdsOVG v. 10.11.2006, NVwZ-RR 2008, 113.

8 BWVGH v. 27.01.1984, ESVGH 34, 141; BayVGH v. 18.01.1984, BayVBl 1984, 279; NWOVG, NVwZ 1984, 394; RhPfOVG v. 14.04.1987, NVwZ 1987, 983; a.A. HessVGH v. 28.06.1983, ESVGH 33, 291; OVG Lüneburg v. 27.07.1983, DVBl 1983, 948.

9 BayVGH v. 22.11.1979, NJW 1980, 720; a.A. VG Berlin v. 25.06.1979, NJW 1980, 77.

10 LSAOVG v. 30.04.2008, NVwZ-RR 2008, 818.

11 NWOVG v. 03.11.1997, NVwZ-RR 1998, 515.

12 VG Dessau v. 30.09.1997, LKV 1998, 326.

13 HessVGH v. 26.09.1994, NVwZ 1995, 1027.

14 BVerwG DVBl 1993, 441; BremOVG v. 26.11.1987, NVwZ 1988, 752; a.A. NWOVG v. 23.11.1987, OVGE 39, 238.

15 BayVGH v. 03.06.1991, ZMR 1991, 497; HbgOVG v. 23.04.1991, NVwZ-RR 1992, 318; BlnOVG v. 08.04.1986, NVwZ 1987, 61; NWOVG v. 03.09.1992, NVwZ-RR 1993, 269; RhPfOVG v. 21.05.1992, NVwZ-RR 1992, 1426. Zur Nutzungsentschädigung, die gegenüber einem Obdachlosen im Rückgriff geltend gemacht wird, VG Neustadt v. 12.03.1991, NVwZ 1991, 705.

16 LSAOVG v. 21.05.2008, NJW 2008, 3304 und 3307.

17 HessVGH v. 26.03.2008, DVBl 2008, 667 (LS).

18 HessVGH v. 07.05.1993, NJW 1994, 145; vgl. auch RhPfOVG v. 12.01.1994, NVwZ 1996, 90 (Insolvenzsicherungsgebühr).

19 RhPfOVG v. 11.01.1989, NJW 1989, 1878.

20 HessVGH v. 15.02.1994, NVwZ-RR 1995, 235; BayVGH v. 26.05.1987, NVwZ 1988, 745.

21 HessVGH v. 27.09.1994, DÖV 1995, 429 (»Druckmittel eigener Art«); HessVGH v. 27.09.1994, NVwZ-RR 1995, 158.

22 OVG Lüneburg v. 21.11.1983, NJW 1984, 1916; NWOVG v. 22.01.1985, NVwZ 1987, 62.

5 *Öffentliche Kosten* i.S.d. § 80 II 1 Nr. 1 VwGO sind nur die in einem förmlichen Verwaltungsverfahren einschließlich des Vorverfahrens entstandenen Gebühren und Auslagen.[23]

6 *Geldleistungen*, die dem Pflichtigen im Rahmen einer Zwangsvollstreckung auferlegt werden

- etwa Zwangsgelder,[24] Kosten einer Ersatzvornahme[25] oder unmittelbaren Ausführung[26] –,

sind deshalb weder Abgaben noch Kosten i.S.d. § 80 II 1 Nr. 1 VwGO, da sie weder unmittelbar der Deckung des öffentlichen Finanzbedarfs dienen, noch nach festen Sätzen erhoben werden. Für ihren Grund und ihre Höhe sind vielmehr die besonderen Umstände des Einzelfalles maßgebend. An ihrer sofortigen Vollziehung besteht deshalb nur ein begrenztes Allgemeininteresse, dem die allgemeinen Regeln der §§ 80 I und 80 II 1 Nr. 4 VwGO ausreichend gerecht werden. Vollstreckungskosten *als solche* fallen dagegen unter § 80 II 1 Nr. 1 VwGO.[27]

Ebenso zu behandeln wie die Geldleistungen im Rahmen einer Zwangsvollstreckung sind die Kosten für eine Fürsorgeerziehung[28] oder die Reparatur einer Anschlussleitung an die gemeindliche Wasserversorgung[29] sowie das von einem Beamten an einer Hochschule im Rahmen der Nebentätigkeit zu leistende Nutzungsentgelt für die Inanspruchnahme von Einrichtungen, Personal und Material.[30]

7 Wirtschaftslenkende *Sonderabgaben* dienen zwar nicht vornehmlich Ertragszwecken zur Deckung des allgemeinen Finanzbedarfs.[31] Sie tragen gleichwohl wesentlich zur Finanzierung wichtiger öffentlicher Aufgaben bei. Daher werden auch sie von § 80 II 1 Nr. 1 VwGO erfasst.

## III. Anforderung

8 Auch der Begriff »*Anforderung*«[32] ist kein terminus technicus des Abgabenrechts, kann also nach Sinn und Zweck des § 80 II 1 Nr. 1 VwGO ausgelegt werden. Da, wie dargestellt, die Deckung des öffentlichen Finanzbedarfs gewährleistet werden soll, muss der

23 Statt vieler RhPfOVG v. 10.04.1991, NVwZ-RR 1992, 221; NdsOVG v. 19.05.1992, NVwZ-RR 1993, 279. Der Kostenersatz für einen Feuerwehreinsatz wird nicht erfasst; VG Cottbus v. 03.04.1997, NVwZ-RR 1998, 174.

24 Vgl. OVG Lüneburg v. 25.02.1974, OVGE 30, 382 (383). Zum Widerspruch gegen einen Pfändungs- und Überweisungsbeschluss BayVGH v. 04.12.1992, NJW 1993, 953.

25 Vgl. BWVGH v. 05.02.1996, DÖV 1996, 425; BlnOVG v. 13.04.1995, NVwZ-RR 1995, 575; Bl-BbgOVG v. 23.12.2005, DÖV 2006, 309; RhPfOVG v. 28.07.1998, DVBl 1999, 116; SächsOVG v. 21.02.2003, NVwZ-RR 2003, 475; a.A. BayVGH v. 15.11.1993, BayVBl 1994, 371; v. 27.06.1994, NVwZ-RR 1994, 618; Bln-BbgOVG v. 23.12.2005, DÖV 2006, 399; HessVGH v. 06.06.1997, NVwZ-RR 1998, 534 (Anforderungen von Ersatzvornahmekosten seien Maßnahmen »in« der Verwaltungsvollstreckung).

26 BWVGH v. 09.06.1986, NVwZ 1986, 933. Vgl. aber für die Abschleppkosten BayVGH v. 24.10.1989, BayVBl 1990, 435.

27 HessVGH v. 25.10.1974 ESVGH 26, 185 (Mahngebühren); BWVGH v. 26.03.1984, VBlBW 1984, 245 (Gebühren und Auslagen für unmittelbaren Zwang); vgl. aber *Erdmann* NVwZ 1988, 508.

28 Vgl. VG Braunschweig v. 17.10.1961, DVBl 1962, 299.

29 Vgl. HbgOVG v. 20.03.1990, NVwZ 1990, 1003.

30 NWOVG v. 16.10.1985, DVBl 1986, 475.

31 Vgl. zum Charakter derartiger nichtfiskalischer Abgaben BVerfG v. 10.12.1980, BVerfGE 55, 274; *Henseler* Begriffsmerkmale und Legitimation von Sonderabgaben, 1984; *Meßerschmidt* DVBl 1987, 925; *Heun* DVBl 1990, 666.

32 Vgl. auch NK-VwGO/*Puttler* § 80 Rn. 66.

Begriff der Anforderung weit ausgelegt werden. Er meint nicht nur Geldanforderungen, sondern alle VAe, die zur Realisierung des behördlichen Anspruchs auf öffentliche Abgaben oder Kosten ergehen, also sowohl den Leistungsbescheid wie die zu seiner Durchsetzung erlassenen *Vollstreckungsakte*, da ansonsten der Zweck des § 80 II 1 Nr. 1 VwGO nicht erreicht werden könnte.[33] Erfasst wird folglich auch der *Widerruf einer Abgabenstundung*.[34]

Bei Vollstreckungsakten von Landesbehörden kann zudem die a.W. bereits aufgrund § 80 II 2 VwGO i.V.m. einer landesrechtlichen Ausführungsbestimmung ausgeschlossen sein.

Der die Geldleistung anfordernde VA muss allerdings bereits ergangen sein. VAe, mit denen lediglich *Hilfs- und Nebenpflichten des Abgabeschuldners* geltend gemacht werden (z.B. Auskunft über einen abgabepflichtigen Vorgang), um zu ermitteln, ob und in welcher Höhe eine Abgabenschuld entstanden ist, fordern die Abgabe nicht an, sondern bereiten ihre Anforderung nur vor und fallen deshalb nicht unter § 80 II 1 Nr. 1 VwGO.[35] 9

## IV. Kostenentscheidungen im Zusammenhang mit einer Hauptsacheentscheidung

Ebenso wenig greift § 80 II 1 Nr. 1 VwGO ein, wenn ein VA angefochten wird, der neben der Entscheidung zur Hauptsache eine Kostenentscheidung enthält. Beschränkt sich die Kostenentscheidung auf die *Kostenlast* dem Grunde nach,[36] liegt noch keine Anforderung der Kosten i.S.d. § 80 II 1 Nr. 1 VwGO vor.[37] 10

Werden über die Kostenlastentscheidung hinaus bereits *Kosten festgesetzt*, z.B. Baugenehmigungs- oder Widerspruchsgebühren, so werden zwar Kosten angefordert, denn die Festsetzungsentscheidung ist Leistungsbescheid i.S.d. Verwaltungsvollstreckungsgesetze. Gleichwohl entfällt die a.W. nicht, da § 80 II 1 Nr. 1 VwGO, wie sich aus der Gegenüberstellung von öffentlichen Abgaben und Kosten ergibt, nur die Fälle erfassen will, in denen ausschließlich und selbständig um Abgaben oder Kosten gestritten wird, der Abgaben- oder Kostenstreit mithin die Hauptsache darstellt.[38] Zudem ist die Rechtmäßigkeit der Kostenfestsetzung abhängig von dem Ausgang des Rechtsstreits in der Hauptsache, so dass es ungerechtfertigt wäre, den Festsetzungsbescheid vor Abschluss des Hauptsacheverfahrens zu vollziehen.[39] 11

Die Kostenentscheidung als vom VA in der Hauptsache rechtlich abhängige Neben- bzw. Folgeentscheidung teilt deshalb hinsichtlich der a.W. und Vollziehbarkeit das Schicksal des VA in der Hauptsache.[40]

---

33 Vgl. NWOVG, v. 17.12.1969, OVGE 25, 197; RhPfOVG v. 11.01.1989, NJW 1989, 1878.

34 Vgl. BayVGHE v. 17.12.1973, BayVGHE 26, 228.

35 Vgl. NWOVG v. 14.07.1969, OVGE 25, 91 (93); RhPfOVG v. 04.01.1961, AS 8, 166 (170): Anordnung, Bücher vorzulegen.

36 Vgl. dazu § 44 Rn. 4.

37 Vgl. *Finkelnburg/Jank* Rn. 690 f.

38 Vgl. BayVGH v. 14.11.1960, BayVGHE 13, 118 (119 f.); OVG Lüneburg v. 25.02.1974, OVGE 30, 383; VG Hamburg v. 26.11.1981, KStZ 1983, 119; Schoch/Schmidt-Aßmann/Pietzner/*Schoch* § 80 Rn. 119; a.A. HessVGH v. 23.03.1999, ZfBR 1999, 358; SaarlOVG v. 01.02.1982, AS 17, 32; NdSOVG v. 19.05.1992, NVwZ-RR 1993, 279; RhPfOVG v. 10.04.1991, NVwZ-RR 1992, 221; NWOVG v. 15.05.2003, DÖV 2003, 864.

39 Vgl. HbgOVG v. 03.07.1984, DÖV 1985, 206.

40 Vgl. BWVGH v. 04.05.1987, VBlBW 1988, 19.

12 *Rechtsbehelfe gegen Kostenentscheidungen* haben dabei nur dann keine a.W. nach § 80 II 1 Nr. 1 VwGO, wenn

- sie gegen *isolierte Kostenentscheidungen*, die ohne eine materielle Entscheidung in der Hauptsache ergehen, also etwa bei Zurücknahme eines Antrags oder Rechtsbehelfs oder anderweitiger Erledigung, erhoben werden,[41]
- sie die *Kostenentscheidung isoliert anfechten* und der VA in der Hauptsache bereits bestandskräftig ist,[42]
- der *VA in der Hauptsache selbst eine Abgaben- oder Kostenstreitigkeit* i.S.d. § 80 II 1 Nr. 1 darstellt.[43]

13 Ist dagegen die Kostenentscheidung im Zusammenhang mit einer selbst nicht unter § 80 II 2 Nr. 1 VwGO fallenden Hauptsacheentscheidung ergangen, kann die a.W. nur durch eine Anordnung nach § 80 II 2 Nr. 4 VwGO ausgeschlossen werden, und zwar unabhängig davon, ob die Kostenentscheidung im äußeren Zusammenhang mit der Hauptentscheidung, also als ihr formaler Bestandteil, oder in Gestalt eines hiervon losgelösten, gesonderten und in diesem Sinne isolierten Kostenbescheids ergangen ist.

## C. Unaufschiebbare Anordnungen und Maßnahmen von Polizeivollzugsbeamten (§ 80 II 1 Nr. 2 VwGO)

14 § 80 II 1 Nr. 2 VwGO soll den Bedürfnissen der polizeilichen Praxis, unaufschiebbare Maßnahmen sofort durchführen zu können, Rechnung tragen. Sein Geltungsbereich ist beschränkt auf die *Vollzugspolizei im institutionellen Sinn*, die sog. Schutzpolizei (Kriminal-, Verkehrs-, Wasserschutz-, Bereitschaftspolizei). Maßnahmen der Verwaltungspolizei (Ordnungsbehörden) fallen nicht unter § 80 II 1 Nr. 2 VwGO. Der Begriff der Unaufschiebbarkeit deckt sich weitgehend mit den Voraussetzungen, von denen das Polizeirecht i.d.R. das Eingreifen der subsidiären Zuständigkeit der Vollzugspolizei abhängig macht (vgl. § 44 II 2 StVO und die Nachfolgebestimmungen zu § 6 II 2 PrPVG). Auf jeden Fall muss das sofortige Eingreifen erforderlich sein.[44]

15 Da *Verkehrszeichen* wegen ihrer Austauschbarkeit und Funktionsgleichheit mit Einzelanordnungen eines Verkehrspolizisten zu Recht als (personale) Allgemeinverfügungen verkehrspolizeilicher Art angesehen werden und ihre Beachtung ihrer Natur nach keinen Aufschub dulden, gilt § 80 II 1Nr. 2 VwGO analog auch für sie.[45] Für *Fahrtenbuchauflagen* scheidet diese Analogie dagegen aus, da § 80 II 1 Nr. 2 VwGO VAe meint, die durch tatsächliches Handeln oder Vollzugsmaßnahmen ergehen.[46]

## D. Ausschluss durch Bundesgesetz (§ 80 II 1 Nr. 3 VwGO)

16 Nach § 80 II 1 Nr. 3 VwGO entfällt die a.W. auch in anderen durch Bundesgesetz oder für Landesrecht durch Landesgesetz vorgeschriebenen Fällen. Da der Bundesgesetzge-

41 Vgl. BayVGH v. 18.11.1965, BayVGHE 18, 90 (91).
42 Eyermann/*J. Schmidt* § 80 Rn. 23.
43 Vgl. BayVGH v. 18.11.1965, BayVGHE 18, 91.
44 Vgl. VG Frankfurt v. 05.10.1989, NVwZ 1990, 1100.
45 BVerwG v. 13.03.2008, DÖV 2008, 680 (681); BGH v. 23.07.1969, BGHSt 23, 86 (89); BWVGH v. 17.10.1973; ESVGH 24, 81 (Gesamtanalogie zu § 80 II 1 Nr. 1 bis 3); v. 03.08.1995, NVwZ-RR 1996, 306; BremOVG v. 14.03.1991, NVwZ 1991, 1194; HessVGH v. 12.11.1992, NVwZ 1993, 389; v. 05.03.1999, NJW 1999, 1631; kritisch Schoch/Schmidt-Aßmann/Pietzner/*Schoch* § 80 Rn. 123.
46 BVerwG v. 03.10.1978, NJW 1979, 1055; vgl. auch BVerwG v. 22.06.1995, Buchholz 442.16 § 31 a StV 20 Nr. 22; BlnOVG v. 13.03.2003, NJW 2003, 2402. Aus den gleichen Gründen fällt die Anordnung eines Smog-Alarms nicht unter § 80 II Nr. 2 VwGO; a.A. NK-VwGO/*Puttler* § 80 Rn. 68; *Jarass* NVwZ 1987, 95 ff.

ber an die VwGO nicht gebunden ist, kann der erste Verweis in § 80 II 1 Nr. 3 VwGO – will man ihm nicht lediglich deklaratorische Bedeutung zumessen – nur den Sinn haben, auch vor Erlass der VwGO vorhandenes Bundesrecht und übergeleitetes Reichsrecht unberührt zu lassen. Der *Ausschluss* der a.W. kann nur *durch formelle Bundes- oder Landesgesetze* erfolgen und muss ausdrücklich ausgesprochen werden.[47]

Beim Ausschluss der a.W. ließ der Bundesgesetzgeber früher weder System noch *Konzeption* erkennen. Leitbild blieb der effektive Rechtsschutz in bipolaren Rechtsverhältnissen der Eingriffsverwaltung. In jüngerer Vergangenheit wurden dem Gesetzgeber aber die Belange einer dynamischen Industriegesellschaft, deren rasche Anpassungsfähigkeit Existenzbedingung des sozialen Rechtsstaats ist, zunehmend bewusst. In mehrpoligen Rechtsverhältnissen machten Spezialgesetze den Ausschluss der a.W. von Widerspruch und Anfechtungsklage zur Regel. Diese Entwicklung verdeutlicht der Zusatz in § 80 II 1 Nr. 3 VwGO »insbesondere für Widersprüche und Klagen gegen VAe, die Investitionen und die Schaffung von Arbeitsplätzen betreffen«, dem ansonsten keine normative Bedeutung zukommt. In bipolaren Rechtsverhältnissen orientierte sich der Gesetzgeber an den Fallgruppen des § 80 II 1 Nr. 1 und 2 VwGO. 17

Bundesgesetzliche Bestimmungen, durch die die a.W. von Widerspruch und Anfechtungsklage ausgeschlossen wird, finden sich auf den Gebieten des *Ausländer- und Asylrechts*.

**Beispiele:** § 84 AufenthG (Ablehnung der Erteilung oder Verlängerung der Aufenthaltsgenehmigung, nicht dagegen für die Androhung und Anordnung der Abschiebung, bei denen die a.W. allerdings nach § 80 II 2 VwGO i.V.m. Landesrecht ausgeschlossen sein kann,[48] §§ 34 a I,[49] 75 AsylVfG).

des *Beamten-, Wehr- und Zivildienstrechts:*

**Beispiele:** § 54 IV BeamtStG, früher § 126 III Nr. 3 BRRG;[50] §§ 33 IV 2, 35 S. 1,[51] 48 I Nr. 3, II WPflG; § 3 I WBO; § 74 ZDG; § 27 II ArbeitssicherstellungsG.

des *Rechts der Gefahrenabwehr und der Sozialgestaltung:*

**Beispiele:** §§ 16 VIII, 17 VI, 28 II, 39 II 2 IfSG; § 80 TierSG;[52] § 23 III ChemG;[53] § 25 IV JuSchG; § 6 I, § 8 II 2 VereinsG; § 4 VII 2 StVG; § 6 VI 3 StZG; § 32 IV 1 S. 6 LuftVG; § 29 III ParteienG; § 93 III SGB XII; § 14 PassG; §§ 343 II 360 II 3 LAG.

47 Vgl. BayVGH v. 29.07.1976, NJW 1977, 166 und OVG Lüneburg v. 25.01.1983, DVBl 1983, 356 (verneinend zu §§ 39 I Nr. 5, 40 I, 58 LBG); NWOVG v. 28.03.1979, OVGE 34, 96 (97) verneinend zu § 28 SchfG.

48 Widerspruch und Anfechtungsklage von EU-Ausländern haben dagegen nach § 12 IX AufenthG/EWG a.W., wenn sich der EU-Ausländer durch einen Pass oder amtlichen Personalausweis ausweisen kann; BWVGH v. 30.01.1989, NVwZ 1989, 792. Bei Scheinehen ist § 12 IX auf Widerspruch und Klage des Ehegatten nicht anwendbar; a.A. HbgOVG, InfAuslR 2000, 168; HessVGH v. 17.02.2004, DÖV 2004, 540; vgl. demgegenüber EuGH v. 23.09.2003 Rs C-109/01.

49 Hierzu BVerfG v. 14.05.1996, BVerfGE 94, 101.

50 Die Vorschrift erfasst nur Abordnung und Versetzung.

51 Vgl. BVerwG v. 01.03.1978, BVerwGE 55, 280.

52 Zur BSE-Problematik NdsOVG v. 02.05.1997, NdsVBl 1997, 216; HessVGH v. 24.05.1997, NVwZ 1997, 704; BWVGH v. 10.06.1997, NVwZ-RR 1998, 32; RhPfOVG v. 02.10.1997, NVwZ 1998, 208; NWOVG v. 10.02.1999, NZV 1999, 310; *Büge/Tünnesen-Harmes* NVwZ 1998, 143. Die Zulässigkeit vorbeugender Anträge nach § 123 VwGO gegen den Sofortvollzug von seuchenpolizeilichen Maßnahmen würde den gesetzlichen Ausschluss der a.W. ad absurdum führen; zutreffend BayVGH v. 17.02.1997, 25 ZE 97, 493.

53 Vgl. NWOVG v. 13.08.1987, UPR 1988, 153.

des *Umwelt- und Fachplanungsrechts:*

**Beispiele:** § 12 a AbwasserabgabenG; §§ 18 e II, 21 VII AEG; §§ 17 e II, 18 f VI a FStrG; §§ 14 e II, 20 VII WaStrG; § 10 VI LuftVG; § 29 VI PBefG.

des *Wirtschaftsverwaltungsrechts:*

**Beispiele:** § 23 I Milch- und FettG; §§ 28 I 2, 49 KWG; § 25 II BörsG; § 20 b IV WpHG; § 42 WpÜG; § 8 V AuslInvestmG; § 36 c SchiffsbankenG; § 6 a II 2 VermG; § 137 I TKG.

des *Bau-, Raumordnungs- und Anlagenzulassungsrechts:*

**Beispiele:** § 212 a I und II BauGB;[54] § 14 III ROG; § 12 I InVorG.[55]

18 Nicht unter § 80 II 1 Nr. 3 VwGO fallen die gesetzlichen Ermächtigungen der Verwaltung zum *Erlass vorläufiger Regelungen und einstweiliger Erlaubnisse.*

**Beispiele:** § 28 SchfG; § 20 PBefG; § 9 a WHG.

Die Ermächtigungen betreffen die Grundverfügung selbst, nicht deren Vollzug. Wird die vorläufige Entscheidung angefochten, kann von ihr nur auf der Grundlage einer VzA Gebrauch gemacht werden.[56]

## E. Ausschluss durch Landesgesetz (§ 80 II 1 Nr. 3 und 2 VwGO)

19 Der Landesgesetzgeber war früher nur auf der Grundlage des § 187 III VwGO a.F. befugt, die a.W. von Rechtsbehelfen gegen Maßnahmen, die in der Verwaltungsvollstreckung getroffen werden, auszuschließen. Durch das 6. VwGOÄndG wurde ihm die Suspensivkompetenz generell für das gesamte Gebiet des materiellen Landesrechts zugesprochen, so dass § 187 III VwGO gestrichen werden konnte. Wie die Länder von dieser neuen Kompetenznorm Gebrauch machen, ist eine Frage des gesetzgeberischen Gestaltungsspielraums, der nicht durch die ritualisierte Bezugnahme auf Art. 19 IV GG unnötig beschränkt werden sollte. Schneidige Maßnahmen sind etwa im Schulbereich dringen geboten (vgl. § 90 III 3 BadWürttSchulG).[57]

20 § 80 II 2 VwGO erstreckt die Suspensivkompetenz des Landesgesetzgebers auch auf *Vollstreckungsmaßnahmen*, die von Landesbehörden *nach Bundesrecht* getroffen werden. Maßnahmen der Verwaltungsvollstreckung in diesem Sinn sind Androhung, Anordnung und Festsetzung von Zwangsmitteln, Maßnahmen des unmittelbaren Zwangs, Pfändung von Forderungen oder Sachen sowie die Vollstreckung in das unbewegliche Vermögen.

Keine Maßnahme der Verwaltungsvollstreckung ist die Ausübung verwaltungsschuldrechtlicher Gestaltungsrechte, etwa der *Aufrechnung*[58] *oder des Zurückbehaltungsrechts.*

---

54 Hierzu *Mainczyk/Bornemann* ZfBR 1997, 281; *Gronemeyer* BauR 1998, 413; NWOVG v. 23.01.1998, NWVBl 1998, 277; v. 01.12.1998, DVBl 1999, 788; NdsOVG v. 09.03.1999, NVwZ 1999, 1005; SaarlOVG v. 17.02.1999, NVwZ 1999, 1006.

55 Die Schärfen der Regelung mildern VG Dresden v. 04.03.1993, VIZ 1993, 457 (LS); VG Berlin v. 23.07.1993, VIZ 1993, 511; vgl. auch BVerfG v. 12.01.1993, BVerfGE 88, 76; v. 17.08.1993, BVerfGE 89, 113.

56 *Beispiel:* Vorläufige Schließung einer Spielhalle bis zum Abschluss der Ermittlungen zur gewerberechtlichen Zulässigkeit; RhPfOVG v. 28.10.1998, DVBl 1999, 338.

57 Hierzu BWVGH v. 22.10.2003, NJW 2004, 89.

58 BVerwG v. 27.10.1982, BVerwGE 66, 218 (221 f.); BFH v. 03.11.1983, BFHE 140, 9; *Pietzner* VerwArch 1982, 456; *Appel* BayVBl 1983, 203; a.A. RhPfOVG v. 09.10.1970, AS 11, 408 (410); BWVGH v. 08.02.1971, BaWüVBl 1971, 75. Da die Aufrechnungserklärung auch keinen VA darstellt (BVerwGE 66, 220; OVG Lüneburg v. 07.12.1981, OVGE 36, 484 f.; *Ehlers* NVwZ 1983, 446), ist vorläufiger Rechtsschutz nach § 123 VwGO zu suchen.

Die Anforderungen von *Kosten einer durchgeführten Ersatzvornahme* ist keine Maßnahme in der Verwaltungsvollstreckung, sondern ein Leistungsbescheid, also ein neuer Vollstreckungstitel infolge einer Vollstreckung, denn mit der Durchführung der Ersatzvornahme hat das erste Vollstreckungsverfahren seinen Abschluss gefunden.[59] Dem die Kosten anfordernden Leistungsbescheid kann sich ein zweites Vollstreckungsverfahren anschließen. Erst für dieses gilt dann wiederum § 80 II 2 VwGO. 21

Auf Grund des bisherigen § 187 III VwGO sind erlassen worden: 22

§ 12 BWVwVG; Art. 21 a BayVwZVG; § 4 I BerlAGVwGO; § 39 BbgVwVG; Art. 11 BremAGVwGO; § 75 HVwVG; § 16 HessAGVwGO; § 99 MVSOG; § 66 NdsVwVG; § 70 NdsVwVG i.V.m. § 64 IV NdsGefAG; § 8 NWAGVwGO; § 20 RhPfAGVwGO; § 20 SaarlAGVwGO; § 11 SächsVwVG; § 9 LSAAGVwGO; § 53 IV LSASOG; § 248 I 2 Schl-HLVwG; § 322 I Schl-HLVwG; § 8 ThürAGVwGO.

So besteht kein Zweifel mehr am Ausschluss der a.W. im Vollstreckungsverfahren zur Durchsetzung ausländerrechtlicher Ausreisepflichten, zumal die Annahme einer bundesrechtlich abschließenden Regelung verfehlt ist.[60] 23

Diese Regelungen gelten fort. Die alten Kontroversen wurden durch § 80 II 2 VwGO nicht aufgehoben, aber entschärft.

Die in der Praxis häufig anzutreffende Abschiebungsanordnung ist kein von der Ausweisungsverfügung unabhängiger GrundVA, der durch Abschiebung vollstreckt wird,[61] sondern eine Zwangsmittelfestsetzung (vgl. § 14 BVwVG), die im AuslG zwar nicht ausdrücklich vorgeschrieben, gleichwohl als Verstärkung des verfahrensrechtlichen Schutzes des Ausländers zulässig ist.[62] Als Maßnahme in der Vollstreckung wird sie vom gesetzlichen Ausschluss der a.W. erfasst.

Gleiches gilt im Ergebnis für Versiegelungs- oder Beschlagnahmeanordnungen zur Erzwingung von Baustilllegungs- oder Gewerbeschließungsverfügungen.

*Versiegelung* und *Beschlagnahme* sind besondere Erscheinungsformen des unmittelbaren Zwanges, ihre Anordnung deshalb Zwangsmittelfestsetzung oder Teil der Anwendung des Zwangsmittels selbst. Soweit die a.W. auf Grund des § 80 II 2 VwGO gesetzlich ausgeschlossen ist, ist für eine VzA deshalb kein Raum.[63]

Heftig umstritten ist, ob es sich bei den *Betriebsschließungsverfügungen* nach den § 31 GastG, § 15 II GewO, § 16 HwO um Maßnahmen in der Verwaltungsvollstreckung handelt. 24

Die im Schrifttum vorherrschende Meinung,[64] die auch in den Vorauflagen vertreten wurde, argumentiert wie folgt: Die den Betriebsschließungen vorausgegangenen VAe, wie Widerruf der Gaststätten-

---

59 Wie hier Schoch/Schmidt-Aßmann/Pietzner/*Schoch* § 80 Rn. 136 p; a.A. BlnOVG v. 03.03.1997, NVwZ-RR 1999, 156.

60 So aber HbOVG v. 12.07.1979, DVBl 1980, 200; zutreffend BayVGH v. 19.03.1984, NVwZ 1984, 462.

61 So wohl der missverständliche Beschl. des BayVGH, BayVBl 1979, 435. Zu Recht deshalb die Kritik von *Baldauf* BayVBl 1980, 87 f., der die Anordnung allerdings für eine nachgeholte verkappte Androhung hält, was sie im Einzelfall durchaus auch sein kann.

62 Wie hier BVerwG v. 29.04.1983, NVwZ 1984, 42 (43); BWVGH v. 30.09.1991, NVwZ 1992, 292; v. 18.12.1991, NVwZ 1992, 700. Im Ergebnis ähnlich NWOVG v. 14.08.1974, DÖV 1975, 286; Vgl. auch RhPfOVG v. 19.01.1984, DVBl 1984, 1185 f., das eine Zwangsgeldfestsetzung, die im RhPfVwVG nicht vorgesehen ist, mangels Ermächtigungsgrundlage für rechtswidrig hält.

63 Vgl. NWOVG v. 30.01.1971, BRS 24 Nr. 204; v. 25.11.1993 NVwZ-RR 1994, 549 (550); BWVGH v. 07.09.1981, VBlBW 1982, 140; a.A. BayVGH v. 28.10.1977, BayVBl 1977, 735.

64 Vgl. nur *Schoch* § 80 Rn. 136; *Ehlers* in: Achterberg/Püttner/Würtenberger, Bes.VerwR I, 2. Aufl., Rn. 65 f.; *Fischer*, NVwZ 1987, 1050; zu § 15 II GewO: NWOVG v. 13.12.1976, OVGE 32, 191; *Marcks* in: Landmann/Rohmer GewO, § 15, Rn. 17; zu § 35 V GewO a.F.: NWOVG v. 17.11.1981, DÖV 1982, 412; *Barbey* WiVerw 1982, 97; zu § 31 GastG i.V.m. § 15 GewO: BWVGH v. 04.03.1974, GewArch 1974, 238.

erlaubnis oder Gewerbeuntersagung, seien gestaltender Art und als solche einer Vollstreckung nicht zugänglich. Zur Anwendung von Verwaltungszwang bedürfe es nach den rechtsstaatlichen Grundsätzen des Verwaltungsvollstreckungsrechts deshalb zuvor des Erlasses einer Schließungsverfügung als Grundlage der Vollstreckung. Die Schließungsverfügung kläre verbindlich, ob die beanstandete gewerbliche Tätigkeit von der Untersagungsverfügung oder dem gesetzlichen Verbot (§ 2 GastG) erfasst werde; weiterhin habe sie Zeit und Ort der Betriebsschließung zu konkretisieren. Nach der in der Rspr. wohl überwiegend vertretenen[65] Meinung reicht demgegenüber ein auf § 35 I GewO gestützter VA als Grundlage für die Verwaltungsvollstreckung aus. Noch ein zusätzlicher VA wäre in der Tat überflüssig. Ähnliche Praktikabilitätserwägungen gelten auch für § 15 II GewO; der Widerruf der Erlaubnis entspricht der Untersagungsverfügung. Der VA nach § 15 II GewO ist dann ebenso wie die Schließungsverfügung nach § 16 IX HwO eine Maßnahme der Verwaltungsvollstreckung.

65 Vgl. zu § 35 V GewO a.F.: NWOVG, OVGE 32, 191 f.; BWVGH v. 05.02.1986, GewArch 1986, 162; HessVGH v. 02.07.1984, GewArch 1985, 67; RhPfOVG v. 22.08.1990, GewArch 1991, 30; zu § 15 II GewO; *Fliegauf* GewArch 1964, 121; *Kröger* GewArch 1965, 73 f.; zu § 16 IX HwO: NWOVG v. 14.02.1979, GewArch 1979, 310.

# § 55 Ausschluss des Suspensiveffekts durch behördliche Anordnung

1 Die a.W. entfällt schließlich nach § 80 II 1 Nr. 4 VwGO in den Fällen, in denen die sofortige Vollziehung im öffentlichen Interesse oder im überwiegenden Interesse eines Beteiligten *besonders angeordnet* wird.[1] Diese Anordnung der sofortigen Vollziehbarkeit (VzA) ist als Gegenstück zur a.W. nicht auf den Vollzug im vollstreckungsrechtlichen Sinn beschränkt, sondern kann für jeden VA ergehen, der einer Verwirklichung zugänglich ist.[2]

## A. Zuständigkeit

2 Zuständig für die VzA ist sowohl die Ausgangs- wie die Widerspruchsbehörde. § 80 II 1 Nr. 4 VwGO ordnet eine echte *Zuständigkeitskonkurrenz* an und macht die Zuständigkeit der Widerspruchsbehörde für die VzA – anders als deren Entscheidungsbefugnis in der Hauptsache – nicht vom Eintritt des Devolutiveffekts abhängig. Dies wurde durch die bis 1991 gültige Fassung von § 80 IV 1 VwGO bestätigt, der der Widerspruchsbehörde die Befugnis zur Aussetzung der VzA erst »*nach* Einlegung des Widerspruchs« zusprach. Da § 80 II 1 Nr. 4 VwGO eine entsprechende Einschränkung der Zuständigkeit der Widerspruchsbehörde nicht enthielt, folgte im Gegenschluss, dass die Widerspruchsbehörde – ebenso wie die Ausgangsbehörde – die VzA auch bereits vor Erhebung des Widerspruchs treffen kann.[3]

Der sachliche Grund für die Unterschiede zwischen § 80 II 1 Nr. 4 und § 80 IV 1 VwGO wurde darin gesehen, dass die VzA i.d.R. im öffentlichen Interesse ergeht, während die Aussetzung dem vorläufigen Rechtsschutz des einzelnen dient und deshalb voraussetze, dass überhaupt um Rechtsschutz nachgesucht worden ist.[4] Durch das 4. VwGO-ÄndG wurden indessen die Fassungen der beiden Absätze angeglichen. Ersichtlich wurde dadurch eine Erweiterung der Zuständigkeiten der Widerspruchsbehörde im Aussetzungsverfahren angestrebt, wofür sich die Gesetzgebungskompetenz aus Art. 72 I Nr. 6 GG für die Vorverlagerung des Verwaltungsrechtsschutzes in das Widerspruchsverfahren ergibt. Die Gleichbehandlung von § 80 II 1 Nr. 4 und § 80 IV 1 VwGO drückt sich somit darin aus, dass in beiden Fällen eine Parallelzuständigkeit von Ausgangs- und Widerspruchsbehörde unabhängig vom Devolutiveffekt besteht.[5]

3 Die Zuständigkeit der Ausgangsbehörde für die VzA wird weder durch die Einlegung des Widerspruchs noch durch den Eintritt des Devolutiveffekts *beendet*. Die Zuständigkeit der Widerspruchsbehörde endet dagegen nach Abschluss des Widerspruchsverfahrens (mit Klageerhebung), da dann deren Sachherrschaft erloschen ist.[6]

---

1 Generell zur VzA *Grigoleit* Die Anordnung der sofortigen Vollziehbarkeit gemäß § 80 Abs. 2 Nr. 4 VwGO als Verwaltungshandlung, 1997; *Kaltenborn* DVBl 1999, 828; *Schenke* VerwArch. 2000, 587; *Pache/Knauff* DÖV 2004, 656.

2 *Kopp/Schenke* § 80 Rn. 79.

3 Vgl. BWVGH v. 24.01.1991, VBlBW 1991, 297; BayVGH v. 13.05.1987, BayVBl 1988, 152; a.A. *Kopp/Schenke* § 80 Rn. 81; *Beckmann* NVwZ 20044, 1844.

4 Vgl. BWVGH v. 29.12.1979, ESVGH 22, 109 (110).

5 *Kaltenborn* DVBl 1999, 828 (829); vgl. auch Schoch/Schmidt-Aßmann/Pietzner/*Schoch* § 80 Rn. 171; a.A. *Grigoleit* S. 108 ff.; *Pache/Knauff* DÖV 2004, 656 (658 ff.); *Gersdorf/Beck-OK, VwGO* § 80 Rn. 75.

6 Vgl. auch BayVGH v. 17.07.1990, NVwZ-RR 1990, 594. A.A. *Schmitt Glaeser/Horn* Rn. 265; *Kopp/Schenke* § 80 Rn. 81, die auf die Zustellung des Widerspruchsbescheids abstellen.

## B. Zeitpunkt, Dauer und Wirkung der VzA

4 Die VzA kann in *jedem Stadium* des verwaltungsbehördlichen oder -gerichtlichen Verfahrens, also sowohl nachträglich in einem *besonderen* Bescheid ausgesprochen als auch mit dem VA als *verfahrensrechtliche Nebenbestimmung* verbunden werden. Im letzteren Fall handelt es sich dann allerdings nicht um eine Nebenbestimmung i.S.v. § 36 VwVfG. Wird die VzA mit dem VA verbunden oder selbständig, aber noch vor Einlegung des Rechtsbehelfs erlassen, so verhindert sie automatisch den Eintritt der a.W. Einer erneuten Anordnung nach Einlegung des Rechtsbehelfs bedarf es deshalb nicht.[7]

5 *Streitig ist, ob die VzA rechtliches Gehör* voraussetzt. Dies wird zum Teil mit Rücksicht auf den Belastungsgehalt der VzA aus rechtsstaatlichen Gründen sowohl dann, wenn die VzA zusammen mit dem VA ergeht,[8] als auch, wenn sie ihm nachfolgt,[9] bejaht. Eine direkte oder analoge Anwendung von § 28 VwVfG scheidet jedoch aus, da die VzA keinen VA darstellt und schon aus kompetenzrechtlichen Gründen § 80 VwGO das VwVfG verdrängt. Da die VzA in aller Regel bei Eilbedürftigkeit der Vollstreckung ausgesprochen wird, kann rechtliches Gehör nur gewährt werden, wenn dadurch nicht eine dem Zweck der VzA widersprechende Verzögerung eintritt.[10]

Besteht in diesem Sinne keine Eilbedürftigkeit, sollte nach Möglichkeit rechtliches Gehör gewährt werden. Die Verletzung bleibt aber sanktionslos, wenn die VzA sachlich gerechtfertigt war.[11]

6 Die VzA ist *erst dann* ausgeschlossen, wenn das Verfahren bestands- oder rechtskräftig abgeschlossen ist oder das Gericht die a.W. nach § 80 V VwGO erstmals angeordnet oder wiederhergestellt hat; im ersteren Fall deshalb, weil es dann wegen der eingetretenen endgültigen Vollziehbarkeit des VA einer derartigen VzA nicht mehr bedarf; im zweiten Fall, weil die gerichtliche Entscheidung nach § 80 V VwGO die Behörde bindet und diese die sofortige Vollziehbarkeit des VA nur noch durch einen Antrag auf gerichtliche Änderung nach § 80 VII VwGO herbeiführen kann.[12]

Wegen dieses Vorrangs der gerichtlichen Entscheidung ist auch die Zulässigkeit von Gerichtsbeschlüssen nach § 80 V VwGO zu bejahen, mit denen eine formfehlerhafte VzA lediglich aufgehoben wird. Die a.W. besteht dann zwar wieder, die Behörde ist aber an einer erneuten, nunmehr formgültigen VzA nicht gehindert.

7 Anders als die von Widerspruch und Anfechtungsklage bewirkte a.W., die ex tunc eintritt, vermag die *VzA stets nur Wirkungen für die Zukunft* (ex nunc) hervorzubringen.[13] Die unterschiedliche Behandlung von a.W. und VzA rechtfertigt sich daraus, dass die a.W. als Ausgleich für das Wirksamkeitsprinzip des VA Waffengleichheit zwischen Staat und Bürger herstellt und das öffentliche Interesse an Sofortvollzug durch die Möglichkeit der Anordnung pro futuro ausreichend geschützt ist.

---

7 NWOVG v. 20.06.1969, DÖV 1970, 75; *Schmitt/Glaeser/Horn* Rn. 266.

8 So auch die 1. bis 6. Auflage; ferner BremOVG v. 01.11.1979, DÖV 1980, 180 (181); a.A. insoweit NdsOVG v. 10.06.1992, NVwZ-RR 1993, 585.

9 NdsOVG v. 10.06.1992, NVwZ-RR 1993, 585; *Redeker/v. Oertzen* § 80 Rn. 27; *Renck* DVBl 1990, 1039; *ders.* BayVBl 1991, 743; *Schröder* VBlBW 1995, 384.

10 BWVGH v. 01.03.1999, NVwZ-RR 1999, 696; BerlOVG v. 13.07.1992, NVwZ 1993, 198; BremOVG v. 25.03.1999, NVwZ-RR 1999, 682 (LS); OVG Lüneburg v. 28.04.1989, DVBl 1989, 887 (888); SHOVG v. 02.09.1992, DÖV 1993, 169; NWOVG v. 01.07.1994, BauR 1995, 69; RhPfOVG v. 25.11.1987, NVwZ 1988, 748; Schoch/Schmidt-Aßmann/Pietzner/*Schoch* § 80 Rn. 181; zweifelnd *Würtenberger* Rn. 519.

11 *Kopp/Schenke* § 80 Rn. 82.

12 Vgl. BremOVG v. 21.06.1985, NVwZ 1986, 933.

13 Schoch/Schmidt-Aßmann/Pietzner/*Schoch* § 80 Rn. 187.

Die VzA kann auch *teilweise* ausgesprochen werden[14] mit der Wirkung, dass die a.W. nur im Umfang der Anordnung entfällt, ansonsten aber erhalten bleibt.[15] 8

So kann z.B. eine Entlassungsverfügung mit der Maßgabe für sofort vollziehbar erklärt werden, dass dem Beamten ein Teil seiner Bezüge (vorläufig) weiterzuzahlen ist.[16]

Ebenso ist, insbesondere, wenn die VzA im überwiegenden Interesse eines Beteiligten ergeht, die *Beifügung von Bedingungen und Auflagen* zulässig. In entsprechender Anwendung der §§ 80 IV 2, 80 V 4 VwGO kann dem Betroffenen nachgelassen werden, den Sofortvollzug durch *Sicherheitsleistung* abzuwenden.[17]

Die *Wirkung der VzA endet:* 9

- mit dem Eintritt der Unanfechtbarkeit des VA;
- mit dem Erlass eines gerichtlichen Beschlusses nach § 80 V VwGO;
- mit der Aufhebung der Anordnung durch die Behörde selbst, die hierzu jedoch nur so lange befugt ist, bis die Anordnung im gerichtlichen Verfahren nach § 80 V VwGO bestätigt worden ist;[18]
- mit der Aussetzung der Vollz. durch die Verwaltung nach § 80 IV VwGO.

In den Fällen der §§ 80 IV und 80 V VwGO wird die VzA nicht aufgehoben, sondern *nur in ihrer Wirkung suspendiert.*[19] Mit der Aufhebung der Entscheidungen tritt die VzA deshalb automatisch wieder in Kraft, braucht also nicht erneut erlassen zu werden.

## C. Voraussetzungen der VzA

§ 80 II 1 Nr. 4 VwGO lässt die VzA nur zu »im öffentlichen Interesse oder im überwiegenden Interesse eines Beteiligten«. Damit werden *tatbestandsmäßige Voraussetzungen* der VzA umschrieben, die objektiv vorliegen müssen. Die Behörde hat lediglich Ermessen hinsichtlich der Frage, ob sie bei Vorliegen der Voraussetzungen die VzA erlässt.[20] 10

### I. Die VzA im öffentlichen Interesse (§ 80 II 1 Nr. 4, 1. Alt. VwGO)

Nach der Systematik der VwGO bildet die a.W. die Regel und die *VzA die Ausnahme.* 11
Darüber hinaus lässt auch die Garantie eines wirksamen Rechtsschutzes den Sofortvollzug eines VA in zweipoligen Rechtsverhältnissen nur in engen Grenzen zu.[21] Beim VA mit Drittwirkung geht es dagegen um prozessuale Waffengleichheit der Beteiligten. Spricht zusätzlich ein öffentliches Interesse für den begünstigenden VA, so neigt sich die Waage zu Lasten des Betroffenen. Dessen ungeachtet muss die 1. Alt. des § 80 II 1 Nr. 4 VwGO *im Licht des Art. 19 IV GG* gesehen werden.

Die aus dem Verfassungsrecht folgenden Anforderungen an die Auslegung und Handhabung des § 80 II Nr. 4 VwGO hat das BVerfG in seiner Rechtsprechung zum *vorläufigen Rechtsschutz im Ausländerrecht* mit dem Anspruch auf Allgemeingültigkeit wie folgt konkretisiert (BVerfG v. 18. 7.1973, BVerfGE 35, 382 ff., 402): 12

---

14 HessVGH v. 01.10.1990, NVwZ-RR 1991, 177.
15 BVerwG v. 12.05.1969, BVerwGE 24, 92 (94 f.).
16 BVerwG v. 25.04.1972, Buchholz 310 § 80 VwGO Nr. 20. HessVGH v. 27.07.1978, HessVGRspr 1980, 18: bei nicht offensichtlicher Rechtmäßigkeit der Entlassungsverfügung i.d.R. 50 %, es sei denn, der Beamte verfügt über sonstige Einkünfte, die seinen notwendigen Unterhalt abdecken.
17 NWOVG v. 21.02.1961, NJW 1961, 1551; kritisch *Trautmann* NVwZ 1988, 415.
18 *Kopp/Schenke* § 80 Rn. 172.
19 Vgl. BayVGH v. 09.08.1984, BayVBl 1985, 52.
20 Vgl. Schoch/Schmidt-Aßmann/Pietzner/*Schoch* § 80 Rn. 142.
21 BVerwG v. 22.11.1965, DVBl 1966, 273 (274).

»Andererseits gewährleistet Art. 19 IV GG die a.W. der Rechtsbehelfe im Verwaltungsprozess nicht schlechthin. Überwiegende öffentliche Belange können es rechtfertigen, den Rechtsschutzanspruch des Grundrechtsträgers einstweilen zurückzustellen, um unaufschiebbare Maßnahmen im Interesse des allgemeinen Wohls rechtzeitig in die Wege zu leiten. Dies muss jedoch die Ausnahme bleiben. Eine Verwaltungspraxis, die dieses Regel-Ausnahme-Verhältnis umkehrte [...], und eine Rechtsprechung, die eine solche Praxis billigt, wären mit der Verfassung nicht vereinbar. Für die sofortige Vollziehbarkeit eines VA ist daher ein *besonderes öffentliches Interesse* erforderlich, das über jenes Interesse hinausgeht, das den VA selbst rechtfertigt. Zwar lässt sich nicht allgemein, sondern nur im Einzelfall bestimmen, wann der Rechtsschutzanspruch des Einzelnen ausnahmsweise hinter die öffentlichen Belange zurücktreten muss und wann es der Exekutive durch Art. 19 IV GG verwehrt ist, der gerichtlichen Prüfung ihrer Maßnahmen vorzugreifen. Aus dem Zweck der Rechtsschutzgarantie und dem Verfassungsgrundsatz der *Verhältnismäßigkeit* ergibt sich aber wenigstens soviel: Der Rechtsschutzanspruch des Bürgers ist um so stärker und darf um so weniger zurückstehen, je schwerwiegender die ihm auferlegte Belastung ist und je mehr die Maßnahmen der Verwaltung Unabänderliches bewirken.«

**13** Die hiernach bei der Auslegung des § 80 II 1 Nr. 4 VwGO zu beachtenden Anforderungen des Verhältnismäßigkeitsprinzips führen zwangsläufig dazu, dass die Verwaltung bei der VzA das besondere öffentliche Vollziehungsinteresse einer *Güterabwägung* mit dem (vorläufigen) Rechtsschutzinteresse des Bürgers unterziehen muss und den Sofortvollzug nur dann und nur soweit anordnen darf, als das besondere öffentliche Interesse die Zurückstellung des individuellen Rechtsschutzinteresses rechtfertigt. Auch das besondere öffentliche Interesse muss demnach – wie das private Interesse eines Beteiligten – *»überwiegend«* sein, obwohl dies im Wortlaut der 1. Alt. des § 80 II 1 Nr. 4 VwGO nicht zum Ausdruck kommt

**14** Fraglich ist allerdings, *an welcher Stelle diese Güterabwägung vorzunehmen ist.* Hierfür gibt es zwei Möglichkeiten:

1. Die Güterabwägung erfolgt bereits im Rahmen der Entscheidung, ob die durch den unbestimmten Rechtsbegriff »besonderes öffentliches Interesse« umschriebenen tatbestandlichen Voraussetzungen der VzA vorliegen *(Tatbestandslösung)*,
2. Die Güterabwägung erfolgt erst bei der Ermessensentscheidung über das »Ob« der VzA *(Rechtsfolgelösung)*.

Seit einiger Zeit wächst die Neigung, der Frage auszuweichen und unter Preisgabe des konditionalen Normprogramms (Wenn/Dann-Schema) eine *übergreifende Abwägung* durchzuführen.[22] Hiergegen ist an sich nichts einzuwenden, wenn man nicht der These folgt, die Behörde dürfe die Erfolgsaussichten des Rechtsbehelfs nicht berücksichtigen, da die Rechtmäßigkeit des VA Voraussetzung für seinen Erlass, nicht jedoch Rechtfertigung für seine Vollziehung sei.[23] Wie *Schoch* überzeugend nachgewiesen hat,[24] entspricht es der Funktion des vorläufigen Rechtsschutzes, dass die Behörde auch die materielle Rechtslage prüft. Am sofortigen Vollzug eines – jedenfalls offensichtlich – rechtswidrigen VA besteht kein öffentliches Interesse; auf die vorläufige Unterlassung eines offensichtlich rechtmäßigen VA besteht kein Anspruch. Die Güterabwägung darf daher die materielle Rechtslage nicht völlig ignorieren. Ferner ist der Güterabwägung die Unterscheidung von Tatbestand und Rechtsfolge in § 80 II 1 Nr. 4 VwGO vorgegeben. Folglich kann nur streitig sein, ob bereits bei der Begründung des öffentlichen

22 HessVGH v. 26.07.1994, NVwZ 1995 922; *Würtenberger* Rn. 520.

23 BVerfG v. 11.02.1982, DÖV 1982, 450 (»Dieser Gesichtspunkt kann zwar an sich [!] die VzA einer verwaltungsbehördlichen Verfügung durch die Verwaltung selbst nicht rechtfertigen, weil die Rechtmäßigkeit der Verfügung allein noch nicht die Dringlichkeit ihres Vollzugs zu begründen vermag«); BWVGH v. 13.02.1984, NVwZ 1984, 451 (452); BayVGH v. 26.05.1987, NVwZ 1988, 745; HessVGH v. 29.03.1985, NVwZ 1985, 918; NWOVG v. 26.06.1985, NJW 1986, 1894 (1895).

24 Schoch/Schmidt-Aßmann/Pietzner/*Schoch* § 80 Rn. 147.

Interesses die Erfolgsaussichten des Rechtsbehelfs zu berücksichtigen sind,[25] oder ob die Erfolgsaussichten erst im Rahmen der nachfolgenden Ermessensentscheidung gegen das private Rechtsschutzinteresse abgewogen werden dürfen. In dieser Form stehen sich Tatbestands- und Rechtsfolgelösung weiterhin gegenüber.

Der Meinungsstreit hat erhebliche praktische Konsequenzen. Besteht das einzige am Sofortvollzug eines VA ersichtliche öffentliche Interesse darin, einen offensichtlich rechtmäßigen VA nicht über Jahre hinaus durch die a.W. eines Rechtsbehelfs in seiner Verwirklichung zu hemmen, wäre nach der Rechtsfolgelösung die VzA – von Fällen der rechtsmissbräuchlichen Einlegung des Rechtsbehelfs abgesehen – nicht zulässig. Die VzA müsste allein wegen Fehlens eines besonderen öffentlichen Vollziehungsinteresses aufgehoben werden, ohne dass es auf die Erfolgsaussichten ankäme. Nur im umgekehrten Fall, wenn das besondere Vollzugsinteresse vorliegt, kann die offensichtliche Erfolglosigkeit des Rechtsbehelfs das öffentliche Interesse verstärken oder die offensichtliche Begründetheit des Rechtsbehelfs die VzA trotz Vorliegen des besonderen Vollzugsinteresses hindern. 15

Der Rechtsfolgelösung ist zwar zuzugeben, dass sie zu einer Verstärkung des vorläufigen Rechtsschutzes für den Bürger führt, indem sie ihm, wenn ein besonderes Vollzugsinteresse nicht nachweisbar ist, die a.W. unabhängig von den Erfolgsaussichten des Rechtsbehelfs erhält. Im Ergebnis dehnt sie jedoch die Reichweite des § 80 I VwGO über seinen Schutzzweck hinaus auch auf die Fälle aus, in denen es an der »ratio suspensionis« den Bürger vor einer *ungerechtfertigten* Vollziehung zu schützen, fehlt. Zu folgen ist daher der Tatbestandslösung, im Regelfall allerdings mit der Einschränkung, dass die Anordnungsbehörde das besondere öffentliche Vollzugsinteresse erst dann mit fehlender Erfolgsaussicht der Anfechtung begründen darf, wenn die Anfechtung erfolgt ist und sie die Anfechtungsgründe erfahren und geprüft hat.[26] 16

Soll die VzA nach Einlegung eines Rechtsbehelfs ausgesprochen werden, prüft man zweckmäßigerweise *zuerst die Erfolgsaussichten der Anfechtung.*[27] *Ist der angegriffene VA offensichtlich rechtmäßig*, wird an seiner sofortigen Vollziehung in aller Regel ein besonderes öffentliches Interesse bestehen. 17

Genauso ergibt sich ein überwiegendes Interesse des Betroffenen an der Wiederherstellung der a.W. in aller Regel bereits aus dem Umstand, dass der *Rechtsbehelf offensichtlich begründet ist.*[28]

An die Bejahung der offensichtlichen Rechtmäßigkeit des angefochtenen VA sind allerdings wegen des Ausnahmecharakters des § 80 II 1 Nr. 4 VwGO strenge Anforderungen zu stellen. Die Darlegungslast liegt grundsätzlich bei der Behörde.[29]

Auch *Verfahrensfehler* können gelegentlich ein überwiegendes Suspensionsinteresse begründen. Hat z.B. die Ausländerbehörde eine Ausweisung unter VzA verfügt, ohne den Betroffenen zuvor anzuhören (§ 28 VwVfG), liegt, wenn keine gesetzlichen Ausnahmen der Anhörungspflicht gegeben sind (§ 28 II VwVfG),[30] ein beachtlicher Verfahrensfehler vor, der zwar bis zum Abschluss des Widerspruchsverfahrens geheilt werden kann (§ 45 VwVfG), im Verfahren nach § 80 V VwGO aber grundsätzlich zur unbefristeten Wiederherstellung der a.W. führt.[31] Die vom NWOVG befürwortete, bis zur Nachholung der 18

25 BVerwG v. 29.04.1974, NJW 1974, 1294 (1295); **Beispiele:** Eine Schulschließung kann für sofort vollziehbar erklärt werden, wenn die Fortführung der Schule dem Schulgesetz widerspräche; RhPfOVG v. 11.05.1988, NVwZ-RR 1988, 82. Zur sofortigen Vollziehung der Ungültigerklärung einer Wahl RhPfOVG v. 14.03.1991, NVwZ-RR 1991, 502.

26 BWVGH v. 13.02.1984, NVwZ 1984, 451.

27 Vgl. insgesamt Schoch/Schmidt-Aßmann/Pietzner/*Schoch* § 80 Rn. 147.

28 *Hufen* § 32 Rn. 20.

29 BVerwG v. 14.01.1975, Buchholz 310 § 80 VwGO Nr. 25.

30 Vgl. hierzu NWOVG v. 26.05.1981, NVwZ 1982, 326; BWVGH v. 30.11.1981, ESVGH 32, 39; HessVGH v. 29.04.1982, ESVGH 32, 221.

31 Vgl. RhPfOVG v. 17.01.1979, AS 15, 167 (169 f.); BerlOVG v. 09.02.1982, GewArch 1982, 372. Allerdings ist eine Heilung auch im Verfahren nach § 80 V VwGO möglich.

Anhörung befristete Aussetzung[32] ist wegen der mit ihr verbundenen Unsicherheiten unpraktikabel und beschränkt den vorläufigen Rechtsschutz des Bürgers unangemessen. Nach Heilung des Anhörungsmangels kann die Behörde einen Abänderungsantrag nach § 80 VII VwGO stellen.

19 Sind die *Erfolgsaussichten der Anfechtung nicht evident* oder ist der VA noch nicht angefochten, kommt es für die Zulässigkeit der VzA *allein auf den Nachweis eines überwiegenden öffentlichen Interesses* an.[33] Als »besonderes Interesse an der sofortigen Vollziehung« (§ 80 III 1 VwGO) muss dieses öffentliche Interesse grundsätzlich über jenes hinausgehen, das den Erlass des VA selbst rechtfertigt.[34]

Gelegentlich können aber die für die Realisierung einer Maßnahme sprechenden Belange so augenfällig sein, dass sie die VzA aus sich selbst heraus rechtfertigen, etwa bei Baueinstellungen[35] oder bei der Beseitigung von Umweltschäden.[36]

20 Das besondere öffentliche Interesse an der sofortigen Vollziehung muss sodann dem Individualinteresse an der Erhaltung der a.W. gegenübergestellt und in einer wertenden Betrachtungsweise gewichtet werden. Nur *wenn* und *soweit* es dann das private Rechtsschutzinteresse überwiegt, ist die VzA gerechtfertigt.

So darf eine *Entlassungsverfügung* gegenüber einem Beamten hinsichtlich der vorläufig weiter bestehenden Alimentationspflicht des Dienstherrn nicht in vollem Umfang für sofort vollziehbar erklärt werden, soweit der entlassene Beamte auf das Gehalt zur Bestreitung des angemessenen und notwendigen Lebensunterhalts einschließlich der Prozesskosten angewiesen ist und die spätere Rückforderung im Falle seines Unterliegens nicht ernstlich gefährdet ist.[37] Auch erfordert das öffentliche Interesse i.d.R. nicht die VzA einer *Nutzungsuntersagung*, wenn der Betroffene bereits durch eine für sofort vollziehbar erklärte Versiegelungsanordnung rechtlich gehindert ist, das Gebäude für Aufenthaltszwecke zu nutzen.[38]

21 Dabei ist weiterhin zu beachten, dass der *Rechtsschutzanspruch* des Bürgers *um so stärker* ist und um so weniger zurückgesetzt werden darf, *je schwerwiegender die* ihm auferlegte *Belastung ist* und je mehr die Maßnahmen der Verwaltung Unabänderliches bewirken.[39]

**Beispiel:** Die VzA einer noch nicht bestandskräftigen *bauordnungsrechtlichen Beseitigungsverfügung* gegen eine formell und materiell illegal errichtete bauliche Anlage scheidet grundsätzlich aus, weil die Gefahr eines nicht unerheblichen wirtschaftlichen Nachteils für den Betroffenen schwerer wiegt als die Nachteile, die mit dem vorläufigen weiteren Bestand der Anlage für die öffentlichen Belange verbunden sind. Die sofortige Vollziehung einer rechtmäßigen Beseitigungsanordnung ist aber im Anschluss an die Rspr. des MVOVG aus vier Gesichtspunkten heraus zulässig, nämlich

1. wenn die Beseitigung einem Nutzungsverbot gleichgestellt werden kann, weil sie ohne Substanzverlust und andere hohe Kosten zu bewerkstelligen ist,
2. wenn ohne sie von der baulichen Anlage über einen längeren Zeitraum eine negative Vorbildwirkung ausgeht,
3. wenn ein beharrlicher und notorischer Schwarzbauer nur auf diese Weise erfolgversprechend an der Fortsetzung seiner rechtswidrigen Betätigung gehindert werden kann,

32 NWOVG v. 16.02.1977, NJW 1978, 1765.
33 Auch politische Erwägungen können hier eine Rolle spielen; vgl. NWOVG v. 27.02.1987, NVwZ 1988, 551.
34 Herrschende Meinung: vgl. Schoch/Schmidt-Aßmann/Pietzner/*Schoch* § 80 Rn. 144; *Schmitt Glaeser/Horn* Rn. 267.
35 BayVGH v. 24.10.1977, BayVBl 1978, 19.
36 HessVGH v. 01.04.1985, NVwZ 1986, 668.
37 Vgl. BVerwG v. 25.04.1972, Buchholz 310 § 80 VwGO Nr. 20 (politisches Sicherheitsrisiko).
38 BayVGH v. 02.11.1977, BayVBl 1978, 20.
39 BVerfGE 35, 402; 38, 58; 69, 220.

4. wenn die von dem Bauwerk ausgehende Gefahr für die öffentliche Sicherheit und Ordnung ein sofortiges Einschreiten durch Beseitigung der baulichen Anlage erfordert.[40]

Das besondere öffentliche Interesse am Sofortvollzug ist – wie sich bereits aus der gesetzlichen Interessenwertung in den §§ 80 II 1 Nr. 2 und 80 III 2 VwGO ergibt – insbesondere bei der *Abwehr von Gefahren für die Allgemeinheit* zu bejahen. 22

**Beispiele:**

- *Sicherheit und Ordnung:* Ausreiseverbot (VG Frankfurt v. 13.03.1989, NVwZ 1990, 401); Sicherstellung einer Waffe (BWVGH v. 20.10.1993, NVwZ-RR 1994, 210); Schulverweis (OVG Lüneburg v. 19.12.1974, OVGE 30, 461); Vereinsverbot (BVerwG v. 06.07.1994, NVwZ 1995, 587; BWVGH v. 31.07.1989, NJW 1990, 61); Versammlungsverbot (HessVGH v. 22.04.1994, NVwZ 1994, 717).[41]
- *Verkehr:* Entziehung der Fahrerlaubnis (Rn. 25); Fahrtenbuchauflage (BWVGH v. 17.11.1997, VBlBW 1998, 189); Fahrschulerlaubnis (BWVGH v. 08.08.2002, DÖV 2003, 88); Flugsicherung (HessVGH v. 20.04.1990, NVwZ-RR 1991, 33).
- *Gewerbe- und Berufsrecht:* Gewerbeuntersagung (HessVGH v. 17.02.1994, NVwZ-RR 1994, 324); Widerruf einer Gaststättenerlaubnis (HessVGH v. 20.07.1989, GewArch 1990, 254); Schließung eines Nachtclubs (BayVGH v. 22.03.1991, NVwZ 1992, 76); Ruhen einer Approbation (BWVGH v. 19.07.1991, NJW 1991, 2366; NWOVG v. 31.07.2007, NJW 2007, 3300; NWOVG v. 17.11.1995, NVwZ-RR 1997, 152).
- *Umweltschutz:* Lärmschutz (BWVGH v. 15.01.1971, VBlBW 1971, 30); Schutz gegen Freisetzungen (NWOVG v. 12.07.1991, UPR 1992, 35); Bodenschutz (BWVGH v. 03.09.2002, DÖV 2003, 421).
- *Beamtenrecht:* Entfernung aus dem Dienst wegen MfS-Tätigkeit (VG Potsdam v. 17.12.1993, LKV 1994, 229; vgl. auch BVerwG v. 03.12.1998, NJW 1999, 2536); Versetzung in den vorzeitigen Ruhestand nach § 54 I BBG (NWOVG v. 08.06.1993, DVBl 1994, 120).

Auch ein *fiskalisches Interesse* kann im Einzelfall die VzA rechtfertigen.[42] 23

Schließlich können auch Interessen zur *Wahrung der Rechtsordnung* schlechthin die VzA von Ordnungsmaßnahmen geboten erscheinen lassen. Die Rechtsschutzgarantie legitimiert nicht offensichtliche, oftmals bewusst in Kauf genommene Rechtsverstöße mit Symbolcharakter (Stichwort »Kirchenasyl«).

Ähnliche Erwägungen gelten für die Kontroverse, ob die VzA auch auf *generalpräventive Gründe* gestützt werden kann, obwohl § 80 II 1 Nr. 4 VwGO grundsätzlich ein auf den konkreten Fall zugeschnittenes Vollzugsinteresse fordert. 24

Für den Bereich des Ausländerrechts dürfte dies insofern geklärt sein, als nach der (übertrieben restriktiven) Rspr. des BVerfG die VzA die Ausnahme bleiben muss und das Abstellen auf generalpräventive Erwägungen i. allg. unzulässig ist, insbesondere keinesfalls dazu führen darf, Ausweisungs- und Abschiebungsverfügungen generell oder doch im Regelfall für sofort vollziehbar zu erklären.[43] Gründe generalpräventiver Abschreckung sind darüber hinaus bei der Ausweisung von EU-Bürgern gemeinschaftsrechtswidrig und damit generell unzulässig.[44]

---

40 MVOVG v. 12.02.2003, DÖV 2003, 637; v. 06.02.2008, DÖV 2008, 874; ebenso *Finkelnburg/Dombert/Külpmann* Rn. 1288.

41 Vgl. auch BVerfG, KB v. 12.03.2004, DVBl 2004, 697.

42 HessVGH v. 06.06.1983, NVwZ 1983, 747 (748); HbgOVG v. 15.12.1983, NVwZ 1984, 256. Das Interesse »an einem geordneten Haushaltsvollzug« reicht aber nicht; HessVGH v. 12.01.1989, NVwZ-RR 1989, 329. Die Vermeidung von »Stillstandkosten« im Fernstraßenbau stellt demgegenüber einen gewichtigen öffentlichen Belang dar. Die gegenteilige Ansicht des HessVGH v. 20.03.1991, DVBl 1991, 1319 beruht auf unzutreffenden Vorstellungen über die Situation bei der Finanzierung staatlicher Infrastrukturmaßnahmen. Zu Erstattungsbeschlüssen VG Frankfurt v. 10.01.1989, NVwZ-RR 1989, 490. Zur Stundung BayVGH v. 26.05.1987, NVwZ 1988, 745.

43 BVerfGE 35, 402.

44 EuGH v. 26.02.1975, DVBl 1975, 777 und BVerwG v. 02.07.1975, BVerwGE 49, 60. Zur Zulässigkeit generalpräventiver Ausweisungsgründe bei Nicht-EU-Bürgern BVerwG v. 27.09.1978, BVerwGE

»Konkret« darf aber nicht mit »individuell« verwechselt werden. Dem Verschonungsinteresse des Betroffenen steht bei der Abwägung nicht das spezielle Vollzugsinteresse der anordnenden Behörde gegenüber. Der Vollzug muss vielmehr im öffentlichen Interesse erforderlich sein. Im besonderen öffentlichen Interesse kann es aber auch liegen, ein »Exempel zu statuieren«.[45] Die VzA dient dann dazu, die Anreizfunktion des »schlechten« Vorbilds zu unterlaufen, die Entstehung von Berufungsfällen zu verhindern und die Respektierung der Verbotsnorm zu sichern.

25 Bei der *Entziehung der Fahrerlaubnis* hielt dagegen die Rspr. eine VzA auf der Grundlage des früheren § 4 StVG bisweilen zu schnell für gerechtfertigt. Als Rechtfertigung diente der Hinweis, Voraussetzung der Entziehung sei die Feststellung der Ungeeignetheit des Fahrers; die durch die Teilnahme eines ungeeigneten Fahrers am Straßenverkehr implizierten Gefahren für Leben, Gesundheit und Vermögen anderer Verkehrsteilnehmer begründeten grundsätzlich ein überwiegendes Allgemeininteresse an der sofortigen Vollziehung, dies jedenfalls dann, wenn die Ungeeignetheit auf Tatsachen gestützt werde, die unmittelbar mit dem Straßenverkehr im Zusammenhang stünden.[46] Obwohl das praktische Bedürfnis für diese Rspr. nicht von der Hand zu weisen ist, führte sie zu einer Umkehr des Regel-Ausnahme-Verhältnisses von Sofortvollzug und a.W. und damit im Ergebnis zu einer Ausweitung der gesetzlichen Ausschlussgründe des § 80 II VwGO.[47] In diesem grundrechtssensiblen und standardisierten Rechtsbereich kann man deshalb eine VzA nur zulassen, wenn eine konkrete, auf die Person des Betroffenen zugeschnittene Gefahrenprognose ein Überwiegen des öffentlichen Vollziehungsinteresses indiziert.[48] Die Neufassung der Regelungen über den Entzug der Fahrerlaubnis in den §§ 3 und 4 StVG tragen dem Rechnung. Rechtsbehelfe gegen die Entziehung der Fahrerlaubnis haben kraft Gesetzes nach § 4 VII 2 StVG im Rahmen des Punktesystems keine a.W. In den übrigen Entziehungsfällen gilt das nicht. Die gesetzliche Wertung darf nicht durch eine großzügige Handhabung der VzA konterkariert werden.

26 Besondere Bedeutung kommt der generalisierenden Betrachtungsweise der VzA in den Fällen der *Ausnutzung sog. angemaßter Rechtspositionen* zu, nämlich, wenn der Bürger eine erlaubnispflichtige Tätigkeit unter Missachtung eines Versagungsbescheids oder gar, ohne die Erlaubnis beantragt zu haben, aufnimmt und die Behörde die zumindest formell ordnungswidrige Betätigung durch eine Verfügung stoppt oder rückgängig macht.

Eine Mindermeinung wollte in diesen Fällen dem Rechtsbehelf gegen die Einstellungs- oder Beseitigungsverfügung bereits die a.W. versagen, weil ansonsten der den Ablehnungsbescheid nicht respektierende Antragsteller privilegiert würde und der vorläufige Rechtsschutz des § 80 I VwGO nicht dazu diene, bisher nicht innegehabte Rechtspositionen (vorläufig) zu begründen.[49] Diese Ansicht fand zu Recht keine Gefolgschaft,[50] da § 80 II VwGO die Fälle, in denen die a.W. von vornherein ausgeschlossen ist, insoweit abschließend regelt, den Vollziehungsinteressen der Verwaltung durch § 80 II 1 Nr. 4 VwGO ausreichend Rechnung getragen ist und zudem im Rahmen des § 80 II 1 Nr. 4 VwGO eine Güterabwägung möglich ist, die der Vielfalt der Fallgestaltungen besser entsprechen kann als der pauschalierende »Alles-oder-Nichts«-Ansatz des § 80 I VwGO. Andererseits lässt sich nicht bestreiten, dass der

---

56, 246 (251 f.); BVerfG v. 17.01.1979, BVerfGE 40, 166 (177 ff.); v. 18.07.1979, BVerfGE 51, 386 (396 f.).

45 **Beispiel:** HessVGH v. 29.06.1995, NVwZ-RR 1996, 205 (Exmatrikulationsbescheid). Für die Zulässigkeit generalpräventiver Erwägungen BVerfG v. 19.08.1983, NVwZ 1983, 667; v. 25.09.1986, NVwZ 1987, 403.

46 BWVGH v. 09.08.1994, NVwZ-RR 1995, 174 (175); v. 29.12.1998, NZV 1999, 352; HbgOVG v. 10.01.1995, NVwZ-RR 1995, 475. Vgl. auch *Hentschel* NJW 1999, 686 (698).

47 Bezeichnenderweise spricht deshalb *J. Schmidt* DÖV 1979, 573 in seiner Rechtfertigung der Rspr. des BWVGH davon, die Entziehungsverfügung sei *de facto* den Maßnahmen des § 80 II 1 Nr. 2 VwGO gleichzusetzen. Zu allgemein auch *Henn* NJW 1993, 3169 (3171).

48 Zum seit 01.01.1999 geltenden Fahrerlaubnisrecht vgl. Art. 1 der VO v. 18.08.1998 (BGBl. I S. 2213); *Gehrmann* NJW 1998, 3534. Vgl. auch BVerwG v. 14.09.1998, NZV 1999, 223 m. Anm. *Bode;* HbgOVG v. 03.12.2002, NordÖR 2003, 303; v. 04.02.2003, NordÖR 2003, 305.

49 BayVGH v. 17.02.1978, BayVBl 1978, 247; OVG Lüneburg v. 08.05.1987, NVwZ 1989, 170; ähnlich NWOVG v. 15.12.1983, NVwZ 1985, 53 bezüglich der Untersagungsverfügung.

50 Vgl. *Rinke* NVwZ 1989, 639.

Gedanke im Kern berechtigt ist, § 80 VwGO habe nicht den Sinn, dem Bürger eine angemaßte Rechtsposition zu erhalten und seine formellen Ordnungsverstöße vor behördlichen Gegenmaßnahmen abzuschirmen. Nur muss dieser Gesichtspunkt nicht bei der Auslegung des bewusst voraussetzungslos formulierten § 80 I VwGO berücksichtigt werden, sondern bei der Anwendung von § 80 II 1 Nr. 4 VwGO.

Bei Maßnahmen gegen angemaßte Rechtspositionen kann sich die Anordnungsbehörde unter Heranziehung generalpräventiver Gesichtspunkte auf eine Regelvermutung für das Vorliegen eines besonderen öffentlichen Vollzugsinteresses berufen.

Wie die Behörde grundsätzlich mit einer Veränderung bestehender Verhältnisse bis zur Unanfechtbarkeit des belastenden VA zu warten hat, ist es auch dem Bürger *verwehrt*, eine genehmigungspflichtige *Veränderung vor Erteilung der Genehmigung* vorzunehmen.[51] Die VzA einer hiergegen gerichteten Einstellungsverfügung findet aber regelmäßig in der Ordnungsfunktion z.B. des *formellen* Bau- oder Gewerberechts ihre ausreichende Begründung.[52] In diesen Fällen lassen sich zumeist auch besondere Vollziehungsinteressen angeben, die über die abstrakte Gefahrenlage hinaus, zu deren Bekämpfung z.B. die missachteten präventiven Gebote geschaffen wurden, konkret die Eilbedürftigkeit der Vollziehung begründen. 27

**Beispiel:** Von einer Autowrackbeseitigungsanlage, die im Grundwassereinzugsbereich liegt, können durch auslaufendes Motoröl konkrete Gefahren für die Trinkwasserversorgung ausgehen, so dass unabhängig von der formellen Illegalität der Anlage eine VzA gerechtfertigt ist.[53]

Bei *Stilllegungs- oder Verbotsverfügungen*, mit denen die Weiterführung einer formell illegalen Anlage oder Betätigung gestoppt wird, lässt sich darüber hinaus das besondere Interesse am Sofortvollzug in aller Regel auch mit der offensichtlichen Aussichtslosigkeit der Anfechtung begründen, da die Rechtmäßigkeit der Stoppverfügung in materieller Hinsicht allein von der formellen Illegalität abhängt. Gleichwohl kann in Ausnahmefällen das private Rechtsschutzinteresse überwiegen, wenn nämlich ein bereits eingereichter Antrag auf Genehmigung offensichtlich Erfolg haben muss. Es bedarf deshalb auch in diesen Fällen u.U. einer korrigierenden Interessenabwägung.[54] 28

*Auch bei formell illegalen baulichen Anlagen* kann in Ausnahmefällen eine allein auf die formelle Illegalität gestützte Beseitigungsanordnung erlassen und für sofort vollziehbar erklärt werden, wenn die Restitution ohne unzumutbare Aufwendungen möglich und wirtschaftlich vertretbar ist, insbesondere die Substanz der Anlage in ihrem Wert nicht beeinträchtigt wird.[55] Vor allem bei *Schwarzbauten im Außenbereich*, deren Genehmigungsfähigkeit regelmäßig ausgeschlossen oder doch zumindest ernstlich zweifelhaft ist, wird häufig ein besonderes Vollziehungsinteresse gegeben sein, da sie bei längerem Bestehen Bezugsfälle und Zersiedelungen der freien Landschaft bilden.[56]

---

51 Vgl. OVG Lüneburg v. 29.06.1966, DÖV 1968, 62.

52 Vgl. für die Stilllegung eines Schwarzbaus SächsOVG v. 14.06.1994, LKV 1995, 296; BerlOVG v. 26.01.1995, NVwZ 1995, 1009.

53 Vgl. BWVGH v. 14.12.1989, VBlBW 1990, 347.

54 Vgl. BayVGH GewArch 1975, 340; BayVBl 1978, 20; 1980, 247; NWOVG OVGE 26, 89; enger NWOVG GewArch 1974, 301: wenn der Antragsteller Genehmigungsverfahren zügig betreibt und mit alsbaldigem positiven Abschluss gerechnet werden muss.

55 NdsOVG v. 31.08.1993, NVwZ-RR 1994, 12.

56 Vgl. BayVGH v. 18.10.1974, BayVBl 1975, 20; HessVGH v. 29.05.1985, ESVGH 35, 222.

## II. Die VzA im überwiegenden Interesse eines Beteiligten (§ 80 II 1 Nr. 4, 2. Alt.; § 80 a I Nr. 1 VwGO)

29 Die VzA kann beim VA mit Drittwirkung auch durch das überwiegende Interesse eines Beteiligten gerechtfertigt sein (*Schulbeispiel:* Baugenehmigung). Soweit nicht im konkreten Fall ein überwiegendes öffentliches Interesse bereits die Grundlage für die VzA gibt,[57] wird der rechtsstaatliche Schutzzweck des § 80 I VwGO durch die Kriterien des *ausgewogenen Rechtsschutzes* verdrängt.[58]

Die VzA gewinnt *schiedsrichterlichen Charakter.*[59] Die Behörde muss deshalb eine Abwägung zwischen dem Interesse z.B. des Bauherrn an der alsbaldigen Vollziehung der Baugenehmigung und dem Interesse des Nachbarn an der Erhaltung der a.W. vornehmen.[60]

**Beispiel**[61]: Der Nachbar, der gegen eine erteilte Baugenehmigung Widerspruch erhoben hat, beantragt vorläufigen Rechtsschutz erst, als das umstrittene Bauvorhaben weitestgehend realisiert ist. Hier ist dem Nachbarn ohne nähere Prüfung die vorläufige Hinnahme einer Fertigstellung des Vorhabens zuzumuten.

30 Bei dieser Abwägung ist *nicht* – wie bei der 1. Alt. des § 80 II 1 Nr. 4 VwGO – der Nachweis einer (strengen) Evidenz der Erfolglosigkeit der Anfechtung erforderlich. Vielmehr reicht ein *geringerer Grad mangelnder Erfolgsaussichten* aus.

Das BVerwG bejahte schon vor Einfügung von § 80 a I Nr. 1 VwGO ein überwiegendes Interesse des Begünstigten dann, wenn der Rechtsbehelf des Belasteten *mit erheblicher Wahrscheinlichkeit erfolglos* bleiben wird und eine Fortdauer der a.W. dem Begünstigten gegenüber unbillig erscheinen muss:

»Dabei liegt auf der Hand, dass es im Regelfall unbillig ist, einem Bauwilligen die Nutzung seines Eigentums durch Gebrauch einer ihm erteilten Genehmigung zu verwehren, wenn die Behörde nach sorgfältiger Prüfung der Erfolgsaussichten einer vom Nachbarn angestrengten Anfechtungsklage zu dem Ergebnis kommt, die Klage sei sachlich nicht gerechtfertigt und müsse letzten Endes erfolglos bleiben.«

Ist der Nachbar bereits in zwei Instanzen unterlegen geblieben, besteht grundsätzlich ein überwiegendes Interesse des Bauherrn an der VzA, wenn der Nachbar nicht Umstände dartun kann, die sein Interesse an der Wiederherstellung der a.W. gleichwohl als überwiegend erscheinen lassen.

31 Auch im Rahmen des § 80 II 1 Nr. 4, 2. Alt. VwGO ist die VzA nur gerechtfertigt, *soweit* das Vollziehungsinteresse des Begünstigten das Erhaltungsinteresse des Belasteten überwiegt.

Gerade bei VAen mit Drittwirkung wird deshalb häufig nur eine VzA unter *Bedingungen (Sicherheitsleistung)* oder *Auflagen* in Betracht kommen.

32 Da § 80 II 1 Nr. 4, 2. Alt. VwGO einerseits die VzA in das Ermessen der Verwaltung stellt, andererseits aber augenscheinlich auch das private Vollziehungsinteresse rechtlich schützen will, gewährt er dem *Begünstigten einen Anspruch auf fehlerfreie Ermessensausübung*, der sich im Einzelfall zu einem Anordnungsanspruch verdichten kann, wenn das private Vollziehungsinteresse derart überwiegt, dass das Absehen von der VzA ermessensfehlerhaft wäre.

---

57 Vgl. BVerwG v. 22.11.1965, DVBl 1966, 274.
58 Vgl. oben § 51 Rn. 6.
59 HessVGH v. 31.05.1990, NVwZ 1991, 88.
60 Vgl. BVerwG v. 14.11.1972, Buchholz 310 § 80 VwGO Nr. 21.
61 SaarlOVG v. 03.01.2002, DÖV 2003, 129.

*Gerichtlich durchsetzbar* ist dieser Anspruch jedoch nicht mit der Verpflichtungsklage,[62] sondern mit einem vorläufigen *Rechtsschutzantrag nach § 80 V VwGO*, dessen Zulässigkeit (Rechtsschutzinteresse!) jedoch regelmäßig voraussetzt, dass der Begünstigte zuvor erfolglos einen Antrag auf VzA bei der Behörde gestellt hat. Sieht ein Bundesgesetz vor, dass die Behörde allein auf Antrag des Begünstigten hin, ohne die in § 80 II 1 Nr. 4 VwGO normierten oder vergleichbaren Voraussetzungen des Spezialgesetzes zu prüfen, die sofortige Vollziehung anordnen muss (so hat z.B. die Anforderungsbehörde nach § 39 BLG auf Antrag des Bedarfsträgers die sofortige Vollziehung des Leistungsbescheides anzuordnen), liegt in Wahrheit ein Fall des § 80 II 1 Nr. 3 VwGO vor. Die VzA bedarf deshalb keiner Begründung.[63] § 39 S. 2 BLG verbietet darüber hinaus der Widerspruchsbehörde, die sofortige Vollziehung auszusetzen. 33

## D. Formerfordernisse

### I. Besondere Anordnung (§ 80 II 1 Nr. 4 VwGO)

§ 80 II 1 Nr. 4 VwGO verlangt, dass die sofortige Vollziehung *besonders angeordnet* wird. Es genügt demnach nicht, dass die Behörde den VA mit Gründen versieht, aus denen sich eine die sofortige Vollziehung rechtfertigende Interessenlage ergibt.[64] Eine besondere Anordnung kann vor allem nicht in der *tatsächlichen Vollziehung* gesehen werden; sie setzt vielmehr eine eigens auf den sofortigen Vollzug gerichtete Willensentschließung und ihre ausdrückliche Kundgabe an den Betroffenen voraus.[65] Aus diesen Gründen ist auch die *Umdeutung* einer unzutreffenden Berufung der Behörde auf den gesetzlichen Wegfall der a.W. (§ 80 II 1 Nr. 3 VwGO) in eine VzA unzulässig.[66] 34

Wird die *VzA als verfahrensrechtliche Nebenbestimmung* mit dem VA in der Hauptsache verbunden, kann sie nach der Rechtsbehelfsbelehrung für die Hauptsacheentscheidung als gesonderter Bescheid angefügt werden. Zweckmäßigerweise ist sie jedoch als gesonderter Punkt in den Tenor der Verfügung aufzunehmen. 35

**Beispiel:**

1. Ordnungsverfügung (Fällen eines windbruchgeschädigten Baumes an der Grundstücksgrenze)
2. Androhung der Ersatzvornahme
3. Die sofortige Vollziehung der Ziffern 1 und 2 dieser Verfügung wird angeordnet[67]

Die VzA ist, auch wenn sie nachträglich als gesonderter Bescheid erlassen wird, i.d.R. nicht kostenpflichtig. Eine *Belehrung* über die gegen die VzA gegebenen vorläufigen Rechtsschutzmöglichkeiten nach §§ 80 IV und 80 V VwGO ist nicht erforderlich, gleichwohl als nobile officium angebracht. 36

**Beispiel:** Gegen die Anordnung der sofortigen Vollziehung (Ziffer 3 der Verfügung) kann nach Einlegung des Widerspruchs die Aussetzung der Vollziehung bei … (Bezeichnung der Widerspruchsbehörde) oder die Wiederherstellung der aufschiebenden Wirkung beim … (Bezeichnung des Verwaltungsgerichts) beantragt werden (§ 80 IV 1, V VwGO).

62 Vgl. BVerwG v. 21.10.1968, DÖV 1969, 112.
63 Vgl. BayVGH v. 10.02.1975, VerwRspr 27, 249.
64 BWVGH v. 18.04.1961, ESVGH 11, 18 (21 f.).
65 BWVGH ESVGH 11, 22; RhPfOVG v. 04.01.1961, AS 8, 166 (172 f.); BremOVG v. 21.04.1972, MDR 1972, 721. HessVGH v. 01.03.1976, DÖV 1976, 675: Fristsetzung mit Androhung der Ersatzvornahme reicht deshalb nicht.
66 BWVGH v. 26.04.1968, ESVGH 18, 232 (235); BremOVG, MDR 1972, 721.
67 Die VzA hinsichtlich der Ziffer 2 ist nur erforderlich, wenn die a.W. von Rechtsbehelfen in der Verwaltungsvollstreckung nicht nach Landesrecht ausgeschlossen ist.

## II. Begründung (§ 80 III VwGO)

37 Das besondere Interesse an der sofortigen Vollziehung des VA ist *schriftlich zu begründen* (§ 80 III 1 VwGO). Einer besonderen Begründung bedarf es nicht, wenn die Behörde bei Gefahr in Verzug vorsorglich eine als solche bezeichnete Notstandsmaßnahme im öffentlichen Interesse trifft (§ 80 III 2 VwGO). Begriffsmerkmale des Gefahrenbegriffs sind Wahrscheinlichkeitsgrad und Größe des zu erwartenden Schadens. Bei § 80 III 2 VwGO liegt der Akzent auf der Schadensdimension. »Gefahr in Verzug« wird nämlich durch den Zusatz »insbesondere bei drohenden Nachteilen für Leben, Gesundheit oder Eigentum« konkretisiert. Angesprochen sind etwa Naturkatastrophen oder Seuchengefahren. § 80 III 2 VwGO befreit vom Begründungszwang, weil sich die Begründung aus der Sachlage ergibt. Kann die Notstandsmaßnahme nach dem für ihren Erlass geltenden Verwaltungsverfahrensrecht mündlich erlassen werden, genügt für die VzA jedenfalls eine mündliche Begründung.[68] Die ausdrückliche Bezeichnung als Notstandsmaßnahme ist dagegen unverzichtbar, weil sie nach den Intentionen des Gesetzes als Begründungsersatz sozusagen eine dem Charakter der Notstandsmaßnahme angepasste Telegrammbegründung darstellt.

38 Häufig sind die Gründe, die zum Erlass des VA geführt haben, bereits selbst so dringend, dass weitere Gründe für die VzA nicht mehr vorgetragen werden können. Da § 80 III 2 VwGO eine abschließende Regelung trifft, ist dennoch eine Begründung der VzA erforderlich. Es genügt dann aber, wenn zur Begründung der Anordnung auf die den VA rechtfertigenden Tatsachen *verwiesen* oder sonst klargestellt wird, dass die Entscheidungen »gemeinsam« begründet werden sollen. Eine gesonderte Begründung wäre nur eine unnötige und entbehrliche Wiederholung.[69] Realitätsfremd ist die Ansicht des SchlHOVG, die VzA müsse immer auf andere als die den VA tragenden Gesichtspunkte gestützt sein.[70] Dies zwingt die Behörde dazu, Begründungelemente einer einheitlichen Konfliktlösung aufzuspalten und ggf. die Begründung des VA defizitär werden zu lassen. Zutreffend lässt daher der HessVGH in Ausnahmefällen eine Begründungskongruenz zu.[71]

39 Die Begründungspflicht erfüllt wie § 39 VwVfG drei *Zwecke:* Sie soll die Behörde zwingen, sich des Ausnahmecharakters der VzA bewusst zu werden und die Voraussetzungen des § 80 II Nr. 4 VwGO besonders sorgfältig zu prüfen (»Warnfunktion«),[72] dem Betroffenen Aufschluss darüber geben, welche Überlegungen die Behörde zur Anordnung veranlasst haben (»Informationsfunktion«),[73] sowie dem Gericht die Nachprüfung der Anordnungsgründe ermöglichen (»Kontrollfunktion«).[74]

Die jeweilige Begründung muss diese Zwecke erfüllen. Das ist nur möglich, wenn sie die Besonderheiten des konkreten Falls berücksichtigt. Eine formblattmäßige,[75] schablo-

68 Strenger die früheren Auflagen dieses Buchs; vgl. auch Schoch/Schmidt-Aßmann/Pietzner/*Schoch* § 80 Rn. 175.

69 Vgl. HessVGH v. 31.01.1978, HessVGRspr 1978, 31 für die Begründung der VzA einer beamtenrechtlichen Verbotsverfügung hinsichtlich der Weiterführung der Dienstgeschäfte; BayVGH v. 29.07.1976, NJW 1977, 166 für Besitzeinweisung; BWVGH v. 25.08.1976, NJW 1977, 165; BerlOVG v. 23.06.1977, AS 14, 143 für universitäre Ordnungsmaßnahmen; SchlHOVG v. 15.09.1995, NVwZ-RR 1996, 148 für die Untersagung der Ausübung der Heilkunde.

70 SchlHOVG v. 19.06.1991, NVwZ 1992, 688 (689).

71 Beschl. v. 31.05.1990, ESVGH 40, 294 (297).

72 NWOVG v. 01.08.1961, OVGE 17, 45; BayVGH v. 18.10.1974, BayVBl 1975, 20.

73 BremOVG v. 28.02.1968, NJW 1968, 1540.

74 BayVGH v. 08.03.1974, BayVBl 1974, 343.

75 Ausnahme: Massenverfahren; BayVGH v. 22.05.1987, BayVBl 1987, 560.

nenhafte (Textbaustein!) oder ganz allgemein gehaltene, formelhafte[76] Begründung, die insbesondere nur den Wortlaut des den Erlass des VA selbst rechtfertigenden Gesetzes oder von § 80 II Nr. 4 VwGO wiederholt, genügt den Anforderungen des § 80 III 1 VwGO nicht.[77]

Fehlt eine Begründung oder ist die Begründung unzulänglich, macht das die VzA *fehlerhaft*. Fehlerfolge ist nicht die Nichtigkeit,[78] sondern die Rechtswidrigkeit der VzA, soweit nicht eine Heilungsmöglichkeit in Betracht kommt. In den früheren Auflagen wurde ein *Nachschieben von Gründen* für unvereinbar mit dem Schutzzweck des Begründungszwangs gehalten. Diese Auffassung lässt sich nicht mehr halten. § 45 II VwVfG ermöglicht es, § 45 I Nr. 2 VwVfG auf die VzA analog anzuwenden.[79] Eine Heilung (mit ex-nunc-Wirkung) kann auch durch den Widerspruchsbescheid erfolgen.[80] Sollte, aus welchen Gründen auch immer, eine Heilung nicht in Betracht kommen, ist die gar nicht oder mangelhaft begründete VzA vom Gericht im Rahmen des § 80 V VwGO stets aufzuheben, um der Behörde die Gelegenheit zu einer erneuten, nunmehr fehlerfreien Anordnung zu geben. Die Aufhebung erfolgt isoliert, so dass der Antrag nach § 80 V VwGO im übrigen auch abgewiesen werden kann.[81] Ein Begründungsmangel führt somit nicht notwendig zur Wiederherstellung der a.W. 40

## III. VzA im überwiegenden Interesse des Begünstigten

Beim VA mit Doppelwirkung erfordert die ausschließlich im überwiegenden Interesse des Begünstigten getroffene VzA einen entsprechenden Antrag nach § 80 a I Nr. 1 VwGO,[82] da der Begünstige selbst entscheiden muss, ob er ggf. mit einem vorläufigen Rechtsschutzverfahren konfrontiert wird. Das Fehlen des Antrags kann jedoch durch Nachholung analog § 45 I Nr. 1 VwVfG geheilt werden.[83] 41

76 HessVGH v. 02.05.1967, DÖV 1968, 255 für den Hinweis, die Umsetzungsverfügung liege im dienstlichen und öffentlichen Interesse.

77 BWVGH v. 25.08.1976, NJW 1977, 165.

78 Das ist wichtig für die Strafbarkeit von Verstößen gegen strafbewehrte VAe (vgl. oben § 53 Rn. 27).

79 Zutreffend *Tietje* DVBl 1998, 124. Vgl. auch MVOVG v. 20.11.1998, NVwZ-RR 1999, 409; BayVGH v. 06.03.1997, BayVBl 1998, 373.

80 BayVGH v. 03.06.2002, NJW 2002, 3044.

81 SchlHOVG v. 15.09.1995, NVwZ-RR 1996, 148 (149); BWVGH v. 30.04.1996, DÖV 1996, 839; a.A. Schoch/Schmidt-Aßmann/Pietzner/*Schoch* § 80 Rn. 298.

82 Schoch/Schmidt-Aßmann/Pietzner/*Schoch* § 80 a Rn. 31; a.A. *Kopp/Schenke* § 80 a Rn. 7.

83 HbgOVG v. 19.07.2001, NVwZ 2003, 356.

# § 56 Die Aussetzung der Vollziehung durch die Verwaltung (§ 80 IV VwGO)

1 Die Behörde, die den VA erlassen hat[1] und nach Einlegung des Widerspruchs die Widerspruchsbehörde können in den Fällen des § 80 II VwGO auf Antrag oder von Amts wegen die Vollziehung aussetzen, soweit nicht bundesgesetzlich (vgl. z.B. § 39 S. 2 BLG) etwas anderes bestimmt ist (§ 80 IV 1 VwGO).

Der Vorsitzende der Rechtsausschüsse in Rheinland-Pfalz und dem Saarland[2] hat auch in Eilfällen kein Aussetzungsrecht entsprechend § 80 VII VwGO, da die Zuständigkeiten in den AGVwGO abschließend geregelt sind. Eine Rechtsschutzlücke entsteht dadurch nicht, da der Bürger einen eiligen Antrag auch bei Gericht einreichen kann (§ 80 V VwGO), worauf ihn der Vorsitzende ggf. hinzuweisen hat.

## A. Zuständigkeit

2 Nach § 80 IV 1 VwGO ist (kumulativ: »oder«) neben der *Widerspruchsbehörde auch die Ausgangsbehörde* befugt, aufgrund ihrer – auch durch den Eintritt des Devolutiveffekts nicht beendeten – Sachherrschaft über den von ihr erlassenen VA die Vollziehung auszusetzen, da sie auch die weitergehende Befugnis hat, die VzA aufzuheben.

Wie das Gericht nach § 80 VII VwGO kann die Behörde die Aussetzung jederzeit mit schriftlicher Begründung aufheben oder – z.B. durch nachträgliche Beifügung von Auflagen – ändern.[3] Da Widerspruchs- und Ausgangsbehörde sowohl hinsichtlich der VzA wie hinsichtlich der Aussetzung konkurrierende Zuständigkeiten ausüben, gilt das *Prioritätsprinzip*. Die zuerst ergehende Entscheidung der Ausgangsbehörde bindet freilich selbst bei gleichbleibender Sach- und Rechtslage die Widerspruchsbehörde nicht.[4]

3 Hat demgegenüber die Widerspruchsbehörde auf Antrag des Betroffenen die Vollziehung eines VA ausgesetzt, so soll es nach Ansicht von *Schoch* der Ausgangsbehörde selbst dann versagt sein, eine dem Aussetzungsbescheid widersprechende erneute VzA auszusprechen, wenn sich die Sach- oder Rechtslage geändert hat.[5] Die Ausgangsbehörde könne lediglich die Aufhebung der VzA bei der Widerspruchsbehörde beantragen. Begründet wird dies mit dem Hinweis auf nicht näher benannte allgemeine organisationsrechtliche Grundsätze.

4 Überzeugend ist diese Auffassung nicht, da das hierarchische Prinzip eine Bindungswirkung der Ausgangsbehörde an die zuerst ergehende Entscheidung der übergeordneten Behörde nur bei gleichbleibender Sach- und Rechtslage fordert. Auch das Gebot der Rechtssicherheit wird dadurch nicht beeinträchtigt, weil die auf neue Tatsachen gestützte VzA nur ex nunc wirkt.

Dass damit der Ausgangsbehörde die Befugnis eingeräumt wird, eine Entscheidung der ihr übergeordneten Instanz aufzuheben, erklärt sich daraus, dass die erneute VzA keine auf Überprüfung des Aussetzungsverfahrens gerichtete Kassationsentscheidung darstellt, sondern ein neues selbständiges Verfahren zur Neuregelung der Vollziehbarkeit. Aus diesem Grunde wird auch dem Gericht erster Instanz als Gericht der Hauptsache die Befugnis zugebilligt, einen Aussetzungsbeschluss der übergeordneten Instanz nach § 80 VII 1 VwGO aufzuheben oder zu ändern. Dabei handelt es sich um keine Ausnahmeregelung,

1 Ein Widerspruchsverfahren muss noch nicht anhängig sein; *Kopp/Schenke* § 80 Rn. 108; Schoch/Schmidt-Aßmann/Pietzner/*Schoch* § 80 Rn. 207.

2 Vgl. § 37 Rn. 24 ff., 29.

3 *Kopp/Schenke* § 80 Rn. 118.

4 *Hörtnagl/Stratz* VBlBW 1991, 326 (328); vgl. auch BayVGH v. 23.07.1987, NVwZ-RR 1988, 127.

5 Schoch/Schmidt-Aßmann/Pietzner/*Schoch* § 80 Rn. 211.

sondern um die analogiefähige Formulierung eines allgemeinen vollstreckungsrechtlichen Rechtsgedankens.[6]

## B. Wirkung und Umfang der Aussetzung

Die Aussetzung der sofortigen Vollziehung durch die Verwaltung spielte bislang in der Praxis keine große Rolle. Dies hat sich durch die Neufassung von § 80 VI VwGO geändert. Bei der Anforderung öffentlicher Abgaben und Kosten setzt ein Eilantrag nach § 80 V VwGO ein ganz oder teilweise erfolgloses behördliches Aussetzungsverfahren voraus. 5

Die Aussetzung stellt mit Wirkung ex nunc die a.W. des Rechtsbehelfs her *(Suspension der VzA)*. Für diese gilt daher das zur Dauer der a.W. Ausgeführte entsprechend.[7] 6

Wie die VzA kann die Aussetzung ganz oder *teilweise* erfolgen, mit Bedingungen und Auflagen verbunden, insbesondere – entgegen dem irreführenden Wortlaut des § 80 IV 2, der diese Möglichkeit nur für öffentliche Abgaben und Kosten erwähnt, – in allen Fällen des § 80 II VwGO von einer Sicherheitsleistung abhängig gemacht werden;[8] denn es besteht kein vernünftiger Grund, dem Gericht im Verfahren nach § 80 V VwGO die Möglichkeit zur Anordnung von Sicherheitsleistungen in größerem Umfang zu geben als der Verwaltung. Aus § 80 V 4 VwGO ergibt sich deshalb, dass § 80 IV 2 VwGO nur klarstellenden Charakter hat.

In entsprechender Anwendung des § 80 V 3 VwGO kann die Behörde auch eine bereits erfolgte Vollziehung rückgängig machen bzw. die Ausgangsbehörde hierzu anweisen.[9] 7

Die Befugnis zur Aussetzung besteht bis zur *Unanfechtbarkeit des VA*[10] und wird durch die gerichtliche Ablehnung eines Wiederherstellungsantrags nach § 80 V VwGO nicht ausgeschlossen,[11] es sei denn, der Gerichtsbeschluss ist im überwiegenden Interesse eines Beteiligten ergangen.[12] Der Belastete kann in diesem Fall die Aussetzung der Vollziehung nur durch einen Antrag nach § 80 VI VwGO erreichen.

## C. Voraussetzungen der Aussetzung

Tatbestandliche Voraussetzungen für die Aussetzungsentscheidung stellt das Gesetz nur für Heranziehungsbescheide i.S.d. § 80 II Nr. 1 VwGO auf. 8

### I. Aussetzung bei öffentlichen Abgaben und Kosten

Die Anforderung von öffentlichen Abgaben und Kosten soll nach § 80 IV 3 ausgesetzt werden: 9

---

6 Vgl. auch *Kopp/Schenke* § 80 Rn. 111; *Brühl* JuS 1995, 818 (819).
7 Oben § 53 Rn. 25 ff.
8 Herrschende Meinung: vgl. Schoch/Schmidt-Aßmann/Pietzner/*Schoch* § 80 Rn. 215.
9 VG Münster v. 30.10.1981, GewArch 1982, 373 (374); *Kopp/Schenke* § 80 Rn. 117; NK-VwGO/*Puttler* § 80 Rn. 106.
10 Schoch/Schmidt-Aßmann/Pietzner/*Schoch* § 80 Rn. 207; *Redeker/v. Oertzen* § 80 Rn. 38.
11 *A.A. Kopp/Schenke* § 80 Rn. 173.
12 Die Aussage des BWVGH v. 18.10.1988, NVwZ-RR 1989, 398, mit Erlass einer gerichtlichen Entscheidung nach § 80 V VwGO werde die Gewährung des vorläufigen Rechtsschutzes von der Verwaltungs- auf die Gerichtsebene verlagert, ist viel zu pauschal.

- wenn ernstliche Zweifel an der Rechtmäßigkeit des angegriffenen VA bestehen oder
- wenn die Vollziehung für den Abgaben- oder Kostenpflichtigen eine unbillige, nicht durch überwiegende öffentliche Interessen gebotene Härte zur Folge hätte.

Als *Sollvorschrift* gewährt § 80 IV 3 VwGO der Verwaltung nur ein gebundenes Ermessen und verpflichtet sie für den Regelfall zur Aussetzung, solange nicht besondere Umstände vorliegen, die ausnahmsweise ein Abweichen von der Regel zulassen.[13]

10 § 80 IV 3 1. Alt. VwGO formuliert insoweit einen allgemeinen Rechtsgedanken des vorläufigen Rechtsschutzes, indem er die Bedeutung der summarischen Rechtmäßigkeitsprüfung (Erfolgsaussichten in der Hauptsache) betont. Im übrigen handelt es sich aber nur um eine – nicht analogiefähige – Sonderregelung im speziellen Sachzusammenhang des § 80 II Nr. 1 VwGO: Da ein automatisch eintretender Suspensiveffekt bei öffentlichen Abgaben und Kosten dazu anreizen könnte, Rechtsbehelfe lediglich einzulegen, um eine automatische Stundung zu erreichen, schließt § 80 II 1 Nr. 1 VwGO aus Gründen der Abwehr einer abstrakten Gefahrenlage für die öffentliche Haushaltswirtschaft generell die a.W. aus. § 80 IV 3 VwGO reduziert den mit einer derartigen *abstrakten Missbrauchsabwehr* verbundenen Eingriffsüberschuss, indem er die Verwaltung zur Aussetzung verpflichtet, wenn und weil sich *konkret* »ernstliche« Zweifel an der Rechtmäßigkeit des VA ergeben. In diesem (und *nur* in diesem) Fall erweist sich die Missbrauchsabwehr als nicht erforderlich.

11 Die 2. Alternative des § 80 IV 3 VwGO ist demgegenüber von den Erfolgsaussichten in der Hauptsache unabhängig. Sie berechtigt und verpflichtet die Verwaltung in praxi zur vorläufigen Stundung. Eine *unbillige Härte* liegt vor, wenn durch die sofortige Beitreibung der Abgabe ein über den Entzug des Geldes hinausgehender, durch die spätere Erstattung nicht oder nur schwer wiedergutzumachender wirtschaftlicher Schaden, etwa ein Konkurs oder eine sonstige wirtschaftliche Existenzvernichtung drohen würde, ohne dass dies durch ein überwiegendes öffentliches Interesse geboten wäre.[14]

12 *Ernstliche Zweifel an der Rechtmäßigkeit des angegriffenen VA* bestehen, wenn der Erfolg des Rechtsbehelfs nach der im Eilverfahren gebotenen, aber auch ausreichenden summarischen Überprüfung *überwiegend* wahrscheinlich ist.[15]

Die früher auch in der Rspr. verbreitete, heute nur noch im Schrifttum favorisierte Gegenansicht stellt auf die *Chancengleichheit* hinsichtlich des Ausgangs des Hauptverfahrens ab. Unter Berufung auf die Rspr. zu § 361 II 2 AO, § 69 II 2 FGO[16] lässt sie es für das Vorliegen »ernstlicher Zweifel« genügen, wenn der Erfolg des Rechtsbehelfs in der Hauptsache mindestens ebenso wahrscheinlich ist, wie der Misserfolg.[17] Bei offenem Ausgang des Hauptsacheverfahrens ist aber die abstrakte Regelvermutung des § 80 II Nr. 1 VwGO nicht entkräftet. Die Einzelfallgerechtigkeit spricht nicht gegen eine Verschärfung der Maßstäbe, da im Abgabenrecht für den Betroffenen keine irreparablen Tatsachen geschaffen werden. Wichtiger ist hier die Abwehr missbräuchlicher Rechtsbehelfe.

---

13 NK-VwGO/*Puttler* § 80 Rn. 110.

14 Vgl. BFH v. 31.01.1967, BFHE 87, 600 (601); v. 19.04.1968, BFHE 92, 314 (319).

15 BWVGH v. 27.01.1984, ESVGH 34, 141 (145); v. 08.01.1990 – 2 S 3193/89 –; v. 03.06.1991, DÖV 1991, 895; BayVGH v. 15.07.1974, BayVBl 1975, 171; HbgOVG v. 23.04.1991, NVwZ-RR 1992, 318; NWOVG v. 03.09.1992, ZMR 1993, 134; v. 17.03.1994, NVwZ-RR 1994, 617; RhPfOVG v. 02.02.1984, DVBl 1984, 1134 f. m. abl. Anm. *Wilke*; v. 21.05.1992, NJW-RR 1992, 1426; SaarlOVG v. 22.01.1992, NVwZ 1992, 699; v. 15.09.1994, LKr. 1994, 522; ThürOVG v. 23.04.1998, ThürVBl 1998, 184 (186); *Renck* NVwZ 1992, 338.

16 Vgl. nur BFH NJW 1994, 2848.

17 Vgl. BVerwG v. 03.07.1981, BayVBl 1982, 442 f. m. abl. Anm. *Schörnig* BayVGH v. 13.06.1978, NJW 1978, 2469 (2470); NWOVG OVGE 16, 44 (50 ff.); *Kopp/Schenke* § 80 Rn. 116; *Redeker/v. Oertzen* § 80 Rn. 36; Schoch/Schmidt-Aßmann/Pietzner/*Schoch* § 80 Rn. 194 ff.

Ernstliche Zweifel an der Rechtmäßigkeit des angefochtenen VA können auch aus der möglichen *Verfassungswidrigkeit der Ermächtigungsnorm* hergeleitet werden.[18] 13

Dass die Verwaltungsbehörden zur Prüfung der Verfassungsmäßigkeit von Gesetzen und – bei Zweifeln – zur Aussetzung der Vollziehung von Vollzugsakten berechtigt sind, ist – unabhängig von der weitergehenden Frage der (abzulehnenden) Verwerfungskompetenz der Verwaltung – allgemein anerkannt[19] und wird von § 76 I Nr. 2 BVerfGG als offensichtlich zulässig vorausgesetzt. Aus der Prüfungskompetenz folgt die Befugnis, auch Konsequenzen aus der Prüfung zu ziehen. In richterliche Kompetenzen wird dadurch nicht automatisch eingegriffen. Art. 100 GG erfasst die Fälle des § 80 IV 3 VwGO nicht, da die Aussetzung die Gültigkeit der Norm unberührt lässt und nur die Vollziehbarkeit von Ausführungsakten (vorläufig) suspendiert.

Nur in *gewichtigen Ausnahmefällen* kann die Versagung der Aussetzung trotz ernstlicher Zweifel an der Rechtmäßigkeit des angefochtenen VA gerechtfertigt sein. Dabei müssen die den Ausnahmetatbestand begründenden besonderen Umstände jedoch im Bereich des Normzwecks des § 80 II Nr. 1 VwGO liegen.[20] 14

So könnte etwa die Aussetzung bei großen Steuern versagt werden, wenn sie eine ernsthafte Gefährdung der öffentlichen Haushaltsführung zur Folge hätte.[21]

In Vorauflagen wurde vertreten, § 80 IV 3 VwGO bedeute nicht, dass die Behörde nur dann aussetzen dürfe, wenn die dort genannten Voraussetzungen vorliegen. Sie könne vielmehr von ihrer Aussetzungsbefugnis auch dann Gebrauch machen, wenn sie die Aussetzung aufgrund der Abwägung der beiderseitigen Interessen nach pflichtgemäßem Ermessen für geboten hält.[22] Diese Ansicht wurde in der 9. Auflage aufgegeben. Wenn § 80 IV 3 VwGO in Abweichung von der sonstigen Normstruktur schon einen Prüfungsmaßstab (im Tatbestand) vorgibt, darf dieser Maßstab nicht durch eine abweichende Ermessensentscheidung unterlaufen werden. 15

## II. Aussetzung in anderen Fällen

Auf *§ 80 II Nr. 2* VwGO ist § 80 IV 3 VwGO *nicht analog* anwendbar,[23] da er nur auf den Sonderfall des § 80 II Nr. 1 VwGO zugeschnitten ist. Bei Geldleistungen, die nicht ohnehin schon von dem weiten Tatbestand des § 80 II 1 Nr. 1 VwGO erfasst werden, kommt dagegen eine Analogie in Betracht. 16

Eine *analoge Anwendung* des § 80 IV 3 auf die *Fälle des bundesgesetzlichen Ausschlusses* der a.W. (§ 80 II 1 Nr. 3 VwGO) kommt ebenfalls höchstens dann in Betracht, wenn die Ausschlussnorm einen vergleichbaren Eingriffsüberschuss enthält wie § 80 II 1 Nr. 1 VwGO. Dies wird nur in Ausnahmefällen – etwa bei zweipoligen Rechtsverhältnissen im Bereich der klassischen Eingriffsverwaltung – zutreffen. 17

Einen derartigen Ausnahmefall sah der BWVGH ursprünglich in § 10 II BauGB-MaßnahmenG (= jetzt § 212 a BauGB), wonach Widerspruch und Anfechtungsklage eines Dritten gegen die bauaufsichtliche Genehmigung eines ausschließlich Wohnzwecken dienenden Bauvorhabens keine a.W. hatten.[24] Im An-

18 Vgl. nur NWOVG v. 06.12.1963, DÖV 1964, 172 m. zust. Anm. *Widtmann* DÖV 1964, 459; BFH v. 10.02.1984, NJW 1984, 1488.
19 Vgl. BVerfG v. 21.02.1961, BVerfGE 12, 180 (186).
20 Vgl. BWVGH v. 16.04.1973, BaWüVBl 1973, 171.
21 BWVGH BaWüVBl 1973, 171 unter Berufung auf *Söhn* NJW 1970, 317; vgl. auch BFH v. 30.04.1969, BFHE 96, 8 (10) für Eingangsabgaben.
22 So auch NWOVG OVGE 22, 213.
23 Vgl. *Kopp/Schenke* § 80 Rn. 116; anderer Ansicht *Schmitt Glaeser/Horn* Rn. 276; Schoch/Schmidt-Aßmann/Pietzner/*Schoch* § 80 Rn. 204: § 80 IV 3 VwGO gilt für alle Fälle des § 80 II.
24 Beschl. v. 23.10.1990, NVwZ-RR 1991, 287.

schluss an den BayVGH[25] gab der BWVGH diese Rspr. mit der zutreffenden Begründung wieder auf, dass eine entsprechende Anwendung von § 80 IV 3 VwGO der besonderen Interessenlage der Beteiligten bei baurechtlichen Streitigkeiten mit offener Erfolgsaussicht des Rechtsmittels nicht ausreichend Rechnung trägt.[26] Der vorläufige Rechtsschutz richtet sich auch hier nach § 80 a VwGO.[27]

Ansonsten ergibt sich aus dem gesetzlichen Ausschluss der a.W. eine – widerlegbare – Regelvermutung dafür, dass grundsätzlich ein das Individualinteresse überwiegendes öffentliches Interesse vorliegt. Eine Aussetzung der Vollziehung nach § 80 IV VwGO oder eine Wiederherstellung der a.W. nach § 80 V VwGO kann demnach nur dann in Betracht kommen, wenn im konkreten Fall der individuellen Interessenlage des Betroffenen gegenüber dem kollidierenden Interesse besonders Rechnung getragen werden müsste. Dies wird dann angenommen werden können, wenn[28]:

- der angefochtene VA offensichtlich rechtswidrig ist oder
- durch die sofortige Vollziehung dem Betroffenen ein nicht wiedergutzumachender Nachteil droht oder
- die sofortige Vollziehung eine unbillige, nicht durch überwiegende kollidierende Interessen gebotene Härte zur Folge hat.

25 Beschl. v. 14.01.1991, BauR 1991, 182.
26 Beschl. v. 03.06.1991, DÖV 1991, 895.
27 Vgl. auch BWVGH v. 22.10.1991, NVwZ 1992, 277.
28 Vgl. ebenso NWOVG v. 24.02.1970, VerwRspr 21, 1018 für Verkehrszeichen. Im Rahmen des § 35 WPflG lässt die Rspr. geringere Anforderungen genügen; vgl. BVerwG v. 06.12.1978, Buchholz 448.0 § 35 WehrpflG Nr. 17 m.w.N.

# § 57 Der gerichtliche vorläufige Rechtsschutz (Allgemein)

## A. Überblick

Das Gericht der Hauptsache kann in den Fällen des § 80 II 1 Nrn. 1 bis 3 VwGO die a.W. ganz oder teilweise *anordnen*, im Fall des § 80 II 1 Nr. 4 VwGO die a.W. ganz oder teilweise *wiederherstellen* (§ 80 V 1 VwGO). Ist der VA im Zeitpunkt der Entscheidung bereits vollzogen, so kann das Gericht die Aufhebung der Vollziehung, d.h. die Rückgängigmachung der Vollziehungshandlungen und ihrer unmittelbaren Folgen anordnen (§ 80 V 3 VwGO). Die Wiederherstellung der a.W. kann von der Leistung einer Sicherheit oder von anderen Auflagen abhängig gemacht und auch befristet werden (§ 80 V 4 und 5 VwGO). 1

Die »Auflagen« dürfen nicht mit den Auflagen i.S.v. § 36 II Nr. 4 VwVfG verwechselt werden. Die gerichtlichen Auflagen sind keine selbständigen VAe, sondern speziell auf das gerichtliche Aussetzungsverfahren zugeschnittene Rechtsinstitute, deren Nichtbeachtung das Gericht berechtigt, seinen ursprünglichen Beschluss nach § 80 VII 1 VwGO zu ändern oder aufzuheben.[1]

Die Entscheidung des Gerichts ergeht immer durch Beschluss, der nach § 122 II 1 VwGO zu begründen und grundsätzlich zuzustellen ist. Eine formlose Vorabbekanntgabe des Tenors ist bei besonderer Eilbedürftigkeit möglich. Die für den Urteilinhalt geltenden Erleichterungen, z.B. der Verweis auf die »Darlegungen im Widerspruchsbescheid«[2] kommen auch bei Beschlüssen im vorläufigen rechtsschutzverfahren in Betracht.

Die *Unterscheidung* von Anordnung und Wiederherstellung der a.W. ist keine Begriffsspielerei; denn die gesetzgeberische Entscheidung, ob der Suspensiveffekt die Regel oder die Ausnahme darstellt, sollte auch die richterliche Aussetzungsentscheidung beeinflussen. Beispielsweise hängt von der Unterscheidung der Eintritt des Suspensiveffekts im Falle einer stattgebenden gerichtlichen Entscheidung ab. Die Unterschiede werden allerdings zunehmend eingeebnet, was angesichts der wenig überzeugenden gesetzlichen Regelung kaum verwundert. 2

So besteht kein ersichtlicher Grund, die Regelung über die prozessualen Nebenbestimmungen in § 80 V 4 und 5 VwGO auf die Wiederherstellung der a.W. zu beschränken. Die Rspr. setzt sich daher auch ohne weiteres über dieses Redaktionsversehen hinweg.[3]

§ 80 V VwGO wurde schon früher sinngemäß auf den Rechtsschutz des ursprünglich Begünstigten beim VA mit *Dritt- oder Doppelwirkung* angewandt. Der 1990 durch das 4. VwGOÄndG in die VwGO eingefügte § 80 a ordnet die entsprechende Anwendbarkeit von § 80 V bis VIII VwGO ausdrücklich an (§ 80 a III 2 VwGO). 3

Eine Änderung der bisherigen Rechtsgrundsätze war damit nicht beabsichtigt. Insbesondere wollte der Gesetzgeber das Verschonungsinteresse des Drittbelasteten nicht verstärken.[4] Eher ist – im Rahmen eines ausgewogenen Rechtsschutzes – das Gegenteil der Fall.

---

1 BWVGH v. 21.05.1987, NJW 1987, 1717 (1719); v. 17.05.2004, NVwZ-RR 2005, 472 (474); BayVGH v. 06.09.1990, NVwZ-RR 1991, 159. Entgegen der zit. Rspr. sind Auflagen zu Lasten des Antragsgegners bei ablehnenden Entscheidungen nicht zulässig; zutreffend Schoch/Schmidt-Aßmann/Pietzner/*Schoch* § 80 Rn. 297; die von *Kopp/Schenke* § 80 Rn. 169 vorgenommene Korrektur des Gesetzeswortlauts überdehnt den Betroffenenschutz. Zur Befristung NWOVG v. 16.12.1977, NJW 1978, 1764.

2 BWVGH v. 29.04.2002, NVwZ 2002, 1260.

3 Vgl. HessVGH v. 19.03.1974, ESVGH 24, 194.

4 A.A. wohl BWVGH v. 22.10.1991, NVwZ-RR 1992, 277; vgl. auch *Redeker* BauR 1991, 525. Vgl. auch BVerfG, KB v. 01.10.2008; NVwZ 2009, 240.

4 Rechtsbehelfe gegen gerichtliche Aussetzungs- bzw. – beim VA mit Doppelwirkung – Anordnungsentscheidungen werden ergänzt durch das *Abänderungsverfahren* nach § 80 VII VwGO, das den vorläufigen Charakter der Entscheidungen nach § 80 V VwGO besonders deutlich macht.

Pars pro toto der gerichtlichen Entscheidungsmöglichkeiten hat sich für das vorläufige Rechtsschutzverfahren nach § 80 VwGO die Bezeichnung »Aussetzungsverfahren« eingebürgert. Die gesetzgeberische Unterscheidung zwischen behördlichem Aussetzungsverfahren nach 80 IV VwGO und gerichtlichem vorläufigen Rechtsschutzverfahren wird dadurch sprachlich nicht nachvollzogen. Der Sache und den Wirkungen nach geht es aber um das Gleiche (vgl. § 69 III FGO).

## B. Zulässigkeit des Aussetzungsverfahrens

### I. Bestehen der deutschen Gerichtsbarkeit

5 Auch das Aussetzungsverfahren setzt das Bestehen der deutschen Gerichtsbarkeit voraus.

### II. Zulässigkeit des Verwaltungsrechtswegs

6 Für die Überprüfung des VA, um dessen Vollziehung es geht, muss ferner der Verwaltungsrechtsweg eröffnet sein. Eine Rechtswegverweisung analog § 17 a II GVG ist entgegen der h.M.[5] nicht möglich, da durch das dann erforderliche Zwischenverfahren das Eilverfahren in die Länge gezogen würde. Eilanträge im unzulässigen Rechtsweg sind vielmehr als unzulässig abzuweisen.[6]

### III. Zuständigkeit des angerufenen Gerichts

7 Zuständig für die Entscheidungen nach § 80 V VwGO ist immer das *Gericht der Hauptsache*, d.h. das örtlich und sachlich zur Entscheidung über die Anfechtungsklage zuständige Gericht. Da vorläufiger Rechtsschutz schon vor Erhebung der Anfechtungsklage begehrt werden kann, muss unterschieden werden:

Vor Klageerhebung ist Gericht der Hauptsache das Gericht, bei dem die Anfechtungsklage zu erheben wäre.[7]

*Nach* Klageerhebung ist Gericht der Hauptsache grundsätzlich das Gericht, bei dem die Anfechtungsklage anhängig ist. Ob das auch gilt, wenn dem Gericht in Wirklichkeit die

5 Schoch/Schmidt-Aßmann/Pietzner/*Bader* § 41 Rn. 3, § 80 Rn. 80; BWVGH v. 06.04.1994, DVBl 1995, 159; BayVGH v. 05.05.1993, NVwZ-RR 1993, 668; v. 29.07.2002, NVwZ-RR 2003, 74; BerlOVG v. 21.02.1992, NVwZ 1992, 685; v. 23.01.1997, NVwZ-RR 1998, 464; HessVGH v. 30.04.1996, NJW 1997, 211; v. 15.10.2002, NVwZ 2003, 238; NWOVG v. 07.07.1993, DVBl 1994, 214; v. 23.07.1997, NWVBl 1998, 244; ThürOVG v. 30.01.1996, DÖV 1996, 423; SchlHOVG v. 16.03.1993, NVwZ-RR 1993, 670; KG v. 03.03.1998, NZA-RR 1998, 563; ähnlich für den Prozesskostenhilfeantrag SächsOVG v. 05.02.1998, VIZ 1998, 702.

6 *Kopp/Schenke* § 41 Rn. 2 a; RhPfOVG v. 01.09.1992, DVBl 1993, 260; HessVGH v. 20.10.1994, NJW 1995, 1170; *Holzheuser* DÖV 1994, 805; *Sennekamp* NVwZ 1997, 642. Zu beachten ist freilich die Bindungswirkung einer Entscheidung, mit der das an sich zuständige Gericht seine Zuständigkeit unmittelbar oder mittelbar verneint hat; BayVGH v. 01.07.1999, NJW 1999, 3211.

7 BayVGH v. 29.10.1982, NJW 1983, 1992.

örtliche und sachliche Zuständigkeit fehlt, erscheint zweifelhaft[8] und dürfte jedenfalls bei offensichtlicher Unzuständigkeit zu verneinen sein.[9]

Im Regelfall ist im *ersten Rechtszug* das VG Gericht der Hauptsache. Seine Zuständigkeit endet mit Eingang der Berufungs- oder Revisionsschrift bzw. mit Zulassung der Sprungrevision.[10] Entsprechend beginnt die Zuständigkeit des *Berufungsgerichts* als Gericht der Hauptsache mit Eingang der Berufungsschrift (§ 124 a II VwGO) und endet mit Eingang der Revisionsschrift. Im Falle der Nichtzulassungsbeschwerde endet die Zuständigkeit des Berufungsgerichts, sobald es beschlossen hat, der Beschwerde nicht abzuhelfen (§ 133 V VwGO).[11] Auch das *BVerwG* kann – neben den Fällen, in denen es ohnehin erstinstanzlich zuständig ist – Gericht der Hauptsache sein, wenn eine Entscheidung nach § 80 V VwGO erst im Revisionsverfahren beantragt wird oder das Verfahren bei ihm aufgrund einer Nichtzulassungsbeschwerde anhängig ist.[12] 8

Noch nicht verbeschiedene Anträge gelangen mit dem Rechtsmittel, das in der Hauptsache eingelegt wird, *automatisch* in die nächste Instanz.[13] Eines Verweisungsantrags oder einer Erledigungserklärung, verbunden mit erneuter Antragstellung beim nunmehr zuständigen Gericht, bedarf es nicht.[14] 9

In *Massenverfahren* gegen großtechnische Anlagen kommt es häufig vor, dass Klagen verschiedener Kläger in verschiedenen Instanzen rechtshängig sind. Da dennoch ein einziger Aussetzungsbeschluss genügt, um das Vorhaben insgesamt zu stoppen, haben es bestimmte Anwälte, die mehrere Kläger vertreten, zu ihrer Prozesstaktik gemacht, gleichzeitig bei allen in Betracht kommenden Instanzen die Verhinderung des Vorhabens zu betreiben. Es lag nahe, dass nach Möglichkeiten gesucht wurde, dem gegenzusteuern. So sprach sich der BayVGH für ein »Heraufholen« analog § 53 I VwGO der in der unteren Instanz bezüglich desselben Streitobjekts anhängigen Verfahren aus.[15] Die sinnvolle, aber dogmatisch kaum haltbare Entscheidung wurde jedoch vom BVerwG wegen »extremer« Rechtswidrigkeit für unwirksam erklärt.[16] Zu Lasten der Rechtseinheit darf trotzdem die Pluralisierung des dann nicht mehr ausgewogenen Rechtsschutzes nicht gehen. Ohne triftigen Grund sollte sich ein erstinstanzliches Gericht nicht über eine bereits vorliegende Entscheidung der höheren Instanz zum gleichen Streitobjekt hinwegsetzen, da die Erfolgsaussichten in der Hauptsache im Rahmen der Entscheidung nach § 80 V VwGO mitzuberbücksichtigen sind.[17] 10

In dringenden Fällen kann nach § 80 VIII 1 VwGO der funktionell *Vorsitzende* entscheiden. Die Dringlichkeit bezieht sich auf die Nachteile, die durch eine Verzögerung entstehen könnten. 11

---

8 Vgl. HessVGH v. 10.11.1983, HessVGRspr 1984, 43.

9 BerlOVG v. 15.02.1991, LKV 1991, 373; *Kopp/Schenke* § 80 Rn. 142; Schoch/Schmidt-Aßmann/Pietzner/*Schoch* § 80 Rn. 329.

10 *Finkelnburg/Jank*, Rn. 929.

11 BVerwG v. 08.10.1969, Buchholz 448.0 § 5 WPflG Nr. 5.

12 BVerwG v. 11.10.1978 – BVerwG 4 B 125.78. Ausnahmsweise kann dann das BVerwG eine selbständige Tatsachenfeststellung treffen.

13 BVerwG v. 05.01.1972, BVerwGE 39, 229; v. 30.11.1976, VerwRspr 28, 145; NWOVG v. 02.04.1981, DVBl 1981, 691; *Kopp/Schenke* § 80 Rn. 142.

14 Vgl. insgesamt Schoch/Schmidt-Aßmann/Pietzner/*Schoch* § 80 Rn. 330.

15 Beschl. v. 26.11.1981, DVBl 1982, 210 (211); aufgegeben durch Beschl. v. 09.08.1984, BayVBl 1985, 52.

16 Beschl. v. 27.01.1982, BVerwGE 64, 347.

17 Vgl. unten Rn. 23.

## IV. Die Beteiligten des Verfahrens

12 Der Kreis der Beteiligten entspricht dem in der Hauptsache.[18] Beteiligt sind v.a. Antragsteller, Antragsgegner, ggf. Beigeladene, der VöI und der Oberbundesanwalt. Von der einfachen Beiladung sollte in besonders eiligen Verfahren im Interesse der Verfahrensbeschleunigung abgesehen werden.[19] Wer Antragsgegner ist, richtet sich nach § 78 VwGO (analog).[20] Wird die VzA erst von der *Widerspruchsbehörde* ausgesprochen, so ist deren Rechtsträger oder sie selbst Antragsgegner.[21] Der begünstigte Dritte kommt auch in den Fällen des § 80 a III VwGO nie als Antragsgegner in Betracht.

## V. Vorliegen eines VA

13 Da der Rechtsschutz nach § 80 V VwGO an die Anfechtungsklage anknüpft, ist er nur statthaft, wenn er die Vollziehung eines *bereits erlassenen* VA betrifft.

> **Beispiel:** Die Zurückstellung eines Bauantrags ist ein die Gemeinden begünstigender, den Bauherrn belastender VA, gegen dessen Vollziehung ein Antrag des Bauherrn nach §§ 80 a III, 80 V VwGO statthaft ist.[22]

Drohende VAe können allenfalls durch eine vorbeugende Unterlassungsklage verhindert werden. Der vorläufige Rechtsschutz richtet sich dann nach § 123 VwGO.[23]

## VI. Ordnungsgemäße Antragstellung

14 Das gerichtliche Aussetzungs- bzw. Anordnungsverfahren erfordert einen Antrag des Betroffenen (§ 80 V 1 VwGO). Der Antrag ist analog § 81 I 1 VwGO beim Gericht der Hauptsache zu stellen; zumindest beim VG kann der Antrag auch zur Niederschrift des Urkundsbeamten der Geschäftsstelle gestellt werden (analog § 81 I 2 VwGO). Eine Vollmacht für das Hauptverfahren umfasst auch die Nebenverfahren des vorläufigen Rechtsschutzes (§ 82 ZPO, § 173 VwGO). Auf den Antragsinhalt findet § 82 VwGO sinngemäß Anwendung. Eine Begründung ist nur im Verkehrswegeplanungsrecht vorgeschrieben. Der Antrag auf Erlass einer e.A. kann in einen Antrag nach § 80 V VwGO umgedeutet werden. Möglich ist auch kumulativer Rechtsschutz nach § 80 V VwGO und § 123 VwGO.

---

18 Vgl. oben § 7. Zur Prozessvertretung BerlOVG v. 07.05.1998, NVwZ-RR 1998, 597.

19 Vgl. BWVGH v. 04.01.1985, VBlBW 1985, 254 (255). Über die Notwendigkeit der Hinzuziehung eines Bevollmächtigten im Widerspruchsverfahren kann nach § 80 V VwGO nicht entschieden werden. RhPfOVG v. 02.05.1989, DVBl 1989, 852.

20 Streitig ist die passive Prozessführungsbefugnis (»Passivlegitimation«) in Verfahren gegen im Wege der Ersatzvornahme ergangene Bescheide der Kommunalaufsicht. Nach einer Ansicht handelt die zuständige Rechtsaufsichtsbehörde an Stelle der Kommune und damit als deren Behörde; BayVGH v. 04.10.1975, BayVBl 1976, 48, nach h.M. gilt das Rechtsträgerprinzip ThürOVG v. 06.10.2003, DÖV 2004, 256.

21 BWVGH v. 14.01.1987, DÖV 1987, 405; NWOVG v. 14.03.1995, NJW 1995, 2242; Schoch/Schmidt-Aßmann/Pietzner/*Schoch* § 80 Rn. 321; a.A. BWVGH v. 09.08.1994, VBlBW 1995, 92; BayVGH v. 27.06.1984, BayVBl 1984, 598; HessVGH v. 28.11.1988, NVwZ 1990, 677; OVG Lüneburg v. 21.11.1988, NJW 1989, 2147; SächsOVG v. 15.01.2001, NVwZ-RR 2001, 75; *Finkelnburg/Jank* Rn. 971; *Schenke* Rn. 996.

22 BWVGH v. 09.08.2002, DÖV 2003, 555.

23 Vgl. auch LSOVG v. 02.02.2009, NZBau 2009, 206.

## VII. Antragsbefugnis

15 Die Antragsbefugnis richtet sich nach der Klagebefugnis.[24] Bei Drittbetroffenheit ist besonders sorgfältig nach einer Schutznorm zu suchen.[25] Die erlassende Behörde kann kein Rechtsmittel gegen die Aussetzungsentscheidung der Widerspruchsbehörde nach § 80 IV VwGO einlegen.[26]

## VIII. Vorverfahren

16 Bei der *Anforderung öffentlicher Abgaben und Kosten* entfällt die a.W. kraft Gesetzes (§ 80 II 1 Nr. 1 VwGO). Die Anordnung auf gerichtliche Anordnung der a.W. kann gleichwohl nicht unmittelbar beim Gericht beantragt werden, sondern setzt gemäß § 80 VI VwGO voraus, dass »die Behörde« einen Antrag auf Aussetzung der Vollziehung ganz oder teilweise abgelehnt hat, sofern nicht entweder die Behörde über den Antrag ohne Mitteilung eines zureichenden Grundes in angemessener Frist sachlich nicht entschieden hat oder eine Vollstreckung droht.[27] Als Behörde kommen – wiederum konkurrierend – Ausgangs- und Widerspruchsbehörde in Betracht. Diese Regelung über das Vorverfahren beim vorläufigen Rechtsschutz hat ersichtlich *Ausnahmecharakter.* Sie lässt sich daher weder zeitlich noch sachlich ausdehnen. So ist § 80 VI VwGO nicht auf sämtliche Anträge nach § 80 a III VwGO übertragbar. Entgegen einer verbreiteten Meinung schließt § 80 a III Nr. 2 VwGO die *sofortige Anrufung des Gerichts* nämlich nicht aus.[28] Die »entsprechende« Anwendung von § 80 VI VwGO bezieht sich allein auf Abgaben- und Kostenanforderungen mit Drittwirkung.[29] Im Übrigen bleibt es dabei, dass das Gericht im vorläufigen Verfahren *eigenständige* Entscheidungen zu treffen und nicht die vorläufigen Entscheidungen der Verwaltung zu kontrollieren hat.

## IX. Fristen

17 Anträge nach § 80 V VwGO sind *grundsätzlich* an *keine Frist* gebunden. Dadurch erspart man sich zwar Rechtsbehelfsbelehrungen. Ansonsten erscheint es jedoch vor allem bei mehrpoligen Rechtsverhältnissen wenig sinnvoll, warum ausgerechnet vorläufiger Rechtsschutz zeitlich unbegrenzt möglich sein soll.

Ein Schritt in die richtige Richtung war daher § 10 III AsylVfG a.F., dessen Zielrichtung durch § 36 III 1 AsylVfG n.F. stärker prononciert wurde. Die Vorschrift trägt dem Beschleunigungsinteresse in Asyl-

---

24 Vgl. BVerwG v. 02.08.1994, NVwZ 1994, 1000 (1001); ThürOVG v. 19.04.2002, NJW 2002, 3647 (3648).

25 Fragwürdig daher SächsOVG v. 19.08.2002, NVwZ-RR 2003, 36.

26 BayVGH v. 23.07.1987, NVwZ-RR 1988, 127.

27 Hierzu BayVGH; v. 01.08.1995, BayVBl 1997, 362; HbgOVG v. 25.02.1993, NVwZ-RR 1993, 591 (LS); SaarlOVG v. 22.06.1992, NVwZ 1993, 490; VG Trier v. 19.01.1998, NVwZ-RR 1999, 414. Die behördliche Ablehnung des Aussetzungsantrags stellt auch dann eine Zugangsvoraussetzung (vgl. RhPfOVG v. 29.04.1992, NVwZ-RR 1992, 589) dar, wenn die Anfechtungsklage kein Vorverfahren voraussetzt; HessVGH v. 08.11.1994, NVwZ-RR 1995, 235. Im Lauf des gerichtlichen Verfahrens kann sie sich nicht mehr verwirklichen; BayVGH v. 06.10.1992, NVwZ-RR 1993, 212; SächsOVG v. 18.02.1993, NVwZ-RR 1994, 240 (LS).

28 Wie hier BWVGH v. 23.09.1994, NVwZ 1995, 1004; BremOVG v. 24.01.1992, NVwZ 1993, 592; HbgOVG v. 19.09.1994, DÖV 1995, 476; HessVGH v. 01.08.1991, DVBl 1992, 45; RhPfOVG v. 09.09.2003, DÖV 2004, 167; a.A. BWVGH v. 07.09.1990, NVwZ 1991, 687; BayVGH v. 23.08.1991, BayVBl 1991, 723; v. 26.11.1991, NVwZ 1992, 990; NdsOVG v. 21.05.1992, DVBl 1993, 123; RhPfOVG v. 14.06.1993, BauR 1993, 718; ThürOVG v. 27.06.1994, ThürVBl 1995, 64; VG Meiningen v. 13.12.1996, NVwZ 1997, 926.

29 **Beispiel:** RhPfOVG v. 27.06.1991, NVwZ-RR 1992, 206.

streitigkeiten Rechnung. Sie ist verfassungsrechtlich unbedenklich und führt dazu, dass ein Ausländer auch in weiteren Verfahren auf Gewährung vorläufigen Rechtsschutzes mit Einwendungen gegen die Abschiebungsandrohung ausgeschlossen ist. § 5 II 2 und 3 VerkPBG hatte diesen Gedanken aufgegriffen. Damit war die weitere Entwicklung vorgezeichnet. Die Regelungen in § 18 e II AEG, § 17 e II FStrG, § 14 e II WStrG, § 10 VI LuftVG sowie § 29 VI PBefG tragen spürbar zum Beschleunigungseffekt dieser Gesetze bei, wofür freilich auch die exzeptionelle erstinstanzliche Zuständigkeit des BVerwG verantwortlich ist. Zusätzliche Erwägungen der Investitionssicherheit spielten eine Rolle bei der Einführung der Antragsfrist in § 12 II 1 InVorG.

Die vorstehend geschilderte Rechtsentwicklung ändert nichts daran, dass de lege lata Fristen immer noch nur in Ausnahmefällen zu beachten sind. Der Gesetzgeber ist auch deswegen zum Handeln aufgerufen, weil notwendige Folge der Antragsfrist eine Rechtsbehelfsbelehrung ist. Dies sollte ausdrücklich betont werden.

Der Verweis einiger Fachplanungsgesetze auf § 58 VwGO hat klarstellende Bedeutung und rechtfertigt nicht den Umkehrschluss, dass bei Vorhaben nach dem PBefG und WaStrG, wo der Verweis – wohl versehentlich – unterblieb, die Antragsfrist *ohne* Rechtsbehelfsbelehrung in Gang gesetzt wird.[30]

18 Der Antrag ist schon vor Erhebung der Anfechtungsklage zulässig (§ 80 V 2 VwGO). Erforderlich ist jedoch, dass der Antragsteller Widerspruch eingelegt hat, weil erst der Widerspruch die a.W. auslöst, die vom Gericht angeordnet oder wiederhergestellt werden kann. Die faktische Verkürzung der für die Hauptsache geltenden Rechtsbehelfsfristen ist nicht so gravierend, dass § 123 I VwGO analog herangezogen werden müsste.

Der Antrag kann jederzeit ohne Einwilligung des Gegners *zurückgenommen* werden. Entgegen der h.L. ist beim VA mit Drittwirkung eine *Verwirkung* des Antragsrechts nicht ausgeschlossen.[31] Dadurch wird ein geringer Ausgleich für die fehlende Fristgebundenheit von Anträgen nach §§ 80 V, 80 a III VwGO geschaffen.

## X. Anderweitige Rechtshängigkeit

19 Soweit bereits ein Verfahren nach § 80 V VwGO anhängig ist, kann ein gleichlautender Antrag vor Gericht nicht gestellt werden.[32] Anträge nach § 80 IV und § 80 V VwGO schließen sich dagegen nicht aus. § 80 VII VwGO ermöglicht eine erneute Antragstellung nach bestandskräftiger Abweisung selbst gleichlautender Anträge.

## XI. Rechtsschutzbedürfnis

20 Das Rechtsschutzbedürfnis muss sich gerade auf die *vorläufige* Entscheidung beziehen. Es fehlt, wenn die Vollstreckung nach § 80 IV VwGO ausgesetzt wurde, wenn feststeht, dass die Verwaltungsbehörde einen vollstreckbaren VA bis zur Entscheidung in der Hauptsache nicht vollstrecken wird oder im umgekehrten Fall beim angefochtenen begünstigenden VA, wenn kein Antrag auf VzA gestellt wurde.[33] Wenden sich in Massenverfahren gegen Großprojekte mehrere (einfache) Streitgenossen gegen die sofortige Vollziehbarkeit des Genehmigungsbescheids oder Planfeststellungsbeschlusses mit An-

30 Ebenso Schoch/Schmidt-Aßmann/Pietzner/*Schoch* § 80 Rn. 327; a.A. NdsOVG v. 04.10.1994, NVwZ-RR 1995, 176.

31 Anderer Ansicht *Finkelnburg/Jank* Rn. 956.

32 Vgl. auch OVG Lüneburg v. 18.12.1974, OVGE 31, 321.

33 BayVGH v. 06.07.1990, BayVBl 1990, 755. Für den Binnenrechtsstreit ist beachtlich, dass das Land gegen Maßnahmen von Gemeinden keinen vorläufigen Rechtsschutz begehren kann, sofern die Möglichkeit fachbehördlicher Weisungen besteht; vgl. BWVGH v. 13.10.1992, NVwZ 1993, 393. Zu Streitigkeiten zwischen Landesmedienanstalten BayVGH v. 19.04.1995, NVwZ-RR 1995, 529.

trägen nach § 80 V VwGO (oder § 80 IV VwGO), so entfällt bei Obsiegen eines Antragstellers das Rechtsschutzbedürfnis der übrigen.[34]

Der behördliche *Vollzug* eines VA lässt das Rechtsschutzbedürfnis für vorläufigen Rechtsschutz nicht entfallen (arg. § 80 V 3 VwGO).[35] Entsprechendes gilt, wenn von einem begünstigenden VA Gebrauch gemacht wurde; denn im weiteren Sinn liegt auch darin ein Vollzug des VA. 21

Das Rechtsschutzinteresse würde nur dann entfallen, wenn man der – nicht zwingenden – Ansicht ist, dass der Drittbetroffene Beseitigungsansprüche nur im Wege der Verpflichtungsklage und ggf. nach § 123 VwGO durchsetzen kann.[36]

Der allgemeine Grundsatz des Rechtsschutzbedürfnisses, wonach niemand *nutzlosen Rechtsschutz* begehren kann, gilt auch im vorläufigen Verfahren. Kein Rechtsschutzbedürfnis besteht für die gerichtliche Aussetzung des Vollzugs eines VA, wenn sich die Vollziehbarkeit der Maßnahmen bereits aus anderen Gründen ergibt.[37] 22

**Beispiel:** Für die isolierte Anordnung der a.W. des Widerspruchs gegen eine Ausweisungsverfügung besteht kein Rechtsschutzbedürfnis, sofern der Ausländer aus anderen Gründen ausreisepflichtig ist.[38]

## C. Maßstab der gerichtlichen Entscheidung

### I. Allgemeine Entscheidungsgrundsätze

Im Rahmen des § 80 V VwGO trifft das Gericht eine eigene *Ermessensentscheidung*. Einen speziellen Maßstab für die Ermessensentscheidung gibt § 80 V VwGO nicht an. Dennoch ist das gerichtliche Ermessen nicht völlig frei, sondern an die gesetzgeberische Wertentscheidung gebunden, die der Systematik des § 80 VwGO insgesamt zugrunde liegt. Danach muss einerseits das Regel-/Ausnahme-Verhältnis von § 80 II Nr. 1 bis 3 bzw. § 80 II Nr. 4 VwGO berücksichtigt werden. Andererseits ist den Geboten des effektiven und ausgewogenen Rechtsschutzes Rechnung zu tragen. Unter allgemeinen Entscheidungsgrundsätzen sind folglich keine Grundsätze zu verstehen, die immer passen. Eine derartige Entwicklung allgemeiner Entscheidungsgrundsätze, die die bestehenden Unterschiede völlig nivellieren würde, wäre unzulässig. Angegeben werden können vielmehr nur Kriterien, die für die gerichtliche Entscheidung eine Rolle spielen. 23

Solche Kriterien sind der prognostizierbare *Ausgang der Hauptsache* sowie die *Vollzugs- und Verhinderungsinteressen*.

### II. Voraussichtlicher Ausgang der Hauptsache

Wesen des summarischen Verfahrens ist es, dass eine Entscheidung getroffen werden muss, ehe die Hauptsache entscheidungsreif ist. Das heißt aber nicht, dass im Zeitpunkt der Eilentscheidung prognostische Aussagen über den Ausgang der Hauptsache völlig ausgeschlossen sind. Häufig lässt sich auf den ersten Blick erkennen, ob der angegriffene VA rechtlichen Zweifeln unterliegt oder ob er rechtmäßig ist. Dass ein VA, an dessen 24

---

34 BayVGH v. 24.11.1983, BayVBl 1984, 212.

35 *Kopp/Schenke* § 80 Rn. 136.

36 So BWVGH v. 13.02.1984, VBlBW 1985, 59.

37 Vgl. NWOVG v. 21.11.1991, NVwZ-RR 1992, 670; HessVGH v. 23.11.1995, NVwZ-RR 1996, 409.

38 BremOVG v. 19.03.1998, NVwZ-RR 1999, 204; BWVGH v. 05.11.1991, NVwZ 1992, 702; NWOVG v. 24.05.1995, NVwZ-RR 1996, 173. Die nur vordergründig abweichende Ansicht der 9. Aufl., dieses Buches und des HessVGH v. 20.02.1995, NVwZ-RR 1995, 541 betreffen den Fall, dass der Betroffene sich – zulässigerweise kumulativ – gegen *jeden* Vollzug wehrt.

Rechtmäßigkeit ernstliche Zweifel bestehen, grundsätzlich[39] nicht vollzogen werden soll, folgt letztlich aus Art. 19 IV GG. § 80 IV 3 VwGO drückt somit insoweit – ungeachtet der Kontroverse über die Auslegung dieser Bestimmung – nur einen allgemeinen Rechtsgedanken aus, der auf alle Aussetzungsfälle übertragen werden kann. Im übrigen spielen die Erfolgsaussichten in der Hauptsache vor allem bei der Wiederherstellung der a.W. eine wichtige Rolle und werden dort behandelt.

### III. Interessenabwägung

25 Bei der Interessenabwägung zwischen Vollziehungs- und Verhinderungsinteresse hat sich der Gesetzgeber selbst in den Fällen des § 80 II 1 Nr. 1 bis 3 VwGO für das Vollziehungsinteresse entschieden. Wie wiederum § 80 IV 3 VwGO zeigt, hat diese Entscheidung aber nur für den Regelfall Bestand. Bei der Anordnung der a.W. muss das Gericht nicht nur die behördliche Interessenabwägung überprüfen, sondern ebenfalls eine Interessenabwägung vornehmen. Von zentraler Bedeutung ist die Abwägung der öffentlichen und privaten Interessen bei der Wiederherstellung der a.W. Die Kriterien der Abwägung von Vollzugs- und Verhinderungsinteresse werden daher zusammenhängend behandelt. Vorab genügt nur der erneute Hinweis, dass aus der Reihung der Absätze in § 80 VwGO nicht der Schluss gezogen werden darf, die Erhaltung des status quo sei der Normalfall, jede sofortige Veränderung bedürfte als Ausnahme der besonderen Legitimation. § 80 II 1 Nr. 1 bis 3 VwGO kehrt gerade das Regel-Ausnahme-Verhältnis um.[40]

26 Ob und inwieweit einer stattgebenden gerichtlichen Entscheidung im Verfahren nach § 80 V VwGo Rückwirkung zukommt. Nach wohl überwiegender Meinung soll ein gerichtlicher Beschluss grundsätzlich bis zum Erlass des angefochtenen Bescheids ex tunc zurückwirken, weil hierdurch der Zustand hergestellt werde, der normalerweise mit der Einlegung eines Rechtsbehelfs nach § 80 I VwGO eintrete.[41] Das gilt aber nur für den Regelfall der a.W. Wo kraft Gesetzes die a.W. ausgeschlossen ist, sollte die a.W. erst mit dem Zeitpunkt der Stellung eines einstweiligen Rechtsschutzantrags eintreten.[42] Im Übrigen ermöglicht § 80 V 1 VwGO dem Gericht hinreichenden Spielraum für sachangemessene Entscheidungen.

39 Zu den Ausnahmen BayVGH v. 08.10.1987, NVwZ 1988, 749 m. Anm. *Renck*.
40 Unzutreffend BayVGH v. 21.12.2001, NVwZ-RR 2003, 9 (11).
41 NdsOVG v. 14.03.1989, NVwZ 1990, 270; *Kopp/Schenke* § 80 Rn. 54.
42 MVOVG v. 20.05.2003, DÖV 2004, 213.

**Prüfungsschema: Zulässigkeitsvoraussetzungen des gerichtlichen vorläufigen Rechtsschutzes nach § 80 V und § 80 a III VwGO**

1. Bestehen der deutschen Gerichtsbarkeit (§ 18 GVG)
2. Zulässigkeit des Verwaltungsrechtswegs (§ 40 VwGO; *keine* Verweisungsmöglichkeit nach § 17 a I GVG)
3. Zuständigkeit des angerufenen Gerichts (Gericht der Hauptsache – Dringlichkeitsentscheidung durch Vorsitzenden)
4. Beteiligtenfähigkeit (§ 61 VwGO)
5. Prozessfähigkeit (§ 62 VwGO); gesetzliche Vertretung (§§ 67, 67 a VwGO); Prozessführungsbefugnis (§ 78 VwGO)
6. Statthaftigkeit der Antragsart
   a) Vorliegen eines bereits erlassenen VA
      aa) Anordnung der a.W. (§ 80 V 1 Altern. 1 i.V.m. § 80 II Nr. 1 bis 3 VwGO)
      bb) Wiederherstellung der a.W. (§ 80 V 1 Alt. 2 i.V.m. § 80 II Nr. 4 VwGO)
      cc) Anordnung der Aufhebung der Vollz. (§ 80 V 3 VwGO)
      dd) Aufhebung der (mangelhaft begründeten oder nichtigen) VzA (§ 80 V 1 VwGO entspr.)
      ee) Feststellung des Bestehens der a.W. bei drohendem faktischem Vollzug (§ 80 V 1 VwGO entspr.)
      ff) Anordnung der Aufhebung der Vollz. bei faktischem Vollzug (§ 80 V 3 VwGO entspr.)
   b) Vorliegen eines bereits erlassenen VA mit Doppelwirkung
      aa) Änderung oder Aufhebung einer VzA oder einer Aussetzung der Vollz. (§ 80 a III 1 i.V.m. § 80 a I und II VwGO)
      bb) Anordnung der VzA auf Antrag des Begünstigten (§ 80 a III 1 i.V.m. § 80 a I Nr. 1 und II VwGO)
      cc) Aussetzung der Vollz. auf Antrag des belasteten Dritten (§ 80 a III 1 i.V.m. § 80 a I Nr. 2 VwGO)
      dd) Einstweilige Maßnahmen zur Sicherung der Rechte des Dritten (§ 80 a III 1 i.V.m. § 80 a I Nr. 2 VwGO)
      ee) Feststellung des Bestehens der a.W. bei drohendem faktischem Vollzug (§ 80 a III 2 i.V.m. § 80 V 1 VwGO entspr.)
   c) Anordnung der Fortdauer der a.W. durch das OVG/VGH (§ 80 b II VwGO)
7. Ordnungsgemäße Antragstellung
   a) Form (§ 81 VwGO)
   b) Inhalt (§ 82 VwGO)
8. Antragsbefugnis (§ 42 II VwGO analog)
9. »Vorverfahren« bei der Anforderung öffentlicher Abgaben und Kosten (§ 80 VI VwGO)
10. Keine Frist (Ausnahmen in Spezialgesetzen, z.B. § 17 e FStrG), Einlegung des Hauptsacherechtsbehelfs (arg. e § 80 V 2 VwGO)
11. Fehlen der anderweitigen Rechtshängigkeit (vgl. aber § 80 VII VwGO)
12. Rechtsschutzbedürfnis (bezogen auf die Vorläufigkeit der Entscheidung)

# § 58 Die einzelnen gerichtlichen Maßnahmen

## A. Die Anordnung der aufschiebenden Wirkung

1 Mit der Anordnung der a.W. durchbricht das Gericht die gesetzliche *Regelvermutung der sofortigen Vollziehbarkeit* nach § 80 II 1 Nr. 1 bis 3 VwGO. Der Suspensiveffekt tritt nur ausnahmsweise ein und muss durch besondere Umstände gerechtfertigt werden.

### I. Öffentliche Abgaben und Kosten

2 Bei der Anforderung von öffentlichen Abgaben und Kosten hat auch das Gericht zu prüfen, ob *ernstliche Zweifel* an der Rechtmäßigkeit des angegriffenen VA bestehen,[1] oder ob die Vollziehung des VA für den betroffenen eine *unbillige Härte* bedeuten würde (§ 80 IV 3 VwGO). Wie im behördlichen Aussetzungsverfahren kommt es darauf an, ob der Erfolg des Rechtmittelführers im Hauptsacheverfahren wahrscheinlicher ist als sein Unterliegen. Ernstliche Zweifel an der Rechtmäßigkeit von Abgabenbescheiden können sich auch aus offensichtlichen Mängeln der zugrundeliegenden Abgabensatzung ergeben.[2]

### II. Unaufschiebbare Anordnungen und Maßnahmen von Polizeivollzugsbeamten

3 Die Anordnung der a.W. von Rechtsbehelfen gegen unaufschiebbare Maßnahmen von Polizeivollzugsbeamten oder *Verkehrszeichen*[3] dürfte aus Gründen der Rechtssicherheit praktisch ausgeschlossen sein.

Die a.W. des Rechtsbehelfs gegen ein *Verkehrszeichen* darf nur dann ausnahmsweise ausgesprochen werden, wenn es dem Rechtsbehelfsführer unzumutbar ist, die Verkehrsregelung auch nur vorläufig hinzunehmen.[4] Die Behandlung der Verkehrszeichen als VAe führt beim vorläufigen Rechtsschutz zu Schwierigkeiten, weil die Entfernung des Verkehrszeichens die Hauptsache vorwegnimmt. Aus diesem Grund erscheint es sinnvoller, im Rahmen des Verfahrens nach § 80 V vorläufige Anordnungen nach dem Vorbild des § 123 VwGO zu treffen, statt die a.W. anzuordnen (Anordnung, das Verkehrszeichen für eine Übergangszeit zuzuhängen).[5]

### III. Ausschluss durch Bundes- oder Landesgesetz

4 Die praktische Bedeutung der Anordnung der a.W. von Rechtsbehelfen durch die Gerichte zeigt sich vor allem in den Fällen des § 80 II 1 Nr. 3 VwGO. Patentrezepte für die Entscheidung gibt es in diesem Bereich nicht, sieht man von der Abwägungsrichtlinie ab, dem Vollzugsinteresse von VAen, die Investitionen oder die Schaffung von Arbeitsplätzen begünstigen, eine Vorrangstellung einzuräumen. Ratsam ist es immer, bei der Würdigung des konkreten Falls die Zielsetzung (Normprogramm) des jeweiligen Bundesgesetzes herauszuarbeiten.

---

1 **Beispiel:** VG Köln v. 25.03.1999, MMR 1999, 373 m. Anm. *Gebhardt* (zu § 16 I TKG).

2 ThürOVG v. 22.04.1998, LKV 1999, 70. Vgl. auch HessVGH v. 12.11.1995, NVwZ-RR 1998, 137.

3 Zum vorläufigen Rechtsschutz gegen die Aufstellung von Parkuhren BVerwG v. 03.04.1978, KStZ 1979, 32.

4 BWVGH v. 26.10.1994, NZV 1995, 45.

5 Vgl. VG Bremen v. 23.09.1970, NJW 1971, 262; nach VG Ansbach v. 05.02.1979, BayVBl 1979, 345 ist die vorläufige Entfernung des Verkehrszeichens die notwendige Folge der a.W.

So bezweckt das *(Ausländer)-Aufenthalts- und Asylrecht,* einerseits (nach wie vor) den unbeschränkten Zuzug von Ausländern nach Deutschland (und in die EU)[6] zu verhindern, andererseits schutzbedürftigen und schutzwürdigen Ausländern in der Bundesrepublik zumindest so lange eine gesicherte Rechtsposition zu verschaffen, bis über etwaige Aufenthaltsrechte endgültig entschieden ist. 5

Die Rspr. relativiert gesetzlich vorgegebene staatliche Vollzugsinteressen zur Verhinderung vollendeter Tatsachen, ist also gerade im Hinblick auf die Gewährung vorläufigen Rechtsschutzes *tendenziell ausländerfreundlich.*[7] Das gilt generell für die Rspr. des EGMR[8] und EuGH,[9] aber auch, selbst wenn man die Entscheidungen vom 12.09.1995,[10] 14.05.1996,[11] 24.06.2003,[12] 29.07.2003[13] und vom 05.11.2003[14] berücksichtigt, für die Rspr. des BVerfG.[15]

Im Hinblick auf Einzelfragen sei verwiesen auf die im vorläufigen Verfahren oder im Hauptsacheverfahren ergangenen Entscheidungen des *BVerfG;* KB v. 09.01.2009, NJW 2009, 1135 (Art. 6 GG); v. 25.02.2009, BeckRS 2009, 32486; v. 27.02.2009, BeckRS 2009, 32496 (Abschiebungshaft); v. 07.05.2009, BeckRS 1008, 34072 (Scheinehe).

Aus der Rspr. der Fachgerichte:

*BVerwG* v. 22.01.2002, BVerwGE 115, 352 (Maßgeblicher Zeitpunkt für Aufenthaltserlaubnis); v. 20.02.2003, BVerwGE 119, 380 (Widerruf der Aufenthaltserlaubnis); v. 05.09.2006, DÖV 2007, 255 (Rücknahme der Aufenhaltserlaubnis); v. 08.05.2003, DVBl 2003, 1277 (Aufenthaltserlaubnis bei Spezialitätenkoch); v. 17.12.2002, BVerwGE 117, 276 (Aufenthaltsbefugnis bei fehlender Abschiebungsmöglichkeit); v. 19.03.2002, NVwZ 2003, 104 (Recht auf Wiederkehr); v. 17.03.2004 DVBl 2004, 970 (Aufenthaltsbefugnis und Art. 28 I 1 GFK); v. 01.07.2003, DVBl 2004, 119 (Aufenthaltsrechtliche Ansprüche für marokkanische Arbeitnehmer); v. 17.03.2004, DVBl 2004, 906 (Aufenthaltsgenehmigung); v. 26.02.2002, BVerwGE 116, 55 (Ausweisung); v. 19.09.2000, BVerwGE 112, 80; v. 08.05.2003, DVBl 2003, 1280 (Widerruf einer Asylanerkennung); v. 09.05.2003, DVBl 2003, 1282 (Berücksichtigung neuer Lageberichte im Asylverfahren); v. 29.07.2003, DÖV 2004, 665 (Erledigung im Asylverfahren); v. 17.12.2002 – 1 C 10.02, BVerwGE 117, 283 (Familienasyl); v. 03.06.2003, BVerwGE 118, 216; v. 09.09.203, BVerwGE 119, 17; v. 14.02.2008, BVerwGE 130, 209 (Rücknahme einer erschlichenen Einbürgerung); v. 05.02.2003, DVBl 2004, 715 (Asylverfahrensrechtliche Abschiebungsandrohung); v. 12.07.2001, BVerwGE 115, 1; v. 26.06.2002, BVerwGE 116, 326; v. 16.07.2002, BVerwGE 116, 378; v. 29.10.2002, DVBl 2003, 463; v. 20.01.2004, DVBl 2004, 902 (Abschiebungsschutz); v. 18.09.2001, BVerwGE 115, 111; v. 04.12.2001, BVerwGE 115, 267 (Abschiebungshindernis); v. 18.09.2001, NVwZ 2003, 343, 345 (Rechtskraft eines Ur-

---

6 Vgl. Art. 67 ff. AEUV (früher Art. 61 bis 69 EG); hierzu auch *Zimmermann* NVwZ 1998, 450.

7 Weiterführende Lit.: *Huber/Göbel/Zimmermann* Ausländer- und Asylrecht, 2. Aufl. 2008; *Jacob* VBlBW 2008, 418.

8 Urt. v. 12.12.1997, InfAuslR 1997, 279 (Folter in Somalia); v. 02.05.1997, NVwZ 1998, 161 (Abschiebungsverbot für Aids-Kranke in Entwicklungsländer); v. 26.09.1997, NVwZ 1998, 164 (»Ausländer der zweiten Generation«); aber auch v. 29.04.1997, NVwZ 1998, 163 (Drogenkurier); v. 04.10.2001, NJW 2003, 2595 (Straftäter). In Auseinandersetzung mit dieser Rspr. BVerwG v. 15.04.1997 – 9 C 38.96 –, BVerwGE 104, 265; v. 02.09.1997, BVerwGE 105, 187; hierzu *Bath* NVwZ 1998, 1031.

9 Urt. v. 23.09.2003, DVBl 2004, 176 (Akrich); v. 29.04.2004, DVBl 2004, 876 (Orfanopoulos u. Oliveri). Vgl. auch *Alber/Schneider* DÖV 2004, 313.

10 BVerfGE 93, 248.

11 BVerfG – 2 BvR 1938, 2315/93 –, BVerfGE 94, 49; – 2 BvR 507, 1508/93 –, BVerfGE 94, 116; – 2 BvR 1516/93 –, BVerfGE 94, 166; hierzu *Hailbronner* NVwZ 1996, 625; vgl. auch Beschl. v. 12.11.1998, DVBl 1999, 163 (Mehmet).

12 DVBl 2003, 1262 (Auslieferung nach Indien).

13 KB DVBl 2004, 111 (innerstaatliche Fluchtalternative bei Traumatisierten); vgl. auch *Mieddeke* DVBl 2004, 150 ff.

14 BVerfGE 109, 13, 39 (Auslieferung eines Terrorismusverdächtigen an die USA).

15 Dies zeigen schon die Grundsatzentscheidung zum vorläufigen Rechtsschutz vom 18.07.1973, BVerfGE 35, 382 sowie die Entscheidungen v. 23.05.1995, BVerfGE 92, 245; KB v. 16.03.199, DVBl 199, 1204; v. 07.03.2002, DVBl 2002, 834; v. 05.02.2003, DVBl 2003, 858.

teils über Abschiebungshindernisse); v. 31.07.2002, NVwZ-Beil 2003,1 (Erneute Abschiebungsandrohung); v. 26.02.2002, DÖV 2002, 625 (Ausweisungsschutz); v. 29.10.2002, DVBl 2003, 463 (zielstaatsbezogenes Abschiebungshindernis); v. 06.03.2008, DÖV 2008, 779 (Recht auf Wiederkehr).

*BGH* v. 21.11.2001, DVBl 2003, 459 (Aufenthaltsgestattung); v. 12.12.2002, DVBl 2003, 460 (Amtshaftung für Ausweisung und Abschiebung);

***BWVGH*** v. 05.08.2002, NVwZ-RR 2003, 150 (Aufenthaltserlaubnis für sorgeberechtigten Elternteil); ***BayVGH*** v. 25.07.2002, NVwZ-Beil 2003, 4 (Abschiebung bei Volljährigenadoption); v. 09.10.2002, NVwZ-Beil 2003, 9 (Nachträgliche Befristung der Aufenthaltserlaubnis); v. 16.03.2009, BeckRS 2009, 32969 (Verlängerung der Aufenthaltserlaubnis); ***BgOVG*** v. 01.05.2008, NVwZ 2008, 826 (Ausweisung der ausländischen Kindesmutter); BremOVG v. 20.06.2005, NVwZ-RR 2006, 643; (Hassprediger); ***HbgOVG*** v. 24.03.2009, BeckRS 2009 33717 (Ausweisung); ***HessVGH*** v. 09.02.2004, DÖV 2004, 539 (Assoziationsrechtliches Aufenthaltsrecht); v. 05.03.2007, DÖV 2007, 755 (Ausweisung); v. 19.11.2003, DVBl 2004, 716 (Rechtsschutz nach Abschiebung); ***MVOVG*** v. 24.06.2002, NVwZ-Beil 2003, 3 (Verfassungsmäßigkeit von § 21 I 1 AuslG); v. 08.08.2002, NVwZ-RR 2003, 153 (Drittstaatenregelung); ***NdsOVG*** v. 23.03.2009, BeckRS 2009, 32897 (Ermessensausweisung); ***NWOVG*** v. 02.04.2001, NVwZ 2003, 366 (Ausweisung eines türkischen Staatsangehörigen); v. 28.05.2008, DÖV 2008, 965 (Familienasyl); v. 09.02.2004, DÖV 2004, 666 (Passauflage); v. 18.06.2001, NVwZ-RR 2001, 69 (Abschiebungskosten); v. 04.12.2003, NVwZ 2004, 757 (Abschiebungsschutz »Kalif von Köln«); v. 16.03.2009, BeckRS 2009, 32865 (Rücknahme einer Niederlassungserlaubnis); ***RhPfOVG*** v. 10.12.2008, NVwZ-RR 2009, 305 (Aufenthaltserlaubnis); ***SaarlOVG*** v. 19.05.2009, BeckRS 2008, 34629 (Zurückschiebung bei illegaler Widereinreise); ***SächsOVG*** v. 22.01.2007, DÖV 2007, 561 (Abschiebungsschutz); v. 25.05.2009, BeckRS 2009, 35085; ***LSAOVG*** v. 04.06.2009, BeckRS 2009, 39020; ***SchlHOVG*** v. 02.08.2007, BeckRS 2008, 31796; v. 29.12.2004, NVwZ-RR 2005, 744 (Posttraumatische Belastungsstörung); ***ThürOVG*** v. 02.07.2003, DÖV 2003, 909 (Umverteilung von abgelehnten Asylbewerbern).

**6** Für den einstweiligen Rechtsschutz gilt als Faustregel: Die VzA einer Ausweisungsverfügung richtet sich nach den allgemeinen Regeln.[16] Versagt die Ausländerbehörde dagegen die Erteilung oder Verlängerung einer *Aufenthaltsgenehmigung*, so haben Widerspruch und Anfechtungsklage nach AufenthaltsG keine a.W. Wurde folglich eine Aufenthaltsgenehmigung *versagt*, so kommt eine Anordnung der a.W. der Rechtsbehelfe gegen diese Entscheidung nur dann in Betracht, wenn das eingelegte Rechtsmittel nicht offensichtlich unbegründet ist, sondern eine gewisse Aussicht auf Erfolg besitzt. Auch hier ist aber zunächst auf die Erfolgsaussichten in der Hauptsache abzustellen. Gelegentlich lässt man sogar für die Aussetzungsentscheidung ernstliche Zweifel an der Rechtmäßigkeit der Versagung der Aufenthaltserlaubnis genügen. Diese sollen schon dann bestehen, wenn der Erfolg im Hauptsacheverfahren mindestens ebenso wahrscheinlich ist wie der Misserfolg. Das geht jedoch zu weit. Wurde die Verlängerung der Aufenthaltserlaubnis von den Ausländerbehörden abgelehnt, richtet sich der vorläufige Rechtsschutz nur nach § 80 V VwGO, da der Aufenthalt nach AufenthaltsG vorläufig als erlaubt gilt. Blieb der vorläufige Rechtsschutz ohne Erfolg, so entfällt damit nicht das Rechtsschutzbedürfnis für den weiteren Antrag, die a.W. des Rechtsbehelfs gegen eine zugleich verfügte vollziehbare Ausweisung wiederherzustellen. *§ 60 II Nr. 1* AufenthaltsG lässt es zwar genügen, dass ein Ausweisungsgrund vorliegt. Solange die Ausweisungsverfügung streitbefangen ist, steht jedoch nicht fest, dass ein Ausweisungsgrund gegeben ist. Das vorläufige Verfahren trägt dann dazu bei, die Rechtslage offen zu halten. Trotz des im Ergebnis einheitlichen Rechtsschutzbegehrens im vorläufigen Verbundverfahren (vorübergehendes Bleiberecht) bestehen Unterschiede bei der Begründung, die sich jedenfalls auf die im Rahmen des § 80 V VwGO anzustrengende Interessenabwägung auswirken. Während nämlich beim Sofortvollzug einer Ausweisung das besondere öffentliche Interesse nach § 80 II 1 Nr. 4 VwGO nachgewiesen werden muss,

16 HessVGH v. 09.11.1995, NVwZ-RR 1996, 358 L; zur Ausweisung von EU-Bürgern BVerwG v. 11.06.1996, DVBl 1997, 170. Ein »Abschied« von Ist- und Regelausweisung (so *Thym* DVBl 2008, 1346) widerspricht geltendem Recht.

hat bei der Versagung der Aufenthaltserlaubnis und der Androhung der Abschiebung als Vollstreckungsmaßnahme das öffentliche Interesse an der Realisierung dieser Maßnahme grundsätzlich Vorrang vor dem entgegenstehenden privaten Interesse des betroffenen Ausländers.

Das Rechtsschutzbedürfnis für die Anordnung der a.W. entfällt im Übrigen nicht, wenn 7
der Ausländer abgeschoben wurde und die Abschiebung noch anfechtbar ist.[17] Dagegen fehlt das Rechtschutzinteresse für die Widerherstellung der a.W. einer für sofort vollziehbar erklärten Ausweisungsverfügung, wenn der Ausländer nach Ablauf der Geltungsdauer seiner Aufenthaltsgenehmigung weder die Verlängerung noch die Erteilung seiner neuen Aufenthaltsgenehmigung beantragt hat.

Die Anwendung des AufenthaltsG wird dadurch erschwert, dass – aus welchen Grün- 8
den auch immer – die meisten Ausländerfälle zugleich zu *Asylantenfällen* hochstilisiert werden. Dann gewinnt vor allem die Frage an Bedeutung, ob ein vorläufiges Aufenthaltsrecht bereits daraus folgt, dass ein Asylantrag gestellt wurde.

Um den überhandnehmenden Missbräuchen gegenzusteuern, wurde in früheren Auflagen vertreten, ein vorläufiges Aufenthaltsrecht komme bei eindeutig aussichtslosem Asylantrag nicht in Betracht. Die ehemals h.L. lehnte das Verbleiberecht ebenfalls wenigstens bei offensichtlich rechtsmissbräuchlich gestelltem Asylantrag ab.[18] All dem schob das BVerfG mit Beschl. v. 25.02.1981[19] vorläufig einen Riegel vor, sah sich aber schon bald gezwungen, untragbare Konsequenzen dieses Beschlusses abzumildern.[20] Die verworrene Rechtslage rief den einfachen und verfassungsändernden Gesetzgeber auf den Plan. Der »Asylkompromiss« wurde vom BVerfG akzeptiert.[21]

Stellt nach § 71 I AsylVfG der Ausländer nach Rücknahme oder unanfechtbarer Ableh- 9
nung eines früheren Asylantrags einen Folgeantrag, so ist ein weiteres Asylverfahren nur unter den Voraussetzungen des § 51 I bis III VwVfG durchzuführen. Die Prüfung obliegt dem Bundesamt für die Anerkennung ausländischer Flüchtlinge. Liegen keine Gründe für ein Wiederaufgreifen des Verfahrens vor, finden die §§ 34, 35 und 36 AsylVfG entsprechende Anwendung, d.h. der Ausländer ist ausreisepflichtig und kann abgeschoben werden. Stellt der Ausländer innerhalb von zwei Jahren nachdem eine Abschiebungsandrohung oder -anordnung vollziehbar geworden ist, einen Folgeantrag, bedarf es keiner neuen Fristsetzung, Abschiebungsandrohung oder -anordnung, jedoch einer Mitteilung, dass die Voraussetzungen des § 51 I bis III VwVfG nicht vorliegen (§ 71 V AsylVfG).

Der Normalfall läuft im Übrigen wie folgt ab: Hat das Bundesamt für die Anerkennung ausländischer 10
Flüchtlinge einen Asylantrag abgelehnt und besitzt der Asylbewerber keine Aufenthaltsgenehmigung, so ist dieser grundsätzlich ausreisepflichtig, so dass ihm die Abschiebung anzudrohen ist (§ 34 AsylVfG). Der Asylbewerber kann dann Verpflichtungsklage auf Anerkennung als Asylberechtigter verbunden mit einer Anfechtungsklage gegen die Abschiebungsandrohung erheben. Die Anfechtungsklage hat keine a.W. (§ 75 AsylVfG). Folglich wird regelmäßig die Anordnung der a.W. der Klage beantragt, was in den Fällen der Unbeachtlichkeit und offensichtlicher Unbegründetheit innerhalb einer Woche nach Bekanntgabe der Abschiebungsandrohung geschehen muss (§ 36 III 1 AsylVfG i.V.m. § 80 V VwGO). Bei der Abschiebung in einen sicheren Drittstaat ist das gerichtliche Aussetzungsverfahren ausgeschlossen (§ 34 a II AsylVfG). Im vorläufigen Verfahren hat das Gericht (i.d.R. der Einzelrichter) zu prüfen, ob der Asylantrag zu Recht als unbeachtlich oder offensichtlich unbegründet angesehen wurde und ob die Ablehnung weiterhin Bestand haben kann. Fehlt es an diesen Voraussetzungen, so ist die schlichte Ablehnung des Antrags nicht ausgeschlossen. Das Gericht hat dann zwar die a.W. der Anfechtungsklage

17 BWVGH v. 31.10.1978, DÖV 1979, 297.
18 Vgl. BVerwG v. 01.03.1979, DÖV 1979, 902.
19 BVerfGE 56, 216.
20 Beschl. v. 30.06.1981, NJW 1981, 1896.
21 Urt. v. 14.05.1996, BVerfGE 94, 49; 115, 166.

gegen die Abschiebungsandrohung anzuordnen. Dies bedeutet aber nur, dass die Ausreisefrist erst einen Monat nach Unanfechtbarkeit der Ablehnung des Asylantrags (Abweisung der Verpflichtungsklage) endet (§ 37 II AsylVfG). Im Hauptsacheverfahren kommt es also nicht darauf an, ob das Asylgesuch offensichtlich unbegründet ist.

11 Im *Wehr- und Zivildienstrecht* hat der Gesetzgeber der Funktionsfähigkeit des Dienstbetriebs gegenüber dem Verschonungsinteresse der Betroffenen den Vorrang eingeräumt, sobald deren *Integration in den Dienstbetrieb* feste Konturen annimmt. Der Widerspruch gegen den Musterungsbescheid hat im Gegensatz zur Anfechtungsklage noch a.W. (§ 33 II WPflG),[22] der Einberufungsbescheid ist dann aber sofort vollziehbar (§ 35 S. 1 WPflG; § 74 I ZDG). Bei der Interessenabwägung im Rahmen des § 80 V VwGO hat das Gericht diese gesetzgeberische Vorgabe als Leitlinie zu berücksichtigen.

12 Im *Recht der Gefahrenabwehr* geht es darum, vollendete Tatsachen, sei es durch die Realisierung der Gefahr, sei es durch ihre Abwehr, unter Beachtung des Grundsatzes der Verhältnismäßigkeit zu vermeiden. Nach Stör- und Unfällen neigen Behörden unter dem Druck der Massenmedien zu Überreaktionen (Betriebseinstellungen, Transportverbote, Vernichtung von Lebensmitteln, Tötungsaktionen von vermeintlich verseuchten Rindern). Der gerichtliche vorläufige Rechtsschutz dient dann in besonderer Weise dazu, die Auswirkungen solcher Maßnahmen auf das Unabdingbare zu begrenzen.[23]

13 Im *Planungsrecht* ist zu berücksichtigen, dass die Anfechtungsklage mit Rücksicht auf die Möglichkeiten der *Heilung* in ergänzenden Planfeststellungs- oder Plangenehmigungsverfahren in aller Regel keine Erfolgsaussichten hat. Eine Anordnung der a.W. nach § 80 a III VwGO kommt daher nicht in Betracht, wenn die summarische Prüfung zu dem Ergebnis führt, dass in der Hauptsache nur mit der Festsetzung der Rechtswidrigkeit und Außervollzugsetzung der Planungsentscheidung zum Zweck der Durchführung eines ergänzenden Verfahrens zu rechnen ist.[24]

### IV. Maßnahmen, die in der Verwaltungsvollstreckung getroffen werden

14 Die Ermächtigung in § 80 II 2 VwGO bezieht sich nur auf § 80 I VwGO. Für das Gericht bleibt es bei der Möglichkeit des § 80 V VwGO. Die Rechtmäßigkeit der Grundverfügung ist im Anordnungsverfahren nicht zu berücksichtigen.[25]

## B. Die Wiederherstellung der aufschiebenden Wirkung

### I. Aufhebung der VzA und Aussetzung der sofortigen Vollziehung

15 Die Wiederherstellung der a.W. erfolgt durch Aufhebung der behördlichen VzA oder durch Aussetzung der sofortigen Vollziehung.[26]

Im Aussetzungsverfahren trifft das Gericht regelmäßig eine *eigene »Ermessensentscheidung«*.

22 Zur Bedeutung des Gesprächs über das Musterungsergebnis, auf das im Widerspruchsverfahren verzichtet werden kann, *Steinlechner* NVwZ 1995, 39 (41).
23 Vgl. nur RhPfOVG v. 02.10.1997, NVwZ 1998, 208.
24 A.A. BWVGH v. 07.05.1998, NVwZ 1999, 550.
25 SächsOVG v. 28.05.1998, NVwZ-RR 1999, 101.
26 *Niedzwicke* JuS 2009, 526.

So jedenfalls die bislang h.L.[27] Für die – oft mit starken Worten, wenn auch am Gesetzeswortlaut vorbei, vertretene – Gegenposition handelt es sich bei der Entscheidung über das »Ob« des Sofortvollzugs um Rechtsanwendung.[28] Der h.L. wird vorgeworfen, ihr fehle das Differenzierungsvermögen hinsichtlich Entscheidungsinhalt und Entscheidungsmaßstab. Jede Differenzierung ist aber gekünstelt, wo es nichts zu differenzieren gibt. Die Aussetzungsentscheidung ist in Wahrheit eine *Abwägungsentscheidung*.[29] Sie folgt keinem Konditionalprogramm, weil die Rechtsfolge in die Interessenabwägung einbezogen ist. Die Gefahr eines richterlichen Dezisionismus wurde vom Gesetzgeber gesehen. Gleichwohl wurde der vorläufige Rechtsschutz rechtsguts- und nicht erfolgsorientiert ausgestaltet. Im Übrigen bestehen wie immer bei Gestaltungsmöglichkeiten Bindungen, die der richterlichen Interessenabwägung Strukturen verleihen.[30] Die praktische Relevanz der Kontroverse ist daher gering.

Da das Gericht zugleich die behördliche VzA überprüfen muss, kann sich gelegentlich die Entscheidung in der Sache und damit die gerichtliche Ermessensbetätigung erübrigen. Ist nämlich die VzA aus *formellen Gründen* rechtswidrig – etwa, weil die schriftliche Begründung nach § 80 III 1 VwGO fehlt[31] oder nicht ausreicht[32] und keine Notstandsmaßnahme vorliegt und auch nicht nachgebessert werden kann –, hat das Gericht die Anordnung ohne weitere Sachprüfung aufzuheben.[33] Eine Wiederherstellung der a.W. erübrigt sich dann, da dem Widerspruch unmittelbar nach § 80 I VwGO a.W. zukommt.[34] Die Behörde ist jedoch nicht an einer erneuten VzA gehindert, die den gesetzlichen Anforderungen genügt.[35] Da die Zuständigkeitskonkurrenz der Ausgangs- und Widerspruchsbehörde für die Anordnung auflebt, sind beide zur VzA befugt.[36] 16

Zum gleichen Ergebnis gelangt die Ansicht, die bei rechtswidriger VzA *immer* eine Wiederherstellung der a.W. fordert, die Bindungswirkung der gerichtlichen Entscheidung aber den Entscheidungsgründen entnimmt.[37]

Ist dagegen die VzA aus *sachlichen Gründen* fehlerhaft, hat das Gericht die a.W. im Rahmen einer eigenen Interessenabwägung wiederherzustellen. Die gerichtliche Entschei- 17

27 Vgl. nur BVerwG v. 14.04.2005, NVwZ 2005, 689 (690); BWVGH v. 09.04.1986, NVwZ 1986, 490 (491); BayVGH v. 15.03.1988, NVwZ 1989, 685 (686); BremOVG v. 28.02.1968, NJW 1968, 1539; HbgOVG v. 06.07.1989, NVwZ 1990, 591; HessVGH v. 31.05.1990, NVwZ 1991, 88 (89); NdsOVG v. 20.06.2008, NJW 2008, 3451; v. 16.02.2009, BeckRS 2009, 32187; NWOVG v. 26.11.1969, VerwRspr 21, 382; RhPfOVG v. 26.06.1965, DÖV 1965, 674 (676); SAnhOVG v. 17.08.1999, NJW 1999, 2982.

28 Vgl. Schoch/Schmidt-Aßmann/Pietzner/*Schoch* § 80 Rn. 257; NK-VwGO/*Puttler* § 80 Rn. 139; *Renck* NVwZ 1992, 338 (339); *Timmler* Maßstab und Rechtsnatur der Aussetzungsentscheidung nach § 80 Abs. 5 Satz 1 VwGO, 1993, S. 153 ff.; *Sellner* FS Lerche, 1993, S. 816.

29 Vgl. *Hufen* § 32 Rn. 41; BWVGH v. 25.03.2003, NJW 2003, 2550; BremOVG v. 10.09.2002, NJW 2003, 1962 (1963).

30 Ein ungebundenes Ermessen ist den Gerichten nicht eingeräumt; vgl. *Finkelnburg/Jank* Rn. 851. Zum richterlichen Gestaltungsspielraum weiter im Text.

31 Hierzu BremOVG v. 28.02.1968, NJW 1968, 1539; HessVGH v. 25.10.1973, DÖV 1974, 606; OVG Lüneburg v. 05.12.1974, DVBl 1976, 81.

32 Vgl. BWVGH v. 07.12.1990, NVwZ 1991, 1295; BayVGH v. 18.10.1974, BayVBl 1975, 20.

33 BWVGH v. 25.08.1976, DVBl 1976, 948; BayVGH v. 15.05.1985, NVwZ 1985, 663; HbgOVG v. 31.03.1978, NJW 1978, 2167; HessVGH v. 25.10.1973, DÖV 1974, 606; Nds.OVG v. 04.11.2008, NJW 2009, 1988; a.A. BremOVG v. 01.11.1979, DÖV 1980, 180; HessVGH v. 31.10.1988, NVwZ-RR 1989, 627; SAnhOVG v. 02.12.1993, DÖV 1994, 352; ThürOVG v. 01.03.1994, ThürVBl 1994, 138.

34 Die unterschiedliche Behandlung der formellen und materiellen Mängel verstößt entgegen *Kopp/Schenke* § 80 Rn. 148 nicht gegen die Prozessökonomie, weil bei einer schlichten Aufhebung wegen formeller Fehler die Anordnungsbehörde Anlass hat, sich erneut mit der materiellen Fragestellung zu beschäftigen.

35 BayVGH v. 06.03.1997, BayVBl 1998, 373; *Terwiesche* NWVBl 1996, 461.

36 Anderer Ansicht SaarlOVG v. 01.06.1984, DÖV 1985, 74; vgl. aber BWVGH v. 05.03.1991, NVwZ 1991, 1000.

37 NK-VwGO/*Puttler* § 80 Rn. 155; SchlHOVG v. 21.05.1992, NVwZ-RR 1992, 590.

dung entfaltet dann Bindungswirkung, d.h. die VzA kann auch bei Änderung der Sach- und Rechtslage behördlich nicht erneut angeordnet werden.[38]

Ist die VzA zu *unbestimmt,* leidet sie zwar ebenfalls an einem sachlichen Fehler. Die Situation ist aber eher mit einer nur formell fehlerhaften VzA vergleichbar. Auch hier kann das Gericht die VzA ohne sachliche Prüfung aufheben. Es wäre sachwidrig, die Behörde am Erlass einer inhaltlich bestimmten VzA zu hindern und sie zum Erlass eines neuen für vollziehbar erklärten VA zu zwingen.

18 Die Wiederherstellung der a.W. hebt die VzA nach § 80 II 1 Nr. 4 VwGO nicht auf, sondern *hemmt* sie nur in ihrer Wirkung.

19 Die gerichtliche Entscheidung zur Sache (Ermessensentscheidung) hängt von den bereits in den §§ 54 und 55 erörterten Kriterien ab: Als Ausnahme von der Regel bedarf die sofortige Vollziehbarkeit der *Rechtfertigung* durch ein besonderes öffentliches oder privates Interesse; die Abwägung der Interessen an der Vollziehung und des Interesses an der Aussetzung ist nunmehr Aufgabe des Gerichts.

## II. Prüfung der Erfolgsaussichten des Rechtsbehelfs

20 *Streitig* ist, ob und wo die Erfolgsaussichten des Rechtsbehelfs zu berücksichtigen sind.[39] Die Praxis erörtert die Erfolgsaussichten des Rechtsbehelfs bereits bei der Begründung des Vollzugsinteresses; die Prüfung der Erfolgsaussichten fließt also in die Interessenabwägung ein.[40] Diese *Synthese von materiell-rechtlichen Erwägungen und Interessengesichtspunkten* hat sich im vorläufigen Rechtsschutzverfahren vor den Verfassungsgerichten bewährt. Sie vermeidet Einseitigkeiten und wird der Entscheidungssituation unter Zeitdruck gerecht. Die sog. Doppelhypothese[41] verdient daher trotz anhaltender Kritik Zustimmung.

Die *reine Interessenabwägung* wird ohnehin nur noch sporadisch vertreten. Abgesehen davon, dass § 80 IV 3 VwGO einen allgemeinen Rechtsgedanken ausspricht, der auch für das gerichtliche Aussetzungsverfahren herangezogen werden kann, ist es immer schwierig, Individualinteressen gegenüber dem öffentlichen Interesse zur Geltung zu bringen. Die herrschende Praxis dient somit dem effektiven Rechtsschutz im ansonsten rechtsgutsorientierten vorläufigen Verfahren. Auch führt nur sie beim VA mit Doppelwirkung zu brauchbaren Ergebnissen, weil hier die Interessen der Beteiligten in aller Regel gleichrangig sind.[42]

Die Prüfung der Erfolgsaussichten des Rechtsbehelfs in der Hauptsache im Rahmen der Interessenabwägung, aber noch vor der eigentlichen Abwägung, hat ferner den Vorteil, dass die Gerichte ihrer originären Rechtsprechungsaufgabe nachkommen und nähere Auseinandersetzungen mit dem schwer fassbaren unbestimmten Rechtsbegriff des »be-

38 RhPfOVG v. 17.10.1986, NVwZ 1987, 426; vgl. auch NWOVG v. 21.08.1998, NVwZ-RR 1999, 477. Entsprechendes gilt, wenn das Gericht den Antrag auf gerichtliche VzA zurückgewiesen hat; vgl. BWVGH v. 18.10.1988, NVwZ-RR 1990, 389; BerlOVG v. 27.06.1989, NVwZ 1990, 681.

39 Zum Streitstand *Scholz* FS Menger, S. 641 (652); *Leipold* S. 187 ff.; Schoch/Schmidt-Aßmann/Pietzner/*Schoch* § 80 Rn. 250 ff.; NK-VwGO/*Puttler* § 80 Rn. 17 ff.; *Schenke* Rn. 1002 ff.

40 BVerfG KB v. 17.05.2004, NJW 2004, 2297; BVerwG v. 06.07.1994, NVwZ 1995, 587; BWVGH v. 22.10.2003, NJW 2004, 89; BayVGH v. 18.11.1994, NVwZ 1995, 237; BremOVG v. 24.09.1982, DVBl 1983, 276; HbgOVG v. 04.03.1986, NJW 1986, 3106; HessVGH v. 26.07.1994, NVwZ 1995, 922; NdsOVG v. 20.06.2008, NJW 2008, 3451; v. 19.11.2008; DVBl 2009, 298 (LS); NWOVG v. 13.01.1999, NJW 1999, 2689; SaarlOVG v. 23.07.1992, NVwZ 1993, 201.

41 Vgl. Schoch/Schmidt-Aßmann/Pietzner/*Schoch* § 80 Rn. 251.

42 Exemplarisch HessVGH v. 24.11.1989, NVwZ-RR 1990, 185.

sonderen öffentlichen Interesses« vermeiden können. Völlig ausschließen lassen sich solche Auseinandersetzungen nach der Konzeption des § 80 V VwGO aber nicht.

*Schoch,* dessen Modell einer *materiell-akzessorischen Entscheidungsfindung* auf der These beruht, das Gericht treffe im Aussetzungsverfahren (nur) eine Rechtsentscheidung,[43] schießt daher über das Ziel hinaus. Die These stimmt mit der Entscheidung des Gesetzgebers nicht überein, die *Gestaltung* der durch rechtliche Ungewissheit gekennzeichneten Schwebelage zwischen Erlass und Vollzug streitbefangener VAe der Gerichtsbarkeit zu überantworten. Anders lassen sich die weitgreifenden Möglichkeiten, die § 80 V und VI VwGO eröffnet, nicht erklären. Das mag gegen die Rolle der Verwaltungsgerichtsbarkeit im gewaltenteilenden Staat verstoßen. Der Eingriff in die Gewaltenteilung wird jedoch durch die Erfordernisse effektiven Rechtsschutzes gerechtfertigt. Selbst wenn man die Entscheidung des Gesetzgebers für bedenklich hält, ist die »Formel von der eigenen originären Entscheidung des Verwaltungsgerichts im Verfahren nach § 80 V VwGO« keineswegs »eine Art jener Selbstläufer, die einer vom anderen übernimmt, ohne viel darüber nachzudenken«.[44] Auch hier gilt vielmehr der Satz: Ein Blick in das Gesetz erspart viel Nachdenken. Auch die weiteren Argumente der Mindermeinung gehen fehl. Eine Verhaltensnorm für die Verwaltung kann auch Verhaltensnorm für die Rechtsprechung sein,[45] zumal § 80 IV VwGO – wenn schon – zugleich Kontrollnorm für die Verwaltung ist. Darüber hinaus wird eine (angeblich) nicht näher begründete These nicht schon dadurch entkräftet, dass ihr eine mit dem Rollenverständnis der Verwaltungsgerichte begründete, d.h. letztlich zumindest ebenso unbegründete Antithese gegenübergestellt wird. Unterstellt, der Gesetzeswortlaut wäre unklar, sprechen doch Sinn und Zweck des vorläufigen Rechtsschutzes für die h.L. Vollzugs- und Verschonungsinteressen beeinflussen die im jeweiligen Sachzusammenhang angesprochenen Rechtsgüter so unterschiedlich, dass nur eine konkrete *Abwägungsentscheidung* sachgerecht ist. Abwägen erfordert aber Gestaltungsfreiheit, bei der sich Entscheidungsmaßstab und Entscheidungsinhalt prinzipiell nicht trennen lassen. Die zu Recht heraufbeschworene Gefahr des richterlichen Dezisionismus wird natürlich auch von der h.L. gesehen. Sie begegnet ihr durch ein *zweistufiges Verfahren.* Auf der *ersten Stufe* erfolgt eine summarische materiellrechtliche Prüfung. Das ist konsequent: Je weniger rechtlich unsicher die Schwebelage ist, desto weniger besteht Anlass für gerichtliche Abwägungsentscheidungen. Gelangt die summarische Prüfung zu keinem eindeutigen Ergebnis, kommt es auf der *zweiten Stufe* zu einer Abwägung der beteiligten Interessen, die – eindeutig beim VA mit Drittwirkung – materiell-rechtlich nicht vorgeprägt ist. Hier gilt es, die Abwägungsbelange für die Interessenabwägung eindeutig zu ermitteln und zu gewichten.

*Additiv* zu handhaben ist die Doppelhypothese bei schwerwiegenden Grundrechtseingriffen im Sofortvollzug. Hier kann es nicht allein auf die Erfolgsaussichten in der Hauptsache ankommen. Vielmehr ist auch bei geringen Erfolgsaussichten des Betroffenen in der Hauptsache eine Folgeabwägung durchzuführen, in deren Zusammenhang auch zu prüfen ist, ob übergangsweise mildere Eingriffsmaßnahmen für die Wahrung der Vollzugsbelange ausreichen.[46]

Der *Maßstab* für die gerichtliche Aussetzungsentscheidung ist nicht so unbestimmt, wie **21**
das immer wieder behauptet wird. Vielmehr gelten bei der Prüfung der Erfolgsaussichten des Rechtsbehelfs folgende Grundsätze:

Die Aussetzung ist abzulehnen, wenn der Rechtsbehelf *offensichtlich aussichtslos* ist[47] bzw. wenn der Rechtsbehelf mit *erheblicher Wahrscheinlichkeit erfolglos* bleiben wird.[48]

Der Rechtsbehelf ist nicht bereits dann offensichtlich aussichtslos, wenn der angegriffene VA *offensichtlich rechtmäßig* ist. Von der Rechtmäßigkeit des von ihr erlassenen VA hat die Behörde auszugehen. Die offensichtliche Aussichtslosigkeit des Rechtsbehelfs kommt vielmehr nur zum Tragen, wenn die VzA

43 *Schoch* Vorläufiger Rechtsschutz, S. 1573 ff. i.V.m. S. 1386; Schoch/Schmidt-Aßmann/Pietzner/*Schoch* § 80 Rn. 250 ff.

44 *Renck* NVwZ 1992, 338 (339).

45 Anders Schoch/Schmidt-Aßmann/Pietzner/*Schoch* § 80 Rn. 257.

46 BVerfG, KB v. 13.08.2003, NJW 2003, 3617; v. 24.10.2003, NJW 2003, 3618 (3619); SaarlOVG v. 21.01.2004, NJW 2004, 2033. Problematisch daher BWVGH v. 28.07.2003, NJW 2003, 3647; NWOVG v. 09.12.2003, NJW 2004, 2034.

47 Zutreffend der später leider aufgegebene Beschl. des HessVGH v. 04.05.1973, ESVGH 23, 173.

48 BWVGH v. 19.05.1989, NJW 1989, 2282.

formell einwandfrei ist.[49] Ist ein Widerspruchsverfahren durchzuführen und der Widerspruch noch unbeschieden, so kommt es nicht auf die offensichtliche Rechtswidrigkeit des angegriffenen VA an, sondern darauf, ob der Widerspruch offensichtlich aussichtslos erscheint.[50]

Umgekehrt muss regelmäßig die Aussetzung erfolgen, wenn der angegriffene VA offensichtlich rechtswidrig ist,[51] und darüber hinaus, wenn gegen seine Rechtmäßigkeit begründete Bedenken bestehen.[52] Die Rspr. geht noch einen Schritt weiter und lässt *ernstliche Zweifel* oder gar *ernsthafte Bedenken* an der Rechtmäßigkeit des angegriffenen VA genügen.[53] Das ist nur akzeptabel, wenn man die »ernstlichen Zweifel« streng versteht und verlangt, dass nach summarischer Prüfung ein Erfolg des Rechtsmittelführers in der Hauptsache wahrscheinlicher ist als ein Unterliegen,[54] bzw. wenn der Rechtsmittelführer in der Hauptsache »aller Voraussicht nach Erfolg haben wird«.[55] Zu berücksichtigen sind folglich auch §§ 45 und 46 VwVfG.

**22** Die unglückliche Qualifikation des Verfahrens zur Erlangung vorläufigen Rechtsschutzes als »summarisches Verfahren«[56] darf nicht dazu verleiten, die Erfolgsaussichten des Rechtsbehelfs oberflächlich zu prüfen. Zahlreiche Entscheidungen zum einstweiligen Rechtsschutz sind sorgfältiger und ausführlicher begründet als manche Entscheidung in der Hauptsache.[57] Die Tendenz der Rspr. ist insbesondere dort zu beobachten, wo die Gefahr der *Schaffung vollendeter Tatsachen* besteht.[58] Der mittlerweile zum Ritual gewordene Gesichtspunkt der vollendeten Tatsachen darf aber nicht dazu führen, dass die Unterschiede des Hauptsache- und summarischen Verfahrens kurzerhand ignoriert werden.

Dies ist aber vorwiegend bei *teilbaren Planungsentscheidungen*[59] der Fall. Zwar ist nicht auszuschließen, dass die mit dem Bau einer Anlage und der teilweisen Realisierung eines Projekts geschaffenen Fakten (Kosten, Arbeitsplätze) die spätere Entscheidung der Kontrollinstanz beeinflussen können. Aber es genügt, wenn bei *abschnittsweisen* Planungen ausnahmsweise frühere Abschnitte[60] oder wenn in mehrstufigen Verfahren Vorstufen angegriffen werden können. Seit der *Würgassen-Entscheidung* des BVerwG v. 16.03.1972 ist es unstreitig, dass die Notwendigkeit von besonderen Betriebsgenehmigungen den Rechtsschutz gegen Errichtungsgenehmigungen nicht überflüssig und unzulässig macht.[61] Diese richtige Erkenntnis wurde freilich zum Würgassen-Syndrom: Sie verursacht den Drang zur Verallgemeinerung. Im summarischen Verfahren ist die Lage hingegen anders als im Hauptsacheverfahren. Antragsteller oder Projektträger

49 HessVGH v. 29.07.1993, NVwZ 1994, 82 (LS); BWVGH v. 30.03.2001, NVwZ-RR 2003, 29.
50 BremOVG v. 18.09.1980, NJW 1981, 1172.
51 BremOVG v. 10.10.2008, NJW 2009, 616 (617).
52 BerlOVG v. 08.07.1970, NJW 1970, 2077; OVG Lüneburg v. 05.12.1974, DVBl 1976, 81.
53 NWOVG v. 25.08.1988, NVwZ-RR 1990, 54 m. Anm. *Renck* NVwZ 1992, 338; noch nicht ganz so weitgehend BayVGH v. 16.02.1976, GewArch 1976, 162 (»ernstliche Zweifel«); dann aber auf »erhebliche und durchgreifende Zweifel« abstellend BayVGH v. 07.12.1995, NZV 1996, 167; OVG Lüneburg v. 30.09.1982, NVwZ 1983, 109 (110); v. 28.02.1985, UPR 1985, 253; hiergegen zutreffend BayVGH v. 25.07.1983, BayVBl 1984, 250; ferner RhPfOVG v. 28.06.2002, NVwZ-RR 2002, 133.
54 NWOVG v. 22.02.1989, NVwZ 1989, 588; v. 17.11.1989, NWVBl 1990, 160; OVG Lüneburg v. 13.01.1989, NVwZ-RR 1989, 328; VG Schwerin v. 13.12.1994, VIZ 1995, 247.
55 BVerwG v. 06.07.1994, NVwZ 1995, 587.
56 Zutreffende Kritik bei *Martens* S. 208 f. Vgl. auch KrG Magdeburg v. 27.01.1992, VIZ 1992, 204.
57 *Blümel* DVBl 1975, 695 (702); *Schmidt-Aßmann* VVDStRL 34 (1976), 221 (261).
58 Zur Schaffung vollendeter Tatsachen bei Einführung der Gesamtschule vgl. HbgOVG v. 07.09.1979, DVBl 1980, 486. Zum Widerruf einer Approbation NWOVG v. 15.04.1988, NJW 1989, 2343.
59 Hierzu *Ronellenfitsch* in: Marschall, FStrG, Vor § 16 Rn. 57 ff.
60 Vgl. BVerwG v. 26.06.1981, DVBl 1981, 536.
61 DVBl 1972, 678.

handeln auf eigenes Risiko. Der durch die vollendeten Tatsachen bewirkte psychische Druck auf die Gerichte ist wesentlich gemildert. Ihnen jetzt immer noch rechtliches Gewicht beizumessen, zeugt von einem ungerechtfertigten, empirisch keineswegs belegbaren Misstrauen gegen die Rspr.[62] Im summarischen Verfahren kann folglich nur der Planungsabschnitt oder die Planungsstufe angegriffen werden, deren Realisierung zu einer *unmittelbaren* Rechtsbeeinträchtigung des Antragstellers führen kann.[63]

## III. Interessenabwägung

Wenn die Prüfung der Erfolgsaussichten des Rechtsbehelfs zu keinem eindeutigen Ergebnis führt, müssen die *Interessen* der Beteiligten bewertet werden. Auch hierfür gibt es *allgemeine Grundsätze,* die aus der Systematik der §§ 80 II und 80 a VwGO folgen. **23**

In Rechtsstreitigkeiten der öffentlichen Hand gegen den Bürger *(zweipoligen Rechtsverhältnissen)*[64] *überwiegt im Zweifel das private Interesse an der a.W.* des Rechtsbehelfs. **24**

Das jedem VA innewohnende natürliche öffentliche Interesse an seinem Vollzug trägt die VzA noch nicht. Vielmehr ist das *besondere* öffentliche oder private Interesse an der *sofortigen* Vollziehung nach objektiven Kriterien im konkreten Einzelfall zu begründen (§ 80 III VwGO).[65] Das schließt es nicht aus, die Ausnahmen von der Regel zu *typisieren.* In den Fällen des § 80 II 1 Nrn. 1 bis 3 VwGO streitet die Vermutung für das Vollzugsinteresse, im Fall des § 80 II 1 Nr. 4 VwGO für das Verschonungsinteresse.[66] Zwischen den einzelnen Fallgruppen besteht insoweit aber keine schroffe Trennungslinie. Die vom Gesetzgeber in § 80 II 1 Nr. 1 bis 3 VwGO vorgenommene Interessengewichtung lässt sich durchaus auf Konstellationen übertragen, die sich in der Nähe der *Analogiefähigkeit* bewegen. So besteht in Anlehnung an § 80 II 1 Nr. 1 VwGO ein hohes öffentliches Interesse an der Durchsetzung von »Spargesetzen«.[67] Generell neigen die Gerichte dazu, das besondere öffentliche Interesse an der sofortigen Vollziehung von Maßnahmen zu bejahen, die der Gefahrenabwehr dienen.[68] In Betracht kommen insbesondere Maßnahmen gegen verfassungsfeindliche[69] oder sonst kriminelle[70] Vereinigun-

62 In diesem Sinne *Limberger* Probleme des vorläufigen Rechtsschutzes bei Großprojekten, 1985, S. 30 ff.

63 Vgl. BWVGH v. 08.10.1975, ESVGH 27, 130; aufgegeben durch Beschl. v. 30.03.1982, ESVGH 32, 111 (189) und v. 27.10.1983, RdE 1984, 84 (85); BayVGH v. 23.10.1975, et 1976, 62 (63); NWOVG v. 16.06.1978, DVBl 1978, 853; RhPfOVG v. 09.06.1976, et 1977, 539 (540); OVG Lüneburg v. 19./20.06.1974, DVBl 1975, 190; VG Schleswig v. 05.02.1977, GewArch 1977, 141.

64 Genauer: Im Subordinationsverhältnis, auf das die Anfechtungsklage primär zugeschnitten ist.

65 Vgl. HessVGH v. 04.06.1992, NVwZ-RR 1993, 412 (419).

66 Dennoch reichlich pauschal BVerfG KB v. 10.10.2003, NVwZ 2004, 93.

67 Vgl. HbgOVG v. 15.12.1983, NVwZ 1984, 256.

68 HessVGH v. 30.12.1994, CR 1995, 364 (Funkwellen); vgl. auch die folgende Lustspielszene: RhPfOVG v. 16.08.1989, NJW 1990, 64 (zum Ausschluss von der Postzustellung wegen gefährlicher Angriffe des Hundes des Zustellungsempfängers auf die Zustellerin).

69 Allgemein zur Verfassungstreue BVerfG v. 22.05.1975, BVerfGE 38, 334 (347 f.); BVerwG v. 20.05.1983, BVerwGE 83, 136; v. 12.03.1986, BVerwGE 83, 158; v. 24.11.1987, BVerwGE 83, 345; (bedenklich) v. 19.01.1989, BVerwGE 81, 212; v. 01.02.1989, NJW 1989, 2254.

70 Vgl. BVerwG v. 25.03.1993, NJW 1993, 3213; BWVGH v. 31.07.1989, NJW 1990, 61 unter Bejahung der Antragsbefugnis und Klagebefugnis der einzelnen Vereinsmitglieder, wenn der verbotene Verein selbst die Verbotsverfügung angefochten hat; v. 12.02.1996, DVBl 1996, 508. Zum Rechtsschutz Dritter bei Versammlungsverboten HessVGH v. 07.12.1993, ESVGH 44, 134; *Ebert* ThüringBVl. 2007, 49.

gen oder Tätigkeiten,[71] gegen illegal errichtete oder betriebene Anlagen und Einrichtungen[72] und gegen unzuverlässige Personen, die eine genehmigungspflichtige Tätigkeit ausüben,[73] gegen Ärzte, bei denen nach § 6 I Nr. 1 BÄO das Ruhen der Approbation angeordnet wurde, weil die Bestrafung wegen eines Tötungs- oder Körperverletzungsdelikt wahrscheinlich ist.[74] Das entspricht Zweck und Systematik von § 80 VwGO. Die entschiedenen Fälle zeigen nämlich eine deutliche Verwandtschaft zur Fallgruppe des § 80 II 1 Nr. 2 VwGO. Dieser Kontext wird gesprengt bei einer gefahrenunabhängigen ökologischen Vorsorge. Die Bewahrung der natürlichen Lebensgrundlagen mag ein Gemeinwohlbelang von hohem Rang sein, den Art. 20 a GG zu einer verfassungsrechtlichen Wertenscheidung verdichtet hat. Leben bedeutet aber zugleich Veränderung. Art. 20 a GG nötigt daher nicht automatisch zu einer Erhaltung des Status quo. Die »Lenkungswirkung« dieser Vorschrift bei der im Rahmen des § 80 V VwGO zu treffenden Abwägungsentscheidung ist somit nur im Vorfeld der Gefahrenabwehr akzeptabel.[75] Für eine Interesseabwägung ist es ferner von Bedeutung, dass bei Entscheidungen auf kommunaler Ebene dem Demokratieprinzip hoher Rang eingeräumt ist. Ein Bürgerentscheid ist daher in aller Regel sofort vollziehbar.[76]

**25** Bedenklicher ist es, wenn mit gesellschaftspolitischen Erwägungen das besondere öffentliche Interesse an der sofortigen Vollziehung gerechtfertigt wird. Nur ausnahmsweise dürfen aus dem Motto »Wehret den Anfängen« rechtliche Folgerungen abgeleitet werden.

Praktische Bedeutung erlangten in diesem Zusammenhang für sofort vollziehbar erklärte Maßnahmen gegen den Betrieb von Videotheken an Sonn- und Feiertagen. Ersichtlich ging es den Gerichten darum, eine Gewöhnung der Allgemeinheit von vornherein zu unterbinden.[77] Noch »edukatorischer« äußern

71 Vgl. OVG Lüneburg v. 12.06.1974, NJW 1975, 136 (Hausverbot durch den Rektor gegen tätlich gewordene Studenten); BayVGH v. 02.09.1977, BayVBl 1978, 21 (Versammlungsverbot bei Gefahr der Volksverhetzung).

72 BWVGH v. 14.03.1974, BWVPr 1974, 106 (Lagerung von Autowracks); BayVGH v. 19.08.1975, GewArch 1975, 340 (Schließung einer Diskothek); v. 29.08.1975, GewArch 1975, 372 (Schließung einer Tankstelle); v. 24.10.1977, BayVBl 1977, 19 (Baueinstellungsverfügung); HessVGH v. 22.03.1991, GewArch 1991, 311 (Drogenmißbrauch in Gaststätte); v. 20.06.1991, BauR 1992, 66 (Beseitigung von Fertiggaragen); OVG Lüneburg v. 29.03.1965, OVGE 21, 385 (materiell illegaler Schwarzbau); NdsOVG v. 31.08.1993, NVwZ-RR 1994, 12 (Beseitigung einer Tennisanlage); NWOVG v. 25.11.1993, BauR 1994, 233 (Versiegelung), aber auch v. 21.09.1984, NJW 1985, 933 (Suspendierung der Einstellung eines Schmelzbetriebs bei drohendem Konkurs und Verlust von Arbeitsplätzen); v. 28.08.1995, NVwZ-RR 1996, 192; v. 12.01.1998, NVwZ 1998, 977 (Vorbildwirkung); SAnhOVG v. 02.12.1993, LKV 1994, 295 (privater Parkplatz); SächsOVG v. 15.02.1993, LKV 1993, 428 (Werbetafeln).

73 BWVGH v. 31.03.1970, GewArch 1970, 282 (Rücknahme der Erlaubnis für den Güternahverkehr); v. 30.06.1971, NJW 1971, 1764 (Gewerbeuntersagung bei Nichterfüllung sozialversicherungsrechtlicher Verpflichtungen); BayVGH v. 28.03.1973, GewArch 1973, 187 (Untersagung eines Handwerksbetriebs); v. 09.04.1981, GewArch 1982, 265 (Rücknahme der Maklererlaubnis); v. 16.06.1983, GewArch 1984, 101 (Widerruf der Gaststättenerlaubnis); v. 28.02.1984, GewArch 1984, 196 (Untersagung gesetzwidriger Versteigerungen); SchlHOVG v. 15.09.1995; NVwZ-RR 1996, 148 (Geistheiler); zur waffenrechtlichen Zuverlässigkeit SaarlOVG v. 11.12.2008, NVwZ-RR 2009, 282. Zur Fahrerlaubnis BWVGH v. 22.02.1979, DÖV 1979, 300; v. 24.09.1991, DAR 1992, 74; v. 07.03.1991, NZV 1991, 287; BayVGH v. 28.12.1978, BayVB 1979, 650; BremOVG v. 15. 9.1978, DÖV 1979, 141; v. 31.01.1994, NZV 1994, 206; SächsOVG v. 23.02.1993, LKV 1994, 224.

74 VG Hannover v. 25.09.2003, NJW 2004, 311; NdsOVG v. 16.03.2004, NJW 2004, 1750.

75 Nur für den konkreten Sachverhalt zutreffend BWVGH v. 03.09.2002, NVwZ-RR 2003, 103.

76 SächsOVG v. 09.03.2007, DÖV 2007, 564 (568).

77 OVG Lüneburg v. 27.07.1984, NJW 1985, 448; NWOVG v. 09.05.1984, NJW 1985, 449; v. 10.12.1990, NVwZ-RR 1991, 180; vgl. auch *Ronellenfitsch* FS Heckel, 1999, S. 427 (434).

sich die Gerichte zu Versuchen, den Ladenschluss flexibler zu handhaben[78] oder Alkohol in Tankstellen zu veräußern.[79]

Die *VzA zugunsten von Anlagen im Gemeinwohl* trägt dagegen häufig ihre Rechtfertigung in sich. Zu erwähnen ist hier nur die trotz aller Vermeidungsideologien zumindest regional gelegentlich drohende »Müll-Lawine«, die den raschen Beginn der Einrichtung von Abfallumladestationen[80] und sonstigen Abfallentsorgungsanlagen erfordern kann.[81] Auch der Rechtsgedanke des früheren § 5 II 1 VerkPBG ist analogiefähig. Dabei geht es aber bereits nicht mehr um Materien, die der überkommenen Eingriffsverwaltung zuzuordnen sind, sondern um mehrpolige Rechtsverhältnisse, bei denen die Eingriffsabwehr zum Schutz des Antragstellers zugleich in Rechte oder Interessen Dritter eingreift. 26

Die Interessenabwägung beim *VA mit Drittwirkung,* wie ganz allgemein in *mehrpoligen Rechtsverhältnissen,* ist in der Tat schwierig, weil hier die Suspensivautomatik zu untragbaren, vom Gesetzgeber zunächst nicht erkannten Ergebnissen führen kann. 27

Ursprünglich hatte der Gesetzgeber das Institut der a.W. nur als Schutz gegenüber der öffentlichen Hand, nicht aber als Kampfmittel widerstreitender verschiedener Parteiinteressen gesehen. Die Rspr. war daher gezwungen, Lösungen zu finden, die sich aus dem Wortlaut von § 80 VwGO nicht mehr ohne weiteres ableiten ließen. Nach der insbesondere vom BVerwG vertretenen h.M. stand dem durch die Begünstigung eines anderen Belasteten die Anfechtungsklage und damit der vorläufige Rechtsschutz nach § 80 VwGO zu.[82] Das hätte zu einer ungerechtfertigten Bevorzugung etwa von Nachbarinteressen vor den Bauherreninteressen führen können. Einige Oberverwaltungsgerichte gewährten daher dem Nachbarn vorläufigen Rechtsschutz nur nach § 123 VwGO. Die h.M. schuf demgegenüber Korrekturen im Rahmen des § 80 V VwGO.

Der Gesetzgeber ist der h.M. gefolgt. Nach § 80 I 2 VwGO in der seit 01.01.1990 gültigen Fassung haben Widerspruch und Anfechtungsklage auch bei VAen mit Doppelwirkung a.W. Die Interessen des Begünstigten gewährleistet § 80 a VwGO.[83]

Es versteht sich von selbst, dass im Rahmen des *§ 80 a III VwGO*, der selbst keine Vorgaben für den komplizierten Interessenausgleich bei mehrpoligen Rechtsverhältnissen macht, zunächst die *Erfolgsaussichten* in der *Hauptsache* zu prüfen sind.[84] Da es um einen Nachbarstreit geht, darf nur auf die etwaige Verletzung von nachbarschützenden *(subjektiv-rechtlichen)* Normen abgestellt werden.[85] 28

Bei (altruistischen) *Vereinsklagen,* denen ebenfalls die a.W. wohl nicht abgesprochen werden kann – obwohl Art. 19 IV GG hier nicht greift! –, sind dagegen allein *öffentliche Interessen* abzuwägen.[86] Da der Natur- und Umweltschutz nur ein Interesse unter anderen ist, kommt ihm kein Vorrang zu, zumal er von der Behörde mitzuberücksichtigen war, die die VzA aussprach. Jeder Eingriff in Natur und Umwelt schafft zwangsläufig vollendete Tatsachen.[87] Weil solche Eingriffe aber selbstverständlich nicht generell

78 SAnhOVG v. 17.08.1999, NJW 1999, 2982; SächsOVG v. 20.08.1999, NJW 1999, 2986; VG Berlin v. 06.08.1999, NJW 1999, 2988; überzogen auch *Rozek* NJW 1999, 2921.

79 RhPfOVG v. 29.12.2008, NVwZ-RR 2009, 368.

80 HessVGH v. 06.04.1989, NVwZ-RR 1989, 635.

81 Vgl. *Ronellenfitsch* DÖV 1989, 737 (740). Zur Offenhaltung eines Privatwegs BWVGH v. 20.11.1995, VBlBW 1996, 193.

82 BVerwG v. 21.10.1968, DVBl 1969, 269.

83 Hierzu *Große-Hündfeld* FS Gelzer, 1991, S. 303; *Schmidt-Preuß* Kollidierende Privatinteressen im Verwaltungsrecht, 1992; *Schmaltz* DVBl 1992, 230; *ders.* BauR 1994, 283; *Mampel* DVBl 1997, 1155; *Wüstenbecker* BauR 1995, 313.

84 Vgl. nur BWVGH v. 11.05.1998, NVwZ 1999, 442.

85 Abzulehnen SächsOVG v. 26.08.1992, LKV 1993, 97; NK-VwGO/*Puttler* § 80 a Rn. 26 mit Fn. 1.

86 BremOVG v. 31.08.1984, DÖV 1985, 164.

87 Vgl. auch *Ronellenfitsch* NuR 1986, 284. Eingriffe der Natur in die Zivilisation schaffen ebenfalls vollendete Tatsachen. Wenn nichts gegen Unkraut unternommen wird, kann ein Ziergarten – mit gravierenden naturschutzrechtlichen Konsequenzen – zum Biotop werden.

ausgeschlossen werden können, verstoßen solche vollendeten Tatsachen nicht von vornherein gegen öffentliche Interessen. Auch im Bereich des Natur- und Umweltschutzes darf die Gefahr vollendeter Tatsachen nicht zu einer gerichtlichen Verzögerungsautomatik führen.

29 Ist der Ausgang der Hauptsache offen, sind die abzuwägenden *Interessen* grundsätzlich *gleichwertig*. Der status quo ist keineswegs im Zweifel vorrangig. Im Gegenteil: Bei Vorhaben, bei denen kraft Gesetzes Rechtsbehelfe gegen die Zulassungsentscheidung keine a.W. entfalten, namentlich bei Vorhaben nach § 80 II 1 Nr. 3 Halbs. 2 VwGO, dominiert das Vollzugsinteresse. Die VzA ist nur auszusetzen, wenn an der nachbarrechtlichen Zumutbarkeit *gewichtige Zweifel* bestehen und das vorzeitige Gebrauchmachen von der Bauerlaubnis dem Nachbarn *unzumutbar* wäre. Der Zusatz »insbesondere« bringt eine gesetzgeberische Wertentscheidung zum Ausdruck. Sobald die Aufhebung nur präventiver Verbote mit einer VzA verbunden ist, muss der vorläufige Nachbarschutz bei offener Rechtslage zurücktreten.[88] Die gegenteilige Auffassung, wonach es keinen Unterschied mache, ob der Sofortvollzug – wie etwa im Fall des § 212 a BauGB – einer »lediglich einem Beschleunigungszweck dienenden« gesetzlichen oder einer behördlichen Anordnung entspreche,[89] stützt sich zu Unrecht auf das BVerfG, das sich zum bipolaren Streit im vorgenannten Sinn geäußert hat.[90]

Das ist insbesondere wichtig bei *Planfeststellungsbeschlüssen und Plangenehmigungen,* die ebenfalls VAe mit Doppelwirkung i.S.v. §§ 80 I 2, 80 a VwGO sind.[91] Die wichtigsten Planfeststellungsbeschlüsse und -genehmigungen sind seit Inkrafttreten des PlanVereinfG kraft Gesetzes sofort vollziehbar. Also hat der Gesetzgeber selbst dem Vollzugsinteresse den Vorrang eingeräumt. Über diese parlamentarische Entscheidung dürfen sich die Gerichte auch nicht unter Berufung auf Art. 19 IV GG kurzerhand hinwegsetzen. Für den Vorhabensträger sprechen ebenfalls verfassungskräftige Belange. Die Rspr. zur Begründung des Vollzugsinteresses bei Planfeststellungsbeschlüssen[92] dürfte teilweise überholt sein. Hinzu kommt, dass es sich bei den Anfechtungsklagen gegen Planungsentscheidungen vielfach um »überschießenden« Rechtsschutz handelt. Um Schutzvorkehrungen zu erreichen, wird das Vorhaben insgesamt angegriffen. Das lässt den vorläufigen Rechtsschutz nicht unberührt. Bei der Interessenabwägung wirkt es sich gegen den Antragsteller aus, wenn der behaupteten Rechtswidrigkeit der Vorhabenszulassung allenfalls ein Anspruch auf Schutzauflagen entspricht.[93]

30 Nach Fertigstellung des Bauvorhabens kann dem Nachbarn nur noch vorläufiger Rechtsschutz gewährt werden, wenn Nutzung oder Betrieb der Anlage möglicherweise gegen nachbarschützende Vorschriften verstoßen.[94] Im Zweifel sind gerichtliche Aussetzungsentscheidungen nur anlagenbezogen.[95]

88 BayVGH v. 07.01.1997, NVwZ-RR 1998, 25.
89 BayVGH v. 14.01.1991, NVwZ 1991, 1002 (1003); v. 21.12.2001, NVwZ-RR 2003, 9 (11); BWVGH v. 03.06.1991, NVwZ 1991, 1004.
90 BVerfG v. 21.03.1985, BVerfGE 69, 220 (229).
91 Statt vieler NK-VwGO/*Puttler* § 80 a Rn. 2.
92 Vgl. nur BVerwG v. 29.04.1974, DVBl 1974, 566. Zu einseitig auch BVerfG v. 19.02.1991, NVwZ-RR 1991, 365.
93 BremOVG v. 05.11.1993, NVwZ-RR 1994, 189.
94 MVOVG v. 31.05.1994, MDR 1995, 149. Zur Anwendbarkeit von § 80 a III VwGO BerlOVG v. 26.02.1993, NVwZ-RR 1993, 458.
95 NWOVG v. 08.09.1992, NVwZ 1993, 383.

### IV. Wiederherstellung der aufschiebenden Wirkung bei nichtiger VzA

Die Wiederherstellung der a.W. setzt deren wirksamen Ausschluss voraus. Der durch eine nichtige Vollziehungsanordnung hervorgerufene Rechtsschein muss jedoch beseitigt werden. Fraglich ist, auf welche Weise dies geschehen kann. Die Anordnung der Wiederherstellung der a.W. führt nämlich zu dem unerwünschten Ergebnis, dass sich die Behörde am Erlass einer erneuten rechtswirksamen VzA gehindert sieht. Zu verfahren ist wie bei einer mangelhaften Begründung der VzA, d.h., die VzA muss durch Beschluss ohne Wiederherstellung der a.W. aufgehoben werden. Eine kassatorische Regelung ist § 80 VwGO nicht fremd. Wenn das Gericht nach § 80 V 3 VwGO den faktischen Vollzug ohne, also auch aufgrund nichtiger VzA aufheben kann, sollte es ihm erst recht unbenommen sein, den Rechtsschein einer nichtigen VzA durch Aufhebung dieser Anordnung zu beseitigen. 31

## C. Die Feststellung der aufschiebenden Wirkung zur Verhinderung des faktischen Vollzugs

Von einem *faktischen Vollzug* des VA spricht man, wenn die Behörde den VA trotz a.W. des Rechtsbehelfs vollstreckt oder zulässt, dass der Begünstigte vom VA Gebrauch macht. Dabei ist die Verhinderung von der Aufhebung des faktischen Vollzugs zu *unterscheiden.* 32

Zur *Verhinderung* des faktischen Vollzugs ist im Rahmen des § 80 V VwGO und § 80 a III VwGO ein Antrag auf *Feststellung der a.W.* eines Rechtsbehelfs statthaft.[96] Ähnliches gilt, wenn noch nicht mit der Vollziehung begonnen wurde, die Behörde sich aber eines Vollziehungsrechts berühmt oder wenn die Behörde unter Umgehung der Bindung einer Entscheidung nach § 80 V VwGO den VA erneut erlässt und für sofort vollziehbar erklärt.[97] 33

Die Festsetzung nützt naturgemäß nur etwas, wenn die Beteiligten sich an sie halten. Bei Behörden ist hiervon in der Regel auszugehen. Schon eher zweifelhaft ist das bei dem durch einen VA mit Doppelwirkung Begünstigten. Dann stellt sich die Frage, ob die Beschlüsse nach § 80 a i.V.m. § 80 V VwGO *vollstreckbar* sind. Die Beantwortung der Frage erfolgt im Zusammenhang mit der Erörterung der Aufhebung faktischer Vollzugsmaßnahmen. 34

## D. Aufhebung der Vollziehung

### I. Begriff

Ist der VA im Zeitpunkt der Entscheidung schon vollzogen, so kann das Gericht die Aufhebung der Vollziehung anordnen (§ 80 V 3 VwGO). Aus dieser Regelung geht hervor, dass die tatsächliche Vollziehung des VA durch die Behörde nicht konkludent die VzA darstellt. Begrifflich stammt die »Aufhebung der Vollziehung« aus dem zivilisti- 35

96 Schoch/Schmidt-Aßmann/Pietzner/*Schoch* § 80 Rn. 241; BWVGH v. 03.09.1990, NVwZ-RR 1991, 176; BremOVG v. 19.03.1990, UPR 1990, 353; HbgOVG v. 20.04.1998, NVwZ-RR 1999, 145; HessVGH v. 29.08.1986, NVwZ-RR 1988, 124; OVG Lüneburg v. 13.06.1990, NVwZ 1990, 1194; NWOVG v. 03.09.1992, NVwZ-RR 1993, 269; teilweise abweichend NWOVG v. 29.08.1975, OVGE 31, 193; v. 21.08.1998, NWVBl 1999, 305 (Anordnung der a.W.); RhPfOVG v. 14.04.1976, DÖV 1976, 823; v. 08.02.1993, NVwZ 1993, 699 (Behörde wird zur Beachtung der a.W. angehalten).

97 BayVGH v. 18.12.1998, BayVBl 1999, 624.

schen Vollstreckungsrecht (vgl. § 776 ZPO), wo sie *Rückgängigmachung* einer Vollstreckungsmaßnahme durch das Vollstreckungsorgan bedeutet. Im Verwaltungsprozess umfasst dagegen die Aufhebung der Vollziehung die Rückgängigmachung der Verwirklichung eines VA durch die Behörde oder den begünstigten Dritten.

## II. Faktischer Vollzug

### 1. Allgemeines

**36** Faktischer Vollzug ist der *Vollzug* eines VA, *obwohl dessen Wirkung aufgeschoben ist.* Vollzogen werden kann ein VA in diesem Sinne durch die Behörde oder durch den privaten Begünstigten.

*Kein* faktischer Vollzug ist der behördliche Sofortvollzug nach § 6 II VwVG (kein Grund-VA) und das private Gegenstück, das eigenmächtige Handeln ohne VA. Wo es am Substrat der Vollstreckung fehlt, scheidet die Anfechtungsklage und damit der vorläufige Rechtsschutz nach § 80 VwGO aus.

**37** Die Aufhebung des faktischen Vollzugs erfordert, wenn sie nicht freiwillig erfolgt – dies ist nicht einmal bei Behörden selbstverständlich –, einen *Vollstreckungstitel.* Nach verbreiteter Ansicht soll Beschlüssen nach § 80 V VwGO jedoch nur Gestaltungs- und Feststellungswirkung zukommen.[98] Gegen eine Behörde, welche die gerichtliche Anordnung, Wiederherstellung oder Feststellung der a.W. nicht beachtet, hilft dann in letzter Konsequenz nur eine e.A. nach § 123 VwGO, die notfalls durch Zwangsgeld nach § 172 VwGO auch gegen die Behörde durchgesetzt werden kann. Entsprechend ist nach der Ansicht, die früher überwog,[99] zu verfahren. Missachtet ein Dritter gerichtliche Entscheidungen im Aussetzungsverfahren, dann muss nach dieser Ansicht ebenfalls auf § 123 VwGO zurückgegriffen werden. Hauptargument der früher h.M.: Wenn schon bei eigenmächtigem Verhalten eines Dritten (z.B. Schwarzbau) nur § 123 VwGO greift, muss dies erst recht gelten, wenn wenigstens ein – wenn auch nicht vollziehbarer – VA vorliegt. Dieses Argument überzeugt aber nicht, weil beim faktischen Vollzug die Behörde oder der Drittbegünstigte nicht nur die a.W. ignoriert, sondern sich auch noch über die Rechtsauffassung des Gerichts hinweggesetzt. Hinzu kommt, dass Entscheidungen nach § 80 V 3 VwGO nur dann einen Sinn ergeben, wenn sie auch vollstreckbar sind. Der h.L. ist einzuräumen, dass auch bei der Aufhebung faktischer Vollzugsmaßnahmen nur vorläufige Maßnahmen in Frage kommen, die den Charakter einer Sicherungsanordnung haben. Gleichwohl sind solche Anordnungen auch im Rahmen des § 80 V 3 VwGO möglich. Beschlüsse nach § 80 V VwGO, die sich gegen faktische Vollzugsmaßnahmen richten, können also für vollstreckbar erklärt werden.[100]

98 Argument: § 168 VwGO a.e.c. Vgl. *Renck* BayVBl 1994, 161 (166).

99 Vgl. BVerwG v. 09.03.1983, Buchholz 310 § 80 VwGO Nr. 42; BWVGH v. 21.08.1974, BWVPr 1995, 253; BayVGH v. 22.01.1985, BayVBl 1985, 409 (410); BremOVG v. 02.04.1984, NVwZ 1986, 59 (61); NWOVG v. 24.04.1964, OVGE 20, 47; RhPfOVG v. 26.02.1965, DÖV 1965, 674 (676); OVG Lüneburg v. 22.01.1974, DÖV 1974, 822.

100 So BayVGH v. 28.07.1982, DVBl 1982, 1012; RhPfOVG v. 31.05.1976, NJW 1977, 595; OVG Lüneburg v. 25.11.1965, OVGE 21, 450 (452) sowie insbes. *Schenke* DVBl 1986, 9; *ders.* Rn. 1016; Schoch/Schmidt-Aßmann/Pietzner/*Schoch* § 80 Rn. 241; NK-VwGO/*Puttler* § 80 Rn. 165. Etwas anderes gilt, wenn der Vollzugsfolgenbeseitigungsanspruch sich auf VAe bezieht, die selbständig angegriffen werden müssen; vgl. BbgOVG v. 12.08.1998, NJW 1998, 3513.

## 2. Behördlicher faktischer Vollzug

Zum faktischen Vollzug kann es kommen, wenn bei einem sofort vollziehbaren VA die a.W. nach § 80 V 1 VwGO angeordnet oder wiederhergestellt wird. Für diesen Fall sieht § 80 V 3 VwGO ausdrücklich vor, dass das Gericht die Aufhebung der Vollziehung anordnen kann. Erfolgt die behördliche Vollziehung unter Missachtung eines Rechtsbehelfs, so ist § 80 V 3 VwGO entsprechend anzuwenden.[101] Dabei spielt es keine Rolle, ob die Vollziehung ohne bzw. aufgrund einer nichtigen VzA oder im Widerspruch zu einer Entscheidung nach § 80 V 1 VwGO stattfindet. Die Aufhebung des Vollzugs erfolgt ggf. durch Aufhebung des Vollziehungsbeschlusses und soweit erforderlich und möglich durch Rückgängigmachung der Vollziehungsmaßnahmen.[102] Faktischer Vollzug eines VA kann auch dann vorliegen, wenn die Verwaltungsbehörde die Verfolgung eines Bußgeldtatbestandes androht.[103] Hat sich im Klageverfahren der Rechtsstreit in der Hauptsache erledigt, so kommt der Übergang zu einer Fortsetzungsfeststellungsklage analog § 113 I 4 VwGO nicht in Betracht, da es im Aussetzungsverfahren nicht um die Klärung der materiellen Rechtslage geht.[104] 38

## 3. VAe mit Doppelwirkung

Mit der Aufhebung und Verhinderung behördlicher Vollzugsakte ist es häufig nicht getan. Vielmehr müssen auch private Verhaltensweisen in die Betrachtung einbezogen werden. Auf der Grundlage der hier vertretenen Verwirklichungstheorie verstand es sich von selbst, dass auch gegen Private grundsätzlich nach § 80 V VwGO vorgegangen werden musste. Durch die Einfügung des § 80 a VwGO ist die Rechtslage eindeutig in diesem Sinn geklärt. 39

Ohnehin war schon früher nicht einzusehen, wieso kein Antrag auf Feststellung der a.W. eines Rechtsbehelfs statthaft sein sollte, wenn ein Dritter mit Billigung der Behörde von einem den Antragsteller belastenden VA Gebrauch macht. 40

**Beispiel:** Mit Duldung der Bauaufsichtsbehörde wird gebaut, obwohl die nicht sofort vollziehbare Baugenehmigung von einem Nachbarn angefochten wurde.[105]

Damit hat es aber, wie das Beispiel zeigt, nicht sein Bewenden. Die Feststellung der a.W. eines Rechtsbehelfs hat noch keinen *vollstreckungsfähigen Inhalt.*[106] Beachtet der von einem VA Begünstige auch die gerichtlich festgestellte a.W. des Rechtsbehelfs nicht, benötigt der betroffene Nachbar einen Vollstreckungstitel. Nach § 80 a III 1 i.V.m. § 80 a I Nr. 2 VwGO kann das Gericht auf Antrag des durch einen begünstigenden VA belasteten Dritten die Vollziehung aussetzen und einstweilige Maßnahmen zur Sicherung der Rechte Dritter treffen.[107] Die Sicherungsanordnung kann gemäß § 172 VwGO voll- 41

---

101 Vgl. NWOVG v. 21.04.1970, OVGE 25, 244; HessVGH v. 25.10.1974, ESVGH 26, 184; BWVGH v. 06.12.1979, BWVPr 1980, 136; v. 11.10.1985, VBlBW 1986, 343.

102 *Redeker/v. Oertzen* § 80 Rn. 59.

103 BayVGH v. 06.10.2005, DÖV 2006, 396.

104 Vgl. NWOVG v. 05.01.1977, JZ 1977, 398; RhPfOVG v. 10.10.1977, JZ 1977, 796.

105 Nach BayVGH v. 23.06.1975, BayVBl 1975, 561 musste hier die Bauaufsichtsbehörde auf Antrag des Nachbarn nach § 123 VwGO verpflichtet werden, die einstweilige Einstellung der Bauarbeiten anzuordnen. Diese Ansicht ist überholt. Die Einstellungsverfügung kann unmittelbar auf § 80 a III i.V.m § 80 I Nr. 2 VwGO gestützt werden; vgl. HessVGH v. 30.01.1991, NVwZ 1991, 592 (593); aber auch v. 17.09.1995, NVwZ-RR 1996, 309 (zu blauäugig); NWOVG v. 29.05.2008, DVBl 2008, 1132 sowie weiter im Text.

106 Vgl. HessVGH v. 22.06.1998, DVBl 1999, 115.

107 Vgl. RhPfOVG v. 08.02.1993, NVwZ 1993, 699.

streckt werden.[108] Nach § 80 a III 2 VwGO ist § 80 V VwGO entsprechend anwendbar. Dass Beschlüsse nach § 80 a I Nr. 2 VwGO i.V.m. § 80 V VwGO vollstreckbar sind, geht bereits aus dem Gesetzeswortlaut eindeutig hervor. Die analoge Anwendung von § 80 V 3 VwGO auf den faktischen Vollzug erübrigt sich. Im Fall von Nachbarwidersprüchen ist auch beim faktischen Vollzug eine Interessenabwägung geboten.[109]

## E. VzA durch das Gericht

42 Beim VA mit Doppel- bzw. Drittwirkung hat es der Belastete in der Hand, ein Vorhaben des Begünstigten zu blockieren. Der Begünstigte darf daher nicht ohne Rechtsschutz bleiben. Wer beispielsweise durch eine immissionsschutzrechtliche Genehmigung begünstigt wird, hat regelmäßig ein erhebliches Interesse daran, dass dem Widerspruch seines Nachbarn keine a.W. zukommt. Vorläufigen Rechtsschutz kann er zwar durch VzA seitens der Verwaltung erlangen. Wie der Belastete hat er aber ein oftmals geradezu existentielles Interesse an gerichtlichem Rechtsschutz.

Im gerichtlichen Aussetzungsverfahren wäre der Begünstigte nach früherem Recht jedenfalls nach dem Wortlaut des § 80 V VwGO ohne Rechtsschutz geblieben. Mit Rücksicht auf den Gleichheitssatz muss sich aber auch derjenige an die Verwaltungsgerichte wenden können, der von einer Genehmigung keinen Gebrauch machen kann, weil die Verwaltung die VzA verweigert. Im Schrifttum und in der Rspr. war dementsprechend weithin anerkannt, dass auch im Verfahren nach § 80 V VwGO die VzA möglich war.[110] Streitig war lediglich, ob der Begünstigte in entsprechender Anwendung des § 80 II Nr. 4 VwGO nur beantragen konnte, die Behörde unter Neubescheidung des Antrags auf VzA unter Beachtung der Rechtsauffassung des Gerichts zu verpflichten,[111] oder ob das Gericht selbst befugt war, die VzA auszusprechen.[112] Da das Gericht im Aussetzungsverfahren eine eigene Ermessensentscheidung trifft, muss das Gleiche gelten, wenn es die sofortige Vollziehbarkeit anordnet. In den früheren Auflagen wurde daher vertreten, dass auch das Gericht die VzA aussprechen kann.

43 § 80 a III i.V.m. I Nr. 1 VwGO schafft ausdrücklich die Möglichkeit einer *gerichtlichen VzA*.[113] Bei der der Anordnung oder Aussetzung der sofortigen Vollziehbarkeit zugrundeliegenden Interessenabwägung fungiert das Gericht als *Schiedsrichter* zwischen den widerstreitenden Bürgerinteressen. Für die Interessenabwägung können die in Rn. 23 bis 30 zusammengestellten Kriterien herangezogen werden. Die Rechtslage ist freilich nicht ganz eindeutig. Nach § 80 a I Nr. 1, II VwGO kann nämlich die sofortige Vollziehbarkeit nach § 80 II 1 Nr. 4 VwGO angeordnet werden. Fraglich ist, ob damit in vollem Umfang auf die Voraussetzungen des § 80 II 1 Nr. 4 VwGO verwiesen ist, so dass die Anordnung ein öffentliches Interesse oder »überwiegendes« Interesse des Begünstigten voraussetzen würde. Da der Bezug auf das öffentliche Interesse beim VA mit Drittwirkung kaum einleuchtet, muss auch der Bezug auf das »überwiegende« Interesse eines Beteiligten relativiert werden. Der Verweis betrifft wohl mehr die Modalitäten der Anordnung, weniger deren Voraussetzungen. An das überwiegende Interesse des Begünstigten sind jedenfalls keine allzu strengen Anforderungen zu stellen (gefordert ist kein »Übergewicht«). Lediglich bei offensichtlicher Rechtswidrigkeit des begünstigenden

108 Schoch/Schmidt-Aßmann/Pietzner/*Pietzner* § 172 Rn. 17; NWOVG v. 08.09.1992, NVwZ 1993, 383.

109 ThürOVG v. 28.07.1993, LKV 1994, 110.

110 Vgl. etwa BWVGH v. 09.03.1977, GewArch 1977, 239.

111 Vgl. BayVGH v. 05.06.1981, DÖV 1982, 16.

112 So u.a. BVerwG v. 21.10.1968, DVBl 1969, 269; BWVGH v. 01.08.1980, VBlBW 1981, 254; BayVGH v. 12.07.1984, DVBl 1985, 172.

113 Hierzu BWVGH v. 19.04.2002, NVwZ-RR 2003, 27.

VA scheidet die VzA von vornherein aus.[114] Im Übrigen wird bei präventiven Verboten mit Erlaubnisvorbehalt den Bürgern zwar grundsätzlich zugemutet, mit der Verwirklichung erlaubnispflichtiger Tätigkeiten bis zur Erteilung der Erlaubnis zu warten.[115] Liegt eine Erlaubnis aber vor und stellt das Gericht im summarischen Verfahren keine ernstlichen Zweifel an der Rechtmäßigkeit der Erlaubnis fest, dann überwiegt grundsätzlich das Verwirklichungsinteresse. Eine Rechtsordnung, die die allgemeine Handlungsfreiheit schützt, kann nicht den Status quo zur rechtlichen Normallage erheben.[116] Selbst bei Ausnahmen von repressiven Verboten ist für die VzA keine besonders wichtige Rechtsposition des Begünstigten zu verlangen, wenn nicht umgekehrt vergleichbar wichtige Rechte des Belasteten gefährdet werden.[117]

## F. Abänderungs- und Aufhebungsverfahren

Beschlüsse über Anträge nach § 80 V und § 80 a III 1 VwGO können nach § 80 VII 44 VwGO wieder *geändert* oder *aufgehoben* werden. Obwohl sonst das Antragserfordernis im Verwaltungsprozess die Regel bildet, unterscheidet § 80 VII VwGO *zwei Fallkonstellationen.* Zum einen kann das Gericht, welches die Entscheidung nach § 80 V VwGO getroffen hat, diese Entscheidung jederzeit von Amts wegen ändern oder aufheben, wenn es seine Rechtsansicht ändert und solange es Gericht der Hauptsache ist. Zum anderen erfolgt die Änderung auf Antrag der Beteiligten.

Zuständig für die Änderung oder Aufhebung ist das Gericht der Hauptsache, auch wenn es die zu ändernden Beschlüsse nicht erlassen hat (HessVGH v. 30.04.1996, NJW 1997, 211).

§ 80 VII VwGO klärt die *materiellen Voraussetzungen* der Änderungsentscheidung nur 45 zum Teil. In der zweiten Alternative, der Änderung auf Antrag, ist im Verhältnis zur missglückten Vorgängerregelung in § 80 VI VwGO a.F. insoweit eine Verbesserung eingetreten als das Wort »jederzeit« in § 80 VII 2 VwGO entfallen ist; die Änderung oder Aufhebung kann nur noch unter bestimmten Voraussetzungen beantragt werden. Bei der Aufhebung oder Abänderung *von Amts wegen* sind dagegen entsprechende Beschlüsse des Gerichts nach wie vor »jederzeit« möglich. Die materielle Rechtmäßigkeit der Entscheidung in vorläufigen Verfahren geht insoweit der Rechtssicherheit vor. Der Grundsatz, dass mit Rechtsmitteln nicht mehr angreifbare Entscheidungen auch die Gerichte binden, die nachträglich zu einer anderen Ansicht gelangt sind, gilt hier nicht. Auf eine Änderung der Sach- und Rechtslage kommt es bei der ersten Alternative nicht an.[118] Den Gesetzesmaterialien läßt sich entnehmen, dass die unterschiedliche Formulierung der beiden Alternativen bewusst vorgenommen wurde, um die Befugnis des Gericht nicht zu beschränken.[119] »Jederzeit« lässt daher zeitliche *und* sachliche Begrenzungen entfallen. Dennoch sind dem Gericht Überraschungsentscheidungen verwehrt. Ohne Änderung der entscheidungserheblichen Umstände untergräbt eine Entscheidung nach § 80 VII 1 VwGO das Vertrauen in die Rechtspflege und sollte unterbleiben. Ein schlichter Meinungswandel rechtfertigt noch keinen Änderungs- oder Aufhebungsbe-

---

114 NWOVG v. 14.05.1991, NVwZ 1991, 1001. Anders ist die Situation bei der Beseitigungsverfügung zugunsten eines Drittbelasteten. Hier kommt eine gerichtliche VzA nur in Betracht, wenn Rechtsbehelfe des Adressaten der Beseitigungsverfügung voraussichtlich erfolglos bleiben; BerlOVG v. 18.09.1998, LKV 1999, 196.

115 BayVGH v. 17.03.1987, GewArch 1987, 231.

116 Vgl. *Ronellenfitsch* in: Speyerer Forschungsberichte, Bd. 90, 1990, S. 121 ff.

117 HessVGH v. 24.11.1989, NVwZ-RR 1990, 185.

118 Schoch/Schmidt-Aßmann/Pietzner/*Schoch* § 80 Rn. 384; NK-VwGO/*Puttler* § 80 Rn. 186.

119 BT-Drucks. 10/3437, S. 141.

schluss.[120] Zumindest eine neue Interessenabwägung ist geboten.[121] Angebracht ist eine Entscheidung nach § 80 VII 1 VwGO vor allem, wenn sich die Beurteilung der Erfolgsaussichten in der Hauptsache – etwa durch die zwischenzeitliche Klärung einer Rechtsfrage – gewandelt hat.[122]

46 Im *Antragsverfahren* nach § 80 VII 2 VwGO kommt die Änderung oder Aufhebung nur wegen veränderter oder im ursprünglichen Verfahren ohne Verschulden nicht geltend gemachter Umstände in Betracht. *Veränderte Umstände* könne sich ergeben aus einer Änderung der Sach- und Rechtslage,[123] der höchstrichterlichen Klärungen einer Rechtsfrage[124] oder aufgrund neuer Erkenntnisse im Hauptsacheverfahren.[125] Die substantiierte Rüge der Verletzung rechtlichen Gehörs macht ebenfalls den Antrag zulässig.[126] Ein *Verschulden* liegt vor, wenn der Antrag auf Gründe gestützt wird, die schon im Aussetzungsverfahren hätten geltend gemacht werden können.[127]

*Antragsteller* i.S.v. § 80 VII 2 VwGO ist unabhängig von seiner Rechtsstellung im Aussetzungsverfahren der Betreiber des Abänderungs- oder Aufhebungsverfahrens.[128]

47 Das Verfahren nach § 80 VII 2 VwGO ist unabhängig von dem Antrag auf Zulassung der Beschwerde nach §§ 146 ff. VwGO.

48 Die Aufhebungs- und Änderungsentscheidung selbst ist nach den gleichen materiellen Grundsätzen zu treffen wie ein Beschluss nach § 80 V VwGO.[129]

49 Im Regelfall sind die Beschlüsse den Beteiligten förmlich gem. § 56 II VwGO bzw. § 56 a VwGO zuzustellen. In besonders eilbedürftigen Fällen ist der Rechtsschutz nur dann effektiv, wenn zumindest der Beschlusstenor formlos – etwa telefonisch – bekannt gegeben werden kann und von diesem Zeitpunkt an beachtet werden muss. Über die telefonische Mitteilung ist dann ein Aktenvermerk zu fertigen. Die unverzüglich folgende förmliche Zustellung des vollständigen Beschlusses ist nötig, um die Beschwerdefrist in Lauf zu setzen.[130]

## G. Entscheidung durch den Vorsitzenden

50 In dringenden Fällen kann nach § 80 VIII VwGO der Vorsitzende entscheiden. Dieser trifft auch die Kostenentscheidung.[131]

## H. Rechtsbehelfe

51 Die Möglichkeit, gegen eine Entscheidung des Vorsitzenden das Gericht anzurufen, ist entfallen.

---

120 NWOVG v. 04.02.1999, NVwZ-RR 1999, 894.
121 ThürOVG v. 03.12.1998, DVBl 1999, 480.
122 HessVGH v. 16.12.1987, NVwZ 1988, 1150.
123 BVerwG v. 21.07.1994, NVwZ 1995, 383.
124 BWVGH v. 29.01.1992, NVwZ-RR 1992, 657; v. 12.06.1998, NVwZ 1999, 785 (jeweils in Reaktion auf eine Entscheidung des EuGH).
125 HessVGH v. 25.01.1993, NVwZ-RR 1993, 465 (466).
126 BVerfG v. 18.06.1985, BVerfGE 70, 180.
127 *Finkelnburg/Jank* Rn. 1029.
128 NWOVG v. 24.08.1987, OVGE 39, 169.
129 BVerwG v. 04.07.1988, BVerwGE 80, 16 (17 f.); BVerwG NVwZ 1995, 383.
130 Vgl. *Korber* NVwZ 1983, 85; vgl. auch VG Berlin v. 14.09.1993, VIZ 1994, 309.
131 *Kopp/Schenke* § 80 Rn. 145; allgemein LSG Berlin v. 02.03.1998, NZS 1998, 348 L.

Einziges Rechtsmittel der Verfahren vor dem VG nach §§ 80 V, VII, VIII, 80 a VwGO ist die *Beschwerde* (§ 146 VwGO). Als Surrogat für die Beschwerdezulassung dient ein besonderes fristgebundenes Begründungserfordernis 52

Der Antrag auf Zulassung der Beschwerde entfaltet, von den in § 149 I 1 VwGO geregelten Ausnahmen abgesehen, keine a.W. Die Behörde ist daher am Vollzug des angefochtenen VA nicht gehindert. Üblich sind aber »Stillhaltezusagen« auf Anfrage oder Empfehlung des Gerichts. Auch unabhängig von der Möglichkeit des Gerichts, Vorsitzende oder Berichterstattern, dessen Entscheidung angefochten wird, die Vollziehung dieser Entscheidung auszusetzen (§ 149 I 2 VwGO). Die gleiche Möglichkeit besteht auch für das Beschwerdegericht.

Beschwerdefähig sind nur, aber auch alle Beschlüsse des VG nach § 80 V bis VII, 80 a III VwGO. Entscheidungen des OVG und BVerwG fallen nicht unter § 80 IV VwGO. 53

Die Sachentscheidungsvoraussetzungen entsprechen denen einer »normalen« Beschwerde. Die Antragsbefugnis im Beschwerdeverfahren setzt wie bei allen Rechtsmitteln das Vorliegen einer Beschwer voraus. 54

Ob sich der Belastete sodann vor dem Beschwerdegericht nur auf die Verletzung seiner privaten Rechte und Interessen berufen kann, ist fraglich.[132] Sachwalterin des öffentlichen Interesses ist zwar grundsätzlich die Behörde. Dennoch sollte sich der Belastete bei widerstreitenden öffentlichen Interessen zumindest auf diejenigen öffentlichen Interessen berufen können, deren Wahrnehmung – namentlich nach Privatisierungsmaßnahmen – auch ihm aufgegeben sind.

> **Beispiel:** Ein Energieversorgungsunternehmen muss das öffentliche Interesse an einer gesicherten Energieversorgung auch im Aussetzungsverfahren geltend machen können.

Als zusätzliche Zulässigkeitsvoraussetzung sieht § 146 IV 1 VwGO eine Begründungspflicht der Beschwerde vor: Innerhalb eines Monats nach »Bekanntgabe« der Entscheidung ist die Beschwerde zu begründen. Die Frist kann nicht verlängert werden. 55

Was unter »Bekanntgabe« zu verstehen ist, ist zweifelhaft. Als noch das Zulassungsverfahren vorgesehen war, herrschte Streit, ob wie im Fall des § 124 a III 1 VwGO die Frist für das Vorbringen der Zulassungsgründe erst nach »Zustellung des vollständigen Urteils«[133] zu laufen begann oder ob die (formlose) Bekanntgabe des Tenors der Entscheidung für den Fristbeginn genügte. Während teilweise unter Berufung auf § 56 I VwGO oder auf § 329 I ZPO (a.F.) die Zustellung der vollständigen Entscheidung gefordert wurde,[134] diente andererseits ein Umkehrschluss aus § 124 a III 1 VwGO dem Nachweis, dass bei Beschlüssen die Bekanntgabe bereits mit Mitteilung des Tenors des angefochtenen Beschlusses erfolgen könne.[135] Das stieß zwar auf Kritik.[136] Der Gesetzgeber kannte indessen die Kontroverse, als er § 146 IV VwGO neu fasste. Trotzdem behielt er den von § 124 a III 1 VwGO abweichenden Wortlaut bei. Für die Bekanntgabe des Beschlusses reicht daher dessen schlichte Mitteilung aus, die freilich die Beschlussbegründungen einschließen muss, damit eine sinnvolle Beschwerdebegründung erfolgen kann.[137]

---

132 Vgl. einerseits BWVGH v. 08.10.1975; DVBl 1976, 538; v. 09.03.1977, GewArch 1977, 238 (239); andererseits BayVGH v. 22.11.1974, VGH n.F. 27, 115.

133 Zur Zustellung per Fax SächsOVG v. 16.01.2001, NVwZ-RR 2002, 56.

134 *Roth* NJW 1997, 1967.

135 HbgOVG v. 03.08.1995, NJW 1996, 1225; *Berkemann* DVBl 1998, 446 (451).

136 *Guckelberger* DÖV 1999, 937 (940).

137 *Kopp/Schenke* § 146 Rn. 38.

Die Beschwerdebegründung muss zwingend einen bestimmten Antrag enthalten[138] und die Gründe darlegen, aus denen die Entscheidung abzuändern oder aufzuheben ist. An die Darlegung sind nicht geringe Anforderungen zu stellen.[139] Die Beschwerdebegründung begrenzt den *Kontrollumfang* des Rechtsmittelverfahrens.[140] Das Beschwerdegericht überprüft grundsätzlich nur die in der Beschwerdebegründung angeführten Gründe (§ 146 IV 6 VwGO). Dem Wesen des vorläufigen Rechtsschutzes entsprechend hat es aber auch den Fortbestand des Vollziehungsinteresses an dem streitbefangenen VA zu prüfen. Ermangelt es am Vollziehungsinteresse, entfällt auch das Rechtsschutzinteresse für vorläufigen Rechtsschutz. Hat das VG eine Antrag auf Gewährung vorläufigen Rechtsschutz zu Unrecht aus formellen Gründen abgelehnt, sollte das OVG die Sache entsprechend § 130 VwGO zurückverweisen.[141] Grundsätzlich ist aber der maßgebliche Zeitpunkt für die zu berücksichtigende Sach- und Rechtslage der Zeitpunkt der erstinstanzlichen Entscheidung.[142]

**56** Ausgeschlossen ist die Beschwerde z.B. nach § 34 I 1 WPflG; § 339 I 1 LAG und § 80 AsylVfG.

138 BWVGH v. 12.04.2002, NVwZ 2002, 883.
139 NdsOVG v. 21.01.2003, NJW 2003, 1472.
140 *Kuhla/Hüttenbrink* DVBl 2002, 85 (91).
141 BerlOVG v. 24.05.2002, NVwZ 2002, 1267.
142 NWOVG v. 08.01.2007 – 6 B 2490/06; a.A. *Jäger* DVBl 2009, 156.

# 3. Abschnitt. Vorläufiger Rechtsschutz nach § 123 VwGO

## § 59 Gerichtlicher vorläufiger Rechtsschutz nach § 123 VwGO

### A. Überblick

Abgesehen vom Normenkontrollverfahren, ist in allen Fällen, die durch § 80 VwGO nicht erfasst werden, gerichtlicher vorläufiger Rechtsschutz nur im Wege der e.A. nach § 123 VwGO zu erlangen.[1] 1

§ 123 VwGO orientiert sich weitgehend an der Regelung der einstweiligen Verfügung im Zivilprozess.[2] Daher spielt es auch keine Rolle, ob sich die Verfahrensbeteiligten über- oder gleichgeordnet gegenüberstehen.[3] 2

Auch der Verwaltungsprozess kennt die *Sicherungsanordnung* (§ 123 I 1 VwGO, vgl. § 935 ZPO) und die *Regelungsanordnung* (§ 123 I 2 VwGO, vgl. § 940 ZPO). Daneben sollte, ähnlich wie im Zivilprozess – als eigenständige Kategorie, jedenfalls als Sonderfall der Regelungsanordnung –, die *Leistungsanordnung* anerkannt werden. 3

Auseinanderzuhalten sind ferner *Anordnungsgrund* und *Anordnungsanspruch*. Der Anordnungsgrund liegt in der Eilbedürftigkeit der e.A, der Anordnungsanspruch ist der materielle Anspruch, für den vorläufiger Rechtsschutz begehrt wird.[4]

Obwohl das Vorliegen von Anordnungsgrund und -anspruch letztlich eine Frage der Begründetheit des Anspruchs auf Erlass einer e.A. ist, ist auch im Anordnungsverfahren zwischen *Zulässigkeit* und *Begründetheit* des Antrags zu unterscheiden. Die formellen und materiellen Entscheidungsvoraussetzungen lassen sich allerdings schwerer trennen als im Hauptsacheverfahren. So wird im zivilprozessualen Schrifttum der Verfügungsgrund häufig zu den Zulässigkeitsvoraussetzungen gerechnet.[5] Ferner darf gerade im Eilverfahren der Vorrang der Zulässigkeitsprüfung nicht zum strikten Dogma erhoben werden. Die Klärung komplizierter Zulässigkeitsfragen, auf die es auf den ersten Blick im Ergebnis nicht ankommen wird, würde gegen das Beschleunigungsgebot verstoßen. Eine flexiblere Handhabung der Prüfungsreihenfolge ist daher nicht nur unschädlich, sondern kann häufig auch in der Sache vorteilhaft sein. Zur Vermeidung von Missverständnissen hält sich die folgende Darstellung gleichwohl an das gängige Aufbauschema. 4

---

1 Vgl. *Rohmeyer* Geschichte und Rechtsnatur der einstweiligen Anordnung im Verwaltungsprozess, 1967; *Bender* FS Menger S. 657; *Brühl* JuS 1995, 916.

2 Für die Übernahme des Arrests (§ 916 ZPO) bestand kein Bedürfnis; zu Arrest und einstweiliger Verfügung *Mathäser* JuS 1995, 442.

3 Vgl. BVerwG v. 05.02.1976, BVerwGE 50, 124 zum Streit nach § 50 I Nr. 1 VwGO.

4 Vgl. etwa HessVGH v. 13.06.1988, DVBl 1988, 1071; OVG Lüneburg v. 15.04.1988, NVwZ 1989, 1085; BezG Schwerin v. 16.05.1991, DtZ 1991, 317; BayVGH v. 26.11.1993, NVwZ-RR 1994, 338.

5 Vgl. *Zöller*/ZPO § 940 Rn. 4.

## B. Zulässigkeit des Anordnungsverfahrens

### I. Bestehen der deutschen Gerichtsbarkeit

5 Auch für das Anordnungsverfahren muss die deutsche Gerichtsbarkeit gegeben sein.

### II. Zulässigkeit des Verwaltungsrechtswegs

6 § 123 II VwGO macht deutlich, dass das Anordnungsverfahren nur zulässig ist, wenn für das Hauptsacheverfahren der *Verwaltungsrechtsweg* eröffnet ist. Für die Zulässigkeit des Verwaltungsrechtswegs gelten die allgemeinen Grundsätze.[6] Die Regelungen über die Rechtswegeverweisung nach §§ 17 a, 17 b GVG finden entgegen der h.M.[7] im Verfahren nach § 123 I VwGO *keine* entsprechende Anwendung. Fehlt es im Verfahrensrecht der Gerichtsbarkeit, der die Streitigkeit zugewiesen ist, an Vorschriften über den vorläufigen Rechtsschutz, so besteht auch keine subsidiäre Eilzuständigkeit der Verwaltungsgerichte, doch ist in verwaltungsrechtlichen Streitigkeiten eine entsprechende Anwendung von § 123 VwGO nicht ausgeschlossen.[8]

### III. Zuständigkeit des angerufenen Gerichts

7 *Sachlich und örtlich zuständig* ist das *Gericht der Hauptsache* als Tatsachengericht. Da die e.A. schon vor Klageerhebung ergehen kann, muss unterschieden werden:

*Vor* Rechtshängigkeit in der Hauptsache ist für den Erlass der e.A. das Gericht zuständig, bei dem im ersten Rechtszug die Hauptsache[9] anhängig gemacht werden müsste.[10] Das ist i.d.R. das VG, ausnahmsweise das OVG (VGH)[11] und bei erst- und letztinstanzlicher Zuständigkeit das BVerwG.[12]

*Nach* Rechtshängigkeit der Hauptsache begründet § 123 II VwGO die Zuständigkeit des Gerichts des ersten Rechtszugs oder des Berufungsgerichts. Das Berufungsgericht ist nur zuständig, sobald das Berufungsverfahren anhängig ist. Die Zuständigkeit des VG endet also mit Einlegung der Berufung. Das VG wird aber *wieder* zuständig, wenn die Berufungsinstanz endet. Das ist der Fall mit Rechtskraft des Berufungsurteils,

---

6 Bei Gesamtrechtsverhältnissen muss differenziert werden. Betrifft der öffentlich-rechtliche Teil nur Vorfragen, die im Wege der Feststellungsklage zu klären sind, so kommt eine e.A. zur Regelung des gesamten Rechtsverhältnisses nicht in Betracht; vgl. BerlOVG v. 02.12.1991, LKV 1992, 96. Zur Kollision mit Verfassungsrecht NWOVG v. 21.07.1993, DVBl 1994, 124.

7 BWVGH v. 08.04.2002, NVwZ-RR 2002, 159; HbgOVG v. 24.02.2009, NVwZ-RR 2009, 543; NWOVG v. 30.06.2000, NJW 2001, 698; wie hier *Kopp/Schenke* § 123 Rn. 17.

8 BVerwG v. 17.10.1967, BVerwGE 33, 42 (43); v. 11.04.1972, BVerwGE 43, 440 (Wehrbeschwerdeverfahren); BVerfG v. 19.10.1977, BVerfGE 46, 166 (180) (SGG).

9 Bei einer e.A. der Verpflichtung der Bauaufsichtsbehörde zur Stilllegung von Bauarbeiten ist das Verlangen des Nachbarn auf behördliches Einschreiten die Hauptsache, nicht dagegen das Verfahren auf Aufhebung der Baugenehmigung; NWOVG v. 23.12.1988, NVwZ-RR 1989, 589. Beide Verfahren können nebeneinander betrieben werden. Für das Stilllegungsbegehren fehlt selbst dann nicht das Rechtsschutzbedürfnis, wenn keine Anhaltspunkte dafür bestehen, dass die Behörde im Falle der Anordnung der a.W. die Stilllegung nicht von sich aus verfügt; NWOVG v. 22.07.1991, NVwZ 1991, 1003.

10 BayVGH v. 17.01.1961, VGH n.F. 14, 7 (8).

11 Zum flurbereinigungsgerichtlichen Verfahren vgl. BayVGH v. 27.11.1979, BayVBl 1980, 209; BWVGH v. 09.04.1986, NVwZ 1986, 490.

12 Vgl. BVerwG v. 02.01.1994, NVwZ 1994, 370; v. 10.02.2003, DVBl 2003, 869.

mit Einlegung der Revision[13] sowie mit Erlass des Nichtabhilfebeschlusses bei der Nichtzulassungsbeschwerde i.S.v. § 132 III VwGO.[14] Je nachdem, wo das Verfahren anhängig ist, ist das VG[15] oder das OVG[16] zuständig für Anträge analog § 927 I und II ZPO bzw. § 80 VII VwGO.

*Nach bestandskräftiger Entscheidung in der Hauptsache* kann grundsätzlich kein vorläufiger Rechtsschutz nach § 123 VwGO mehr gewährt werden.[17]

In dringenden Fällen besteht eine *Eilzuständigkeit des Vorsitzenden* (§ 123 II 3 i.V.m. 8
§ 80 VIII VwGO).

## IV. Die Beteiligten des Verfahrens

Die beteiligtenbezogenen Zulässigkeitsvoraussetzungen des Anordnungsverfahrens 9
entsprechen denen des Hauptsacheverfahrens. Zu klären sind damit auch hier Beteiligtenfähigkeit,[18] Prozessfähigkeit und passive Prozessführungsbefugnis.

## V. Statthaftigkeit des Anordnungsverfahrens

Das Anordnungsverfahren ist statthaft, wenn der Antragsteller keinen vorläufigen 10
Rechtsschutz nach §§ 80, 80 a VwGO oder § 47 VI VwGO erlangen kann. § 123 V VwGO ist von Amts wegen zu prüfen. Auf die Fassung des gestellten Antrags kommt es insoweit nicht an. Je nach dem erkennbaren Ziel des Rechtsschutzbegehrens muss das Gericht einen nicht statthaften Antrags nach § 80 V VwGO ggf. in einen statthaften Antrags nach § 123 VwGO umdeuten oder umgekehrt. Im Regelfall wird dann das Gericht aber auf die Stellung eines sachdienlichen Antrags hinwirken.[19]

Das Rechtsschutzziel muss zwar nur allgemein angegeben werden. Es muss sich aber 11
durch eine der in Betracht kommenden Anordnungsformen erreichen lassen. Das bedeutet, dass konkret Sicherungs-, Regelungs- oder Leistungsanordnung statthaft sein müssen.

## VI. Ordnungsgemäße Antragstellung

Das gerichtliche Anordnungsverfahren setzt stets einen *Antrag* voraus. 12

§ 123 I 1 VwGO sieht dies zwar nur für die Sicherungsanordnung vor. Es ist jedoch kein Grund ersichtlich, Regelungs- und Leistungsanordnungen von Amts wegen zuzulassen. Ein derartiges Tätigwerden des Gerichts würde vielmehr gegen den Dispositionsgrundsatz verstoßen.[20]

Der Antrag ist schriftlich oder zur Niederschrift des Urkundsbeamten der Geschäfts- 13
stelle zu stellen (§ 123 III VwGO i.V.m. § 920 III ZPO). In außergewöhnlichen Fällen

---

13 *Bender* FS Menger, S. 666 m.w.N., vgl. auch BVerwG v. 03.07.1979, BVerwGE 58, 179 (181); *Kopp/Schenke* § 123 Rn. 19.
14 *Finkelnburg/Dombert/Külpmann* Rn. 81.
15 RhPfOVG v. 15.12.1990, DÖV 1991, 388.
16 NWOVG v. 29.12.1989, NWVBl 1990, 319; HbgOVG v. 20.06.1994, NVwZ-RR 1995, 180.
17 HessVGH v. 06.07.1990, NVwZ-RR 1991, 199 unter Hinweis auf mögliche Ausnahmen. Zur anderweitigen Rechtshängigkeit NWOVG v. 23.07.1997, NJW 1998, 1579.
18 ThürOVG v. 30.09.1999, DVBl 2000, 935 (Fraktionen politischer Parteien im Organstreit).
19 Vgl. BVerfG KB v. 16.03.1999, DVBl 1999, 1204 (1206).
20 *Kuhla* in: Beck-OK, VwGO § 123 Rn. 26.

darf auch ohne Vorliegen eines schriftlichen Antrags, etwa über ein telefonisch vorgetragenes Eilbegehren, entschieden werden.[21]

### VII. Antragsbefugnis

14 Die entsprechend § 42 II VwGO nötige *Antragsbefugnis* hängt von der Erforderlichkeit und Möglichkeit einer Rechtsbeeinträchtigung in der Hauptsache ab.[22] Im vorläufigen Rechtsschutzverfahren konzentriert sich die Prüfung auf die Frage, ob der Anordnungsgrund offensichtlich fehlt. Die Glaubhaftmachung von Anordnungsanspruch und Anordnungsgrund ist keine Frage der Zulässigkeit, sondern der Begründetheit der e.A.

### VIII. Fristen

15 Anträge nach § 123 VwGO sind grundsätzlich[23] an keine Frist gebunden. Bei mehrpoligen Rechtsverhältnissen lässt die zögerliche Antragstellung jedoch den Anordnungsgrund entfallen (Gesichtspunkt der prozessualen Verwirkung).[24]

16 Der Antrag auf Erlass einer e.A. ist bereits vor (§ 123 I 1 VwGO) und während des Hauptsacheverfahrens zulässig.

### IX. Anderweitige Rechtshängigkeit

17 Ist ein Anordnungsverfahren anhängig, schließt das nach § 173 VwGO, § 17 I 2 GVG aus, dass ein gleichlautender Antrag, der sich auf denselben Streitgegenstand bezieht, vor Gericht gestellt wird. Die Gefahr der Schaffung vollendeter Tatsachen rechtfertigt es nicht, durch weitere Anträge auf das zunächst angerufene Gericht, das noch nicht entschieden hat, Druck auszuüben. Bei komplizierten vorläufigen Rechtsschutzverfahren wird das Gericht in solchen Fällen ohnehin auf den Abschluss von Stillhalteabkommen hinwirken.

### X. Rechtsschutzbedürfnis

18 Auch der Antrag auf Erlass einer e.A. erfordert ein *allgemeines Rechtsschutzbedürfnis.*

Die Anforderungen an die Glaubhaftmachung von Anordnungsanspruch und vor allem Anordnungsgrund und das Verbot der Vorwegnahme lassen für eine gesonderte Prüfung des Rechtsschutzbedürfnisses wenig Raum,[25] mag dieser Prüfungsschritt auch methodisch vorrangig sein; denn das Rechtsschutzbedürfnis gehört in die Zulässigkeitsprüfung, die Würdigung von Anordnungsanspruch und -grund in die Begründetheitsprüfung. Von der Prüfungsreihenfolge kann jedoch aus pragmatischen Erwägungen abgewichen werden. Vorab, der gängigen Prüfungsreihenfolge entsprechend, ist auf das Rechtsschutz-

---

21 VG Wiesbaden v. 05.05.1987, NVwZ 1988, 90, a.A. Eyermann/*Happ* § 123 Rn. 32 unter Hinweis auf die Möglichkeit einer Antragstellung per Telefax. In manchen Eilsituationen ist aber immer noch eher ein Telefon zur Hand als ein Faxgerät.

22 Zur Antragsbefugnis einer Handwerkskammer im Untersuchungsverfahren nach § 16 IV HandwO RhPfOVG v. 06.12.1993, GewArch 1994, 203; eines »Bürgerbegehrens«, SächsOVG v. 29.09.2008, LKV 2008, 560; SchlHOVG v. 08.10.2008, SlHA 2009, 94; Die Eltern sind antragsbefugt für die Erstreitung einer Feststellung der Schulaufsichtsbehörde, dass der Besuch einer Sonderschule nicht mehr erforderlich ist, NWOVG v. 09.05.2003, DÖV 2004, 347.

23 Ausnahme z.B. § 18 a IV 1 AsylVfG.

24 HessVGH v. 04.08.1993, NVwZ 1994, 398 (399).

25 Vgl. nur LSAOVH v. 24.02.2009, LKV 2009, 230.

bedürfnis nur einzugehen, wenn sich insoweit Zweifel aufdrängen. Ansonsten genügt ein Komplettierungssatz im passenden Zusammenhang.

Das Rechtsschutzbedürfnis fehlt von vornherein, wenn der Antragsteller seine Rechtsstellung im Anordnungsverfahren nicht verbessern kann;[26] es fehlt ferner, wenn der Antragsteller auch ohne gerichtlichen vorläufigen Rechtsschutz sein Recht sichern oder drohende Nachteile abwehren bzw. drohende Gewalt verhindern könnte. In weniger eilbedürftigen Situationen genügt es i.d.R., wenn der Antragsteller sich zunächst an die zuständige Behörde wendet.[27] Umgekehrt fehlt das Rechtsschutzbedürfnis für den Antrag einer Behörde, solange diese sich im Verwaltungsweg die gewünschte Regelung selbst verschaffen kann.

> **Beispiel:** Der Antrag des Dienstherrn, einer Lehrergewerkschaft im Wege der e.A. die Durchführung eines Lehrerstreiks zu verbieten, wurde abgelehnt, da die zuständige Behörde den Streik durch Ordnungsverfügung untersagen könne.[28]

Das Rechtsschutzbedürfnis fehlt auch, wenn der vorläufige Rechtsschutz ohnehin zu 19
spät käme, sich also erledigt hat.

> **Beispiel:** Die e.A. auf Stilllegung von Bauarbeiten kommt nach weitgehender Fertigstellung des Vorhabens nicht mehr in Betracht.[29]

Ein *Fortsetzungsfeststellungsantrag* analog § 113 I 4 VwGO ist im einstweiligen Anordnungsverfahren nicht statthaft. Eine definitive Feststellung kann nicht das Ergebnis einer summarischen Prüfung sein.[30]

## C. Begründetheit des Anordnungsverfahrens

Der Antrag auf Erlass einer e.A nach § 123 VwGO ist *begründet*, wenn aufgrund einer 20
summarischen Prüfung eine überwiegende Wahrscheinlichkeit für das Vorliegen eines Anordnungsanspruchs und eines Anordnungsgrunds besteht. Die summarische Rechtsprüfung bezieht sich auf den Anordnungsanspruch und damit in aller Regel auf das Vorliegen eines Leistungsanspruchs. Fehlt es hierfür von vornherein an einer Anspruchsgrundlage, erübrigt sich jede weitere Prüfung; der Antrag ist dann abzuweisen.

Die dem Anspruch zugrundeliegenden Tatsachen und der Grund der e.A. sind *glaub-* 21
*haft zu* machen (§ 123 III VwGO, § 920 II).[31] Zur Glaubhaftmachung dienen in erster Linie eidesstattliche Versicherungen und die Vorlage von Urkunden (§ 294 ZPO). Auch im Verfahren nach § 123 VwGO gilt aber der Amtsermittlungsgrundsatz (§ 86 I VwGO). Eine Tatsache ist glaubhaft gemacht, wenn unter Berücksichtigung aller Umstände mehr dafür als dagegen spricht, dass sie zutrifft (»überwiegende Wahrscheinlichkeit«).[32] Je nach der Tragweite der e.A. für den Antragsgegner und Intensität der drohenden Rechtsgutsbeeinträchtigung für den Antragsteller muss beim Maß der richterlichen

26 Vgl. BayVGH v. 18.06.2002, NVwZ-RR 2003, 121 (122).
27 LSAOVG v. 20.10.1995, NVwZ-RR 1996, 95 (96).
28 HbgOVG v. 22.10.1988, NJW 1989, 605; vgl. aber auch VG Hannover v. 25.02.1994, NVwZ-RR 1994, 519. Dem Antragsbegehren eines Berufsschullehrers, der das Entfernen von Kreuzen aus Unterrichtsräumen betreibt, fehlt das Rechtsschutzbedürfnis, wenn ihm freigestellt wurde, das jeweilige Kreuz selbst abzuhängen; BayVGH v. 26.11.1966, NVwZ 1998, 92.
29 BerlOVG v. 29.06.1989, UPR 1990, 195.
30 BVerwG v. 27.01.1995, NVwZ 1995, 586; BayVGH v. 16.12.1998, NVwZ-RR 1999, 641.
31 Vgl. BWVGH v. 12.09.2001, DVBl 2001, 207; v. 15.10.2002, NJW 2004, 624; v. 15.10.2003, NJW 2004, 624 (Subventionsgewährung für Theater); NWOVG v. 22.02.1989, NJW 1990, 728.
32 Vgl. *Kuhla* in: Beck-OK, VwGO § 123 Rn. 62.

Überzeugungsbildung differenziert werden. Dabei kann sich die Glaubhaftmachung einem Vollbeweis annähern[33] oder bis an die Grenze des non liquet gehen.[34] Der Anordnungsgrund ist, da die summarische Prüfung das Anordnungsanspruchs in einer Rechtsprüfung besteht,[35] glaubhaft gemacht, wenn eine sehr hohe Wahrscheinlichkeit des Obsiegens in der Hauptsache besteht.[36]

22 Die e.A dient in beiden Alternativen des § 123 I VwGO nur zur *Sicherung* von Rechten[37] des Antragstellers, nicht zu ihrer Befriedigung. Das wird üblicherweise mit der Formel umschrieben, die e.A. dürfe die *endgültige Entscheidung* grundsätzlich *nicht vorwegnehmen*.[38] Dieser Grundsatz, der ohnehin die Leistungsanordnung nicht erfasst, wird zunehmend durchbrochen. Denn einerseits liegt es im Wesen des vorläufigen Rechtsschutzes, dass er nicht zu irreparablen Entscheidungen führen darf. Auf der anderen Seite ist effektiver Rechtsschutz oft nur möglich, wenn er rasch kommt. Das Verbot der Vorwegnahme der Hauptsache gilt daher nicht ausnahmslos.[39]

23 Zu den *Ausnahmen vom Verbot einer Vorwegnahme der Hauptsache* gibt es eine reichhaltige Kasuistik, die auf Einzelfallgerechtigkeit abzielt und sich deshalb stringenten Systematisierungsversuchen entzieht. Als Zauberformel gilt auch hier die »Verwirklichung von Grundrechten«,[40] die aber zumeist gar nicht erst bemüht werden müssen. Die Vorwegnahme der Hauptsache ist vor allem geboten, wenn es um die fristgebundene *Wahrung von Ausbildungs- und Berufschancen* geht.

---

33 BayVGH v. 08.10.1993, NVwZ 1994, 160 (eindeutiges Überwiegen).

34 Noch weitergehend *Burkholz* Der Untersuchungsgrundsatz im verwaltungsgerichtlichen Eilverfahren, 1988, S. 82 ff.

35 *Kopp/Schenke* § 123 Rn. 24 gegen Schoch/Schmidt-Aßmann/Pietzner/*Schoch* § 123 Rn. 122.

36 SächsOVG v. 06.03.1997, DtZ 1997, 235 (236); BWVGH v. 03.11.2008; NJOZ 2009, 1542.

37 So scheiterte in Schleswig-Holstein der Antrag einer Fraktion der Ratsversammlung auf Auskunftserteilung durch den Magistrat am fehlenden Recht der Antragstellerin; VG Schleswig v. 05.01.1977, Die Gemeinde 1977, 197. Aus ähnlichen Gründen kann ein nicht dem Gemeinderat angehöriger Antragsteller nicht durch e.A. die Teilnahme an nichtöffentlichen Gemeinderatssitzungen erreichen; BWVGH v. 19.07.1995, NVwZ-RR 1996, 218. Zum allgemeinen Zugang zu Stasi-Akten KrG Erfurt v. 22.10.1990, LKV 1991, 48.

38 Vgl. z.B. *Würtenberger* Rn. 550; NWOVG v. 29.09.1995, ZMR 1996, 288. Gegen das Vorwegnahmeverbot Schoch/Schmidt-Aßmann/Pietzner/*Schoch* § 123 Rn. 141 ff. Zum effektiven Rechtsschutz im Verfahren nach § 123 VwGO vgl. BVerfG v. 28.09.2009, LKRZ 2009, 453.

39 Vgl. *Leipold* S. 212 ff.; *Rohmeyer* Geschichte und Rechtsnatur der einstweiligen Anordnung im Verwaltungsprozess, 1967, S. 179 ff.; BVerwG v. 13.08.1999, DVBl 2000, 487 (488); BWVGH v. 20.09.1994, DVBl 1994, 160; BayVGH v. 15.07.1983, BayVBl 1984, 84; BerlOVG v. 07.01.1982, NVwZ 1982, 319; BremOVG v. 02.08.1978, GewArch 1978, 339; HbgOVG v. 24.02.1982, DVBl 1982, 849; HessVGH v. 16.09.1985, DVBl 1986, 297; NWOVG v. 28.02.1995, DVBl 1995, 954; RhPfOVG v. 24.07.1981, AS 16, 20; SchlHOVG v. 17.02.1993, NVwZ 1995, 702.

40 BVerfG v. 25.07.1996, NVwZ 1997, 479 (480). Auf Grundrechte ist zurückzugreifen, wenn die Gefahr besteht, dass Rechtspositionen bagatellisiert werden. Die bedenklich zunehmende Neigung, Freizeitbedürfnisse zu relativieren (»Hobbyflieger«), spiegelt sich im Beschl. des BWVGH v. 09.04.1990, RdL 1990, 252, in welchem die vorläufige Zulassung zur Jägerprüfung im Wege der e.A. abgelehnt wurde, wenn die Jagd »aus Liebhaberei und zur Freizeitgestaltung ausgeübt werden soll«.

**Beispiele:** Zulassung zur Teilnahme am Unterricht der nächst höheren Klasse (bei Nichtversetzung),[41] zum Hochschulstudium,[42] zu Hochschulpraktika,[43] zu berufsbezogenen Prüfungen,[44] zum Vorbereitungsdienst[45] und zu beruflichen Betätigungen.[46]

Die Hauptsache darf ferner vorweggenommen werden bei Existenzgefährdungen[47] oder bei drohendem Rechtsverlust mit Zeitablauf.[48]

Die Vorwegnahme der Hauptsache erfordert eine besonders sorgfältige *Prüfung des Anordnungsanspruchs und -grunds.*[49] Zu beachten ist insbesondere, dass das Gericht den Gestaltungsspielraum der Exekutive nicht in unzulässiger Weise verengen darf. 24

41 VG Braunschweig v. 19.09.2008; NJOZ 2008, 5124.

42 BVerfGKB v. 18.03.2005; NVwZ 2005, 681; HbgOVG v. 23.04.2008; NVwZ-RR 2009, 25; NWOVG v. 15.05.2008, NVwZ-RR 2008, 703; OVG Lüneburg v. 02.04.1981, NVwZ 1983, 106. Der Bewerber muss sich allerdings um den Studienplatz ernsthaft bemühen. Der Anordnungsgrund fehlt, wenn der Antrag auf Erlass einer e.A. nicht am ersten Vorlesungstag vorliegt; HbgOVG v. 06.01.1997, NVwZ-RR 1998, 314. Auch hinsichtlich des Anspruchs auf Hochschulzulassung nach Semesterbeginn wurde ein Anordnungsgrund versagt (MVOVG v. 19.01.1994, NVwZ-RR 1994, 334), obwohl es hier bereits am Rechtsschutzbedürfnis fehlte. Zum (versagten) Anspruch eines behinderten Schülers auf Stellung eines Schulhelfers als Einzelbetreuer BerlOVG v. 30.09.2002, NVwZ-RR 2003, 35.

43 BWVGH v. 09.12.1994, NVwZ-RR 1995, 329.

44 BWVGH v. 23.01.1974, VerwRspr 26, 145 (Zulassung zu einer Wiederholungsprüfung); HessVGH v. 01.06.1982, DVBl 1982, 747, aber auch v. 29.09.1992, DVBl 1993, 57 (Aushändigung eines Scheins); NWOVG v. 06.12.1972, DÖV 1973, 21 (Bewertung von Prüfungsarbeiten). Durch die Möglichkeit einer Vorwegnahme der Hauptsache wird die praktische Tragweite der Kontroverse relativiert, ob die Entscheidung über die Nicht-Versetzung in die nächsthöhere Klasse einen belastenden oder ob die Entscheidung über die Versetzung einen begünstigenden VA darstellt. Mit der h.M. ist von einem begünstigenden VA auszugehen, so dass sich der Rechtsschutz nach § 123 VwGO richtet; vgl. BayVGH v. 20.12.1985, NVwZ 1986, 398; HessVGH v. 05.02.1993, NVwZ-RR 1993, 386.

45 BayVGH v. 03.01.1973, VerwRspr 25, 27.

46 BWVGH v. 21.02.1997, DÖV 1997, 694 (Genehmigung zur Notfallrettung; nur Anspruch auf Neubescheidung); BerlOVG v. 26.06.1996, NVwZ-RR 1998, 41 (Aufnahme einer Herzklinik in den Krankenhausbedarfsplan).

47 NWOVG v. 14.05.1988, NStZ 1988, 384; v. 01.06.1988, NVwZ 1989, 1085; OVG Lüneburg v. 15.04.1988, NVwZ 1989, 1085; ThürOVG v. 18.12.1998, ThürVBl 1999, 190 (Sozialhilfe); HessVGH v. 08.11.1995, NVwZ-RR 1996, 325 (Erlaubnis zur Fortführung einer Gaststätte); *Finkelnburg/Jank* Rn. 248; *Würtenberger* Rn. 551.

48 Vgl. BWVGH v. 05.08.1993, NJW 1994, 1362 (Aufhebung einer Sperrerklärung für die Hauptverhandlung). Gegenbeispiel: Kein Anordnungsgrund für eine Neubescheidung über ein Prüfungsergebnis besteht, wenn der Abschluss des Hauptverfahrens zu einem nahen Termin bevorsteht; BWVGH v. 25.04.1989, NVwZ-RR 1989, 478.

49 HessVGH v. 12.08.1988, NJW 1988, 1753; NWOVG v. 11.03.1980, AgrarR 1980, 201. Zu weitgehend BayVGH v. 24.01.1984 GewArch 1984, 231 (schlechthin unentbehrliche e.A.); ähnlich BerlOVG v. 23.12.2002, NJW 2003, 840 (»Der Soldat James Ryan«). Besonders restriktiv zu verfahren ist aber in *Wahlanfechtungsverfahren;* vgl. NWOVG v. 28.02.1995, DVBl 1995, 353; SaarlOVG v. 04.09.1991, NVwZ 1992, 281. Die Sitzzuteilung nach einer Kommunalwahl muss sachlich richtig und rechtlich unstrittig sein nach RhPfOVG v. 08.03.1995, NVwZ-RR 1996, 521. Auf die »überwiegende Wahrscheinlichkeit« des Erfolgs in der Hauptsache stellt ab BWVGH v. 22.03.1985, VBlBW 1986, 21. Weniger problematisch sind die Fälle der *Ausbildungsförderung.* So schließt die Möglichkeit, die Vorausleistungen von Ausbildungsförderung beantragen zu können (§ 36 BAföG), das Vorliegen eines Anordnungsgrunds nicht aus; BayVGH v. 16.03.1990, NJW 1990, 2576. Vgl. noch BWVGH v. 28.12.1992, DVBl 1993, 508; NWOVG v. 26.04.1995, DVBl 1995, 1370. Zur Verhinderung von Wohncontainern für Aussiedler NWOVG v. 22.12.1989, NJW 1990, 1132.

Werden etwa freie Studienplätze wegen nicht ausgenutzter Kapazitäten der Hochschulen[50] im Losverfahren vergeben, sollte das Gericht die Verlosung von der Hochschule selbst vornehmen lassen.[51] Auch eine Neubescheidung in einem Prüfungsverfahren darf grundsätzlich durch e.A. nicht aufgegeben werden.[52] Erst recht wäre die Zulassung zu einer mündlichen Prüfung aufgrund eines glaubhaften Anspruchs auf Neubewertung durch e.A. nicht sicherbar, da ohne endgültige Neubewertung über die Endnote nicht entschieden werden kann.[53]

**25** Mit dem Gestaltungsspielraum der Exekutive hängt ferner die Frage zusammen, ob eine e.A. auch dann zulässig ist, wenn eine Leistung begehrt wird, die in das Ermessen der Behörde gestellt ist, hinsichtlich derer im Hauptsacheverfahren also nur eine Bescheidungsklage zulässig wäre. Nimmt man die Gewaltenteilung ernst, dürfte nur dann eine die Leistung zusprechende e.A. möglich sein, wenn eine Ermessensreduzierung der Verwaltung auf Null im Eilverfahren zumindest nicht ausgeschlossen werden kann.[54] In allen übrigen Fällen darf nur die Bescheidung des Antrags im Wege des § 123 VwGO angeordnet werden.[55]

Soweit nach den neuen Landesbauordnungen und den §§ 22 ff. BImSchG Vorhaben nicht mehr genehmigungspflichtig sind und der vorläufige Rechtsschutz Drittbetroffener abläuft, wird diesen bei Verstoß gegen drittschützende Normen überwiegend ein Anspruch auf behördliches Einschreiten eingeräumt,[56] da es keinen »vernünftigen Grund« gebe, den Nachbarn genehmigungspflichtiger und genehmigungsfreier Vorhaben unterschiedlich zu behandeln. Der vernünftige Grund liegt aber in der Entscheidung des Gesetzgebers, die Gefahrenabwehr von der umfassenden präventiven Kontrolle auf einzelfallbezogene nachträgliche repressive Maßnahmen umzustellen. Bei der repressiven Gefahrenabwehr haben Dritte, deren Schutzgüter gefährdet werden, nur ein subjektives Recht auf fehlerfreie Ermessensbetätigung. Es ist nicht einzusehen, warum die allgemeinen Grundsätze über die Ermessensreduzierung auf Null (etwa bei Baueinstellungen) bei Maßnahmen gegen genehmigungsfreie Vorhaben nicht gelten sollen.[57] Hinzu kommt, dass die – vom Gesetzgeber beabsichtigte – Abschwächung des öffentlich-rechtlichen Nachbarschutzes zu einer Aufwertung der zivilrechtlichen Abwehransprüche führt. Zu einer Korrektur des Gesetzgebers besteht kein Anlass.

**26** Ob auch im Rahmen des § 123 VwGO wie im Verfahren nach §§ 80, 80a VwGO über die Prüfung der Notwendigkeit der e.A. eine Interessenabwägung vorzunehmen ist und/oder auf die Erfolgsaussichten abgestellt werden kann, lässt sich nur schwer beantworten.

---

50 Vgl. zur Kapazitätsermittlung der Hochschulen bereits BWVGH v. 28.08.1975, WissR 1976, 172. Im Verfahren, welche die mangelnde Nutzung von Ausbildungskapazitäten an Hochschulen zum Gegenstand haben, sind Verfassungsbeschwerden zum BVerfG vor Durchführung des verwaltungsgerichtlichen Hauptsacheverfahrens ausnahmsweise zulässig, wenn grundsätzliche verfassungsrechtliche Fragen zu klären sind und die Gefahr besteht, dass erhebliche Kapazitäten ungenutzt bleiben; BVerfG v. 03.04.1975, BVerfGE 51, 130; v. 25.10.1988, NJW 1989, 827. Zum Hochschulzulassungsrecht *Bahro/Berlin* Das Hochschulzulassungsrecht in der Bundesrepublik Deutschland, 4. Aufl. 2003.

51 BremOVG v. 06.01.1981, DVBl 1981, 585 (586). Das Gericht stellt zutreffend auf die Konkurrenzsituation bei der Hochschulzulassung ab und verweist einen Zweitstudienbewerber in das Hauptsacheverfahren. Demgegenüber lässt BayVGH v. 18.11.1974, BayVBl 1975, 144 für den Eintritt in ein weiteres Studiensemester die offenbleibende Beurteilung der Hauptsachefrage genügen. Das ist problematisch. Durch e.A. verwirklichte Zulassungen stehen nämlich nach BVerwG v. 01.12.1978, BVerwGE 57, 148 und v. 22.02.1982, DVBl 1982, 730 später zur Entscheidung stehenden Ansprüchen als kapazitätsdeckend gegenüber, wenn es sich um spätere Ansprüche im Hauptsacheverfahren handelt.

52 BWVGH v. 19.10.1984, DÖV 1985, 491.

53 BWVGH v. 25.04.1989, NVwZ-RR 1989, 478.

54 BWVGH v. 02.08.1990, NVwZ-RR 1992, 5; v. 24.05.1994, DVBl 1994, 1250.

55 *Redeker/v. Oertzen* § 123, Rn. 8; SaarlOVG v. 20.06.1985, NVwZ 1986, 769 (Umsetzung).

56 BWVGH v. 26.10.1994, NVwZ-RR 1995, 490; BayVGH v. 26.07.1996, NVwZ 1997, 923; SächsOVG, v. 22.08.1996, NVwZ 1997, 922; *Degenhart* SächsVBl 1995, 1 (6); *ders.* NJW 1996, 1433 (1438); *Uechtritz* NVwZ 1996, 640; *Blümel* FS Boujong, 1996, S. 521 (528).

57 Vgl. *Schmaltz* NdsVBl 1995, 241; s. auch *Borges* DÖV 1997, 900.

Eine verbreitete Meinung befürwortet die Entscheidung auf der Grundlage einer *Interessenabwägung*.[58] Hierfür könnte sprechen, dass eine Differenzierung bei den einzelnen Formen des vorläufigen Rechtsschutzes nach Möglichkeit vermieden werden sollte und dass die Anforderungen an die Glaubhaftmachung den Antragsteller häufig überfordern. Auf der anderen Seite lassen sich die Unterschiede des Aussetzungsverfahrens und des einstweiligen Anordnungsverfahrens nicht leugnen. Hilfreich ist zunächst ein Blick in den Zivilprozess. Dort ist die Lage eindeutig. Wenn nach § 938 ZPO bei dem »Wie« der Anordnung dem Gericht ein Ermessensspielraum zusteht, kann der Gegenschluss nur lauten, dass das »Ob« der Entscheidung rechtlich gebunden ist. Im Verfahren nach § 123 VwGO trifft das Gericht ebenfalls eine Rechtsentscheidung. Die Entscheidungsvoraussetzungen einer e.A. sind unbestimmte Rechtsbegriffe, so dass schon nach dem Wortlaut des § 123 VwGO eine reine Interessenabwägung ausscheidet. Dieses Ergebnis ist auch sachgerecht. Liegen die Voraussetzungen des § 123 VwGO vor, kann auch ein öffentliches Interesse einen (vorläufigen) rechtswidrigen Zustand nicht rechtfertigen. Umgekehrt kann dem Antragsteller auch keine gesonderte Interessenabwägung helfen, wenn er Anordnungsanspruch und Anordnungsgrund nicht glaubhaft machen kann. Eine erfolgsunabhängige Interessenabwägung, wie sie gelegentlich vertreten wird, ist daher von vornherein verfehlt. Die extreme Gegenposition, die jegliche Interessenabwägung im Verfahren nach § 123 I 1. Alt. VwGO ablehnt,[59] verdient aber ebenfalls keine Zustimmung. Es geht zwar nicht an, das materielle Recht nur kursorisch zu prüfen und diese Defizite durch eine ergänzende Interessenabwägung auszugleichen. Gleichwohl wird über die Begründetheit des Antrags nach § 123 VwGO als Ergebnis einer summarischen Prüfung entschieden. Gem. Art. 19 IV GG muss die Prüfung der Sach- und Rechtslage eingehender ausfallen, wenn die Ablehnung einer e.A. zu nicht abwendbaren Nachteilen führt, die durch die Entscheidung in der Hauptsache nicht mehr behoben werden können.[60]

Wenn Anordnungsanspruch und Anordnungsgrund glaubhaft zu machen sind, erfordert dies zunächst eine positive Vorausbeurteilung der Hauptsache. Eine e.A. darf grundsätzlich nur erlassen werden, wenn der Antragsteller überwiegende Erfolgsaussichten in der Hauptsache hat,[61] etwa wenn ein Versagungsbescheid aller Voraussicht nach rechtswidrig ist.[62] Noch strenger sind die Anforderungen, wenn verfassungsrechtliche Bedenken gegen eine Norm erhoben werden, die dem Anordnungsanspruch entgegensteht.[63] Hier muss damit zu rechnen sein, dass das VG die Sache dem BVerfG vorlegen und dass das BVerfG die Norm aufheben wird. Das ist nur bei offenkundiger Verfassungswidrigkeit der Norm der Fall.[64] Am strengsten sind bei gleicher Fallkonstellation die Anforderungen, wenn eine Vorlage zum EuGH gem. Art. 234 EG in Betracht kommt.[65] 27

58 Vgl. nur *Leipold* S. 86 ff.

59 Vgl. BWVGH v. 12.03.1976, NJW 1976, 1117 L; *Redeker/v. Oertzen* § 123 Rn. 17.

60 NWOVG v. 15.08.2002, NJW 2002, 3417 (3418) (»TV-Duell«).

61 BVerwG v. 21.01.1976, BVerwGE 52, 121 (122); BWVGH v. 07.11.1983, DVBl 1984, 276; BayVGH v. 09.12.1983, BayVBl 1984, 152; HbgOVG v. 11.03.1983, NVwZ 1983, 434; HessVGH v. 07.09.1982, ESVGH 32, 263 (264); NWOVG v. 11.04.1984, DÖD 1985, 136.

62 BerlOVG v. 24.07.2003, DVBl 2003, 1333.

63 Eine eingeschränkte Verwerfungskompetenz im Eilverfahren ist grundsätzlich, d.h. von extremen Ausnahmesituationen abgesehen, abzulehnen, BVerfG v. 16.10.1977, BVerfGE 46, 160 (164); *Urban* NVwZ 1989, 433; VG Berlin v. 12.10.1990, LKV 1991, 44.

64 BayVGH v. 29.04.1999, NJW 1999, 2760.

65 EuGH v. 09.09.1995, Slg 1995, 1–3799 (»Atlanta Fruchthandelsgesellschaft«); allgemein *Brinker* NJW 1996, 2851; vgl. auch NWOVG v. 18.07.1996, NJW 1996, 3291.

Vorläufige Maßnahmen in Vorgriff darauf, dass Gemeinschaftsorgane die aufgrund einer Gemeinschaftsverordnung bestehenden Rechte des Antragstellers erst noch durch einen weiteren Rechtsakt feststellen, sind unzulässig.[66]

Bestehen offensichtlich keine Erfolgsaussichten, ist die e.A. immer abzulehnen. Bei offener Hauptsachenlage[67] oder nicht eindeutiger Hauptsachenlage[68] gehen einige Gerichte zur Interessenabwägung über. Für eine Interessenabwägung ist jedoch nur im Hinblick auf den *Anordnungsgrund* Raum. Die Vorwegnahme der Hauptsache lässt sich ohnehin nur durch die Erfolgsaussichten des Hauptsacheverfahrens rechtfertigen.[69] Entsprechendes gilt für die Glaubhaftmachung des Anordnungsanspruchs. Eine reine Interessenabwägung ohne kursorische Berücksichtigung der Erfolgsaussichten kommt hier allenfalls in Betracht, wenn die Rechtslage so schwierig ist, dass für eine rechtzeitige Entscheidung die Zeit schlechthin nicht ausreicht. Ein non liquet geht immer zu Lasten des Antragstellers. Im Übrigen muss bei den einzelnen Anordnungsformen unterschieden werden.

## D. Anordnungsformen

### I. Sicherungsanordnung

28 Die e.A. in Bezug auf den Streitgegenstand darf ergehen, wenn Gefahr besteht, dass durch Veränderung des bestehenden Zustands die Verwirklichung eines Rechts des Antragstellers vereitelt oder wesentlich erschwert werden könnte. In der Praxis ist die Sicherungsanordnung wegen der schwierigen Glaubhaftmachung vor allem des Anordnungsgrunds verhältnismäßig selten.[70]

Als problematisch erwiesen sich in diesem Zusammenhang vor allem die Realisierbarkeit von *Bürgerbegehren*[71] oder das Freihalten von Rechtspositionen im *Konkurrentenstreit*.[72]

### II. Regelungsanordnung

29 Durch die Regelungsanordnung wird ein streitiges Rechtsverhältnis vorläufig geregelt. Der Begriff des *Rechtsverhältnisses* ist mit demjenigen in § 43 I VwGO identisch. Das durch den Anordnungsantrag begründete Streitverhältnis ist kein Rechtsverhältnis i.S.v. § 123 I 2 VwGO (»in bezug auf ein streitiges Rechtsverhältnis«). Vielmehr muss das

66 EuGH v. 26.11.1996, Slg 1996, 1–6065 Rn. 52.

67 BVerwG v. 13.10.1994, UPR 1995, 567; BWVGH v. 26.10.1994, BauR 1995, 219; BayVGH v. 24.02.1982, BayVBl 1982, 308; RhPfOVG v. 28.06.1979, GewArch 1979, 340; SaarlOVG v. 23.11.1978, NJW 1979, 830 (831).

68 BVerwG v. 16.07.1978, BVerwGE 63, 110 (111); BayVGH v. 02.04.1981, BayVBl 1982, 18 (20).

69 SchlHOVG v. 30.07.1991, NVwZ-RR 1992, 387.

70 Vgl. z.B. BWVGH v. 20.03.1990, NVwZ-RR 1991, 82 (Prüfungszulassung); v. 06.09.1995, NVwZ-RR 1996, 89 (Verlegung einer Schule); BayVGH v. 13.05.1977, VGH n.F. 30, 57 (Schließung einer Volksschule); NWOVG v. 22.06.1982, OVGE 28, 55 (Vertagung einer Urabstimmung im Hochschulbereich).

71 BayVGH v. 30.11.1995, BayVBl 1996, 181; v. 14.01.1999, BayVBl 1999, 502; HessVGH v. 16.07.1996, NVwZ 1997, 310; MVOVG v. 24.07.1997, NVwZ-RR 1998, 354; RhPfOVG v. 01.12.1994, DVBl 1995, 937; SächsOVG v. 06.02.1997, NVwZ-RR 1998, 253.

72 BWVGH v. 16.10.2007, NVwZ-RR 2008, 550; BayVGH v. 24.11.2006, BayVBl 2007, 342; HessVGH v. 26.11.2008, NVwZ-RR 2009, 527; MVOVG v. 16.06.2008; NordÖR 2008, 349; NWOVG v. 03.04.2008, DVBl 2008, 871; NdsOVG v. 22.09.2008; DVBl 2008, 1399; RhPfOVG v. 13.06.2007, NVwZ 2008, 99; LSAOVG v. 02.02.2009, NZBau 2009, 206; SchlHOVG v. 27.09.1995, NVwZ-RR 1996, 2402; ThürOVG v. 13.04.2006, ThürVBl 2006, 204.

streitige Rechtsverhältnis außerhalb des gerichtlichen Verfahrens bestehen.[73] *Streitig* ist das Rechtsverhältnis, wenn es bestritten oder verletzt wird. Hierher gehört nicht die Vollziehung eines VA unter Missachtung der a.W. eines Rechtsbehelfs (faktischer Vollzug).[74]

Die Regelungsanordnung hat *Auffangfunktion* für alle nicht speziell geregelten Fälle des vorläufigen Rechtsschutzes.[75] Sie dient der Wahrung des *Rechtsfriedens* und ist nur statthaft, wenn sie nötig erscheint. Das ist insbesondere der Fall, wenn wesentliche Nachteile abgewendet werden sollen oder drohende Gefahr verhindert werden soll. Bei Unterlassungsansprüchen spielt neben der Wiederholungsgefahr[76] häufig die sog. *Erstbegehungsgefahr* eine wichtige Rolle. Danach kann auch die Gefahr einer erstmaligen Rechtsverletzung einen Unterlassungsanspruch rechtfertigen.[77] Praktisch bedeutsam ist die Regelungsanordnung im Zusammenhang mit *vorbeugenden Unterlassungsklagen*.[78] Die Erstbegehungsgefahr ist glaubhaft gemacht, wenn eine künftige Rechtsverletzung in nicht allzu ferner Zukunft greifbar bevorsteht. 30

## III. Leistungsanordnung

Die Leistungsanordnung hat den Zweck, dem Antragsteller in Ausnahmefällen die Befriedigung existenznotwendiger Ansprüche zu verschaffen. Sie ist im Zivilprozess seit langem anerkannt.[79] Da sie gleichwohl in der VwGO nicht ausdrücklich geregelt wurde, wird ihre eigenständige Bedeutung im Verwaltungsprozess gemeinhin geleugnet.[80] Die Verweisung von § 123 III VwGO auf bestimmte Vorschriften der ZPO bedeutet jedoch nicht zwingend den Ausschluss ungeschriebener zivilprozessualer Grundsätze. Auch im Verwaltungsprozess gibt es Fallkonstellationen, bei denen die Anwendung einer Leistungsanordnung sachgerecht wäre und die im Zivilprozess ohne Schwierigkeiten durch eine Leistungsverfügung geregelt würden. Überwiegend behilft man sich hier mit der Regelungsanordnung.[81] Vorzuziehen dürfte die Lösung sein, im Anschluss an die von *Jauernig* für den Zivilprozess vertretene Meinung[82] die Leistungsanordnung als eigenständigen dritten Typ der e.A. anzuerkennen.[83] 31

Die Leistungsanordnung ist nur ausnahmsweise zulässig, um es dem Antragsteller zu ermöglichen, die Wartezeit bis zum Abschluss des Hauptverfahrens zu überbrücken. 32

---

73 OVG Lüneburg v. 23.09.1986, RdE 1987, 14.

74 Zum vorläufigen Rechtsschutz gegen eine drohende Verwaltungsvollstreckung BayVGH v. 04.05.1994, NVwZ-RR 1995, 477.

75 BWVGH v. 08.10.1995, NJW 1996, 538.

76 Hierzu NWOVG v. 26.01.2004, NJW 2004, 1611.

77 **Beispiel:** Antrag eines Lehrers nach § 123 I 2 VwGO gegen die Zuweisung an eine andere Schule; HbgOVG v. 30.07.1996, NVwZ-RR 1998, 54.

78 BVerwG v. 27.01.1995, Buchholz 310 § 123 VwGO Nr. 17; BWVGH v. 06.02.1993, NVwZ 1994, 801; HessVGH v. 02.08.1995, GewArch 1996, 214; NWOVG v. 06.09.1994, DVBl 1995, 433; SchlHOVG v. 14.12.1993, NVwZ 1994, 913; VG Frankfurt v. 27.02.1995, NVwZ-RR 1995, 427.

79 Vgl. *Hobbeling* Die Rechtstypen der zivilprozessualen einstweiligen Verfügung, Diss. Münster 1974, S. 162 ff.; *Grunsky* JuS 1976, 277 (283 ff.).

80 Vgl. nur Schoch/Schmidt-Aßmann/Pietzner/*Schoch* § 123 Rn. 51.

81 Vgl. HessVGH v. 08.11.1966, DVBl 1966, 941 (Richterbesoldung); SaarlOVG v. 07.12.1970, ZBR 1971, 312 (Urlaub einer Beamtin, die Mutterpflichten zu erfüllen hat); BWVGH v. 08.08.1968, ZBR 1968, 358 (beamtenrechtliche Geldansprüche).

82 ZZP 1966, 321.

83 Vgl. auch *Rohmeyer* Geschichte und Rechtsnatur der einstweiligen Anordnung im Verwaltungsprozess, 1967, S. 167, im Ergebnis wohl ebenso BayVGH v. 28.02.1966, NJW 1966, 751; OVG Lüneburg v. 19.07.1962, OVGE 18, 387; v. 26.11.1976, NJW 1977, 773.

Ihre Zielrichtung lässt es sachgerecht erscheinen, den in § 114 I ZPO ausgedrückten Rechtsgedanken heranzuziehen, d.h. das Hauptverfahren muss hinreichende Aussicht auf Erfolg bieten und darf nicht mutwillig erscheinen.[84] Das Verbot der Vorwegnahme der Hauptsache gilt hier zwar nicht. Im Einzelfall kann es jedoch sachgerecht sein, wenn die Leistungsanordnung hinter dem Hauptantrag zurückbleibt.

## E. Entscheidung

33 Über die e.A. entscheidet das Gericht ausschließlich durch Beschluss (§ 123 IV VwGO). Der Beschluss muss wirksam erlassen werden. Hierzu bedarf es der Verkündung oder Zustellung nach §§ 56 und 56 a VwZG. Die telefonische Bekanntgabe der e.A. durch das Gericht an die Beteiligten sollte jedenfalls in besonders eilbedürftigen Fällen genügen.[85]

## F. Vollstreckung

34 Die Vollstreckung der e.A. richtet sich gem. § 123 III VwGO nach §§ 928, 890 I ZPO, nicht nach § 172 VwGO.[86]

## G. Aussetzungsverfahren

35 Streitig ist, ob das Gericht die e.A. nachträglich ändern oder aufheben darf. Die früher h.M. lehnte diese Befugnis ab, weil § 123 III VwGO den § 927 ZPO nicht erwähnt.[87] Die nunmehr überwiegende Gegenmeinung spricht von einem Redaktionsversehen des Gesetzgebers und wendet § 927 ZPO allein oder in Verbindung mit § 80 VII VwGO entsprechend an.[88] Die Gesamtanalogie überzeugt nicht, da für § 80 VII VwGO und § 927 ZPO unterschiedliche Voraussetzungen gelten. Ein Redaktionsversehen des Gesetzgebers lässt sich kaum nachweisen. Daher besteht eine Gesetzeslücke, die sich durch die analoge Anwendung von § 80 VII VwGO schließen lässt.[89] Das Gericht ist danach jederzeit befugt, auf Antrag – nicht von Amts wegen – eine von ihm getroffene positive[90] e.A. durch Beschluss abzuändern oder aufzuheben.[91]

---

84 Zur Glaubhaftmachung des Anordnungsanspruchs BayVGH v. 26.11.1993, NVwZ-RR 1994, 398; NWOVG v. 11.08.1980, DVBl 1981, 588.

85 A.A. BWVGH v. 16.07.1985, NVwZ 1986, 488. Die Situation ist der bei der Antragstellung vergleichbar.

86 BerlOVG v. 27.04.2001, NVwZ 2003, 357 (358).

87 NWOVG v. 23.12.1988, NVwZ-RR 1989, 589 befürwortet eine entsprechende Anwendung von § 123 II 1, 2 VwGO.

88 Vgl. BWVGH v. 12.05.1995, DVBl 1995, 929; BayVGH v. 03.03.1978, BayVBl 1978, 339; HbgOVG v. 20.06.1994, NVwZ-RR 1995, 180; HessVGH v. 13.08.1986, NJW 1987, 1354; NWOVG v. 19.01.1987, DVBl 1987, 699; RhPfOVG v. 19.12.1990, NVwZ 1991, 390.

89 Gegen die Analogie spricht nicht, dass der Gesetzgeber durch das 4. Änderungsgesetz zur VwGO § 80 VII VwGO neu fasste und gleichzeitig auf eine Ergänzung von § 123 VwGO verzichtete, obwohl ihm die Problematik bekannt war. Ihm war nämlich auch die h.L. bekannt, so dass er eine ausdrückliche Regelung nur hätte treffen müssen, wenn er die Rechtslage hätte ändern wollen.

90 Geändert werden kann nur ein Beschluss, mit dem dem Antrag auf Erlass einer e.A. stattgegeben wurde; HessVGH v. 24.10.1996, NVwZ-RR 1998, 80.

91 Wer § 927 II ZPO anwendet, muss freilich die Urteilsform wählen, vgl. BayVGH v. 03.03.1978, BayVBl 1978, 339.

## H. Rechtsbehelfe

Gegen die Ablehnung des Anordnungsantrags durch das Gericht ist die Beschwerde nach § 146 VwGO gegeben, über die stets durch Beschluss zu entscheiden ist.[92] 36

Auch ein Beschluss, durch den ein Antrag auf Erlass einer e.A. abgelehnt worden ist, entfaltet eine der Eigenart des Anordnungsverfahrens entsprechende *materielle Rechtskraftwirkung*.[93] Mit Rücksicht auf die Einheitlichkeit der vorläufigen Verfahren, d.h. in Parallele zu § 80 VIII VwGO, ist allerdings davon auszugehen, dass eine unanfechtbare Entscheidung im Anordnungsverfahren nicht Gegenstand eines Wiederaufnahmeverfahrens nach § 153 I VwGO i.V.m. § 578 ZPO sein kann.[94]

Von jedem Beteiligten kann das Gericht angerufen werden, wenn der Vorsitzende eine Dringlichkeitsentscheidung getroffen hat (§ 123 II 2 i.V.m § 80 VIII VwGO). Da das Gericht durch Beschluss über die e.A. entscheidet (§ 123 IV VwGO), kommt als Rechtsmittel nur noch die Beschwerde in Betracht. 37

Daneben besteht die Befugnis des Antragsgegners zu beantragen, dass dem Antragsteller eine Frist zur Erhebung der Klage in der Hauptsache gesetzt wird (§ 123 III VwGO, § 926 I ZPO). Der Antrag ist nur in dem Umfang berechtigt, in dem der Antragsgegner über den Streitgegenstand verfügen kann. Bei einer Verpflichtungsklage darf der Antragsgegner daher unter Umständen nur angehalten werden, den Erlass eines VA bei der Behörde zu beantragen.[95] Die Anordnung nach § 926 I ZPO ist unzulässig, wenn eine Sachurteilsvoraussetzung der Hauptsache entfallen ist.[96] Gegen die Anordnung findet die Beschwerde statt.[97] Wird der Anordnung nicht Folge geleistet, so ist auf Antrag die Aufhebung der e.A. durch Endurteil auszusprechen (§ 123 III VwGO, § 926 II ZPO). 38

## J. Schadensersatz

Wird im Hauptverfahren festgestellt, dass der Verfügungsanspruch nicht bestanden hat, oder wird die e.A. wegen ursprünglicher Unbegründetheit aufgehoben, so hat der Antragsteller dem Antragsgegner den durch die Vollziehung der e.A. entstandenen Schaden zu ersetzen (§ 123 III VwGO, § 945 ZPO).[98] Beim VA mit Drittwirkung hat der BGH seine alte Rechtsprechung bestätigt, wonach § 945 ZPO nicht dem Antragsteller der e.A. gegenüber geltend gemacht werden könne, da nicht er, sondern die Genehmigungsbehörde Gegnerin des durch den VA Begünstigten sei.[99] Nach Ansicht des BGH geht es im Ausgangsverfahren nicht um die vorläufige Durchsetzung eines Rechts, sondern um ein Vollstreckungsschutzbegehren. Der BGH verkennt, dass ein Prozessrechtsverhältnis zwischen Belasteten, Begünstigten der Genehmigungsbehörde und dem Gericht besteht. Das Schutzbedürfnis etwa des – beizuladenden – Bauwilligen (Verzögerungs- 39

92 Vgl. HessVGH v. 05.06.1975, ESVGH 26, 109.

93 HessVGH v. 06.04.1973, VerwRspr 25, 637; NWOVG v. 03.10.1974, NJW 1975, 992. Die Bindungswirkung entfällt, wenn die der e.A. zugrundeliegende Rechtsauffassung nicht mehr der – zwischenzeitlich geänderten – höchstrichterlichen Rspr. entspricht; BWVGH v. 30.03.1982, NVwZ 1983, 354; NWOVG v. 23.07.1997, NJW 1998, 1579.

94 BayVGH v. 14.06.1984, NJW 1985, 879 gegen HessVGH v. 04.10.1982, NJW 1984, 378.

95 BayVGH v. 27.06.1997, BayVBl 1998, 153.

96 Vgl. NWOVG v. 23.07.1974, OVGE 29, 316 (offensichtliche Unzulässigkeit der Klage wegen Fortfalls des Rechtsschutzbedürfnisses).

97 SaarlOVG v. 20.12.1973, DÖV 1974, 320.

98 Vgl. allgemein *Tüxen* WuW 1988, 1021; *Jonas Müller* Schadensersatzansprüche bei unberechtigter Inanspruchnahme vorläufigen Rechtsschutzes nach der VwGO, 1998.

99 BGH v. 07.11.1961, DVBl 1962, 217 m. Anm. *Redeker*; v. 23.09.1980, BGHZ 78, 127 = JuS 1981, 465 *(Brodersen)*; hierzu *Kirchberg* VBlBW 1981, 169; *Grunsky* JuS 1982, 177.

schäden!) bleibt auf diese Weise auf der Strecke. Allenfalls tragbar wäre das Argument, dass im Normalfall der vorläufige Rechtsschutz beim VA mit Drittwirkung über § 80 V, § 80 a VwGO läuft und es im Ergebnis keinen Unterschied machen kann, ob ein Bauwilliger bereits mit den Bauarbeiten begonnen hat (§ 123 VwGO) oder noch nicht (§ 80 V, § 80 a VwGO). Dies spricht aber dafür, auch bei Anwendung von § 80 V, § 80 a VwGO endlich einen Schadensersatzanspruch zu bejahen. Folglich wird die in den Vorauflagen vertretene Ansicht beibehalten: Beim VA mit Drittwirkung ist auch der durch e.A. betroffene Dritte schadensersatzberechtigt, wenn er zum Verfahren beigeladen worden war[100] oder hätte beigeladen werden müssen.[101] Die Grenzen zwischen dem Aussetzungs- und Anordnungsverfahren sind ohnehin in weitem Umfang entfallen. Der Schadensersatzanspruch des Bauherrn nach ungerechtfertigter Baueinstellung in Fällen der Genehmigungsfreiheit verhilft letzterer erst zum Durchbruch. Notfalls muss hier mit der Drittschadensliquidation gearbeitet werden.[102]

40 Der Schadensersatzanspruch ist im Zivilrechtsweg geltend zu machen.[103]

41 **Prüfungsschema: Zulässigkeitsvoraussetzungen des gerichtlichen vorläufigen Rechtsschutzes nach § 123 VwGO**

1. Bestehen der deutschen Gerichtsbarkeit (§ 18 GVG)
2. Zulässigkeit des Verwaltungsrechtswegs (§ 40 VwGO; *keine* Verweisungsmöglichkeit nach § 17 a I GVG; str.)
3. Zuständigkeit des angerufenen Gerichts (*Vor* Rechtshängigkeit in der Hauptsache: Gericht, das in der Hauptsache zuständig wäre; *nach* Rechtshängigkeit § 123 II 2 VwGO – Dringlichkeitsentscheidung des Vorsitzenden)
4. Beteiligtenfähigkeit (§ 63 VwGO)
5. Prozessfähigkeit (§ 62 VwGO); gesetzliche Vertretung (§ 67, 67 a); passive Prozessführungsbefugnis (§ 78 VwGO)
6. Statthaftigkeit
   a) Kein Fall der §§ 80, 80 a VwGO (§ 123 V VwGO)
   b) Sicherungsanordnung (§ 123 I 1 VwGO): Sicherung eines bestehenden Zustands
   c) Regelungsanordnung (§ 123 I 2 VwGO): Regelung eines vorläufigen Zustands
   d) Leistungsanordnung (str.): Vorweggenommene Leistungen zur Befriedigung existenzieller Bedürfnisse
7. Ordnungsgemäße Antragstellung
   a) Form (§ 81 VwGO)
   b) Inhalt (§ 82 VwGO)
8. Antragsbefugnis
   a) Klagebefugnis in der Hauptsache
   b) Geltendmachung eines Anordnungsgrunds (§ 42 II VwGO analog)
9. Keine Frist (Ausnahmen in Spezialgesetzen, z.B. § 18 a V 1 AsylVfG)
10. Rechtsschutzbedürfnis (bezogen auf die Vorläufigkeit der Entscheidung)

100 *Schmitt Glaeser/Horn* Rn. 324.
101 Anderer Ansicht *Kopp/Schenke* § 123 Rn. 44.
102 A.A. *Retzlaff* NJW 1999, 3224.
103 BGH v. 23.09.1980, BGHZ 78, 128.

## § 60 Vorläufiger Rechtsschutz durch die Verwaltung

In langwierigen Verwaltungsverfahren sind bisweilen im Interesse der Beteiligten vorläufige Regelungen zu treffen, ehe die Entscheidung zur Hauptsache ergehen kann. Einstweilige Maßnahmen der Verwaltung sehen dementsprechend z.B. § 11 GastG oder § 20 PBefG vor. Nach *Kopp* reichen die spezialgesetzlichen Bestimmungen nicht aus; die kasuistisch geregelten Möglichkeiten seien vielmehr in Anlehnung an § 123 VwGO zu erweitern.[1] Da die Anregung *Kopps* wenig Resonanz fand, erscheint es fraglich, ob wirklich ein Bedürfnis für die analoge Anwendung des § 123 VwGO auf die Verwaltungstätigkeit besteht. Auf keinen Fall dürfen die einstweiligen Maßnahmen der Verwaltung mit endgültigen Teilregelungen in mehrstufigen Verwaltungsverfahren verwechselt werden, wie sie etwa §§ 8, 9 BImSchG, § 7a AtomG, § 41 FlurbG vorsehen.[2] 1

Ob die Lehre vom *vorläufigen Verwaltungsakt*[3] zu einer Kurskorrektur führen wird, bleibt abzuwarten. Ein dogmatisch geschlossenes System des vorläufigen Verwaltungshandelns steht jedenfalls noch aus. Solange sich hieran nichts geändert hat, lässt die Möglichkeit, vorläufigen Rechtsschutz durch die Verwaltung zu erlangen, das Rechtsschutzbedürfnis für gerichtliche vorläufige Maßnahmen nicht entfallen. 2

---

1 *Kopp* BayVBl 1968, 236; *ders.* BayVBl 1977, 513 (525). Hiervon zu unterscheiden ist der – ebenfalls problematische – Antrag im gerichtlichen Verfahren, die Behörde durch e.A. zu verpflichten, einen rechtzeitigen Widerspruchsbescheid zu erlassen; hierzu HbgOVG v. 08.09.1983, GewArch 1984, 201.

2 Zur Planung in Stufen grundlegend *Blümel* in zahlreichen Veröffentlichungen, s. die Nachweise in DVBl 1976, 695 Anm. 173 sowie *Wahl* DÖV 1975, 373; *ders.* VVDStRL 41 (1983), 151 (180 ff.). Vgl. ferner *Badura* BayVBl 1976, 515; *Schmidt-Aßmann* FG BVerwG, S. 569; *ders.* DVBl 1981, 334; *Scheuing* VVDStRL 40 (1982), 153, 173; *Ronellenfitsch* DVBl 1984, 501 (507 ff.). Ein e.A. auf Erlass eines Vorbescheids kommt nicht in Betracht, BerlOVG v. 11.03.1991, NVwZ 1991, 1198.

3 Vgl. BVerwG v. 14.04.1983, BVerwGE 67, 99; BSG v. 11.06.1987, DVBl 1988, 449; *Axer* DÖV 2003, 271 (273 ff.); *Erfmeyer* DÖV 1998, 459; *Kemper* Der vorläufige Verwaltungsakt, 1990; *Kopp, F.J.* Vorläufiges Verwaltungsverfahren und vorläufiger Verwaltungsakt, Diss. Berlin 1991; *Maurer* VerwR, 9 Rn. 63 c.

# 4. Abschnitt. Normenkontrolle

## § 61 Vorläufiger Rechtsschutz im Rahmen der verwaltungsgerichtlichen Normenkontrolle

### A. Allgemeines

#### I. Einstweilige Anordnung

1 Auch das Normenkontrollverfahren dient in erster Linie dem Rechtsschutz des Antragstellers, enthält aber auch Elemente eines objektiven Rechtsbeanstandungsverfahrens. Begehrt der Antragsteller vorläufigen »Rechts«-schutz in der Weise, dass der Vollzug der angegriffenen Rechtsnorm vorübergehend ausgesetzt wird, wirkt sich die Entscheidung auf alle von der Norm Betroffenen aus. Gleichwohl kann nach § 47 VI VwGO das Gericht auf Antrag eine e.A. erlassen, wenn dies »zur Abwehr schwerer Nachteile oder aus anderen wichtigen Gründen dringend geboten ist«. Die Vorschrift bedeutet keinen (ausnahmslos restriktiv zu handhabenden) Systembruch. Auch ihre nachträgliche Einfügung in die VwGO rechtfertigt *nicht* den Schluss, dass der vorläufige Rechtsschutz *dem Wesen des Normenkontrollverfahrens widerspreche.*

2 Die *Entstehungsgeschichte* von § 47 VI VwGO stellt sich wie folgt dar:

Ursprünglich enthielt die VwGO für den vorläufigen Rechtsschutz im Normenkontrollverfahren keine ausdrückliche Regelung. Daraus wurde gefolgert, der vorläufige Rechtsschutz sei hier wesensmäßig ausgeschlossen. Der Gesetzgeber schloss sich dieser Ansicht nicht an, sondern führte mit Wirkung zum 01.01.1977 eine Sonderform des vorläufigen Rechtsschutzes im Normenkontrollverfahren ein. § 47 zunächst VII, später unverändert VIII und seit dem 6. VwGOÄndG VI, diente im Ausgangspunkt nur der Klarstellung. Auch vorher war es nicht einzusehen, wieso im Normenkontrollverfahren der effektive und damit auch vorläufige Rechtsschutz eingeschränkt sein sollte, zumal die staatlichen Handlungsformen gerade im Bereich des Planungsrechts häufig vertauschbar sind. Im Rahmen der Verfassungsgerichtsbarkeit eröffnete § 32 BVerfGG immer schon die Möglichkeit, e.A. im Hinblick auf Normen zu treffen. Diese Bestimmung brauchte für den Verwaltungsprozess nicht bemüht zu werden, da eine analoge Anwendung der Generalklausel des § 123 VwGO sachgerecht und geboten erschien.

Anliegen des Gesetzgebers war es somit, in § 47 VI VwGO *klarstellend* eine endgültige Lösung über das »Ob« des vorläufigen Rechtsschutzes im Normenkontrollverfahren herbeizuführen. Erst durch die Möglichkeit vorläufigen Rechtsschutzes wird die Rechtsschutzfunktion der Normenkontrolle komplettiert. Die restriktive Fassung der Vorschrift erklärt sich aus der möglichen inter-omnes-Wirkung der Entscheidung.

#### II. Rechtsgrundlagen

3 § 47 VI VwGO enthält nur eine rudimentäre Regelung der e.A. im Normenkontrollverfahren, so dass geprüft werden muss, welche Vorschriften *ergänzend* herangezogen werden können. In diesem Zusammenhang ist zu beachten, dass sich – auch wenn das Gemeinwohlerfordernis fehlt – § 47 VI VwGO *materiell* an § 32 I BVerfGG anlehnt,[1] der wiederum § 940 ZPO und der zweiten Alternative von § 123 I VwGO nachgebildet ist. Zur Auslegung des § 47 VI VwGO kann folglich auf diese Vorschriften und sinngemäß

1 Vgl. BT-Drucks. 7/4324, S. 12; SaarlOVG v. 06.07.1992, DÖV 1992, 1019; NWOVG v. 30.10.1996, NVwZ-RR 1998, 17; BayVGH 20; v. 11.03.1998, BayVBl 1999, 82.

auf die Rspr. des BVerfG zur e.A. bei der Normenkontrolle nach Art. 93 I Nr. 2 GG zurückgegriffen werden. Bei allgemeinverbindlichen Anordnungen hat es der individuelle Rechtsschutz schwer, das entgegenstehende öffentliche Interesse an der Rechtssicherheit und -klarheit zu überwinden. Die entgegenstehende Ansicht, die auf die eigenständige Regelung in § 47 VI VwGO abhebt und die Bestimmung allein aus sich selbst heraus auslegen will,[2] ist zu formalistisch und leugnet die gemeinsamen Grundgedanken des vorläufigen Rechtsschutzes.

### III. Voraussetzungen

Die Voraussetzungen der e.A. sind – unbeschadet der Möglichkeit, zur Auslegung der materiellen Voraussetzungen § 32 I BVerfGG[3] und der Verfahrensgestaltung § 123 VwGO ergänzend heranzuziehen – grundsätzlich in § 47 VI VwGO abschließend *abschließend* geregelt. Was die Sachentscheidungsvoraussetzungen angeht, besteht aber eine Parallele zum Verfahren in der Hauptsache. 4

## B. Ausgestaltung

### I. Zulässigkeit des Anordnungsverfahrens

#### 1. Bestehen der deutschen Gerichtsbarkeit

Das Antragsverfahren nach § 47 VI VwGO besteht nur im Rahmen der deutschen Gerichtsbarkeit. 5

#### 2. Zulässigkeit des Verwaltungsrechtswegs

Eine e.A. kann das Gericht »nur im Rahmen seiner Gerichtsbarkeit« erlassen (§ 47 I VwGO) erlassen. Das bedeutet, dass für das Hauptsacheverfahren der *Verwaltungsrechtsweg* eröffnet sein muss (vgl. oben § 12 Rn. 8). 6

#### 3. Zuständigkeit des angerufenen Gerichts

*Sachlich und örtlich zuständig* ist das *Gericht der Hauptsache* als Normenkontrollgericht. Das ist grundsätzlich auch vor der Stellung eines Normenkontrollantrags das OVG, nach Einlegung der Revision und während der Dauer des Revisionsverfahrens das BVerwG. Die gegenteilige Ansicht, die dem BVerwG jegliche Zuständigkeit zum Erlass einer e.A. im Normenkontrollverfahren abspricht,[4] ist überholt. Wurde Nichtzulassungsbeschwerde eingelegt, ist das BVerwG zuständig, sobald der Nichtabhilfebeschluss des OVG ergangen ist.[5] 7

#### 4. Die Beteiligten des Verfahrens

Die beteiligtenbezogenen Zulässigkeitsvoraussetzungen (Beteiligtenfähigkeit, Prozessfähigkeit und passive Prozessführungsbefugnis) des Anordnungsverfahrens entsprechend denen des Hauptsacheverfahrens. Namentlich der *Antragsgegner* wird richtiger 8

---

2 So etwa NK-VwGO/*Ziekow* § 47 Rn. 383; *Finkelnburg/Jank* Rn. 591.
3 Vgl. etwa die Argumentation BVerfG KB v. 05.09.2002, DVBl 2004, 235 (Versammlungsverbot).
4 Vgl. *Finkelnburg/Jank* Rn. 601.
5 *Kopp/Schenke* § 47 Rn. 158.

Ansicht nach durch die prozessuale Rollenverteilung im Hauptsacheverfahren bestimmt. Antragsgegner ist also nicht schon jeder Hoheitsträger, der die angegriffene Norm anzuwenden,[6] sondern nur, wer die streitige Rechtsvorschrift erlassen oder zu erlassen hat.[7] Andernfalls könnte ein Hoheitsträger in die Rolle des Antragsgegners gedrängt werden, der selbst die streitige Rechtsvorschrift angreifen will.

Ob eine Beiladung der normvollziehenden Behörde im Normenkontrollverfahren in Betracht kommt, ist auch nach der Einfügung von § 47 II 4 VwGO durch das RmBereinVG fraglich. Der Normzweck der Beiladung passt nicht auf Vollzugsbehörden. Nicht ausgeschlossen war aber nach bisherigem Recht die Möglichkeit, die Behörde als sog. Sachbeteiligte, d.h. über § 63 VwGO hinaus, in das Verfahren einzubeziehen und ihr eine Stillhalteverpflichtung aufzugeben. Diese Möglichkeit besteht, da § 47 II 3 VwGO erhalten blieb, nach wie vor.

### 5. Statthaftigkeit des Anordnungsverfahrens

9 Das Anordnungsverfahren ist nur statthaft, wenn es sich auf eine normenkontrollfähige Rechtsvorschrift bezieht. Diese muss bereits erlassen sein. Dass sie bereits in Kraft getreten ist, ist dagegen nicht erforderlich. Auch eine räumliche und personelle Teilanfechtung ist statthaft.

### 6. Ordnungsgemäße Antragstellung

10 Anders als im Fall des § 32 I BVerfGG[8] ist stets ein *Antrag* erforderlich. Form und Inhalt richten sich nach §§ 81, 82 VwGO. Im Übrigen ist § 123 III VwGO i.V.m. § 920 III ZPO entsprechend heranzuziehen.

### 7. Antragsbefugnis

11 Die *Antragsfähigkeit* und *Antragsberechtigung* sind in § 47 VI VwGO nicht unmittelbar angesprochen. Da der vorläufige Rechtsschutz aber immer auf den endgültigen Rechtsschutz bezogen ist, kann insoweit nichts anderes gelten als im Verfahren zur Hauptsache.[9] Daher kann auf die Ausführungen zu § 47 II VwGO verwiesen werden. Das besagt aber lediglich, dass *nur* antragsbefugt ist, wer auch im Hauptsacheverfahren antragsbefugt ist. Neben die allgemeine Antragsbefugnis muss als weiteres Element die *spezielle* Antragsbefugnis für eine Eilentscheidung treten. Der Anordnungsgrund muss möglich sein, wobei ein strengerer Maßstab anzulegen ist als bei der e.A. nach § 123 VwGO.[10] Werden Belange des Antragstellers ersichtlich nicht berührt, darf über die Antragsbefugnis auch nicht hinweggegangen werden, wenn im Hauptsacheverfahren aller Voraussicht nach die Nichtigkeit der angegriffenen Rechtsnorm festzustellen sein würde.[11]

---

6 So aber BWVGH v. 11.12.1977, ESVGH 27, 221.
7 HessVGH v. 03.05.1990, BRS 50 Nr. 54, 596.
8 Vgl. BVerfG v. 07.12.1977, BVerfGE 46, 337 (339).
9 Vgl. NWOVG v. 31.03.1978, DVBl 1979, 193; BWVGH v. 13.01.1994, NVwZ 1995, 610. Schoch/Schmidt-Aßmann/Pietzner/*Schoch* § 47 Rn. 146.
10 HessVGH v. 08.09.2000, NVwZ 2000, 1438.
11 Abzulehnen in der Tendenz daher BayVGH v. 28.03.2002, DÖV 2002, 786.

Der *Antragsgegner* wird richtiger Ansicht nach ebenfalls durch die prozessuale Rollenverteilung im Hauptsacheverfahren bestimmt. Antragsgegner ist also nicht schon jeder Hoheitsträger, der die angegriffene Norm anzuwenden,[12] sondern nur, wer die streitige Rechtsvorschrift erlassen oder zu erlassen hat.[13] Andernfalls könnte ein Hoheitsträger in die Rolle des Antragsgegners gedrängt werden, der selbst die streitige Rechtsvorschrift angreifen will.

Eine Beiladung der normvollziehenden Behörde scheidet im Normenkontrollverfahren aus. Nicht ausgeschlossen erscheint dagegen die Möglichkeit, die Behörde als Sachbeteiligte in das Verfahren einzubeziehen und ihr eine Stillhalteverpflichtung aufzugeben.

### 8. Fristen

Anträge nach § 47VI VwGO sind ebenfalls an die Frist des § 47II1 VwGO gebunden. 12

Der Antrag auf Erlass einer e.A. ist bereits vor des Hauptsacheverfahrens zulässig, obwohl § 47VI VwGO keine dem § 123I1 VwGO vergleichbare Regelung enthält. 13

### 9. Anderweitige Rechtshängigkeit

Das Verbot der anderweitigen Rechtshängigkeit gilt auch im Anordnungsverfahren nach § 47VI VwGO. 14

### 10. Rechtsschutzbedürfnis

Neben der Antragsbefugnis ist im Anordnungsverfahren ein Rechtsschutzbedürfnis erforderlich.[14] Während im Hauptsacheverfahren das Rechtsschutzbedürfnis natürlicher Personen durch die Möglichkeit einer unmittelbaren Klageerhebung gegen normvollziehende Maßnahmen nicht ausgeschlossen wird, verhält es sich in Verfahren nach § 47VII VwGO anders. Hier geht es allein um die vorläufige Verhinderung von Nachteilen, die nur dann in Betracht kommt, wenn dies zur Abwehr schwerer Nachteile oder aus anderen wichtigen Gründen dringend geboten ist. Kann die vorläufige Sicherung gegen drohende Nachteile ohne eine e.A. gegen die Rechtsvorschrift erfolgen (z.B. durch *»Stillhalteabkommen«)*, muss die geringer in die Kompetenzen des Normgebers eingreifende Maßnahme ergriffen werden.[15] 15

## II. Begründetheit des Anordnungsverfahrens

Materielle Voraussetzung für den Erlass einer e.A. ist, dass sie zur Abwehr *schwerer Nachteile* oder aus anderen *wichtigen Gründen* nicht nur überhaupt geboten, sondern *dringend* geboten ist. Schon diese Formulierungen deuten darauf hin, dass die e.A. ultima ratio bleiben muss. Eine e.A. kann nur ergehen, wenn die dafür sprechenden Gründe so schwer wiegen, dass der Erlass unabweisbar erscheint.[16] Kann auf andere Weise ausreichender Rechtsschutz erlangt werden, ist der Antrag auf Erlass einer e.A. bereits mangels Rechtsschutzbedürfnis unzulässig. Im Verhältnis zu §§ 80V, 123 16

12 So aber BWVGH v. 11.12.1977, ESVGH 27, 221.
13 HessVGH v. 03.05.1990, BRS 50 Nr. 54; *Finkelnburg/Jank* Rn. 596.
14 HessVGH v. 03.07.1995, NVwZ-RR 1996, 84.
15 Zum »Schiebe- oder Hängebeschluss« NdsOVG v. 03.12.2008, NVwZ-RR 2009, 197.
16 HessVGH v. 10.05.2001, NVwZ-RR 2002, 28.

VwGO ist § 47 VI VwGO grundsätzlich *subsidiär.*[17] Die Stoßrichtung der e.A. zur Abwehr eines schweren Nachteils zeigt, dass der vorläufige Rechtsschutz im Normenkontrollverfahren primär dem Individualrechtsschutz dient.[18]

Das vorstehend bezeichnete Subsidiaritätsverhältnis wird überwiegend *abgelehnt.*[19] Hier wirkt die von der h.L. propagierte, auf den alten § 47 II VwGO bezogene Inkongruenz von Antrags- und Klagebefugnis noch nach. Fasst man die Antragsbefugnis weiter als die Klagebefugnis, so entsteht bei vordergründiger Betrachtung eine Rechtsschutzlücke, wenn ein Subsidiaritätsverhältnis angenommen wird.[20] In Wahrheit besteht diese Lücke nicht. Das Normenkontrollverfahren geht zwar in seiner Wirkung über den durch Art. 19 IV GG gebotenen Individualrechtsschutz hinaus. Einen überschießenden Rechtsschutz muss es aber im Verfahren nach § 47 VI VwGO nicht geben. Auf die objektive Funktion des Normenkontrollverfahrens kommt es hier gerade nicht an. Wer durch Vollzugsakte einer Norm nicht in subjektiven öffentlichen Rechten verletzt wird, erleidet durch die zeitweilige Wirksamkeit der Norm keine schweren Nachteile.

**17** Ein *Nachteil* ist zu besorgen, wenn eine Rechtsbeeinträchtigung droht (arg. § 42 II VwGO a maiore ad minus). Der Nachteil ist *schwer,* wenn die Rechtsbeeinträchtigung ein besonderes Maß erreicht. Der quantitative Ansatz darf nicht allein auf den Betroffenen bezogen werden. Bezugsgrößen sind die prognostische Rechtsbeeinträchtigung und die Folgen der Beachtlichkeit der Norm. Erweist sich bei summarischer Prüfung das Normenkontrollverfahren als offensichtlich unzulässig, ist eine Rechtsbeeinträchtigung ausgeschlossen.[21] Entsprechendes gilt für die offensichtliche Unbegründetheit des Normenkontrollantrags.[22] Die Folgenabwägung fließt in die Prüfung ein, ob eine e.A. dringend geboten ist. Ein schwerer Nachteil in dem oben genannten Sinn liegt somit nur vor, wenn rechtlich geschützte Interessen eines Ast. in ganz besonderem Maße beeinträchtigt oder ihm außergewöhnliche Opfer abverlangt werden.[23]

**18** Die »*anderen wichtigen Gründe*« sollen nach verbreiteter Meinung *nur* die öffentlichen Interessen zur Geltung bringen.[24] In der Tat bleibt für die anderen wichtigen Gründe wenig Raum, wenn man für den Erlass der e.A. allein auf den Individualrechtsschutz abhebt. Dennoch ist auch dieser Weg gangbar, zumal die »anderen Gründe« des § 123 I VwGO unstreitig nur den Individualrechtsschutz betreffen. Die wichtigen Gründe des § 47 VI VwGO können folglich als Auffangbecken für Fallkonstellationen dienen, bei denen der schwere Nachteil quantitativ nicht nachweisbar ist, bei denen die Rechtsbeeinträchtigung selbst nicht schwerwiegend, die Beachtung der Norm gleichwohl unzumutbar erscheint. Vor allem aber ermöglichen es die »anderen wichtigen Gründe« den Vollzugsbehörden, die von vornherein in Hauptsacheverfahren antragsbefugt sind, auch vorläufigen Rechtsschutz zu erlangen. Insoweit geht es um die Wahrung öffentlicher Belange. Ein Antragsteller, der Individualrechtsschutz begehrt, kann demgegenüber unter Berufung auf öffentliche Belange sein Sicherheitsbedürfnis nicht begründen.[25] Im

---

17 Vgl. BayVGH v. 20.08.1976, BayVBl 1976, 725; v. 28.08.1976, DÖV 1977, 336 (LS); NWOVG v. 13.12.1985, NVwZ 1988, 74. Entsprechendes gilt für den vorbeugenden Rechtsschutz. Im Hinblick etwa auf § 33 BauGB muss immer geprüft werden, ob die Bauleitplanung nicht zweckmäßiger durch eine vorbeugende Feststellungs- oder Leistungsklage ggf. i.V.m. einer e.A. nach § 123 VwGO unterbunden werden kann; vgl. SchlHOVG v. 29.03.1994, NVwZ 1994, 916.

18 HessVGH v. 19.12.1990, NVwZ-RR 1991, 588 (589); NWOVG v. 30.10.1996, NVwZ-RR 1998, 17.

19 Nicht eindeutig SchlHOVG v. 27.06.1996, NVwZ-RR 1996, 365.

20 Vgl. aber SaarlOVG v. 22.05.1984, DÖV 1985, 75.

21 BWVGH v. 13.01.1994, NVwZ 1995, 611.

22 Vgl. RhPfOVG v. 14.10.1994, NJW 1995, 741; auf die Aussichtslosigkeit des Antrags in der Hauptsache stellt ab MVOVG v. 20.11.1997, LKV 1998, 408.

23 NdsOVG 22.12.2008, NJOZ 2009, 1021.

24 *Finkelnburg/Jank* Rn. 618.

25 BWVGH v. 17.07.1997, NVwZ-RR 1998, 421.

Übrigen sind gerade die »anderen wichtigen Gründe« durch eine summarische Prüfung der Erfolgaussichten in der Hauptsache zu ermitteln. Das Interesse an der Aussetzung des Vollzugs der angegriffenen Norm überwiegt, wenn der Normenkontrollantrag mit großer Wahrscheinlichkeit Erfolg haben wird.[26]

Anhaltspunkt für die Entscheidung, ob die e.A. zur Abwehr eines schweren Nachteils oder eines wichtigen Grundes *dringend geboten* ist, ist wiederum die Schaffung vollendeter Tatsachen.[27] »Dringend geboten« bedeutet, dass schwerwiegende Gründe den Erlass einer e.A. *unabweisbar* machen.[28] Das ist nur dann zu bejahen, wenn vollendete und nach Lage der Dinge nicht mehr rückgängig zu machende Tatsachen geschaffen werden und der Antrag in der Hauptsache offensichtlich begründet ist.[29] Ehe das Gericht der Frage nachgeht, ob eine e.A. dringend geboten ist, muss es alle in Betracht kommenden Belange und Interessen abwägen.[30] Bei dieser *Interessenabwägung* haben, um die Hauptsache nicht vorwegzunehmen, die Gründe, die gegen die Rechtmäßigkeit der angegriffenen Rechtsvorschrift angeführt werden, grundsätzlich außer Betracht zu bleiben. Etwas anderes gilt aber, wenn die angegriffene Norm offensichtlich gültig oder offensichtlich ungültig ist.[31] Abzuwägen sind die Folgen, die eintreten würden, wenn die begehrte e.A. erlassen würde, dem Normenkontrollverfahren aber in der Hauptsache der Erfolg versagt bliebe, gegenüber den Nachteilen, die entstünden, wenn eine e.A. nicht erginge, der Normenkontrollantrag aber in der Hauptsache Erfolg hätte.[32] 19

## C. Verfahren

§ 47 VI VwGO trifft keine Aussage über die anzuwendenden Verfahrensvorschriften. 20
Im Einzelnen sind daher noch viele Fragen offen. Einigkeit dürfte sich lediglich darüber herstellen lassen, dass insoweit § 32 BVerfGG nicht gilt und dass vielmehr die allgemeinen Grundsätze des § 123 II bis IV VwGO Anwendung finden. § 123 V VwGO ist schon deshalb unanwendbar, weil § 80 VwGO sich nicht für das Normenkontrollverfahren heranziehen lässt. Mit dem Wesen des Normenkontrollverfahrens ist auch die Anwendbarkeit von § 123 II S. 3 VwGO unvereinbar. Das OVG (VGH) entscheidet in voller Besetzung (vgl. § 9 III VwGO).[33] Die Entscheidung durch den Vorsitzenden ist nicht vorgesehen. Die Entscheidung ergeht aufgrund fakultativer mündlicher Verhandlung durch Beschluss (§ 123 IV VwGO).[34]

---

26 NdsOVG v. 22.10.2003, NJW 2004, 1341.
27 NWOVG v. 17.09.1979, MDR 1980, 260.
28 BWVGH v. 23.11.1998, NJW 1999, 1569.
29 NdsOVG v. 14.06.1990, BauR 1990, 579 (580).
30 SchlHOVG, NVwZ-RR 1996, 365.
31 Vgl. HessVGH v. 12.01.1989, DVBl 1989, 887; BremOVG v. 11.03.1991, NVwZ-RR 1991, 154; NWOVG v. 30.07.1992, UPR 1993, 111; v. 02.03.1994, NVwZ-RR 1995, 134; SAnhOVG v. 06.08.1999, NJW 1999, 2985; SchlHOVG, NVwZ-RR 1996, 365.
32 Vgl. BWVGH, NJW 1999, 1569; BremOVG v. 11.03.1991, NVwZ-RR 1991, 154; MVOVG v. 31.07.2007, NordÖR 2008, 219; NWOVG v. 21.12.1993, NVwZ-RR 1994, 640 (641); SaarlOVG, DÖV 1992, 1019.
33 Vgl. aber BWVGH v. 15.12.2008, DÖV 2009, 380.
34 *Finkelnburg/Jank* Rn. 621.

## D. Inhalt

21 Die e.A. muss immer eine vorläufige Anordnung sein. Daher kann niemals eine Rechtsvorschrift vorläufig für nichtig erklärt werden.[35] Möglich ist nur die völlige oder teilweise Hemmung des Vollzugs[36] oder der Wirksamkeit (arg. § 47 V 4 VwGO) der angegriffenen Rechtsvorschrift. Ggf. muss das Inkrafttreten der Rechtsvorschrift einstweilen ausgesetzt werden.[37]

22 Den verschiedenen Funktionen des Normenkontrollverfahrens werden einseitige Zuordnungen der Wirkungen von e.A. nicht gerecht. Die Aussetzung des Vollzugs oder der Wirksamkeit der angegriffenen Norm kann nicht nur generell erfolgen[38] oder ist nicht nur für den konkreten Fall möglich.[39] Vielmehr ist je nach den Umständen des Einzelfalls sowohl eine generelle als auch eine individuelle vorläufige Regelung statthaft.[40] Im Regelfall hat die e.A. im Normenkontrollverfahren freilich generelle, nicht nur auf den Antragsteller und Antragsgegner beschränkte Wirkung. Das bringt die Notwendigkeit mit sich, den Ausspruch der e.A. auf die Beigeladenen sog. Sachbeteiligte zu erstrecken.[41]

**Beispiel**[42]: Im vorläufigen Verfahren wird die Gültigkeit eines Bebauungsplans angegriffen. Antragsgegnerin ist die Gemeinde, die den Bebauungsplan erlassen hat. Vollzogen wird der Bebauungsplan von der Baugenehmigungsbehörde des Landes, die einem Bauherrn eine Baugenehmigung auf der Grundlage des Bebauungsplans erteilen soll. Erlässt nun das Gericht im Wege der e.A. ein Vollzugsverbot, sind Hauptadressaten der e.A. die Baugenehmigungsbehörde und der Bauherr, die am Normenkontrollverfahren als Beigeladene nicht beteiligt sind.

23 Der Ausspruch von Auflagen an Sachbeteiligte im Rahmen einer Entscheidung nach § 47 VI VwGO ist zwar zulässig, zu beachten ist aber immer, dass der Rechtsschutz im vorläufigen Verfahren nicht weiter reichen kann als der Rechtsschutz in der Hauptsache.

Die Stilllegung aufgrund einer Baugenehmigung bereits begonnener Bauarbeiten bis zur Entscheidung des Normenkontrollantrags über den der Genehmigung zugrundeliegenden Bebauungsplan ist daher unzulässig, da auch bei Ungültigkeit des Bebauungsplans die Baumaßnahmen nicht ohne weiteres einzustellen wären.[43]

24 Nach noch h.M. kann der *Gesetzgeber grundsätzlich nicht zur Regelung einer bisher nicht normierten Materie verpflichtet werden,* so dass insoweit auch kein vorläufiger Rechtsschutz in Betracht kommt.[44] Etwas anderes gilt für die Schließung von Lücken bei Gesamtregelungen. Hier ist eine e.A. nach § 47 VI VwGO möglich.[45]

35 *Finkelnburg/Jank* Rn. 622.
36 Eine e.A., mit der der Vollzug eines Bebauungsplans vorläufig ausgesetzt wurde, hat keinen vollstreckungsfähigen Inhalt; BayVGH v. 14.02.1984, BayVBl 1984, 370.
37 Vgl. aber auch NWOVG v. 15.12.1985, NVwZ 1988, 74.
38 So *Finkelnburg/Jank* Rn. 624; Schoch/Schmidt-Aßmann/Pietzner/*Schoch* § 47 Rn. 182.
39 Vgl. BWVGH v. 11.02.1977, NJW 1977, 1212.
40 *Kopp/Schenke* § 47 Rn. 50.
41 Offen HessVGH v. 13.04.1983, DÖV 1983, 777.
42 Vgl. *Rasch* BauR 1977, 147. Zum reduzierten Rechtsschutz bei Bebauungsplänen SchlHOVG v. 12.07.2007, BordÖR 2007, 367.
43 Vgl. NWOVG v. 15.07.1977, OVGE 33, 76; BayVGH v. 20.07.1983, BayVBl 1983, 698.
44 *Finkelnburg/Jank* Rn. 626.
45 BayVGH v. 15.07.1977, BayVBl 1980, 209; hierzu *Renck* JuS 1982, 358; SchlHOVG NVwZ 1994, 916.

## E. Entscheidung

Die Entscheidung nach § 47 VI VwGO trifft das Gericht der Hauptsache. Das ist grundsätzlich das OVG (VGH). Nach Einführung der Revisionsmöglichkeit für Normenkontrollverfahren ist das BVerwG im Revisionsverfahren Gericht der Hauptsache und hat dann auch über den Antrag auf Erlass einer e.A. nach § 47 VI VwGO zu entscheiden.[46] Das ändert aber nichts daran, dass gegen die Entscheidung des OVG (VGH) im vorläufigen Verfahren kein Rechtsbehelf gegeben ist. 25

Auch die allgemeine Abänderungsbefugnis nach § 80 V, II VwGO ist nicht analogiefähig.[47] Allenfalls ist gem. § 173 VwGO i.V.m. §§ 927, 936 ZPO eine Aufhebung der e.A. wegen veränderter Umstände möglich.[48]

**Prüfungsschema: Zulässigkeitsvoraussetzungen des vorläufigen Rechtsschutzes nach § 47 VI VwGO**

1. Bestehen der deutschen Gerichtsbarkeit (§ 18 GVG)
2. Zulässigkeit des Verwaltungsrechtswegs (Vorbehaltsklausel)
   a) »Im Rahmen der Verwaltungsgerichtsbarkeit« (§§ 40, 47 I S. 1 VwGO)
   b) Keine Zuweisung an ein Landesverfassungsgericht (§ 47 III VwGO)
3. Zuständigkeit des angerufenen Gerichts
4. Beteiligtenfähigkeit (§ 47 II S l und 2 VwGO)
5. Prozessfähigkeit (§ 62 VwGO);
   gesetzliche Vertretung (§ 67, 67 a VwGO);
   passive Prozessführungsbefugnis (§ 47 II S. 2 VwGO)
6. Statthaftigkeit
   a) Satzungen und Rechtsverordnungen nach BauGB (§ 47 I Nr. 1 VwGO)
   b) ggf. sonstige untergesetzliche Rechtsnormen des Landesrechts (§ 47 I Nr. 2 VwGO)
7. Ordnungsgemäße Antragstellung
   a) Form (§ 81 VwGO)
   b) Inhalt (§ 82 VwGO)
8. Antragsbefugnis
   a) Antragsbefugnis in der Hauptsache
   b) Geltendmachung eines Anordnungsgrunds (§ 47 II VwGO analog)
9. Frist (§ 47 II S. l VwGO)
10. Rechtsschutzbedürfnis (bezogen auf die Vorläufigkeit der Entscheidung)

46 BVerwG v. 18.05.1998, NVwZ 1998, 1065.
47 A.A. NdsOVG v. 18.07.1997, NVwZ-RR 1998, 421; NWOVG v. 20.07.1998, NVwZ-RR 1999, 473; Schoch/Schmidt-Aßmann/Pietzner/*Schoch* § 47 Rn. 186; § 123 Rn. 174 ff.
48 Vgl. BWVGH v. 13.12.1989, VBlBW 1990, 182.

# Sachregister

**Die fettgedruckten Zahlen beziehen sich auf die Paragraphen dieses Buches, die übrigen auf die Randnummern.**